国家出版基金项目
NATIONAL PUBLICATION FOUNDATION

上海市档案馆藏近代中国金融变迁档案史料汇编

机构卷

联合征信所（文字版）

庄志龄　编选

上海遠東出版社

图书在版编目(CIP)数据

联合征信所/庄志龄编选. —上海：上海远东出版社，2018
(上海市档案馆藏近代中国金融变迁档案史料汇编)
ISBN 978-7-5476-1434-1

Ⅰ. ①联… Ⅱ. ①庄… Ⅲ. ①信用-金融机构-史料-中国-近代 Ⅳ. ①F832.95

中国版本图书馆 CIP 数据核字(2018)第 284716 号

责任编辑 陈占宏

封面设计 张晶灵

本书入选“十三五”国家重点图书出版规划项目

本书由国家出版基金资助出版

本书获 2018 年上海文教结合“支持高校服务国家重大战略出版工程”项目资助

联合征信所

庄志龄 编选

出　　版 上海遠東出版社
(200235 中国上海市钦州南路 81 号)
发　　行 上海人民出版社发行中心
印　　刷 上海文艺大一印刷有限公司
开　　本 787×1092 1/16
印　　张 51.25
插　　页 8
字　　数 1175,000
版　　次 2018 年 12 月第 1 版
印　　次 2018 年 12 月第 1 次印刷
ISBN 978-7-5476-1434-1/F・636
定　　价 368.00 元(全两册)

上海市档案馆藏近代中国金融变迁档案史料汇编

编辑委员会

总序

吴景平　邢建榕

目前付梓的《上海市档案馆藏近代中国金融变迁档案史料汇编》，作为国家社科基金重点项目的结项成果，是在充分借鉴了多种国内已刊行的金融史资料集的基础上，经过上海市档案馆与复旦大学中国金融史研究中心十余年通力合作而完成的。

中国金融领域的变迁有着悠久的历史和丰富的内容。尤其是近代以来，金融对于促进社会经济诸领域的发展、维系财税体制的正常运作，起着不可替代的重要作用；与社会的方方面面乃至每个社会成员，有着越来越密切的联系。对于金融史的学习和研究，不仅成为历史学、经济学和金融学等学科的组成部分，还成为诸多工商实业界人士和政府公务人员的必需。正因为如此，整理编辑近代中国金融变迁的史料，历来受到有关研究者的重视。在金融系统供职的前辈与国家级档案机构共同合作，很早便开始了对于近代金融史料的整理选编工作。如 20 世纪 60 年代初问世的《中国近代货币史资料・第一辑・清政府统治时期》（中国人民银行总行参事室编选，中华书局1964 年版），主要来源为中国第一历史档案馆藏清代币制档案文献，以及部分晚清官修文献及报刊资料，涉及晚清币制领域主要的演变、初创阶段的官办新式银行业和银行法规的基本内容。20 世纪 80 年代以来，关于民国时期的金融史料的整理研究成果陆续问世。列为"中华民国史资料丛稿"之一的《中国农民银行》（中国财政经济出版社1980 年版），由中国人民银行总行金融研究所编，选自中国第二历史档案馆部分藏档、有关口述回忆资料和其他资料。由中国人民银行总行参事室编的《中华民国货币史资料》（第一、二辑，上海人民出版社1986、1991 年版），收录了中国第二历史档案馆藏 1912～1949 年间币制档案文献和其他资料。此后陆续问世的以中国第二历史档案馆藏档为主要来源的金融史专题资料有：中国第二历史档案馆、中国人民银行江苏分行等合编的《中华民国金融法规档案资料选编》（上下卷，档案出版社 1990 年版）；中国银行总行、中国第二历史档案馆合编的《中国银行行史资料汇编（1912～1949）》（档案出版社1991 年版）；交通银行总行、中国第二历史档案馆合编的《交通银行史料（1907～1949）》（中国金融出版社1995 年版），以及洪葭管主编的《中央银行史料（1928.11～1949.5）》（中国金融出版社 2005 年版）。

上述以中国第一、第二历史档案馆所藏档案为主体的史料整理成果，是研究近代中国中央政府的金融方针政策及其实施、政府官办银行的组织机构及其运作等问题的基础性资料书。而有关民营金融机构、金融市场的史料集，最早问世的当数由中国人民银行上海市分行编的《上海钱庄史料》(上海人民出版社1960年版)。该书以档案史料为主,兼及口述史料、报刊史料,是嗣后数十年时间里近代上海钱业研究者最主要的资料书。有关民营商业银行的史料集,较早的有中国人民银行上海市分行金融研究所编的《金城银行史料》(上海人民出版社1983年版)和《上海商业储蓄银行史料(1915～1937)》(上海人民出版社1990年版),这两种行史资料都选入了上海市档案馆所藏这两家银行的部分档案。此外,上海市档案馆编的《一九二七年的上海商业联合会》(上海人民出版社 1983 年版)选入了少量该馆所藏上海银行公会、钱业公会档案。至于谢俊美编的《盛宣怀档案资料选辑之五·中国通商银行》(上海人民出版社 2000 年版)则选自上海图书馆藏盛宣怀档案而非上海市档案馆藏中国通商银行档案。2010 年起,天津市档案馆与天津财经大学等单位合作推出了"近代天津金融档案系列丛书",迄今已出版的有《大陆银行档案史料选编》(天津人民出版社 2010 年版)、《金城银行档案史料选编》(天津人民出版社 2010 年版)和《盐业银行档案史料选编》(天津人民出版社 2012 年版)等。

上海曾汇聚数以百计的中外大商业银行、钱庄,以及诸多的证券公司、保险公司、信托公司、交易所、票据交换所、储蓄会等非银钱业金融机构,十来个金融业同业组织和中介机构,留存下来数量浩繁、内容丰富、极有价值的金融史档案史料,其中绝大部分较完好地保存在上海市档案馆。这些档案史料既是关于近代上海金融,也是关于整个近代中国金融业、金融市场变迁的最主要的与代表性的史料文献;既直接反映了金融业和工商经济的兴衰,也从特殊视角体现了上海城区布局演变以及城市功能发展的进程。上海无疑是近代中国最重要且国际化程度最高的金融中心,然而这一中心地位有着形成、发展、演变的过程,其功能的发挥也颇多曲折,其中的历史经验有待全面客观地总结。多年以来,上海市档案馆典藏的金融档案史料或被选入若干专题史料集,或选登于上海市档案馆所办之《档案与历史》《档案与史学》和《上海档案史料研究》等刊物,对于金融史的研究起到了十分重要的作用。

复旦大学中国金融史研究中心致力于中国金融历史变迁的研究、相应专业人才的培养和学术交流,多年来以金融档案史料的收集整理为各项工作的基础,尤其与上海市档案馆合作开展馆藏金融档案史料的全面而系统的整理研究,已经持续十余年。目前面世的这套资料集是在"近代中国金融变迁"的主题之下,按专题分卷册选编上海市档案馆典藏金融档案史料。其中有独立经营的各著名银行(包括政府银行和商业银行),也有整个行业状况的反映(钱庄业);有上海银行公会这样重要的同业组织,也有证券、信托、保险等非银钱业金融行业组织机构,以及票据交换所、联合准备委员会、征信所等专门性机构;同时也有若干著名金融家的专卷。除了专题卷册之外,另按照时序围绕近代中国金融演变的基本历程和重大事件设综合卷。无论专题类还是综合类档案的选编过程中,在具体案卷和文本的比较、取舍、考订、校注、编目等环节，都将努力体现与吸收多年来中国近现代史、金融史、上海史、城市史研究和相应史料整理的前沿成果，通过不同金融档案史料之间的联系，揭示近代中国金融变迁的历史进程中，各代表性金融实体的经营管理、金融人物的作为和金融市场的运作。

鉴于近代中国金融档案数量繁多、内容繁杂的特点，无论综合类还是专题类，都先确立章节结构，作为选择案卷的主要依据；在各案卷内容的取舍时，努力兼顾全局性、整体性，既有体制机制、组织人事等较常态的部分，也有业务经营管理、市场运作、客户往来等较动态的部分。鉴于专业知识和能力的局限，目前的选编和校注难免存在不当和差错，我们诚恳地期待着专家学者和读者同仁的批评指正。

2018 年 12 月

凡例

一、上海市档案馆保存的金融业历史档案卷帙浩繁、内容丰富，是其馆藏的一大特色。为了全面反映近代中国金融变迁的历史全貌，为现今中国金融业的改革发展提供有益的借鉴，现分辑汇编出版《上海市档案馆藏近代中国金融变迁档案史料汇编》，所选档案史料均系上海市档案馆馆藏。

二、所选档案，根据内容、形式、数量，按单位、专题、事件等分辑汇编，每辑档案史料，一般按文件形成的时间顺次编排。无具文时间者，则以收文、拟稿、阅批等时间为序；无收文、拟稿、阅批等时间者，则推定大致时间，加注说明。

三、所选档案，一个文件或一组文件拟写一个标题。原标题一般仍予保留，原文无标题者，根据内容拟写标题；原文标题不妥者，另拟标题。

四、所选档案，为保持原貌，一般原文照录。原文无标点、不分段者，均分段、加标点；原文用外文书写者，则在编注时译成中文。

五、所选档案，凡需更正原文中的显著错、别、衍字，以〔 〕标明；增补显著漏字，以【 】标明；字迹模糊难以辨认或有漏缺者，以□代之；保留原文中删改、批注的字句或标记者，以[ ]标明；删节内容重复或与选题无关的段落字句，以〈略〉标明；对原文中需要说明的问题，以注释①②……标明；难以查考者存疑，以〔?〕标明。对于档案中时人特定行文不同于当今规范的字词，并不属于错别字，均不作改动。

联合征信所上海总所办公处
设在中国银行大厦九楼

目录

二、联合征信所各地分所报告、业务往来函件

三、调查业务报告及往来函件

编选说明

近代中国的征信机构出现于20世纪30年代，由华商银行联合组织成立的中国征信所开启了专业征信调查的先声，促进了民族资本企业的发展。成立于1944年的联合征信所，则是由四联总处筹划、指导成立的一家官办征信调查机构。

一

四联总处是抗日战争期间成立的中、中、交、农"四行联合办事处总处"的简称。四联总处是抗日战争时期国民政府的重要经济决策机构。抗战后期，国统区面临通货膨胀加速、资金短缺、生产低迷、投机盛行等严重经济问题，四联总处为及时掌握市场动态、调查工商情形、调控信贷规模，与四行两局决定成立一家专业信用调查机构，并使之附属于新成立的联合票据承兑所。

1944年10月，联合征信所正式成立，所址设于重庆联合票据承兑所内。根据四联总处第247次理事会议通过的"联合征信所章程"，新成立的联合征信所最高决策机构是所务委员会，委员由四联总处、四行两局、联合票据承兑所及重庆银钱业代表担任。凡有关联合征信所的一切重要人事的调度安排、业务方针的制定、财务的收支审核等，均由所务委员会决定。联合征信所设经理一名，根据所务委员会的决定，负责日常事务。

联合征信所实行所员制，所员分为基本所员和普通所员。基本所员为四行两局、联合票据承兑所。基本所员除可派一名代表参加所务会议，参与决策联合征信所事务外，必须为联合征信所提供经费方面的保障。章程规定，联合征信所每月的支出费用除去以收入抵充部分外，不足部分由基本所员分摊拨付。联合征信所成立之初，四行两局即为联合征信所提供了1 800万元的周转资金。当然，基本所员也享有委托调查、获取有关资料的优先权。如可免费获得联合征信所编辑出版的《征信新闻》等资料，可免费委托调查普通案件，委托调查特殊案件时只需支付少量费用，优先安排委托调查案件等。

联合征信所对普通所员没有资格上的限制，"各金融工商单位均得自由加入"。普通所员入所时需缴纳入所费，每年缴纳年费；普通所员在当年下半年度内可免费委托办理工商征信调查案5件，但超过此数需照成本收费，另可获赠阅半年《征信新闻》中文版一份等。

联合征信所成立之初，相关工作并未能即刻展开。直至次年2月起，始着手开展调查工作及筹备编印《征信新闻》。1945 年 3 月 26 日，联合征信所编辑的《征信新闻》正式出版。《征信新闻》为日刊，初为油印刻写，每期两张，内容主要是有关金融经济的政策法规、市场情况的报道分析、工矿企业生产情况、商品贸易情况、经济动态综述等。载文篇幅长短不一，有客观报道，也有主观分析与评述。所有通讯新闻均冠以“联合征信所讯”字样。如 1946 年 1 月 8 日的《征信新闻》载有六条新闻：“敌资纱厂二十家移交纺织事业管理局，纺线锭共一百余万枚，布机约一万六千余台；伪联银券准备金充足，将与流通券等值使用；本年度将开始征收土地税；战后合作事业五年计划，社会部合作事业管理局定本月开始实行；渝市直接税收成绩良好；汉顺轮明日驶汉。”由此可知，“征信新闻”的内容不仅有经济法规、政策措施的报道，也有一般社会关心的经济动态消息，而且很多消息直接来源于当时最高的经济决策机构——四联总处，所以出刊后，很受欢迎，各大报刊纷纷转载其中的经济消息。为适应市场需要，《征信新闻》后来扩大版面，从两张增加到了四张，内容也更加丰富。

与此同时，联合征信所还编印附发《行情日报》。《行情日报》是市场价格、汇率变动等情况的统计报道，逐日登载市场各类商品价格，黄金、法币行情、汇率、债券、股票等的行情市况。《行情日报》的统计调查由专门的市场调查员负责，市场调查员每天上午跑市场调查了解行情，中午到所整理付印，下午 2 时发出。《行情日报》初以报道重庆一地市场行情为主，间或有其他重要城市的行情消息。至年底，总所移至上海后，各地分所相继建立，并添置了电传设备，报道的范围扩展至上海、南京、汉口等重要经济城市，发刊内容也不断增加，版面由一张增至五张。联合征信所的《征信新闻》与《行情日报》是当时了解经济信息动态，尤其是了解有关国家经济政策动态的重要渠道之一，因而得到银钱业及一般商家的重视。为适应外商银行机构的需要，自 1946 年 11 月起，《征信新闻》开始发行中、英文两种版本。《征信新闻》发行量最高时中文版有 1 712 份，英文版 281 份。

抗日战争胜利后，政府机构、金融工商机构等纷纷回迁复员，经济中心迅速向沿海转移。1945 年 9 月，联合征信所经理刁民仁赴沪，筹设上海总所，经过三个多月的筹备，于年底正式营业。原设在重庆的联合征信所降为重庆分所，接受总所领导。

在战后短暂的经济繁荣期内，联合征信所不断扩大业务范围，在重要经济城市建立分支机构。1946 年 4 月，联合征信所汉口分所成立；9 月，南京分所成立。1947 年 3 月，平津分所、北平办事处同时成立；4 月，南昌分所成立；10 月，设立重庆分所成都办事处。至此，联合征信所除总所外，设有 5 个分所 2 家办事处。为便于与各行局及外埠的联络，联合征信所还添置了电传打字机与发报机等设备，每日行情经由电传可直接发送至各大银行、公司的营业处，实现了各种商情信息的快速传递，联合征信所由此逐步构建起了全国范围内的征信调查网络。

二

联合征信所总所迁往上海后，初期工作进展并不顺利，委托调查案件较少，1945 年 12 月仅有 42 件，1946 年 1 月 47 件。所内调查人员大多是刚进所的新手，既不熟悉征信调查方法，也不了解上海与全国经济市场情况。为使调查工作走上正轨，1946 年初，联合征信所开始建章立制，加强管理。在 1946 年 2 月召开的调查工作会议中，联合征信所对信用调查工作的内容、方法、原则等进行了讨论，并制定了一些调查工作的原则和方法。经过整顿之后，联合征信所的调查工作逐渐步入正轨，调查案件数量开始明显增加。

联合征信所的信用调查分经常调查、专业调查和特种调查三种。

经常调查即信用调查，主要是针对公司企业及个人的信用状况的调查。按调查对象的不同分为工矿、公司、个人三类。首先是工矿企业调查案件，这类调查案件以四联总处上海分处的复工贷款信用调查为主。抗日战争胜利后，上海各民营工厂亟待复工，但缺乏资金。1946 年四联上海分处在总处指示下，举办了复工贷款。四联总处在上海组织了复工贷款委员会，贷款由四行两局按比例摊放，各厂矿提出的复工贷款申请由复工贷款委员会审核。1946 年 7 月，复工贷款结束，总计贷出 146 笔，金额国币 70.45 亿元。1946 年 11 月四联总处又在上海成立生产事业临时贷款委员会，前后共放款 727 亿元。对此类贷款申请，贷款委员会均委托联合征信所进行信用调查。如在审理中华毛纺厂的五千万元的贷款申请时，联合征信所受托对该厂进行了全面的调查，调查得知“该厂原料、物料、制成品、半成品四项仅值壹千万四百万元”，并根据调查结果，草拟出审查意见：“拟酌贷壹千万元。”贷款委员会第二次会议审核该项贷款时决定，“照审查意见通过。由交通承放，周息三分六。”

对公司、行号的调查要求对公司法人的个人信用状况、公司资产状况、资金来源、生产能力、营销状况、来往客户、来往行庄、同行评议等多方面进行综合考查，并作出信用评估。1946 年接受的此类调查案件主要集中在进出口贸易行业。当时国民政府为推动收复区经济恢复，通过贸易机构代购工业原料，扶助纺织等行业恢复生产，致使棉花进口猛增，其他工业原料的进口也迅速增长，经营进出口贸易的企业的贷款需求大增，主要从事进出口事业贷款的中国银行等银行机构为放款安全起见，加强了对贷款申请人的信用调查。所以在 1946 年下半年联合征信所的 2 088 件调查案件中，对公司行号的调查案件高达 1 229 件，占总数的 58.86%。此外，其他政府机构委托调查公司厂商的案件也有所增加。

联合征信所对个人的信用调查主要是对银行业内人士的调查，也即所谓的行员保证人调查。四联总处为保证贷款的安全，要求贷款申请人必须有国家行局内人员的担保，这使得各行局内都有职员成为贷款担保人。为了解担保人的出身、经历、背景及资信情况，需要对其进行专门的资质调查和认定。如 1947 年初交通银行上海分行曾函请联合征信所调查一批担保人的个人资信状况，在其所开列的198人名单中，包括：中央银行秘书处副处长范鹏言、中央银行稽核王衡、中央银行办事员丁竹雪、中国银行秘书金保赤、中国银行上海分行副经理俞九恒、中央信托局局长吴任仓、中央信托局会计处统计科主任高松、邮政储蓄汇业局营业科兑款股股长魏鉴斋、中央合作金库副部经理兼信托部经理陈荣光等人，还有重要民营银行，如金城银行上海总行经理徐国懋、浙江兴业银行总稽核沈棉远、中孚银行协理包培之等人，其涉及的单位几乎包括了所有国家金融机构及重要民营银行，被调查者的级别上至总经理，下至普通秘书、科员。联合征信所在1946年下半年的456件个人案件中，主要是此类调查。1947年1～2月平均每月的行员担保人调查案件也都在100件左右。这可以说是联合征信所个人信用调查中的特殊之处。

联合征信所的专业调查，主要是工商业概况调查。工商业概况调查与信用调查有一定的区别，它是信用调查的基础，是编制信用调查报告的重要依据之一，但它又不同于信用调查，而是属于经济统计调查的范畴。联合征信所的工商业概况调查，主要是按照四联总处的要求进行的。1946年秋，联合征信所根据四联总处的要求，调查了1946年度上海市生产事业近况，前后"调查棉纺印染工业十种、化工业十一种、电机工业二种、机器工业二种、建筑工业四种、印刷工业二种、食品工业七种、一般工业五种、船舶运输业二种，共计四十五种工业生产业"，编制成《上海生产事业报告》一份，呈送四联总处。随后，又开始调查上海金融业状况。共计调查上海211家金融单位情况，汇总编印出版了《上海金融概览》一书。1947年秋，联合征信所又奉命复查上海电机丝织工业公会全部的327家会员厂商的状况，制成调查报告，同时收集上海丝织业概况资料，编印出版了《上海丝织业概览》等。此类的概况统计调查及编印成册的调查报告，有助于社会各界全面了解上海工商业情况，是了解当地工商业状况的指南。

联合征信所承担的特种调查，就是四联总处和各行局指定的特别调查项目，其中既有工商企业公司的信用调查，也有工商业概况类调查。1948年8月四联总处为了解币制改革后的市场反应，密函联合征信所"密切注意一般市场反应及物价变动情形，随时详报"。其要求查报的内容包括："市场利率及国内汇水变动情形；各项主要物价变动情形；交易所暂停营业后有无黑市交易及价格变动情形等。"联合征信所根据调查所得，编写了《金圆券发行第一天之反应》、《币制改革后上海市场的反应》等特种调查报告，上报四联总处。

为及时掌握上海经济金融市场变动情况，四联总处还要求联合征信所不间断地调查上海经济动态，并制定了"各大都市金融经济情况调查报告办法"。该办法要求将调查报告分为周报及半年报两种；周报为逐日调查，每周报告一次；半年报每半年报告一次。要求查报的项目有：银根头寸、利率、内汇、黄金、外汇、公债、股票、银钱业动态、物价、当地政府对金融的主要措施、其他金融经济方面临时发生以及有关的金融经济事项等。四联总处规定了各项目的查报要点，如“银根及头寸”包括：松紧情形；松紧之原因及影响；国家行局及商业行庄头寸差进差出数额以及调拨情形；市面现钞流通及资金流动情形，等等。但此类经济动态调查已经不是普通工商业概况调查所能涵盖的，而需要有深层次的分析与研究，这就对调查人员的素质提出了更高的要求。联合征信所缺乏这样一支专业调查人员队伍，难以承担此项重任，所以只好敷衍塞责，能拖则拖，以致“所送经济周讯以收到时间较迟，每失时效”，甚至还中断过一段时间。

在调查工作逐渐规范、业务逐渐推进的情况下，联合征信所的委托调查客户也开始逐渐扩大，从为固定的几家基本所员服务到向社会一般银行、企业、机构等提供征信调查服务。1946 年，联合征信所共调查案件 3 049 件，其中工矿 68 件、公司 1 796 件、个人 572 件，平均每月 254 件。1947 年 1 月至 12 月，共计调查 4 793 件，其中工矿 1 194 件、公司 2 517 件、个人 1 082 件，平均每月近 400 件。在业务最繁忙的 1946 年底和 1947 年初，平均每月的调查量高达 600 件左右。

三

随着联合征信所各地的分所相继建立，各地征信调查和经济信息的交流日渐扩大，业务量稳步上升。但好景不长，由于国共内战爆发，1947 年经济即开始全面衰败，迅速蔓延的恶性通货膨胀使得民营工商业纷纷停产歇业倒闭，经济领域内正常的交易活动减少，投机之风盛行，这些都直接导致了社会信用调查需求量的锐减，在 1948 年 1 月至 4 月，联合征信所仅调查案件 695 件，较上年同期调查量减少了 3 倍以上。

1948 年 11 月，在全面经济危机中，四联总处奉命撤销。

根据四联总处的安排，联合征信所仍由“行局继续辅导”，原有的最高权力机构所务委员会主任委员由中央银行派员担任，并按照惯例，联合征信所的经费开支，除以收入抵充外，不敷之数仍由行局补足。具体支付比例为：中央银行 30%，中国银行、交通银行各 20%，农民银行、中央信托局各 10%，邮政储蓄汇业局、中央金库各 5%。

但在形势岌岌可危、社会动荡不安的情况下，各行局自顾不暇，没有人来关心联合征信所将来的命运。1949 年 2 月 2 日，联合征信所新一届的所务委员会召开了第一次会议，参加会议的所务委员中有四行两局的代表，以及上海银钱两业公会的代表。此次会议决议将联合征信所改组为股份有限公司，推向市场，“以便金融工商各界普遍参加，使征信事业能达成社会化之目的”。在 2 月 9 日所务委员会第三次会议上通过了《联合征信所股份有限公司章程》。该章程规定：“该公司资本总额 2 000 万元。公司业务范围为：办理工商调查；发行征信新闻；编印征信书报；承印文件图书；其他有关业务。公司资本金以原有资产估值

1 000 万元，需另募现金 1 000 万元。”会议还当场规定了招募股款的分配额度：钱庄 100 万元、银行业 500 万元、工业 200 万元、商业 200 万元、各发起人各募集 50 万元。截至 3 月 23 日，联合征信所共收到股款 1 190 万元，完成了公司资本金的募集。

但是，接下来如何使构建中的联合征信所股份有限公司运作起来，却再也无人过问。已经募集到的股款只能列为暂记收款，本应召开的公司发起人大会一拖再拖，公司无法办理任何登记手续，直至上海解放，联合征信所股份有限公司都没有正式开张。上海解放后，军事管制委员会对所有旧政府机构、公营企事业等实行接管，联合征信所作为原四联总处所属的公营事业被列入接管名单。1949 年 6 月 1 日，上海市军管会军代表正式接管了联合征信所，仅有五年历史的联合征信所就此宣告结束。

四

上海市档案馆藏的联合征信所档案主要集中在 Q78 号全宗 1、2 号目录案卷，约 5 000 余卷，主要是联合征信所总所迁沪以后形成的档案文件以及调查报告、资料、编印的《征信新闻》等，基本涵盖了联合征信所成立以来征信调查业务活动内容。

在该全宗 1 号目录第 1～39 卷，主要集中了联合征信所有关章则、报告、会议记录、业务往来文件，及总所与各地分所的往来函、工作报告等；1 号目录第 40～87号案卷是该所编印的各期《征信新闻》，有第 2～1109 期（馆藏档案中缺第 1 期）；第 88 号案卷系 1949 年 8 月开始编印的《工商新闻》，有第 1～26 号。该全宗第 2 号目录，第 12000～16785 号案卷，约 4 700 余卷档案，主要是各类工商企业调查资料，其中既有各厂商调查资料，如申新纺织厂概况调查、永安纺织公司概况调查、中华造船机器厂概况调查、中华铁工厂概况调查、大有余机器榨油厂概况调查等；也有银行钱庄、保险信托、外商洋行、进出口贸易如上海商业储蓄银行概况调查、大同银行概况调查、中国通商银行概况调查、太平洋保险公司概况调查、中国人寿保险公司概况调查、中国再保险公司概况调查等；还有行业概况调查，如上海搪瓷业概况调查、上海纸厂概况调查、上海卷烟工业概况调查等；以及对上海市场经济动态的调查，如币制改革后上海市场动态调查、上海食米运销及产售情形调查、最近上海工商业萎缩原因调查、工商业倒闭情形调查、上海工厂及民需用煤数量及供应情形调查等。联合征信所对社会机构、文化事业单位等的调查，内容也较为丰富。

在馆藏档案中，Q320 号全宗系中国征信所档案，其中有关联合征信所的档案约百余卷，内容比较丰富，如联合征信所对各行各业及个人的调查资料，以及联合征信所的《征信新闻》（重庆版）和沪版《征信新闻》（282～1009 期，不全），可补联合征信所全宗藏档之不足。馆藏其他档案全宗，如中国农民银行档案中，有关于联合征信所调查行员保证书的文件，邮政储金汇业局档案有关于拨发联合征信所周转金的函件，以及上海银行业同业公会、上海钱业同业公会、交通银行上海分行、上海商业储蓄银行、上海证券交易所、上海市社会局等档案中，也有部分关于联合征信所的档案材料。

由于馆藏联合征信所档案，基本上是迁沪以后形成的档案文件和积累的资料，联合征信所建所初期的档案较为匮乏。编者在选编时，对于第一部分联合征信所的档案文件，按照档案文件形成时间先后顺序进行排列，尽量选取一些早期档案，以反映该机构创立的情况；第二部分有关各地分所的档案材料，则按分所机构、时间，分别录入。第三部分的调查业务内容，主要选取了部分工商企业调查报告、各机构委托联合征信所的调查案件，以及专题调查报告，如币制改革后上海市场反映的调查报告，逐日调查、报告，是了解当时经济状况和市场动荡、恐慌、混乱的第一手资料。

上海解放后，联合征信所先后易名为“上海工商调查所”、“上海联合征信所”等，隶属关系有所变动，但在华东财政委员会、中国人民银行华东区行等有关方面的领导下，该机构继续开展经济动态、市场信息的调查收集，以及征信调查工作。其编印的《工商调查》等刊物成为当时华东财政经济委员会、中国人民银行等经济机构重要的参考资料。限于体例，这部分档案材料未选入本书。

一、联合征信所往来函件及会议记录、章程等

联合征信所关于将上海本所改为总所函稿(1945年8月19日)

送达机关：各分所

函知定八月　日起改上海本所为总所由

迳启者，本所为求推进业务，并便于联系起见，兹已于八月　日起将上海本所改为总所，其他各地本所改为分所。除分函外，相应函达，即希查照为荷。此致

各分所

八月十九日

联合征信所第三次所务委员会会议记录(1945年8月21日)

第三次所务委员会议议事日程　三十四年八月二十一日上午九时(在重庆)

讨论事项

一、本所国际事务渐多，拟设立英文部以专责成而利业务案。

说明：查本所业务已逐渐展至海外，国外商行委托调查案件渐多，驻华英美大使馆对本所经常联系亦不断有委托事项。抗战胜利以后国际贸易必趋发达，而本所外事亦必日渐繁重，关于1.国际商情广播之收听，2.经济资料之翻译，3.国外通讯稿件之撰拟，4.委托调查报告之编制，5.外事之接洽推广等事项，需人办理，似应添设英文一部，俾便总筹而专职责。

决议：原则通过，由本所筹划进行。

联合征信所工作概况(1945年8月)

联合征信所工作概况

本所于三十三年十月正式成立，尔时因有关各方所务委员未经派定，一切业务尚无规章可循，无甚进展。至(三十四)本年二月，本所章程及业务简则经所务委员会议通过施行，始克积极推进。兹将本所自三十四年二月份起至七月底止工作概况胪陈于后：

(一) 本所所员原分两种，以中、中、交、农四行及中信、邮汇两局为基本所员，其他行庄及公司均得加入本所为普通所员。统计各行庄加入本所为普通所员者，截至七月底为止，计有通惠、和成等银行四十七家，及永生等银号钱庄十家。至其他工商各业亦有来函洽请加入为普通所员者。惟以该项入所办法未经决定，故尚未接受。

(二) 本所成立以来，接受委托调查，月有进展。计二月至七月底止，逐月递增，共接受三百七十件。至委托者计有四联总处、四行两局、联合票据承兑所及行政院液体燃料管理委员

会、中央印制厂等机关。此外尚有纽约欧文信托公司、美国驻华大使馆及纽约、伦敦中国银行等机关转委托案件约十余件。就调查对象分析，以机械、化工、矿冶、盐号为较多。上项托查案件百分之九十以上均系供审核放款、贴现承兑及保证等参考之用。

（三）本所《征信新闻》自本年三月十六日正式发行，以印量有限，仅供所员参考。新闻部分刊载金融、工商、交通、财政等消息，行情部分分商品为二十大类约二百余种，所载消息颇为工商界所注意，来函索订者颇多。除金融及物价行情部分为本市各报普遍刊载外，至本所发布新闻，经本市各报转载者，计中央日报三十五则，时事新报三则，益世报三则，世界日报四十八则，商务日报一百二十六则，国民公报四十八则，大公报三则，新民报五则，金融导报八十则。发行以来，截至三月底，仅有订户十四户，至四月底订户增至一四六户，五月底增为二八四户，六月底为三六四户，七月底增为四三七户。内以重庆为最多，次为昆明、成都、贵阳、西安、兰州等地。并有各国驻华机关，订阅者计四户。至订户业别，以金融为最多，其次为工矿及商业。连同赠阅部分，截至七月底止，共为六六九户。嗣为充实内容计，除加强重庆区之采访外，国内各重要城市，如昆明、贵阳、西安等地，业经聘定通讯员并经具呈内政部办理登记，俾广推行。又为加强服务起见，现正筹备出版征信周报及征信报告两种，均以切合实用为目的。

（四）本所现有工商事业调查资料，业经按照本所分类办法，分列矿冶、机械、化学、金融等十七类，截至七月底止，共有九三〇单位均经整理就绪。又最近三个月来，续由四联总处转送各项补充资料，计二百六十余件，本所自行调查之工商资料亦续有增加，连前共达三五〇件。

（五）本年二月起本所展开工作以来，收入月有增加，二月份全月收入仅五万七千元，七月份即增至二百二十三万元，已超过该月份全部支出之半数，现仍继续增加中。又各月支出亦不断增加，七月份达四百二十余万元，所有各月份开支账册均由各行局分别指派代表按月会同审核，并将账表分别陈送四联总处及各总行局备查在案。兹将本年第二至七月本所收支列表如次：

联合征信所收支对照表　　　　卅四年二月至七月底止

项目	收入数	支出数	备考
二月份	五四，〇〇〇.〇〇	二五九，〇九八.〇〇	
三月份	一四三，八〇〇〇.〇〇	九三九，〇九四.九七	
四月份	七四一，六七〇.〇〇	一，四五九，五〇一.〇〇	
五月份	七五四，九〇〇.〇〇	二，三二〇，一七九.〇〇	
六月份	一，四四八，一〇〇.〇〇	三，一九四，一三四.〇〇	
七月份	二，二三三，〇二四.〇〇	四，二四二，二八二.〇〇	

联合征信所关于接收大东印刷厂等文件(1945年10月)

上海党政接收委员会　普字第三九六号

查关于日伪方设立(经营)之(见附表)业经本会决定予以接收并奉指定由台端负责接收，

请即行前往办理接收。除另函陆军第三方面军司令部转知切实准备外，相应函请查照办理，并将经过具报为荷。此致

刁民仁

刘存良　先生

上海市党政接收委员会

财政部驻京沪区财政金融特派员办公处训令　沪财特字第367号

令　刁民仁　刘存良

据报东百老汇路汇山里有日人经营之大东印刷厂一所，兹派该员等剋日前往接收，并将接收情形具报备核。此令。

特派员　陈行

中华民国卅四年十月九日

联合征信所函稿　沪联字第1号

案奉钧处沪财特字第三六七号训令，内开：据报东百老汇路汇山里有日人经营之大东印刷厂一所，兹派员等剋日前往接收，并将接收情形具报备核等因，奉此，当经率员前赴该印刷厂与负责日人叶义道见面，出示接收命令，批示遵办，并即取得该厂财产目录，按照所载逐项点收，随时存封。因点收手续颇繁，时间不及竣事，当夜留员在该处看守。翌晨再往继续办理接收，并责令移交人叶义道出具切结，声明所交全部资产绝无隐匿或伪造情形。兹查所有该厂资产经点收与财产目录所载相符，加以存封，并留员就近看管。奉令前因，理合抄同该厂财产目录二纸、切结书二纸、证明书二纸及该厂重要职员名单二纸一并呈请查核，并祈转报上海市党政接收委员会为祷。再该厂财产目录切情书等原件暂存保管，如需要当即呈奉。合并声明。(因该厂停业因之失业工人达六十余人，生活困难，均请求早日复业，以期获得工作。兹查联合征信所系由中中交农四行总管理处辅导设立，并经中中交农四行及中央信托及邮政储金汇业二局加入为所员，其工作为调查工厂贸易交通金融各业情形，出版书报以辅导复兴经济建设之工作，拟请该厂早日启封开工，以救济工人之失业，并拨由联合征信所管理，俾资应用，是否有当，伏乞鉴核示遵，实为公便)谨呈

特别员陈

附呈大东印刷厂财产目录二份、切结书二纸、证明书二纸及重要职员名单二纸

奉令接收　刁民仁

刘存良　谨呈

十月十五日

联合征信所致中央银行业务局函(1945年11月15日)

迳启者，查本所在沪筹设机构即将正式开业，周内即可试行。新闻稿中英文两种，接收之印刷所正筹备开工，除自用外并对外营业。顷接沪处来函，谓前以经理名义向中信局信用透支叁百万元，行将告罄。兹以开业在即，接收之印刷厂亦将复工，计需周转金及收购印刷所价款约伍百万元，嘱向中央银行业务局申请信用贷助等语。查本所一切开支系按月汇由各行局开

支审查会审查后，向各行局摊领归垫，计需时月余，始能领回。各行局原拨周转金共仅陆百万元，供渝沪两处之用甚感不敷。目前以所务委员分散各地，所务委员会一时不能召开，周转金数额无法增加。用特函请贵局惠准，由本所经理向贵沪行信用透支伍百万元，以济急需，将来俟周转金增加时归还，倘荷允准，并祈惠予速电贵沪行照办。毋任感祷。此致
中央银行业务局

联合征信所　启

中华民国三十四年十一月十五日

联合征信所致上海银行函邀加入为所员(1945年12月13日)

沪联字第陆肆号

迳启者，查本所系中、中、交、农四行联合办事总处辅导成立，其组织章程经总处理事会通过，并报经财政部备案，旨在调查工商各业情形，报道经济金融消息，为金融界服务。去年十月在渝成立，中、中、交、农四行及中信、邮汇两局为本所基本所员，并蒙当地各商业银行、钱庄一致加入为普通所员，良用感奋。各所员对于工商调查事项，均委托本所办理，英美等国及国内有关机关亦多委托调查。为加强服务起见，并按日发行《征信新闻》，专以刊载各地经济动态及金融、商品行情，以供所员参考。兹者河山光复，沪地为全国经济金融重心，经所务委员会议议决，总所迁设上海，已择定本市圆明园路八号六楼开始办公。经呈请财政部驻京沪区财政金融特派员转知本市银钱业公会，请所属会员行庄一致加入为本所所员，俾本所服务范围，益加扩大，为沪市金融界略尽棉〔绵〕薄。兹奉沪财特字第二〇五九号指令内开：呈件均悉，除令银钱两业同业公会转知各行庄外，仰即知照迳洽等因。用特检奉本所章程、业务简则及所员登记表各乙份，欢迎贵行参加，共策进行。即请惠将所员登记表填明掷下，以凭办理为荷。此致
上海银行

联合征信所　启(印)

中华民国三十四年十二月十三日

联合征信所章程及业务简则(1945年11月)

联合征信所章程

（中中交农四行联合办事处总处第二四七次理事会通过财政部渝钱两字第三三二号函备案）

一、本所由联合票据承兑所发起组织，以调查工矿贸易交通金融各业情形，培植工商信用，促进其互助合作及金融经济之发展为宗旨。

二、本所定名为联合征信所，暂设重庆，并得在外埠设立分所。

三、本所所员分基本及普通两种以，中央、中国、交通、农民四行及中信、邮汇两局为基本所员，其他金融工矿贸易等业均得加入为基本所员或普通所员。所员优惠办法及普通所员纳费标准另订之。

四、本所由四联总处指派代表一人，另由中央、中国、交通、农民四行中信、邮汇两局，重庆市银钱业公会各推派代表一人及联合票据承兑所总协理组织所务委员会，处理本所重要事项，并以联合票据承兑所总经理为主任委员，四联总处代表为副主任委员。

五、本所设经理一人，秉承所务委员会综理所务，必要时设副经理一人襄助经理处理所务。均由联合票据承兑所理事会任免之。设专员及组主任若干人，由经理提请所务委员会任免之。办事人员若干人，由经理视事实需要任免之。

六、本所分组办事细则另订之。

七、本所业务范围如左：

（一）关于工矿贸易交通金融各业之业务财务及组织管理等调查事项；

（二）关于市场消息及金融经济动态之调查事项；

（三）关于主要商品生产运销之调查事项；

（四）关于各业重要人员事业经历资力之调查事项；

（五）关于所员或非所员委托调查及研究事项；

（六）关于四联总处各基本所员及联合票据承兑所交办事项；

（七）其他征信出版事项。

八、前条（一）（二）（三）各项调查由本所随时编具报告分送所员参考。

九、所员对于本所业务应予协助。

十、本所经费除以收入抵充外由基本所员担负之。

十一、本章程经陈奉四联总处核准施行，并报请财政部备案。修正时同。

本所经呈奉中央宣传部三十四年十月十八日渝34明新字第九五四八七号函特许设立为报导〔道〕各在经济金融消息及商品行情之机关。

联合征信所业务简则

（本所第一次所务委员会通过陈奉四联总处放字五四四二二号函备案）

一、本简则依据本所章程第七条之规定订定之。

二、本所业务暂分三项：甲、经常调查事项；乙、受托调查事项；丙、出版事项。

经常调查

三、经常调查之范围如左：甲、重要工矿贸易交通金融等业之业务财务及组织管理等项；乙、市场消息、重要商品产销各行业情形及金融经济动态等项；丙、各业重要人员之事业经历及资力等项。

四、本所前条甲项调查资料随时摘要编列征信报告分送各所员参考。

五、前条乙项调查资料由本所尽可能在出版之征信新闻、征信周报及专题报告内刊布之以供各界之购阅。

受托调查

六、本所得受行庄厂商团体个人之委托，就其指定事项提供调查报告，但个人委托调查以第三条甲乙两项为限。

七、前项委托调查应由委托人填具调查委托书或正式来函申请办理，凡非本所所员委托调查时，并应提供正当用途之证明。

八、经本所送出之调查报告，委托人应负责保守秘密，如有宣泄致引起纠葛以至本所遭受损失时委托人应负责赔偿之。

九、本所得接受委托调查国外资料并得接受国外银行厂商团体或个人之委托办理调查事宜。

十、本所发出之调查报告力求事实之准确与详尽，惟被调查者之信用程度如何，仍由委托人自行判断之。

十一、委托人于收到本所调查报告后如有疑义之点应随时通知本所，以便解答或予以复查。

十二、本所出版物计分：征信新闻、征信周报、工商名录、专题报告四种。普遍发售。

甲、征信新闻　逐日报道金融动态经建新闻及重要商品行情等项。

乙、征信周报　就一周间之市况及金融经建要闻综合报道。

丙、工商名录　刊载全国重要金融工矿贸易等业名称地址及其概况。

丁、专题报告　就专题调查印行专册。

十三、为求调查普遍及消息灵敏起见，在未经本所设立分所之各重要都市得酌设特派员或通讯员。

十四、本所随时与欧美各国征信机构工商团体及我国家银行国外分支设法联系以期业务范围推及海外。

十五、本所发出之调查报告及出版之刊物，除所员另有优惠办法外，均酌予收费，其标准另订之。

十六、本简则经所务委员会议决施行并报请四联总处备案。修正时间。

联合征信所所员优惠办法

一、本所接受所员委托办理工矿贸易事业及其他调查案件每年在十件以内者，一律免费，超过此数时照成本收费。

二、本所每日在当地出刊之《征信新闻》对所员按日赠阅，以一份为限，超越此数时酌收印刷费。

三、本所出版之各种报告及其他刊物，对所员均以最优惠价格供应之。

四、对中中交农四行中信邮汇两局及上海四联分处之优惠办法另订之。

五、本所上海所员入所费暂定为壹万元，年费壹万弍千元，均一次缴足。

（民国三十四年十一月印于上海）

联合征信所广告佣金规则（1946年）

（一）本所为推广服务范围起见，特辟广告栏招广告。

（二）本所刊登广告以正当营业及启事为限，凡有碍风化之广告，本所概不刊登。

（三）凡涉及诉讼及权益之启事，须由登刊者正式于启事原稿上签名盖章，并注明文责自负，交本所存查。

（四）本所广告刊例特规定于后：

（甲）计价方法以英方寸为单位，分封面、正页及封底三种。

（乙）封面及正页每方寸每天三千元，封底每日二千伍佰元。

（丙）长期巨幅套色广告另行面议。

（丁）本所可代顾客设计广告图案，代制锌版设计及制版，费按实际成本归客自理。

（五）广告刊费实收数最低不得少于定价七成（即按定价每千元最低须收七百元），但经经理亲批折扣者，不在此限。

（六）凡招揽广告至本所新闻刊登者，均得领取佣金，其佣金办法规定于次：

（甲）凡在本所供职领薪者，佣金为广告费实收数百分之十。

（乙）凡不在本所供职之其他广告员，将广告送登本刊登载者，按实收广告费提百分之二十为佣金。

（丙）本条佣金规定试用期间，暂以八月份为限，九月份再行另核。

（七）广告费由接洽人负责收缴，送刊时，总务组请注明接洽人姓名、住址，每月二十五日结算一次。此点各接洽人务请切实注意。

联合征信所渝沪两所工作报告（1946年）

本所于三十三年十月正式成立，尔时因有关各方所务委员会未经派定，一切业务尚无规章可循。至本年二月，本所章程及业务简则，经所务委员会议通过施行，始克积极推进。兹将一年来工作概况胪陈于后：

甲、渝所工作概况（三十四年底止）：

一、本所于三十四年初开始工作，现除基本所员四行两局外，渝市各商业行庄加入为普通所员者共六十余家。

二、办理委托调查案件约七百件，以六、七、八、九各月为最多。内中一部系受美大使馆及其他国外机关委托，计三十余件，其余系四联总处、国家行局及联票据承兑所委托，商业行庄及其他机关占少数。并经常调查工商业动态刊于《征信新闻》，以供各方参考；另编"征信报告"一种，已出刊三期，分送各所员参考。

三、《征信新闻》及《行情日报》于三月十六日发刊，经逐渐改进推广，致年终时"新闻"篇幅每日已由两张增至四张，"行情"已由一张增至五张。除渝市行情外，并有平、津、沪及其他重要城市行情。本市各地报纸多转载本刊新闻及其行情，订户增至六百份，所员及有关各方赠阅者二百余份，共发行八百余份。

四、本所现有工商事业调查资料计分列矿冶、机械、化工、金融等十七类，截至本年底止，共有一千一百单位。抗战结束后，后方工业变化殊多，均经随时调查以资补充。

五、渝所收入每月已达二百余万元，间亦达到三百万元以上，差可敷渝所开支。惟沪所正在筹设，期间尚少收入。两处并计每月支出约五、六百万元。除以收入抵充外，不敷之数每月由六行局派员审查后摊付，每行局每月约负担四、五十万元。

乙、沪所工作概况：

沪所系于上年抗战胜利后十月筹备成立，兹将各项重要工作胪陈于后。

一、去年九月下旬，民仁等奉派来沪，暂假中国银行大厦内四联总处上海分处办公，开始筹备。同时多方设法寻觅所址，并向苏浙皖区敌伪产业处理登记申请优先承租敌伪房产。其后向中央信托局洽商，乃于十一月一日择定该局六楼六〇二号为本所所址。

二、所址既定即登报招考各级办事人员，分配工作，积极进行。

三、沪所成立后，经与上海市银钱业公会各会员行庄接洽，邀请加入为本所所员，迄目前止已有五十余家。

四、去年十一月起开始办理调查案件，迄至目前止，共接受四百余件。委托机关除四行两局及四联沪分处外，住渝美大使馆亦委托多件，并不断委托调查介绍进出口商。四联总处近在沪办理工矿复工贷款，其事前调查亦委托本所办理。

五、去年十二月开始筹备发刊《征信新闻》中英文沪版，经试稿多日，中文版于今年一月四日正式发行，英文版于同月七日发行。出版以来颇受新闻及金融工商各界重视，纷来订阅。至目前止，中英文《征信新闻》每日发行七百余份。又该刊所载经济消息及商品行情，沪地各大日报如申、新、大公均有转载，尤以各英文报纸如字林西报、大陆报、自由西报、大美报几每日均有所转载。本所以《征信新闻》等需要印刷设备，以资便利，藉省经费，经呈准财政部驻京沪区财政金融特派员办公处，将接收敌产大东印刷厂，拨借应用。曾经筹备开工，嗣以工人问题，暂时停止。现已向苏浙皖区敌伪产业处理局申请，准予优先价购，并准续租厂房，正在洽办中。

联合征信所1946年度计划大纲

联合征信所卅五年度计划大纲

一、遵照所务委员会决议迁设总所于上海，同时于重庆、汉口、天津、广州等地设立分所，以便配合当地银行业务需要，扩大调查范围，灵敏经济新闻及行情之报道。

二、加强对外商及海外之服务，设法与外商银行、英美使馆、商务人员、国家银行国外分支及英美征信机构密切联系。

三、充实英文部，俾对于外商委托调查事项、英文新闻及行情之发布及出版事项，逐渐设法改进提高及效能。

四、继续办理各地工商信用调查，设法与各行局及各地商营行庄征信人员密切联系，不断多方搜集资料充实现有调查单位及资料内容。

五、举办工商界重要人员经历资力及其他有关征信之调查。

六、继续调查各地金融及商品行情，加强各地经济新闻之采访，力求报导〔道〕之正确迅速及内容之充实。

七、继续在上海、重庆出刊中英文征信新闻，并在其他设有分所地点分别出刊，设法与当地新闻界密切联系，俾本所稿件能为各报普遍采登，同时设法推广发行份数，增加新闻订费收入。

八、为加强服务起见，拟于本年度内发刊中英文征信周报，对国内外一周金融经济动态及行情作综合之报导，对国内外金融经济方面重要学说及言论作扼要之介绍。

九、筹设印刷所于总所所在地之上海，承印本所出版物，以节经费而利工作。

十、设法改善员工待遇，使其安心工作而免异动过繁影响业务。

联合征信所与邮政汇业局关于订阅《行情日报》往来函(1946年1～4月)

联合征信所函(1946年1月4日)

本所自即日起发行《行情日报》按日送奉希指正由。

迳启者，本所自即日起发行《行情日报》一种，刊载沪市各种金融物价行市，每日下午四时出版。此项行情均系本所派员分赴各市就地采访，按日由专差送奉。至希察收，并赐指正为幸。此致

邮政储蓄汇业局

联合征信所　启

中华民国三十五年一月四日

联合征信所函(1949年1月8)

函复准送五份《行情日报》由。

迳复者，接准沪字第六六六号大函，嘱每日寄送五份一节，自可照办。相应函复，请查照为荷。此致

邮政储蓄汇业局上海分局

联合征信所　启

中华民国三十五年一月八日

联合征信所函(1949年4月)

为函送订阅办法及空白复函一纸由。

沪联字第廿六号

迳启者，查贵处订阅敝渝所发行之《行情日报》及《征信新闻》，将于本年四月廿三日满期。为免中断起见，特检附订阅办法及空白复函一纸，专函奉达。如荷续订，至希先期通知，并将订费惠下，以便继续送阅为荷。此致

总务处

附订阅办法及空白复函一纸

联合征信所　启

《征信新闻》订阅办法

(一)本报由联合征信所发行，专以报道国内外重要经济新闻及各地主要金融商品行情，如需订阅，按照后表收费。

《征信新闻》订费表(三个月起订)　　三月六日重订

订阅月数	原订价	优待折扣	订费(每份)	外埠附加邮费(每份)	
				航平	平信
三个月	三六.〇〇〇元	无	三六.〇〇〇元	四.五〇〇元	三.六〇〇元
六个月	七二.〇〇〇元	九折	六四.八〇〇元	九.〇〇〇元	七.二〇〇元
九个月	一〇八.〇〇〇元	八五折	九一.八〇〇元	一三.五〇〇元	一〇.八〇〇元
全年	一四四.〇〇〇元	八折	一一五.〇〇〇元	一八.〇〇〇元	一四.四〇〇元

(二)本所基本所员(中、中、交、农四行中信、邮汇两局)概按所员优惠办法赠阅一份(本市为限),如须另送,按照后表收费。

订阅月数	原订价	优待折扣	订费(每份)	外埠附加邮费(每份)	
				航平	平信
三个月	三六.〇〇〇元	七五折	二七.〇〇〇元	四.五〇〇元	三.六〇〇元
六个月	七二.〇〇〇元	七折	五〇.四〇〇元	九.〇〇〇元	七.二〇〇元
九个月	一〇八.〇〇〇元	六五折	七〇.二〇〇元	一三.五〇〇元	一〇.八〇〇元
全年	一四四.〇〇〇元	六折	八六.四〇〇元	一八.〇〇〇元	一四.四〇〇元

(三)本报除星期日及例假外,每日下午四时出版,随派专差分送,远道寄费另加。

(四)本报已出各期,如须补送,每份收回印刷费陆百元。

(五)本报接受外埠公司行号之委托,对于指定之金融及商品行情按日专电报告,酌收费用,其办法由双方随时洽定之。

(六)本所渝所发行《征信新闻》重庆版一种,报导重要经济新闻及渝市主要金融商品行情,如需订阅,请向本所接洽。

(七)本所地址:上海圆明园路八号六楼,电话一七一四八号、一一三九〇号,电报挂号八〇八四号。

(如荷订阅《征信新闻》即请将此单剪下寄所,填明订阅日期,以便照送)

《征信新闻》订阅单　沪字第----号

兹订阅	贵所《征信新闻》(上海版)	合计	个月
请自　月	日起逐期送至		收
兹附上订费国币		元及邮费国币	元
共计国币		元$	即请查收给据为荷。此致
联合征信所			
附国币	元	订户	启　年　月　日

(订户惠付订费请开敝所抬头支票另由敝所出给收据为凭)

联合征信所调查资料组第一次组务会议纪录(1946年2月4日)

时间:三十五年二月四日下午一时

地点:本所办公室

出席者:石抗鼎　夏昌明　胡隆昶　周祥生　秦世德　程昌龄　陆廷彦　丁敏成

指导:刘副理

主席:石抗鼎

纪录:夏昌明

一、主席报告:

本人承刁经理及刘副理委托,负责本组事务以来,觉得在初创时期凡事不免零乱无绪,今日召集诸位互相研究,一、如何使工作效能增加;二、如何使报告内容充实;三、如何扩展资料组职务。第一点应使各调查员详悉调查方法,以获得真实资料,第二点则在统一报告格式以免重要各项有所遗漏,第三点则在广集资料并为有系统之编列。所以今天之讨论事项为拟订调查须知,制定调查表与报告格式及协助资料获得方法。

二、讨论事项:

甲、调查须知如何拟订案

决议:推定夏昌明负责起草,下次会议时讨论。

乙、个人公司行号及工矿事业调查表之内容应如何使之更为充实案。

决议:工矿事业调查表已极详尽,毋庸增改,仅调查时须特别注意于过去产销情形。

个人及公司行号调查表之重要内容如左格式请夏昌明拟定后传阅。

1. 个人调查表之重要内容

(1) 姓名　(2) 别号　(3) 年龄　(4) 籍贯

(5) 地址　(a)办公地址,电话　(b)住宅地址,电话

(6) 学历及经　(7) 现任职务　(a)本职　(b)兼职

(8) 著作及发明　(a)著作　(b)发明　(c)擅长

(9) 家庭状况　(a)直系亲属人数　(b)旁系亲属人数　(c)寄居人数及关系　(d)仆役人数

(10) 资产(a) 不动产一、房屋,二、土地,三、农田,四、其他

(b) 动产一、银行存款,二、其他流动资产

(11) 负债　(a)长期负债,(b)短期负债

(12) 每月收入　(a)薪给,(b)利息,(c)租金,(d)其他

(13) 每月支出　(a)本人,(b)家用,(c)其他

(14) 政治及社会关系　(a)参加何种组织及活动　(b)与闻人名士之关系

(15) 其他

2. 公司行号调查表之重要内容

(1) 行号名称　(2) 简称

(3) 地址 (a)总店或管理处 (b)分店 (c)外埠分店 (d)以前地址

(4) 电话 (5) 筹备经过

(6) 设立日期 (7) 改组日期 (8) 注册机关及日期

(9) 登记证号 (10) 经营方式

(11) 资本 (a)额定 (b)实收 (c)变更经过 (d)现在资本 (e)重要股东及所占股数

(12) 重要人员 (a)董事长 (b)常务董事及监察人 (c)重要股东 (d)经理 (e)副经理

(13) 营业范围 (a)主要业务 (b)次要业务或副业

(14) 营业情形 (a)进货,一、来源;二、主要客户;三、现金或欠账;四、最近一年或半年来进货数量及金额。(b)销货:一、销路,二、主要客户;三、现金或欠账;四、最近一年或半年来销货数量及金额。

(15) 财务情形 (a)流动资产 (b)固定资产 (c)流动负债 (d)固定负债 (e)历年盈余数额 (f)往来行庄 (g)信用情形

(16) 关系事业

(17) 附注

丙、个人公司行号及工矿事业调查报告之编制方式应如何统一案

决议:

1. 个人调查报告应载明:

(1) 年龄 (2) 籍贯 (3) 住址 (4) 略历(学历及经历)

(5) 现任职务(本职兼职) (6) 资负情形

(7) 每月收支 (8) 其他事项

2. 公司行号调查报告应载明:

(1) 简史 (2) 资本(额定、实收、变更经过、重要股东)

(3) 负责人、董事长、总副经理、厂长

(4) 组织(经营方式、组织系统)

(5) 设备(厂房机器)

(6) 业务(一)产品:a. 需用原料数量及金额,b. 员工人数,c. 工作时数,d. 每日产量,e. 过去一年或半年来之销货数量及金额;(二)销货:a. 方法,b. 主要顾客,c. 过去一年或半年来实际生产数量及金额

(7) 财务(另编简明资负表流动资产及负债状况重要科目说明)历年盈亏情形销售透支情形

(8) 其他

丁、如何充实资料组内容案

决议:

1. 二月一日起改革报纸剪贴办法,当日由剪报员将拟剪资料圈出归类,经主任复阅以免重要资料之遗漏,至次日再为剪贴工作。

2. 补定各界经济书报及杂志。

3. 整理已有资料编制各项索引及表报。

4. 每月底编制物价指数商情及金融统计。

三、临时动议

甲、工矿调查表中末页末项生产事业申请贷款须知第三条申请人应具各项表报是否均应索取案

决议：以全部取得为原则，在特殊情形下可按表报之性质权衡轻重由调查员酌定之(最少应有资负表或各科目余额表及产销统计表)。

乙、组务经常会议日期之规定

决议：暂定每星期一开会一次，必要时得随时召集之。

联合征信所调查资料组第二次组务会议纪录(1946年2月11日)

调查资料组第二次组务会议纪录

时间：三十五年二月十一日下午一时

地点：四联分处会议室

出席者：石抗鼎　夏昌明　秦世德　陆廷彦　丁敏成　程昌龄

指导：刁经理　刘副理

主席：石抗鼎

纪录：夏昌明

一、主席报告：

本人到所以来，今天是第四星期，开始在第一星期内办理接收事务，第二星期才开始工作。现在将过去调查结果作一总结的报告(见附页)。在上星期内工厂调查报告的格式与内容经刘副理多次指导，现在已经有了一定的顺手，以后诸位在调查时亦可得一范围而容易着手。资料组方面已将调查完毕之各项案卷分类归档，并已将案卷有关人名编成索引(余略)。

二、刁经理指示：

略谓征信事业将日趋重要，它以客观的立场替金融业搜集各种必要的参考资料。过去银行放款大都由跑街兜揽或负责人片面的意见而决定，资料纪录亦凭口述，一旦跑街去职，每因接任者主观不同而致资料不能连续。至于征信所则对历年调查均有案可查，不会因主事者之主见而歪曲事实，资料大都有连续性，如能扩大范围，广为搜罗，十百年后，又安知不为全国的资料库。同时在作成资料时，提供必需的分析材料，使阅者之认识格外清楚。所以我主张本所应该购备各项普通的书籍，如 Finey 会计学原理，Lawralle 成本会计，Faiter and halogor 货币银行，Mills 统计学，其他如经济地理、会计报告分析、公司理财等，以为在做报告时的参考。各位如能本此努力，不久成绩定可斐然(余略)。

三、刘副经理指示：

略谓本所工作已入正轨，二月末已有不少成绩，但是我们不应自满，一切尚需加紧努力。今后尤须注意迅速使委托机关于指定日期内获得报告，其次对于报告内容应力求充实，所举事

项应有根据，不确实之词句切勿应用。

四、讨论事项

甲、调查须知已由夏昌明君及陆廷彦君会同草就，请讨论案。

决议：修正通过。

乙、各案件调查日期每有超出预定日数致报告不能如期发出。兹为增强效率起见，应如何规定各案调查期限案。

决议：一、工矿调查每件不超过五天；二、公司商号调查每件不超过二天；三、个人调查每件不超过一天；四、对保案件（附有表格者）每件不超过半天。如有特殊情形，得商承主管人酌予延长。

丙、为便利调查工作之进行，应如何与各方联系案。

决议：由各调查员与各界（如各同业公会等）多为联络，对各银行办理征信人员尤应密切联系，以便广征博引。

丁、本所在沪成立未久，对于工商资料亟待多方搜集，各调查员于调查时请随时注意搜集有关资料以资充实案。

决议：通过。

委托者委托件数统计表　　　　二月十一日

（委托者）	（委托件数）	百分比
中央银行业务局	三十五	五〇. 七
中国农民银行上海分行	十九	二七. 六
中国银行上海分行	四	五. 八
社会部全供处东南分处	一	一. 四
四联分处	八	一一. 六
渝所	二	二. 九
合计	六十九	一〇〇. 〇

调查对象统计表　　　　二月十一日

（调查对象）	（件数）	（百分比）
化学工业	二	二. 九
纺织工业	十	一四. 五
教育用品出版事业	一	一. 四
交通运输业	二	二. 九
一般企业	二	二. 九
金融事业	十	一四. 五
贸易贩售业	十三	一八. 八
一般商业	五	七. 三

电机工业	二	二.九
个人	二十二	三一.九
合计：	六十九	一〇〇.〇

附注：

正在进行中	十四
已调查未发出	八
留待调查	十四
合计：	三十六
总计：	一百〇五

关于准备工作者

一、每一调查案件接受后，应先计划调查之事项，提出之问题，及进行调查之方法。

一、对本所应有资料，应尽先利用，俾收事半功倍之效。

一、进行调查除应直接向厂商访问者外，并应筹划向其他有关方面如银行、工商业同业公会、主管机关、个人等间接调查以资参证。

一、调查前先将调查表送请被调查人详填，必须逐项核对。

一、进行调查如须由所备函，或由私人介绍者，应先准备之。

关于进行调查者

一、调查时应先注意自己之身份，绝对应站在客观之地位。

一、调查者须先表现崇高无私之精神，使被调查产生信仰心，而利调查之进行。

一、态度应谦和，观察应入微，头脑须冷静机警，判断力应迅速合理。

一、发言应婉转，问题应切合调查之目的，对题外问题，应量减少，俾免引起误会，至揭发私隐之问题，尤应避免。

一、应富于勇气与耐性，不避艰难与烦琐，每一问题须从直接间接正面侧面多方访查之。

一、凡耳闻不可广信，倘有疑义并应另寻旁证，以期信而有征，而使资料详尽确实。

一、调查应迅速进行，尽量照委托人限期办妥，由于特殊原因而须延长时，应先函告委托人。

一、应保守被调查之秘密。

一、切勿受被调查者之招待及馈赠。

一、如遇不愿接受调查之厂商，应婉言解说本所之性质与任务及不接受调查时将予有关各方以不良印象，而促其接受调查。

关于调查报告者：

一、调查结束后，将调查时之笔录整理之，编成报告。

一、报告之内容，当着重被调查者之有关事项，如组织、人事、设备、业务、财务等，其无关闳旨者，切勿列入，对报告内容调查者当负全部绝对正确之责任。

一、调查报告应报道详尽事实，勿添加批评结语。

一、文字应简洁，意义应明显，模移两可、似应闻说之言词，切勿应用。

一、□□数字须制表格以资清晰。

一、财务表报，应核对账册，并查明各科目之内容，及依据会计原理分析之。

一、调查时间经过太久者，应于报告末尾注明经过原因，以免委托人误会本所稽延。

一、对于被调查厂商之印象及意见，可附录于报告之后，以供内部参考，但不抄送委托人。

联合征信所关于《征信新闻》特约记者通讯规程拟稿(1946年3月)

兹拟就征信新闻特约记者通讯规程呈核　三、廿八

经理刁

副理刘

征信新闻特约记者通讯规程

甲、通讯内容

一、当地经济设施情形；

二、当地金融变动情形；

三、当地物价升降情形；

四、当地物资产销情形；

五、当地商货进出情形；

六、当地交通运输情形；

七、当地财政兴革情形；

八、当地各业统制情形。

乙、通讯联络：

一、本市通讯稿件应尽速汇送本所新闻组查收，如有临时事件，须随时电知本所，以便派员协助采访。

二、外埠通讯稿件，应用最快邮递方法迳寄本所新闻组查收，如遇特殊事件，则应拍发急电，以期迅速，免误时效，电费按实数支给。

丙、通讯要点：

一、通讯稿件，所用数字务须正确翔实，叙述则应层次分明有条件不紊。

二、通讯报道并须分题分案用有系统之报道，每一重要事件发生，须分案继续报道其经过及发展情形。

三、通讯稿件所有资料必须直接采访，不得剪抄报纸。

四、每稿字数，本市者每页由二百字至五百字，外埠以一千五百字至二千字为宜，但有特殊内容者，不在此数。

丁、通讯规约：

一、各特约通讯员本市者每月至少送稿十五条，外埠者每月至少发稿十次。

二、特约通讯之待遇采用稿酬制，每千字只以刊出字数为算，以五千元给酬，但重要稿件视其重要性及时间性，从一倍至五倍增酬，其统计表类(须附原表)之数字稿件，得加一倍至三倍计算。

三、通讯员之应聘书以第一次稿发出后寄发。

四、通讯稿件除供本所采用外，不得投寄他报或刊物发表。

五、通讯稿件如有捏造事实，其责任由本人自负。

六、各特约通讯员不得利用本所名义在外作任何政治及不正当活动。

七、通讯员送稿不及标准，或有违反本规程之规定者，得随时解聘。

联合征信所为《征信新闻》登记事与上海市社会局往来函(1946 年 3～5 月)

沪联字第 273 号

接准贵局第四处第二课市社福二(35)第 215 号函，嘱即来局依法办理《征信新闻》登记等由。查本所为中中交农四行联合办事总处辅导、四行两局联合组织之征信机构，为适应工商金融各界需要，发刊征信新闻并附行情日报，于三十三年底在渝初期发刊，经中宣部三十四年十月十八日渝 34 明新字第 95487 号函特许，嗣又领得中央宣传部 05487 号及内政部部字第 10382 号登记证。上年抗战胜利，即由四联总处派员来沪设立，以便配合金融业务需要，并于本年一月间开始发刊沪版《征信新闻》中英文各一种，内容为报道重要经建新闻，并附行情日报，汇刊沪市各种重要商品当日行情，均由本所分派专员向各市场实地采访，以求翔实，于每日下午四时以前出版。兹准函嘱，相应填具新闻纸杂志登记声请书四份，随函附奉，即请核转登记为荷。此致

上海市社会局

联合征信所　戳

中华民国卅五年三月十六日

新闻纸杂志登记声请书

发行机构　名称　类别　社务组织　资本数目　发行所　印刷所　地址

《征信新闻》　经济通讯　为中中交农四行联合办事总处辅导，四行两局联合组织之联合征信所。刊物由联合征信所设新闻组及英文部主办其事。本刊经费由联合征信所担负。联合征信所地址：上海圆明园路八号六楼　油印

联合征信所

发行人　姓名　籍贯　年龄　学历　经历　是否党员及党证字号

住所

刁民仁　四川　四十一　美国伊利诺大学商学士经济学硕士中央政治学校主任教授四联总处秘书上海四联分处副主任委员　军成字〇〇〇一五

编辑人　陆国香　浙江绍兴　四十三　国立劳动大学社会科学院毕业　中美日报经济编辑安徽中央日报经济周刊主编社会部合作供销处云南分处副处长　上海建国中路一〇三弄二丨九号

张顺沂　江苏淮阴　国立北平大学法学院经济系毕业　三十六　国立第二十一中学秘书训导主任北平益世报经济新闻编辑　上海中正南二路金

谷邨五十九号

刘烈　浙江永嘉　三十六　沪江大学商学院肄业　上海华商交易所职员九年浙江地方银行旅行货物动销处会计主任二年总行行员二年　上海西门路马当路普庆里三十四号

考查意见：该刊为四联总处所办，现迁沪发行，重行登记。拟准予转呈。

兹因发行《征信新闻》中文、英文，谨依出版法第九条及同法施行细则第九条之规定，开具右列事项声请登记。谨呈

上海市社会局

具声请书人　联合征信所(章)

发行人　刁民仁(印)

中华民国三十五年三月四日

上海市社会局收文

事由：联合征信所呈请发给证明书由

拟办：已予核转，拟准照发。　五、八

联合征信所呈请社会局发给证明　书沪联字第376号

迳启者，案查敝所前为申请新闻登记，经奉贵局第四处第二课本年三月五日发文市社福二(35)字第215号公函，嘱依法登记，当于同月十六日填具新闻纸杂志登记申请书四纸备函送请核转登记在案。兹以敝所发行增加，外埠订户颇多，以尚未奉到内政部及中央宣传部新闻登记执照，每日邮寄外埠新闻均照普通信函类寄递，所费邮票为数颇钜。兹为减轻读者负担，拟在敝所未奉内政部及中央宣传部执照以前，请由贵局核发新闻登记准予备案证明书，俾敝所邮寄新闻得按新闻纸类办理，以节物力。实为公便。此致

社会局

联合征信所　启

中华民国三十五年五月七日

社会局证明书　第6857号

为据呈准予证明由

上海市社会局证明书　字第6857号

案据联合征信所呈，为便于向邮局申请挂号作为新闻纸类寄递，拟请发给证明文件等情。据此，查该刊业经依法向本局办理登记手续，合亟予以证明如上。须至证明者。

右给联合征信所

局长　吴开〇

副局长　李剑〇

中华民国　三十五年五月十三日发出

联合征信所概况(1947年8月)

联合征信所概况　民国三十六年八月

一、简史

联合征信所系由中中交农四银行联合办事总处理事会决议，由四行两局联合设立，于民国三十四年三月在重庆正式成立。以调查工厂贸易交通金融各业情形，培植工商信用，促进其互助合作为宗旨。胜利后总所移设上海，重庆改设分所。嗣为适应金融工商各界需要，复在南京、汉口、天津、北平、南昌各地增设四分所及办事处。最近正筹设成都办事处，不日成立。此外并拟添设分所于港穗等地。本所所员分基本及普通两种，以中央、中国、交通、农民四银行及中央信托局、邮政储金汇业局为基本所员，其他行庄均可申请加入为基本所员或普通所员。现京沪赣汉渝平津当地银行银号钱庄加入为普通所员者，已达六百余家。三十六年四月全国银联会在京召开成立大会时，由出席代表三十余人提议全体通过该会所属会员银行一律参加联合征信所为所员，藉以加强联系，促进征信事业之发展。入所手续，正分别洽办中。本所主要业务为工商信用调查，及出版两种调查资料。历年累积，已达二万单位。每月全国受托调查案件以千计，出版物则有各地出版之中英文《征信新闻》及各地金融业概览、上海市上市股票厂商概览、上海制造厂商概览、丝织业概览、金融法规汇编等书，销行甚广。三十六年四月间为求商情报道迅速起见，特于上海各大银行安装电传打字机六十余部，市场行情及行情变动随时电传。我国通讯社中有此项设备者，以本所为第一。本所组织，总所设经理一人，内部分总务、调查、新闻、英文、业务五组，负责推进日常工作。

二、地址

总所：经理室、总务调查两组设上海中山东一路廿三号中国银行大厦九楼，电话一九八七七，电报挂号八〇八四，新闻英文业务三组设上海河南路三〇三号，电话九八五六〇、九六〇七七、九五一〇七，电报挂号八〇八四。

总所印刷厂：上海东大名路汇山里二五号，电话五一〇四四

南京分所：南京杨公井十七号，电话二一七四〇、电报挂号五一一四

重庆分所：重庆林森路下黉学巷四号，电话四一四三七，电报挂号四〇四〇

汉口分所：汉口汉江路一八八号，电话二五四三，电报挂号二〇二〇

平津分所：天津中正路九〇号三楼，电话三六〇七，电报挂号八〇八五

平津分所北平办事处：北平西交民巷中央银行，电话三五一七六，电报挂号五一七六

南昌分所：南昌民德路八七号，电报挂号一七九四

三、经费

每月经费除以收入抵充外，不足之数由基本所员担负之。

四、负责人

上海总所经理：刁民仁，美国伊利诺大学商学士经济学硕士、中央政治学校计政学院主任教授、四联总处秘书兼上海四联分处副主任委员

副经理：万长祐，国立商学院毕业，四联总处稽查

平津分所经理：张果为，德国柏林大学经济学博士、福建省财政厅长、财政部平津财政金融特派员

平津分所副经理兼北平办事处主任：殷锡琪，燕京大学经济系文学士、研究院研究员，现

任邮政储金汇业局北平分局经理

汉口分所经理：杨书家，美国密里苏打大学经济学博士、现任汉口交通银行副经理

副经理：吴文会，国立上海商学院毕业

重庆分所经理：马泽恒，国立武汉大学中央政治学校计政学院毕业、四联总处观察

南京分所经理：刁雨贤，成都大学毕业、重庆商务日报编辑主任，万新实业公司经理

南昌分所经理：周友端，美国华盛顿大学商学硕士、现任中国银行南昌分行经理

五、全所员生

总计一九三人。

联合征信所第四次所务委员会会议记录(1946年4月17日)

联合征信所第四次所务委员会会议记录

时间：三十五年四月十七日下午七时

地点：上海国际饭店十八楼

出席：刘攻芸　王志莘　刁民仁　马季平　蔡公椿(刁民仁代)　李轫哉　潘世维　郜曾华　(沈寿山代)　刘存良

主席：王

甲、讨论事项：

一、准北平张特派员函请，将特派员办公处调查组改组为本所平津分所案。

(说明)奉四联总处交下冀鲁察热区财政金融特派员张果为先生致顾秘书长函一件，建议将财政部驻冀鲁察热区财政金融特派员办公处调查组改组为本所平津分所，并将所有图书资料家具房屋一并提交，并推荐该组正副组长杜俊东、刘厚滋担任分所经副理，经四联总处特种小组会决议：原则可行，移请联合征信所所务委员会核议等语。

决议：

1. 查平津设所确属必要，张特派员所荐经副理二人资历甚佳，可予照派，仍嘱从速筹备，以便早日开业。至张特派员对本所热忱赞助，应由所去函致谢。

2. 本所章程，对所务委员有一定名额，拟呈请四联总处酌予增设，以便延揽金融界先进贤达参加，共策进行。

3. 粤港分所，应即筹划进行。

二、渝沪两所员工，以物价高涨，请予按照四行两局调整待遇，以舒艰困案。

决议：查本所尚在创业时期，负担能力原属有限，惟物价高涨，员工生活亦应兼顾，兹从新订定沪所待遇办法如下：

1. 薪水加成数照公务机关办理。

2. 基本数照公务机关办理。

3. 膳费照米一市石计算。

4. 宿费照现在数目加两倍发给。

5. 交通费一万五千元。

至各分所及工友待遇可参照沪所办法分别订定之。

三、基本所员托查案件应否酌收费用以贴开支祈核示案。

决议：基本所员托查普通案件，仍应免费，至特殊调查，可酌收费用。

四、本所分支机构，逐渐增添，物价日涨，而经费摊领，缓不济急，应否将周转金酌予增加以利工作祈核示案。

决议：查本所将在各重要商埠添设机构，现有周转金仅乙千八百万元，且经费报销摊领为时最少一个半月，周转为难，可陈请四联总处转知各行局，各再增拨周转金二百万元，俾裕经费而利工作。

五、各总行局业已东迁，所有本所经费收支，从本月底起请各行局派员在上海审查，不足经费，亦改在上海摊领，以资便捷案。

决议：照办。分函各总行局并陈报四联总处。

王志莘

三五四.二九

联合征信所关于在沪召开四月份经费审查会函(1946年4月16日)

来文机关：渝所四月份开支审查会请在沪举行由。

批示：遵照第四次所务委员会议决议，分函四分局，并报四联总处。

民仁　四、十八

联总字第159号

迳复者，接准四月十三日沪联字第336号大函暨清单，祗悉一是。所列六项，可于下次举行审查会时提出。惟查各行局现已大部迁返京沪，而本所业务重心，亦已移至上海，为求业务商洽近便，及经费周转灵敏起见，四月份开支审查会议，拟请即在上海举行，以免辗转迟延，影响经费周转。即请察酌洽办见复为荷。此致

沪所

联合征信所　启

中华民国三十五年四月十六日

联合征信所关于在沪召开经费审查会与四联总处等往来函(1946年4～5月)

联合征信所致四联总处函稿

中中交农四行联合办事总处钧鉴：

查本所每月经费收支向由四行两局组织开支审查会，按月在重庆开会审查。兹以各行局业已东迁，为使审查工作及摊领经费手续便捷起见，经本所第四次所务委员会会议决议，以后每月审查经费请各行局派员在上海办理，不足经费亦在上海摊领。除分函各行局洽办外，理合备文陈报，仰祈察照备案为祷。

联合征信所

中华民国卅五年四月廿二日

中央银行函复派郑德彰为审查代表

函复本行派稽核郑德彰负责审查经费由　沪央字第八九四号

准沪联字第三五二号函，略为贵所决议以后每月审查经费请各行局派员审查，不足经费亦在上海摊领，嘱查照办理见复等由。准此，自应照办。兹本行派稽核郑德彰负责审查。相应函复查照。此致

联合征信所

中央银行总裁　贝祖诒

卅五年五月十日

中国银行总管理处函复指派吴毓琪为开支审查会出席代表

函复指派吴毓琪为开支审查会出席代表由

中国银行总管理处　总沪（会）一五三

迳复者，接沪联字第三五二号大函关于贵所每月经费收支之审查工作及摊领经费手续均在沪办理，并嘱将敝行出席审查经费会议之代表奉达等由祗悉。兹指派敝处会计处吴课长毓琪为敝行出席审查经费会议之代表。即希洽照为荷。此致

联合征信所

中国银行总管理处启

中华民国卅五年四月卅日

中农总处京办事处函复派沪行颜泽之为出席审查会代表由

函复派沪行颜泽之为出席审查会代表由

中国农民银行总管理处函　京576号

迳启者，沪联字第三五二号台函以贵所每月经费改在上海开会审查，嘱派员参加等由，自应照办。兹派敝上海分行副理颜泽之为敝行代表，就近参加。相应函复，即希台洽为荷。此致

联合征询所

中国农民银行总管理处驻京办事处

中华民国卅年五月初九日

中央信托局函复派李其昌为开支审查会代表暂由吴志远代理出席函请查照

派李其昌为开支审查会代表暂由吴志远代理出席函请查照由。

中央信托局　秘字第3631号

迳复者，四月廿二日沪联字第三五二号大函洽悉，关于四行两局派员开会审查贵所每月经费收支事宜，兹本局派会计处账务科主任李其昌为代表，在该主任未到沪前，暂派办事员吴志远代理出席。相应函复，即希查照为荷。此致

联合征信所

中央信托局副局长　沈熙瑞

中华民国三十五年五月二日

联合征信所与上海钱业公会关于会员钱庄加入为所员事来往函（1947年2～6月）

联合征信所函　沪联字第一一四八号

迳启者，查敝所系中中交农四行联合办事处辅导设立，其组织章程经总处理事会通过财政部备案，旨在调查工商各业情形，报导经济新闻行情市况，以应金融工商各界业务上之需要。总所于民国卅三年春在渝成立，中中交农四行及中信邮汇两局为基本所员，渝地各商业行庄均先后加入为所员，迄至现在所员行庄已达二百余家，良用感奋。沪上为全国金融荟萃之区，值兹本年度开始，敝所为扩大服务范围起见，拟请贵公会转知所属各会员钱庄，有尚未加入本所者，一致加入为敝所所员，共策进行而增联系。相应函达，致希查照惠予办理并见复为荷。此致

上海钱业同业公会

联合征信所　启

中华民国卅六年二月六日

附未加入钱庄名单（计 48 家）

福源钱庄、福康钱庄、惠昌钱庄、顺康钱庄、上海信裕钱庄、聚康钱庄、征祥钱庄、滋康钱庄、敦裕钱庄、上海其昌钱庄、五丰钱庄、仁昶钱庄、存德钱庄、均昌钱庄、均泰钱庄、信季钱庄、致祥钱庄、义昌钱庄、赓裕钱庄、滋丰钱庄、庆成钱庄、上海鼎康钱庄、建昌钱庄、福利钱庄、慎德钱庄、信中钱庄、信和钱庄、宝昌钱庄、汇大钱庄、元成钱庄、裕康钱庄、永庆钱庄、义丰钱庄、春茂钱庄、大生钱庄、大赉钱庄、生大和记钱庄。春元钱庄、晋成钱庄、立昶钱庄、恒丰钱庄、同德钱庄、惠丰钱庄、人丰钱庄、益大钱庄、同庆钱庄、庆和钱庄、志裕钱庄

联合征信所经理刁民仁致钱业公会董事长徐日新函（1947 年 2 月 6 日）

日新吾兄大鉴：

敬启者，联合征信所办理工商征信业务，以服务金融及工商各业为主旨，前年冬季承贵会通函各会员钱庄加入为该所所员，当有商业行庄五十余家，先后参加。上年间后方行庄迁沪及在沪设立分庄者颇多，尚未加入为所员除已函请贵钱业公会惠予转知一致加入，共策进行而增联系外，特函奉达，至希鼎力赞助，公私感祷。专此敬颂

筹绥

弟　刁民仁

中华民国卅六年二月六日

上海钱业公会复函

事由：复联合征信所为函请未加入钱庄为该所所员一事已照单开庄名分函转劝

迳复者，接贵所沪联字第一一四八号函，以敝会会员钱庄中尚有未加入贵所者，开列名单，函请转劝加入，并嘱将办理情形见复等由。除抄照开示庄名，据情分函洽办外，相应备函奉复，即希查照为荷。此致

联合征信所

中华民国卅六年贰月拾日

上海钱业公会致各行庄函

事由：函福源庄等四十八家为请加入联合征信所为所员

迳启者，据联合征信所沪联字第一一四八号函称，查敝所系中中交农四行联合办事处辅导

设立，其组织章程经总处理事会通过财政部备案，旨在调查工商各业情形，报导经济新闻行情市况，以应金融工商各界业务上之需要。总所于民国卅三年春在渝成立，中中交农四行及中信、邮汇两局为基本所员，渝地各商业行庄均先后加入为所员。胜利以后，总所迁沪并先后在京汉渝三地设立分所，迄至现在，所员行庄已达二百余家，良用感奋。沪上为全国金融荟萃之区，值兹本年度开始，敝所为扩大服务范围起见，拟请贵公会转知会员钱庄有尚未加入本所者，一致加入为所员，以策进行而增联系等语。并附未加入之钱庄名单一纸到会。查其所开名单，宝庄系在未加入为该所所员之列。用特据情备函奉达，即希台洽办理为荷。此致

钱庄

联合征信所函沪 联字第一七八四号

迳启者，查敝所系中中交农四行联合办事处辅导设立，其组织章程经总处理事会通过，财政部备案，中宣部特许设立。旨在调查工商各业情形，报导经济新闻行情市况，并每日发行《征信新闻》中英文牌各一种，以应金融工商各界业务上之需要。总所于民国卅三年春在渝成立，中中交农四行及中信、邮汇两局为基本所员，渝地各商业行庄均先后加入为所员。胜利后总所迁沪，并先后在京汉渝平津南昌六地设立分所，迄至现在，所员行庄已达二百余家，良用感奋。本年四月全国银行联合会在京开成立会，经议决通过全体会员银行加入敝所为普通所员，并决定三项办法：

一、以大会名义函联合征信所办理全体会员所属各银行加入该所为所员手续。

二、各会员银行关于调查事项尽量委托该所办理。

三、所属会员银行之公告及有关业务之广告，除当地报纸外，同时交由当地征信新闻刊发。

兹为扩大服务范围起见，为特函请贵公会转知所属未加入本所之会员钱庄加入敝所为所员，并委托调查事项及刊登业务广告以策进行而增联系。相应检附所员费用及优惠办法暨未加入所员各行庄详表，至希查照办理并见复为荷。此致

上海钱商业同业公会

联合征信所(章)启

中华民国卅六年六月廿六日

附 联合征信所所员优惠办法表(卅六年六月廿六日)

甲 所员费用：

一、入所费国币十万元；

二、年费卅六年下半年度国币四十万元；

乙、优惠办法：

一、在本年下半年度内得免费委托办理调查工商征信案五件(超过此数照成本收费)，

二、赠阅《征信新闻》中文版一份半年新加入所员赠阅期限自入所日起至本年十二月底止。

未加入所员各钱庄详表：

福源钱庄、惠昌钱庄、聚康钱庄、五丰钱庄、仁昶钱庄、存德钱庄、均昌钱庄、均泰钱庄、信孚钱庄、义昌钱庄、庆成钱庄、建昌钱庄、福利钱庄、慎德钱庄、信中钱庄、信和钱庄、宝昌钱庄、汇大钱庄、永庆钱庄、大生钱庄、生大和记钱庄、春元钱庄、立昶钱庄、惠丰钱庄、人丰钱庄、庆和钱

庄、志裕钱庄、大德益记钱庄、协康钱庄、致昌银号、成大银号

上海钱业公会签单

事由：联合征信所函请转知未加入征信所之钱庄加入该所为会员，希照办见复

批办：转致酌办。新之、旭仰

中华民国卅六年六月廿七日

上海钱业公会复函

事由：复联合征信所为劝各庄加入所员一事除成大银号并非会员外余已转劝。

签署：新之、旭仰

中华民国卅六年六月卅日

迳启者，接贵所沪联字第一七八四号函附送所员优惠办法及未加入为所员之钱庄详表，请分函转劝等由。除表列之成大银号并非会员外，其余均已按照名单所列分函矣。用特备函奉复，希为查照是荷。此致

联合征信所

上海钱业公会致福源等行庄函

事由：函福源等三十庄为联合征信所商请加入为所员

签署：新之、旭仰

中华民国卅六年六月卅日

迳启者，接联合征信所函称，查敝所系中中交农四行联合办事总处辅导设立，其组织章程经总处通过，云云至并见复为荷等语。附印送所员优惠办法表到会，用将办法照印函达，即希宝庄酌量办理为荷。此致

福源	惠昌	聚康兴	五丰
仁昶	存德	均昌	均泰
信孚	义昌	庆成	建昌
福利	慎德	信中	信和
云昌	汇大	承庆	大生
春元	立昶	生大和记	惠丰
人丰	庆和	大德益记	志裕
协康	致昌		

附联合征信所所员优惠办法

联合征信所调查组第一次组务会议记录(1947年3月25日)

三十六年度第一次组务会议纪录

时期：三十六年三月二十五日下午三时

地点：中山东一路二十三号九楼本所会议室

出席者：石抗鼎　邵国梁　陈耀宗　王光汉　陆为富　冯守中　周昌琼

　　　　詹泽申　徐映榴　蔡起荣　周士桂　顾锦夔　胡应求　张敏行

童士林　夏昌明　卢月波　陆廷彦　王关昌　庄德金　王福晖

列席者：刁经理

万副理

刘前副理

主席：石抗鼎

纪录：夏昌明

主席报告：

略谓：本组开始工作，迄今一载有余，调查案件月有增加，最初每月仅四十余件（三十四年十二月份四十二件，三十五年一月份四十七件），现在每月均在六百件左右（三十六年一月份五八五件，二月份六二六件），累积总数达四千七百八十四件，委托调查者亦由基本所员扩展至商业行庄。去年曾编印《上海金融业概览》，本年已出版《上市股票厂商概览》，如能尽量利用现有资料及广为收集补充，不难于短期内汇刊征信丛书也。余略。

刁经理指示

略谓：一年来征信所在上海已树立相当基础，今后仍希各位继续努力，为征信所开辟更大前途。凡事必须从头做起，基础方能巩固。同时，征信所之工作必须争取主动，除由委托人指定调查外，平时尚须注意收集有关资料，以备随时供给所员参考，征信所业务方可蓬勃发展。

刘前副理指示

自离所至榕起迄今五月，今日因公重返沪地，能列席与会，殊为欣慰。在刁经理、万副理、石主任领导下调查组业务之发展，自在意料之中。凡事之成果与所用精神成正比例，希诸位能依刁经理之指示，立定主意争取主动，奋力前进，则前程未可限量。甚愿将来能多为所方帮助，共同促进征信事业之发展。

万副理指示

欲求征信事业之发展，必须以诚恳之态度共同研究，合作前进。

讨论事项：

一、拟将本所组有丝织业厂商资料刊印上海丝织业概况，应如何着手整理现有资料（关于刊列厂商之标准、内容及编排次序）、计划收支（接洽广告、印刷所）及决定编校负责人案。

决议：

关于整理现有资料：

（一）十台以下之一五二家将厂名、负责人、织机台数地址等列表附录，不予详查。

（二）十台以上之二二〇家中本所已有资料者一二三家，复查后列入。未有资料者九七家，详查后列入。

（三）厂商内容照普通调查报告删除购销客户及财务。

（四）编排次序以该业公会会员名录为标准。

关于计划收支：

（一）广告费以实收为原则，如委登客户需要回扣时，给予九折优待，经手人佣金为广告费收入之百分之十。

（二）印刷估价事务由夏昌明、王光汉二人负责接洽。

关于编校负责人：

（一）编辑夏昌明、周士桂。

（二）校对共同分配。

（三）会计收支冯守中、周昌琼

二、邮汇局沪三六字第一四二五号函，托查本市工矿业及各大商店营业概况，计：一、棉毛、纺织、缫丝、丝织、面粉、卷烟、火柴等业；二、油漆、橡胶、肥皂、制碱、制药、酸类、酒精等化学工业；三、水电、煤气等特种工业及煤矿等业；四、较大之商店；五、合作组织（生产、消费、信用等）。应如何拟定调查大纲，制定调查范围，确定调查方法以便进行案。

决议：抄录有关各业公会会员名单先行函复该局，至各业概况容后再行调查。

民仁

祜　四、一

联合征信所调查组第二次组务会议记录（1947年5月17日）

三十六年度第二次组务会议纪录

时期：三十六年五月十七日下午三时

地点：中山东一路二十三号九楼本所会议室

出席者：石抗鼎　夏昌明　王福晖　胡应求　蔡起荣　陆建彦　陈耀宗
　　　　羊宗义　卢月波　王光汉　张敏行　吴毓驹　王关昌　邹国楳
　　　　詹泽申　冯守中　徐映榴　周昌琼　童士林　庄德金　周士桂

列席者：万长祜　刁民仁

主席：石抗鼎

纪录：夏昌明

主席报告

略谓：《上海丝织业概览》校样已全部完毕，可于本月廿五日出书。收支情况亦能与预定计划相符，全为刁经理、万副理督导之功，及诸位同人协力所致。兹为推广本组工作起见，将续编《上海制造厂商名录》，预定八月份出书。尚希诸位本过去之勤奋精神，共同检讨编纂方法及进行计划，藉求早日完成。

刁经理指示

略谓：征信业务范围甚为广泛，尚希诸位在调查时随时充实工商各业之内容。平时着重调查成绩之表现，以引起各界之注意与信任，使本所成为上海征信事业之权威。此外，尚须注意平日报章杂志资料之收集、分类与保管，将重要经济资料按题归档。

一、编纂步骤十四条通过

1. 所列厂商以加入上海市商会各工业同业公会会员为限。

2. 备函（另详）派员向各该业公会索取详细会员名册（本所已有各公会会员名册共三十七业，尚缺三十一业。详注）。

3. 本书内容包括各厂商中英文名称、成立日期、事务所及制造厂地址、电话，董事长、董监事、总经、副理、厂长、工程师姓名以及资本、出品名称、商标等项。

4. 根据各业公会会员名册备函及调查表分寄各厂商，请于一星期内填送。

5. 如填来表格不多或内容不详，再派员直接访问厂商或公会。

6. 填来表格交由蔡起荣、顾锦夔、胡应求等整理、抄录，付印稿一式二份。

7. 预定五月卅一日前，发出第一批厂商调查表并集齐各公会会员名册。

8. 于六月十日前收回第一批调查表及发出第二批调查表。

9. 六月廿日前整理第一批厂商材料及收回第二批调查表。

10. 六月卅日前缮写第一批厂商材料、准备付印及整理第二批厂商材料。

11. 七月一日，第一批资料付印并即开始预约及接洽广告。

12. 七月十五日以前缮写第二批厂商材料准备付印。

13. 七月卅一日前发齐稿件。

14. 预定八月十五日出书。

(注)已经访问未有会员名册者：六家

化妆品　营造　缫丝　碾米　水泥　砖瓦

未经访问者：廿五家

人力车	手工棉织	冰绵练糖	地毯织造	汽灯	拉绒
油墨	军装	修造民船	纱管	纸盒	阳伞
照相制版	肠衣	制钉	制针	制镜	调味粉
锡纸	赛璐珞	织带	医疗器械	铁器工程	衬衫
金属品冶制					

有会员名册者：十九家

内衣织造	手帕织造	牙刷	印铁制罐	汽水果汁	草呢帽
彩印	铅印	电工器材	电镀	绸缎印花	热水瓶
机器	机器染织	机制煤球	罐头	橡胶	植物油
棉纺					

有最近会员名册者：十八家

五金	化学原料	毛巾被毯	毛绒纺织	火柴	玻璃
造纸	造漆	雪茄烟	卷烟	搪瓷	制革
骆驼绒	制药	肥皂	针织	丝织	面粉

二、四联总处京统字第一一九八五号代电交查本市有关金融、经济、财政、工商及发行份数较多之杂志社之人事、业务、财务等情形，应如何决定调查对象、制定调查方式以便进行案。

决议：

关于调查方式者：自社会局登记杂志中，选定纤维工业、生产管理、立信月报、纺织、经济周报、纺织染工程、羊毛工业、经济资料、商学研究、建设、公信会计月刊、银行通讯、经济新闻、工程导报、经济文摘、工程界、金融周报、东方经济、工业常识、财政评论、中央银行月报、纺织周刊、国际贸易、上海工商月刊、社会建设、证券市场、化学工业、现代会计、经济评论、工矿建设、现代经济文摘、工商天地等三十二种，先行个别访问。如有疑问或无法进行调查等情形时，再汇总向社会局咨询。

关于调查对象者，以：

一、创立日期

二、社址

三、负责人(董事长、社长、发行人、主编)

四、资本

五、发行数量

六、承印厂商

七、宗旨

八、来往行庄

九、盈亏情形

等九项为原则。在可能情形下，照一般调查。

三、刁经理交议

为发展本所业务，协助调查进行、推动间接征信起见，必须对各行庄调查人员严密联络。希即日制定具体联络办法，以便推动案。

决议：拟组织上海市调查研究会，由本所柬邀各所员行庄商讨组织事宜，组织条例草案推由夏昌明、周士桂、王关昌、蔡起荣君起草。召集发起人会议日期另行决定。

阅

民仁　五、廿四

联合征信所调查组第三次组务会议记录(1947年7月28日)

三十六年度第三次组务会议纪录

时期：三十六年七月二十八日下午三时

地点：中山东一路二十三号九楼本所会议室

出席者：石抗鼎　夏昌明　周士桂　王关昌　徐映榴　蔡起荣　卢月波　顾锦夔
冯守中　张敏行　庄德金　郃国梁　童士林　杨维骏　吴毓驹　詹泽申
羊宗义　陆建彦　王福晖　陈耀宗　陆昌富　周昌琼　胡应求

列席者：万长佑　刁民仁

主席：石抗鼎

纪录：夏昌明

主席报告，略谓：今天是本组本年度第三次组务会议，主要的意义有二：第一，关于本组工作检讨过在一年半中本组除经常受托调查工商信用、金融经济动态外，曾先后刊印《上海金融业概览》、《上市股票厂商概览》及《上海丝织业概览》等征信书籍三种，各界对征信所之调查工作乃有深切之认识而感觉其重要性。这当然是刁经理与万副理督导之功，但亦是诸位同仁努力与自动求进步之结果。这次编印《上海制造厂商览概》，能从千头万绪中，整理得缕分条析，九千余家厂商即可付印，纯然是诸位同仁协力从事之成绩，但我们不能自满，仍须继续自动地推进业务，深信诸位不会像普通公务员一样地要逼着才做，如能将公事当作私事办，以爱家庭之心爱征信所，则征信所之前途定可发扬光大也。

第二，本组同仁王光汉君荣任农行新职，今天一方面表示欢送，一方面表示惜别。王君在本组服务一年以上，成绩斐然，本组可说是王君娘家，现在王君找到了满意的对象出嫁了，对于本组当然是一个很大的损失。幸而王君嫁得不远，希望今后时常返家走走与本组经常保持联系，共谋业务上之发展。

刁经理指示：调查组过去工作均能争取主动，成绩卓然。《上海金融业概览》能风行各地，使各界对征信所有真切之认识。现各地分所均在计划编制该地金融业概览，曾有昆明中国农工银行致函本所，合作编印《昆明金融业概览》。财部某君亦曾一度与本所洽商编印《全国金融业概览》，可见各界对本所出版书籍重视之一斑。此次编印《上海制造厂商概览》尤为沪市本年度之一大巨著，其对各界之印象将更较过去为深切。至于出版上之各项困难，尤希各位能共力克服。王光汉君离所荣任新职对本所是一种损失，但相反地表见本所在外信誉之崇高亦可说是本所之荣誉。继对本所发展计划作详尽指示。

万副理指示：此次编印《上海制造厂商概览》工程浩大，凭调查组过去之成绩当能克服各种困难，顺利完成此皇皇巨著。王光汉君赴农行荣任，希望与本所保持联系，在资料上互通有无。

讨论事项：

一、《上海制造厂商概览》各项资料业经整理一部分，厂商资料全部齐备者即日可以付印。尚有少数厂商资料未全者是否需要个别调查或致函催索以求详尽精确，或仅刊列现有资料不再补充以便迅速付印案。

决议：凡厂商资料未全者，分别用下列方法获得之。

（一）重要工业及规模较大之厂商个别直接调查，务求详尽正确。

（二）次要工业及规模不大之厂商参照本所资料及各种书籍所载或用电话直接或间接征信重要项目，务使普遍搜罗。

（三）小工业及规模狭小设备简陋之厂商按现有资料刊登，不再详细调查。

二、《上海制造厂商概览》即将付印，预计为三十二开报纸精装，以五千册计，需用报纸二百五十令，排印工一亿一千五百万元，装订费每册二万元，约共成本三亿五千万元，如开始排印约需定银一亿元，应如何筹付案。

决议：装订分平装及精装两种，以减轻成本而求普遍。

即日起推动广告及预约，以广告费及预约书款缴付印刷所定银。

三、《上海制造厂商概览》广告及预约即需推动，目标广告二亿元，预约三千册，应如何共同进行以抵预期目标案。

决议：备印样张即日开始发动。

（一）广告：目标二亿元，每人至少负责五百万元，超过五百万元至八百万元者除应得佣金外，就超过额奖酬百分之五。超过八百万元至一千万元者除应得佣金外，就超过额奖酬百分之七。超过一千万元至一千五百万元者除应得佣金外，就超过额奖酬百分之十。一千五百万元以上者除应得佣金外，就超过额奖酬百分之十五。

（二）预约：目标三千册除请刁经理向四行二局一库洽商定购外，每人至少负责十五册，超过二十册之第一二三四五名发给奖酬金一百万元，办法如左：

第一名　得百分之三十

第二名　得百分之二十五

第三名　得百分之二十

第四名　得百分之十五

第五名　得百分之十

联合征信所调查组第四次组务会议记录(1947年12月20日)

三十六年度第四次组务会议记录

时期：三十六年十二月二十日下午二时

地点：中山东一路廿三号九楼本所会议室

出席者：周昌琼　石抗鼎　王关昌　顾锦夔　周士桂　夏昌明　陈维宗

卢月波　王福晖　蔡起荣　童士林　杨维骏　郃国梁　詹泽申

庄德金　吴毓驹　陆昌富　冯守中　徐映榴

列席者

主席：石抗鼎

记录：夏昌明

主席报告：本人自卅五年一月廿三日到所主持调查工作以来，迄近二年，虽无特殊成绩可言，但在刁经理、万副经理的督导之下，赖各同仁谨慎从事，勤恳工作，除办理经常调查工作外，更出版各种征信丛书，使外界对调查工作均有相当认识，差堪告慰。最近更拟将《金融业概览》增订再版，希望各同仁仍本以往认真工作之精神，继《制造厂商概览》后，再接再厉为所服务。并请刁经理、万副经理多多指示。

刁经理指示：

二年来，因调查组之努力工作及征信丛书之出版，使各界对本所工作得有相当认识，而尤以《金融业概览》一书本年元旦出版以后，畅销全国，风行一时。现增订再版定有良好成绩。至于出版及经费方面如有困难，所方当予协助。调查工作以往成绩颇为良好，此皆石主任领导有方。希望以后精益求精，能对专题研究资料搜集再加注意。

刁经理交议：

(一)专题研究工作如何推进案。议决：俟工作空暇时再行推动研究所工作。(二)现有资料能否提供新闻组参考案。议决：本组所搜资料之内容及分类均以适合调查需要为前提，对新闻组方面参考未必合用。但如新闻组确有需要时，再行随时接洽。

讨论事项：

一、本组编印之《上海制造厂商概览》业于十一月十一日出版，广告费收入共计一七三、一〇〇、〇〇〇元，售书收入本月十九日止共计一〇〇、七三五、〇〇〇元，抵除各类成本后净余一八六、九五二、二二七元，附列决算报告二纸，请审核通过案。

决议：通过。

二、查本组于本年元旦出版之《上海金融业概览》一书资料收集至三十五年年十二月六日为止，其后增设之金融机构均未列入，即列入之金融机构，其人事、组织、存款、员生总数等亦颇有增减变动。本组最近曾将上海市各金融机构普遍复查，并已将加入上海市保险商业同业公会之会员保险公司大部调查完竣，应如何进行编印三十七年版《上海金融业概览》案。

决议：三十七年版《上海金融业概览》预计于三十七年二月中出版，全书分为上、中、下三编。上编为银行钱庄，分：一、国家银行，二、省市及官商合营银行，三、商营银行，四、外商银行，五、钱庄，六、信托公司，七、银号及银公司等七类。

中编为保险公司，分：一、产物保险公司，二、人寿保险公司，三、特种保险公司等三类。

下编为附录，包括：一、不属于上中二编之金融机构，二、有关金融各业之会员名录，三、各种金融管理机构之组织章程及业规，四、有关金融之各项法令，五、一年来金融各业概况，六、一年来金融机构大事记等六类。

所有资料预定于三十七年一月十五日前齐稿，一月廿日发稿，二月底出书。

三、三十七年版《上海金融业概览》编制经费应如何预算及筹划案。

决议：该书预计七百页，以印二千册计，约需纸张五十令，可在本组存纸项下拨用。此外排印、装订、编辑等费用估计约需二亿元。托本所印刷部于本月底前估定价格，如逾不估，再托别厂承印。关于排印工费用请所方拨垫。

附录：三六年十二月十九日资产负债表及三六年八月八日起至十二月十九日止上海制造厂商损益计算书。

资产负债表

民国36年12月19日

资产		盈余	
现金	888,142.00	金融盈余	55,765,183.24
中国银行存款	1,773,508.25	股票盈余	6,702,200.01
四明银行套息户	20,000,000.00	丝织盈余	1,755,640.00
暂付款	45,483,900.00	厂商盈余	186,952,227.00
存纸张	35,416,700.00		
存丝织业	4,438,000.00		
存厂商概览	143,175,000.00		
	251,175,250.25		251,175,250.25

注：暂付款　35年12月24日　823,583,900(刁经理手)
　　　　　　36年1月25日　821,900,000(刁经理手)
　　存纸张：白报纸　　114.7令
　　存　书：金融概览　　8册
　　　　　　股票橄榄　　367册
　　　　　　丝织业概览　　938册
　　　　　　厂商概览：精装　1,311本，平装　161本

上海制造厂商损益计算书

民国36年8月8日起至12月19日止

科目	借方	贷方
收益之部		
存厂商概览	143,175,000.00	
广告收入	173,100,000.00	
售书收入	100,735,000.00	
利息收入	2,567,947.00	
代收邮费	230,000.00	
损失之部		
排字费用		629,133,000.00
装订费用		43,807,000.00
印刷费用		1,400,000.00
制版费用		798,000.00
编辑费用		9,420,000.00
纸张费用		55,582,300.00
广告费用		1,248,000.00
广告佣金		43,976,000.00
售书佣金		9,418,000.00
印刷		1,580,000.00
邮费		1,671,000.00
杂支		677,000.00
车费		1,034,000.00
盈余		136,952,227.00
	419,807,947.00	419,807,947.00

四联总处关于各大都市经济动态查报办法快邮代电(1947年8月8日)

四联总处快邮代电　京统字第一五九三〇号

上海联合征信所：

查本处为明瞭各大都市经济情形曾十卅五年五月廿一日，以京统字1397号函附“各大都市金融经济情况调查报告办法”，并经按期调查在案。兹为求其切合目前需要起见，再将上项办法予以修订，改为“各大都市经济动态查报办法”。除分送所属分处查照办理外，特检附改订后之办法一份，即请继续按期查报迳寄本处统计科为荷。

四联总处秘书处

未、齐、廿八京统

京统字第15930号　中华民国卅六年八月八日

附：各大都市经济动态查报办法

一、报告种类

分周报及半年报二种。

二、调查时期：周报应逐日调查，每周报告一次，于下周星期二以前用航快迳寄总处统计科；半年报（上半年一自六月下半年自七月至十二月）每半年报告一次，应于每年七月十五日及一月十五日以前编报总处。

三、调查要点：周报及半年报均以文字叙述为主，应以综合叙述方式说明银根、头寸、利率、汇市，以及金融物价债市等变动之原因、影响及其关系。周报并应将逐日行市列表（表式详后）附后以资参照。兹将调查要点（如当地无是项行市者可免报）列后：

（一）银根及头寸

（1）松紧情形；

（2）松紧之原因及影响；

（3）国家行局及商业行商头寸差进差出数额以及调拨情形；

（4）市面现钞流通及资金流动情形。

（二）利率：

（1）商业行庄存放款利率之变动情形及其原因；

（2）黑市利率之变动情形及其原因；

（3）拆息之变动情形及其原因。

（三）内汇：

（1）各行庄汇出入款项成交概数及其淡旺之原因；

（2）汇出入汇款各以何地为最多何种性质之汇款为最多及其原因所在；

（3）国家行局及商业行庄汇往各主要地点汇率变动情形及其原因。

（四）黄金：

（1）黄金官价及银楼公会之买卖牌价；

（2）黑市金价及其变动情形与原因；

（3）黄金收兑情形。

（五）外汇：

（1）外汇官价；

（2）美钞、美金储券、美金公债、卢比、港币等之黑市价格及其变动情形与原因；

（3）外币收兑情形。

（六）公债：

各种公债之黑市价格及其变动情形与原因。

（七）股票：

各种重要股票(包括华股与外股)价格之涨落情形与原因。

（八）银钱业动态：

（1）新增设之行庄及其负责人资本与营业概况等；

（2）停业之行庄及其停业原因；

（3）各行庄主要负责人员之变动情形。

（九）物价：

（1）重要日用必需品市价涨落之情形与原因；

（2）当地特产市价涨落之情形与原因。

（十）当地政府对金融经济之重要措施：

（1）当地政府对金融经济之重要措施；

（2）当地行庄及公会在金融经济方面之活动。

（十一）其他金融经济方面临时发生以及有关金融经济之事项。

四联总处电催查报各大都市经济动态(1947年11月6日)

四联总处快邮代电　京统字第20929号

上海联合征信所：

本处为明瞭上海经济变动情形，曾于三十五年五月廿一日京统字号1397号及三十六年八月京统字15930号函，请查报每周经济动态并经贵所按期具报在案。现该项动态已中断甚久，所送经济周讯以收到时间较迟，每失时效。即请自本周起参照本年八月八日京统15930号函所附“各大都市经济动态查报办法”规定各项继续查报，务请每周星期六下午用快信迳寄本处统计科。如调查不及将查报起迄时间提前亦可(如改为上周六至本周星期五止)。即希查照办理见复为荷。

四联总处秘书处

亥、鱼、四，京统

中华民国卅六年十一月初六日发出

四联总处关于查报市场经济动态事致联合征信所函(1948年8月23日)

四联总处上海办事处函　沪字第964号

迳启者，奉总处电饬，于财政经济紧急处分令颁布后，密切注意一般市场反映及物价变动情形，随时详报：(1)市场利率及国内汇水变动情形；(2)各项主要物价变动情形；(3)交易所暂停营业后有无黑市交易及其价格变动情形等因。相应函请查照，切实注意搜集资料，逐日编具报告，以凭陈报为荷。此致

联合征信所

交通中央中国农民四银行联合办事处上海分处

中华民国卅七年八月廿三日发出

已拟定表格逐日填报　曾　八、册

金圆券发行第一天之反应金圆券发行第一日，银行停止贷放业务，市场中银根奇紧，人民对政府之金圆券颇具信心，致今日市场中情形至为良好，交易正常，食米食油、面粉杂粮等四主要民食市场情况亦甚正轨。交易以银根紧俏，未能旺盛，而市价一致轨十九日转疲。计食米白粳北市场二〇圆，及南市场二〇.五圆，成交较其他灿米均跌入二〇圆关内，较十九日下泻一圆之谱。面粉兵船牌以南北两帮不动，本街去化又稀，市价亦疲，初闻六.六五圆开市，六.六圆收市，较十九日下泻六角有余，其他杂粉大多下降一成。食油亦告疲态，青岛淮北二地吉桶生油五八圆成交，下挫五圆余，本厂豆油亦疲四.三圆，其他麻油菜油亦泻三、四圆不等，芝麻亦跌五角，生仁跌落二圆，其他绿豆蚕豆等一致平平。

四联总处与邮政储金汇业局为联合征信所周转金事往来函(1947年10～11月)

四联总处快邮代电(号数二〇三八三)(收到日期卅六、十一、廿六)

事由：增拨联合征信所周转金陆千万元请查照办理。

邮政诸金汇业局上海分局公鉴：

据联合征信所陈"以该所周转金现为贰亿肆千万元，迩以开支增钜，周转困难，请由六行局各再增拨陆千万元俾利工作"等情，业经陈奉核准，由每行局各再增拨周转金陆千万元，除分电贵总局洽照外，相应电请查照办理为荷。

四联总处秘书处　戌　迥　十八　京总(印)

京总字第20383号　中华民国卅六年十一月廿四日

邮政储金汇业局上海分局电稿(中华民国三十六年十一月二十七日十时三刻到)

事由：电呈联合征信所陈请增拨周转金陆千万元可否照办祈核示由。

Ps2 Dingbank南京

全密。准四联总处(20383)代电，经联合征信所陈请由六行局各再增拨周转金(6000)万元，业经陈奉核准，嘱查照办理等由。可否照办，祈核示。

Bostalbank Shanghai(1127)

邮政储金汇业局训令(1947年11月29日)

事由：仰代拨联合征信所周转金陆千万元掣据具报。

令上海分局

本案相关文件：四联总处京总字20383号函(抄附)，仰代付联合征信所国币陆千万元掣据具复。

附抄函

局长谷　春藩

抄件：

邮政储金汇业局公鉴：

据联合征信所陈以该所周转金现为弍亿肆仟万元，迩以开支增钜，周围困难，拟请由大行局各再增拨陆千万元，俾利工作等情。当经提出本处(十一月廿日)特种小组会议商讨意见"拟应由六行局各再拨该所周转金陆千万元，共叁亿陆千万元”等语，并陈准照办。除分电并代电该所知照外，相应电请贵局转知贵上海分局照拨上海该所领用为荷。

四联总处秘书处

戍、迴　十八

京总字第二〇三八三号

中华民国卅六年十一月廿四日发出

邮政储金汇业局南京总局电文(来电号数一四一/四〇三六，收到日期十二、三)

电文：(1127)(158/5465)电悉。可与其他五行局会同办理，仍将详细情形报核。

南京 D. G. (1203(141/4036)

四联总处关于本处结束后联合征信所应由四行局继续辅导电(1948 年 10 月 31 日)

四联总处快邮代电　京总字第 30480 号

联合征信所：

查该所业务自成立以来，赖各同人辛勤推进，规模已具，至用嘉慰。此次本处结束后，

该所业务原由四行局继续辅导，原有所务委员会委员并即重行推选，主任委员一席应由中央银行代表担任，共策进行。除分电各行局办理外，即希查照办理，并分转各同人继续努力，以宏绩效为要。

四联总处

酉 世　京秘总

中华民国三十七年拾月卅一日

联合征信所与邮政储金汇业局上海分局为分摊经费事往来函稿(1948 年 12 月)

联合征信所致邮政储金汇业局上海分局函(1948 年 12 月 18 日)

迳启者，本所不敷经费前于本年十月二十七日经上海四联分处委员会议议决，由本市各行局库全数补助。依照比例分摊在案。兹以本所卅七年十一月份经费业经函准中央银行派潘稽核世杰审核签章证明无误，依照比例计应摊贵局二. 二六五. 六二元，又预摊次月经费二. 二六五. 六二元，两共金圆四. 五三一. 二四元，兹谨检附收据二纸，至请迅赐惠予拨付为荷。

此致

邮政储金汇业局

附件：收据二纸

联合征信所　启

中华民国卅七年十二月十五日

(业于十一月廿日第 6369 号发。会计课(印)审核股

付本票 65594　审核股　请办单　#39/584　十二. 十八)

邮政储金汇业局上海分局致联合征信所函稿(1948 年 12 月 18 日)

事由：函送贵所十一月份及十二月份预摊经费计四，五三一・二四元(本票一纸)请查收

示复。

接准贵所卅七年十二月十五日沪联(37)字第748号公函附收据二纸祗悉。本局应摊贵所卅七年十一月份经费及预摊次月份经费两共金圆肆千五百叁拾壹元弍角肆分正。兹开具本局第六五五九四号本票乙纸，随函附上。即请查收见复为荷。此致

联合征信所

附一件

联合征信所致邮政储金汇业局上海分局函(1948年12月27日)

沪联(37)字第0754号

准贵局发文字第六三五九号函送摊付敝所十一月份经费及预摊十二月份经费计四.五三一.二四元本票一纸，业已收到，相应函复，即希查照为荷。此致

邮政储金汇业局上海分局

联合征信所(印)

中华民国卅七年十二月廿七日

联合征信所及各分所成立经过暨经费来源(1948年12月)

联合征信所及各分所成立经过(1948年12月)

本所系由中中交农四银行联合办事处理事会决议由四行两局联合组设，于民国卅四年三月在重庆正式成立。以调查工矿贸易交通金融各业情形，培植工商信用，促进其互助合作为宗旨。组织章程经呈奉财政部渝钱两字第三三二号函准备案，并中央宣传部渝〈34〉明新字第九五四八七号函特许设立，为报道各地经济金融消息及商品行情之机关。胜利后翌年总所迁沪，重庆改设分所。嗣为加强服务，适应各地金融工商各业需要起见，先后于卅五年四月设立汉口分所，同年九月设立分所，卅六年四月设立平津分所暨北平办事处及南昌分所，同年十月设立成都办事处。本所所员分基本及普通两种，中中交农四行、中信邮汇两局均为本所基本所员，其余金融工矿贸易各业均得加入为普通所员。现京沪汉渝赣当地银行钱庄加入为普通所员者已达二百余家。目前除平津分所及北平办事处因时局影响，暂时停办外，现有机构共有上海总所暨京汉渝赣四分所及成都办事处等六单位。

经费来源

(一) 总所经费

三十四年初成立时，每月经费除以业务收入抵充外，不敷之数由基本所员中中交农四行中信邮汇两局核付。同年九月，总所迁沪，筹备经费仍按月由四行两局核付。迨至卅五年五月奉总处规定，自卅五年五月份起，不敷经费改由总处直接核付，迄至本年十月份止。

(二) 重庆分所经费

三十五年一月至四月每月经费除以收入抵充外，不敷之数报总所汇案，由四行两局核拨转发。卅五年五月至卅六年四月份，不敷经费由重庆四联分处审核后，由当地各行局库拨补。卅七年七月份起由渝七行局库共拨法币十四亿元作为渝所基金，由该所妥为运用，以其收益贴补

每月收支差额，不再由行局补助。

（三）汉口分所经费

卅五年四月成立，自成立日起至卅七年七月止，每月经费除以收入抵充外，不敷之数由总所拨补。卅七年八月份起至九月份止，不敷经费由汉口四联分处审核后由当地各行局库拨付。

（四）南京分所经费

卅五年九月成立，自成立日起至卅六年十二月份止，每月经费除以收入抵充外，不敷之数由总所拨补。卅七年一月份起至同年十月份止，不敷经费除由四联总处首都业务小组委员会补助三分之二外，其余三分之一由总所拨补。

（五）南昌分所经费

卅六年四月成立，自成立日起至同年十月止，每月不敷经费由总所拨补。卅六年十一月至卅七年九月，不敷经费由该所自筹。卅七年十月份起由南昌四行两局一库每月共补助金圆四百元。

（六）成都办事处经费

卅六年十月成立，每月不敷经费由成都各行局核付。

最近资金周转概况

本所周转资金均由四行局库拨付或由本所向行局库办理透支及押款而来，截止八月十九日币制改革前夕，计由行局库拨付基金国币十四亿元、周转金国币七亿五千万元，本所向四行透支计国币七亿五千万元外，并向各行局库押借款项共计国币一百九十亿另五千万元。币制改革以后，业已陆续归清透支国币七亿元，押款一百四十九亿五千万元。各分所有周转不敷情形已由总所酌量拨付周转资金。兹将总分所最近资金周转情况分述于后：

总所：由六行局拨付周转金六亿元外，共向国行透支六亿元并向各行局押借款项二百卅亿元，计由交行代表承放八十亿元，中行代表承放一百五十亿元。币制改革后，业已将上项透支及押款归清。

京所：向国行透支壹亿元外，共向各行局库押借六十亿另五千万元，计中国交通二行各十二亿五千万元，中国农民银行十一亿五千万元，中信邮汇两局各十亿元，中合库四亿元。币制改革后，由总所拨给周转金金圆壹千元。关于上项借款业已偿还十九亿五千万元。

汉所：向国行透支四亿元。币制改革后，由总所先后共拨给周转金金圆壹千九百四十元。

渝所：周转金共三亿元，由当地六行局拨付。周转金一亿五千万元另由总所拨付，一亿五千万元又由当地七行局库各拨基金二亿元，共计十四亿元。币制改革后，由总所增拨周转金金圆壹千元。

赣所：向国行透支三亿元，因该所经费系由当地自筹，故总所未拨周转金。

联合征信所所务委员会会议日程(1948年12月)

联合征信所所务委员会会议日程　三十七年十二月

报告事项：

一、谨查本所原系联合票据承兑所发起四联总处辅导设立。所务委员会则由四联总处四行两局联合票据承兑所及渝市银钱两公会代表合组而成，以联合票据承兑所代表为主任委员。去年十一月奉四联总处京总字第三〇四八〇号代电内开：查该所业务自成立以来，赖各同人辛勤推进规模已具，至用嘉慰，此次本处结束后，该所业务应由各行局总续辅导，原有所务委员会委员应即重行推选。主任委员一席应由中央银行代表担任，共策进行。除电各总行局查照输外，即希查照办理。并分转各同人继续努力，以宏绩效为要等因。当即分函各行局重行推派，并先后准复指派代表到所。中央银行为李处长立侠，中国银行为张稽核心一，交通银行为李副理韧载，农民银行为王经理伯天，中信局为罗副局长吟圃，邮汇局为董副局长希锦。谨报请鉴察。

二、谨查总所迁沪以来，自卅五年一月起开始受托办理调查案件，截至上年十一月底止，共计一万零一百五十件，委托机关计有四联总处，中、中、交、农四行，中信、邮汇两局，大陆、上海、中国、实业、东方汇理、大通、荷兰、安达等银行，中国农业保险公司、上海证券交易所、资源委员会、两路管理局、国府顾问室、合义洋行、怡和洋行及英美法瑞各大使馆暨其他中外银行、商业机构数十家。托查案件中四联总处为一千一百一十八件，中央银行一千一百七十二件，中国银行二千三百九十一件，交通银行一千二百七十五件，农民银行七百一十二件，中信局六百六十五件，邮汇局八十七件，大陆银行一百一十七件，资源委员会国外贸易事务所一百十四件为最多，其余自一二件至数十件不等。尤其复员至今，四行两局在沪奉办之复工贷款紧急工贷及收购成品等，所有事先调查均系委托本所办理。历年本所搜集调查资料均经分类庋藏如次：

一、纺织类　七一六件

包括纺织棉织丝织毛纺织针织内衣等业

二、贸易类　九四三件

包括进出口贸易报关等业

三、化学工业类　四〇五件

包括制药橡胶搪瓷制革造纸玻璃火柴造漆化学原料等

四、商业类　四五四件

指各种贩卖业

五、企业类　二三七件

包括实业公司企业公司兵业公司投资等

六、金融业类　四七二件

包括银行钱庄信托保险证券等业

七、其他工业类　一四五件

包括服装制钉〔订〕制针钮扣眼镜等工业

八、教育类　二五〇件

包括报馆印刷出版教育用品等业

九、交通类　一四六件

包括轮船汽车航空运输公司等业

十、食品类　一九八件

包括面粉碾米卷烟制茶食盐等业）

十一、建筑类　二一一件

包括营造砖瓦水泥锯木等业

十二、电业类　八三件

包括电力电品无线电等业

十三、机器业类　一三三件

包括金属品冶冷机器制造铁器等业

十四、公用事业类　六件

包括煤气自来水电力电话电车公共汽车等业

十五、农业类　一一件

包括农业器械畜植等

十六、其他类　二一件

包括医院仓库等业

关于个人调查亦经不断搜集资料，编制卡片，所有沪市及国内金融工商领袖共计二万一千余人。

又本所成立以来出版书籍共计七种。兹将各书出版年月、页数列表如次：

书名	出版日期	全书正文页数
三十六年上海金融业概览	卅六年一月四日	五三一
上市服票厂商概览	卅六年二月十五日	八〇
上海丝织业概览	卅六年五月廿日	二九五
上海制造厂商概览	卅六年十一月一日	一二七九
上海市生产交通事业概况	卅七年二月四日	四六
卅七年上海金融业概览	卅七年四月廿日	六七六。

以上各书除上海制造厂商概览尚有剩余外，其余均已售罄。谨报请鉴察。

三、谨编具总分所经费收支节略报请鉴察如左：

一、总所　按照所章规定本所经费除以业务收入抵充外，不敷之数由四行两局补助，每届月终编具收支报表由六行局代表审核无讹后，即分函各行局摊领。嗣后为简便手续起见，乃于卅五年五月份起改由本所编具收支月报表送请四联总处核付。迄至去年十月份止。以其间收支情况尚称良好，其差额亦逐月递减为支出七分之一。近来以物价波动骤烈，差额渐增至为支出三分之一，去年十月四联总处奉令结束，本所经费，经上海四联分处委员会议，议决改由本市七行局库按中央百分之三十、中国、交通各百分之二十、农信各百分之十、邮库各百分之五比例分摊，并照上海四联分处成例由行局库派员审核开支。兹将逐月来本所收支情形列表于后：

年	月	收入	支出	差额
三七	八	10,179.00	12,709.00	2,530.00
	九	14,157.00	16,449.00	2,312.00

（续表）

年	月	收入	支出	差额
	十	8,382.00	13,013.00	4,631.00
	十一	83,352.00	128,664.00	45,312.00
	十二	257,873.96	386,424.92	128,550.96

二、重庆分所：胜利后总所移设上海，重庆改设分所。该分所不足经费原系按月由总所汇请四联总处核拨转发。卅六年五月该所洽准重庆四联分处由当地行局库就地补助。兹将该所收支情况列表于后：

卅七	八	520.00	966.00	446.00
	九	940.00	1,814.00	901.00
	十	2,185.00	2,185.00?	1,341.00
	十一	5,886.15	11,248.91	5,362.76

三、汉口分所：该所于卅五年四月成立，不敷经费亦报由总所汇请四联总处核拨。去年八月经洽准四联汉口分处由当地行局库补助。兹将该分所去年收支情形列表于后

卅七	八	535.00	12,18.00	683.00
	九	769.00	15,33.00	761.00
	十	1,687.00	2,530.00	843.00
	十一	6,835.71	13,013.75	6,178.04

四、南京分所：该所于卅五年九月成立，其经费差额原系报由总所汇请四联总处核拨转发。及至卅七年一月经洽请四联总处首都业务小组委员会由当地行局库按月补助其差额三分之二，其余三分之一仍由总所汇请四联总处拨补。十一月从份起改为南京各行局库直接核摊。兹将该分所收支近况列表于后：

卅七	八	1 911.00	2 293.00	382.00
	九	1 529.00	2 790.00	1 261.00
	十	1 037.00	2 610.00	1 573.00

五、南昌分所：该所于卅六年四月成立，自成立之日起至同年十月止，每月不敷经费报由总所汇请四联总处核拨。卅六年十一月至卅七年九月间该所经费改由当地自筹。十月份起，上南昌七行局库共补助金贺四百元。兹将该所近月收支情形列表于后：

卅七	八	281.00	525.00	244.00	
	九	747.00	819.00	72.00	

（续表）

	十	899.00	1,271.00	372.00	
	十一	5,887.00	4,163.00	1,724.00	该所11月份系盈余
	十二	2,400.00	7,773.30	5,373.30	

四、谨查本所于卅五年一月在上海发行中英文版征信新闻，报道经济新闻及商品行情，以应中外各界需要。发行数目逐渐增加，去年最高时中文计一七一二份，英文计二八一份，所有上海中外银行及重要工商企业均经长期订阅。去年改革币制后，发行额稍受影响，至本年一月止，计中文为一一一九份，英文为一九六份。

本所为加强本埠商情报导起见，于卅五年八月向上海电报公司订约租用该公司现存电传打字机十四部（内包括发报机二部），复于同年十一月与该公司订约由该公司出资向英国订购新式电传打字机五十部，由本所专用，订期三年，期满优先承租。该公司原有之机器十四部均经分别装就于各大银行公司营业处，发报机二部则装置于本所河南路办公处。我国新闻机构中有电传打字机设备发布商情者以本所为首创。去年六月新订机器五十部全部运抵上海，其中二十部已由各银行工商机关订装。谨拟请察鉴。

五、谨查敝所敌产大东印刷厂前于三十四年十一月奉财政金融特派员令，由本所接收保管。于卅五年四月经由本所向苏浙皖区敌产业处理局申请价购，由该局估价全部机器为八百万元，由本所备款承购。该厂主要设备计有对开机一架，四开机二架，六开机一架，园盘机十一架，卅六吋切纸机一架，老宋字铜模六副，各号铅字及空铅三吨，其他附属设备如马达、浇字炉等尚称完备。惟零件残缺，厂房系向沙逊洋行租赁，计有汇山里99、25、35、27等四号，惟年久失修，破损不堪。卅五年十二月十八日开始筹备复工。经数日整修，因陋就简，于同月廿一日正式复工，改称本所印刷部。经常印制本所印件，同时接受行局及其他外界印刷表报文件。该部为持久计，人事力求紧缩，截至目前止，计有技工六人，学徒七人，工役二人，管理人员均由本所职员兼任，不另支薪。如有大量印件交印时，则另雇临时技工来厂工作，一俟工毕，即行遣散，以省开支。二年以来，所有机器房屋均经修理完整，并添置四开机一部，马达二部，号码机十六架，铅字壹吨余，另存各色厚薄纸张约七十令。至本年九月以后，工商凋敝，印务减少，该部亦尚能勉强维持。兹将该部八、九、十、十一、十二五个月营业收支编列简表于后，谨敬请鉴察。

月份	收入	支出	盈	亏
八月	法币五三，二六七，六四〇，〇〇〇元	五二，二七四，三九一，四三八元	九九三，二四八，五六二元	
九月	金圆三，五二九．七〇元			七三〇．七五元
十月	八四三．一〇元	三，三一一．〇八元		二，四六七．九八元
十一月	二〇，七三〇．四〇元	二四，八七〇．七五元		四，一四〇．三五元
十二月	一四八，二五七．〇〇元	一五四，二五七．〇〇元		六，一二三．八一元

讨论事项

一、今后本所组织经费及业务应如何筹划祈核议案。

查本所系于民国卅二年十月在重庆成立，附设于联合票据承兑所。嗣因该所收入不裕而本所旨在服务，不以营利为目的，不敷经费须有确实来源方能按照计划发展。经于民国卅三年二月重订章程，规定要点如次：

1. 本所由联合票据承兑所发起组织，采所员制，以四行两局为基本所员，其他金融工矿贸易等业均得加入为本所所员。

2. 联合票据承兑所四联总处四行两局及重庆银钱公会推派代表组织所务委员会，处理本所重要事项。

3. 本所经费除以收入抵充外，由基本所员负担之（原章程见附件）。

本所成立已达五载，除基本所员外，全国商业行庄加入本所为普通所员者已达五百家，不足经费，系由基本所员继续补助。去年十一月奉四联总处电示，总处结束后本所业务由四行两局继续辅导，原有所务委员并即希重行推选。惟今后本所组织经费及业务应如何妥为筹划，俾就现有基础继续发展。敬祈核议。

联合征信所普通会员名录（1949年1月）

联合征信所普通会员名录

本所登记号数	所员名称	负责人职名	地址	入所日期	备考
1	中国工商企业股份有限公司	总经理沈谔言	北京路690号	34年12月10日	卅七年退
2	宝丰钱庄	董事长陈秋山	天津路128号	34年12月12日	卅七年下期退
3	衡通钱庄	经理陈鸿卿	宁波路120弄13号	34年12月13日	同上
4	中华商业储蓄银行	董事长朱子奎	北京路290号	34年12月13日	
5	泰来钱庄	经理张续卿	宁波路227号	34年12月12日	
6	中庸商业银行	总经理傅生贵	宁波路204号	34年12月14日	卅六年上期退
7	浦东商业储蓄银行	经理裴正康	中正东路284号	34年12月14日	退
8	永泰商业银行	总经理冷荣泉	四川路201号	34年12月14日	退
9	华懋商业银行	经理孔庆宁	天津路202号	34年12月14日	37年下期退
10	安康钱庄	董事长方哲民	宁波路120弄	34年12月14日	38年上期退
11	东南商业信托银行	经理张叔培	中正东路134号	34年12月14日	38年1月起改称

（续表）

本所登记号数	所员名称	负责人职名	地址	入所日期	备考
12	上海浙江省银行	经理夏懋信	朱葆三路8号	34年12月15日	
13	中汇银行	总经理杜月笙	中正路143号	34年12月15日	
14	中孚银行	总经理孙锡兰	仁记路103号	34年12月15日	
15	怡和钱庄			34年12月15日	该庄于卅六年七月廿五日来函退出
16	江苏省银行	总经理许葆英	江西路371号	34年12月15日	
17	中国实业银行	董事长傅汝霖	北京路130号	34年12月17日	
18	茂华商业银行	总经理周志俊	北京路300号	34年12月15日	
19	金城银行	总经理周作民	江西路200号	34年12月17日	
20	统原商业储蓄银行	经理陈绳武	北京路330号	同上	
21	中国农工银行上海分行	经理沈天梦	四川中路215号	34年12月18日	
22	存诚钱庄	经理沈日新	山西路166号	同上	
23	永庆钱庄	经理林锦舒	天台路40号		
24	四明商业储蓄银行	总经理吴启鼎	北京路240号	34年12月19日	37年起退出
25	安裕钱庄	经理刘占棠	宁波路120弄19号	同上	卅七年下半年退出
26	中国企业银行	总经理刘吉生	四川路33号	同上	
27	同润钱庄	总经理裴云卿	天津路195弄21号	34年12月18日	
28	中贸银行	总经理陆元升	广东路73号	34年12月19日	
29	元盛清记钱庄	经理吴幼玉	天津路175弄11号	34年12月21日	
30	上海煤业银行	总经理许干方	北京路310号	34年12月24日	卅七年下期退
31	江苏省农民银行上海分行	经理顾竹淇	宁波路9号	34年12月25日	
32	泰和兴银行	总经理崔聘西	宁波路59号	34年12月25日	该行退出
33	永隆钱庄	经理罗兆栋	天津路195号30号	34年12月26日	
34	金源钱庄	总经理夏杏芳	河南路575弄9号	34年12月25日	

（续表）

本所登记号数	所员名称	负责人职名	地址	入所日期	备考
35	怡大钱庄	董事长胡国梁	天津路191号	34年12月26日	
36	中南银行	总经理黄洛沂	汉口路110号	34年12月28日	
37	庆大钱庄	经理叶秀纯	天津路212弄4号	34年12月27日	
38	嘉定商业银行	总经理范回春	中正东路966号	34年12月31日	
39	大亚银行			35年1月8日	停业
40	社会部全国合作社物品供销处	主任胡独鸣	外滩23号11楼	35年1月1日	卅八年上期退
41	中国人事保险公司	总经理王晓籁	中山东一路6号	35年1月11日	卅七年下期退
42	永大银行	经理杨叔鼎	宁波路24号		
43	同康钱庄			35年1月14日	停业
44	生大信托公司	总经理林毅伯	宁波路80号	35年1月23日	
45	振泰钱庄	总经理金汝洲	天津路福绥里7号	35年1月23日	卅七年下期退
46	复兴实业银行上海分行	经理瞿士铎	天津路260号	35年1月31日	卅七年下期退出
47	国信银行	总经理郑筱舟	汉口路422号		卅七年退
48	亚洲银行	总经理李声洪	宁波路19号		
49	上海信托股份有限公司	总经理齐致	北京路190号	35年9月14日	卅七年下期退
50	济南企业公司上海办事处	总经理褚凤章	北京西路473弄13号	35年10月8日	卅七年下期退
51	云南矿业银行上海分行	经理谭秉文	江西路270号	35年11月19日	卅七年九月卅日结束
52	东方汇理银行	经理王容卿	中山东一路29号	35年11月20日	
53	福康钱庄	经理张建甫	天津路110弄9号	36年2月12日	该庄退出
54	上海信裕钱庄	经理傅廷绪	天津路120号	36年2月17日	卅七年退
55	亚西实业银行上海分行	董事长陈畯光	汉口路356号		
56	大裕银行上海分行	董事长毛百年	天津路18号		

（续表）

本所登记号数	所员名称	负责人职名	地址	入所日期	备考
57	浙江建业银行	董事长陈蔼士	山西路226号	36年2月18日	
58	益华商业银行上海分行	董事长田澜泉	天津路178号		卅七年下期退
59	振业商业储蓄银行	董事长唐伯耆	宁波路315号	36年2月18日	
60	国孚银行			36年2月18日	该行于卅六年七月廿二日来函退出
61	光华商业储蓄银行	董事长严成德	宁波路121号	36年2月18日	卅七年退出
62	大同银行上海分行	董事长萧振瀛	河南路579号	36年2月18日	
63	美丰商业银行上海分行	董事长周见三	河南路521号	36年2月18日	三十七年七月一日起改名
64	上海中华劝工银行	董事长王正延	南京东路328号	36年2月19日	
65	汇大钱庄	经理王秉澄	宁波路244弄5号	36年2月19日	卅七年下期退
66	上海其昌钱庄	董事长吕宪章	宁波路271号	36年2月19日	
67	益大昶钱庄	董事长郑淇亭	宁波路102号	36年2月19日	停业
68	建华银行	董事长张席卿	宁波路86号	36年2月19日	卅八年上期退
69	大同商业银行			36年2月19日	停业
70	巴川银行上海分行			36年2月20日	停业
71	春茂钱庄	董事长刘希文	中正东路崧厦街2号	36年2月20日	卅七年下期退
72	同庆钱庄	董事长蔡肃俊	泗泾路5号	36年2月20日	卅七年退
73	上海证券交易所	总经理王志莘	汉口路422号	36年2月20日	卅八年上期退
74	赓裕钱庄	董事长方作舟	宁波路120弄20号	36年2月21日	
75	惠中银行	董事长俞佐庭	天津路66号	36年2月21日	卅七年下期退
76	四川建设银行上海分行	董事长余述怀	江西中路452号	36年2月25日	卅七年下期退
77	上海女子商业储蓄银行	董事长姚慕莲	南京东路480号	36年2月27日	

（续表）

本所登记号数	所员名称	负责人职名	地址	入所日期	备考
78	松江兴业银行上海分行	董事长杨树康	汉口路636号	36年2月24日	卅七年下期退
79	建业银行上海分行	董事长范鸿畴	天津路201号	36年2月24日	停业
80	上海中国工矿银行	总经理翟温桥	中正东路9号	36年2月24日	停业
81	上海工业银行	董事长严欣淇	四川中路440号	36年2月26日	
82	上海鼎康钱庄	董事长王德辉	天津路247弄5号	36年2月26日	卅八年上期退
83	云南兴文银行上海分行	董事长陆崇仁	福州路17号	36年2月26日	
84	盐业银行	董事长任凤苞	北京路280号	36年2月26日	卅七年下期退出
85	长江实业银行上海分行	董事长李梓俟	江西路451号	36年2月26日	卅七年退出
86	顺康钱庄	董事长程辅仁	天津路157弄6号	36年2月27日	卅七年下期退出
87	至中商业储蓄银行	董事长王宝崙	宁波路144号	36年2月27日	
88	中国通商银行总行	董事长杜庸	中山东一路7号	36年2月28日	
89	徽祥钱庄	董事长陈有虞	宁波路232号	36年2月28日	卅七年下期退
90	正和银行上海分行			36年2月28日	停业
91	上海国民银行			36年2月28日	该行于卅六年七月廿四日来函退出
92	晋成钱庄	董事长唐承宗	河南路580弄5号	36年2月28日	
93	和成银行	董事长嵇述庚	九江路276号	36年2月28日	
94	台湾银行上海分行	董事长严华淦	百老汇路65号	36年2月28日	
95	义丰钱庄上海分庄	董事长孙益祥	宁波路222号	36年2月28日	
96	开源银行上海分行	董事长陈公孟	江西路132号	36年2月28日	

（续表）

本所登记号数	所员名称	负责人职名	地址	入所日期	备考
97	致祥钱庄	董事长严载如	天津路157弄4号	36年2月28日	
98	复华银行上海分行	董事长范绍增	广东路137号	36年2月28日	
99	上海滋康钱庄	董事长张兰坪	天津路114号	36年2月28日	卅七年下期退
100	浙江实业银行总行	董事长李铭	福州路123号	36年2月28日	三十七年十月起改新名
101	顺丰钱庄	董事长汤献臣	中山东二路11号华盛里	36年2月28日	
102	浙江兴业银行总行	董事长徐寄庼	北京东路230号	36年2月28日	卅七年退
103	敦裕钱庄	总经理顾心逸	九江路24号	36年3月1日	
104	浙江商业储蓄银行	董事长洪惟清	江西路454号	36年3月1日	
105	江海银行总行			36年3月1日	停业
106	广新商业银行	董事长荣鸿元	中正东路107号	36年3月1日	
107	滋丰钱庄	董事长余介如	宁波路240号	36年3月1日	
108	中国垦业银行	董事长秦润卿	北京东路239号	36年3月1日	
109	大中银行上海分行	董事长孙仲山	河南路501号	36年3月1日	
110	同德钱庄	董事长丁山桂	宁波路71号	36年3月2日	
111	两浙商业银行上海分行	董事长金润泉	四川南路7号	36年3月2日	
112	元成钱庄	董事长沈瑞洲	河南中路昌兴里8号	36年3月3日	卅七年下期退
113	上海市银行	董事长谷春帆	九江路50号	36年3月3日	
114	裕康钱庄	董事长王泽如	四川南路42号	36年2月27日	
115	东莱银行	董事长刘子山	天津路85号	36年2月27日	
116	上海商业储蓄银行	董事长陈光甫	宁波路50号	36年3月21日	
117	同孚商业储蓄银行	董事长蒋尉仙	金陵东路38号	36年2月25日	
118	通惠实业银行上海分行	董事长邓华民	天津路224号	36年2月25日	

（续表）

本所登记号数	所员名称	负责人职名	地址	入所日期	备考
119	大赉钱庄	董事长楼怀珍	天津路		
120	华盛银行上海分行	董事长吴铁城	宁波路 475 号		
121	上海源源长银行	董事长王德兴	江西路		
122	和泰商业银行	董事长吴仕勤	南京路	36 年 7 月 11 日	
123	中国国货银行	董事长孔庸之	天津路	36 年 3 月 8 日	
124	联合商业信托储蓄银行	经理施济元	四川中路	36 年 3 月 14 日	
125	秦豫兴业银行上海分行	董事长夏仲实	汉口路 56 号	36 年 3 月 14 日	
126	山西裕华银行上海分行	董事长孔庸之	四川中路	36 年 7 月 7 日	
127	意中商业银行	董事长董汉槎	中正东路	36 年 7 月 9 日	
128	惇敦商业储蓄银行	董事长蔡荣傅	天津路 45 号	36 年 7 月 11 日	
129	光裕银行上海分行	经理黄锦晖	中央路 20 号	36 年 7 月 15 日	
130	致昌银行上海分行	经理屈国恩	宁波路 266 号永亨大楼	36 年 7 月 26 日	
131	大陆银行	总经理许汉卿	九江路 111 号	36 年 8 月 13 日	
132	大中银行总行	董事长孙仲山	河南路 501 号	36 年 8 月 16 日	卅七年退
133	大康银行	经理葛永祺	宁波路 112 号	36 年 8 月 21 日	
134	益华商业银行	总经理李监周	昆明市南屏街	36 年 10 月 31 日	卅七年下期退

联合征信所签稿

查本所普通所员现登记为一百卅四家，除停业及退出者十家外，实有一百廿四家，为便利查考，经缮造所员名录。兹检陈一份，请核阅。并拟函知各分所，依式造送备查。嗣后有新加入者，亦应随时函报，以增联系。可否之处，理合签稿并请核示。

印元、九

民仁. 祜、一、九

联合征信所收款暂行办法(1949 年 1 月 19 日)

窃查本所近以收入迟滞而支出浩繁，虽多方筹划但仍左支右绌，为维护本所对外信用起见，所有各项事务收入，似应从严勾稽，务使公帑入库，庶得灵活周转，以便统筹支度。兹谨拟具收款暂行办法，签请主管公布施行。谨呈

总经理

附呈本所收款暂行办法一份

职 徐尔耆 谨呈

一、十九

联合征信所收款暂行办法

一、为适应本所经济情况,维护对外信用及划一事权分明职责起见,制定本办法。

二、本所各项收入除新闻订费因便利业务起见,由业务组开具收据外,所有电动打字机租费、广告费、所员年费,存入保证金等收据均集中总务组,按时开具之。

三、各项收据除加盖总务组章及经手人名章外,并应加盖所章,以昭郑重。

四、各项应收款项收据由总务组分别编号登记,凭送件簿送交,业务组指派专人签收。

五、各项应收款均由业务组指派职员负责洽收。

六、收款人于取得收据后,应即迅速催收。如有困难,得会同原介绍人再往洽收,仍无结果时,由业务组主管在收据上签明原因以便处理。

七、远期票据之出票人应与收据所列之户名相符。

八、每日应收款项与收到后应填具收款报告表(附表),连同以前未能收到之收据于当日下午四时送交出纳及稽核,核对无误后加章证明,发还原收款人再往洽收。

九、各项应收款项应于当日缴付出纳,以凭解库。

十、凡收款人所交票据经核不合者,会计人员即随时报告主管处分之。

十一、本办法呈奉经理核定后公布施行。

联合征信所所务委员会第一次会议记录(1949年2月2日)

联合征信所会议会议通知(1949年1月18日)

兹定于二月二日(即星期三)上午十时在外滩23号中国银行大厦九楼本所会议室举行所务委员会议。至希准时出席为荷。此致

OO委员

所启

沪联(38)号

中华民国卅八年一月十八日

联合征信所所务委员会第一次会议记录

日期:三十八年二月二日上午十时

地址:本所会议室

出席:李立侠、王伯天、张心一、董希锦(韩孝迟代)、罗吟圃(杨德荣代)、李钊哉

列席:刁民仁

主席:李立侠 纪〔记〕录:黄继光

一、报告事项

二、讨论事项

（一）今后本所组织经费业务应如何筹划祈核议案

决议：查本所原系业务机构，似应改组为股份有限公司，以利业务之推展。由刁经理拟定改组方案及公司章程，提下次所务会议讨论。

附：会议日程

联合征信所所务委员会会议日程　三十八年二月二日

报告事项

一、谨查本所原系联合票据承兑所发起，四联总处辅导设立，所务委员会则由四联总处四行两局、联合票据承兑所及渝市银钱两公会代表合组而成，以联合票据承兑所代表为主任委员。去年十一月奉四联总处京总字第三〇四八号代电内开：查该所业务自成立以来，赖各同人辛勤推进，规模已具，至用嘉慰。此次本处结束后，该所业务应由各行局继续辅导，原有所务委员会委员并即重行推选，主任委员一席应由中央银行代表担任，共策进行。除分电各行局查照办理外，即希查照办理，并分转各同人继续努力，以宏绩效为要等因。当即分函各行局续行推派，并先后准复指派代表到所。中央银行为李处长立侠，中国银行为张稽核心一，交通银行为李副理轫哉，农民银行为王经理伯天，中信局为罗副局长吟圃，邮汇局为董副局长希锦。报请鉴察。

联合征信所所务委员会第二次会议纪录(1949年2月9日)

联合征信所所务委员会第二次会议纪录

日期：三十八年二月九日上午十时

地址：本所会议室

出席：李立侠、张心一、罗吟圃(邓友金代)、董希锦、王伯天、李轫哉

列席：刁民仁

主席：李立侠　纪录：黄继光

一、报告事项(见附件一)

二、讨论事项

（一）谨拟具“联合征信所股份有限公司章程草案”祈核议案

决议：(一)公司资本定为二千万元，原有资本估值一千万元，提出百分之二十按年资及劳绩分配于本所同仁，其余八百万元就各行局及商业行庄过去拨付经费及指认基金比例分配股权，其余股本一千万元另募现金。

（二）公司章程草案修正通过(附件二)

（三）另由新公司募拨资金组设“联合票据承兑所股份有限公司”，办理票据承兑业务。

本所基金帐

各科目余额表

卅八年二月八日止

银行存款	14.42	基金	36,031.50
贷出款	1,223,186	本所往来	603,486.39

渝所	25,000	利息收入	831,600.29
印刷厂	3,629.16		
存白报纸(十五令)	285		
投资(永纱八十万股)	212,000		
杂支	7,003.58		
共计	G. Y. 1,471,118	共计	G.. Y. 1,471.118

联合征信所所务委员会第三次会议日程(1949年3月23日)

联合征信所所务委员会第三次会议日程　卅八年三月廿三日

报告事项:

一、查关于本所组织经第一次所务委员会决议应改组为股份有限公司,以利业务之推展。经拟定之公司章程草案提请第二次所务委员会讨论修正通过,并决议公司资本定为二千万元,原有资产估值一千万元,另募现金一千万元。嗣于二月十六日在本所举行发起人会议(会议纪录见附件)。除修订公司章程外,并议决公司股份募集办法:钱庄一百万元,银行业五百万元、工业二百万元、商业二百万元,各发起人各募集五十万元。截至本日止共收股款计一千一百九十万元,谨报请鉴察。

二、谨将本所三月份收支状况报请鉴察。

查本所二月份收支账目业已结算,计新闻订费等项收入三,五九三,八〇〇.〇〇元,办公费等项支出五,二三四,一二八.三三元,收支相抵,不敷经费一,六四〇,三二八.三三元,业于本月廿一日函请中国农民银行派高副主任德洛莅所审查,签章证明,除分支各行局摊领外,谨报请鉴察。

三、前奉李主委函示派为郑绍谷为所务委员会稽查,郑稽核业于本月四日到所工作,谨报请鉴察。

四、关于本所基金运用情形(见附表四)谨报请鉴察。

联合征信所为改组为股份有限公司与四行两局往来函(1949年2~3月)

联合征信所致四行两局函稿(1949年2月23日)

为改组为公司请核洽由。

迳启者,查本所第一次所务委员会议决本所原系业务机构,应改组为股份有限公司,以利业务之推展等语。经拟订公司章程,并已提请第二次所务委员会讨论修正通过,公司股本定为二千万元,经□原有资产估值一千万元,提出百分之廿按年资及劳绩分配于本所同仁,其余八百万元就各行局及商业行庄过去拨付经费及认捐基金比例分配股权。其余股本一千万元另募现金等语记录在卷。除将历次会议记录另函附上外,特函奉达,并希核洽允复为荷。此致

四行两局

启

中国银行总处复函(1949年3月5日)

函复赞同本所改组为股份有限公司由。

总沪38(业)295

迳复者,接准沪联(38)字第四四号函,以贵所经第一、二次所务委员会议决改组为股份有限公司,资本定为金圆贰千万元,其中以原有资产估值壹千万元,提出百分之二十分配于同仁,百分之八十就各行局及商业行庄过去拨付经费及认捐基金比例分配股权,其余股本壹千万元另募现金。检附第一次所务委员会纪录一份请函复等由。关于贵所第一、二两次所务委员会各项决议,敝行均表赞同。相应函复,即希察洽为荷。此致

联合征信所

中国银行总管理处　启(章)

中华民国卅八年三月五日

中国农民银行总管理处复函(1949年3月5日)

业(38)字第六九〇号

接准贵所沪联字第44、46号函暨附会议纪录一份,均经洽悉。查原议案决定改组为股份有限公司,另募新股及原有资产估值分配办法,本行均表赞同。相应函复,即请洽照为荷。此致

联合征信所

中国农民银行总管理处(章)

中华民国卅八年三月五日

中央银行复函(1949年3月16日)

秘字第1219号

准沪联字第四四号大函为贵所改组为股份有限公司,股本定为贰千万圆,原资产估值壹千万圆,其中百分之廿分配于同仁,百分之八十分配于各行庄,其余壹千万圆另募现金,嘱洽照等由。复准贵所沪联字第四六号函送股份有限公司筹备会纪录壹份,业经陈准备案,相应函复,即希查照为荷。此致

联合征信所

中央银行秘书处副处长　曾克瑞

卅八年三月十六日

交通银行总处复函(1949年3月25日)

稽特字第256号

迳启者,准沪联38字第四四号及四六号台函祗悉,关于贵所上次所务委员会会议议决改组为股份有限公司,改定资本为贰千万元,其中资产升值壹千万元,另募现金股款壹千万元一案,敝行原则同意,惟各行局分配比例若干仍希查明见示为荷。此致

联合征信所

交通银行总管理处　启

中华民国卅八年三月廿五日

邮政储汇局复函(1949 年 3 月 28 日)

沪万字第一一三九号

关于贵所分配股权事项

准贵所卅八年二月廿二日沪联(38)四四号函,以第一、二次所务委员会议决,拟将征信所现有组织改为股份有限公司,并规定公司股本为二千万元,资产估值壹千万元,其余壹千万元另募现金。各行局过去拨付经费比例分配股权等由。准此,本局可予同意。相应函复,即请查照为荷。此致

联合征信所

邮政储蓄汇业局　启

中华民国卅八年三月廿八日

中央信托局复函(1949 年 4 月 11 日)

总信(38)字第 2161 号

为贵所改组为股份有限公司一案本局自表同意复请查照由

准贵所沪联(38)四四号函,为改组为股份有限公司,经第一次所务会议议决,公司股本定为二千万元,原有资产估值一千万元,其中百分之廿分配于同仁,百分之八十〔元〕分配于各行庄,其余一千万元另募现金。嘱查照等由。除表同意外,相应复请查照为荷。此致

联合征信所

中央信托局

局长　沈熙端

中华民国叁八年四月十壹日

联合征信所股份有限公司筹备会议纪录(1949 年 2 月 16 日)

联合征信所股份有限公司筹备会议纪录

日期:卅八年二月十六日下午三时

地点:中国银行九楼本所会议室

出席:寿景伟　王志莘　沈日新　吴蕴初　王酌清　李钧哉　董希锦
张心一　王伯天(颜峰之代)　李立侠　胡铭绅　罗吟圃(邓友金代)
刁民仁

主席:李立侠　纪录:徐尔耆

报告事项

李立侠先生:征信所自四联总处结束后即由国家六行局库指派代表组设所务委员会,并根据四联总处结束会议决定以国行代表为主任委员,但一切所务则由刁民仁先生负责处理。征信所为国家行局辅导设立,但其性质为服务工商及金融各界,现在已略具规模。所以在所务会议中各委员一致决定改组为股份有限公司,以便金融工商各界普遍参加,使征信事业能达成社会化之目的。希望各位多予指导。

讨论事项

一、本公司章程如何修订案

决议：第二条第三项删正为编印征信书籍。

二、本公司股份如何募集案

决议：钱业方面由沈日新先生募集一百万元，银行业方面由王志莘、徐国懋、王酌清、胡铭绅四先生募集五百万元，工业由吴蕴初先生募集二百万元，商业由寿毅成先生募集二百万元，各发起人各募集五十万元，均于本月底汇齐。（散会）

（附表：2）

户名	金额
大中商业银行	300,000.00
永庆银行	200,000.00
民治公司	200,000.00
金城银行	400,000.00
四川建设银行	200,000.00
永生钱庄	300,000.00
美丰银行	300,000.00
通惠银行	200,000.00
复华银行	200,000.00
豫康银行	200,000.00
富利公司	200,000.00
宝丰公司	200,000.00
新华银行	400,000.00
中南银行	400,000.00
和成银行	300,000.00
怡丰银行	200,000.00
重庆银行	300,000.00
亚西银行	200,000.00
强华公司	200,000.00
聚兴诚银行	300,000.00
夏肇康先生（汇通）	200,000.00
其昌银行	200,000.00
李时辅先生（华康）	200,000.00
大裕银行	200,000.00
川康银行	300,000.00
钱业公会各钱庄	1,000,000.00
义丰钱庄	200,000.00
浙江第一商业银行	400,000.00

中国国货银行	400,000.00
大陆银行	400,000.00
中国实业银行	400,000.00
台湾银行	400,000.00
济康银行	200,000.00
大有余油厂	400,000.00
同心银行	200,000.00
四明银行	400,000.00
浙江兴业银行	400,000.00
谦泰豫银行	200,000.00
新光标准内衣厂	400,000.00
合计	GY11,900,000.00

收支月报表(附表三)

中华民国38年2月份

	收入	
	新闻订费	1,350,195.00
	调查费	6,800.00
	广告刊费	540.00
	电机租费	1,828,335.00
	支出	
	办公费类	
14,400.00	文具	
39,796.87	邮电	
1,300.00	印刷	
18,586.00	消耗	
60,190.00	车旅费	
79,142.00	报章图书	
20,608.87	税捐	
71,533.00	什支	
110,776.00	交际费	
676,509.50	膳费	
40,275.00	修缮	
470,741.18	房租	
42,031.40	水电费	
	薪给费类	

(续表)

438,392.90	薪津	
75,170.00	工资	
	出版费类	
34,446.10	稿费	
150,025.60	发行费	
10,000.00	油墨	
1,075,000.00	纸费	
75,000.00	腊纸	
322,343.41	印刷	
1,398,096.60	邮电	
	另账	1,640,328.33
5,234,128.33	合计	5,234,128.33

本所基金账(附表四)

各科目余额表

38年3月22日止

银行基金	14.42	基金	1,154,775.55
渝所卅七年十二月二日汇交	25,000	利息收入	2,861,359.28
南昌分所卅八年二月三日汇交	40,000		
印刷厂卅七年十二月一日起未计息	3,629.16		
本所往来	623,444.25		
贷出款卅八年三月廿一日起息	2,019,100		
存食米一百担	1,042,660		
存白报纸十五令	285		
投资永纱八十万股	212,000		
共计	G. Y. 4,016,132.63	共计	G. Y. 4,016,132.63

联合征信所股份有限公司章程(1949年2月)

联合征信所股份有限公司章程

(三十八年二月九日第二次所务委员会修正通过)

第一章　总则

第一条　本公司依照现行公司法股份有限公司之规定组织之,定名为“联合征信所股份有限公司”,简称“联合征信所”。

第二条　本公司业务范围如下:

一、办理工商调查；

二、发行征信新闻；

三、编印征信书报；

四、承印文件图书；

五、其他有关业务。

第三条　本公司设总公司于上海，并得于国内外各地设立分公司。

第四条　本公司公告方法系登载本公司出版物或通函为之。

第二章　股份

第五条　本公司资本额定贰千万元，分作贰千股，每股壹万元，一次缴足。

第六条　本公司股息定为周息八厘。

第七条　本公司股东以中华民国国民为限。

第八条　本公司股票概为记名式，由董事长主签、常务董事副签发行之。

第九条　本公司股东持有股票如欲转让他人时，应先填具股份转让过户申请书，经本公司审核准许后方可过户注册。凡未过户注册者，本公司仍认原股东为股东。

第十条　股东应将印鉴存留本公司，其行使一切权利时，均以印鉴为凭。如须变更印鉴，应以原印鉴书面通知本公司。

第十一条　股票或印鉴遗失或灭失时，应将遗失或灭失事由登载本公司所在地大报三家三天，并以书面向本公司声明经过，二个月后如无纠葛，原股东得将公告之报纸全部送交本公司存查，并觅妥保更换之。

第十二条　股东因过户及遗失等情而申请换登新股票，应缴纳手续费印刷费及印花税。

第十三条　股东常会三十日前临时会十五日前停止股票过户。

第三章　股东会

第十四条　本公司每半年召集股东常会一次，遇必要时得依公司法召集临时会。

第十五条　股东常会及临时会由本公司董事会召集之。

第十六条　股东会开会时，以董事长为主席，董事长因故缺席时，由常务董事中公推一人为主席。

第十七条　股东会开会时，须有股份总额过半数之股东出席，否则应于一个月内重新召集第二次会议。

第十八条　股东会之决议以全部出席股东代表股权过半数行之，同数时取决于主席。

第十九条　各股东每一股有一表决权，一股东有十一股以上之股份以八折计算，不满一权者不计。但一股东之表决权及其代理他股东之表决权合计不得超过全体在会表决权五分之一。

第二十条　股东因故不克出席，得出具委托书委托其他股东代理。

第二十一条　股东会决议事项，应作成纪录，由主席签名或盖章连同签名簿、代表委托书一并交本公司保存。

第二十二条　股东会决议事项，应即由董事会交付总经理执行。

第四章　董事监察人及职员

第二十三条　本公司由股东会就股东中选举董事十一人，其任期为三年，连选得连任之。

第二十四条　本公司由股东会就股东中选举监察人三人，其任期为一年，连选得连任之。

第二十五条　董事会设常务董事五人，互推一人为董事长，常务董事由董事会互选之，其任期与董事同。

第二十六条　董事会由董事长召集之，开会时由董事长主席，董事长因故不能出席时，由常务董事互推一人为主席。

第二十七条　本公司设总经理一人，综理本公司业务，由董事会聘任之。

第二十八条　各分公司经理及总公司各部主管人员由总经理提请董事会任用之，以下人员由总经理任用之。

第五章　决算及盈余分配

第二十九条　每年终为决算期，由本公司造具决算书送请董事会核转监察人复核后报告股东会。

第三十条　每年纯益除先提公积金百分之十并依法缴纳税款后，按照规定发付股息。如有余额，作百份分配如下：

一、股东红利百分之五十；

二、董监酬劳百分之十；

三、员工奖励金百分之廿五；

四、特别公积金百分之五；

五、福利基金百分之十。

第六章　附则

第三十一条　本章程未尽事宜依照公司法及有关法令办理。

第三十二条　本章程由股东会通过并呈经主管官署核准施行，修改时同。

联合征信所员工福利协会成立大会记录(1949年3月21日)

联合征信所员工福利大会协会成立大会纪录

时间：三十八年三月廿一日下午四时

地点：本所

出席：刁民仁　贝豫　赵慕归　徐尔耆　周士桂

邬国梁　王閔昌　孙厚珊　史济刚　周永海

洪叔洸　王晏清　詹泽溥　顾锦夔　夏昌明

周昌琼　沈振武(成铭庆代)　成铭庆　周文远

沈庆荣　朱懋谦　童光鉴　曾肇祺　周作霖

汪振业　陈鹤群　凌耀庭　李俊　张熙才

鲍剑平　李士成　沈志人　施若萍　居少英

钱水泉　成荣光　李庸宣　张勉之　石抗鼎

郑绍毅　　陈元　　顾承兴　　秦顺志　　徐逢春

李炳信　　黎晓明　　张明喜　　刘传禄　　朱炳忠

周舜麟　　张与忠　　秦财兴　　尹金生　　章永康

王贵臣

一、公推贝豫担任主席

二、主席宣告开会，并报告大会议程及筹备经过

三、刁经理致辞，略谓：本所在沪成立以来，很难得举行如此盛会，而诸位均抽暇参加，至表欣慰。本所成立业经五年，虽经费困难，但业务已遂步推展。本所新闻及电传打字机报道经济金融消息，为其他机关所不及。过去本所员工待遇菲薄，本人无不时时刻刻设法改善。现在福利协会成立，协助本所增进同仁福利，以后并筹组消费合作社，对同仁生活定能改善。希望同仁与所打成一片，共谋征信事业之发展。

四、讨论会章

（一）第三条修正为"凡本所（总所）职员工友均得加入为本会会员。"

（二）会员大会改为每半年召开一次，理监事会及总干事、副总干事等任期均改为半年。

（三）其余各条照原案通过。五、选举理监事

（一）推举夏昌明、章永康担任检票员，周士桂、邵国梁担任唱票，李庸宣担任记票。

（二）当选理监事如左：

（理事）郑绍谷 51 票　石抗鼎 49 票　沈振武 44 票　贝豫 42 票

张勉之 30 票　夏昌明 25 票　周士桂 19 票

（候补理事）李庸宣 18 票　成铭庆 18 票　王閔昌 11 票

（监事）成荣光 23 票　徐尔耆 23 票　赵慕归 15 票

（候补监事）洪叔洸 10 票

六、散会。

联合征信所全体员工名单

（一）职员

郑绍谷　史继刚　周士桂　吴毓驹　赵慕归　陈鹤群　何庆滔　张熙才

成铭庆　周文远　黄继光　周承海　王閔昌　周昌琼　李庸宣　林潞萍

周作霖　李　俊　朱伯勋　李士威

（总务组）沈佩文　顾锦夔　詹泽申　凌耀庭　张宝和　童光鉴　鲍剑平

孙厚珊　汪振业　洪叔洸

（调查组）詹泽溥　陆昌富　张孙修

（英文组）周文远　沈志人　钱水泉　沈庆荣　徐尔耆　石抗鼎　邵国梁

（新闻组）章永康　贝豫

（业务组）施若萍　居少英　王晏清　夏昌明　黎映梅　张勉之　卢　诚

曾肇祺　成荣光　沈振武　朱懋谦

（二）工友

秦财兴　秦顺志　睢隆庆　王贵臣　秦子泉　李荣德　曾勇根

顾永兴　李炳信　王德龙　徐明告　徐何周　王顺高

徐飞桐　魏维沐　李炳荣　张明喜　朱祥林　何汉荣

顾水生　阎宏忠　陈香子　张与忠　柏何福　顾信潮

尹金生　张才宽　解逢春　沈学正　包根棠　罗平波

戚祥根　陈　元　黎晓明　朱炳忠　周舜麟　廖彬荣

选票	兹选举后列各人理事：	兹选举后列各人为监事：
	1. 2. 3. 4. 5. 6. 7.	1. 2. 3.
选举人		

上海军事管制委员会派军事代表接收联合征信所函(1949 年 6 月 1 日)

上海军事委员会为任命卢纯根为驻所军事代表办理接管事宜仰遵照由。

中国人民解放军上海军事管制委员会命令(接财字第式号)

查联合征信所为官僚资本企业,兹任命卢纯根为本会驻该企业军事代表,在军事管制时期,代表本会在该企业执行军事监督及办理一切事宜,仰该企业所有人员,照旧供职,安心工作,切实服从领导,遵守革命法纪,保护资材、机器、图书、仪器、账册、档案、车辆、用具等,并应由该企业负责人员造具详细清册,确实报告,听候清点接管。凡保护有功者奖,怠工破坏阴谋捣乱者,依法严惩不贷。除分令外,仰即切实遵照毋违为要。

此令。

中国人民解放军上海市军事管制委员会主任　陈毅

副主任　粟裕

一九四九年五月三十一日

联合征信所通知(1949 年 6 月 1 日)

奉中国人民解放军上海军事管制委员会本年五月三十一日接财字第式号命令,内开:“查联合征信所为官僚资本企业,兹任命卢纯根为本会驻该企业军事代表,在军事管制时期,代表本会在该企业执行军事监督及办理一切事宜,仰该企业所有人员,照旧供职,安心工作,切实服从领导,遵守革命法纪,保护资材、机器、图书、仪器、账册、档案、车辆、用具等,并应由该企业负责人员造具详细清册,确实报告,听候清点接管。凡保护有功者奖,怠工破坏阴谋捣乱者,依法严惩不贷。除分令外，仰即切实遵照毋违为要。此令。”等因。奉此，自应遵照办理，合行转知本所员工一体遵照为荷。

联合征信所（印）

一九四九年六月一日

联合征信所成立经过及概况（1949年8月）

联合征信所成立经过及概况

一、成立经过　民国三十四年春，重庆市金融工商各业人士为明了各业情形，籍以培植工商信用、增加生产，而于物价涨跌，更须要报道统计，作为业务上参考，乃经筹议，仿照欧美各邦，在企业家与投资者之间，设一桥梁机构，一面客观的介绍企业家之资信情形，组织内容及其事业计划，从而引导游资，纳入正轨，使得适当出路，有助生产，不作祟市场；一面报道逐日物价及市场消息，并搜集资料，编印专册，以供各业人士参考。当由重庆市联合票据承兑所、各行庄组成之联合机构发起，四联总处予以辅导，广征所员，由承兑所拨给开办费，就票据承兑所地址，设立本所，决定以调查金融工矿交通贸易各业情形，并查报市场情形，培植工商信用，促进其互助合作，为本所之业务主旨。对日抗战胜利，以沪滨为全国工商中心，本所乃东迁上海，自成立迄现在，縻时约五年有奇。

二、所员　本所由渝市联合票据承兑所发起成立后，一面推进业务，一面广征所员，所有所员分基本与普通两种，各金融工商单位均得自由参加。两种所员相异之点厥为基本所员无入所费，不纳所员年费，所有筭调查事项及增送新闻亦不受数量上之限制，但以推补本所逐月收支差额之方式代纳付调查及新闻费用。而普通所员则于入所时缴纳定额之入所费，每年纳年费，但筭调查案件略有限制，逾限则酌收成本费而已。现有基本及普通所员在上海共八十五家，南京者六十家。

三、组织系统　本所系统，当成立之初，系以所员代表组成所务委员会，为最高决定机构，举凡一切重要人员之调派、业务方针、财务收支。悉系由所务委员会议决定，而由本所执行之。所以下分调查、新闻、英文、业务、总务等五组；而于各地因事实之需要，在重庆、汉口、南京、南昌等都市先后设立分所，均直隶本所。三十七年夏为谋取求自立生存以奠定本国仅有之事业基础起见，曾洽请沪银行等同业公会暨工商各业以及各分所所在地之金融工商界协助募集事业基金，以为数不钜，事专果行。迨本年二月间，各所员以物价陡涨，维持不易，征得各所员之同意，并经所务委员会之决议改组为股份有限公司，实收资本二千五百万元，内计行局占九百五十六万九千元，商业行庄及厂商占一千二百九十三万一千元，同仁股占二百五十万元（行局股及商业行庄暨厂商股系以过去之月份津贴及募得基金拆成）并已分别收齐，在公司未组成前，仍暂由所务委员会维持过渡。但先行扩大所务委员会之组成分工，以及各董事会基础，所内业务财务由同人分组委员会，协助处理。各地分所仍属于本所。又在民国卅五年向敌伪产业处价购大小印刷机十七部（原有十六部后由所购四开机一部）设印刷所于提篮桥汇山里，自去年八月十九日法币改革后，以业务萧条不堪赔累，业已停闭，目前本所之组织系统及所务委员会委员名单如左（共二单）。

所务委员会

|

财务委员会——本所——常务委员会

|

重庆分所　　总务组
汉口分所　　业务组
南京分所　　英文组
南昌分所　　新闻组
　　　　　　调查组

所务委员名单

李立侠先生

张心一先生

李轫哉先生

王伯天先生

罗吟圃先生

董希贤先生

王志莘先生

徐国懋先生

沈日新先生

胡铭绅先生

袁伊屯先生

项叔翔先生

杨镇华先生

王酌清先生

欧阳仑先生

(以上王志莘——欧职仑先生等九位委员经所务委员会推选后尚未发出通知)

四、业务情形　本所业务以服务社会为第一义,目前约可分为二部分,其一为静态之调查,即自动或接受委托调查工商贸易各业之状况与资信编印专类册籍(卅六年上海金融业概览、上海丝织业概览、上海制造厂商概览、上海市生产交通事业概况、卅七年上海金融业等概览)以备投资与企业家之参考。其二为动态之调查报道,即按日发行征信新闻(中英文版两种),举办电动打字机以纯客观立场报道金融交通贸易建设工矿等生产动销情形,及物价行情,供给各界订阅以(复印下缺)

五、资料收集　征信事业主要价值之一自在经济资料之收集与整编,本所经数年之经营,目前所存资料为一、上海版征信新闻全份;二、厂商资料四千余件;三、个人资料约二万件;剪报资料全份。

六、职员数　本所当成立时仅有职员五六人,嗣以业务增加乃扩大范围增至一百人。卅七年冬遭受物价波动支付浩繁，支应困难，曾一再紧缩，至目前止，共职员四十九人，工友报差三十八人（分所未计入）。

七、财务情形　本所筹设时，所有开办费系由联合票据承兑所拨给，成立后，乃广征所员，以所员入所费及年费为基金。卅七年夏并曾向各界募得事业基金，每月经常收入计为征信新闻订费、广告刊费、电动打字机租费收入等，支出为职工薪津、发行费、办公费等。一切收支均按照定章由所务委员会稽核，所有收支差额，全部由基本所员拨补，良以征信事业，在我国尚属萌芽时代，业务推进困难特多，而征信新闻复未能如一般报刊之普遍销行，致每月有出差现象。过去平均每月不敷经费约在百分之四十左右（多则占百分之七十，少则百分之十）。

联合征信所结束及改组成立上海工商调查所等(1949年8月～1952年2月)

联合征信所职员名册(1949年5月31日)

联合征信所职员名册

职别	姓名		年龄	籍贯	学历	经历	备考
经理	刁民仁		45	四川江津	美国伊里诺大学士	计政学院教授四联总处秘书兼上海分处副主任委员	
稽核	郑绍谷		37	浙江丰阳	中国公学复旦大学	中国银行专员	兼职
稽核	黄继光		37	安徽合肥	辽宁商专	经济部工矿调整处组员四川榨油厂会计主任交通部造船处会计科长	
总务组专员	洪林光		43	江苏江都	淮东法政学校	东台县政府科长江苏财政厅视察四联总处上海分处总务	
代理专员	徐尔耆		34	湖北武昌	武昌中华大学	导淮委会文书主任康雅业烟总部事务员	
办事员	王晏清		31	北平	北平北方中学校	北平市政府办事员科员	
助理员	周承海		38	江苏无锡	震旦学院	前法租界警务处政治部秘书	
助理员	史继刚		33	浙江余姚	余姚县立高级中学	中汇银行会计员中国银行虹口办事处验厂员	
助理员	沈佩文	女	25	江苏吴县	英华女子中学	德丰地产公司办事员	
业务员	杨家瑛	女	24	江苏吴县	苏州中学	大盛钱庄会计	
调查组主任	石抗鼎	男	38	江苏淮阴	国立中央大学	中央银行经济研究处职员东吴大夏光华等大学教授	
专员	夏昌明		34	江苏青浦	大夏大学	浙江兴业银行职员	
专员	周士桂		29	浙江海盐	交通大学	大康银行会计信谊药厂总账	

（续表）

职别	姓名		年龄	籍贯	学历	经历	备考
专员	王关昌		32	上海	大夏大学	永宁保险公司及中国利民保险公司职员	
办事员	顾锦夔		31	江苏南汇	大夏大学	中国职校教员永丰杂粮公司襄理	
办事员	詹泽溥		29	上海	大夏大学	天光小学教务主任同盛钱庄襄理	
办事员	徐映榴	女	51	北平	南通女师北平女子师范学校	上海国维小学校长中国征信所职员	
办事员	吴毓驹	男	28	浙江长兴	暨南大学	财政部货运管理局东南运输处会计	
办事员	詹泽申		27	上海	大夏大学	正行女中教员	
办事员	陆昌富		24	浙江鄞县	大夏大学	利生小学教务主任	
新闻组主任	张勉之	男	43	福州	北京大学	哈瓦斯通讯社编译福建省政府会计处专员福建学院教授	
专员	李庸宣		28	江苏江浦	大夏大学	江阳县政府财政科长南汇县政府秘书兼地政科长人事室主任	
办事员	凌耀庭		36	浙江鄞县	圣约翰大学	申渝商帮办事员韦廉士药局推销员	
	章永康		44	浙江吴县	上海新闻专校	武汉日报记者皖报记者	
	张孙修		42	浙江绍兴	浙江法政专校	长江煤矿局会计福建省营贸易公司主任	
	卢诚		26	浙江诸暨	上海法学院	大同日报前线日报记者	
	陈鹤群		33	浙江海盐	复旦大学	新越日报主笔于潜民复馆长前线日报编辑	
练习生	林潞萍		23	厦门	厦门集美高中	厦门青年日报助理编辑	
英文组主任	贝豫		38	江苏吴县	东吴大学计政学院	西南运转处科长新星药厂厂长经济部特派员办公处专员	
代理专员	何庆滔		54	广东南海	中西书院	海关职员	
编辑	周作霖		48	河北丰润	唐山英专	万品银行英文书记元春毛织厂书记打字员	
办事员	童光鉴		30	云南昭通	香港大学中国新专	美新通讯社法国新闻社电打字员	
办事员	张照才		44	江苏南通	麦伦书院	永明保险公司职员	
助理员	鲍剑平		24	上海	博文高中	法国新闻社报务员	
业务员	沈志人		37	上海	圣芳学院	海通社职员	
业务组主任	沈振武		33	江苏吴县	光华大学	工矿调整处股长上海市政府房委会会计主任行总浙闽分处科长	

（续表）

职别	姓名		年龄	籍贯	学历	经历	备考
代理专员	成铭庆		33	江苏兴化	立信会计学校	江苏棉产改进处调查员江苏溧水县政府档案员□□□主任	
助理员	朱伯勋		31	浙江绍兴	杭州安定中学校	大南银行会计大庆银行职员	
	孙厚珊		30	浙江绍兴	稽山高中	民生银行办事员	
	钱水泉		21	浙江鄞县	润德中学	无	
	施若萍		28	安徽和县	西北师范	西北图书馆干事	
	朱懋谦		24	江苏吴县	吴县县中	吴县第八区公所会计员常熟地方法院会计员	
	周文远		23	江苏吴县	吴江乡师	震泽区区所助理员	
	李士成		30	上海	大夏大学肄业	大陆公司棱佳公司职员	
	汪振业		31	江苏吴江	美成中学	纱布交易所职员	
业务员	沈庆荣		30	上海	光华中学	光明轮船公司职员	
英文组助理员	周文玉	女	21	河北唐山	晓明四中	史班赤洋行英文打字	
合计	四九人						

联合征信所清理处启事(剪报)(1949 年 8 月 20)

查联合征信所业经上海市军管会财政经济接管委员会接管，并成立本处清理。兹为结束本处工作起见，用特再行公告，凡对联合征信所有权益主张者，统限于九月二十七日以前持证前来本处登记，以便核办，逾期不再受理。

特此公告

地址：河南中路三〇三号。

上海工商调查所通告(剪报)(1951 年 4 月 14 日)

本所自四月十四日起改名为“上海联合征信所”，一切工作照常进行。特此通告。

一九五一年四月十四日

上海联合征信所昨日正式成立(剪报)(1951 年 4 月 15 日)

(本报讯)本市上海工商调查所因领导关系移至中国人民银行华东区行，接受本市国家银行及公私合营银行放款业务的征信工作任务，已与国家银行及公私合营银行合组的联合征信委员会合并，改组为“上海联合征信所”，由华东区行通过该所理事会直接领导。该行昨日下午已正式成立，地址仍设河南中路三〇三号上海工商调查所原址，成立大会上，到华东区行谢副行长、放款处赵帛处长、周耀平副处长，及华东区计划处处长兼该所理事会理事长吴承禧，理事孙瑞璜等多人。首先由吴理事长报告改组意义，宣布负责人员后，谢副行长、赵帛处长及孙瑞璜理事等，先后对于该所今后如何做好征信工作，指示极多。该所所长冯和法及副所长何嘉裕，亦于昨日就职。

上海联合征信所结束(剪报)(1952年2月8日)

本所业于一九五一年十二月份由上海市人民政府财政经济委员会接管。根据精简原则，除出版工作已自本年一月一日起停办外，其余业务亦已归并有关部门办理。特此公告结束。

公元一九五二年二月八日

二、联合征信所各地分所报告、业务往来函件

1. 重庆分所

联合征信所渝沪字第1～23号工作报告(1945年9月～1946年1月)

联合征信所渝沪字第1号报告(1945年9月29日)

渝沪字第1号报告

(一) 寿宇蔡文宇已准长假,何显重、厉良敏均先后到职,在新闻组工作。刘竹平、董世荣均已开始帮同调查物价。

(二) 果老介绍之陈国钧已来所洽谈一次,拟于十月一日正式到职。

(三) 胡主任雄定改任中信局青岛分局副理,惟何日成行尚不能定。

(四) 九月份委托调查共五十余件,多数系四联紧急工贷案。

(五) 农行主脑人异动事尚未实现,四联秘书处曾行文本所追究消息来源,已婉复。

(六) 万稽核等武汉金融人员于廿九日乘民本轮东下。

(七) 刘副理之皮箱二件及行李乙件送交张家花园,木箱乙口由唐志勋保管。

(八) 九月廿日"新闻订费"余额为七五〇、九〇〇元,至九月廿八日已增至一、一一八、四〇〇元,计增收三五七五〇〇元,预计本日尚可收数万元。

(九) 九月廿七日收到液委会"调查费"二五、〇〇〇元。

(十) 复礼银行于廿七日入所为普通所员,现普通所员总数为五十九家。

(十一) 九月下半月员工薪津已于廿八日发放,故廿八日各费用科目余额即可作为九月份开支总数,兹将廿八日各费余额列后:薪给费二、一五五、三一一元,办公费八〇二、三五三元,出版费三二〇、五八)元(原余额为一五二、三八〇元,先发稿费一五一、〇〇〇元及煤油订书钉一七、二〇〇元合计如上数),总计三、二七八、二四四元,除收入约一百二十万元外,约实支二百一十万元,每一行局约摊三十五万元,较上月每一行局少摊七万余元,暂付款余额亦已减至一四一、九一五元。

(十二) 交行透支三百万元,据交行借调人员武君云,总管理处已批准,俟该行复文到所,即往洽办手续。前拟托人带款至沪,后因检查过严,均未带出。现是否尚需用款,请核示。

谨呈

经理刁

副经理刘

职马泽恒、黄继光谨呈　九月二十九日

联合征信所渝沪字第2号报告(1945年10月6日)

渝沪字报告第2号

(一)五日上午九时开第七次开支审查会,通过九月份经费,开支计支出三、二九三、六七四元,收入一、三二五、八〇〇元,实支二、〇六七、八七四元,每行摊三四四、六四六元,两局各少摊一元。

(二)十月份新闻订费收入较九月份为佳,一日至五日已收三十四万二千元,本日上午在十时以前余额已达四十万,预计中午及下午尚可收入数万元。

(三)中国农村水力公司九月份托查案件十六件,计应收调查费八万元,已去函收取。

(四)《征信报告》第一期已于四日出版,分送各普通所员,第二期在编辑中。

(五)陈国钧于一日到职,在资料组工作。

(六)交行三百万透支已经交行总处批准,但保证人仍须承兑所担任,请就近与邵协理洽商,函渝承兑所办理。(详情见五日航函)

(七)新闻登记事经爱全兄前往查询,尚未经部长批下,须设法催办,正办理中。

(八)增拨周转金除中农外,余均收到。经去函骆美中查询,据复以会计处手续延误,已催请速办。

(九)顷接伦敦Anthill Lyon&Co.来函托介绍可靠之中国进口商,以便接洽推销(ALCO)牌小型动力机充电设备、抽水机、吸水机等,除即代为调查外,上海如有可靠之进口商请便中函示。

(十)胡雄定兄拟于月半后去中信局,赴青岛日期尚未定。

右陈

经理　刁

副经理　刘

职马泽恒、黄继光谨呈十月六日

联合征信所渝沪字第3号报告(1945年10月13日)

渝沪字第三号报告　十月十三日

一、陈国钧薪额未定请核示(附简历表一份)。

二、奉刘秘书长面谕,调杨惠村至四联工作并介绍蒋德厚递补捕遗缺,已函蒋小姐来所报到。

三、《征信新闻》订费上周末余额为四三三、四〇〇元,本周一至周五已收四九四、八〇〇元,昨日余额为九二八、二〇〇元,今日尚可收数万元,至月半时当不难达到一百二十万之谱(本日发信时余额为一、〇二六、六〇〇元)。

四、办公费支出二七五、五二〇元,薪给费八六四、一六八元(发上半月员工薪津),出版费一〇八、〇七〇元,各项费用合计一、二四七、七五八元,此数即可作为本月上半月全部支出数,预计本月份支出数可大为减少,减少与收入抵冲相差不多。

五、因收支相差甚微，请将在沪费用账户随时寄渝，以便列入本月份支出数内。

六、新闻组同仁自本月份起改支固定差费，计萧明、黄宇乾、田维和、何显重等四人，各月支一万元。厉良敏、蒋芳各月支八千元，不再另报差费。各公会所报行情已全部停止，所有各项行情由同仁自行调查，工作情绪尚称紧张，并自下周一起增加酒类行情。

七、自昨日起《行情日报》增刊“外埠行情”专栏，请经常剪寄上海行情逐日刊登。

八、新闻登记事，中宣部已来函“特准设立惟仍应依法申请登记”，已请爱全兄前往办理登记手续。

九、雄定兄改入中信局，系邹曾侯先生介绍，赴青岛期尚未确定。青岛分局经理人选亦未定，附上雄定兄致二公函一件。

十、农行应增拨之周转金八十万元，前曾函请骆美中催办，迄仍无消息，拟便中亲往一查，窃疑与本所前发顾之新闻有关。

十一、任次森等赴津乘坐之飞机于陕豫交界处失事，离已查获尸身廿余具，任君确息尚无，恐凶多吉少。奉谕发聘书及交周转金一百万元，在任君启行之后，否则本所亦将遭受损失矣。

十二、龚建军等已赴粤，吴长赋、贺其桑等尚未首途，张乃钧将随贺赴台，据吴君表示，到东北后，决将征信分所筹备起来。

十三、范尧峰拟于本月底自行设法来沪，并表示愿在沪继续效力，嘱转为请示。

十四、委托调查工作除四联急贷外，承兑所、中行、邮汇局亦有少数，近又接伦敦一公司来信，嘱为介绍中国进出口商，除代为调查外，拟请注意沪上进出口商情形。右呈

经理　刁

副经理　刘

职　马泽恒　黄继光　谨呈

联合征信所渝沪字第 4 号报告(1945 年 10 月 20 日)

渝沪字第四号报告

一、胡主任及龚平邦于月半辞职，均已批准，龚平邦系赴台湾办报，蒋德厚十五日到所。

二、《征信报告》第二期今日出版，内容介绍恒顺机器厂，该刊已另行航寄。

三、新闻订费昨日余额已达一百七十万元，本月可望超过二百万元。

四、《征信新闻》篇幅每日约为三张，星期六加一张，故缮写人员暂可不加，如以后稿件增多篇幅扩充时再设法调整。

五、油印机运沪事正在洽运中。

六、徐副秘书长已决定任央行业务局局长，但尚未见明令，并传顾翊群有改任四联秘书长之说。

七、中宣部特准设立《征信新闻》复函随报告寄上，申请登记呈文已送内政部。

八、委托调查案件本月份截至廿日止已有五十余件。

九、新闻组工作情形另由爱全兄详报。

右呈

经理　刁

副经理　刘

职马泽恒　黄继光　谨呈

十、廿

联合征信所渝沪字第5号报告

渝沪字第五号报告(十月二十七日)

一、何显重因政校通知本学期返校,否则取消学籍,已于廿七日离所,经办事项改调王方杰继续办理,并试用何连城担任缮写工作。兹将何君简历抄附请校阅。

二、新闻订费截至本日(廿七日)余额为二、四三八、九〇〇元,支出各费约可相抵,一俟沪地费用账单寄渝后,即可结账(现并有北平订户)。

三、最近沪市有人来信订阅《征信新闻》,拟在沪交款,已函复照办。兹将订阅办法附上,请于收款后将人名地址及起始日期列单寄渝,以便按期照寄。惟代收邮费一节最好仅收"平信"或"航平"两种,因邮局最近拒收印刷品作为快信或挂号寄递也。

四、农行八十万已收到,前延误原因系业务处与会计处两不接头之故。

五、《征信新闻》已全用浏阳纸印刷,其价与土官堆相仿。

六、印刷机民生公司已允代运,现正办理验关手续,大约最近开出之船即可运沪。

七、四联购委会以结束在即,主要人员又去沪,复面催早日归还借款,请预为筹划,并指示办法。

八、贺其燊闻发表中央银行秘书,台湾之行作罢,张乃钧因亦不去台湾。

右呈

经理　刁

副经理　刘

职马泽恒　黄继光　谨呈

联合征信所渝沪字第6号报告(1945年11月3日)

渝沪字第六号报告　十一月三日

一、十月份帐目已结出,总计收入二,八九二,二〇〇元,支出二,八八八,九八六元,收支相抵,尚余三,二一四元。俟上海账单收到后,即开审查会。附呈科目余额表一份。

二、十一月份新闻订费,一二两日已收二十六万余元,今早已超过三十三万元,预计本月收入,必甚乐观。

三、考试院范君之纸,据蒋芳云已售出。

四、各地十五种行情,因黄小姐请假,无人代办,现已接洽其他人员继办。

五、油印机因海关多方留难,未能随民族轮运出,但下星期内开出之船,可望运出。

六、范尧峰返家心切,请停薪留资,已于上月底予以照准。

七、赠阅之《征信新闻》,当时注意调整或停送。

八、本所近接外商委托案件日多，可否购英文打字机一部，以便应用。

祈核示。

谨呈

经理　刁

副经理　刘

职　马泽恒、黄继光　呈

联合征信所渝沪字第7号报告(1945年11月10日)

渝沪字第七号报告　十一月十日

一、第八次(十月份)开支审查会定十六日开会，上海开支单据已列入，计总收二，八九二，二〇〇元，总支五，二二七，三〇四元(内重庆开支二，八八八，九八六元，上海二，三三八，三一八元)，收支相抵，尚差二，三三五，一〇四元，每一行局摊三八九，一八四元。

二、寄来开支单据，大半与规定不符，甚有商号未盖章者，请转饬经手人注意下列数点，以免审查时发生异议：(一)每一单据商号必须盖章并贴足印花；(二)每一单据须有“联合征信所”抬头；(三)如不另给收据，则发票上必须加盖“银货两讫”或“收讫”图章；(四)商号地址必须注明；(五)钱数如不大写，最低限度亦须在钱数上加盖号章(尤其是铅笔写的)；(六)品名最好写清楚，以免无法登账。

三、截至本月十日止，收入已超过九十万元，支出约四十余万元。

四、经已请徐局长批准免费汇沪三百万元，今日交央行汇出。

五、钧座函徐局长准在沪透支三四百万元一节，闻决定由徐函沪行介绍办理。

六、日前会见顾秘书长，据告钧座之书面报告业已收到，并已电邀钧座返渝一行商洽一切，嘱便中函告。

七、英文打字机已买一部去八万元。

八、油印机决停止运沪。

九、英美大使馆经济负责人员经查明如附单。

十、刁培然先生已来渝，闻将于下周内就职。

右呈

经理　刁

副经理　刘

职　马泽恒、黄继光　谨呈

联合征信所渝沪字第9号报告(1945年11月17日)

渝沪字第九号报告

(一) 十月份开支审查会于昨(十六)日在本所会议室举行，各项收支经已审查通过，上海单据虽多不合手续，但经事先报告，略以“经手人员系在沪临时聘任，不谙报销手续，现已函请上海经手人员嗣后按照规定办理，此次请免更正，以资迅速”。当由各代表同意。又各代表曾提“嗣后上海单据一律请经副理批‘照付’或加盖私章”，嘱转呈办理。摊领款项公文已于当日发出。

（二）中央银行透支事项在沪办理，兹将致业务局原函及吴专员复函附呈，请察核。徐局长私函均交吴专员办理，乞注意。

（三）新闻订费截至本日上午已达一百七十万元，各项支出约一百四十余万元，计入超廿余万元。

（四）黄翰章已于本（十七）日到职，由罗佩秋先生补来一介绍函存卷。

（五）《征信新闻》订户统计表已重新编制，附呈。又十一月上半月订户数，另条贴附统计表上。

（六）中行所出英文双周刊最近一期已另行寄奉，谅已收到。

（七）英商委托介绍进出口商原函，俟副本抄全后即寄奉。

（八）十日交业务局汇沪之三百万元，查系十三日汇出，请洽收示复。

（九）委托调查案件除英商委托者外，四联、交行及美大使馆均有委托，截至本日已将近卅件。

（十）关于《征信新闻》登记，已照规定具呈市社会局，请转呈内政部颁给登记证。

右陈

经理　刁

副经理　刘

职　马泽恒、黄继光　谨呈

十一月十七日

联合征信所渝沪字第10号报告(1945年11月24日)

渝沪字第十号报告　十一月二十四日

一、贰百万元已于昨(二十三)日由中央银行免费汇出。

二、四联购委会决年内结束，本所所欠之贰百万元，拟于各行摊款领到时拨还。

三、沪处十一月份开支账单，请速寄出，以便摊销。惟寄出前请饬经手人员事先审查一次，如有不合之点，请即在沪更正，以免审查会挑剔。

四、截止二十三日止，新闻订费已收贰百肆拾陆万余元，电报行情费贰万元，各项支出壹百拾伍万余元，计入超约捌拾叁万元。

五、送任项森赙仪壹万元，本日送化龙桥任府。

六、前汇来之叁百万元，已否收到，请示复。

七、徐局长介绍之吴茂陵君，已来所面洽，拟于下月初到所工作。

八、关于剪寄之美国棉麦等行情，(西文报)经历次译出，刊载《征信新闻》，其中重量、容量单位为何，价格单位为何，不甚了解，读者亦来函询问，至祈祥为解释，以便答复，并于刊载时注明，俾读者易于了解。

右陈

经　副理

职　马泽恒、黄继光　呈

联合征信所渝沪字第11号报告(1945年12月1日)

渝沪字第十一号报告　十二月一日

一、唐志勋因返乡心切,已觅得即可去京之工作,签请辞职,并请多发半月薪津。可否照准,祈核示。

二、蒋德厚薪额,尚未核定,拟准月支薪五十元,当否?祈核示。

三、叶实夫先生介绍何显敏来所工作,拟准试用,在总务组工作,当否?祈核示。(徐副秘书长及中国银行姚处长在本人未来沪时介绍女职员已面洽,俟本人回渝时再定。可婉复俟本人回渝再定)(附呈何显敏简历一份)

四、何连城试用一月有余,成绩尚佳,拟派为助理员,支月薪三十元。当否?祈核示。

五、上海订户通知单已收到者计八纸,(两次到)均于收到时立即按照所开日期地点寄发。

六、十一月份账目已结出,计新闻订费收入二·八九〇·〇六五元,电报行情收入二〇·〇〇〇元,总计收入二·九一〇·〇六一元,支出薪给费一·六四〇·二八四元,办公费六四八·〇八五元,出版费三四五·一六〇元,器皿一三五·二〇〇元,利息一三二·三四七元,总计支出二·九〇一·〇七六元,收支相较,尚余八·九八九元。(附呈十一月三十日科目余额表一份)

七、四联财委会借款贰百万本利,已于十一月二十六日全部还清。

八、各行局十月份摊款,已陆续收到。

九、吴茂陵君本日尚未到所,凌承业君已去函邀请来所工作。

十、沪所寄来沪上行情,决辟专栏,逐日刊载。

十一、资料组资料及人事登记,正着手整理,详情另报。

十二、四联统计科以后决定以本所行情为统计资料,正洽商联系办法。

右陈

经　副理

职　马泽恒

黄继光　呈

姓名:何显敏

年龄:廿六岁

籍贯:湖南长沙

学历:周南中学毕业

经历:长沙市立民众教育馆干事、盐务局会计员

联合征信所渝沪字第12号报告(1945年12月8日)

渝沪字第十二号报告　十二月八日

一、姚景高于于本月四日辞职返籍,以时间匆促,已权予照准,请核备。

二、因缮写需人,顷由胡子俊介绍王振祥担任缮写,已嘱其下星期一到所试用,王君可长

期在渝工作，附呈王振祥简历一份，请核准。

三、十一月份上海账单已收到，惟大部分仍与规定不符，请转知经办人注意。

四、开支审查会定十四日开会，已分函各行局及各代表届时出席。

五、上海工贷交由沪所调查事，已电请四联总处分电沪分处及沪所，并已面向徐稽核、胡专员说明，请其照签呈核。

六、十一月份总收二·九一〇·〇六五元，总支五·九三〇·五〇六元（内渝所开支二·九〇一·〇七六元，沪所开支三·〇二九·四三〇元），收支相抵计差三·〇二〇·四四一元，每一行局应摊五〇三·四〇七元。

七、叶实夫先生介绍何显敏事，当来所接洽时，所中正人手不敷，已权允其先行到职，仍请勉准试用。

八、上海代收订费，遵示均未入账，俟沪所清单寄渝后，再行汇办。

九、十二月份截至七日止，新闻订费已收陆拾弍万元，各项开支已付约肆拾肆万元。

十、中国渝行函托调查民孚企业公司（Ming Fu Corp. LTD.）等四家，系受伦敦纽约分行委托办理，关于民孚，此间仅能获得甚少资料，谨将草稿随奉，请派员赴沪址查明寄渝，汇编转送。

十一、招商局调查报告副本已收到，惟最末一页多一份，（无财务一项者）是否寄美使馆之一份少此一页，兹将该页寄还，请饬查明办理。

右陈

经理

副理

顷悉顾秘书长因宋院长展期赴京，亦稍缓离渝。附闻。

附件 （一）王振祥简历表一份

（二）民孚企业公司调查草稿一件

（三）招商局调查报告末页一份

（四）征信新闻十一月份订户统计表一纸

职 马泽恒

黄继光 呈

批注：上海收发屡次如此，不多寄即少寄，应切实注意，不得再如此粗心。

王振祥简历表

姓名	王振祥	性别	男
年龄	二十二岁		
籍贯	湖北蕲春		
出身	安徽旅鄂中学高中部毕业，立信会计学校肄业		
曾任职务	陆军第八十七军上尉书记、国防最高委员会办事员、财政部花纱布管制局办事员、东北行营上尉科员		
通讯处	太平门芝江巷二十八号何源清先生收转		

联合征信所渝沪字第13号报告(1945年12月15日)

渝沪字第十三号报告　十二月十五日

(一) 十一月份开支,已于昨日审查,完全通过,惟沪所寄来之单据,仍有一部分手续未备,有人主张,应寄沪将手续办完后,再提付审查。当即说明恐费时甚久,影响经费周转,前已函请沪所,嗣后特为留意矣。始勉为通过,拟请饬经办人特别注意,否则下次审查会将无言以对。

(二) 尤绍曾君已由中信局任命为二等专员,月薪三百元,派在信托处工作,向所辞职,已权予照准,薪津发至十二月十五日,谨报请察核。

(三) 世界日报吴茂陵君,经一再函嘱到所工作,刻尚未来,已将经过情形告吴专员长赋转陈徐局长,昨晤吴君,据告社中不让其辞职,容再商洽等语,似有不来之意。

(四) 中国渝行转准纽约分行委托调查中国海外贸易公司(China Oversea Trading Co.),经往渝址接洽,据告经理杨俊三(联华保险公司经理)在沪,此间无资料,俟函沪索到后送上等语。昨又往催问,获悉资料尚未寄来,公司沪址在江西路42#/申新公司301室,拟请派员前往洽催,并就近查明情形示复。

(五) 沪所寄来专访行情,多系隔二日到,十一日行情,已于十三日刊出,(十三日上午交到所)十四日未到航信,不知系飞机停班或当日投邮太晚之故,因此十四日沪上行情暂缺。十二、十三行情于今日同时到,故刊载十三日行情。

(六) 后方钢铁机器电工酸碱等业,如中国兴业公司、渝鑫钢铁厂、恒顺机器厂、华生电器厂、华安电器厂等,正酝酿关门,经济部四十亿救济费,原拟用以收购成品者,顷闻将用以收购成品及设备,是则政府已允各厂关门矣。本所征信报告第三期,原选定永利化学公司,因收集资料一再延时,至现时方完稿,仍觉不全,拟即付印。该厂有其地位,可断定其不至关门,惟其他各厂,多在动荡中,如何演变,尚不可知,以后征信报告,可否暂停。请核示。

(七) 附上十一月三十日账务报告表一份,其中现金结存一项,包括汇沪款未转账余额在内。

以上各项统祈鉴核示遵。谨陈

经理

副理

附财务表报一份

职　马泽恒

黄继光　呈

联合征信所渝沪字第14号报告(1945年12月22日)

沪渝字第十四号报告　十二月廿二日

一、年终考绩现正由各组分别初核中,不日即可汇呈。

二、第三期征信报告已于本日出版,内容介绍“永利化学公司”已另封寄沪。

三、十二月份收支截至廿一日正共收新闻订费一三一二·一〇〇元,支出薪给费八七一·〇一三元，办公费四九四·六八七元，出版五八八·四六〇元，家具四五·五〇〇元，器具三八·七〇〇元，合计支出二·〇三八·三六〇元，计不敷七二六·二六〇元，系收入减少之故。沪所代收计费未计。

四、工作简报在汇编中，不日即可寄出。

五、卅五年度即届，关于各项工作应兴应革事宜，请早日指示，俾便改进。

六、资料组陈副主任国钧以办理资料整理工作需要缮写人员相助，介绍王成栋君，请予任用，谨检同原签及履历简表报请核示。谨呈

经理　刁

副理　刘

职　马泽恒

黄继光　呈

联合征信所渝沪字第15号报告（1945年11月29日）

渝字第十五号报告　十一月廿九日

一、十二月份新订费截至廿八日止，共收一·八八八·七〇〇元，利息收入四九·八四六元，总收一·九三八·五四六元，支薪给费一·六九六·〇三八元（奖金尚未计算在内，因须卅一日发放故也），办公费六〇三·八二七元，出版费七六五·二四〇元，家具四五·五〇〇元，器具二八·七〇〇元，总支三·一四九·三〇五元。

二、试用缮写员王振祥因在原机关辞职未准，已停止试用，俟觅得适当人选时，再行呈请试用。

三、十二月份上海账单请饬经办人员先按联总字第644号函先行审查后，再行寄渝，以免审查会挑剔。

四、改定所员卅五年年费为贰万肆仟元一案，已于本月廿八日办妥，通函（联总字第648号）廿九日连同新闻一并送呈。

五、沪联字第109号函并附四明上海分行调查报告及27、28号新闻订单，均已收到，新闻当即照寄。

六、十一月份摊销订费尚未领齐，兹拟先行汇沪贰佰万元，申请免费汇额公函正候国行徐局长批示中，恐须元旦后始能汇去。

七、资料组奉准增用缮写王成栋一员已于廿九日到所试用。

八、资料组为整理资料而增添之设备均属小巧简单，耗费不多，今后一切均仍本节缩之旨办理。

右陈

经副理

职　马泽恒

黄继光　呈

联合征信所渝沪字第16号报告(1946年1月5日)

渝沪字第十六号报告　元月五日

一、王振祥停止试用，已于上次报告在卷，兹经张鑫生先生介绍左良镔前来，经考试书法尚佳，拟准试用(附左君简历一份)。

二、去年上海代收订费是否须列入十二月份收入，即请开列清单，即日寄渝以便入账。

三、元月份收入截至四日止，计新闻订费二四六・〇〇〇元，调查费二五・〇〇〇元(电报行情)，所员年费九六・〇〇〇元，合计三六七・〇〇〇元，支出办公费一一八・六七〇元，出版费五六・〇〇〇元，合计一七四・〇〇〇元。

四、本日由中兴银行免费汇出二百一十万，内有十万元系刘副理薪津，其余二百万元系沪行周转金。

五、十二月份审查会定十五日开，已分函各行局及代表。

六、顾秘书长改期于八号飞京，其夫人等于本日飞京，理事会仍在此照开。

七、第三次所务委员会会议于三十四年八月廿一日上午九时在渝开会，对本所增设英文部事已予通过。兹将提案及议决全文抄录如次："讨论事项：一、本所国际事务渐多，拟设立英文部以专责成而利业务案。决议：原则通过，由本所筹划进行"。右陈

经副理

职　马泽恒

黄继光　呈

联合征信所渝沪字第18号报告(1946年1月20日)

渝沪字第十八号报告　元月二十一日

一、李康诩已于本月十四日到职。

二、兹因缮写人手不够，由中行国外部沈镛介绍黄醒亚前来，经考试书法尚佳，并能办事务工作，拟准试用。附呈黄醒亚简历一份。

三、截至十八日止，已收新闻订费一・七四一・五〇〇元，所员年费六九六・二七六元，调查费二五・〇〇〇元，利息二三・七七六元，共收二・四八六・二七六元，支薪给费八九五・二三八元，办公费六四四・〇六八元，出版费九九一・六六〇元，家具二〇・四〇〇元，器具七五・〇〇〇元，共支二・六二六・三六六元。

四、十二月份开支审查会于十五日上午九时在所举行，各项收支已审查通过，摊领经费亦已分函各行局洽领中。

五、经济部日用品管理处有大批纸张抛售，经与洽定，本所可购浏阳纸五十令、湖南毛边二十把、正中纸信封二万个、十行纸一万张，共约需款四十万元，是以本月份开支将加大，惟以后一二月内则可节省不少矣。

六、沪所向中央银行申请透支四百万元案，此间曾由舒副局长向本所询明情形，经提出十九日四联放款会，闻已通过。

七、顾秘书长已于二十日飞沪，四联理事会本周仍照开，闻下周将在京开会，秘处同仁月底前后，将有一批调京，惟此间放款会，仍将继续开会，审查后方十省市放款案件。

八、王志莘先生抵渝后对本所工作情形，有所询问，已口头报告，闻承兑所，将筹改承兑银行，正由王氏向各方洽商进行中。

右陈

经　副理

职　马泽恒

黄继光

批注：① 准函试用。

② 准照购。

③ 本月廿四日渝版“征闻”第一页刊载关于外汇汇率一则，想系一般传闻，未足为据，以后关于此类消息，非俟政府公布或确已定案，应勿发表。

④ 渝版“征闻”报头，普通所员栏“重庆各行庄”应改为“渝沪各行庄”。

⑤ 渝版“征闻”报头，请参照沪版“征闻”于适当地位，排入“重庆”地名。

联合征信所函稿(1946 年 1 月 26 日)

函复渝沪字第十八号报告各点并指示希查照办理由。

民国卅五年元月廿六日

接渝沪字第十八号报告敬悉。兹复如后：

一、黄醒亚一员准予先行试用。

二、经济部日用品管理处洽定似购所列纸张等准予照购。

三、本月二十四日渝版《征信新闻》第一页刊载关于外汇汇率新闻一则，想系一般传闻，未足为据。今后关于此类消息及类似性质者，非俟政府公布或确成定案，请勿发表，以资郑重。

四、渝版《征信新闻》报头普通所员栏“重庆各行庄”请改为“渝沪各行庄”。

五、渝版《征信新闻》报头希参照沪版《征信新闻》于适当地位排入中英文“重庆”地名。

以上各项即请查照办理为荷。此致

渝所

附黄醒亚履历表一份

(章)职〇月〇・日

联合征信所渝沪字第 19 号报告(1946 年 1 月 26 日)

渝沪字第十九号报告　元月二十六日

一、陈志诤于本月到所面称：拟下月一日到职。

二、汤燮懋已于二十二日离职，仇良让于二十五日离职。

三、截至昨日止新闻订费已收二・二一九・〇〇〇元，所员年费已收七四四・〇〇〇元，调查费已收四九・〇〇〇元，利息已收二九・五〇七元，共收三・〇四一・九〇七元，支出计薪给费八九五・二三八元，办公费八九八・一四八元，出版费九九八・八一〇元，家具二〇・

四〇〇〇元，器具八〇·六〇〇元，共二·八九三·一九六元。

四、沪所代收去年订费，前定一月份入账，请开列清单寄渝，以便照数入账。

五、渝所代办沪版中英文征信新闻订阅广告，已于昨日起始刊登，如有订户前来订阅，当即按日将订阅通知单寄沪不误。又通知单上加盖“沪版”图章者系中文稿，加盖“SHANGHAI”图章者系英文稿，凡加盖“航空”者系航寄，无“航空”图章者平寄。

六、寄沪各户新闻已遵嘱除各报馆改次日交邮外，余仍当日寄出。

七、陈专员鸿烈以充任专员职务，仅得总务组通知而无正式书面任命，请转陈核办等情，如何办理，请示。

八、此间各银钱行庄，仍有少数未加入为所员，复有少数所员，迄尚未缴纳所员本年度年费，各应以如何方式催促，请指示办理。

右呈

经理　刁

副理　刘

职　马泽恒

黄继光

联合征信所渝沪字第20号报告(1946年2月14日)

渝沪字第二十号报告　二月九日

一、一月份沪所账单已收到，并经分别整理列入报销，兹检附一月卅一日科目余额表一份请察核。

二、渝市各市场因旧历年大多无市，故最近数日《征信新闻》张数较少，自十一日起可全部恢复。

三、陈国钧参加内政部收复区县长培训，自二月五日起请假一个月，请核备。

四、渝所代订沪版新闻已有十四户，通知单均于当日航空寄沪，截至八日已寄出第一号至第十四号通知单，共十四纸，未悉已否全部收到。

五、昨有订户前来查询沪版新闻迄未收到，请查第八号通知单已否照寄，以便答复订户。

六、昨日已交一百五十万元请中央银行免费航空汇沪，请收到后示复。

七、上月份开支已通函各银行局及各代表，定于十五日开审查会。

八、同仁加薪及增加津贴等项业已补发清楚。

九、寄渝新闻前系隔二日到，现多隔三日到，可否设法使其加速，请嘱注意。右陈

经　副理

职　马泽恒

黄继光　谨呈

联合征信所总所复函稿

函复第二十号报告各点由　中华民国卅五年二月十四日

接渝沪字第二十号报告，均悉。代订新闻通知单，尚缺第十号一纸，其余各户均照单嘱寄，

请即查明速复，俾便按日投递。至寄渝新闻滞迟一节，因沪地邮局时有拒收情事，兹已数度接洽。嗣后当可迅速寄递。相应复请查照办理见复为荷。此致

渝所

戳　〇月〇日

联合征信所渝所复沪所函(1946年2月4日)

迳复者，元月二十四日沪联字第一六六号及二十九日沪联字第一七八号两函祇悉。兹将办理情形分述如次：

一、调查德孚洋行出品各种染料及拜耳药厂出品之各种西药销路价格，已交新闻组迅速查复。

二、沪所所订“介绍订阅征信新闻优待办法”渝所当即遵照办理。

三、办事员汤燮懋准予辞职，已登记公布。

此致

沪所

联合征信所(章)启

中华民国三十五年弍月四日

联合征信所渝沪字第22号报告(1946年2月23日)

渝沪字第二十二号报告　二月二十三日

一、征信新闻自在渝所领登记证二种，已拍照，二十一日可寄沪。

二、由渝拍发新闻电事正在申请中，惟由沪拍发新闻电至渝仍须由沪所在沪办理申请手续，又在渝申请发电证明书领到后即报沪。

三、截至二十二日止已收所员年费三八四·〇〇〇元，渝版新闻订费一·九六九·二九〇元，调查费二五·〇〇〇元，沪版新闻订费二九二·四〇〇元，总计收入二·六七〇·六九〇元。支出薪给费一·〇三七·九〇四元，办公费四八六·三三二元，器具一一·〇〇〇元，出版费四四八·六〇〇元，家具九九·八〇〇元，总计支出二·〇六五·六三六元。

四、前请在沪购买油印机事，未悉已否购到，如德货(即承兑所代购本所现用者)不易购到，其他式样亦可，总以能用中国腊纸者为佳。

五、徐映榴女士请事假二周，据悉渠已乘机来沪，将面陈一切。渠在渝所月薪九〇元，二月份已支上半月薪津，计国币二八·五三五元(内加成四·五〇〇元，津贴八·〇〇〇元，米代金一二·九九〇元，宿费三·〇〇〇元)。

右呈

经　理　刁

副经理　刘

职　马泽恒

黄继光　呈

联合征信所渝沪字第23号报告(1946年3月4日)

渝沪字第二十三号报告　三月四日

一、渝市金融物价行情自本日起拍发新闻电第一字为日期,第二字起即照前寄简字表顺序填列,如“信三三角”,即为“信用日折三元三角”,“金开一三八五〇元”,即为“厂条早盘开盘每两一三八五〇元”,又所报行情共四十九种,如有少于四十九种时,其未报者即表示价格无变动仍照昨日行情。

二、沪所如已办妥拍发新闻电手续,请每日照渝版新闻“沪市行情”专栏所列各项发电,如有任何重要消息,另发专电。

三、由渝拍往上海之行情规定每日下午一时以前发出,大约当日夜间可以收到,如有重要消息,当随时拍发专电。

四、渝所二月份账目已结出,共收三・五二八・五四〇元,共支三・三九九・六七四元(附呈余额表一份)。

五、试用员汤代发已于三月一日到职,在新闻组担任调查行情工作,试用员吴荫伯已于三月四日先行到职,在总务组工作,请核备。

六、渝所英货手摇油印机须用外货腊纸及较好纸张,故尚搁置未用,而德货手摇油印机亦因使用日久零件多已损坏,修理多次虽可勉强应用,但效率减少,前请在沪代购一具运渝,迄未见复。如德货不易觅得,则其他式样亦可,但以用中国腊纸者为佳。

七、渝所职员待遇遵前令调整,惟工役待遇尚未调整,拟自三月份起将米代金数额提高至最多一石(前规定为最多八斗),可否之处,尚请核示。

八、杨副主任爱全介绍贺常一君担任记者,现年二十五岁,巴县人,中政校新闻专修科卅三年七月毕业(比田维和低一级),曾在国民公报任记者年余,经面洽,仪表谈吐尚佳。已嘱自三月四日起先行到所试用,薪额容后报核。拟请照准。

九、最近新任之同事,经一月来之考核,其薪额拟定如下:(一)调查组办事员陈志诤月薪一八〇元,(二)调查组办事员李康诩月薪一六〇元,(三)新闻组记者任秋石一三〇元。当否?请核示。

十、资料组陈副主任国钧受训已满期,业于本日返所工作。

十一、新闻组人手增加,工作重新分配,大致情形,蒋芳、凌承业、汤代发三君调查物价,由萧明君负核编及写每周行情之责,萧君并采访新闻;黄宇乾君负责调查金融行情及采访有关金融消息,其余各位负责采访,将来拟再觅一人随黄宇乾君调查金融行情及采访有关消息。详情将另由杨副主任函报。

右陈

经理　刁

副理　刘

附呈储额表一份

职　马泽恒

黄继光　呈

联合征信所总所复函稿

函

接渝沪字第二十三号报告，悉自动油印机已购妥，现正设法运渝。至工役待遇，渝地可酌予调整，新任陈志诤、李康诩、任秋石各员拟定月薪准予照办。除贺常一试用一节，业经另行函复外，相应复请查照为荷。此致

渝所

职　〇月〇日

联合征信所重庆分所致总所函(1946年8月10日)

渝分联字第0030号函

迳启者，重庆分所遵于八月一日改组成立，工作人员由原有人员充任。黄主任继光携眷及工友孙国泰，于八月四日乘船离渝赴京转沪，调查组办事员刘竹年于本月初请假，再返汉口原籍，经准假二十日。渝所设为分所，先后任交接事宜，以黄主任临时决定离渝，时间迫促，未及赶办，经口头约定后，俟八月一日起，渝分所采用新账簿记账，旧账俟整理结清后，再转入渝分所账并陈报总所。至各项财产，刻正清查造册，俟完竣后，一并陈报。以上各情，相应函请查核备查。

此致

总所

联合征信所重庆分所启

中华民国三十五年八月十日

联合征信所重庆分所致总所函(1947年8月9日)

联合征信所重庆分所致总所函渝分联总字第〇〇二一号

迳启者，查沪版新闻，重要消息甚多。沪上各报多有转载。渝市每日下午三四时即可阅

读当日沪上航空运来之报纸，其由邮局寄递者，亦可与沪版新闻同时到渝，因此，沪版新闻所载之消息，渝版新闻不便采用，殊为可惜。前曾函请尊处将重要新闻拍电来渝，以充篇幅，即在补救此项缺憾。又尊处每日拍来之沪市行情项目太少，不足供各方参考。沪市虽经宣传，现时订户，仅有五户，为欲推广，非增加项目不为功。拟请将增加后之项目分为数通电报，提早开始拍发(或每类发一电)，以收速效。至于接洽利用交行电台发行情电问题，此间经向该行接洽，据称该行电报甚多，通报时间有限，须与沪行商洽后始能答复。似此情形能否成功，尚属问题。又就各行局过去代四联发电情形观之，四联电报常被积压，难期快速，如行情电报亦被积压延误，殊有损本所信誉。至由电信局发电，因电路拥挤，亦不免延误。根本补救之法，则在自设电台。本所既属通讯机关，每日消息行情之交换至为频繁，电台之设立，刻不容缓。中经社在渝发稿，已逾四十五期，在前系每日下午五时，发行内容分本市新闻、国内新闻、国际新闻、沪汉津等地前一日之行情电报、本市行情等栏。因自有电台，故消息灵通。自九日起，复改于每日上午六时发稿一次，下午五时又发一次。其上午所发之稿，载有沪、汉、津等地前一日行情，

供市场交易之参考，似此情形，该社稿实为本所新闻之劲敌。本所外埠行情已落其后，苟非自设电台灵通消息，则业务前途实属可虑。综上所陈，除请将重要新闻多发电报，增加行情，提早分开发电外，并请积极设立各地电台以利业务。相应函请察斟办理为荷。此致

总所

联合征信所重庆分所 启

中华民国卅六年八月九日

联合征信所重庆分所1947年7月份工作报告

联合征信所重庆分所七月份工作报告

本所现分设调查、新闻、总务三组，主办调查工商信用、出版征信新闻、行情日报及有关方面之委托事件。本月内并奉总所函嘱筹办简单印刷厂及成都办事处，兹将本所上列三组七月份工作分别报告于次。

调查组

（一）本月份收到委托调查案件计四联渝分处七件，国家行局二十件，商业银行一件，其他厂商六件，共三十四件。内国内贸易七件，进出口贸易七件，建筑业六件，纺织业五件，化工业二件，矿业一件，机械业一件，面粉业一件，航业一件与个人三件。

（二）受托调查案件经办理完竣，分送各委托机关者计四联渝分处七件，国家行局十四件，美国领事馆一件，外商银行二件，其他厂商二件，共廿七件。

（三）筹备编纂渝蓉两地金融业概览，已将调查表格信函及进行方法拟就，以备着手办理。

（四）筹备成都办事处，经向有关方面函洽已近成熟，关于调查计划及办事细则等，均已拟定，并先行选用两人在渝学习。

（五）工商人事登记，前因总所迁沪，人手过少即行停顿，现感仍有需要，已增用学习统计者一人继续办理，并整理保管其他资料。

新闻组

（一）本组工作主要在逐月采编征信新闻，行情日报及印行沪市商情电报。计本月份刊载本市采访得来之新闻稿共二百四十七条，成都、贵阳、昆明、万县通信稿六十三条，转载京沪汉津平等版新闻稿二一三条，调查行情项目，每目计商品三十一类，共七百余品目，金融五类，三十一项目。

（二）为成都设立办事处拟具采访新闻及调查物价行情等办事细则。

（三）为四联总处秘书处调查渝地杂志社人事背景及出版业务情形。

（四）为四联总处查编一周金融，经济调查报告四件，为输出推广委员会渝处查报出口物资市况每周一件。

（五）逐日拍发上海、南京、汉口行情及市况专电。

总务组

（一）文书方面，本月份小总所函件十件，各分所函｜二件，四联总处及重庆分处函十四件，各行局函廿四件，其他杂件四十五件。

（二）人事方面，本月份离职人员二人，因设立成都办事处新进人员五人，其中二人派在总务组工作，三人派调查组工作。

（三）会计方面，收付款项，日常账目均按日结清，月底发薪及报销表件等均按规定之时间办毕。

（四）发行及广告方面，征信新闻发行城市郊区，由报差专送，远埠交邮发寄，本月份发行数字，计赠阅新闻一百九十一份，订阅户四百卅六份，沪市行情电报计发行六十三份，经办广告，本月《征信新闻》每期封底两面均有刊登，计本月份收入广告费约共一百余万元。

（五）缮写方面，缮写人员原系五人，本月份离职一人未补，工作较忙，每日每人至少缮新闻及行情腊纸三张，并缮写公文。四联总处及输出推广委员会每周行情表、特户调查报告、各行局委托调查报告等，除办公时间外经常加班缮写。

（六）印刷厂筹备情形，本月奉命购买印刷机改良印刷，除向四联渝分处请准向各行透支国币五千万元洽办一切手续外，计四开机一部、二号圆盘机一部，以及浇铅器、纸板、铁台等，并拟具印刷厂计划送总所备核。

联合征信所重庆分所1947年10～12月工作报告

联合征信所重庆分所十月份工作报告

本所添办印刷厂，自本月起，特派专人进行，布置厂房，接受所订机件铅字，雇佣排版技工。兹将印刷厂及本所原有各组十月份工作报告如下：

调查组

（一）接待委托调查案件计有四联分处一件，国家行局六十四件，外商银行二件，英国领事馆一件，共六十八件。经办理完竣者，计有四联渝分处三件，国家行局五十七件，外商银行一件，英国领事馆一件，美国征信所一件，共六十三件。

（二）继续编纂《重庆成都金融业概况》。

新闻组

（一）本组工作，主要在逐日采编征信新闻行情日报，及印行沪市商情电报，计本月份刊载本市采访稿共一四〇条；本市调查之市况稿共四七三条，成都、贵阳、昆明、万县通讯稿三五条；转载京、沪、汉、平、津等版新闻稿二五一条；调查行情项目，每日计商品三三类（新增呢绒绸缎两类）共七百余品目；金融五类三一项。

（二）搜集有关资料计国外六六则，国内一三五则，装订资料共三六本。

（三）因缩减人事，本组裁去记者三人（驻蓉记者在内）。所有工作，本月起重新调整，由本组现有人员分任。

（四）为四联总处查编一周金融经济调查报告四件，为输出推广委员会渝处查报物资市况每周一件。

（五）逐日拍发上海、南京、汉口、南昌行情及市况专电。

（六）新闻及行情预计于十一月全部改用铅印，本月内着手改编行情，计划版面。

总务组

（一）文书　本月份文书工作，计各行局五十九件，调查报告四十四份，四联总处函及附件四件，本所总所函十四件，蓉处函九件，平津所函一件，京所函二件，汉所函二件，纽约征信公函三件，其他函件十一件，内部函件十三件。缮写工作因减少一人，较前更忙。

（二）会计出纳　办理日常账目、银钱出纳，暨九月收支。四联渝分处报销，及总处报表，又十一月份收支，业已结出，计总收入三六，五四三，九〇〇元；总支出五四，九五六，四一〇元；收支相抵，不敷一八，四一二，五一〇元，报销正赶办中。

（三）人事　总务组主任钟树楠被派兼任印刷厂主任，王思才派为副主任，卸任人员计有记者张廉清、汤代发，助理聂如浦、驻蓉记者钟树椿，改聘为特约通讯员，蓉办事处兼主任廖毅钧辞职，改派副主任邝觉代理。该处杨筱航辞职，派龙子夔、杨执权威办事员，颜伯显为助理员。

（四）发行及广告　本月份新闻订户三九一份，赠阅一九五份，行政院秘书处亦嘱赠寄一份；沪市行情电报订户五八份。广告收入三，八〇〇，〇〇〇元，较前月略有进展。

印刷厂

（一）人事　本月印刷厂大体就绪，计用技工八人，粗工二人，均已到齐，核定工资，办毕保证金手续。

（二）机器设备　在明亚厂所定各项印刷机件，均已收齐，惟其中四开机因系新造，经几度整修，已能使用。经常需要之铅字，已大体配齐。

（三）印务　自本月份起，本所之新闻封面广告，概由厂内元盘机印刷，其余本所用信封、便条、表单、名片，亦由本厂印制。印刷厂月底筹备完善，预计自十一月一日，本所新闻全部铅印。

联合征信所重庆分所十一月份工作报告

本所十一月份工作情形兹分组简要报告如次：

调查组

（一）接得委托调查案件，计有四联渝分处七件，国家行局四十二件，商业银行一件，输出入管理委员会重庆办事处一件，共五十一件。经办理完竣者，计有四联渝分处三件，国家行局三十件，商业银行一件，共三十四件。

（二）查编交通银行委托调查之渝市本年来之工商金融动态。

（三）代理外商介绍商务，计有英商五家，渝中国银行转托美商四家，共九家。

新闻组

（一）本月份刊载本市采访得来之新闻稿共一百五十三条，及市场概况稿，共六百零九条；成都、昆明通讯稿三十二条；转载京、沪、汉、津、平等版新闻稿二百六十条。调查行情项目每日计商品三十三类，共七百余品目；金融五类三十一项；搜集有关新闻资料，国外七十八条，国内二百一十条。

（二）为四联总处查编一周金融经济调查报告五件，为输出推广委员会渝处查报出口物资市况每周一件。

（三）逐日拍发上海、南京、汉口、南昌行情及市况专电。

总务组

（一）收发文书　本月份经办文件，计总所十二件，各行局四十四件，四联渝分处六件，内部十五件，汉口分所二件，成都办事处五件，南京分所三件，外商函件五件，其他十二件，又缮写调查报告三十七件。

（二）会计出纳　除办理本月经常会计出纳事务外，并将十月份收支报销赶办完竣，已报四联渝分处核销。计总收入国币四二，九九七，〇〇〇元；总支出国币七三，六七三，七六二元；收支相抵，不敷国币三〇，六七六，七六二元，业已领讫。又公务员待遇调整，本所十一月份收支预算，经重编报总所核示，以作收支标准：总收入四五，九〇〇，〇〇〇元；总支出七九，四八三，三二五元。

（三）人事　本月份计助理员聂惠高停职，助理员陈为雄遣散；办事员范治华请长假，遗缺不补，及办理蓉处人事登记呈报事宜。自十一月份起，本所仅留缮写人员二名，兼负新闻校对责任，工作极为紧凑，经常加班赶办。

（四）筹办印刷厂，业已就绪，本月开始印刷。

印刷厂

（一）印务　本月一日《征信新闻》重庆版正式改为铅印，每日经常工作，排印《征信新闻》，其余接收外件。星期日上午如有外件，照常开工。

（二）业务　本月份印《征信新闻》，由所方付给印工费国币壹仟万元，又接收外件，营业总额叁佰肆拾万元，因开工不久字钉损坏不多，连《征信新闻》印工费在内，账面盈余额为四百八十余万元。

（三）人事　本所总务主任兼任厂主任，另派王恩才为副主任，其下设领班一人，副领班一人，技工七人，（排印装订叁组）学徒一人，粗工三人。

联合征信所重庆分所十二月份工作报告

本分所十二月份工作情形兹分组报告如次：

调查组

（一）本月份接得委托调查案件计有四联渝分处一件，国家行局六件，美国领事馆四件，共十一件。因停止放款，故委查案件较少。经办理完竣者，计有四联渝分处五件，国家行局十一件，输出入管理委员会重庆办事处一件，外商银行一件，共十八件。

（二）本月初除将交行委托之《一年来金融交通工矿动态》完稿送出外，并扩大范围普查各业情形，搜集有用资料编纂《一年来之重庆工矿交通事业》及《一年来的进出口贸易》二文，刊载本所《征信新闻》年终特大号。

新闻组

（一）本组采编征信新闻行情日报，及印行沪市商情电报，计本月份刊载本市采访得来之新闻稿共一百三十六条；及市场概况稿共七百五十八十条；成都、昆明、万县通讯稿四十四条；转载京、沪、汉、津、平等版新闻稿二百五十四条；调查行情项目每日计商品三十三类，共七百余品目；金融五类三十一项；搜集有用新闻资料国外九条，国内二百四十条。

（二）本周编发三十六年年终特刊，本周同仁撰述有《重庆一年来之物价》、《重庆一年来之金融》，并编列《重庆一年来水陆空运价调整表》，诸文于三十一日《征信新闻》发表。

（三）为四联总处查编一周金融经济调查表四件，为输出推广委员会渝处查报出口物资市况每周一件。

（四）逐日拍发上海、南京、汉口、南昌行情及市况专电。

总务组

（一）收发文书　本月份经办收发文书，除订户汇款，请补邮费外，计总所函件二十件，各行局八件，四联总处八件，蓉处十件，汉口分所一件，南京分所二件，内部六件，其他六件，又调查报告六件，总计六十九件。

（二）会计出纳　经常进行事项每日均照办完竣，并办理本所十一月份报销。计是月份总收入国币四二，九九七，〇〇〇元；总支出国币七六，三九九，三六二元；收支相抵不敷国币三三，四〇二，三六二元，经已报销领到，并将报销副本呈报总行。

（三）发行广告　新闻发行本月份计赠送户一九七户，订阅户四〇一户，沪市行情电报赠阅十份，订阅四十二启广告方面因办理人手不敷，较前月为少。计全月份共收广告费国币一，一〇〇，〇〇〇元。

（四）人事登记　成都办事处办事员杨执权由该处报请任用，经核定薪额为国币一百元，并函嘱填具人事调查表。

印刷厂

（一）印务　承印本所《征信新闻》，排印方面略有改进，行情由三栏改为四栏，计节省十六开纸一张。封面刊头因元盘机接收外件，遵总所指示不套红色；至接印外件，本月份已较上月份为多。

（二）业务　本月份对外营业收入总额，计五百四十余万，较前月增加二百万元。月终接收外件较多，并入此月份计算。因开工日久须更换一批字钉，支出一部费用，计盈余额一百五十万元。再根据本所印刷厂章程，所有三十六年度三个月营业收支结算，总盈余六百五十余万元，以十分之五提交所方，转作周转金，百分之三十提为工厂公积金，十分之二提作工厂职工奖金。

（三）人事　所方原派印刷厂分担工作之工友二人，开支管理，本月份起由印刷厂负责。

四联总处关于设立成都征信机构事与联合征信所往来函(1947年5月24日)

交通中央中国农民银行联合办事处成都支处函　　蓉联（卅六）　字第二九四号

为蓉市函须设立征信分所从事调查报道请惠允见复由　Q78－1－14－124

查蓉市近年来工厂林立，商场日趋繁盛，关于各业调查统计，亟须专设机构，以资统筹。拟请贵所派员来蓉筹设分所，从事调查报道，俾供蓉市经济界之南针。事关蓉市工商征信，尚希惠允见复。无任公感。此致

联合征信所总所

交通中央中国农民银行联合办事处成都支处（章）

联合征信所函复四联蓉处函稿（1947年5月31日）

准贵处本年五月廿四日蓉联（卅六）字第294号函，略以蓉市工商各业日趋繁盛，嘱即设立

征信机构，以应需要等由洽悉。自当竭效棉〔绵〕薄。除转知敝渝所迅即筹划外，即特先复请查照为荷。此致

四联总处成都支处

启

联合征信所致重庆分所函稿(1947年5月31日)

沪联1697

案准四联总处成都支处本年五月廿四日蓉联(卅六)字第294号函，略以蓉市工商各业日趋繁盛，亟需设立征信机构，从事调查报道，嘱即筹设分所等由。除函复已转知渝所筹划进行外，即希查照办理，并拟编经费预算及工作计划呈核。此致

渝所

启

四联总处致联合征信所快邮代电(1947年6月26日)

为蓉处请在成都设立征信机构电希核议见复由　民国卅六年六月廿七日

四联总处快邮代电　京业字第14010号

上海联合征信总所公鉴：

据蓉支处代电，略以查工厂申请贷款信用调查最关重要，此间无调查信用之机关，故每遇厂商申请，均由本支处指定各行局派员调查，诸多不便。且各行局人手不多，办理亦感困难。兹为五行局办理贷款格外慎重起见，已函请联合征信所在蓉筹设分支机构，从事经济信用等调查工作，以辅助生产贷款之业务。行局对于征信所自当予以经济上之援助。是否可行，请核示等情。查该支处所请各节，有无设立必要，相应电请核议见复为荷。

四联总处秘书处

巳寝　十九　京业(章)

联合征信所致重庆分所函稿(1947年6月30日)

沪联1798

函催迅复成才设立机构之计划及意见由

案准四联总处本年六月廿六日京业字第14010号代电内(照叙原文)等由。查本案前准四联蓉处函嘱办理，经于本年五月卅一日以沪联字第1697号函饬该所拟编经费预算及工作计划呈核在案。惟迄未据复。兹准前由，因特函催，即希查照，剋速妥拟，并将核议意见一并具复，以凭核办。此致

渝所

启

联合征信所重庆分所关于设立成都办事处事致总所函(1947年7月11日)

渝分联总字第1082号

函复成都设处计划由

迳启者，先后奉钧府联字第一六九七号暨第一七九八号函，嘱将在蓉设立机构之工作计划

及经费预算编拟呈核，并对有无设立必要核议意见一并具复等由。查本分所自奉前函指示后，即与四联蓉支处及杨主委公私交换关于工作范围及经费等之意见。刻已得复。新闻暂不办理，经费可设法补助，办公房可以借用等语。“查成都系川省省会，附近沃野千里，产物甚丰，工矿交通各业亦极发达，且为陕甘南部及西康进出货物之集散地，将来如天成成渝两铁路完成，尤为重要。就经济地位言，仅次于重庆。金融业目前已发达，将来尤富于希望，国家行局贷款频繁，信用调查及一般经济大势调查实不可少。就四联支处审核贷款书超然中立之调查报告，尤有必要。所请设立征信机构一节，拟请照办”。惟为节省开支计，目前拟由小范围做起，可由本分所在蓉设立办事处，专办调查，不发行新闻。兹准前由，谨拟具工作计划及经费概算随函报请察核示复。至工作人员，正积极准备中。如此间不便罗致，拟派干员二三人赴蓉筹备，就地征用合格人才。关于办理调查之规章表格等，拟请检寄数份，俾资遵循为荷。此致

总所

附工作计划及预算各四份

联合征信所重庆分所（章）启

中华民国三十七年六月七日

联合征信所重庆分所设立成都办事处工作计划

一、成都设立办事处，按照总所指示及四联蓉支处杨主委意见暂不出版新闻。

二、成都办事处专以调查当地工商业信用、一般经济状况及重要市场行情，以供四联蓉支处及当地国家行局参考为业务。

三、办事处之工作暂定如下：

（一）按预订计划分别调查各行业一般情形及每行业中各单位事业之状况，并编制工商名录。

（二）接受四联蓉支处、国家行局及其他金融机构之委托，调查工商业信用、当地特产及市况等。

（三）将每日调查所得当地重要金融工商等消息及重要行情电报或函报有关各行。

（四）推销各版征信新闻。

（五）其他临时指定事项。

四、办事处暂设主任一人，办事员四至五人，助理员二人，工役二人，必要时请准增加之。

五、办事处之办公地址宿舍及办公用桌椅等，尽先向四联蓉支处商借，必要时再行租购。

六、办事处每月经常费概算拟定如附表。如房屋家具等无法借用，须自行租借时，另拟开办费预算。

七、每月经费开支拟月终汇报四联蓉支处核销，分由当地六行局摊拨之。

八、所需经常周转金由总所核定拨发之。

附每月经常费概算表。

民国三十六年七月七日草拟（章）

联合征信所重庆分所成都办事处每月经常费概算表(章)

科目	金额(元)	说明
薪给费	四、五〇〇、〇〇〇	主任一,月支薪津公费等六十五万元;办事员五,月各支五十五万元,助理员二,月各支四十万元;工役二,月各支十五万元,合计如上。
办公费	二、八〇〇、〇〇〇	每月纸张文具水电薪炭消耗车旅印刷等费估计如上。
邮电费	一、四〇〇、〇〇〇	每月电报航邮等费估计如上。
杂支费	八〇〇、〇〇〇	每月购置必需用具订阅必要杂志报纸及杂项估计如上。
合计	九、五〇〇、〇〇〇	

附注:本概算系按卅六年七月初旬物价及公务员待遇核实估列,如物价波动及公务员待遇调整,数字自又不同。(章)

联合征信所复重庆分所函稿(1947 年 7 月 15 日)

沪联 1849

函复蓉处人事经费各点由

接渝分联总字第 1082 号函暨附件均悉。关于在蓉筹设办事处可暂设主任一人,办事员二人,雇员一人,工役二人,主任及办事员均以大学经济商科毕业为合格。应先将各员资历报所核定后,再行任用。所拟工作计划第七项开办费及经常费,应先与四联蓉处洽妥担负后再办。特复。查照办理具复为要。此致

渝所

启

联合征信所与四联总处关于设立成都办事处的往来函电稿(1947 年 7 月 15 日)

沪联 1850

电复蓉处筹设意见请备查由

中中交农四联总处钧鉴:

前奉京业字第一四〇一〇号代电,以四联总处蓉支处请在蓉设立征信机构,嘱核议见复等由。查本案前准四联蓉处函嘱办理,经饬本所重庆分所拟编经费预算及工作计划。兹据复称:查成都云云(录至拟请照办)等语。附工作计划书暨经费概算表到所。经核成都设处确属实际需要,(除录来稿至洽办,再加至渝所知归类并嘱剋日着手筹备外等语),电复请鉴核备查为祷。

上海联合征信所叩

(0715)沪联

四联总处关于成都设所事快邮代电(1947 年 7 月 22 日)

京业字第 15160 号

上海联合征信总所公鉴:

据成都支处六月十三日总联(36)字第一二六号代电，略以目前成渝铁路已经兴工，灌县电厂亦在进行，各纱厂均有扩充设计，各行局奉命办理贷款，对于申请贷款者信用调查最关重要。此间无调查信用机关，故每遇厂商申请，均由本处指定各行局派员调查，诸多不便。且各行局人手不多，办理亦感困难。兹为五行局办理贷款格外慎重起见，拟请联合征信所在蓉筹设分支机构，从事经济信用等调查工作，以辅助生产贷款之业务。行局对于征信所自当予以经济上之援助，请鉴核等情。业经陈奉核示："筹设征信分所一节应转征信总所核复"等因。相应电请查核见复为荷。

四联总处秘书处

午筱　二　京业(章)

联合征信所复四联总处函(1947 年 7 月 26 日)

中中交农四联总处钧鉴：

京业字第 15160 号代电奉悉。查关于在蓉设征信机构一案，前奉京业字第 14010 号代电嘱核实见复，业以沪联字第 1850 号代电以"查本案前准四联蓉处函嘱办理，经饬本所重庆分所拟编经费预算及工作计划。兹据复称：查成都系四川省省会，附近沃野千里，产物甚丰，工矿交通各业亦极发达，且为陕甘南部及西康进出货物之集散地，将来如天成成渝两铁路完成，尤为重要。就经济地位言，仅次于重庆。金融业目前已发达，将来尤当于希望国家行局贷款频繁，信用调查及一般经济大势调查，实不可少。就四联支处审核贷款书，超然中立之调查报告，尤有必要。所请设立征信机构一节，拟请照办。等语，附工作计划书暨经费概算表到所。经核，成都设处确属实际需要，并以在蓉筹设办事处可暂设主任一人，办事员二人，雇员一人，工役二人。主任及办事员均以大学经济商科毕业为合格。应先将各员资历报所核定后，再行任用。至所拟工作计划第七项开办费及经常费，应先与四联蓉处洽妥捍负后再办等语。函饬该所知照并嘱刻日着手筹备外，谨电复请鉴核备查"在案。除蓉处筹备工作情形俟据报后另案陈报外，谨电奉复。敬请鉴核为祷。

(0726)沪联

中华民国卅六年七月廿六日

联合征信所重庆分所致总所函(1947 年 7 月 23 日)

民公赐鉴：

久未奉候，敬维奥居，百吉为颂。顷阅报知钧座主持沪区巡迴稽核团，想必忙甚，诸祈珍卫为幸。承兑所增加基金案据该所负责人面告，在钧座核办中，该所现因手续费收入不敷开支，故切盼增加基金，进而增加承兑，嘱为函询并请催促各方从速定案。进行如何，便中祈复。关于渝所近况，兹分报如次：(一)购印刷机件案四联渝处已核准先行透支五千万元，今日已向明亚机器厂付款定货，一切经过及计划即将正式陈报，货价较上底估价涨百分之卅，预计用费在五千万至六千万之间。下半年所员年费决定每家收廿万元，现正收取，拟以此项收入抵充一部，其余约五千万元。原拟请此间六行局补助，各行局对印刷设备均表赞成，并愿借款购置。报销摊定之后，各行局应转入总所行局，再由总行局转作总所基金或周转金，总所再列渝所支账。此系各行局主管之意见。四联渝处复本所函嘱转报总所，向四联总处洽定办法函复意即指此。除即将各情陈报外，特将经过奉告。（二）筹设蓉处已近成熟阶段，经在渝选用大学生三人，均系妥人介绍，年青有为，总所来示嘱就中择资历深者任主任。但以生观察，彼等恐难应付单独局面，经函商成都邮汇局襄理（闻近升副理）廖毅钧请其兼任主任，联系支处及各行局并随时照看，以便发生意外，廖君已同意，并已函经杨孝慈赞同欢迎。廖君与生两度同学，为人严谨干练，绝可支持场面，推动业务而不致发生问题。新用人员中以杨筱航（承业兄介绍）资历较深，故拟以之作副主任，如此配备，比较妥当。至渝所原有驻蓉记者钟树椿现亦拟拨归蓉处，因其办理信用调查，恐能力稍差，故列在规定三人之外，将来仍嘱其对新闻及行情多多致力。此次人事配备，已检同简历报请核派，拟请迅赐办理，一俟派定，即嘱各员起程赴蓉工作。经费一层，在来往蓉支处定案补助之前，仍由渝所拨支。（三）新用之三人已到所实习，除看旧报告并指示调查方法采访方法外，并令其参加调查。现渝所拟编成渝金融业概览，渝方已拟妥表格函件，下月初即全体出动调查，新任人员亦参加，将来蓉处开业，首先即令其调查蓉市金融业，俾迅速完成总所办理调查之规章。如有现成者，请饬寄来数份，俾有遵循。余容后续。耑肃，敬祈

崇安

职　马泽恒　拜上

七、廿三

联合征信所重庆分所关于成都办事处正式开业事致总所函（1947年9月27日）

渝联总字第一三八〇号

函报筹设成都办事处经过并改定十月一日正正式开业

敬启者，查关于本所成都办事处之筹设经向各方接洽，早届成熟。奉派各员业已先后到职，并据报已开始办理委托调查，本所为明瞭情形，并调查蓉市金融业起见，经派杨伟烈于上月底前往协助，驻蓉记者钟树椿亦派在该处工作。前据报拟于九月廿日正式开业，后以筹备不及，改定于十月一日正式开业。关于开业之招待费用，已电嘱尽节省，并商承四联蓉处办理，以免报销困难。该处之每月经常费预算拟定为八百万元，已由四联蓉支处报经四联渝分处转陈总处核示，尚未奉复。其现时所需之周转金，据报系由四联蓉处垫借，已拨五百万元（前曾函蓉国行准订透支一千五百万元，准复暂由蓉处垫借）。该处因无周转金，商请酌拨。本所因无款可拨，为示协助起见，经准在推销渝版新闻订费项下提四成备用，其余六成仍汇渝。此项办法系交通蓉行经理沈笑春在渝时商定，沈允返蓉后联合各行局代为介绍推广，或可发生相当效果。除该处正式开业后，俟其报来再行报核外，谨将以往经过情形报请察核备案。此致

总所

联合征信所重庆分所（章）启

中华民国卅六年九月廿七日

联合征信所复重庆分所关于成都办事处正式开业等函稿（1947年10月1日）

渝分联总字第1380号函悉。

据报成都办事处复筹设经过并定于十月一日正式开业各节，准予备案。希各同仁积极努力推展所务，并将工作情形按时陈报。至蓉处工作人员名额前经核令并陈报总处备案。值兹

本所紧缩人事之际，新闻工作应改由该办事处兼办。相应函达，即希查照为要。

启

联合征信所复四联总处成都办事处开业电稿(1947年10月2日)

电复蓉处开业日期由

中中交农四联总处钧鉴：

查本所筹设成都办事处前于七月廿六日以沪联字第1895号代电陈请核备在案。兹据重庆分所函报，该处筹备就绪，定于十月一日正式开业，并已办理各行局委托调查案件等由。特电陈报，敬请鉴核备案为祷。

上海联合征信所叩

（1006）

联合征信所重庆分所1948年12月份工作报告

联合征信所重庆分所三十七年十二月份工作报告　三十八年二月廿五号

兹将本分所十二月份工作情形分组简要报告如后：

总务组

一、公文收发：计四行两局一库，共三十三件，内调查案十八件；其他各机关二十三件，内调查案二件；总分所及成都办事处二十四件，内部二件，共计八十件。

二、会计出纳：逐日办理收支及会计事务，本月份总收入一五、三〇五、六〇元，总支出三二、四六八、五三元，收支相抵，不敷一七、一六二、九三元。已于本年一月八日函送重庆国家行局库主管业务座谈会通过，照原摊款比例补助。又本月底由各行局库按每行式千元，两局一库各壹千元，共拨本所周转金壹万壹千元。由本所折放生息，以其收益补助以后每月不敷经费(此系十二月初审核十一月份报销时照十一月份差额估计者)。

三、广告发行：本月份征信新闻旧订阅户减少五十户，计四〇八户，旧赠阅户减少一一户，计一四五户，共计四五三户。新订阅户增加三六户，计四八户，新赠阅户增加九户，计二七户，共七五户。广告费较上月增多五百余元，共收入七百八十元正。

四、人事异动：四联渝分处介用人员邹鸿宾、颜昌华二员，均于本月廿日到所工作，派为办事员，已专案报请加派。成都办事处人事无变动。

五、其他事项：联合票据承兑所业务，于十一月底结束，其房屋财产交本所接管，本月十日双方派员点交接收，已专案报请备案。

新闻组

一、本组逐日校编征信新闻、行情日报及印行沪市商情电报。计本月份刊载本市采访得来之新闻稿共二百三十条，及调查得来之市场概况稿共六百七十条。成都、自贡通讯稿共二十三条，转载京沪汉等版新闻稿共二百零二条。调查行情项目，每日计商品三十三类共七百余品目，金融二类二十五项。

二、为中央银行查编一周金融经济调查报告四件，为输出推广委员会渝处查报出口物资市况每周一件。

三、逐日拍发上海、南京、汉口、南昌行情及市况专电。

调查组

一、校对《八一九财经改革辑要》及搜集续集资料。

二、办理中央渝行托查保证人案七件。

三、办理国家行局托查厂商案三件。

四、办理重庆市立商业高校托查案一件。

印刷厂

一、本月份因赶印最近财经改革辑要，在本月下半月份特临时雇用排印工二人印工一人，在工作完毕时解雇。本月份该书大体印完，仅有封面及广告部分拟于下月初印完。

二、业务方面较前月转好，惟因印书关系工作忙碌，在账面上印件收入计金圆三、三三〇、六〇元。

三、财务方面，物价上涨，开支增大，新闻印工改收五、五〇〇元，计总收入九、五〇二、〇四元，总支出八、九七八、九一元。计盈余二三、一三元。

联合征信所重庆分所成都办事处十二月份简明工作报告

一、四联蓉支处委托调查清华布厂、中央信托局委托调查蓉市运销米面花纱布食油糖等之公司及商号名称、地点、负责人、资本数额、营业数额等，中央银行委托调查当地食糖产销情形，均已调查竣事。

二、按日调查蓉市中等熟米零售价格，分送四联蓉支处及中央中国交通农民四行中信邮汇两局暨南京分所等。

三、收发往来函件廿三件，造报十二月份一切会计应办事宜。

四、推销各版征信新闻及刊物。

五、筹备工商调查事项。

2. 汉口分所

联合征信所汉口分所致总所函(1946年3月28日)

敬启者，本分所业已筹备就绪，定于四月一日正式成立，开始发行《征信新闻》汉口版，敬祈贵所自即日起，将《征信新闻》“上海版”航寄汉口江汉路廿三号三楼本分所两份，以备参考。本分所电报挂号为“汉口二零二零号”。请自即日起，将上海当日重要行情逐日电示，以供利用。本分所自四月一日起，亦当将《征信新闻》“汉口版”每日重要行情逐日航寄电达，并祈察照为荷。此致

上海联合征信所

联合征信所汉口分所谨启

中华民国三十五年三月二十八日

汉口分所副经理田玉振致刁民仁函(1946年4月1日)

民仁经理吾兄勋鉴：三月廿八日大函奉悉，弟来汉后经一星期之筹备，一切发稿手续均已办妥。原定于四月一日开始发行《征信新闻》汉口版，经奉大函与杨书家兄商谈，决定暂先试稿，兹附奉样张一纸，敬请察阅指正。沪渝二地行情专电，请即逐日报发来汉，并请逐日将渝沪二地稿寄来汉所二份为盼。专请

勋安

弟　田玉振　启

四月一日

寄来一百美元已收到，一切工作当可展开。

本分所已办事各事

（甲）定制各件：

（一）长形招牌一件、方形中英文抬牌一件；

（二）篆字方章一件、隶体长章一件、总务调查新闻三组腰圆章各一件、收件回章一件；

（三）信封信纸各一千件、《征信新闻》刊头三千份，《征信新闻》稿纸一万二千份；

（四）铜板、钢笔、印泥、印台、笔、墨、砚台、浆糊、砚盂、卷宗等件。

（乙）函办各件：

（一）呈财政部特派员办公处、四联总处汉口分处请转饬汉口银行钱业二公会会员加入本所为普通会员；

（二）函银行公会及钱业公会请转知各该会员加入本所为普通所员；

（三）函各银行钱庄加入本所为普通会员；

（四）函各公司行号订阅本所《征信新闻》；

（五）呈市政府市党部请予备案；

（六）函重庆、上海联合征信所即日拍发行情专电来汉利用，并将二地《征信新闻》各寄二份来汉；

（七）函电报局办理电报拨号(号码为二〇二〇)；

（八）函电话局办理装置电话手续；

（九）函邮政局办理《征信新闻》立卷挂号手续；

（十）函中央社发新闻稿并取得联系；

（丙）带来各件：油印机一架、腊纸三盒、油墨六瓶；

（丁）订购各件：办公椅十个、靠背椅十个、其他文具。

联合征信所汉口分所

联合征信所汉口分所经理杨书家致总所函(1946年4月15日)

民仁、适天吾兄道鉴：

适天兄四月十三日航函，今午收到，指示各点，极为详尽，感激之至。兹仅将此间筹备情形及具体计划，再简述于后：

1. 地址　决定租用交通大楼208号，每月行租拾弍万陆千元，今日已正式迁入办公。

2. 开办费　二百五十万绝对不敷甚巨。前次经振玉兄手汇之三百万，渠已开支二十万，仅交来八十万连同托收之百五十万，两共仅二百三十万可抵用。现已用去百五十万作设备等初步开支，所余仅八十万。四月份员工发薪及各项支出，约需数百万元。相差之数目前即无法垫拨。

如开办费目前无法核汇，请先将周转金汇下。至少请汇五百万元，以免临时见窘。

3. 待遇问题　目前兼职者多，专职者少，但照八万左右，则绝难罗致人才。如分所对经常费自有办法，待遇标准似不宜过于压低。

4. 经常费　照前面所陈预算，必须总所贴补，但弟正在设法使出刊后即能自给。此点是否能完全办到，当无绝对把握。到五月十五后，大体可以明了。愚计凡属汉口银行业均请加入为会员。除四行两局外，一律每家收入会费一万元，但不收年费。因年费每家仅能收二万四千元。如改收订费则较厚多矣。

此间其他各业因弟较为熟悉，在未正式出刊以前，拟分途前往接洽。估计至少当能推销二百份，但目标则为四百份。若能发行三百份，以每份八千计，则可自给。又此间行情与新闻将分别印刷，特别注重行情报告，以迎合市民需要。行情单印刷务求特别精微清楚，内容特别丰富。使一般报纸所述行情均不能望其项背。汉口目前尚无行情专报，弟拟从此入手，大量推行，武汉三镇各能销到一千份，则经常费将绝对不成问题。关于行情调查，拟出重金聘请专家主持。此外，各业将组织行情调查网，以资联络。

5. 组织　经副理以下暂不设分组，仅有外勤与内勤两种职务之区别。总之，汉所经常费似无大问题，也许到年底可有盈余。目前急迫者为开办费与周转金。信到时务恳火速由交行电汇五百万元，以便准时出刊。俟开办后一两个月，如经费能自给，则周转金仍可陆续拨还总所。弟计似觉不十分困难。未知高明以为何如。草此。敬颂

大安

弟书家　顿首

四月十五日

汉口分所经理杨书家致总所函（1947年8月4日）

民公经理吾兄有道：

汉所创办年余以来，略具规模，新闻及调查亦颇上轨道。惟所址一项现仍租赁，且属临时性质。弟在汉一日或不致发生问题，但一旦离汉，将来必不易解决。本所设立原系四联辅导而成，毫无基金，万一四联果如经济改革方案所言，并入财部，则于本所诸多不便。为树立永久基础起见，诚宜及时设法达到“四联存在本所固无问题，四联废止，本所亦能自存”之目的。因此拟在汉购地四五十方，约需叁亿余。地购就后，先建简单房屋，以弍亿为度，合计以五亿为限。款项筹措办法：(A)由汉所报总所；(B)总所转四联核借；(C)利息按月息弍分计算；(D)分十个月摊还，由营业收入作抵，自借款后第三个月开始；(E)营业收入不敷部分仍按往例由四联贴补，一年以后则汉所所址将无问题。

吾兄如同意此举，汉所即将以正式公函报总所。弟今年或有离汉之可能，如弟离开，则来日协助心虽有余而力不足。用特专函奉商，祈复示遵。此叩

暑安

书家　顿拜

八、四日

汉口分所副经理吴文会致总所函（1947年8月29日）

民公经理钧鉴：

经过四个月之努力，汉所情形已渐开展，杨经理书家对于所负任务已深感兴趣，不再烦燥〔躁〕不安矣。兹将汉所情形摘要报告于后：

（一）现有人员多能黾勉从公，所任职务均经详细派定，遇有重要工作时，即群力以赴，故人数虽少，精神甚佳。

（二）经费方面，现正力求自给自足，每月开支已编制预算，自本月起实行，每月支出数约需叁千四百万元，并将新闻调查组费用分别列帐，以便查考。国行汉分行透支户已于昨日办妥手续，数额为国币捌千万元。

（三）新闻销路已渐增加，现正计划向舟车能当日到达之地区如长沙、老河口等地推销，期能达到日销千份之目的。

（四）征信周报介绍后因人力不够，恐有始无终，故迟疑至今尚未刊行。

（五）金融法规汇编初版出书业已发售完毕，再版预约单已开始到来，现盈余约九千万元，由杨经理负责保管。本年十二月将发信征收三十七年份订费，预料收入必颇可观。盈余数如何处理，杨经理当必另函陈明。会私人事务须待料理，拟于下月中旬告假一月，回沪一行，务祈赐予照准为祷。敬叩

钧安

职　吴文会　谨上

八月廿九日

联合征信所复汉口分所函（1947年9月3日）

文会吾兄台鉴：

八月廿九日来书敬悉种切。汉所业务已渐开展，诸荷擘划策进，公私拜感。所示新闻周报向外推广办法甚美，希即迅为推行，至所企盼。出版征信周报，可暂缓办理。金融概览之盈余款项可由汉所暂为保管，另立专户存储，妥为运用，衍生子息，至年底可将收支情形报所商定处理办法。吾兄拟离汉一月料理一节，为恐影响所务起见，暂以二周为期如何。敬此布复。即颂

筹绥

弟　刁○○　拜启

联合征信所汉口分所人事聘用令（1946年5月26日）

送达机关：杨书家、田玉振

事由：聘杨书家为汉口分所经理田玉振为副经理由

兹聘请台端代理本所汉口分所经理。

此致

杨书家先生

兹聘请台端代理本所汉口分所副经理。

此致。

田玉振先生

经理刁

中华民国三十五年五月廿六日

联合征信所汉口分所1947年度工作简报

联合征信所汉口分所三十六年度工作简报

本所自成立以还，迄今已历两载，只以征信事业在国内尚属创举，一般人士对之亦无深刻认识，故工作推进不免有事倍功半之讥。

本所同仁在总所领导之下，尚协力同心，能无陨越。谨将上年度工作情形编制工作简报于次：

联合征信所汉口分所三十六年份人事移动报告表

三十七年一月　日

移动情形	职别	姓名	到职年月	去职年月	备考
任	助理员	李定侯	三十六年一月		
撤	代新闻组主任	严钟瑞	三十五年七月	三十六年二月	
免	助理员	廖于一	三十五年四月	三十六年三月	因事辞职
任	副理	吴文会	三十六年四月		
免	调查组主任	廖嘉珪	三十六年二月	三十六年五月	因事辞职
免	办事员	穆竞芬	三十五年五月	三十六年五月	留职停薪
免	办事员	文平	三十六年二月	三十六年六月	因事辞职
升	代新闻组主任	陈梦浓	三十五年七月	三十六年六月	
升	办事员	虞汉堂	三十五年四月	三十六年六月	
任	办事员	鲍汝昌	三十六年七月		
免	助理员	侯湘珉	三十五年十月	三十六年七月	因事辞职
任	助理员	郑逸群	三十六年八月		
任	办事员	董嘉莹	三十六年八月		
免	办事员	周才俊			因事迄未到所请辞本职
免	办事员	钱辉隆	三十六年七月	三十六年九月	
升	代调查组主任	杨钦德	三十五年六月	三十六年九月	

联合征信所汉口分所经费收支报告表

民国三十六年度

支出金额	科目	收入金额
	收出之部	
	新闻订费	190,674,430 42
	调查费	3,180,000 00
	广告费	5,557,000 00
	所员入所费	400,000 00
	所员年费	10,400,000 00
	利息收入	15,779,726 85
	支出之部	
95,698,274 00	办公费	
119,653,094 20	出版费	
194,077,460 00	薪给费	
29,220,000 00	购置费	
15,060,153 69	利息支出	
2,537,178 00	员工年终奖金	
	差额	230,255,002 62
456,246,159 89	合计	456,246,159 89

联合征信所汉口分所三十六年份发行《征信新闻》份数统计表

月别	发行新闻份数	订阅份数	赠阅份数	交换份数	增或减	增减份数	备考
一月份	470 份	248 份	148 份	35 份			内零售 25 份
二月份	570 份	329 份	148 份	35 份	增	100 份	内零售 40 份
三月份	480 份	278 份	108 份	24 份	减	90 份	内零售 45 份
四月份	540 份	330 份	108 份	24 份	增	60 份	内零售 50 份
五月份	570 份	328 份	109 份	24 份	增	30 份	内零售 90 份
六月份	620 份	332 份	117 份	25 份	增	60 份	内零售 120 份
七月份	625 份	351 份	117 份	25 份	增	5 份	内零售 120 份
八月份	630 份	345 份	118 份	24 份	增	5 份	内零售 120 份
九月份	650 份	357 份	120 份	23 份	增	20 份	内零售 125 份
十月份	630 份	330 份	123 份	20 份	减	20 份	内零售 130 份
十一月份	780 份	437 份	122 份	20 份	增	150 份	内零售 150 份
十二月份	670 份	361 份	120 份	19 份	减	110 份	内零售 150 份
合计	7 235 份	4 026 份	1 458 份	298 份			内零售 1 165 份

汉所调查组一年来工作推进情形

本所调查组自三十六年度元月开始试办调查业务以来，虽属规模草创，但工作之推进堪称顺利。唯汉市究属一内陆都市，一般人士对此种新兴征信事业，缺乏深刻之认识。再者，经济市场范围有限，普通资料收集较易，致外来委托调查案件并不踊跃。但本所为求日后业务之推展，及希望收集一较完善之汉口经济市场资料起见，除承办外来委托调查案件外，并举办经常调查。调查对象首为汉口重要工矿贸易企业单位之人事财务业状况，其次为汉口重要出口物资之产销运营情形，再次为重要特产之产销运营情形。综计一年来已完成之工作计外来委托调查案件十八、重要工矿贸易企业单位财务业务人事状况调查十八、重要出口物资产销运营情形调查八，共四十四件，兹分列一明细表如后。

联合征信所汉口分所三十六年度承办调查案件统计表

甲、委托调查：

四联总处委托：紧急措施后汉市金钞黑市

汉四联分处委托：调查汉阳洪顺机器厂人事业务财务状况

四联总处委托：汉市资金流动及汇兑情形

四联总处委托：汉口半年来之金融与物价（三十六年一月至六月）

四联总处委托：汉市桐油猪鬃产销及加工情形

四联总处委托：汉口每周经济动态

四联总处委托：汉口二十六年上半年十五项重要日用品趸售价格

汉口中国银行委托：汉口最近猪鬃产销情形

汉中农行委托：鄂省三十五年度农产运销情形

天津新华银行委托：由汉运津米麦与六种商品之运销情形

汉四联分处委托：汉口东成企业公司财务业务人事状况

交通银行委托：上海企业公司汉口分公司财务业务人事状况

中国银行委托：汉震寰纱厂财务业人事状况

中国农民银行委托：汉建国工业社财务业务人事状况

中国银行委托：汉口生昌麻行财务业务人事状况

中信局委托：湖北省政府航业局财务业务人事状况

四联汉分处委托：湖北省政府企业委员会化工厂财务业务人事状况

四联总处委托：汉口半年来之金融与物价（三十六年七月至十二月）

乙、经常调查：

（1）汉口主要企业单位调查：

四川畜产公司汉口分公司财务业务人事状况

南洋企业公司汉口分公司财务业务人事状况

杨子建业股份有限公司汉口分公司财务业务人事状况

汉口建华电器股份有限公司财务业务人事状况

新沪股份有限公司汉口分公司财务业务人事状况

崇德进出口贸易公司汉口分公司财务业务人事状况

义生贸易公司汉口分公司财务业务人事状况

怡丰贸易公司汉口分公司财务业务人事状况

华洋贸易公司财务业务人事状况

华年实业股份有限公司财务业务人事状况

湖北民生贸易公司财务业务人事状况

美华化学工业股份有限公司财务业务人事状况

华英企业公司汉口分公司财务业务人事状况

长江实业股份有限公司财务业务人事状况

汉口第一纱厂财务业务人事状况

义瑞总行财务业务人事状况

中贸企业公司财务业务人事状况

中国植物油料厂汉口办事处财务业务人事状况

(2) 汉口出口物资产销运营情形调查：

A. 砖茶

B. 桐油

C. 猪鬃

D. 鲜蛋

E. 皮革

F. 肠衣

G. 宁麻

J. 桔子

联合征信所汉口分所报告本分所征信新闻暂行停刊等事宜(1948年3月16日)

事由：函陈本所征信新闻暂行停刊及遣散新闻组员工经过情形祈核备由

敬陈者，查本所《征信新闻》前以物价飞涨，印刷成本增加，亏损过多，不堪负荷。爰将困难各情函准刁经理暂行停刊，并将新闻组陈代主任梦浓、校对叶端锦、行情采访员陈益三、王正仪、报差李道全、黎少臣均予留职停薪，总务组亦已加以紧缩，以示撙节。办事员李惠兰、公役陈国祥等亦予留职停薪。调查组则暂行保留。遣散各员工除将三月份薪津照新待遇发放外，并按照三月份待遇发给遣散费一个月。至本所，征信新闻》改发《行情日报》一节，现正在详细计划中。谨特函陈，敬祈核备为祷。此上

总所

联合征信所汉口分所(章)启

中华民国三十七年三月十六日

联合征信所汉口分所刁雨贤致总所函(1948年8月7～9日)

民仁吾兄勋鉴：

顷奉手示，敬悉种切。书家兄前日晨返汉，当获晤谈，据称，渠原欲结束汉所者，因见及(一)征信工作当前无法开展；(二)工作人员学术水准嫌低；(三)经费缺乏固定来源，运转困难。

基于上述原因，兼渠个人以所负交行及煤矿、武大讲课等职务，不克以整个精力贯注于所，故恐将来有测或失职之处，难对总处总所及吾兄，乃有结束之议。经转达尊意，复述及整个所务概况后，渠亦觉结束汉所，为所务前途言，放弃此华中枢纽，似为可惜。就以汉所现有之全部设置及所址房屋租赁权，现以五百亿钜金，实难有如此完备布置。故仍愿意保持汉所机构。但渠以其他工作业务关系，今后无论何人负责，渠辞去现有经理职务，可亟力从旁协助，或由总所另予闲暇名义，亦可接受，以维系彼此关系，共同推动事业发展。

至于汉所既仍保持，关于今后人事、经费、工作业务等项，均遵前示，与书家兄详商，所得结论，复于昨、今两日分访杨主委汝梅及邹、赵、蒋等经理，请商：(一)汉所存废问题；(二)请行局库推举汉所经理人选后再请总所委派；(三)汉所每月不敷经费，请由行局库就地审核账目，及就地摊派支援等。三点均经分获答复。关于第一点，汉所应予以保存；第二点，众以为在汉行局库缺乏此项专门人员，兼之今后又需专任，行局库无法推举，仍请总所派干员来汉主持为宜；第三点，咸以京渝等地，既以如此办理甚久，汉方亦可试办。上述所分访征得意见，获得初步进展。嗣又商请杨主委、赵、邹等经理，可否由分处召集临时会议，讨论此案，均获同意。原拟今日召开，因适值周末，兼近日当局以现钞奇缺，忙于应付。顷据杨主委电告临时会准在下周一二开会讨论，命弟稍缓返京，故须在汉稍留二三日。是此大前提解决后当返京复命也。至于京所前函渝所代为订购之印刷机，自奉谕取消对开，致订圆盘机后，早已在京函致马经理泽恒兄矣。书不尽意，余容再呈。专肃　敬请

暑安

刁雨贤　谨上

八、七　于汉口

函二

民仁吾兄勋鉴：

前日寄陈汉临字第二号芜函，谅早投达青览得阅矣。汉分处今(九)日中午在中国银行

二楼会议室，召开临时会议，讨论汉口征信分所问题。出席全体委员，列席有行健、书家两兄及弟等。首由杨汝梅主席报告后，当由书家兄与弟分别报告。嗣即讨论：(一)汉口征信分所存废问题：决议：应予存在。(二)汉所今后工作业务方针：决议：(甲)办理工商调查；(乙)办理物价调查及统计；(丙)经常维持总处及总分所联系及通讯。(三)汉所每月不敷经费如何处理问题：决议：汉所每月不敷经费，原则上由在汉行局库七单位分摊。惟该所目前之工作业务，及不敷经费等情形，须由该汉所杨经理书家会同总所派来刁雨贤君详拟计划，于本月十一日前送分处提请本周三例会讨论。会后聚餐，至三时许始散。讨论首案时，会场无异议通过。第二、三案曾有辩论。杨经理书家强调工作及业务困难，如不结束，应再将机构缩小，只留三四人办理通讯及联系。意欲仿照津穗两地方式。但杨汝梅及赵仲宣等，则以行局库在汉缺乏经济研究及调查人员，并且在目前行局库时被报章歪曲指责，和肖小之辈无理攻击之环境下，行局现仅有之对外喉舌征信新闻，实无停办必要。邹安众、曾昭六等并谓。今后在汉行局库，尤应各将业务贷款项内，各贷汉所一数额，仍仿沪京等办法，交由汉所自行营运，以图徐步奠定汉所经济基础。关于汉所今后人事问题，众意如经费解决，仍请书家兄蝉联，如杨君坚辞

是职，只好请总所选派贤能来汉主持，汉行局自当欢迎。经过甚为顺利，特为奉陈。

弟现正同书家兄赶拟计划（拟仿京所人事布置）中，俟提交分处会议通过后，弟即乘机返京。书家兄既坚欲辞职，杨主委意总所应予准许。俟后日会议通过本案后，如杨君再表坚辞，弟当另有电报陈报总所，请先为物色人选。至于汉所人事调整问题，弟意尚在次步进行，较为方便。尊见以为如何，恳赐电示，俾有遵循。此间天气闷热至极，已有两夜不能入睡。专肃敬颂

道安

弟　刁雨贤

八、九　于汉口德明饭店

联合征信所刁雨贤奉派视察汉口分所报告书（1948年8月12日）

报告

窃职奉派于七月三十日由京飞汉视察汉所，抵汉后，适该所杨经理书家赴蒲圻公干，乃就所务情形询及该所副经理黄治三。据称杨经理前欲结束汉所者，因见目前时局不靖，物价波荡甚烈，收益锐减，而支出则随物价俱增，收支比较差额渐钜，因其维持艰困，乃呈请四联总处暨总所拟自八月一日起结束汉所云云。时职以杨经理未在汉，无从商洽，乃就汉所存废问题请商诸当地七行局库负责人。经数度商谈后，行局库对汉所存废意见得如下结论：（一）汉所拟结束一事，四联分处及行局库事前并未获得该所及杨君通知，亦未征询同意。（二）行局库在汉业务因其他居要冲业务亦较发达，对征信事项及经济新闻商品市况之报导业务佥感需要，对结束汉所一点均不表示赞同。惟分处各委员竭力主张汉所业务应积极设法推动，加强对四联总分处暨总分所及各行局库、银钱业等，勿论是征信抑新闻均应讲求服务效率。并表示如总处暨总所能派干员去汉负责主持，予行局库业务有所协助，则经费问题当地行局库当能设法解决。职嗣复征询汉市银钱两业暨工商及新闻界等有关单位，对汉口征信所意见，各方佥表示，就事实需要，汉所应予存在，惟仍盼今后能予改进，俾工作业务能配合实际需要等意见。

至本月六日，杨君书家始由蒲返汉，当获晤谈。首由职说明奉派来汉任务，在求有所帮助汉所解决当前之困难，并代总所向杨经理及同仁艰苦撑持致慰问之意后，杨君即说明汉所自成立迄今三载经过情形，并述及此次拟予结束汉所者，乃因（一）目前征信工作遭受一般工商企业伪账流行，调查彼等难于征信；（二）所内现有工作人员欠齐，且水准嫌低，因此工作业务推动为难；（三）每月收支不敷差额，恐今后日益钜大，开源无方，节流乏术；（四）渠本人以交行职务，近复新创神山煤矿公司（杨任董事长兼总经理），并兼武大讲师，三者职务均繁，早因精神不及迭辞所职，未蒙批准。故拟趁此困难之际，结束汉所，并辞兼职以轻处所负担云。

职当以在汉一周间与七行局库及银钱、工商新闻等有关方面商谈所得，即对汉口征信所各方并不希望结束，且甚盼能改进工作业务，加强服务效率为言。杨君闻悉此意后，即表示上述各点乃渠个人意见，现既行局库愿予支持，而银钱业又复可援手，存废一点，并无成见。愿放弃前意而求存在。惟今后所务渠不愿再负经理责任，但仍愿以友谊关系从旁协助，藉收事半功倍之效。继乃约定于七日同往访分处杨主委汝梅及赵祖武、邹安众诸委员商谈。至各行时，虽杨

君曾提述工作之如何困难，收支之如何相差，但以各委员对征信事业颇具信心，佥谓今后困难似宜彼此分担责任，设法解决。求其今后工作能多有成绩表现，而勿负于总处之辅导。继经杨、赵诸委员交换意见后，乃由分处于九日中午召开临时会议，专题讨论汉所存废等问题。出席有杨汝梅、赵祖武、邹安众、蒋震扬、曾昭六、彭开煦（郭副经理代）、马恒章等七委员，列席有郑行健、杨书家暨职等。由杨主委主席报告后，即由杨经理书家及职分别报告，嗣即讨论。决议如下：

（一）汉所机构存废问题

决议：应予存在。

（二）汉所今后工作业务

决议：1. 办理工商调查；

2.《征信新闻》应照常出版充实内容，并酌量情形增发行情专电，经常维持总处所及各联所之通讯及委办事件。

（三）汉所每月不敷经费

决议：汉所每月不敷经费，原则上仿照京渝成例，由当地行局库七单位分担。惟该所今后工作业务及收支情形须由该所杨经理书家会同刁经理雨贤负责草拟详细计划，提交本周例会讨论。

嗣乃遵照各委员所提建议并配合当地环境，会同杨经理书家拟具计划（见附件一）提请分处十三日例会核议。当获决议如左：

（一）联合征信所汉口分所拟具今后工作业务计划送请请核议等。

决议：1. 照该所原拟计划通过。俟负责人确定后，逐步实施。

2. 工作及人事皆照旧办理。

3. 目前经费除总所汇发经费及业务收入外，其不足之数由七行局库摊付。

（二）关于汉口征信所七月份补发倍数及八月份薪给请行局库垫借案。

决议：由七行局库各垫式亿元，共垫借壹拾肆亿元。

七位委员签字。

因汉所今后工作业务深得七委员热烈赞助，全案顺利通过，实乃钧座德望感召，征信事业前途当有无限发展。惟杨经理书家以身负数职，无暇兼顾汉所，并在分处两度会议席上再三表示坚辞。虽曾经出席委员当面挽留，以便驾轻就熟。渠仍不予承认，最后仅表示在新人选未确定前，负责维持至八月份止。职以杨经理坚辞所职，挽留未获接受，当曾提请各委员可否由汉方推举适当人选提请总所核派，亦经商谈甚久，各委员以无此适当人选专门负责，乃经口头决议，仍请总所遴派干员来汉负责为宜。查杨君确因职务繁累，精神不及，不克专负所责，事属实情。就汉所现情，既当地行局库如此热烈赞助，深盼今后汉所在工作上能对行局库多有所贡献，但汉所现有人位及工作业务，仍须调整和改善。就业务言，在去年夏秋业务甚为开展，新闻稿之发行达七百余份，收支几可平衡。今汉金融工商各业并不减于去年，故业务发展仍有希望。就人事言，汉所现有专任人员八人，而总务部门竟有五个半人，新闻及调查仅两个半人，工作劳逸不均，同仁难免亦有烦言（详见附件二）。拟请总所选派经理外，并能在调查及新闻工作上加派一二人去汉，速谋工作推动。至于汉所经济状况，该所在江汉路一二八号铭新街口，自租三开间三层洋楼一幢，铺面为营业间，二楼为经理室及大办公室、会客餐室、储藏室、卫生室及职员宿舍，三楼设有一办公室及职员宿舍五间，屋顶平台有瞭望台。房内设备甚为齐全，全幢房屋及全部生财设备现报五百亿元，不易有如此完备。此外尚存白报纸约七十令（汉市价约位五十亿）、食米卅余市石（汉市价约值廿亿元），对外负债计三亿二十余万元（国行透支）。至于汉所目前收支差额如此之钜者，乃因支出随指数及物价增涨，而收入若新闻订费及广告刊费两者则有月份期间不能调整，收益不丰。职在离汉前，乃商请杨经理于本月半起将订有报刊费增加两倍，藉增收入。如以后能照计划按步实施，增加服务效率，充实新闻内容，适应地方需要，而发行情专电稿，每日两次，如此则收益自可增。减裁冗员，并节省不必要之开支，收支平衡可期。而后行局库并愿贷予汉所，营运汉所资产数百亿元，使得自行筹设印刷厂一，所余自用外，并能代行局库解决印制问题。今汉所与行局库之关系，有如此联密环境，实属优善。如所内人员增强，今后工作业务之开拓，当有无限之发展也。

职以去汉任务蒙钧座指示，并得各方之协助，乃将告一段落，于月之十二日飞返。理合将在汉之经过情形备文报请鉴核。谨呈

总经理刁

职　刁雨贤

附件一

联合征信所汉口分所卅七年下半年度工作及业务计划

一、本所近为增加服务效率，推进征信调查及新闻行情报道业务，以谋增进收益，减少亏累而轻负担起见，乃谋业务上之改善，特订定本计划。

二、本所为配合四联总分处及华中行局库及银钱业之需要，对其所需要之征信事项及商品市况、物价调查、金融经济研究等项，凡能做业务上之参考者，本所当力予争取，随时提供资料，并免费为总分处及行局库委托调查案件，藉期配合行局库业务发展而尽本所征信之责。

三、本所发行之《征信新闻》拟于九月一日起发刊三次，第一次稿于下午三时发行，载当日沪市金融商品行情专电及本市商品市价、重要金融经济新闻，第二次于下午七时发行铅印稿（即征信新闻现版），第三次为电稿，于翌日上午七时发行，载本市商品行情及沪京赣津穗渝等埠行情专电，在新闻稿之内容方面，除刊金融商品行情及重要金融经济动态外，并着重政府及国家行局库之一切措施，以尽本所为行局喉舌之责。

四、本所《征信新闻》第一次及第三次稿，暂用油印，每次出八开型二页，第二次稿仍用铅印，每次出八开型四页，内容力求充实迅速准确。印刷力求新颖悦目，以适合大众需要为目的。

五、本所人事暂行调整如次：

1. 经理一人，副经理一人。

2. 新闻组主任（兼编辑与采访指导与新闻部分来往文件）一人。

3. 新闻记者二人，行情采访二人，校对译电文书收发缮定一人。

4. 总务组计会计出纳庶务兼新闻发行一人，推销新闻及专电接洽广告业务复一人。

5. 调查主任一人，调查员二人（调查组人员视事实需要情形酌量增减）。

6. 工役五名，计送报及收行情者二名，司阍及打杂者一名，听差者一名，烧饭者一名。

六、本所征信新闻第一次及第三次稿暂印一百五十份，第二次暂印四百廿份，计售出二百七十份，赠阅一百廿份，余存约三十份，装订成合订本，除已收订费者约七十份外，其余每月可收者约二百份，每份每月以六百万计，每月可收订费约十二亿元（如附表）。行情专电拟估售一百份，每份一千万元，约可收十亿元。广告费（即商业行庄补助费）每月为一亿五千二百万元，已有两月未加调整，疑自八月份起，增加二倍，合为四亿五千二百万元（如附表）。

七、本所每月经常开支除薪给费用指数时有调整外，其余办公出版等费亦续有增加，兹就八月份初物价标准另列预算附表（如附表）。

八、本所为求记载确实出版迅速计，拟添设印刷所一所，自行办理印制事宜。

九、本所为防止物价上涨，影响新闻印制成本，除添办印刷一所外，并拟购储纸张、油墨及印刷材料一部。

十、本所为开设印刷所及购储印刷材料与夫日常周转起见，拟请行局库贷予营运资金柒百亿元。

十一、本计划经汉口四联分处核议并陈准总所备查后施行。

联合征信所任命刁雨贤兼理汉口分所函稿(1948年8月28日)

为杨经理辞职已准派刁雨贤兼理希查照并将交接情形具报由

查该分所经理杨书家辞职业经照准。兹派本所南京分所经理刁雨贤兼理该分所经理职务，除分函外，相应函达查照，并将交接情形具报为要。此致

汉口分所

（所章）启

汉口分所经理刁雨贤致联合征信所函（1949年4月）

民仁总经理勋鉴：

上月廿四日由万县奉上一函，谅早青览。弟于卅一日晚抵汉，当于一日陈沪东电，想已投达。此次汉所停刊事件，经五日来内外访询，个中情形现获端倪，除稍缓详为报陈外，兹将事实经过及真象〔相〕先行陈报，以供参考而释锦念。

查汉所内外事项经上次由沪回汉之短暂时间内布置，虽荆棘丛生，终归化险为夷（详情见离汉前夕呈上之函）。临行之前仍将所务亲交由郭主任同永代理全权经理职务，及所存现洋，并亲手点交四百元予郭手亲收。其他有关所内员工之工作分配表及所内一切应办未办暨员工待遇及福利诸项，均经亲拟交郭承办。在当时弟以所务布置妥当，既有钱与纸，而工作分配又极明瞭，祇须按步就班执行工作业务，一切进行当无问题。斯时弟以汉所新闻业务最大困难，一为自无铅印设备，二为新闻工作干部缺乏，三以敝眷去冬返万后见及现时局势变幻莫测，家务待我返万料理，因有此三则，均需回川一行，故乃趁汉局稳定之际，意图速去早回。殊自去后所内职员如陈梦浓等询及郭，谓弟离汉后所务责任交谁代理，而此次行局拨付所之维持费用究有若干等事提询，郭对前者不独未将代理之条公布，反不承认一切，并推卸不知。至于后者因在上次员工遣散之时，为免员工需索要挟，弟仅公布行局仅一次拨付维持费十五万元，但在遣散完结后，亦曾向同人宣布汉所（所中布置情形曾告杨汝梅、杨书家等）与所布置之经济基础就

行局一文不贴即可维持一年，至存洋若干存纸若干，除郭详悉外，余均未明白透露，因恐彼等知其详情，在弟离汉之际而郭难处。但弟亦曾详告郭，纸张如在十元一令可售三四个，变得银元，较运渝为佳。存洋不能随便使用，除汉局危时可将银洋分发员工各若干，藉作避难之需外，所中倘有周转急需，亦可移用矣。收得款后，再行补进，以保持所之些微基础。如此明言而尤言在耳，郭对员工既不承认又毫无示意，一切应负责任推卸。在如此情况下职员当群龙无首，又以行局拨款想为我所"囊括而去"，群情愤激之余，停刊告状，诽谤诬蔑等等纷至沓来，当时各员居心不一，矛盾丛生。三．十一停刊后见其所动有差，复于三．十五以同人座谈会名义上电总所，并呼吁行局赶快接收本所，通知订户因负责乏人，同人决议停刊等等。幸蒙钧座除请重威兄暂为代理，并电示嘱返。董兄奉电后曾数度来所主持，并召集员工谈话，当以董兄除郭外不明真相，董兄虽急图安抚，早复工作，但各员反要挟益巨，相持十余日未获结果。弟返汉之夜，首邀郭谈，闻悉述情前后之矛盾，几不相衔接。当晚访董兄复详悉。翌晨乃邀员工谈话，作会议形势，经一番谈论后真象〔相〕毕露，俗理"亲手交钱鬼就害怕"，弟亲手交银洋与郭，亲手交条件与郭，当嘱郭取条向众传观，殊彼有心，居然将交他代理经理职务之条件藏匿，存心湮没证据，因当众之前经一番指责，仍称原条遗失，余条数件在此，但又无法否认原条原事。至存洋事，尚谓仍原物未动，存放彼之寝室衣箱中，当要交还。二日始由郭将洋送重威兄保管四百元。嗣复分访行局主管及有关友好，对闹事经过更增材料，而事情演变至此，虽未届清者自清，浊者自浊之时，然究其起因动机及肇事及处理之责任等问题，首须查明责任，其他同事有所不解，激动情绪出诸行动，在初步因不悉底蕴，其情可顾。而郭明知故昧，暂不查其动机如何，彼为三年前友好介绍于我来京服务，见其沉静而复忠勤，去年乃偕入汉所，擢任调查主任，所内人事及工作业务以至如何应变等，皆得详告。连弟经宜昌之通讯地址亦皆留记，恐有临事须理，还望他随时电知。抵万之后，即有电汉，并告电挂。三月初间彼曾电报"央行透支款购米十石，所员年费发薪俸"。直至停刊继所谓"同人谈话会"决议停刊告状等等，郭均无只字告知。经奉我兄电示，始悉汉所发生问题，当除电呈复外，另电汉所询查实情，并告行期，嗣后复电两通，语甚含糊，乃知有意。而总所派董兄暂时接办，郭来电请示，当嘱全权及财物交董，然郭所开交董财产表，亦未将此四百元列入，而总所已有电示汉所由董代理，郭复会同各员用同人谈话会名义各借白报纸大筒半筒（郭同顾墉两人纸已提出，共一筒，存放于邬文记纸店，提单连所存二筒原栈存两筒所存现为五筒，尚有二筒由陈梦浓李威龚岐山周卓民各借半筒，正饬郭限期内向所借各员收回）。如此钜数借支既未告知弟，当为不择手段之瓜分动作。彼等原欲以蒙骗而处置汉所，殊总所派员接办于前，弟复赶回于后。弟在回所闻郭述之余，当曾以义正词严面斥此苟且行为而不忠不公。闻郭等于二日会后，曾有电陈总所，今午董兄接谭本所李顾两员时，该员曾将兄复之电抄件送董阅，董乃告知，并与董兄洽商处理步骤如左：一、调查停刊事件责任问题（已大部查明）；二、催收同人借纸（交郭催收）；三、停刊经过及事实真象之责任问题，应由各员等陈总所并向所及刁道歉；四、限期恢复工作业务；五、补发三月份员工酌发增加部分之薪津（职员薪津理应照发，一至十一日停刊期间将不发或酌发）；六、离职员工费用如何规定，按董兄前所草拟离职费，职员发银元 55 元至 65 元（弟以此项规定数额过钜，非本所经济能力所能担任，再因此次并非本所有意遣散，而是彼等故意停刊要挟，图谋不轨，经查明事实责任，无颜对主管而自动离去，故费用不宜过多，以儆效尤）；七、停刊事件经过及真象责任及自去年九月接收迄今之工作业务及财务等情况，用书面函陈当地行局库及总所；八、呈请总所查办事件之责任人等项。据重威兄告李顾两员今访时彼等曾表示："既总所复电同人要先行复刊，同人亦有意复刊，但以刁要查明责任等项，同人不愿与刁共处，恐将来有所问题，故要请董兄出面主持领导，要刁退避等语"。查自奉命来汉兼理以来，深知处境之艰困而时局之不稳定，人心之险恶，故处事为人一秉公忠之忱，不避艰险，企图同人生活得以维持，所务能予生存。个人之名利与乎成败胜素未挂怀。此次事件，在弟应负责任，当无容推卸，如前教所责者一并领受。然此辈图谋不轨之员，似须稍予惩处，以正公义而明是非。藉将所誉予以整顿，藉维来兹。因事实演变至此，当为弟之德薄能鲜，如此谨严行事尚遭此结，再省之余，深为痛心。该员等之无聊就此，行局朋友亦抱不平，在弟之个人经济环境及平素之生活与行为何能有"折滥污"之念，真所谓"欲加之罪何患无辞"。经与董兄洽约，吾人决照所拟八项办法行事，倘彼等借纸不还（当向法院起诉），向总所陈历□□函件，如不照办，限期又不恢复工作业务，当只有将各员除名，陈请警法当局备案。就弟一人再找二位助手，亦可恢复工作，并印出刊，因新闻自由，随时随地均可执行工作业务。郭同永之不忠不诚，非弟责难，就在以同乡中之彼此友好，亦纷斥责。弟拟将此项事件平息后，再行陈请总所免去彼之职务，以卸仔肩而免养虎伤生也。复刊后人员当须调整，总所倘能调派会计兼出纳及新闻记者各一人，则汉所工作以后推动将减少问题。尚乞早为派示来汉。因川中新闻业友朋多不愿在此局势下东行，故就汉新觅，实见而生畏，不敢用人。所务近事如上所陈，究应如何处理，恳赐明示，俾资遵循。临书神驰，不尽依依。专肃。敬颂
勋祺

弟　刁雨贤　拜

中华民国三十八年

四、五、夜十二时

函二

民仁吾兄清鉴：

昨上芜函，谅投台案得阅矣。今夜复致上鱼电，想早览及。汉所停刊责任及弟个人之黑白，正在明确之际，而如何处理及恢复工作业务等项，昨在石油公司办公处，经与董重威兄已洽商清楚，拟定楚理办法八项，昨函已曾详述，想已鉴及。不料董兄仍不悉弟之楚理步骤及职权，今午所内李顾两员访董时，董仅概述承认补发三月份员工薪津，并承认在八日复刊前后，所务全权由董负责，弟可暂时不管所务而引退等等。此项措施在个人言，能得董兄之助而免除兼理汉所责任，真何幸如之。但以体制论，此次停刊责任，既经查明，弟为总所令派来汉兼理，事件发生后，复奉总所电令，嘱返汉楚理详为陈复。为所誉、为个人名誉、为申正义、为今后不再发生此项事件，而维持汉所不受员工之无理要挟而有损，论情论理，均应有所法制。正在处理过程之中，董兄以复刊要紧为由，仅不顾弟之处境及今后迎合不正常之心理而承认。当责任既然查明，阴谋者与闹事者应有之罪过难于洗刷和逃脱，彼等为敷衍罪过，当以与我斗法为先，如能设法使我不管所务，以至离去，自可免除责任和"敌对"，彼等之目的如斯。昨晤董兄时，承告李顾两员，要求董负责我不管等词。弟曾详晰此中情形，及吾人应以所之主管立场，仍秉公忠，应

勿听其巧语花言所惑。因弟自觉在汉半年来，毫无负于所、无负同人、无负于行局及社会，自当清白而来清白而去，何能受此辈阴图者捏造事实诬陷，以至停刊威胁于前，嗣又假借重威兄而予以难堪于后。弟兼理汉所，非图名利，乃为所之主权及所务事业。今之楚理停刊事件，亦为前者。当今之世，个人未尝不想取好于四方，但为所前途计，又不得不给闹事者以惩治。就在解放地区，想亦有公理正义，断无横行不忌者。因董兄已将事实铸成，弟虽当面再再反对此种作风，但以为晚。仅乏术改变，祇得让其行之。在此情况下，无法继续负责，谅能为兄及总所同人所谅，除以鱼电上达外，所务是否交重威兄全权负责，抑由总所另派高级莅汉主持，俾所事务得以继续维持。是否转京，请赐明示，否则拟回川务农，以为根本。专肃奉述，贮候示遵。敬颂

公安

弟　刁雨贤　拜

中华民国三十八年　四、六

汉口分所经理董重威致总所函(1949 年 4 月 15 日)

敬陈者，案奉尊所元电以刁经理雨贤辞职照准，遗职派由重威兼理，并交接具报等由。经于即日正式就职视事。除交接事项以刁经理临行匆促，未能另备清册。仅就前杨任清册批注增减，并由调查组郭主任同永经收接收，正整理清缮，容告竣另案呈报外，谨特函陈，敬祈察照为祷。此上

总所

联合征信所汉口分所经理　董重威

中华民国卌八年四月拾五日

联合征信所汉口分所致武汉市军管会函(1949 年 5 月 30 日)

敬陈者，敝联合征信所汉口分所昨奉武汉市军管会命令，以本所为中、中、交、农四行合办之事业，派员接管。遵即会同贵派金融处接收第一队第一组魏代表尚明等，先就敝所财物实地点存，听候处理。

兹有下列数点说明提供参考：

(一) 敝总所系三十二年十月在重庆成立，以调查工矿、贸易、交通、金融各业情形及市场动态，培植工商信用，促进其互助合作及金融经济之发展为宗旨。嗣以抗战胜利，敝总所为推广业务起见，当自重庆迁设上海，并在国内各重要地区设立分所。

(二) 敝汉口分所系三十五年四月成立，同年五月一日起，按日发行征信新闻汉口版，报导各地经济金融动态及商情市况。

(三) 敝汉口分所经费，向以自给自足为原则。惟以征信事业尚在发轫时期，故收入多不敷支出。自成立以后，曾按月将收支各目编制收支月报，连同各项单据等件，迳寄上海敝总所核销，其不敷之数，由敝总所汇拨领用。后以敝总所费用支绌对各分所应领款项，均未能按月汇拨。为求业务得以推动，当由敝总所商定，自三十七年四月份起，按月向敝所基本所员，计中央、中国、交通、农民四行及中信、邮汇两局领取一部补助金，籍资维持。迄至三十七年十二月份，此项补助金即行停止领用。敝汉口分所对于中、中、交、农等四银行而言，亦如敝汉口分所

对于其他商业银行及工商机构相同，均为吾人之业务对象是也。其他商业银行及工商机构，凡加入敝所为所员者，亦当供给吾人以资金，其所取得之权利，亦与中、中、交、农等四银行所取得之权利相同。

（四）敝汉口分所业务，向系听由敝总所指示办理，每月工作报告亦系迳寄敝总所备查。

根据上述说明，敝汉口分所认为本身并非中、中、交、农四银行联合办理之一机构，在组织上与该四行并无纵的关联；在业务上、人事上与工作上，亦不听由该四行之指挥与监督。在本月二十三日及三十日，敝所与敝南京分所通电话，得悉该南京分所经南京市军管会查询，认为不在接管之列，所有业务均仍照常进行。现时上海业已解放，敝所正与敝总所联络中，如敝总所应在被接管之列，则各分所自均应同被接管，当无例外。如敝汉口分所得以免予接管，业务仍能照常进行，则敝所所有工作对于新民主主义经济政策之工商、金融各业，仍将尽其最大之努力与贡献。此上

武汉市军管会

联合征信所汉口分所

中华民国三十八年五月三十日

3. 南京分所

四联总处关于联合征信所派员来京合作办公事宜的函(1946年4月16日)

京字第二三二号

查贵所前曾派员来京洽办设立分所事宜，因觅屋不易未果。兹本处以办理经济金融调查，拟与贵所合作，由贵所选派一熟悉市场情形，擅长调查、统计、编报等工作人员来京，即在本处办公。除办理贵所业务外，兼代本处办理调查经济金融工作，以资两便。如荷同意，即希查照见复，并开示姓名为荷。此致

联合征信所

四联总处南京分处（印）

中华民国三十五年四月十六日

联合征信所南京筹备处关于筹备成立事呈总所函(1946年7月24日)

敬陈者，查戚长根经由钧所带京腊纸十三盒，内优质三盒，复写二盒，另由路局交来脚踏车二部，均已如数收到。本所自本月初旬开始筹备以来，已历时两旬。兹将所务分别陈述如次：

（一）人事

1. 总务与调查两组，暂派向敏中君负责，内设会计、文书、事务各一人（周良浩暂充会计），行情调查二人。

2. 新闻与资料两组，暂派李达生负责，并兼编辑，内设采访记者三人，办事员一人。

以上各组工作，现仍筹划中。缘以目前约聘之人员，已于筹备前离京。前奉刁经理自渝航

示，拟调任总所调查及新闻组之李友业、杜绍昌、钱福田三君来京协助工作，殊表欢迎。恳即分知早作准备，俟京所成立期订，当即奉电相迎。

（二）经费

本所前向交通银行透支五百万元，迄未动用。现复向中农暨中信局两处各洽办五百万元透支，正办手续中，均由总处担保。目下零星开支，系前向中国银行承兑之数，倘总所需款周转时，当可拨用。

（三）所址

本所前经承租太平路北首巷二号房屋全栋，因以原住客向房主一再请求，并经警局调解，仍需免费住用至本年十月十日止，搬迁后始可由本所起租。除已付押租保证金二百万元外，余款当待迁住后付给。至金汤里筹备处房屋，现仅敷七八人办公，致工作开展不无困难。顷就刁经理莅京经面陈此项情形，拟再向总处拨借同弄二号房屋一栋，抑或将办公室移往四联总处，金汤里作为宿舍。准即请示秘座，倘获有成，京所当可于八月初旬正式成立。

其次，关于京所电台暨京所所牌，以及印刷、筹划等事项，拟奉恳钧所酌予代办并指示。兹分陈如次：

（一）电台　本所前托柬佺保君转向美国订购电机事，不识有否结果。刁经理已向商请秘座在财部之百余座电台中，搬一座为本所用。现京所电台未备期间，拟请派员分赴沪电报、电话（长途）两局洽商，京沪两所电讯提前发放，至京局方面原则上已洽得同意。

（二）京所所牌　总所所牌是否已改用谭泽闿先生字体，拟请转为京所代书“联合征信所南京分所”，字体大小以七寸为合式，以资划一。

（三）印刷筹备　京所新闻刊行拟用铅印，现正接洽中，约计月需印费一百八十万元至二百万元，或可稍减。

本所自本月十一日起，已逐日寄发新闻稿，荷承先后刊行，所内同仁莫不感奋。惟创稿之初，缺漏难免，希时指教，藉资遵循。嗣后有关京市四行两局暨总处新闻刊布，将由总处划一统发本所。为兼顾迅便，计已向徐秘书长请示，交由京所统发。倘获核准，则不特统一，且迅便自多矣。谨呈

上海总所

联合征信所南京分所筹备处〈印〉

中华民国三十五年七月二十四日

信成后，京所已由交通银行电汇回四百万元来沪，当有回电上达，希即洽收。再，京所昨前两晚均招待京市新闻界，并于昨日印发试稿分发各报及有关各方。兹特将试稿及各报采用之新闻剪寄全份，请即查察指正为感。

雨贤特附呈达。

南京分所关于筹备成立等事呈总所函(1946年8月16日)

京筹字第五八号

敬陈者，兹将经办各点分陈如下：

（一）京所已向中信局购得敌产新闻纸壹千箱，每箱（约一令多）计法币壹万壹千元，陆千

张（每张长一二. 二分，宽一吋），拟为沪所分运贰百箱。

（二）借用财部电台事，因限于时间及距离，经与该总台长王澄甫君洽妥，先借用京沪两地电台，每日通报一小时，现正由所函呈财部并当经徐次长批付，候与发收发送手续洽妥后，即可通报。惟电台与所距离甚远，每日收发电报，非有汽车或机器脚踏车不可。财部电台设在玄武湖附近。此项工具请钧所即代购置运京。

（三）向中央银行办理叁千万元透支，据京分行语，已转陈总所核示，敬希钧所就近与该总行往洽，藉便早成。

（四）京所已装妥电话，为"二四六七五"号，并已办理长途电话登记挂号，拟本月二十日正式发刊，在电台未洽妥前，拟请每日以长途电话互通新闻暨重要行情一次，至总所所需行情品名，俟拟就后奉上。

以上各点，祈核办饬示为祷。谨陈

上海总所

联合征信所南京分所（印）谨呈

中华民国三十五年八月十六日

附：各机关申请特设电台规则

（三十四年一月二十六日都电回字第一二九八号部令公布，经同年十月十二日都邦字第一四八八八号令修正）

第一条　各机关因本身业务通讯需要，申请交通部核准在其指定之地点特为设置之无线电台称为特设电台。

第二条　各机关申请特设电台时，应将本机关所办业务情形、需要特设电台缘由、拟设电台地点、需要联络地点及约计每月电报字数等详细开明，经交通部审核认为确具特殊需要者，准于设置。其一切事项，应按照本规定之规定办理。

第三条　特设电台隶属交通部，由交通部电信总局设置、管理、通用。

第四条　特设电台所需机件设备，无论系由交通部购置或由申请机关按照交通部规定程式购置，均作为交通部所有。惟该项价款连一切开办费均应由申请机关负担，除其中由申请机关直接支付之费应随时数目报明交通部外，其余费用均应按照交通部所估数目先行拨付备用，俟电台设置完竣后再行结算。

第五条　特设电台设置期间至多五年，自设成之日起算，期满应即撤销。如未经期满而交通部认为申请机关已无特设电台之必要时，并应提前撤销其机件设备，价款除已经设置通报之期间每年按照原总价百分之二十扣除折旧外，其余数目由交通部于该台提前撤销后一年内拨还请设机关。

第六条　特设电台除传递申请机关之电报外，在传递报务能力范围以内应接转当地电信局来去之电报。其设在未设有电信局之地方者，应按照交通部定章收发公众电报至申请机关。送发之电报亦应照章纳费，但得提前拍发之权利。

第七条　特设电台经常维持费以该台各项报费收入拨充，如有盈余应作为国营电信之收入；如有不足应由请设机关负担，于每月月终结算后，通知请设机关请求支付之。（本条所述各项报费收入包括电信局送至该电台拍发各报、去报报费在内。)

第八条　特设电台通报地点与时间由交通部视需要情形随时核定。

第九条　特设电台之组织,由交通部规定人员由交通部照章派用。

第十条　在已有特设电信地方,如有其他机关申请特设电台时,交通部得酌量情形,令其共同使用原有之特设电台收发电报。其交发之报同样照章纳费,享受提前拍发之权利,并按照来去报务数量比例分摊第六条规定应付之经常维持费用,并与原请设机关平均负担折旧后之机件及设备等费。

第十一条　本规定自公布之日施行。

申请书应填事项

电台种类:交通部特设电台

申请机关:四联总处联合征信所南京分所

所在地点:南京金汤里一弄--号

主管人姓名:刁雨贤(分所主任)

电台呼号:申请交通部颁发

发射机:电力　200 watt

电源　交流电

真空管双数及号码

线路程式

天线程式

使用波长范围

常用之波长:

出厂名称:

本机号码:

出厂年月日:

联络单位及地址会晤时间	北平	上海	汉口				
	征信分所	征信总所					
	3—8 14—15	8—9 15—16	9—10 16—17	10—11 17—18	11—12 18—19	12—13 19—20	13—14 20—21
	21—22	22—23	23—24	24—1	1—2	2—3	3—4

四联总处致联合征信所电(1946年7月20日)

上海联合征信所公鉴:

沪联583号代电洽悉,关于贵所派员筹设南京分所,嘱予辅助　节,并据贵所刁雨贤君来京面洽,经即饬知主管部分随时予以协助。准电前由,相应复请查照为荷。

四联总处秘书处
午　哿　八　京总
京总字第2669号
中华民国卅五年七月廿日

南京分所关于正式成立用印章等呈总所函(1946年9月2日)

敬呈者,查雨贤前奉钧所令派来京筹设南京分所,经筹备就绪,兹定于九月二日正式成立。除分函并公告外,理合检同雨贤签字及私章、本分所方形所章、长方形经理之章、各组腰圆形章等印模一份,备文呈请鉴核备查。谨呈

联合征信所

附印模一份

联合征信所南京分所刁雨贤　谨呈
中华民国三十五年九月二日

联合征信所电(1946年9月5日)

电知呈报分所成立日期暨印模准予备案由

南京分所公鉴:(35)年九月二日,京雨字第一号呈暨附印模一份均悉,准予备案。

总所(0905)
中华民国三十五年九月五日

南京分所为编印《南京金融业概览》事致总所函(1947年7月)

敬呈者,窃属所为使社会明暸京市金融业概况起见,特编印南京金融业概览一书,除经向钧所洽妥准予发行外,该书即将完稿,定本月底出版,先行发售预约计壹千册,兹谨检奉预约单式百份,拟请就地转寄沪市银钱两业基本及普通所员,藉广推售,并祈指正。理合呈请鉴核示遵为祷!谨呈

总所

附件

联合征信所南京分所　呈
中华民国三十六年七月五日

函陈添设新闻一则由

敬呈者,兹抄呈参考新闻一则,敬祈钧察为祷。谨呈

总经理刁

附件

联合征信所南京分所　呈
中华民国三十六年七月七日

(纽约七月四日电)MarkGayn马克根于七月三日在下午报刊登四篇评论美国对华贷款问

题，其第四篇“美贷款之前途刺激南京之政争”一文中，对我国之所谓C、C、派大加抨击。首称本年三月中国政府之改组，乃一露骨之政治策略，而实权仍操在C、C、手中，陈氏兄弟过去曾迫使宋子文下台，现在又策动其所统御之农民银行操纵中国市场，制造危机，以期迫使张群下台。继谓政学系需美国贷款，以对抗陈氏之压力。若贷款能救一时之经济危机，美军又能使政府军获得军事之胜利，则政学系即可实行其政治计划。最后并称美国贷款若又用于内战，或巩固南京各斗争政党之地位，终非中美两国人民所能宽恕，贷款应作为公共福利及增加生产之用云云。

南京分所经理刁雨贤致总所函（1947年7月）

民公总经理勋鉴：

属所编印之南京金融业概览一书，即将脱稿印刷。事前向沪厂继光兄接洽，以沪市工资高昂，现厂中生活又繁，乃向本京大道印刷厂洽妥准印卅六开白报纸（每册约120页240面），精装式百册，平装一千册，印刷纸张费共计玖百六拾万元，昨已订约，并交付订金五百万元。本月十五日开始排检，月底交货，现已进行广告及预约。近经分洽，成绩尚佳，已签字交印之广告费，可敷印刷纸张，仍在各方兜揽，拟在广告上作到二千万元之收益。预约昨日始起，已售卅余册，千册销行京沪等地，想无问题。此书发行乃不负辛劳，小有收获。前嘱在书首撰述本所简史一文，乃根据沪书稍加增减。兹附呈原稿，请祈钧，并恳将各分所负责人简历未填者注上。斧正后请即交快航掷下，以便付印。四联总处一文已拟就送呈柏公核阅。

前嘱向渝购办印刷机铅字等事，顷接泽恒兄函告，已有专函寄呈，是否购办，请便示知属所，俄早准备机屋。职以离川将两载，家中事务亟待料理，故拟籍购办印刷机之便回万一行。自前日面呈后，已向中航洽订机座，现已排定本周末起行，拟恳请给予事假两周（连旅程在内）。在假期间所务由李友棠、郭凤笙两君全权代理。如蒙赐准，则请批示祇遵。专肃。

敬颂

勋安

职　刁雨贤　拜

绍张副经理统此恕另

附件请斧正后即航掷下。

交通中国之二千六百万元已利本交还，中信局之预汇叁千万元请即拨下为祷。

联合征信所南京分所1947年工作报告

联合征信所南京分所三十六年工作报告

本分所成立迄今，为时十六阅月。在去年九月至十二月之四个月，以创立伊始，规模未具，百端待举。本年度来，乃租定所址，广征所员，洽办调查、推广业务，积极展开工作。第以京地非工商都市，且在各业凋敝之今日，业务推广，进度较慢缓，艰苦支撑，不言共喻。幸赖各同仁同舟共济，努力推行，并设法充实内容，改订新闻版面，基础乃告渐具。迨十月以还，以收支悬殊，补贴过钜，奉命一再紧缩裁减员工，将新闻缩编为行情版，以樽节开支。在此一年以来，于本所之基础工作，虽略有成就，但就经济情形而言，收支仍未克平衡，欲自给自足，当待倍加努力，以求克服困难。兹将三十六年各项工作胪陈如左：

（一）调查

调查工作乃本所之主要业务，兹分委托调查及自发调查二部分言之。

一、委托调查。本年度委托调查案件，对基本所员均属义务调查，普通所员除条例规定外，则略收成本费。自一月份以迄四月份，每月均有递增，五、六、七三个月间，对各行局亦略收成本费，以资弥补。致多裹足不前，曾一度低落。八月份后，对基本所员恢复义务调查制，案件复日渐增多，至九、十月份，达一百七十余件，全年共计九百二十二件（详见附表一）。就委托机关言，共有十七个行局，而各国家行局库，除邮汇局及中合库而外，其他各行局均有委托，其中以中农及中信二行局为数较多，均在三百件以上，四联总处亦近百件，其详细情形如附表二。

就性质言，以对保及公司商号之调查案为最多，各约三百六七十件，次为报社杂志社及个人资信等，而以工厂调查为最少，为数仅七件，其详细内容见附表三。

二、自发调查。委托调查之对象与内容，因须适合委托机关之要求，故所集资料，限于局部或一部分，惟吾人欲窥求某一业或某一事务之全豹，必须有其完整之资料，自发调查，即本此意旨，以补充委托调查之不逮，以阐述其整个情形，供给各界参考。此项工作，在本年度内推行者有金融及典当两业，具均在委托调查案比较少之七八月间完成，《南京金融业概览》一书业已出版，共印精装二千册，大部分已销售，剩余者现正加紧推销中。而《典当业概览》则以纸张聚涨，成本过高，深恐难获盈余，故未付梓。

（二）资料

资料之蒐集与整理，兹分书报资料及调查资料述之。

一、书报资料。书籍杂志，大多向各出版机关函索，现有金融周报、金融周刊、中央银行月报、资委会季刊、中农经济统计、金融统计月报、金融统计年报、中农月刊等十余种，约一百数十册，剪报资料则分十七大类一〇八项，项下复分子目，按月剪贴分类装订成册，现有三百卅余册。

二、调查资料。工商资料依性质分类，现有五十三业，个人资料则依姓氏笔划编目，现有一百余姓，两共一千余件。

（三）新闻

《征信新闻》于三十五年八月，随同本所筹备发行，是月下旬先发试稿一周，同年九月一日，本所正式成立，乃即逐日正式发行，主旨在宣扬政府财政金融各项重要措施，协助国策推行。一面将四联总处、国家行局库及金融工商各业务实况详明介述，配合本所征信调查事业之开展，同时报道京沪两地暨乎渝汉穗赣等都市民生日用必需品逐日行情，以至各地特种物品产制运销情形，供应社会各界参考需要。办理以来，历时一年有四月，印行方式，始则采用钢版誊写，以十二开白报纸油印，加封底面装订成册，嗣为不得整齐美观，节省人力物力，遂于本年八月六日，改用十六开版铅印。改版之后，颇得社会一般读者好评，终以本所业务，未能达到理想，收支不克平衡，奉命紧缩员额，不得已又自十一月十日起，缩小版面，减去经济消息部分，仅按日发行行情新闻及商品市价，虽可适合目前一般情势，然为拓展事业前途设想，难免有偏枯不灵，缺乏全盘配合之憾。兹将编采情形及社会印象分述如左：

一、编采工作办理情形：新闻工作，以内外勤须求协调，乃分为编辑采访两部，编辑工作，始终仅因一员担任，并兼办大小样校对及有关新闻之公文稿件，编辑程序，一仍新闻社通常规定，经济消息之采用，以正确无误，不雷同，不抄剪为唯一原则，准此办理，尚免差讹。采访工作在十一月份之前，系将政府机构及有关金融工商法团，划定路线，指定记者三人，按时分往采访，每日所得消息数量，平均为十二条至十六条，经常访问处所约为三十余处，临时性之工作，则随时视需要而决定之。另指派外勤二人，逐月调查市场物价，计三十八大项，五百五十余种，并撰写行情新闻稿。惟以京市地区广大，各采访处所之距离阔远，本所复无特备交通工具，可资使用，各同人等尚能不计劳神，竭力奔驰，实属忠职敬事，难能可贵。此应特予陈述者也。

二、对外联系及社会印象：本分所自成立开始发稿后，一面继续不断积极加强本位工作之进行，以期日进精益，符合一般要求；一面则与本京及沪市中外各通讯社报社等切取联系，并加入记者公会，觅求同业间互助，并向有关各机关团体广为联络，扩大社会印象，增进各界对本所事业之友谊与协助。年余以来，京市金融工商各业人士，对本分所新闻工作之办理，颇多给予好评，唯对新闻内容之要求，大都认为京市非工商业汇聚之区，物价行情，固为首要，而国都所在，政府当局一切财政金融举措，咸将定策于斯，发布经济新闻，亦为有其必要。至各报章杂志及机关团体对新闻行情之采用，京市如大刚报、和平月报、工商新闻等，则经常转载本分所所发布之每日行情及行情消息。经济新闻、沪市驻京各报，如东南、正言、申新、商报，亦均时时采用，转电报沪。机关方面，如行政院统计处、经济部全国经济委员会、国防部联动总部及其所属经理署等机构，凡属涉及商品物价，率以本分所行情为依归，颇多称誉。至若与各分所业务上互相交换者，则以平、津、汉、渝、赣五所为逐日交换基本对象。其他外埠现尚供应蚌埠商报上海行情，蚌埠皖北日报及芜湖工商日报，亦拟在下年度初进行洽供。

（四）新闻发行及印刷

京版新闻，截至十二月底止，编印至第四〇九期，发行份数，连同赠送及订阅户，全年共为壹拾肆万捌千余份，于八月六日起全部改为铅印，较油印时美观而清楚，对于金钞黑市价，每日加印机密行情，分送各行局及有关机关参考。印行以来，颇为各界重视，需索者日多，至十一月起，增加印送份数，并开始接洽订阅，刻已订阅者约廿余户（附表四）。

（五）普通所员入所

本所现有所员六十余家，除国家行局及去年入所者不计外，本年至五月先后征求本市长和钱庄等二十家加入本所为普通所员。计全市银行钱庄两业，仅两三家未入所外，余均全体加入。至工商界入所者，曾进行接洽，惟因京市工商业规模较大者极少，一般工商界人士，多以营业不振，收入欠旺，即此入所费用，亦有不胜负担之感。以致征求入所，殊感困难，不易扩展。

（六）文件处理

全年共计收文九百七十七件，发文七百九十七件（调查组往来文件系迳办未列入）。收发及管档工作，自裁员频繁，均系派人兼管，责任不专，近数月来，深感办理维艰，复因各联所托办事件较多，如代洽领发电凭照，订寄京中报纸，及向四联总处洽询事项等，每所每月常达十余件之多，致人事分配，益感不敷。

（七）人事进退

本所自去年筹备成立至本年二月底止，原有职员十七人，工友八人，嗣因图谋开展业务，人员不敷，继于三月呈准派郭凤笙为副专员，负责总务组事宜，并派何显重为外勤记者，同时添雇工友二人。复为加强新闻采访，与资料整理，于四月再经呈准派袁静甫为办事员，专负资料组汇集编存责任，并任陈思彦为特约记者，计稿给酬，张其立为译电员，每月酌给津贴。至本年五月止，全所共有专任职员二十人，特约记者一人，津贴制译电员一人，工友十人，嗣因收入不裕，奉示裁减员额，于六月半起开始裁并，原任新闻组专员高怡伦请假照准，助理员陶琼藻裁减改为津贴制业务员，调查组专员李友棠升为调查组主任，七月复擢升为副理，仍兼调查组主任，办事员杜绍昌请假离所，八月外勤记者何显重离职，派特约记者陈思彦接充，助理员李秉思请准长假，梁志高及业务员陶琼藻先后裁退，同时裁减工友二人，同月办事员费修禄、羊宗羲奉总所调派到所，计有职员十七人，津贴制业务员一人，工友八人。九月办事员费修禄、助理员王昌言请假离职，十月专任记者陈思彦、石学良停止薪津，改为论稿给酬。十一月份起，以员工待遇调整，人事经费支出增加，复将新闻组缩减，原有外勤记者区至培裁退，稿酬记者陈思彦、石学良亦停止投稿，业务员顾世芳改为津贴制，同时助理员何应岩呈请长假，呈准另派办事员郭同永接充，同时裁减工友一人。经此次紧缩后，尚留职员十一人，外有津贴制业务员一人，译电员一人，工友七人，嗣以业务推广，仍应派专人负责办理，收入始可增加，于十二月将顾世芳恢复专任，助理员徐春秀请假长假。截至十二月底止，实有职员十一人，津贴制译电员一人，工友七人(详附表五六)。

(八) 财务收支情形

除全年度收支数宗及差额与行局透支数另表详列外，财务方面，至感困难者，即每月应领经费未能如数如期拨下，周转时感不灵。六月份起在京各行局每月津贴一千万元，又以为数太少不过略资弥补。业务方面，虽曾力事推广，收入月有增加，但因物价节节上涨，员工待遇及印刷成本一再增加，致收支益形悬殊，而每月收支无法平衡，应请亟谋彻底改善者(附表七八)。

综上所述，胥为本分所成立一年余来各部门工作实况，际兹新旧年度交替之时，为求检讨以往得失，策划未来进展，谨本事实经验所得，作一结论如下：本分所对外业务，虽自成立迄今，无日不在积极努力推进之中，而开展进度，始终未获达到理想标的者，考其原因，固为南京非工商集中都市，扩展业务，恒受阻碍，然最大主要之原因，厥为人事调动频繁，与经费周转不灵两端。驯致影响业务收益，财源愈形枯窘，凡事更无从放手迈进。查本分所自六月而后，因收支未克平衡，差额较大，迭经遵奉指示，紧缩员额，一般同人，既感兼理工作之繁，复因前从承办人之交接，不无耽延时效。至本所逐月支付款费，以无相当数额之固定周转金，每每挪移挹注，捉襟见肘，对于发行征信新闻用之白报纸，即感无法先期购储，多为临时向市场买用，市价日涨，新闻印行成本，每日俱增，而广告费及新闻订阅费标准，绝难随同物价提增，亦为不能弥补收支平衡之点。依据事实，关于本分所来年度人事员额，及经费预算两大基本问题，应请设法改善，以免形成先天不足性之病态，而期日益健全，逐步猛进也。

附表一

三十六年度委托调查案月份分类表 三十六年十二月三十日

月份	件数	备注
一月份	一六	
二月份	七五	

（续表）

月份	件数	备注
三月份	九六	
四月份	四六	
五月份	一四	
六月份	一五	
七月份	四三	
八月份	八七	
九月份	一七一	
十月份	一六一	
十一月份	一二二	
十二月份	七六	
合计	九二二	

附表二

三十六年度各行庄各月份委托调查案件表 三十六年十二月卅一日

行庄/月份	一月份	二月份	三月份	四月份	五月份	六月份	七月份	八月份	九月份	十月份	十一份	十二份	合计
四联总处		四五	二	一			一		四二		一		九二
中央银行								一	一	一		四	七
中国银行				一									一
中国农民银行	三	一二	二三	一七	五		九	二	二五	一一	三	一二	一二二
中央银行京行									三	二	一	四	一〇
交通银行京行		二				五	六	八		五	二		二八
中农京行	一二	一二	七〇	二二	九			六二	一四	三四	三四	二四	二九三
中信局京局		二		三		三	三	一二	七九	一〇七	七七	三〇	三一六
各联所及本所				一			六	一	五	二	一	二	一七

（续表）

行庄/月份	一月份	二月份	三月份	四月份	五月份	六月份	七月份	八月份	九月份	十月份	十一份	十二份	合计
新华银行	一			一		二	一八						二二
台湾银行		一				四							五
南京市银行						一							一
南京商业储蓄银行				一									一
重庆银行									二				二
湖北省银行		一											一
经济部统计处							一						一
考选委员会											三		三
合计	一六	七五	九六	四六	一四	一五	四三	八七	一七三	一六一	一二二	七六	九二二

附表三

三十六年度委托调查案件分类表　　　三十六年十二月三十一日

月份/类别	工厂	公司商号	新闻通讯社杂志社	个人资信	对保	其他	合计
一月份		二			一四		一六
二月份			二四	一	二五	四	七五
三月份		二	一		九一	二	九六
四月份	二			一	四〇	三	四六
五月份					一四		一四
六月份		六	三	一	五		一五
七月份	三	二一			一七	二	四三
八月份		五三		二	三〇	二	八七
九月份		七五	四一	八	四四	三	一七一
十月份	二	九八		二二	三九		一六一
十一月份		七四		一八	二五	四	七六
十二月份		二九		一八	二五	四	七六
合计	七	三六〇	九〇	七一	三七三	二一	九二二

附表四

联合征信所南京分所新闻发行数目表

三十六年十二月三十一日

类别户数 月份	本埠 订户	外埠 订户	本埠 赠阅户	外埠 赠阅户	基本 所员	普通 所员	合计 份数	本月发 行份数
一月份	二二五	二〇	六四	六四	三八		四一一	九,六九七
二月份	二二五	三〇	六二	六六	三八		四二一	一〇,五三一
三月份	二五二	三四	六二	六六	四一	四六	五〇一	一二,四〇二
四月份	二二五	三七	六二	六六	四一	四六	四七七	一五,一七六
五月份	二二四	四一	七〇	六六	四一	四六	四八八	一三,一七六
六月份	二二五	四一	七〇	六六	五八	四七	四六六	一一,六五〇
七月份	二四一	四二	七〇	六六	五八	四七	五二四	一四,一四八
八月份	二五〇	四八	七〇	六六	五八	四七	五三九	一四,五五二
九月份	二六三	五〇	四八	四四	四六	六〇	五一一	一二,六六一
十月份	二一八	五三	四八	四四	四六	六〇	四六九	一二,一八四
十一月份	二一〇	五八	四八	四四	四六	六〇	四六六	一一,六五〇
十二月份	二一〇	五八	四八	四四	四六	六〇	四六六	一二,五八二
备考								
总计全年发行份数拾肆万捌千捌百捌拾玖份								

南京分所兼理李友棠致总所函(1948年4月10日)

民公总座钧右：

前上报告谅蒙鉴及,最近属所情形胪陈如左：

一、三月份收入仅五六十万元,支出三百三四十万元,差额几达三百万元,盖以本月薪津由一百倍提至二千七百倍,支出陡增而收入又不能追踪物价,致发生此钜大差额,亦云惨矣。现虽已分别向行局收到,惟于心终然不安也。

二、电话报道行情已自本月一日起开始,每日上午十时半与下午二时,报道两项内容,计有京沪港汉穗渝南昌等地商情,以三架电话报达,每架负担十余户,每架每次约需时四十分钟。

三、目前有新闻及参考资料订户约七十二家,电话行情订户三十二家,费用均系随银元价调整,新闻及行情每份合二元至二元五角,电话行情每家合十五元、十二元、十元、八元等四级收取。照预计除佣金外,应为三百五十元左右。惟际此物价每日致涨之时,自开发收据以至收到支票套为现钞购为实物,至少需二三日,无形中已损失二三成矣。此种损失,令人啼笑皆非。惟本月份员工待遇倘倍数不过高必可接近收支平衡也。

四、梅弄办公室房租对方要求按照物价指数增加(倘照去年三月物价计算每月约合米四担),职以其原价过高,拟拖延一时期再谈。

五、自办事员曹仁堃离职后,目前有袁静甫、羊宗义、万宝仁、顾光廉暨职等五人,按日出版新闻、参考资料外,并须报道电话行情,而以早晨及傍晚从事调查工作,故自上午八九时起至下午六时止，凡无片刻休息，所幸诸同仁均能勉力从公，故尚能应付裕如。

六、职负考绩表已另邮送呈，是项加薪应自何月份起，尚祈赐知，俾便遵循。

七、属所近复与中国日报交换白报纸五十大令，兹收提单附呈，乞转烦总务组代向高君换取栈单仍存总所，倘须□□请由高君办理。

关于和谈消息，适若寒热病变化莫测，据闻廿一日仍在对内的成京穗之团结，并非共方仍加之压力。实情如何，尚非我局外人所能道也。专肃。敬请

钧安

职　李友棠　上

四月十二日

联合征信所南京分所1948年度业务计划

联合征信所南京分所三十七年度业务计划

本分所在京成立一年有半，在总所指导之下，承四联总处之辅导及在京各行局库积极扶助，始具今有基础。省思过去，展望将来，本分所为维持生存，拓展业务，自当适应总处及各总行局迁京后及在京行局库之业务需要，为工作推展目标，并为供应中枢财政金融经济各部门征信资料，以作施政上之参考。本分所之工作，尤须详为整持，充实工作人员，增强征信调查，扩充资料搜集，推广新闻销行，以尽本所服务之职。而求本所业务有助于行局库之业务发展，及政策之阐扬，值此三十七年新岁伊始，爰特拟就本年度本分所业务计划，本计划仍系赓续上年度之工作业务，而业务重心，除加强调查工作外，并拟创设印刷所，将现有《征信新闻》改为晚刊，以推广销路，增加收入，平衡支出，而期自给自足。兹谨拟订如左：

（一）加强调查工作

一、广洽委托机关，并加强调查对象。南京一隅，计有国家行局八，商业行庄五十二（仅做汇兑之省行未列入），共六十单位（本分所所员亦有六十单位），公司厂商尚未计入，上年度委托调查者有十七单位，尚不及行庄总数或所员数三分之一，且国家行局之邮汇局及中合库，迄未有委托案件，而上年度之九二二件委托调查案件中，业务上之调查案，仅及半数，殊嫌未达理想。拟于本年度内，商请各行庄将业务上调查案件，一律委托本分所调查，并将调查内容，尽量适合委托者之要求，以加强业务。

二、编印各种征信丛书及资料整理。各种征信丛书之编印，以人力物力关系，多利用各种调查资料加以补充，编纂付印，故此项工作须视委托调查案件之多寡及人手情形而定。本年度内拟编纂者为《南京行名录》及《首都概览》两书，如情形许可，当加编其他征信丛书。惟人手过少（专事调查者仅一人），进行困难，拟请予充实，添设调查员二人。至资料之搜集与整理，亦应加强，而资料目录及人名卡片等，均将于本年内编制，资料工作人员，最少须有专任人员二人（现仅一人），始可应付。

（二）改编《征信新闻》晚刊

一、发行征信新闻晚刊报纸。本所现时发行装订本之《征信新闻》，在形式上既非报章，又非杂志，仅为通讯稿，而形式略嫌太过于典型，欠缺生动，致使发行不易普遍，影响收入非浅。

兹以普遍化、大众化为标准，拟将版面改为四开晚刊报纸，定名为《征信新闻》晚刊，版面划分，以一版容纳报头及经济要闻，以短篇社评一则，第四版以四分之一版面，辟为行情说明，专栏以四分之一刊载广告四分之一排印各地行情专电，二三版则编排京沪两地当日行情，并用花版方式插排广告使版面臻于美化活动，吸引读者兴趣。并拟加入京市报业公会申请配给白报纸，藉可减除市价纸之昂贵。如此既使本刊日达活跃境地，便于普通发行，而免却装订之劳，亦可节省人力物力，加速发行时间，实为策之善者。

二、增强工作人员改进新闻内容。为配合上项改版计划，拟将新闻组工作员额予以增强，除现有编辑一人，行情采访员二人，译电员一人外，拟在新闻组设主任一人，专理总编辑及主笔等责任，采访经济消息记者四人，行情调查员一人，校对二人，合原有员额，共计为十二人，工作分配，则以主任担任主编，第一版新闻制版标题，并按日撰写精炼短评，原任编辑，则担任助编四版新闻及二三两版行情，记者四人，分区划定采访路线，消息来源增多，则新闻内容，自克充实丰富，行情项目加多，报价确实，对社会各界供应更可普遍。因而可望发行份数激增，收入财源渐裕，庶能做到自给自足。

三、扩大服务范围。征信事业最高标的，在为社会服务。本所拟自本年度起将服务范围予以尽量扩大，接受本外埠金融工商各业及机关团体代为查报全国各地物价，各种物品产制运销情形，对本市区内政府机构所需行情，当日以电话报达，并与外埠各大报社及金融工商团体洽办，逐日电报新闻及商品行情，推进服务事项。

（三）筹设印刷所

本所印刷日益增多，交厂印制，既不经济又不能控制时间，故本所为求业务开展，并配合将征信新闻改为四开晚报起见，印刷一项拟自办小型印刷所，期其适合需要，除承印所内晚刊等件外，尚可兼营其他印刷业务，藉裕收入，所需开办费及印刷经常开支，另列预算检附（附表一）。

（四）财务预算

筹办印刷所所需资金约计六亿元，拟向在京各行局透支备用，本所现有透支额共三亿一千万元，计中央银行六十万元，中信局五千万元，交通农民各一亿元，除将中央及中信之透支款还清转行各透支一亿五千万元外，另分向中国、中合、邮汇局各透支一亿元，合计六亿元。至改为晚报后，经费收支情形，期能作到自给自足。详细计算，另列概算表检附。

（五）财务处理办法

查改为征信晚刊后，每月支出预算，约为一亿五千余万元，为使运用灵活起见，须经常备有两亿元之周转金，即请将上年度应向总所拨领之每月不敷差额金一亿九千余万元一次拨付，俾使应用。如收支不能平衡，所有该月份差额，最迟请于次月内拨下，用利周转。

（六）增加发行与广告篇幅

征信新闻改为晚刊后，以其价值与他报相等，而专以经济报道为准绳，自有其特色，预计推销对象，当较今日容易普遍。据现与各工商业及派报业接洽改版后，发行一千五百份可能办到，其推销办法如下：

甲、向中央各院部会及市属机关主管总务部门进行接洽订阅，以供大批采购市场物品时作议价之参考。

乙、向本市各业公会接洽，转函各业会员订阅。

丙、向四联总处、财政部钱币司及各国家行局请其转函所属单位介绍订阅。

丁、增加零售份数，派售各报贩，向街头零售。

戊、改为晚报后，销路较多，广告之招登较易，预算广告收入，每月至少可达四千万元。

4. 平津分所(北平办事处、沈阳通讯处)

四联总处关于设立天津分所案拟办稿(1946年3月26日)

第57次特种小组会议讨论之十事由：拟成立天津联合征信所案设立分析一节原则可行。移请征信所所务委员会核议。

卅五年三月廿六

（签名）

财政部驻冀鲁察热区特派员关于天津分所致四联总处所函(1946年3月)

季高吾兄勋鉴：

拜奉惠函，敬悉一是。关于敝处调查组，尊意拟成立联合征信所天津分所一节，高明维护学术之盛情，实堪钦感。弟及平津四联诸君，本有此意，惟因该组所存资料图书极为丰富，有力者多思染指。敝处到平复接收大量金融资料，亦需要整理，故使暂隶敝处，俾得保全。今既所见略同，不如即以原有规模加以改组，所有图书资料、家具房屋，即全数拨交，改称联征分所，可免总所来平空组织，庶收事半功倍之效。组织既隶总所，人事自出尊裁。惟为驾轻就熟计，该所经副理职务，拟请即派敝处调查组正副组长杜俊东、刘厚滋二君分别担任，内部职员容择优另请核派。弟对此项工作，素感兴趣，平津行局同仁相处颇善，商业行庄复可号召辅助，如不见弃，请畀理事一席，俾得追随我公之后，略尽棉〔绵〕薄，共策进行，尤符素愿。以上各节如蒙同意，请即发有关章则及文件，当即遵办。一切拨让与交接手续，剋日开幕进行工作，实属两便。又，此间主要资料及过去工作总汇，皆在北平分所，拟改称为平津分所，所址仍设北平，天津另设办事处，平津咫尺，联系自极便利。恃在深爱，用敢冒陈。统候示洽。专复。敬颂

道安

弟　张果为

三、七

附开杜、刘二君略历

杜俊东　河北乐县，三十六岁，国立清华大学毕业，曾任天津南开大学经济研究所研究员，福建省政府统计长、福建省银行常务董事、财政部专门委员，现任本处主任秘书兼调查组组长。

刘厚滋　江苏镇江，三十八岁，国立北京大学研究院、日本长崎高等商业学校毕业，国立北平研究院编辑，中英庚款指定研究员，燕京大学辅仁大学中国大学讲师教授，本办公处调查组副组长。

征信所待遇草案

一、薪水加成数照公务机关办理；

二、基本数照公务机关办理；

三、膳费照米一市不计算；

四、宿费照现在数目加两倍发给；

五、交通费一万五千元。

民仁　四、十五

联合征信所关于平津分所筹备事致四联总处函(1946年3月14日)

谨查张特派员来函，拟就特派员办公处调查组改组为联合征信所平津分所，并愿将图书资料家具房屋全数拨当应用，足见对征信事业热忱赞助，至为可感。所请由特派员办公处正副组长杜刘二君分任分所经副理一节，查二君资历甚佳，征信所一时既不易物色适当人选北上主持，为驾轻就熟计，拟即转知该所分别函派，并将有关章则文件一并颁发，以便开始工作。

又，张特别员所请畀予联合征信所理事一席，称将从旁协助一节，查该所仅有所务委员会之组织决定重要事项，类似其他机关之理事会，拟即由总处指派张特派员充任该所所务委员会委员，以便对分所工作就近指导。

以上所拟是否有当，敬祈核示。谨呈

秘书长

职　刁民仁　谨签

三、十四

四联总处关于筹设联合征信所平津分所电(1946年11月20日)

京总字第5715号

联合征信所：

查平津为华北工商金融重镇，征信工作极关重要。应即急速选派干员筹设分所，并限于本年十二月内成立具报。至该分所经费，兹特规定从本年十二月起，按月由天津四联分处辅助五百万元，北平四联支处辅助四百万元，以资协助。不足之数仍由该所按月拨发，并希查照办理为要。

四联总处　戌苛

中华民国卅五年十一月二十日星期三

联合征信所为筹设平津分所事致各分所函(1946年11月26日)

沪联字第952号

为通知筹设平津分所由。

案奉中中交农四行联合总处京总字第5715号代电内开："查平津为华北工商金融重镇，

照录至希查照办理为要”等因。除电复遵办，并聘请北平中国银行常经理文熙兼分所经理。王毓奇为副经理，即着手筹备外，相应函知，即希查照为荷。此致

渝、汉、京所

沪总所

十一月廿六日

四联总处关于平津分所《征信新闻》登记事致联合征信所函(1947年8月30日)

京业字第一六六八九号

函为平津分所向天津市府呈请发刊《征信新闻》备案，业经经济部批示不必为商业登记请查照由

中中交农四行联合办事处总处秘书处函　京业字第16689号

前准财政部六月五日钱丙字第二六四九二号代电节开：准天津市政府本年五月十日函转据联合征信所平津分所筹备处函以该所在津设立，主要业务办理平津两地公私经济征信事务，及经济金融有关该所新闻研究，并发刊征信新闻等刊物，请备案等情。经令据本府社会局查复，据该所声称，该总所系由中中交农四行联合办事处理事会决议设立，业经财政部备案，并领有中宣部刊物登记证第五四八七号及内政部京警沪字第四九号登记证等语。应否依商业登记法第三条第五第八两款之规定为商业之登记，拟请转函财政部核示等情。除指令外，相应函请查核见复，以便饬遵等由。

查贵总处所设联合征信所应否为商业之登记一节，系属经济部主管，应请贵总处转行经济部核复。除电复外，即希查照办理并见复等由。嗣经转准经济部七月十一日京商16字第五四八九九号函复，略以贵处辅导设立之联合征信所既非以营利为目的，则不属于商业行为，自不必为商业登记。复请查照等由。除函复财政部并函知本总处天津分处查照外，相应函请查照为荷。此致

联合征信所

秘书长　徐砀圆

联合征信所平津分所关于报刊发行事致总所函(1947年9月)

津联字第六二二号

迳启者，本所前者函托贵组代订之金融日报自四月一日起至六月卅日止三个月报邮费国币柒万叁千捌百元，业蒙代付登入往来账。顷准该报发行课九月五日函略以贵户于卅六年六月卅日满期，请将自七月一日起续订报邮费惠掷等由。兹为捷便起见，仍请贵组代为续订自七月一日起至十二月卅一日止计六个月报邮费，请垫付划归本所往来账。兹特函希察照为荷。此致

总所总务组

联合征信所平津分所　启　九、十

中华民国卅六年九月十一日

津联字第二二八号

函请洽收新闻订费由

迳启者，查上海大同银行稽核室订阅平津版新闻，自五月十日起至八月九日止三个月，系经总所代订。惟本所曾于满期之前函询是否继续续订，迄无复函停订，故仍继续航寄。兹准该行九月八日函知，言停止订阅。本所自九月十日停止寄送。八月十日起至九月九日止一个月报邮费十万另一千五百元，自应照收。请烦贵组洽收，列归总所往来账为荷。此致

总所总务组

联合征信所平津分所　启

中华民国卅六年九月十三日

联合征信所平津分所工作报告书(1947年10月)

联合征信所平津分所工作报告书　中华民国三十六年十月　日

总务组工作报告

津所创办初期，因受人力、物力限制，一切设施不能不因陋就简，加以社会上一般人士对征信事业尚缺乏认识，故业务推进相当繁难。嗣经同人群策群力，披荆斩棘，难关始逐渐打开，所务日有进展。惟当本所奉令紧缩之际，困难重重，应如何排除难关，以固惨淡经营。垂成之事基，敬祈睿裁。

甲，推销新闻初极不振，继以同仁奔走联络，销量顿增。再以加添推销人员相辅，订户日益增多。截至目前，津版已达一百五十余户，平版已达五十余户(此外赠阅平津所员约二百二十户)。

乙，招登广告亦本推销新闻办法锐进，颇有成果。计招有广告五全面有余。

丙，征求所员各行号工矿厂商入所者已有一百三十一家。银行全体参加。银号仅有半数，正在征求中。工矿厂商颇有自动入所者。

丁，金融概览。广告招揽计有二十四全面。广告费收入可抵纸费、印工等费成本总额三分之二强。预约户计有二百二十三户。现已出版。

戊，津所财产目录。分别自购与借用，重行点查、整编、陈报，嗣后每月一报，以资清晰。借用之家具，将来尚需出价。留置至价格若干，因处理局尚未估出，故未能即行洽购。

巳，收支状况。兹造具自开业以来至九月份总收支报告表，并参照编制每月收支概算表(冬煤、市内电话电报费、将行调整之邮电费、人事费均未预计)及新闻收支表。复按本所创立未久，正在萌芽生长时期，势须先扶植培养，以使其自力充足，而后方可期其发荣滋长。是以当此时期，我所以物价高涨，薪给调整关系，收支相差日益悬殊。惟值此国岁艰难、财力枯窘之情况下，迭奉谕示，开源节流，撙节紧缩，此后自当谨遵斯旨，以减轻赔累。惟查前请准之追加开办费及核准之七八两月报销，以及新呈报之九月份报销，致将中央银行透支满额，支持极感困难。惟曾经函电催请汇拨，迄今未蒙拨下，应请迅赐汇拨，以济急需。嗣复奉函示，自十月份起，除行局津贴之外，不再补给。奉谕之下，思维再四，一筹莫展。慨念新兴事业，并非无发展机会。若以一时之困难，遽使远逊各国行将萌芽之征信事业而至停滞，殊为可惜，是以披沥陈请睿筹，以图挽救。

庚，募集本所事业基金。奉令之下，已分别函请平津两市银行公会。私人方面，联系折衡，略有端倪。复遵函示，洽请行局首长倡导推动，以期早效。嗣后当将推进情形随时陈核。

辛，人事方面。津所内外事务极为繁忙，人手本感不足。嗣以奉令紧缩，乃于不得已情形之下，奉行汰减三人。惟恐影响业务，乃将该三人改为推销员（二人）、通讯员（一人）名义，以省支出，用辅外勤工作。通讯员孙方亭于十一月一日因事呈辞，慰留不获，已予照准，另案呈报。兹将本组人员工作分配情形列表于后：

职别	姓名	工作
主任	万寿堃	综理总务一切事宜
办事员	张觉民	办理文书稿件，保管档案、发行情电，保管文具、家具、杂物，及管理人事事宜
助理员	车元培	司现金出纳，填制传票、日月表报等，兼理发行及缮写工作
办事员	周公望	会计登记帐目表报、单据之处理及采购事项
助理员	陈恒贵	收发文件电报，发行新闻招登广告、缮写文件

除表列人员之外，另有推销员三员，计郭曾祉、颜维翰二员，专办推销事务。徐寄轩一员（属于调查组）负责行情调查。

新闻组工作报告

津版《征信新闻》初于三月二十八日及三十一日连续以油印试刊两次，当时深感未克清晰迅捷，因于四月五、七两日，复以铅印试刊二次，而于八日与平版同时创刊。迄双十节止，都一五八期，一九八八页。

发刊之初，每期八页，行情仅及津市及国外两部分，而前者亦仅十四类，一百五十余项。三周以后，因与总所及青岛通讯员已经取得联络，乃自五月一日起，增加上海行情一百七十余项、汉口及青岛行情二栏，并辟资料通讯等专页，而篇幅亦同时扩充一半，为十二页。七月份起，复增载津市一百六十种商品行情，并商由济南通讯员按日拍发行情专电，加辟济市行情专栏，津沪汉市况简述。亦自此逐日揭载各类资料，并经规定刊登次序。此时内容稍见充实，篇幅遂再度增加。至七月杪，又按周作市况比较特写，而津版征信新闻，乃告初具规模。

在此期间，曾举行读者意见测验一次，金融工商组织及政府有关机构，应征答复者俱多。佥以为本刊发刊虽暂，已属津市不可或缺之经济情况报道刊物，并殷切寄致希望多端。现除力所能及已经改进者外，余如增加沈阳行情及报告出口货品、海外市场情况等，则以兹事体大，具经婉言复释，或者曲陈困难，或则约以异日。

至于新闻内容，除探访津市重要经济消息外，并撷译各地征信新闻及路透社稿。举凡财政经济之重要措施、税制之兴革、国际贸易之发展、金融业之动态、工商业之兴衰隆替，与夫国外之与我经济建设有关或可借鉴之设施，靡不择要披露。复以本所在津创设未久，亟宜唤起各方之认识，争取其信赖，故在编辑上于次陈二事，致意尤多。一曰尽量于报纸采用以便利，盖华北金融工商界类多保守成性，经营方式上仍墨守旧规，以本所一新兴事业，欲求业务开展，实非通过报章杂志之宣扬，以坚定其对我信仰，不为功也；二曰重阐发而不事文饰，于政府有关经济金融法令，本刊于重心所在，俱力为阐扬，兼重其原因与现象。而对共见瑕疵，则不予文饰，以期不至于政令革新之际，徒然斫丧读者对本刊已有之信心。

查现实津市主要报纸，如大公、民国、益世及其他二十余种报纸大小日报，无不以本刊为其主要之经济新闻来源。就三大报纸而言，迄今被采用新闻已达千件。它如北平、沈阳、张家口、唐山诸地报章，亦多摘载。而津市府主编之《天津经济统计月报》、津市商会主编之《商联周报》、河北省银行主编之《河北省银行半月刊》等复或则撷取移刊，或则以为主要参考资料。

虽然迄今为止，津版征信新闻亟待改进之处尚多，而沈阳行情电讯之拍发、华北各地通讯网之筹设与本组人手之增加尤感迫切。以后者而言，现时徒事编译、采访之直接工作者仅有三人，以微博人力而求扩展改进，自非易易也。

调查组工作报告

津市工商业甚至公务机关对本所业务多不明了，因之助少阻多，调查工作自感困难。本所自开办迄今七阅月，调查工作仍在一面宣传，一面披荆进展中。调查业务本重征信，但其初则少人信任。自本所接受委托调查中原公司、川康银行、大同银行之信用，以第三者态度言论正确后，始引起一般之好评而加以重视，此后调查案件已逐渐增多。倘今后得政府及国家行局之导助，相信工作必有进展。

七阅月之调查工作，共受委托调查案件二二七起，进行已未出版书籍五种，收集整理一部分资料，编制定期统计十二种，已在《新闻联络》发表七十六次，并负责每日每周金融、商品行情调查，供给新闻发表，同时调查人员尚需抽出一部分时间，为新闻之采访。综上之工作，当以二分之一协助新闻组工作，二分之一为公私经济调查及出版业务工作。谨将调查组员额分配及各项工作情形列表于后：

（甲）员额：主任一人、办事员三人、助理员二人、雇员一人，其工作分配如左：

职别	姓名	工作
专员兼主任	胡宗权	除负责本组各员工作分配、督促、考核外，并总编调查报告兼而外出调查案件及本所新闻外勤记者至新闻组之市况、周况，以及经济动态周报等统由该员编辑
办事员	李玉藩	专责调查公私经济案件
办事员	李纯仁	除公私经济调查外，兼办英文案件整编及整理进出口贸易资料
办事员	王金洲	专责整编统计资料
助理员	陈榕康	整编统计资料，兼办定期表报
助理员	罗士琦	与各商情通讯员联络，编辑每日新闻、行情，兼本组缮写工作，整理资料
雇员	张孟春	打字，剪报，整理、保管资料，记录行情译电

除前述之员额外，另有通讯推销员二人，为各市场行情之调查通讯。其中有一员即总务组所列推销新闻、招揽广告互相联络工作者。

（乙）工作

（一）委托调查案件共计二二七件，详如左表：

委托者 \ 分类	公经济	私经济	人事调查	专业	合计
四联总务处	七	二			九
国家行局	四	一一六	五七		一七七
商业银行	一	一〇			一一
公司厂商	一四	二			一六
重庆分所		二			二
国营事业机关	一	三		一	五
自动调查	六	一			七
合计	三三	一三六	五七	一	二二七

（二）编制统计资料十二种，详如左表：

名称	发表起期	已发表若干期	内容
天津市商情变动指数	三十六年六月一日	旬指数十八期，月指数三期	内分(一)足金价比；(二)证券指数；(三)十五种日用商品指数以三十四年十二月平均为基期，按日计算，分周指数、月指数两种
天津批发物价指数	六月份	十六期	共一〇六项商品，以廿六年一至六月平均为基期，分为旬指数及月指数，该指数并自三十五年十二月份补编
天津工人生活费指数	八月份	一期	共三七项商品。以二十六年一至六月平均等于一〇〇分为旬指数及月指数，并补算三十六年一月份以后之指数。于八月份起发表一期，后因社会局限制发表，但自九月份起，仍照常编发，供所员参考，但不发表
天津市票据交换统计表	四月份	六期	内包括日期、张数、交换总额、交换差额、最高最低及月平均、上月比较等
天津市国外汇总行情表	四月份	六期	内包括英、美、港、卢比、坡币之买卖价格及最高最低并本月平均数
天津市出口商品数量及价值统计表	四月份	六期	根据商品检验局统计改编
三十六年第一季第一类进口货限额配数百分比	五月份	一期	分类做成百分比
天津市主要股票行情表	四月份	七期	包括启新、开滦、东亚、江南四种股票，每月最高最低数及月平均数
各国货币平价表	五月份	一期	包括三十二国家货币，分以黄金计算及美金计算二类平价

（续表）

名称	发表起期	已发表若干期	内容
天津直接税货物税收三十五年度收入统计	六月份	二期	包括直接税、货物税两种缴库数及百分比
东北流通券及申汇行情表	六月份	四期	包括最高最低价、明盘、暗盘等。
天津市利率行情表	五月份	五期	包括中央银行挂牌商业银行同业放款及赔息等，并分计其最高最低利率

右表资料均曾在本所征信新闻发表。

（三）经常调查报告八种，详如左表：

名称	起办日期	内容
经济动态周(年)报	七月二十八日	内包括金融物价等十一项，每周编印一次。除向四联分处转呈总处外，并加印副本，分送行局及所员参考
每日金融商品行情	自三月本所开办	内包括金融商品行情三百二十项，每日供给新闻发表
每日(周)市况	七月份	每日调查各市场交易情况，供给新闻发表
天津市况日报	自三月本所开办	包括金融商品三十二项，逐日填发中央银行
金融商品行市表	自三月本所开办	包括十项，逐日填发中央银行，以备转拍电总行
主要货物供销表	六月	共七项，发往车站及货栈，按日调查
交通银行电讯物价	四月份	主要商品九项，逐日报告

（四）出版书籍

名称	出版期	说明
天津金融业概览	十月份	天津金融业计共五九六单位，另加平津两地金融业概述统计，附金融法规四十二种，为一巨册，共出版一二〇〇册
天津制造厂商概览	十二月上旬	天津方面已向各工会调查较大厂商十五类，计五七五家。取得资料，拟再派员再分别实施复查一次，以期实在，且可借此而采得不公开资料存查。调查完毕即行编印，并与北平所同时进行合订一巨册，出书若干未定
天津进出口贸易统计	预备年内出版	本所已派员在津海关，将津市自二十五年起至三十五年止之进出口贸易各商品量值数目编表，查抄完竣(其中有二十八年至三十一年华北六口统计数)，拟加整理，编成各项统计，另加有关法令及贸易概览成册出版

（续表）

名称	出版期	说明
天津市每月国内外进出口贸易统计	计划中	正与津市贸易工会会商合作编辑发刊
天津市工商名录	计划中	本所已自社会局查抄津市工商业计九十二业，二一〇四二家名录，收集资料完竣，尚差二十九业，正在计划补充中，如能完全，即拟出版天津市工商名录一巨册

（五）收集资料

本所创办伊始，毫无资料，虽曾向四联分处及中央银行接洽，拟将伪联合准备银行调查室资料接管一部分，但迄今无结果，因是自不得不自行充实，以供参考。兹将本所经常调查以及剪报分档，并由同仁随时收集、归纳、保管，至现在止已得分类资料一百十七宗、书籍一百二十一册。

联合征信所平津分所北平办事处1947年度工作报告

联合征信所平津分所北平办事处三十六年度工作报告

一、机关筹设

本所为扩展征信事业达于华北各地起见，特增设平津分所。聘由经济学耆旧、前财政部驻冀鲁察热区财政金融特派员—张果为氏充任经理。分所设于天津，另在北平设立办事处。由张氏延聘邮政储金汇业局北平分局经理，北平铁道管理学院经济学教授—殷锡琪氏兼任分所副经理兼北平办事处主任。自三十六年三月十二日开始筹备，就四联北平支处代管前财政部驻冀鲁察热区财政金融特派员办公处调查组予以改组，暂假中央银行北平分行后院为处址，于四月一日正式组织成立。副经理兼主任以下设置总务、调查、新闻、资料四股，分司其事。

二、经费收支

本所经费依照规定办法，除以收入抵充外，由基本所员担负。本处行、局补助月有定额。（三十六年六月以前每月八.〇〇〇.〇〇〇元，七至九月每月一八.〇〇〇.〇〇〇元，十至十二月每月四〇.五〇〇.〇〇〇元）。其初每月经费除以收入抵充，并由四联北平支处拨给定额之行局补助费外，不敷之数，请由敝所拨发。嗣本所自十月份起，已由行局津贴者，不得再向总所请求津贴，是停止贴补而使自力更生。曾经声叙困难情形，陈请继续予以贴补，未蒙批复。所赖同人一致继续努力，推销新闻，招揽广告以裕收入。一面继续就简，力求撙节以减支出，十月以降，迄至年终，幸能渡过难关，有盈无润。

综计本处卅六年度经费收支，除由总所拨给开办费三二.一〇七.六六〇元，收支相抵不计外，四月一日至十二月底，各项收入统共五三七.七二三.三六三.九〇元。其中，新闻订费：六二.八四三.六〇〇元，占收入总额百分之一一.六九；广告费：一六二.五三〇.七九五元，占百分之三〇.二三；所员人□费：四.四〇〇.〇〇〇元，占百分之〇.八二；所员年费：四五.六〇〇.〇〇〇元，占百分之八.四八；利息收入：五.八八三.一六九.九〇元，占百分之一.〇九；补助费：二五六.四六五.七九九元，（四联北平支处移交代管期内，经费余额一.五一五.八〇〇元。三至十二月份行、局补助费二〇七.五〇〇.〇〇〇元，总所拨补六至九月份，不发经费：四七.四四九.九九九元。）占百分之四七.六九。又各项支出统共五三二.八六〇.〇四七.七七元，其中办公费：一〇八.一四三.一四八.七〇元，占支出总额百分之二〇.三〇；薪给费：二七九.七三〇.三七三元，占百分之五二.五〇；出版费：一三四.〇七一.五九五.一四元，占百分之二五.一六；购置费：六.三一三.〇〇〇元，占百分之一.一八；利息支出：四.六〇一.九三〇元，占百分之〇.八六。收支相抵计盈余：四.八六三.三一六.一三元。关于收支各科目细总各数及每月细数，详于附表。

至本处卅六年度开办费、四至十二月份收支月报表及各科目余额表，业经分别制造，连单据粘存簿，先后报送在案。

谨另粘附各科目余额表，于此可观本处卅六年度资产负债一般情况。不再缕析陈述。

三、人事异动

本处自卅六年三月十二日，开始筹备，就四联北平支处代管前财政部驻冀鲁察热区财政金融特派员办公处调查组，予以改组。原有职员阳明仲、周吉晖、与泉、王伯彦、周广学、张孝说、关耀谷、魏壎等八人，除魏壎另有他就外，计余七人，三月十五日增派史殿华一人。在正式成立以前筹备时期，计共职员八人，分别暂管总务、调查、新闻、资料四股事务。发轫伊始，不免因陋就简，同事亦每人兼办数桩职务。迨至四月一日正式成立后，业务开展，日臻繁剧，同事体力亦难支持。爰经过每应事实之急切需要，逐渐酌增员额，以赴事功。四月一日及二十一日增设办事员沈起雄、周英学二人。五月一日及二十四日续增助理员伊语秉□、沈云鹏二人。六月底，办事员张孝说因病辞职，照准。旋于七月一日选派助理员郑道翊以补其缺。并以上列十二人，除沈云鹏、郑道翊二人外，阳明仲等十人，试用期内成绩满意，各予加薪二十元。其中暂管各股事务之阳明仲、周吉晖、与泉、王伯彦四人，经察核办事能力均尚堪以升任，正式弁以各该股主任名义。又史殿华成绩优良，拟以专员派用。续以业务发展，人手不敷分配，复于七月四日，增雇员叶处林一人，七月二十八日增办事员樊赞辉，助理员殷学峰、张我真三人。八月十四日增助理员褚巽元一人，共计职员十七人。

九月初奉命裁减员额，经一再声述困难情形，陈请收回成命，未获邀准，遂于十月三十，将本处员额暂先紧缩为十二人。所有编余之试用办事员樊赞辉、助理员殷学峰、张我真、褚巽元，雇员叶处林等五人暂予留资停薪，俟将来情形许可时优先聘用。

十月间之本所收入，以新闻订费及广告费为主。本处推销新闻、招揽广告等事宜，以往系由管理发行人员暨全体员工共同办理。此次裁减员额几及三分之一，管理发行人员亦在其内，而业务依然增加未见减少，一般员工正常工作形加困难，其于推销招揽广告，咸无暇兼顾，殊有另设专人负责之必要，经酌察，需要设促业员樊赞辉、殷学峰、张我真三人专司其事。嗣奉命改称为业务员。

助理员沈云鹏、郑道翊二人试用期满，成绩亦均获满意，经自十二月份起，各予加薪二十元，以示激励。

本处副经理兼主任以下正额职员十二人，均已奉准加委，计股主任四人，专员一人，办事员四人，助理员三人，隶属总务股者三人，调查股者二人，新闻股者五人，资料股者二人。

此外聘有各地通讯员张家口李固荣、李法章，保定褚裕生，石家庄刘佐周共计四人，专司供给各地经济金融消息行情之资。石家庄撤守后，该地通讯员刘佐周无形解聘，其余均无异动，以迄于今。

四、业务推进

（一）经济调查工作

年来征信调查业务逐渐展开，范围广泛。承各方委托，征信调查及征询工作务期争取时间迅速完成。查簿杂务、专案之调查，随时仍在继续，切实力求详尽。专业调查亦均务求彻底窥其全豹。与各方之联络认识已逐渐推广，与新闻工作均取得密切之联系合作，以仅有之人员，宵旰不息，内外务求圆融，达成业务上之使命。使社会了解此征信工作之宏大事业，实有裨益于国家之经济及工商业之展望。

兹将三十六年度各项调查工作分列如次：

甲、经常调查

1. 编制北平市批发物价指数，每旬统计，每月总计发表

2. 每周撰写《经济周迅》为不公开发表，供应有关方面参考

3. 代四联支处及各国家行、局制作各种调查表报

A 中央银行北平分行委托调查表报

每日电报商品行情表

每周物价行情表

每月金融商品行情表

每旬商品行情表

每半年一期商品行情比较表

每半年一期物价变动概况调查

每半年一期工商业概况报告

B 四联支处经常委托调查表报

各期金融动态调查表

电报物价调查表

每月零售批发采价调查统计表

C 北平市政府财政局经常委托调查表报

每月小麦调查统计表

4. 北平市工矿交通事业调查

5. 北平市一般工厂制造业调查

已经调查者

1. 橡胶工厂调查　　九家

2. 纸烟制造工厂调查　　十一家

3. 机制面粉工厂调查	十五家
4. 电线制造工厂调查	六家
5. 火柴制造工厂调查	六家
6. 火柴盒梗料板厂调查	二家
7. 制铁厂调查	二家
8. 纺织染业工厂调查	八家
9. 棉花业制造工厂	十家
10. 榨油厂调查全部进行中	
11. 机制酒业工厂	二家
12. 造纸业工厂	五家
13. 料器业工厂	二家
14. 度量衡制造工厂	一家
15. 化工原料制造工厂	
□丹□辛工厂	一家
烧碱制造工厂	五家
盐酸制造工厂	二家
碳酸钙制造工厂	一家
16. 酱油制造工厂	二家
17. 烧碱业工厂	二家
18. 牙刷业工厂	一家
19. 肥皂业工厂	四家
20. 呢绒地毯业工厂	四家
21. 制胶业工厂	二家
22. 制革工厂	二家
23. 猪鬃业全面调查	
24. 汽水业工厂	三十家
25. 各种手工业工厂调查	

6. 专题调查报告

北平市特产品及出口物资调查报告

北平市地毯业、珐琅业、纸花业近况调查报告

北平市卅六年度工矿交通事业调查报告

7. 征信调查

（一）商人征信调查	二件
（二）事业贷款征信调查	三件
（三）四联支处生产贷款调查	三件

（四）邮政储金汇业局北平分局贷款调查　　一八件

8．所员委托调查

（一）大和恒企业股份有限公司委托调查北平纸烟制造工厂　　一件

9．征询调查

资源委员会并经煤矿公司委托调查化工原料材料市价

联合动务总司令部兵工署第七十工厂委托调查器材零件市价

各行、局机关等征询一股应用物品市价

（二）发行新闻情形

本处《征信新闻》于三十六年三月二十八日试刊，四月八日正式创刊。自创版以迄年终，已达二百二十六号，不期而然，已蔚成大观。为北平经济报导事业辟一良好前景。

以本刊性质论之，属具有报纸与通讯社通讯稿之变革性质。其效用与意义之宏大，以此而采访与编作之困难，亦以此本刊因出版时间与体例之限制，自始不曾利用外方通讯社稿，消息及刊载材料，皆为自采。后因我征信所为金融及产业界之服务困难，故本刊出版时间之决定以服务对象机关参考之需要与便利为最大前提，且其主旨在于报导消息、市况，最多限于经济情态之分析。故体裁适于作消息之胪列，而不有任何主观色彩之评论。题材以此二项客观条件之限制。故本刊只得按照晚报之方式发行，而内容采通讯稿之性质，如此则刊发除供给直接订户外，并能供给各新闻纸作通讯稿之用。以过去及当前之情况度之，通讯社如能成功，可支配大多数报纸力量，速载单独报纸。本刊目前已供十数家本地及外埠报纸之经济栏刊用，且逐渐达到支配者之地位。然在此种情形下，采访与编辑工作之困难殊多，即前一日下午之重要经济新闻，已为当日各报发表者，本刊即不能再为刊用。而当日下午之经济消息及行情变动，因下午出版截稿关系，亦不能采入，故本刊消息一栏，只能包括前一日之同时间性或偏重经济性，不为普通报纸所顾之新闻，及当日上午之重要新闻。设本刊作日报性质能于晚间编印，翌晨出版，则以目下工作人员之努力，内容充实与完备，当可倍蓰于今日也。不然即假定根本改为通讯社性质，则可延迟出版时间至晚间六时或八时，新闻来源不受其他报纸或通讯社所发新闻之妨碍，并可使内容再偏向一般报纸之需要，亦能发挥较目下更大之功能。然即在今日之困难情形下，创版十月以来，成绩之表现亦殊可自慰。创刊之时，仅十六开纸之两页、四版，逾时历半载，至今已达七页、十四版，且编排较前紧密。再自新闻之数量言之，目前较创版时约增加两倍之谱，行情项目亦较初创版时增加一倍有余。且自九月初奉总所紧缩机构命令后，竭力扩充广告地位，以谋增加收入，目下广告已增加至最大限度达七版之谱。

近来北平稍含经济意味之机关，几皆已订有本处之征信新闻。其他订户除金融界及其他所员赠阅外，概为工商团体。至出版时间，去年七月以前，因北平停电情形严重，承印之印刷所时有迟误。出版情事，至七月末更换印刷所后，因合同约定承印方付费，克服停电之困难，并订以严格之罚则，出版之时间即极为准确，从无迟误情事。俟每日准三时印妥，送到本处报差自行装订，三时半送出。故出版发行方面，久已入正轨矣。

自通讯稿之性质言之，今北平各大报纸之经济栏及各大小型报纸社会版之经济新闻，已多为本刊之消息。是本刊已渐可达到支配经济消息与评论之地位。以当前北平市已有中国经济通讯社及商闻通讯社，报导经济消息，但自本刊出版后，一二月内该二社消息寂然无闻，此间功效确可领导经济报导及舆论走上健全正确之途，于国家经济建设及政令推行裨益至大也。

关于发行新闻份数，三十六年四月八日创刊起，每期五〇〇份。二十八日起，增为七〇〇份。五月二十三日起八〇〇份，六月五日起八五〇份，七月八日起九五〇份，九月九日起一.〇〇〇份，十一月二十二日以后改为九七〇份，以迄年终。其中津所者约占三分之一，寄发总分各所及赠阅户所员户刊物交换、行情交换等约占三分之一，其余约三分之一。除订户订阅者外，如有余剩，则尽数按月装订成为合订本，以便订户订购。将卅六年四月至十二月份订阅份数，另表详列。

（三）调查案件清单

天津交通银行委托调查行员陈光熙之保证人宋并荣个人征信调查案一案

徐元经之保证人黄洁泉个人征信调查案一案

李清华之保证人赵新邦个人征信调查案一案

四联北平支处委托永定煤矿公司申请生产贷款征信调查一案

双合盛啤酒汽水制造厂申请生产贷款征信调查一案

南洋火柴厂申请生产贷款征信调查一案

中央信托局北平分局委托华北日报贷款征信

调查一案

北方日报贷款征信调查一案

导报日报贷款征信调查一案

邮政储金汇业局北平分局委托泰昌碱厂贷款征信调查一案

又新制皂厂贷款征信调查一案

新一面粉厂贷款征信调查一案

三兴工厂贷款征信调查一案

利民工厂贷款征信调查一案

永丰化学工厂贷款征信调查一案

大和恒企业公司机制面粉厂贷款征信调查一案

久安制胶厂贷款征信调查一案

金城地毯商行贷款征信调查一案

经纬工厂贷款征信调查一案

永兴棉织厂贷款征信调查一案

三义织布工厂贷款征信调查一案

晋成皮革厂贷款征信调查一案

仁立地毯工厂贷款征信调查一案

开源绒呢工厂贷款征信调查一案

塘中工业社贷款征信调查一案

俊有米面号贷款征信调查一案

新兴制粉厂贷款征信调查一案

大和恒企业股份有限公司委托调查北平市纸烟工厂一案

北平市政府财政局调查小麦价格统计一案

北平市政府统计处函请调查各类商品场所一案

联合征信所平津分所北平办事处征信新闻订阅份数表

中华民国36年4～12月份

版别 月份	北平版	天津版	合计
四月	13	13	26
五月	60	50	110
六月	78	66	144
七月	84	57	141
八月	115	60	175
九月	266	69	335
十月	239	71	310
十一月	239	70	309
十二月	263	88	351

联合征信所平津分所1947年工作报告

联合征信所平津分所三十六年度工作报告

一、机构筹设

三十六年二月二十七日奉命筹设平津分所，暂设四联津分处址开始筹备，旋经洽妥租赁中南银行三楼为所址，于三月十日迁入，筹备工作乃得积极推进。遵照规定内部暂分总务调查新闻三组，资料组暂不设立由调查组兼办，并筹设北平办事处(详平处工作报告)，于四月二日正式开幕，同时布置通讯网，聘约驻在各地通讯员。目前计有沈阳、青岛、济南、唐山(现撤销)属于津所，石门、保定、张家口属于平处。以后健全外围组织，七月间津市加添通讯员一员，九月间请准设立沈阳通讯处，嗣因业务拓展原址不适应用，于九月七日迁移中实后楼现址办公，至是津所机构大体粗定。惟以本所发轫不久，尚在培植之期，因受经济之限制，一切设施多因陋就简，难臻理想境地，引为至憾也。

二、经费收支

津所经费每月除以收支抵充及由四联津分处供给定额之行局补助费外(四至六月每月一千万，七至九每月二千二百万元，十至十二每月四千九百五十万元)，不敷之数请由总所核拨。嗣奉总所函令："自十月份起已由行局津贴者不得再向总所请求津贴。"自十月份起即停止贴补，此后虽经同人一致努力推广裕收，一面撙节开支，惨淡经营，以迄年终，幸尚有盈无亏，惟资金周转因存纸关系已陷不灵境地。

综计津所卅六年经费收支，除由总所拨汇开办费四九.三九六.五六〇元，收支相抵不计外，四月一日起至十二月底各项收支统共六六五〇二九三〇七.一三元，计新闻订费五〇.五七八.二五〇元，调查费三〇.〇〇〇元行情电报费三三〇.〇〇〇元，广告费一六二.八二八.七五〇元，所员入所费八.八〇〇.〇〇〇元，所员年费七七.三〇〇.〇〇〇元，利息收入二.〇一〇.九〇七.一三元，行局补助费二六四.五〇〇.〇〇〇元，四联津分处移文代管十二至三月份行局补助费二〇.〇〇〇.〇〇〇元在内，金融概览售费五三.六四二.四〇〇元，旧汽车及木截断转售价二五.〇〇〇.〇〇〇元，准备金(售煤盈余)二〇.〇〇〇.〇〇〇元，总所供补四至九月不敷经费八二.八七一.〇九九.九二元，各项支出统共八七二.三二六.七四九七二元，计办公费一九五.八一四.二八〇元，薪给费三四九.六四六.四三四元，出版费二九六.二九一.五八〇元，购置费一六.五二一.一〇〇元，利息支出一四.〇五三.三五五.七二元，收支相衡，本期结亏一二四.四二六.三四二.六七元。查津所资产尚有存纸、金融概览及新闻合订本，按原价核计总值一八七五二五.二九七.四二元，抵补本期结亏，计盈六三.〇九八.九五四七五元，收支各科目细总及每月细数详附表。

三、人事移动

津所人事在张经理主持之下，就原在四联津分处办理征信调查工作人员及行局推荐并当地征用三部人员，分别配合，担当各组工作。三月一日聘请万寿堃主持总务，率领原四联分处工作人员办事员张觉民，助理员陈榕康、徐霞轩，办事员章启焘、李玉藻，助理员罗士琦、杜树林七员开始筹备。三月十日增派办事员李元善、郭曾祉，十三日增派办事员杭蕴章，助理员屈履乾，二十日聘请赖斌主持新闻调查两组事务，二十二日添聘专员胡家权，二十五日及廿八日增派助理员车元培，雇员叶处林，廿七日加聘专员吴强，四月一日杭蕴辞职以高叔乾顶补并添聘专员孙新源，十三日屈履乾辞职，十四日增雇张孟春，二十四日加强新闻探访阵容，增派办事员熊天森。五月一日王副经理到所视事，新闻组兼调查组主任赖斌辞职，遗职分由王副理、胡家权暂兼代理。七日加派办事员王金洲，熊天森辞职，五月十六日遴选孙方亭顶补，继以各员试用期满。章启焘、高叔乾、叶处林因试用工作不力，六月二十日停止试用，二十一日分以周公望、李纯仁、陈恒贵顶补试用，七月二十一日增设郑序东为津市通讯员，八月十二日添雇颜维翰、曹鸿颖为推销员。曹旋因入学辞职，后因张经理因公滞沪，所务请准由王副经理代理。九月一日杜树林请求停薪留资照准。九月初奉令紧缩员额，裁减郭曾祉、徐霞轩、孙方亭三员。因恐窒碍业务推进，请准自十一月一日起将该三员改为推销员及通讯员雇用，嗣后奉命一律改为业务员。十月一日孙方亭辞职，以节省开支未予增派，胡家权协助探访。十二月一日胡家权请辞，代理调查主任遗职由王副经理兼理，递遗原兼新闻组主任职务由专员吴强升补。五日添派办事员徐仲华担任探访工作。李纯仁以试用工作不宜停止试用，二十二日派王梦周补充。津所经副经理以下正额职员计十五员，除办事员王梦周、徐仲华正在试用期间外，余均奉准加委。计主任二员、专员　员、办事员五员、助理员四员、雇员一员，属于总务组者五员，属于新闻组者四员，属于调查组者六员。此外外围人事于四月聘任徐祖廉为青岛通讯员，黄得中为济南通讯员，六月添置林覆田为唐山通讯员，旋印裁撤。李耕夫为沈阳通讯员，九月间沈阳通讯处奉准设立，由张祖贻主持，添派陈骥彤为该处通讯员，李耕夫亦并隶该处。以上地通讯各员均附属津所，附属平处，详平处报告。

兹将津所1947年现有人员及担当工作列表与后：

服务部分	职别	姓名	月薪	到职日期	担任工作	备改
	经理	张果为				
	副理	王毓奇	五〇〇	卅六、五、一		
总务组	主任	万寿堃	三〇〇	卅六、三、一	综理总务一切事宜	
总务组	办事员	张觉民	一四〇	卅六、三、一	办理文书稿件，保管档案，保管文具家具杂物，管理人事及发行概览	
总务组	办事员	周公望	二〇	卅六、六、廿一	会计登记帐目表单据之处理及探购事项	
总务组	助理员	车元培	八〇	卅六、三、廿五	司现金出纳，填制船票、日月表报兼理发行及缮写工作	
总务组	助理员	陈恒贵	九〇	卅六、六、廿一	收获文件电报，获引新闻招登广告，缮写文件	
调查组	主任	王副理兼				
调查组	办事员	李玉藩	一四〇	卅六、三、一	公私经济及征信调查，搜集各项书刊资料	
调查组	办事员	王梦周	一二〇	卅六、十二、廿二	新闻探访，委托案件调查	
调查组	办事员	王金洲	一〇〇	卅六、五、七	主编统计并与各交通机关联络搜集资料	
调查组	助理员	陈裕康	九〇	卅六、三、一	编辑统计协助调查行情	
调查组	助理员	罗士琦	八〇	卅六、三、一	缮写印刷版，填制各市场行情表，协助整理资料	
调查组	雇员	张孟春	四〇	卅六、四、十六	译电打字登记，逐日行情整理，图书资料前报	
新闻组	主任	吴强	二三〇	卅六、三、廿七	主编征信新闻	
新闻组	专员	孙新源	一八〇	卅六、四、一	探访新闻	
新闻组	办事员	李元善	一四〇	卅六、三、一〇	译述路透电报，翻译外埠行情	
新闻组	办事员	徐仲华	一四〇	卅六、十二、五	探访新闻，调查行情，编辑经济周报及每日市况	

（续表）

服务部分	职别	姓名	月薪	到职日期	担任工作	备改
	业务员	郭曾祉	津贴五〇万	卅六、三、一	推销新闻书刊，招揽广告	九月紧缩员额十月改为现职
	业务员	徐霞轩	津贴50万	卅六、三、一	推销新闻书刊，招揽广告	九月紧缩员额十月改为现职
	业务员	郑序东	津贴50万	卅六、七、廿一	调查商品行情	九月紧缩员额十月改为现职
	业务员	颜维翰	津贴50万	卅六、八、十二	推销新闻书刊招揽广告	九月紧缩员额十月改为现职

四、业务推动

（一）经办受托调查案件卅六年度统计金融物价调查五六件，工商事业调查一六九件，人事调查九〇件，共计三一五件。其他经常调查、经济周报年报及物价指数之编制，各项资料之统计及有关经济书刊之编辑出版等工作详调查组报告。

已出版之刊物《平津金融业概览》计精装一千册、平装二百册，成本总计三千九百十二万五千元，除免费赠阅各有关方面精装七十三册，平装不计外，总计纯益一亿一千零十万元。售出方面精装预约为二二九册，现售一一六册。卅六年度结存精装五二八册，平装一九〇册。

（二）津版《征信新闻》自试刊起内容历次改进情形，详新闻组报告。推销情形经各业务员之努力，截至卅六年止，津版订户计有二百零一份，较十月份增加五十余份。

（三）广告部分截至卅六年止，计有广告四全面半，以上招揽始终保持平局。

（四）入所所员截至卅六年止计拥有所员一三七家，较十月份增加六家。兹将去年度调查工作摘要略述于次：

（甲）员额　主任一人、办事员三人、助理员一员、雇员一人其工作分配如左：

职别	姓名	工作
主任	王副理兼办	主持本组一切事务
办事员	李玉藻	专责调查工商企业等案件
办事员	王梦周	协助调查工商企业等案件并兼办新闻探访工作
办事员	王金洲	专责编制指数
助理员	陈榕康	整编统计资料兼译，获京沪汉各分所物价行情电报
助理员	罗士琦	整编每日金融物价行情兼缮写及整理资料工作
雇员	张孟春	打字剪报整理及保管资料

除前述之员额外，另有业务员二人负责调查物价行情。

（乙）工作

（一）调查

1. 行情调查

名称	开始查报日期	内容
津市金融商品物价行情	三十六年三月	包括金融商品行情三百二十项供给本所新闻发表
津沪汉各分所津市行情	三十六年四月	京所包括金融商品计三十二项，沪所九十八项，汉口分所四十八项，逐日拍电报告各分所
中央银行天津市况日报	三十六年三月	包括金融商品三十二项，逐日调查报告中央银行
中央银行金融商品行情表	三十六年三月	包括金融商品四十项，逐日调查报告中央银行电转总行
交通银行电讯物价	三十六年四月	主要商品九项，逐日调查报告交通银行

2. 工商企业调查

（A）专业调查：已完成者有金融业、轮运业、丝织业、植物油炼制工业、洋烛业、肥皂业、火柴业、油漆业、颜料业、甘油业，及天津市商业八九业，共计九九业。

（B）工商信用调查，办理委托工商信用调查共四十件。

（C）个人信用调查，办理委托有关个人信用调查共九十件。

（D）附1947年平津分所办理委托调查案件一览表。

委托者 \ 家数 \ 分类	金融物价调查	工商事业调查	人事调查	合计
四联总分处	二五	四		二九
国家行局	五	一三九	八九	二三三
商业银行	一	十二	一	十四
公司厂商	十三	二		十五
重庆分所		二		二
国营事业机关	二	五		七
总所	四	二		六
专业				
自动调查	六	一		七
国外调查		二		二
合计	五六	一六九	九〇	三一五

3. 其他经济调查

上年度关于一般经济调查计有：津市主要货物供销数量调查，猪鬃、大豆、木材、茶、煤，主要采销运输情况调查，新华银行委托之天津、上海、广州、汉口间贸易情形调查，河北省棉花生产情形调查，米、面、煤、油、棉花、纱布七项物品产销调查，河北省内所有主要城镇之经济金融交通等状况调查，日本制及天津制马尼拉纸行情调查，火柴及冰棍杆制造工厂调查，自经济紧急措施后至六月底金钞黑市调查，天津市公商银行号之通汇地点调查，国家行局及省市银行暂停放款后，本市银根利率及各商市场之变动情形调查，自民国二十二年以来全国进口报纸价值及数量调查。

（二）编制整理

1. 周报及年报，关于天津市经济动态每周作一概括综合之报告，内容包括：银根、头寸、利率、内汇、黄金、外汇公债、证券、物价、金融业动态及当地金融经济之重要措施等。除呈四联总分处外，另分送各行局所员参考。另每半年编报年报一次，内容较周报略广。

2. 物价指数

（A）天津批发物价指数——共一〇六项商品。以二十六年一至六月平均为基期，分为旬指数及月指数。该指数并自三十五年十二月份补编。

（B）天津工人生活费指数——共三十七项物品，以二十六年一至六月平均等于一〇〇分为旬指数及月指数，并补具三十六年一月份以后之指数，于八月份起发表一期。后因社会局限制发表，但自九月份起仍照常编算，供所员参考，但不发表。

（C）天津商品变动指数——内分：(1)足金价比，(2)证券指数，(3)十五种日用商品指数，以三十四年十二月平均为基期，按日计算，分周指数月指数二种。

3. 统计资料

（A）天津市票据交换统计表——内包括日期张数、交换总额、交换差额、最高最低及月平均上月比较等。

（B）天津市国外汇兑行情表——内包括英、美、港、卢比、坡币等之买卖价格及最高最低并本月平均数。

（C）天津市出口商品数量及价值统计表——根据商品检验局统计改编。

（D）卅六年第一季第一类进口货限额配数百分比——分类作成百分比。

（E）天津市主要股票行情表——包括启新、开滦、东亚、江南四种股票，每月最高最低数及月平均数。

（F）各国货币平价表——包括三十二国家货币，分以黄金计算及美金计算二类平价。

（J）天津直接税货物税收，三十五年度收入统计——包括直接税货物税两种缴库数及百分比。

（H）东北交通券及申汇行情表——包括最高最低价、明盘暗盘等。

（I）天津市利率行情表——包括银行挂牌、商业银行同业放款及暗息率，并分计其最高最低利率。

右之资料均曾在本所《征信新闻》发表。

4. 其他经济资料

本所对获得之经济资料，无论其为本所直接调查或间接取得，以及报纸刊载者，均加以整理剪裁分门别类以供参考。

三、出版书籍

名称	出版期	说明
平津金融业概览	十一月份	平津金融业共计五九六单位，另加平津两地金融业概述统计附金融法规四十二种，为一巨册，共出版一二〇〇册。
平津制造厂概览	调查中	天津方面已向各公会调查较大厂商十五类，计五七五家，取得资料，其余工厂正在设法调查中。
天津进出口贸易统计	计划中	本所已派员至津海关将津市自二十五年起至三十五年止之进出口贸易各商品量值数目编表查抄完竣（其中有廿八年至三十一年华北出口统计数）拟加整理编成各项统计，另加有关法令及贸易业概览成册出版。
天津市每月国内外进出口贸易统计	计划中	正与津市贸易公会会商合作编辑发行。
天津市工商名录	计划中	本所已自社会局查抄天津市工商业计九二业、二一二〇四家名录资料完竣，尚差二十九业，正在计划补查中，如能完全即拟出版天津市工商名录一巨册。

新闻组三十六年工作报告

津版《征信新闻》初于本年三月廿八日及卅一日连续以油印试刊两次，清晰迅捷诸端，俱未臻理想。因于四月五、七日复以铅印试刊两次，而于八日与平版同时创刊，迄本年年杪止，都二百二十七期，二八七四页。

发刊之始，每期八页，行情仅及津市及国外两部分。而前者亦仅十四类一百五十余项。三周以后，得与总所及青岛通讯员取得联系，乃自五月一日起增加上海行情一百七十余项及汉口、青岛行情二栏，并辟资料通讯等专页，而篇幅亦同时扩充一半，为十二页。七月份起复增载津市一百六十种商品行情，并商由济南通讯员按日发行情专电，加辟济市行情半栏，津沪汉市况简述，亦自是逐日揭载，各类资料并经规定刊登次序。此时内容稍见充实，篇幅再度增加。至七月杪又按周作市况比较特写，规模乃具，旋奉总所通知，节约纸张，复改式密排，抽减两页，惟于内容则仍保旧观。迨本年杪，外埠行情提前于清晨出版之条件已告成熟，三十七年度起，每日即拟分上下午两次发行矣。

本年中曾举行读者意见测验一次，金融、工商各业及政府有关机构应征答复者俱多。佥以为本刊发刊虽暂，已属津市不可或缺之经济情况报导刊物，并曾殷切寄致希望多端。现除力所能及已经改进者外，余如增加沈阳行情，及报告出口货品、海外市场情形等，则以兹事体大，所涉较广，俱经婉言复释，曲陈困难，或约以异日矣。

至于新闻内容，除探访津市重要经济消息外，并择撷遍〔编〕译各地征信新闻，及路透社稿，举凡财政经济之重要措施，税制之兴革、国际贸易之情形、金融业之动态、工商业之兴衰隆替与夫国外之与我经济建设有关或可资借鉴之设施，靡不择要披露。复以本所在津创设未久，亟宜唤起各方注意，争取其信赖，因在编辑上于次陈二事致意尤多：一曰尽量与报纸采用以便利。盖华北金融工商界类多保守成性，经营方式上墨守成规，以本所一新兴事业，欲求开展，实非通过报章杂志之宣扬，以加深其对我认识，坚定其对我信仰不为功也。二曰重阐发而不事文饰，于政府有关经济金融法令，本刊于重心所在，俱力为阐扬，兼重其原因现象，而对共见瑕疵则不事文饰，以期读者对我已有信心，不致因政令更张而斫丧也。

查现实津市主要日报如大公、民国、益世、新星及其他二十余种大小报纸，无不以本刊为其经济新闻之主要来源，就四大报纸而言，三十六年度九个月间采用本所新闻近三千件，他如北平、沈阳、唐山、张家口诸地报章，并多摘载，而天津市政府主编之天津经济统计日报，天津市商会主编之商联周报，河北省银行主编之河北省银行半月刊等，亦或以我新闻撷取移刊或作主要参考资料。

虽然津版征信新闻亟待充实之处尤多，除行情专电提前发行事，可于三十七年度起实行外，诸如外地行情之增加、华北各地通讯网之筹设、编排之美观醒目、印刷之力求清晰等，俱在计划改进之中。际值替岁，爰树目标，一以为来年工作之中心，一以望总所赐以圭臬，各联所惠予合作焉。

联合征信所平津分所北平办事处业务报告(1947年11月)

联合征信所平津分所北平办事处业务报告

本处于今年三月十二日与平津分所同时问世。本处问世之前，实有一番长时期筹设之历史，缘胜利复员后财政部驻冀鲁察热区财政金融特派员办公处成立，政府各行局迅速复员开业，北平金融界人士即倡议以办公处之调查组为基础，成立征信所。而以张特派员果为倡导最力。惟当时问题丛繁，国内和平难期，人力物力日益艰困，此议遂为搁浅。此后四联徐秘书长曾一度欲本市中国银行经理常文熙氏出任其事，因常氏兼商会及银行公会两理事长职，公忙未果。最后张经理果为奉总所命成立分所，所址设津，北平分设办事处，一切规定内之业务，平津两地同时进行。因张经理长期驻津，本办事处一切经常业务，概由殷副经理主持。

本处成立即奉命接收北平四联支处，代管前财政部驻冀鲁察热区特派员办公室，调查组遗有熟于经济研究与调查之人员八人，全部接收伪准备银行之经济图书与资料，以及尚称适用之西交民巷三十号办公地址，是本处成立伊始即略具规模，其所以能以较少之人力，办较多之业务者，职此故也。

本处成立后即按总所规定分总处、调查、新闻、资料四股办公，此后因业务逐步扩大，人员不敷应用，故不得不在撙节原则下，渐求增加，最多时除副经理外，人员达十七人，此时各方面工作皆告展开，其中以新闻、调查二股最为繁重，尤以新闻股之工作多为需争取时间之工作，故人数较多，他股人员亦多在必要时间襄助。不仅此也，即任何一股工作例外忙迫时，他股人员亦拨冗协助，如是每股皆可将人员减至最少额而能完成最大之工作，故以言本处各股工作之配置，合作实重于分工。察本处工作，除性质属于业务内者外，尚多有业务以外意义重要而不计工本者，如北平市批发物价指数之编制，由材料搜集计算复核总计即需二三人之力，目下华北各重要经济单位及学术团体，已皆以本处编制之指数，作为各种设计核算或研究之圭臬。其重要自不待言。故本处从不以其耗费人力而间断之。此外，本处自始即与北平四联支处保持极密切之关系，从而辅助四联支处之工作极多，如四联支处一切剪报统计制图报告之编撰，除与平津分所合编《平津金融业概览》行将出版问世外，六月间并曾编作北平市经济金融交通概况一书，除寄呈总所六十册，分送各分所及本市基本所员数十册作参考外，并售出若干册，新硎初试，成绩离理想水准尚远，日后编撰工作可由此获得若干经验，殊不容忽视也。

十月中旬，本处奉总所命令，实行紧缩，将人员由十七人裁减至十二人，后整个工作自感难以应付。惟同人等再加奋勉，作最大之努力，克服环境之困难，仍期能继续以往之重要工作，使不中断。又以经费困难，奉命自力更生，当设法增加订户及广告，今亦已增加百分之百与百分之九十。

本处目下工作之重点乃在新闻，各分所大致亦不脱此种现象。以本处每项工作占用人员之多寡，与外界发生关系之深浅与难易，以及各项收入数额之比较，皆能证明至少在目前，新闻方面工作之相对重要性。固然征信所之中心业务，应为沟通产业界与金融界之信用状况，调查与提供之工作，然在我国此种经济阶段中，信用经济以对人信用占最高地位，商人保守性极端强固之时，严格之征信事业殊非一蹴可及，而征信新闻，确为一启迪及初步进行征信事业之工具。由新闻之发展积渐而培养起征信事业之基础，经本处半年来实验之结果，确认为比较易行之途径，且仅新闻之发行，将来亦可发展为一宏大之事业单位。故本处目下从加重新闻工作着手，在事实与理论上均属必要。兹分志各股工作详情如下。

一、总务股

1. 半年来之收支状况

收益类

新闻订费

四月	八一九、〇〇〇元
五月	一、六八三、七五〇元
六月	一、四六八、四〇〇元
七月	二、四三〇、一五〇元
八月	四、一三四、六〇〇元
九月	一二、二三三、〇〇〇元
合计	二二、七六八、九〇〇元

广告费

四月	一、二一八、七五〇元
五月	四、七七一、九七五元
六月	四、二二八、七五〇元
七月	五、九七六、二七〇元
八月	一八、六七九、九七〇元
九月	二一、一八九、五二〇元
合计	五六、〇六五、二三五元

所员入所费

四月	二、六〇〇〇、〇〇〇元
五月	一、二五〇、〇〇〇元
六月	五〇〇〇〇元

七月	二〇〇、〇〇〇元
八月	二〇〇、〇〇〇元
合计	四、三〇〇、〇〇〇元
所员年费	
四至六月	七、八〇〇、〇〇〇元
七至九月	一五、六〇〇、〇〇〇元
合计	二三、四〇〇、〇〇〇元
利息收入	一、九三六、〇〇八、三八元
补助费	
四联移交余额	一、五一五、八〇〇元
三月	八、〇〇〇、〇〇〇元
四月	八、〇〇〇、〇〇〇元
五月	八、〇〇〇、〇〇〇元
六月	八、〇〇〇、〇〇〇元
七月	一八、〇〇〇、〇〇〇元
八月	一八、〇〇〇、〇〇〇元
九月	一八、〇〇〇、〇〇〇元
六月不敷经费	九、二〇三、二七二元
合计	九六、七一九、〇七二元
开办费	三二、一〇七、〇七三元
总计	二三七、二九六、八七五、三八元

支出类	
办公费	
四月	二、三三五、六六〇元
五月	四、六一六、八五〇元
六月	五、六二一、七五〇元
七月	七、四七〇、四七五元
八月	二一、〇七四、三五〇元
九月	九、七七七、六〇〇元
合计	五〇、八九六、六八五元
出版费	
四月	一、八六八、四〇〇元
五月	四、八九七、〇〇〇元
六月	三、四一二、六五〇元
七月	九、四七五、六一五元

八月	一一、〇九五、五五〇元
九月	一七、一四八、〇二五元
合计	四七、八九七、二四〇元
薪给费	
四月	八、〇一六、九九七元
五月	一七、一〇九、五二〇元
六月	二〇、六五〇、八七〇元
七月	二九、〇五三、九七三元
八月	三三、七三〇、〇五八元
九月	三三、九二八、三一〇元
合计	一四二、四八九、七二八元
购置费	
六月	八〇、〇〇〇元
七月	三八二、〇〇〇元
八月	七〇〇、〇〇〇元
合计	一、一六二、〇〇〇元
利息支出	九九〇、二八九、三八元
开办费	三二、一〇七、六六〇元
总计	二七五、五四三、六〇二、三八元

资产类	
现金	五、四〇九、六六二元
银行存款	九、八一一、八〇一元
应领经费	
七月不敷经费	一二、八三九、六三四、六二元
八月不敷经费	一四、八九五、三八八元
九月不敷经费	一〇、四二一、七〇四、三八元
合计	三八、二四六、七二七元
暂付款	二、二五五、〇〇〇元
存出保证金	六〇〇、〇〇〇元
开办费(购油印机一架)	一、六〇〇、〇〇〇元
总计	五七、九二三、一九〇元

负债类	
暂收款	一一〇、〇〇〇元
代收款	一、二九〇、〇〇〇元

银行透支　　　　　　　　一七、〇〇〇、〇〇〇元
预收新闻订费　　　　　　一一、一一〇、五五〇元
津所往来　　　　　　　　七、六七六、〇〇〇元
总计　　　　　　　　　　五七、九二三、一九〇元

综合半年来收支，四、五两月以物价平静，虽在草创时期，尚能有盈无绌。六月以降，物价步涨，开支日增，整顿收入加增补助，仍患不足以补亏损，以致收支相衡月有结亏，须请贴补。此乃洞察之中，无待赘陈。谨检附各科目余额表以备参考。

2. 推销新闻及招揽广告之努力

本处半载以来，新闻订费及广告费经督劝同人，推销招揽不遗余力，是以月有增进，核计新闻订费五月比较四月增一、〇六倍，六月增〇、七九倍，七月增一、九七倍，八月增四、〇五倍，九月增一三、九四倍。广告费五月比较四月增二、九二倍，六月增二、四七倍，七月增三、九〇倍，八月增一四、三三倍，九月增一六、三九倍，其逐月收入金额比率及订阅份数比较详于另表。

二、调查股

本处自开办以来，业已半载。本股工作，除努力展开征信调查外，并分力代新闻股作征信新闻、行情日报之金融商品市场之调查、编辑及与各分所行情电之拍发。关于征信调查，首先从事与工商界、金融界进行联络，以作开展之准备。近来承各方委托调查工作日有增加，计划中之其他工作亦在逐步进行。今将各项业务及工作分别胪列于次：

（甲）经常调查业务

本股调查工作范围甚广，除每日调查金融、商品行情市况发表于征信新闻者外，并自本月起为与天津分所取得一致，试作经济周讯，作为秘密资料，用供有关方面参考。更有一重要工作，为编作物价指数，每旬统计每月统计发表。此外并代四联支处及各国家行局委托制作各种调查报告，兹志如下。

1. 中央银行北平分行委托调查表报

每日电报商品行情表

每周物价行情表

每月金融商品行情表

每旬商品行情表

每半年一期商品行情比较表

每半年一期物价变动概况报告

2. 四联北平支处委托调查表报

各地金融动态调查表

电报物价周报表

每月零售批发米价统计表

（乙）受托调查业务

1. 个人征信调查

天津交通银行委托个人调查共叁件

2. 事业征信调查

中央信托局委托调查新闻社共叁件

3. 四联支处生产贷款征信调查

永定煤矿公司调查报告书壹件

4. 所员委托调查

大和恒企业股份有限公司委托

北平市纸烟制造工厂调查报告书壹件

5. 专题调查报告(四联总处委托)

北平市特产品及出口物资调查报告壹件

北平市地毯业近况调查报告书壹件

北平市珐琅业近况调查报告书壹件

北平市纸花业近况调查报告书壹件

6. 征询调查

资源委员会井陉煤矿公司委托调查化工原材料市价

联合勤务总司令部兵工署第七十工厂委托调查器材零件市价

(丙) 制造业调查工作

已全部完成者

1. 橡胶工厂调查九家

2. 纸烟制造工厂调查十一家

3. 电线制造工厂调查六家

4. 火柴制造工厂调查五家

已调查各业工厂

1. 火柴盒梗料厂二家

2. 面粉制造工厂十二家

3. 纺织染业工厂四家

4. 棉花业工厂十家

5. 棉籽油制造工厂一家

6. 机制酒业工厂二家

7. 造纸业工厂二家

8. 料器业工厂二家

9. 度量衡制造工厂一家

10. 化工原料制造工厂 章丹它辛工厂一家
盐酸制造工厂一家 共四家
制碱工厂二家

11. 酱油制造工厂一家

12. 烧锅业工厂二家

13. 牙刷工厂一家

（丁）今后计划开始之调查工作

1. 北平市国民营生产工厂调查

2. 北平市手工业生产调查

3. 北平市出口物资运销加工情形调查

三、新闻股

本股掌理之工作，主要为征信新闻及征信周报之采访、编辑与出版事宜。除征信新闻于今年三月廿八日试刊，四月八日正式创刊外，复为便于所员参考起见，自九月下旬与平津分所采一致步调，刊行征信周报作为秘密材料。因北平市场过小，工作环境有欠灵便，平版征信周报内容亦较简陋，然足敷金融及工商界人士作业内参考之用，是对我等服务对象言之，一卷在手，远胜于无。而对工作者自身言之，至少足为作市场综合调查与分析之实验。惟此项周报基础材料之搜集与编述多由调查股同人代劳，而由本股参酌审核，与之采合作方式刊行之。至征信新闻，自创版至今将近二百号，不期而然，已蔚成大观，为北平经济报导事业树一良好楷模。

（一）征信新闻之特殊性质

以征信新闻之性质论之，具有报纸与通讯社之通讯稿之两栖性质，其效用与意义之宏大以此，而采访与编作之困难亦以此。按目下普通报纸十分之七八之新闻来源，系利用通讯稿，且大部为中央社稿，仅少数大规模报纸自访与专电尚较多，如本市许多小型报馆，事务人员多于编辑人员，编辑人员多于采访人员，利用通讯稿报酬甚少，故一般报纸成本得以减低甚多。而本所征信新闻，因由于时间与体例之限制，鲜能利用各方通讯社稿之机会，因我征信所为金融及产业界之服务团体，故征信新闻出版时间之决定，自当以服务对象机关参考之需要与便利为最大前提，且征信新闻主旨在于报导消息市况最多，限于经济情态之分析，故体裁适于作消息之罗列，而不宜亦不必有任何主观色彩之评论。题材以此二项客观条件之限制，故平版征信新闻只得按照晚报之方式发行，而内容采通讯稿之性质，消息一律自访，除总所及各地分所电讯航讯外，一律不用外稿。如此刊物除供给直接订户外，并能供各新闻纸作通讯稿，而因此征信新闻复可成为一单独健全之通讯社。以过去及当前之情况度之，通讯社如能成功，可支配大多数报纸，力量宏伟，确能完成较单独报纸更大之使命。平版征信新闻，目前已供十数家报纸之经济栏刊用，且渐达到支配者之地位。此征信新闻之两栖性所奏之双重效果也。然在此种情形下，采访与编辑工作之困难殊多，即前一日下午之重要经济新闻，已为当日各日报发表者，本刊即不能再为刊用，而当日下午之经济消息，行情变动，因下午出版中午截稿关系，亦不能采入，故本刊消息栏只能包括前一日之同时间性或偏重经济性，不为一般新闻记者所顾之新闻及当日上午之重要新闻，采访范围之窄，可以想见。设本刊作日报性质，能于晚报编印翌晨出版，则以本股及本处全体同人之努力内容之充实与完备，当可倍蓰于今日也。不然，即假定根本改为通讯社性质，则可延迟出版时间至晚间六时或八时，新闻来源不受其他报纸或通讯社所发新闻之妨碍，并可使内容再偏向一般报纸之需要（因目下本刊为适合金融及工商界之参考，取材半求实用，半偏重一般报纸之特殊需要也），则内容亦可较今日丰富，作为通讯稿之效力并可倍增也。

（二）创刊以来之成绩

然即在今日之困难情形下，创版半年以来，成绩之表现亦殊可自慰。创刊之时，仅十开纸之两页四版，逾时仅半载，至今已达七页十四版，且编排较前紧密甚多。再自新闻之数量言之，经详细计算，结果消息部分四月份（自八号至月底）共新闻一六八条，五月份共新闻三四一条，六月份共新闻三三六条，七月份共新闻四二五条，八月份共新闻四三九条，九月份共新闻四六五条。行情项目，目下亦较初创版时增加二倍之数，且自九月份初奉总所紧缩机构命令后，竭力扩充广告地位，以谋增加收入。目下广告已增加至最大限度，达六版又十六分之十五，占全版面百分之四十九以上。再自销路方面言之，北平非工商大邑，销路推广较为困难，然经全体同人月余以来努力推销之结果，销路已增加百分之九十，且远及于东北、西北及西南各埠。当今经济日渐衰落，人民生计普感困难之际，销路素广之左派刊物或黄色刊物已显滞销，征信新闻水准过高，不杂刺激性内容，能保持继续增加，已殊足乐观。目下更不能过存奢望，今后国家经济情形稍形好转时，本刊能立见飞跃之发展，可预卜也。近来北平稍含经济意味之机关几皆已订有本处之征信新闻，其他订户除金融界及其他所员赠阅外，概属工商团体。至出版时间七月以前，因北平停电情形严重，承印之印刷所时有迟误出版情事，至月末更换印刷所后，因合同约定承印方负责克服停电之困难，并订以严格之罚则，出版时间即极为标准，从无迟误情事矣。每日准三时印妥送到本处报差自行装订，三时半送出。故出版发行方面久已入正轨矣。

（三）通讯社方面之出路

自通讯稿之性质言之，征信新闻业已供给北平十数家报纸通讯稿之用，迄今北平各大报纸之经济栏及各大小型报纸社会版之经济新闻，已多为本处发出之经济消息。本刊已可达到支配经济消息与舆论之地位。以目前北平各报经济新闻报导情况与本刊创版前比较，可以概见。兹附上贴报数张乞赐缪察。在本处出版征信新闻之前，本市已有中国经济通讯社及商闻通讯社主报导经济消息，但自本处征信新闻出版后一二月内，该二社消息几无出路可言矣。北平为文化都市，大小报不下二十家，但各报经济编辑多对经济欠缺正确认识，或根本由他版编辑代编，致为各小通讯社歪曲或不成熟之消息所乘，各报经济消息纷乱无稽，读者不明真相，受其影响，对整个社会秩序之维持，国家经济政策之推行，妨碍至大。本刊创版后，此种现象已敛迹，故政府财政金融最高机关创办征信新闻，实与我中央政府扶助设立中央通讯社意义无殊也。现本处已加入北平市通讯社公会，以谋取传发通讯稿之正式资格。

征信新闻之两栖性质虽不无其困难与缺陷，但双方面成绩相合，能获得最大限度之效果。征信新闻路线之确定，即以此为前提也。

四、资料股

本股以接收前伪中国联合准备银行调查室图书资料为基础，内容较为丰富，不亚于任何一研究机关或一大报社之资料室。半年以来，除对旧有书报资料加以整理外，迩来对于业务上参考资料之搜集整理，运用保管诸端，无不竭力以赴。参考资料较前益为充实，其有助于业务之开展，自不待言。今将半年来本股工作情形择要列述于下：

甲、本股之经常工作

1. 图书杂志报章之征集交换事项；

2. 书报杂志小册资料目录之编印事项；

3. 财政金融经济论文索引之采录及编纂事项；

4. 特写资料之撰述事项；

5. 金融经济人物资料之搜集编辑事项；

6. 金融经济法规之搜集编纂事项；

7. 卡片目录之缮写编排事项；

8. 书报杂志资料之装订保管出纲事项；

9. 各大报金融经济资料选择剪贴分类装订出纳保管事项；

10. 其他事项。

乙、目下各项工作进行状况

(1) 供给征信新闻特写资料。本股搜集有关金融经济之系统资料，整理编纂特写。

(2) 编辑财政金融经济论文索引及提要。采集平津各地报章杂志刊载之论文，编为索引，至今已搜集一千五百余条。

(3) 编辑金融经济人名录。搜集金融经济界主任以上人员之姓名、籍贯、生卒年月、学历经历、著作特长等项，编辑人名录。现已搜集二千余人，分别制为卡片。

(4) 选择剪贴金融经济资料。本股订阅北平、华北日报等九种报纸，天津大公报等三种报纸，及上海申商二报，选择其中有关资料，剪贴分类保存。平均每月剪贴资料五百五十余条。现积有三千余条，皆随时分门别类保存，以利参考。此后并拟装订成册。

(5) 编辑金融经济法规汇编。搜集政府新颁有关金融法规，分配抄录贴存，以备将来汇编成帙。现已搜集三十余种。

(6) 代理四联总处及北平支处之工作。本股受四联总处秘书长及北平支处委托代办下列工作：

1. 编辑财政金融经济论文索引周刊。自本年七月五日起，开始搜集有关论文，编为索引，于每星期六寄呈徐秘书长，并于本年八月二日起，增加重要论文提要。至今已作十六期，计搜集论文八百余，备提要六十条。

2. 剪贴报纸。代四联北平支处剪贴有关北平方面金融消息及论文，计剪贴报纸十三种，每月剪贴资料约二百六十条，于每星期二寄呈徐秘书长。

(7) 保管及管理实地调查资料。本处及平津分报实地调查资料及征信新闻平津版所刊调查资料已搜集三十余件.

(8) 调查金融资料。本股调查北平金融资料：

1. 北平银行业；

2. 北平钱业；

3. 票据交换所；

4. 典当业；

5. 保险业；

6. 信托业。

以上刊于平津概览及北平市经济金融交通概况中。

此外有交通情形调查三件,新闻调查二件。

(9) 储藏书报资料之整理。

本所储藏图书五、〇四七册,资料八六〇件,日报杂志千余册,拟分别整理,重新编印书目。此外尚有:

1. 报纸:编备日报共二十五种,四十一份,其中交换者二十种、二十一份。其余均订阅者,计北平十六种二十四份,天津四种七份,上海四种八份,南京二种二份。其中十四份供剪报之用外,其余均按月装订保存。

2. 杂志:本所备有杂志二十八种,其中交换者九种。

3. 征信新闻:本处备征信新闻沪京等地八版,除保存全份外,并剪贴重要资料。

4. 新书小册:最近因经费关系,书籍无法购置,现新增图书,计五种,小册十种,其他资料十余件,大部系赠送者。

丙、将来计划

一、整理旧资料。于旧杂志报章中有关实地调查资料,拟分类重加抄保整理。

二、编印全国金融界人名录。拟印表格分别调查各地金融机构主任阶级以上人员之资历,编印成册。

三、编印本市工商名录。拟与社会局、市商会联络调查本市工商名录,以备编印成册。

联合征信所平津分所函报设立沈阳通讯处往来函(1947 年 7～10 月)

函报设立沈阳通讯处由

津联字第四七三号

敬启者,查沈阳为东北经济金融重镇,工商贸易中心,征信调查工作亟待开展。曾于赴沪述职时,经面请核准在该地分所设立以前,先设沈阳通讯处,用资健全我所组织,经常报导经济新闻商品行情,有关工矿资料及推销新闻,接洽广告等事宜。定名为联合征信所平津分所沈阳通讯处。兹将该处组织及办事大纲拟就,随函检附,敬乞核示为祷。谨呈

总所

附件

联合征信所平津分所经理　张果为

中华民国卅六年七月廿四日

联合征信所平津分所沈阳通讯处组织及办事大纲

一、联合征信所平津分所以沈阳为东北经济金融枢纽,工商贸易中心,征信调查工作亟待开展,经洽准总所,在该地分所设立前,特设沈阳通讯处,经常报道经济新闻,商品行情,有关工商资料,及推销征信新闻,接洽广告事宜。并定名为联合征信所平津分所沈阳通讯处。

二、通讯处设特派员一人,秉承平津分所指示,主持新闻行情及有关资料之搜集事宜。通讯员一人,商承特派员负责实地调查及采访事宜,工友或练习生一人,办理电讯译拍及其他内外勤事项。

三、特派员、通讯员均由联合征信所平津分所聘请之，余由特派员雇用。

四、通讯处工作人员暂以委托兼任为原则，交通办公各费由津所核拨，电报及长途电话用费实报实销。

五、通讯

1. 经济新闻　凡当地所获重要经济新闻之有时间性者，均以电报拍寄津沪两所，其余新闻稿件则以航寄方式寄达两地。

2. 沈市行情　当地金融商品行情均逐日以电报报告津沪两地，其项目及代用字另行规定。

3. 经济资料　关于工商各业概况及有关经济统计材料，均应随时调查，报告津所。

六、本大纲未尽事项及应行修正之处，均由津所呈准总所修正之。

联合征信所复平津分所拟设沈阳通讯处函(1947 年 8 月 5 日)

函复拟请沈阳通讯处准备案由

接津联字第 473 号函暨附件，均悉。据报拟设立沈阳通讯处一节，准予备案。仍将筹备情形及成立日期具报备查为复。此复

平津分所

启

联合征信所平津分所函报沈阳通讯处成立日期等(1947 年 10 月 11 日)

平津分所函报沈阳通讯处业于九月二十五日正式成立及人事经费等并附印模二份请鉴核

拟办：一、成立日期拟准备案。

二、职员证章以发。

三、每月通讯处津贴经费一百五十万元，拟准备查。

四、该处系隶属平津分所之机构，邮电费及一切经费收支拟归并该处计算。

鸿　十、十一　民仁　十、十一

敬陈者，关于陈准设立沈阳通讯处，嘱将该处筹备情形及成立日期转饬具报一案，兹准该处九月二十五日函开：兹奉钧所平津联字第五一八号函略开："关于设立沈阳通讯处一节，已奉总所核准备案，嘱将筹备情形及成立日期具报备案等因。查本通讯处业经筹备竣事，兹定于九月二十五日正式成立，择定沈阳中山路一号中央日报内为处址，并刊就本处条戳及椭圆章各一枚，即日启用。除同日开始寄递新闻外，理合检附印模二份，据请备查。又函以本处业务开展原有通讯员李耕夫一人，似嫌不敷。拟增聘陈骥彤为通讯员，薪给仍在规定范围内匀支，不另追加。附陈骥彤履历一纸，请核准加聘。又函以本处工作人员为便于执行职务，请核发证章三枚"各等由前来。查沈阳原设有通讯员李耕夫一人，月支车邮公费二十五万元，在改设通讯处以后，势必增添人手，拟每月津贴经费国币壹百五十万元(李耕夫津贴二十五万元在内)。现际本所紧缩时期，沈处今后业务展开，每日拍发津沪行情电报，则每月所费当不下数百万元之钜。此项支出津所势难负荷。除迳函该处本开源节流之旨，推销新闻，招揽广告，以求自给自足外，不足之数，拟请钧所贴补，以利推进。究应如何处理之处，敬乞核示为祷。谨呈

总所

附件　印模一份　履历一份

联合征信所平津分所经理　张果为

中华民国卅六年十月七日

印模纸(略)

履历表

姓名　陈骥彤

年岁　三十岁

籍贯　辽宁省

学历　北平辅仁大学毕业

经历中宣部东北接收专员、沈阳中央日报采访员

联合征信所复平津分所关于沈阳办事处人事经费等函稿(1947 年 10 月 14 日)

函复沈处成立人事经费准备案由

津联字第 648 号函,据该所沈阳通讯处业于九月廿十五日正式成立各节,均准。兹核复于后:

一、成立日期暨章戳印模并增用通讯员陈骥彤一员,均准备案。

二、每月津贴该处经费一百五十万元。

三、沈处系属该所机构范围,每月津贴费等支出应并入该所开支计算。至该处拍发津沪及本所各分所处电报费可用收报人付费办法由收报各所处付费。

此致

平津分所

启

四联总处关于停办平津两地征信新闻致联合征信所函(1948 年 3 月 17 日)

京总字 23787 号

为自本年三月起停止发行平津两地征信新闻并限定专任职员津所十人平处六人由

中中交农四行联合办事总处秘书处　函京总 23787 号

查关于贵所平津分所人员限额及经费收支,兹奉核定自本年三月起,按照下列规定办理:

一、停止发行平津两地征信新闻,裁遣多余人员。以后津所专任职员名额不得超过十人,平处不得超过六人;

二、以后该所经费,除以收入抵充外,不敷之数由当地行局补助之;

三、每届月终,由该所编具收支报告表,送由当地四联分支处审查、核拨并报总所备查。

除分函各总行局及平津分支处查照外,相应函达,即希查照转知为荷。此致

联合征信所总所

秘书长　徐杨园

中华民国三十七年三月十七日

四联总处关于裁撤平津分所并规定结束办法电(1948年4月27日)

联合征信所鉴：

查联合征信所平津分所成立将近一载，虽已略具规模，而时局不靖，工商凋敝，不易展开工作。所有两地征信所，应即分别裁撤，以节开支，兹订定办法如次：

一、平津两征信所从五月六日起停止工作；

二、该两所所有资料、家具、车辆、纸张及账册、单据、款项分别移交平津四联分支处接收保管；

三、平津四联分支处补助该两所经费应截至四月份为止；

四、所有员工支领薪津至四月底止，其到职已满一年者，加给遣散费两个月薪津全数，其超过或不及者，比例增减之；

五、员工遣散费用及偿还国行透支所需款项，由当地四联分支处按行局摊费比例核实摊付；

六、该所移交分支处纸张及家具车辆等，可就地斟酌处理，摊交各行局。

除分电外，特电查照转知办理具报为要。

四联总处秘总〈0428〉

中华民国三十七年四月廿七日

联合征信所收文拟办意见

拟办：拟电该所办理具报，并洽各组。

祜　四　廿七

批示：天津行情专电奉渝已指派专员负责，应请并案办理，以资衔接。

联合征信所北平办事处职员为裁撤机关事致总所函(1948年5月6日)

民公经理钧鉴：

敬陈者，本处奉命与平津分所同时裁撤，停止工作，自应祗遵。业自五月一日起，准备结束手续，发行征信新闻亦暂停刊。惟环顾各方情势，实有不能已于言者。侧闻此次裁撤机构，系因天津分所与分处方面之问题，当局难于解决而有此措施。本处以隶属分所，发生连带关系，遂遭池鱼之殃。溯自本处上年四月成立以来，赖当地国家行局之指导协助，推行征信业务，出版征信新闻，努力精进，始终不懈，为时虽仅一载，成绩颇有可观，规模粗具，信誉已固。国家行局一致信赖，水乳交融，时有委托调查之件。金融、财政、工商、交通各界及各学术团体推许备至，事实俱在，非敢自诩。如近来平津重要经济消息与资料，十之七八以本处发布者为准。其有经济专版者，则大部为本处新闻之领域。平津经济消息与舆论已为本处所左右，殊非过言。至发行征信新闻，陈准改为单独收支办法，四月份为试办三个月之第一个月，收支相衡，计有盈利一千余万元。其无患亏损已获明证。最近征信新闻停刊仅过数日，各界纷纷电询究竟，日必数十处之多，不但表示惋惜且复深怀失望。盖北平已定为陪都，中外观瞻所系，据北平市社会局发表之全市工厂商号开歇业统计，近两月来开业者比较闭歇者多至一倍以上，足征平市工商业正在发展阶段。目下各机关公物之估价，待遇之调整，国有或公营事业生产成本之计算，以及各界一切有关经济资料之收集，无不取给于本处。例如，北平市财政局征收田赋折征标准，即根据本处报导之小麦价格；地政局之房地价指数，以本处编制之物价指数为准绳；联动总部第五补给区军粮采购，及一切军需经理工作，向以本处资料为准；处理局及法院一切估价标准、各合作社购办销售、美国领事馆之经济报导、最近民食调配委员会配价之规定，亦莫不以本处新闻及资料为依据，其重要性概可想见。徐柏公饬办每周报章、杂志、论文、提要，业经编制至四十三期，势难中断。综上所述，一旦停止工作，不独为国家金融机构之损失，且使华北经济事业失却一重要指针，殊非政府扶植华北工商，倡导征信事业之初衷。同人等默察当前环境，实有立时恢复机构，改称北平分所，并继续调查工作，出版新闻，以应各界急切需求之必要。管见所及，难安缄默。敬恳俯念缔造艰难，事实需要，转陈四联总处徐秘书长，准如所请办理。不胜迫切待命之至。专此肃陈，恭请

钧安

联合征信所北平办事处职员

关肇谷　史殿华　韩兴泉　杨明仲

周吉　王伯彦　周广泽　周英学

中华民国三十七年五月六日

5. 南昌分所

联合征信所为南昌分所成立事致各分所函稿(1947 年 3 月 21 日)

函南昌分所成立由

查本所南昌分所早经筹备，即行开始。兹已觅定南昌石头街二十号筹备处地址，分别聘请周友端(为中国银行)及吴叔芷两先生担任经副理职务。刻正积极进行推进工作。除公函外，相应函达查照，并希按期寄送新闻，并随时联络。此致

渝、京、汉、平津分所

总所　启

联合征信所南昌分所致总所函(1947 年 4 月 19 日)

赣总字第 0025 号

敬启者，查本所奉命开办伊始，举凡措施均应有以准绳，俾资遵守。兹经参酌实际需要，谨拟具本所章程、组织规程、业务简则、所员纳费标准及优惠办法、职员报到须知、请假规则、职员考绩办法、处理文书办法、出差人员旅费规则、短程旅遇规则共十种，理合一并送陈察核示遵。谨上

联合征信所

附件如文

联合征信所南昌分所经理　周友端

中华民国卅六年四月十九日

联合征信所南昌分所章程及业务简则

一、本分所依据上海联合征信所章程第二条之规定组织之。以调查省内工矿贸易交通金融各业情形，培植工商信用，促进其互助合作及金融经济之发展，并辅助总所推进各种业务为宗旨。

二、本分所定名为“联合征信所南昌分所”，暂设南昌，必要时得在省内各埠设立办事处。

三、本分所所员为基本及普通两种，以南昌中央、中国、交通、中国农民四行及中信、储汇两局为基本所员，其他金融工矿贸易等业均得加入为基本所员或普通所员。所员优惠办法及普通所员纳费标准另订之。

四、本分所由总所指派一人，另由中央中国交通中国农民及中信邮汇两局、银行业同业公会、银钱业同业公会、四联总处赣分处各推派代表一人组织所务委员会，处理本所重要事宜。

五、本分所设经理一人，秉承总所及所务委员会综理所务。另设副理一人，襄助经理处理所务，均由总所任免之。该组主任若干人，由经理视事实需要任免之。

六、本分所设总务、调查、新闻三组，各设主任一人，办事员、助理员、练习生若干人，办事细则另订之。

七、本分所业务范围规定如左：

（一）关于工矿、贸易、交通、金融之业务财务及组织管理等调查事项。

（二）关于市场消息及金融经济动态之调查事项。

（三）关于主要商品生产运销之调查事项。

（四）关于各业重要人员事业经历之调查事项。

（五）关于所员或非所员委托调查及研究事项。

（六）关于四联总处各基本所员及总所交办事项。

（七）其他征信出版事项。

八、本分所对于前条(一)(二)(三)各项调查随时编具报告以作所员参考。

九、本分所所员对于本分所业务应予协助。

十、本分所经费除以收入抵补外，由基本所员担负之。

十一、本章程呈奉总所核准后施行，修改时亦同。

联合征信所南昌分所业务简则

一、本简则依据本分所章程第七条之规定订定之。

二、本分所业务暂分两类：

甲、调查事项

（子）经常调查

（丑）特种调查

（寅）受托调查

乙、出版事项

经常调查

三、经常调查之范围如左：

甲、重要工矿贸易交通金融等业之调查——对上述各业调查其组织、资金、原料、产品、技术设备、经营地区、经营对象、业务管理情形暨经理人员之信誉；对各主要及次要之水陆交通线调查其路线情形、里程、交通工具、运输能力、运价、沿线城市之经济状况、主要交通机关。

乙、市场消息重要商品产销各行业情形及金融经济动态等项之调查——对各主要城市进出口物品调查其市场动态、物品交易行市。

四、本分所就前条甲项调查资料随时摘要编制征信报告分送各所员参考。

五、前条乙项调查资料由本分所尽可能在出版之征信新闻周报及专题报告内刊布之，以供各界之购阅。

六、本分所对于市场各业之实况，除常川派员调查外，并得聘熟于各业内情之特约顾问及人咨询各专家或经济团体咨询意见，以资参证。

特种调查

七、特种调查之范围如左：

甲、个人调查——对各业重要人物调查其事业经历资力信用及社会关系。

乙、临时调查——对于有关经济方面突发事件或市场发生重〔要〕变化或探悉有欺诈危险事件发生之消息当即承受时派员调查。

丙、季节调查——对于有季节性的经济动态由本分所按时派员调查。

八、对于前项甲调查之资料本分所暂不予公开。

九、对于前条乙项调查之资料如经探究后发觉有欺诈行为危险可能者，须限期制成报告说明，防止及救济方法。

十、对于前条丙项调查之资料由本分所编列报告分送各所员参考。

受托调查

十一、本分所得受行庄厂〔商〕团体或个人之委托，就其指定事项提供调查报告，但委托调查以第三条各项及第七条之乙丙两项而以本分所同意受理者为限。

十二、前项委托调查应由委托人填具调查委托书（可向本分所索取），或正式来函申请办理并酌担任调查费。凡非本分所所员委托调查时，并应提供正当用途之证明，其调查费用由委托人担负。

十三、经本分所送出之调查报告，委托人应负责保官运亨通秘密，如有宣泄致引起纠葛，以致本所遭受损失时，委托人应负赔偿之责。

十四、本分所发出之报告力求事实之准确与详尽，惟被调查者之信用如何，仍由委托人自行判断。

十五、委托人于收到本分所调查报告后，如有疑义之点应随时通知本分所，以便解答或予复查。

十六、本分所得接受委托调查国外资料。

出版

十七、本分所出版计分征信新闻、征信周报、工商名录、专题报告四种，普遍发售。

十八、本分所出版之南昌版《征信新闻》，其型〔形〕式内容出版时间等项暂定如左：

甲、型〔形〕式：十六开本双面印刷，刊头采用本所各地《征信新闻》之标准型式；

乙、内容：逐日报道金融动态，经建新闻，及重要商品行情等项，约可分为：1.经济新闻，2.行情摘要，3.每日专电，4.行情日报，5.外行话（商情分类另列）。

丙、出版时间每日下午五时，在本埠六时前送达，外埠当日付邮。

十九、本分所出版之南昌版征信周报，每周出版一次，就一周间之市况及金融经建要闻综合报道。

二十、《工商名录》刊载各重要金融工矿贸易等名称地址及其他概况。

二十一、专题报告就专题调查印行专册。

二十二、本分所各项调查资料其有机密性者，不予公开。

二十三、本分所得在省内未经设立分支机构之各重要城市酌设特派员或通讯埚。

二十四、本分所与国内之联络直接与各地分所发生联系，尚未设立分所各地则与总所联络，与国外之联系则由总所联络。

二十五、本分所各项调查报告出版物等除所员有优待办法外，均酌予收费，其标准另订之。

二十六、本简则经所务委员会议决并陈报总所核准施行，修改时亦同。

联合征信所南昌分所1947年度工作报告

联合征信所三十六年度工作报告

机构筹设

本所开始筹备于三十六年春之四月一日，初假本市石头街二十号红□会江西分会内办公。

第一步厥为聘用人员暨调度费用。因该处场所所限，一时各部人员均未能集中办公。为求速谋展开起见，遂在本市负有盛名之风景区百花洲附近民德路87号承租熊袛行堂之房屋为所址。并顶受原设该房内之卢陵学社之生财等件，于四月十七日迁入办公。然以房屋装修情形颇不适宜于机关办公之用，故除一面进行一般性之筹备工作外，刊行征信新闻预于四月底试版，五月一日创刊，幸均如期达成所期目标。但当时本所周经理因公赴沪，一切费用之支应幸赖中行之协助，俾予透借款项，方抵于成。至五月下旬分别招待本市各行局暨工商金融新闻各界，申明本所成立之经过及意义。至是本所遂告正式成立。以上亦为筹备经过之概略。

经费收支

本所三十六年度之经费收支情形，概言之，收入方面来说有三：①订费收入，②行局补助，③利息收入。支出方面主要的亦可分为三项：①印刷费，②员工薪俸，③办公费。至于本年度之收支情形列表如后。

一、开办费支出表，二、卅六年度资负对照表，三、六一十二月各月支出数（见表）

联合征信所南昌分所36年5—12月支出总数一览表

月份	金额	备注
5月份	13,212,178.55	
6月份	12,283,365.—	
7月份	22,198,453.—	
8月份	44,398,988.—	
9月份	31,805,235.—	
10月份	26,266,988	
11月份	46,815,932	
12月份	98,025,948.46	
合计	295,047,581.28	

人事移动

本所员工计卅六年底在职者连同经副理计职员十四人，工役六人，其间尚有中途离职者，爰均分别列表如后：

本所三十六年底在职职员表

职别	姓名	籍贯	年龄	月支薪额	担任工作	附记
经理	周友端	浙江临海	45		综理所务	
副理	吴叔芷	江西宜黄	46	三〇〇	协助经理综理全所事务	
总务组主任	包恒敏	江西南丰	33	二〇〇	综理总务组事务	
办事员	高恕之	江西九江	34	一四〇	办理会计事项	
	林学义	福建浦城	30	一二〇	办理庶务事项	
练习生	熊大梵	江西南昌	18		封发文件及新闻等事项	
新闻组主任	赵景三	江苏镇江	34	二〇〇	综理新闻组事项	
办事员	赵杨中	仝	37	一四〇	办理编辑事务	
	王松年	浙江奉化	28	一四〇	办理采访事项	
助理员	睦永华	江苏镇江	20	六〇	办理发行事项	
	林启明	浙江鄞县	19	四〇	办理译电等事项	
调查组主任	王应恒	江西南昌	28	二〇〇	综理调查组事务	
	齐同和	河北永清	30	一四〇	办理统计登记事项	
	王高	江西南昌	31	一〇〇	办理采访调查等事项	

本所工役名录

役别	姓名	分派工作	附记
报差	万三连	送报并传达	
	汪鸿发	送报并送信	
工役	徐新民	侍应清洁	
	刘九根	侍应清洁	
车夫	李金安	拉车	
花匠	胡思汉	园艺	

本所三十六年离职员一览表

姓名	原任工作	原支薪额	到职日期	离职日期	离职原因	附记
程佛珊	文书	一四〇	36/4/5	36/8/31	因病	
万异之	会计	一四〇	36/6/7	9/5	因病	
宣永久	调查组主任	二〇〇	36/9/1	10/14	因病	
熊旭辉	采访及调查	一〇〇	36/5/7	12/5	因病	

业务推进

本所业务约言之，为新闻与调查部分。兹分别叙述如后：

甲、所务委员会

本所所务委员会开始成立于本年八月一日，设委员十二人，内常务委员三人，其名如后。

联合征信所南昌分所所务委员会会员名录

职别	姓名	代表机关	年龄	籍贯	简历	附记
主任委员	陈锡桢	四行联合办事处南昌分处		浙江	现任中央银行南昌分行经理	
常务委员	余建承	南昌市钱业同业公会	66	江西南丰	现任南昌市商会常务监事省商会常务理事南昌市钱业公会理事襄义昌仁银号董事长	
	周友端	本所	44	浙江临海	中央党部秘书兼处长浙江财政厅主任秘书现任中国银行南昌分行经理	
委员	孙礼桐	中央银行南昌分行	39	浙江奉化	现任中央银行副理	
	孙祥祯	中国银行南昌支行	43	浙江绍兴	现任中国银行襄理兼中国银行上海银行襄理	
	魏云平	南昌交通银行	50	江苏六合	现任中国农民银行南昌分行经理	

（续表）

职别	姓名	代表机关	年龄	籍贯	简历	附记
	林託山	邮政储政汇业局南昌分局		福建福州	现任南昌邮汇局经理	
	吴密庵	南昌市银行业同业公会	46	江苏镇江	现任上海银行南昌分行经理南昌市银行公会常务理事	
	余行鲁	江西实业银行总经理		江西南丰		
	王锡祺	省银行总经理		四川		
	王德兴	商赣会理事长		江西		
	余守真	盐业公会理事长		江西安义		

乙、新闻方面

新闻方面之主要工作，厥为出版征信新闻。在创刊之始，以人手生疏，对于当地商情未臻谙悉。后以与总所及各联所间之电讯联络，亦未建立，并因行情科目之繁简取舍，一时难期尽合所需。经于筹备期间再四计划更张，并势力克服种种困难，幸终如期于四月三十日正式试版，五月一日出版创刊号。内容并形式均与各地征信新闻大致相同。即：

1. 内容——经济新闻、金融动态、商品行情；

2. 版型——十六开白报纸、木板头套红，本期八版乃至十二版；

3. 新闻来源——A. 外埠由各联合所及各地特约通讯按日专电互报；

B. 本埠由本所派员专任采访逐日调查。

对于所需新闻资料，本所并须加研究判断而后定刊布与否，力求报道翔实，以符征信之旨。因是发行以来，颇获各界嘉评。惟南昌市场情形与京沪汉等大商埠迥异，故大部分人士对本刊似不感迫切需要，因而影响本刊在发行数量方面有未逮于其他各报刊之处。兹将本刊本年度以行数字按月表列如次：

月份	订户数				共计
	一个月	三个月	六个月	一年	
五月	72	50	20	2	144
六月	95	103	40	6	244
七月	98	119	41	7	265
八月	131	90	44	9	274
九月	109	90	45	9	253
十月	206	96	48	10	360
十一月	203	94	86	11	394
十二月	203	91	87	14	401
合计	1 117	739	411	68	2 335

丙、调查部分

调查方面，工作约可分为下列各点。

1. 剪贴资料

是项工作自齐君调至该组后即行着手办理，直至十月下旬以忙于调查接洽无暇兼及，此项工作乃暂搁置。至于资料之来源，主要部分(1)上海大公报、商报、金融日报、新闻报，(2)南昌之力行、新闻、民国、青年、捷报及其他小型报纸，(3)各地分所之《征信新闻》。先后剪贴共达二千张左右之多，分类汇存，以备需用。在九月初本所《征信新闻》页首辟有每周经济商情一栏，调查组每周经常以需要资料供给发表。

2. 委托调查

自七月初调查组即开始接到外界委托调查案件，由新闻组协同办理。至目前止先后经办该种调查共十四件，计属于商情者九件，人事者五件。

3. 工商调查

该组为明瞭南昌市工商状况，拟编制《南昌市工商名录》，以备参考起见，特于前宣主任到任后即行拟具调查计划，着手进行调查。就下列各点工作为本所调查方面，目前着重调查之点爰分述如下。

A. 计划内容——该计划注重商号工厂之内容调查，规定调查项目为(一)工商牌名，(二)地址，(三)创立年度，(四)资本额，(五)负责人姓名，(六)营业状况，(七)设备情形及盈亏情形诸项。俟调查完竣后，拟于本年底出版。

B. 调查经过——第一时期自计划拟定后，该组即积极进行准备工作，首先油印调查表格、总则，缮具接洽函件就绪后，乃于十月由齐君携函前往市商会接洽抄录资料。惟该会当时所能供给之各行业有关资料均为三十四年度及三十五年度之三四月份者，内容陈旧，不合实用。但为据之为复查蓝本起见，故仍照旧抄录约二旬之久。始行获得六十余行业有关之资料。惟其内容简单，距原计划之需要项目尚远，故由经理面与该会主持人商洽，请其尽力协助收集。新鲜资料一方面由调查组即备公函分别前往各行业公会接洽复查，以期获得完善之资料。

第二期时，第一期工作告一段落后，该组立即着手进行复查，四出接洽，向各行业公会作“疲劳式”之访问，历时一月，虽所获有六十余行业之资料，但其内容贫乏，令人甚感失望。盖各行业公会均无确切协助，所致获资料内容均与第一时期者无何差异。目前进行状况：自十二月初王主任名恺君到组主持后，鉴于以往之失败，乃采重点与集中方式，择南昌之较大行业重行调查，现正由该组现有人员分别出外接洽调查，及整理已收得内容，较为充实之资料一俟完全时，即可编审付印。

联合征信所南昌分所1948年工作计划(1948年)

联合征信所南昌分所三十七年度工作计划

本所本年度之工作计划厥为完成上年度之未了工作及建立新的工作。兹可就新闻调查两部分，分别说明。

甲、新闻部分

新闻方面要言之，不外乎主观的应力求内容充实，客观的在推广发行，并招登广告，以挹注一部分印刷费用。

一、内容方面

（一）加强本市采访工作，力求消息迅确。

（二）函请总所及各联所加重电讯份量，所需材料由本所列表函知。

（三）增聘特约通讯员加强本省各县特产之报导。

（四）每周增刊物价比较表，并与省统计处合作编制物价指数表。

二、发行方面

（一）以千份为标准，拟请本市各行庄代行推销。

（二）特约报章向各公共场所展开另售。

三、广告方面，恢复增加版面改登广告所有广告一律收费，另订实施办法，以每月能增加收入壹千五百万元为要求。

乙、调查部分

调查组工作，殆至去年十二月底，急极开展，迄至今者，固为环境与人员之配合条件不足，然本组以仍有关本所前途，工作之繁复错综，责任重大艰巨，自不敢松懈，虽不无基础，各项有关济建资料全付缺如，势必补充。兹拟就本年度工作计划，俾有遵循。

工作计划

一、预出书刊

（一）南昌市工商名录。该项工作原为本组中心工作，乃因环境与个人之关系，殆至三十六年十二月，积极开始调查本市现有行业壹百零二，行业较大者，有八五。本组鉴于金融界急于需用，决自大行业着手调查。为时至今，计收全者有二四行业，预计本年中当可付梓。除刊载行名外，尚得包括有关金融法规，以供参考。该项印刷工料费据本年二月中旬结价，约二四、六六八、〇〇〇元（见预算书）。

（二）江西特种物产调查报告。查特种物产调查为本省经济发展之主要对象，政府对于各地物产产销情形之注意与夫投资之现象，本组乃有调查之必要。据本组调查初步报告，本省有特种物产二五种，亦为各市场之重要商品，每年出口额占全国输出额百分之二十以上。故本组以集中力量，将所得之资料贡献社会。该项工料费据本组本年度二月中旬估计，约六六〇〇〇〇〇元（见预算表）

（三）南昌市重要商品价格变动比较表。查该项工作原为研究本市经济情况部分之参考，又因工商界之需要，将由本所征信新闻陆续刊载。

二、委托调查

本所原为金融界工商界之桥梁，促其密切联系而繁荣，本市金融界对于工商界有关营业概况及信用资料调查，均可托付本所代办，工商界所遭遇之经济情况，亦可交付本所转请当局参考。该项工作之办法，业已拟就，俟呈准后当可开始承受办理。

三、办理统计

本所除业务以外，尚有其他若干资料有加研究之必要，办理各项统计，其基要项目计有：

（一）重要商品价格变动比较；

（二）本市一般生活指数及物价指数；

（三）票据交换日报。

四、搜集资料

本组为充实有关资料，以供各界需要与参考，除搜集本市有关资料外，尚包括各地及国外，并汇编成一有规律系统之资料。

6. 广州、河南等地分所筹备工作

四联总处广州分处致联合征信所刁民仁函(1946年11～12月)

民公赐鉴：

日前朱专员察之兄来穗，交下手示，敬承一一。筹办征信工作事，前以总处公事遗误，稍有延搁。经电请谢科长湛如兄补寄到处，现经将本案提报分处委员会分头物色人手暨编列明年度预算，并案陈请总处核定中。关于人手一项，分处于近月以来，业务日渐增加，原有办事员三人已不敷因应，兹当征信工作开动伊初，内部工作承受之增加，故预算中除总处指定增用调查人员四员外，须另增办事员及雇员各一人，以充任内部文书方面工作。目前则拟先行增加调查人员二人至三人，办事员及雇员各一人以便办理初步文书，准备各项应用表式，与沪京汉渝各地联络及办理广州本市金融工商行情调查，预计工商事业之调查，希望于下月中旬展开上陈步骤，系因人手调配关系不能不采取逐步推展。且物色调查人员，其选择条件除具备大学商科毕业者外，并拟取用有社会工作经验二年以上，略知工商情形，中英文程度兼有者为标准，俾将来随工作而训练使为分所基干人才。因此任用新人务须略事慎选，期求业务发展，确有裨益。对于增加办事员雇员各一人一节，除由分处函呈总处并另肃函柏公陈明外，敬恳亮察分处确实需要情形，乞转陈柏公赐予核准(一月份起即须先行增用)。所有人员将来视业务开展实际需要时再行随时任用，以樽节开支。今后工作自当经常函陈，并请赐予指示为祷。专此。敬候

崇祺

弟　杜量　谨叩上

十一月廿七日

民仁副主任委员赐鉴：

上月寄陈筹设广州征信分所预算乙份，谅蒙垂察。顷奉总所十一月廿六日(953)号公函，由分处先行举办，并经四联总处规定五点转饬遵照办理等因。查关于由总处规定五点一节，此间尚未奉到，兹拟俟总处公事到达，再行提出分处会议着手办理五点规定范围如何，用敢肃函奉恳，请赐查明详示，以凭遵照。敬祈鉴察，并乞迅行复示为祷。专此。敬候

崇祺

弟　杜量　谨上

十二月二日

联合征信所与四联总处关于广州征信业务往来函(1947 年 1～2 月)

电知广州分处一月份起举办征信业务由

联合征信所：查关于广州市工商业征信工作奉准由广州分处先行举办一节，业于上年十一月廿日以京总字五七一四号代电查照在案。兹据广州分处 0106 粤 777 电陈，略以“遵由本月份起举办征信调查工作，并与京沪渝汉等所按月互通调查消息，祈察核”等情。相应电达查洽为荷。总处秘书处。子篠、卅、京总。

京总字第 7507 号

中华民国卅六年壹月拾七号

联合征信所复四联总处电(1947 年 1 月 25 日)

电复与穗处洽办征信业务由

中国交农四联总处秘书处钧鉴：子篠、卅、京总字 7507 号代电奉悉，自应遵办。随时与穗处洽办征信业务、互通调查消息、按日供给沪市商情暨分函各地分所，随时互通消息，以资联系外，谨电陈复，敬祈鉴察为祷。

上海联合征信所叩

沪联(0205)

联合处信所致四联总处广州分处函

函复交换行情电办法附新闻电凭照申请书一份请查照由

迳复者，接准贵处(0106)电暨元月十七日粤字第 7108 号大函均经奉悉，益蒙逐日航寄之行情品目及用字表已收领。查该项商品行情电报除敝所发往贵处以收报人非为新闻机关，不能以新闻电计算收费，尚待与交通部洽商后再行拍发外，兹附奉新闻电报凭照申请书一份，请将该表“记者姓名及其详细住址”栏填明本所记者，又“付费办法”栏，请指用“发报人付费”，并附二寸半身照片二张寄本所南京分所，以便持向交通部电信总局请发凭照后，开始发电。相应复请查照为荷。此致

四联总处广州分处

附件

所　戳　启

中华民国卅六年二月五日

联合征信所重庆分所致总所函

函复与四联穗处联络情形由

接准贵所二月五日沪联字第二三七号函，以四联广州分处已开始代办征信工作，嘱互通调查消息，并按日供给当地商情等由，自应遵办。查本所早已按日寄送新闻与广处，并函请按日供给穗市商情及一般金融经济消息，近已收到航寄行情，刊登新闻矣。准函前由，相应复请察照为荷。此致

总所

联合征信所重庆分所　启

中华民国三十六年二月十一日

四联广州分处关于筹备广州征信分所事与联合征信所来往函(1947年4月)

民公赐鉴:

旬前陈上芜函,谅承垂察。久未奉示,曷胜念念。此间征信工作限于种种,业务进展迟缓,大致情形仍如前函所陈。日前平津分所筹备处函询穗方筹办经过,藉悉该处现在筹办中。穗市工业虽属落后,惟以目前整个经济环境而论,因与香港紧接,且以侨汇关系,对于外汇问题全国各口岸都市而言,恐仅次于上海。现刻外汇问题复杂,动辄牵涉整个工商金融经济不能分割之,现因情形下征信机构之健全,自属必要。弟意由分处兼办,原为一时应急权宜之计耳。为永远及工作能达预期目标计,自宜更得用现有分处及各行局之衷〔忠〕诚合作大好机会,早日筹备,使之独立,俾能发挥其效用。所陈是否有当,敬祈察核指示为祷。专此。敬颂

道安

弟　杜量

四月十日

联合征信所复函

为函复筹备广州分所由

葆奎吾兄大鉴:

叠奉惠书,敬悉种切。吾兄建议筹备征信所广州分所,使独立发挥效用一节,至佩卓见。拟俟下周秘书来沪面请示后,当再奉复。耑此。顺颂

筹绥

弟　刁OO　拜启

中央合作金库河南省分库函请承办郑州征信业务(1947年8月29日)

函请筹设郑州分所由

迳启者,顷准郑县银行商业同业公会函转贵所沪联字第一八九三号函,敬悉贵所弹精擘划,谋业务之推进,本库业与其他同业共谋赞助。敝组同仁因鉴于郑州位于平汉陇海两大铁路交点,商业久称繁盛,兼之河南土产灵宝安阳棉花以及禹县药材、襄县许昌熏烟叶等驰名国内之大宗土产,均以郑州为集散中心,各种行情颇为一般商业界所注意。同时郑州绾毂四方,复可集各方行情之总汇。但截至目前,尚无任何报刊对金融行情以及有关金融物价等综合情形有系统之报道如贵刊者。敝组同人有系新闻老手,目睹此间金融行情之紊乱情形,不免技痒。为便利本地国家行局钱庄行号与有关商界迅速了解各方金融动态物价行情起见,拟请贵所在郑从速筹设分所,为谋环境熟悉及樽节经费计,敝组同仁自愿就近承办此项工作。相应函达查照,如觉可行,即烦查将承办手续、经费供给办法及发刊注意事项详为见示,俾便推定人员负责进行。无任企祷。此致

上海征信新闻社

中央合作金库河南省分库信托组(章)启

中华民国36年8月26日

三、调查业务报告及往来函件

联合征信所关于中华造船机器厂股份有限公司调查报告(1946年1月7日)

中华造船厂股份有限公司调查报告

王关昌

一、简史

该厂成立于民国十五年,原名大中华造船机器厂,为杨俊生君独资组织,初设厂址于杨树浦路自来水公司隔壁。廿一年迁复兴岛现址。廿五年由周作民、卢作孚等投资扩充,改为股份有限公司。抗战军兴,被敌占用,一部分机件内迁湘潭,承造湘黔铁路桥梁工程等。卅五年一月发还被占厂房,同年二月复业,事务所设江西路二一二号三〇九室,电话一〇九九三、一〇八〇一。

二、负责人

董事长:周作民,江苏籍,金城银行、南洋企业公司董事长。

总经理兼厂长:杨俊生,江苏籍,日本东京帝国大学造船科毕业,曾任长崎三菱造船所工程师,现任同济大学教授。

总工程师:王平轩,河北籍,前任江南造船厂总工程师,北洋大学教授。

三、资本

初创时资本为国币伍仟元,廿五年增为法币弍拾伍万元。卅五年复业,实收资本法币壹亿元,股东名单及所占股份见附表(一)。

四、设备

1. 厂房:在杨树浦复兴岛,占地约三十亩,系租地造屋,外部为铁架瓦顶三层建筑,底层为放样间,二楼为设计部,三楼为宿舍,西部为木工场及储藏室,东部为冷作间及油漆室,北部为栈料堆积栈、仓库、机械工场及管理室等。再北为钳工场、铜工场及锻工场等,均属一层建筑。此外为车船机室、冷气机室及冷作工场等。

2. 机器:计大小车床十五部、龙门刨床二部,牛头刨床二部、横钻床一部、铅床二部、铣床、滚床各一部、锯床二部、螺丝车、磨刀机及二行冲床各一部,冲剪机三部、车船机一部、横冲床、滚筒机、打风车各一部,钻眼车二部、打风机二部、滚筒车、剪刀车各一部、圆锯、带锯各一部及冷帮车、打水帮浦、磨刀机、火石车、木车床等。动力方面有大小马达十二只,共计马力二二八匹,另有柴油引擎七具,以补电力之不足(内一具正在装置中)。此外尚有船坞铁轨及轻便铁道等设置。

五、业务

制造船只及承包工程，战前如大达公司之大达轮、民生公司之民族轮、崇明公司之天赐轮，及光华油公司之油轮等，均为该厂制造。抗战时期曾承造浙赣路玉山萍乡间之铁路桥梁及湘黔路湘潭附近之桥梁等。复业来已完成工程计有长江承造公司及永联公司之铁驳五只等。目下未完工程：造船部分计民生公司托造之民裕轮一艘，约一千四百吨，长二五三尽。修理部分计有民生公司之民风及大达公司之大庆二轮，另有民生公司委托装配之铁驳十六只，正在积极装置中。

造船主要原料为钢料及木料，现有工人约八百人，每日工作八小时(必要时加做夜工三小时)，月需钢板及三角铁等约四百吨，大部托德惠洋行向美国 Bathlenam 等厂订购，一部购自本市公兴昌等五金号，洋松、油木等月需六万四千尺，购自大来、宝隆等洋行及源丰等木行。

六、财务

兹将该厂卅五年十二月二十三日各目余额表附后，以供参阅。表列金额经与出示之总账核对相符。

中华造船机器厂股份有限公司

各科目余额表 卅五年十二月二十三日

房地产	129,909,005.—	
机器	117,413,507.50	
器具	44,233,024.35	
工具	171,661,330.43	
材料	1,262,543,247.60	
装修	337,400.—	
定购未到材料	249,664,640.—	
制造中工程	990,301,371.—	
各部往来	21,875,489.—	
应收款项	67,348,720.07	
期股票据	297,510,000.—	
□□		
存□□□□	95,340.—	
预付款项	330,350,900.—	
暂记息款	58,794,642.66	
非常损失	677,851.04	
有价证券	175,000.—	
股本		100,000,000.—
特别公债		63,042.25

（续表）

法定公债		59,742.98
器具折旧准备		1,533.36
承造未完工程		3,435,071,099.50
行庄往来		463,256,405.48
期付票据		468,565,110.—
累积盈余		15,636.33
应付款项		1,096,390.04
材料溢价准备		8,994,51
借入项		33,465,720.—
战事损失准备		22,994.51
非常损失准备		286,866.12
售料收益		55,209,119.83
进料扩让		11,900.—
材料损益		46,225,714.56
兑换损益		1,540,000.—
利息收入		83,733,804.—
什项收入		733,270.—
工程费用	101,379,451.70	
工程折让	4,843,250.—	
□业及管理费用	223,179,808.10	
利息支出	582,574,412,13	
什项支出	30,213,695.—	
	$4,689,366,812.46	$4,689,366,812.46

联合征信所关于太平洋物产公司调查报告(1946年5月6日)

太平洋物产公司调查报告

联合征信所

民国卅五年五月六日

一、地址

博物院路三十四号

二、简史

该公司于二十五年四月由汪振寰、陈汉英、张伦等合伙组成，大部资本由汪君投入，间接附属于汪裕泰茶号，经营进出口贸易。三十年太平洋战争后，外洋贸易中断，该公司亦无形停顿。今年三月复业，改组成股份有限公司。现正向上海市社会局呈请登记中。

三、负责人

董事长：汪振寰，汪裕泰茶号经理

经理：张伦，曾任上海金源铁矿公司副经理

四、资本

成立时法币二万元。今年二月决定增资为法币五千万元，迄今尚未收到重要股东及所占股数，详附表。

五、业务

经营茶叶出口及酒、报纸、烟叶、咖啡、铜丝等，进口复业二月来进货三批，计铜丝三十五镑，值美金一千元，卷烟叶九十箱，值美金一千三百元，咖啡十五箱，值美金一千二百元，进货主要客户有美国 James H Khodas L CO. The Slellon Teah Co. Coast Sirfflibs Co. 进货时以银行信用证寄美代替汇款，二月来尚无销货。

六、财务

未设账册，所有财务详情无从获悉。据称增资股款尚未收到，购货支出暂由经理挪垫（约法币一千三百十万元），或由汪裕泰（约法币二百五十万）、振兴公司（约法币一百十万元）拨付，购货约七百五十万元，佣办费（办公室顶费修理费杂支）约八百十万元。

附表：

重要股东表（每股五十万元）

汪振寰	四十股
张伦	十股
陈汉英	十股
汪家禔	十股
汪家达	十股
汪均陶	十股
汪家全	十股

联合征信所关于大中华铁工厂调查报告（1946 年 5 月 27 日）

大中华铁工厂调查报告　沪字第一〇四号

联合征信所

三十五年五月廿七日

一、简史

该厂于民国卅三年六月一日，由胡鲍淇、朱乔年、曹金梁、陈根才、詹维明、缪寿康、朱耀华、陈修齐合伙组成。该事务所于北京路八五〇弄三号，设厂于余姚路四三七弄十号，开始制造自用母机。卅四年四月，电力终止供给，遂告停工。卅五年一月，恢复工作。设总厂于新化路三六五号现址，陆续将旧厂机械集中新厂，以收统一管理之效。

二、负责人

总经理：胡鲍淇，震昶吐丝号经理

经理：朱乔年，现任中孚绢丝厂厂长

厂长：曹金梁，安泰铁工厂厂长

工程师：陈修齐，益丰铁厂协理

三、资本

初创时伪中储券八百万元，卅五年三月一日增资至法币壹千五百万元（现金增人叁百万元，其余均为机械升值补足）。

四、设备

1. 厂房：总厂在新化路三六五号，全系租地造屋，租期七年，占地卅五方丈，建有钢骨水泥二层厂房，楼下有车间二大间，物料栈一间，排车间一间，厨房一间，钳床间一间，除车间一间，排车间一间已开工外，其余尚在布置中。楼上有职工宿舍六间，会计室、经理室各一间暨餐室二间。

老厂在余姚路四三七弄十至十二号，系租赁之三上三下砖木建筑物，楼下有钳床间一间，车间三间，楼上有会计室、物料室各一间，及职工宿舍三间。

2. 机器：总厂计有620"传动式车床十九台，420"传动式车床四台，二号传动式铣床一台，电动式小磨床六台，24"电动式牛头刨床一台。

老厂计有传动式小钻床三台，14"传动式冲床一台，24"牛头刨床一台。

动力方面，总厂有马达十五只，共计十八匹马力。老厂有马达一只，计三四马力。

五、业务

1. 生产：专造及修理纺织机器，现在每月最高生产量，约可改装大牵伸二千锭，制造罗拉四千锭，及其他配件、零件等，约值六千万元。需用原料约生铁一万五千镑，熟铁二千镑，西洋元卅担，扁铰五担，方铁二担，铸铜式百镑、焦炭式吨，先委托生昌、明昌、鸿昌等翻砂厂依照模型，铸成生铁毛坯，及向永利昌五金号购买西洋元、熟铁等。现有职工约八十人，每日工作八小时半，工资每人每日四五千元不等。本年复业后生产量，详附表(一)。

2. 销货：本埠客户有中蚕公司第二实验绢纺厂、中纺公司第六纺织厂、大同纱厂、新丰布厂等。外埠有江阴之新华工场，无锡之新毅纱厂。复业后销货，详附表(一)。〈表略〉

六、财务

兹将该厂卅五年五月八日之日计表录后，所载各项均经与原账册等核对相符。

大中华铁工厂日计表　三十五年五月八日

〈表略〉

行庄往来：计存顺康钱庄六、五八六、0五二、00元，通商银行三一、五三三、八一元，二行各可透支五百万元。

应收账款：生铁，一七、五二五吨计一0、五一五、00元；

洋元，五、五七八斤，计三、七四一、七0一元；

洋板，一五五斤，计六六、五00元。

物料：皮带，四一八、三八四元；

沙拉油，一二四、000 元；

铅条，五 0、000 元；

煤，九 0、000 元；

山奈(化学品)二五四、七一五元。

在制品：详附表(三)〈表略〉

购置定银：向慎昌洋行定机器十八部，预付一成半定银，计 627 龙门刨车三台、800 车床八台、622 车床五台、1/1/2 钻床二台。

暂付款：余姚路厂日用暂支二二六、一二 0 元

兴昌祥货款暂支二 00、000 元

工友暂支七五、二六五元

保证金：电热保证金八 0、000 元

电灯保证金二 0、九 00 元

应付定银(见附表四)〈表略〉

现收定银：见附表(五)〈表略〉

暂存款：见附表(六)〈表略〉

销货：系代客整造及修理机械之收入。

其他收入：系收入之利息及美钞、黄金等买卖之差额暨其他杂收入等。

七、贷款用途

据称曾向美商慎昌洋行订购各式母机十八部，总计美金弍万四千元，除已付定银，及一部分货款自筹外，约尚少四千万元，并拟定购西洋元三百担，约一千万元，及其他零星车料约弍千万元。

联合征信所关于扬子建业股份有限公司调查报告(1946 年 5 月 29 日)

工商事业调查委托书　三五年五月二九日　字第 757 号

托查事业名称：Yangtze Development Corp. 扬子建业股份有限公司

详细地址：中山东一路(外滩)汇丰银行大楼 146 室

委托调查事项：详细内容

委托人对调查报告之用途：本行参考

上开事项兹委托贵所代为调查，如荷惠允，并希于六月十日以前将调查报告寄交中国银行国外部查收。至该项报告自当严守秘密。此致

联合征信所　　委托人(中国银行国外部章)

扬子建业股份有限公司(Yangtze Dvelopment Corp.)调查报告

夏昌明　六、十一、

石抗鼎　六、十二、

民仁　六、十二、

一、简史

该公司于民国三十四年冬由孔令侃、杜月笙、范绍曾等发起筹备，至本年一月五日举行成立会，正式成立。地址在外滩十二号汇丰银行大楼一四六室。在福州仓前山槐荫路三号及香港德辅道东亚银行大楼（系临时办公处）两地设有分公司。三十五年二月十六日领得社会局（卅五）经一字第八八三号备案批示，现向经济部请求发给公司执照中。

二、负责人

董事长兼总经理：孔令侃，交通银行常务理事

副总经理兼进口部经理：李耀煌，前中央信托局副局长

副总经理兼出口部经理：陈钟声，同右

福州分公司经理：柯仲政，前福州中茶公司负责人

香港分公司经理：汪智广，曾任职中央信托局，前东区兵工储料处负责人

营业部经理：陆以铭，任职申报馆

工业部经理：张长昌，前任职中信局及美国马门哈宪登公司

影务部经理：钟宝璇，向业影片

三、资本

额定法币一万万元，实收半数，计法币五千万元。据股东名册所载共有股东十七名，兹摘录重要股东及持有股份如后：

孔令侃　式万四千股（每股乙千元）

杜月笙	七千股	范绍曾	六千股
余梅荪	六千股	李耀煌	五千股
陈钟声	五千股	骆清华	四千股
边定远	四千股		

四、业务

专营进出口贸易，进口货为棉花、钢铁、建筑运输及五金材料、化工原料、电话、西药、染料、油墨等，为美　　等二十二家之在华独家代理人，详附表（一）。

出口货有生丝、猪鬃、茶叶、毛皮、桐油等。在美业务均由扬子贸易公司（Yangtze Trading Corp.）经手代理。开业来已由美装到 Brewest Co. 之鱼肝油及维他命四百箱；Johu Powell Co. DDT 原料六六〇〇加仑（寄来药方，在沪配制，采用金印为商标，市上已有发售，成份百分之五），J. M. Hriber Inc. 油墨五十箱（每箱五百镑）J. O. Goldonan Co. 棉花二千包，各货大都由门市零售。本年一月来共装出猪鬃七百箱，茶叶一千一百箱，均在沪上收购，且系试销性质，已接纽约扬子贸易公司来电，全部销讫。其他尚有盛纺二百余疋，及羊皮七〇〇张，方于最近出口。据称现已在福州大量采购茶叶，并拟在猪鬃产地收购各类猪鬃以备出口。

五、财务

据该公司财务副处长许敬庐君称，各部分账目均未结转报销，故总账上无法表示完全准确之财务情形，附表资负各类之总数因账册不愿出示，内容无法获悉。兹姑将原表照附于后，聊

备参考。

扬子建业公司资负名类总额表

三十五年五月三十一日

资产		
未收股款	50,000,000.—	
各属往来(内福州行占208,838,675.—)	364,994,881.66	
其他流动资产(包括行庄往来、百货、应收账款、暂付款等)	104,460,110.23	
器具设备	31,361,318.—	
负债		
应付票据及贴现		469,034,593.48
其他流动负债(内中国银行押柜4 656.—US$)		123,634,543.78
资本		
股本		100,000,000.—
亏损	141,852,827.37	
合计	692,669,137.26	692,669,137.26

联合征信所关于泰利机器厂调查报告(1946年8月1日)

联合征信所调查报告书

泰利机器厂　中华民国卅五年八月一日

一、简史

该厂原名为大隆铁厂,创设已四十余年。八一三沪战爆发,因地处闸北,首当其冲,设备尽毁,厂主严裕棠为欲维持原有之技术人员计,乃与钱则予、吴舜文、严庆龄等合伙改组为泰利机器制造厂,于沪西江苏路东诸安浜三百号(电话二三七〇八)专制纺织机器。太平洋战事发生,据称敌人曾数次觊觎,拟改为军火制造厂。幸赖严庆龄君应付得法,始免侵入。

二、负责人

合伙人兼总经理兼厂长:严庆龄,上海市人,曾任大隆铁厂厂长

经理:严庆祷,上海市人,曾任利达银行经理

副理:支达铨,嵊县人,大隆铁厂业务部副理

王春涵,宁波人,利达银行副理

三、资本

民国廿六年由严裕棠君出资法币一百万元,严庆龄、钱则予、吴舜文、薛朴园等各出三十万元,合计法币二百二十万元。卅一年六月折成伪中储券一百十万元。胜利后,重行改

为法币二百二十万元。卅四年十一月增资为法币五千万元，由资产增值补足致股额之分配如下：

严裕棠二二、000、000、00元　严庆龄七、000、000、00元

钱则予七、000、000、00元　吴舜文七、000、000、00元

薛朴园七、000、000、00元

四、设备

1. 厂房：占地十四亩造屋租期十年，建有工场七一0方及二层宿舍办公室二一0方，工场部分分为铸工场、机工场、装机工场、木工场、材料储藏室等部，尚合标准。

2. 机器：全部均系自制，计有龙门刨床十部、牛头刨床廿四部，淬火炉全套冲天炉二台，翻砂机十二部及车床二百四十一部，其他各式钻床甚多。动力方面有马达廿只，共计马力二百余匹。

五、业务

1. 生产：每月工作廿八天，每天九小时半，如营业旺盛，再加夜三小时。产量平均约为转动四千纱锭之全部机器，需用铁料每月约三百七十吨燃料（焦炭、烟煤、木柴、柴油等）约二百五十吨。员工最多时有一千四百余人。目下职员六十人，技工二百廿人，粗工三百十人，并未全部开足。

2. 销货：据称该厂为沪上或全国唯一能制造全套纱锭之工厂，所有产品大都由厂商自行直接定购，顾客遍布常锡各地，主要客户详附表（一）历年销货金额详附表（二）。

六、财务

该厂最近分账册尚未结算，附来卅四年十一月卅日之资负表及损益表于后备阅。

制成品：计有撵线机、旋刀机、给棉机和花机、拆包机等。

半制品：约系各种零件。

原料：计有生铁50吨、旧生铁120吨、铁板13吨、光洋元28吨、毛洋元75吨。

地产：约三亩许离厂不远，堆置什物之用。

厂号往来（资产）：与生记工业社往来账款。

存入款：多项短期及股东等之垫款。

货币贬值准备：这稳健起见，该厂以盈余中之一部分及固定资产增值后之差额转入此科目。

损失：去年业务陷于停顿状态，销货绝少，一部分工资等制造费用未借入制成品或半制成品账目，而视为开支，故损失达五百余万元。

关于透支情形据称在胜利前浙江兴业银行约可透支伪中储券一千万元，此外上海及新华银行，可透支数百万元。兹抄录该厂卅一年至卅三年盈余于后，聊备参考。

卅一年	盈余为伪中储券	九八五、八0二、四四元
卅二年	〃	一二五、五五0、00元
卅三年	〃	一、四0九、七六五、五0元

附表(一)

主要销货客户表

上海	公永纱厂	纱锭	一五、000枚
上海	安达纱厂	纱锭	一0、000枚
上海	宝来纱厂	纱锭	四、000枚
上海	启耕纱厂	纱锭	五、000枚
上海	苏伦纱厂	纱锭	二0、000枚
常州	民夫纱厂	纱锭	六、000枚
常州	大盛织造厂	布机	一、000台

附表(二)

历年销货金额

民国卅一年	伪中储券	二、六00、八五六、六五元
卅二年	〃	八、六九一、0四四、00元
卅三胩	〃	七九、八00、六七四、七一元
卅四年	〃	七七、五0五、五0元

联合征信所关于大统染织厂股份有限公司调查报告书(1947年4月14日)

联合征信所调查报告书　查字第3845号

中华民国36年4月14日

大统织染厂股份有限公司

一、简史

该公司于民国二十八年间,由朱敏堂、王性尧、朱旭昌等发起组织成立,租定大西路三七二号为厂址。兴建厂房,购置机件,于二十九年初开工生产,敌伪时期,因原料统制及停电等关系,一度停工。胜利后,于三十五年二月起逐渐增加生产,现为上海市毛巾被毯工业同业公会会员。事务所设中山东一路一号六〇二室(电话一三六一四)。三十五年十二月二十六日领得经济部新字第一四一六号执照,增资后新照正由市社会局转呈经济部申请中。

二、负责人

董事长:王性尧,中国国货联营公司经理。

董事:朱旭昌,上海福利钱城经理

王家瑞,太乙调味粉厂经理

朱敏堂,太乙调味粉厂总经理

沈光衍,上海证券交易所一〇七号经纪人

连润清,润堂纱号经理

程庆涛,锦华号经理

监察：方辅成，中美贸易公司经理

贺性忠，宁波福利钱庄经理

范遴禅，宁波邹华行经理

总经理：戴昌鸿

业务主任：闵叔芬，闵在交通大学毕业

会计主任：丁卓群，太乙调味粉厂会计主任

技师：鲍成森，南通学院毕业

三、资本

二十八年初创时资本为法币三十六万元，每股票面五十元，三十一年五月增资为法币七十二万元，同年六月被迫变更资本为伪中储券一百六十万元，票面每股改为十元。三十一年底又增资为伪中储券六百万元，三十二年八月又增资为伪中储券式千万元。胜利后调整资本为法币二千万元。并于三十五年十一月间增资为法币壹亿元，重要股东除董监外为陈珊珍、陈其良、应元载、洪忠信、丁益生等。

四、设备

1. 厂房。在中正西路三七二号占地约六亩，系租地造屋，厂房均砖瓦建筑，中央为办公室占地十余方，西部为织布工场，计九十余方，东部为准备工场约十方，北部为漂印工场约四十方，货栈在后布工场及漂印工场之间约二十方，东南部为草地。

2. 机器。织部有阔幅电力织布机五十三台，经纱车、筒子车、纡子车各二台及四〇〇绽并线车一台，漂印部有十格漂缸一座，106 阔烘燥机一台，甩水机二台，90×108 印花台三只，及缝纫机等。动力方面有 48 卧式锅炉一只（现烧柴油）及大小马达计马力九十余匹，最近向瑞士商购进自动半织机六部，圆织机十二部及烧圪机一部，因厂屋狭隘，尚未装置使用。

五、业务

1. 生产：该厂自织自印各种被单、台布、浴巾及毛巾被等，以方格被单为主要出品，现全部织机开足日工，一部织机开做夜工，日夜产被单约共六百五十条。

2. 销售：该厂出品均彩 * 为商标，以大方格子被单销路最广，推销方面以本埠各大公司、百货商号及办庄为主，外埠则均由各办庄办运，三十五年度营业总额一、二五五、四三三、六一六、九二元。

六、财务

兹将该厂附来之三十三、三十四年度盈余分配表暨三十五年十二月三十一日资产负债表，损益计算书附后备阅，至三十五年度盈余据称因尚未分配，故未能录示。

大统织染厂

盈余分配表

32 年份

纯益		C. R. B. 2,527,151,61
上层盈余滚存		417,594

(续表)

32 年份纯益 $267,156,61 内提 10%公积金	252,715,16	
32 年份纯益 $267,156,61 内提所得税准备	433,259,11	
年份股东通常红利 5%	1,000,000,00	
年份股东特别红利 2%	400,000,00	
年份董监酬劳	72,727,27	
年份职员花红	254,545,46	
余及转入下层滚存户	118,080,55	
	C. R. B. 2,521,327,55	C. R. B. 2,531,327,55

大统织染厂

盈余分配表

34 年份

纯益		C. N. C. 5,969,701,52
上层盈余滚存		590,40
34 年份纯益 5,969,701,52 10%转入公积金	596,970,15	
年份纯益内提所得税	537,273,14	
年份纯益内提利得税	155,909,71	
年份股东通常红利 5%	1,000,000,00	
年份股东特别红利 10%	2,000,000,00	
年份董监酬劳	363,636,36	
年份职员花红	1,272,727,28	
转入下层滚存户	43,775,29	
	C. N. C. $5,970,291,93	C. N. C. $5,970,291,93

大统织染厂股份有限公司损益表

中华民国 35 年 12 月 31 日

损失	科目损失类	利益
954,362,554,09	销贷成本	
77,763,889,55	营业费	
198,865,282,57	利息	
13,189,717,91	潢兑损益	
	利益类	
	销贷	1,255,433,616,92
	杂损益	1,021,729,48
	代客漂印整理收入	70,000,00
12,344,902,28	纯益	
1,256,525,346,40	合计	1,256,525,346,40

往来行庄据称有大陆银行、中国农民银行、交通银行、中国银行、中国实业银行、福利甬庄等。

联合征信所关于永安纺织股份有限公司调查报告(1947年5月6日)

联合征信所调查报告书

永安纺织股份有限公司　中华民国卅六年五月六日

一、简史

该公司创立于民国十二年九月，系粤籍澳洲华侨郭乐、郭顺、郭泉等发起经营，初设厂于杨树浦兰路，十三年以一百七十万两代价格购得吴淞蕰藻浜大中华纺织公司之基地厂房及机器纱锭等设备，设立第二厂。十七年以一百万两代价盘进麦根路五号鸿裕纱厂，为第三厂。十九年于杨树浦江边购地建造货栈，继又在第二厂旁购地建造第四厂。同年向工商部登记领得公司注册第三类第三一二号执照。廿三年又创漂染印花工厂，向美国定购机器。并在川滇鄂粤各地设立分庄，推广销路。廿六年沪战后，第一、二、四厂全部停工，仅第三厂继续生产。卅年十二月八日太平洋战起，第三厂一度被日敌所监视限制电力配给棉花，约开绽于十分之二。胜利后各厂先后复工。卅五年又购入平凉路五四五号纬通合记纺织公司，改为第五厂，即附设第一厂之永安印染厂亦在进行修理复工中。兹将该厂本外埠营业处所录示如后：

上海事务所：南京路六二七号(电话九〇一一九)

外埠分庄：广州，抗日东路七〇号

汕头，升平路一二五号

汉口，扬子街钦一里九号

重庆，南岸清水溪真武陵五〇号

昆明，正义路四六号

该厂现有职工约计五千四百人。

二、负责人

董事长兼总监督：郭乐永安公司总监督

董事：郭顺、郭礼安、郭棣活、郭植芳、李孝植、

李伟光、李业棠、林海筹、郭植芳、骆乾伯、郭幹勋、郭琼

监察：刘生初、吴三省

总经理：郭顺，前工部局华董，现第六区机器棉纺织工业同业公会理事长

副总经理：郭棣活，现第六区机器棉纺织工业同业公会理事

经理：李孝植，郭植芳、郭林超

第一厂厂长：郭植芳

第二、四厂厂长：郭焯锟

第三厂厂长：郭琮

第五厂厂长：彭顺，印染厂厂长，郭焯民

三、资本

初创时资本国币六百万元。十九年升股增资至一千二百万元。廿六年增资至法币一千八百万元，廿七年减为一千二百万元。卅一年又增至伪中储券六千万元。卅二年九月以每一股升一股办法增至伪中储券一万二千万元。胜利后卅四年底将资产估值之伪币股本冲销回复民国三十一年以前之旧股本法币一千二百万元。卅五年复增资至法币十二亿元，增资办法每一老股赠送九股成为十股，总计十二万股，每股票面十元。

四、设备

第一厂厂基六十四亩，栈房十余幢，纱锭四万枚，布机一千三百台。第二、四厂厂基二百四十七亩，除栈房十余幢外，复自建发电厂、铁工厂工房等建筑物。置有纱锭八万枚。第三厂占地五十亩，自建厂屋及货栈，置有纱锭五万二千枚，布机二百四十台。第五厂厂基四十亩，纱锭三万三千枚，永安印染厂占地二十五亩，置有新式漂染机。

五、业务

该公司所出各种粗细纱布，以金城、嘉禾及大鹏为商标，久已销行国内外。产量日增.八一三后仅第三厂照常开工。胜利后全部规复，销流颇畅。

六、财务

兹照录该公司三十四年十二月三十一日之资产负债表及卅四年一月一日至十二月三十一日之损益计算书以供参考。

永安纺织股份有限公司资产负债表

民国三十四年十二月三十一日

	科目	
7.569.792.40	地产房屋	
9.727.702.92	各种机器	
1.315.237.63	家私装修	
17.960.274.96	附占各公司股份	
430.598.205.31	存货	
18.359.411.98	各分庄存款及存货	
11.297.804.77	银行钱庄往来	
3.974.975.42	现金	
	资本总额	12.000.000.00
	公积金	2.209.320.99
	特别公债金	9.318.87
	盈余滚存	13.611.36
	各股东未领股利	33.209.29
	各号往来	368.225.183.21

(续表)

	科目	
	战事损失准备	8.561.170.38
	红字——本届纯益	109.751.591.29
500.803.405.39	合计	500.803.405.39

永安纺织股份有限公司损益计算书

民国34年1月1日起至12月31日止

损失	科目	利益
130.334.034.57	制造费用	
97.001.963.92	管理费用	
4.882.950.57	营业费用	
109.751.591.29	本届纯益_红字	
	营业收益	332.962.482.64
	财务收益	9.008.057.71
341.970.540.35	合计	341.970.540.35

七、历年盈余

该公司纯益廿八年法币五百余万元，廿九年法币四百余万元，卅年法币五百余万元，卅一年伪中储券一千二百余万元，卅二年伪中储券二千二百余万元，卅四年法币一万〇九百七十五万一千五百九十一元二角九分。

八、历年股息

卅年度股息五厘，红利一分五厘。卅一年度股息八厘，红厘二厘。卅二年度股息八厘，红利二厘。卅三年度股息八厘，红利一分二厘。卅四年度股息一分红利二分。

联合征信所关于中新纺织股份有限公司调查报告(1947年6月2日)

中新纺织股份有限公司 Chung Ling Spinning d 调查报告

一、简史

该公司于卅五年一月由陈汉雯、沈云鹏、郑伟章等发起组织成立。租用康定路一〇九九号中国内衣厂一部分为厂址(电话三二九二〇转)，办事处设南京东路龙泉园路十二号(电话九二四九八)领有经济部设字第二三一号登记证，现为第六区棉纺织工业同业公会会员。

二、负责人

董事长：沈云鹏

常务董事：陈汉雯、郑纬章、周亨泰

监察：徐文卿、陈宝新

经理：陈汉雯兼

副理：郑纬章兼

厂长：王叔笙

三、资本

创立时资本法币四亿五千万元，迄今未有变更。

四、设备

1. 厂房：租用康定路一〇九九号中国内衣厂纺织部一部分厂房；

2. 机器：自有纱锭七、二一二枚，其余出花梳棉精纺等辅助机器齐全。

五、业务

经常棉纺业务，出品以二十支纱为大宗，十支十二支十六支较少，采用“钟星”为商标，雇用工人三百余名，每月约产棉纱四百五十件。最近大部分系代花纱布管理委员会代纺。自纺棉纱均销本埠各棉织厂，主要客户有达丰、光新、万丰、万源等染织厂。

六、往来行庄

主要者有垦业银行、福沅庄二家。

（詹泽传）

联合征信所关于恒丰纺织公司调查报告(1947年4月9日)

联合征信所调查报告书　中华民国卅六年四月九日

恒丰纺织公司

一、简史

光绪卅二年聂崇德君独资盘进中国纺织新局旧有之厂房、地基及全部机器，成立该厂。欧战发生，因外商竞争减少，该厂乃添置新式机器，另建新型厂房，并改为合伙组织(实际上为兄弟叔侄之家庭组织)。民廿年东北沦陷，营业遭受打击，曾一度停办。后租与中国棉业公司经营，廿六年抗战发生，该厂为敌强占。胜利后由经济部接管，一度归中国纺建公司经营。后经交涉发还。卅五年五月接收竣事。同年五月卅一日复工生产，并改组为股份有限公司，领有经济部设字第二六一四号执照。事务所设宁波路四四六弄三号，电话九六五二三。

二、负责人

董事长：聂云台，曾任上海总商会会长

董事：聂含章、吴锡林、吴柏年、徐国均、聂元在、聂永修

　　　聂慎余、俞成槿

监察；聂少萱、黄五鼎、聂士达

总经理；聂含章，湖南衡山，曾在中央信托局购料处经理

经理：吴柏年，浙江余姚，伦华染织厂总经理

厂长：任尚武，湖南湘阴，美国北加罗林大学纺织硕士，曾任上海统益纺织厂总工程师，湖南第一纺织厂工务长

总工程师：黄炳奎，湖南长沙，曾任恒丰纱厂技师、申新五厂总工程师、大生纱厂工务长、江西新生纱厂副经理兼厂长

三、资本

初创时资本为壹百万银两，卅五年五月改组为股份有限公司时，现金增资为法币八亿元，全部实收，分为八千万股，每股票面十元，重要股东为徐国均、聂元墀、聂仰山、聂秉立、吴柏年、聂陈守棣、聂崇毅、吴锡林、聂含章等。

四、设备

1. 厂房：在许昌路五号，占地三九.〇八六亩，上建砖木锯齿形厂房一幢，计五十余方，钢骨水泥厂房三幢（二层一幢，三层楼二幢），及仓库、变电室、浆纱间、宿舍、办公室、锅炉间、引擎间等，此外在许昌路三一〇弄有货栈两幢占地二.九七亩，在许昌路六二三弄有工房卅五幢，占地七.四六九亩，房地均系自有。

2. 机器：抗战前该厂有纺纱机五万四千余锭，织机六百十四台，现有机器如下：

纺部有扣花机两套，清花机四台，梳棉机八十二台，并条机十一台，粗纱机四十五台（头道十二台、二道廿一台、三道十二台），细纱机八十六台，计三四.〇六四锭，（四百锭者五十台，八十四锭者廿六台，四百〇八锭者十台），及合线机二台、罗拉校正器一套、压皮机洗衣机各一台，筒子车式台等。

织部有织布机四百台，经纱车五台，浆纱车三台，验布机六台，码布机、刮布机各式台，及打印机、打色机、轧光机等。

此外尚有车床、刨床、钻床等修理设备，动力方面有马达一七九座，电量七七〇瓦，约马力一千匹。

五、业务

1. 生产：该厂所出棉纱以富贵牌为商标，棉布以五鹤牌为商标。目下专产廿支纱及十二镑细布，开做日夜工，雇用职工一千九百余人，月产棉纱壹千六百余件，细布式万四千余疋，卅五年五月至十二月底止，共计生产棉纱六千式百余件（内自用棉纱约叁千叁百件），细布十一万〇八百余疋。

2. 销售：所产棉纱除由纺管会收购及自用外，均销与广帮及本埠各织布厂，细布则大部均售与本埠各印染厂及棉布号。卅五年五月至十二月销货总额计棉纱四、一七〇、〇三八、九二三元（自用纱未计入），棉布五、九九一、七八〇、〇二四元。

六、财务

兹将该厂卅五年十二月卅一日资产负债表及卅五年五月廿日至十二月卅一日损益计算书录后以供参阅。

往来行庄有中国、中国农民、垦业、新华、上海、中国实业、永大、亚西、浙江兴业、浙江商业等银行，及庆成、宝丰、安裕、同润、人丰、镇兴等钱庄。

联合征信所关于恒丰纺织新局调查报告(1946 年 5 月 1 日)

恒丰纺织新局调查报告　联合征信所三十五年五月一日

一、简史

光绪卅二年聂崇德君独资盘进中国纺织新局旧有之厂房、地基及全部机器，成立该厂。据称初期营业因机械落伍，技术不良，未见起色。后欧战发生，外商竞争因之减少，国内各纱厂均可获利，该厂乃添置新式机器，另建新型厂房，并改为合伙组织（实际上为兄弟叔侄之家庭组织）。民国廿年东北沦陷，营业又受打击，曾一度停办。后租与中国棉业公司经营，廿六年抗战发生，该厂为敌强占，颇有损失。胜利后由经济部接管，现归中国纺建公司经营。最近已由当局批准发还，并已付清前日方所给各款（附敌伪产业处理局沪三字一三二九〇号函抄稿一纸及收据照片一纸）。现正接洽移交中。据称五月中旬可望发还。事务所现暂设宁波路纶华厂内，电话九六五二三。

二、负责人

总经理：聂含章，湖南衡山，聂云台子

经理：吴柏年，浙江余姚，伦华染织厂总经理

厂长：任尚武，湖南湘阴，美国北加罗林大学纺织硕士，曾任上海统益纺织厂总工程师，湖南第一纺织厂工务长

总工程师：黄炳奎，湖南长沙，曾任恒丰纱厂技师、申新五厂总工程师、大生纱厂工务长、江西新生纱厂副经理兼厂长

三、资本

资本额规定银壹百万两，迄未变更。重要股东为聂崇德、聂新威、聂云台、聂慎余、聂少蓝、聂陈守棣、聂光旭、聂乔松、聂慈善堂、聂潞生等，其中聂崇德占二份，其余均一份左右。该厂近拟改组为股份有限公司，现正着手筹备中。

四、设备

因该厂现归中纺公司经营，故未往核查。兹就其所述报告如下：

1. 厂房：在许昌路五号，占地共三十九亩余，据称上建砖木锯齿形厂房五十余方，钢骨水泥房顶西式三层及二层厂房各一幢，共二百四十余方，此外仓库设龙口路许昌路口，占地约三亩，工房设亿开尔路许昌路，占地七亩余，大部分虽未遭毁坏，但破漏之处甚多，亟待修理。

2. 机器：抗战前该厂有纺纱机五万四千余锭，织机六百十四台，目下所剩机件，据该厂所抄下者，计纺部有细纱机五十九台，（计二万三千余锭），折包机四台、开棉机给棉机念台，清花机八台，钢丝梳棉机一百四十五台，并条机念七台，头二三道粗纱机六四台，合线机三台，筒子车五台，摇纱机一百念余台，及大小打包机、废纺机、打粗纱头机、回丝机等。大部分系英美瑞士制造，织部有英国制织机三百零八台，日本及本国制织机九十二台，筒子车、纡子车各八台，经车车六台，浆纱机三台，及码布机、验布机、打印机、打包机等，其中一部分机械据称尚须加以整理修配后始能应用。

五、业务

该厂所出棉纱以富贵牌为商标，棉布则以喂马牌为商标，其最高产量依该厂复工初步计划开纺锭一万五千枚，布机三百台，计每日工作二十小时，约可出二十支纱二十五件，十二磅细布五百余疋。至销售方面，该厂出品以往销路以华北、广东、四川等地为主，最近数年因未曾开工营业，故产销量无从获悉。

六、财务

该厂所有账册簿籍均遭损毁，据称原有之原物件等亦悉被掠劫一空，目下资产所剩者，仅

一部分劫余机器及许昌路房地产四十余亩，需用款项则暂由聂氏筹垫，对于各行庄亦尚未开户往来。

七、借款用途

据该厂负责人聂含章君称：申请贷款数十亿元之用途分配如下：

1. 应付中国纺织建设公司代为添配修理机器房屋等费用约三亿元。

2. 拟购办棉花以备两个月需用约六亿元。

3. 添购其他物件等约一亿元。

联合征信所关于美亚织绸厂股份有限公司调查报告(1947年5月9日)

联合征信所调查报告书　中华民国卅六年五月九日

美亚织绸厂股份有限公司

一、简史

该公司成立于民国九年春，初由莫觞清君独资经营，地址在徐家汇路九成里。十一年改为合伙组织，由蔡声白君任总经理，添置新机，大事扩充，仿造欧美新式丝织品，并陆续增设天伦美记总分厂、美孚织绸厂、美成丝织公司、美生织绸厂、美利织绸厂、南新织物公司、美章纹制合作社、美兴绸庄、美隆绸庄、美仑绸缎布疋局、久伦织物公司、美经经纬公司、美艺染练厂等联枝机构。廿二年三月，将此等联枝机构合并改组为美亚织绸厂股份有限公司。抗战军兴，另在渝蓉等地拓展产销业务。卅二年五月领得经济部新字第五六二号营业执照。当敌伪时期，沪厂生产锐减，惟营业照常。胜利后即谋恢复旧观，设总管理处于天津路二〇七号(电话九四〇〇〇)，下分总务、厂务、营业、财务四处，其他分公司各厂各发行所分布如下：

(一) 分公司

上海天津路二〇七号

香港文咸东街八三号

重庆民国路七二号

天津赤峰道一〇四号

汉口扬子街新德里七号

(二) 工厂

上海第二厂，闸北交通路六一九号

　　第四厂，胶州路八六八号

　　第六厂，斜土路二〇九三号

　　第七厂，瞿真人路一四〇三号

　　第九厂，徐家汇路一〇〇一号

　　经纬厂，

苏州第三厂，齐门石皮弄四七号

杭州第八厂，燕子弄二〇号

香港分厂，九龙荃塘三八号

广州分厂，大沙头贞园路

五通桥分厂，四川五通桥双龙桥集贤寺

乐山染练厂，四川乐山嘉乐门外半耳桥

天津分厂，徽州道十四号

汉口分厂，大智门外铁路边二二号

（三）发行所

上海　　天津路二〇七号

苏州　　闾丘坊巷七〇号

香港　　文咸东街八三号

广州　　光复南路一六〇号

重庆　　民国路七一号

成都　　内姜街六三号

汉口　　扬子街新德里七号

新加坡　吉宁街四六号 A

纽约　　第五街三三〇号

目下全公司有职员二一九人，工人一千一百余人。上海分公司工厂有男工三七人，女工二七人，四厂有男工八六人，女工一二四人，九厂有男工三三人，女工九五人，各厂有粗工三八人，夫役三四人。

二、负责人

董事长兼总经理：蔡声白，美国理海大学工学士，美兴地产公司董事长

董事：莫如德、孙瑞璜、童萃伯、龚良伟、沈体仲、黄椿庭、邱鸿书

监察：邱伯铭、沈熊伯

协理兼上海分公司经理：童萃伯，美恒纺织公司董事

协理兼香港分公司经理：龚良伟，美亚丝绸厂铸亚铁工厂董事

上海分公司副理：龚今仁，供职约二十年

重庆分公司副理：郭春谷，重庆发行所长（兼）

天津分公司经理：康培鑫，德同进出口行经理

汉口分公司经理：邱鸿书，利亚实业公司董事

三、资本

民国廿二年改为公司组织时资本为国币二百八十万元，廿五年三月以马浪路八百三十号厂基及打浦桥等处地产划出作价八十万元，另组美兴地产公司为其附属事业，乃将额定资本减至二百万元。卅年增加资本二百万元，由股东以现金缴入，合原有资本为法币四百万元。卅二年一月增至伪中储券一千万元，系将原有法币资本折作二百万元，即老股一股成半股，新股另外每一新股升二股，其余四百万元每一老股认二股，以现金缴入。同年八月又增至伪中储券四千万元，系将每一老股升股一股半，以现金认缴一股半。胜利后改为原额法币四百万元，并以增入之伪中储券三千六百余万元计共实收资本为四千万元，每股票面十元。

四、设备

1. 厂房：上海闸北交通路二厂占地三亩，全部租赁。胶州路四厂占地五.八亩余，自有厂地四亩，余属租赁。徐家汇路九厂占地四.七一一亩，自有厂地二.六亩，余属租赁。上述三厂建有钢骨水泥楼厂房及锯齿形平厂房。至斜土路六厂自有厂地六.一亩，瞿真人路七厂自有厂地八.五亩，日晖东路经纬厂有厂地九.八五四亩。在战事期被敌伪强占。胜利后已由敌伪产业处理局核准发还。现尚未复工。此外苏州、杭州、香港、重庆、天津、汉口等地均有自置厂产或租屋。

2. 机器：上海二、四、九厂现在设备机械计：

织机二百六十八台，络丝机十台，并丝机十二台，燃丝机四十五台，摇纤机九台，花线机二台，翻丝机十二台，浆丝机三台，牵经机九台，倒筒机一台，脱水机三台，卷筒机一台，拉幅机一台，呢毯机一台，烘燥机一台，缝纫机十七台，踢花机六台，轧光机一台，割绒机一台，1 400 针龙头五十九具，1 300 针龙头七十二具，道塔龙头四十七具，1 700 针龙头八具，补助机器有切纸机二台，木柴引擎四只，蒸汽引擎一只，大小马达八十一只计马力一九七匹。

五、业务

专制各式绉绸被面纺绸哔葛等丝织品，所有经纬打线纹制染练印花等工作，完全自办。沪厂现有设备除徐家汇路九厂因电力关系未开夜班外，交通路二厂及胶州路四厂每日开日夜二班，每班十一小时，每月产绸大约二千疋。需用厂丝六十担，人造丝二百五十箱，绢丝二百磅，20/1 支棉纱及 1/2/2 棉纱合计各一件，各色颜料三〇斤等。卅五年全处共计产绸二万七千疋。出口广销国内各大都市美国及南洋一带，营业额廿八年法币五百六十五万余元。廿九年法币一千一百廿五万元，第二年伪中储券二千二百七十三万余元。卅三年约伪中储券五亿元。卅四年约法币十一亿元。卅五年六十三亿元，卅六年一至三月份约卅余亿元。

六、财务

兹照录该公司卅五年八月卅一日资产负债表于后，以供参阅。

七、历年积余

该公司卅二年纯益伪中储券二百十二万四千余元，卅三年纯益伪中储券一千七百七十九万三千元，卅四年纯益法币一千七百十一万一千余无。

联合征信所关于大丰纺织厂股份有限公司调查报告(1947 年 9 月 6 日)

大丰纺织厂股份有限公司(Dah Foong Textile Manufacturing Co Ltd)调查报告

一、简史

该厂于民国三十六年二月由杜月笙、徐懋棠、刘丕基等发起设立，总管理处在四川中路三百二十号四楼四 0 六室(电话一七一九九)。厂址在苏州河北潘家湾。向经济部申请登记中，为第六区机器棉纺织工业同业公会第一四三号会员。

二、负责人

董事长：杜月笙，浦东籍，华丰和记面粉厂、祥生交通公司、恒大新记纺织公司、荣丰纺织厂、永新化学工业公司董事长，国信银行总经理。

常务董事：徐懋棠，上海证券交易所第二二五号经纪人，中汇银行常董兼副总经理、业务部经理；刘靖基，上海市商会理事、上海市第一届参议员，大明纺织染厂董事。

董事：秦润卿，交通银行、福缘钱庄常董，中国垦业银行董事长兼总经理，中国纺织建设银行公司、辛泰银行董事；徐士浩，嘉陵企业公司、中国火柴原料厂、中贸银行董事，圣约翰大学教授，上海市第一届参议员；唐星海，庆丰纺织漂染公司总经理，纺织事业调节委员会委员。

监察：顾嘉棠，通商银行、川盐银行、嘉陵企业公司董事；华笃安。

总经理：刘丕基，大成纱厂经理。

副总经理：吴明然

三、资本

法币八十亿元。重要股东除董监事、总经副理外，有宣慰民、程敬棠等。

四、设备

租有基地约四十亩，自建厂房、办公室及堆栈等，合共约占地五百方。机器设备有纱锭一四，四00枚，及全部辅助机器为马达、梳棉机、清棉机、并条机等。

五、业务

每日开工十五小时，最高生产量每月约可出纱六百件。目前产品多限于二十支粗纱，以帆船牌为商标，行销国内汉口、重庆、长沙、郑州等地。

六、财务

该厂未愿出示账册，所有财务情形无法获悉，至主要往来银行有中国农民、浙江实业、新华等银行。

（王福晖）

联合征信所关于民丰年记染织厂调查报告(1947年11月18日)

染字七三七号　联合征信所

民丰年记染织厂调查报告　三十六年十一月十八日

一、简史

该厂于三十六年三月一日由史中镛等合伙筹设，盘得前民丰厂全部生财设备及机器等，于本年七月二十一日正式开工。厂址在长宁路二六二号（电话二二九二三），发行所设汉口路五六二弄二号（电话九五一六〇），持有经济部工字一三八八〇号、社会局商字三三四七三号执照，为上海市机器染织工业企业公会第七八八号会员。

二、负责人

经理：史中镛，浙江宁波籍，前德大布厂经理。

厂长：马仁杰，江苏武进籍，前淳字染织厂厂长。

会计：孙志铭，浙江宁波籍，前晋元银行会计。

三、资本

额定式亿四千万元，全数实收，计史中镛乙亿式千万元，史齐浩、王承志、赵家昌各四千万元。

四、设备

1. 厂房：租用锯齿形织机厂房廿四间，账房连宿舍四间，货房二间，工人宿舍四间，食堂一间，收发间六间，共计四十一间，占地一亩二分二，均为砖木平房。

2. 机器：重要机器全铁银头格干布机十二台，铁木龙头布机四十二台，撑印车、毛线车各二台，另有八二铁筒子车二部，六〇锭并头车一部，八六轻行子车三部，八二锭翻纱车三部与整布车、搓布车、打线车、打浆车各一部。动力方面有大小马达六座，合计马力二七五四。

五、业务

1. 生产：织造哔叽坯布及民丰建设三种线呢，所用原料为二〇支、卅二支、四〇支棉纱及四二支双线。向本埠华大、永宁、恒义祥、永泰等号购进。账载本年七月一日至十月十五日进货总量为二四四〇小包，计值一、〇四六、三四〇、〇〇〇元。目下开工三十三台，有工人九二人，每日工作约十一小时。账载本年七月廿一日至十月十五日生产总量为一六〇六疋（内白哔叽一三二〇疋，线呢二八六疋，每疋三〇码）。

2. 销货：本年十月廿七日开始销货，销路以本埠厂台售为主，主要销售商为菁□丰、汪可大、协义泰、永巽和祥丰等家。本年十月廿七日至十一月十一日，共销二四〇疋，计值三一六、七四〇、〇〇〇元。

六、财务

该厂调查表所载卅六年十月十日资产负债表中存货存料两项据称系按照成本估计所得，各科目总数，容有参差。兹将账载原数录载以供参阅。

民丰年记染织厂

资产负债表

36 年 10 月 11 日

机器设备	216,032,000.—	借入行庄款	19,844,630.—
厂房装修	40,000,000.—	其他借入款	1,260,410,200.—
存料	773,000,000.—	暂收款项	280,140,000.—
存货	742,000,000.—	资本	240,000.000.—
物料	67,541,400.—	差额	38,448,570.—
押柜	270,000.—		
合计	$1,838,843,400.—	合计	$1,838,843,400

存料：共存各种棉纱一四七五小包，系照进货成本计值。

存货：计白哔叽一三二〇疋，线呢二八六疋，按成本估值。

其他借入款：向华大纱号借入。

暂收款项：计史镛记六七四，一四〇，〇〇〇元六□六〇〇，〇〇〇，〇〇〇元。

差额：据称系损益账目之差数，损益账目则未记载。

七、借款用途

请贷拾亿元,据称需购置原料用。

联合征信所关于大通纺织股份公司的调查报告(1947年12月8日)

大通纺织股份有限公司(Qah Jung Cotton Mills)调查报告

一、简史

该公司创立于民国九年二月,由已故姚锡舟、杜少如二君,邀集聂云台、施丹甫、朱吟江等发起组织。民国十年,崇明南堡镇厂房落成,开工制造十四支纱。十一年,加纺二十支纱,均以大飞艇梭子牌为商标。十五年十一月向农商部登记,十七年五月向全国注册局登记,廿一年九月实业部登记,除全国注册登记执照为第三类、十七号外,其余均以遗失。抗战军兴,崇明沦陷,全部厂房被敌强占,及至卅一年始发还,继续制造。上海办事处现设江西中路四〇六号(电话:一五一五七、一六〇二二)。

二、负责人

董事长:沈骅臣,海宁籍,现任中国水泥公司董事长。

董事:姚乃炽、胡国樑、邹驾白、曾启明、陆才甫、姚清德

监察:杜仲、鲁经海、石乃修

经理:胡国栋(兼),广东籍,中国水泥公司常务董事。

协理:姚清德,上海籍,华纶造纸厂协理。

厂长:沈金甫,海门籍,沈金记营造厂主

工程师;李庶培,湖南籍,曾任恒丰纱厂工程师。

三、资本

创立时资本国币六十四万元,十五年十一月增为八十万元,十七年五月增为九十六万元,每五十元。卅二年变更资本为伪中储券六千万元,每股十元;卅五年七月增为法币一亿八千万元,每股十元;卅六年一月增为法币玖亿元;卅六年九月增为法币伍拾肆亿元(每股老股赠二股,现金认缴三股,现金係〔系〕由股息中抵充)。

四、设备

1. 厂房:设崇明南堡镇,据称有工场二百十间,办公室十四间,宿舍八十七间,仓库十九间,及其他小建筑九间,占地一八三亩,系自产。

2. 机器:计英国 Brook+Doxey 纺锭一六,四〇〇枚;瑞士 Ricters 纺锭四,六二〇枚;合计二一,〇二〇锭。动力方面有德国 Qutyez 二五〇匹马力柴油引擎二部,西门子二五〇KVA 发电机二座;瑞士 Suelgez 四〇〇匹马力蒸汽引擎一部,英国 Bahock 焗炉二座等。

五、业务

1. 生产:专纺各支粗细棉纱,每日昼夜工作二十三小时,可纺二十支纱五十件,所需棉花一部份〔分〕在崇明就地收购,美棉均向本市美福、美安、合众、中和等行订购,目下雇佣工人约一千名。

2. 销货：销售于本市各纱号及长江沿岸、南京各地，重要客户有承兴昌、大昌永、骏成、大康永、大丰永、大同等纱号，及中国纱布公司。据称销货数量每月约一千四百件左右。

六、财务

兹将该公司卅五年底资产负债表及损益计算书录后，以供参考。

（庄德金）

联合征信所关于中国纺织建设公司调查报告书(1947年6月9日)

中国纺织建设公司(China cotton industry Inc. on China Textile Development)调查报告

一、简史　该公司正式成立于民国三十四年(1945年)十二月四日，在重庆成立，直属经济部，接管在华敌产纺织工厂，总公司于卅五年一月七日在上海开始办公，并先后成立各分支公司办事处，兹将其办公地址列表于后：

总公司第一办事处　在江西路一三八号，电话一三五九〇；

总公司第二办事处　汉口路一三〇号，电话一一五二〇；

总公司第三办事处　戈登路九三一号，电话三四三七〇，

电报挂号　四九三〇

分公司：

天津分公司，开始营业于三十五年一月，地址在第一区赤峰道三十三号中行大楼。

青岛分公司，开始营业于三十五年二月，地址在冠县路70号。

东北分公司，开始营业于民国三十五年八月，地址在沈阳南市区义光二段二十二号。

各办事处：

重庆办事处，中山三路二一三号附一号

西安办事处，老关庙街孝园

沙市办事处，中山路一七二号

汉口办事处，铭新路七号

昆明办事处，迈日楼昆明大厦四一〇室

广州办事处，光复南路一〇九号

南通办事处，濠南路濠南别业

杭州办事处，清泰路三〇四号

汕头转运处，中国银行陈德滋先生转

驻加尔各答专员办事处，F。K. K. Sun Co. B. T. C. 8 Royal Exchange Cancntta India 所属各厂计分四区：

上海：

今名	地址	原名
第一纺织厂	劳勃生路二十二号	内外棉一二厂
第二纺织厂	西苏州路十五号	内外棉五厂

第三纺织厂		西苏州路十四号	内外棉六七厂
第四纺织厂		麦根路六十号	内外棉九厂
第五纺织厂		梵皇渡路二〇〇号	丰田一二厂
第六纺织厂		劳勃生路七六至八〇号	日华三四厂
第七纺织厂		劳勃生路九八号	日华五六七厂
第八纺织厂		吴淞蕴藻浜	日华八厂
第九纺织厂		戈登路一四三三号	同兴一厂
第十纺织厂		杨树浦路二〇八七号	同兴二厂
第十一纺织厂		闸北造币厂	大丰
第十二纺织厂		腾越路一九五号	大康一二厂
第十四纺织厂		杨树浦路一九七〇号	上海三厂
第十五纺织厂		兰路五八五号	上海四厂
第十六纺织厂		杨树浦路七三九号	上海五厂
第十七纺织厂		杨树浦路六六六号	裕丰
第十八纺织厂		公平路七五〇号	明丰
第十九纺织厂		平凉路七五〇号	公大一厂
第一印染厂		澳门路西苏州路十九号	内外棉加工一二厂
第二印染厂		平凉路一四〇二号	中华印染
第三印染厂		平凉路一九四〇号	兴华
第四印染厂		河间路五九五号	美华
第五印染厂		全家庵一三七号	华张
第六印染厂		打浦路八〇号	一达
第一毛纺织厂		星加坡路六十号	公大四厂
第二毛纺织厂		北新泾马家宅	中和
第三毛纺织厂		许昌路一一五〇号	永兴
第四毛纺织厂		临青路四一一号	上海六厂
第五毛纺织厂		锦州路九七六号	宏康
第一制麻厂		劳勃生路六四号	东亚
	又	沪太路	日华
第二制麻厂		杨树浦路二六一号	上海一
	又	杨树浦路一九七〇号	上海二
第一纱带厂	又　大连湾路四达坊小林纱带厂	华盛路三益里	上海纱带厂
康泰(尚未改名)	绒布厂	华德路一〇八〇号	
第一绢纺厂		极司非尔路一三八号	公大三厂
第一机械厂		河间路二九二号	远东钢丝厂
第二机械厂		戈登路一六六号	内外棉八厂
		韬明路七一〇号	日本机械制作
		槟榔路四九号	东亚铁厂
		昆明路五七二号	有新铁厂

	杨树浦西湖路	振华铁厂
第三机械厂	梵皇渡路二〇〇号	丰田机器
	河间路一一九二号	丰田自动车

天津：

今名	地址	原名
第一纺织厂	第五区大直沽	裕丰
第二纺织厂	小刘庄廿四号	公大六厂
第三纺织厂	河东郑家庄	天津
第四纺织厂	第六区陈塘庄	上海
第五纺织厂	河东郑家庄	双喜
第六纺织厂	南开李公祠	大康
第七纺织厂	第三区小于庄	公大七厂

青岛：

今名	地址	原名
第一纺织厂	四方	大康
第二纺织厂	四方	内外
第三纺织厂	四方	隆兴
第四纺织厂	水清沟	丰田
第五纺织厂	水清沟	上海
第六纺织厂	沧口	公大
第七纺织厂	沧口	宝来
第八纺织厂	沧口	富士
第九纺织厂	沧口	同兴

东北：

今名	地址	原名
辽阳纺织厂	光复区自治街	满洲纺绩株式会社
营口纺织厂	绥定区益民街	营口纺绩株式会社
锦州纺织厂	北关区永安街	东棉纺绩株式会社
沈阳染厂	沈阳市大东区	
锦州纺织厂印染部	北关区	东棉
辽阳纺织厂印染部	光复区	满洲

二、负责人

董事长：陈启天

董事：束云章　李升伯　吴味经　杨锡仁　王仰尧　潘序伦

总经理：束云章

副总经理：李升伯　吴味经
秘书处长：汪大燧
工务处长：李升伯兼
业务处长：吴味经兼
会计处长：钱健庵
稽核处长：章兆树
稽核处副处长：高樾天
天津分公司经理：杨亦周
天津分公司副经理：王瑞基
青岛分公司经理：范澄川
青岛分公司副经理：王新元
东北分公司经理：桂季桓
东北分公司副经理：王仲宜
重庆办事处主任：丁沛寿
沙市办事处主任：韩甘霖
西安办事处主任：汪江晴
汉口办事处主任：严惠臣
昆明办事处主任：钟滋奇
广州办事处主任：方端南
南通办事处主任：顾树华
杭州办事处主任：胡颂翰
汕头转运出负责人：陈德滋
驻加尔各答专员：孙观光

三、设备：在上海之设备，计纺织厂有纱锭 897,608 枚，线锭 247,316 枚，织布机 16,587 台。印染厂有精炼锅 27 只，铁染缸 141 只，木染缸 98 只，浸染缸 5 只，印花机 11 台。毛纺厂有走锭 8,370 枚，环锭 6,588 枚，织机 262 台。制麻厂有纱锭 12,604 枚，织机 651 台。绢纺厂有绢纺锭 9,900 枚，纡丝纺锭 14,700 枚，织机 313 只。机械厂有车床 415 台，刨床 54 台，铣床 80 台，钻床 65 台。另有针织机 159 台，缝纫机 478 台。在天津计纺织厂有纱锭 330,320 枚，线锭 28,940 枚，布机 8,779 台。在青岛计纺织厂有走锭 1,320 枚，环锭 357,644 枚，线锭 40,690 枚，布机 7,629 台。在东北已接收者有纺锭 185,208 枚，线锭 11,420 枚，缸 6 只，铁染缸 75 只，印花机 4 台。

四、业务：三十五年之底上海各棉纺织厂日夜班，共开纱锭 1 433 500 余枚，布机 25 752 台，天津各纺织厂日夜班，共开纱锭 555 400 余枚，布机 16,276 台。青岛各棉纺厂日夜班，共开纱锭 568 000 余枚，布机 12,424 台。至东北各棉纺织厂，除安东、复州两厂在接收中外，辽阳、营口、锦州三厂已复工，日夜班约共开纱锭 163 300 余枚，布机 2,894 台。总计全公司日夜班共开纱线锭 2 720 300 余枚，布机 57,346 台，（以单班扯计为纱线锭 1 360 183 枚，布机

28,673台）三十五年度共请得采办棉花外汇美汇二千六百〇七万九千余元。

订购外棉八十万四千余担（内有十六万余担尚未运到），三十五年底并收约供三十六年用，国棉约九十万担（合计征绩收卅万担）。已缴国库上一年度盈余约八百亿元，尚有军用纱布一千亿余元，因为转账不列在内。

（王福晖）

联合征信所关于上海中国国货股份有限公司调查报告书（1947年12月21日）

上海中国国货股份有限公司调查报告

一、简史

该公司于民国廿二年一月，由方液仙、任士刚、方剑阁、叶友才、胥仰南、张志康、蔡声白、史久鳌等发起创办。同年二月九日在南京路开幕。首任董事长兼经理方液仙，副经理李康年。当时仅铺面三间及二楼西北二部。同年双十节增辟东南两部商场。翌年复租同大楼中部，扩充各部，十二月设支店于新闸路池浜路口，廿四年八月又设支店于静安寺安开第商场，旋复迁至南市小东门前大成绸缎局旧址，廿五年五月接办长沙中国国货公司为长沙分店。廿六年抗战军兴，南方支店停业，长沙分店辗转内迁，由常德而桃源而沅陵，至贵阳收歇。廿八年二月于白尔路设太平桥支店，卅三年五月新闸路太平桥两支店同时收歇，归并于总店。现在本外埠并无分支店与附属事业。领有经济部新字第一三七〇号执照。该公司员工人数，计卅三年为最多，约八百五十人，卅四年约五百人，卅五年底约四百人。

二、负责人

董事长：王志莘

常务董事：徐广迟　方剑阁　叶友才　胥仰南　李祖范　李康年

董事：孙瑞璜　蔡声白　张竹屿　蒉延芳　张惠康　史久鳌

监察：王振芳　程年彭　王性尧　任秉道

经理：李康年

副经理：叶子渐

三、资本

初创时国币十万元。旋因增辟东南两部商场，遂于同年增资至廿万元，廿六年三月增资至法币四十万元，廿八年八月第三次增资至法币六十万元，廿九年三月复增资至法币一百万元，分为五万股，每股廿元。卅年七月第五次增资至法币二百五十万元，并改每股票面为廿五元。卅一年春增资至法币三百万元，再将每股票面改为卅元。同年六月，除将资产升值，将资本改为伪中储券三百万元外，复增资三百万元，合成资本总额伪中储券六百万元。迨至十一月第八次增资至伪中储券一千二百万元。卅二年八月又增资至伪中储券四千八百万元。卅五年六月经第十三届股东常会决议，将资本改为法币四千八百万元，每股改为法币十元，一次缴足。该公司股东曾于卅二年伪证券交易所成立时，上市开拍。卅四年夏，最高行市约伪中储券一万四千元，胜利后约法币一百元。股票分中字、国字二种，中字每张三百股，国字不定，随时填写。

四、业务

该公司除以联合国货工厂销售其所制货品，并运销本国各地手工艺品及土产为业务外，又与中国国货联合营业公司（简称联营公司）合作，承受联营公司之委托，经营有关推行国货之业务，设有绸缎、布匹、棉织、内衣、针织、化妆、鞋帽、文具、五金、瓷器、电器、木器、饮食等四十余部，以门市为主。近年来之销货金额，计卅三年度伪中储券八九〇，四三〇，八八一·七三元，卅四年度法币六二，〇一八，五〇八·七四元，卅五年六月止法币四五四，九八八，五一四·三二元。

五、财务

兹将该公司民国卅二年、卅三年、卅四年度之资产负债表及损益计算书录后。

（部国梁）

四联总处关于调查上海股票市场与联合征信所往来函(1947年7月)

京统字第14309号

接准贵所本年六月十日大函，附送上海股票行市调查报告六纸，并称："会德丰船公司股票账面价值以每银两七元一角半计合法币资本六，六九二，一三九.八六元"等由，查怡和纱厂及会德丰船公司股票原以银两计值，在废两改元时据查每一银两合法币原为一元四角，可见历年银两对法币折算率时在变动之中，希即将其变动比率以及目前会德丰股票之面值查明见复。又怡和纱厂股票折算办法是否与会德丰股相同，并请查复为荷。此致

上海联合征信所

交通中央中国农民

银行联合办事处总处秘书处（章）

中华民国卅六年七月二日发出

联合征信所复四联总处函稿

沪联1819号　中华民国卅六年七月五日

接准贵处京统字第一四三〇九号函询银两对国币折算率事，查前函所称"……以每银两七元一角半计"，实系"每七·一五银两合国币十元"之误（该项比率与每银两合国币一元四角相符）。又目前会德丰票面仍为每股银两十两，其所合法币数仅为记账便利而设。至怡和纱厂票面为每股银两五两。相应函复，即希查照为荷。此致

四联总处秘书处

启

联合征信所致上海煤业银行函稿(1947年5月30日)

函复大成皮行及大美化学厂业经倒闭由

沪联1693号

接准贵行五月廿九日委托书托查大成皮行暨大美化学厂股份有限公司案。经派员按址前往，查九江路三二六号现为志诚证券号，询悉大成皮行已于卅五年八月间迁出，经访上海市皮

革鞋料商业同业公会王与清君，据称“大成皮行积欠会费甚多，信件亦屡遭退回，已于三十六年三月经本会议决依章取消该行会员资格。闻该行早于三十五年七八月间倒闭。”复经探询皮革同业多家，亦均称该行确于去年秋季倒闭。又查北京路一九〇号五楼四三室，现为美商公大行。询悉大美化学厂业于去年夏季迁出。嗣访上海市化学原料工业同业公会杨福诚君，据称：“该厂之公会会费自三十五年七月起迄今未付，发出信件亦均遭退回，负责人则避不见面。风闻该厂去年上半年即已不稳，至夏季乃告倒闭。同业中因定货受其拖累者甚多。”再经探询该业同业，亦称该厂业已停闭。相应函达，即请查照为荷。此致

上海煤业银行

启

上海煤业银行签条

电报挂号 8162　经理间 13297　营业间 13972

大成皮行自 35 年 1 月 16 日晨本行开设第 37 号往来户，至 7 月 12 日止，透支 \$16,329,226.50，以后呈呆滞现象，随即倒闭。负责人逃避外埠。至 11 月 29 日连应加计 7 月至十月之欠息，共欠 \$24,530,389.45。因该号系独资组织，欠款无法催归，迳转“呆账”。

大美化学厂自 35 年 1 月 14 日在本行开设第 35 往来户，至 5 月 16 日透支 \$11,040,118.22，时已呈呆滞现象，经一再催索后，始于 6 月 12 日解来 \$6,000,000。以后迄无收付。截至 11 月止，连应加计 5 月至 11 月之欠息共欠费 \$22,203,014.92。因该厂早经倒闭，且负责人亦隐匿无迹，事实上欠款已无收回希望，爰于 35 年 12 月 31 日转入呆账中。

联合征信所关于案件无从调查事致中国银行国外部函稿(1947 年 5 月)

沪联 1652

函复 China Crop. 等七商号无法调查由　中华民国卅六年五月十九日

接准贵部委托书调查案件，经派员分别派员往查，内中后开各案，或以地址不明，或则业已闭歇，兹分录于后：

(一) 第一四九八号委托书托查 China Crop. 一案，查该公司原设中正东路一四七号(电话八二六六五)，业于去年二月间停业，负责人并已赴美。

(二) 第一五八三号委托书托查谢洪福君(H. F. Sbien)一案，查谢君前曾一度寄居宁波路隆庆里八号宝成商行，现已赴香港。

(三) 第一五八八号委托书托查华侨胶木厂(Oversed Babolite Works Ltd.)一案，据该厂负责人陈桂明君称自战时停工迄今，未有复业之意，对调查各项未愿接洽。

(四) 第一五九二号委托书托查 Mattee Donadis 一案，查此君原籍意大利，曾居复兴中路一三六三号克莱门公寓(Clemen Apt.)四十二室，曾供职该公寓大菜间事务处。现据该公寓电话接线生称，此君已于本年二月间返欧。

(五) 第一五九三号委托书托查 Lu Shi Ling 一案，所开地址为 Hsin Chang Li, 162 Fukien Rd. 经查福建路既无一六二弄，亦无 Hsin Chang Li。

(六) 第一五九七号委托书托查 Hwa Tung Trading Co. 一案，所开地址为四川路七号，经查本

市四川北路四川中路均无七号门牌。又查四川南路七号内商号甚多，经询各住户亦不知上述商号。

（七）第一六二〇号委托书托查上海福记号一案，查海宁路太原坊十五号现为恒丰号事务所及鼎丰华茶行临时仓库，据称并无福记号。

上述各案调查事项无法进行，相应复请查照为荷。此致

中国银行国外部

启

沪联 1674

函复同昌工业原料号等无法调查由　中华民国卅六年五月廿七日

接准贵部委托调查案件，经派员分派往查内中后开各案，或以地址不明，或则无法调查，兹分录于后：

（一）第一四〇二号委托书托查同昌工业原料行一案，据该号负责人张君称，该号与贵行尚无往来，对托查各项未愿作答。

（二）第一四〇五号委托书托查朱汉记一案，经往访数次，晤该号朱固明君，对于内部情形未愿出示。

（三）第一四二五号委托书托查立兴公司申庄一案，查该公司现设广东路靖远街五十一弄七号(电话九〇六一五)，据该公司负责人徐谋余君称，该庄为新嘉〔加〕坡三兴国货公司驻沪办庄，本身并无营业，亦无资本，对托查各项，拒予接洽，详情无法获得。

（四）第一四九七号委托书托查 Chen Corp. 一案，查广西路二六九至二七一号为隆昌皮毛行，经询该行负责人，据称除该行外，并无上述商号附设于内。

（五）第一五七三号委托书托查崇乔呢号(Lan Gior Wollen Co.)一案，查该号现设四川中路六一五号二楼，据该号李君称，以与贵行尚无关系，详情不愿告知。

（六）第一五七八号委托书托查 Standard Trading Co. 一案，查派克路一三二弄五号为昆明仁记药房，据称并无上述商号，又同路亦无第五弄。

（七）第一五八〇号委托书托查 Sing Chang Co. 一案，所开地址为广东路七十三弄三号，查该路并无七十三弄，附近各大楼亦无上述商号。

（八）第一五九五号委托书托查 Kin Sun Hong 一案所开地址为梅白克路四十三弄九十七号，查该路并无四十三弄。

（九）第一五九八号委托书托查 California National Food & Products Co. 一案，所开地址为亚尔培路七四九号，查该处地段荒僻，现为人堆存废铁等物，并无公司商号。

（十）第一六〇四号委托书托查 Ta Chen Trading Corp 一案，所开地址为慕尔鸣路七十九弄二十六号，查慕尔鸣路今名茂名北路，并无七十九号。

（十一）第一六〇六号委托书托查 Shin An Co. 一案，所开地址为 No. 2 Zing Dan Kai, Mor Kai Lone，查上开地址无法探悉，经走询贵行亦未得端倪。

上述各案调查事项无法进行，相应复请查照为荷。此致

中国银行国外部

启

沪联 1692

函复美亚公司等七商号无法调查由　五月卅日

接准贵部委托书托查案件，经派员分别往查内中后开各案，或以地址不明，或则不受调查，或业已闭歇，兹分录于后：

（一）第一五九一号委托查美亚公司（Mueab）一案，据该公司王汉龙君称该公司业已闭歇。

（二）第一五九四号委托书托查 Lao Hoo Chang Co. 一案所开地址为 392 Min Kan Rd. 查民国路三九二号为裕顺号，并无上称公司。

（三）第一六〇五号委托书托查 Shing Hwa Hang of Shanghai 一案，所开地址为 No. 14 Min Kuo Lu(Inside Dass. 423 Kinling Lu Rd.)查民国路十四号为通和富及通和糖果食品公司。又查金陵路四二三弄为笃行里弄口，户口牌上并无该号之牌号，里内十四号为建昌行，亦无该行。

（四）第一六二一号委托书托查永丰泰行一案，经晤该处永生热水瓶厂经理张耕莘君，据称永丰泰行原为洋什货号，经营国内批发业务，至卅五年改组为永生热水瓶厂股份有限公司，因与贵行尚无往来，详情未愿告知。

（五）第一五七五号委托书，托查 Union Transportation 一案，查天津路四〇五号为煤业大楼，该号三楼有合众运输行，电话为九六三一八，据该行负责人称，该行经营煤石运输业务，与贵行素无往来，详情不愿出示。

（六）第一五七七号委托书托查美孚公司（Standard Vacuum Oil CO.）一案，查该公司经营石油及其副产品贩卖业务，经晤该公司负责人，据称与贵行尚无往来，详情未愿出示。

（七）第一五八六号委托书托查 Dao Hsing Hong 一案，据该号负责人称，以与贵行尚无业务往来，详情未愿出示。

上述各案调查事项无法进行，相应复沟沿儿查照为荷。此致

中国银行国外部

[卅六年]五月卅日

上海证券交易所关于调查中国萃众制造公司等与联合征信所往来函(1947年4月)

迳启者，本所为明瞭本市中国萃众制造公司等四十一家厂商之历史、组织、资本、人事、设备、生产及营业概况，及最近数年资产负债与损益分配等实际内容，拟委托贵所代为切实调查。素仰贵所征信工作信誉卓著，用特开附拟调查厂商名单，函请查照迅予办理并见复为荷。此致

联合征信所

所启

中国萃众制造公司	南京路慈椒大楼三二〇号
中原染织厂	浙江路一一八弄四七号

（续表）

振中纺织整染公司	北京东路三五六号八一一室
鼎新染织厂	宁海西路四二号
经昌染织厂	天津路同吉里五号
光明化学制药厂	南阳路一八六号
新一行	康定路五二六弄五号
丙康化学制药厂	大沽路一四二弄四号
天丰地产公司	南京西路九九六号三〇四室
大公纺织印染机器制造公司	南京东路三五六号
上海新星化学制药厂	派克路四一弄二号
明星香水肥皂厂	福州路三三五号
康福织造厂	宁波路七四弄四号
大中华织造厂	南京路一九二号
上海标准味粉厂	派克路四一弄二号
同兴实业社	吉安路光裕里三号
公信电器制造厂	新昌路三一三号
华一工程企业公司	贵州路一六一号
振丰棉织厂	河南路三三号
祥华棉毛染织厂	贵州路一七六号
同丰印染厂	北京路五九六弄五一号
大德昌茶叶公司	安庆路二六八弄一七号
华新百货公司	南京路六七三号
真裕地产公司	南京路六六号四楼
鸿兴织造厂	南京路慈椒大楼三一一号
裕丰织造厂	浙江南路一五五弄一九号
纶华染织厂	宁波路四四六弄五号
寰球手帕制造厂	九江路二一〇号
同济机织印染公司	九江路四五号二二三室
公和棉织厂	湖北路二〇七至二〇九号
华伦造纸厂	江西路四〇六号三〇九室
永祥印书馆	福州路三八〇号
祥生汽车公司	北京东路八〇〇号
南华棉织印染公司	江西中路二六七号二〇一室
利亚实业公司	广东路一二二号

（续表）

正德药厂	英士路三一号
恒丰纺织公司	宁波路四四六弄三号
久安实业公司	九江路一九〇号三楼
富强丝业公司	福州路四二〇弄四号
富安纺织公司	北京东路二八〇号四楼三五室

联合征信所复上海证券交易所函（1947年4月3日）

迳复者，贵所四月一日大函并开附本市中国萃众制造公司等四十一家厂商名单，嘱代为调查各厂商内容一节，自当照办。至该项调查费用每件酌收四万元，除按所员优惠办法应免费调查五件外，其余卅六件共为一百四十四万元正。相应复请查照，并请对该项调查报告书依敝所业务简则第八项之规定，予以守秘，切勿对外发表，统希见复，以便办理为荷。此致

上海证券交易所

联合征信所（章）启

中华民国卅六年四月三日

函二

迳启者，本年四月二日字第号调查委托书托查之件，现已竣妥。随函奉上沪查字第三八四五号调查报告书一份，至希察收密洽，并赐指正为荷。此致上海证券交易所秘书室

本件应收到调查费四万元，请惠付。

联合征信所启

中华民国卅六年五月十五日

财政部直接税局请调查国营事业及官民合办事业函（1948年2月13日）

财政部直接税局函请查示国营事业及中央政府与人民合办之营利事业单位名称地址负责人信资本额由　　　　民国卅七年二月十三日

财政部上海直接税局公函　申直五字第〇四一六号

中华民国卅七年二月七日发

查本局经征特种营业税，为谋严密控制单位起见，拟请贵所惠予查明国营事业及中央政府与人民合办之营利事业单位名称、地址、负责人及营业资本额，列单见示，以资参考。相应函达，即希查照办理见复，至纫公谊。此致

上海联合征信所

局长　黄祖培

四联总处关于调查开明书局等事致联合征信所函（1948年3月13日）

请速调查下开十书局（一）承印教科书数量及价值，（二）现存印刷材料数量及价值，（三）最近财务收支概况，（四）借款用途，（五）印刷厂规模及工作情形，（六）各地发行网设置情形，分别

编置〔制〕调查报告，并请于一星期内完成。

（一）开明书局

（二）大中国书局

（三）新亚书店

（四）广益书局

（五）北新书局

（六）中联印刷厂

（七）儿童书局

（八）独立出版社

（九）胜利出版社

（十）中国文化服务社

（十一）中国印书馆印铸厂

此致

联合征信所

中中交农四行联合办事处（印）

中华民国卅七年三月十三日

中国农民银行上海分行关于调查保证人事致联合征信所函（1948年5月31日）

迳启者，兹随函检奉敝行职员杨士英、陈绍赓、李昭、赵鸿勋、陈思彦、曹友农、汤和哉等七人对保证明书，保证调查表各二份。至请惠予按照调查列所列保人地址，代为查对掷还。所有调查报告书并请每人填送二份为荷。此致

联合征信所

附件

中国农民银行上海分行

37.5.31

中国农民银行上海分行致联合征信所函（1948年7月21日）

Q78－2－16486－32 迳启者，兹随函检奉敝行职员叶家宝、程锡沅、许可法、王锦堂、杨镜泉、王爱之等六人对保证明书、保证调查表各式份，即希惠予按照调查表所列保证人地址详予查对掷还见复。如另填调查报告书，并请各别填具二份，以敷存转为荷。此致

联合征信所

附件

中国农民银行上海分行

37.7.21

中国航联产物保险公司为调查茂隆公司事致联合征信所函（1948年9月2日）

执事先生：

兹恳者，鄙人承友人之托，拟调查下开公司之：1. 经理何人；2. 资本；3. 信誉如何；4. 华人抑西人的经营；5. 其他（愈详尽愈好）。

"茂隆公司（九江路一五〇号）西文名：MaoLong & Co. Ltd."

上周曾寄上一函，未蒙赐复. 故再作此函，即希早日示复为幸.

专此. 即颂

台绥

钱公侠　顿首

八月卅一日

又：应付手续费若干，请开发票可也。

交通银行上海分行函请联合征信所代调查个人资信（1947 年 11 月～1948 年 5 月）

交通银行函请调查陈本元君等 11 人资信（1947 年 11 月 24 日）

迳启者，兹将陈本元君等十一人之职业暨营业地址详列清单一份随函附奉，至希查收，请分别代为查其资信，并盼即日撰填报告书寄掷为荷。此致

联合征信所

交通银行上海分行启

交字第一九五三号

中华民国卅六年十一月二十二日

请代调查资信名单

姓名或商埠	职业职份或商号营业种类	地址	附注
陈本元	信和纱厂厂长	上海莫干山路第十号	
陈忠栋	闽财仪器制面厂店东	上海建国西路四五六弄廿一号	
冯仲图	中国银行总行会计课账务股股长	上海汉口路中南银行	
俞百禄	万祥机器工程公司经理、人人企业公司业务襄理	上海博物院路一三一号四楼	俞君住址在东大名路七三七弄五号
吴瑞成	大同银行	上海大同银行	
三光电子管灯厂	制造灯管	上海江西睡一七〇号汉弥尔登大楼第二二四室	经理沈尚贤
潘大年	太昌企业有限公司经理	上海中汇大楼六二〇号	
源祥五金号	五金	上海仁记路一一九号三楼四十室	经理周秉辉

（续表）

姓名或商埠	职业职份或商号营业种类	地址	附注
金保赤	中国银行秘书	上海外滩二十三号中国银行	
刘延青	茂生棉业总公司会计科副主任	上海中正路河南南路中汇大楼一楼一〇七室	
杨濂	怡丰总行文书	上海中汇大楼一〇四室	

交通银行上海分行函请调查朱钟清等7人资信（1948年1月14日）

迳启者，兹将朱钟清等七人之职业暨营业地址详列清单一份随函附奉，至希查收。请分别代为调查其资信，并盼即日详填报告书寄掷为荷。此致

联合征信所

交通银行上海分行启

交字第五一号

中华民国卅七年一月十四日

请代调查资信名单

姓名或商埠	职业职份或商号营业种类	地址	附注
朱钟清	欧冶化学工业厂总经理	上海徽宁路一八三号	
亚洲纺线厂	纺线厂	上海西康路一〇〇弄一五〇号	经理傅迪臣
赵芸阁	太平保险公司秘书	上海江西路二一二号	
郑世贤	大北电报公司	上海戈登路戈登别墅三十一号	
殷焕之	四川建设银行上海分行副理	上海（〇）区江西中路四百五十号	
陈寿丹	江海关帮办	三马路外滩	
杨耀曾	大中银行业务部副理	上海河南路	

交通银行上海分行函请调查李吟园等5人资信（1948年2月13日）

迳启者，兹将李吟园等五人之职业暨营业地址详列清单一份随函附奉，至希查收。请分别代为调查其资信，并盼即日详填报告书寄掷为荷。此致

联合征信所

交通银行上海分行启

交字第一八五号

中华民国卅七年二月九日

请代调查资信名单

姓名或商埠	职业职份或商号营业种类	地址	附注
李吟园	四明银行储蓄信托部营业科副科长	上海南京东路四七〇号	陈耀宗查
莫允昌	浙江建业银行信托部副经理	上海山西路二二六号	吴毓驹查
徐钊初	厚新棉业分所经理	上海河南路天津路永利大楼三〇七号	邵国梁查
郦汉卿	鸿兴纸号经理	上海戈登路昌平路新徐村十八号	王福晖查
张尚文	中央信托局会计处账务科主任	上海圆明园路八号	陈耀宗查

交通银行上海分行函请调查沈麟玉君等4人资信(1948年2月28日)

迳启者,兹将沈麟玉君等四人之职业暨营业地址详列清单一份随函附奉,至希查收。请分别代为调查其资信,并盼即日详填报告书寄掷为荷。此致

联合征信所

交通银行上海分行启

交字第二三三号

中华民国卅七年二月廿七日

请代调查资信名单

姓名或商埠	职业职份或商号营业种类	地址	附注
沈麟玉	中央银行经济研究处专门委员	上海中山东一路十五/廿四号	顾
刘应吕	远东产物保险公司协理	上海九江路四十五号三二二室	廖
卢绪章	民孚企业公司总经理	上海大西路一〇六四弄一五三号	蔡
吴仲钧	金城银行总行襄理	上海金城银行总行	陆

交通银行上海分行函请调查唐泽南等5人资信(1948年3月13日)

迳启者,兹将唐泽南等五人之职业暨营业地址详列清单一份随函附奉,至希查收。请分别代为调查其资信,并盼即日详填报告书寄掷为荷。此致

联合征信所

交通银行上海分行启

交字第三一〇号

中华民国卅七年三月十二日

附件

请代调查资信名单

姓名或商埠	职业职份或商号营业种类	地址	附注
唐泽南	上海联华化学厂厂长	上海梵王渡路三六〇号	
王翔云	南通大生纺织公司财务组长	上海南京路四八〇号保安坊四楼	
王子厚	东莱银行经理	上海天津路第五十八号	
三丰南货号	南货	上海东大名路一一八一号	经理倪荣廷
王作霖	复昌祥颜料号常务董事	上海四川南路(天主堂街)祥裕里	

交通银行上海分行函请调查席涵深等198人资信(1948年3月19日)

迳启者,兹将席涵深等一九八人之职业暨营业地址详列清单一份随函附奉,至希查收。请分别代为调查其资信,并盼即日详填报告书寄掷为荷。此致

联合征信所

交通银行上海分行启

交字第三四三号

中华民国卅七年三月十九日

附件

请代调查资信名单

姓名	职业职务	服务处所地址	备注
席涵深	中法工商银行华经理	上海外滩中法银行	
卢少堂	公平洋行华经理	上海仁记路公平洋行四楼四〇一号	
范鹤言	中央银行秘书处副处长	上海外滩十五号	上海新闸路1423号
朱昆涛 仲甫	中央银行秘书处秘书兼机要科主任	上海中央银行部行	上海极司非尔路96号内120号
王衡　植之	中央银行稽核	上海外滩廿四号	上海圆明园路34号
李家禾	中央银行总行秘书处机要科领组	上海外滩十五号中央银行秘书处	
谈杏林	中央银行秘书处电信科办事员	上海外滩廿四号五楼	
丁竹雪	中央银行办事员	上海外滩十五号中央银行业务局	
蔡廷芝	中央银行业务局保管科副主任	上海外滩十五号	上海四川北路余庆坊四十七号
潘燕甫	中央银行业务局办事员	上海外滩十五号	上海老靶子路二五〇弄七号
吴长赋	中央银行业务局副局长	上海外滩十五号	

（续表）

姓名	职业职务	服务处所地址	备注
严椿林	中央银行业务局襄理	上海外滩十五号	
黄启堉	中央银行业务局襄理	上海外滩十五号	上海康定路四一八弄十六
徐良才	中央银行业务局襄理	上海外滩十五号	上海英士路慈寿里南一号
薛松龄	中央银行业务局襄理	上海外滩十五号	
张铭　季文	中央银行业务局秘书科副主任	上海外滩十五号	
林颂椒	中央银行业务局文书科撰拟组领组	上海外滩十五号	
章万生	中央银行业务局文书科领组	上海外滩十五号	上海林森路四明里七十四号
金问源 敬渊	中央银行国库局襄理	上海外滩	
奚炎　勉之	中央银行发行局副局长	上海外滩廿四号一楼	上海惇信路一〇六号A
田南山	中央银行发行局文书科副主任	上海中山东一路廿四号	
王卿照	中央银行发行局出纳科副主任	上海中山东一路廿四号	上海山阴路大陆新邨卅九号
徐宗勃	中央银行发行局印制科副主任	上海外滩	
安震宇	中央银行发行局办事员	上海外滩	上海哥仑比亚路义新邨十五号
傅宗岳 申伯	中央银行国库局保管科副主任	上海外滩廿四号	上海狄思威路兰心里十一号
王家瑛	中央银行国库局存汇科副主任	上海外滩廿四号	
张云鹏	中央银行国库局收税处副主任	上海中山东一路江海关内	
王炯吾	中央银行国库局文书科办事员	上海外滩廿四号	
刘棣华	中央银行人事处考核科主任	上海中央银行	
汪韵南	中央银行人事处文书科副主任	上海外滩	
黄景	中央银行稽核处审核科主任	上海外滩廿四号	上海山阴路大陆新村四十八号
王哲初	中央银行稽核处	上海外滩廿四号	
金国宝 侣琴	中央银行会计处处长	上海外滩	上海福熙路光明村十六号
顾祖铭	中央银行会计处专员	上海外滩	
张成让	中央银行会计处岁计科主任	上海外滩廿四号	上海巨赖达路秀德坊一号
谈开章	中央银行会计处联行账务科副主任	上海外滩中央银行	上海海格路福熙路本行宿舍
归集芗	中央银行会计处文书科办事员	上海外滩廿四号	

（续表）

姓名	职业职务	服务处所地址	备注
顾葵葆	中央银行设计委员会专员兼美金公债上海募捐委员会统计处主任干事	上海外滩十五号	
陈舜　钦舜	中央银行设计委员会专员兼发行局出纳主任	上海中山东一路 24 号 1 楼	永嘉路 47 弄 1 号
沈葆藩	中央银行稽核处文书科主任	上海外滩廿四号	茂名路德庆里一弄十五号
杨蔚　文若	中央银行经济研究处协纂	上海外滩廿四号	
陈彩章	中央银行经济研究处专门委员	上海外滩廿四号	
邬志陶	中央银行经济研究处专门委员	上海中央银行	
王恩嘉	中央银行巿放委员会专员	上海外滩廿四号	
邬耀庭　其祥	中央银行出纳科副主任	上海外滩十五号	江湾路林肯坊二十号
金保赤	中国银行秘书	上海外滩廿三号	上海梵皇渡中行别业
孙浩煊　宇刚	中国银行总管理处秘书	上海外滩廿三号三楼三二六室	
项毓嘉　早甫	中国银行总管理处助理秘书	上海外滩	
陈隽人	中国银行总管理处赴外稽核	上海外滩廿三号	上海中正路 1181 号
陈翰葆　文伯	中国银行总管理处业务管理室副稽核	上海外滩廿四号七楼	上海成才路 503 弄修德新邨 18 号
陈长桐	中国银行国外部经理	上海外滩	
席德鉴　颂平	中国银行国外部副理	上海外滩廿三号	
王立楷	中国银行总处储蓄部副理	上海外滩中国银行	
胡永仁	中国银行办事员	上海外滩仁记路	上海静安寺路成才路中行宿舍
刘芳春	中国银行办事员（驻盐贷银行团办事）	上海外滩	上海苏州河路中行仓库五楼五〇二号
俞九恒	中国银行沪行副理	上海中山东一路廿三号	上海中正西路 959 号
朱学豫	上海中国银行副经理	上海中山东一路廿三号	上海极司非尔路中行别业四号
李金夫	中国银行上海银行会计副主任	上海中山东一路廿三号	
李叔明	中国农民银行总经理	上海外滩	
顾贞祥	中国农民银行总处信托部副理	上海外滩十六号二楼	上海虹口宝安路恒盛里四十九号
洪赉成	中国农民银行信托部副理	上海外滩十六号	
陈鸿振	中国农民银行信托部襄理	上海外滩十六号	

（续表）

姓名	职业职务	服务处所地址	备注
丁夷年	中国农民银行信托部会计股主任	上海外滩十六号	
金祖荣	中国农同银行信托部行员	上海外滩十六号二楼	
葛天豪	中国农民银行总处专员	上海外滩十六号	上海狄思威路宝安路恒盛里四十八号
唐强南	中国农民银行驻上海区食盐贷款银团稽核课课长	上海中国农民银行上海分行转	
顾泽之	中国农民银行上海分行副理	上海中山东一路十六号	上海爱文义路 984 号
孙经镶	中国农民银行上海分行副理	上海中山东一路十六号	上海静安寺路斜桥弄天亲坊 21 号
董维城	中国农民银行上海分行副理	上海中山东一路十六号	上海爱文义路 984 号
汤克湘	中国农民银行上海分行农贷主管	上海中山东一路十六号	
叶全德	中国农民银行沪行出纳主任	上海外滩十六号	
刘仁斋	中国农民银行沪行营业主任	上海外滩十六号	上海慕尔鸣路昇平街四十一弄八号
韦少农	中国农民银行上海电台长	上海外滩十六号	狄思威路恒盛里三十五号
吴任沧	中央信托局局长	上海外滩	
刘文廷	中央信托局会计处副处长	上海圆明园路八号	
高松	中央信托局会计处统计科主任	上海圆明园路八号	
钱祖龄	中央信托局秘书处处长	上海圆明园路八号	
方广松	中央信托局秘书处组长	上海圆明园路八号	上海山阴路积善里三号
顾仲甫	中央信托局信托处主任	上海圆明园路八号	上海茂名路昇平弄永磁青里四十号
过鼎新	中央信托局信托处会计科副主任	上海圆明园路八号	
屈权略	中央信托局技士	上海圆明园路八号	
钱颂祺	中央信托局储蓄处违储科主任	上海天津路二号	
盛承业	中央信托局地产处专员	上海广东路八十六号	上海建国西路 619 弄七号
龚珍	中央信托局代理出售政府物资财产委员会专员	上海圆明园路八号四楼	虹口山阴路留青小筑廿八号
蔡正性	中央信托局代理出售政府物资财产委员会专员	上海广东路 86 号	上海慕尔鸣路 230 弄 7 号
李铭	中央信托局人寿保险处副主任	上海中正路 204 号	
魏鉴斋	邮政储金汇业局营业课兑款股股长	上海九江路卅六号	上海东宝兴路 160 号邮汇局宿舍

（续表）

姓名	职业职务	服务处所地址	备注
陆荣光	中央合作金库副总经理兼信托部经理	上海四川中路 223 号	
周建洪	中央合作金库总库专员	上海宁波路九号	
宋润忠	中央合作金库信托部专员	上海四川中路 223 号二楼	
冯虚受	中央合作金库信托部襄理	上海四川中路 223 号	
王士峨	中央合作金库信托部会计课长兼保险科长	上海四川中路 223 号	
童泉如	社会部全国合作社物品供销处东南分处副主任	上海外滩 23 号十一楼全国合作供销处	
秦曙声	四行储蓄会会计师兼总稽核	上海静安寺路 170 号	上海古拔路古柏公寓十二号
胡国昌	四行储蓄会西区分会出纳主任	南京西路一七〇号	富民路 197 弄 23 号
潘启瑞	四行储蓄会信托部复核	上海四川路 61 号	上海古拔路古柏公寓 74 号 B1 号
余祖润	四行储蓄会西区分会主任	上海南京西路 170 号	上海富民路 197 弄 18 号
王以仁	四行储蓄会总会庶务股长	上海派克路	上海古拔路古柏公寓二十七号
谢晋祁	四行储蓄会信托部仓库经理	上海光复路 21 号	富民路 197 弄得好号
周乃伟	四行储蓄会副理	上海汉口路四川路口	古拔路古柏公寓
徐寿柏	四行储蓄会出纳领组	上海汉口路四川路口	
李月秋	四行储蓄会沪会会计	上海四川路汉口路口	
沈钫	中央储蓄会经理	天津路二号	施高塔路兴业坊四十七号
杜维藩	中国通商银行上海分行副理	外滩七号	林森路 509 号
韩忠元	中国通商银行上海分行会计主任	外滩七号	
庞安民	中国通商银行上海分行经理	外滩七号	
汤授武	中国通商银行董事会秘书	外滩七号	
林德兴	中国通商银行营业主任	外滩七号	
严家熊	中国通商银行总行储蓄部襄理兼信托部襄理	河南中路 390 号	
顾如鼎	中国通商银行总行专员	外滩七号	霞飞路支行楼上
乌崖琴	中国通商银行总务处副处长	外滩总行	白克路聚兴坊 14 号
丁葆瑞	中国通商银行业务部经理	外滩七号	
王宝康	中国能商银行总行总务处长兼天津分行经理	外滩七号或天津中正路四十四号	

（续表）

姓名	职业职务	服务处所地址	备注
杜月笙	中国通商银行董事长	中山东一路七号	
马叔蔚	中国通商银行总行办事员	中山东一路七号	
张振尧	江苏省银行副总经理兼业务部经理	江西路 371 号	
凌颂如	江苏省银行信托部经理	江西路 371 号	复兴中路 674 号
严良初	江苏省银行储蓄部经理	江西路 371 号	南阳路介福里四号
韩闻痌	江苏省银行总行稽核处处长	江西路 371 号	金神父路金谷村五十九号
孙敬熙	江苏省银行总行稽核	江西路 371 号	
卢福田	江苏省银行总行业务部副理	江西路 371 号	
齐绍楹	江苏省银行总行信托部副理	江西路 371 号	
张恒春	江苏省银行总行稽核处账务组长	江西路 371 号	
王祖光	江苏省农民银行上海信托分部副理	北四川路八四八号	北四川路虬江路宏丰坊八十号
张子方	中南银行总行秘书	三马路一一〇号	愚园路 669 弄 166 号
丁蘧青	中南银行总行秘书	三马路一一〇号	愚园路渔光邨一六六号中南宿舍
王亚农	中南银行总行襄理	汉口路	愚园路渔光邨一七〇号
沈长明	中南银行业务部副理	汉口路	
鲍善钧	中南银行总行业务部襄理	汉口路一一〇号	
裴延九	中南银行总行稽核室主任	汉口路一一〇号	中正中路模范村五十二号
黄克宽	中南银行总行襄理兼会计主任	汉口路一一〇号	愚园路渔光邨一六四号
魏和甫	中南银行储蓄部襄理	汉口路一一〇号	愚园路渔光邨二〇〇号
冯仲图	中南银行总行会计课账务股股长	汉口路一一〇号	
李剑池	中南银行总行事务处主任	汉口路	福熙路模范村五十九号
任乾	中南银行静安寺路行经理	静安寺路	赵主教路大通别墅九号
徐国懋	金城银行上海总行经理	江西路二〇〇号	愚园路 1107 号
吴仲钧	金城银行上海总行襄理	江西路二〇〇号	南京西路金城别墅十五号
李文伯	金城银行专员	江西路二〇〇号	
殷纪常	金城银行副经理	江西路	
张律均	金城银行副经理	江西路二〇〇号	安远路 290 弄 51 号
钱珽	金城银行国外部副理	江西路二〇〇号	林森路 1958 弄 1 号

（续表）

姓名	职业职务	服务处所地址	备注
许玉成	金城银行总行秘书	江西路二〇〇号	
茅渭文	金城银行总经理处文书	江西路二〇〇号	安远路金城里十号
袁左良	金城银行顾问及监察人	江西路二〇〇号	思南路五十一号
张德本	金城银行静安寺路行经理	静安寺路	
许俊堪	大陆银行总务处秘书	九江路	
邬玗青	大陆银行襄理	九江路一一一号	愚园路1050弄15号
邹润甫	大陆银行襄理	九江路一一一号	山阴路淞云别业五号
朱千里	大陆银行襄理	九江路一一一号	山阴路留青小筑二十五号
王福臻	大陆银行襄理	九江路一一一号	极司非尔路信义邨二号
石補成	大陆银行稽核主任	九江路一一一号	
万寿徵	大陆银行上海储蓄部第一领组	九江路一一一号	南京路慈椒大楼大陆宿舍
盛治华	大陆银行总经理处会计课主任	九江路一一一号	南京路慈椒大楼三五〇号
常汝凯	大陆银行林森路支行总账	林森路	
张翼超	大陆银行上海储蓄信托部总账	九江路一一一号	
蔡铭之	大陆银行第二支行经理	霞飞路	
徐谢康	上海商业储蓄银行副总经理	江西路宁波路口	毕勋路112弄一号
倪文硕	上海商业储蓄银行董事兼总行襄理	宁波路	
袁润卿	上海银行霞飞路分行襄理	霞飞路	福履里路祁齐路东建业里东六弄七二号
朱汝谦	上海银行总行业务处经理		林森中路899号23号
时宜新	上海银行总行业务处设计科主任	宁波路五十号	
李斌耀	上海银行业务处审核科主任	宁波路五十号	
潘绍诚	上海银行总行检查员	宁波路五十号	
吕锡麟	上海银行徐家汇分行经理	林森中路1946号	长乐路611弄17号
赵汉生	上海商业储蓄银行董事	宁波路五十号	
盛宗才	上海商业储蓄银行提篮桥分行经理	提篮桥	建国西路124号
倪棉庭	浙江兴业银行总稽核	北京东路	要森中路1285弄21号
岁敬豫	浙江兴业银行总行稽核	北京路二三〇号	祁门路824弄14号
金焕章	浙江兴业银行总秘书	北京路二三〇号	
叶景葵	浙江兴业银行董事	北京路二三〇号	

（续表）

姓名	职业职务	服务处所地址	备注
胡坤	浙江兴业银行常务董事	北京路	西蒲石路1240号
华汝潔	浙江兴业银行上海总行副经理	北京路二三〇号	马当路振华里新四号
张光衡	浙江实业银行襄理	福州路一二三号	白尔路大康坊17号
孔绶蘅	浙江实业银行董事外汇部经理	福州路一二三号	中正路930弄24号
陈选珍	浙江实业银行经理	福州路一二三号	静安寺路斜桥路天乐坊十五号
金钟灵	浙江实业银行业务部副理	福州路一二三号	顺昌路大康坊九号
张景洋	浙江实业银行总行信托部业务科主任	福州路一二三号	
奚伦	中国实业银行总经理	北京东路130号	番愚路53号
何其兴	中国实业银行总务处副处长	北京东路130号	威海卫路威凤里三号
徐承郯	中国实业银行副经理	北京东路130号	
胡巨川	中国实业银行总行稽核	北京东路130号	
李大纬	中国实业银行总行总务处处长	北京东路130号	威海卫路威凤里三号
贾少平	中国实业银行总行业务部专员	北京东路130号	
吴子坚	中国实业银行总行文书课长	上海	
沈麟振	中国实业银行金陵路支行副理	金陵路428号	
黄震生	中国实业银行文书副主任	北京路130号	
包培之	中孚银行协理	滇池路中孚银行	
吴从光	四明银行总行协理	上海北京路240号	亚尔培路西爱咸斯路逸安里五号
叶启章	四明银行总行业务部代经理	上海北京路240号	
葛良飞	四明银行上海分行副理	上海北京路240号	茂名南路133弄14号
程兰孙	四明银行信托部副理	上海北京路240号	爱多亚路1338号
方汝成	四明银行南京支行经理	南京路四七〇号	孟德兰路九福里十号
张景吕	国华银行总稽核	北京路	五原路76弄8号
唐仁育	国华银行业务部副理	北京路	慕尔鸣路昇平街鸣远里14号
朱祖林	国华银行总行襄理	北京路	
周楠	国华银行襄理	北京路	赵主教路华一十六号
姚应龄	国华银行储蓄信托部经理	北京路342号	五原路74号

交通银行上海分行函请调查朱卓贤等 11 人资信(1948 年 4 月 8 日)

迳启者，兹将朱卓贤等十一人之职业暨营业地址详列清单一份随函附奉，至希查收。请分别代为调查其资信，并盼即日详填报告书寄掷为荷。此致

联合征信所

交通银行上海分行启

交字第四三九号

中华民国卅七年四月六日

附件

请代调查资信名单

姓名或商埠	职业职份或商号营业种类	地址	附注
朱卓贤	恒巽钱庄总经理	上海南京东路德庆里	
陈文笙	顺成号进出口行经理	上海北京东路清远里廿六号	
陈建全	大有盐号会计主任	上海南京东路慈椒大楼六〇四号	
夏大栋	意中商业银行经理	上海中正东路一五〇号	
徐文承	中央银行工程师	上海外滩十五号	
徐鹿君	中南银行总行储蓄部经理	上海汉口路一一〇号	住上海中正路六三二弄一〇五号
梁南山	南亚企业公司协理	上海四川中路二一五号农工大厦二一四室	住上海愚园路一〇五〇弄五三号三楼
吴焕文	光中染织厂	上海天津路四四弄七号	
罗时驾	中国银行总处储蓄部	上海外滩二十三号	
罗光绪	中国纺织公司上海第十二厂总务课课长	上海杨树浦路腾越路一九五号	住上海杨树浦路隆星路五四一弄七十七号
顾海滨	华中纱厂经理	上海中汇大楼五一八号	

交通银行上海分行函请调查吴震等 6 人资信(1948 年 5 月 14 日)

迳启者，兹将吴震君等六人之职业暨营业地址详列清单一份随函附奉，至希查收。请分别代为调查其资信，并盼即日详填报告书寄掷为荷。此致

联合征信所

交通银行上海分行启

交字第六四九号

中华民国卅七年五月十三日

附件

请代调查资信名单

姓名或商埠	职业职份或商号营业种类	地址	附注
吴震	善后物资供应总库事务组主任	上海四川中路一八五号	吴君住上海五常路大东邨五号李宅
罗云祥	重庆四福贸易行申庄经理	上海北京路庆顺里二十三号	
张振尧	江苏省银行副总经理	上海江西中路三七一号	
顾乃登	四明银行总行储信部副经理	上海南京路虹庙弄口	顾君住上海昆山路东长安里一〇六号四楼
武书麟	浙江兴业银行总行副理	上海北京东路	
宗孝杰	上海工业银行副总经理	上海四川中路四四〇号	

四联总处关于市况调查致联合征信所函电(1947年12月～1948年8月)

四联总处快邮代电(1947年12月12日)

京统字第21026号

上海联合征信所：十一月份市况简报暨附件均已洽悉。所附每日商品价格表嗣后可改列千元为单位。即希查照办理为荷。

四联总处秘书处

亥真　廿　京统(章)

中华民国卅六年十二月十一日

四联总处快邮代电(1948年2月9日)

京统字第23018号

为请逐日电话报告沪市港汇行市由

上海联合征信所：本处亟需明瞭沪市港汇行市以供参考。请于对南京征信所逐日电话报告行情时加列是项报告。除分电南京分所外，即希查照办理为荷。

四联总处秘书处

丑虞　一九　京统(章)

中华民国卅七年二月七日

四联总处统计科致联合征信所函(1948年5月26日)

京编发字第169号

函请查明最近沪市猪肉价格较南京为低且无甚变动原因由

迳启者，查贵所征信新闻所载最近猪肉价格较京行市为低，且无甚变动，拟请查明原因见复为荷。此致

上海联合征信所

四联总处秘书处统计科启

五月十五日

联合征信所复四联总处统计科函稿(1948年5月26日)

迳复者，接准贵科京编(发)字第169号大函，以征信新闻所载猪肉价格较京市为低，且无甚变动，嘱查明原因见复等由。查本所征信新闻内列商品前已略有调整，猪肉一项业自四月十六日起取销。相应函复，即请查照为荷。此致

四联总处秘书处统计科

组戳　启

四联总处快邮代电(1948年6月5日)

京统字第26444号

电希按日查报外汇结汇证明书买卖行市及短期国库券开拍行情由

上海联合征信所：查外汇结汇证明书买卖行市及短期国库券开拍行情，本处亟需明瞭，即请贵所按日查报贵南京分所所转报本处参考。除分电京分所外，即希查照办理为荷。

四联总处秘书处

巳支　卅一　京统(章)

中华民国卅七年六月四日

四联总处快邮代电(1948年6月7日)

京统字第26573号

电希仍按日快寄上海对各大都市内汇汇率调查日报表由

上海联合征信所：查贵所所送上海对各大都市内汇汇率调查日报表，自六月一日起即未报送。除请补报外，仍希按日快寄本处统计科，以供参考为荷。

四联总处秘书处

巳佳　十　京统(章)

中华民国卅七年六月九日

四联总处快邮代电(1948年7月7日)

京统字第27566号

电希查明美亚新旧股票折算比例由

上海联合征信所：查贵所征信新闻所载华股美亚行情六月廿六日为八、三七〇万元，七月三日为二二一万元，相差甚钜。即请查明原因，如系换股票并请将新旧股折算比率一并查复为荷。

四联总处秘书处

午鱼　七　京统(章)

中华民国卅七年七月六日

联合征信所致四联总处快邮代电稿(1948年7月7日)

沪联字第4018号

四联总处秘书处：

午鱼七京统代电敬悉。查本所六月廿八日即星期一第七五七期新闻所载之美亚开盘行情一六五九元，系按六月二十六日收盘行情八三七〇元五十分之一折算。因是日美亚已换新股上市，其新旧折算第以五〇元作一元。此种变动已于六月二十一日行情日报中予以说明。准电前由，相应复请查照为荷。

联合征信所新闻组（齐）叩

四联总处快邮代电（1947 年 7 月 3 日）

京统字第 14351 号

电复准按期寄送赣所金融周刊由

上海联合征信所鉴：接准六月二十八日沪联字第一七九四号代电，以南昌征信所请按期寄送金融周刊以供参考等由。自可照办。除将该刊按期迳寄一份外，相应复请查照为荷。

四联总处秘书处

午江　四　京统（章）

中华民国卅六年七月三日

联合征信所关于币制改革后市场状况调查报告(1948 年 8～11 月)

联合征信所调查报告书(1948 年 8 月 22 日)

联合征信所调查报告　中华民国 37 年 8 月 22 日

币制改革后上海市场的反应

自币制改革消息，于二十日正式宣布后，本市金融商品各主要市场，均同时奉令停业二天，致二十与廿一日两日，本市所有商品之正式交易，均陷停顿，仅场外喊价或见零星做开，综其趋势，均尚平稳。兹将本市二日来之情况，分志于后：

甲、金融市场

华股：二十日晨奉令停市后，因复业须待政院令后之核准，故十九日以前所有进出交易，业内纷办交割事宜，二十日场外行情，仅开永纱、美亚、新光、景福等数热门，价格一致剧泻，永纱十九日后市收盘为法币一五二八〇元，廿日晨一路下泻至一万一千余元，喊价异常混乱。廿一日因公债坚昂，带好甚多，永纱初开一四三〇〇元，一度高喊至一四八〇〇元，午后终退至一四五〇〇元，较十九日午后收市，下挫七八〇元。

外股：早经停市久无交易。

公债：远自上周起，统债市况即已飞黄腾达，十九日午收，丙种已高至二五七万元，二十日晨制改革消息公布后，人心尤奋，场外喊价激烈飞升，逐步砌高至四百万元。廿一日继续上挺改以金圆券为报价单位，初开丙种为一元与一元〇二分，旋以吸力增厚，直挺至一元六角与一元六角二分，折合法币，为四八六万元，较十九日午收，猛升二二九万元，计上涨九成。

乙、商品市场

棉花：二十日周浦籽花喊价九二〇〇万元，廿一日喊低至八八〇〇万元，较十九日之九七〇〇万元大约下挫一成。

棉纱：二十日晨币改消息公布后，场内奉令停业，场外仍有少数做开，但喊价疲软，较十九日午收价约抑低一成以上，此因缺单者为轧现起见，惟有忍痛斩杀。21支双马每件曾喊小至金券七百元左右，因需现款交割成效极少。午后人心稍定，市较午前坚定，喊价稍行提高，42支蓝凤下周一出喊九四〇元至九六〇元，32支缎月喊七四〇元至七五〇元，21支双马喊七二〇元、七三〇元，20支金城双马六五〇元、六六〇元，20支天女六八〇元，以上均为下周一贷款交割。廿一日场内仍无市面，以经警四周密布，场外则仍有喊价，42支蓝凤喊一千元，21支双马七二〇元至七四〇元，称为下周一交割价。

棉布：布市二十日场外反应，尚称良好，因行庄休假，成交寥寥，惟隔昨场外交易，多空亟求了结，龙头最高为八元半金圆券周一期成交，津帮先来吐售，步至廿五元及廿六元脱，后止吐转吸，稍见回升。龙头喊升七元，四君子元哔吱喊廿六元，较十九日午收俱约挫一成许，人心带虚，二十一日交易益稀，龙头喊廿七元卖出，四君子元哔吱廿五元有成交。

食米、食油、杂粮、面粉：食米二十日起，南北二市场一致休市，批发交易，陷于停顿，门售价格混乱异常。二十二日社局悉称定将食米价格，最高粳五千七百万元，但实际情形仍异常混乱，据各晚报之报道，自六千万至八千万，白粳标价六千五百玖十万元，对市府与社之限价亦云大，均已超过。食油面粉杂粮，二日间亦均奉令停市，业中人多呈观望态度，致除面粉于场外略有做开外，余均沉静，市间买卖两稀。

人丝：二十日场外交易稀少，大都均为办理多空交割，二十、廿一两日，天桥喊价均约三十二亿元，络□三十一亿至三十一亿五千万元，或有成交，惟为数仅一二箱而已，较周四挫一亿余元。

绸：华强被面，二十日场外喊价十八亿元，曾低至十六亿五千万元，略有成交，廿一日仍喊十八亿元，以十七亿九千万元做开，为数仍微，且下周一期票，较周四下跌二成左右，然众人同承，报价单位廿一日起已有改为金圆券者，惟积习难改，仍必先暗计法币然后为乘折合。

西药染料：廿日两市茶会，到者尚多，均来探听行情，喊价则俱较十九日收市价下挫一成光景，而□正式成立，门市售价仍维持十九日市价，染市则大桥硃每听金圆券十一元，中中孚硫化□每担金圆券一百十六元六角七分，稍有成交。廿一日交易以现款为限，拒收支票，致市况无形清淡，门售价转坚未办动，批发陷于停顿于无形中，售价与廿日不分荣辱。

五金：亦然无烟煤开，均趋观望，一般心理均虚，佥报廿三日虽或低跌成份较多，二日来□□，周后场外均无交易。

卷烟、日用品：二市亦奉令停业二天，同业场外交易，略有做开。但人心慌乱，喊价疲软，二十日固本皂喊七千七百万，黄祥茂喊六千八百万，十支大英喊十亿一千万，老刀七亿一二千万，□□火柴喊三亿六千万，略有成交。21日人心反应仍淡，场外暗股另星仍有做开，两相约定均与廿日相仿。

□□各货：兽毛、肠衣、毛□等连日场外略有成交，喊价则盘十九日无甚起落，（以下数十字模糊不清）……需视国外市场情形而定，□□□□□□现金，成交其少，□□□□□方能繁盛。

生丝：生丝自市场停止交易后，业内人以币制改变，□有利外销，人心稳定，成交乐观。场外虽□E级求售，喊价为四十一亿元，惟无成交。廿一日中午，瑞商美昌得行买进D级二千担，周一□□，每镑六六二元九角，折合国币四十六亿元，□价交易，□□□□□余则众人□□。

茶叶桐油猪鬃：二十与后一两日均无市，复以币制改革□，国际与外汇换算准备金十九日沪汇交易市价增□□□九五·十，故猪鬃行情，周一上市后亦将上升，今日虽经正式交易，人心虽已一致□□□……

联合征信所调查报告书(1948年8月30日)

联合征信所调查报告书　中华民国三七年八月卅一日发出

(甲) 金融部分

金圆券发行迄已一周，市场反应良好，利率一路疾降，今起行庄给钤恢复拆放，而央行因收兑金银外币，流出金圆券为数亦钜，故银根愈趋松滥，加以市场管制綦严，物价形成呆滞状态，货帮需单寥寥，而头寸供源日增，致市场利率继续下跌，除一二帮头外，今日最高祗做九分，问津乏人，普通在七八分之间。又本月行局差出一百十万元，外商差进二二万元，省市暨商业行庄差进八万元。

(乙) 商品部分

本日商品市场虽明平暗坚之势，已因当局加强管制，局部略趋缓和。棉纱、人丝因纺建与中信局之配售充裕，场内做开极稀，虽人心仍坚，执主鲜愿以限价脱手，但场外喊做，则几濒绝迹，尤以面粉业传闻栈单限期出货，各档下跌三角至六角不等，食油亦因限制出口，市况转趋呆定，生菜油且轧跌一元。

至于棉布、食糖、卷烟、纸张等，均以实销畅旺，市况坚俏异常，场内做价，虽始终保持“八一九”之限度，但暗中则有贴价之传说。据悉，萍乡烟煤今日场外成交价为九十四元，较每吨八十二元之限价，超出十二元。

其余在限价内有正常成交者，为食米、杂粮、肥皂等，食米因产地报坚，普升五角至一元，杂粮中苞米白麻挺升一二角，黄豆坚平不一，肥皂做开甚多，市况亦颇平稳。

华股公债无动静，唯据熟悉内幕者透露消息，一二热门股票，仍有秘密做开，但成交数量不多。

(丙) 各地商情

重庆银根松滥，游资充斥，各业买意浓郁，唯场内交易极清淡，商品行情芜乱不堪。广州米粮面粉涌到，价格跌挫，仁油亦被牵下泻，其他各地电报未到。

金融物价报告表　　37年8月30日

金融			物价		
市场利率	银钱帮	三.〇〇	品名	单位	价格
	证券帮				
	花纱帮	五.〇〇	上白粳	市石	二〇.五〇

（续表）

金融			物价		
	棉布帮	四.〇〇	兵船面粉	每袋	六.七〇
	食粮帮	二.四〇	本厂豆油	每担	五〇.五〇
	丝绸帮	三.五〇	台湾粗砂	每担	三〇.〇〇
	食糖帮		周浦籽花	每砠	二九.七〇
	百货帮	三.〇〇	42支凤纱	每件	无市
国内汇水	广州	二〇.〇〇	21支双马纱	每件	无市
	天津	二〇.〇〇	龙头细布	每疋	二九.五〇
	重庆	六〇.〇〇	四君子哔叽	每疋	二八.五〇
	厦门	六〇.〇〇	10支大英烟	每条	三.五〇
	昆明	四〇.〇〇	固本肥皂	每箱	二七.五〇
证券	永安纱厂	无市	美丽火柴	每箱	一二三.三〇
	美亚绸厂		天桥人丝	每箱	一一三三.三〇
	新光内衣		D级生丝	关担	一五四二.〇〇
	景福衫袜		华强被面	百条	六三六.〇〇
	统丙公债		足庭桐油	百市斤	七〇.〇〇
备注			上海猪鬃	司马担	八三〇.〇〇
煤块（吨）八二.〇〇元 煤球（市担）三.三〇元			对开报纸	每令	一七.六〇
			月牌烧碱	360公斤	四〇〇.〇〇
			鲜鸡蛋	每只	〇.〇六
			黄鱼	市斤	〇.五〇
			猪肉	市斤	〇.六七
			双机奎宁	千粒	三〇.〇〇
			消治龙片	千片	一.八〇
			马牌水泥	每袋	九.〇〇

联合征信所调查报告书（1948年8月31日）

八月卅一日

甲、金融

今日银根之松滥，有增无减，央行等收兑金银外，续有大量头寸流出。市场利息，在此头寸供源日旺而需单愈寥之情形下，遂日见低降。加以银钱业亦一再贬抑暗息相继下游，本日最高不过壹角五分，最低为六分，大致为一角左右。日来行庄存款之激增，盖亦为此故。货帮贴息千元，日拆徘徊三、五元之间。又本日行局差进四十九万金元，外商银行差出四万金圆，省市暨商业行庄合出四十五万金圆。

乙、商品

食米食油面粉三市场，今日交易仍正常，食米南市轧升，北市微降，食油生油菜油及本厂豆油均疲落，仅麻油微升。面粉一致转挺，惟老车粉略疲五分，杂粮大多抵达限度，交易稀落，尤以白麻到源濒绝，整日均未做开。

燃煤交易清寂，市价大多回疲，回抵限度线上，成交仅白煤块略微超越限价成交。

棉纱自连日经济管制严格执行，纺建连续大量配售以来，本街复制业实销所需，均可依例申购，场外交易亦随之剧减，益以昨起检查地下仓库，严密注意棉纱移动，致今日场外喊做更无所闻。

棉布今市因升抵涨限，自动休市，场内有买无卖，暗盘因应产生，惟自当局厉行经济管制，出动便衣经警侦查不法商人以还，黑市交易，益见诡秘。传龙头细布及四君子元哔叽喊价俱出卅元大关，龙头约在卅元，四君子元哔叽约为卅一元，均已超越“八一九”限价。

生丝人丝虽各以外销转滞，配售充裕市况略形趋软，但场外仍有喊做。生丝优级另担仍喊一五六〇元，较限价一四〇〇元超过一六〇元，人丝亦仍高站一三六〇至一四〇〇元，较限价一一三三.三三元超越二成以上。绸货则因栈单提现，传将管制，人心虚软，限价内今成交甚多。

卷烟趋势大抵回软，因传货物税可能不调整，厂方有派货意向，人心遂转平定。惟以秋节关系，听头烟仍俏，所有成交，每听约须照价外贴五六角。肥皂因旺销季节过去，供多求少，限价内不乏成交。华股公债仍无松动。

丙、各地商情

汉口、重庆两地，银根松泛，暗息日跌，多数市场因政府监视极严，交易进入暗中摸索状态，场外虽有活动，成交甚少。

广州因币制改革，运货赴港，颇为划算，除禁止出口之粮油外，土货杂粮手工织品输出突增。

天津仓库物资社会局许存不许提，市场一致萎缩，纱布市场亦未能例外。

汉口布稳谷米平，惟桐油则由坚转疲。

金融物价报告表

37年8月31日

金融			物价		
市场利率	银钱帮	二.〇〇	品名	单位	价格
	证券帮		煤块	每吨	八二.〇〇
	花纱帮	四.〇〇	上白粳	市石	二〇.三〇
	棉布帮	三.〇〇	兵船面粉	每袋	七.〇〇
	食粮帮	二.四〇	本厂豆油	每担	五〇.〇〇
	丝绸帮	三.〇〇	台湾粗砂	每担	未做开
	食糖帮		周浦籽花	每砠	三〇.三〇
	百货帮	三.〇〇	42支蓝凤纱	每件	未做开
国内汇水	广州	四〇.〇〇	21支双马纱	每件	
	天津	二〇.〇〇	龙头细布	每疋	

（续表）

金融			物价		
	汉口	四〇.〇〇			
	重庆	四〇.〇〇	四君子哔吱	每疋	未做开
	厦门		10 支大英烟	每条	三.五三
	昆明	四〇.〇〇	固本肥皂	每箱	二七.五〇
证券	永安纱厂	无市	美丽火柴	每箱	一二三.三三
	美亚绸厂		天桥人丝	每箱	一一三三.三〇
	新光内衣		D 级生丝	关担	一五四二.〇〇
	景福衫袜		华强被面	百条	六三六.七〇
	统丙公债		足度桐油	百市斤	七〇.〇〇
备注			上海猪鬃	司马担	八三〇.〇〇
			对开报纸	每令	无市
			月牌烧碱	360 公斤	无市
			鲜鸡蛋	每只	无市
			黄鱼	市斤	〇.五〇
			猪肉	市斤	
			双机奎宁	千粒	三〇.〇〇
			消治龙片	千片	二.〇〇
			马牌水泥	每袋	九.〇〇
			煤球	每担	三.三〇

联合征信所调查报告书(1948 年 9 月 1 日)

九月一日

甲、金融

今日银根依然松滥，国家行局虽有粮纱价款缴收，但短期国库券到期，付出本息款项巨大，并因收兑金银外币而外流头寸亦多。且业内行庄倾资又尽量供出，但求少供多，加以银钱业牌息再度挂低，致本日最低曾开做至四分五厘，大致约在六分左右，业外贴息，亦见下落，日拆最高，亦仅三元上下。

华股息声已久，近传复业有期，人心转奋，今晨仍闻私人交易，永纱以二五.五〇〇元有成交，信和纱厂喊出七.二〇〇元，景纶袜衫四四〇元有进胃，暗息低达一角云。

统债因静待清理，虽不乏暗中往还，但交头接耳，极为诡秘。

乙、商品

棉纱今日后市，场外仍未敢交易，前市场内，今日供量较多，市况平稳，在限价下已较能随意购买，且今日因配售充斥，纳胃转稀，故未闻喊价。

棉布今日市况，晨开即升达涨限，因纺建配价接近限度，内地货价坚挺，买风依然弥漫。惟当局管制严厉，场外交易只得在极秘密情形下进行，大多数经纪人均能遵奉法令，绝不敢以身试法。传黑市龙头细布，已升抵卅三金圆，四君子元哔叽为卅二圆，五福为廿九圆半，均已超越涨限，较法定限价约高出一成光景，成交数额颇为寥稀，余无做开。

日用品各货，趋势转坚，同业添办亦见活跃，再因银根松滥，吸收有人，市势仍告微升，各牌肥皂及火柴等，成交价尚未超出限度。

食米食油杂粮三市场，交易正常。食米南市微降，北市略升，杂粮做开甚少，大多抵达限度。食油豆油及生熟菜油，一致微疲一圆，面粉以社会局责令所有栈单，限期出货，公会通知停业一天，场外做开，市价猛泻五六角，兵船闻六元七角有成交。煤市回疲，一致退抵限度，交易亦趋正常。

食糖因季节性买销奇旺，市本俏俐，嗣以台糖公司大量配出，调济〔剂〕需要，暗盘之坚势始稍寂，各档油色次货，已在限价线上做开，高档货亦略形回平。

生丝自当局实施严予管制后，内销开口货另租，执户仍不肯脱手，势呈有求无供，且传闻于九月三日有提高限价之说，人心随之坚挺，全日无交易，黑市价则与昨日相埒。

人丝因公会方面，厂商要求于限价内买货，登记者达四十余家，但执户则不愿卖出而呈摈持之局，场外喊价，亦与昨平。

绸货今以经警监视更严，场内整日无交易，并执户于限价内不肯脱售，华强被面黑市价为六六〇圆，尚呈有求无供之势。

卷烟市势仍僵持，做开极稀，盖厂方尚未全部派货，筹码供应欠畅，同业补空尤殷，京沪杭各乡村等地，限价并不严厉，单帮贩卖活跃，多于暗中吸收，除运货照限价可能做开外，品质较优者卖户仍寥寥无几。

丙、各地商情

广州帮客，多存观望，未敢下手，以致百货市况，连日均见回软，陷于牛皮状态。今日生丝面粉生油价疲，唯米谷市较旺。

天津银根浮滥，货价回升，食油糖精碱烟均告涨限，检查人员因与社会局长胡梦华意见冲突，昨日停止出发检查，货价上涨，与此事不无关系。其他各地商情电报，因记者节关系，停止拍发。

金融物价报告表

37年9月1日

金融			物价		
市场利率	银钱帮	二.〇〇	品名	单位	价格
	证券帮	三.三〇	煤块	每吨	八二.〇〇
	花纱帮		上白粳	市石	二〇.六〇
	棉布帮	三.〇〇	兵船面粉	每袋	六.七〇
	食粮帮	二.一〇	本厂豆油	每担	五〇.〇〇
	丝绸帮	三.五〇	台湾粗砂	每担	三〇.〇〇

（续表）

金融			物价		
	食糖帮	二.五〇	周浦籽花	每担	三〇.一〇
	百货帮	二.五〇	42支蓝凤纱	每件	未做开
国内汇水	广州	二〇.〇〇	21支双马纱	每件	七八三.〇〇
	天津	二〇.〇〇	龙头细布	每疋	未做开
	汉口	四〇.〇〇			
	重庆	四〇.〇〇	四君子哔叽	每疋	未做开
	厦门		10支大英烟	每条	三.五三
	昆明	四〇.〇〇	固本肥皂	每箱	二八.〇〇
证券	永安纱厂	二五.五〇〇法币	美丽火柴	每箱	一一八.〇〇
	美亚绸厂		天桥人丝	每箱	一一三三.三〇
	新光内衣		D级生丝	关担	一五四二.〇〇
	景福衫袜		华强被面	百条	六三六.七〇
	统丙公债		足度桐油	百市斤	七六.〇〇
备注			上海猪鬃	司马担	八三〇.〇〇
			对开报纸	每令	一七.六〇
			月牌烧碱	360公斤	四〇〇.〇〇
			鲜鸡蛋	每只	
			黄鱼	市斤	〇.五〇
			猪肉	市斤	〇.六七
			双机奎宁	千粒	三〇.〇〇
			消治龙片	千片	一.八〇
			马牌水泥	每袋	九.〇〇
			煤球	每担	三.三〇

联合征信所调查报告书(1948年9月2日)

联合征信所调查报告书　中华民国卅七年九月二日

甲、金融

银根依然松滥，市间头寸充斥，业内行庄尽量供出，惟各业交易衰落，需单殊寥，揆其趋势，如当局不予疏导，则壅塞情形，暂难改善。暗息在银根浮滥，行庄利率又见抑减之情形下，再趋低落，今日最低时三分有拆出，大致仍在七分半至九分间，最高亦无逾一角者。各市场货帮贴息，除纱帮做六元为独俏外，均维日拆二三元之原价。

华股场外交易，近颇猖獗，较之“八一九”限度，几上涨一倍。今晨闻永纱曾喊至二八五〇〇元(八一九后市收盘为一五二八〇元),美亚为九四〇元(八一九后市收盘五四八元),暗息日拆仍为三元三角。

统债暗中摸索者,仍大有人在,今晨传闻统丙已较前下跌,今为三元二角,有成交(八一九午收为二五七万元合金圆券八角六分),其余甲乙丁戊四种,未闻做开。

乙、商品

棉纱,场内热门纱供售仍稀,冷门纱成交则转旺,后市场外交易,今晨闻有暗盘,42支蓝凤喊价一五〇〇元(限价为一〇六〇元),32支银月为一〇〇〇元(限价八二六元),21支双马九五〇元(限价七八三元),20支金城八五〇元(限价约七一〇元)。但有无成交,业中人均不肯证实。

棉布,今晨场交易,仍因喊价抵达限价而陷于停顿状态,纺建循例配售,计有喇叭童B细布等十二种,布商申请殊为踊跃,传棉布掮客二人,因接头交耳,被经警拘留,场外喊做一度敛迹。闻喇叭童B细布喊加一元买进,龙头细布做卅四元(限价廿九元六角),四君子元哔叽卅二元(限价二八元半),较昨再见挺升,惟成交则益见清稀。(又讯)明(三)日为抗战胜利纪念日,布市场方面为纪念胜利,免货价波动招致干涉起见,将休市一天。

食米食油面粉杂粮等四市场,交易正常,食米继货上挺,大多涨达限度成交,惟纳胃仍未如何转旺。面粉因厂方争收栈单,盖其所存底货,与所抛售栈单数量,相差悬殊,致欲藉此弥补差额,市价遂转挺升,老车七元四角五分,兵船七元〇五分收盘,较昨日再升五六角之谱,食油平平,杂粮亦鲜成交,做开尚少。

食糖今因央行托台糖公司代配200斤砠粗砂,一般心理稳定,市况亦转下游,45号车白精(现货)以三〇元五角见市,较昨所登三〇元八三之涨限,轧挫三角三分,24号粗砂(现货)最高仅做廿九元半,20号中砂廿六元,均泻五角,其他各档,一致回进涨限以内(昨日全面登限)。据业中人云,如央行及台糖公司能按期大量配售,则食糖前途,殊堪乐观,场外无复发生黑市可能。

生丝市仍平静,洋行犹图杀价,D级二元八角美钞,执户以其为出口货物,可能囤积,期待善价而沽,致无交易。开口货另担仍喊一五四〇元至一五四二元(限价仅一三一六元六七分)。

人丝,天桥仍为一四〇〇元(限价一一三三.三〇元),有求无供,佥认进口物资,奇货可居,囤待善价出售。

绸货市场在经警及勘巡大队联合出动监视之下,致未有正式交易,一般谣传非民生主要日用品及出口物资价格,将予解限,因之人心更坚。华强被面每百米升至六七〇元(限价六三六.六七元),尚仍有求无供。

日用品趋势日坚,因银根甚松,同业添办活跃,浮空抵补亦殷,市势各见坚挺,在限价内做开不多,固本皂二七.四〇有卖出(限价二七元)。

卷烟市仍僵持,同业补空尚殷,郊县单帮暗中吸收,货主扳持不售,仅美丽华成公司有派货,故市势尚平,余者仍俏,除霉货照限价尚能做开外,较优之货,卖户寥寥。500枝大英三元八角有成交(限价仅三元五角三分)。

丙、各地商情

天津游资内流汹涌，各货一致坚挺，米粮因米源不畅，配售无确期，昨价步升，纱市因传闻货物税将增加，市气亦坚，有涨至一成者，糖烟油价，涨达限度，无法做开。

广州因销售乏力，市情疲淡。

南昌纱无市，布上涨，龙头细布做三六元，士林做七二元，棉花一〇八元，颜料评价低于上海，无交易。

重庆因镍币通用，交易热烈，商店抢购尤殷，但多暗中摸索，游资更以日息降至八元，惟纱布因受仓库查封传说影响，市势转缩。

汉口钱业日拆虽减低，因银根松弛，仍无法放出，商品市场，因监视仍严，多未做开。

金融物价报告表

37年9月2日

金融			物价		
市场利率	银钱帮	二.〇〇	品名	单位	价格
	证券帮	三.三〇			
	花纱帮	六.〇〇	上白粳	市石	二〇.七〇
	棉布帮	三.〇〇	兵船面粉	每袋	七.〇五
	食粮帮	二.一〇	本厂豆油	每担	五〇.〇〇
	丝绸帮	二.五〇	台湾粗砂	每担	二九.五〇
	食糖帮	二.五〇	周浦籽花	每砠	三〇.三〇
	百货帮	二.五〇	42支蓝凤纱	每件	未
国内汇水	广州	五〇.〇〇	21支双马纱	每件	七八三.〇〇
	天津	三〇.〇〇	龙头细布	每疋	未做开
	汉口	四〇.〇〇			
	重庆	三〇.〇〇	四君子哔叽	每疋	未做开
	厦门		10支大英烟	每条	三.八〇
	昆明	四〇.〇〇	固本肥皂	每箱	二七.四〇
证券	永安纱厂	二八.五〇〇 老法币	美丽火柴	每箱	一二〇.〇〇
	美亚绸厂	九四〇法币	天桥人丝	每箱	一一三三.三〇
	新光内衣		D级生丝	关担	一五四二.〇〇
	景福衫袜		华强被面	百条	六三六.七〇
	统丙公债	三.二〇	足度桐油	百市斤	七六.〇〇
备注			上海猪鬃	司马担	一二〇〇.〇〇

（续表）

金融	物价		
	对开报纸	每令	
	月牌烧碱	360 公斤	
	鲜鸡蛋	每只	
	青鱼	市斤	○.五○
	猪肉	市斤	○.六七
	双机奎宁	千粒	三○.○○
	消治龙片	千片	一.八○
	马牌水泥	每袋	九.○○

联合征信所调查报告书(1948 年 9 月 3 日)

联合征信所调查报告书　中华民国 37 年 9 月 3 日

甲、金融

银根松滥，头寸仍然充斥，且市场交易管制加严，物价无法公开哄抬，货帮需单乃益形零落，暗息大致在六分至九分间，业外货帮贴息，仍以纱帮为最高，日拆约为六元，其他各市场，仍维持二元至四元之平稳状态。又近因游资缺少出路，行庄存款日见增加，而行庄外拆鲜有受主，故存息虽在逐渐抑低，唯对收进存款，仍有无法运用之感。

今日票据交换，行局差进二五三万圆，洋商差进十四万圆，省市暨商业行庄合出二六七万元。

华股市场，今晨检查虽严，而袖珍交易，仍有所闻，永纱继续挺升，喊高至三万圆，美亚已出千元关，为一一〇〇元，新光喊一八五元卖出，景福 115 元有成交，华瓷 550 元，暗息日拆三元，各股均较昨市再挺，拆息则微见下降。

统债交易素在证交七楼走廊内，今因经警监视严密，未便声张，惟统丙耳语价格，亦较昨略坚，据闻今为三圆七角五分。

乙、商品

棉纱午后人心较昨稍软，正式交易未闻做开，缘因民营纱厂，将发动配合经管政策，谋取平均供应，或将恢复联合配销制，有关方面，正在征取各方意见，场外交易，较昨剧减，仅闻零星喊价，42 支蓝凤喊一四五〇圆，21 支双马九三〇圆，20 支金城八二〇圆。

棉布，今日适为抗战胜利纪念日，布市将休假一天，实则含有防止布价波动，并躲避风声之作用，故场内交易全面休止，场外受他业暗盘普遍上涨之刺激内心仍俏，喊价紊乱异常，龙头细布喊卅六圆至卅八圆不等，以卅七圆成交较多，四君子元哔叽去化活络，喊价转挺，闻与龙头价轧平，亦喊卅八圆。

食米面粉食油杂粮等四市场，今日人心均坚，一致上挺，多已抵达或濒临涨限，计上白粳 21 圆，兵船粉 7.24，本厂豆油 52 圆，净生油 59.90，黄渡新苞米 12.80，浦东赤豆 11.66。

煤市交易尚正常，市价亦平定。

小麦十圆三角虽有成交，而售出数量极稀，各厂收进总数，不足千包。

食糖由于连日台糖配售，200 斤砠特棉白及 200 斤砠粗砂甚多，走势渐入正轨，今日回半以三〇圆五角，粗砂二九圆八角，各在限度内多有成交。嗣以中秋密迩，各路扒吸无厌，午收乃重登涨限，青糖未见登市，赤砂仅次货以限价做开，场外无交易。

人丝场外涨风仍炽，今日天桥升至 1 450 圆，较昨又升 50 圆，市间谣传日本人丝存底不多，执户均认为奇货可居，不肯脱售。

生丝洋行虽有问津，惟 B 级开价，每镑 CIF 仅合美元二元九角五分，执户仍坚持不卖，开口货另担开价一六五〇圆至一七〇〇圆，仍然有求无供。

华强被面连日随丝价上升，黑市由六六五圆升至七三〇圆，较限价升起一百圆左右。

日用品各货及卷烟，坚平互见，肥皂实销平淡，交易闲散，在限价内均有成交。火柴洋烛平定，卷烟自华成派货后，复有中华大东南大东等均派货，对于华商烟供应见畅，喊价盘旋尚平，做开亦多，惟熙中各烟，久不派货，市上存底日稀，货主售意懈淡，限盘内仍鲜卖出。

丙、各地商情

天津，市场大部陷入僵局，纱布客商，因当局监视甚严，多持观望，市况极为萧条，纱布亦少做开。粮食续涨，当局另定新限价，兵船粉九一.〇元，场内未做开，小站稻米限价一九元，稍有成交后即告停顿。纸烟市场因公会责令各会员提存货一成，按限价批售，购者甚踊跃。煤油食油食糖全市未妥，杂货纸张颜料中一部亦宣告涨停。

汉口，银根松势仍未稍解，商品市场未做开，袖珍交易流行，物价较“九一八”市价超升，桐油场外做七一元，20 支红球高做九八〇元，布疋紊乱无市。

广州，物价在政府竭力平抑之下，多照公价挂牌，惟鱼肉摊贩，未能依照公价出售，故日来市面几无鱼肉可食，谷米市自外围报涨后渐稳定，但交稀。

重庆，银根松势未解，日息再降至三元，门市仍有抢购情势，各业均呈买多卖少，棉纱桐油香烟以利空消息刺激，市势稍见萎缩，米粮到稀，走势香俏，有不易抢得之象，其余脚地亦坚。

金融物价报告表

37 年 9 月 3 日

金融			物价		
市场利率	银钱帮	二.〇〇	品名	单位	价格
	证券帮	三.〇〇	煤球	市担	三.三〇
	花纱帮	六.〇〇	上白粳	市石	二一.〇〇
	棉布帮		兵船面粉	每袋	七.三〇
	食粮帮	二.四〇	本厂豆油	每担	五二.〇〇
	丝绸帮	二.四〇	台湾粗砂	每担	三〇.〇〇
	食糖帮	四.〇〇	周浦籽花	每砠	三〇.七〇
	百货帮	二.四〇	42 支蓝凤纱	每件	一〇六〇.〇〇 一四五〇.〇〇

（续表）

金融			物价		
国内汇水	广州	五〇.〇〇	21支双马纱	每件	七八三.〇〇 九三〇.〇〇
	天津	三〇.〇〇	龙头细布	每疋	二九.五〇 三八.〇〇
	汉口	四〇.〇〇			
	重庆	二〇.〇〇	四君子哔吱	每疋	二八.五〇 三八.〇〇
	厦门		10支大英烟	每条	三.五三 三八〇
	昆明	二〇.〇〇	固本肥皂	每箱	二七.四〇
证券	永安纱厂	一五.二八〇元 三〇.〇〇〇 元法	美丽火柴	每箱	一二〇.〇〇
	美亚绸厂	五四八元 一一〇〇元	天桥人丝	每箱	一一三三.三〇 一四五〇.〇〇
	新光内衣	一二六元 一八五元	D级生丝	关担	一五四二.〇〇 一六五〇.〇〇
	景福衫袜	七八.五元 一一五元	华强被面	百条	六三六.七〇 七一五.〇〇
	统丙公债	金圆〇.八六 三.七五	足度桐油	百市斤	七〇.〇〇 七六.〇〇
备注			上海猪鬃	司马担	一二〇〇.〇〇
每种商品之二项价格，左为八一九限价，右为当日场外喊价			对开报纸	每令	
			月牌烧碱	360公斤	
			鲜鸡蛋	每只	〇.〇六
			黄鱼	市斤	〇.五〇
			猪肉	市斤	〇.六七
			双机奎宁	千粒	三〇.〇〇
			消治龙片	千片	一.八〇
			马牌水泥	每袋	
			煤块	每吨	八二.〇〇

联合征信所调查报告书（1948年10月2日）

联合征信所调查报告书　中华民国37年10月2日

（甲）金融

银根松滥益甚，业内外多单普遍，市间头寸供旺求稀，市息大致四分半至六分，期限较长之拆款利息仍高，半月期约月息一角以上，甚有达壹角八分者，业外货帮贴息仍在二三元间，惟现钞筹码微俏，盖迩来未流出外埠之数日多。

华股暗市未见起色，闻永纱已挺至一千一百圆有成交（十万股），美亚微挫一五〇元（五十万股），新光、景福，仍因问津乏人，故未闻喊价。

（乙）商品

棉纱因停止市场交易，人心至为不安，场内交易清稀，各纱走势平疲。

棉布普遍向荣，热销细布多抵达或迫近限度，虽有纺建及永安纱厂配售细布，涨风仍难戢阻。本街门销仍畅，布号抵补颇殷，龙头细布自二十八元俏至二十八元六角，而以二十八元四角收市，四君子哔叽以同价收市，五福、喇叭童、龙头B细布均叩涨限，黑市并未做开。

生丝，因无锡优级另担黑市升至二八〇〇元，故沪市虽随之升至二八〇〇元，尚难买到，较昨狂升八〇〇元。

人丝，日货天桥升至二四〇〇元，执户当不肯卖出，较昨市狂升四〇〇元。

绸，由于人丝生丝之狂涨，华强被面升至一四六〇元，犹难买到。各档绸货均普升一倍左右。

食米，北市到货最多，惟成交极少，市气不振，南市高桥米绝迹，市价仍离限一角成交。

面粉仍未做开，市场清冷，七厂联配照常。

食油一致达限，仅豆油尚离限一角，以五一. 九〇元成交百余担。

杂粮到货愈稀，仅扬州白麻与沈阳仔豆各成交百余包，市价一致达限。

食糖，因国内盛传可能报运出境，人心由此奋发，本街及各帮客户争吸，以致市价全面趋坚，其中以二八元九角之粗砂窜势最烈，较上日猛挺一元一角，其他各档均昂六至八角不等。

卷烟，因江浙各乡镇缺货严重，且黑市猖獗，致贩户活动甚力，而本街以派货有限，门销亦佳，多头脱手无几，限价实难做开，市势仍续坚挺。

日用品，趋势续俏，业外各物均告上涨，人心一致向荣，且厂方久未派货，市上筹码不充，存底亦感有限，而本街吸胃甚健，价仍挺升至限度边徘徊。

丙、各地商情

重庆，银根不紧，利息无甚变动，商品以昆蓉西安等地报涨，客帮动办热烈，各业场内买劲汹涌，米油交活，菜油四二圆，米粮到少价俏，布疋俏势未改，各档再再有新进展，君子元叽高达五一圆，棉纱涨势不衰，20支绿飞艇升至一二七〇圆，惟临收厂货有配，市势稍疲，香烟西药均见步昂，山货国药市旺乏交。

广州，关于旅客由港澳来省，携带行李入口，前规定港币二百元，现已提高至五百元，昨经开始实行，所携之物品，亦不限于四〇公斤，每日签发完税证，采用无限制方式，此办法实施后，省港货物运输，当比前增加。

汉口，布普遍上涨，美亭逾九字大关，纱挺高一百圆，红球出一千元关，旺裕缺货告涨，桐油昨以七三元做出一四〇〇担，今无交。

南昌，暗息五分，物价各涨，三机晚米一六圆五角，早米一四圆二角，小麦一一圆六角，庐山纱九九〇圆，颜料无市。

金融物价报告表

37年10月2日

金融			物价		
			品名	单位	价格
市场利率	银钱帮	二.〇〇	煤球	市担	三.三三
	证券帮	三.〇〇	煤块	每吨	八三.〇〇
	花纱帮	四.〇〇	上白粳	市石	二〇.九〇
	棉布帮	二.〇〇	兵船面粉	每袋	未
	食粮帮	一.八〇	本厂豆油	每担	五一.九〇
	丝绸帮	二.〇〇	台湾粗砂	每担	二八.九〇
	食糖帮	二.〇〇	周浦籽花	每砠	三二.三三
	百货帮	二.〇〇	42支蓝凤纱	每件	未
国内汇水	广州	二四.〇〇	21支双马纱	每件	七八三.〇〇
	天津	五.〇〇	龙头细布	每疋	二八.四〇
	汉口	一〇.〇〇			
	重庆	一二.〇〇	四君子哔叽	每疋	二八.四〇 三八.〇〇
	厦门		10支大英烟	每条	三.五二 三.八五
	昆明	一二.〇〇	固本肥皂	每箱	二六.八〇
证券	永安纱厂	一一〇.〇〇	美丽火柴	每箱	一一九.〇〇
	美亚绸厂	一五〇.〇〇	天桥人丝	每箱	一一三三.三〇 二二〇〇.〇〇
	新光内衣		D级生丝	关担	一五四二.〇〇 二八〇〇.〇〇
	景福衫袜		华强被面	百条	六三六.七〇 一四六〇.〇〇
	统丙公债		足度桐油	百市斤	七〇.〇〇 七六.〇〇
备注			上海猪鬃	司马担	一二〇〇.〇〇

（续表）

金融	物价		
	对开报纸	每令	二〇．〇〇
	月牌烧碱	360 公斤	四〇〇．〇〇
	鲜鸡蛋	每只	〇．〇六
	黄鱼	市斤	〇．五〇
	猪肉	市斤	无货
	双机奎宁	千粒	三〇．〇〇
	消治龙片	千片	一．八〇
	马牌水泥	每袋	妨．〇〇

联合征信所调查报告书（1948 年 11 月 9 日）

联合征信所调查报告书　中华民国 37 年 11 月 9 日

甲、金融

银根益见紧俏，由于物价涨风锐厉，各方抢购物资风气鼎盛，争拆头寸情形，亦达于尖锐化，业内外一片拆借声，市间暗息日拆千元，最高五〇元，合月息一元五角，最后降至卅五元，计月息为一元五分。

华股暗市因时局不宁，人心浮动，且银根奇紧，暗息高昂，场内日拆每千元为一三〇元，且以粮荒严重，故一般执户，咸欲脱股易粮，喊价随之步降，今晨永纱初开仍为十二万元，旋以抛者纷起，其价自贬，至十万五千始闻成交，美亚初喊四千元，终以三千五百元交割，新光闻降至五〇〇元，尚无受主，景福退为三七〇元，尤欠进户。

乙、商品

棉纱，今日市上银根奇紧，暗息高至每千元日拆五六十元，最高达百元，执户不胜负担，颇有脱意，更以行庄停止拆放，收回欠款，当局又有抛售棉纱之说，故人心转软，喊价疾升暴跌，浮多纷纷斩割，42 支各档细纱，上午喊一万一千元，下午挫至万元边关，其余各档细纱均见带软，而吐售者依然不绝，20 支粗细上午喊六七千元，下午在供源旺盛下，力挫二千元。

生丝，由于银根奇紧，人心尽怯，价步下挫，优级另担由二万元跌至一万七千元，成交现货五担，午间卖声更浓，现货再跌一千元，较昨狂跌七千元。

人丝，天桥初开即低，喊价一万六千元，率以一万五千五百元做开三五箱，东洋一万六千元较昨跌五千元。

绸，华强被面随丝价下挫，亦步趋下游，由一万元跌至七千元，格子碧绉三五元，大伟呢六〇元，余无交易。

棉布市场，银根猛紧，布帮日拆昂达每千元一二〇元，纺建配布改为自填配价，执户以不愿高利之削，频有脱手，场内龙头初喊三三〇元，近午低至二六〇元，四君子元吱为二九〇元。

食米喊价略低，白粳七百元，籼米六百元，但未闻成交，到货再稀，南北二市场共计到米二百余石。

食油今起市场正式交易，市价较昨略低，生油一二五〇元，豆油先涨后疲，开盘千元，收市九七〇元，生菜油九〇〇元，熟菜油八〇〇元，均有做开，其余各挫三十元左右。

面粉仍无市，场外喊价二号粉二五〇元至三〇〇元不等。

杂粮一致转疲，苞米下挫三四十元不等，黄豆亦疲廿元。

卷烟及日用品走势转软，因银根益告紧敛，散户无力持久，浮多纷起斩售，同业吸胃平淡，市场供多求少，喊价一致回软，200 白锡包 115 元，大三炮 95 元，前门 70 元，500 支大英 95 元，老刀 85 元，200 支大英 52 元，金鼠 30 元，白兰地 48 元，银行 58 元，美丽 70 元。固本皂由 400 元退至 380 元有卖出，箭刀由 375 元降至 360 元有做开，黄祥茂由 300 元跌至 280 元有成交。火柴尚称稳定，美丽凤凰 2 200 元有收进。

丙、各地商情

重庆九日电，因物价猛跳，各方对头寸之需要愈增，惟国家行局微有差出，今市银根紧势稍缓，暗息仍在七十元高峰徘徊。商品市场以和谈无望，并谣传纷纭，人心续呈振奋，全部物价又止跌回涨，棉纱一度升至五三〇〇元，后小回至四七〇〇元，君子元吱陡升三二〇元，蓝布优俏。桐油稍稳，菜油微疲做二五〇元。米源锐减，各档暴升四成之谱。香烟涨势汹涌，双斧一度疯狂上升至四七〇〇元，后稍有回小为四四〇〇元，西药紊乱，喊价有高一倍或五成者，烟或客帮烟厂进多，再趋上游，美种上叶叩三〇〇元关，山货转疲，国药以运出有问题，市势续告不振。食粮沙宜帮止进，势转软，干菜卖买均鲜，行盘轧低一成以上，黑木耳做九五〇元，成交较多。

广州九日电，据粮经会负责人称，本会所购之谷米经已陆续起运来市，计有湘米廿万担，桂谷廿余万担，本省粮食当可无虞也。又今日柴薪公价较昨增加百分之卅，荔枝石班把零售价每担廿五元，七松把零售廿一元五，又百货市情因以大势所趋，人心张弛不定，卖盆不断楂高，比较昨日上涨七八成。

汉口九日电，银根续紧，暗息五十元，申汇狂跌至五三〇元，创日前纪录，商品市场涨势仍猛，纱收盘回软，廿支红球六三〇〇元，花交淡，八保一一二〇元，升五〇元，布盘秀，龙头细布三八〇元，哔吱四〇〇元，米粮受京沪影响续昂，白芝麻乏交，麻油市混乱。

联合征信所调查报告书(1948 年 11 月 10 日)

联合征信所调查报告书　中华民国 37 年 11 月 10 日

甲、金融

本市银根，因银钱业已决定停止客户透支，并限期收回放款，加之游资南流，变本加厉，本市在货缺价昂之情形下，各机关团体纷纷携款下乡办货，自物价开放以来，涨势甚炽，致通货筹码已不敷周转应用，于是业内外均求拆殷切，市间暗息日拆每千元昂达一〇〇元，合月息三元，旋后情势稍弛，退至八〇元左右，合月息二元四角。

乙、商品

棉纱，今日市上银根仍紧，暗息高至千元，日息为一五〇元，执户纷纷轧现，场上卖气浓厚，价格再挫，20 支纱喊做四五〇〇元，42 支细纱亦低至九〇〇〇元，午后因银根仍紧，脱意仍松，价无俏意。

生丝，由于银根奇紧，各方贬价求现，价仍猛泻，D 级初开一四〇〇〇元，旋即步降。迄午跌为一二〇〇〇元，优级另担跌至一一〇〇〇元，较昨下跌四千元。

人丝，天桥初开一四〇〇〇元，嗣受生丝下跌影响，益一蹶不振，迄午跌至九千元，较昨跌四五千元之钜。

绸市，华强被面初开七〇〇〇元，旋因丝类全面惨跌，致卖风浓郁，价乃急转下泻，至午收时为五五〇〇元，较昨跌二千元，大伟呢跌二〇元，格子碧绉跌十元。

食米见软，门营米铺亦有少数供应，慌恐情绪略转良好，场外喊价，六七百元不等，南市场到米六十五石，北市来米不见，交易一致停顿。

面粉正式已有交易，丰年、地球初开二四〇元，后市回低至二〇〇元，麸皮亦转疲软，福新大包一二〇元，阜丰大包一一五元。

食油市场，银根奇紧，市价平定，豆油九五〇元，生菜油八四〇元，熟菜油七六〇元，生油一二五〇元。

杂粮到货较涌，且银根转紧，市价一致下降，黄豆下跌三四十元，白麻、苞米均跌一二成左右。

卷烟趋势坚平互见，颐中烟因门销活跃，同业添办见旺，买气转旺，价仍坚秀，华商烟因华成公司通告派货，多头抛货颇多，进户闲散，市势稍疲，200 支白锡包 120 元，大三炮 105 元，前门 75 元，大英 55 元，500 支大英 97 元，250 支美丽 67 元，200 支银行 59 元，白兰地 48 元，大克雷斯 50 元。

日用品续见下挫，因银根奇紧，浮多纷起新售，买户平淡，固本皂 285 元，箭刀 280 元，黄祥茂 255 元，均有做开。火柴尚称稳秀，美丽凤凰喊 2 200 元，亦有成交。

棉布市场银根仍俏，日拆每千元高达一五〇元，市势续挫，惟跌风已见和缓，场外龙头初喊三百元，至午时退为二五〇元，四君子元吱为二六〇元。

丙、各地商情

重庆十日电，国家行局又见大量差出，今市银根转趋平和，惟物价续有波动，需款者仍多，暗息坚坐九十元至七十元，商品市场以连日上涨过猛，并比期接近得息仍高，人心多趋虚软，致卖气浓郁，行盘一致回松，君子元吱惨溃至二五五元，棉纱 20 支绿飞艇为四千元，粗绒极泻至六四〇元，香烟不振，双斧初开四四〇〇元，后降至三三〇〇元，桐油、菜油各挫一成以上，西药山货国药干菜均回松，其余疲软，交易清淡。惟米粮到货仍少，市势续向高峰挺进，普升一成以上。

广州十日电，粮管处为压抑涨潮，调节粮食起见，复规定零售商贩购米每家限购三包。

汉口十日电，沪银根跌，今市商品走势趋稳，20 支纱微升二〇〇元，花略挺，粗绒升八二〇元，布回软，君子元吱小至三六〇元。谷米稍锐，七米二六〇元，上米四〇〇元，芝麻好起二十元，做二二五元，小麦一七〇元无大上下。

（补甲项金融内）

华股暗市，因银根加紧，人心虚疲，各股泻势较昨更盛，永纱喊九万元，美亚喊二千七百元，但均无受主，余股一致挫跌，未闻成交。

金融物价报告表

37 年 11 月 10 日

金融			物价		
			品名	单位	价格
市场利率	银钱帮		煤球	市担	八〇.〇〇
	证券帮	一三〇.〇〇	煤块	每吨	三〇〇〇.〇〇
	花纱帮	一五〇.〇〇	上白粳	市石	七〇〇.〇〇
	棉布帮	一二〇.〇〇	兵船面粉	每袋	未做开
	食粮帮	一二〇.〇〇	本厂豆油	每担	九五〇.〇〇
	丝绸帮	一〇〇.〇〇	台湾粗砂	每担	三一〇.〇〇
	食糖帮	一〇〇.〇〇	周浦籽花	每砠	二八五.〇〇
	百货帮	一〇〇.〇〇	42 支蓝凤纱	每件	九〇〇〇— 九五〇〇元
国内汇水	广州	二四.〇〇	21 支双马纱	每件	五五〇〇— 六〇〇〇
	天津	五.〇〇	龙头细布	每疋	二五〇.〇〇
	汉口	一二.〇〇			
	重庆	一二.〇〇	四君子哔叽	每疋	二六〇.〇〇
	厦门		10 支大英烟	每条	一〇〇.〇〇
	昆明	一二.〇〇	固本肥皂	每箱	二八五.〇〇
证券	永安纱厂	九万元	美丽火柴	每箱	二二〇〇.〇〇
	美亚绸厂	二七〇〇.〇〇	天桥人丝	每箱	九〇〇〇.〇〇
	新光内衣		D 级生丝	关担	二〇〇〇.〇〇
	景福衫袜		华强被面	百条	五〇〇〇.〇〇
	统丙公债		足度桐油	百市斤	无市
备注			上海猪鬃	司马担	无市
			对开报纸	每令	一六〇.〇〇
			月牌烧碱	360 公斤	未定
			鲜鸡蛋	每只	一.二〇
黄金每两　二千五百元 美钞每元　四十五元			黄鱼	市斤	一八.〇〇
			猪肉	市斤	二四.〇〇
			双机奎宁	千粒	四〇〇.〇〇
			消治龙片	千片	二八.〇〇
			马牌水泥	每袋	一〇〇.〇〇

联合征信所调查报告书(1948年11月11日)

联合征信所调查报告书　中华民国37年11月11日

甲、金融

银根紧势益见显著,不但普通工商金融业深感张罗为难,而若干国营事业,亦急需资金,暗息日拆每千元昂至一二〇元至一五〇元,合月息三元六角至四元五角,诚属从前未有。午后始见稍松,然日拆仍须在千元一三〇元,各小型行庄之缺单情形,日见增加,交换时间过后,纷向银钱业联合会准备库及中央银行借拆,抬头转账申请商之头寸,现货筹码枯竭情形,更甚于银根紧势。各行庄相继限制提存,大行庄限止客户每户提现五百元,小行庄只准客户领现一百元,各行庄向国行领取现钞头寸,闻亦极为困难,致各行庄本票已随现钞搭付流通,其数量日见增加。

华股暗市,因明日行庄休业,银根较昨更俏,各股喊价一致降落,今晨永纱闻八万七千元有卖出,美亚二千四百元成交,新光降至四五〇元,景福退为三六〇元,场内暗息高昂,日拆千元为一四〇元。

乙、商品

棉纱今市继续上紧,暗息续趋高峰,市上拆借喊至千元二百元,执户不胜负担,卖意浓厚,上午市价先软后坚,午后又回小,21支双马喊五千元无人问津,32支银月喊六千元亦无人问津,其余各档均见滞软,较上午又小一千元左右。

棉布,布帮银根仍极坚俏,门庄布号为求现计,纷告复业,场外喊价龙头细布自二四五元升至三百元,天津帮有吸,近午稍软,与四君子元哔同收二七五元,交易尚见热闹。

生丝,今晨开市即趋坚秀,优级另担喊高至一四〇〇〇元,D级为一五〇〇〇元,但因执散户均呈观望,价即回软,午收时优级另担跌至一一〇〇〇元,D级一二〇〇〇元。

人丝,今市因中信局配价抬高至一一二〇〇元,市价随之喊高至一一五〇〇元,俄而丝价回疲,人心转软,价即下浮,天桥午收为八五〇〇元,东洋为九〇〇〇元。

绸市,华强被面初开为七五〇〇元,因丝价回软,乃由七五〇〇元跌至五五〇〇元,沪大伟呢由六〇元跌至五〇元,格子碧绉由三〇元跌至廿五元,午后市呈呆滞,无分荣辱。

食米市场转稳,银根仍紧,暗息亦高,南市白粳开七〇〇元,收市为六五〇元,尚无人问津,到货六三五石,北市仍无交易。

面粉市场今开交易后,市势大跌,初开一六五元,中午升五元,后市回至原盘,麸皮下降,福新大包一二〇元。

食油亦告下挫,豆油八五〇元,生油站空,生菜油七〇〇元,熟菜油六〇〇元,其他亦降五元。

杂粮趋疲,银根过紧,执户多脱货求现,黄豆下跌卅元,苞米挫十元。

卷烟及日用品,趋势续挫,因银根奇紧,散户支持无力,浮多起抛,而门庄以连日上涨甚巨,价码过高,门销亦见逊色,去势转呆,同业吸胃平淡,外销又滞,市呈供多求少,喊价迩软,200支白锡包90元,大三炮80元,前门60元,大英45元,500大英85元,老刀73元,150美丽53

元，200 支白兰地 40 元，金鼠 27 元。固本皂 355 元，箭刀 350 元，黄祥茂 245 元，美丽凤凰火柴 2 000 元，以上价格，均有做开。

丙、各地商情

重庆十一日电，因外流资金有回流，今市银根续见平和，惟暗息仍在七〇元左右，商品市场以沪价极软，子金高昂，买户多戒心，吸胃转淡，交易稀少，大部行情，均趋疲软，布疋贪进者少，下跌半成至一成，君子元哔吱为二五〇元，纱厂行盘无变，20 支绿飞艇坐四千元，花下泻一成，桐油先疲后坚，做二三〇元，菜油交易多做二二五元，香烟客帮有进，双斧开盘为三三〇〇元，后升为四〇〇〇元，米粮到多回松，山货西药国药，均疲无交，干菜亦告疲软，其他均见不振，交易清淡。

广州十一日电，东北西各江谷米今日渐多充报，批发商纷将存货挑出，致街客裹足不前，市情已趋淡慢。又报银行钱柜款数顷经督处已奉财部令，每日准予放宽至六十万元。又柴薪价较昨增百分之五十。

广州十二日电，百货市情普遍回淡，粕仁油估价急转直下，盖由于连日价起过多，致工业原料来过极狭，各货普遍滑下，皂药跌价最多，为八七五.〇〇元。

汉口十一日电，银根续紧，申汇升九八〇元，米粮市稳，纱布恍惚，20 支升一千元，布稳，花交稀。

金融物价报告表

37 年 11 月 11 日

金融			物价		
			品名	单位	价格
市场利率	银钱帮		煤球	市担	六〇.〇〇
	证券帮	一四〇.〇〇	煤块	每吨	二五〇〇.〇〇
	花纱帮	一二〇.〇〇	上白粳	市石	六五〇.〇〇
	棉布帮	一二〇.〇〇	兵船面粉	每袋	一七〇.〇〇
	食粮帮	一〇〇.〇〇	本厂豆油	每担	八五〇.〇〇
	丝绸帮	一〇〇.〇〇	台湾粗砂	每担	三一〇.〇〇
	食糖帮	一〇〇.〇〇	周浦籽花	每砠	二五〇.〇〇
	百货帮	一〇〇.〇〇	42 支蓝凤纱	每件	八五〇〇.〇
国内汇水	广州	二四.〇〇	21 支双马纱	每件	五八〇〇.〇〇
	天津	五.〇〇	龙头细布	每疋	二七五.〇〇
	汉口	一二.〇〇			
	重庆	一二.〇〇	四君子哔吱	每疋	二七五.〇〇
	厦门		10 支大英烟	每条	八〇.〇〇
	昆明	一二.〇〇	固本肥皂	每箱	三五五.〇〇
证券	永安纱厂	八七〇〇〇.〇〇	美丽火柴	每箱	二〇〇〇.〇〇

（续表）

金融			物价		
			品名	单位	价格
	美亚绸厂	二四〇〇.〇〇	天桥人丝	每箱	一一〇〇〇.〇〇
	新光内衣	四五〇.〇〇	D级生丝	关担	一一〇〇〇.〇〇
	景福衫袜	三六〇.〇〇	华强被面	百条	五五〇〇.〇〇
	统丙公债		足度桐油	百市斤	无市
备注			上海猪鬃	司马担	无市
			对开报纸	每令	一三五.〇〇
			月牌烧碱	360公斤	未定
			鲜鸡蛋	每只	一.二〇
			黄鱼	市斤	一八.〇〇
			猪肉	市斤	二四.〇〇
			双机奎宁	千粒	三五〇.〇〇
			消治龙片	千片	二八.〇〇
			马牌水泥	每袋	一〇〇.〇〇

联合征信所调查报告书(1948年11月13日)

联合征信所调查报告书　中华民国37年11月13日

甲、金融

银根紧势今起转松，外埠汇款大量涌到，而各地现钞也有运来，业内行庄缺单现象顿转缓和，同业拆放虽仍十分盛炽，但周转不如过去困难，市间暗息降至日拆千元九〇元，合月息二元七角，最缓降至八〇元，合月息二元四角。

华股暗市，因银根仍俏，且当局侦查严密，人心疲软，今日各股自贬挫退，永纱八万一千元有脱，美亚二千二百五十元尚无受主，新光降至四百元，景福跌为三百元，场内卖出众多，进户绝迹，暗息日拆千元为一二〇元。

乙、商品

棉布帮银根稍见松动，龙头细布初在二五〇元徘徊，中途微软，纺建公司核配细布及哔叽颇多，人心转虚，旋退至二四〇元，入后空方执补，近午喊高至二七〇元，四君子元吱喊二八〇元。棉纱今业内银根转松，日息千元低至六十元，闻外埠游资已陆续到埠，同业需单较少，执货者脱意又懈，业内外买气再盛，市况继趋高涨。42支蓝凤初闻在八千元盘旋，后即升至一〇三〇〇元，21支双马初做八一〇〇元，后亦上升至七二〇〇元，市况仍无小面。

生丝价与周四相比，微跌五〇〇元，晨开优级另担喊高一一〇〇〇元，无人问津，午收跌至一〇五〇〇元，D级一一〇〇〇元，下午无绞动，与前市相埒。

人丝天桥晨开喊至一万元，旋因均抱观望，乏人扒吸，势呈下挫，迨至午收跌为八千五百元，义货各档八千元，较周四微挫五〇〇元，午后仍疲无生气。

绸，华强被面初开七五〇〇元，旋即下挫，卖风转盛，价跌至五五〇〇元，碧绉、大伟呢与周四相埒。

食米交易已趋正常，市势大跌，白粳收市退至五〇〇元，尚乏人问津，到货亦涌，二市场合计到米二五六七石五斗。

面粉惨跌，兵船粉一二五元，老车粉一二三元，其他均挫二成。

食油亦疲，豆油七〇〇元，生油一一〇〇元，生菜油六〇〇元，豆饼再挫五元。

杂粮到货极涌，市势告疲，生仁平稳，黄豆白麻各跌二十元，余均下挫一成左右。卷烟及日用品一致下挫，各货续以低价喊开，业内银根仍未见松，散户抛售颇多，势成供多求少，喊价下挫。200 白锡包 70 元，大三炮 60 元，前门 50 元，大英 37 元，500 大英 70 元，老刀 60 元，200 克雷斯 35 元，白兰地 30 元，固本皂二八〇元，箭刀二七〇元，黄祥茂一八〇元，美丽火柴一八〇〇元，南京宁波一一〇〇元，以上价格均有做开。

丙、各地商情

重庆十三日电，因银根紧俏，利息高昂，并下期放款日拆有喊至百元者，故今市商品市场以高利束压，人心多趋虚软，各业场内卖声一片。桐油昨日因银金之发行办法修正公布，人心浮动，一度暴升至三五〇元，今晨则狂落至二七〇元，菜油亦随之猛挫至二六五〇，布疋交易热烈，行盘一致萎缩，君子元吱回松至三二五元，棉纱交易平庸，20 支绿飞艇为四八〇〇元。米粮稳无大变化，西药干菜不振，下降一成以上，国药疲，香烟买气浓郁，双斧降至四四〇〇元乏买主，其余均见疲软。如银根再紧，各物可看再疲。

广州十三日电，外围谷米因晚造丰收讯频传，本市今日到谷七十余万升，市场成交平均每担再淡廿余元，已跌破公价廿元以上。本市金饰店前因黄金黑市价格与公价相差甚远，营业无形停顿，现政府新金融政策布露，闻已纷纷准备今日复业云。

汉口十三日电，人心趋稳，各物趋下跌，廿支红球纱仍狂一五〇〇元，为五六〇〇元，花交淡，仅有换纱交换布一廿至四十元，粮下跌，银根回软，申汇稳。

南昌十三日电，物价静落，但无交，晚米一二〇元，小麦一二〇元，桐油五三〇元，江北花八〇〇元，庐山纱七九〇〇元。

金融物价报告表　　37 年 11 月 13 日

金融			物价		
			品名	单位	价格
市场利率	银钱帮		煤球	市担	四〇. 〇〇
	证券帮	一二〇. 〇〇	煤块	每吨	
	花纱帮	八〇〇. 〇〇	上白粳	市石	五〇〇. 〇〇
	棉布帮	一〇〇. 〇〇	兵船面粉	每袋	一二五. 〇〇
	食粮帮	一〇〇. 〇〇	本厂豆油	每担	七〇〇. 〇〇
	丝绸帮	一二〇. 〇〇	台湾粗砂	每担	二六〇. 〇〇

（续表）

金融			物价		
			品名	单位	价格
	食糖帮	一二〇.〇〇	周浦籽花	每担	二三〇.〇〇
	百货帮	一二〇.〇〇	42支蓝凤纱	每件	一〇三〇〇.〇〇
国内汇水	广州	四〇〇.〇〇	21支双马纱	每件	七二〇〇.〇〇
	天津	五〇.〇〇	龙头细布	每疋	二七〇.〇〇
	汉口	一〇〇.〇〇			
	重庆	二〇〇.〇〇	四君子哔叽	每疋	二八〇.〇〇
	厦门		10支大英烟	每条	七〇.〇〇
	昆明	三〇〇.〇〇	固本肥皂	每箱	二八〇.〇〇
证券	永安纱厂	八一〇〇〇.〇〇	美丽火柴	每箱	一八〇〇.〇〇
	美亚绸厂	二二五〇.〇〇	天桥人丝	每箱	八〇〇〇.〇〇
	新光内衣	四〇〇.〇〇	D级生丝	关担	一一〇〇〇.〇〇
	景福衫袜	三〇〇.〇〇	华强被面	百条	五五〇〇.〇〇
	统丙公债		足度桐油	百市斤	无市
备注			上海猪鬃	司马担	八〇〇〇.〇〇
			对开报纸	每令	
			月牌烧碱	360公斤	
			鲜鸡蛋	每只	〇.八〇
金两 二〇〇〇元 钞 三〇元			黄鱼	市斤	
			猪肉	市斤	
			双机奎宁	千粒	三四〇.〇〇
			消治龙片	千片	二八.〇〇
			马牌水泥	每袋	八〇.〇〇

联合征信所调查报告书(1948年11月15日)

联合征信所调查报告书　中华民国37年11月15日

甲、金融

本市银根因外埠汇款涌到，加之银元可以自由流通，形势渐转松动，市场暗息退至日拆五十元至七十元，合月息一元五角至二元一角，惟仍较钜，钱业甫经调整之利息高出四倍以上，但现钞筹码则因供应仍稀，行庄本票传有贴水说。

华股暗市，因银根转松，人心回坚，今日各股上挺，永纱九万元有成交，美亚二千七百元，新光开喊四四〇元，景福挺为三三〇元，场内暗息降落，日拆千元为八〇元。

乙、商品

棉纱今市银根续松，业中大部多单，执户吐售不旺，人心又趋坚俏，市况重晋高峰，粗细纱均升，42 支蓝凤初在万元关盘旋，后因粗纱高升，喊价微俏，惟因市上供续尚多，纳胃不旺，故涨势有限，20 支粗纱因闻龙头升腾，人心看好，故扒吸甚多，结果粗纱独秀。

棉布帮银根转松，散户纷来扒吸，龙头自二九〇元升至三三〇元，四君子元吱自三〇〇元挺至三四〇元，市势在坚档徘徊。

生丝因银根松弛，晨开喊价上扬，优级另担价为一三〇〇〇元，D 级一四〇〇〇元，午收因买气仍稀，价乃下挫，优级退至一一五〇〇元，D 级降为一二〇〇〇元，但较周六仍轧升五〇〇元。

人丝，晨开天桥为一万元，旋因买气不浓，价乃下跌，午收仍近一万元，天桥为九千元，义货亦相埒，东洋为九五〇〇元，较周六升五〇〇元，午后无交易。

绸缎，华强被面初开六二〇〇元，嗣因人心不振，价乃下挫，午收为五七〇〇元，大伟呢六〇元，碧绉二六元。较周六普升百分之五，下午无市。

食米今日再趋下跌，白粳四〇〇元，成交颇多，到货亦涌，南北二市场合计二六〇〇余石，市价较上周六下跌百元，其他薄稻籼米等一致下跌二成，最低籼米价为二八〇元。

面粉先疲后坚，本街纳胃旺盛，兵船粉一二五元，老车粉一三〇元，麸皮升八元，福新大包为九三元。

食油市况平定，生菜略疲五〇元，生油降四〇元，本厂生油六百六十元成交，其他吉桶小车麻油七五〇元，本厂豆油七〇〇元，收市轧升二〇元。

杂粮到货较旺，交易清淡，市价涨跌互见，苞米升二〇元，黄豆跌二〇元，余为平平。

卷烟一致报涨，因银根转松，业外棰槛不乏，门销又佳，逢小抵补亦殷，买气甚旺，货主扳持有力，市势一致盘坚，200 支白锡包 84 元，大三炮 76 元，前门 54 元，大英 40 元，500 支大英 85 元，老刀 75 元，200 金鼠 27 元，白兰地 34 元，银行 47 元，大克雷斯 36 元。

日用品各货趋势亦坚，自开放限价以来，各厂迄未派货，市上筹码不多，同业进货甚殷，买势颇旺，价在坚档徘徊，固本皂由三二〇元升至三六〇元，箭刀三五〇元，黄祥茂二六〇元，均有做开。

丙、各地商情

重庆十五日电，今日银根续见紧俏，暗息高达一四〇元，商品市场以子金过高，卖户顿增，各档行盘一致惨跌，布疋冷落，君子元吱降二六五元，花交稳，棉花软，20 支绿飞艇退至四二〇〇元，桐油买户寥寥，跌至二四〇元，食糖西药干菜均降一二成，米粮微软。

汉口十五日电，跌风笼罩市场，人心趋软，杂粮谷米猛泻三成上下，机米二八〇元，芝麻一八〇元，小麦一三〇元，挫七〇元至一〇〇元不等，20 支纱跌至五一〇〇元，布稳跌廿元，龙头细布三一〇元，花交跌，产价报小，天门细绒小秤向蛔蟮晰金七百八十元，余俱回软，惟银根续紧。

广州十五日电，今日东拦到谷卅余万斤，谷米市场供过于求，均平每市担再跌三四十元，又粤路运到大猪千头，鸡鸭千余箩，市场另售每斤八元三角五，较公价低七角以上。

金融物价报告表　　37年11月15日

金融			物价		
			品名	单位	价格
市场利率	银钱帮	一三.〇〇	煤球	市担	四〇.〇〇
	证券帮	八〇.〇〇	煤块	每吨	二五〇〇.〇〇
	花纱帮	四〇.〇〇	上白粳	市石	四〇〇.〇〇
	棉布帮	五〇.〇〇	兵船面粉	每袋	一二五.〇〇
	食粮帮	五〇.〇〇	本厂豆油	每担	七二〇.〇〇
	丝绸帮	六〇.〇〇	台湾粗砂	每担	二八〇.〇〇
	食糖帮	六〇.〇〇	周浦籽花	每砠	二八〇.〇〇
	百货帮	六〇.〇〇	42支蓝凤纱	每件	一〇五〇〇.〇〇
国内汇水	广州	四〇〇.〇〇	21支双马纱	每件	七八〇〇.〇〇
	天津	五〇.〇〇	龙头细布	每疋	三三〇.〇〇
	汉口	一〇〇.〇〇			
	重庆	二〇〇.〇〇	四君子哔吱	每疋	三四〇.〇〇
	厦门		10支大英烟	每条	八三.〇〇
	昆明	三〇〇.〇〇	固本肥皂	每箱	三六〇.〇〇
证券	永安纱厂	九万元	美丽火柴	每箱	一五〇〇.〇〇
	美亚绸厂	二千七百元	天桥人丝	每箱	九五〇〇.〇〇
	新光内衣	四四〇.〇〇	D级生丝	关担	一二五〇〇.〇〇
	景福衫袜	三〇.〇〇	华强被面	百条	五七〇〇.〇〇
	统丙公债		足度桐油	百市斤	五五〇.〇〇
备注			上海猪鬃	司马担	八〇〇〇.〇〇
黄金　每两　二千元 美钞　每元　三十元			对开报纸	每令	一四五.〇〇
			月牌烧碱	360公斤	
			鲜鸡蛋	每只	〇.七〇
			黄鱼	市斤	
			猪肉	市斤	
			双机奎宁	千粒	二一〇.〇〇
			消治龙片	千片	二八.〇〇
			马牌水泥	每袋	七五.〇〇

联合征信所调查报告书(1948年11月16日)

联合征信所调查报告书　中华民国37年11月16日

甲、金融

银根因外埠汇款续有涌到，且资金南流现象，由于本市利息日昂业见敛迹，暗息日拆退至每千元至五十元，合月息在一元二角至一元五角，最后则在一元光景。现钞筹码，初呈枯竭，后闻国行出纳科有五十元金圆供应，情势渐见松弛。

华股暗市，场内谣传纷纷，人心惶惶，且经警密布，交易冷寂，各股喊价较昨微挫，惟永纱独站原盘，仍为九万元，美亚二千六百元，新光四二〇元，景福三一〇元，暗息低至日拆千元为六〇元。

乙、商品

食米今日趋升，南北二市到货三千石许，以市场银根较松，白粳四百五十元收盘，较昨市升超五十元，其他籼米薄稻糯米均一致上升一成许。

面粉今日纳胃旺盛，市价普升二成，兵船收市一百廿五元，老车一百三十元，麸皮亦上转挺升。福新大包一〇七元，上升十五元。

食油亦转挺势，本厂豆油八五〇元，升超一五〇元，生菜油七五〇元，升起二〇〇元，其他生油一一三〇元，熟菜油六五〇元，吉桶小车麻油九〇〇元，一致转挺交易旺盛。

杂粮到货较多，销路亦畅，启东苞米一三〇元，南京生仁三五〇元，白麻三〇〇元，黄豆上升二十元谱，汉口乍豆一八〇元成交。

生丝初昂终跌，晨开优级一三〇〇〇元，较昨市升五〇〇元。

人丝天桥初开喊高至一二五〇〇元，终以散户鲜乏扒吸，跌至一〇〇〇〇元，东洋为一〇五〇〇元，义货各档亦为一〇〇〇〇元，较昨市升一〇〇〇元。

绸缎华强被面初开为七五〇〇元，终因散户观望，价乃下挫，收市跌为七〇〇〇元，较昨升一〇〇〇元，大伟呢、碧绉均较昨市升百分之五。

卷烟趋势转疲，因各地物价报跌，外销不畅，门销闲散市势盘疲，200 白锡包七五元，大三炮六五元，前门五〇元，大英三四元，500 支大英七五元，老刀六五元，250 美丽五〇元，200 银行四二元，白兰地卅二元，克雷斯卅六元。

日用品各货交易不旺，因实销平淡，货主脱意颇浓，同业进胃亦稀，成交不多，喊价俱见软落，固本由三二〇元步跌至三百元，箭刀亦以三〇〇元有成交，黄祥茂做开二三〇元，火柴平稳，美丽凤凰为一五〇〇元。

丙、各地商情

重庆十六日电，因国家行局大量差出，今市银根转见平和，日拆微降至一百十元，商品市场以高利重压，人心虚软，买户稀少，故今市虽在多头哄抬下行盘上下仍见无力，市势复露疲象，布疋去路不振，行市回松，君子元哔叽昨升一度升至三百十元，今又下降为二百七十元，棉花酝酿乏交，棉纱稳交淡，廿支绿飞艇为四四〇〇元。桐油交易冷落，做为二百七十元，菜油为二百六十元。香烟买户少，双斧行盘微扬至三千七百元，西药国药山货均疲，干菜喊昂乏交，市势有回松之象，其他各业场内行情虽见喊昂，但真实纳户异常稀少。

广州十六日电，关于外汇率问题穗央行迄今未正式挂牌，据息【悉】未奉到总行命令故不敢妄自公布。又自政府修正金银外币处理办法后，本市金融黑市活动又告死灰复燃，据金管局负责人称，继续加强检查工作，誓把黑市扑灭云。

汉口十六日电，银根紧现钞缺，花交旺，小升四十昂六十元，保花九九〇元，家乡粗七四〇元，布微小，纱续秀，廿支红球五六五〇元，谷米升粮盘稳，交易转旺，香烟再挫，金融性商品微挫。

金融物价报告表

37年11月16日

金融			物价		
			品名	单位	价格
市场利率	银钱帮	一三.〇〇	煤球	市担	四〇.〇〇
	证券帮	六〇.〇〇	煤块	每吨	二五〇〇.〇〇
	花纱帮	无	上白粳	市石	四五〇.〇〇
	棉布帮	五〇.〇〇	兵船面粉	每袋	一五〇.〇〇
	食粮帮	四〇.〇〇	本厂豆油	每担	八五〇.〇〇
	丝绸帮	六〇.〇〇	台湾粗砂	每担	二七五.〇〇
	食糖帮	五〇.〇〇	周浦籽花	每砠	三〇〇.〇〇
	百货帮	五〇.〇〇	42支蓝凤纱	每件	一〇四〇〇.〇〇
国内汇水	广州	四〇〇.〇〇	21支双马纱	每件	七五〇〇.〇〇
	天津	二五〇.〇〇	龙头细布	每疋	三四五.〇〇
	汉口	一三〇.〇〇			
	重庆	四〇〇.〇〇	四君子哔叽	每疋	三五五.〇〇
	厦门		10支大英烟	每条	七五.〇〇
	昆明	二〇〇.〇〇	固本肥皂	每箱	三五〇.〇〇
证券	永安纱厂	九万元	美丽火柴	每箱	一五〇〇.〇〇
	美亚绸厂	二千六百元	天桥人丝	每箱	一〇五〇〇.〇〇
	新光内衣	四千二百元	D级生丝	关担	一三五〇〇.〇〇
	景福衫袜	三百十元	华强被面	百条	七〇〇〇.〇〇
	统丙公债		足度桐油	百市斤	五五〇.〇〇
备注			上海猪鬃	司马担	八〇〇〇.〇〇
金　二一〇〇元 钞　三三元			对开报纸	每令	一四五.〇〇
			月牌烧碱	360公斤	
			鲜鸡蛋	每只	〇.六五
			黄鱼	市斤	
			猪肉	市斤	
			双机奎宁	千粒	二一〇.〇〇
			消治龙片	千片	一六.〇〇
			马牌水泥	每袋	七五.〇〇

联合征信所调查报告书(1948年11月17日)

37年11月17日

甲、金融

银根续转松动，闻除华北有汇款来沪外，京沪线方面之资金，亦有汹涌集沪之势，致市上暗息退至日拆每千元至卅元至四十元，合月息九角至壹元式角，最后在壹元光景。现钞恐慌，亦因国行大量供应，渐告消除。又闻国行出纳科为限制各商业行庄过量领取现钞起见，特规定领现额，为大行庄每日五万元，小行庄每日三万元。

乙、商品

棉纱，今日上午市况走势稍软，生活指数发表后，纱厂均需发给工资，需款较殷，场上抛售不绝，本街复制业迩来成品滞销，进意因而闭塞，客帮因外埠销处日狭，难以推动，纳胃亦告搁浅，趋势疲软，软后逢低有吸，市价复高，结果与上日略小三五百元。午后人心风平浪静，纳胃益减，喊价再趋下游，42支蓝凤低至九千六七百元，双马低至七千元，20支金城天女低至六千三四百元，较午后又见轧小。

卷烟趋势略告盘坚，因银根见松，且逢小添补颇殷，同业因门销尚佳，多头转卖稀少，喊价略告俏俐，200支白锡包八〇元，大三炮七〇元，大英卅六元，大克雷斯卅六元，前门五六元，500大英80元，老刀七〇元，200银行卅七元，白兰地卅六元。

日用品各货平疲互见，各牌肥皂下跌颇劲，因卖销平淡，货主脱意颇浓，同业进胃亦稀，喊价盘旋下游。火柴尚告平稳，固本三〇〇元，箭刀三〇〇元，黄祥茂二〇五元，均有做开。美丽凤凰火柴一五〇〇元。

生丝，晨开优级喊至一二五〇〇元，终因吸户乏力，价仍下挫，收市跌为一二〇〇〇元，D级一二五〇〇元，较昨市跌五〇〇元。

人丝，晨开天桥为九〇〇〇元，东洋为五〇〇元，收市天桥仍九〇〇〇元，东洋九五〇〇元，较昨市跌一千元。

绸，华强被面初开为六五〇〇元，午后买气转稀，价仍下挫，华强被面为六三〇〇元，沪大伟呢五〇元，收市跌至四五元，碧绉二十二元，较昨市跌百分之五。

食米转挺，以各工厂发薪之际，门售卖售转旺。市价白粳六〇〇元，薄稻六〇〇元，到货二市场三三八六石六斗。

面粉转昂，老车兵船开二〇〇元，收市下疲至一八〇元，麸皮福新大包一一八元。

食油畅销价升，豆油八八〇元，生菜油七五〇元，熟菜油七〇〇元，吉桶小车麻油九五〇元。

杂粮到货虽多，实销亦畅，市价一致挺起，横渡苞米一四五元，汉口乍豆二四〇元，白麻三〇〇元，较昨市上扬二成之谱。

丙、各地商情

重庆十七日电，国家行局续有大量差出，今市银根转趋平疲，暗息转降至八十元，商品市场则以高利重压，人心虚软，卖出空气，再形浓郁，兼之徐州战争告捷，各档行情看跌，大有人在。故买市寥寥无几，今普掀起全面跌风，廿支绿飞艇纱一度退至四千元关，复稍好，为四千一百元，仍疲。布疋走势呆滞，君子元哔叽报小为二百七十元。花喊低，乏交。桐油不振，行盘回松至六十元，菜油卖求汹涌，惨跌二百十元。食粮西药干菜均回小一二成不等。香烟客帮止进，双斧猛落至三百四十元。山货国药平疲。

汉口十七日电，银根稍松，暗息跌至二十元，纱续泻，廿支红球五一五〇元，布疲软，家乡粗绒七三〇元，谷米什粮盘俏，香烟初跌继涨，桐油续疲，盘做三七五元。

金融物价报告表　　37年11月17日

金融			物价		
			品名	单位	价格
市场利率	银钱帮	一三.〇〇	煤球	市担	四〇.〇〇
	证券帮		煤块	每吨	二〇〇〇.〇〇
	花纱帮	无	上白粳	市石	六〇〇.〇〇
	棉布帮	六〇.〇〇	兵船面粉	每袋	一八〇.〇〇
	食粮帮	三〇.〇〇	本厂豆油	每担	八八〇.〇〇
	丝绸帮	五〇.〇〇	台湾粗砂	每担	二七〇.〇〇
	食糖帮	五〇.〇〇	周浦籽花	每硕	三八五～三〇〇
	百货帮	五〇.〇〇	42支蓝凤纱	每件	一〇二〇〇.〇〇
国内汇水	广州	四〇〇.〇〇	21支双马纱	每件	七二〇〇.〇〇
	天津	二五〇.〇〇	龙头细布	每疋	三二〇.〇〇
	汉口	二〇〇.〇〇			
	重庆	三〇〇.〇〇	四君子哔叽	每疋	三三〇.〇〇
	厦门		10支大英烟	每条	八〇.〇〇
	昆明	四〇〇.〇〇	固本肥皂	每箱	三〇〇.〇〇
证券	永安纱厂		美丽火柴	每箱	一五〇〇.〇〇
	美亚绸厂		天桥人丝	每箱	九五〇〇.〇〇
	新光内衣		D级生丝	关担	一二〇〇〇.〇〇
	景福衫袜		华强被面	百条	六三〇〇.〇〇
	统丙公债		足度桐油	百市斤	五五〇.〇〇
备注			上海猪鬃	司马担	八〇〇〇.〇〇
金　二一〇〇元 钞　三三元			对开报纸	每令	一四〇〇.〇〇
			月牌烧碱	360公斤	三一五〇.〇〇
			鲜鸡蛋	每只	〇.七〇
			黄鱼	市斤	
			猪肉	市斤	
			双机奎宁	千粒	二〇〇.〇〇
			消治龙片	千片	一五.〇〇
			马牌水泥	每袋	七五.〇〇

联合征信所调查报告书(1948年11月18日)

联合征信所调查报告书　中华民国37年11月18日

甲、金融

银根续趋松动,暗息退至日拆每千元二十元至二十五元,合月息在六角至七角五分,市上拆出头寸者甚多,而由于一般囤货正淡薄,致求拆者寥寥无几,若干行庄已恢复短期性之透支,将限额放宽,惟仍计立透支契约。

现钞筹码已因国行之源源供应而见宽裕,惟各工厂发薪需款甚巨,仍感不敷应用。

乙、商品

食米涨后回跌,开市遇高,本街纳胃停顿,后市回跌,北市开七〇〇元,收市回至六三〇元,南市白粳开六八〇元,收市六〇〇元。

食油今日普跌,豆油下降四十元,生油一一五〇元,本厂生菜油七〇〇元,一致较昨市下降50%。

面粉市价亦均转疲,兵船一五八元,下挫二二元,老车一七五元。

杂粮下挫亦钜,苞米下挫十元,黄豆下挫四十元,生仁平平。

棉布,棉布公会市场尚未恢复,喊价平静,龙头细布最低喊三一五元,近午稍呈坚稳,喊三三〇元,午后再喊高五元,近顷纺建开配哔叽颇多,致市上筹码充斥,市价猝落,近午喊三二〇元,午后喊三三〇元,较龙头细布反挫五元,趋势仍无起色。

生丝,晨间优级另担为一一五〇〇元,嗣后步升至一二〇〇〇元,午后升至一二五〇〇元,D级开为一二〇〇〇元,午收升至一二五〇〇元,午后升至一三〇〇〇元,较昨市升至一千元。

人丝,晨开天桥为五〇〇〇元,旋因各方人心转好,价仍上扬,午收升为九〇〇〇元,午后升至一〇〇〇〇元,义货价相同,东洋开为九〇〇〇元,午收为九五〇〇元,午后升至一〇五〇〇元,较昨市升一千元。

绸缎,华强被面晨开为六三〇〇元,嗣即升至六六〇〇元,午后升至六七〇〇元,大伟呢由四十五元升至五〇元,碧绉由二十二元升至二十五元,较昨市升至百分之五。

棉纱,今日市况平稳行情微见上升,惟涨跌尺度未见剧烈,日来当局重建币信,公开兑换黄金,币值顿趋稳重,各方人心好转,本外埠销路又滞,纳胃闲散,市况无法振奋,42支蓝凤上午收盘现出一〇二〇〇元,午后隔日亦做一〇二〇〇元,趋势较软,21支双马上午现出做至七三〇〇元,午后七二〇〇元,亦无巨大波动。

卷烟市况趋势止跌转涨,因银根益转松动,故拥资者以拆息低微大都从事进货活动,本街实销亦见转佳,门庄添办亦畅,散户提拉亦多,买气颇旺,市势一致坚俏,200白锡包九〇元,大三炮八〇元,前门六〇元,大英四一元,500大英八二元,老刀八〇元,250美丽五六元,200银行四五元,白兰地三八元,大克雷斯三九元,50听茄力克五〇元,三五,四五元,以上价格均有做开。

日用品各货市况受卷烟步涨影响,人心振奋,本街去化亦见转畅,同业抵补甚殷,执货者乘机扳持,价乃各呈坚挺,固本皂三四〇元,箭刀三三〇元,黄祥茂二五〇元,美丽火柴一六〇〇元，南京火柴一一〇〇元，以上价格均有成交。

丙、各地商情

重庆十八日电，今市银根平疲，日拆降至五五元，商品市场以利空消息频传，卖气续趋浓郁，大部行情再向低档溃退，布疋去路呆滞不堪，四君子元哔叽一度惨跌至二五〇元，复以买主稍多回好，至二六〇元，棉纱以业内银根松纳户转多，20支绿飞艇微扬至四五〇〇元，花稍坚，米粮到多疲软下泻半成以上，香烟逢低买进者多，交易转热，行盘止跌回涨，双斧拉升至四二〇〇元，西药干莱疲莫能兴，行盘喊低至一四〇〇元，犹乏买主。国药讨价还价悬殊，交易未做出。食粮纸张罐头均疲软，交易清淡。桐油以外汇变动看好，大公司猛吸，行盘拉升至五〇〇元，开业油成交颇多，价格回升至二五〇元。

汉口十八日电，花稳交旺，布回升十至廿元，纱略挺，20支红球五三八〇元，谷米盘稳，杂粮俏提十元至十五元，小麦一六五元，黄豆一七五元，芝麻无市，银根续盘俏缓，暗息廿元至廿五元。

金融物价报告表　　37年11月18日

金融			物价		
			品名	单位	价格
市场利率	银钱帮	一三.〇〇	煤球	市担	四〇.〇〇
	证券帮		煤块	每吨	二〇〇〇.〇〇
	花纱帮	五〇.〇〇	上白粳	市石	六三〇.〇〇
	棉布帮	五〇.〇〇	兵船面粉	每袋	一五七.〇〇
	食粮帮	四〇.〇〇	本厂豆油	每担	八四〇.〇〇
	丝绸帮	四五.〇〇	台湾粗砂	每担	三三五～三四五
	食糖帮	四〇.〇〇	周浦籽花	每砠	三三一〇.〇〇
	百货帮	五〇.〇〇	42支蓝凤纱	每件	一〇二〇〇～一〇五〇〇
国内汇水	广州	四〇〇.〇〇	21支双马纱	每件	七三〇〇～七六〇〇
	天津	二五〇.〇〇	龙头细布	每疋	三三〇.〇〇
	汉口	二五〇.〇〇			
	重庆	二五〇.〇〇	四君子哔叽	每疋	三二〇.〇〇
	厦门		10支大英烟	每条	九〇.〇〇
	昆明	四〇〇.〇〇	固本肥皂	每箱	三五〇.〇〇
证券	永安纱厂		美丽火柴	每箱	一六〇〇.〇〇
	美亚绸厂		天桥人丝	每箱	九〇〇〇.〇〇
	新光内衣		D级生丝	关担	一二五〇〇.〇〇
	景福衫袜		华强被面	百条	六六〇〇.〇〇
	统丙公债		足度桐油	百市斤	五五〇.〇〇
备注			上海猪鬃	司马担	八〇〇〇.〇〇

（续表）

金融	物价		
	品名	单位	价格
金　二〇〇〇元 钞　三三元	对开报纸	每令	一三〇.〇〇
	月牌烧碱	360公斤	三〇〇〇.〇〇
	鲜鸡蛋	每只	〇.七五
	黄鱼	市斤	一〇.〇〇
	猪肉	市斤	一六.〇〇
	双机奎宁	千粒	二〇〇.〇〇
	消治龙片	千片	一三.〇〇
	马牌水泥	每袋	七五.〇〇

联合征信所调查报告书(1948年11月19日)

联合征信所调查报告书　中华民国37年11月19日

甲、金融

银根：银根续松，闻福州、汉口等处流来资金甚多，而华北资金亦有通过本票关系而流入本市者，暗息日拆降至每千元十五元至廿元，合月息四角半至六角，现钞筹码国行虽大量供应，仍感不敷各业放薪之需要。

股债：新财长徐堪抵沪后，与金融界交换意见，对于今后经济措置将有新政策施行，复因与杜月笙氏膳叙后，证交所即将复市传说又盛，场外交易喊价，近午呈现坚化，永纱每十万股喊三〇五〇元进，三一〇〇元出，美亚每百万股喊九〇〇元进，九五〇元出，新光每百万股喊一五五元进，一六〇元出，景福每百万股喊一〇〇元进，一一〇元出，交易尚多，公债方面则中籤红票每万股喊九五元及一〇〇元，未中籤之白票则每万股喊七八〇元及八〇〇元买卖价。

乙、商品

棉纱：今日市况续见疲软，厂方均将发给工资，抛售仍然，外埠去销呆化，本街纳胃转滞，粗细纱开后均无波动，交易颇为稳坚，涨落不过二三百元而已，午后进意更淡，市况又见稍软。

棉布：走势初疲后坚，茶会内龙头细布初在三二〇元至三二五元之间徘徊，四君子哔叽价格亦在三一〇元至三一五元以内盘旋，嗣后移至棉布公会门市喊价做遭受经警干涉，时聚时散，盛传棉布南运开放，人心转荣，喊价亦略挺升，近午龙头细布喊高至三四五元，四君子哔叽亦喊止三二五元，金莲妙舞元哔叽三二五元，与上日喊价相仿，客帮少入，门市布号交易仍极清稀。

食米：今日食米转跌，白粳五五〇元，较昨市下疲五〇元，薄稻籼米等一致下降一成余。

面粉：随米价下落而跌价，兵船粉一四〇元，下降一〇元，老车粉亦挫二十五元，麸皮退入百元关。

食油：油价亦泻，本厂豆油开八五〇元，收八〇〇元，下挫五〇元，青岛生油一一〇〇元，生菜油七〇〇元。

杂粮：一致转疲，启东苞米一四〇元，汉口乍豆一九〇元，其他芝麻、生仁均下挫三五十元不等。

生丝：初开明日期优级另担一一五〇〇元，东洋九五〇〇元，收市仍站原盘。

绸缎：华强被面较昨小一百元，为六五〇〇元，大伟呢小十元，为四五元，碧绉为二十二元，较昨市跌三元。

卷烟：市势一致盘小，因闻国行兑换金银即将开始，人心安定，市场交易转稀，加以市上浮多充斥，散户吐售甚多，买声稀少，供过于求，喊价逐步盘小，计 200 支白锡包七七元，大三炮六六元，前门五四元，大英三八元，500 大英八八元，老刀七六元，250 美丽五一元，200 金鼠二五元，白兰地三五元五角，银行四四元，大克雷斯三六元，以上价格均有做开。

日用品：各货市况趋势，亦见疲软，盖受卷烟跌价影响，固本箭刀且有派货传说，买户乃存观望，同业亦因实销不畅，进胃呆化，喊价益告下游，固本皂三三〇元，箭刀三二〇元，黄祥茂二二五元，美丽火柴一五〇〇元，凤凰火柴一四七〇元，以上价格均有成交。

食糖：台糖实销呆滞，多方有吐，市见下降，四丰三九〇元，粗砂三一五元，较上日轧挫一〇～二〇元，土糖诸档，兴化白因扒吸乏人，做价下浮一〇元，袋装三〇〇元，兴化赤因五马路一般摊贩及本街散户有吸，做价反见扯升五元，提庄清漳刁青等各挺一〇元之谱。

丙、各地商情

广州十九日电，粮食市场因受外围报升影响，每担约起十元至廿元。

重庆十九日电，国家行局续有差出，银根仍见平和，暗息在六十元关徘徊，商品增加，市势短时难看好转，大部行情均陷入酝酿境地，交易鲜有做出，西药干菜国药山货等买户寥寥，各档行情喊低乏交，纸张文具颜料均见疲，布疋稍挫，君子元哔叽升至二九〇元，廿支绿飞艇棉纱在四七〇〇元徘徊，花稳交淡，香烟未脱盘局，双斧盘旋至四一〇〇元，桐油菜油交易虽多，价格未见好转，米粮走势平庸，行市无甚起落。

汉口十九日电，银根续松，纱稳布市转活，龙头俏升十元，花微挫廿元上下，谷米盘稳，杂粮挺秀，小麦升做一百九十八元，芝麻升一九六元，余平疲。

金融物价报告表

37 年 11 月 19 日

金融			物价		
			品名	单位	价格
市场利率	银钱帮	一三.〇〇	煤球	市担	四〇.〇〇
	证券帮		煤块	每吨	二〇〇〇.〇〇
	花纱帮	三〇～四〇.〇〇	上白粳	市石	五五〇.〇〇
	棉布帮	五〇.〇〇	兵船面粉	每袋	一四〇.〇〇
	食粮帮	五〇.〇〇	本厂豆油	每担	八〇〇.〇〇
	丝绸帮	五〇.〇〇	台湾粗砂	每担	三〇〇～三一五
	食糖帮	四〇.〇〇	周浦籽花	每砠	二七〇～二八〇

（续表）

金融			物价		
			品名	单位	价格
	百货帮	四五.〇〇	42支蓝凤纱	每件	九八〇〇～一〇〇〇〇
国内汇水	广州	四〇〇.〇〇	21支双马纱	每件	七一〇〇～七三〇〇
	天津	二五〇.〇〇	龙头细布	每疋	三四五.〇〇
	汉口	二五〇.〇〇			
	重庆	二五〇.〇〇	四君子哔叽	每疋	三三五.〇〇
	厦门		10支大英烟	每条	八五.〇〇
	昆明	四〇〇.〇〇	固本肥皂	每箱	三三〇.〇〇
证券	永安纱厂		美丽火柴	每箱	一五〇〇.〇〇
	美亚绸厂		天桥人丝	每箱	九〇〇〇.〇〇
	新光内衣		D级生丝	关担	一二五〇〇.〇〇
	景福衫袜		华强被面	百条	六五〇〇.〇〇
	统丙公债		足度桐油	百市斤	五五〇.〇〇
备注			上海猪鬃	司马担	九五〇〇.〇〇
金　二千元 钞　三五元			对开报纸	每令	一二〇.〇〇
			月牌烧碱	360公斤	二九五〇.〇〇
			鲜鸡蛋	每只	〇.七五
			黄鱼	市斤	一〇.〇〇
			猪肉	市斤	一六.〇〇
			双机奎宁	千粒	二〇〇.〇〇
			消治龙片	千片	一三.〇〇
			马牌水泥	每袋	七五.〇〇

联合征信所调查报告书(1948年11月20日)

（甲）金融

银根续见松动，各业普遍多单，头寸供源旺冗，业内行庄频有供出，外埠亦续有抵沪，因下周一开办存款兑换金银，一般人均呈观望，市场暗息纷纷下降，最低日拆十五元，有低合月息四角五分，大致在五角光景。银行界人士大都认为下周银根看紧，故业内对于客户拆放，目前均以一二天为期，长期透支均仍停顿。

华股今市永安纱厂进三四〇〇元，出三五〇〇元，新光内衣进一六〇元，出一七〇元，景福袜衫进一〇〇元，出一一〇元，美丽绸厂进一〇〇〇元，出一〇五〇元。

（乙）商品

棉纱市况先高后低，收市仍见平稳，棉纱从价征税后，税率提高，粗细纱开出价格，虽曾一度向上，惟因实销不动，各档均见回挫，42 支蓝凤晨开一〇五〇〇元，较昨升高三〇〇元，结果低至一〇一〇〇元，亦有卖出，21 支双马收市七二〇〇元，收后再小至七〇〇〇元，亦见轧平。

棉布，棉布市场今日已在半公开方式下恢复买卖，喊价先坚后疲，本街实销不振，南京帮稍有添办，龙头细布最高喊三四五元，四君子元哔叽三四三元，有成交，近午均退喊三二五元，午后因周末利息关系，龙头细布再喊三四五元，四君子元哔叽三四〇元，惟经警干涉，成交至稀。

食米俏到货激增，市价再跌，现钞交易，南北二市白粳薄稻五〇〇元，尚乏人问津，各档食米一致较昨市下跌一成余。

面粉，传中信局收购十五万包，市气普遍转挺，兵船粉一五六元，老车粉一六五元，各升十五元，其他杂牌粉亦均上涨一成。

食油市况转疲，交易清淡，市况先涨后跌，豆油自八〇〇元挫至七七〇元，生菜油疲至六四〇元，熟菜油退抵六〇〇元关，较昨市下泻五六十元不等，生油平，麻油坚稳。

杂粮平中带疲，交易不畅，启东苞米一四五元，市价平平，扬州生仁坚稳。

食糖津帮等各客商，因交通受阻，止吸为吐，而本街及沪郊实销有动，由于供求相称，故今市况平平，午收时四半做三八〇元，粗砂三一五元，中砂三〇〇元，三档均站上一日原盘，兴白兴赤绵赤等，则普升一〇至二〇元不等。

生丝今晨开市，优级现货一〇五〇〇元，期货一一五〇〇元，D 级现货一一五〇〇元，期货一二五〇〇元，与昨市相埒，现交稀少，仅一二档交易。

人丝天桥现货九〇〇〇元，期货九三〇〇元，东洋九三〇〇元，较昨市跌一〇〇元，套利二天为三〇〇元。

绸缎，华强被面现货六二〇〇元，期货六三〇〇元，较昨市跌三〇〇元，套利二天一百元，碧绉二〇元，跌二元，大伟呢四〇元，跌五元。

卷烟趋势盘坚，初开因有加税之传说，厂方成本必将增加，人心颇为激昂，买气转旺，同时周末又因隔日票据交割，散户拉提亦多，价仍一致哄升，200 支白锡包八〇元，大三炮六九元，前门五元，大英三八元，500 大英八八元，老刀七七元，250 美丽五二元，200 银行三九元，白兰地三五元，大克雷斯三六元，以上价格做开颇多。

日用品各货市况做开尚告坚挺，仍因固本黄祥茂虽有派货，但厂盘提高颇钜，货主执意坚定，喊价高昂，而本街另星需胃尚佳，市势盘旋尚坚，固本三一〇元，箭刀三〇〇元，黄祥茂二三〇元，均有成交，火柴尚告平稳。

（丙）各地商情

重庆，国家行局续有差出，银根仍见平疲，暗息徘徊六十元档，商品市场以硬币将发出，及存款兑换金银，人心多呈稳定，穗汉沪等地物价均不振，执有货者多呈吐势，纳户则以短时物价看稳，吸胃异常清淡，各档均鲜闻成交，市况冷落不堪。布疋交稀，君子元哔叽疲至三〇五元，花交易寥寥，棉纱徘徊四七〇〇元关。香烟平疲，双斧至四七〇〇元档。米粮交淡少变化，桐油菜油大户纳意不浓，成交稀少，行盘与昨无甚荣辱。食糖客帮有收进，好起数元，但成交零星。其余各物均疲莫能兴，行盘一蹶不振。

汉口，银根紧俏，暗息二二元上下，花纱布微俏，谷米盘稳，杂粮俏提，小麦升五元，黄豆平，芝麻升二〇元，余市平和。

广州，各地谷米大量涌到，计由粤路及东西江各地运到将百余万斤，街客因连日饱食，无心进取，故市情淡慢，价格急转直下，米公价每市担减一五元至二〇元。

联合征信所调查报告书　中华民国37年11月23日

（甲）金融

银根仍松，市场暗息返退至日拆千元一二～一五元，合月息三角六分至四角五分，大致在四角光景，已与银钱业目前之放款息仿佛。据金融界方面表示，此种现象仍系客帮将款汇沪后急于进货所致。

股票，本日永纱每十万股喊三五〇〇元进，三六〇〇元出，美亚每一百万股喊一千元进，一〇五〇元出，新光每一百万股喊一八〇元进，一九〇元出，景福每一百万股喊一二〇元进，一二五元出，市势稍见硬扎，成交仍稀。

（乙）商品

棉布，南运开放消息传出后，人心轻受刺激，兼以纱布加税传说浓郁，空方抵补甚力，龙头细布自三六〇元步坚至三八五元，午收四君子元哔叽自三五五元上扬至三八〇元，本街及长沙帮有入，银根松动，稍助买风，午后因经警干涉，喊做转稀，仍在三八〇元边徘徊，微露软态。

生丝，初开优级另担现货即升至一二〇〇〇元，明天期货升至一二五〇〇元，D级现货一二五〇〇元，期货一三〇〇元，午后又续提优级现货升至一二五〇〇元，期货升至一三〇〇元，D级现货升至一三〇〇元，期货一三五〇〇元，较周六升一千元。

人丝，天桥初开现货为九五〇〇元，期货九八〇〇元，东洋现货九八〇〇元，期货一〇〇〇〇元，午后丝类报涨，继即上扬，天桥升至一一五〇〇元，期货升至一二五〇〇元，东洋现货一二五〇〇元，期货一三〇〇元，较周六升一千元。

绸缎，华强被面初开六二〇〇元，继即挺秀至七二〇〇元，创周来之高峰，午收稍回至六九〇〇元，午后复又升至七二〇〇元，较周六升一千元。碧绉升至二五元，大伟呢升至五〇元。

食糖，因外销交通阻塞，津帮止吸为吐，而本街及沪郊稍有动办，故惟以纳量有限，故今市况疲莫能振，午收时四半做三七五元，粗砂三〇五元，中砂二九〇元，较上周六轧挫一〇元之光景。余如台赤冰糖绵雪白等，均亦下泻二三十元不等。

卷烟，趋势微挫，因永泰和、华成、中华传说明起决将派货，而外埠同行以存货颇多，且价格低于本市，转卖甚多。买势闻散，同业进意平淡，市势一度盘疲。200白锡包八〇元，大三炮七〇元，前门五五元，大英三六元五角，500大英八二元，老刀七一元，250美丽五〇元，200银行三九元，白兰地三四元，大克雷斯三五元，以上价格均有做开。

日用品，各货市况趋势盘疲，继固本祥茂派货以后，更有箭刀皂通告派货，市上供源充裕，业内银根轧紧，门庄吸胃颇稀，散户吐售甚多，价仍初见下跌，固本二九〇元，箭刀二九〇元，黄祥茂二三五元，以上价格均有成交。

米粮，食米到货大批涌〔入〕，人心大见安定，北市白粳开500元收480元，较上周六下降五十元，面粉杂粮市气亦不振，兵船做150元，成交不旺，苞米较上周六略挫五元。

（丙）各地商情

重庆，国家行局续有大量差出，今市银根转松，暗息降至五〇元，商品市场以存款兑换金银开始，一般认为，今后物价可能再疲，今晨卖出空气趋向浓郁，买户再行锐减，布疋续呈颓局，君了元哔叽复降至二七〇元，美亭阴丹有成交，做为五二〇元。棉花乏交，棉纱交淡，廿支绿飞艇初降至四二〇〔〇〕元后，微扬至四六〇〇元。香烟贪进者少，双斧四三五〇元，不易脱手。桐油大户止进为吐，行盘报小，为二七〇元，菜油不振，下降为二三〇 FQB 元。米粮去路狭隘，各泻半成之谱。山货国药干菜西药等行盘一致喊低，乏买主。市况异常萧条，后步行市可能再松。

汉口，银根转松紧，暗息升至三〇余元，商品市静水微波，花交淡，纱下游，布微秀，谷米疲软，杂花无波，国行存兑金银，今日兑出银元一五〇〇枚上下，黄金无人问津。

联合征信所调查报告书(1948年11月24日)

联合征信所调查报告书　中华民国37年11月24日

（甲）金融

银根仍松，市场暗息做开日拆每千元一二～一四元，合月息三角六分至四角二分，大

致仍在四角光景，已略低于银钱业之欠息。惟现钞筹码，因以金圆券往兑金银者，需要甚殷，故颇感紧俏。

股票：本日股票市场势稍见疲挫，小型股票尚稳定，永纱每十万股喊三〇五〇元进，三一五〇元出。美亚每百万股喊九五元进，一〇〇〇元出。新光每百万股一八〇元进，一八五元出。景福每百万股喊一二〇元进，一二五元出。

（乙）商品

食米到货见涌，两市场合计六五〇〇余石，水陆两线单帮食米亦见涌到，门售清寂，市价一致转泻，北市白粳薄稻各跌二〇元，其他平灿退至四四〇元，各疲一二十元不等。

麦粉　实销清寂，市价再疲，兵船粉一四七元，下挫三元，老车粉一五四元亦挫六元。其他红蜂、建成等杂牌粉亦均轧疲一〇元之谱。

食油实销转畅，有开放南运消息，致市场转昂，生油平平，青岛吉桶生油一〇四〇元，本厂豆油升八〇元，生菜油昂起八〇元，麻油上扬五〇元，吉桶小车八五〇元成交，豆饼各挺五元，长字豆饼只九元。

杂粮市况转挺，纳胃尚畅，启东苞米一五五元，挺起一〇元，元麦一二〇元，亦挺一〇元，汉口乍豆一八〇元，上昂五元，汉口白麻二九五元，市价平平，生仁亦秀起二〇元，扬州生仁四八〇元。

食糖因台糖公司今配200斤装车白精，且沪郊纳量微薄，去化不畅，做价全面挫跌，四半午收三五五元，粗砂二九五元，跌一〇元，中砂二八五元，亦降一〇元，本厂雪白泻六〇元，为三二〇元，其他各档均亦趋疲。

生丝，优级零担初开为一三五〇〇元，嗣即升至一四〇〇〇元，D级由一四五〇〇元，升至一五〇〇〇元，较昨市升二千元左右。

人丝，初开天桥即升至一三五〇〇元，东洋一四〇〇〇元，午后转疲，天桥回至一二五〇〇元，较昨市升一千元，良以中信局配货多，人心欲振乏力，故波动幅度转狭。

绸缎，华强被面初开为七六〇〇元，最高升至七七五〇元，创新纪录。惟波动幅度不宽，始终徘徊于七六〇〇元至七七五〇元之间，收市为七六五〇元。收后场外交易，复又回软至七四〇〇元，碧绉升至三〇元，大伟呢及其他各档，均无变化。

棉纱今日走势微见软弱，粗细纱价格稍见盘低，42支蓝凤晨开一〇七〇〇元，场上买气不旺，人心甚软，收市微见回小，21支双马开后走势甚挺，中间又因供旺来少，市气转入平稳。

棉布，本日棉布市势先坚继疲，而后转稳，南运开放后，因货价倒悬，仍无法大量输出，纺建配售哔叽及直贡呢等颇多，龙头细布初喊三八〇元，最高喊三九〇元卖出，而后盘挫至三七〇元，近午喊三七五元，四君子元哔叽自喊四〇〇元卖出，而退至三七〇元，低桥及副牌细布成交颇多。

卷烟市况趋势坚俏，倘因银根松滥，致拥资者多从事收吸，故业内纳胃转强，新买拉提亦多，交易颇旺，喊价一致上升，200白锡包九二元，大三炮八八元，前门六〇元，大英四二元，500大英九〇元，老刀八二元，250美丽五四元，200银行四三元，白兰地三八元，大克雷斯三九元，以上价格成交颇多。

日用品，市况趋势转坚，因业中银根松滥，买户亦多，喊价益见坚俏，固本皂二九〇元开出，步升至二九七元，有买进，再后以三〇〇元亦有成交，箭刀午收为二九五元，黄祥茂为二四五元。火柴均告带坚，美丽火柴为一六〇〇元，南京为一〇〇〇元。

（丙）各地商情

重庆，国家行局续有差出，银根仍感平疲，暗息降至四十五元。商品市场以销路呆滞，观望者仍多，行情续趋下游，布疋临收交易转活，君子元哔叽微扬至二八〇元，美林阴丹升为五五〇元，棉纱交淡，20支绿飞蜓疲至四六〇〇元关。桐油大户有吐，行情降至二五〇元，菜油随之下降为二〇〇元。香烟疲交少，双斧做为四六〇〇元，米粮产地报跌，来货颇多，各档陡降一二成不等。山货国药干菜西药等，市气异常沉闷，各档行情续见下跌。纸张文具市势稍稳，交易仍稀。

广州，连日外国谷米源源涌到，本市粮价每况愈下，今跌破公价一〇元左右，上□局每司提成一百四十元。

又央行顷奉到总行存款兑换金银办法，兹由明日起，开始办理云。

汉口，谷米供源旺，续小挫五—十元，小麦猛泻四十元，上等货一六〇元，黄豆跌一五元，为一五〇元，芝麻跌一〇元上下，纱花跌疲笼罩，廿支红球纱四九〇〇元，花挫四〇—六〇元不等。布微稳，余市同，惟徘徊疲弱。

国家出版基金项目
NATIONAL PUBLICATION FOUNDATION

上海市档案馆藏近代中国金融变迁档案史料汇编

机构卷

联合征信所（影印版）

庄志龄　编选

上海远东出版社

目录

一、联合征信所往来函件及会议记录、章程等

二、联合征信所各地分所报告、业务往来函件

三、调查业务报告及往来函件

一、联合征信所往来函件及会议记录、章程等

联合征信所关于将上海本所改为总所函稿(1945年8月19日)

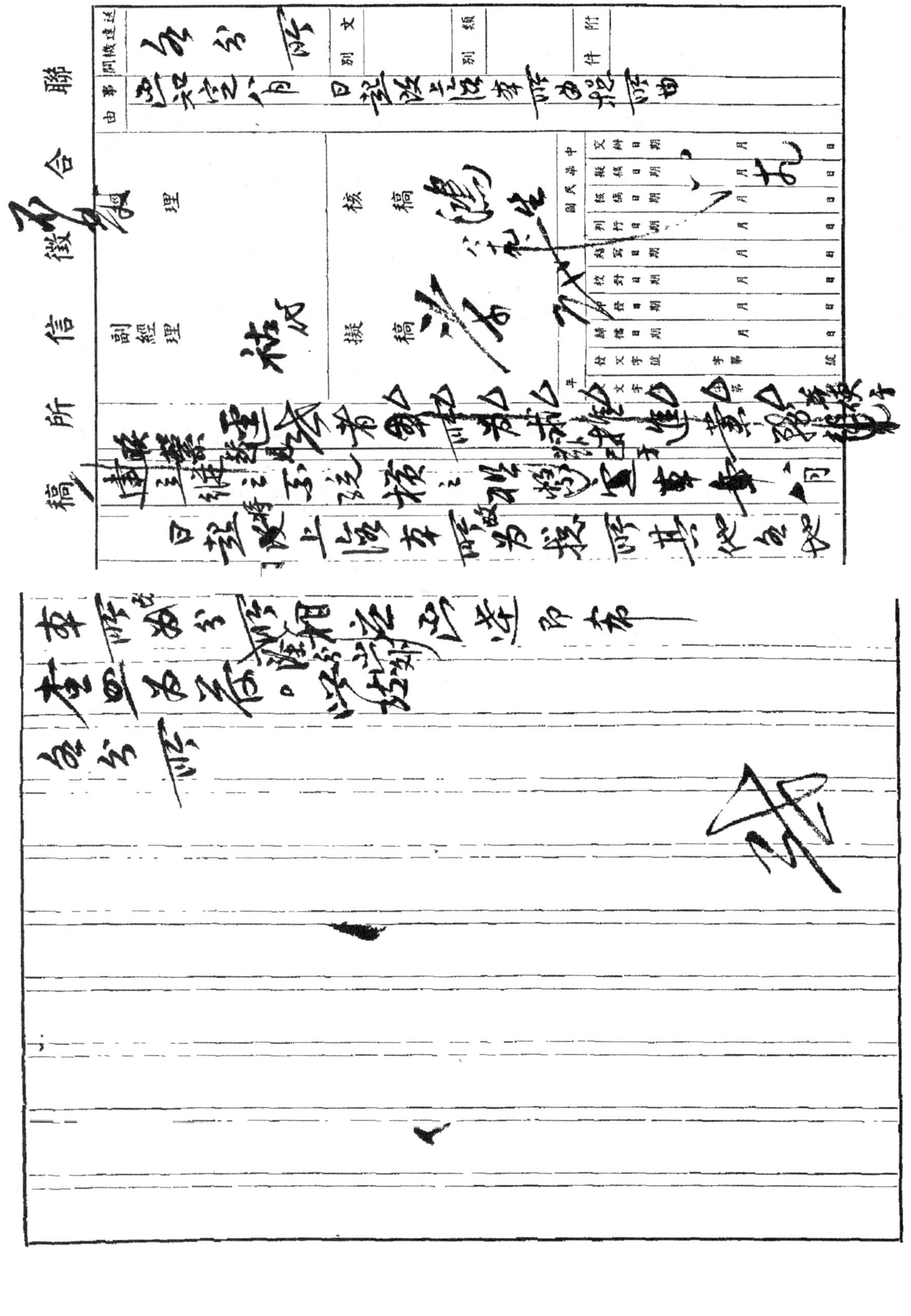

聯合徵信所稿

联合征信所第三次所务委员会会议纪录(1945年8月21日)

(征[illegible])

第三次所务委员会议事日程　三十四年八月二十一日上午九时

讨论事项

一、本所国际事务部拟设立英文部以求适应而利业务案

说明：查本所业务已逐渐展至海外，国外商行委托调查案件渐多，[illegible]英文人才[illegible]对本所往来函件以不能有委托专项拟办，时刻以适国际贸易之需要，拟于本所对外之必要，设英文部，负责：（一）国际商情报告之收集；（二）往来函件之翻译；（三）国外通讯稿件之撰拟；（四）委托调查报告之缮发；（五）对外之接洽推广等事项。惟当以精通外文者主之，设英文一部，聘请[illegible]负责主持。

决议：原则通过，由本所[illegible]筹划进行。

聯合徵信所工作概況

本所于三十三年十月正式成立爾時因有關各方所務委員未經派定一切業務尚無規章可循無甚進展至三十四年二月本所章程及業務簡則經本所所務委員會議通過施行始克積極推進茲將本所三十三年十月份起至七月底工作概況略陳於後：

(一)本所所員原分兩種以中中交農四行及中信郵匯兩局為基本所員其他行莊及公司行號均得加入為普通所員統計各行莊加入本所為普通所員者截至七月底為止計有通惠和成等銀行四十七家及永生等銀號錢莊十家至其他工商各業亦有來函洽請加入為普通所員者惟以該項入所辦法未經決定故尚未接受

(二)本所成立以來接受委託調查月有進展計二月至七月底止逐月遞增共接受三百七十件其委託者計有四聯總處四行兩局聯合票據承兌所及行政院液體燃料管理委員會中央印製廠等機關此外尚有紐約政文信託公司美國駐華大使館及紐約倫敦中國銀行等機關委託案件約十餘件就調查對象分析以機械化工礦冶鹽糖為較多上項託查案件百分之九十以上均係供審核放款貼現承兌及保證等參攷之用

(三)本所徵信新聞自本年三月十六日正式發行以印量有限僅供所員參攷新聞部份刊載金融工商交通財政等消息行情部份分商品為二十大類約二百餘種所載消息頗為工商界所注意來函索訂者頗多除金融及物價行情部份為本市各報普遍刊載外至本所發佈新聞經本市各報轉載者計中央日報三十五則時事新報三則益世報三則世界日報四十八則商務日報一百二十八則國民公報四十八則大公報三則新民報五則金融導報八十則發行以來截至三月底僅有訂戶十四戶至四月底訂戶增至一四六戶五月底增為二八四戶六月底為三六四戶七月底增為四三七戶內以重慶為最多次為昆明成都貴陽西安蘭州等地并有各國駐華機關訂閱者計四戶至訂戶業別以金融為最多次為工礦及商業連同贈閱部份截至七月底止共為六六九戶嗣為充實內容計除加強重慶區之採訪外

國內各重要城市如昆明貴陽西安等地業經聘定通訊員並經呈內政部辦理登記俾廣推行又為加强服務起見現正籌備出版徵信週報及徵信報告兩種均以切合實用為目的

（四）本所現有工商事業調查資料業經按照本所分類辦法分列礦冶機械化學金融等十七類截至七月底止共有九三〇單位均經整理就緒又最近三個月來續由四聯總處轉送各項補充資料計二百六十餘件本所自行調查之工商資料亦續有增加連前共達三五〇件

（五）本年二月起本所展開工作以來收入月有增加二月份全月收入僅五萬四千元七月份即增至二百二十三萬元已超過該月份全部支出之半數現仍繼續增加中又各月支出亦不斷增加七月份達四百二十餘萬元所有各月份開支賬冊單據均由各行局分別指派代表按月會同審核并將賬表分別陳送四聯總處及各總行局備查在案茲將本年二至七月本所收支列表如次：

聯合徵信所收支對照表　卅四年二月至七月底

項目	收入數	支出數	備考
二月份	五四,〇〇〇.〇〇	二五九,〇九八.〇〇	
三月份	一四三,八〇〇.〇〇	九三九,〇九四.九七	
四月份	七四一,六七〇.〇〇	一,四五九,五〇一.〇〇	
五月份	七五四,九〇〇.〇〇	二,三二〇,一七九.〇〇	
六月份	一,四四八,一〇〇.〇〇	三,一九四,一三四.〇〇	
七月份	二,二三三,〇二四.〇〇	四,二四二,二八三.〇〇	

联合征信所关于接收大东印刷厂等文件(1945 年 10 月)

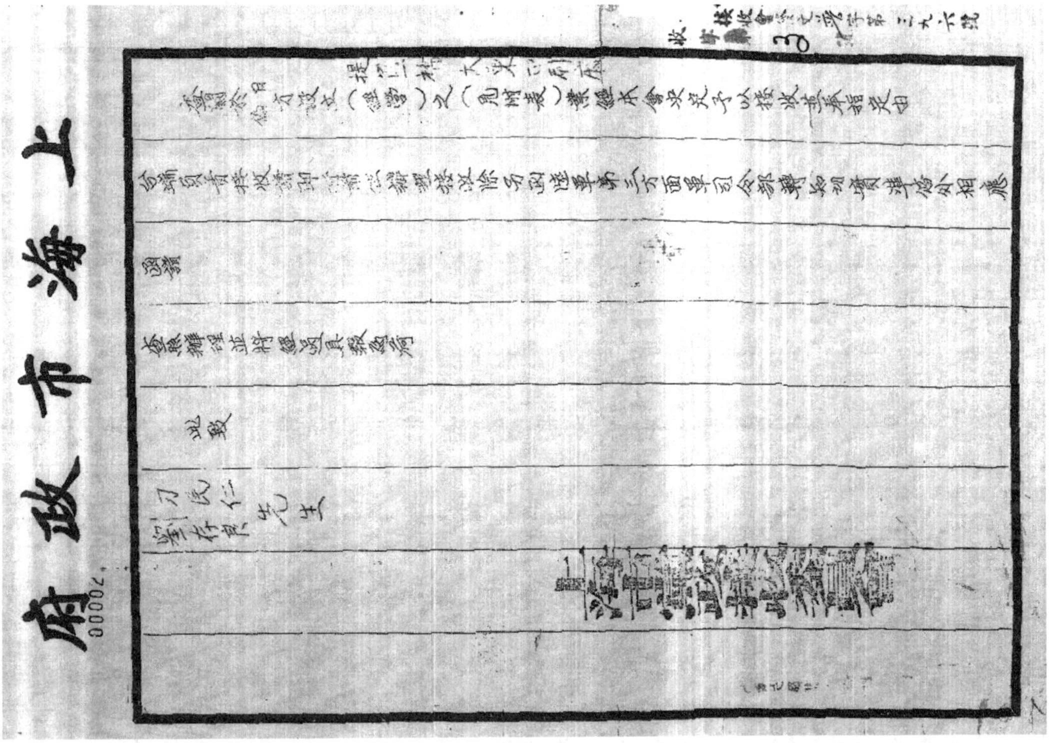

上海市政府

刁民仁
劉春良 先生

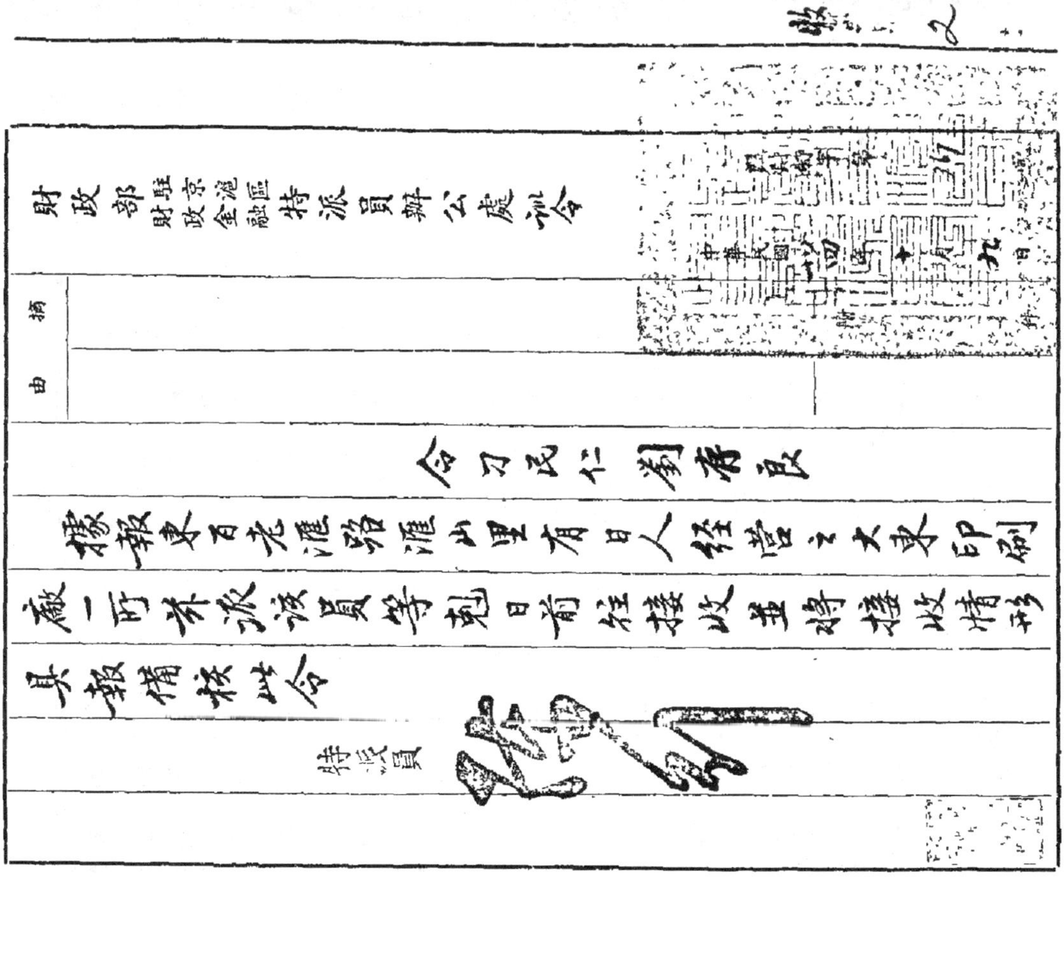

財政部駐京滬區財政金融特派員辦公處訓令

由

令刁民仁 劉春良

據報東百老滙路滙山里有日人經營之大東印刷廠一所茲派該員等克日前往接收並將接收情形具報備核此令

特派員

中華民國卅四年十月九日

沪财字第　号

案奉
钧处沪财特字第三六七号训令内开：据
东百老滙路滙山里有日人经营之大东印刷厂一所
亟派该员等克日前往接收，并将接收情形具报
备核等因。奉此，当经派员前赴~~东百老滙路滙山~~
~~里第廿五、廿七、廿九、卅一号大东~~该印刷厂负责日人叶
义道见面，出示接收命令，指示遵办，并即取得该
厂财产目录，按照所载逐项点收，随时存封。因点
收手续烦繁，时间不及，该事当夜留员在该厂看
守。翌晨，派员继续办理接收，并责令移交人叶义
道出具切结，声明所交全部资产绝无隐匿或伪
造情弊。兹查所有该厂资产经点收，与财产目
录所载相符，并加以存封，并留员就近看管。奉
令前因，理合检同该厂财产目录二份、切结
书二份、证明书二件及该厂员名单二纸，一并
备文[illegible]
十余人，生活困难，均请求早日复业，以期获得工作。
兹查有联合征信所，係由中中交农四行组织
辅导设立，并经中中交农四行及中央信托局投资，
似可令饬该厂全体员工加入为所员，其工作为调查工矿实
业之有关文件，并出版书报，以辅导后[illegible]

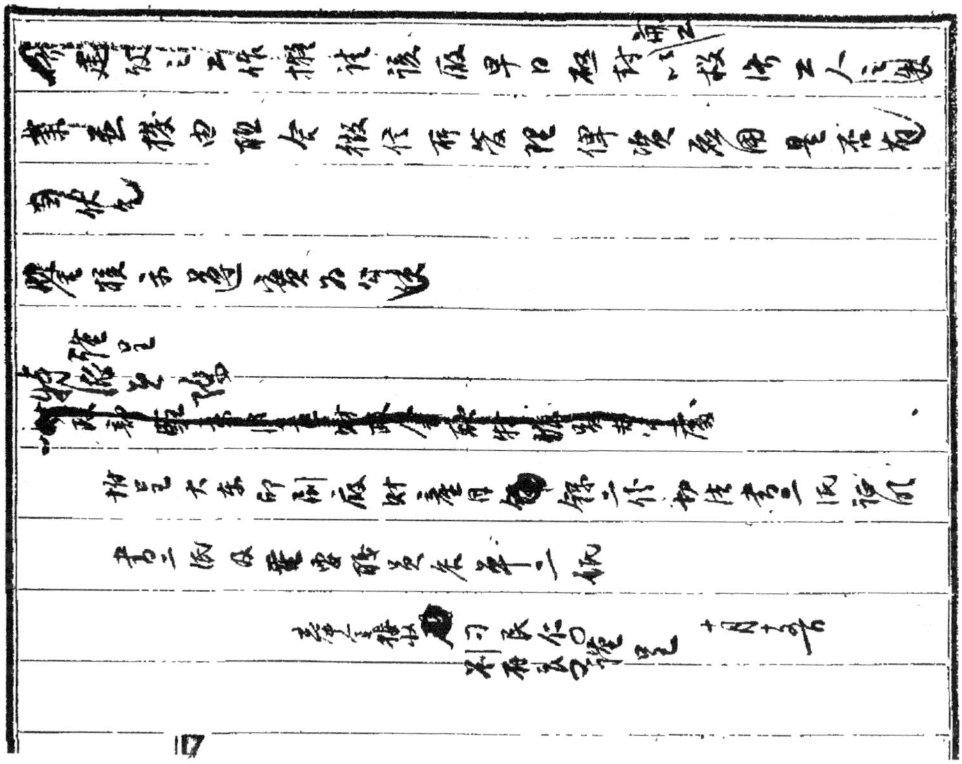

联合征信所致中央银行业务局函(1945 年 11 月 15 日)

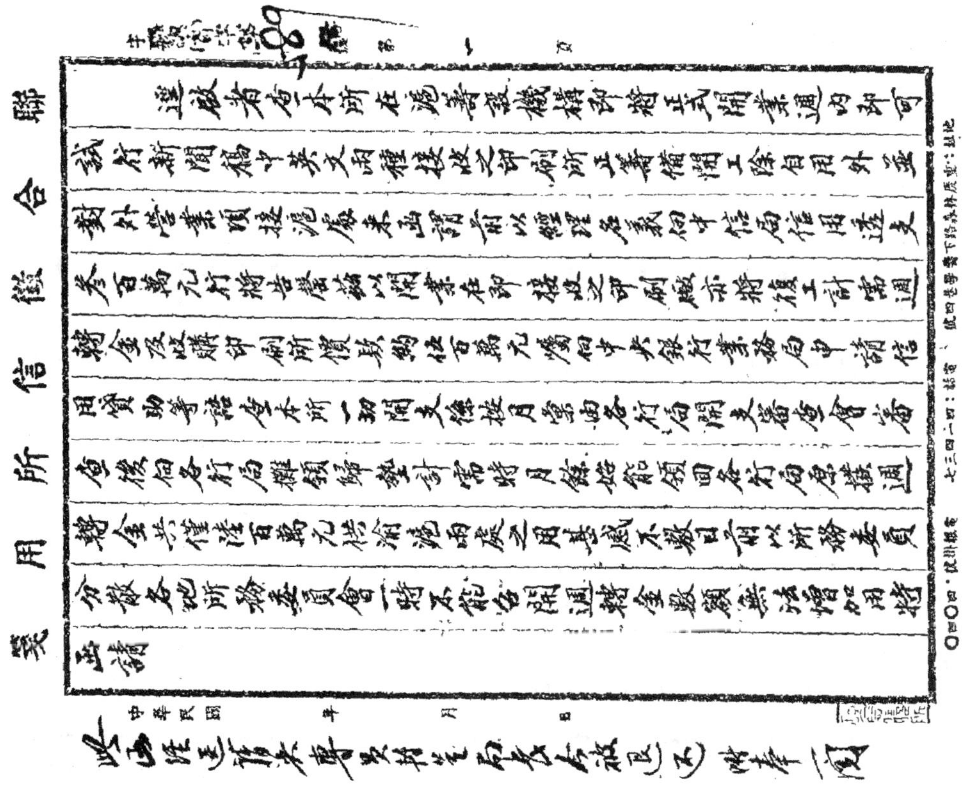

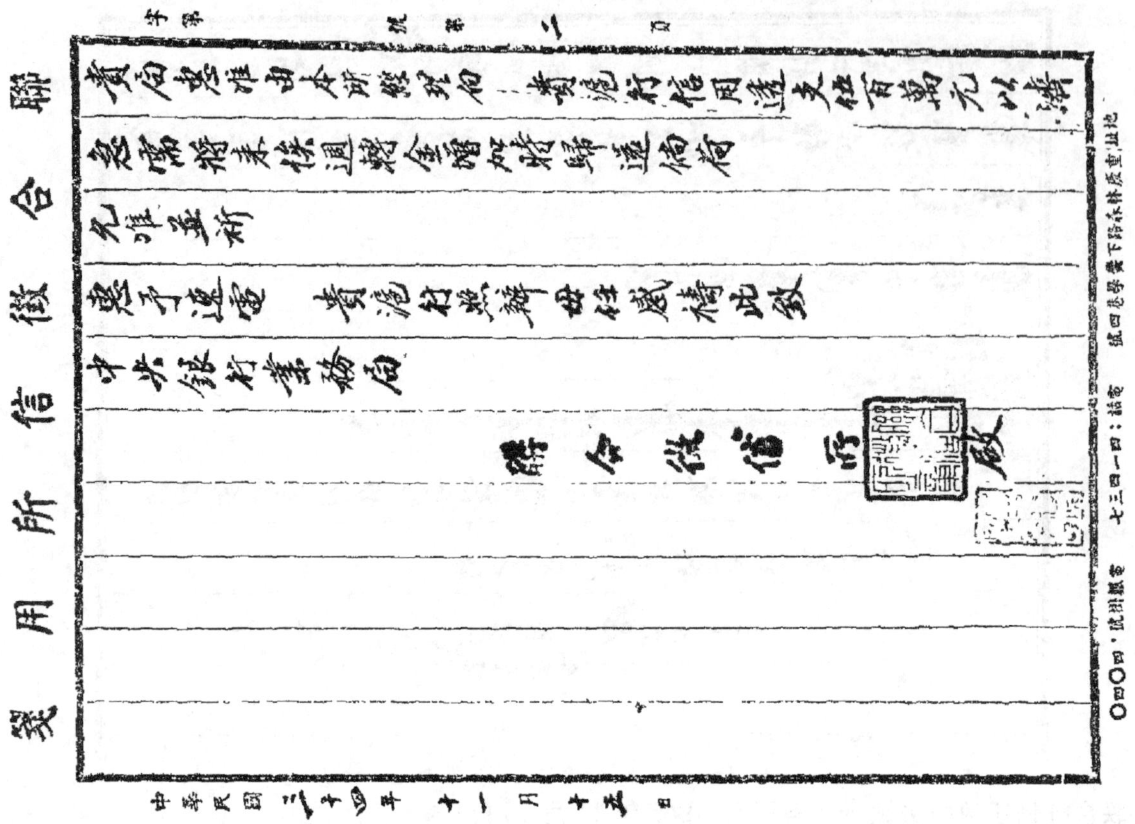

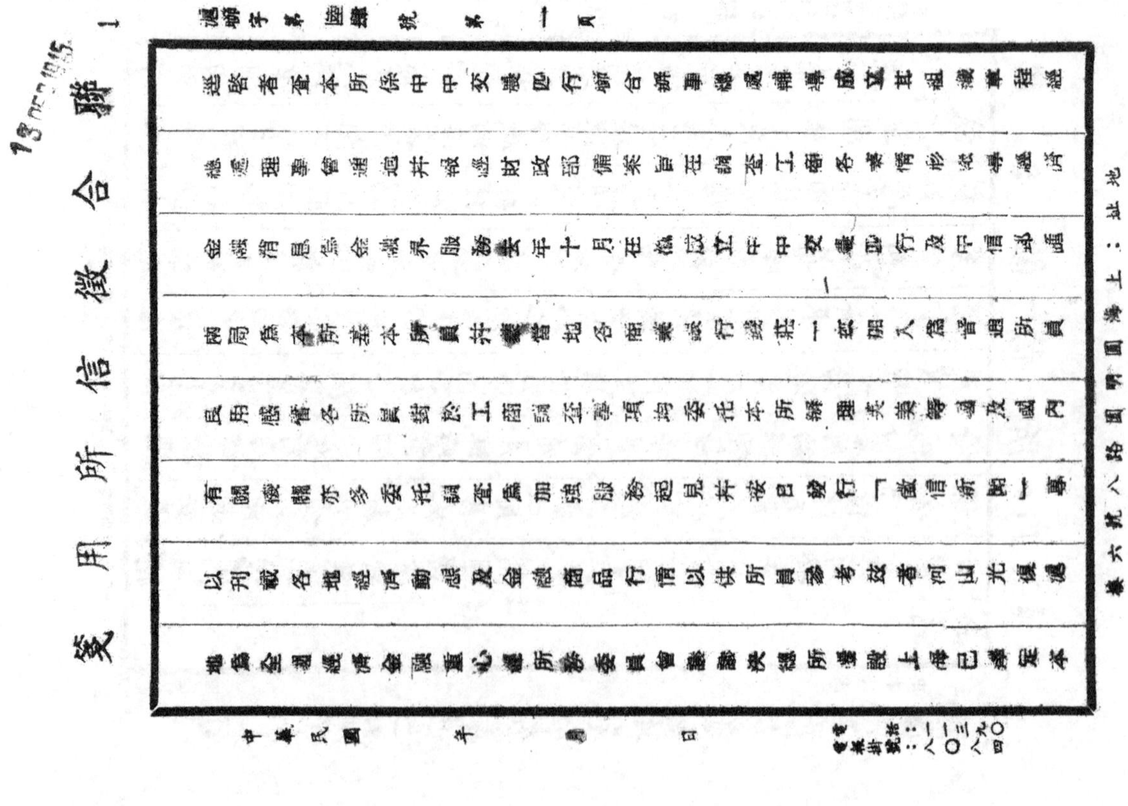

联合征信所致上海银行函邀加入为所员(1945 年 12 月 13 日)

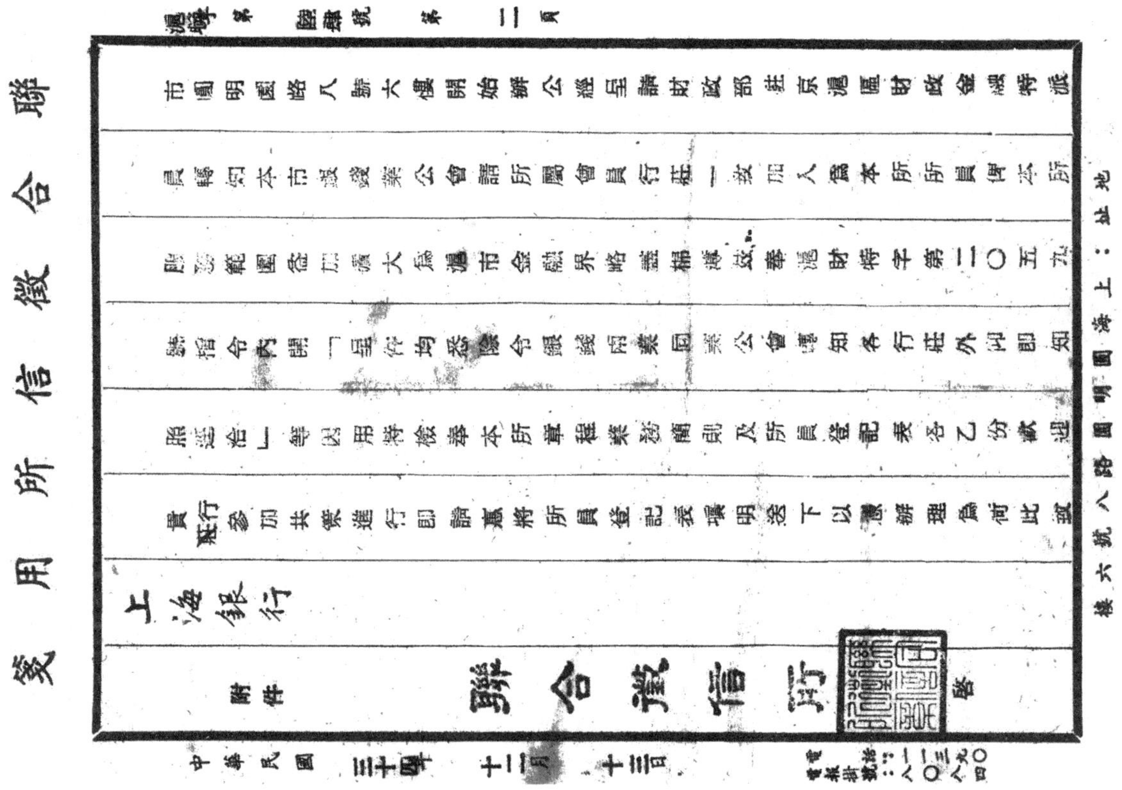

联合征信所章程及业务简则(1945 年 11 月)

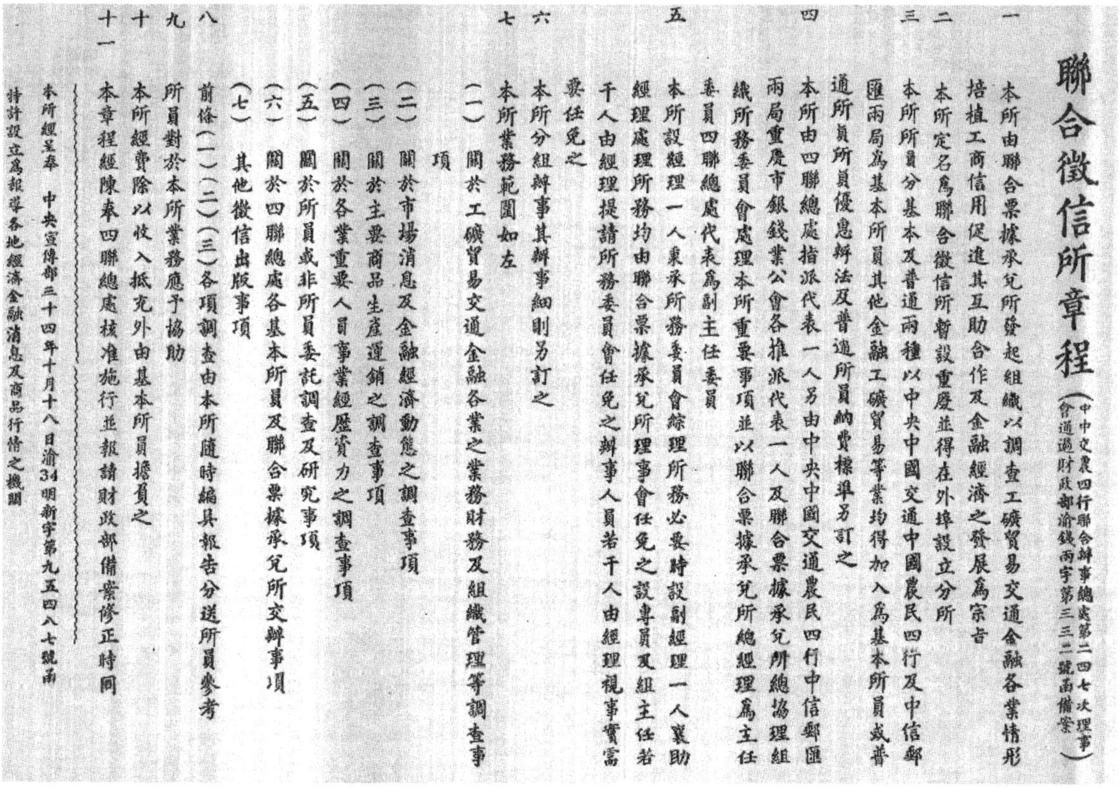

聯合徵信所章程（中中交農四行聯合辦事總處第二四七次理事會通過財政部渝錢兩字第三三二號函備案）

一 本所由聯合票據承兌所發起組織以調查工礦貿易交通金融各業情形培植工商信用促進其互助合作及金融經濟之發展為宗旨

二 本所定名為聯合徵信所暫設重慶並得在外埠設立分所

三 本所所員分基本及普通兩種以中央中國交通中國農民四行及中信郵匯兩局為基本所員其他金融工礦貿易等業均得加入為基本所員或普通所員所員優惠辦法及普通所員納費標準另訂之

四 本所由四聯總處指派代表一人另由中央中國交通農民四行中信郵匯兩局重慶市銀錢業公會各推派代表一人及聯合票據承兌所總協理組織所務委員會處理本所重要事項並以聯合票據承兌所總經理為主任委員四聯總處代表為副主任委員

五 本所設經理一人秉承所務委員會綜理所務必要時設副經理一人襄助經理處理所務均由聯合票據承兌所理事會任免之設專員及組主任若干人由經理提請所務委員會任免之辦事人員若干人由經理視事實需要任免之

六 本所分組辦事其辦事細則另訂之

七 本所業務範圍如左

（一）關於工礦貿易交通金融各業之業務財務及組織管理等調查事項

（二）關於市場消息及金融經濟動態之調查事項

（三）關於主要商品生產運銷之調查事項

（四）關於各業重要人員事業經歷資力之調查事項

（五）關於所員或非所員委託調查及研究事項

（六）關於四聯總處各基本所員及聯合票據承兌所交辦事項

（七）其他徵信出版事項

八 前條（一）（二）（三）各項調查由本所隨時編具報告分送所員參考

九 所員對於本所業務應予協助

十 本所經費除以收入抵充外由基本所員擔負之

十一 本章程經陳奉四聯總處核准施行並報請財政部備案修正時同

本所經呈奉 中央宣傳部三十四年十月十八日渝34明新字第九五四八七號函特許設立為報導各地經濟金融消息及商品行情之機關

聯合徵信所業務簡則

聯合徵信所業務簡則

本所第一次所務委員會通過陳奉四聯總處秘字五四四二二號函備案

一　本簡則依據本所章程第七條之規定訂定之

二　本所業務暫分三項
(甲)經常調查事項
(乙)受託調查事項
(丙)出版事項

經常調查

三　經常調查之範圍如左
(甲)重要工礦貿易交通金融等業之業務財務及組織管理等項
(乙)市場消息重要商品產銷各行業情形及金融經濟動態等項
(丙)各業重要人員之事業經歷及資力等項

四　本所就前條甲項調查資料隨時摘要編列徵信報告分送各所員參攷

五　前條乙項調查資料由本所儘可能在出版之徵信新聞徵信週報及專題報告內刊佈之以供各界之購閱

受託調查

六　本所得受行莊廠商團體或個人之委託就其指定事項提供調查報告但個人委託調查以第三條甲乙兩項為限

七　前項委託調查應由委託人填具調查委託書(樣式附後)或正式來函申請辦理凡非本所所員委託調查時並應提供正當用途之證明

八　經本所送出之調查報告委託人應負責保守秘密如有宣洩致引起糾葛以至本所遭受損失時委託人應負責賠償之

九　本所得接受委託調查國外資料並得接受國外銀行廠商團體或個人之委託辦理調查事宜

十　本所發出之調查報告力求事實之準確與詳盡惟被調查者之信用程度如何仍由委託人自行判斷之

十一　委託人於收到本所調查報告後如有疑義之點應隨時通知本所以便解答或予複查

出版

十二　本所出版物計分徵信新聞徵信週報工商名錄專題報告四種普遍發售
(甲)徵信新聞　逐日報導金融動態經建新聞及重要商品行情等項
(乙)徵信週報　就一週間之市況及金融經建要聞綜合報導
(丙)工商名錄　刊載全國重要金融工礦貿易等業名稱地址及其概況
(丁)專題報告　就專題調查印行專冊

十三　為求調查普遍及消息靈敏起見在未經本所設立分所之各重要都市得酌設特派員或通訊員

十四　本所隨時與歐美各國徵信機構工商團體及我國國家銀行國外分支設法連繫以期業務範圍推及海外

十五　本所發出之調查報告及出版之刊物除所員另有優惠辦法外均酌予收費其標準另訂之

十六　本簡則經所務委員會議議決施行並報請四聯總處備案修正時同

聯合徵信所所員優惠辦法

一　本所接受所員委託辦理工礦貿易事業及其他調查案件每年在十件以內者一律免費超過此數時照成本收費

二　本所每日在當地出刊之「徵信新聞」對所員按日贈閱以一份為限超過此數時酌收印刷費

三　本所出版之各種報告及其他刊物對所員均以最優惠價格供應之

四　對中中交農四行中信郵匯兩局及上海四聯分處之優惠辦法另訂之

五　本所上海所員入所費暫定為壹萬元年費壹萬貳仟元均一次繳足

(民國三十四年十一月印於上海)

联合征信所广告佣金规则(1946 年)

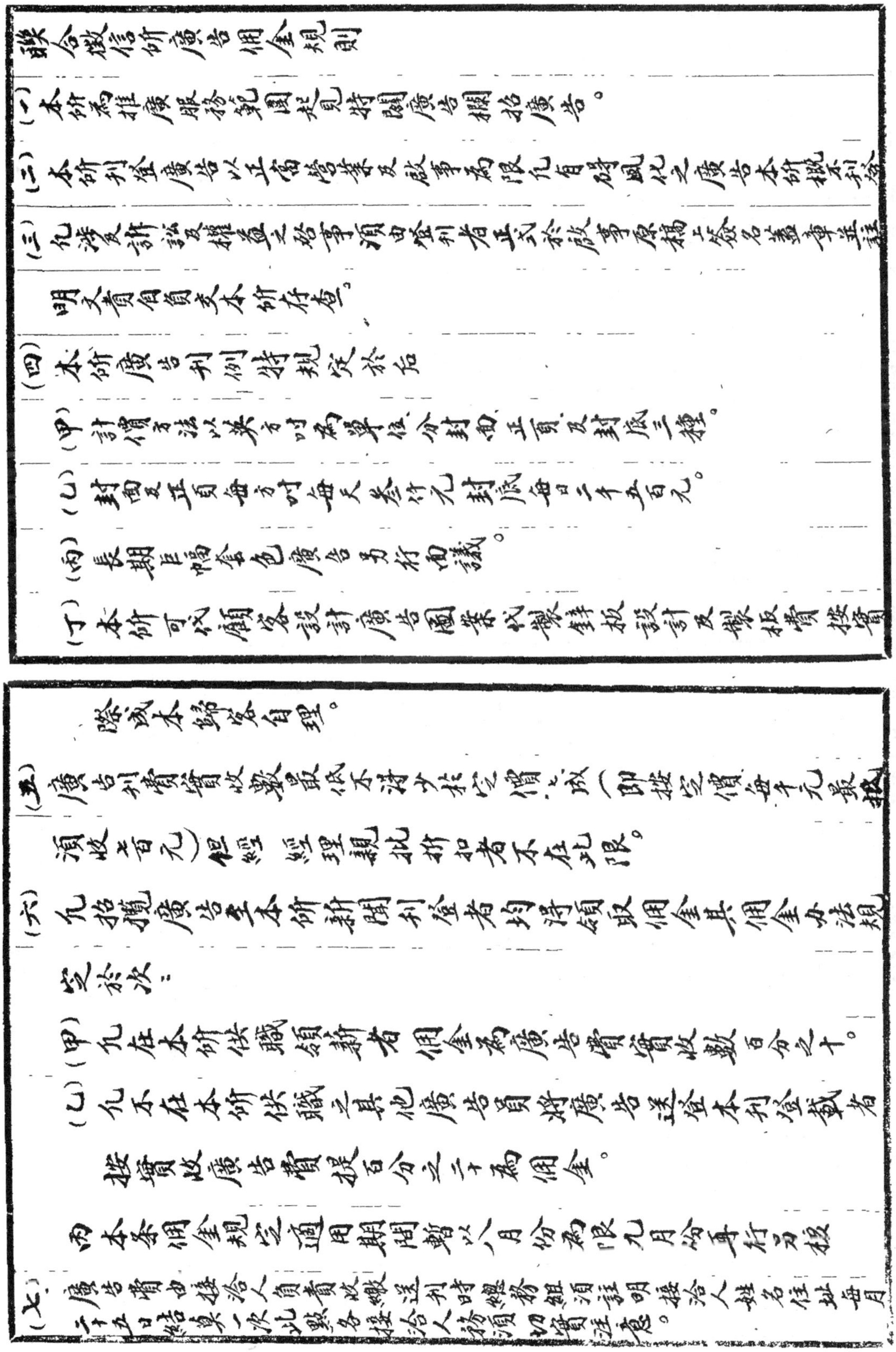

聯合徵信所廣告佣金規則

(一)本所為推廣服務範圍起見特闢廣告欄招登廣告。

(二)本所刊登廣告以正當營業及啟事為限凡有涉風化之廣告本所概不刊登

(三)凡涉及訴訟及權益之啟事須由登刊者正式於啟事原稿上簽名蓋章並註明文責自負與本所無涉。

(四)本所廣告刊例特規定於右

(甲)計價方法以英方吋為單位分封面正頁及封底三種。

(乙)封面及正頁每方吋每天叁仟元封底每日二千五百元。

(丙)長期巨幅套色廣告另行面議。

(丁)本所可代顧客設計廣告圖案代製鋅板設計及製板費按實際成本歸客自理。

(五)廣告刊費實收數目似不得少於定價七成(即按定價每千元最低須收七百元)但經經理親批折扣者不在此限。

(六)凡招攬廣告至本所訂閱刊登者均得領取佣金其佣金辦法規定於次:

(甲)凡在本所供職領薪者佣金為廣告費實收數百分之十。

(乙)凡不在本所供職之其他廣告員將廣告送登本刊登載者按實收廣告費提百分之二十為佣金。

(丙)本條佣金規定適用期間暫以八月份為限九月份再行另擬

(七)廣告費須由接洽人負責收繳送刊時繳業務組須註明接洽人姓名住址每月二十五日結算一次此點各接洽人務須切實注意。

联合徵信所渝滬兩所工作報告

本所于三十三年十月正式成立，彼時因有關各方所需，未經決定

一切業務尚無規章可循，至本年一月本所章程及業務簡則經所務委

員會議通過施行，始克循軌推進。茲將一年來工作概況臚陳於後：

甲、渝所工作概況（三十四年度）

一、本所於三十四年初開始工作，現除基本所員四行兩局外，渝市各商業行

莊加入為普通所員者共六十餘家。

二、辦理委託調查案件達約萬件以上，七八兩月最多，內中有係英美大

使館及其他國外機關委託者三千餘件，其餘係四聯總處、國家行局、公營

事業、本所所員委託商業行莊及其他機關徵求，經常調查工商業

動態刊於「徵信新聞」，以供各方參考，並彙編印「徵信叢書」一種，已出刊三

期，分送各所員參考。

三、「徵信新聞」及「行情日報」於三月十六日出刊，經逐漸改進擴充，至年終時

新聞篇幅每日已由兩張增至四張，行情已由一張增至五張，除渝市行情外

並有平津滬及其他重要城市行情，本市各地報紙多轉載本刊新聞及

行情，訂戶增至六百餘戶，所員及有關各方贈閱者一百餘份，共發行八百餘份。

四、本所現有工商事業調查資料計分列總類，如機械化工金融等十七類，截至

本年底止共有一千四百四十餘戶，依據戰後各方工業變化繁多，均經隨時調查

以資補充。

五、渝所收入每月已達貳佰餘萬元，開支達到叁佰萬元以上，差可敷渝所開支

惟沪所正在筹设期间尚少收入而各项开支每月支出约五六百万元除
以收入抵充外不敷之数每月由六行局派员常驻会核拨每月约需
担四五十万元
乙、沪所工作概况
沪所系于上年抗战胜利后十一月筹备成立兹将各项重要工作概陈於左
一、去年九月下旬民行事务来沪暂假中国银行大厦内四联总处上海分
处办公开始筹备同时多方设法觅所址并向苏浙皖区敌伪产业
处理局申请拨充未获结果后经多方奔走向中央信托局洽商乃于十月一
日择定该局六楼六〇二号为本所所址
二、所址既定即登报招考各级办事人员分配工作积极进行
三、沪所成立后经与上海市银钱业公会各会员行庄接洽邀请加入为
本所所员迄目前止已有伍拾余家
四、去年十二月起开始办理调查案件迄至目前止共接受四百余件委托机关
除四行两局及四联沪分处外驻沪美大使馆亦委托多件并有委托调查
外销丝业出口商四联总处正在沪办理工缴贷款其事前调查亦托本
所办理
五、去年十二月间起筹备发刊征信新闻中英文沪版经试刊多日中文版于
今年一月四日正式发行英文版于同月七日发行出版以来颇受新闻及
金融工商各界重视纷来订阅至目前止中英文征信新闻每日发行
七百余份又该刊所载经济消息及商品行情沪地各大日报如申新大

亦均有转载，尤以各英文报纸如字林西报、大陆报、自由西报、大美报晚
每日均有转载。本所以征信新闻专刊需要印刷设备，以资便利，兹有经
费核呈准财政部驻京沪区财政金融特派员办公处将接收敌产之大东印
刷厂拨借应用，曾经函请前二个月以上，八问题暂时停止，现已向苏浙皖
区敌伪产业处理局申请拨予该厂继续进行，尚在洽办中

联合征信所 1946 年度计划大纲

联合征信所卅五年度工作计划大纲

一、遵照所务委员会决议筹设总所于上海，同时于重庆汉口天津广州等地设立分
所，以便配合当地银行业务需要，并调查国内经济新闻及行情之报导
二、加强对外商及海外之服务，设法与外商银行联系，使外商洽询人员能获得国外分
支及英美征信机构密切联系
三、英文部供给外商查询调查事项，英文新闻及行情之发行及出版事项，设法改
进提高其效能
四、继续办理各地工商信用调查，设法与各行局及各地商会行庄征信人员密切联系
不断多方搜集资料，充实现有调查单位及资料内容
五、举办工商界重要人员经历资力及其他有关征信之调查

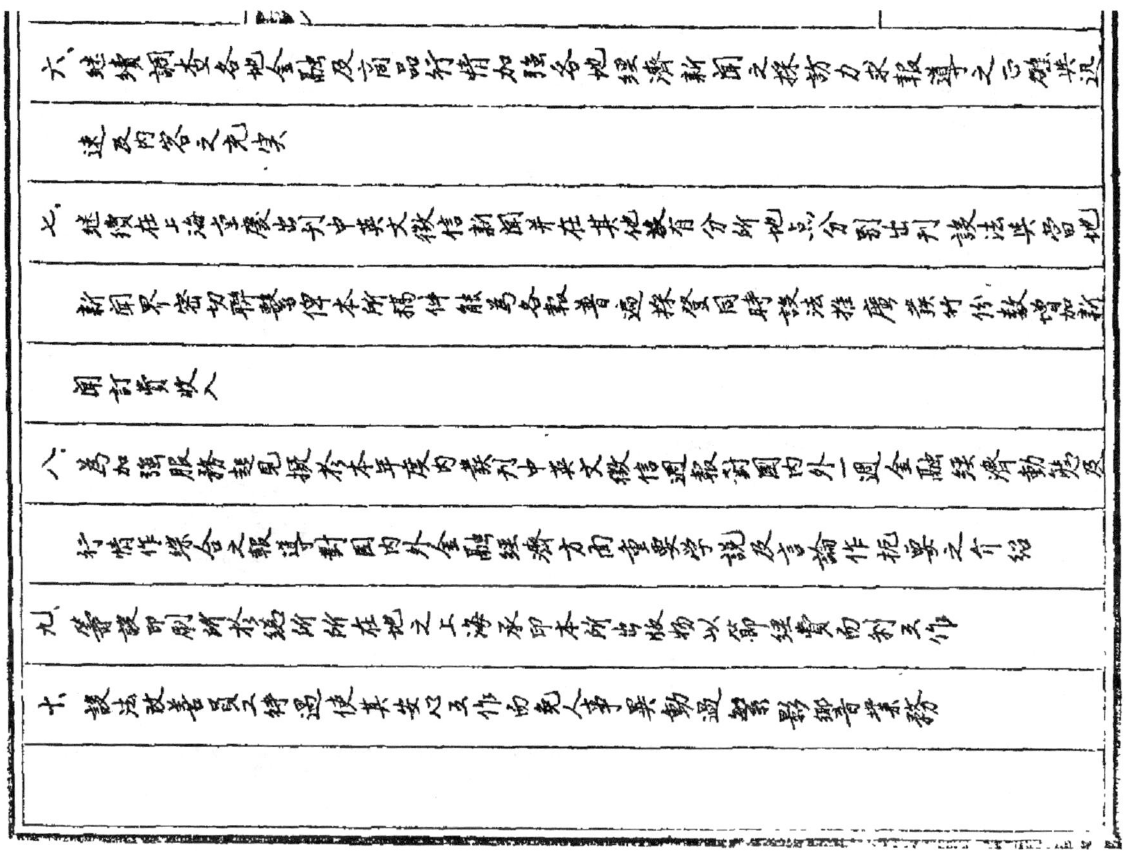

六、继续调查各地金融及商品行情加强各地经济新闻之採访力求报导之正确迅速及内容之充实

七、继续在上海重庆出刊中英文征信新闻并在其他设有分所地点分别出刊该项当地新闻并尽量联络使本所稿件能为各报普遍採登同时设法推广发行增加订阅订费收入

八、为加强服务起见拟于本年度内发刊中英文征信周报对国内外一週金融经济动态及社会作综合之报导对国内外金融经济方面重要学说及言论作扼要之介绍

九、筹设印刷所于总所所在地之上海承印本所出版物以节经费而利工作

十、设法改善员工待遇使其安心工作而免人事异动过繁影响业务

联合征信所与邮政汇业局关于订阅《行情日报》往来函(1946 年 1～4 月)

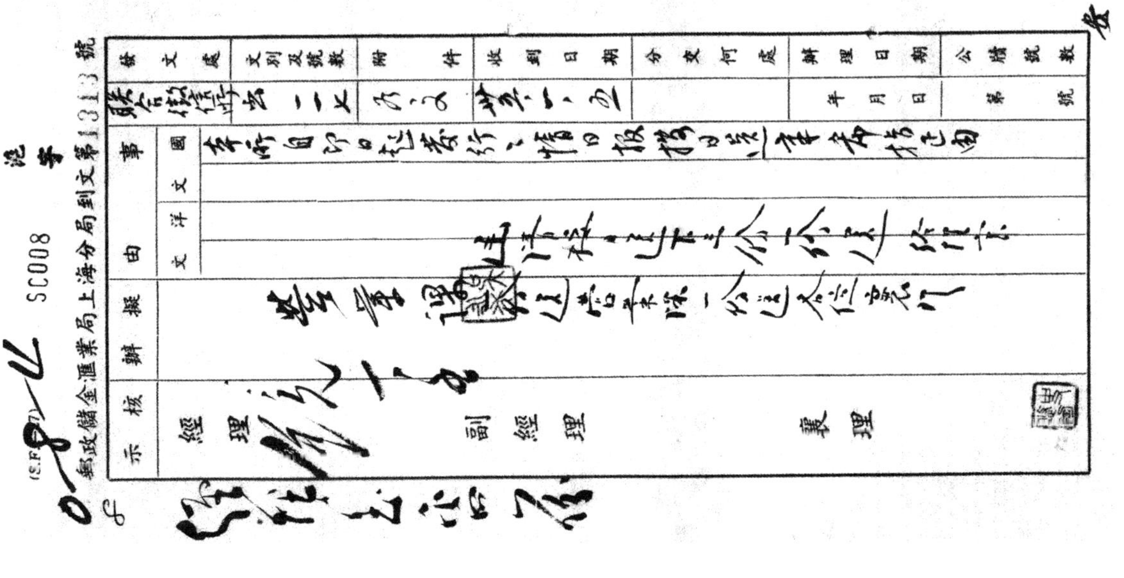

邮政储金汇业局上海分局到文第1313号

发文处	文别及号数	附件	收到日期	分交何处	办理日期	公牍号数
联合征信所	一二七	[illegible]	卅五、一、[illegible]		年 月 日	第 号

事由：[illegible]

拟办：[illegible]

批示　经理　副经理　襄理

(S.F.—27) 0824

滬字

郵政儲金滙業局上海分局到文第1369號

發文處	文別及號數	附件	收到日期	分交何處	辦理日期	公牘號數
聯合徵信所	函		卅五.一.八		年 月 日	第 號

事由	
國文	函復准送五份行情日報由
洋文	

擬辦	
	匯儲課 [illegible]

核示	
經理	[illegible] 一.八
副經理	
襄理	

安

聯合徵信所用箋

滬字第一一七號 第 頁

逕啓者本所自即日起發行行情日報一種刊載滬市各種金融物價行市每日下午四時出版此項行情均係本所派員分赴各市場就場採訪按日由專差送錄呈希察收并請指正爲幸此致

郵政儲金滙業局

滬

聯合徵信所 啓

中華民國三十五年一月四日

電話：一一三九〇
電報掛號：八〇八四

地址：上海圓明園路八號六樓

聯合徵信所用箋

滬聯字第一二七號　第全頁

逕復者接准滬字第六六六號
大函囑每日寄送行情日報五份一節自可照辦相應復請
查照爲荷此致
郵政儲金匯業局上海分局

聯合徵信所　啓

中華民國卅五年一月八日

電話：一一三九〇
電報掛號：八〇八四

地址：上海圓明園路八號六樓

郵政儲金匯業局上海分局到文第03604號

發文處	文別及號數	附件	收到日期	分交何處	辦理日期	公牘號數
聯合徵信所	[illegible]	如文	卅五、一、[illegible]		年　月　日	第　號

事由	擬辦	核示
[illegible]	會計課 [illegible]	經理
	[illegible]股 [illegible]	副經理
		襄理

滬編 字第卅六號 第一頁

聯合徵信所用箋

逕啟者查
貴廳訂閱 敝
所發行之「行情日報」及「徵信新聞」將於本年四
月卅日滿期為免中斷起見特檢附訂閱辦法及空白復函一紙尊函奉達
如荷
續訂至希先期通知並將訂費
惠下以便繼續送閱爲荷此致
總務處

附訂閱辦法及空白復函一紙

聯合徵信所 啓

中華民國 年 月 日

電話：一八〇三〇 一八〇八四

地址：上海圓明園路八號六樓

「徵信新聞」訂閱辦法

(一) 本報由聯合徵信所發行專以報導國內外重要經濟新聞及各地主要金融商品行情，如需訂閱，按照後表收費。

「徵信新聞」訂費表（三個月起訂） 三月六日重訂

訂閱月數	原訂價	優待折扣	訂費（每份）	外埠附加郵費（每份）航	平
三個月	三六,〇〇〇元	無	三六,〇〇〇元	四五〇〇元	三六〇〇元
六個月	七二,〇〇〇元	九折	六四,八〇〇元	九,〇〇〇元	七二〇〇元
九個月	一〇八,〇〇〇元	八五折	九一,八〇〇元	一三,五〇〇元	一〇,八〇〇元
全年	一四四,〇〇〇元	八折	一一五,〇〇〇元	一八,〇〇〇元	一四,四〇〇元

(二) 本所基本所員（中中交農四行中信郵匯兩局）擬按「所員優惠辦法」贈閱一份（本市為限），如須另送，按照後表收費。

訂閱月數	原訂價	優待折扣	訂費（每份）	外埠附加郵費（每份）航	平
三個月	三六,〇〇〇元	七五折	二七,〇〇〇元	四五〇〇元	三六〇〇元
六個月	七二,〇〇〇元	七折	五〇,四〇〇元	九,〇〇〇元	七二〇〇元
九個月	一〇八,〇〇〇元	六五折	七〇,二〇〇元	一三,五〇〇元	一〇,八〇〇元
全年	一四四,〇〇〇元	六折	八六,四〇〇元	一八,〇〇〇元	一四,四〇〇元

(三) 本報除星期日及例假外，每日下午四時出版，遞派專差分送，遠道寄費另加。
(四) 本報已出各期，如須補送，每份收回印刷費伍佰元。
(五) 本報接受外埠公司行號之委託，對於指定之金融及商品行情按日專電報告，酌收費用，其辦法由雙方隨時洽訂之。
(六) 本所渝所發行「徵信新聞」重慶版一种，報導重要經濟新聞及渝市主要金融商品行情，如需訂閱，請向本所接洽。
(七) 本所地址上海圓明園路八號六樓，電話一七〇四八號、一三九號，電報掛號八〇八四號。

（如needed訂閱「徵信新聞」即請將此訂單剪下寄所並註明日期以便照送）

「徵信新聞」訂閱單　　滬字第_____號

茲訂閱 貴所「徵信新聞」（上海版）________份 ________個月
請自 月 日起逐期照送至________________________收
茲附上訂費國幣________________元及郵費國幣________元
共計國幣________________元 ________即請查收給據爲荷此致
聯合徵信所
附國幣______元 訂戶________________啓 ____年____月____日

（訂戶惠付訂費請開敝所抬頭支票另由敝所出給收據爲憑）

联合征信所调查资料组第一次组务会议纪录(1946 年 2 月 4 日)

調查資料組第一次組務會議紀錄

時間：三十五年二月四日下午一時

地點：本所辦公室

出席者：石抗鼎　夏昌明　胡隆昶　周祥生　秦世德　程昌齡　陸廷孝　丁敏成

指導：劉副理

主席：石抗鼎

紀錄：夏昌明

一、主席報告：

本人承乏經理及劉副理委託負責本組事務以來覺得在初創時期凡事不免零乱無緒今日召集諸位互相研究一、如何使工作效能增加二、如何使報告内容充實三、如何擴展資料組職務第一點應使各調查員詳悉調查方法以獲得真實資料第二點則在統一報告格式以免重要各項有所遺漏第三點則在廣集資料並為有系統之編列所以今天之討論事項為擬訂調查須知制定調查表與報告格式及協助資料獲得方法

二、討論事項：

甲、調查須知如何擬訂案

決議：推定夏昌明君負責起草下次會議時討論

乙、個人公司行號及工礦事業調查表之内容應如何使之更為充實案

決議：工礦事業調查表已極詳盡毋庸增改惟調查時須特別注意於過去之產銷情形

個人及公司行號調查表之重要内容如左格式請夏昌明君擬定後傳閱

1. 個人調查表之重要内容：

(1)姓名　(2)別號　(3)年齡　(4)籍貫　(5)地址：(a)辦公地址、電話　(b)住宅地址、電話

(6)學歷及經歷　(7)現任職務：(a)本職　(b)兼職　(8)著作及發明：(a)著作　(b)發明　(c)擅長

(9)家庭狀況：(a)直系親屬人數　(b)旁系親屬人數　(c)寄居人數及關係　(d)僕役人數　(e)已否析產

(10)資產：(a)不動產：一、房屋　二、土地　三、農田　四、其他　(b)動產：一、銀行存款　二、其他流動資產　c、投資

(11)負債：(a)長期負債　(b)短期負債

(12)每月收入：(a)薪給　(b)利息　(c)租金　(d)其他

(13)每月支出：(a)本人　(b)家用　(c)其他

(14)政治及社会關係：(a)參加何种組織及活動　(b)与聞人名士之關係

(15)其他

2. 公司商號調查表之重要内容：

(1)行號名称　(2)簡称　(3)地址：a.總店或管理處　b.分店　c.外埠分店　d.以前地址

(4)電話　(5)籌備經過　(6)設立日期　(7)改組日期　(8)註册機關及日期

(9)登記證號　(10)經營方式

(11)資本：(a)額定　(b)實收　(c)变更經過　(d)現在資本　(e)重要股東及所佔股數

(12)重要人員：(a)董事長　(b)常務董事及監察人　(c)重要股東　d.經理　e.副經理

(13)營業範圍：(a)主要業務　(b)次要業務或副業

(14)營業情形：(a)進貨：一、來源　二、主要客户　三、現金或欠帳　四、最近一年或半年來進貨數量及金額

(b)銷貨：一、銷路　二、主要客户　三、現金或欠帳　四、最近一年或半年來銷貨數量及金額

(15)財務情形：(a)流動資產　(b)固定資產　(c)流動負債　(d)固定負債　(e)歷年盈餘數額　(f)往來行莊　(g)信用情形

(16)關係事業

(17)附註

丙 個人公司行號及五礦事業調查報告之編製方式應如何統一案

決議：1. 個人調查報告應載明：

(1) 年齡 (2) 籍貫 (3) 住址 (4) 畧歷（學歷及經歷）

(5) 現任職務（本職兼職） (6) 資負情形 (7) 每月收支

(8) 其他事項

2. 公司行號調查報告應載明：

(1) 簡史 (2) 資本 (3) 重要人員 (4) 營業範圍 (5) 營業情形

(6) 財務情形 (7) 關係事業 (8) 其他事項

3. 五礦事業調查報告應載明：

(1) 簡史 (2) 資本（額定實收變更經過重要股東）

(3) 負責人董事長總副經理廠長 (4) 組織（經營方式 組織系統）

(5) 設備（廠房機器） (6) 業務 (一) 產品 a. 需用原料數量及金額

b. 員工人數 c. 工作時數 d. 每日產量及過去一年或半年來實際生產數量及金額 (二) 銷貨方法[illegible]主要顧客[illegible]過去一年或半年來之銷貨數量及金額

(7) 財務（另編簡明資負表及損益表流動資產及負債狀況重要科目說明）

[illegible]

(8) 其他

丁 如何充實資料組內容案

決議：1. 二月一日起改革報紙剪貼辦法當日由剪報員將擬剪資料圈出歸類經主任核閱以免重要資料之遺漏至次日再為剪貼工作

2. 補定各界經濟書報及雜誌

3. 整理已有資料編製各項索引及表報

4. 每月底編製物價指數商情及金融統計

三 臨時動議

甲 五礦調查表中末頁末項生産事業中請貸款項知第三條中請人應具各項表報是否均應索取案

決議：以全部索取為原則在特殊情形下可按表報之性質權衡輕重由調查員酌定之（最少應有資負表或各科目餘額表及產銷統計表）

乙 組務經常會議日期之規定

決議：暫定每星期一開會一次必要時得隨時召集之

3500

联合征信所调查资料组第二次组务会议纪录(1946 年 2 月 11 月)

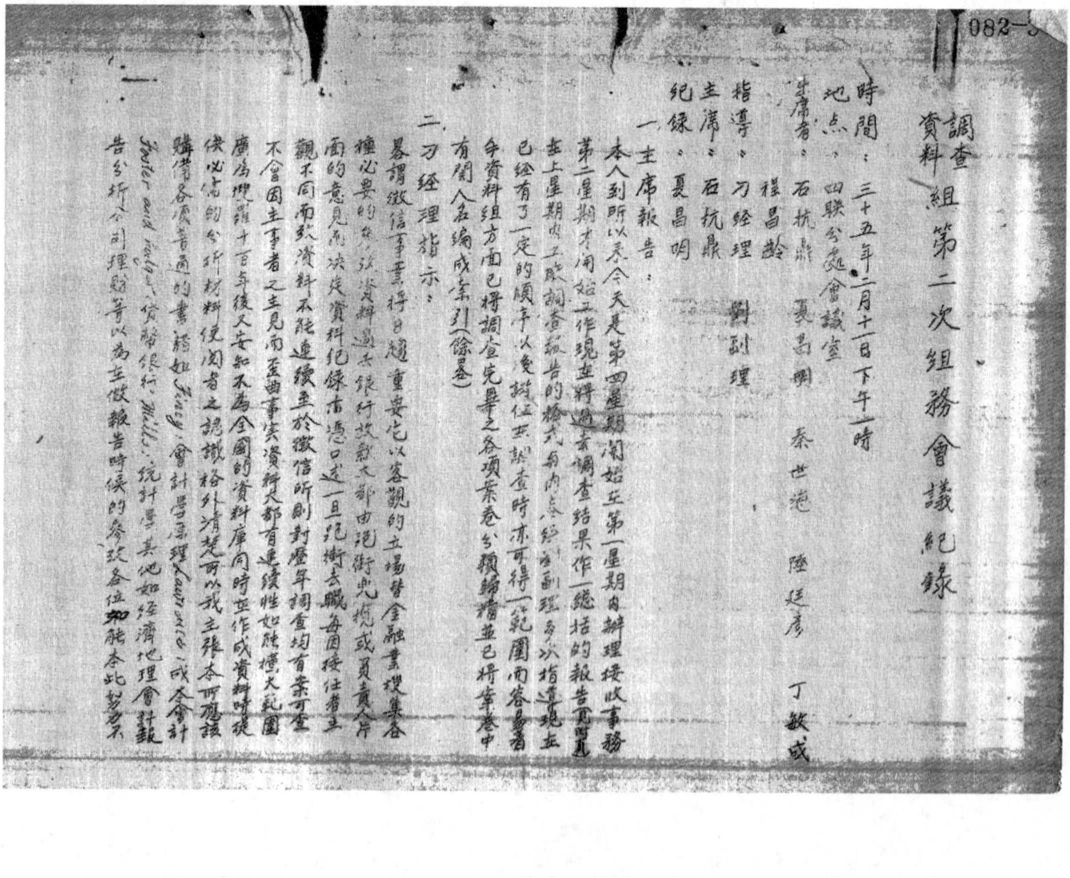

082-3

調查資料組第二次組務會議紀錄

時間：三十五年二月十一日下午一時

地点：四聯分處會議室

出席者：石抗鼎 夏昌明 秦世德 陸廷彥 丁敏成 程昌齡

指導：刁经理 劉副理

主席：石抗鼎

纪錄：夏昌明

一 主席報告：

本人到所以來今天是第四星期開始在第一星期內辦理接收事務第二星期才開始工作現在將過去調查結果作一總括的報告（見附頁）在上星期內工廠調查報告的格式与內容經[illegible]副理多次指導現在已經有了一定的順序以後[illegible]調查時亦可得一範圍而容易着手資料組方面已將調查完畢之各項案卷分類歸檔並已將案卷中有關人名編成索引（餘畧）

二 刁经理指示：

暮謂徵信事業得 8 種重要它以客觀的立場替金融業搜集各種必要的[illegible]資料過去銀行放款大都由跑街或負責人片面的意見而決定資料紀錄亦憑口述一旦跑街去職每因接任者主觀不同而致資料不能連續至於徵信所則對歷年調查均有案可查不會因主事者之主見而歪曲事實資料大都有連續性如能擴大範圍廣為搜羅十百年後又安知不為全國的資料庫同時並作成資料時技[illegible]必需的分析材料使閱者之認識格外清楚可以我主張本所應該購備各項普通的書籍如 Finey 會計學原理 Lawrence 成本會計 Foster and rodgers 貨幣銀行 Mills 統計學 其他如經濟地理會計報告分析公司理財等以為在做報告時候的參考各位如能本此[illegible]

久戚績定可斐然（除略）

三、劉副理指示：

甚謂本所工作已入正軌，二月來已有不少成績，但是我们不應自滿，一切尚須加緊努力，今後尤希注意迅速，使委託机關于指定日期内獲得報告。其次对于報告内容應力求充实，所举事項應有根據，不確実之詞句切勿應用。

四、討論事項：

甲、調查須知已由夏昌明君及陸廷彦君會同草就，請討論案。

決議：修正通過。

乙、各案件調查日期每有超出預定日数致報告不能如期最出，兹為增强效率起見，应如何規定各案調查期限案。

決議：（一）工礦調查每件不超过五天。（二）公司商號調查每件不超过二天。（三）個人調查每件不超过一天。（四）封保案件（附有表格者）每件不超过半天。如有特殊情形，得商承主管人酌予延長。

丙、為便利調查工作之進行，應如何與各方联繫案。

決議：由各調查員與各界（如各同業公会等）多為联络，对各银行办理徵信人員尤應密切联繫，以便廣徵博引。

丁、本所甫告成立，未久对於工商資料亟待多方搜集，各調查員於調查时請隨时注意搜集有関資料，以資充实案。

決議：通过。

委託者委託件數統計表　二月十五

（委託者）	（委託件數）	（百分比）
中央銀行業務局	三五	五〇·七
中國農民銀行上海分行	十九	二七·六
中國銀行上海分行	四	五·八
社會部全供處京滬分處	一	一·四
四联分處	八	一一·六
渝所	二	二·九
合計	六十九	一〇〇·〇

調查對象統計表　二月十五

（調查對象）	（件數）	（百分比）
化學工業	二	二·九
紡織工業	十	一四·五
教育用品及出版事業	一	一·四
交通運輸業	二	二·九
一般企業	二	二·九
金融事業	十	一四·五
貿易販售業	十三	一八·八
一般商業	五	七·三
電機工業	二	二·九
個人	二十二	三一·九
合計	六十九	一〇〇·〇

附註：

正在進行中	十四
已調查未最出	八
留待調查	十四
合計	三十六
總計	一百〇五

關於準備工作者

一、每一調查案件接受後，應先計劃調查之事項，提出之問題及進行調查之方法。

一、對本所舊有資料，應儘先利用，俾收事半功倍之效。

一、進行調查除應直接向廠商訪問查看外，並應籌劃向其他有關方面（如銀行、工商業同業公会、主管机関、個人等）間接調查，以資參証。

一、調查前先將調查表送請被調查人詳填，以須逐項查对。

一、進行調查如須由所備函或由私人介紹者，應先準備之。

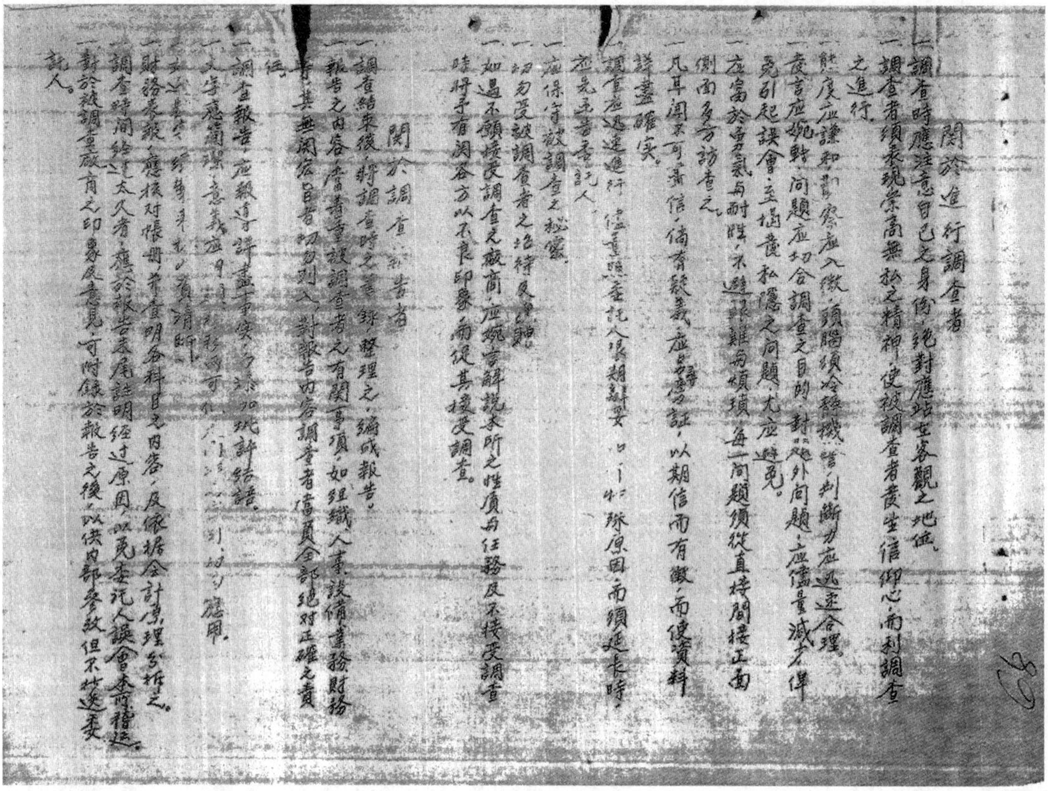

關於進行調查者

一、調查時應注意自己之身份，絕對應站在客觀之地位。
一、調查者須表現崇高無私之精神，使被調查者發生信仰心，而利調查之進行。
一、態度應謙和，觀察應入微，頭腦須冷靜，[illegible]判斷力應迅速合理。
一、發言應婉轉，問題應切合調查之目的，對於外間問題應儘量減少，俾免引起誤會，至揭發私隱之問題，尤應避免。
一、應富於勇氣與耐性，不避艱難與煩瑣，每一問題須從直接間接正面側面多方訪查之。
一、凡耳聞未可盡信，倘有疑義，應再三查證，以期信而有徵，而使資料詳盡確實。
一、調查應迅速進行，儘量照委託人要求期限[illegible]原因而須延長時，應先函告委託人。

關於調查之秘密

一、應保守被調查之秘密。
一、切勿受被調查者之招待及[illegible]。
一、如遇不願接受調查之廠商，應婉言解說本所之性質與任務及不接受調查時將予有關各方以不良印象，而促其接受調查。

關於調查報告者

一、調查結束後，將調查時之[illegible]錄，整理之，編成報告。
一、報告之內容，[illegible]被調查者之有關事項，如組織、人事、設備、業務、財務等，其無關宏旨者切勿列入，對報告內容調查者應負全部絕對正確之責任。
一、調查報告，應嚴守詳盡事實，[illegible]批評結語。
一、文字應簡明，意義應[illegible]。
一、[illegible]清晰[illegible]應用。
一、財務表報，應核對帳冊，並查明各科目之內容，及依據會計原理分析之。
一、調查時間經過太久者，應於報告末尾註明經過原因，以免委託人誤會查詢稽延。
一、對於被調查廠商之印象及意見，可附錄於報告之後，以供內部參考，但不發送委託人。

联合征信所关于《征信新闻》特约记者通讯规程拟稿(1946 年 3 月)

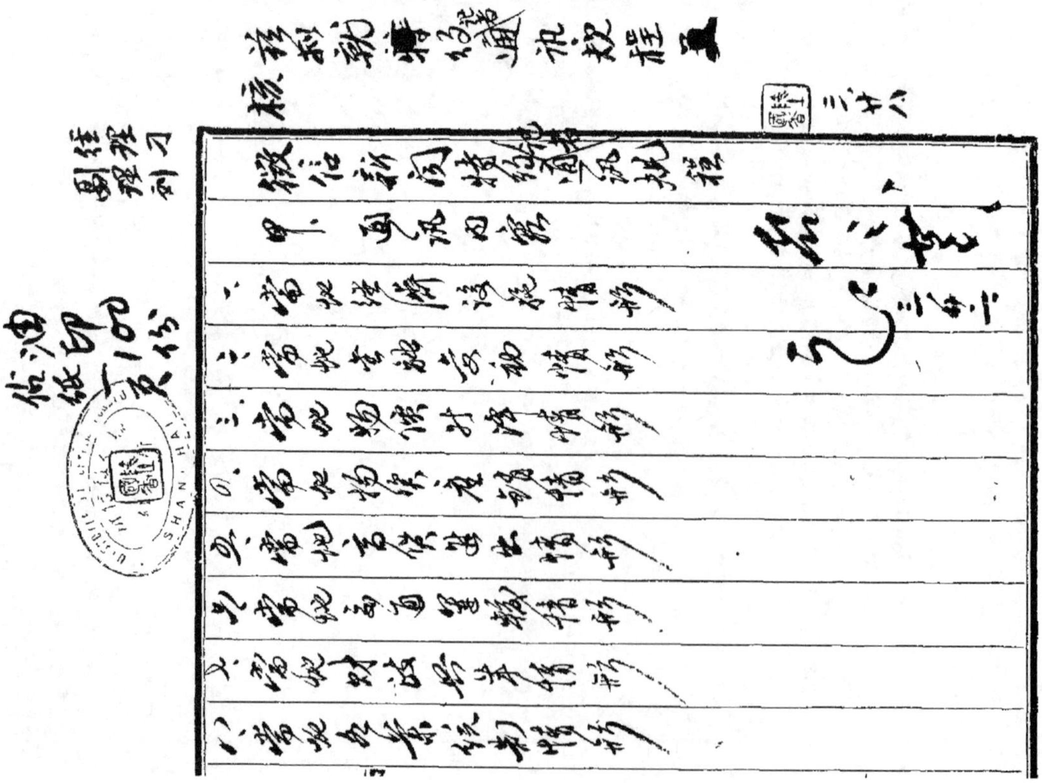

乙、通讯撰编

一、本处通讯稿件……[illegible]

[illegible]

丙、通讯……[illegible]

一、通讯……[illegible]

二、通讯报道並須分類作有系統之報道，每一重要事件發生，須分案報道其經過及發展情形

[illegible]

三、通讯稿件所有資料必須真確，勿加渲染抄報紙

四、每稿字數，本市者每篇六百字至五百字，外埠以一千五百字至二千字為宜，但有特殊內容者不在此限

丁、通讯规约

一、各特约通讯员，本市者每月至少發稿十五條，外埠者每月至少發稿十次

二、特约通讯员之待遇採用稿費制，每千字[illegible]

[illegible]

三、通讯员之應聘者以第一次稿為[illegible]

四、通讯稿件除供本所採用外，亦可自行投寄他報或刊物發表

五、通讯稿件如有發生了实在[illegible]由本人負責

六、各特约通讯员不得利用本所名義在外作任何[illegible]

[illegible]之活動

联合征信所为《征信新闻》登记事与上海市社会局往来函(1946 年 3～5 月)

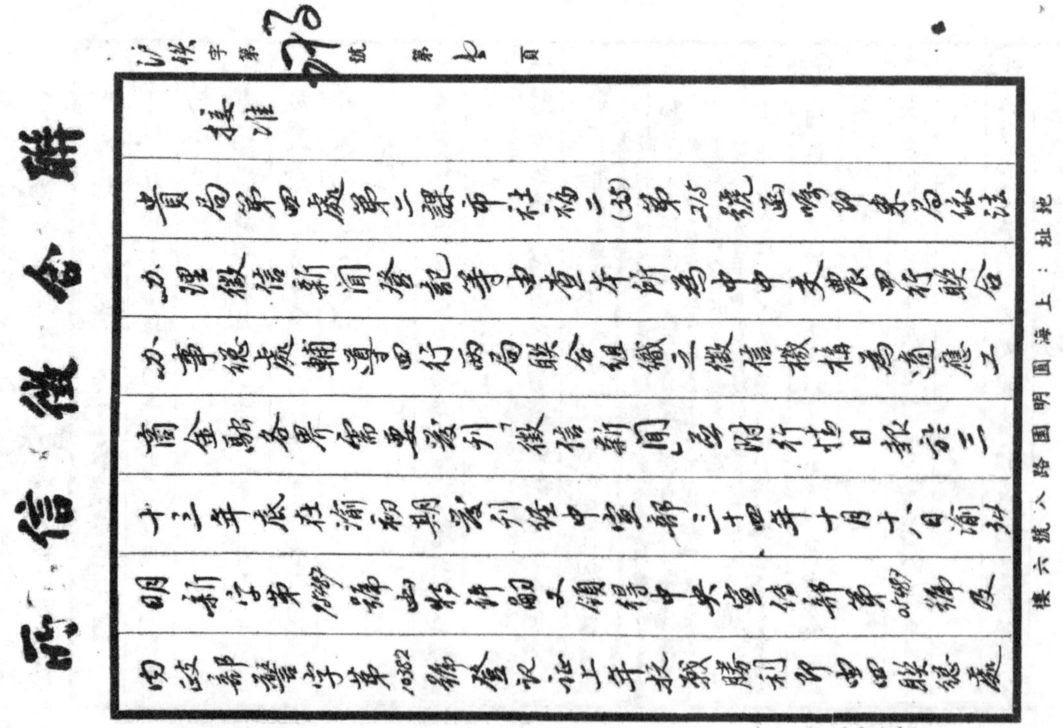

聯合徵信所

滬秘字第　號　第　頁

敬准

貴局第四處第二課市社福二(35)第215號函嘱即來局依法

辦理徵信新聞登記等由查本所為中央四行聯合

辦事總處輔導四行兩局聯合組織之徵信機構為適應工

商金融各界需要發刊徵信新聞另附行話日報於三

十三年底在渝創期發刊經中宣部三十四年十月十八日渝

明部字第16457號證由特許發行又領得中央宣傳部第04687號證及

內政部警字第10382號登記証上年抗戰勝利即由四聯總處

中華民國　年　月　日

地址：上海圓明園路六號八樓

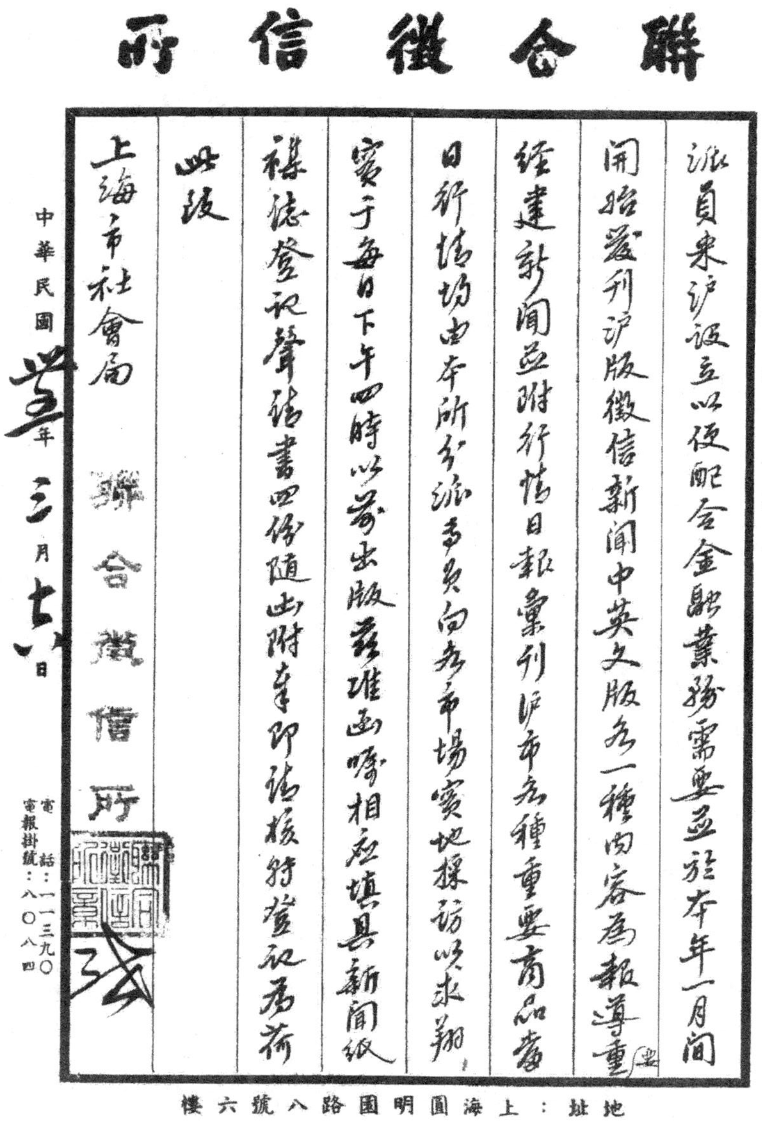

聯合徵信所

字第　　號　第　　頁

滋員來滬設立以便配合金融業務需要並於本年一月間開始發刊滬版徵信新聞中英文版為一種內容為報導重要經建新聞並附行情日報彙刊滬市各種重要商品每日行情均由本所分派專員向各市場實地採訪以求翔實于每日下午四時以前出版茲准函囑相應填具新聞紙雜誌登記聲請書四份隨函附奉即請核轉登記為荷

此致

上海市社會局

聯合徵信所

中華民國卅五年三月十六日

電話：一一三九〇
電報掛號：八〇八四

地址：上海圓明園路八號六樓

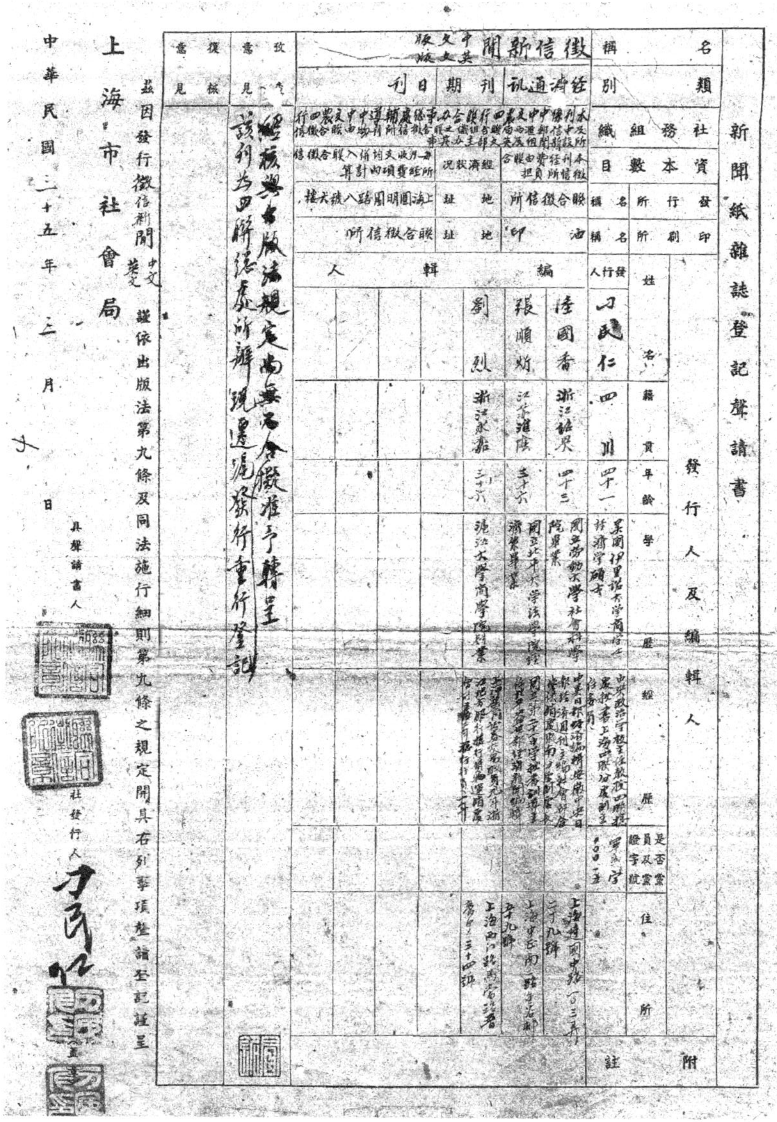

新聞紙雜誌登記聲請書

名稱	徵信新聞（中文版／英文版）		
類別	經濟通訊	刊期	日刊
社務組織	本刊係聯合徵信所中文部及英文部所主辦 [illegible]		
資本數目	本刊經費由聯合徵信所負担	經濟狀況	所需經費由本所收入項內開支
發行所名稱	聯合徵信所	地址	上海圓明園路八號六樓
印刷所名稱	油印	地址	聯合徵信所

	姓名	籍貫	年齡	學歷	經歷	是否黨員及黨證字號	住所
發行人	刁民仁	四川	四十一	美國伊里諾大學商學碩士	[illegible]	[illegible]	上海[illegible]
編輯人	陸國香	浙江諸暨	四十三	國立勞動大學社會科學院畢業	[illegible]		[illegible]
編輯人	張順炘	江蘇淮陰	三十六	國立北平大學法學院經濟系畢業	[illegible]		[illegible]
編輯人	劉烈	浙江永嘉	三十六	滬江大學商學院商業畢業	[illegible]		[illegible]

附註

收文意見：經核與出版法規定尚無不合擬准予轉呈

複核意見：該刊為四聯總處所辦現遷滬發行重行登記

茲因發行徵信新聞（中文／英文）謹依出版法第九條及同法施行細則第九條之規定開具右列事項懇請登記謹呈

上海市社會局

具聲請書人　社　發行人　刁民仁

中華民國三十五年三月　日

聯合徵信所

滬聯字第　號　第壹頁

逕啟者案查敝所前為申請新聞登記經奉
貴局第四處第二課本年三月五日發文市社福二(35)字第215號
公函囑依法登記當於同月十六日填具新聞紙什誌登記申請
書四紙備函送請核轉登記在案茲以敝所發行增加外埠訂戶
頗多以尚未奉到內政部及中央宣傳部新聞登記執照每日
郵寄外埠新聞均照普通信函類寄遞所費郵票為數頗鉅
茲為減輕讀者負担擬在敝所未奉內政部及中央宣傳部
執照以前請由

中華民國　年　月　日

電話：一一三九〇
電報掛號：八〇八四
地址：上海圓明園路八號六樓

上海市社會局收文摘由紙

第一課

機關	事由	擬辦	批示	備考
联合徵信所（文）呈	呈清發給記明書由	已予核轉批准照發		

附件

年　月　日　午　時　收到

字第　號

上海市社會局處
(35)社福收文　號
35年5月8日上午收到

聯合徵信所

字第　　號　第貳頁

貴局核發新聞登記准予備案証明書俾敝所郵寄新聞得按新聞紙類辦理以節物力實爲公便　此致

社會局

聯合徵信所　啟

中華民國三十五年五月七日

電話：一一三九〇
電報掛號：八〇八四

地址：上海圓明園路八號六樓

上海市社會局稿

事由	爲據呈准予証明由
來文號數	
文別	6857
送達機關	聯合徵信所 茶話月刊社
類別	
附件	

中華民國卅五年五月十三日送出

局長　諭代

副局長

主任秘書

秘書

處長　主任

科長

主任科員

擬稿員

中華民國三十五年　月　日

收文	發文	檔卷
字第1820號 1832	字第　號	字第　號

上海市社會局證明書　　字第　　號 6857

業據聯合徵信所 華語月刊社 呈為便於向郵局申請掛號作為新聞紙類寄遞擬請發給證明文件等情據此查該刊業經依法向本局辦理登記手續合亟予以證明如上須至證明者

右給 聯合徵信所 華語月刊社

代理局務 副局長 葛克

局長 吳開先

副局長 李劍華

聯合徵信所概況

民國三十六年八月

一　簡史　聯合徵信所係由中中交農四銀行聯合辦事總處理事會決議由四行兩局聯合設立於民國三十四年三月在重慶正式成立以調查工鑛貿易交通金融各業情形藉植工商信用促進其互助合作爲宗旨勝利後總所移設上海重慶改設分所嗣爲適應金融工商各業需要復在南京漢口天津北平南昌各地增設四分所及辦事處最近正籌設成都辦事處不日成立此外并擬添設分所於港穗等地本所所員分基本及普通兩種以中央中國交通中國農民四銀行及中央信託局郵政儲金匯業局爲基本所員其他行莊均可申請加入爲基本所員或普通所員現京滬漢渝平津各地銀行錢號錢莊加入爲普通所員者已逾六百餘家三十六年四月全國銀聯會在京召開成立大會時由出席代表三十餘人提議全體通過該會所屬會員銀行一律參加聯合徵信所爲所員藉以加強聯繫促進徵信事業之發展入所手續正分別洽辦中本所主要業務爲工商信用調查及出版兩種調查資料歷年累積已逾二萬單位每月全國受託調查案件以千計出版物則有各地出刊之中英文徵信新聞及各地金融業概覽上海市上市股票廠商概覽上海製造廠商概覽絲織業概覽金融法規彙編等書銷行甚廣三十六年四月間爲求商情報導迅速起見特於上海各大銀行安裝電傳打字機六十餘部市場情形及行情變動隨時電傳我國通訊社中有此項設備者以本所爲第一本所組織總所設經理副理各一人內部分總務調查新聞英文業務五組負責推進日常工作

二　地址

總　所：經理室總務調查兩組設上海中山東一路廿三號中國銀行大廈九樓電話一九八七七電報掛號八〇八四新聞英文業務三組設上海河南路三〇三號電話九八五六〇、九六〇七七、九五一〇七・電報掛號八〇八四

總所印刷廠：上海東大名路廬山里二五號電話五一〇四四

南京分所：南京錫公井十七號電話二一七四〇電報掛號五一一四

重慶分所：重慶林森路下會浮巷四號電話四一四三七電報掛號四〇四〇

漢口分所：漢口江漢路一八八號電話二五四三電報掛號二〇二〇

平津分所：天津中正路九〇號三樓電話三六〇七電報掛號八〇八五

平津分所北平辦事處：北平西交民巷中央銀行電話三五一七六電報掛號五一七六

南昌分所：南昌民德路八七號電報掛號、七九四

三　經費　每月經費除以收入填充外不足之數由基本所員擔負之

四　負責人

上海總所經理：刁民仁　美國伊里諾大學商學士經濟學碩士中央政治學校計政學院主任教授四聯總處秘書兼上海四聯分處副主任委員

副經理：萬長詒　國立商學院畢業四聯總處稽核

平津分所經理：張果爲　德國柏林大學經濟學博士福建省財政廳長財政部平津財政金融特派員

平津分所副理兼北平辦事處主任：殷錫琪　燕京大學經濟系文學士研究院研究員現任郵政儲金匯業局北平分局經理

漢口分所經理：楊壽家　美國密里蘇打大學經濟學碩士現任漢口交通銀行副經理

副經理：吳文會　國立上海商學院畢業

重慶分所經理：馬澤恆　國立武漢大學中央政治學校計政學院畢業四聯總處視察

南京分所經理：刁爾寶　成都大學畢業重慶商務日報編輯主任善新實業公司經理

南昌分所經理：周友端　美國華盛頓大學商學碩士現任中國銀行南昌分行經理

五　全所員生　總計一九三人

联合征信所第四次所务委员会会议记录(1946 年 4 月 17 日)

联合征信所第四次所务委员会会议记录

时间 三十五年四月十七日下午四时

地点 上海国际饭店十八楼

出席 刘攻芸 王志莘 刁民仁

[illegible]

[illegible]

主席 王〇〇

甲、讨论事项

一、[illegible]

[illegible]

案。

(说明)[illegible]

[illegible]

可行務請照會徵信所各務委員會核
議等語。
決議：1、查平津設所確屬必要，張
特派員所薦經副理二人資歷亦佳，
可予照派，仍囑從速籌備，以便早
日開業。函請特派員對本所熱忱贊
助，應由所去函致謝。
又本所章程對所務委員有一定
名額，擬呈請四聯總處酌予增設，
以便延攬金融界先進賢達參加，
共策進行。
又粵港分所應即籌劃進行。
二、渝滬兩所員工以物價高漲請予按照
四行兩處調整待遇以舒艱困案。
決議：查本所尚在創業時期，負担
能力有限，惟物價高漲，員工
生活亦應兼顧，茲經訂定滬
所待遇辦法如下：
1、薪水加成數照公務機關辦理。
2、基本數照公務機關辦理。

二、膳费照四（五）第一市石计算。
六、宿费照现在数目加一倍发给。
七、交通费壹万五千元。（以上各项所及工友待遇可参照海所办法分别订定之）
三、基本所员托查案件应否酌收费用
以补开支祈核示案。
决议：基本所员托查普通案件仍
应免费，如特殊调查可酌收费用。
四、本所分支机构逐渐增添物价日涨，
而经费拟领总不济急，应否将周
转金酌予增加以利工作祈核示案。

决议：查本所将来在各重要商埠添
设机构，既有周转金一千八百万元之（储）
且经费报销拟领为时最少一个
半月，周转为难，可陈请四联总处
特知各行向各再增拨周转金贰
百万元，俾裕经费而利工作。
五、各银行向业已东迁，所有本所经
费收支拟请各行向派员在上海
查示经费亦改在上海拟领以
资便捷案。

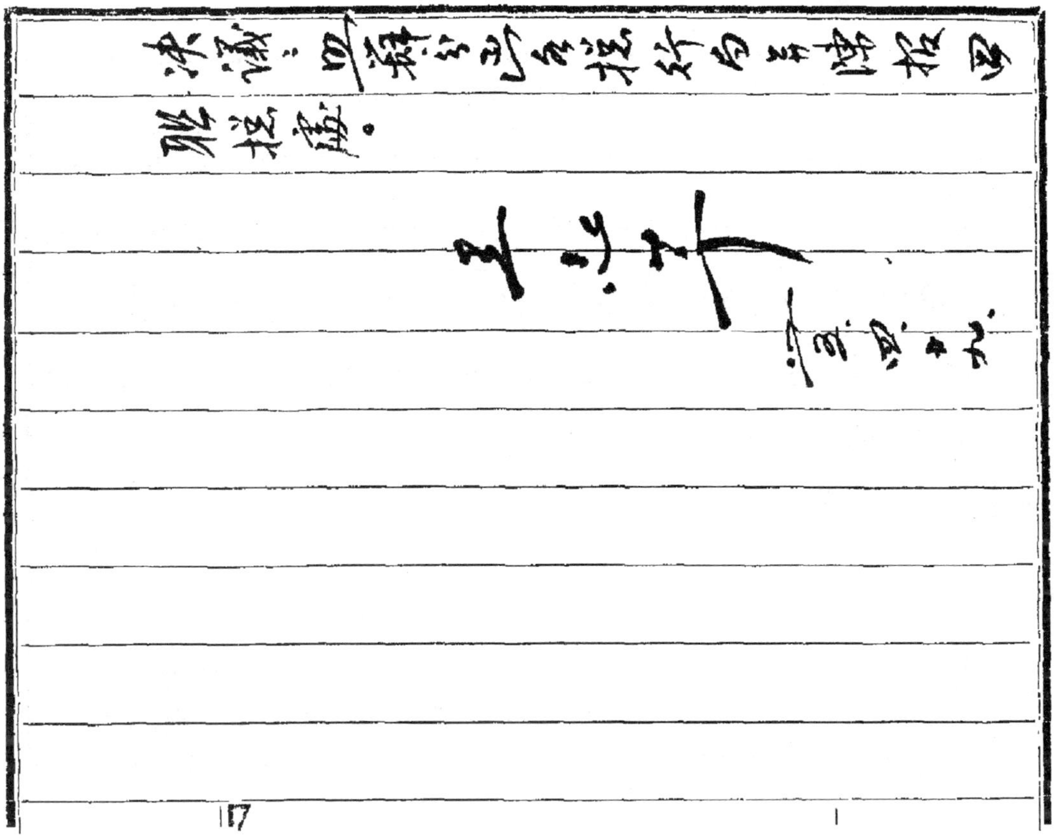

联合征信所关于在沪召开四月份经费审查会函(1946 年 4 月 16 日)

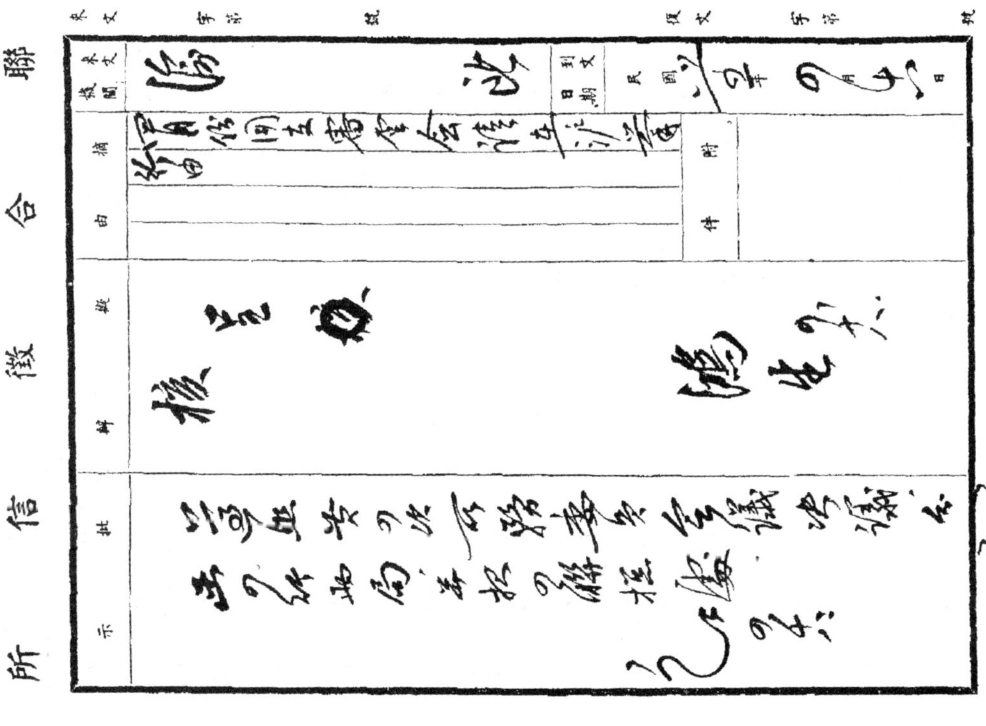

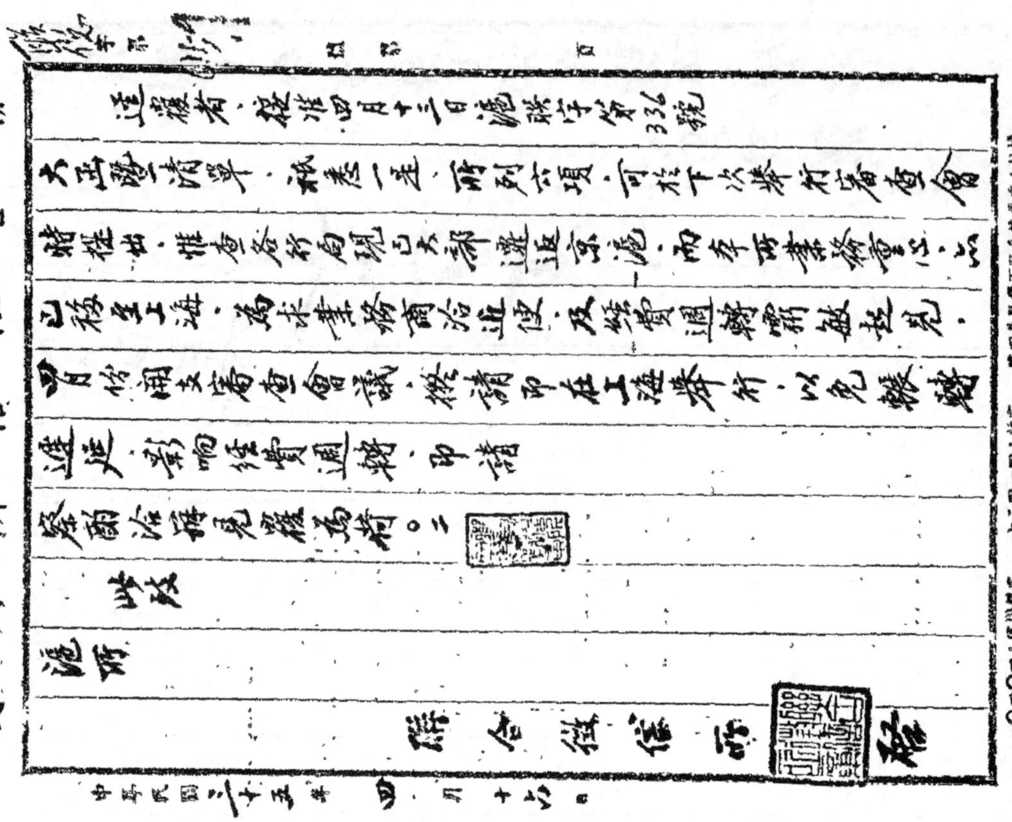

联合征信所关于在沪召开经费审查会与四联总处等往来函(1946 年 4～5 月)

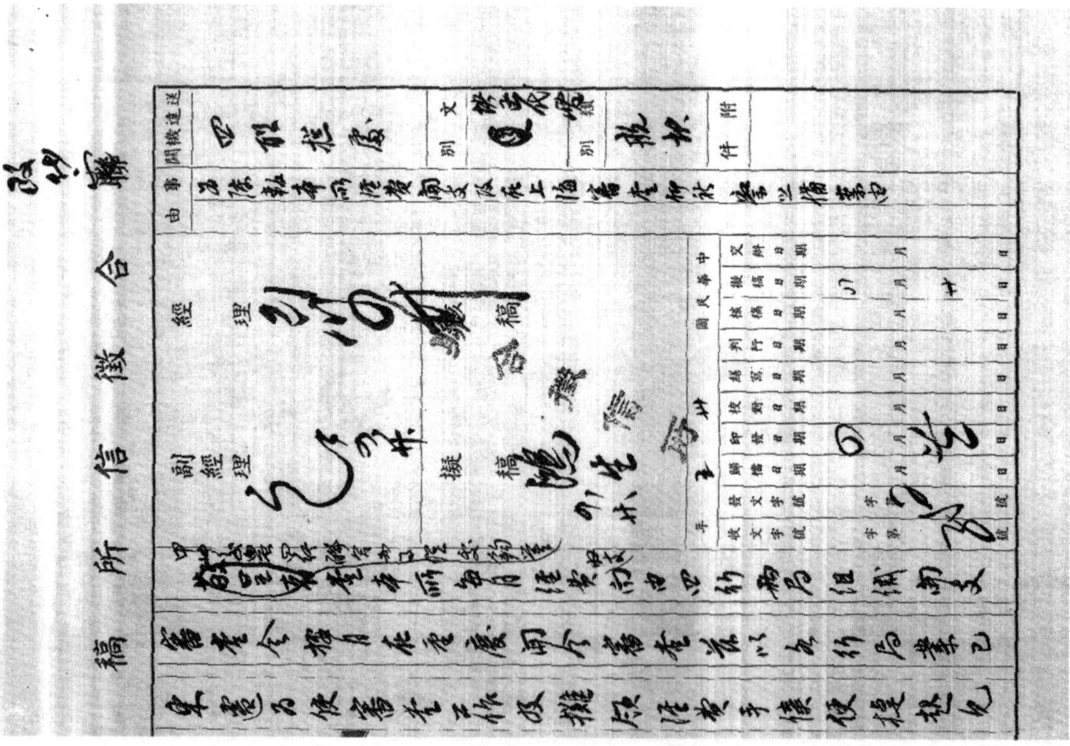

聯合徵信所

來文機關	中央銀行	到文日期	民國卅四年三月廿一日
摘由	函復派郭法彭為審查代表由	附件	
擬辦	擬存卷 鴻生 五、十六		
批示	乙 五、十六 [illegible] 五、十七		

來文 字第 號 復文 字第 號 歸檔 字第 號 收文 字第57號

依本所第四次所務委員會會議決議通過，以後每月審查經費請各行局派員在上海辦理審查，不足經費亦在上海撥領，除分函各行局洽辦外，理合備文陳報，仰祈鑒照備案為禱。謹呈
聯合徵信所
四聯總處

中央銀行用箋

函復本行派稽核鄒德彰負責審查經費由

准滬聯字第三五二號

函略爲 貴所決議以後每月審查經費請各行局派員在滬審查不足經費亦在上海儲領嘱查照辦理見復等由准此自應照辦茲本行派稽核鄒德彰負責審查相應函復

查照

此致

聯合徵信所

中央銀行

總裁 貝祖詒

滬央字第八九○號第　頁

卅五年五月十日

聯合徵信所

來文機關	中國紡[illegible]會[illegible]處
到文日期	民國卅五年五月十七日
摘由	[illegible]派稽[illegible]姜錫[illegible]張[illegible]開支審查會出席代表由
附件	
擬辦	擬存查 [illegible] 五/二
批示	已 五/六

來文　字第　號　　復文　字第　號

描號　　歸　字第　　收文　字第342號

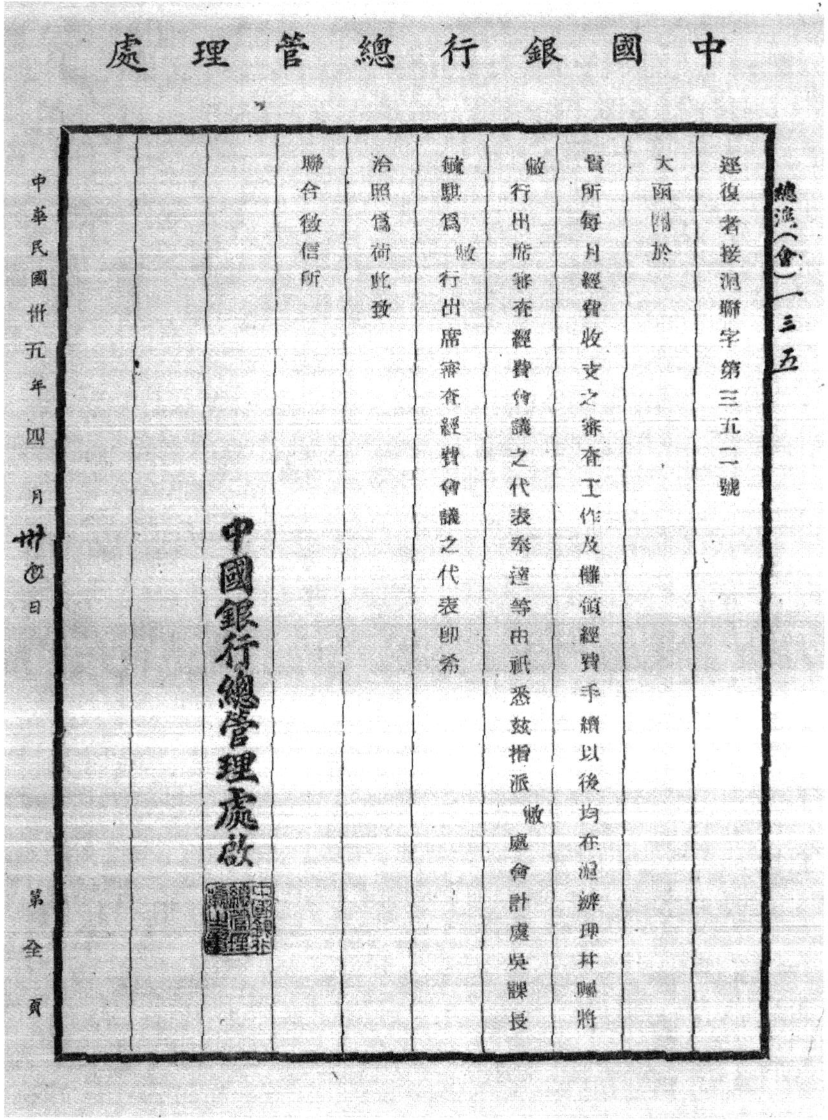

中國銀行總管理處

總滬(會)一三五

逕復者接滬聯字第三五二號

大函閱於

貴所每月經費收支之審查工作及攤領經費手續以後均在滬辦理并囑將

敝行出席審查經費會議之代表孫逵等由祇悉茲指派 敝處會計處吳課長

毓麒爲 敝行出席審查經費會議之代表即希

洽照爲荷此致

聯合徵信所

中國銀行總管理處啟

中華民國卅五年四月卅日

第全頁

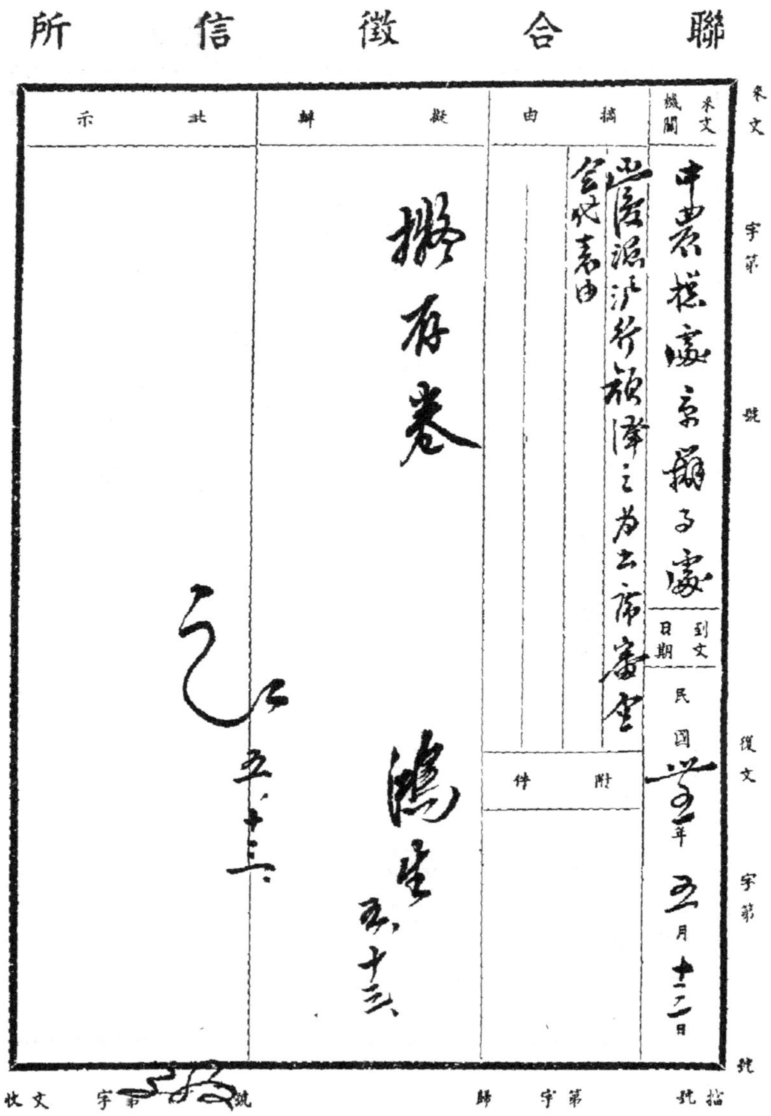

聯合徵信所

來文機關	中國總處京滬區處	到文日期	民國卅五年五月十二日
摘由	[illegible]為出席審查會代表由	附件	
擬辦	擬存卷 五、十三		
批示	五、十三		

來文　字第　號　復文　字第　號

收文　字第　號　歸　字第　號　擋號

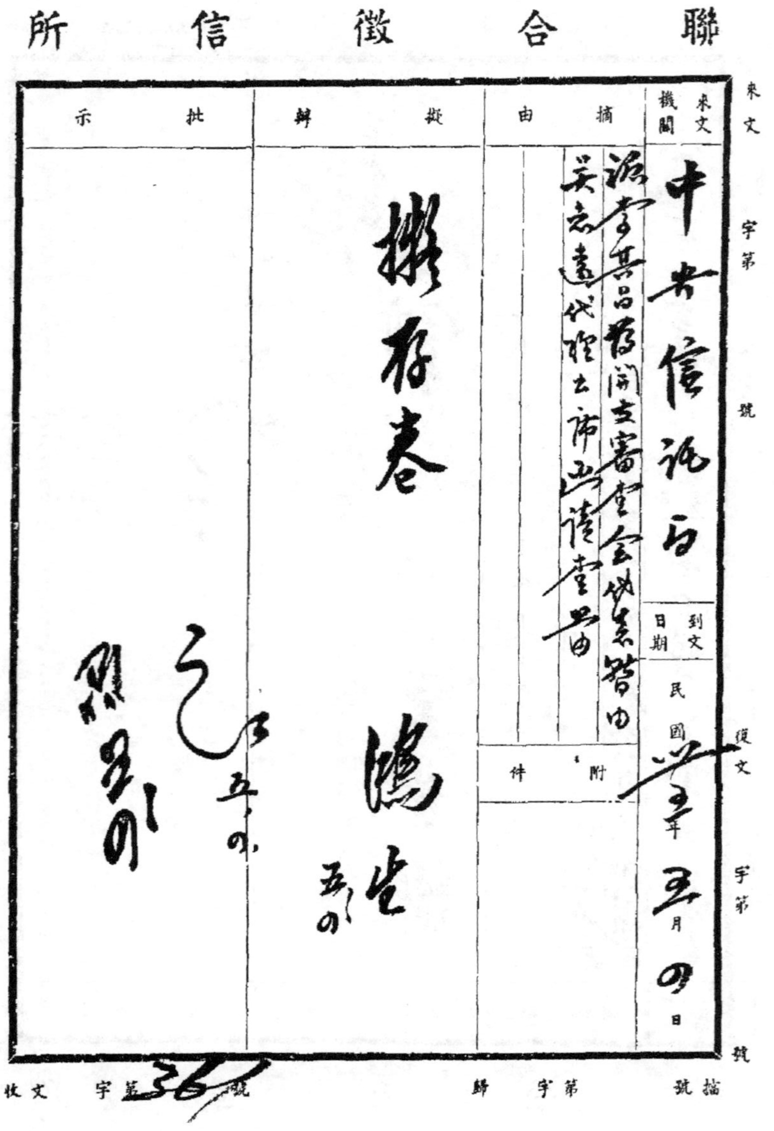

聯合徵信所

來文機關	中央信託局	到文日期	民國卅五年五月四日
摘由	派李其昌赴開會審查會經費暨由吳志遠代理出席函請查照由	附件	
擬辦	擬存查 五、四		
批示	已 五、四 照 五、四		

收文 字第36號

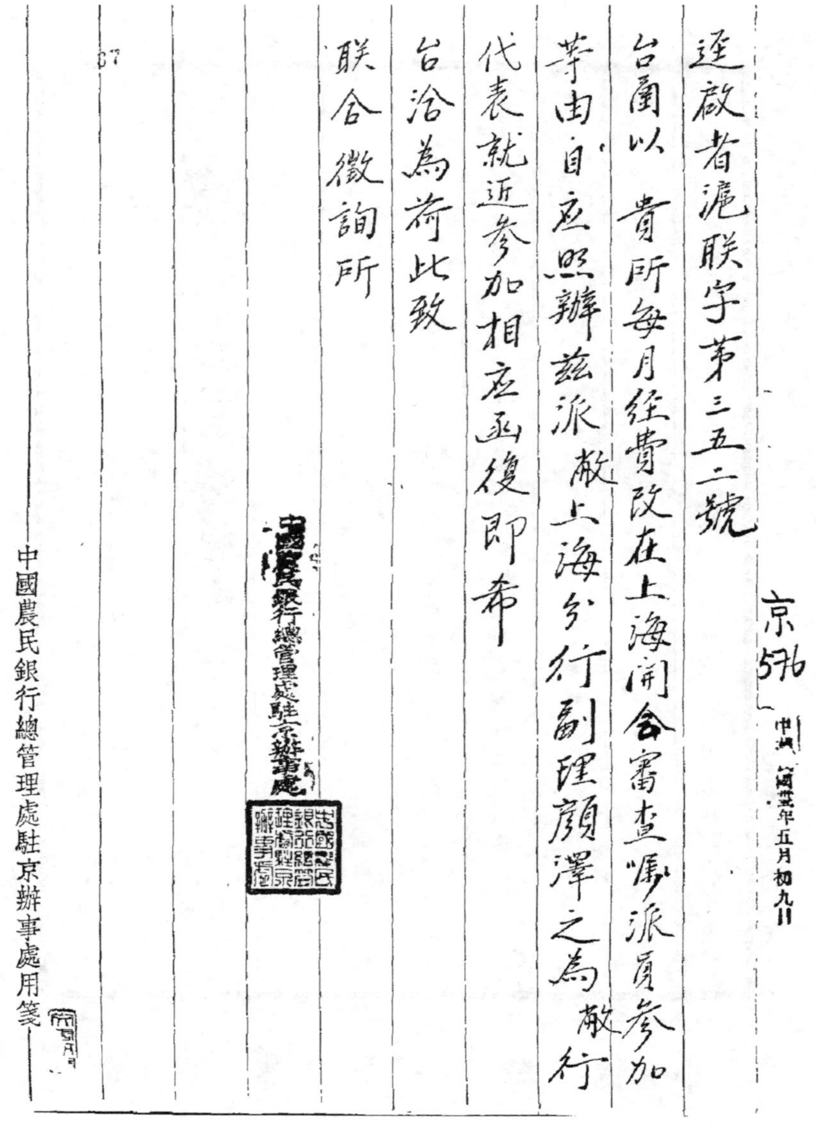

逕啟者：滬联字第三五二號

台函以貴所每月經費改在上海開會審查，屬派員參加等由，自應照辦。茲派敝上海分行副理顧澤之為敝行代表，就近參加，相應函復，即希

台洽為荷。此致

联合徵信所

中國農民銀行總管理處駐京辦事處

京576

卅五年五月初九日

中國農民銀行總管理處駐京辦事處用箋

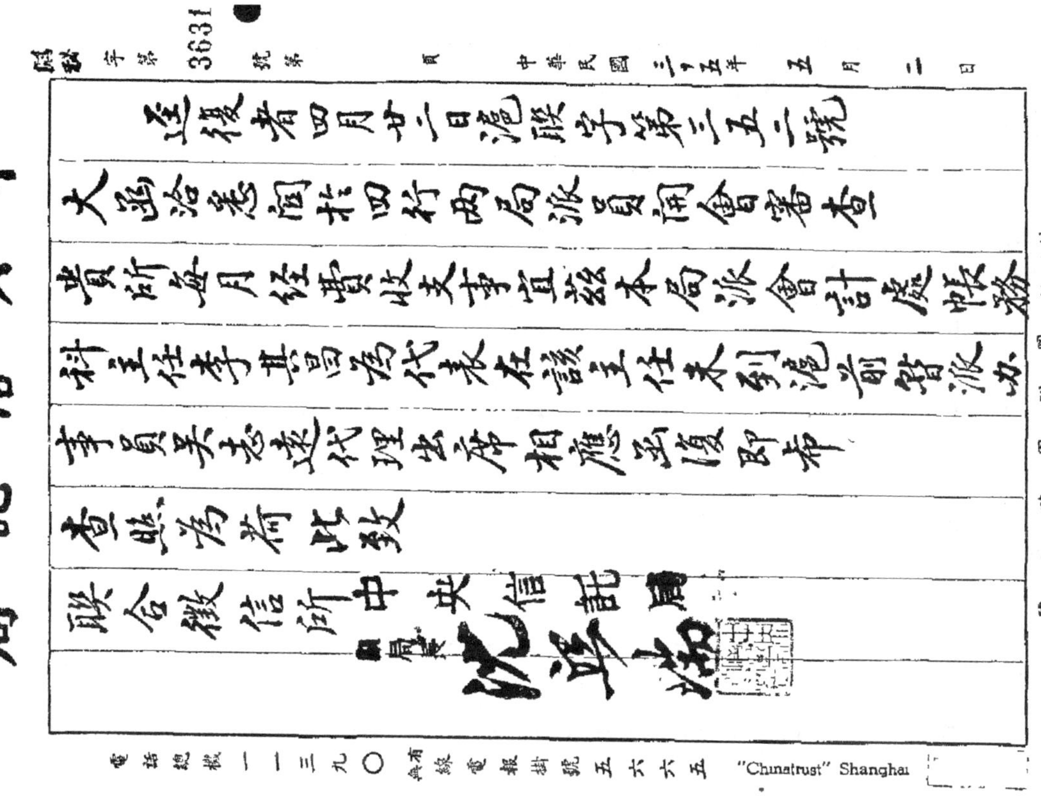

函致 字第3631號 第 頁　中華民國三十五年五月二日

中央信託局

逕復者：四月廿二日滬聯字第三五二號
大函，洽悉。關於四行兩局派員開會審查
貴所每月經費收支事宜，茲本局派會計處帳務
科主任李其昌為代表，在該主任未到滬前，暫派
專員吳志遠代理出席，相應函復，即希
查照為荷。此致
聯合徵信所
中央信託局 局長 [illegible]

電話總號一一三九〇　無線電報掛號五六六五　"Chinatrust" Shanghai

地址 圓明園路八號

联合征信所与上海钱业公会关于会员钱庄加入为所员事来往函(1947 年 2～6 月)

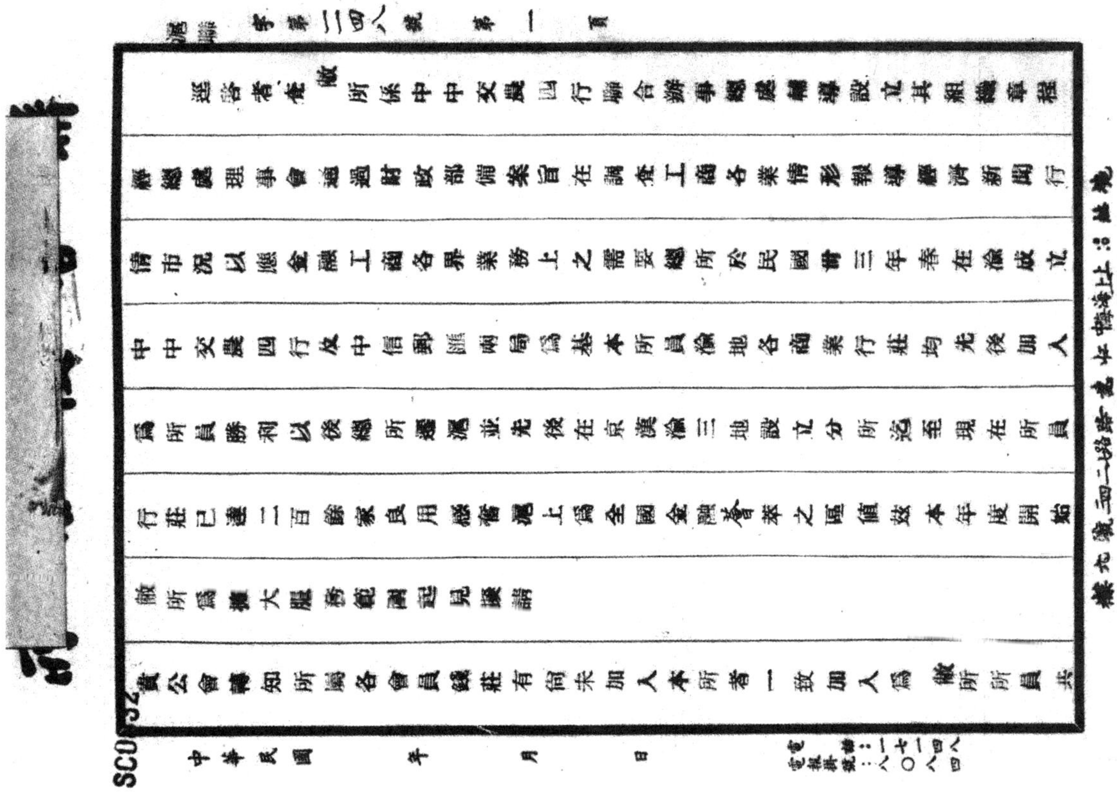

滬聯 字第二四八號 第一頁

逕啟者：查敝所係中中交農四行聯合辦事總處轄屬設立，其組織章程
經總處理事會通過財政部備案，旨在調查工商各業情形，報導滬灣新聞行
情市況，以應金融工商各界業務上之需要。總所於民國卅三年春在渝成立，
中中交農四行及中信郵匯兩局為基本所員，渝地各商業行莊均先後加入
為所員。勝利以後，總所遷滬，並先後在京、漢、渝三地設立分所，迄至現在所員
行莊已達二百餘家，良用總蓄滬上為全國金融薈萃之區，值茲本年度開始，
敝所為擴大服務範圍起見，擬請
貴公會轉知所屬各會員錢莊有尚未加入本所者一致加入為敝所所員，共

中華民國　年　月　日

聯合徵信所

字第　　號　第二頁

策進行而增聯繫相應函達至希
查照惠予辦理并見覆為荷
此致
上海錢業同業公會

聯合徵信所

附未加入所錢莊名單

中華民國卅六年二月六日

電話：一七一四八
電報掛號：八〇八四

地址：上海北京東路二四三號六樓

福源錢莊	福康錢莊	惠昌錢莊
順康錢莊	上海信裕錢莊	聚康錢莊
徵祥錢莊	滋康錢莊	敦裕錢莊
上海其昌錢莊	五豐錢莊	仁昶錢莊
存德錢莊	均昌錢莊	均泰錢莊
信孚錢莊	致祥錢莊	義昌錢莊
賡裕錢莊	滋豐錢莊	慶成錢莊
上海鼎康錢莊	建昌錢莊	福利錢莊
愼德錢莊	信中錢莊	信和錢莊
寶昌錢莊	匯大錢莊	元成錢莊

聯合徵信所

字第　　號第　　頁

日新吾兄大鑒敬啓者聯合徵信所辦理工商徵信業務以服務金融及工商
各業爲主旨前年冬季承
貴會通函各會員錢莊加入爲該所所員當有商業行莊五十餘家先後參加
上年間後方行莊遷滬及在滬設立分莊者頗多尚未加入爲所員除已函請
貴錢業公會惠予轉知一致加入共策進行而增聯繫外特函奉達至希
鼎力贊助公私感禱專此敬頌
籌綏

中華民國卅六年二月六日

電話：一九一[illegible]七七
電報掛號：八〇八四

地址：上海仁記路[illegible]號九樓

裕康錢莊　永慶錢莊　義豐錢莊
春茂錢莊　大生錢莊　大賚錢莊
生大和記錢莊　春元錢莊　晉成錢莊
立昶錢莊　恆豐錢莊　同德錢莊
惠豐錢莊　人豐錢莊　鑫大錢莊
同慶錢莊　慶和錢莊　志裕錢莊

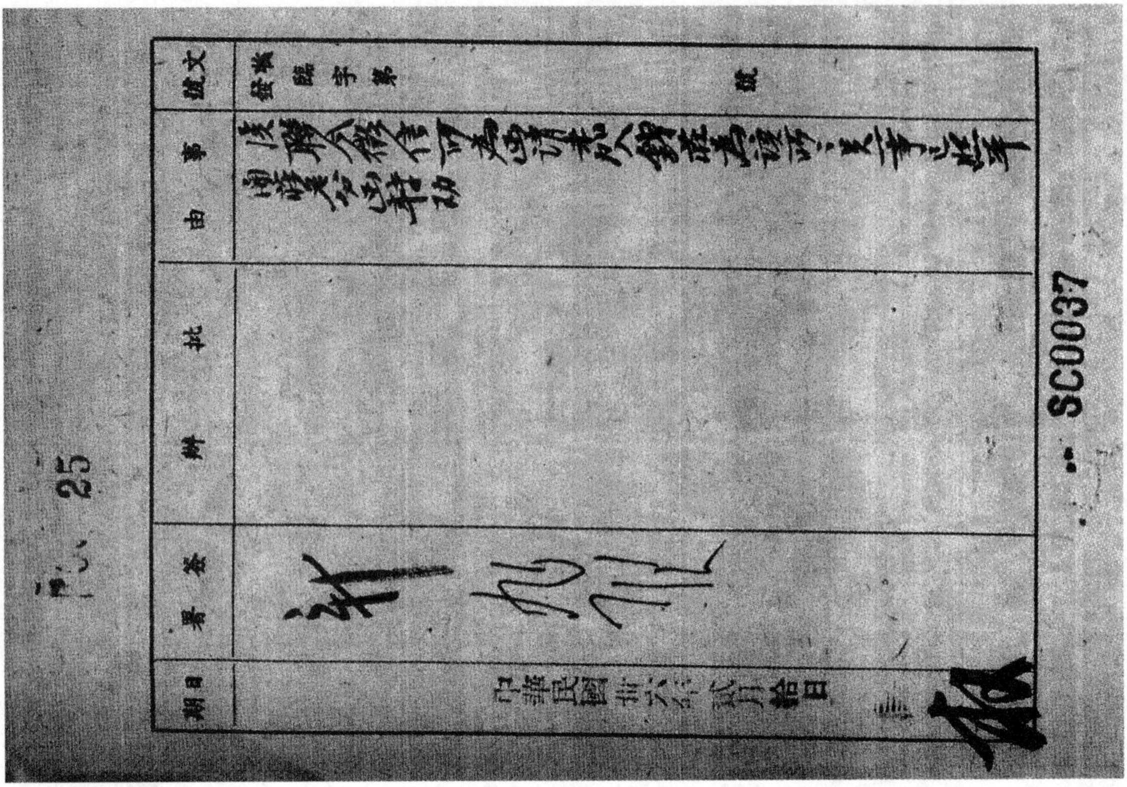
25
日期
署名
附件
批
事由
文號
發 字第 號
中華民國卅六年貳月拾日
SC0037

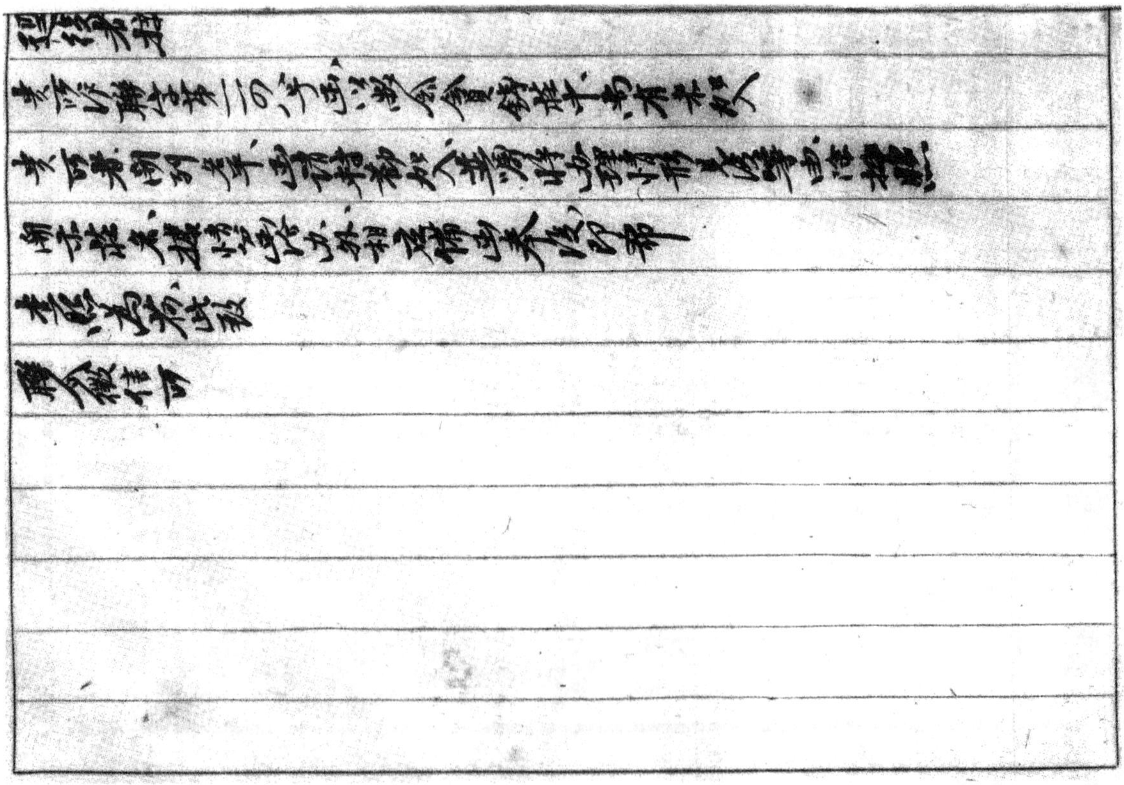

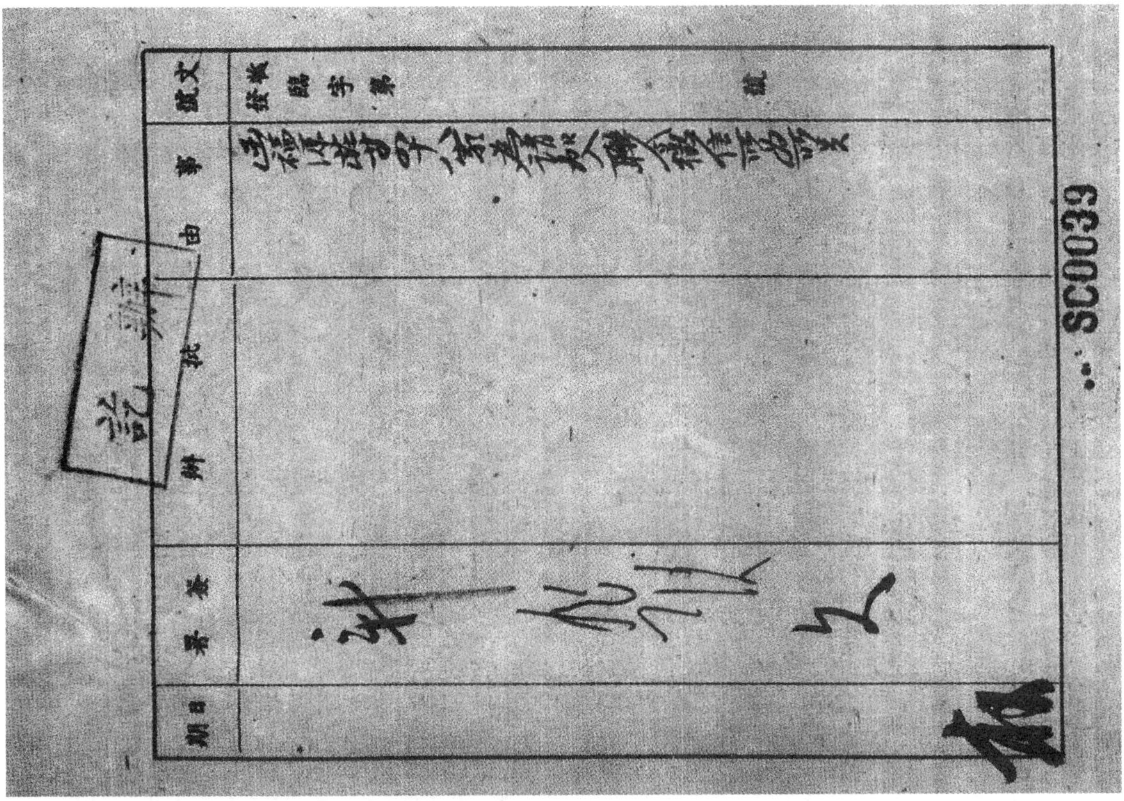
文號
事由
批示
附
簽
日期
SC0039

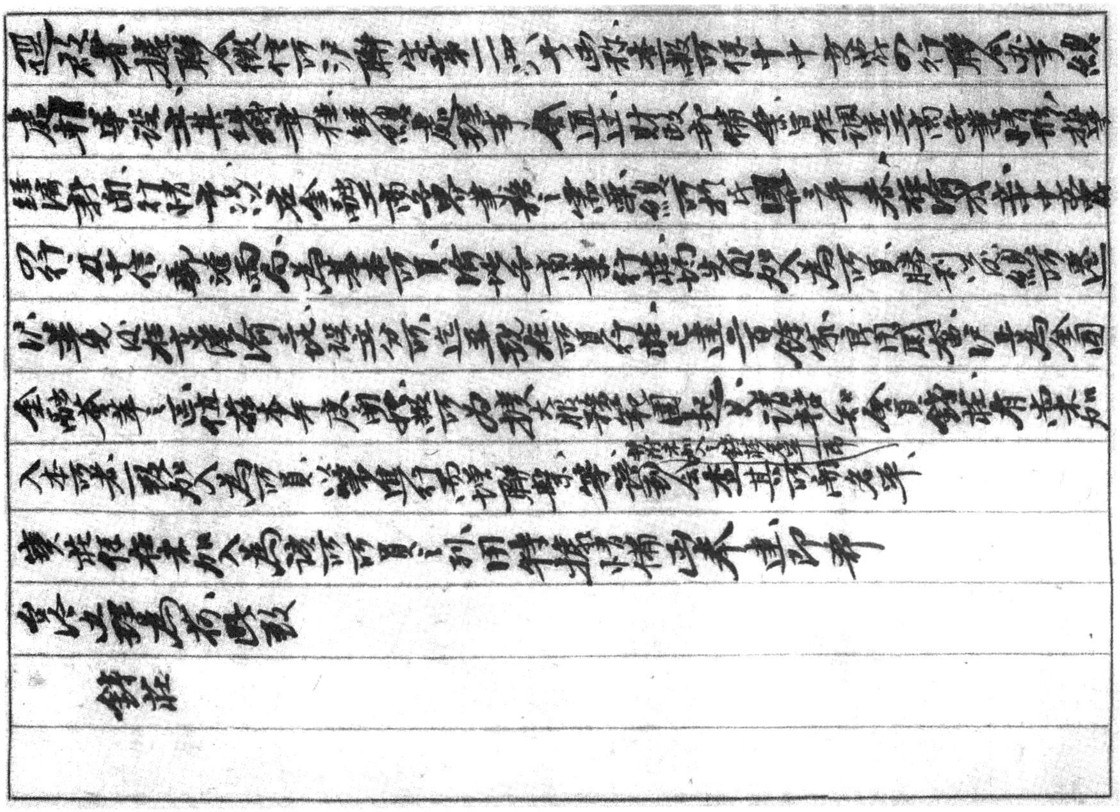

聯合徵信所

滬聯字第一七八四號　第一頁

逕啓者查　敝所係中中交農四行聯合辦事總處輔導設立其組織章程經總處理事會通過財政部備案中宣部特許設立宗旨在調查工商各業情形報導經濟動向行情市況並每日發行「徵信新聞」中英文版各一種以供金融工商各界業務上之需要總所於民國廿三年春在滬成立中中交農四行及中信郵匯兩局爲基本所員滬地各商號行莊均先後加入爲普通所員勝利後總所遷滬並先後在京漢渝平津南昌六地設立分所迄至現在各地所員行莊已達二百餘家良用總　貴會本年四月全國銀行聯合會在京開成立會經議決通過全體會員銀行加入　敝所爲普通所員並決定三項辦法：

中華民國　年　月　日

中山東一路電話：一九八七七　電報掛號：八〇八四
河南路電話：九八五六〇、九六〇七七、九五一〇七

地址：上海中山東一路廿三號九樓　河南路三〇三號

聯合徵信所

字第　號　第二頁

一　以大會名義函聯合徵信所辦理全體會員所屬各銀行加入該所爲所員手續

二　各會員銀行關於調查事項儘量委託該所辦理

三　所有會員銀行之公告及有關業務之廣告除當地報紙外同時交由當地徵信新聞刊登

茲爲擴大業務範圍起見爲特函請

貴公會轉知所屬未加入本所之會員錢莊加入　敝所爲所員並委託調查事項及刊登業務廣告以資進行而增聯繫相應檢附所員費用及優惠辦法暨

中華民國　年　月　日

中山東一路電話：一九八七七　電報掛號：八〇八四
河南路電話：九八五六〇、九六〇七七、九五一〇七

地址：上海中山東一路廿三號九樓　河南路三〇三號

聯合徵信所

字第　　號　第三頁

未加入所員各行址詳表乙份

奮請惠予辦理并見復爲荷此致

上海鐵商業同業公會

附件

聯合徵信所 啓

中華民國卅六年六月廿六日

中山東一路電話：一九八七七　電報掛號：八〇八四
河南路電話：九八五六〇、九六〇七七、九五一〇七

地址：上海中山東一路廿三號九樓　河南路三〇三號

聯合徵信所

字第　　號　第一頁

聯合徵信所所員優惠辦法表　卅六年六月廿七日

甲 所員費用

一 入所費國幣十萬元

二 年費　卅六年下半年度國幣四十萬元

乙 優惠辦法

一 在本年下半年度內得免費委託辦理調查工商徵信案五件（超過此數照成本收費）

二 贈閱「徵信新聞」中文版一份半年（新加入所員贈閱期限自入所

中華民國　年　月　日

中山東一路電話：一九八七七　電報掛號：八〇八四
河南路電話：九八五六〇、九六〇七七、九五一〇七

地址：上海中山東一路廿三號九樓　河南路三〇三號

聯合徵信所

字第　　　號　第一頁

未加入所與各錢莊詳表

福源錢莊	惠昌錢莊	榮康錢莊	五豐錢莊
仁潤錢莊	存德錢莊	均昌錢莊	均泰錢莊
恒孚錢莊	鴻昌錢莊	慶成錢莊	維昌錢莊
福利錢莊	慎德錢莊	信中錢莊	信和錢莊
寅昌錢莊	匯大錢莊	永慶錢莊	大生錢莊
生大和記錢莊	泰元錢莊	立潤錢莊	惠豐錢莊
人豐錢莊	慶和錢莊	志裕錢莊	大德裕記錢莊

中華民國　　年　　月　　日

中山東一路電話：一九八七七　電報掛號：八〇八四
河南路電話：九八五六〇、九六〇七七、九五一〇七
地址：上海中山東一路廿三號九樓　河南路三〇三號

聯合徵信所

字第　　　號　第二頁

日西至本年十二月底止）

中華民國　　年　　月　　日

中山東一路電話：一九八七七　電報掛號：八〇八四
河南路電話：九八五六〇、九六〇七七、九五一〇七
地址：上海中山東一路廿三號九樓　河南路三〇三號

聯合徵信所

中華民國　年　月　日

字第　號　第　頁

中山東一路電話：一九八七七　電報掛號：八〇八四

河南路電話：九八五六〇、九六〇七七、九五一〇七

地址：上海中山東一路廿三號九樓　河南路三〇三號

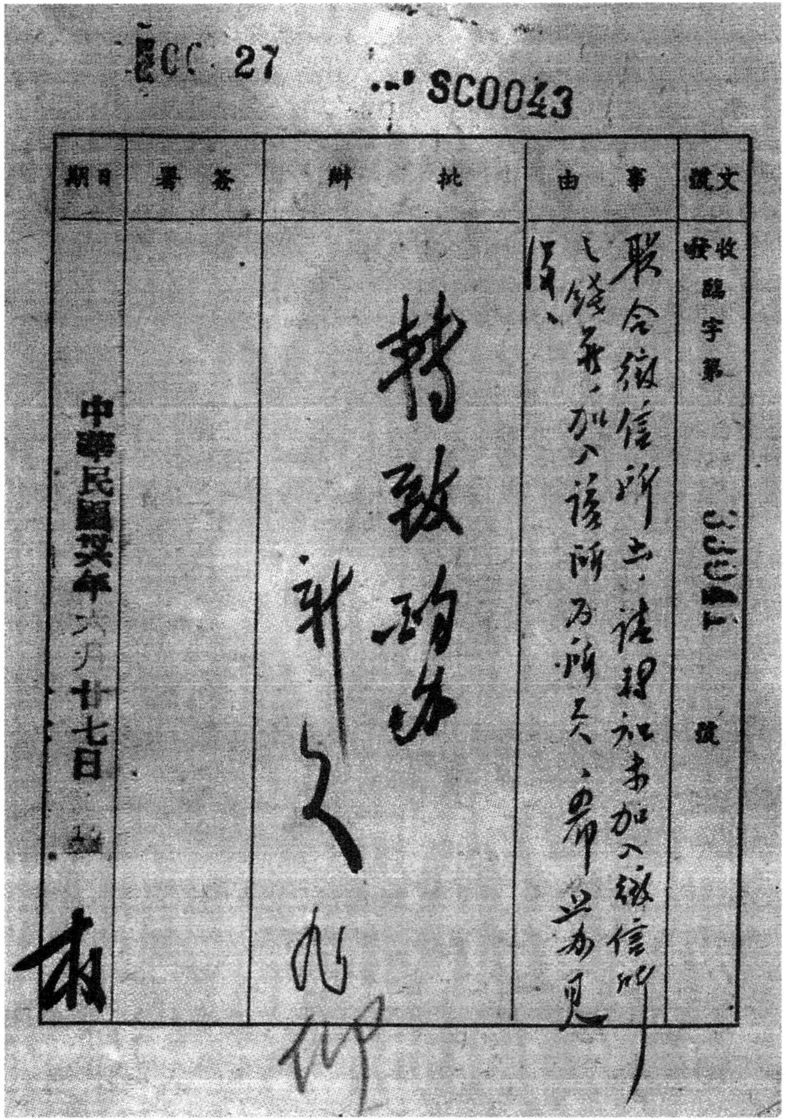

CC 27　SC0043

文號	事由	批辦	簽署	日期
收發 臨字第　號	聯合徵信所函：請轉知本部加入徵信所之錢莊、加入該所為所員，希照辦見復	轉致錢業公會		中華民國卅六年六月廿七日

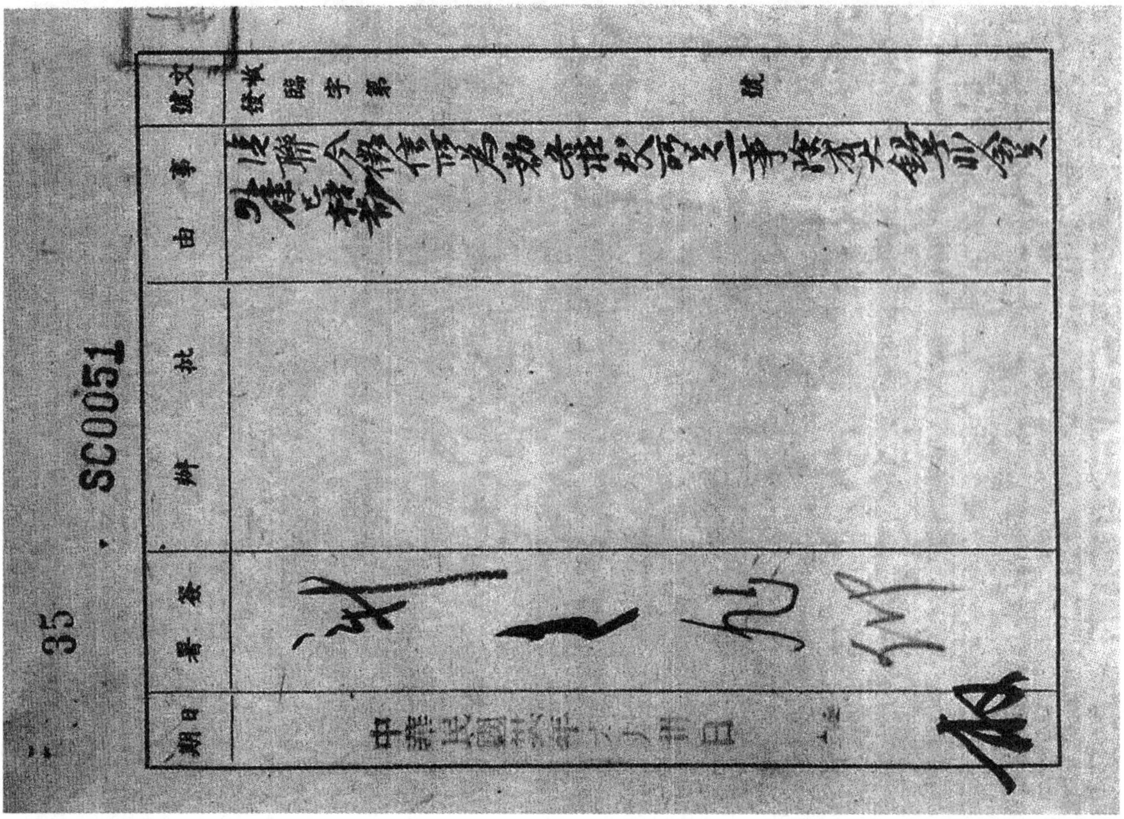
35
SC0051

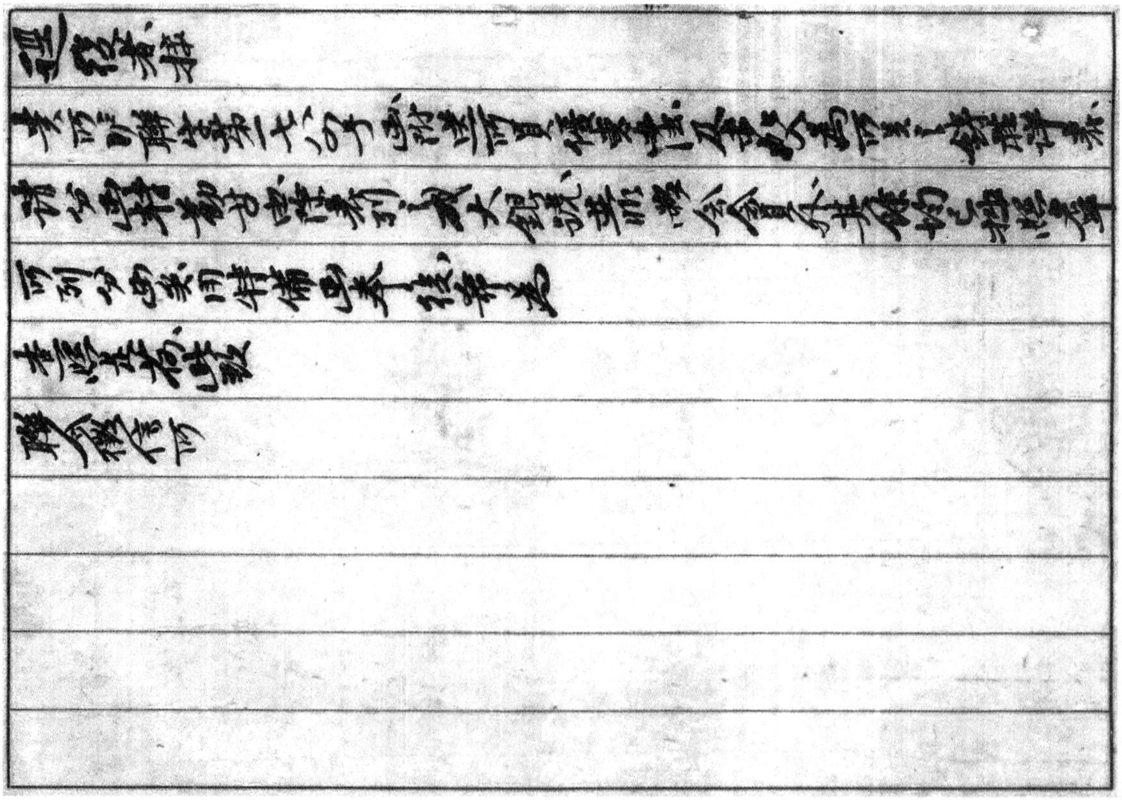

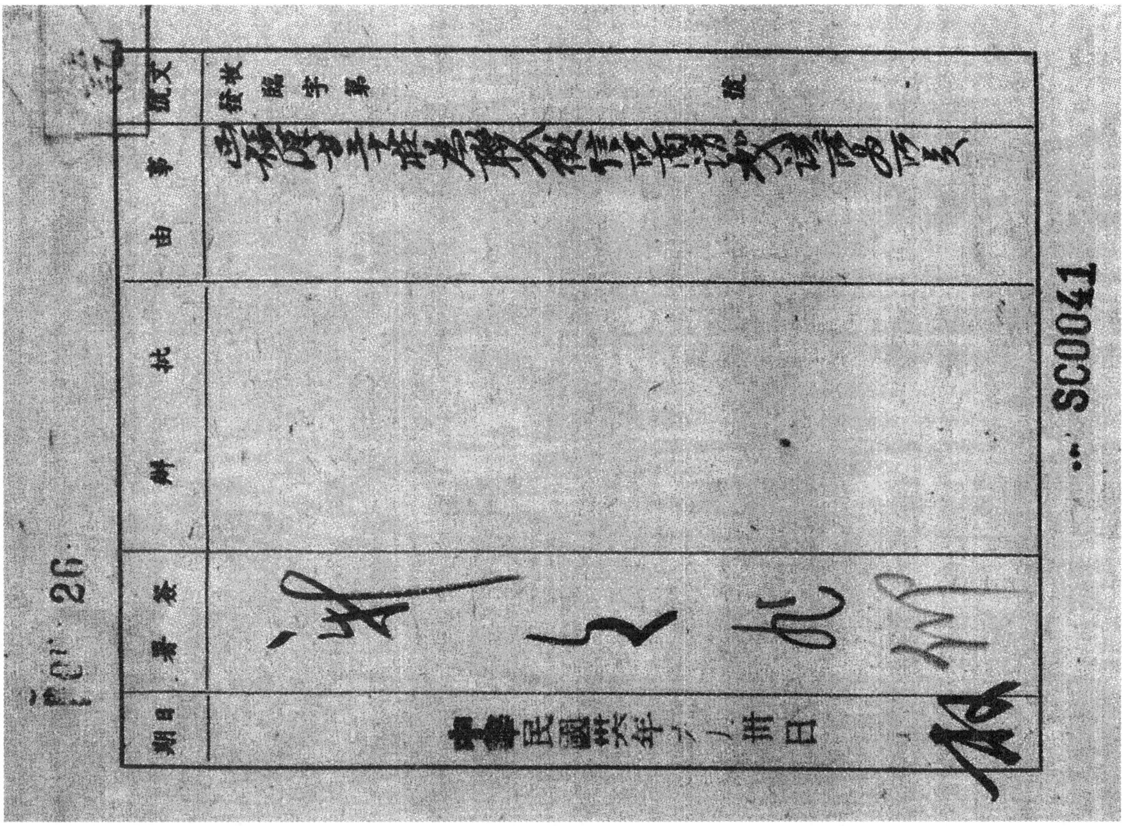

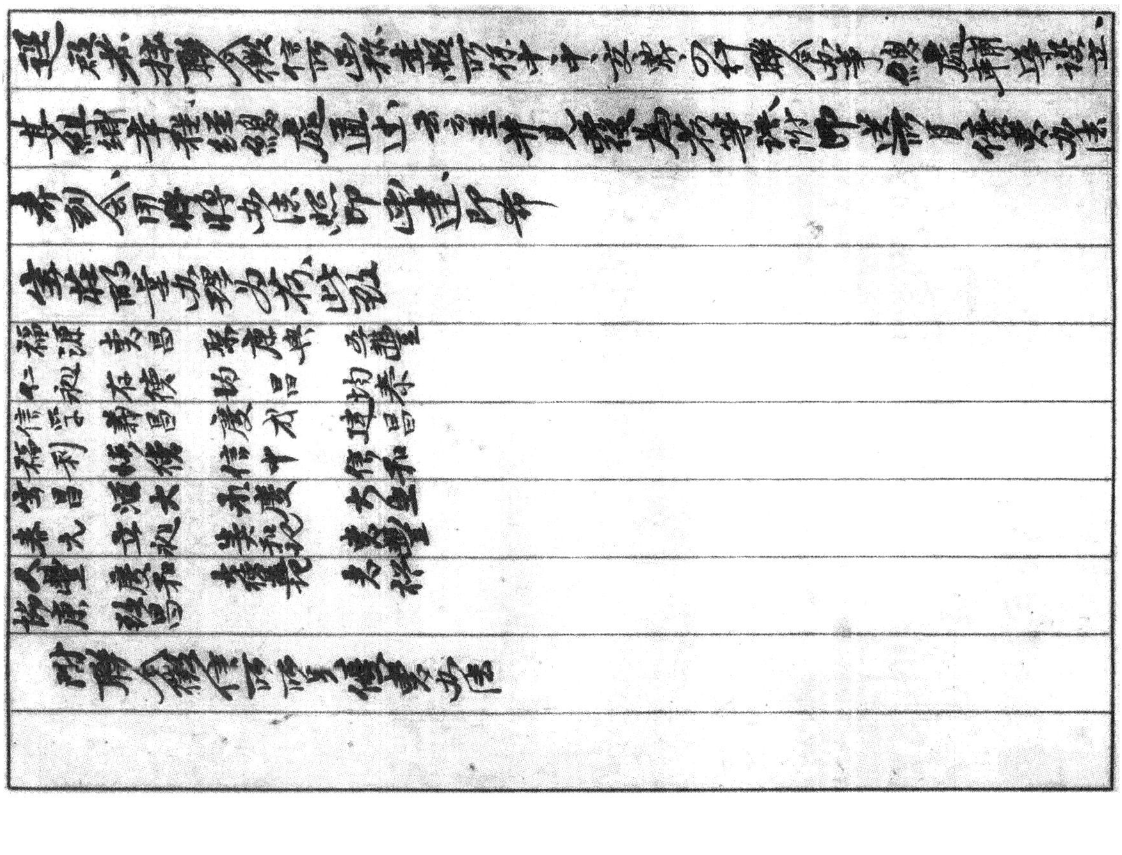

联合征信所调查组第一次组务会议记录（1947 年 3 月 25 日）

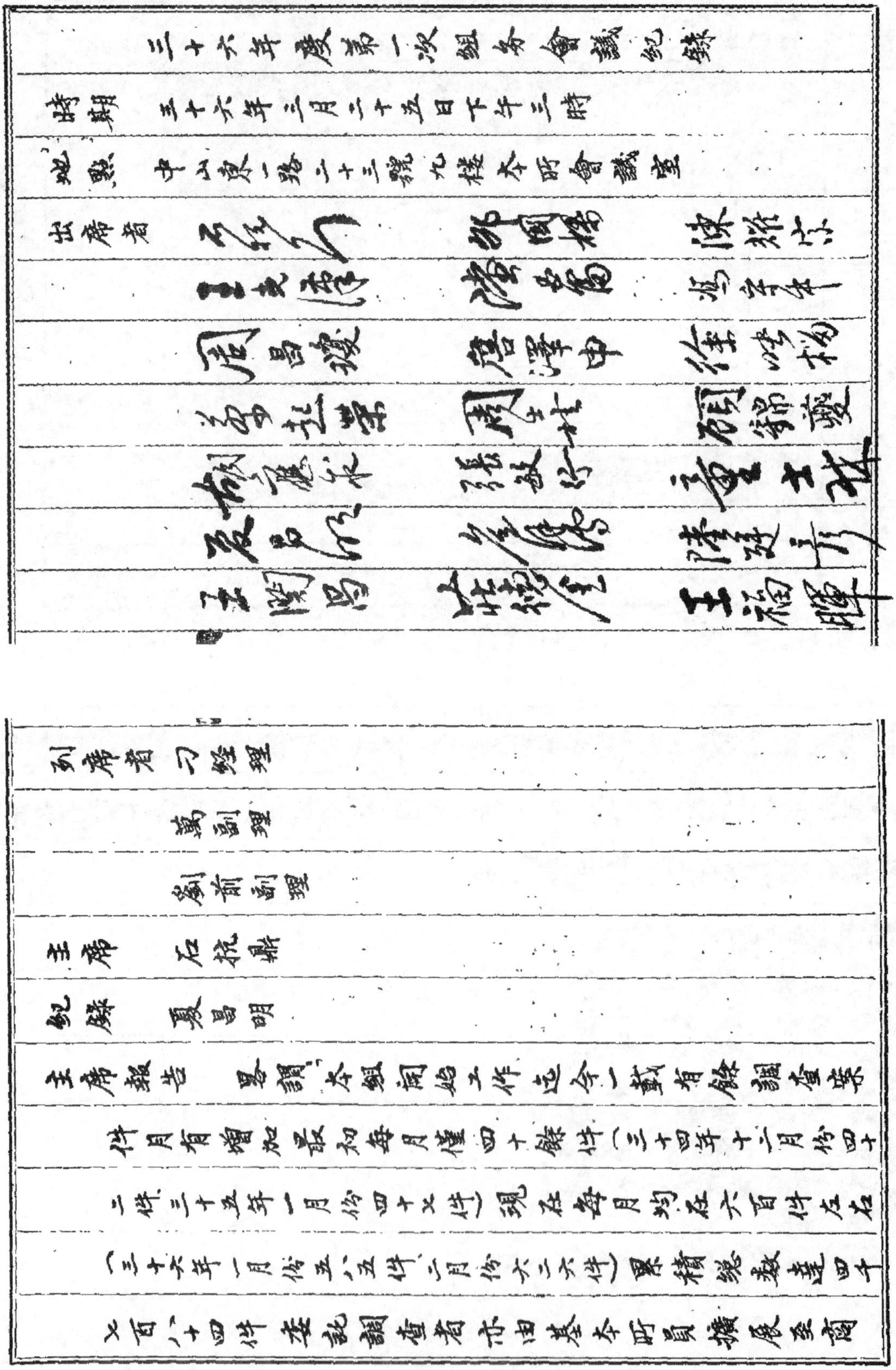

三十六年度第一次組务會議紀錄

時期　三十六年三月二十五日下午三時

地點　中山東一路二十三號九樓本所會議室

出席者　[illegible]

列席者　刁經理

萬副理

劉前副理

主席　石抗鼎

紀錄　夏昌明

主席報告　略謂：本組開始工作迄今一載有餘，調查案件月有增加，最初每月僅四十餘件（三十四年十二月份四十二件，三十五年一月份四十七件），現在每月均在六百件左右（三十六年一月份五六五件，二月份六三六件），累積總數達四千七百八十四件，查記調查者亦由基本所員擴展至商業於此去年曾編印「上海金融業概覽」，今年已出版「上市股票公司概覽」，現擬着手刊印「上海紡織業概覽」，如能儘量利用現有資料及廣為收集補充，不難于短期內彙刊徵信叢書之一、餘略。」

刁經理指示：

略謂：「一年來徵信所在上海已樹立相當基礎，今後仍希各位繼續努力，為徵信所開闢更大前途。凡事必須從頭做起，基礎方能鞏固，同時徵信所之工作必須爭取主動，除由委託人指定調查外，平時亦須注意收集有關資料，以備隨時供給所員參考，徵信所業務方可蓬勃發展。」

劉前副理指示：

「自離所至服務迄今五月，今日因公重返滬地，能到本所與會殊為欣慰。在刁經理萬副理主持領導下，調查組業務之發展，自在意料之中。凡事之成果與所用精神成正比例，尚希諸位能依刁經理之指示去實主意爭取主動，儘力前進，則前程未可限量。甚願將來能多為所方幫助，共同促進徵信事業之發展。」

萬副理指示：

「欲求徵信事業之發展，必須以誠懇之態度共同研究合作前進。

討論事項：

一、擬將本所組有絲織業廠商資料刊印上海絲織業概況，應如何着手整理現有資料（關于刊列廠商之標準、內容及編排次序）、討劃收支（接洽廣告、印刷費）及決定編校負責人等。

決議：

關於整理現有資料

(一)十台以下之一五三家將廠名、負責人、織機台數、地址等列表附錄，不予詳查。

(二)十台以上之二一〇家中，本所已有資料者一二三家，複查後列入；未有資料者八七家，詳查後列入。

(三)廠商內容照普通調查報告，刪除購銷客戶及財務。

(四)編排次序以該業公會會員名錄為標準。

關於討劃收支：

(一)廣告費以實收為原則，如在洽客戶需要回扣時，給予九折優待，經手人佣金為廣告實收入之百分之十。

(二)印刷估價事項由夏昌明、王光漢二君負責接洽。

關於編校負責人

(一)編輯夏昌明、周士桂。

(二)核對共同分配。

(三)會計收支憑證單同另據。

二、郵政局滬三六字第一四二五號函說查本市工礦業及各大商店營業概況計：一、棉毛紡織、繅絲、絲織、麵粉、捲烟、火柴等業，二、油漆、橡膠、肥皂、製鹼、製藥、酸類、酒精等化學工業，三、水電、煤氣等特種工業及煤礦等業，四、較大之商店，五、合作組織（生產、消費、信用等）應如何擬定調查大綱、制定調查範圍、擬定調查方法以便進行案。

決議：抄錄有關各業公會之負責人名單先行函復郵局，至各業概況容後再行調查。

联合征信所调查组第二次组务会议记录(1947年5月17日)

三十六年度第二次组务會議紀錄

時期 三十六年五月十七日下午三時

地點 中山東一路二十三號九樓本所會議室

出席者

[illegible]

列席者

[illegible]

主席 石抗鼎

紀錄 夏昌明

主席報告 畧謂：「上海縲織業概况校樣已全部完畢，可於本月廿五日出書，此次精刊亦能與預定計劃相符，全為刁經理、萬副理督導之功及諸位同人協力

所致蘇為推廣本組工作起見将續編上海製造廠
商名錄預定八月份出書尚希諸位本過去之勤奮
精神共同檢討編纂方法及進行計劃藉求早日完
成。

(一)經理指示

畧謂："徵信業务範圍甚為廣泛尚希諸位在調查
時隨時充實工商各業之内容平時着重調查成績
之表現以引起各界之注意与信任使本所成為上海
徵信事業之權威此外尚須注意平日報章什誌資
料之收集分類与保管将重要经濟資料按題歸檔

一、編纂步驟十四条通過

1. 所列廠商以加入上海市商會各工業同業公會々
員為限

2. 備函（另錄）派員向各該業公會索取詳細會員
名冊（本所已有各公會々員名冊共三十又業尚缺
三十一業詳註目）

3. 本書内容包括各廠商中英文名称成立日期事务
所及製造廠地址電話董事長董監事総经副理
廠長工程师姓名以及資本出品名称商標等項

4. 根据各業公會々員名冊備函及調查表分寄各

廠商請于一星期內填送

5. 如填來表格不多或內容不詳再派員直接訪問廠商或公會

6. 填來表格交由蔡、崔、李、顧、解、樊、胡、應、求等整理抄錄付印編一式二份

7. 預定五月廿一日前發出第一批廠商調查表並集齊各公會會員名冊

8. 于六月十日前收回第一批調查表及發出第二批調查表

9. 六月廿日前整理第一批廠商材料及收回第二批調查表

10. 六月廿日前繕寫第一批廠商材料準備付印及整理第二批廠商材料

11. 七月一日第一批資料付印並即開始預約接洽廣告

12. 七月十五日以前繕寫第二批廠商材料準備付印

13. 七月廿一日前發齊稿件

14. 預定八月十五日出書

註）已經訪問未有會員名冊者 六家

化粧品 營造 攤販 碾米

冰蛋	罐頭		
未經訪問者 廿五家			
人力車	手工棉織	冰鮮蛋糕	地毯織造
汽燈	挂絨	油墨	軍裝
修造民船	紗管	紙盒	陽傘
照相製版	腸衣	製釘	製針
製鏡	調味粉	錫箔	賽璐珞
織帶	醫療器械	機器工程	襯衫
金屬品冶製			
有會員之加入者 十九家			

內衣織造	手帕織造	牙刷	針織製襪
汽水果汁	草呢帽	彩印	鉛印
電工器材	電鍍	絹絲印花	熱水瓶
機器	機器染織	機製煤球	罐頭
橡膠	植物油	棉紡	
有最近會員之加入者 十八家			
五金	化學原料	毛巾被毯	毛絨紡織
火柴	玻璃	造紙	油漆
雪茄煙	捲煙	搪瓷	製革
駱駝絨	製藥	肥皂	針織

紡織、麵粉

二、四聯總處京統字第一二九八五號代電，文查本市有關金融經濟財政工商及農村問題等之雜誌社之人事、業務、財務等情形，應如何決定調查對象，制定調查方式以便進行案。

決議：

關于調查方式者：自社會局登記付該中選定纖維工業、生產管理、立信月報、紡織、經濟周報、紡織染工程、羊毛工業、經濟資料、商學研究、建設、公信會計月刊、銀行通訊、經濟新聞、工程導報、經濟文摘、工程界、金融周報、東方經濟、工業常識、財政評論、中央銀行月報、紡織周刊、國際貿易、上海工商月刊、社會建設、證券市場、化學工業、現代會計、經濟評論、工礦建設、現代經濟文摘、工商天地等三十二種先行分別訪問，如有疑問或無法進行調查等情形時，再度報向社會局諮詢。

關于調查對象者以

一、創立日期

二、社址

三、負責人（董事長、社長、發行人、主編）

四、资本

五、营业数量

六、承印厂商

七、宗旨

八、往来行庄

九、最近情形

第九项为原则在可缺情形下照一般调查

三、经理建议

为发展本所业务协助调查进行推动同业征信起见似须对各行庄调查人员取得密切联络并协助日制定具体联络办法以便推动案

决议　拟组织上海市调查研究会由本所召集各所员行庄商讨组织事宜组织条例草案推由夏昌明、周士桂、王闻邑、蔡毓若、居君超、章大信等发起人会议日期另行决定。

[illegible]

三十六年度第三次組務會議紀錄

時期　三十六年七月廿八日下午三時

地點　中山東一路三十三號九樓本所會議室

出席者

[illegible]

列席者

[illegible]

主席　石抗鼎

紀錄　夏吕明

主席報告：略謂："今天是本組本年度第三次組務會議，主要的意義有二：第一個是本組工作檢討，過去一年半中本組除經常實施調查工商信用金融經濟動態以外，曾先後刊印「上海金融業概覽」「上市股票、股商概覽」及「上海錢業概覽」等徵信書籍三種，各界對徵信所之調查工作乃有深切之認識而感覺其重要性。這當然是司經理與葛副理指導之功，但亦是諸位同仁努力與自動求進步之結果。這次編印「上海製造廠商概覽」，能從千頭萬緒中整理得達伍參仟九十餘家廠商即可付印了。這是諸位同仁協力從事之成績，但我們不能自滿，仍須繼續自動地推進業務，深信諸位不會像普通公務員一樣地要逼著才做，如能將公事當作私事，本以愛家庭之心愛徵信所，則徵信所之前途定可發揚光大也。

第二、本組同仁王元漢君榮任某行新職，今天一方面表示歡送，一方面表示惜別。王君在本組服務一年以上，成績斐然，本組可說是王君娘家，現在王君找到了滿意的對象出嫁了，對於本組當然是一個很大的損失，幸而王君曉得不忘本，希望今後時常返家看看，與本組經常保持聯繫，共謀業務上之發展。

刁經理指示：

調查組過去工作均能爭取主動，成績卓然。上海金融業概覽能風行各地，使各界對徵信所有真切之認識。現各地分所均在計劃編製該地金融業概覽，曾有足明中國農民銀行致函本所合作編印，足明金融業概覽影響甚巨。財部其後亦曾一度與本所洽商編印全國金融業概覽，可見各界對本所出版書籍重視之一斑。此次編印「上海製造廠商概覽」，尤為滬市今年度之一大巨著，其對各界之印象將更較過去為深切。至于出版上之各項困難，尤希各位能共力克服。王光漢君離所榮任新職，對本所是一種損失，但相反地表現本所在外信譽之崇高，亦可說是本所之榮譽。謹對本所發展計劃作詳盡指示。

萬副理指示

此次編印上海製造廠商概覽工程浩大，憑調查組過去之成績，當能克服各種困難，順利完成此皇皇巨著。王光漢君赴農行榮任，希望與本所保持聯繫，在資料上互通有無。

讨论事项：

一、上海制造厂商概览，各项资料业经整理一部份，厂商资料全部齐备者即日可以付印，尚有少数厂商资料不全者是否需要个别调查或函迳催索以求详尽精确，或径列现有资料不再补充以便迅速付印案。

决议：凡厂商资料不全者分别用下列方法搜得之。

(一) 重要之著名规模较大之厂商个别直接调查务求详尽正确。

(二) 次要之著名规模不大之厂商务照本会所资料及各种书籍所载，或用电话直接或间接发信重要项目务使无遗漏。

(三) 小之著名规模较小设备简陋之厂商按现有资料列入不再详细调查

二、上海制造厂商概览，即将付印，预计为三十二开报纸精装以五千册计需用报纸二百五十令，排印工一亿一千五百万元，装订费每册二万元，约共需三亿五千万元，如开始排印约需先缴一亿元，应如何筹付案

決議，裝訂分平裝及精裝兩种以減輕成本而求普
遍。
即日起推動廣告及預約以廣告費及預約
書款繳付印刷所定銀、
三、「上海製造廠商概覽」廣告及預約即需推動
目標廣告二億元預約三千冊應如何共同進
行以抵預期目標案。
決議：備印樣張即日開始發動、
(一)廣告：目標二億元每人至少負責五佰萬
元超過五佰萬元至八佰萬元者除應得佣金外
就超過額獎酬百分之五、超過八佰萬元至一千萬
元者除應得佣金外就超過額獎酬百分之七、超
過一千萬元至一千五百萬元者除應得佣金外就
超過額獎酬百分之十、一千五百萬元以上者除應
得佣金外就超過額獎酬百分之十五、
(二)預約：目標三千冊除請刁經理向四行二局
一庫洽商定購外每人至少負責十五冊超過廿
冊之第一二三四五名發給獎酬金一百萬元办法如
左：
第一名　得百分之三十

第二名	得百分之廿五
第三名	得百分之二十
第四名	得百分之十五
第五名	得百分之十

[illegible]

联合征信所调查组第四次组务会议记录(1947 年 12 月 20 日)

三十六年度第四次組務會議紀錄

時期	三十六年十二月二十日下午二時
地點	中正東路卅三號八樓本所會議室
出席者	[illegible]

[illegible]

劉序君

主　席：石抗鼎

紀　錄：夏思明

主席報告：本人自卅五年一月廿三日到所主持調查工作以來已近三年雖無特殊成績可言但在刁經理葛副理指導之下賴各同仁謹慎從事勤於工作除辦理經常調查工作外更出版各種徵信叢書使外界對調查工作均有相當認識至議書者感需要更擬將全國金融業概覽增訂再版本年經各同人仍本以往從事工作之精神繼續聯繫商概覽後再接再厲為所服務並請刁經理葛副理多多指示

刁經理指示：三年來因調查組之努力工作及徵信叢書之出版使各界對本所工作得有相當認識而尤以全國金融業概覽一書本年元旦出版以後暢銷全國風行一時現增訂再版定有良好成績希於出版及推廣方面如有困難所方當予

協助調查工作，以往成績尚為良好，此後各主
任須尊有方針，望今後精益求精，務對專題
研究資料搜集再加注意。

丁、經理交議：

（一）專題研究工作如何推進案

議決：候工作空暇時再行推動研究工作

（二）現有資料能否提供新聞組參考案

議決：本組所搜資料之內容及分類均以適合
調查需要為前提，對新聞組方面參考未必合
用，但如新聞組確有需要時再行隨時接洽

討論事項：

一、本組編印之上海製造廠商概覽，業于十一月十一
日出版，廣告費收入共計一七三，100，000元，售書收
入本月十九日止共計100，七三四，000元，總除各項成
本後淨餘一八六，九五二，三二七元，擬列決算報告，是否
請審核通過案

決議：通過

二、查本組于本年元旦出版之上海金融業概覽，其
資料以截至三十五年十二月廿日為止，其後增設之
金融機構均未列入，即列入之金融機構其人事

組織存款員住址慈等如聯有增減變動本組最
近曾將上海市各金融機構名稱通訊處查注已
將加入上海市保險商業同業公會之會員保
險公司大部調查完竣，惟如何進行編印三十
七年度上海金融業概覽案。
決議：三十七年度上海金融業概覽預訂于三
十七年二月中出版，全書分為上中下三編，上編
為銀行錢莊，分（一）國家銀行（二）省市及官商合
營銀行（三）商營銀行（四）外商銀行（五）錢莊（六）
信託公司之銀行及銀公司等六類，中編為保險

公司，分（一）產物保險公司（二）人壽保險公司（三）特
種保險公司等三類，下編為附錄，包括（一）不屬
于上中二編之金融機構（二）有關金融各業公
會負責人名錄（三）各種金融管理機構之組織章
程及業規（四）有關金融之各項法令（五）一年來
金融各業概況及（六）一年來金融大事記等六
類。
所有資料規定于三十七年一月十五日前截稿，一月
廿日發稿，二月底出書。
三、三十七年度上海金融業概覽編纂經費應如

何預算及籌劃案、

決議、該書預計七百頁以印二千冊計約需紙張五十令可在本組存紙項下撥用此外排印裝訂編輯等費用估計約需二億元擬本所印刷部於本月底前估定價格如適不估再擬别廠承印関於排印工費用請所方撥墊、

附錄、三十六年十二月十九日資產負債表及三十六年八月八日起至十二月十九日止上海製造廠商損益計算書

資產負債表

民國36年12月19日

資產		盈餘	
現金	888,142.00	金融盈餘	55,765,183.24
中國銀行存款	1,773,508.25	股票盈餘	6,702,200.01
四明銀行委息户	20,000,000.00	紡織盈餘	1,755,640.00
暫付款	145,483,900.00	廠商盈餘	186,952,227.00
存紙張	35,416,700.00		
存紡織叢	4,438,000.00		
存廠商概覽	143,175,000.00		
	$251,175,250.25		$251,175,250.25

註：暫付款：35年12月24日 $23,583,900（刁經理手）
　　〃　　36年1月25日 $21,900,000（刁經理手）
　　存紙張：白報紙 114.7令
　　存　書：金融概覽 8冊；
　　　　　　股票概覽 367冊
　　　　　　紡織業概覽 938冊
　　　　　　廠商概覽：精裝 1,311本
　　　　　　　　　　　平裝 161本

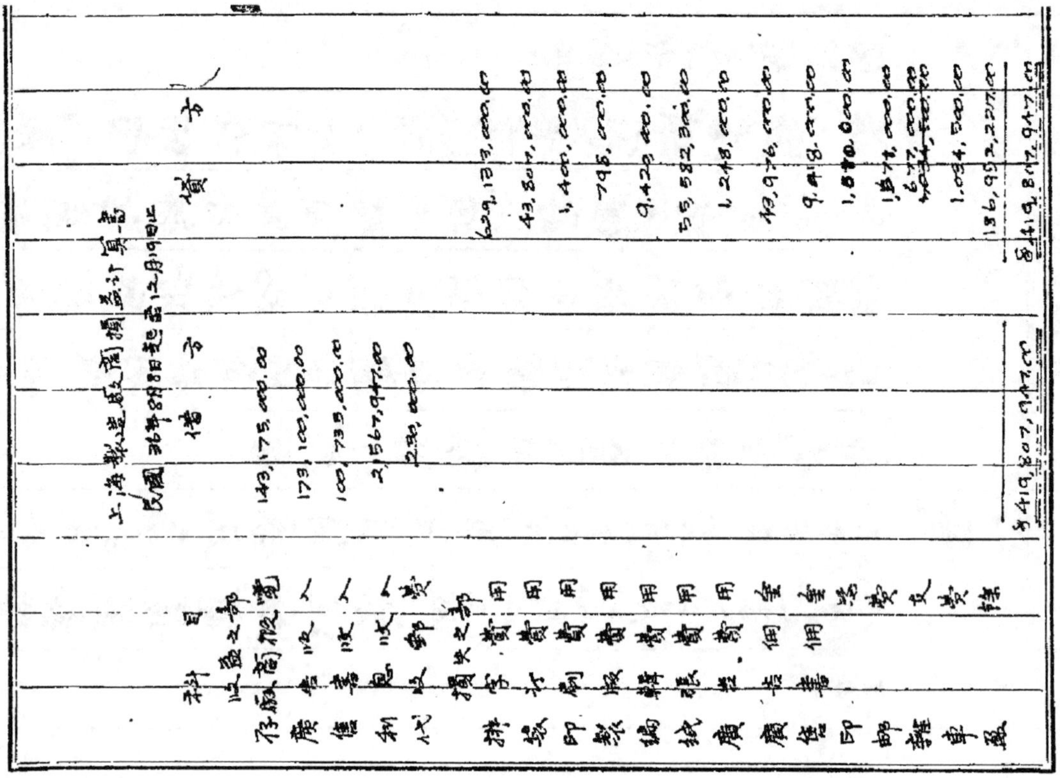

上海製造廠商損益計算書
民國36年8月8日起至12月19日止

科目	借方	貸方
收益之部		
存廠商報紙電	143,175,000.00	
廣告收入	173,100,000.00	
售書收入	100,733,000.00	
利息收入	2,567,947.00	
代收郵費	230,000.00	
損失之部		
排字費用		629,133,000.00
裝訂費用		43,807,000.00
印刷費用		1,400,000.00
製版費用		795,000.00
編輯費用		9,429,400.00
紙張費用		55,582,300.00
廣告費用		1,248,000.00
廣告佣金		43,976,000.00
售書佣金		9,418,000.00
印[illegible]金		1,840,000.00
郵[illegible]費		1,874,000.00 677,000.00 1,034,500.00
雜支		1,034,500.00
[illegible]		186,952,227.00
	$419,807,947.00	$419,807,947.00

四联总处关于各大都市经济动态查报办法快邮代电(1947 年 8 月 8 日)

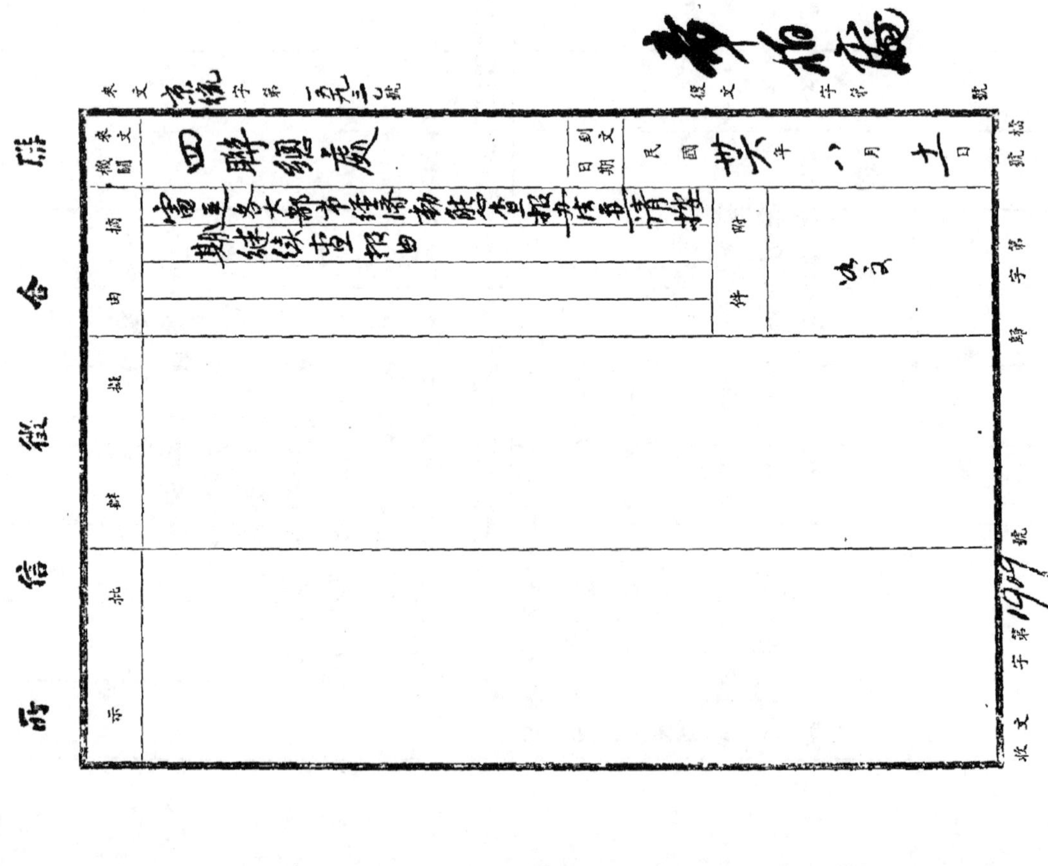

聯合徵信所

來文 京儀字第一五九三七號

來文機關	四聯總處	到文日期	民國卅六年八月十二日
摘由	電送各大都市經濟動態查報辦法并請按期繼續查報由	附件	次文
擬辦			
批示			

復文 字第 號 李柏嚴

收文 字第1909號 歸 字第 號 檔

中央 中國 交通 農民 四銀行聯合辦事總處快郵代電

上海聯合徵信所：查本處為明瞭各大都市經濟情形，曾於廿五年五月廿一日以京統字1397號函附「各大都市金融經濟情況調查報告辦法」並經按期調查在案。茲為求其切合目前需要起見，再將上項辦法予以修訂，改為「各大都市經濟動態查報辦法」，除分送所屬查照辦理外，特檢附改訂之辦法一份，即請繼續按期查報，逕寄本處統計科為荷。四聯總處秘書處。未齊廿八。京。附件

京統字第15930號　頁　三十　中華民國卅六年八月八日

各大都市經濟動態查報辦法

一、報告種類　分週報及半年報二種

二、調查時期　週報應逐日調查，每週報告一次，於下週星期二以前用航快逕寄總處統計科。半年報（上半年自一月至六月，下半年自七月至十二月）每半年報告一次，應於每年七月十五日及一月十五日以前編報總處。

三、調查要點　週報及半年報均以文字敘述為主，應以綜合敘述方式說明銀根頭寸利率匯市以及金融物價債市等變動之原因影響及其關係，週報並應將逐日行市列表（表式詳後）附後以資參照。茲將調查要點（如當地無是項行市

者可免報）列後

（一）銀根及頭寸

（1）鬆緊情形

（2）鬆緊之原因及影响

（3）國家行局及商業行商頭寸差進差出數額以及調撥情形

（4）市面現鈔流通及資金流動情形

（二）利率

（1）商業行莊存放款利率之變動情形及其原因

（2）黑市利率之變動情形及其原因

（3）拆息之變動情形及其原因

（三）內滙

（1）各行莊滙出入款項成交概數及其淡旺之原因

（2）滙出入滙款各以何地為最多何種性質之滙款為最多及其原因所在

（3）國家行局及商業行莊滙往各主要地點滙率變動情形及其原因

（四）黃金

（1）黃金官價及銀樓公會之買賣牌價

（2）黑市金價及其變動情形其原因

（3）黃金收兑情形

（五）外滙

（1）外滙官價

（2）美鈔美金儲券美金公債盧比港幣等之黑市價格及其變動情形其原因

（3）外幣收兑情形

（六）公債

各種公債之黑市價格及其變動情形其原因

(七)股票

各種重要股票（包括華股與外股）價格之漲落情形與原因

(八)銀錢業動態

(1)新增設之行莊及其負責人資本與營業概況等

(2)停業之行莊及其停業原因

(3)各行莊主要負責人員之變動情形

(九)物價

(1)重要日用必需品市價漲落之情形與原因

(2)當地特產市價漲落之情形與原因

(十)當地政府對金融經濟之重要措施

(1)當地政府對金融經濟之重要措施

(2)當地行莊及公會在金融經濟方面之活動

(土)其他金融經濟方面臨时發生以及有関金融經

四联总处电催查报各大都市经济动态(1947年11月6日)

中央 中國 交通 農民 四銀行聯合辦事總處快郵代電

上海聯合徵信所：本處為明瞭上海經濟變動情形，曾於三十五年五月廿一日京統字1397號及三十六年八月八日京統字15730號函請查報每週經濟動態，并經貴所按期具報在案。現該項動態已中斷甚久，可送經濟週訊以收到时间較遲，每失时效。即請自今週起參照今年八月八日京統15730號函所附「各大都市經濟動態查報辦法」規定各項繼續查報，務請於每週星期六下午用快信逕寄本處統計科，如調查不及，將查報起訖时间提前亦可（如改由上週星期六至本週星期五止）。即希查照辦。

京統字第20929號

中華民國卅六年十一月初六日發出

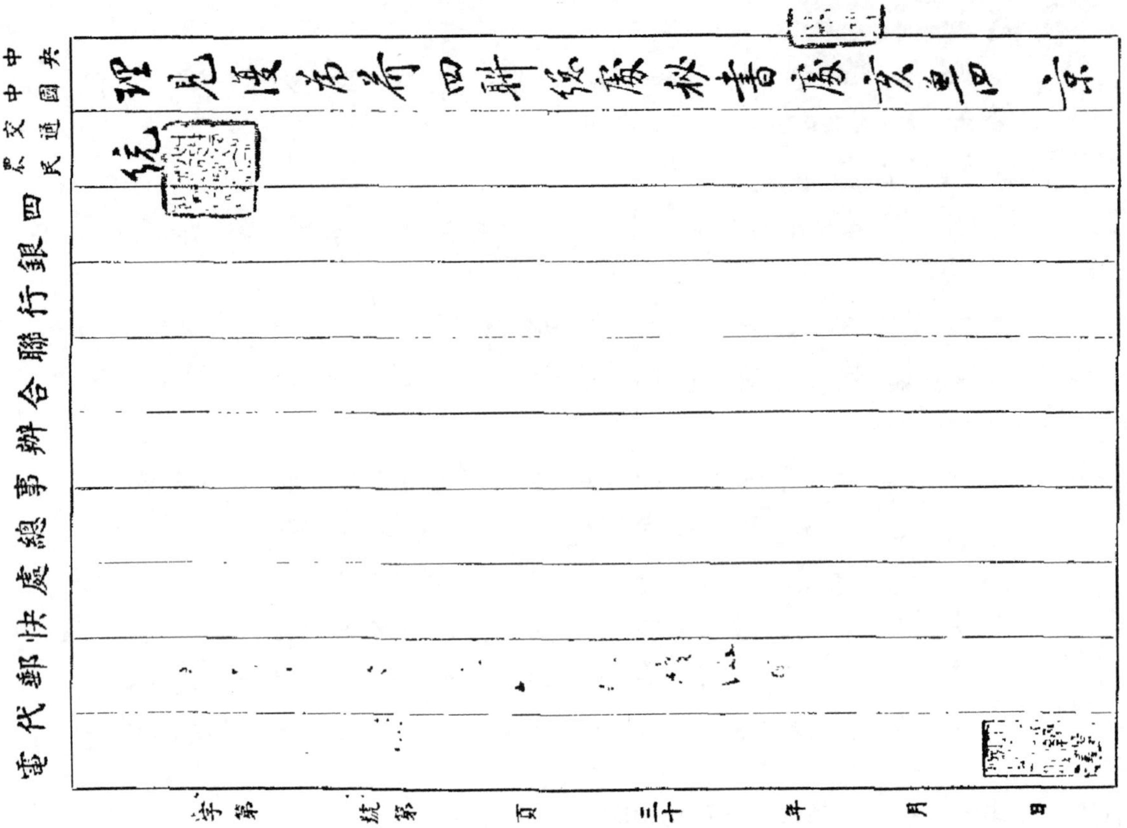

中央 中國 交通 農民 四銀行聯合辦事總處快郵代電

四联总处关于查报市场经济动态事致联合征信所函(1948 年 8 月 23 日)

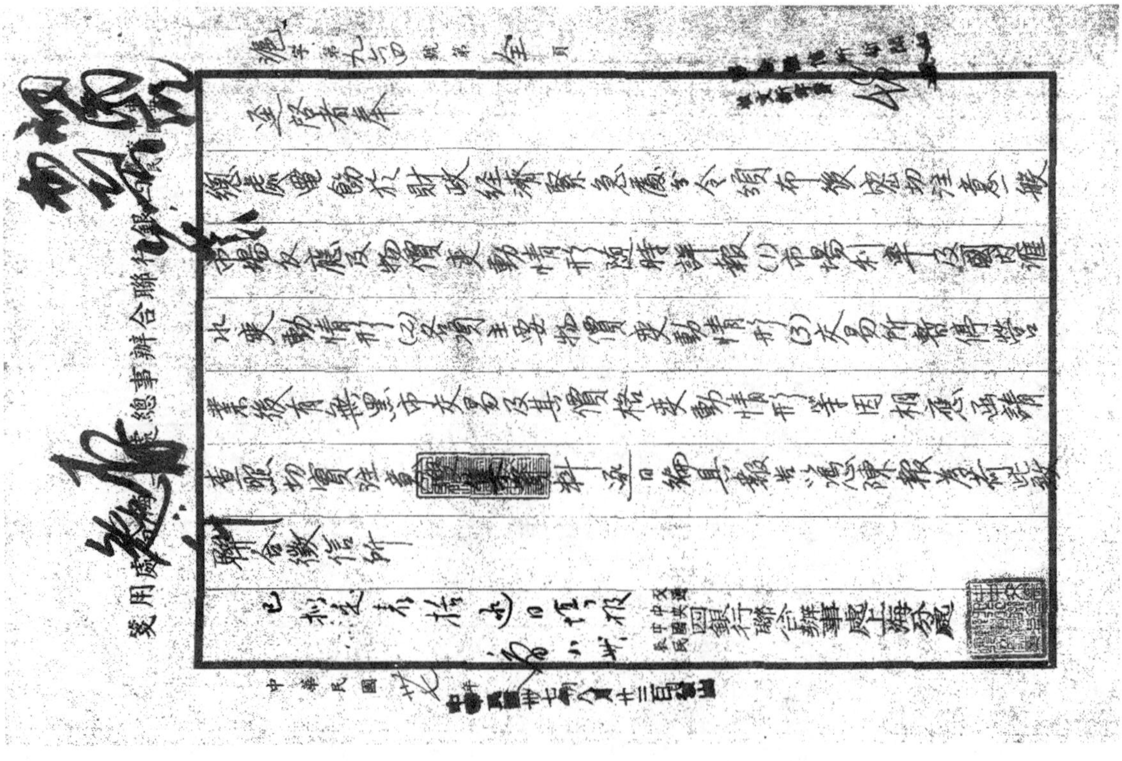

中中交農 央國通民 四銀行聯合辦事總處

第　頁　採訪人

金圆券发行第一日，银行停止贷放业务，市场中银根奇紧。人民对政府之金圆券观感甚佳，致今日市场中情形亟为良好，交易正常。食米、食油、面粉、杂粮等四主要之食市场，情况之安正，执交易以银根紧缩未能旺盛，而市价一致勒十九日转疲，计食米白粳北市场二〇〇圆，及南市场二〇，五圆成交，较其他籼米均跌入二〇圆限内，较十九日下跌一圆之谱。面粉亦船牌以南北两帮不动，本街各化又稀，市价亦疲，袋开六六五圆，开市六六圆收市，较十九日

新聞來源　(10×15=150)

第 2 頁　採訪人

下泻六角，其他杂粮亦多下降一成。食油亦告疲态，青岛以此二地之桶生油跌入八园关口，下挂五圆余，本厂之油亦疲四三圆，其他芝麻油等油亦泻三四圆不等，杂粮微挫，黄豆下降五角至一圆不等，玉麻之跌五角，生仁跌落二圆，其他杂豆跌一致平平。

新聞來源　(10×18=180)

四联总处与邮政储金汇业局为联合征信所周转金事往来函(1947 年 10～11 月)

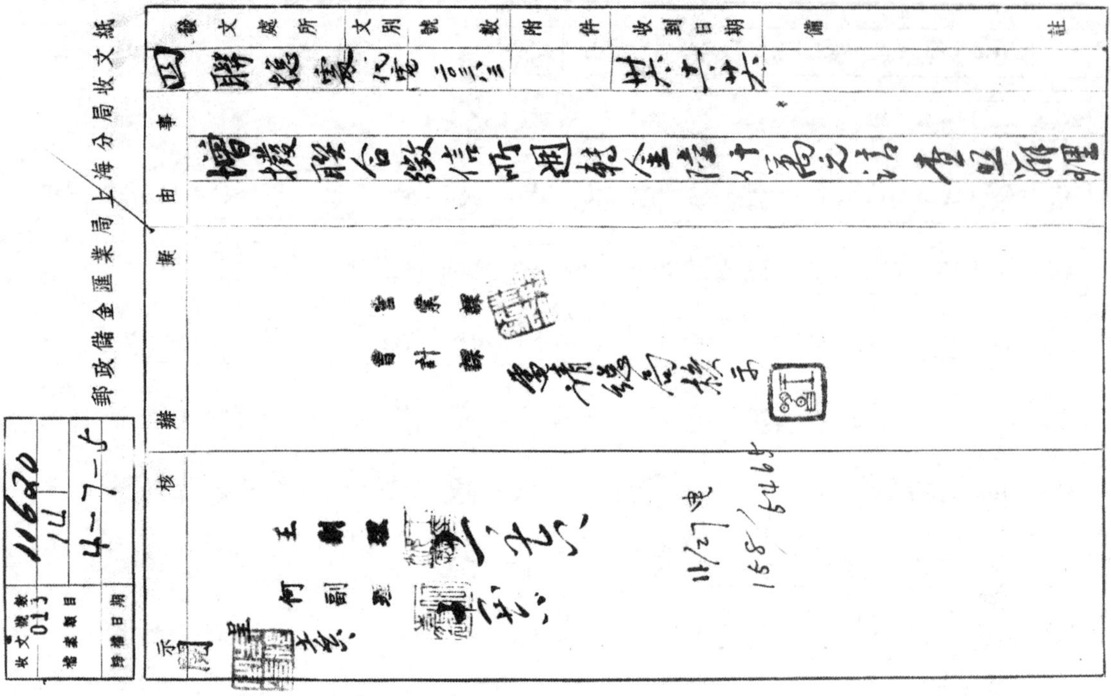

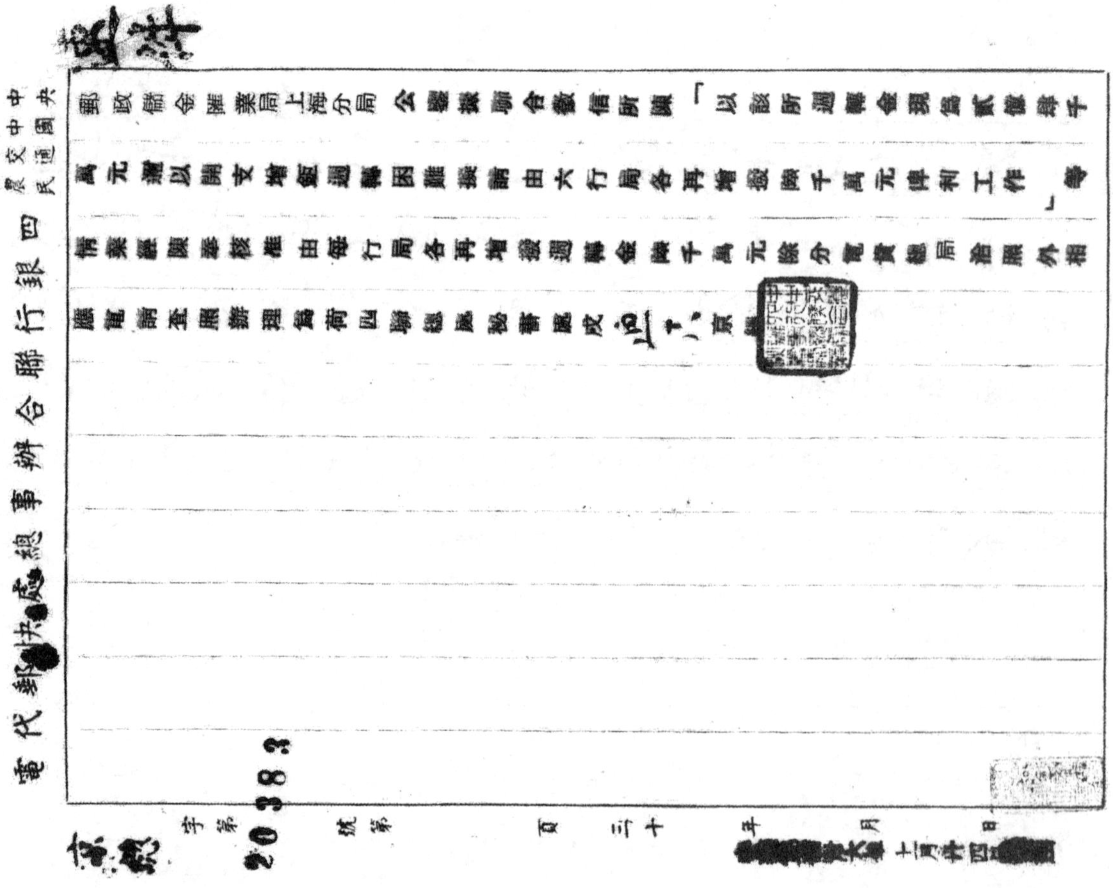

14 11/27 4·7·5 012 何 王 稍復

郵政儲金匯業局上海分局稿

來文	
字第	11620號
文別	電
送達機關	儲匯局
別類	
附件	

請照抄 份送 股存查

事由：電呈聯合徵信所陳請增撥週轉金六千萬元可否照办祈核示由

經理　副經理　襄理

總務課長　會計課長　營業課長　出納課長　保險課長

中華民國卅七年

交辦	擬稿	核簽	判行	繕寫	校對	蓋印	封發
月 日 時	十一月二十四日十時	十一月廿日 12/24 時	月 日 時	月 日 時	月 日 時	月 日 時	月 日 時

去文 字第 158 5465 號

檔案 字第 號

核稿員 擬稿員 程

S.F. 15

Psr Dipobank 南京

全密 准四聯總處(20383)代電，以聯合徵信所陳請由六行局各再增撥週轉金(6000)万元，業經陳奉核准，囑查照办理等由，可否照办，祈核示。

Postalbank Shanghai (1127)

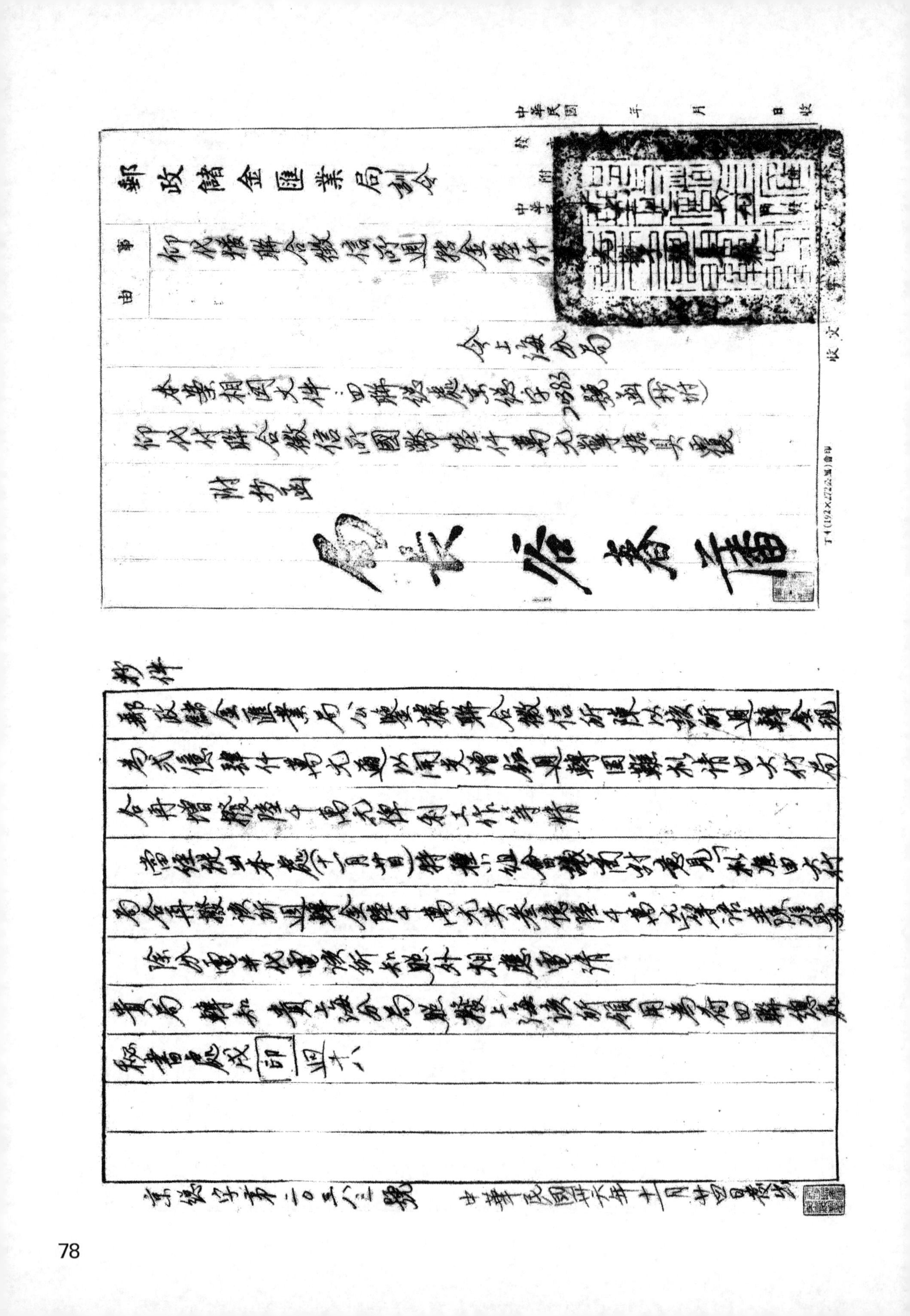

郵政儲金匯業局訓令

中華民國　　年　　月　　日　發

事由：飭收據聯合徵信所退還保證金件

令上海分局

本案准同文件：四聯總處京秘字第20583號函（抄附）

飭收據聯合徵信所國幣保證金[illegible]具報

附抄函

局長 [illegible]

收文

抄件

郵政儲金匯業局公鑒：據聯合徵信所[illegible]保證金

[illegible]

[illegible]

查該所於本年（十一月廿四日）[illegible]

[illegible]

[illegible]

貴局 轉知 貴上海分局[illegible]

總處[illegible] 印 四十八

[illegible]字第二〇五八三號　　中華民國卅六年十一月廿四日發出

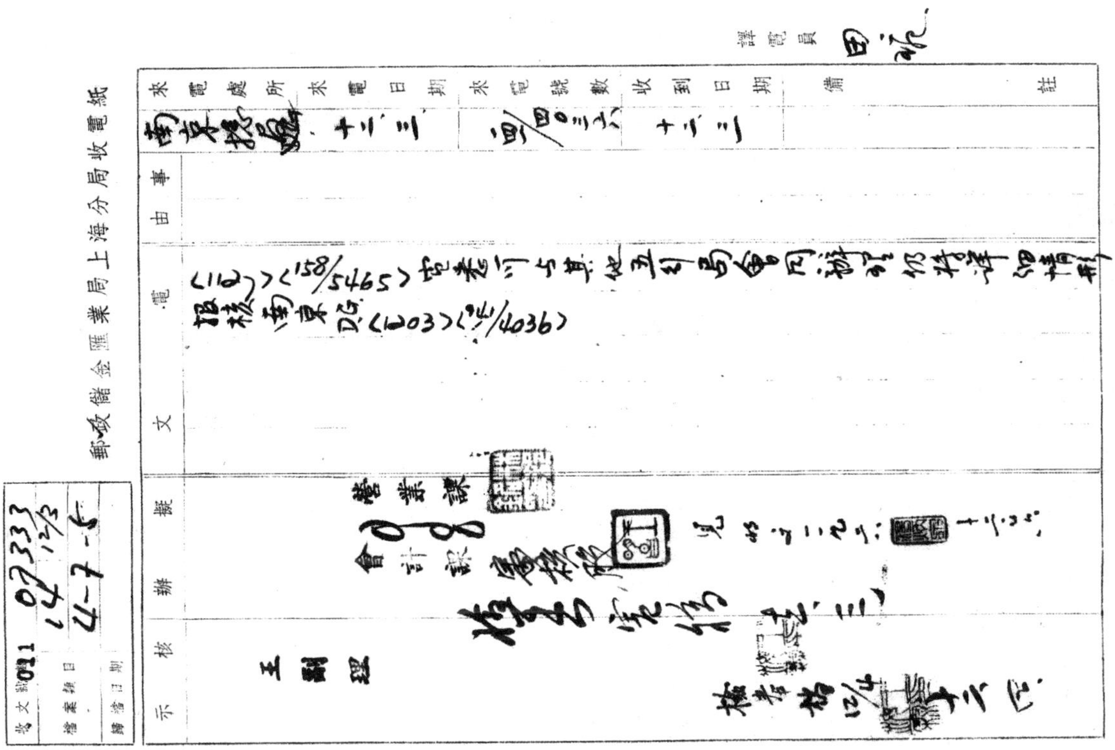

四联总处关于本处结束后联合征信所应由四行局继续辅导电(1948 年 10 月 31 日)

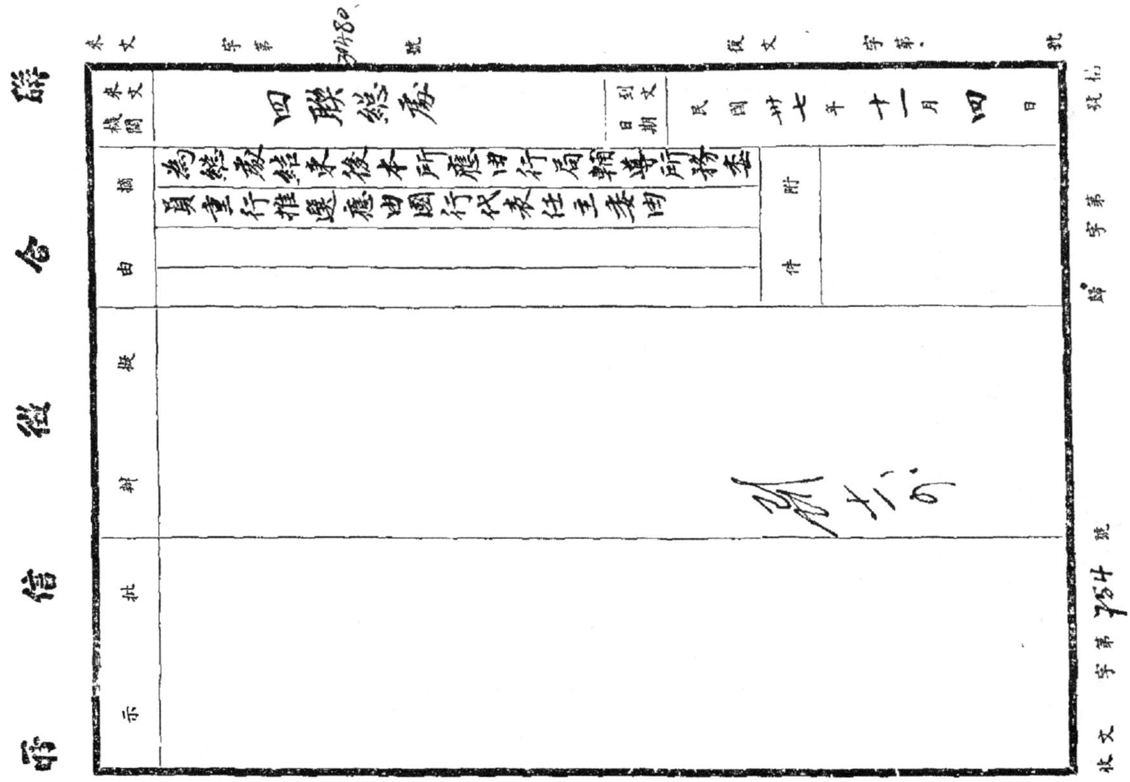

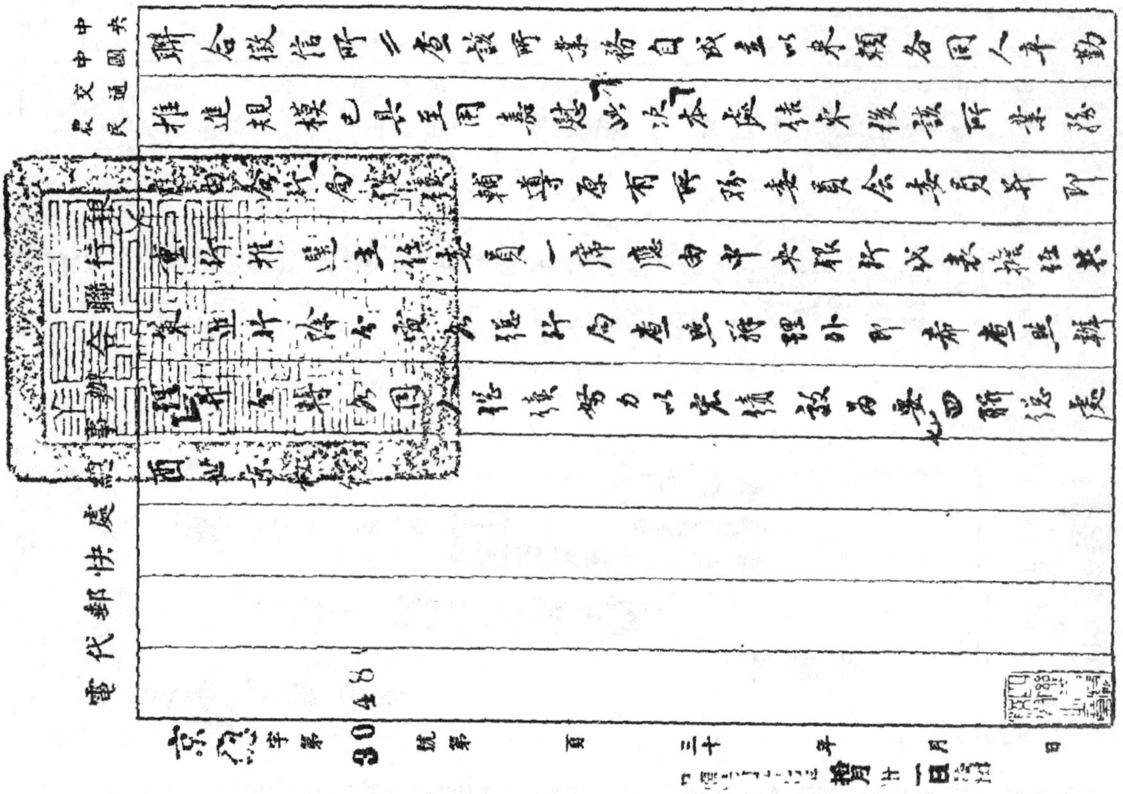

联合征信所与邮政储金汇业局上海分局为分摊经费事往来函稿(1948 年 12 月)

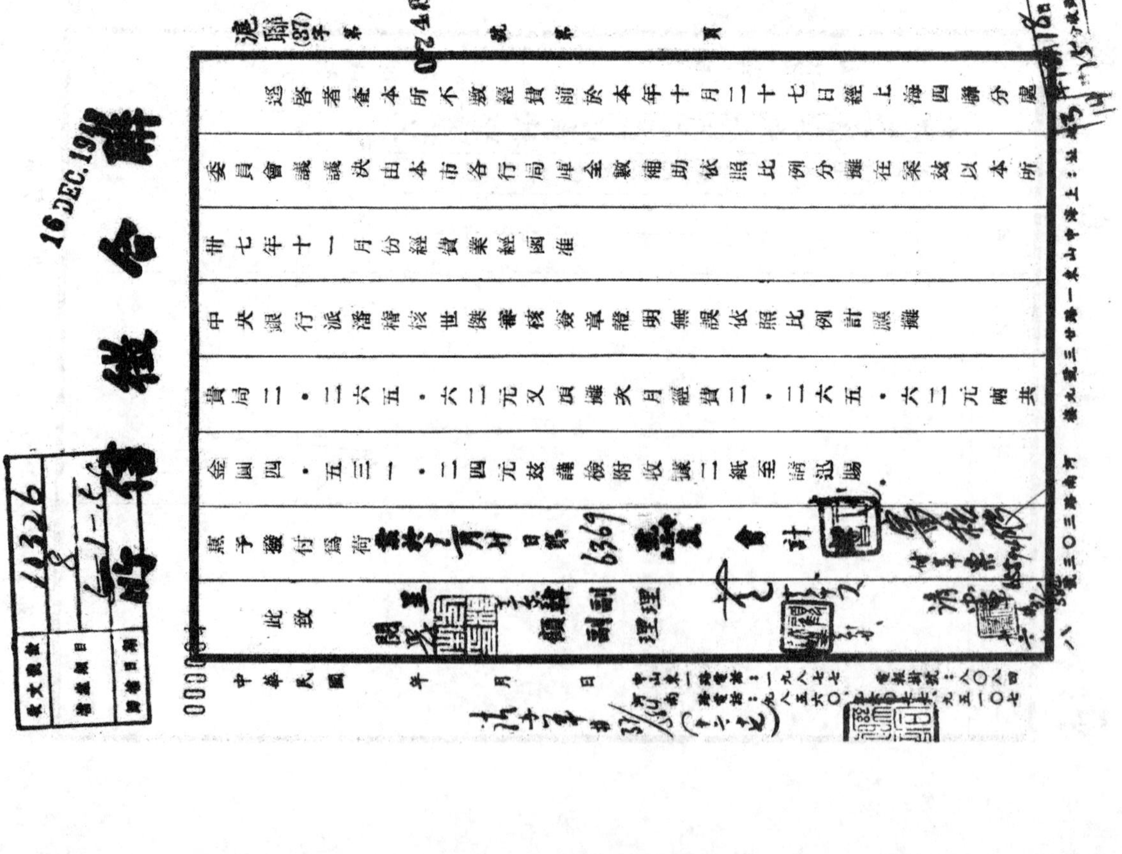

聯合徵信所

字第　　號　第　　頁

郵政儲金匯業局

附件：收據二紙

聯合徵信所 啓

中華民國卅七年十二月十五日

中山東一路電話：一九八七七　電報掛號：八〇八四
河南路電話：九八五六〇、九六〇七七、九五一〇七

地址：上海中山東一路廿三號九樓　河南路三〇三號

請照抄　份送　股存查

來文　字第10326號　文別　函　送達機關　聯合徵信所　類別

事由　函送貴所十二月份及十二月份徵信費計5…（本票一張）請查收函復

附件　一件

郵政儲金匯業局上海分局稿

經理　副經理　襄理

總務課長　會計課長　營業課長　出納課長　保險課長

中華民國卅七年　十二月十八日　時文辦　十二月十八日十時擬稿　時核簽　時判行　時繕寫　時校對　時蓋印　時封發

去文　字第6359號　20 DEC 1948

檔案　字第　號

核稿員　擬稿員

收文號數 10559
主案類目 8
歸檔日期 1-6

$4002

聯合徵信所

28 DEC. 1948

滬聯(37)字第 02540 號 第 頁

准

貴局發文會字第六三五九號函送攤付敝所十一月份經費及預繳十二月份經費計四·五三一·二四元本票一紙業已收到相應函復即希

查照爲荷此致

郵政儲金匯業局上海分局

聯合徵信所 啓

總經理代
會計
總務課

29 DEC 1948

000002

中華民國卅七年十二月廿七日

中山東一路電話：一九八七七　電報掛號：八〇八四
河南路電話：九八五六〇、九六〇七七、九五一〇七

地址：上海中山東一路廿三號九樓　河南路三〇三號

S.F. 15

接准

貴所卅七年十二月十三日滬聯(37)字第1408號函暨附收

據二張,以被志貴所卅七年十一月份經費本局應攤

攤款及次月份預撥之數兩共金圓肆仟伍佰叁

拾壹元貳角肆分正,開具本局第六五五九四號本票

乙紙隨函附上,即請

查收見索爲荷此致

聯合徵信所

附一件

联合征信所及各分所成立经过暨经费来源(1948 年 12 月)

聯合徵信所及各分所成立經過

本所係由中中交農四銀行聯合辦事總處理事會決議由四行兩局聯合組設於民國卅四年三月在重慶正式成立以調查工商資信為交通金融各業消息供給工商信用發達其互助合作為宗旨[illegible]總處[illegible]附設[illegible]字第三三二號函准經濟部中央[illegible]（84）明秘字第九五四八七號函准予設立[illegible]各地[illegible]機構及國內各行處之參考[illegible]利[illegible]於是年[illegible]所遷[illegible]設分所[illegible]服務各地金融工商各業者亦頗足見社會信任於卅五年四月成立漢口分所同年九月成立南京分所卅六年四月成立平津分所暨北平辦事處及廣州分所同年十月成立[illegible]辦事處本所所員分為基本及普通兩種中中交農四行中信郵匯兩局為本所基本所員其餘各銀行工商各業均得加入為普通所員現[illegible]所員[illegible]二百餘家[illegible]平津分所及北平辦事處由於時局影響暫停辦外現有總所共有上海總所重慶漢口[illegible]分所及[illegible]辦事處等六單位

經費來源

（一）總所經費

三十四年初成立時每月經費係以業務收入抵充外不敷之數均由本所基本中中交農四行中信郵匯兩局攤付同年九月總所遷滬總所經費均按月由四行兩局攤付迄至卅五年五月奉總處核定自卅五年五月份起不敷經費改由總處直接撥付迄至本年十月份止

（二）重慶分所經費

三十五年一月至四月每月經費係以收入抵充外不敷之數概由總所彙案由四行

南局核撥轉發卅五年五月至卅六年四月份不敷經費由總所撥補卅六年五月至卅七年六月每月不敷經費由重慶四聯分處審核後由當地各行局庫撥補卅七年七月份起由渝七行局庫共撥法幣十四億元作爲渝所基金由該所妥爲運用以其收益貼補每月收支差額不再由行局補助

(三)漢口分所經費

卅五年四月成立自成立日起至卅七年七月止每月經費除以收入抵充外不敷之數由總所撥補卅七年八月份起至九月份止不敷經費由漢口四聯分處審核後由當地各行局庫撥付

(四)南京分所經費

卅五年九月成立自成立日起至卅六年十二月份止每月經費除以收入抵充外不敷之數由總所撥補卅七年一月份起至同年十月份止不敷經費除由四聯總處貸欵業務小組委員會補助三分之二外其餘三分之一由總所撥補

(五)南昌分所經費

卅六年四月成立自成立日起至同年十月止每月不敷經費由總所撥補卅六年十一月起至卅七年九月不敷經費由該所自籌卅七年十月份起由南昌四行兩局一庫每月共補助金圓四百元

(六)成都辦事處經費

卅六年十月成立每月不敷經費由成都各行局核付

最近資金週轉概况

本所週轉資金均由各行局庫撥付或由本所向行局庫辦理透支及押款而來歲

廿八月十九日幣制改革前夕對由行局庫撥付黃金國幣十四億元遞轉金國幣七億五千萬元本所向國行透支計國幣七億五千萬元外并向各行局庫押借款項共計國幣一百五十億另五千萬元幣制改革以後案已錄繳歸滬透支國幣七億元押款一百四十九億五千萬元各分所有遞轉不敷情形已由總所酌量撥付遞轉黃金致將總分所欠借貸金遞轉狀況分述於後：

總所：由六行局撥付遞轉金六億元外共向國行透支六億元并向各行局押借款項二百卅億元由該六行代表承做八十億元中行代表承做一百五十億元幣制改革後案已將上項透支及押款歸清

京所：向國行透支壹億元外共向各行局庫押借六十億另五千萬元由中國交通二行各十二億元中信郵匯兩局各十億元中合庫四億元幣制改革後由總

五千万 中國農民銀行 十一億五千万元

所撥給遞轉金金圓壹千元歸於上項借款案已償還十九億五千萬元

漢所：向國行透支四億元幣制改革後由總所先後共撥有遞轉金金圓壹千九百四十元

渝所：遞轉金共三億元由當地六行局撥付遞轉金一億五千萬元另由總所撥付一億五千萬元又由當地七行局庫各撥墊金二億元共計十四億元幣制改革後由總所撥遞轉金金圓壹千元

穗所：向國行透支三億元因該所經費係由當地自籌故該所未撥遞轉金

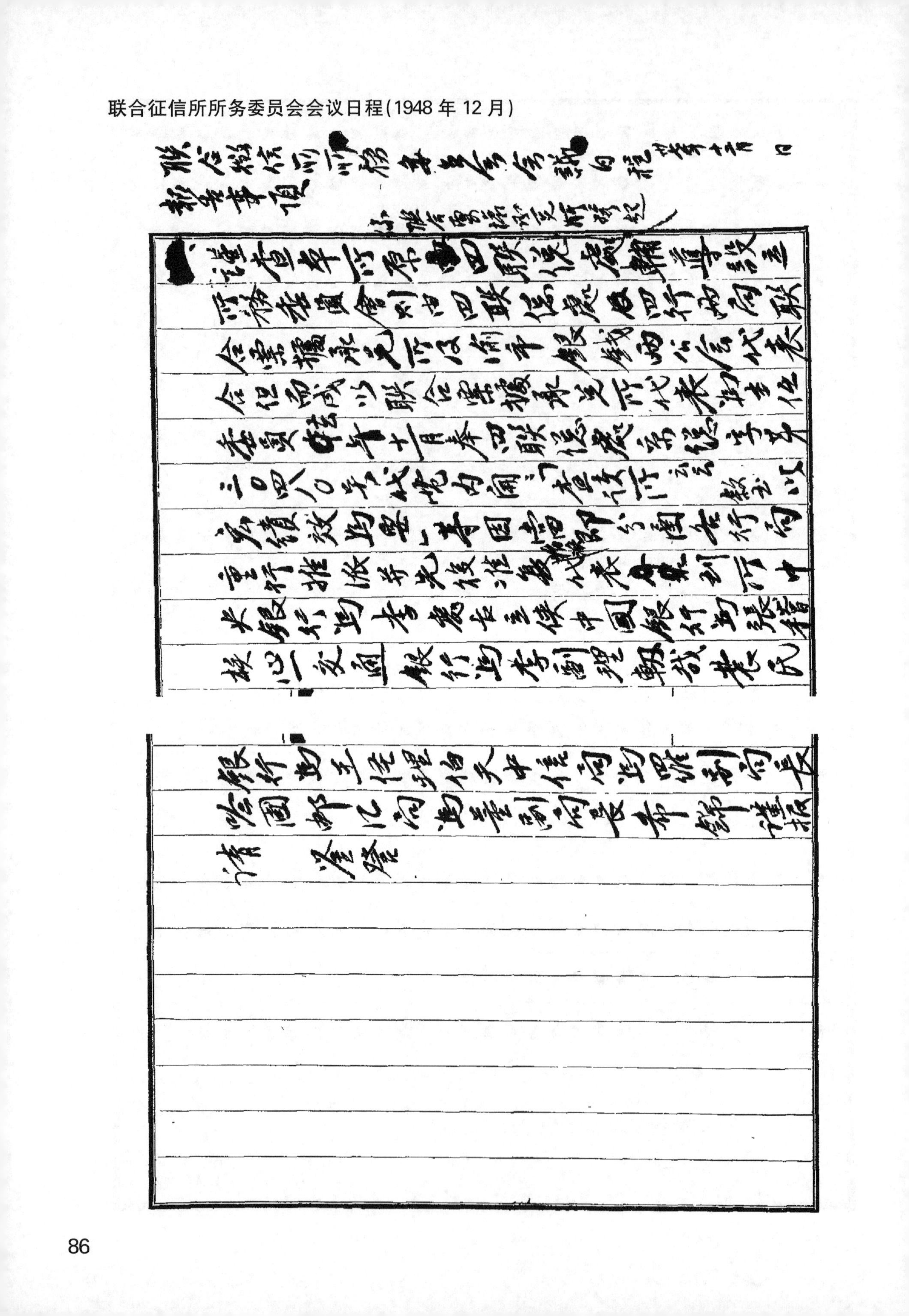

联合征信所所务委员会会议日程(1948 年 12 月)

聯合征信所所務委員會會議日程 卅七年十二月 日

報告事項

[illegible]

請 [illegible]

六

謹查總所檔科移滬以來，自卅五年一月開

始，受託辦理調查案件，截至本年十二月底

止，共計一萬零一百五十件，委託機關計有四聯總

處、中中交農四行、中信郵匯兩局、大陸、上海、

中國實業、浙江實業、東方、[illegible]、大通、新華、[illegible]

遠等銀行，中國農業保險公司，上海[illegible]

易所、[illegible]委員會、兩路管理局、國府賠

償委員會、怡和洋行及英美法瑞各大

使館暨其他中外銀行、商業機構數十家，就

查案件中，四聯總處為一千一百一十八件，中央銀

行一千一百七十二件，中國銀行二千三百[illegible]十件，交

通銀行一千二百七十五件，農民銀行六百一十五件，

中信局六百六十五件，郵匯局八十七件，大陸銀行

一百五十七件，[illegible]自一二件至數十件

不等，尤其複員至今四行兩局交滬所辦之

複工貸款、緊急工貸及收購成品等所需

事先調查，均係委託本所辦理，[illegible]年來

所搜集調查資料，均經[illegible]數度

藏，[illegible]如須

一、纺织类　七一六件

包括纺织、染织、棉织、丝织、毛纺织、针织、内衣、等业

二、贸易类　九四三件

包括进出口贸易、报关等业

三、化学工业类　四[illegible]五件

包括制药、橡胶、搪瓷、制革、造纸、玻璃、火柴、造漆、化学原料等业

四、商业类　四五四件

指各种贩卖业

五、企业类　二三七件

包括实业公司、企业公司、兴业公司、投资公司等

六、金融业类　四七二件

包括银行、钱庄、信托、保险、证券等业

七、其他工业类　一四五件

包括服装、制衣、制针、钮扣、眼镜等[illegible]二业

八、教育类　二五〇件

包括报馆、印刷、出版、教育用品等业

九、交通类　一四六件

包括轮船、汽车、航空、运输公司等业

十、食品类　一九八件

包括麵粉、碾米、捲煙、製茶、食鹽等業

十一、建築類 二一一件

包括營造、磚瓦、水泥、鋸木等業

十二、電業類 八二件

包括電力、電器、無線電等業

十三、機器業類 一三五件

包括金屬品冶製、機器製造、鐵器等業

十四、公用事業類 六件

包括煤氣、自來水等業 電報、電話、電車、公共汽車

十五、農業類 二一件

包括農業器械、畜植等業

十六、其他類 二一件

包括醫院、倉庫等業

關於個人調查表上須將著譯述材料補充如下：

計有譯著及國內全部已出版的，共計三萬餘字，

又今計劃五冊，已出版書籍，共計七種，已印出者書

出版年月，頁數列表如後：

書名	出版日期	全書頁數
卅六年上海金融書報社發行	卅六年一月四日	五三一
上海股票證券商報社發行	卅六年二月十五日	八〇
上海銀行業報社發行	卅六年五月廿日	二九五
上海證券交易商報社發行	卅六年十月一日	一二七九
上海市工商業同業公會刊發行	卅七年二月四日	四七
卅七年上海金融書報社發行	卅七年四月廿日	七七六

以上各書均係上海票據證券交易商報社發行 ~~其餘尚在~~

書稿俱已遺失，請核對。

此呈 黨委

(三) [illegible]

[illegible]

一、說明

[illegible]

[illegible]

[illegible]

[illegible]

[illegible]

[illegible]

[illegible]

[illegible]

[illegible]

[illegible]

[illegible]

[illegible]

[illegible]

年	月份	收入	支出	差額	備注
[illegible]	八	[illegible]	[illegible]	[illegible]	
〃	九	[illegible]	[illegible]	[illegible]	
〃	十	[illegible]	[illegible]	[illegible]	

〃	十一	八三,三五二.〇〇	一三八,六六四.〇〇	四五,三一二.〇〇	
	十二	六五七,八七七.九六 二重ヶ分	三[illegible],四四四.九二	一二八,五五〇.九六	

勝利後總行接收上海重ヶ設該分所，該分所所需經費原係撥用由總行案請四聯總處核撥轉發。卅六年五月該所洽准重ヶ四聯分處由當地行局庫就地補助。茲將該分所收支情況列表於後：

年	月份	收入	支出	差額	備註
卅七	八	五二〇.〇〇	九六六.〇〇	四四六.〇〇	
〃	九	九四〇.〇〇	一,八四一.〇〇	九〇一.〇〇	
〃	十	八,四四四.〇〇	六,一八五.〇〇	一,三四一.〇〇	
	十一	五[illegible]六,六一五	一[illegible]四八,九一	五,三六三,七六	

三、漢口分所

該所於卅五年四月成立，不敷經費亦擬由總行案請四聯總處核撥，去年八月經洽准四聯漢口分處由當地行局庫補助。茲將該分所去年八九十十一月份收支情形列表於後：

年	月份	收入	支出	差額	備註
卅七	八	五三五.〇〇	一,二一八.〇〇	六八三.〇〇	
〃	九	七六九.〇〇	一,五三三.〇〇	七六四.〇〇	
〃	十	一,六八七.〇〇	二,五三〇.〇〇	八四三.〇〇	
	十一	六八,三五四.七十	一三六,〇三〇.七五	六八,一七八.〇四	

四、南京分所

该所于廿五年九月成立，其经费差额原系由总所案请四联总处核拨特发，及至廿七年一月[struck through: illegible]经案请四联总处业务小组委员会核（由当地行局库）自补助其差额三分之二，其余三分之一仍由总所案请四联总处核补。十一月份起改由南京各行局库直接核拨。兹将该所收支近况列表于后：

年月份		收入	支出	差额	备注
廿七	八	一九二一.〇〇	二二九三.〇〇	三八二.〇〇	
〃	九	一五二九.〇〇	二七九〇.〇〇	一二六一.〇〇	
〃	十	一〇三七.〇〇	二六一〇.〇〇	一五七三.〇〇	

五、南昌分所

该所于廿六年四月成立，自成立之日起至同年十月，以每月不敷经费，概由总所案请四联总处核拨。廿六年十一月至廿七年九月，向该所经费改由当地自筹。十月份起由南昌七行局库共补助国币四百元，兹将该所最近[illegible]月收支情形列表于后：

年月份		收入	支出	差额	备注
廿七	八	二八一.〇〇	五二五.〇〇	二四四.〇〇	
〃	九	七四七.〇〇	八一九.〇〇	七二.〇〇	
〃	十	八九九.〇〇	一二七一.〇〇	三七二.〇〇	
〃	十一	~~[illegible]~~ [illegible].〇〇	四一六三.〇〇	~~[illegible]~~ 一七二四.〇〇	该所十一月份[illegible]
十二		六四〇〇.〇〇	七七七三.三〇	五三七三.三〇	

上、谨查本府于某年一月在上海发行中英文徵信新闻，报导经济新闻及商品行情，以应中外各界需要，发行数目逐渐增加，去年最高时中文计一七二三份，英文计二八一份，所有上海中外银行及重要工商企业均经长期订阅，自本年改革币制後，发行额稍受影响，至目下计中文为一一九〇份，英文为一九六份。

本府另为便利本埠商情报导起见，于某年八月向上海电话公司订约租用该公司现存电传打字机十四部（内包括发报机二部），复于同年十一月与该公司订约，（由该公司出资）向英国订购新式电传打字机五十部，由本府专用，订期三年，期满优先承租该公司原有之机件四部，机器于某年四月均经分别装就于各大银行公司营业处，发报机二部则装置于本府河南路办公处。我国新闻机构中有电传打字机设备专供商情者，以本府为首创，去年六月新订机器五十部，全部运抵上海，其中二十部已由各银行工商机关订装，谨报请

鉴察

谨查敌产大东印刷厂前于三十四年十一月奉财政
金融特派员令由本所接收保管，于卅五年四月经由
本所向苏浙皖区敌伪产业处理局申请价购，由
该局估价全部机器为八百万元，由本所备款承购。
该厂主要设备计有对开机二架、四开机二架、六开
机一架、圆盘机十一架、卅六吋切纸机一架、老宋字铜
模六副、各号铅字及空铅三吨，其他附属设备
如马达、浇字炉等尚称完备，惟零件□□残缺。
厂房系向沙逊洋行租赁，计有滇山里97、25、35、
37、38四号，惟年久失修，破损不堪，经□同年
十二月十八日开始兴工修复，经数月整修，因陋就简，
于同月廿日正式复工，改称本所印刷部，经常印制
本所印件，同时接受外局及其他外界印刷表报
文件。该部主持人事力求紧缩，截至目前
止计有技工六人、学徒七人，管理人员均由本所职员
兼任，不另支薪。如有大量印件，或印时则另雇
临时技工来厂工作，俟工毕即行遣散，以省开支。
二年以来，所有机器房屋均经修理完整，并添
置四开机一部、马达二部、号码机十六架、铅字堂
一吨余，另存各色厚薄纸张约七十令。至本年九

月以後工商凋敝，印刷減少，該部亦尚能勉強維持，茲將
該部八九十十一十二月營業收支編列簡表於後，以備
鑒察

月份	收入	支出	盈	虧
八月	法幣 五三二、六七六、四〇.〇〇〇元	五二二、七四三、九一四.三八元	九、九三二、四八五.六二元	
九月	金圓 三、五九二.七〇元	四、三二三.四五元		七三〇.七五元
十月	八四三.一〇元	三、三一一.〇八元		二、四六七.九八元
十一月	二六、七三〇.四〇元	三〇、八七〇.七五元		四、一四〇.三五元
十二月	四八、二五七.〇一元	五四、三八〇.八一元		六、一二三.八〇元

附備事項

一、今後本所組織經費及業務應如何籌劃
祈 核示

查本所係於民國三十二年十月在重慶成立，附設
於聯合票據承兌所，嗣因該所收入不裕，而本
所旨在服務，不以營利為目的，不敷經費，須有
確實來源，方能擬具計劃，爰依據於民國三十
三年本所三月曾訂章程規定要点如次

(一) 奉由聯合票據承兌所發起組織，所另制，以
四行兩局為基本所員，其他金融工礦貿易等業

均得加入為本所之員

(二)由四联總處四行兩局或重慶市銀錢業公會推派代表以联合業據承覓所但組織所務委員會處理本所重要事項

(三)本所經費除以收入抵充外由基本所員担負之

(第二章程見附件)

理本所成立已達五載[illegible]

全國商業行莊加入本所為普通所員者已達五百家不足經費仍係由基本所員經濟補助

去年十月奉四联總處電示總處經來後本所業務由四行兩局經濟輔導(原有所務委員改印重行推選)今後本所組織經費及業務如何並籌劃俾就現有基礎健全發展所

核议

联合征信所普通会员名录(1949 年 1 月)

聯合徵信所普通所員名錄

本所登記号數	所員名稱	負責人職名	地址	電話	入所日期	備攷
1	中國工商企業股份有限公司	總經理沈謂言	北京路690号	98015	34年12月10日	卅七年退
2	寶豐錢莊	董事長陳秋山	天津路128号	90817	34年12月12日	卅七年下期退
3	衡通錢莊	經理陳鴻卿	寧波路40衖13号	13934	34年12月13日	(仝上)
4	中華商業儲蓄銀行	董事長朱子奎	北京路290号	13173 16190	34年12月13日	
5	泰來錢莊	經理張績卿	寧波路227号	95196	34年12月12日	
6	中廣商業銀行	總經理傅生貴	寧波路204号	96727 95486	34年12月14日	卅六年上期退
7	浦東商業儲蓄銀行	經理裴正儒	中正東路284号	17406 17407	〃	退
8	永泰商業銀行	總經理吟崇東	四川路501号	13838 18023	〃	退
9	華繼商業銀行	經理孔慶宰	天津路212号	96054	〃	卅七年下期退
10	安康錢莊	董事長方哲民	寧波路第[illegible]号	13707	〃	卅六年上期退
11	東南信託股份有限公司	經理張叔培	中正東路134号	14333 14066 14379	〃	38年1月起改移
12	上海浙江興業銀行	經理夏翌信	朱葆三路8号	87773	〃	
13	中滙銀行	總經理杜月笙	中正路143号	80160	34年12月15日	
14	中孚銀行	總經理[redacted]孫錫三	仁記路103号	16876	〃	
15	怡和錢莊				〃	該莊於卅六年七月十三日來函退出
16	江蘇省銀行	總經理許葆英	江西路371号	13190	〃	
17	中國實業銀行	董事長傅汝霖	北京路130号	18729	34年12月17日	
18	茂華商業銀行	總經理周志俊	北京路300号	18690	〃	

請 銷

19	金城銀行	總經理周作民	江西路200號	17400	34年12月17日	
20	統原商業儲蓄銀行	經理陳繩武	北京路330號	18121	〃	
21	中國農工銀行上海分行	經理沈夫參	四川中路二三五号	1885	34年12月18日	
22	存誠錢莊	經理沈日新	山西路166號	93650	〃	
23	永慶錢莊	經理林錦舒	天台路20號	25890	〃	
24	四明商業儲蓄銀行	總經理吳啟鼎	北京路240號	15505	34年12月17日	卅五年起退出
25	安裕錢莊	經理劉呂棠	寧波路40弄17號	16059	〃	卅五年下半年退出
26	中國企業銀行	總經理劉吉生	四川路33號	16980	〃	
27	同潤錢莊	總經理也秋雲卿	天津路19弄21號	93172 97530	34年12月18日	
28	中貿銀行	總經理陸允升	廣東路93號	19134 19947	34年12月19日	

請 銷

29	元盛清記錢莊	經理吳幼玉	天津路195弄11號	91485	34年12月21日	
30	上海煤業銀行	總經理許蘇方	北京路310號	13972 13097	34年12月24日	卅五年下半年退出
31	江蘇省農民銀行上海分行	經理顧竹淇	[illegible]	81995 81938	34年12月25日	
32	泰和興銀行	總經理崔聘西	寧波路57號	17890	〃	該行退出
33	永隆錢莊	經理羅北棣	天津路195弄50號	96845	34年12月26日	
34	金源錢莊	總經理奚志青	河南路575弄9號	94015	34年12月25日	
35	怡大錢莊	董事長胡國棣	天津路191號	95108 90592	34年12月26日	
36	中南銀行	總經理黃浴沂	漢口路110號	15222	34年12月28日	
37	慶大錢莊	經理葉秀純	天津路24弄4號	90521	34年12月27日	
38	嘉定商業銀行	總經理范田春	中正東路766號	92162	34年12月31日	

编号	名称	负责人	地址	电话	日期	备注
39	大亚银行				35年1月9日	停业
40	社會部全國合作社物品供銷處	主任 胡獨鳴	外灘24号11楼	10190	35年1月1日	卅六年上期(?)(已)
41	中國人事保險公司	總經理 王曉籟	中山東一路6号	12533	35年1月11日	卅六年下期(已)
42	永大銀行	經理 楊叔鼎	寧波路24号	19696	〃	
43	同康錢莊				35年1月14日	停業
44	生大信託公司	總經理 林毅伯	寧波路80号	10626 10362	35年1月21日	
45	振泰錢莊	總經理 金祉卿(?)	天津路福綏里7号	94840 97615	35年1月23日	卅六年下期(已)
46	積興實業銀行上海分行	經理 瞿士鐸	天津路260号	97745 98753	35年1月31日	卅六年下期
47	國信銀行	總經理 鄭筱舟	漢口路422号	97396	〃	卅六年(已)
48	亞洲銀行	總經理 李聲洪	寧波路19号	17500	〃	
47	上海信託股份有限公司	總經理 蔣毅	北京路190号	12933	35年9月14日	[illegible]
50	喬重企業公司上海辦事處	總經理 褚鳳章	北京西路473弄4号	34751	35年10月8日	卅六年下期(已)
51	雲南礦業銀行上海分行	經理 譚秉文	江西路270号	13733 17803	35年11月19日	卅六年九月廿日結束
52	東方滙理銀行	經理 王蓉卿	中山東一路29号	11825	35年11月20日	
53	福康錢莊	經理 張達甫	天津路110弄9号	91898 97670	36年2月12日	[illegible]
54	上海信裕錢莊	經理 傅廷緒	天津路120号	93620	36年2月17日	[illegible]
55	亞西實業銀行上海分行	董事長 陳啟元	漢口路356号	93979 90500	〃	
56	大裕銀行上海分行	董事長 毛百年	大津路18号	14123 10590	〃	
57	浙江建業銀行	董事長 陳霭士	山西路216号	93267 93756	36年2月18日	
58	孟(?)華商業銀行上海分行	董事長 田澗泉	天津路178号	97611 91541	〃	卅六年下期(已)

注銷	編號	名稱	負責人	地址	電話	日期	備註
	59	江浙商業儲蓄銀行	董事長唐伯耆	寧波路315號	96123 90213	36年1月18日	
銷	60	國孚銀行				〃	該行於卅六年十一月廿四日奉函退出
銷	元十三 61	光華商業儲蓄銀行	董事長嚴成德	寧波路121號	10264 14178	〃	卅七年止
	62	大同銀行上海分行	董事長蕭振瀛	河南路579號	96637 91597 90301	〃	
	63	國墾業銀行上海分行（南京）	董事長周見三	河南路511號	97120	〃	三十七年三月一日起改名
	64	上海中華勸工銀行	董事長王正廷	南京東路348號	98517	36年1月17日	
銷	65	匯大錢莊	經理王秉澄	寧波路244弄5號	97938 98687	〃	卅七年下期止
	66	上海其昌錢莊	董事長呂岳泉	寧波路271號	96815 97268 97360	〃	
銷	67	益大錢莊	董事長鄭棣亭	寧波路102號	11707	〃	停業
銷	68	建華銀行	董事長殷序卿	寧波路86號	13939	〃	卅七年上期止
銷	69	大同商業銀行				〃	停業
銷	70	四川銀行上海分行				36年1月2日	停業
銷	71	春茂錢莊	董事長劉希文	中正東路發源街2號	83725 89773	36年5月20日	卅七年下期止
銷	72	同慶錢莊	董事長秦瀾侯	泗涇路5號	12118	36年2月20日	卅七年止
銷	73	上海證券交易所	總經理王志莘	漢口路422號	98070	〃	卅七年上期止
	74	曆裕錢莊	董事長方作舟	寧波路120弄6號	12382	36年1月11日	
銷	75	惠中銀行	董事長俞佐庭	天津路66號	10766	36年2月21日	卅七年下期止
銷	76	四川建設銀行上海分行	董事長余述懷	江西中路452號	19259 18384	36年2月25日	四七年……八月止
	77	上海女子商業儲蓄銀行	董事長姚慕蓮	南京東路480號	91140 91417	36年2月27日	
銷	78	松江興業銀行上海分行	董事長楊樹康	漢口路636號	93533 90967	36年2月卅日	卅七年上期止

銷 銷 銷 銷 銷

79	建業銀行上海分行	董事長[illegible]	天津路201號	97150 94593 97774 92821	36年2月24日	
80	上海中國工礦銀行	總經理瞿温橋	中正東路7號	82162 81163	36年2月24日	停業
81	上海工業銀行	董事長嚴欣淇	四川中路440號	16440	36年2月24日	
82	上海鼎康錢莊	董事長王德燁	天津路207弄5號	94273	36年2月26日	[illegible]
83	雲南興文銀行上海分行	董事長陸棠仁	福州路17號	18319 10802	〃	
84	益業銀行	董事長[illegible]	北京路280號	15210	〃	[illegible]
85	長江實業銀行上海分行	董事長[illegible]	江西路451號	[illegible]	〃	[illegible]
86	順康錢莊	董事長程輔仁	天津路151弄6號	93560	36年2月27日	[illegible]
87	[illegible]商業儲蓄銀行	董事長王寶崙	寧波路144號	11699 11690	〃	
88	中國通商銀行總行	董事長杜鏞	中山東一路7號	15550	36年2月28日	

銷 銷 銷

89	徽祥錢莊	董事長陳有度	寧波路232號	91766 91311 96287	36年2月28日	[illegible]
90	正和銀行上海分行				36年2月28日	停業
91	上海國民銀行				36年2月28日	該行於卅六年六月廿日來函退出
92	晉成錢莊	董事長[illegible]	河南路580弄5號	16473 17032 18430	36年2月28日	
93	和成銀行	董事長[illegible]	九江路276號	98060	36年2月28日	
94	台灣銀行上海分行	董事長嚴家淦	[illegible]路185號	14691	36年2月28日	
95	義豐錢莊上海分莊	董事長[illegible]	寧波路222號	91987	36年2月28日	
96	開源銀行上海分行	董事長陳公孟	江西路122號	14218	36年2月28日	
97	致祥錢莊	董事長嚴載如	天津路157弄4號	93505	36年2月28日	
98	複華銀行上海分行	董事長[illegible]	廣東路137號	13987	36年2月28日	

99	上海滋康钱庄	董事长张兰坪	天津路114号	92715 92107	36年2月28日	卅七年九月注销
100	浙江实业银行总行	董事长李铭	福州路123号	18050	〃	三十七年十一月起改用名
101	恒丰钱庄	董事长汤献臣	中山东一路11号华盛	83097 86024	36年2月28日	
102	浙江兴业银行总行	董事长徐寄庼	北京东路230号	14466	36年2月28日	卅七年
103	敦裕钱庄	总经理顾心逸	九江路24号	15546	36年3月1日	
104	浙江商业储蓄银行	董事长洪惟清	江西路454号	11377 11667	36年3月1日	
105	江海银行总行			.	〃	停业
106	广新商业银行	董事长荣鸿元	中正东路107号	88258 86955	36年3月4日	
107	滋丰钱庄	董事长金介如	宁波路240号	95418	36年3月4日	
108	中国垦业银行	董事长秦润卿	北京东路239号	16290	36年3月1日	
109	大中银行上海分行	董事长穆伯山	河南路501号	98120	36年3月1日	
110	同德钱庄	董事长丁山桂	宁波路71号	19033	36年3月2日	
111	两浙商业银行上海分行	董事长金润泉	四川路7号	88860	〃	
112	元成钱庄	董事长沈瑞洲	河南中路西首	15610 10252	36年3月3日	卅七年九月注销
113	上海市银行	董事长谷春帆	九江路50号	15420	36年3月3日	
114	裕康钱庄	董事长王泽如	四川南路42号	80666	36年2月24日	
115	东莱银行	董事长刘子山	天津路85号	16020	〃	
116	上海商业储蓄银行	董事长陈光甫	宁波路50号	12560	36年3月4日	
117	国华商业储蓄银行	董事长[illegible]	金陵东路38号	88654	36年2月5日	
118	中国实业银行上海分行	董事长邓华民	天津路224号	92846	〃	

销 销 销 销

銷	119	大賚錢莊	董事長樓懷珍	天津路鴻仁里	14570	36年3月6日	[illegible]
銷	120	華威銀行上海分行	董事長吳鐵城	寧波路107號	14085	36年3月23日	
銷	121	上海[illegible]長銀行	董事長王健興	江西路475號	11858	36年3月7日	[illegible]
	122	和泰商業銀行	董事長吳仕勳	南京路136號	15933	36年3月[illegible]日	
	123	中國國貨銀行	董事長孔庸之	天津路36號	11665	36年3月8日	
	124	聯合商業儲蓄銀行 四行儲蓄會	經理施濟九	四川中路261號	18060	36年3月14日	
	125	[illegible]興業銀行上海分行	董事長夏偉賓	漢口路54號	95308		
	126	山西裕華銀行上海分行	董事長孔庸之	四川中路276號	18335	36年7月7日	
	127	[illegible]中商業銀行	董事長黄漢樑	中正東路150號	15852	36年7月9日	
	128	惇敘商業儲蓄銀行	董事長[illegible]	天津路45號	17931	36年7月11日	
	129	光裕銀行上海分行	經理黃錦暉	中央路20號	17490	36年7月15日	
	130	欽昌銀號上海分號	經理[illegible]國恩	寧波路346號永亨大樓	94287	36年7月26日	
	131	大陸銀行	總經理許漢卿	九江路111號	16775	36年7月13日	
銷	132	大中銀行總行	董事長孫仲山	河南路501號	98126	36年8月16日	[illegible]
	133	大康銀行	經理葛永祺	寧波路112號	11704	36年8月21日	
銷	134	益華商業銀行	總經理李鑒周	昆明市南屏街	4247	36年10月31日	[illegible]

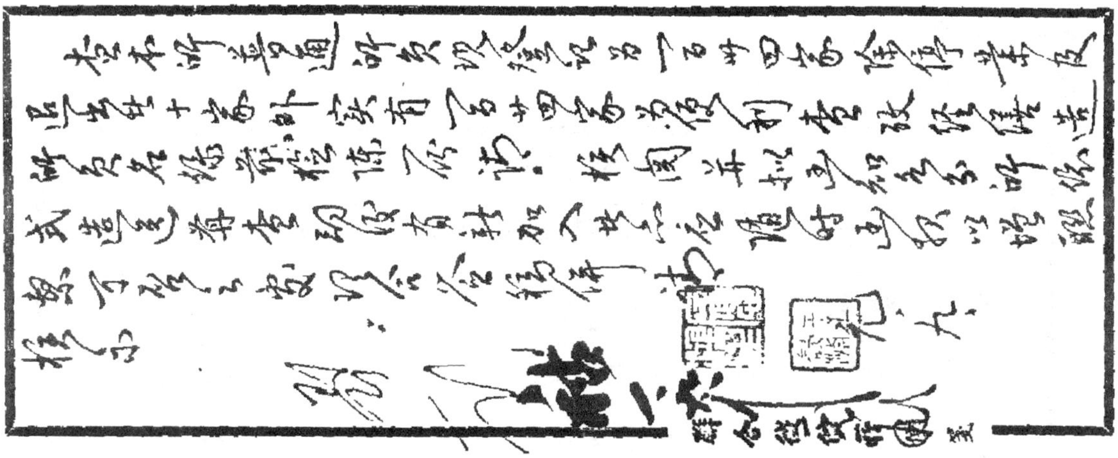

联合征信所收款暂行办法(1949 年 1 月 19 日)

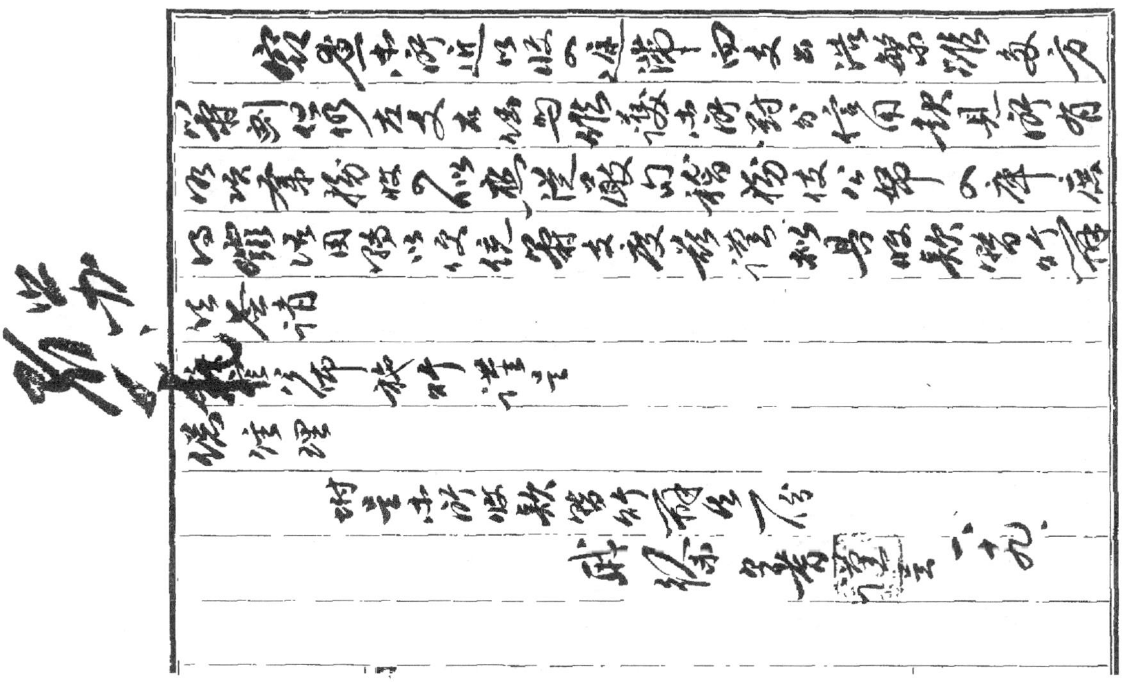

可照上行

联合征信所收款暂行办法

一、本所适应本所发展情况,维护对外信用及手续一律,特分明确责任起见,制定本办法。

二、本所各项收入,除薪、订、报费用,统由业务组经理外,其他收据所有之账款,均由事务组经收,存入征信会等收据均由事务组经理之。

三、各项收据,应由业务组专员及经手人签章,并由主任签章,以昭郑重。

四、各项应收款项收据,由业务组分别编号登记,送交业务组指派专人负责收。

五、各项应收款,均由业务组指派稽员负责经收。

六、收款人于取得收据后,应即送达催收,如有困难,得会同原介绍人同往洽收,仍无结果时,由业务组主管在收据上注明原因,以便查理。

七、逾期四十天之各户人,应与收据所列之户名相符。

八、每日应收款项于收到后,应填具收款报告表(附表),连同当日未能收到之收据,于当日下午四时送交出纳员稽核,核对无误,签章于原报告表,注明未收原因,由收款人再行洽收。

九、各项应收款项,应于当日缴付出纳,以专职守。

十、凡收款人所收之款,如有挪移或透支者,一经查觉,即随时报告主管

處分之

六、本辦法呈奉　總理核定後公佈施行

联合征信所所务委员会第一次会议记录(1949 年 2 月 2 日)

聯合徵信所所務委員會第一次會議記錄

日期：三十八年二月二日上午十時

地址：本所會議室

出席：李立俠　王伯天　張延一　吳春霖（韓秀達代）

梁雅南（楊德華代）　李郁斌

列席：刁民仁

主席：李立俠　　　記錄：朱德光

一、報告事項　[illegible]

二、討論事項

(一)為擬本所組織規程及業務辦法如何請討論

核議案

決議　查本所原係業務機構似應改組為
股份有限公司以利業務之推展由所總
理擬定改組方案及公司章程提下次所
務會議討論

附：會議日程

聯合徵信所所務委員會會議日程　三十八年二月二日

報告事項

一、謹查本所原係聯合票據承兑所發起四聯總處輔導設
立所務委員會則由四聯總處四行兩局聯合票據承兑
所及滬市銀錢兩公會代表合組而成以聯合票據承兑
所代表為當任委員法許以一週奉四聯總處京總字第
[illegible]〇號代電內開「查該所業務自[illegible]以來
賴各同人辛勤推進規模已具[illegible]結束
後該所業務應由各行局總續輔導[illegible]務委員會委
員[illegible]即重行推選主辦委員一席應由中央銀行代表担

往共諸、對行除分電各總行局查照辦理外，即希各照辦理行，轉各同人繼續努力以宏績效為要」等因。當即為遵上述局令行。經派許克誠准庫指派代表到所：中央銀行為李處長立侯，中國銀行為張總稽核心一，交通銀行為李副理叔武，農民銀行為王經理伯天，中信局為羅副局長吟圃，郵匯局為董副局長希錚。報請鑒核。

联合征信所所务委员会第二次会议纪录(1949年2月9日)

聯合徵信所所務委員會第二次會議紀錄

日期　三十八年二月九日上午十時

地址　本所會議室

出席　李立侯　張心一　羅吟圃　鄧（代）　董希錚

　　　王伯天　李叔武

列席　刁民仁

主席　李立侯　　紀錄　蔡佳先

一、報告事項（見附件一）

二、討論事項

一、達到具「聯合徵信所股份有限公司章程草案

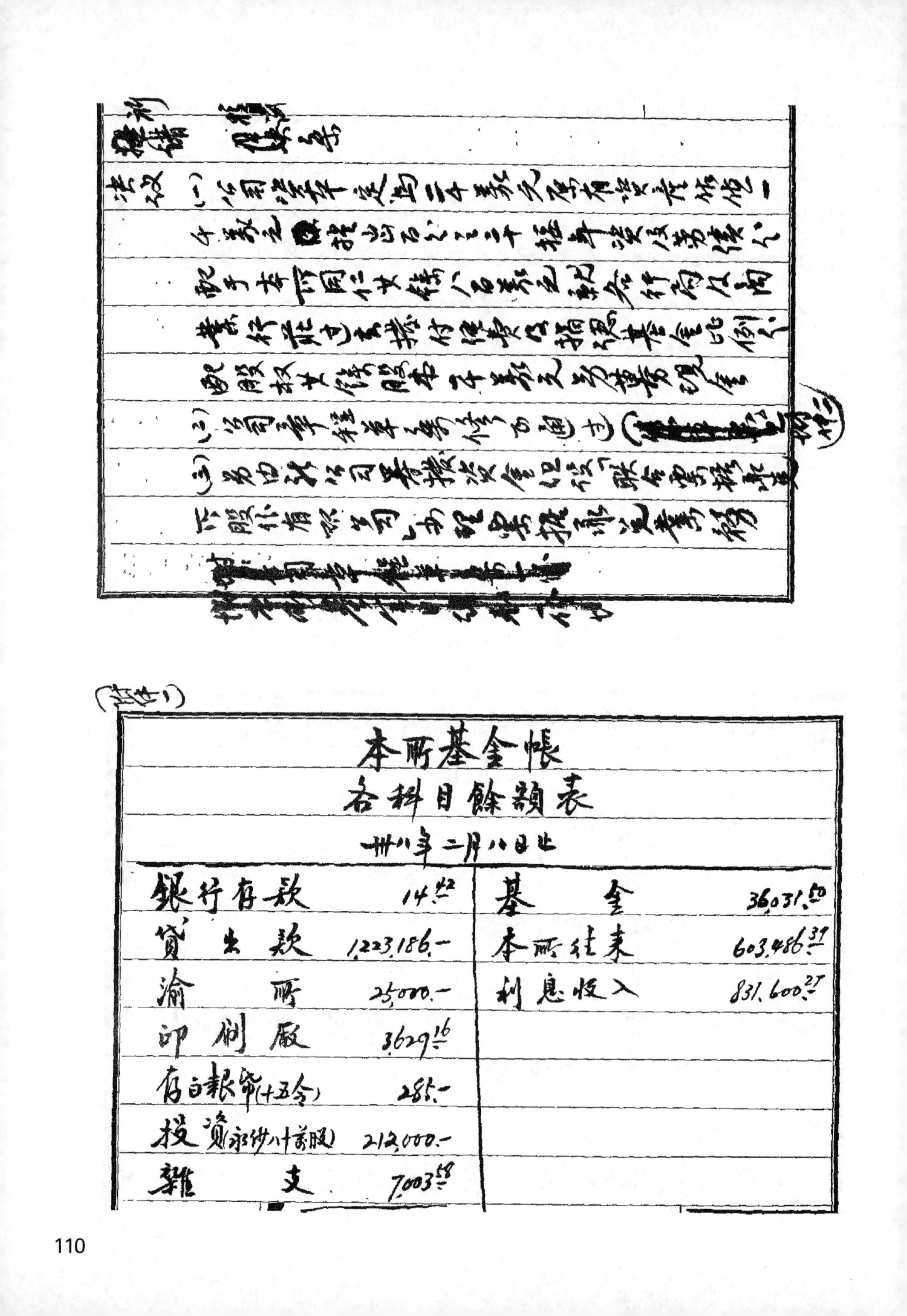

處理 辦法 [illegible]

辦法 (一)公司原存基金四十二萬元[illegible]在港借一
千萬元之[illegible]款[illegible]二十二千[illegible]
[illegible]
[illegible]
[illegible]
(二)公司事務[illegible] ([redacted]) (附註二)
(三)[illegible]公司基金[illegible]「[illegible]
[illegible]公司」[illegible]

[redacted]

(附註一)

本所基金帳
各科目餘額表
卅八年二月八日止

銀行存款	14.42	基金	36,031.50
貸出款	1,223,186.–	本所往來	603,486.39
渝所	25,000.–	利息收入	831,600.27
印刷廠	3,629.16		
存白報紙(十五令)	285.–		
投資(永份八十萬股)	212,000.–		
雜支	7,003.58		

共计 G.Y. 1,471,118=	共计 G.Y. 1,471,118=

联合征信所所务委员会第三次会议日程(1949 年 3 月 23 日)

聯合徵信所所務委員會第三次會議日程 卅八年三月廿三日

報告事項

一、查關於本所組織經第一次所務委員會決議應改組為股份有限公司以利業務之推展經擬定公司章程草案提請第二次所務委員會討論修正通過并決議公司資本定為二千萬元內有資產估值一千萬元另募現金一千萬元嗣於一月十六日在本所舉行發起人會議（會議紀錄見附件一）除修訂公司章程外并議決公司股份分募辦法錢業一百万元銀行業五百万元工業二百万元商業二百万元合發起人合募股足五十万元截至本日已共收股款計一千一百九十万元（見附表二）謹報請 鑒察

二、謹將本所本年二月份收支狀況報請

鑒察

查本所二月份收支帳目業已結算計該月份實際收入

收入三三、五九三、八〇〇·〇〇元及支數字據支出為五三、三三四、一三八·三

三元收支相抵不敷經費一九、七四〇、三三八·三三元（見附表三）

業於本月廿六日送請中國農民銀行派高副主任德澄

監同審查各冊帳目均無錯誤亦已具報理合列表報

外謹報請 公鑒

三、前奉本處李主委函示派鄭紹穀為本所總務委員會秘

書業鄭秘書於本月四日到所工作謹報請

鑒察

四、關於本所資金運用情形（見附表四）請核議

联合征信所为改组为股份有限公司与四行两局往来函(1949 年 2～3 月)

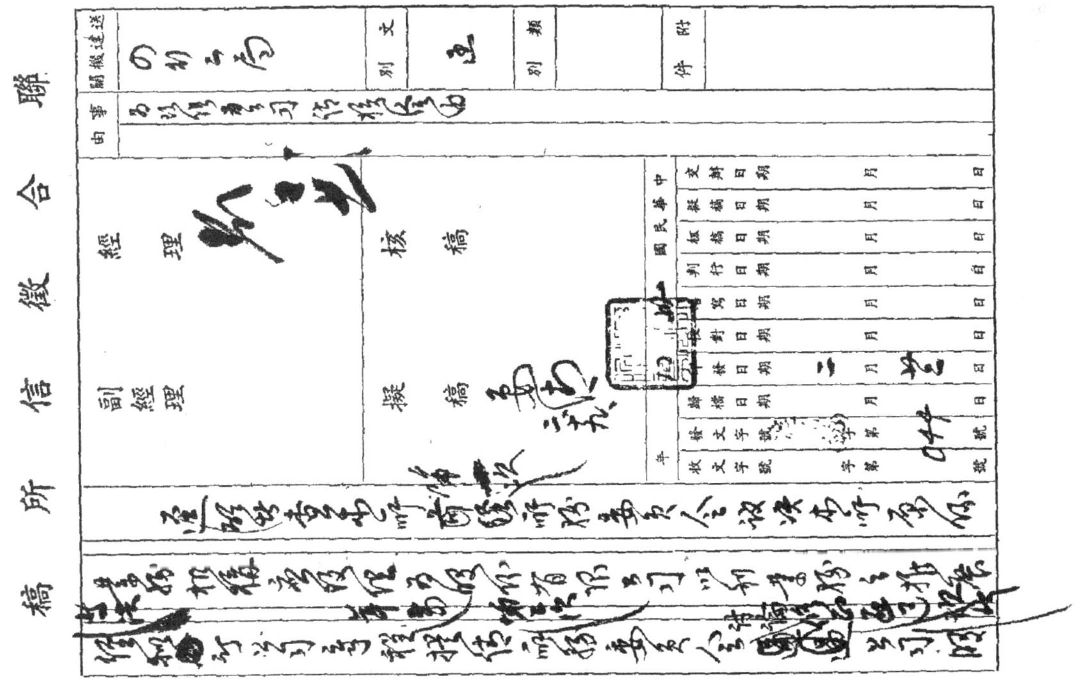

聯合徵信所稿

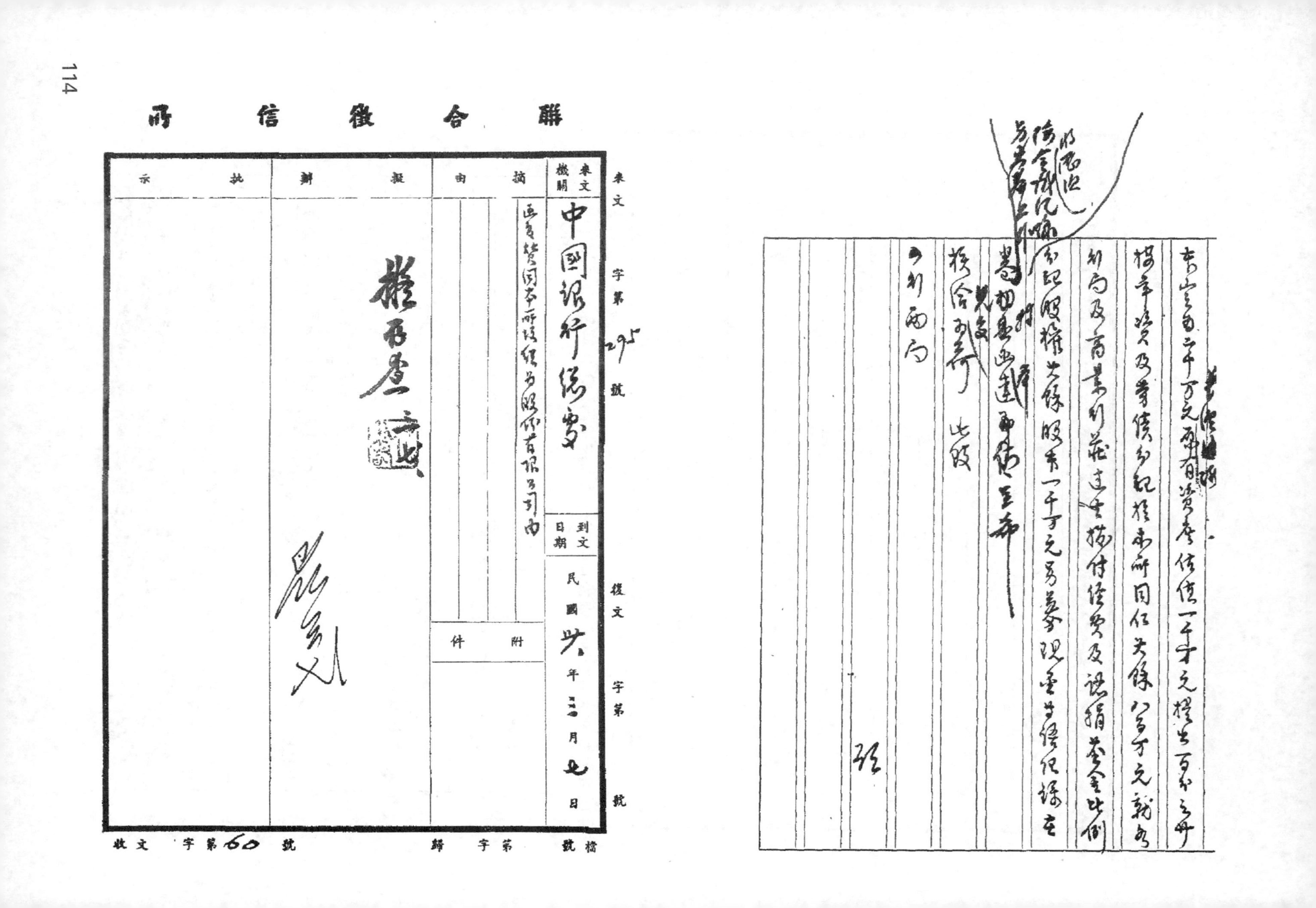

聯合徵信所

來文機關	中國銀行總處	到文日期	民國卅六年三月七日
摘由	函覆貴同業所詢[illegible]股份有限公司由	附件	
擬辦	權存查 [illegible]		
批示			

來文 字第295號 復文 字第 號

收文 字第60號 歸檔 字第 號

本公司自二千万元[illegible]資本信託一千万元撥出一百万元為

撥本並資及業債分紀損本所同仁失條八百万元就為

初向及商業行[illegible]達其損付借貸及認捐基金比例

分配股權共餘股東一千万元為募現金出借但擇存

[illegible]至希

[illegible] 此致

[illegible]

中國銀行總管理處

逕復者：接准滬滙[?]徵字第四四號函以

貴所經第一、二兩次所務委員會議決改組為設份有限公司，資本定為金圓貳十萬元，其中以京行資產估值壹千萬元提出百分之二十分配於同仁，百分之八十就各行局及商業行莊過去撥付經費及認捐基金比例分配股權，其餘股本壹十萬元另募現金，檢附第一次所務委員會紀錄一份請予斷復等由。關於

貴所第一、二兩次所務委員會各項決議，敝行均表贊同，相應函復，即希察洽為荷。此致

聯合徵信所

中國銀行總管理處啟

中華民國卅八年三月五日　總滬38（業）295　第　頁

聯合徵信所

來文　業字第六九〇號　　復文　字第　號

來文機關	中國農民銀行總管理處
到文日期	民國卅八年三月七日
摘由	函復本所改組股份公司表贊同由
附件	
擬辦	擬存查　三、七　[illegible] 三、八
批示	

收文　字第63號　　歸　字第　檔號

業(38)字第2九〇號　第　頁

中國農民銀行總管理處用箋

接准

貴所滬聯字第446號函暨附會議紀錄一份均經洽悉查原議業決定改組為股份有限公司另募新股及原有資產估值分配辦法本行均表贊同相應函復即請

查照為荷此致

聯合徵信所

中國農民銀行總管理處

中華民國卅八年叁月五日 發出

聯合徵信所

來文 字第1017號

來文機關	中央銀行
摘由	函覆本所改組為股份有限公司已陳明備案由
到文日期	民國卅八年三月十七日
附件	
擬辦	擬存查
批示	

收文　字第71號　歸　字第　號　檔號

中央銀行用箋

准滬聯字第四四號

大函爲 貴所改組爲股份有限公司股本定爲貳千萬圓原資產估值壹千萬圓其中百分之廿分配於同仁百分之八十分配於各行莊其餘壹千萬圓另募埧金囑洽照等由復准

貴所滬聯字第四六號函送股份有限公司籌備會會議紀錄壹份業經陳准備案相應函復即希

查照爲荷

此致

聯合徵信所

中央銀行

秘書處副處長 曾克熙

秘字第1210號 第全頁 卅八年三月十六日

37.11.100000

聯合徵信所

來文機關	交通銀行總處
來文字第	256號
到文日期	
復文	民國卅八年三月十六日
摘由	[illegible]
附件	

擬辦：各行莊分配比例是否照分攤本所經費比例分配抑另行規定比例分配呈候所務會議決定後再復。

批示：[illegible]

收文字第83號

交通銀行總管理處用箋

逕啟者准滬聯38字第四四號及四六號

台函祗悉關於

貴所上次所務委員會議議決改組為股份有限公司改定資本額為貳千萬元其中資產升值壹千萬

元另募現金股款壹千萬元一案敝行原則同意惟各行局分配比例若干仍希

查明見示為荷此致

聯合徵信所

交通銀行總管理處 啓

中華民國卅八年三月廿五日

稽特字第256號 第全頁共頁 總一

聯合徵信所

來文[illegible]字第1139號　　復文　字第　號

來文機關	郵政儲匯局	到文日期	民國卅八年三月卅日
摘由	[illegible]	附件	
擬辦	存查		
批示			

收文字第85號　　歸　字第　號　　檔號

聯合徵信所

來文機關	中央信託局
來文	[illegible]字第2161號
到文日期	民國卅八年4月十七日
摘由	為本所改組公司事承同意由
附件	
擬辦	擬存查 四、十二
批示	[illegible]

收文 字第96號　歸 字第 號　檔號

[S.F.—5]

郵政儲金匯業局 函

滬儲字第一一三九號

中華民國卅八年三月廿八日發

事由：關於貴所分配股權事項

貴所卅八年二月廿二日滬聯(38)四四號函以第一二次所務委員會議決擬將徵信所現有組織改為股份有限公司並規定公司股本為二千萬元資產估值壹千萬其餘壹千萬另籌現金各行局過去撥付經費比例分配股權等由准此本局可予同意相應函復

即請查照為荷此致

聯合徵信所

郵政儲金匯業局 啓

收文　字第　號
文案　字第　號

第　頁

中央信託局　函　(三八)字第216號　中華民國三十八年四月八日

摘由：為貴所改組為股份有限公司一案本局自應同意，希查照由　附件

准

貴所滬聯(38)字第四號函，以為改組為股份有限公司，經第一次所務會議議決公司股本定為二十萬元，各會員資產估值一十萬元，其中百分之廿分配於國信，百分之八十分配於各行莊，其餘一十萬元規定增資等由，除本局應照准外，相應復請

查照為荷。此致

聯合徵信所

中央信託局

局長 [illegible]

联合征信所股份有限公司筹备会议纪录(1949年2月16日)

联合征信所股份有限公司筹备会议纪录

日期　卅八年二月十六日下午三时

地点　中国银行九楼中行会议室

出席　[illegible]

主席　[illegible]　　纪录　[illegible]

報告事項

[illegible]

[illegible]

[illegible]

[illegible]

[illegible]

[illegible]

[illegible]

[illegible]

討論事項

一、[illegible]

決議：[illegible]

二、[illegible]

決議：[illegible]

[illegible]

[illegible]

[illegible]

[illegible]

[illegible]（散會）

收支月報表

中華民國38年2月份　（附表三）

支出金額	科目	收入金額
	收入	
	新聞訂費	1,150,195.00
	調查費	6,800.00
	廣告刊費	5,400.00
	電機租費	1,828,335.00
	支出	
	辦公費類	
14,400.00	文具	
39,796.87	郵電	
1,300.00	印刷	
25,886.00	消耗	
60,190.00	旅費	
79,142.00	報章圖書	
201,068.87	稅捐	
71,833.00	什支	
110,776.00	交際費	
6,650.50	膳費	
40,875.00	修繕	
470,111.18	房租	
42,031.40	水電費	
	薪給類	
438,392.90	薪津	
75,170.00	工資	
	特殊費類	
34,446.00	[illegible]	
150,021.60	發行費	
10,000.00	[illegible]	
1,075,000.00	紙張	
75,000.00	印刷	
322,343.41	郵電	
1,398,096.60	[illegible]	
		1,640,328.33
5,234,128.33	合計	5,234,128.33

科目　股款　　　　附表二

戶名	金額
大中商業銀行	300,000.00
永慶錢莊	200,000.00
民滄公司	200,000.00
金城銀行	400,000.00
四川建設銀行	200,000.00
四川畜產公司	300,000.00
永生錢莊	200,000.00
美豐銀行	300,000.00
通惠銀行	200,000.00
振華銀行	200,000.00
[illegible]康銀行	200,000.00
富利公司	200,000.00
寶豐公司	200,000.00
新華銀行	400,000.00
中南銀行	400,000.00
和成銀行	300,000.00
怡豐銀行	200,000.00
重慶銀行	300,000.00
亞西銀行	200,000.00
強華公司	200,000.00
聚興誠銀行	300,000.00
夏鑒康先生([illegible])	200,000.00
其昌銀行	200,000.00
李時翔先生([illegible])	200,000.00
大裕銀行	200,000.00
川康銀行	300,000.00
錢業公會各錢莊	1,000,000.00
義豐錢莊	200,000.00
浙江第一商業銀行	400,000.00
中國[illegible]商銀行	400,000.00
大陸銀行	400,000.00
中國實業銀行	400,000.00
台灣銀行	400,000.00
[illegible]銀行	200,000.00
大有餘油廠	400,000.00
同心銀行	200,000.00
四明銀行	400,000.00
浙江興業銀行	400,000.00
謙泰豫銀行	200,000.00
新光標準內衣廠	400,000.00
合計 G.Y.	11,900,000.00

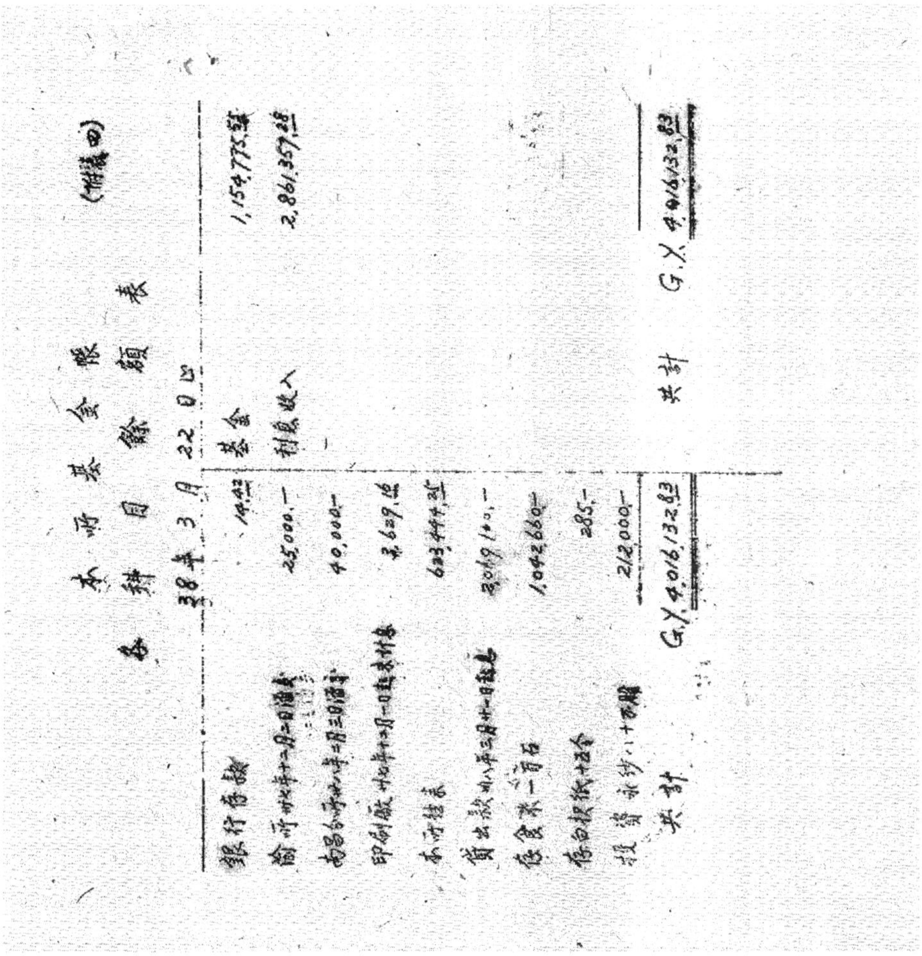

本所基金帳
各科目餘額表
（附表四）
38年3月22日止

銀行存款	14.43	基金	1,154,775.55
渝所 卅七年十二月二日滙來	25,000.—	利息收入	2,861,357.28
南昌分所 卅八年二月三日滙來	40,000.—		
印刷廠 卅七年十二月一日起來材料	3,629.15		
本所結來	623,444.35		
貸出款 卅八年三月廿一日起息	3,019,100.—		
存食米一百石	1,042,660.—		
存白報紙十五令	285.—		
投資 永紗八十万股	212,000.—		
共計	G.Y. 4,016,132.83	共計	G.Y. 4,016,132.83

联合征信所股份有限公司章程(1949 年 2 月)

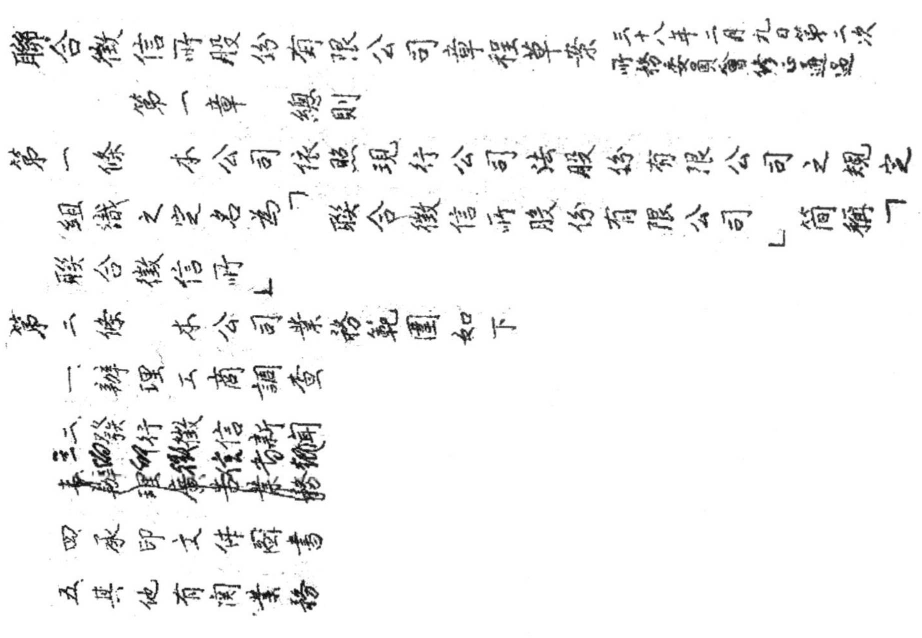

聯合徵信所股份有限公司章程草案 三十八年二月九日第二次所務委員會修正通過

第一章　總則

第一條　本公司依照現行公司法股份有限公司之規定組織之定名為「聯合徵信所股份有限公司」簡稱「聯合徵信所」

第二條　本公司業務範圍如下

一、辦理工商調查

二、發行徵信新聞

三、辦理徵信事務

四、承印文件與書

五、其他有關業務

第三條　本公司設總公司於上海並得於國內外各地設立分公司

第四條　本公司公告方法係登載本公司出版物或通函為之

第二章　股份

第五條　本公司資本總額定式千萬元分作式千股每股壹萬元一次繳足

第六條　本公司股息定為週息八厘

第七條　本公司股東以中華民國國民為限

第八條　本公司股票概為記名式由董事長主簽常務董事副簽發行之

第九條　本公司股東持有股票如欲轉讓他人時應先填具股份轉讓過戶申請書經本公司審核准許後方可過戶註冊凡未過戶註冊者本公司仍認原股票為股東

第十條　股東應將印鑑存留本公司其行使一切權利時均以印鑑為憑如須變更印鑑應以原印鑑書面通知本公司

第十一條　股票或印鑑遺失或滅失時應將遺失或滅失事由登載本公司所在地大報三家三天並以書面向本公司声明經過二個月後如無糾葛原股東得將公告之報紙全部送交本公司存查並覓妥保更換之

第十二條　股東因過戶及遺失等情而申請換發新股票應

繳納手續費印刷費及印花稅

第十三條　股東常會三十日前臨時會十五日前停止股票過戶

第三章　股東會

第十四條　本公司每年召集股東常會一次遇必要時得依公司法召集臨時會

第十五條　股東常會及臨時會由本公司董事會召集之

第十六條　股東會開會時以董事長為主席董事長因故缺席時由常務董事中公推一人為主席

第十七條　股東會開會時須有股份總額過半數之股東出席否則應於一個月內重新召集第二次會議

第十八條　股東會之決議以全部出席股東代表股權過半數行之同數時取決於主席

第十九條　各股東每一股有一表決權一股東有十一股以上之股份以八折計算不滿一權者不計但一股東之表決權及其代理他股東之表決權合計不得超過全體在會表決權五分之一

第二十條　股東因故不克出席得出具委託書委託其他股東代理

第二十一條　股東會決議事項應作成記錄由主席簽名蓋章連同出席股東簽名簿代表委託書一併交本公司保存

第二十二條　股東會決議事項應即由董事會交付經理執

行

第四章 董事監察人及職員

第二十三條 本公司由股東會就股東中選舉董事十一人其任期為三年連選得連任之

第二十四條 本公司由股東会就股東中選舉監察人三人其任期為一年連選得連任之

第二十五條 董事會設常務董事五人互推一人為董事長常務董事由董事會互選之其任期与董事同

第二十六條 董事會由董事長召集之開會時由董事長主席董事長因故不能出席時由常務董事互推一人為主席

第二十七條 本公司設總經理一人綜理本公司業務由董事

(三)

會聘任之

第二十八條 各分公司經理及總公司各部主管人員由總經理提請董事會任用之以下人員由總經理任用之

第五章 決算及盈餘分配

第二十九條 每年年終為決算期由本公司造具決算書送請董事會核轉監察人覆核後報告股東會

第三十條 每年純益除先提公積金百分之十並依法繳納税款後按照規定發付股息如有餘額作百份分配如下

一 股東紅利百分之五十

二 董監酬勞百分之十

三 員工獎勵金百分之廿五

（四）

四、特別公積金百分之五

五、福利基金百分之十

第六章 附則

第三十一條 本章程未盡事宜依照公司法及有關法令辦理

第三十二條 本章程由股東會通過並呈經主管官署核准施行修改時同

联合征信所员工福利协会成立大会记录(1949 年 3 月 21 日)

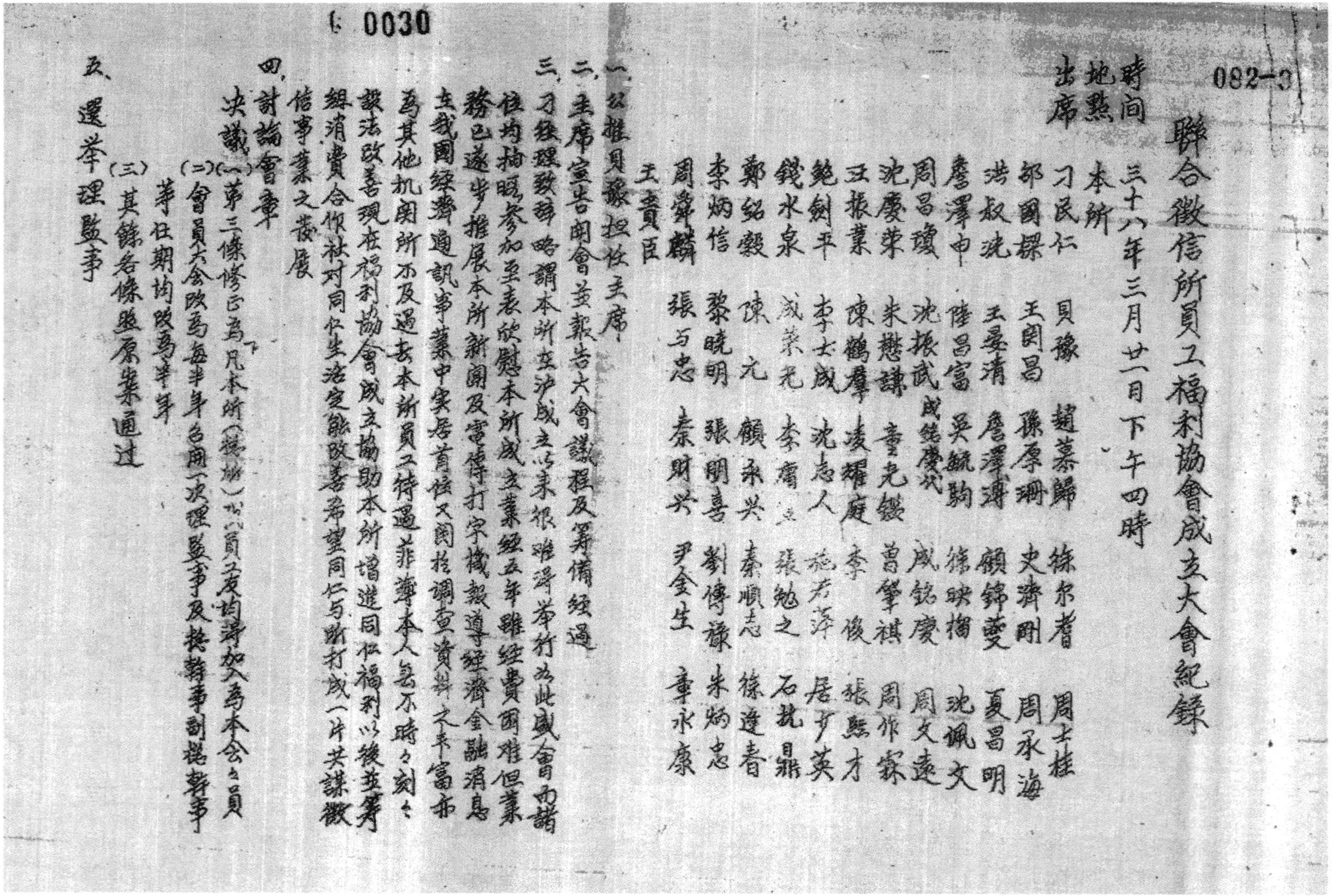

0030

082-3

聯合徵信所員工福利協會成立大會紀錄

時間　三十八年三月廿一日下午四時

地點　本所

出席　刁民仁　貝豫　趙慕歸　徐尔耆　周士桂
邹國樑　王閔昌　孫厚珊　史濟剛　周永海
洪叔洸　王晏清　詹澤沛　顧錦夔　夏昌明
詹澤中　陸昌富　吳毓駒　徐映楣　沈佩文
周昌瓊　沈振武　戚銳慶　戚銘慶　周文達
沈慶榮　朱懋謙　童光鎰　曾肇祺　周作霖
汪振業　陳鶴聲　凌耀庭　李　俊　張熙才
鮑劍平　李士成　沈志人　施若澤　居少英
錢水泉　戚榮光　李霭立　張勉之　石抗鼎
鄭紹毅　陳　元　顧承興　秦順志　徐達春
李炳信　黎曉明　張明喜　劉傳祿　朱炳忠
周舜麟　張万忠　秦財興　尹金生　章永康
王貴臣

一、公推貝豫担任主席

二、主席宣告開會並報告大會議程及籌備經過

三、刁經理致辭略謂本所在沪成立以來很難得舉行如此盛會而諸位均抽暇參加至表欣慰本所成立業經五年雖經貴國難但業務已逐步推展本所新聞及電傳打字機報導經濟金融消息在我國經濟通訊事業中實居首位又關於調查資料之豐富亦為其他机關所不及過去本所員工待遇菲薄本人無不時時刻刻設法改善現在福利協會成立協助本所增進同仁福利以後並籌組消費合作社对同仁生活定能改善希望同仁与所打成一片共謀徵信事業之發展

四、討論會章

決議（一）第三條修正為凡本所（總所）職員工友均得加入為本會會員
（二）會員大會改為每半年召開一次理監事及總幹事副總幹事任期均改為半年
（三）其餘各條照原案通过

五、選舉理監事

(一)推荐袁昌明、李永康担任苏州国货商部理监事担任总务事
李肖宗担任秘书事

(二)当选理监事如左、

(理事)郑锦鑫 廿票 石振南 卅票 沈振武 卅票 贝聚鑫 卅票
张毓之 廿票 袁昌明 卅票 周士林 卅票

(候补理事)李甫宗 十八票 钱锦康 十八票 王兴昌 十一票

(监事)钱荣光 廿票 钱在茂 廿票 赵基膦 廿票

(候补监事)洪叔虎 十五票

七、散会

聯合徵信所全體員工名單

（一）職員

鄭紹穀 黃德先 （總務組） 洪叔沈 徐阜耆 王嘉治
史繼劉 周承海 沈佩文 （調查組） 石枕存 夏昌明
周士桂 王閔昌 顧錦燮 詹聲溥 邵國樑 徐映榴
吳毓駒 周昌瓊 詹聲中 陸昌富 （新聞組） 張魁之
趙慕歸 李鴻寶 凌耀奄 張孫修 韋永康 盧　誠
陳鶴群 林路萍 張寶和 （英文組） 貝　祿 曾肇祺
何庚海 周作霖 章光鐵 周文玠 （電務組） 戚榮光
張熙才 李　俊 施劍平 [illegible] （業務組） 沈振武
成銘慶 朱伯勳 孫學珊 錢　采 俞若萍 宋懋謙
周文遠 李士誠 汪振業 沈慶棠 唐少英

（二）工友

秦財興 顧永興 徐延桐 顧水生 尹金生 戚祥根
秦順志 李炳信 魏維沐 闞宏忠 張才寬 陳　元
睢隆慶 王德龍 李炳棠 陳秀子 解逢春 蔡曉明
王黄臣 徐明告 張明喜 張與忠 沈學正 朱炳忠
秦子泉 徐何周 朱祥林 柏何福 包根棠 周舜麟
李榮德 王順高 何漢棠 顧信潮 羅平波 廖彬棠
曾勇根

- - - - - - - - - - - - - - - - - - - -

選票

茲選舉後列各人為理事

1.
2.
3.
4.
5.
6.
7.

茲選舉後列各人為監事

1.
2.
3.

選舉人

上海军事管制委员会派军事代表接收联合征信所函(1949年6月1日)

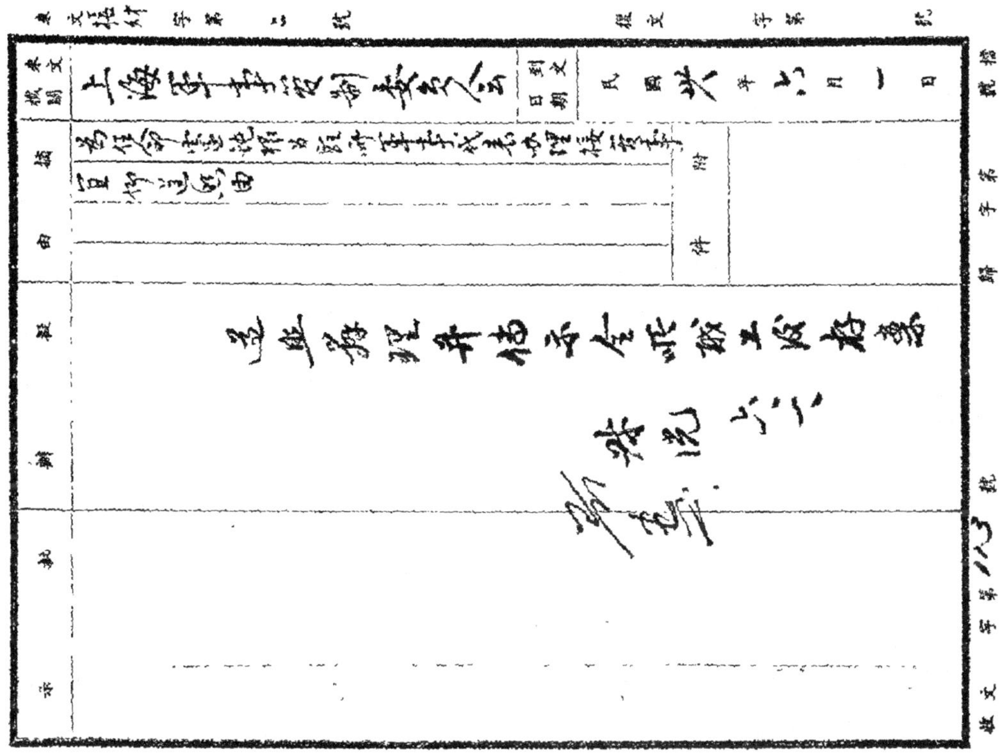

中國人民解放軍上海市軍事管制委員會命令 接財字第[illegible]號

令聯合徵信所

查聯合徵信所為官僚資本企業，茲任命盧鈍根為本會駐該企業軍事代表，在軍事管制時期，代表本會在該企業執行軍事監督及辦理一切接管事宜，仰該企業所有人員，照舊供職，安心工作，切實服從領導，遵守革命法紀，保護資材、機器、圖書、儀器、賬冊、檔案、車輛、用具等，並應由該企業負責人員造具詳細清冊，確實報告，聽候清點接管。凡保護有功者獎，怠工破壞陰謀搗亂者，依法嚴懲不貸。除分令外，仰即切實遵照毋違為要。

此令。

主任 陳毅

副主任 粟裕

一九[illegible]月三十一日

奉

中國人民解放軍上海市軍事管制委員會本年五月卅一日接財字第式號命令內開：

「查該公司係官僚資本企業，亦依命令接收，根據本會派遣企業軍事代表，在軍事管制時期，代表本會接管該公司業務，軍事代表指揮及辦理一切管理事宜。仰該公司所有人員，照舊供職，安心工作，切實服從領導，並維持業務紀，保護資材、機器、圖書、檔案、賬冊、物資、車輛、用具等，並由該公司負責人員造具詳細清冊，據實報告，聽候清點接管。凡保護有功者獎，怠工破壞隱匿偽亂者，依法嚴懲不貸。除分令外，仰即切實遵照辦理為要。此令。」

等因，奉此，自應遵照辦理，合行轉知，本公司員工仰一體遵照為要。

年　月　日

联合征信所成立经过及概况(1949 年 8 月)

联合征信所成立经过及概况

一、成立经过

民国三十四年春，重庆市金融工商各界人士鉴于明瞭

[illegible]

二、所員

本所由渝市聯合票據承兌所發起組織成立後一面推進業務一面廣徵所員所有所員分基本與普通兩種各金融工商單位均得自由參加兩種所員相異之點厥為基本所員無入所費不納所員年費所有委託調查事項及贈送新聞亦不受數量上之限制但以攤補本所逐月收支差額之方式用代納付調查及新聞費用而普通所員則於入所時繳納定額之入所費每年納年費但委託調查案件略有限制逾限則酌收成本費而已現有基本及普通所員在上海共八十五家南京者六十家

三、組織系統

本所組織系統，當成立之初，係以所員代表組成立所務委員會，為最高決定機構，舉凡一切重要人員之調派，業務方針，財務收支，悉係由所務會議決定，而由本所執行之。所以下分調查、新聞、英文、業務、總務五組，以利於各地，因事實之需要，在重慶、漢口、南京、南昌等都市先後設立分所，均直隸本所。三十七年，為謀於自立生存，以奠定本國僅有之事業基礎起見，曾洽請滬市銀行業同業公會暨上海工商各業以及各分所當地之金融工商界協助，以籌集事業基金，以為數不鉅，事未果行。迨本年二月間，各所員以物價飛漲，維持不易，徵得各所員之同意，並經所務委員會之決議，改組為股份有限公司，其資本二千五百萬元，內計行局佔九百五十六萬九千元，工商業行莊及廠商佔一千二百九十三萬一千元，同仁股佔二百五十萬元（行局股及商業行莊暨廠商股係以兩者之月份津貼及募集基金撥成），並已分別收齊。在公司未組成前，仍暫由所務委員會維持現狀，但先行擴大所務委員會之組成分子，為各董事會基礎，所內業務財務由同人分組委員會協助處理。各地分所仍屬於本所，又在民國廿五年向啟新產業處價購大小印刷機十七部（原有十六部，後又購四開機一部），設印刷所於提籃橋匯山里。自去年八月十九日結束改組後，以業務蕭條，除工場臨時業已停開。目前本所之組織，分總及所務委員會，委員名單如左（見另單）

組織系統

所務委員會——本所

會員委務ⅢⅠ……本所……業務委員會

本所：
- 調查組
- 新聞組
- 英文組
- 業務組
- 總務組
- 重慶分所
- 漢口分所
- 南京分所
- 南昌分所

所務委員名單

李立侠先生

張心一先生

李馭哉先生

王伯天先生

羅吟圃先生

董希錦先生

王志莘先生（以上王志莘至歐陽侖廿九委員係所務委

徐國懋先生　員會推選之當然出席委員）

沈日新先生

胡銘紳先生

袁尹邨先生

項叔翔先生

楷鎮華先生

王酌清先生

歐陽侖先生

四、業務情形

本所業務以服務社會為第一義目前約可分為二部份：其一為靜態之調查即自動或接受委託調查工商貿易各業之狀況與資信編印專類冊籍（卅六年上海金融業概覽上海絲織業概覽上海製造廠商概覽上海市生產交通事業概況卅七年上海金融業手概覽）以備投資與企業家之參考；其二為動態之調查報導即按日發行徵信新聞（中英文版兩種）與舉辦儘動打字機以純客觀立場報導金融交通貿易建設工礦等生產運銷情形及物價行情供給各界訂閱以

溝通各業之實際情形，促進生產事業

五　資料之蒐集

徵信事業主要價值之一，自在經濟資料之蒐集與整編。本所經數年之經營，目前所存資料為上海版徵信新聞全份，二、廠商資料四千餘件，三、個人資料約二萬件，四、剪報資料全份。

六　職員數

本所當成立時僅有職員五、六人，嗣以業務增加，乃擴大範圍，增至一百人。卅七年冬遭受物價波動，支付浩繁，支應困難，曾一再緊縮，至目前止共職員四十九人，工友粮差三十八人（另外所未計入）。

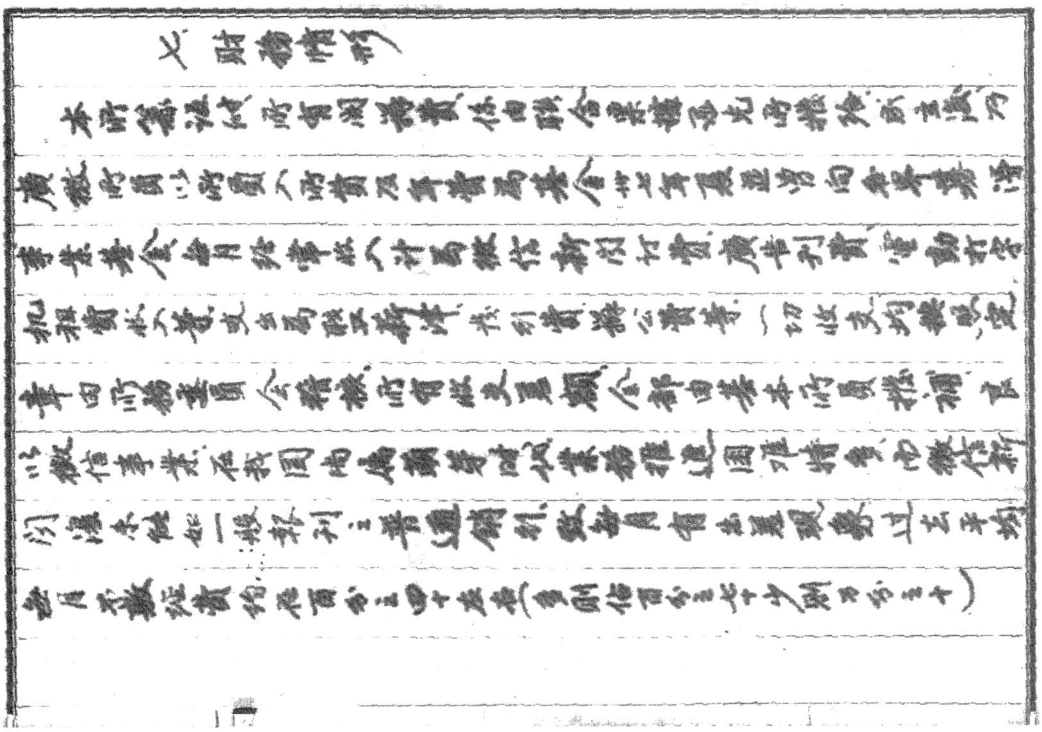
七、财务情形

联合征信所结束及改组成立上海工商调查所等(1949 年 8 月～1952 年 2 月)

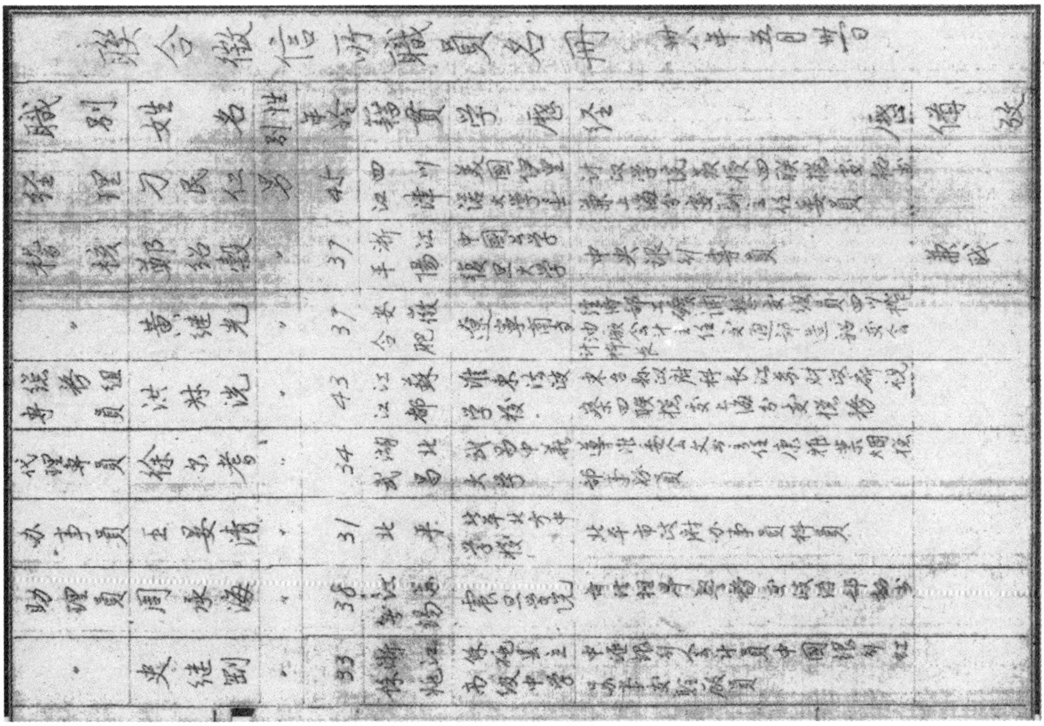
联合征信所职员名册

〃	沈佩文	女	25	江蘇吳縣	英華女子中學	揚州地產公司辦事員
業務員	楊家瑛	〃	24	〃	蘇州中學	大成錢莊會計
調查組主任	石桃新	男	38	江蘇淮陰	國立中央大學	中央銀行經濟研究處職員、東吳大學、光華大學教授
專員	夏昌明	〃	34	江蘇青浦	大夏大學	浙江興業銀行職員
〃	周士桂	〃	29	浙江海鹽	交通大學	大康銀行會計、信誼藥廠稽核
〃	王閔昌	〃	32	上海	大夏大學	永寧保險公司及中國利民保險公司職員
辦事員	顧錦夔	〃	31	江蘇南匯	〃	中國銀行職員、永豐紡織公司襄理
〃	詹澤溥	〃	29	上海	〃	天光小學教務主任、光中銀行職員
〃	邵國樑	〃	33	浙江慈谿	光華大學	永裕皮革主任、同盛錢莊襄理
〃	徐映瑞	女	51	北平	南通女師、北平女子師範	上海國際小學校長、中國徵信所職員

〃	吳毓駒	男	28	浙江長興	暨南大學	財政部貨運管理局東南運輸處會計
〃	詹澤中	〃	27	上海	大夏大學	正始女中教員
〃	陸昌富	〃	24	浙江鄞縣	〃	利生小學教務主任
新聞組主任	張超之	〃	43	福州	北京大學	哈瓦斯通訊社編譯、福建省政府會計處主任、福建學院教授
專員	李蜀宣	〃	28	江蘇江浦	大夏大學	江蘇省政府財政廳科長、南匯縣政府秘書兼地政科科長、人事室主任
辦事員	凌耀庭	〃	36	浙江鄞縣	聖約翰大學	大中海商行辦事員、章·康士—藥房推銷員
〃	章永康	〃	44	浙江吳興	吳興專校	上海新聞、武漢日報記者、皖報記者
〃	張孫修	〃	42	浙江吳興	吳興專校	浙江省政府長興煤礦局會計、福建省營貿易局公司主任
〃	童誠	〃	26	浙江諸暨	上海法學院	大同日報、前線日報記者
〃	陳鶴群	〃	33	浙江海鹽	復旦大學	新越日報主筆、經濟民教館長、前線日報編輯

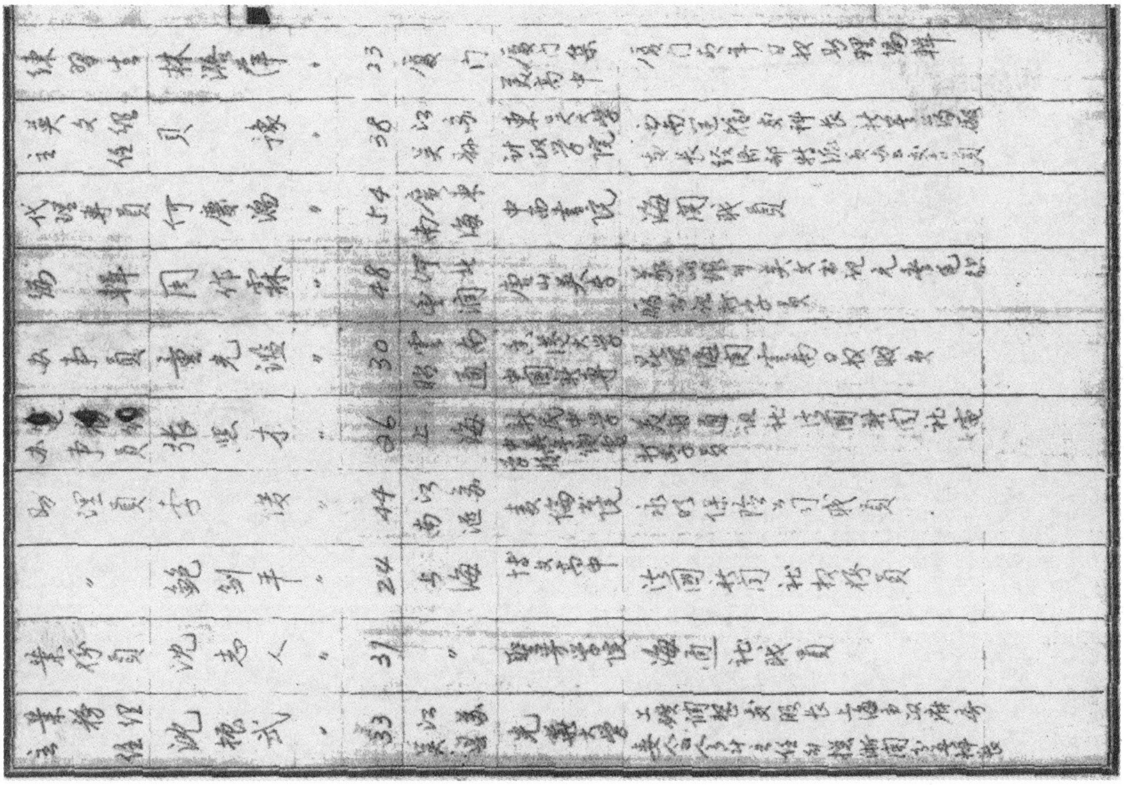

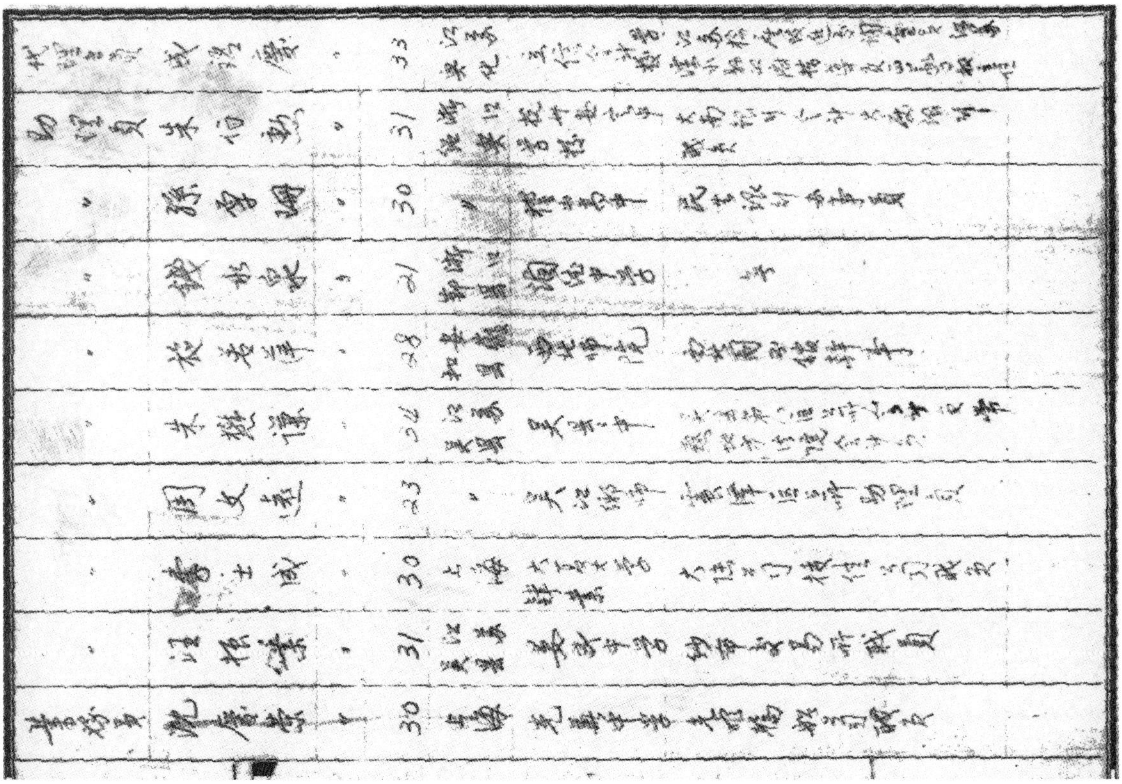

聯合徵信所清理處啟事

查聯合徵信所業經上海市軍管會財政經濟接管委員會接管並成立本處清理茲為結束本處工作起見用特再行公告凡對前聯合徵信所有權益主張者統限于九月二十七日以前持證前來本處登記以便彙辦逾期不再受理特此公告

地址：河南中路三〇三號

上海工商調查所通告

本所自四月十四日起改名為上海聯合徵信所一切工作照常進行特此通告

一九五一年四月十四日

上海聯合徵信所 昨日正式成立

【本報訊】本市上海工商調查所，因領導關係移轉至中國人民銀行華東區行，接受本市國家銀行及公私合營銀行放款業務的徵信工作任務，已與國家銀行及公私合營銀行合組的聯合徵信委員會合併，改組為「上海聯合徵信所」，由華東區行通過該所理事會直接領導。該所昨日下午已正式成立，地址仍設河南中路三〇三號上海工商調查所原址，成立大會上，到華東區行謝副行長，放款處趙帛處長、周耀平副處長，及華東區行計劃處處長兼該所理事會理事長吳承禧，理事孫瑞璜等多人，首先由吳理事長報告改組意義，宣佈負責人員後，謝副行長、趙帛處長及孫瑞璜理事等，先後對於該所今後如何做好徵信工作，指示極多。該所所長馮和法及副所長何嘉褚，亦於昨日就職。

上海聯合徵信所結束公告

本所業於一九五一年十二月份由上海市人民政府財政經濟委員會接管根據精簡原則除出版工作已自本年一月一日起停辦外其餘業務亦已歸併有關部門辦理特此公告結束

公元一九五二年二月八日

二、联合征信所各地分所报告、业务往来函件

1. 重庆分所

联合征信所渝沪字第 1～23 号工作报告(1945 年 9 月～1946 年 1 月)

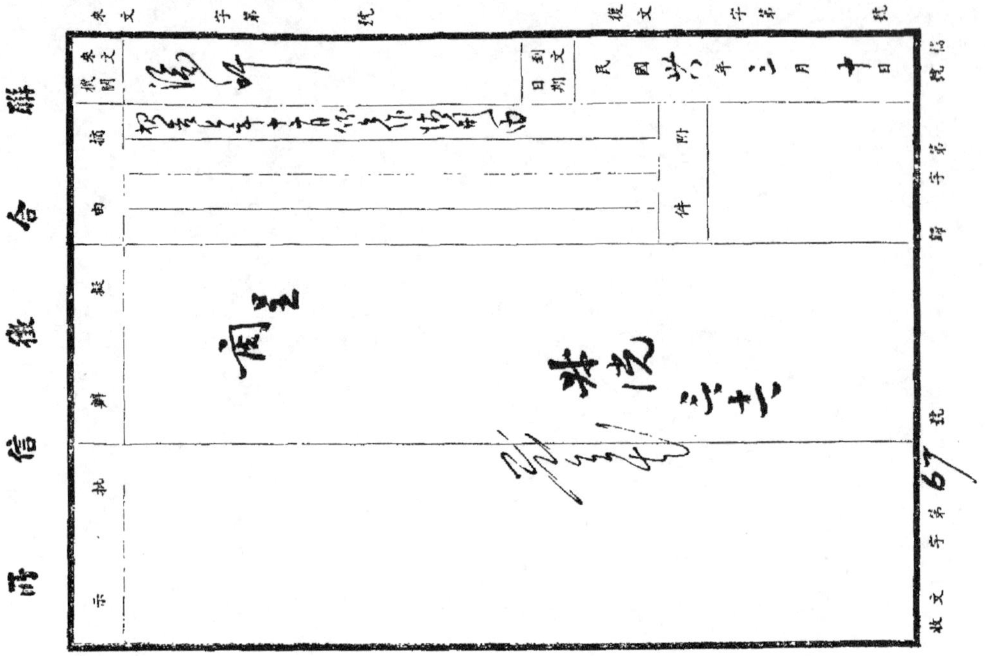

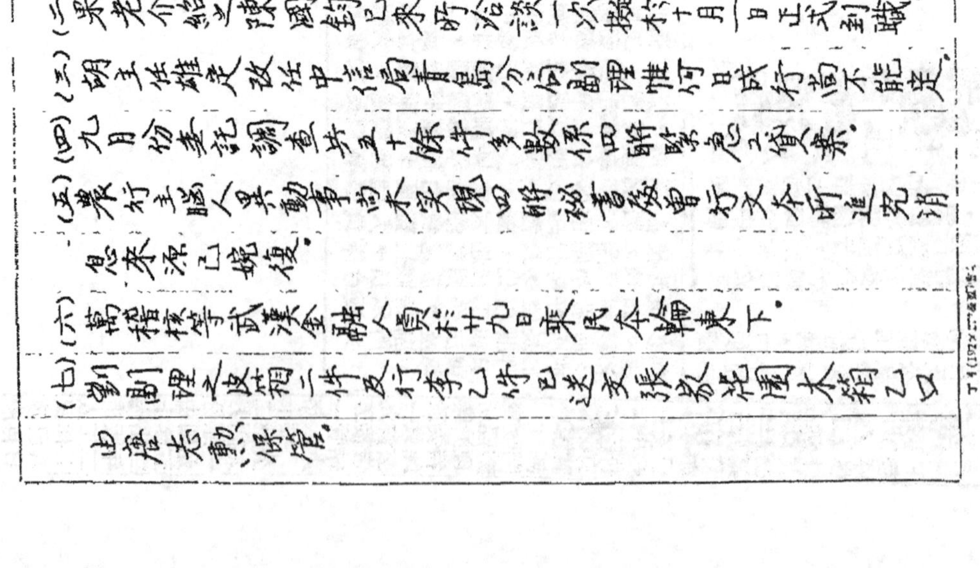

（八）九月廿日「新聞訂費」餘額為七五〇，九〇〇元，至九月廿八日已增至二，一八四〇〇元，計增收三五七五〇〇元，預計本日尚可收數萬元。

（九）九月廿七日收到滬委會「調查費」二五，〇〇〇元。

（十）復禮銀行於廿七日入所為普通所員，現普通所員總數為五十九家。

（十一）九月下半月員工薪津已於廿八日發放，故廿八日各費用科目餘額即可作為九月份開支總數，茲將廿八日各費用科目餘額列後：薪給費二五五，三二一元，辦公費八〇，三五三元，出版費三二〇，五八〇元（原餘額為一五二，三八〇元，現發稿費一五一，〇〇〇元及煤油訂書釘一七，二〇〇元，合計如上數），總計三，三七八，二四四元，除收入約一百二十萬元

丁4（192×272公厘）會用

外，約實支二百一十萬元，每一行局約攤三十五萬元，較上月每一行局少攤七萬餘元，暫付款餘額亦已減至一四一，九一五元。

（十二）交行透支三百萬元，據武君云（交行儲備調人員）總管理處已批准，俟該行員接文到所，即往洽辦手續，前擬託人帶款至沪，後因檢查過嚴，均未帶出，現是否尚需用款，請

核示。謹呈

經理 刁

副經理 劉

職 馬澤恆 謹呈 九月二十九日

黃縱光 謹呈

丁4（192×272公厘）會用

渝滬字報告第2號

(一) 五日上午九時開第七次開支審查會通過九月份經費開支計支出三、二九三、六七四元收入一、二三五、八〇〇元實支二〇六七八七四元每行攤三四四、六四六元兩局各少攤一元。

(二) 十月份新聞訂費收入較九月份為佳一日至五日已收卅四萬二千元本日上午在十時以前餘額已達四十萬預計中午及下午尚可收入數萬元。

(三) 中國農村水力公司九月份託查案件十六件計應收調查費八萬元已去函收取。

(四) 徵信報告第一期已於四日出版分送各普通所員第二期在編輯中。

(五) 陳國鈞於一日到職在資料組工作。

(六) 交行三百萬透支已經交行總處批准但保證人仍須承光所担任請就近與部協理洽商函渝承光所辦理。（詳情見五日航函）

(七) 新聞登記事經愛金兄前往查詢尚未經部長批下須設法催辦正辦理中。

(八) 撥週轉金除中農外餘均收到經去函路美中查詢據復以會計處手續延誤已催請速辦。

(九) 頃接倫敦Arthur Lyon & Co.來函託介紹可靠之中國進口商以便接洽推銷Alco牌小型動力機充電設備抽水機吸水機等除即代為調查外上海如有可靠之進口商請便中函示。

(十) 胡雄定兄擬於月半後去中信局赴青島日期尚未定。

右陳

經理 刁

副經理 劉

職 馬澤恆 黃總 謹呈

十月六日

丁4（192×272公厘）會用

渝滬字第三號報告 十月十三日

一、陳國鈞新額未定請核示（附簡歷表一份）

二、奉劉秘書長面諭調楊惠村至四聯工作并介紹蔣德厚遞補遺缺已函蔣小姐來所報到

三、徵信新聞訂費上週末餘額為四三三四〇〇元本週一至五已收四九四、八〇〇元昨日餘額為九二八二〇〇元今日尚可收數萬元至月半時當不難達到一百二十萬之譜（本日徵信對餘額為一〇二六、六〇〇元）

四、辦公費已支出二七五五二〇元新給費八六四一六八元（係上半月員工薪津）出版費一〇八〇七〇元各項費用合計一二四七七五八元此數即可作為本月上半月全部支出數預計本月份支出數可大為減少與收入抵冲相差不多

五、因收支相差甚徵請將在滬費用帳據隨時寄渝以便列入本月份支出數內

六、新聞組同仁自本月份起改支固定差費計蕭明黄宇乾田惟和何顯重等四人各月支一萬元厲良敏蔣芳各月支八千元不再另報差費各公會所報行情已全部停止所有各項行情由同仁自行調查工作情緒尚稱緊張并自下週一起增加酒類行情

七、自昨日起行情日報增闢「外埠行情」專欄請經常剪寄上海行情逐日寄渝以便逐日刊登

八、新聞登記事中宣部已來函「特准設立」惟仍應依法聲請登記已

請發全兄前往辦理登記手續

九、雄定兄改入中信局係鄒曾侯先生介紹赴青島期尚未確定予島分局經理人選亦未定附上雄定兄致二公函一件

十、農行應增撥之週轉金八十萬元前曾函請駱美中催辦迄仍無消息擬便中親往一查窃疑與本行前發覆之新聞有關

十一、任次森等赴津乘坐之飛機於陝豫交界處失事聞已查獲屍身廿餘具任君確息尚無恐凶多吉少奉諭發聘書及交週轉金一百萬元在任君啓行之後否則本行亦將遭受損失矣

十二、龔健軍等已赴粵吳長賦賀其森等尚未首途張乃鈞將隨賀赴台據吳君表示到東北後決將徵信分行籌備起來

丁 4（192×272公厘）會印

十三、范堯峯擬於本月底自行設法來滬并表示願在滬繼續效力囑轉為請示

十四、委託調查工作除四聯急貸外承允行中行郵滙局亦有少數近又接倫敦一公司來信囑為介紹中國進出口商除代為調查外擬請注意滬上進出口商情形

右呈

經理 刁

副經理 劉

職 馬澤恒

黃紹光 謹呈

丁 4（192×272公厘）會印

渝滬字報告第四號

一、胡主任及龔平邦於月半辞職均已批准龔平邦係赴台湾
辦報蔣德厚十五日到旰

二、徵信報告第二期今日出版内容介紹恆順機器廠該刊已另行
航寄

三、新聞訂費昨日餘額已達一百七十萬元本月可望超過二百萬元

四、徵信新聞篇幅每日約為三張星期六加一張故繕寫人員暫可不加
如以後稿件增多篇幅擴充時再設法調整

五、油印機運滬事正在洽運中

六、徐副秘書長已決定任央行業務局〻長但尚未見明令並傳顧
翊羣有改任四聯秘書長之説

七、中宣部特准設立徵信新聞滬函隨報告寄上申請登記呈文已
送内政部

八、委託調查案件本月份截至廿日止已有五十餘件

九、新聞組工作情形另由愛全兄詳報

右呈

經　理　刁

副經理　劉

附中宣部原函乙件

職　馬澤恆　黃繼光　謹呈

十廿

丁 4（192×272公厘）會印

渝滬字第五號報告　　　（十月廿七日）

一、何畏曾因該校通知本學期收費否則取銷學籍已於廿七日離滬赴渝

事實該校調查方法極糟辦理並試用何建誠擔任總務工作茲將何

君簡歷抄附請

核閱

二、新聞訂費截至本日（廿七日）結數為二四六、九〇〇元又廿本費約可相抵

一俟港版費用寄滬後即可結帳（現並有北平訂戶）

三、最近滬市有人來信訂閱渝版仿新聞報式之滬文報已函其向辦事處

將訂閱辦法附上請於收款後將人名住址及起迄日期列單寄

渝以便按期照寄，惟於此郵費一節最好請以「平信」或「航空」

兩郵局即可用最近掛號印刷品作為快信或特別辦事處也

四、業行八十萬已收到前次談及因原書擬交與會計處而不往頭之故

五、鐵路新聞已全用摩登紙印刷其價約與土紙相仿

六、印刷機器生活司已允依照現已辦理驗關手續大約需近兩星期之後

即可運滬

七、四聯聯合會所結果主要人員及大部人員須搬遷日後再將款請按

送等到達指示辦法

〇照總經理指示辦理

八、貴業榮開發表廿大銀行前書已增三行作罷並乃俟周末下去旬清

右呈

經理 丁

副理 胡

職 馬澤坦

黃維光 謹呈

渝滬字第六號報告 十一月三日

一、十月份帳目已結出，總計收入二八九二二〇〇元，支出二八八八九八六元，收支相抵，尚餘三二一四元，俟上海帳單收到後，即開審查會。附呈科目餘額表一份

二、十一月份新聞訂費，一二兩日已收二十六萬餘元，今年已超過三十三萬元，預計本月收入，必甚樂觀。

三、考試院范君之紙，據蔣芳云已售出。

四、各地十五種行情，因黃小姐請假，無人代辦，現已接洽其他人員繼辦。

五、油印機因海關多方留難，未能隨民族輪運出，但下星期內開出之船，可望運出。

另有輪〇起運，可停運。

十二、五

六、范堯峯返家心切，請停薪留資，已於上月底予以照准。

七、贈閱之徵信新聞，當時注意調整或停送。

八、本所近接外商委託案件日多，可否購英文打字機一部，以便應用，祈

核示。

謹呈

總經理

協理

副經理劉

職 馬澤恒

黃繼光 呈

另僱打字員〇

滬可覓，可另租購，或太貴，俟在滬購妥運渝。

可參閱

上海各報

去函黃經理

渝滬字第七號報告　十一月十日

一、第八次（十月份）開支清查會於十六日開會，上海開支單據已列入，計總收二
八九二、一〇〇元，總支五二、六七、三〇四元（內重慶開支二、八八八、九八六元，上海二三、三六、三
一八元），收支相抵尚差二、三三五、一〇四元，由行局攤三八九、一八四元。
二、岑來開支單據大半均規定不符，甚有商號未蓋章者，請轉飭經手
人注意下列數點，以免審查時發生異議：（一）每一單據商號必須蓋
章，並貼足印花；（二）每一單據須有收貨人簽名，證明所指貨物；（三）如不另給
收據，則發票上必須加蓋「銀貨兩訖」或「收訖」圖章；（四）商號地址必
須註明；（五）錢數如不大，商號無「依限」度亦須在錢數上加蓋號章；（六）
貨目名稱單價均）以上各點最好寫清楚，以免發生麻煩。

三、截至本月十日止收入已超過九十萬元，支出約四十餘萬元。
四、經已請總局長批准另撥滬三百萬元，今日交央行匯出。
五、翁庄函總局長准在滬墊支三四百萬元，即開支候由滬行分批撥還。
六、日前會見蔣秘書長慰告：
翁庄之事函報告業已收到，并已電覆。
翁庄及閩行商洽一切請隨時函告。
七、英文打字機已買一部，為八萬元。
八、沖印機決停止匯滬。
九、英美大使館經濟負責人員姓名另開附單。

十、刁培鰲先生已來渝聞將於下週內就職

右呈

經理刁

副理劉

職 馬澤恒

黃緒□ 謹呈

渝滬字第九號報告

（一）十月份開支審查會於昨（十六）日在本行會議室舉行各項收支經已審查通過上海單據雖多不合手續但經事先報告略以經手人員係在滬臨時聘任不諳報銷手續現已函請上海經手人員嗣後按照規定辦理此次請免更正以資迅速當由各代表同意又各代表曾提嗣後上海單據一律請經副理批照付或加蓋私章囑轉呈辦理撥領款項公文已於當日發出

（二）中央銀行透支事須在滬辦理茲將致業務局函及與專員湲函附呈請 詧核徐局長私函均交與專員辦理乞 注意

（三）新開訂貨截至本日上午已達一百七十萬元各項支出約一百四十

餘萬元計入超廿餘萬元

〈四〉黃翰章已於本(十七)日到職由羅佩秋先生補來一介紹函存卷

〈五〉徵信新聞訂户統計表已重新編製附呈又十一月上半月訂户数另

条貼附統計表上

〈六〉中行所出英文双週刊最近一期已另行寄奉諒已收到

〈七〉英商委託介紹進出口商原函俟副本抄全後即寄奉

〈八〉十日交業務局滙滬之三百萬元查係十三日滙出請洽收 亦復

〈九〉委託調查案件除英商委託者外四聯交行及美大使館均有委

託截至本日已將近卅件

〈十〉關於徵信新聞登記已照規定具呈市社會局請轉呈內政部

頒給登記證

右陳

經理 刁

副經理 劉

職 馬澤恒 黃繼老 謹呈

十一月十七日

滬總字第十號 敬啟者 十一月二十四日

一、貳百萬元已於昨（二十三）日由中央銀行匯出。

二、四聯辦事處會決年內結束，本所所欠之貳百萬元，擬於各行聯款領到時撥還。

三、請照十一月份開支帳單，結匯寄出，以便轉銷，惟寄出前請能經手人員審光審查一次，如有不合之點，請即在滬更正，以免審查會挑剔。

四、截至二十二日止，新聞收入，已收貳百肆拾陸萬餘元，還報行借貴貳萬元，各項支出壹百拾伍萬餘元，計入超約捌拾參萬元。

五、送徐函比款賻儀壹萬元，本日送北龍橋住所。

六、前匯來之叁百萬元，已否收到，請示覆。

七、粹局長介紹之吳筠陵君，已來所面洽，擬於下月初到所工作。

八、關於前寄之美國雜誌等消息（西文報）繼續譯出，列載徵信新聞，其中壹字單位為何，價格單位為何，不甚了解，讀者亦來函詢問，希將　詳為解釋，以便答覆，並於列載時註明，俾讀者易於了解。

右陳

經理 劉

職 馬潤恒 黃繼光 呈

准　可　可

渝滬字第十一號報告　十二月一日

一、唐志勲因返鄉心切，已覓得即可去京之工作，簽請辭職，並請
多發半月薪津，可否照准，祈
核示。

二、蔣德厚薪額，尚未核定，擬准月支薪五十元，當否祈
核示。

三、葉貴夫先生介紹何顯敏來所工作，擬准試用，在總務組工作，當
否祈
核示。（附呈何顯敏簡歷一份）

四、何運城試用一月有餘，成績尚佳，擬派為助理員支月薪三十元，當

收字第[illegible]號　十二[illegible]

丁4（192×272公厘）會印

否祈
核示。

五、上海訂戶通知單已收到者計八紙，（兩次劃）均於收到時立即按照
所開日期地點寄發。

六、十一月份帳目已結出，計新聞訂費收入二八九〇，〇六五元，電報行情
收入二〇，〇〇〇元，總計收入二九一〇，〇六五元，支出薪給費一六四〇，二八四元，
辦公費六四八，〇八五元，出版費三四五，一六〇元，郵電一三五，二〇〇元，利息一
三二，三四七元，總計支出二九〇一，〇七六元，收支相較，尚餘八，九八九元，（附
呈十一月三十日科目餘額表一份）

七、四聯總會借款貳百萬本利，已於十一月二十六日全部還清。

丁4（192×272公厘）會印

76

[illegible]

八、各行局十月份攤款，已陸續收到。

九、吳茂陵君本日尚未到所，凌承業君已去函邀請來所工作。

十、滬所每來滬上行情，決闢專欄，逐日刊載。

十一、資料組資料及人事登記，正着手整理，詳情另報。

十二、四聯統計科以後決定以本所行情為統計資料，正洽商聯繫辦法。

右陳

經副理

職 馮澤恒
黃繼光 呈

丁 4（192×272）

姓名：何顯敏

年齡：廿六歲

籍貫：湖南長沙

學歷：周南中學畢業

經歷：長沙市立民眾教育館幹事鹽務局會計員

丁 4（192×272）

渝滬字第十二號　[illegible]十二月八日

一、滬字函於本月四日奉讀悉。以[illegible]已[illegible]予照准，請查照。

二、因業務需要，[illegible]調[illegible]，已請其下星期一到所辦事，[illegible]之作。附呈[illegible]簡歷一份，請核准。

三、十一月份上海賬單已收到，惟[illegible]，請轉知[illegible]人注意。

四、湖南[illegible]會[illegible]十四日開會，已分函各行局及各[illegible]出席。

五、上海[illegible]事，已[illegible]四聯總處[illegible]，並已由[illegible]說明，請[illegible]。

六、十一月份總收二九一〇〇六五元，總支五九三〇五〇六元，（內滬所開支一

九〇一〇七六元，滬所開支三〇六九四三〇元，）收支相抵計差三〇一〇四

一元，每一行局應攤五〇三四〇七元。

七、華實大元[illegible]介紹[illegible]事，當[illegible]所[illegible]，所中正人手不敷，已

[illegible]，仍請[illegible]。

八、上海[illegible]，[illegible]亦[illegible]，係滬所[illegible]，[illegible]。

九、十二月份截至七日止，新開[illegible]萬元，[illegible]已付[illegible]

[illegible]萬元。

十、中國渝行函託調查[illegible]公司（Ming Fu Corp. LTD.）等四

家，[illegible]，[illegible]

[illegible]資料，[illegible]，請派員赴滬[illegible]，[illegible]

已收後還所示多寄印少寄應切實注意不得再有此粗心

轉送。

十一、抄商局調查報告副本已收到，惟最末一頁多一份，（無財務一項者）是否寄美使館之一份少此一頁，茲將該頁寄還，請飭查明辦理。

右陳

總經理
副經理

附件（一）王振祥簡履表一份
（二）民孚企業公司調查草稿一件
（三）抄商局調查報告末頁一份
（四）徵信新聞十一月份訂戶統計表一紙

頃悉秘書長因宋院長展期赴京六號後離滬附聞

職 馬澤恒
黃繼光 謹呈

丁 4（192×272）

姓名	王振祥	性別	男
年齡	二十五歲		
籍貫	湖北蘄春		
出身	安徽旅鄂中學高中部畢業　立信會計學校肄業		
曾任職務	陸軍第八十七軍上尉書記 國防最高委員會辦事員 財政部花紗布管制局辦事員 東北行營上尉科員		
通訊處	太平門芝江巷二十八號何源清先生收轉		

滬港字第十三號報告 十二月十五日

（一）十一月份開支，已於昨日寄奉，完全通過，惟滬所寄來之草稿，仍有一部份手續未備，有人手缺，應寄滬將手續辦妥後，再報付審查，當即說明將實情告之，彭譽總收據，前已函請滬所，將收據寄到，務請將為留意矣，始得通過，務請飭總辦人特別注意，否則下次審查會將無言以對。

（二）孔總會長已由中信局任命為之督導員，月薪三百元，涉在港設處之作，刻尚有待解，已據本報準，薪津發至十二月十五日，謹報請察核。

（三）世界日報吳苑薇君，擬一再函請刻所之作，刻尚未來，已將經過情形告吳君只允職稿條件而去，非結不可，據云私中不發其薪酬，若再商訪該諾，似有不可之處。

（四）中國渝行轉準港行函開，查中國海外貿易公司（China Oversee Trading Co.）總社渝址在滬，據云總理楊俊三（聯華保險公司總理）在滬，此間無資料，候函滬處到後送上等語，昨又往催問，據云資料尚未寄來，公司滬址在江西路 #451 中新公司301室，擬請派員前往洽催，並請速查明情形示復。

（五）滬所寄來專論稿件，交港兩日到，十一日稿件，已於十三日刊出（十三日上午交到所）十四日未到就信，不知係港滬郵遞延誤，當日投到太晚之故，因此十四日港上稿件空缺。十二、十三稿件於六日內始到，校刊于十三日付排。

（六）後方鋼鐵機器電工酸鹼等業，如中國興業公司渝鑫鋼鐵廠恒順機器廠華生電器廠華光電器廠等，正醞釀關門，經濟部四十億救濟費，原擬用以收購成品者，須聞將用以收購成品及設備，是則政府已允各廠關門矣。本行徵信新聞（報告）第三期，原選定永利化學公司，因收集資料一再延時，至現時方完稿，仍覺不全，擬即付印，該廠有其地位，可斷定其不至關門，惟其他各廠，多在動盪中，如何演變，尚不可知，以後徵信報告，可否暫停，請

核示。

（七）附上十一月三十日財務報表一份，其中現金結存一項，包括匯滬款未轉帳餘額在內。

丁4（192×277公厘）會甲

以上各項統祈

鑒核示遵。二

謹陳

經理

副理

附財務表報一份

職 馬澤恒

黃繼光 呈

丁4（192×277公厘）會甲

渝滬字第十四號報告 卅二 十二月 日

一、年終考績現正由各組分別初核中不日即可彙呈

二、第三期徵信報告已於本日出版內容介紹「永利化學工業公司」已另封寄滬

三、十一月份收支截至廿一日止共收新聞訂費一、三一二、一〇〇元支出薪給費八七一、〇一三元辦公費四九四、六八七元出版五八八、四六〇元傢俱四五、五〇〇元器具三八、七〇〇元合計支出二、〇三八、三六〇元計不敷七二六、二六〇元係收入減少之故滬所代收訂費未計

四、工作簡報在彙編中不日即可寄出

五、卅五年度即屆關於各項工作應興應革事宜請早日指示俾便改進

六、資料組陳副主任國鈞以辦理資料整理工作需要繕寫人員相助介紹王成棟

丁4（192×272公厘）會印

君請予任用謹檢同原簽及履歷簡表報請

核示

謹呈

經理刁

副理劉

職 馬澤楹

黃組光 呈

丁4（192×272公厘）會印

渝滬字第十五號報告　十二月廿九日

一、十二月份新[illegible]貸款至廿八日止共收一八八、七〇〇元，利息收入四、八四六元，總收一九三、五四六元，支出薪給費一六、九六〇、三八元（獎金尚未計算在內，因該世日簽旅故也），辦公費六〇三、八二七元，出版費七六五、二四〇元，傢俱四五、五〇〇元，器具三八、七〇〇元，總支二一四九、三〇五元。

二、試用繕寫員王振祥因在原機關辭職未准，已停止試用，俟覓得適當人選時再行呈請試用。

三、十二月份上海帳單請飭經辦人員先按聯總字第644號函先行審查後再行寄渝，以免審查令挑剔。

四、設定所員廿五年之費為貳萬肆仟元，一案已於本月廿八日辦妥。

五、滬聯字第109號函並附四月份上海分行調查報告及27、28號新聞訂單均已收到。新聞當即照寄。通函（聯總字第648號）已於廿九日連同新聞一併送達。

六、十二月份撥付各處經費尚未領齊，茲擬先行匯滬貳佰萬元，申請免費匯款，已函正準備國行徐局長批示中，俟得復允照後即行匯出。

七、資料組辦事員[illegible]撩一員已於廿九日到所試用。

八、資料組為整理資料兩項添置設備購買必需用品，耗費不多，今後一切均仰本處備文核辦理。

右陳

總經理

職　馬澤恆

黃健元

調處字第十六號報告　九月五日

一、王張祥律師已試用已於上次報告在案，茲經[illegible]董事長先生令

給予定期[illegible]書試用（附呈[illegible]）

二、去年上海代收訂費至今須到八十二月份[illegible]此須到[illegible]十二

月份收入即請[illegible]即日[illegible]入帳

三、九月份收入截至四日止計：訂費二四六，〇〇〇元，[illegible]

二五，〇〇〇元（電报[illegible]）共[illegible]九六，〇〇〇元，合計三六

七，〇〇〇元，支出[illegible]一，一六七〇元，收支[illegible]五六，〇〇〇元，合計

一七四，六七〇元

四、[illegible]

[illegible]十二萬元，[illegible]

五、十二月份[illegible]十五日[illegible]

六、[illegible]

[illegible]

七、[illegible]三十四年八月廿日上午九時[illegible]

[illegible]

[illegible]

[illegible]

石律

經副理

准試用

渝滬字第十八號報告 元月二十日

一、李康翊已于本月十四日到職。

二、許因繕寫人手不够，由中行國外部沈鏞先生介紹黃醒亞前來，經考試書法尚佳，並能辦事務工作，擬准試用。附呈黃醒亞簡歷一份

三、截至十八日止已收新聞訂費一、七四一、五〇〇元，所員年費六九六、〇〇〇元，調查費二五、〇〇〇元，利息二三、七七六元，共收二四八六、二七六元，支薪給費八九五、三二八元，辦公費六四〇、〇六八元，出版費九九一、六六〇元，傢俱二〇、四〇〇元，器具七五、〇〇〇元，共支二六二六、三六六元

四、十二月份開支審查會于十五日上午九時在所舉行，各項收支已審查通過，攤領經費亦已分函各行局洽領中。

五、經濟部日用品管理處有大批紙張拋售，經洪洽定，本所可購瀏陽紙五十令、湖南毛邊二十把、正中紙信封二萬個、十行紙一萬張，共約需款四十萬元，是以本月份開支將加大，惟以後一二月內則可節省不少矣。

六、滬所向中央銀行申請透支四百萬元案，此間曾由舒副局長向本所詢明情形，經提出十九日四聯放款會，聞已通過。

七、顧秘書長已于二十日返滬，四聯理事會本週仍照開，聞下週將在京開會，秘處同仁月底前後將有一批調京，惟此間放款會仍將繼續開會，審查後方十省市放款案件。

八、王志莘先生抵渝後對本所工作情形有所詢問，已口頭報告，聞承

兑所，將籌設（改）承兑銀行，正由王氏向各方洽商進行中。

右陳

經理
副理

職 馬澤恒 黃繼光 謹呈

③ 本月廿日滬版「徵聞」第一頁刊載「滬將組準備金」新聞一則，想係一般傳聞，未足為據，以後關于此類消息，非俟得有正式發表之事實，不予刊載者。

④ 滬版「徵聞」報頭，普通而[illegible]「重慶多紙」，應改為「滬江多紙」

⑤ 滬版「徵聞」報頭，請將「滬版徵聞」排入「重慶」地名移至地位

機關名稱	渝所
事由	電復渝滬字第十八號指告各點并指示本會辦理由
別類	
附件	

經理 [illegible]

副經理 [illegible] 一、五

撰擬 孫鴻生 一、廿

中華民國卅三年

收文日期	交辦日期	擬稿日期	呈判日期	繕寫日期	校對日期	印發日期	歸檔日期	收文號數	發文號數
年 月 日	年 月 日	一年 一月 廿日	年 月 日	年 月 日	年 月 日	年 一月 廿日	年 月 日		一九

擬渝滬字第十八號指告各點，業經洽悉，茲復如右：

一、黃瑾[illegible]一員，經予出行試用。

二、經濟部日用品管理處洽定推銷[illegible]列[illegible]，予照辦。

三、本月二十四日渝版[illegible]新聞第一頁刊載關於外滬[illegible]新聞一則，[illegible]一般[illegible]，[illegible]此類消息及類似性質者，統候[illegible]公布或確定[illegible]為宜。

四、渝版[illegible]新聞[illegible]改為[illegible]。

五、渝版[illegible]新聞指[illegible]參照[illegible]。

以上各項即請查照為荷。此致

渝所

[illegible]

渝滬字第十九號報告 九月二十六日

一、陳志將于本日到成都，約下月一日到渝。

二、湯敬懋已于二十二日離渝，沈良猷于二十五日離渝。

三、截至昨日止，新聞訂費已收二二九、四〇〇元，所員年費已收七四、〇〇〇元，調查費已收四九、〇〇〇元，利息已收二九、五〇七元，共收三四一、九〇七元，支出計薪給費八九五、二三八元，辦公費八九八、四八八元，出版費九九八、八〇三元，傢具二〇、四〇〇元，房租八〇、六〇〇元，共二、八九三、一九六元。

四、滬所代收去年訂費，前於一月份入賬，請開列清單寄渝，以便照數入賬。

五、渝所代辦滬版中英文經濟新聞訂閱者，已于昨日起開始刊登，如有訂戶前來訂閱，當即按日將訂閱通知單寄滬不誤。又通知單上加蓋「滬版」圖章者係中文稿，加蓋"SHANGHAI"圖章者係英文稿，凡加蓋「航空」圖章者係航寄，無「航空」圖章者係平寄。

六、寄滬各戶新聞已遵囑除各報館改從本月一日起外，餘仍照常寄出。

七、陳專員鴻烈以充任專員職務，僅得總務組通知而無正式書面任命，請將該項詳情，如何辦理請示。

八、此間各銀錢行莊，仍有少數未加入為所員，擬俟少數所員近尚未繳納所員本年度年費，應以如何方式催收，請指示辦理。

右呈

經理刁
副理劉

職　馬澤恒
　　黄繼忠　呈

渝泸字第二十號報告　二月九日

一、一月份泸所帳單已收到，並經分别整理列入報銷，兹檢附一月卅一日科目餘額表一份，請　察核。

二、渝市各市場因舊歷年大多無市，故最近數日徵信新聞張數較少，自十一日起可全部恢復。

三、陳國鈞參加内政部收復區縣長訓練，自二月五日起請假一個月，請　核備。

四、渝所代訂泸版新聞已有十四戶，通知單均于當日航空寄泸，截至八日止已寄出第一號至第十四號通知單共十四紙，未悉已否全部收到。

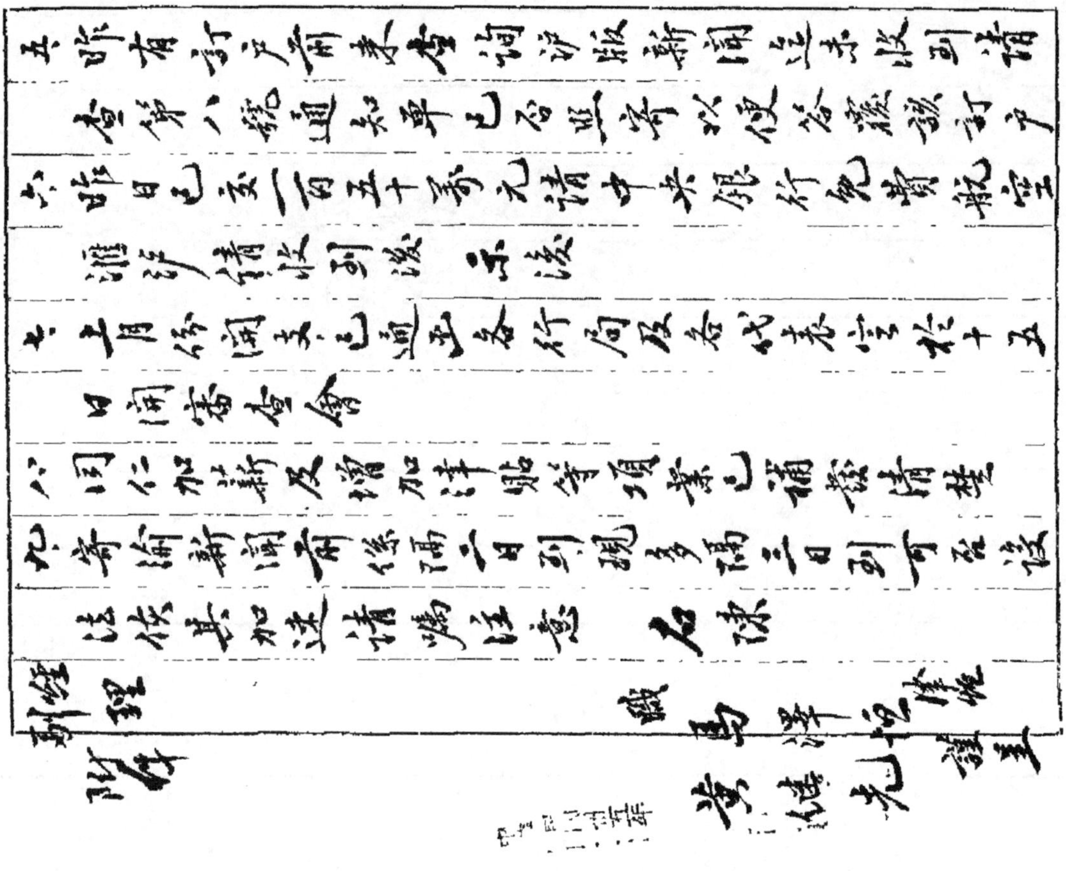

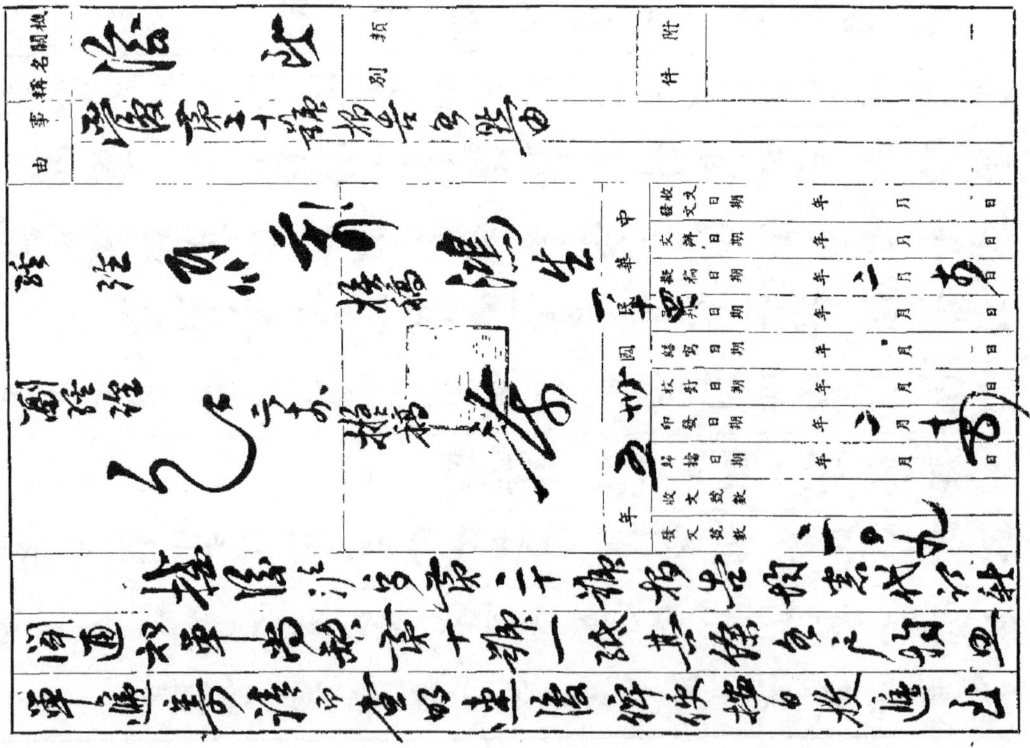

寄滬新聞請速進一節，因訂報郵局時有拒收情事，業已函郵政接洽，嗣後當可迅速遞寄。

請

查照辦理為荷。此致

滬所

戴

〇月〇日

聯合徵信所用箋

字第　號第　頁

逕復者：元月二十四日滬聯字第一六六號及二十九日滬聯字第一七八號兩函祇悉，茲將辦理情形分述如次：

一、調查德孚洋行出品各種染料及拜耳藥廠出品之各種西藥銷路價格已交新聞組迅速查復。

二、滬所所訂「介紹訂閱徵信新聞優待辦法」，渝所當即遵照辦理。

三、辦事員湯夔懋，准予辭職，已登記公佈。

此致

滬所

[illegible] 啟

中華民國三十五年貳月四日

地址：重慶林森路下學堂巷四號　電話：四一四三七　電報掛號：〇四〇四

渝沪字第二十二号报告　二月二十三日

一、继续新闻自在渝所领登记证二种已相继于二十五日寄沪

二、由渝拍发新闻电事正在申请中，惟由沪拍发新闻电至渝仍须由沪所在沪办理申请手续，又在渝申请之发电证明书领到后即报沪

三、截至二十二日止已收订户费三八四〇〇〇元，渝版新闻订费一九六九二〇元，调查费三五〇〇〇元，沪版新闻订费二九二四〇〇元，总计收入六二七〇六二〇元，支出薪给费一〇三七九〇四元，办公费四六八三二二元，器具一一〇〇〇元，出版费四四六〇〇元，修缮九九八〇〇元，总计支出一〇六五六三六元

四、前请在沪购买油印机事，未悉已否购到，如总价（即未知所代办本所现用者）不易购到，其他式样亦可，但总以能用中国纸为佳

五、徐联络员寿霖事做二过据悉沪已来函，来沪将由渝，一切薪津在渝所月薪九〇元，二月份已支上半月薪津计国币二八五三五元（内底薪四五〇〇元，津贴八〇〇〇元，米代金三九〇〇元，房贴三〇〇〇元）

右呈

经理　刁

副经理　刘

职　马泽培　黄继志（印）

渝滬字第二十三號報告　三月四日

一、渝市金融物價行情自本日起拍發新聞電，字為日期第二字起即照前寄簡字表順序填列，如「信三三角」即為「信用日折三元三角」，「金開一三五〇元」即為「廠條早盤開盤每兩三八五〇元」，又所報行情共四十九種，如有少於四十九種時，其未報者即表示價格無變動，仍照昨日行情

二、滬所如已辦妥拍發新聞電手續，請每日照渝版新聞「滬市行情」專欄所列各項發電，如有任何重要消息，另發專電

三、由渝拍往上海之行情，規定每日下午一時以前發出，大約當日夜間可以收到，如有重要消息，當隨時拍發專電

四、渝所二月份帳目已結出，共收三五二八五四〇元，共支三三九九六七四九元，附呈條頌表一份

五、試用員湯代發已於三月一日到職，在新聞組担任調查行情工作，試用員吳蘆伯已於三月四日先行到職，在總務組工作，請

核備

六、渝所來貨手搖油印機須用外貨脂紙及蠟紙張，故前擬置未用而德貨手搖油印機亦因使用日久，零件多已損壞，修理多次，雖可勉強應用，但效率減少，前請在滬代購一具，運渝迄未見覆，如德貨不易覓得，則美貨亦可，但以用中國脂紙者為佳

七、渝所職員待遇遵前令調整，惟工役待遇尚未調整，擬自二月份起將米代金數額提高至最多二石（前規定為最多八斗），可否之處，尚祈

核示

可 蘇、

八、據副主任吳介紹賀常一君担任曲記者，賀君現年二十五歲，巴縣人，曾肄

新聞專修科，卅三年七月畢業（比田維和低一級），曾在國民公報任記者兼

餘經面合，儀表談吐尚佳，已囑自三月四日起先行到所試用，新額另簽報

核擬請 照准

九、最近新任之同事經一月來之考核，其薪額擬定如下：（一）調查組辦事

員陳[stamp]新一八〇元（二）調查組辦事員李康翊月薪一六〇元（三）

新聞組記者任秋石一三〇元 當否請 核示

十、資料組陳副主任國鈞受訓已滿期，業於本日返所工作

十一、新聞組人手增加，工作重新分配，大致情形，將 芳渡承葉湯代發

三君調查物價，由蘭 明君負核編及寫每週行情之責，蘭君

並採訪新聞，黃宇乾君負責調查金融行情及採訪有關金融

消息，其餘各位負責採訪，指來援再見一人，隨黃宇乾君調查

金融行情及採訪有關消息，詳情將另由楊副主任面報

右陳

經理 刁

副理 劉

附呈儲額報告一份

職 馬澤伯

黃繼光 呈

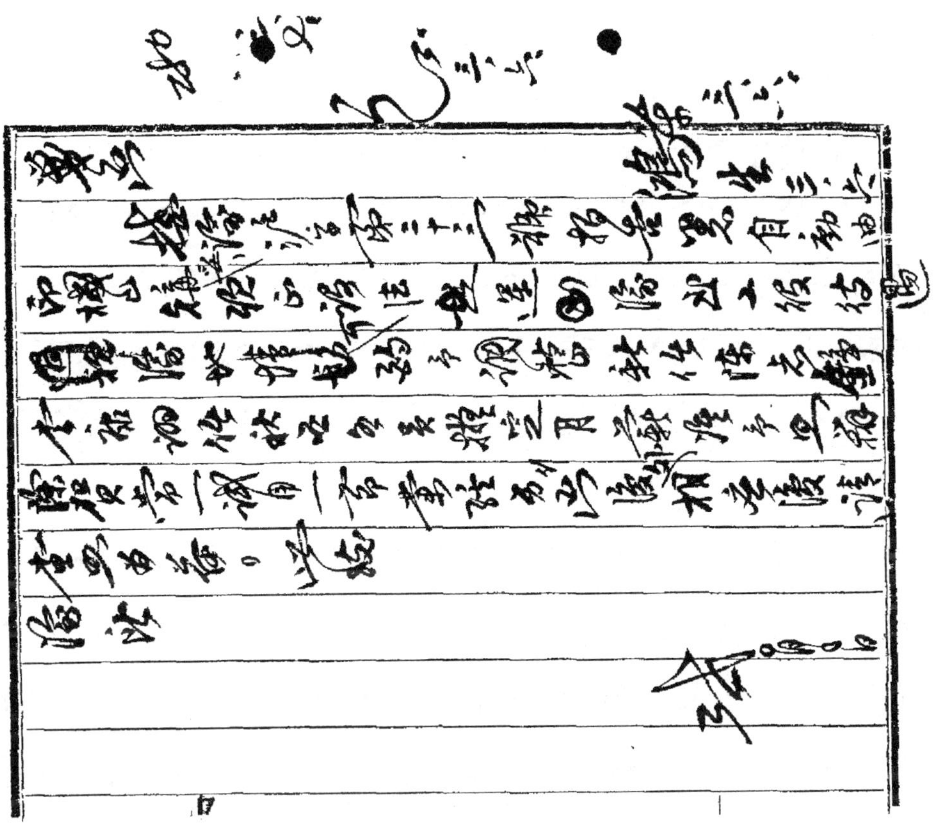

联合征信所重庆分所致总所函(1946 年 8 月 10 日)

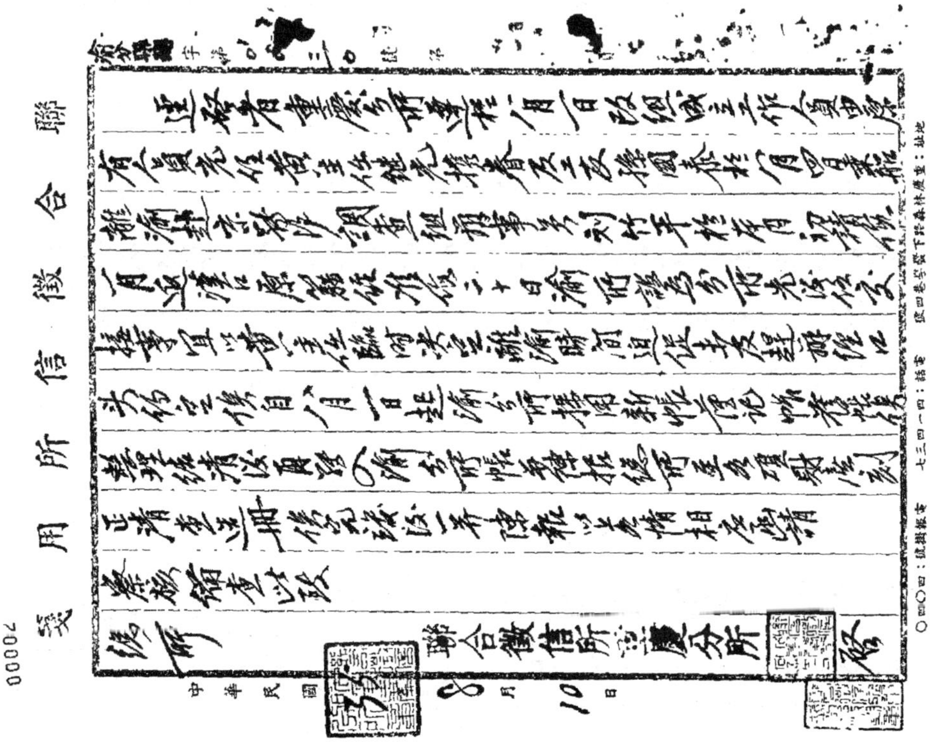

联合征信所重庆分所致总所函(1947年8月9日)

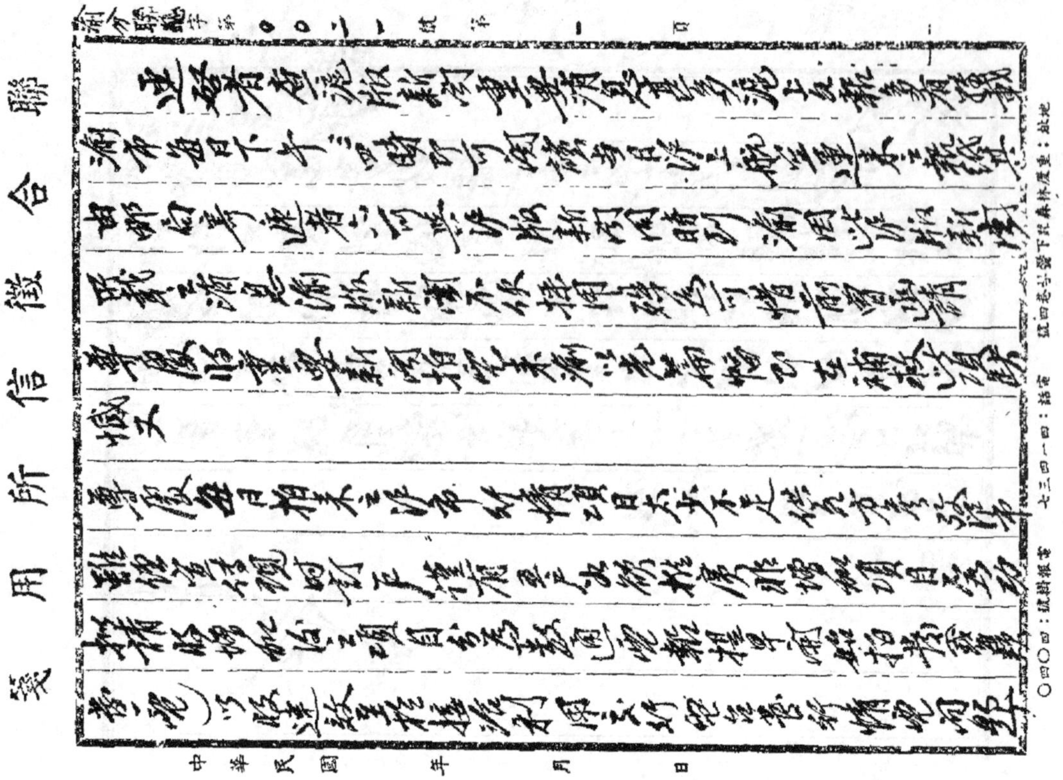

聯合徵信所用箋

中華民國 年 月 日

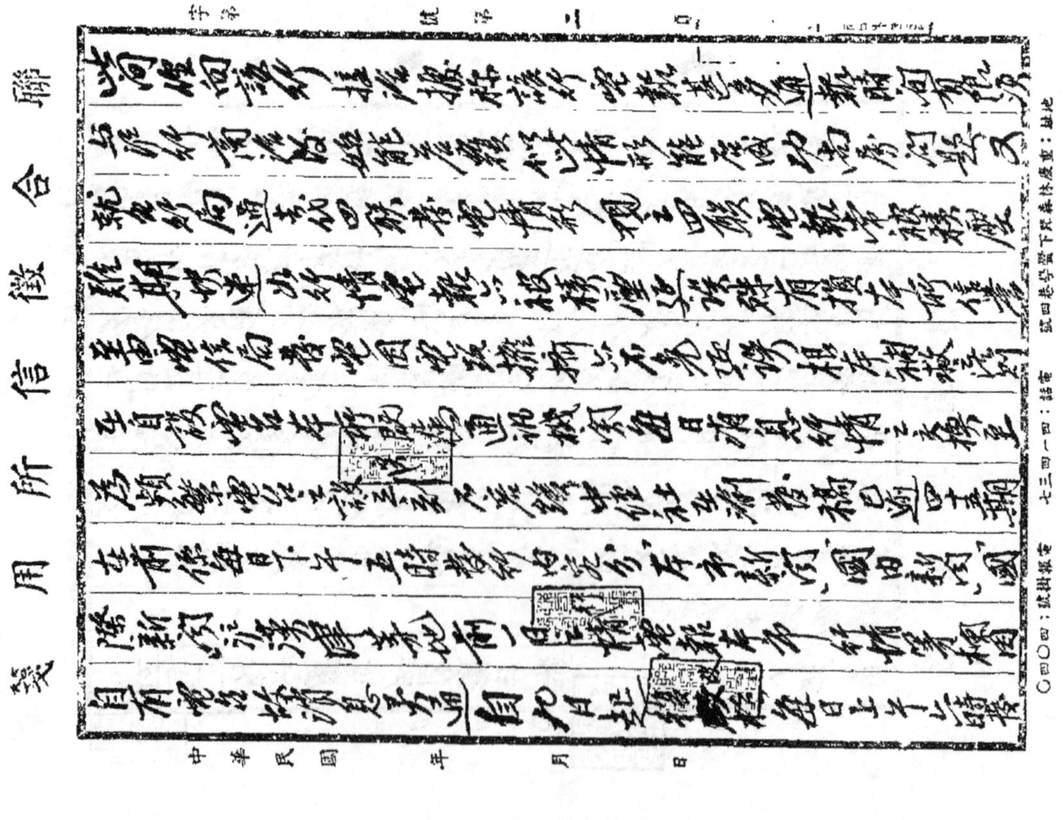

聯合徵信所用箋

中華民國 年 月 日

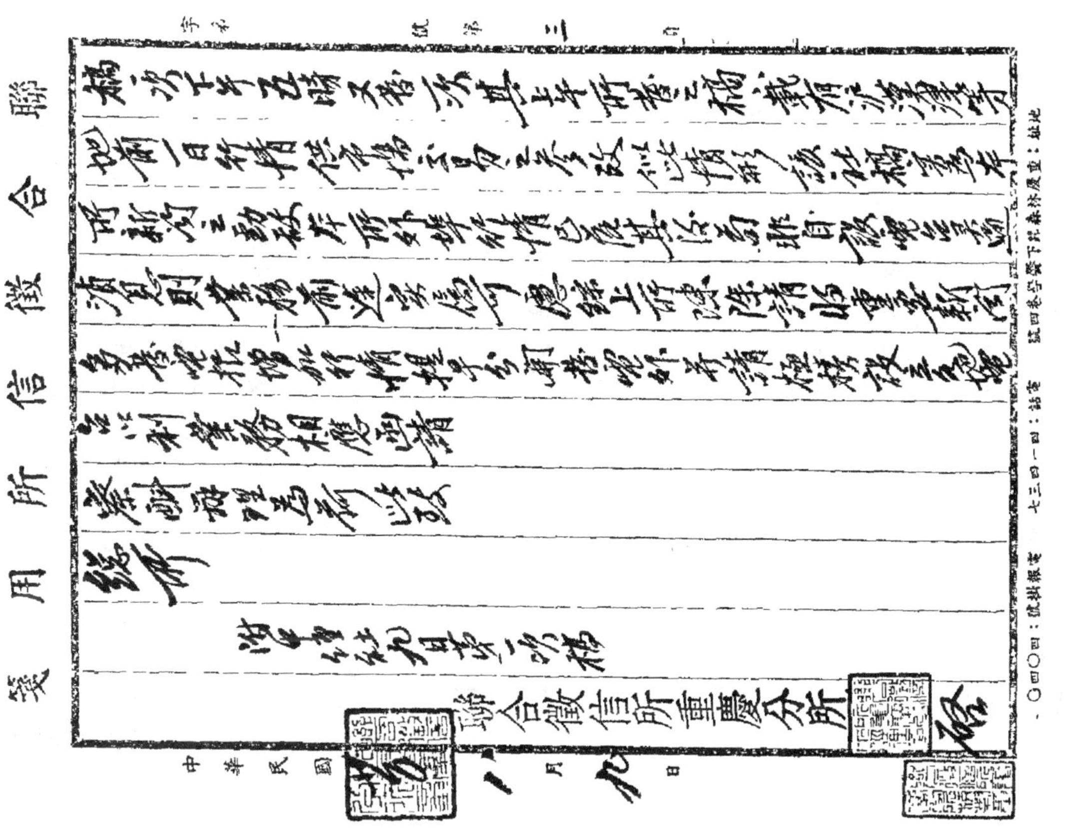
联合徵信所用笺

稿一次，下午五时又发一次，其上午所发之稿，载有沪汉津等地前一日行情，供市场之参考，设以此情形，该社稿费为本所新闻之动较本所外埠行情已落其后，若非自该呢台买通消息，则业务前途实属可虑。录上所陈，请将重庆新闻多发呢推增加行情提早分润发呢外，并请极积设立无线电台，以利业务，相应函请
察酌办理为荷。此致
总所
附中央社九日第二次稿
联合徵信所重庆分所 启
中华民国　年八月九日

第　页

联合征信所重庆分所七月份工作报告
本所现分设调查、新闻、总务三组，主办调查工商信用、出版征信新闻行情日报及有关方面之委托事件。本月内并奉总所函嘱筹备简单印刷厂及成都办事处，兹将本所上列三组七月份工作分别报告于次：
调查组
（一）本月份收到委托调查案件计（1）四联渝分处七件，国家行局二十件，商业银行一件，其他工商六件，共三十四件，内国内贸易七件，进出口贸易七件，建筑业六件，纺织业五件，化工业二件，矿业一件，机械业一件，面粉业一件，航业一件与个人三件。
（二）受托调查案件经办理完竣，分送各委托机关者计（1）四联渝分处七件，国家行局十四件

15×20=300　上海市档案馆稿纸

联合征信所重庆分所 1947 年 7 月份工作报告

汉津平等版新闻稿二一三条，调查行情项目，每月计商品三十一类，共七百余品目，金融五类，三十一项目。

（二）为成都设立办事处拟具采访新闻及调查物价行情等办事细则。

（三）为四联总处秘书处调查渝地报社人事背景及出版业务情形。

（四）为四联总处汇编一周金融、经济调查报告四件，为输出推广委员会渝处查报出口物资市况每周一件。

（五）逐日拍发上海、南京、汉口行情及市况专电。

总务组

（一）文书方面，本月份本总所函十件，各分所函十二件，四联总处及重庆分行及重庆分行

美国领事馆一件，外商银行二件，其他厂商二件，共廿七件。

（二）筹备编纂渝蓉两地金融业概览，已将调查表格、信函及进行方法拟就，以备着手办理。

（四）筹备成都办事处，经向有关各方函洽已近就绪，关于调查计划及办事细则等均已拟定，并先行选用两人在渝学习。

（五）工商人事登记，前因总所迁沪，人手过少，即行停顿，现感仍有需要，已增用学习统计者一人继续办理，并整理保管其他资料。

新闻组

（一）本组工作主要在逐日采编征信新闻、行情日报及印行沪市商情电报，计本月份刊载本市采访得来之新闻稿共二百四十七条，成都、贵阳、昆明、万县通信稿六十三条，转载京沪

第　　页

函十四件，各行局函廿四件，其他来件四十五件。

（二）人事方面，本月份离职人员二人，因设立成都办事处新进人员五人，其中二人派在总务组工作，三人派调查组工作。

（三）会计方面，收付款项，日常帐目均据日结清，月底发薪及报销表件等均按规定之时间办毕。

（四）发行及广告方面，征信新闻发行城市较远，由报差专送，远埠交邮发寄，本月份发行数字，计赠阅新闻一百七十一份，订阅户四百卅六份，沪市情报电报计发行六十三份，经办广告，本月“征信新闻”每期封底两面均有刊登，计本月份收入广告费约共一百余万元。

（五）缮写方面，缮写人员原系五人，本月份

15×20＝300　　上海市档案馆稿纸

第　　页

离职一人未补，工作较忙。每日每人至少缮新闻及行情暗码三张，并缮写公文。四联总处及输出推广委员会每周行情表、特产调查报告、各行局委托调查报告等，除办公时间外经常加班缮写。

（六）印刷厂筹备情形，本月奉命购买印刷机改良印刷，除向四联渝分处请准向各行局透支国币五千万元洽办一切手续外，并即向明亚机器厂订造印刷机器，计四开机一部，二号圆盘机一部，以及铸字器、纸板、铁台等，并拟具印刷厂计划送总所备核。

15×20＝300　　上海市档案馆稿纸

联合征信所重庆分所十月份工作报告

本所添办印刷厂，自本月起，特派专人，布置厂

房，接收所订机件既多，雇用排印技工，将印刷厂

及本所原有各组，十月份工作报告如次：

调查组

（一）接得委托调查案件计有四联总处一件，国家行局

六十四件，外商银行二件，英国领事馆一件，共六十

八件。经办理完竣者，计有四联总处三件，国家

行局五十七件，外商银行一件，英国领事馆一件，

美国领事馆一件，共六十三件。

00054

档 号 3/0018 卷 | 36 12 9

联合征信所重庆分所

（二）继续编纂「重庆成都金融业概览」。

新闻组

（一）本组工作，主要在逐日採编征信新闻与情日报，及印

行沪市商情电报。计本月份刊载本市採访稿共一

四〇条，本市调查之市况稿共四七三条，成都、贵

阳、昆明、南县通讯稿三五条，转载京、沪、汉、津、平、

津各报新闻稿八五八条，调查行情项目，每日计商

品三三种（...）共七百余目，金融

五类三八项。

（二）搜集有关资料计国外六七则，国内一三五则，摘订资

料共三十六本。

(三)因縮減人事，本組裁去記者三人（駐蓉記者在內），所有工作，本月起重新調整，由本組現有人員分任。

(四)為四聯總處查編一周金融經濟調查報告四件，為輸出推廣委員會渝蓉查市況每周一件。

(五)逐日拍發上海、南京、漢口、南昌行情及市況簡電。

(六)新聞及行情週刊於十一月一日全部改用鉛印，本月內着手改編行情、計劃版面。

總務組

(一)文書 本月工作，計各國行局五十九件，調查報告四十四份，四聯總處函及附件四件，本所總所函十四件，蓉處函九件，平津所函一件，京所函二件，漢所函二件，紐約徵信件，其他函件十八件，內部函件十三件，繕寫工作因減少一人，較前更忙。

(二)會計出納 辦理日常賬目，銀錢出納，暨九四聯渝分處報銷，及總所報表，又十月份收支，業已結出，計總收入三六，五四三，九○元，總支出五四，九五六，四一○元，收支相抵不敷一八，四一二，五一○元，報銷正趕辦中。

(三)人事 總務組主任鍾樹楠被派兼任印刷廠主任，王思才派為副主任，部任人員計有記者張康清、湯代發、助理戴如沸、駐蓉記者鍾桐椿、改聘為特約通訊員、蓉辦事處並主任廖毅鈞辭職、改派副主任鄭覺代理、該處楊筱航辭職、派龍子燮、楊執權為辦事員、顧伯顕為助理員。

(四)發行及廣告　本月份新聞訂户三九一份、贈閱一九五份、行政院秘書處亦囑贈寄一份、沪市行情電訊訂户五八份、廣告收入三八〇、〇〇〇元、較前月略有進展。

印刷廠

(一)人事　本廠大体就緒、計用技工八人、粗工二人、均已到齊、核定工資、辦畢保證金手續。

(二)機器設備　在明且廠所定各項印刷机件、均已收齊、惟其中國用擬因係新造、經幾度整修、已能使用，經常需要之鉛字、已大体配齊。

(三)印務　自本月份起、本所之新聞廣告、概由廠內元盤机印刷、其餘本所用信封便條表單名片、亦由本廠印製、印刷廠月底籌備完善、預計自十一月一日本所新聞全部鉛印。

謹將職社重慶分社十一月份工作報告

茲將十一月份工作情形分組開列報告如次

調查組

（一）接得委託調查案件，計有四聯分處七件，國家行局四十一件，商業銀行一件，輸出入管理委員會重慶辦事處一件，共五十一件。總計調查完竣者計有四聯分處三件，國家行局三十件，商業銀行一件，共三十四件。

（二）查編送銀行委託調查之渝市工業與工商金融動態。

（三）收到外商介紹商函詢者計有外商五家，渝中國銀行轉託來函四家，共九家。

新聞組

（一）本月份刊載本市採訪得來之新聞稿共一百五十三條，及市場概况稿共六百五十九條，成都、昆明通訊稿三十二條，轉載京、滬、漢、津、平等埠新聞稿一百六十條。調查所得情報自本月十日起三十三類，共九百餘則，自金融五類三十一項。搜集有關新聞資料，國外七十八條，國內二百一十條。

（二）為四聯總處編送金融經濟調查報告五件，為輸出入管理委員會渝辦事處編報出口物資市况每週一件。

（三）逐日摘發上海、南京、漢口、南昌、行情及市况專電。

總務組

(一) 收發文書：本月份收辦文件，計發出十二件，合計為四十四件，四聯浦分處六件，內部十五件，漳口分所二件，武都辦事處五件，南平分所一件，平潭分所三件，外商五件，其他十六件，又繕寫謄稿件共三十七件。

(二) 會計出納　經辦理本月份會計出納事務外，並辦十月份收支報銷，提辦完竣，已報四聯浦分處轉報，計總收入國幣四六、九九七、〇〇〇元，總支出國幣七五、六七三、七六一元，收支相抵，不敷國幣三〇、六七六、七六一元，業已簽報，又以總局所核，本所十一月份收支預算，總重編報總所核示，以作收支標準，總收入四五、九〇〇、〇〇〇元，總支出國幣七九、四〇三、三一五元

(三) 人事　本月份會計課員葉新志因辭職，助理員陳為雄遣散，辦事員范治華請長假遺缺不補，及辦理福州分處人事登記呈報事宜。自十一月份起，本所撥派稽查人員二名，常駐所部，關於督查工作極為繁忙，經常加緊趕辦。

(四) 籌辦印刷廠，業已就緒，本月份開始印刷。

印刷廠

(一) 印務　本處徵信新聞自本月正式改為鉛印，每日繕寫六件，排印徵信新聞，並代印表格外件，星期日下午亦有外件照常開工。

(二) 業務　本月份印徵信新聞，由所方付給印工費國幣壹佰

仟萬元，又接收外件營業總額叁佰肆拾萬元，因開支浩繁，所損墊不多，連徵信新聞印工費在內，帳面盈餘額為四百八十餘萬元。

(三)人事 本所總務主任兼廠主任，另派王恩才為副主任，其下設領班一人，副領班一人，技工七人（排印裝訂各組）學徒一人，粗工三人。

聯合徵信所重慶分所十二月份工作報告

本分所十二月份工作情形茲分組報告如次：

調查組

(一)本月份據得委託調查案件計有四聯渝分處一件，國家行局六件，美國領事館四件，共十一件，因停止放款，故委查案件較少，經辦理完竣者，計有四聯渝分處五件，國家行局十一件，輸出入管理委員會重慶辦事處一件，外商銀行一件，共十八件。

(二)本月初除將交行委託之「一年來金融交通工礦動態」稿送出外，并擴大範圍普查各業情形，搜集有關資料編纂「一年來之重慶工礦交通事業」及「一年來的進出口貿易」二文，刊載本所徵

信新闻年終特大號，

新聞組

（一）本組採編徵信新聞行情日報及印行滬市商情電報，計本月份刊
載本市採訪得來之新聞稿共一百三十六条，及市場概况稿共七百五十
八十条，成都、昆明、萬縣通訊稿四十四条，轉載京滬漢津平等廠新
聞稿二百五十四条，調查行情項目每日計商品三十三類共七百餘品目，
金融五類三十一項，搜集有關新聞資料國外九条國內二百四十条，
（二）本週編發三十六年年終特刊，本週同仁撰述有重慶一年來之物價重
慶一年來之金融並編列重慶一年來水陸空運價調整表諸文於三十一日
徵信新聞發表。

（三）為四聯總處查編一週金融經濟調查表四件，為輸出推廣委員
會渝處查報出口物資市況每週一件。
（四）逐日拍發上海南京、漢口南昌行情及市況專電。

總務組

（一）收發文書　本月份經办收發文書除訂户匯款請補郵費外，計總收
函件二十件，各行處八件，四聯總處八件，蓉處十件，漢口分所一件，南京分
所二件，內部六件，其他六件，又調查報告六件，[illegible]九件。
（二）會計出納　經常進行事項每日均照办完竣，并办理本所十一月份報銷
計是月份總收入國幣四二，九九七，〇〇〇元，總支出國幣七六，三九九，三六一元，
收支相抵不敷國幣三三，四〇二，三六一元，經已報銷領到，並將報銷副本

呈报總府

（三）發行廣告　新聞發行本月份計贈送户一九七户，訂閲户四〇一户，

市行情曾报贈閲十份，訂閲四十二户，廣告方面因办理人手不敷，較前

月為少，計全月份共收廣告費國幣一一〇〇〇〇元

（四）人事登记　成都办事處办事員楊执権由該處报請任用，經核定薪

額為國幣一百元，并函囑填具人事調查表。

印刷廠

（一）印務　承印本府徵信新聞，排印方面畧有改進，行情由三欄改為四

欄，計節省十六開紙一張，封面刊頭用九盤机接收外件，遵總府指示

不套紅色，至接印外件本月份已較上月份為多。

聯合徵信所重慶分所

（二）業務　本月份對外營業總額計五百四十餘萬，較前月增加二

百萬元，月終接收外件較多，併入次月份計算，因開工日久須更換一

批字釘，支出一部費用，計盈餘額一百五十萬元，再根據本府印刷廠章

程所有三十六年度三個月營業收支結算，總盈餘六百五十餘萬元，以十分

之五提交府方轉作週轉金，百分之三十提為工廠公積金，十分之二提作工

廠職工獎金。

（三）人事　府方原派印刷廠分担工作之工友二人兩支管理本月份起由印

刷廠負責

聯合徵信所重慶分所

四联总处关于设立成都征信机构事与联合征信所往来函(1947 年 5 月 24 日)

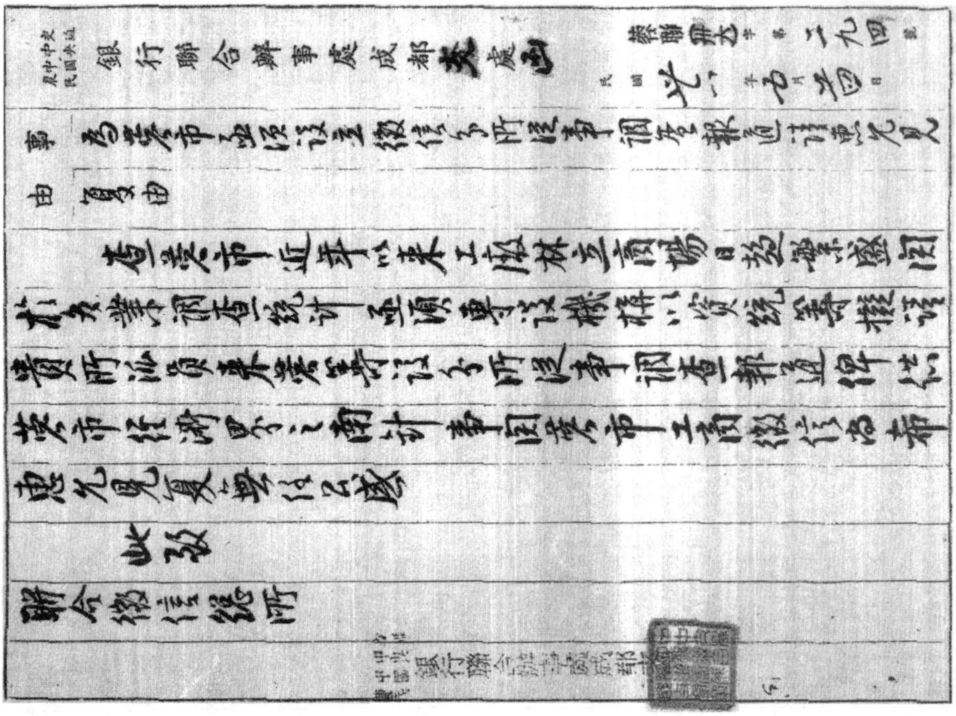

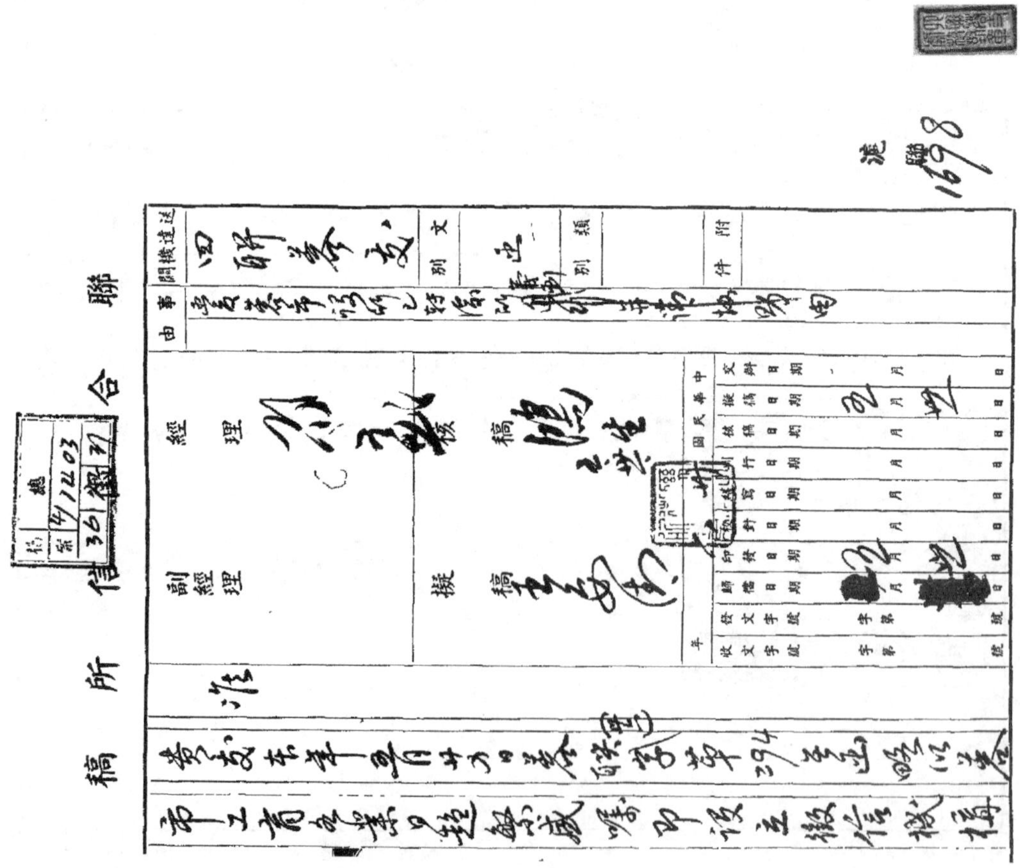

聯合信所稿

送達機關	渝所
事由	函本年第……
文別	函
類別	
附件	

經理
副經理
核稿
擬稿

中華民國 年 月 日

文辦日期	擬稿日期	核稿日期	繕寫日期	校對日期	印發日期	歸檔日期	發文字號	收文字號
月 日	五月卅日	月 日	月 日	月 日	五月卅日	五月卅日	字第 號	字第 號

案准

四聯總處成都支處本年五月卅日蓉聯字第294號函略以蓉市工商各業日趨繁盛……

渝所

聯 1697

以本處需要……渝所……

四聯總處成都支處

協助為荷 此致

[redacted]

聯合徵信所

來文 京業字第一〇〇一〇號　　復文　　字第　　號

來文機關	四聯總處
到文日期	民國卅六年六月廿[illegible]日
摘由	為奉交請王國鈞設立徵信機構意見簽擬見復由
附件	
擬辦	擬呈 [illegible]
批示	

收文　字第1698號　　歸　字第　　檔號

需設立徵信機構從事調查指導等項即籌設[illegible]
[illegible]
[illegible]
徐 所

[illegible]

中央 中國 交通 農民 四銀行聯合辦事總處快郵代電

上海聯合徵信總所公鑒：據蓉支處代電略以查工廠申請貸款信用調查最關重要，此間無調查信用之機關，故每遇廠商申請，均由本支處指定各行（局）派員調查，諸多不便，且各行局人手不多，辦理尤感困難，茲為五行局辦理貸款格外慎重起見，已函請聯合徵信所在蓉籌設分支機構，從事經濟信用等調查工作，以輔助生產貸款之業務，行局對於徵信所自當予以經濟上之援助，是否可行，請核示等情，查該支處所請各節，有無設立必要，相應電請核議見復

京業 字第 14010 號第 頁 中華民國卅六年六月廿六日發出

中央 中國 交通 農民 四銀行聯合辦事總處快郵代電

為荷。四聯總處秘書處巳寢。京業

字第 號第 頁 三十 年 月 日

聯合信所稿

總檔	
宗	7/1403
36	卷 30

送達機關：渝所

事由：函復政府辦理[illegible]主權債之計劃及意見由

文別：函

經理

副經理

核

核稿 德生 六卅

擬稿 [illegible]

中華民國 年 月 日

滬聯 1798

案准

四聯總處本年六月廿三日京業字第14010號代電內開：

「照叙原文」

等由。查本案前准四聯總處函囑辦理，經於本年五月廿四日以滬聯字第1697號函飭該所擬編經費預算及工作計劃呈核去案，惟迄未據復。茲准前由，特函催，即希查照迅速妥擬，並將核議意見一併具復，以憑核辦為荷。

此致

渝所

[illegible]

联合征信所重庆分所关于设立成都办事处事致总所函(1947 年 7 月 11 日)

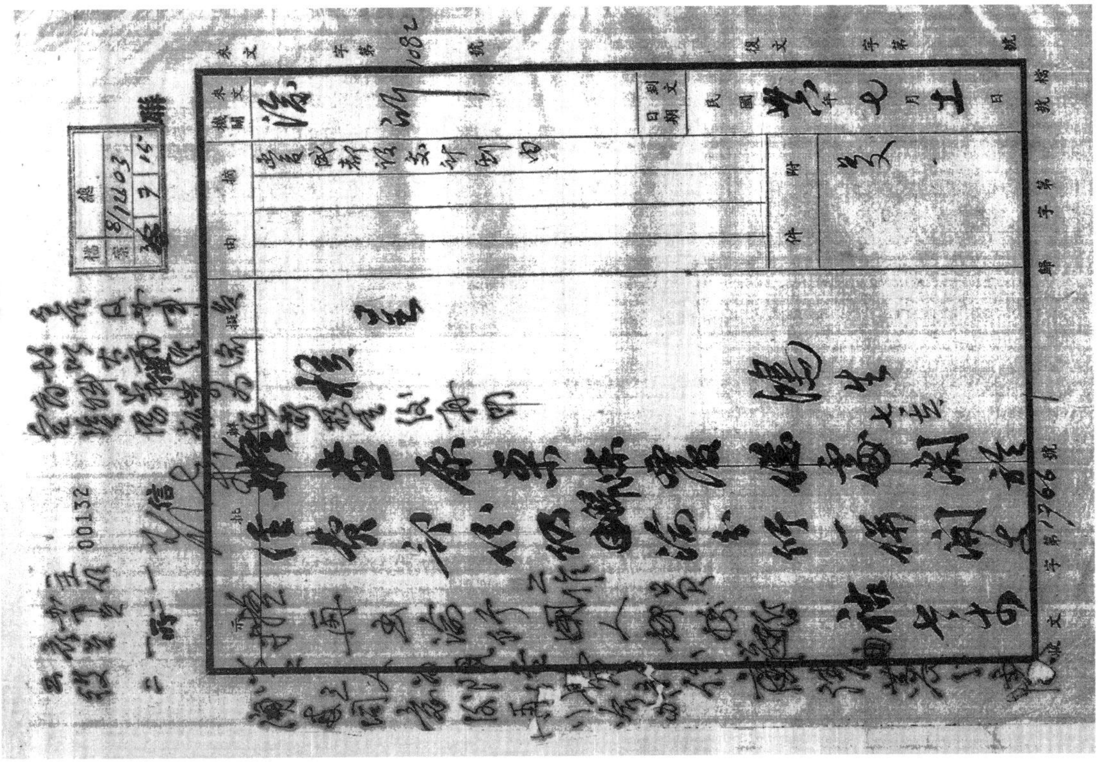

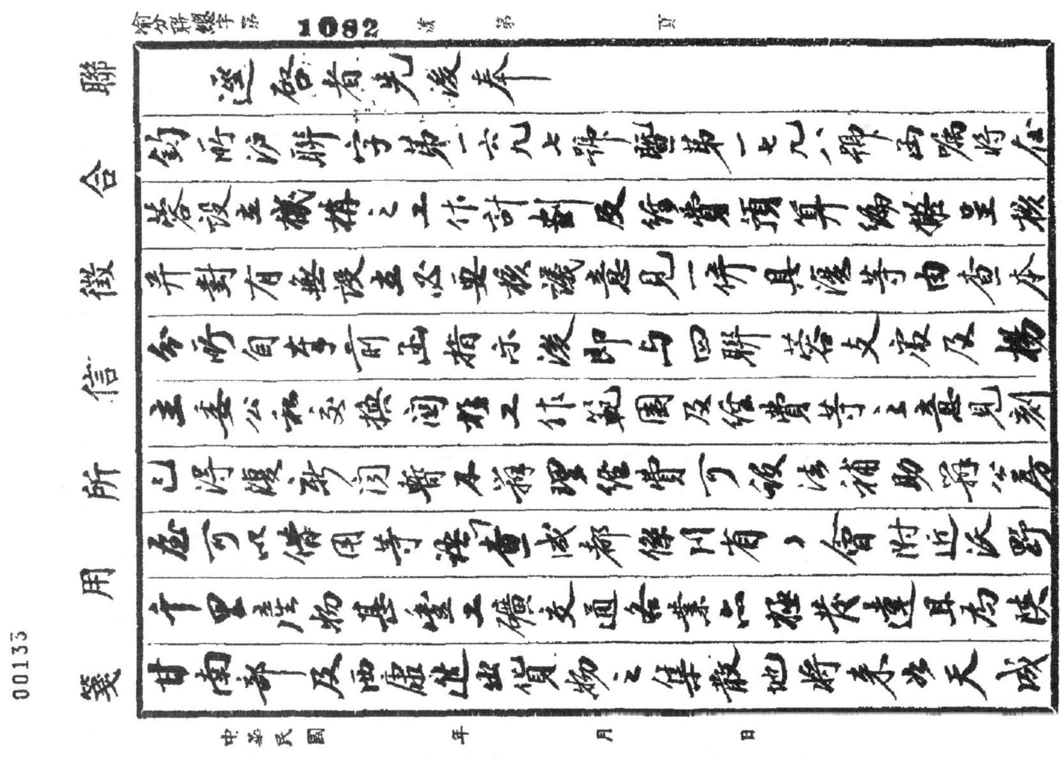
联合征信所用笺

聯合徵信所用箋

字第　號第　頁

成渝兩鐵路完成尤爲重要，就經濟地位言僅次
於重慶，金融業目前已極蓬勃，將來尤富於希望。
國家行局貸款頗繁，信用調查及一般經濟大
勢調查實不可少，就四聯支處審核貸款言，超
然中立之調查報告尤有必要，所請設立徵信機構
一節擬請照辦，惟爲節省開支計，目前擬由小
範圍做起，可由本分所立籌設辦事處爲辦
調查及發行新聞，茲於前由僅擬具工作計劃
及經費概算隨函報請
察核示復，並工作人員正積極準備中，一俟此間不

中華民國　年　月　日

地址：重慶林森路下黌學巷四號　電話：四一四三七　電報掛號：四〇四〇

聯合徵信所用箋

字第　號第　頁

便羅致，擬派幹員二三人赴蓉籌備，就地徵用合
格人才，關於辦理調查之規章表格等擬請檢寄
數份，俾資遵循爲荷！

此致

總所

附工作計劃及預算各四份

聯合徵信所重慶分所 啓

中華民國三十[illegible]七月　日

地址：重慶林森路下黌學巷四號　電話：四一四三七　電報掛號：四〇四〇

聯合徵信所重慶分所設立成都辦事處工作計劃

一、成都設立辦事處按照總所指示及四聯總處揚主委意見暫不出版新聞。

二、成都辦事處專以調查當地工商業信用、一般經濟狀況及重要市場行情，以供四聯蓉支處及當地國家行局參攷為業務。

三、辦事處之工作暫定如下：

(一)按預定計劃分別調查各行業一般情形及每行業中各單位事業之狀況，并編製工商名錄。

(二)接受四聯蓉支處、國家行局及其他金融機構之委託調查工商業信用、當地特產及市況等。

(三)將每日調查所得當地重要金融工商等消息及重要行情電報或函報有關各行。

(四)推銷各版徵信新聞。

(五)其他臨時指定事項。

四、辦事處暫設主任一人，辦事員四至五人，助理員二人，工役二人，必要時請准增加之。

五、辦事處之辦公地址、宿舍及辦公用棹椅等，係先向四聯蓉支處商借，必要時再行租賃。

六、辦事處每月經常費概算擬定如附表。如房屋、家俱等無法借用，須自行租賃時，另撥開辦費預算。

七、每月經費開支擬月終彙報四聯蓉支處核銷，分由當地六行局攤撥之。

八、所需經常週轉金由總所核定撥給之。

附每月經常費概算表

民國三十六年七月七日草擬

聯合徵信所重慶分所成都辦事處每月經常費

科目	金額(元)	說明
薪給費	四,500,000	主任一人月支[illegible]萬元，辦事員[illegible]，助理員[illegible]，工役二人[illegible]，合計如上
辦公費	二,100,000	每月紙張文具水電[illegible]消耗郵電印刷等費估計如上
郵電費	1,400,000	每月電報航郵等費估計如上
雜支費	1,000,000	每月購置家俱用具、報紙及其他雜項開支估計如上
合計	九,000,000	

附註：本概算係按卅六年七月初旬物價及公務員待遇標準估列，如物價波動及公務員待遇調整，數字自又不同。

聯合　信所稿

檔號	總
	3/1403
36	1	15

送達機關	滬所
文別	函
類別	
附件	
事由	覆各組人事任免各節由
經理	有安
副經理	
核稿	饒 七月廿五日
擬稿	王毓明

中華民國　年

文辦日期	擬稿日期	核稿日期	判行日期	繕寫日期	校對日期	封發日期	歸檔日期	發文字號	收文字號
月　日	七月廿四日	月　日	月　日	月　日	月　日	七月廿五日	七月廿五日	字第　號	字第　號

接滬分聯總字第1082號函暨附件均悉，關于查募調查事務可暫設主任一人，辦事員二人，雇員一人，工役一人，主任及辦事員均以大學(經濟)畢業合格者，應先將各員資歷擬就，所接定須再經同[redacted]以應[illegible]再照聯合[illegible]洽妥

擬再行呈閱 特呈

查照辦理具覆為要 此致

滬所

總

滬聯 1845

联合征信所与四联总处关于设立成都办事处的往来函电稿(1947 年 7 月 15 日)

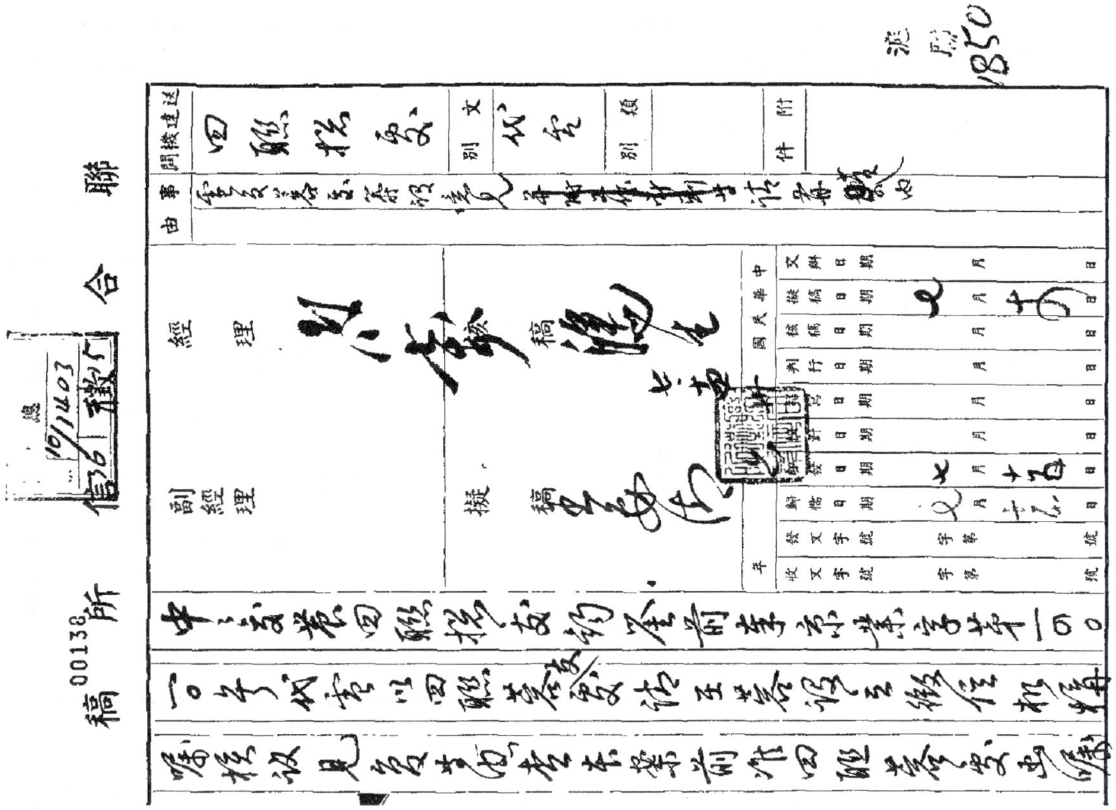

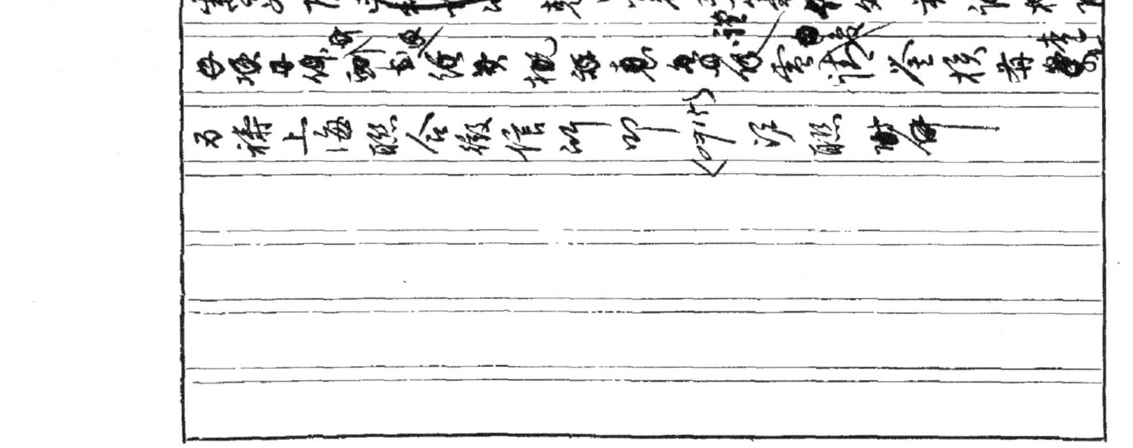

00140

聯合徵信所

總	
檔案	17/1803
36	26

來文機關	四聯總處
來文	京業字第15160號
摘由	全年核復成都徵信所意見由
到文日期	民國卅六年七月廿三日
附件	
擬辦	擬遵辦
批示	書案陳文

七.廿三

收文 字第1818號 歸 字第 號 檔號 復文 字第 號

中央 中國 交通 農民 四銀行聯合辦事總處快郵代電

上海联合徵信所公鑒：據成都支處六月十三日總聯(36)字第一二六號代電略以目前成渝鐵路已經興工灌縣電廠亦在進行各紗廠均有擴充設計各行局奉命辦理貸款對於申請貸款者信用調查最關重要此間無調查信用之機關故每遇廠商申請均由本處指定各行局派員調查諸多不便且各行局人手不多辦理亦感困難茲為五行局辦理貸款格外慎重起見擬請聯合徵信所在蓉籌設分支機構從事經濟信用等調查工作以輔助生產貸款之業務行局對於徵信所自當予以經濟上之援助請鑒核等情業

京業字第15160號 第 頁

中華民國卅六年七月廿二日發出 日

中央 中國 交通 農民 四銀行聯合辦事總處快郵代電

經陳奉核示：「籌設徵信分所一節，應飭徵信總所核復」等因，相應電請查核見復為荷。四聯總處秘書處。午銑二京業

字第　　號第　　頁　三十　年　月　日

副本 00144

聯合徵信所

副知

滬聯字第　　號第一頁

中中交農四聯總處鈞鑒：京業字第20100號代電奉悉。查關於在蓉籌設徵信機構一案，前奉鈞處京業字第14010號代電，飭核議見復，業以滬聯字第1850號代電以「查本案前准四聯蓉處函囑籌設，當即飭本所重慶分所擬編計劃預算，並工作計劃，茲據復稱『查成都係川省省會，附近沃野千里，產物衍豐，工商交通各業亦極發達，且為陝甘兩省及西康進出貨物之集散地，將來如天成、成渝兩鐵路完成，尤為重要，就經濟地位而論，僅次於重慶，金融業日見發達，將來尤為於商業國家行局貸款頗繁，信用調查在一般經濟大勢調查實不可少，就四聯文處審核貸款著想，組織中立之調查機告，尤有必要，所請設立徵信

中華民國　年　月　日

中山東一路電話：一九八七七　電報掛號：八〇八四
河南路電話：九八五六〇、九六〇七七、九五一〇七

地址：上海中山東一路廿三號九樓　河南路三〇三號

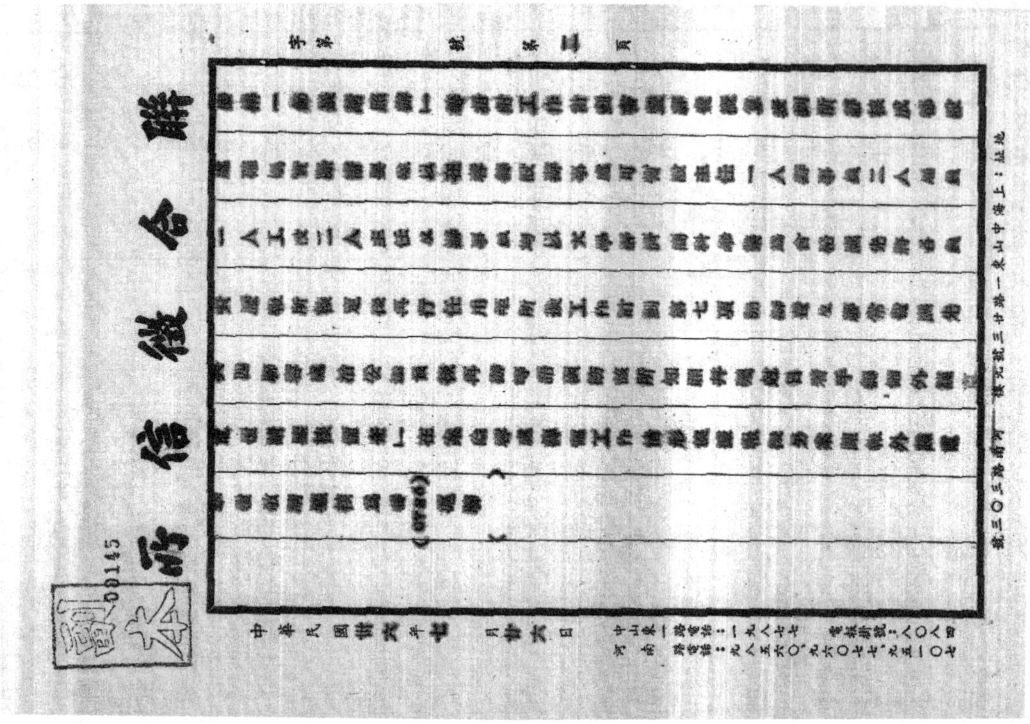
聯合徵信所

联合征信所重庆分所致总所函(1947 年 7 月 23 日)

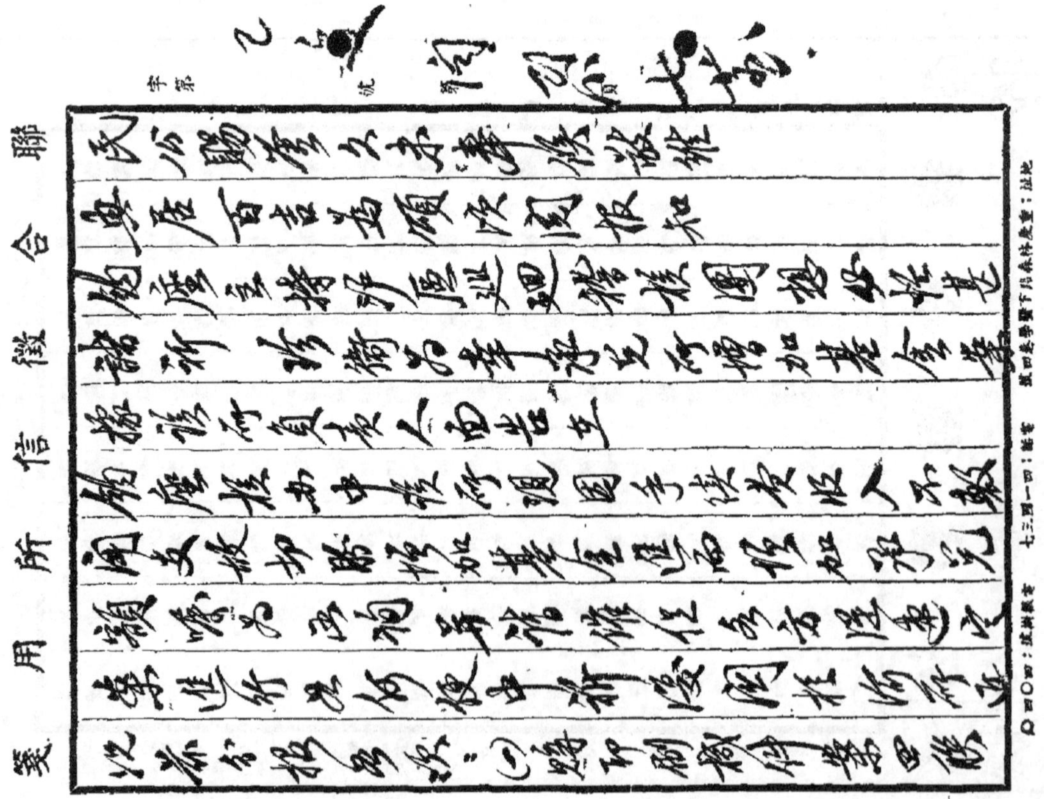
聯合徵信所用箋

聯合徵信所用箋

渝廠已積催先行遣支五千萬元今日已向照
亞機器廠付款定貨一切經過及計劃即將
正式陳報貨價較上底估價低落百分之卅
預計因貴至五千萬至六千萬之間 下半年所需
年費決定由家收兩千萬元現正收取材以此項
收入撥充一部 其餘約五千萬元 擬請此間
六行局補助各行局對印刷設備均表贊成
并願借款購置 惟認為此係置產應投資
性質 將來購置機器 撥作之後各行局應轉
入總行局再由總行局轉作總行基金或週

聯合徵信所用箋

轉金總所再到渝所支配 此係各行主體
之意見 四聯總處處長本所王會轉報總所
向四聯總處洽定由渝陳印將為情
陳報外 特將經過奉告 (二) 籌設蓉處已
近成熟階段 經在渝選聘大學生三人 均係
無人介紹 年青有為 總所來示囑試中擇
資歷深者任主任 但以生觀察彼等雖未
付單獨局面 經西商成都鄭歷局處理
毅銷請其兼任主任聯繫事處及各行局
并隨時與貴以便蓉生意外廖君已同

意並已函經楊孝慈、賀同毅、連廖君共生

再度同學為人嚴謹幹練，絕不支持謊面

推動業務而不致發生問題，新用人員中以

楊毅航（承業之介紹）資歷較深，故擬以之

作副主任，並以鍾樹楷備配此職，妥當。至渝所原有

駐蓉記者現已擬歸蓉處，因其辦理信

用調查態能力猶差，故列在擬定三人之外，

將來仍囑其對新聞及行情多多致力。此次人事

配備已按同處擬請，擬請迅飭辦

理，一俟派定即囑各員赴蓉工作，經費一層

並未經蓉處審定，業補助之前仍由渝所撥

支。（三）新用之三人已到所實習，隨看舊報告，並

指示調查方法，擬請方法外，並令其參加調查。

現渝所擬編成渝金融業概覽，渝方已擬妥，

將由仲甫下月初即全體出動調查，新任人員亦參

加。將來蓉處開業前，先即令其調查蓉市

金融業，俾迅速完成。總所如有調查之規章

等有現成者，請飭寄來，俾資遵循。餘

容後續陳，專此敬叩

崇安

胡澤恒 拜上 七月

联合征信所重庆分所关于成都办事处正式开业事致总所函(1947 年 9 月 27 日)

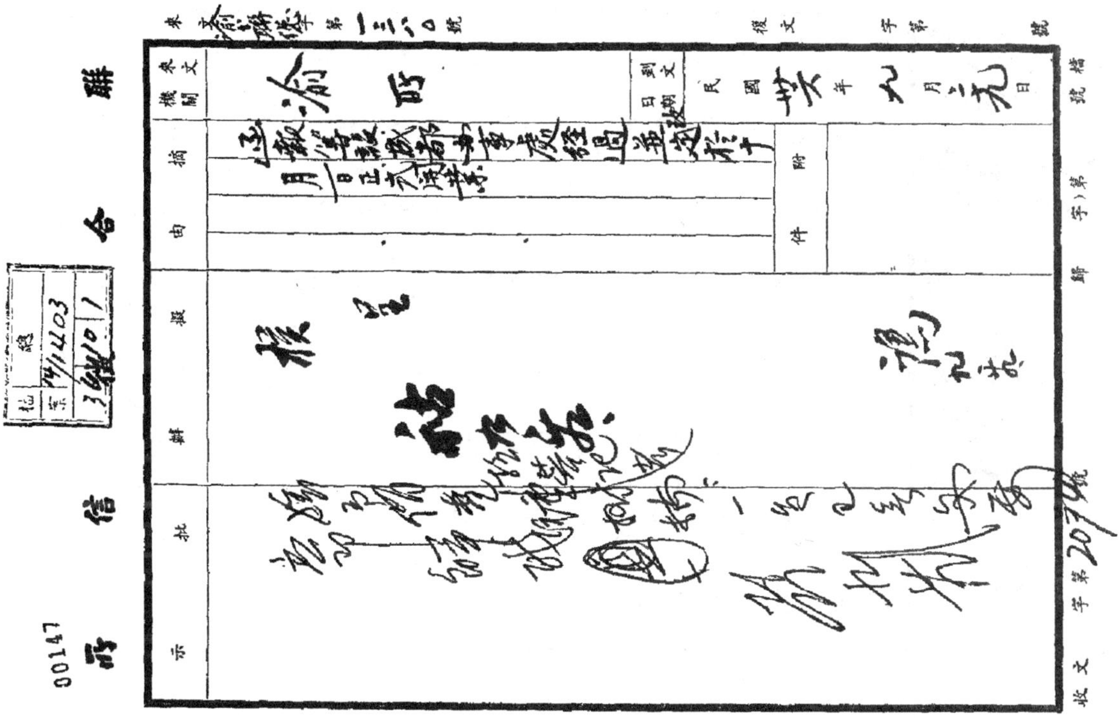

00147

聯合徵信所 函

來文 渝[illegible]字第一三八〇號

來文機關	渝所	到文日期	民國卅六年九月三十日
摘由	成都办事处定于十月一日正式开业[illegible]	附件	
擬辦	[illegible]		
批示	[illegible]		

收文 字第 207 號

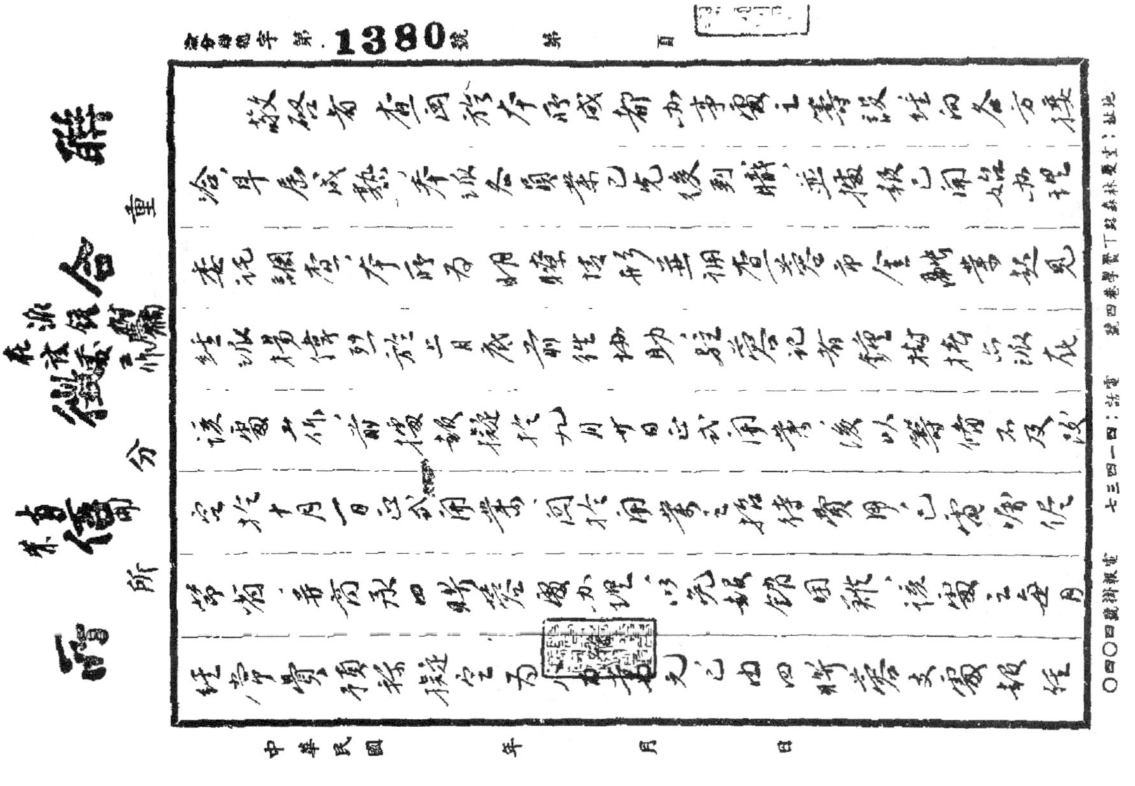

渝字第 1380 號 第 頁

聯合徵信所 重慶分所

敬启者 本所于本年成都办事处之筹设经向各方接

洽，早居成熟，本所各同事已先后到蓉，并[illegible]已开业地址

[illegible]

[illegible]

该处工作，前曾拟于九月十日正式开业，后以筹备不及，改

定于十月一日正式开业。关于开业之招待费用，已[illegible]

[illegible]

[illegible]

中華民國 年 月 日

請發電每月陳
貸款辦正
請派中
由蓉交墊信匯
按月五厘
代借新開訂豐
成將獲來備用

聯合徵信所

重慶分所

字第　　號第　　頁

四聯總處分處轉陳總處核示，尚未奉復，其現時所需
之週轉金，擬報係由四聯蓉處墊借，已撥五仟萬元（前
曾由蓉國行准訂透支一千五百萬元，准後暫由蓉處墊
借），該處因各週轉金商請酌撥本所因各款可據，為示
協助起見，經准依據錯論版制開訂實項下提四成備用
委餘六成仍派論，此項辦法係交通蓉行經理沈笑春在
渝時商定，沈允於返蓉後聯合各行商代為介紹推廣，
或可藉生相當助果，除該處已式開業後，俟吾報來

中華民國　　年　　月　　日

〇四〇四號掛報電　七三四一四：話電　號四巷學豐下路森林慶重：址地

聯合徵信所

重慶分所

字第　　號第　　頁

再行報核外，謹將以往經過情形報請
察核備案　此致
總所

聯合徵信所重慶分所　啟

中華民國卅二年九月廿七日

〇四〇四號掛報電　七三四一四：話電　號四巷學豐下路森林慶重：址地

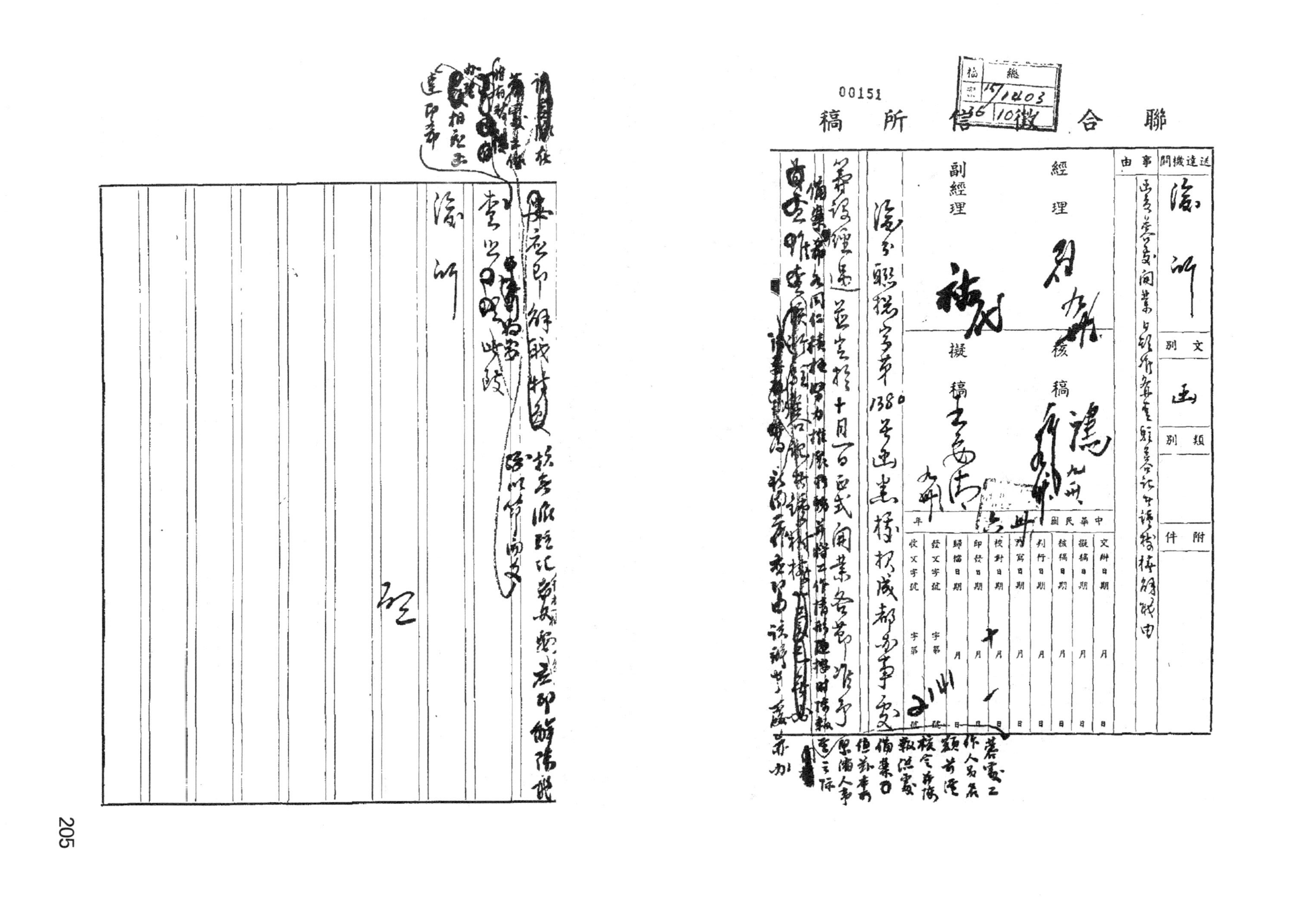

00151

總收文 15/1403
36 10 徵

聯合信所稿

送達機關	滬所
文別	函
類別	
附件	
事由	[illegible]

經理	[illegible]	副經理	[illegible]
核稿	[illegible]	擬稿	[illegible]

中華民國　　年　　月　　日

文辦日期	擬稿日期	核稿日期	判行日期	繕寫日期	校對日期	印發日期	歸檔日期	發文字號	收文字號
月 日	月 日	月 日	月 日	月 日	十 月 日	月 日	月 日	字第 號	字第 號

滬所：聯總字第1380號函悉。據報成都分事務所[illegible]
[illegible]並呈報十月一日正式開業各節，准予備案。[illegible]同仁積極努力推廣[illegible]將工作情形隨時[illegible]
[illegible]

滬所

[illegible]

联合征信所复四联总处成都办事处开业电稿(1947年10月2日)

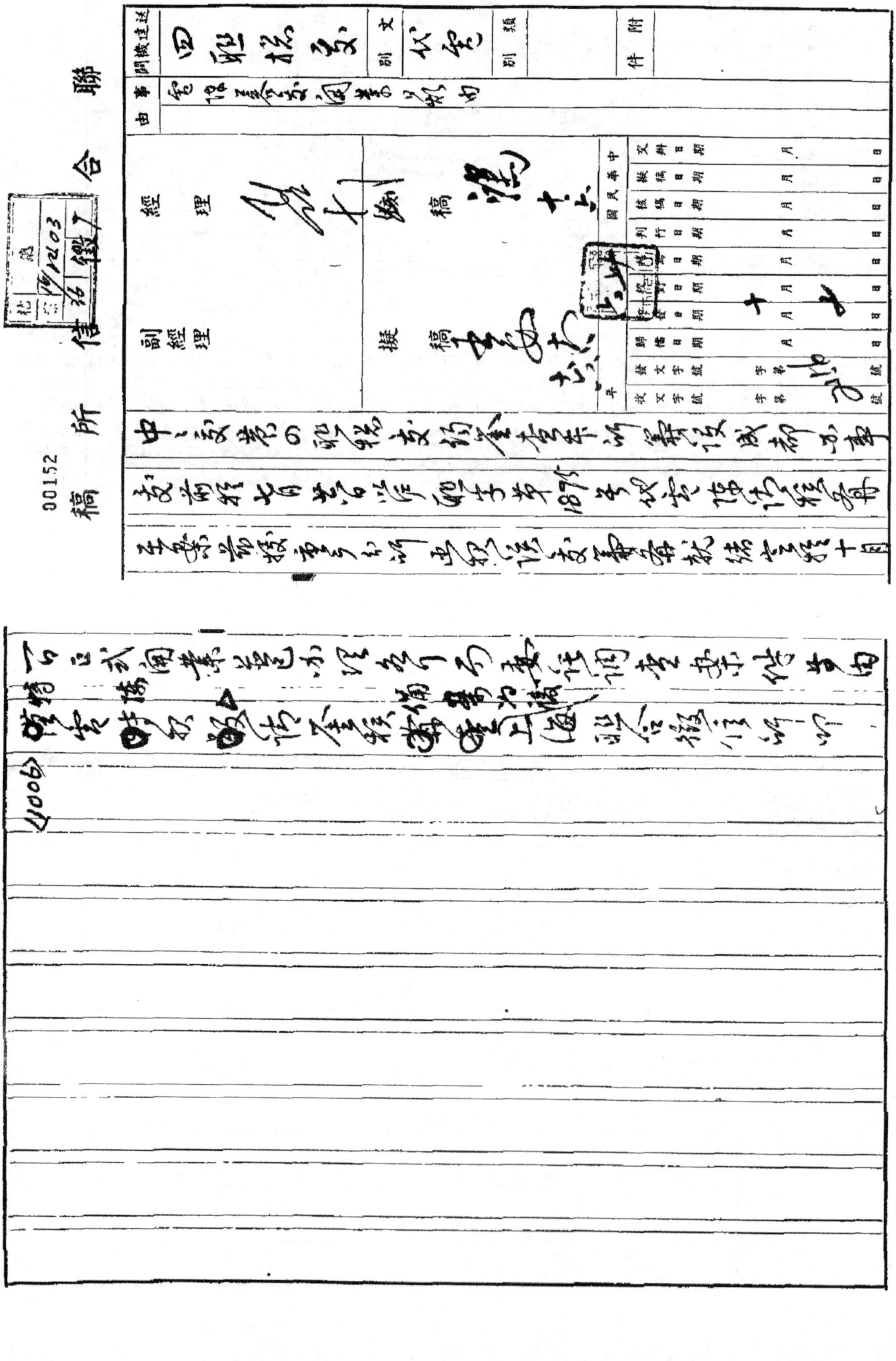

联合征信所重庆分所三十七年十二月份工作报告 卅八年一月廿五日

兹将本分所十二月份工作情形，分别列陈于后：

总务组

一、公文收发：计由行局函八件，共三十三件，内调查案十二件，其他公函计二十三件，内调查案八件，总分所及成都办事处八十四件，内部八件，共计二十件。

二、会计出纳：运用诸项收支及会计事务，本月份总收入一五三〇三五〇元，总支出三一四七六三元，收支相抵，不敷一七一六九五三元，已于本年一月二日函送重庆国家行局库联合办事处核拨，仍恳请按照比例补助。又本月应由各行局库摊拨分所经费……元，共计本所应摊……三十元，由本所拨垫，以资弥补，以后每月不敷经费（按十二月份经费于十一月份核付时照十一月份实支数核拨）

三、征信业务：本月份征信部份订阅户减少五十户，计四〇八户，临时阅户减少一八户，计一四五户，共计四五三户；新订阅户增加三十户，计四八户；新临阅户增加九户，计一七户，共七五户，除出报费上月增收五百余元，共收入七百八十元正。

四、人事异动：四联渝分处介用人员郭□□、余□□二员，均于本月廿日到所工作，该员等已分派征信部，其余办事人员无变动。

五、發行部方面，所有各部推銷之印刷品，於十一月底起按表報告……

……於十一月十日起每月……報告情

形。

新聞組

一、本組逐日採訪搜集新聞，分別由日報及印行油印本「每日情報」。

計本月份刊載本市本組採訪得來之新聞稿共八百三十餘篇，及譯

電得來之中外新聞稿共六百七十五條，計約……自本月起並開始

二十三篇，計載本報……新聞稿共八百零八篇，譯電……情報

自本月二十七日起……三十三期共七百餘則，每日……約二十三篇。

二、為中央銀行……[illegible]……件。為……

員會同調查……物價……問題一件。

三、逐日抄發上海南京漢口南昌行營及中央黨部電。

調查組

一、搜集「八一九」財經改革辦法及報紙評論資料。

二、辦理中央銀行記者招待會案七件。

三、辦理國民……案三件。

四、辦理……[illegible]……一件。

印刷組

一、本月份內部印刷品業已完成……本月下半月份特

稿……排印……人，印……人，……作完畢……本月

一、…份計[illegible]元，俟月終各方及…款將於下月初報元。

二、業務方面：[illegible]本月較好，惟因…貨…件在…
上…件收入計國幣〢〣〢〇〤〇〡。

三、財務方面：物價上漲，開支增大，計開…收…〤〥〇〇元，
計總收入…〇〡〇〤〡，總支出〤〡〧〡〩〡元，計虧
短…〡〢〣〡〢元。

聯合徵信所重慶分所成都辦事處十二月份工作簡報

一、四聯總處交辦委託調查清華布廠，中央信託局委託調查成都市運銷之
緊紗、布、食油、糖等之公司及商號之名稱、地點、負責人、資本數額、營業數
額等，以上並銀行委託調查之商號、食糖產銷情形，均已調查完畢。

二、據日調查成都市中等級米麥價格，分送四聯總處及中央、中國、交
通、農民四行、中信部、維西局、[illegible]等。

三、收發往來函件十三件，造報十一月份一切會計應辦事宜。

四、推銷各版徵信新聞及刊物。

五、籌備工商調查事項。

2. 汉口分所

联合征信所汉口分所致总所函(1946 年 3 月 28 日)

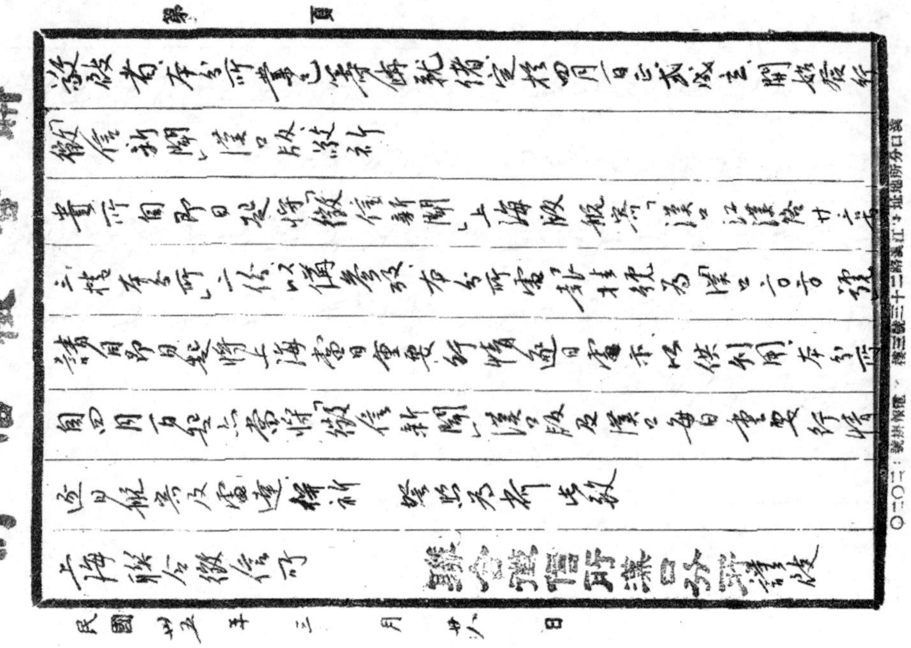
联合征信所

联合征信所汉口分所谨启

民国卅五年三月廿八日

汉口分所副经理田玉振致刁民仁函(1946 年 4 月 1 日)

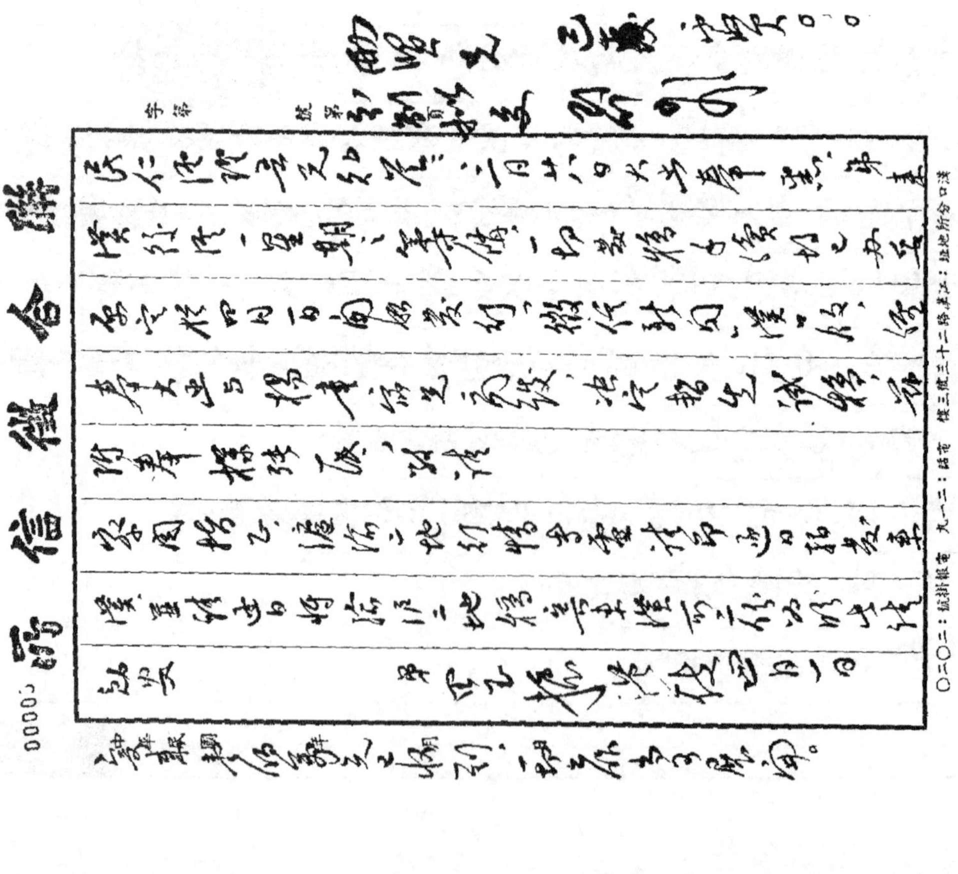
联合征信所

聯合徵信所

字第　號第　頁

本分所已辦各事：

(甲) 定製各件：

(一) 長形招牌一件、方形中英文招牌各件

(二) 篆字方章一件、隸體長章一件、總務、調查、新聞三組腰圓章各一件、收件四章一件、

(三) 信封信紙各一千份、「徵信新聞」刊頭三千份、「徵信新聞」稿紙一萬二千份、

(四) 鋼板鋼筆、印泥、印台、筆、墨、硯台、漿糊、硯池、卷宗等件

中華民國　年　月　日

聯合徵信所

字第　號第　頁

(乙) 正辦各件：

(一) 呈財政部特派員辦公處、四聯總處漢口分處請轉飭漢口銀行錢業二公會會員加入本所為普通所員、

(二) 函銀行公會及錢業公會請轉知各該會會員加入本所為普通所員、

(三) 函各銀行錢莊加入本所為普通所員

(四) 函各公司行號訂閱本所「徵信新聞」、

(五) 呈市政府市黨部請予備案、

中華民國　年　月　日

聯合徵信所

字第　　號第　　頁

(六) 函重慶上海聯合徵信所即日報告行情專電來漢相用，並將二地徵信新聞每日二份寄來漢、

(七) 赴電報局查理電報掛号（号碼為二〇二〇）

(八) 赴電話局查理裝置電話手續、

(九) 赴郵政局查理、郵寄新聞、立券掛号手續

(十) 赴中央社要新聞稿並取得聯絡、

(丙) 帶來之件、油印機一架、蠟紙三盒、油墨兩瓶、

(丁) 所餘之件：各種樣十冊、簿冊樣十冊、其他文具、

中華民國　　年　　月　　日

〇二〇二：號掛報電　九一二：話電　樓三號三十二路漢江：址地所分口漢

聯合徵信所

字第　　號第　　頁

UNITED CREDIT INFORMATION BUREAU 聯合徵信所 總務組 HANKOW BRANCH 漢口

UNITED CREDIT INFORMATION BUREAU 聯合徵信所 調查組 HANKOW BRANCH 漢口

UNITED CREDIT INFORMATION BUREAU 聯合徵信所 新聞組 HANKOW BRANCH 漢口

UNITED CREDIT INFORMATION BUREAU 聯合徵信所 收發 HANKOW BRANCH 漢口

聯合徵信所漢口分所

中華民國　　年　　月　　日

〇二〇二：號掛報電　九一二：話電　樓三號三十二路漢江：址地所分口漢

联合征信所汉口分所经理杨书家致总所函（1946年4月15日）

漢口交通銀行

民仁、適天吾兄道鑒：適天兄

四月十三日航函今午收到，

指示各點，極爲詳盡，

感激之至。蘇護準此

向籌備情形及具體

（漢九）

漢口交通銀行

計劃再簡述於后：

1.地址　決定租用交通大

樓208號，每月租金拾貳

萬陸仟元，今日已正式簽

入據合

2.開辦費二百伍拾萬絕

（漢九）

漢口交通銀行

對於數字鉅前次經擬玉
先生已到之百萬渠已開
支貳拾萬僅前來撥拾萬
連同託收之百伍拾萬兩
共僅貳佰叁拾萬可抵用
現已用去百伍拾萬作設備

（漢九）

漢口交通銀行

籌初步向支行僅八十
萬四月份買工料薪及
船項支出約需數百萬元
相差之數目前即無法
墊撥於向滬撥款目前若
情形已請先將周轉金
以不至少付之伍佰萬元

（漢九）

漢口交通銀行

以免臨時見窘。
至於待遇問題，目前失業者多，才識者少，但此小方
面在則絕難羅致人
才。如分所對經常費
自足維持，待遇標準

（漢九）

漢口交通銀行

似不宜過於壓低。
至經常費，如前函所
陳預計收入除繳所能補
但中正社教法務後出
刊後即能自給，此點先
要能完全做到，尚其絕

（漢九）

數把握。到五月十五始大
諒可收轉。愚計凡屬漢
口館分業均請加入為會員，
除四行兩局外一律每處收入會
費壹萬元，但只收年費，
因年費每處僅能收弍

萬肆仟元，故收費則
較厚多矣。此外尚有其他各
業，因弟親為籌款，往來
所識者不少，以前辦事亦往
往接洽，估計至少尚能推
銷弍佰份。但目標則為四

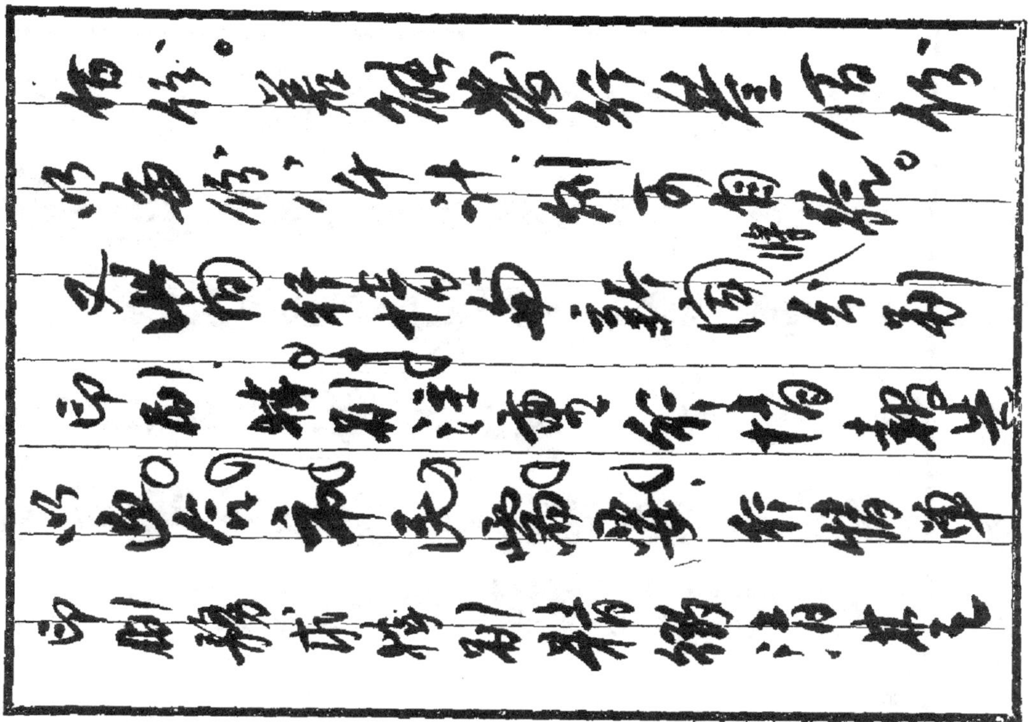

漢口交通銀行

（謙九）

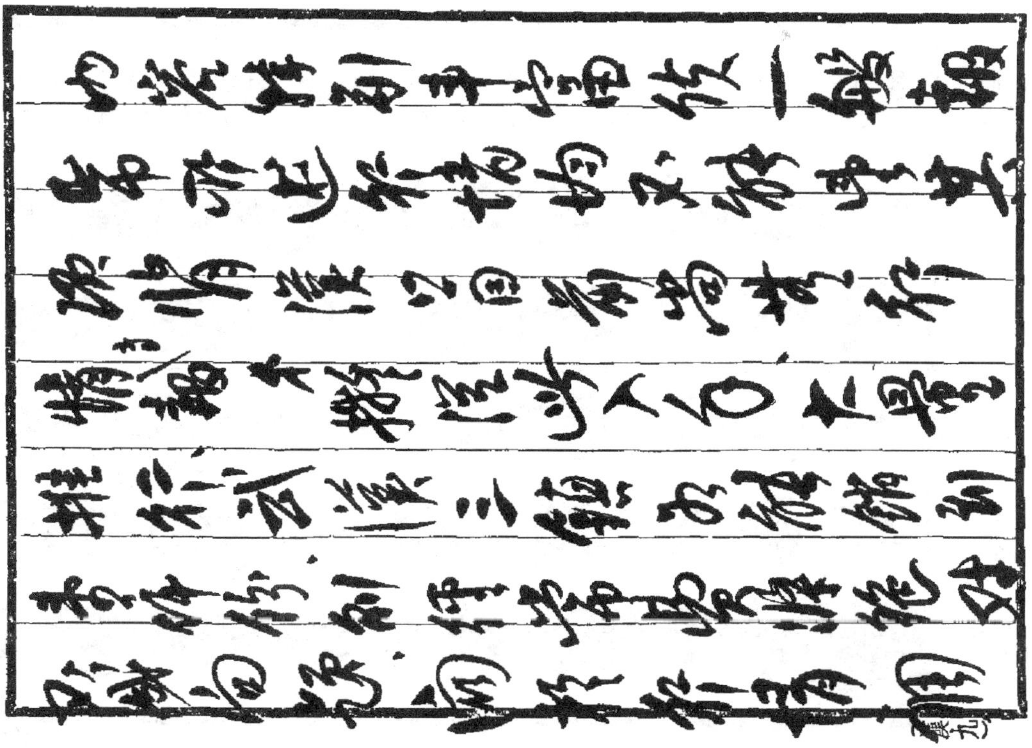

漢口交通銀行

（謙九）

漢口交通銀行

查撥出責金融請速派
主持此外員工情組織
詳情調查個以資聯絡。
分組織。經副理以下暫不
變，分組僅只能勤力而勤
而權職務之區別

(漢九)

漢口交通銀行

緩之。漢行經常費似甚
大，而照此計將來到年
底不足已屬餘。目前急需為
者為兩行節費而通融將金
信到時務懇收匯（由分行）電化
[redacted]伍佰萬元以便準時出

(漢九)

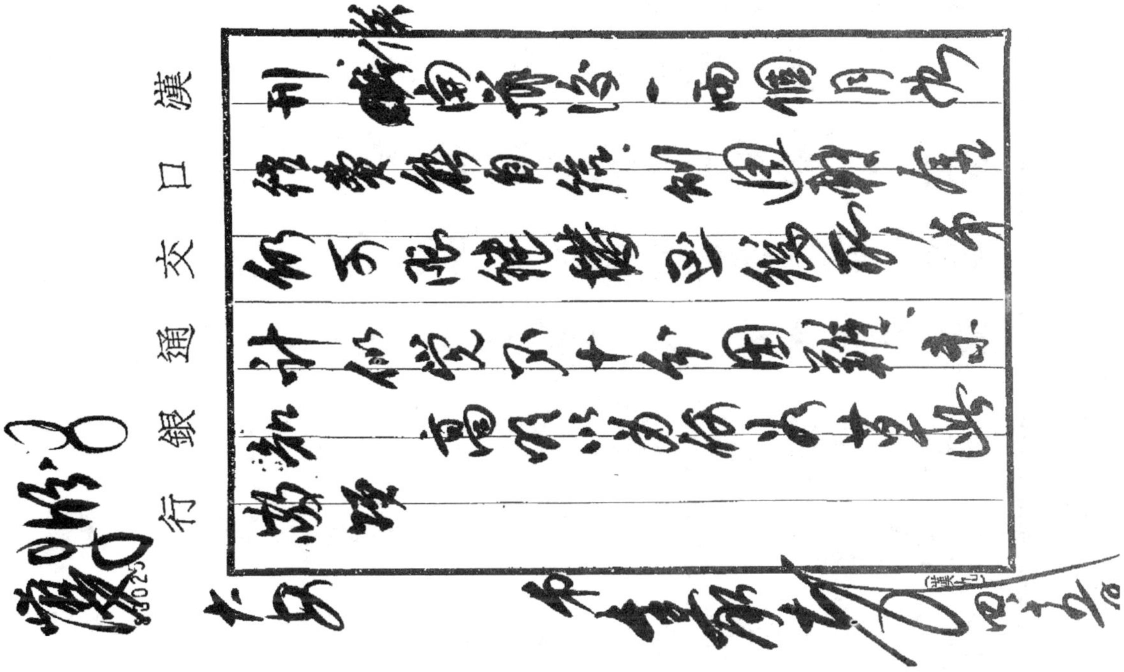
漢口交通銀行

汉口分所经理杨书家致总所函(1947 年 8 月 4 日)

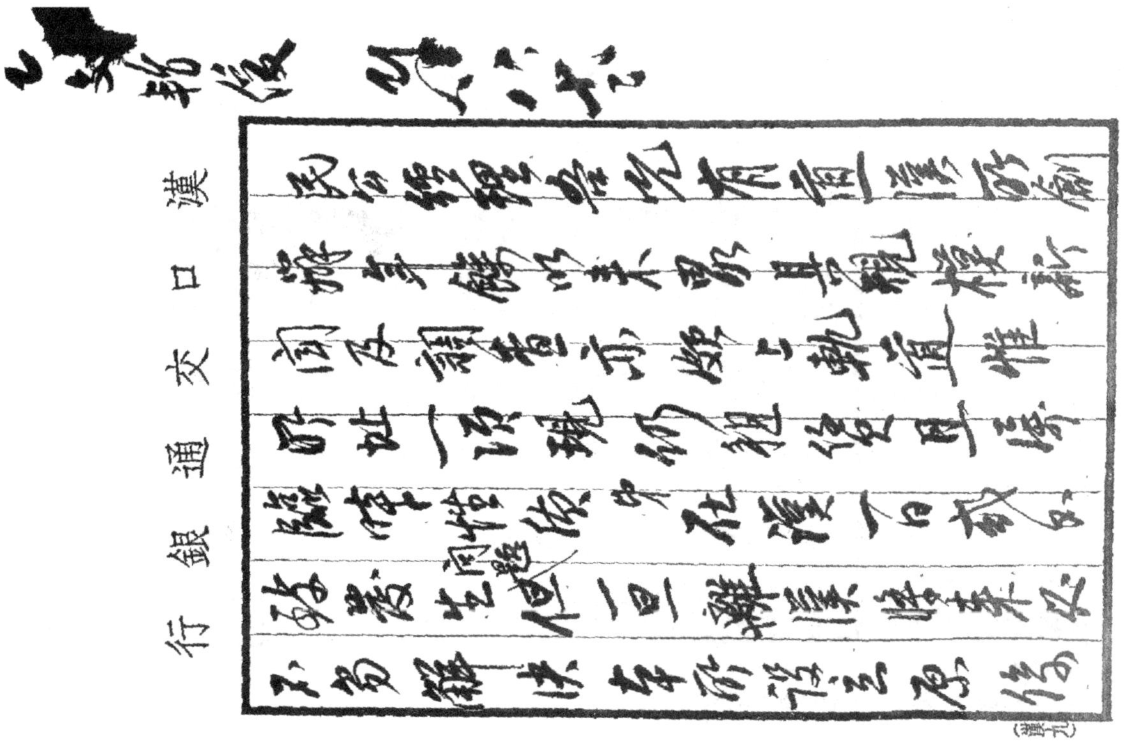
漢口交通銀行

漢口交通銀行

四聯輔導而成，毫無基金，萬一四聯果為總結，改革方案所言係入財部，則於本行諸多不便。為樹立永久基礎起見，誠宜存儲設法達到「四聯存在，本行固無問題；四聯廢止，本行亦能自

(漢九)

漢口交通銀行

存之目的。因此擬在漢購地四五十方，約需叁億餘。地購就後，先建簡單房屋，以貳億為度，合計以五億為限。款項籌措辦法(A)由漢行報撥，(B)撥行轉四聯核借，(C)利息按月息貳分計算，(D)分十

(漢九)

聯辦手續，匯所需撥款及供給業務營業之需要，最好決定電告，先來匯一千萬，分撥成功。

85

漢口交通銀行

個月撥還（由營業收入作抵）自借款後第三個月
向路（也）營業收入不敷部份
仍照往例由四路貼補。一年
以後劃還應之地將息問題
否
先為同意此筆匯款即將
以武公園款提取中 全年

（漢九）

漢口交通銀行

武昌難漢之可能如中難向
則來日他氏（協助維）錢而力不足用
特專函奉商祈察示
為禱此頌
暑安
弟 書家 頓
六、四日

（漢九）

汉口分所副经理吴文会致总所函(1947年8月29日)

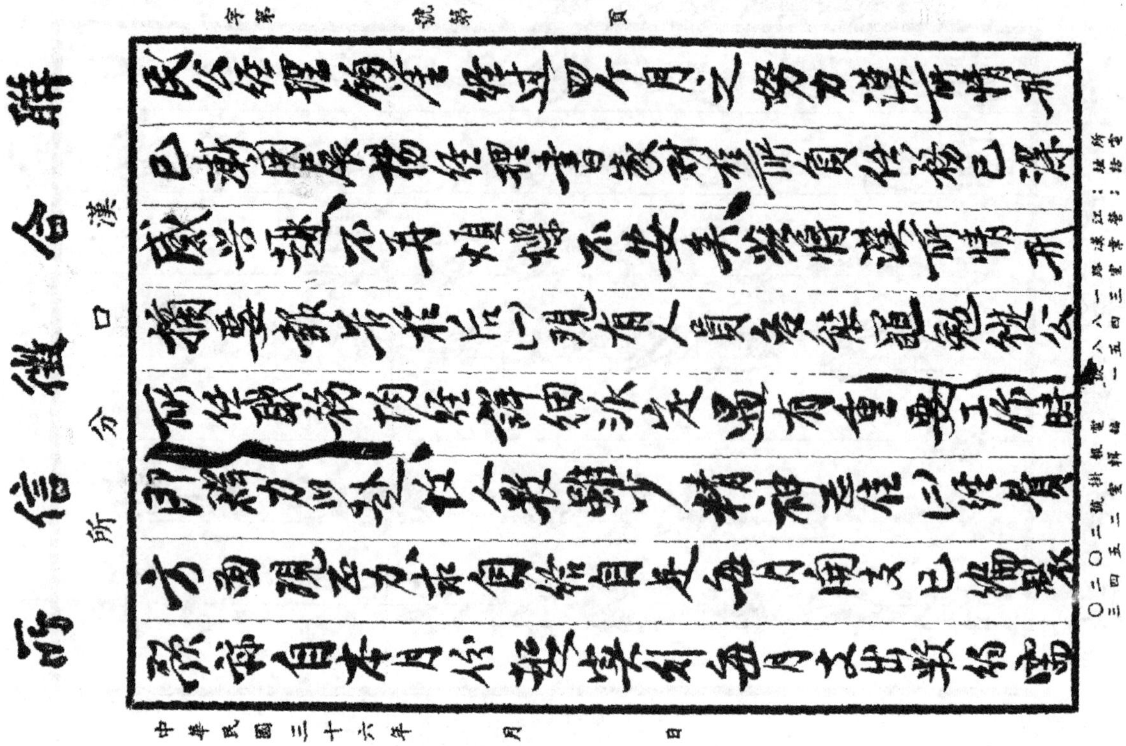

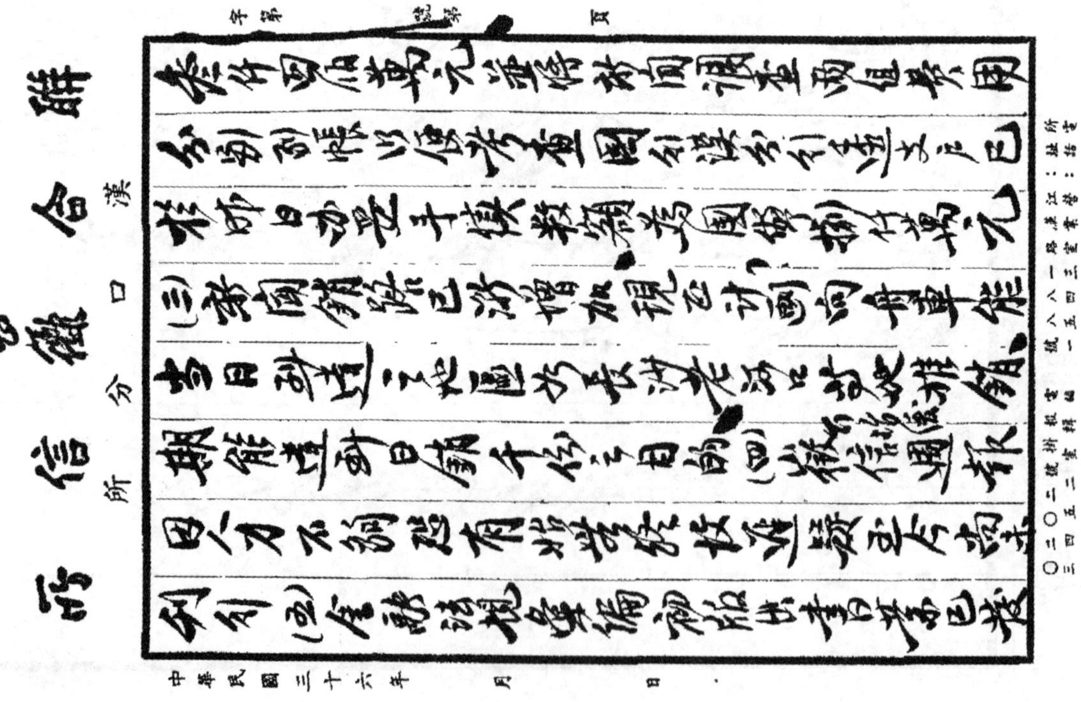

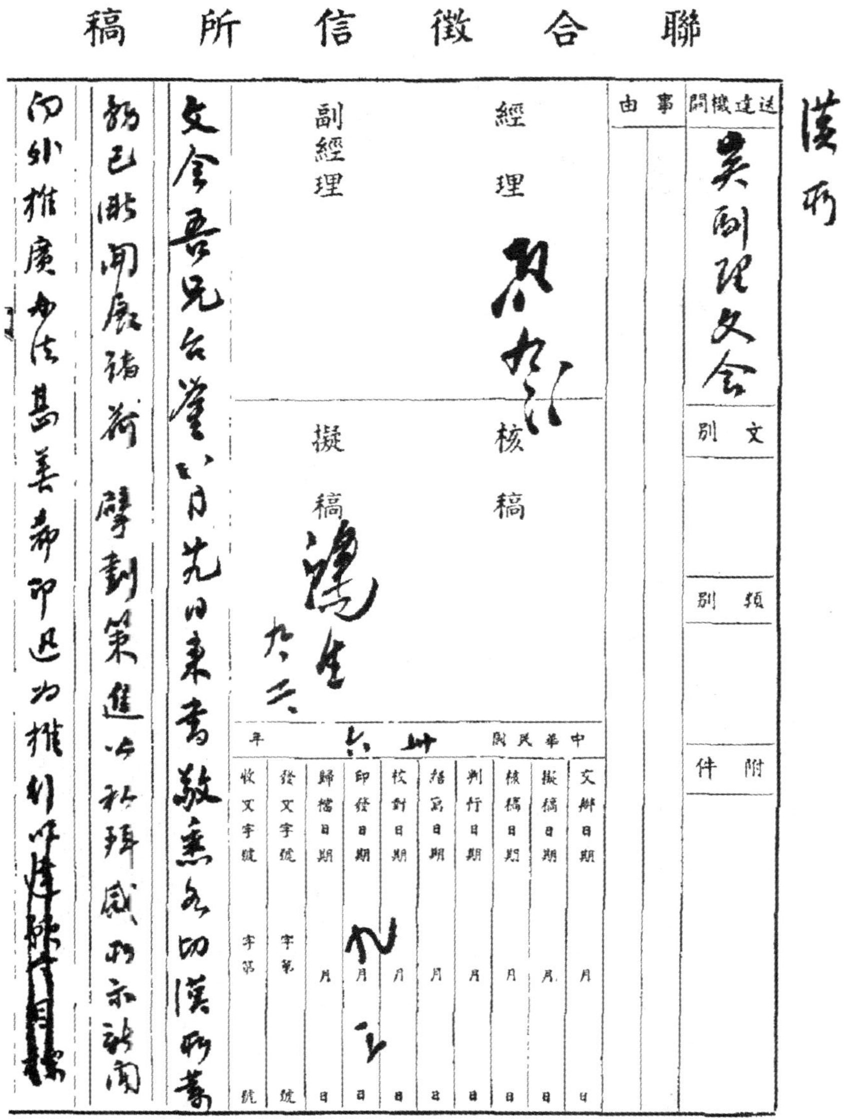

聯合徵信所稿

送達機關	吳副理文會
事由	
文別	
類別	
附件	

經理 [signature]　核稿

副經理　擬稿 [signature] 九六

文會吾兄台鑒：八月廿九日來書敬悉。關於漢所舊
欠已囑周辰儲荷籌劃策進，以社拜感，所示請內
仍外推廣，甚善，希即迅為推行……

中華民國 卅六 年 月 日

文辦日期	擬稿日期	核稿日期	判行日期	繕寫日期	校對日期	印發日期	歸檔日期	發文字號	收文字號
月 日	月 日	月 日	月 日	月 日	月 日	月 日	月 日	字第 號	字第 號

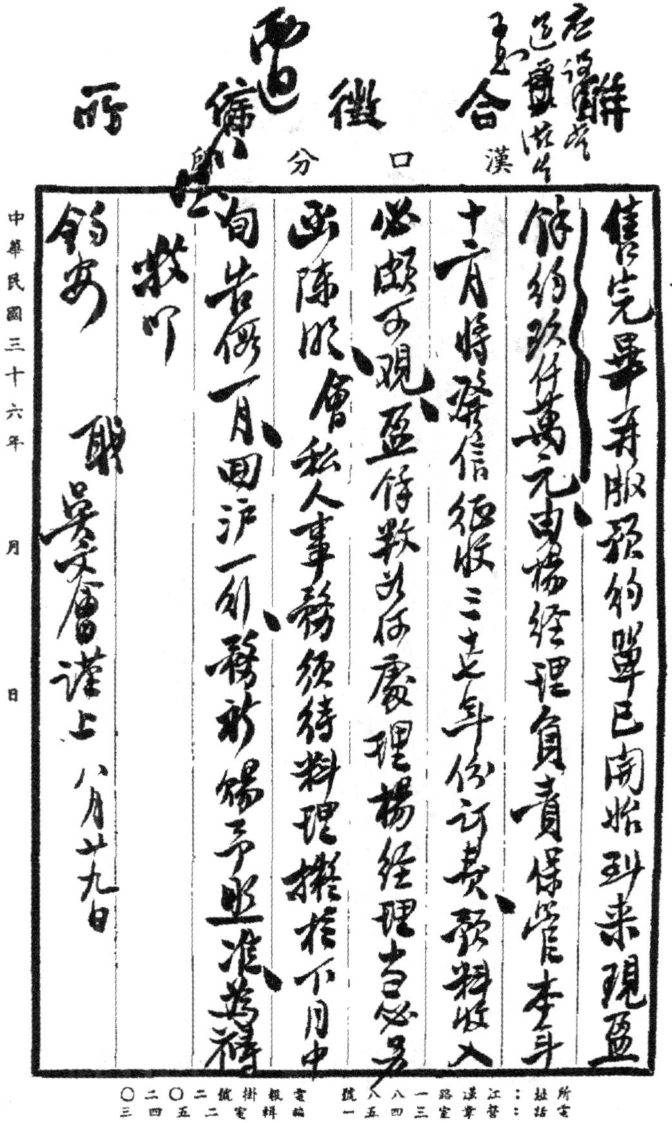

聯合徵信所
漢口分所

字第　號第　頁

佳完先生：彭股顧約單已閱悉到來現盈
修約改仟萬元由楊經理負責保管，本年
十二月將欲信徵收三七年份訂費款撥入，
必做可觀盈餘數易處理，楊經理當必另
函陳明。會私人事務須待料理，擬於下月中
旬告假一月回滬一行，務祈賜予照准為禱。
敬叩
鈞安
職 吳文會謹上 八月廿九日

中華民國三十六年 月 日

所址：江漢路一八八號　電報掛號 二〇二〇
電話：經理室 三四一五　編輯室 二五四三

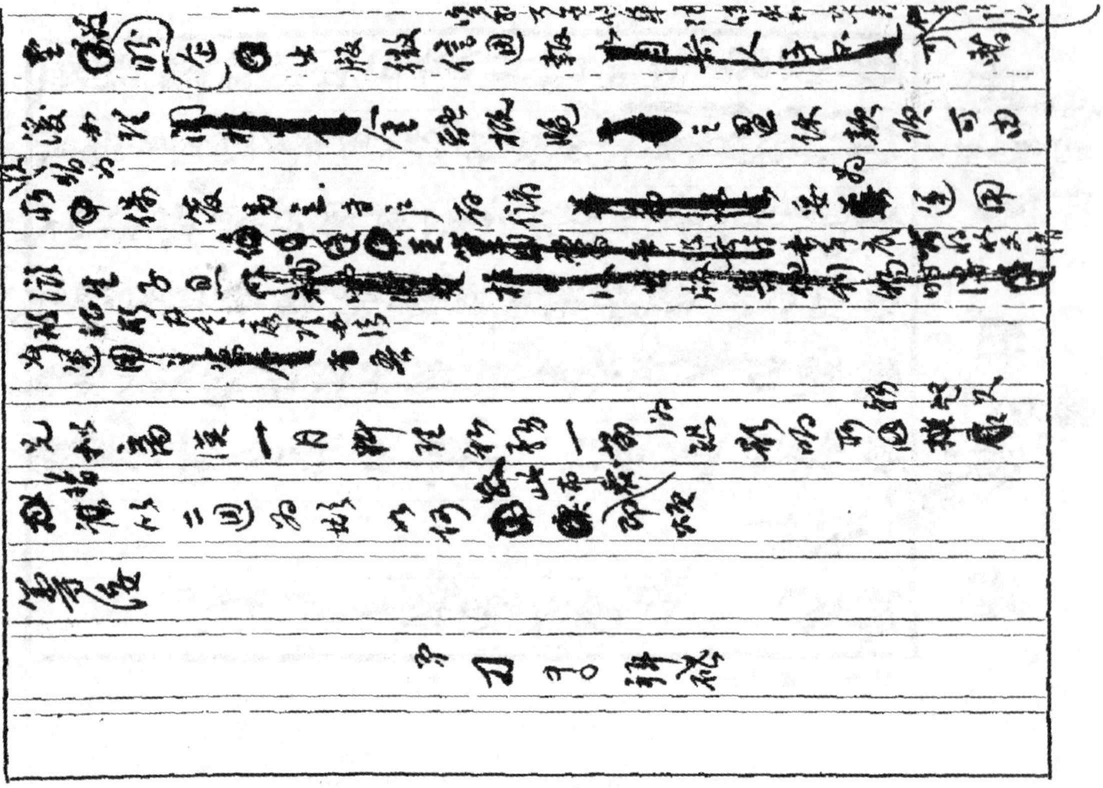

联合征信所汉口分所人事聘用令(1946 年 5 月 26 日)

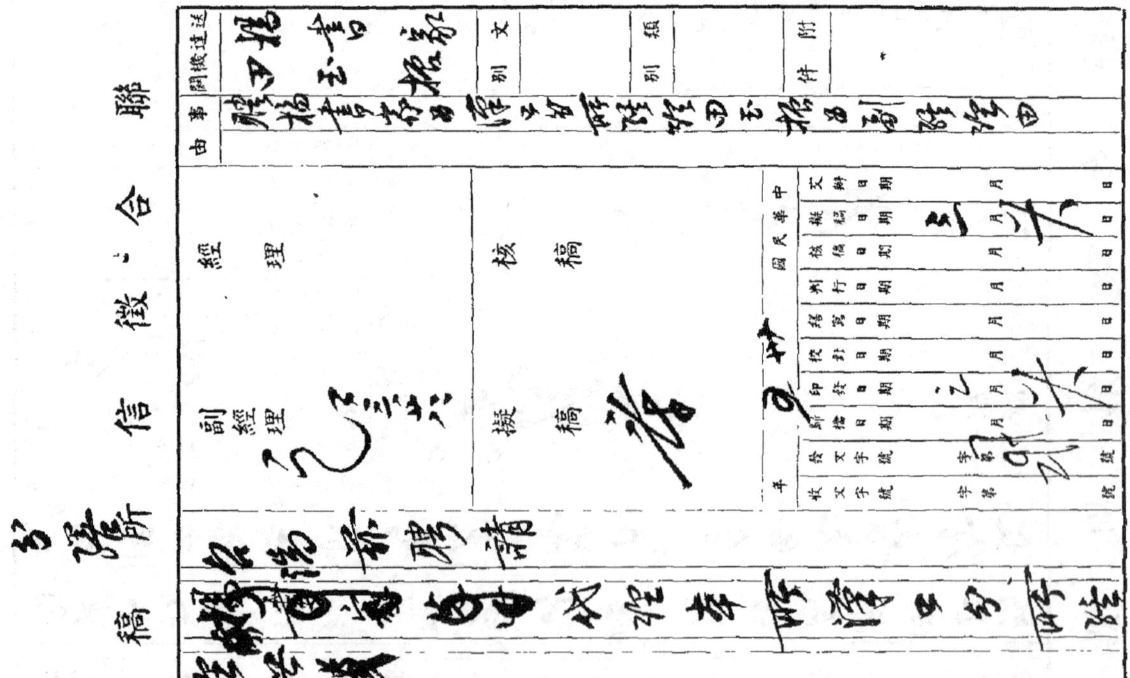

[illegible]

联合征信所汉口分所 1947 年度工作简报

聯合徵信所漢口分所三十六年度工作簡報

本所自成立以迄今已歷兩載以徵信事業在國內尚屬創舉一般人士對之未盡深刻認識故工作推進不免有事倍功半之感

本所同仁在總所領導之下尚能協力同心能無隕越謹將上年度工作情形編製工作簡報於次。

聯合徵信所漢口分所三十六年份人事移動報告表　三十七年一月　日

移動情形	職別	姓名	到職年月	去職年月	備考
任	助理員	李定侯	三十六年一月		
撤	代新聞組主任	嚴鍾瑞	三十五年七月	三十六年二月	
免	助理員	廖於一	三十五年四月	三十六年三月	因事辭職
任	副理	吳文會	三十六年四月		
免	調查組主任	廖嘉珪	三十六年二月	三十六年五月	因事辭職
免	辦事員	楊競谷	三十五年五月	三十六年五月	留職停薪
免	〃	文　平	三十六年二月	三十六年六月	因事辭職
升	代新聞組主任	陳夢濃	三十五年七月	三十六年六月	
升	辦事員	虞漢棠	三十五年四月	三十六年六月	
任	〃	鮑汝昌	三十六年七月		
免	助理員	侯湘張	三十五年十月	三十六年七月	因事辭職
任	〃	鄭逸群	三十六年八月		
任	辦事員	黃嘉瑩	三十六年八月		
免	〃	周材俊			因事迄未到所請辭本職
免	〃	錢輝隆	三十六年七月	三十六年九月	
升	代調查組主任	楊欽德	三十五年六月	三十六年九月	

…UU- 36

聯合徵信所漢口分所
經費收支報告表
民國三十六年度

支出金額	科目	收入金額
	收入之部	
	新聞訂費	190,674,430.42
	調查費	3,180,000.00
	廣告費	5,557,000.00
	所員入所費	400,000.00
	所員年費	10,400,000.00
	利息收入	15,339,726.85
	支出之部	
95,698,274.00	辦公費	
119,653,094.20	出版費	
194,077,460.00	薪給費	
29,220,000.00	購置費	
15,060,153.69	利息支出	
2,537,178.00	員工年終獎金	
	差額	230,255,002.62
456,246,159.89	合計	456,246,159.89

聯合徵信所漢口分所卅六年份發行『徵信新聞』份數統計表

月別	發行新聞份數	訂閱份數	贈閱份數	交換份數	增或減	增減份數	備考
一月份	470份	248份	148份	35份			內零售25份
二月份	570份	329份	148份	35份	增	100份	〃〃40份
三月份	480份	278份	108份	24份	減	90份	〃〃45份
四月份	540份	330份	108份	24份	增	60份	〃〃50份
五月份	570份	328份	109份	24份	〃	30份	〃〃90份
六月份	620份	332份	117份	25份	〃	60份	〃〃120份
七月份	625份	351份	117份	25份	〃	5份	〃〃〃
八月份	630份	345份	118份	24份	〃	5份	〃〃〃
九月份	650份	357份	120份	23份	〃	20份	〃〃125份

十月份	630份	330份	123份	20份	減 20份	內審核	130份
十一月份	780份	437份	122份	20份	增 150份	〃	〃150份
十二月份	670份	361份	120份	19份	減 110份	〃	〃150份
合計	7235份	4026份	1458份	298份			1165份

漢口調查組一年來工作推進情形

本行調查組自三十六年度九月開始試辦調查業務以來，雖屬規模草創，但工作之推進，尚稱順利。唯漢口究係一內陸都市，一般人士對此種新興徵信事業，缺乏深刻之認識。再者經濟市場範圍有限，普通資料收集較易，致外来委託調查案件并不踴躍。但本行為求日後業務之推展，及本行建立健全之漢口經濟中心資料起見，除承辦外来委託調查案件外，并举辦經常調查。調查對象首為漢口重要工礦貿易企業單位之人事財務業務狀況，其次為漢口重要出口物資之產銷運營情形再次為重要特產之產銷運營情形。總計一年來已完成之工作計，計有調查案件十八，重要工廠、商號及企業單位財務業務人事狀況調查十八，重要出口物資產銷運營情形調查八，共四十四件，茲分列一明細表如後。

聯合徵信所接受各方卅六年度委辦調查案件統計表

甲、委託調查。

四聯總處秘書處	委託	鑒定[illegible]中全部[illegible]。
滬四聯分處	〃	調查[illegible]人事業務財務狀況。
四聯總處	〃	滬市[illegible]情形。
〃	〃	〃 滬市卅年至今之金融物價(卅六年一月至六月)

四聯總處	委託	滬市棉紗[illegible]運銷及加工情形。
〃	〃	〃 滬市出口經營業務。
〃	〃	〃 滬市卅六年上半年十五種重要日用品躉售價格
滬中國銀行	〃	滬市[illegible]產銷情形。
滬中農行	〃	浙省三十五年度農產運銷情形。
天津新華銀行	〃	由滬運津[illegible]商品之運銷情形。
滬四聯分處	〃	[illegible]公司財務業務人事狀況。
交通銀行	〃	上海[illegible]公司[illegible]財務業務人事狀況。
中國銀行	〃	[illegible]財務業務人事狀況。
中國農民銀行	〃	[illegible]財務業務人事狀況。

中國銀行老河口〃 漢口中國銀行財務業務人事狀況。

中信局 〃 湖北省政府航業局財務業務人事狀況。

四聯總處 〃 湖北省政府企業委員會水泥廠財務業務人事狀況。

四聯總處 〃 漢口等十五市之金銀與物價（三十六年十月至十二月）

乙、經濟調查：

（一）漢口主要企業單位調查：

四川畜產公司漢口分公司財務業務人事狀況。

大中企業公司漢口分公司 〃 〃 〃

揚子建業股份有限公司漢口分公司財務業務人事狀況。

漢口建華電器股份有限公司 〃 〃 〃

新昌股份有限公司漢口分公司財務業務人事狀況。

益德進出口貿易公司漢口分公司 〃 〃 〃

承豐貿易公司漢口分公司 〃 〃 〃

恒豐貿易公司 〃 〃 〃 〃

華隆貿易公司財務業務人事狀況。

華年貿業股份有限公司財務業務人事狀況。

湖北漢生貿易公司財務業務人事狀況。

天津北洋工業股份有限公司財務業務人事狀況。

華美企業公司漢口分公司 〃 〃 〃

長江貿業股份有限公司 〃 〃 〃

德〇孚〇洋行財務業務人事狀況。
義瑞洋行 〃 〃 〃 〃
中國企業公司 〃 〃 〃 〃
中國植物油料廠〇辦事處財務業務人事狀況。
(2)德〇外〇物資進出口營業情形調查:
A. 綠茶
B. 桐油
C. 猪鬃
D. 鮮蛋
E. 皮革

F. 腸衣
G. 芝麻
J 桔子

联合征信所汉口分所报告本分所征信新闻暂行停刊等事宜(1948年3月16日)

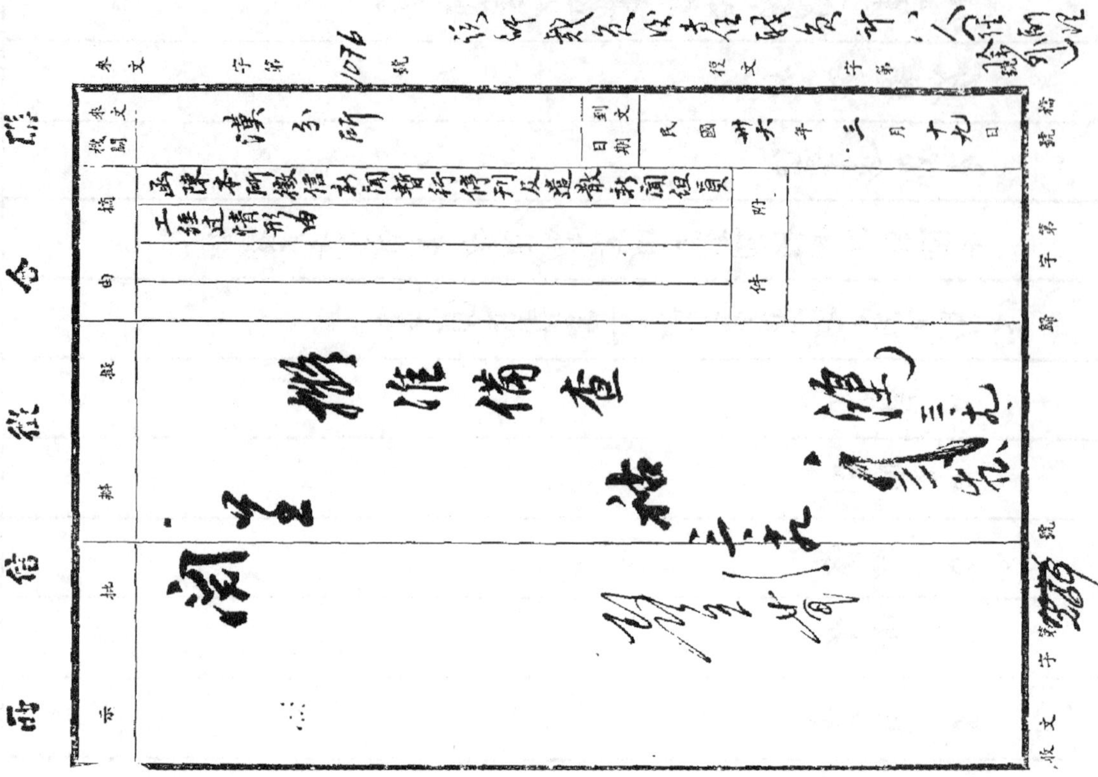

聯合徵信所

來文機關	漢分所
來文	字第1076號
摘由	函陳本所徵信新聞暫行停刊及遣散新聞組員工經過情形由
到文日期	民國卅七年三月十九日
附件	
擬辦	擬准備查 三、十九
批示	閱 星祜 三、十九

歸檔 字第 號　收文 字第 號

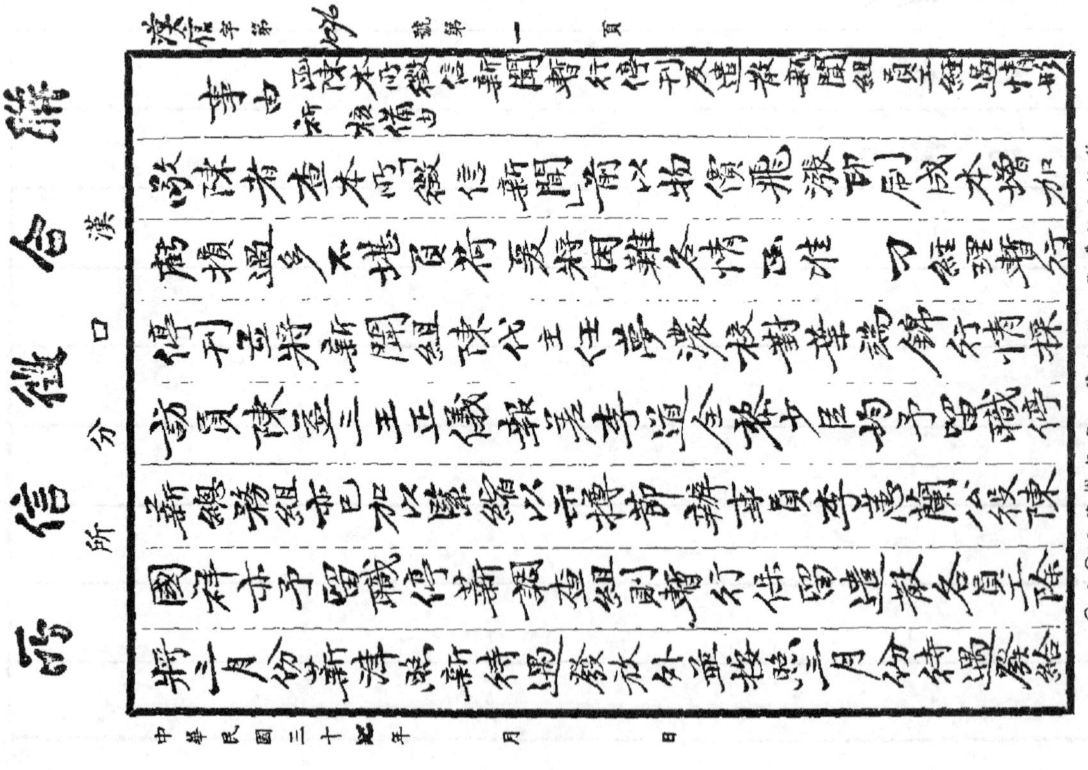

聯合徵信所
漢口分所

漢信字第1076號 第一頁

事由：函陳本所徵信新聞暫行停刊及遣散新聞組員工經過情形，祈核備由

敬陳者：查本所「徵信新聞」前以物價飛漲，印刷成本增加，虧損過多，不堪負荷，爰將困難各情函准 刁經理暫行停刊，並將新聞組陳代主任夢濃、校對葉端錦，行情採訪員陳益三、王正儀，報差李道全、蔡少臣均予留職停薪；總務組亦已加以緊縮，以示撙節，辦事員李蕙蘭、公役陳國祥亦予留職停薪；調查組則暫行保留。遣散各員工除將三月份薪津照新待遇發放外，並按照三月份待遇發給

中華民國三十七年 月 日

所址：江漢路一八八號　電報掛號二〇二〇
電話：營業室三四一五　編輯室二五四三

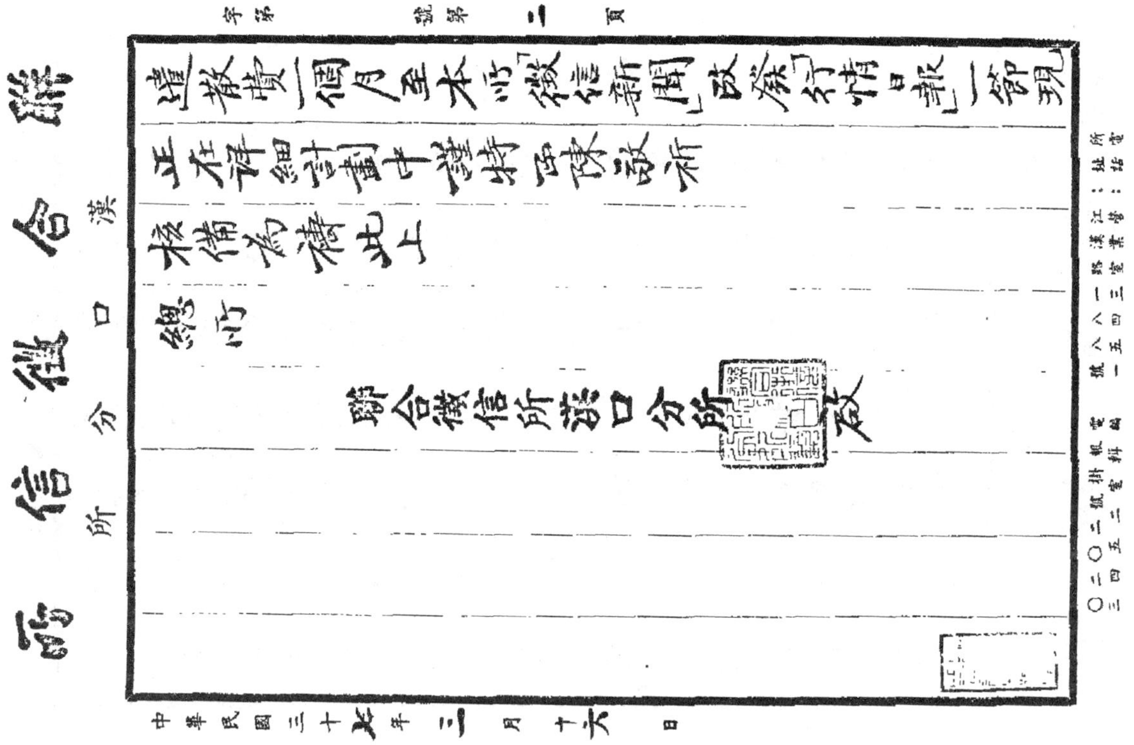

联合徵信所漢口分所

這幾天個月至本所「徵信新聞」改爲「行情日報」一節現正在詳細計劃中，謹將西陳諸祈核備為禱，此上

總所

聯合徵信所漢口分所啓

中華民國三十[illegible]年[illegible]月十六日

联合征信所汉口分所刁雨贤致总所函(1948 年 8 月 7～9 日)

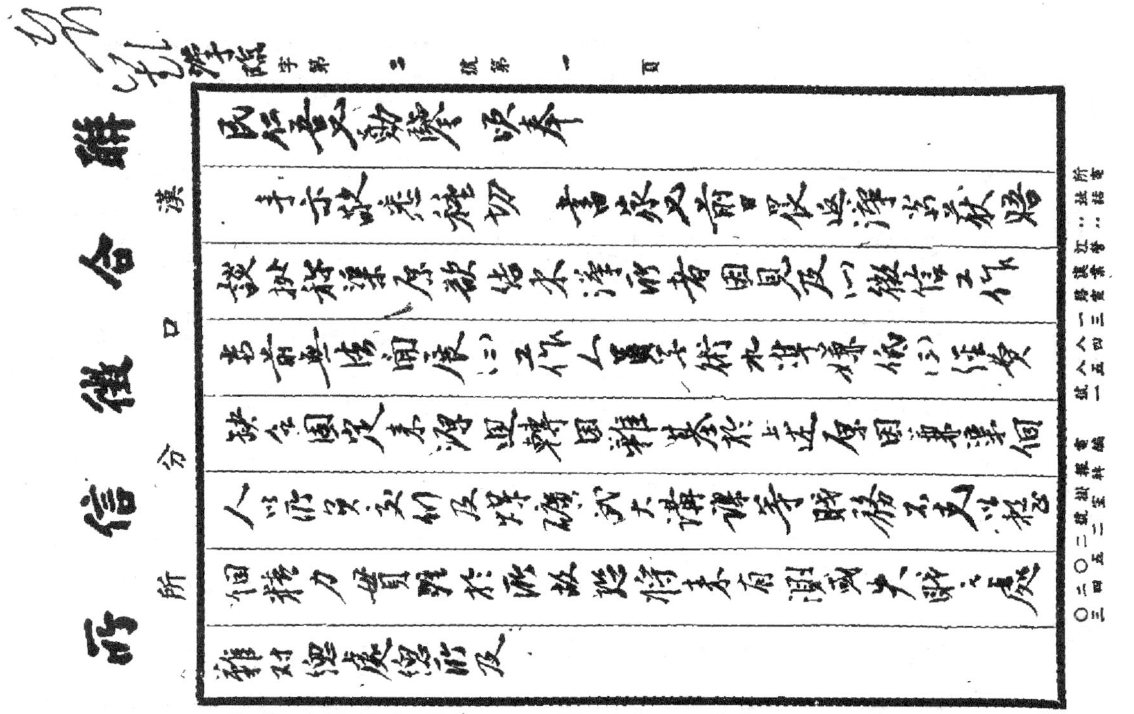

联合徵信所漢口分所

中華民國三十七年　月　日

聯合徵信所

漢口分所

字第　號第二頁

吾兄乃有結束之議，經持述
尊意，復述及整個所務概況，以渠只覺結束滬所
為所務前途言，於事業此華中樞紐似為可惜，就以滬所
現有之全部設置及所址房屋租賃權，現以五佰億
銷金實難有如此完備佈置，故仍願意保持滬所
機構，但渠以其他工作業務關係，今後無論何人負責
滬，渠辭去現有經理職務，可盡力從旁協助，或由總
所另予開賦名義亦可接受，以維繫彼此關

中華民國三十七年　月　日

所址：江漢路一八八號　電報掛號二〇二〇
電話：營業室三四五一　編輯室二五四三

聯合徵信所

漢口分所

字第　號第三頁

係，共同推動事業發展，至於滬所既仍保持，關於今後
人事、經費、工作、業務等項，均遵前示，分別商定如
下：詳商所得結論，復於昨今兩日分訪楊主委汝梅
及鄒、趙、蔣等經理諸商：（一）滬所存廢問題，（二）請
行局庫推舉滬所經理人選，以再請總所委派，
（三）滬所每月不敷經費，請由行局庫就地分攤，按月
收款，地攤派支援等三点，均經分獲贊同，關於第一点
滬所應予保存，第二点公決為在滬行局庫缺乏

中華民國三十七年　月　日

所址：江漢路一八八號　電報掛號二〇二〇
電話：營業室三四五一　編輯室二五四三

聯合徵信所

漢口分所

字第　　號第 四 頁

此項手續人員筹之令彼又需等候行局席並須推舉代
請總所個派薛員來滬主持為宜第三點咸以京渝
等地既如此辦理甚久滬方亦可試辦上述所訪徵信
意見獲得初步進展嗣又商請楊主委趙部長等
經理再召由分處召集臨時會議討論此案均獲
同意原擬今日召開因適值週末兼近日行局以現
鈔奇缺忙於應付須挪移主委實告臨時會改在
下週一二開會討論命弟積極進京報後至滬稍留二三

中華民國三十七年　月　日

所址：江漢路一八八號　電報掛號二〇二〇
電話：營業室三四五一　編料室二五四三

聯合徵信所

漢口分所

字第　　號第 五 頁

日俟此大問題解決後再返京復命也
　至於京所前與論政代為訂購之印刷機自本
論取銷對開改訂四開盤機後早已在京商改為經理
擇相又有書面報告會議錄容再呈專函敬請
署安　　弟 [illegible] 謹上　八、七、於漢口
總分副理統此[illegible]

中華民國三十七年　月　日

所址：江漢路一八八號　電報掛號二〇二〇
電話：營業室三四五一　編料室二五四三

聯合徵信所
漢口分所

滬臨 字第 參 號第 一 頁

民仁吾兄勛鑒：前日寄上滬臨字第二號並函諒早投
達青覽為閱矣。滬分處今（九）日中午在中國銀行
二樓會議室召開臨時會議，討論滬漢徵信分所問題，
出席全體委員，列席有行健、書家兩兄及弟等。首由
楊汝梅主席報告，次由書家兄與弟分别報告，嗣即
討論：漢口徵信分所存廢問題：決議：應予存在。（二）漢所
今後工作業務方針：決議：（甲）辦理工商調查（乙）辦理徵信調查
及統計（丙）經常維持總處及總分所聯繫及通訊（三）漢所每月
經濟發行新聞

中華民國三十七年 月 日

所址：江漢路一八八號 電話：營業室三四五一
電報掛號二〇二〇 編輯室二五四三

聯合徵信所
漢口分所

字第 號第 弍 頁

不敷經費如何處理問題：決議：漢所每月不敷經費，
原則上由在漢行局庫七單位分攤，惟該所目前之工作
業務及不敷經費等情形，須由該漢所楊經理、邵家
今日從滬所派來丁君收費君詳擬計劃，於本月十一日前
送分處提請本週之例會討論。會後邵家兄及弟之討
許雅散。討論首案時，全場多昇議通過，第二、三案以未能決
曾有辯論，楊經理、書家強調工作及業務困難，政
再將機構縮小，祇留三四人辦理通訊及報告，意欲做

中華民國三十七年 月 日

所址：江漢路一八八號 電話：營業室三四五一
電報掛號二〇二〇 編輯室二五四三

聯合徵信所

漢口分所

字第　　號第　叁　頁

業津穗兩地方式，但狗泥據及趙仲宣等，尚以行局
庫存洋款全係臨時交付負責人員，前理在目前行
局庫財被搶，章由指責人和首當之非事，難理後專
之環境下，行局理應有之對外聯合徵信，稍閑。實
無傳辦必要，卻安俞澤昭又等並謂，今後在滬行局
庫尤應各將業務、貨款項內各貨滬所一數額，
仍徵滬京等辦法，亦由滬所自行等運，以為徐常
費之滬所從前基礎。關於滬所今後人事問

中華民國三十七年　月　日

所址：江漢路一八八號　電報掛號二〇二〇
電話：營業室三四五一　資料室二五四三

聯合徵信所

漢口分所

字第　　號第　四　頁

題，今意見見解決，仍請分成立辦事，如物君
坚辭是職，祇好請滬所選派資深未滬行村，滬行
局自多艱辛，但近些為順利，對此奉陳。弟現已同書宿
兄趕擬計劃（秘徵京所人事佈置）中，俟提交分處會
議通過後，弟即乘機返京，當面兄就坚款辭職，務主
要意見所在可准許，俟總會議通過，本會當收如
物君再表示坚辭，弟意另有適當報陳報滬所請
兄為物色人選，並於滬所人事調整問題，弟意可立

中華民國三十七年　月　日

所址：江漢路一八八號　電報掛號二〇二〇
電話：營業室三四五一　資料室二五四三

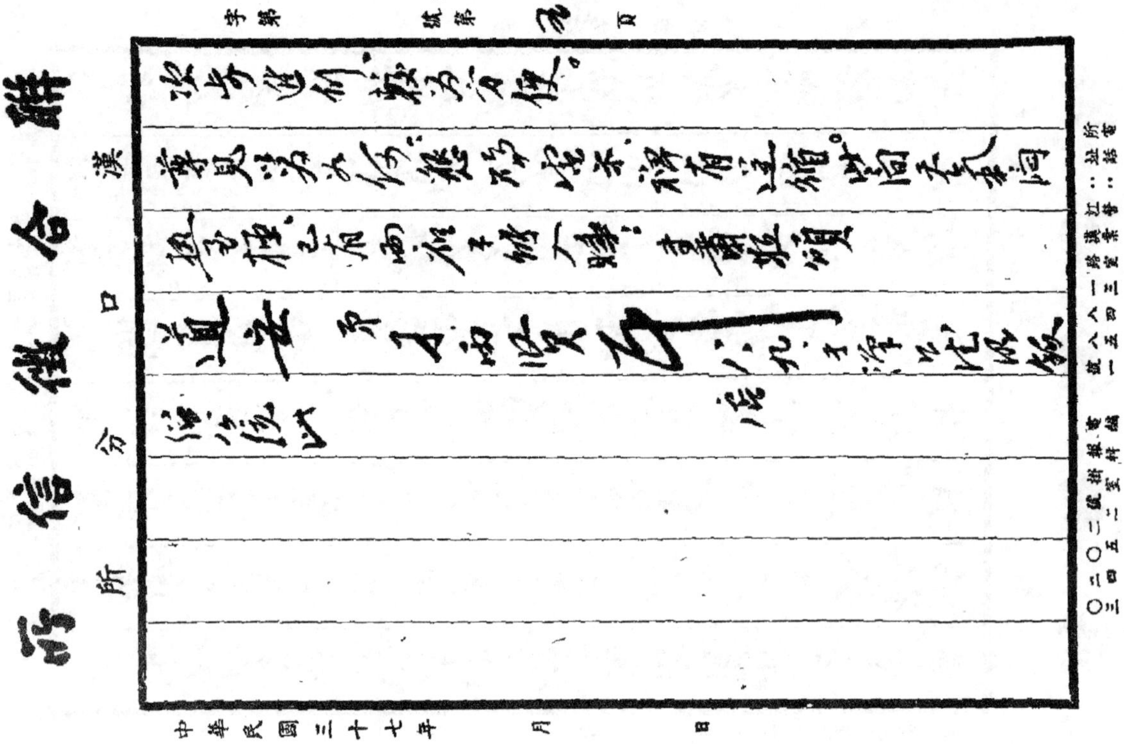

联合征信所刁雨贤奉派视察汉口分所报告书(1948 年 8 月 12 日)

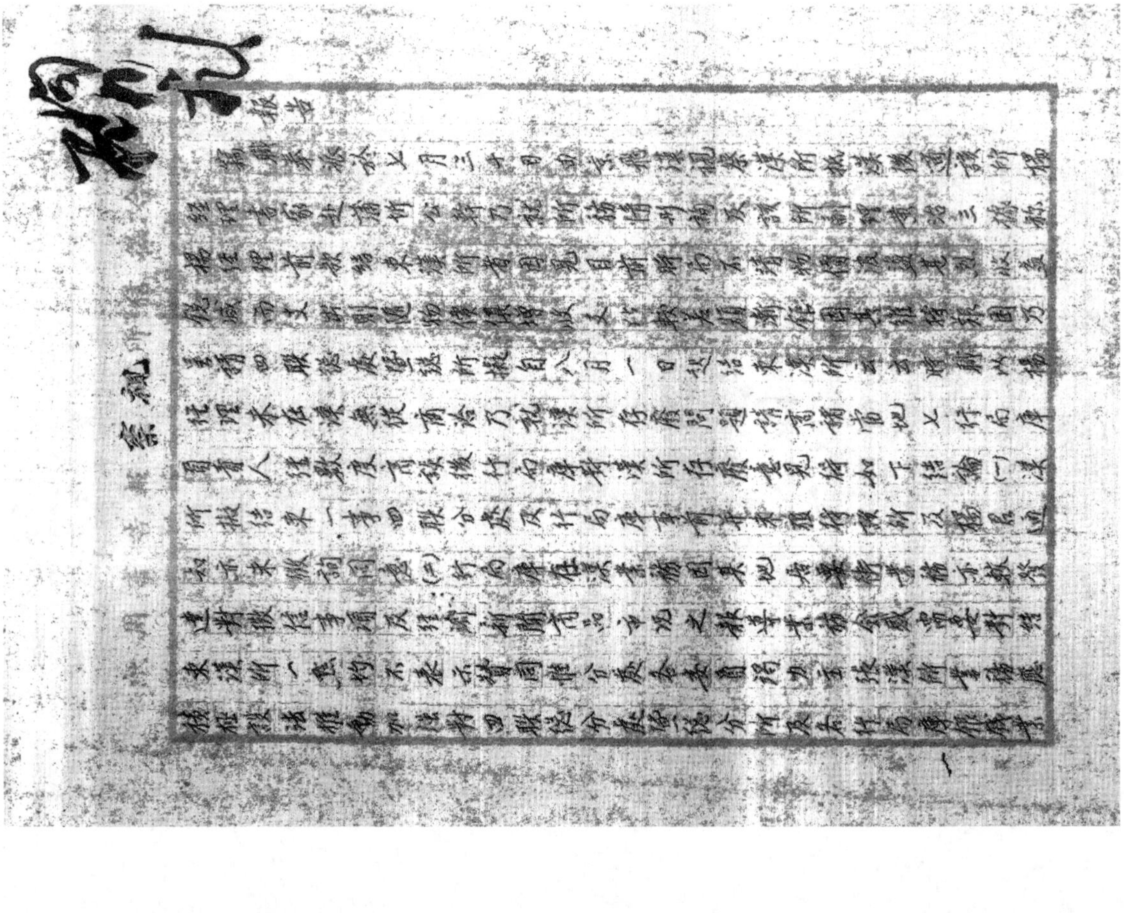

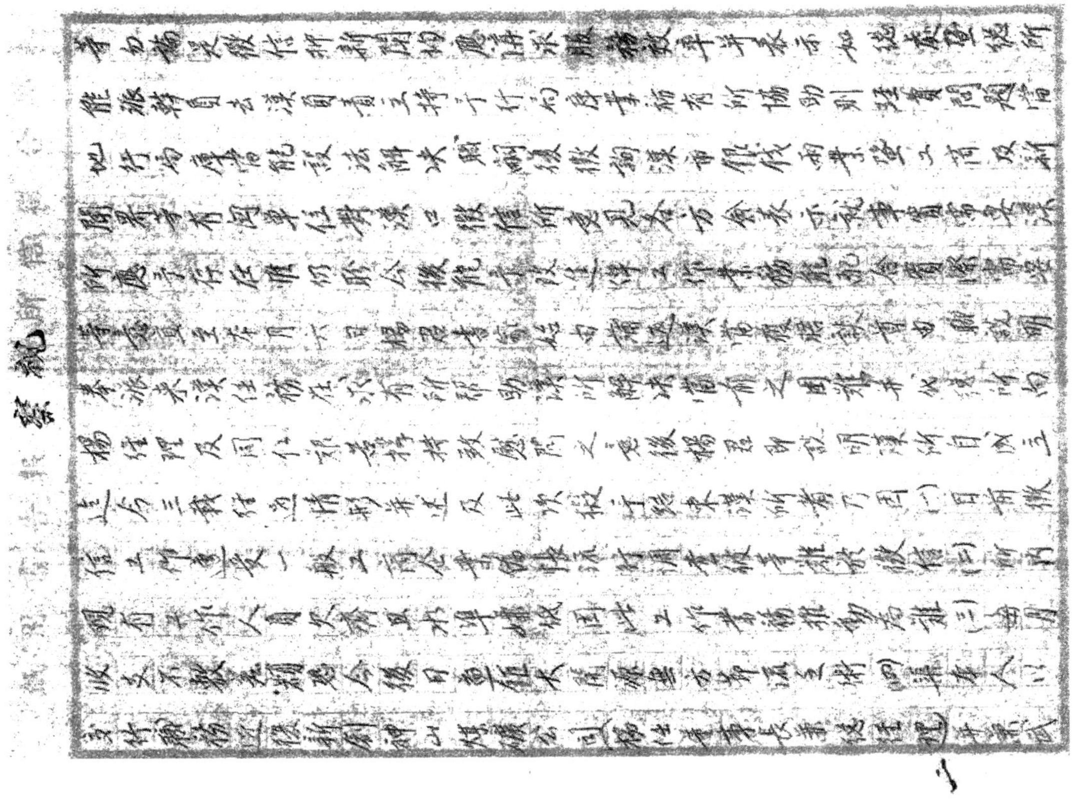

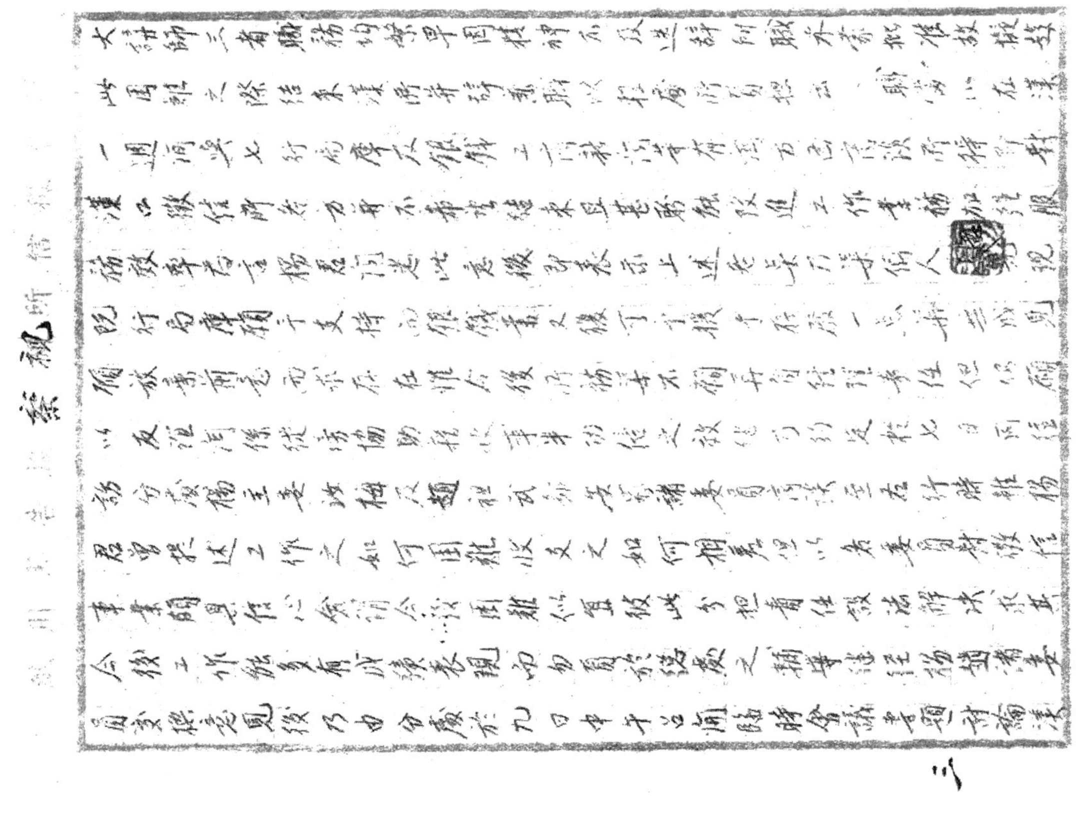

所存廢等問題)出席有楊汝梅、趙祖武、郭安家、蔣袁楊、曾賜文、彭湘
照(郭副理代)、馬恒章等七委員，列席有鄭行健、楊書家、監聽等由楊
主委主席報告後，即由楊經理書家及職分別報告，嗣即討論決議
如下：

(一)漢所機構存廢問題

決議：應予存在

(二)漢所今後工作業務

決議：1.办理工商調查

2.办理物價調查及統計

3.徵信新聞應照常出版，其內容并酌量情形增發
行情專電，經常維持總處滬所及各聯所之通訊及委
託事件

(三)漢所每月不敷經費

決議：漢所每月不敷經費原則上援照京滬成例由當地行
局庫七單位分担，惟該所今後之工作業務及收支情形
須由該所楊經理書家會同四行經理妥負責人擬詳
細計劃提交庫週例會討論

嗣乃遵照各委員所提建議并配合當地環境會同楊經理書家
擬具計劃(見附件二)提請今歲十三日例會核議當獲決議如左：

(一)聯合徵信所漢口分所擬具今後工作業務計劃送請核議案

決議：1.照該所原擬計劃通過，俟負責人確定後逐步實施

2.工作及人事暫照舊办理

3.目前經費除該所設法擬經業務收入外，其不足
之數由七行局庫攤付

(二)關於漢口徵信所七月份補費結數及八月份起經費行局庫
墊借案

決議：由九行局庫各墊弍億元共墊借壹拾貳億元

七、近壹月全宇

同漢所分後工作業務深得各委員熱烈贊助全業順利通過第

乃

鈞座德意成效僅本業前途當有無限發展惟楊經理書家以身負教職無暇兼顧漢所并在今兩度會議席上再三表示堅辭離曾經由委員面挽留人便煩經就熟選何不予承認故擬僅表示在新人選未確定前負責維持至八月份止擬以楊經理堅辭所職挽留未獲接受除准換請各委員可否由漢方推举適當人選提請總所核派亦經商談甚久各委員以無此適當人選本門負責乃經口頭決議仍請總所遴派幹員來漢負責為宜查楊君雖因職務繁累精神不及不免事有所責事屬實情就漢所現情況荷地方局庫如此熱烈贊助深盼今後漢所在工作上能对行局庫更有所貢

獻但漢所現有人員及工作業務均須調整和改善就業務言在年來業務甚為衍展難期將之發揚進之首須作收支能平衡今後全部工作應在業務方面放手求發展業務發展仍有利於就人事言漢所現有事務人員八人而倉庫部門尚有五個半人其間及調查僅兩個半人工作幾近不能推行有頗難見條件三擬

請

總所遴派經理外并請充調壹及新聞工作上加派一二人去漢遴選工作推動並充實漢所經濟收支有所盈余漢所距一八八五號新街口自租三開間二層洋樓一幢補面為營業間二樓為經理室及大办公室今後發展儲蓄業務准備設在營業間內旁設有一办公室及職員宿舍五間全通平房有餘倉庫內設備甚為齊全惟房屋及倉庫之財產設備價值總值五百億元不等有如此設備此外尚存有白報紙約七千令（按漢市價約值五十億）原米卅餘市石（漢市價約值

廿億元）對外負債計三億二千餘萬元（國行透支）至於漢行目前收
支差額亦以之經費乃法支出隨指數及物價增漲而收入差殊仍
訂費及廣告利息兩者則有用所餘詢未能調整致收益不能賠在
維漢前乃本行[illegible]積極[illegible]於庫存[illegible]起[illegible]有只利黄增加兩倍[illegible]
收入如以後能照計劃按步實施增強服務效率充實新聞內容適
應地方需要推行[illegible]業務[illegible]如此則收益自可增進減
裁冗員并節省不必要之開支收支平衡可期而今後行的庫并顧
[illegible]億元[illegible]所有[illegible]印刷廠一所係自用
外并接代行所難解決所以[illegible]今漢行與行庫之間係有如此
聯繫經濟實屬[illegible]如行內人員增強合作工作業務之開拓當有
無限之發展也職以為漢行[illegible]
鈞座指示并[illegible]方之協助乃得告一段落於本月十二日飛返渝
合將在漢十日之經過情形備文報請

第八頁

鑒核

謹呈

總經理 刁

職 刁[illegible]

第九頁

聯合徵信所漢口分所卅七年下半年度工作及業務計劃

一、本所近為增强服務效率，推進徵信調查及新聞行情報導業務，以謀增進收益，減少虧累，而輕負担起見，乃謀業務上之改善，特訂定本計劃。

二、本所為配合四聯總分處及華中行局庫暨銀錢業之需要，對其所需要之徵信事項及商品市況、物價調查、金融經濟概況等項，凡能作業務上之參考者，本所當力予掌握，隨時提供資料，並負責為總分處及行局庫委託調查案件，藉期配合行局庫業務發展，而盡本所徵信之責。

三、本所發行之徵信新聞，擬於九月一日起發刊三次，第一次稿於下午三時發行，載當日滬市金融商品行情專電及本市商品市價、重要金融經濟新聞；第二次於下午七時發行鉛印稿(即徵信新聞現版)；第三次為電稿，於翌日上午七時發行，載本市商品行

情及滬京贛津穗渝等埠行情專電，並新聞稿之內容方面除刊金融商品行情及重要金融經濟動態外，並著重政府及國家行局庫之一切措施，以盡本所為行局喉舌之責。

四、本所徵信新聞第一次及第三次稿暫用油印，每次出八開型一頁；第二次稿仍用鉛印，每次出八開型四頁，內容力求充實，迅速準確，印刷力求新穎悅目，以適合大眾需要為目的。

五、本所人事暫行調整如次：

1、經理一人，副經理一人。

2、新聞組主任(兼編輯及採訪指揮與新聞部份來往文件)一人。

3、新聞記者二人，行情採訪二人，校對、譯電文書、收發兼繕寫一人。

4、總務組會計出納庶務兼新聞發行一人，推銷新聞及專電接洽廣告業務員一人。

聯合徵信所視察報告書附件(一)

5.調查主任一人，調查員六、八人（調查組人員視事實需要情形酌量增減）。

6.工役五名，計送報及收付情者一名，司閽及打雜者一名，聽差者一名，燒飯者一名。

六、本所徵信新聞第一次及第三次總暫印一百三十份，第二次總暫印四百廿份，計售出二百七十份，贈閱一百廿份，餘存約三十份裝成合訂本，除已收訂費者約七十份外，其餘每月可收者約二百份，每份每月以六百萬計，每月可收訂費約十二億元（如附表二）；行情專電擬估售一百份，每份一千萬元，約可收十億元，廣告費（即商業行莊補助費）每月共為一億三千二百萬元，已有兩月未加調整，擬自八月份起增加二倍，合為四億五千二百萬元（如附表三）。

七、本所每月經常開支除薪給費因指數時有調整外，其餘辦公出

三

聯合徵信所視察報告書附件(一)

版等費亦續有增加，茲就八月份物價標準另列預算附陳（如附表四）。

八、本所為求記載確實，出版迅速計，擬添設印刷所一所，自行辦理印製事宜。

九、本所為防止物價上漲影響新聞印製成本，除添辦印刷所一所外，並擬購儲紙張油墨及印刷材料一部。

十、本所為開設印刷所及購儲印刷材料並支日常週轉起見，擬請行局庫貸予營運資金柒百億元。

十一、本所割經漢口四聯分處核議并陳准　總所備查後施行。

第四頁

联合征信所任命刁雨贤兼理汉口分所函稿(1948 年 8 月 28 日)

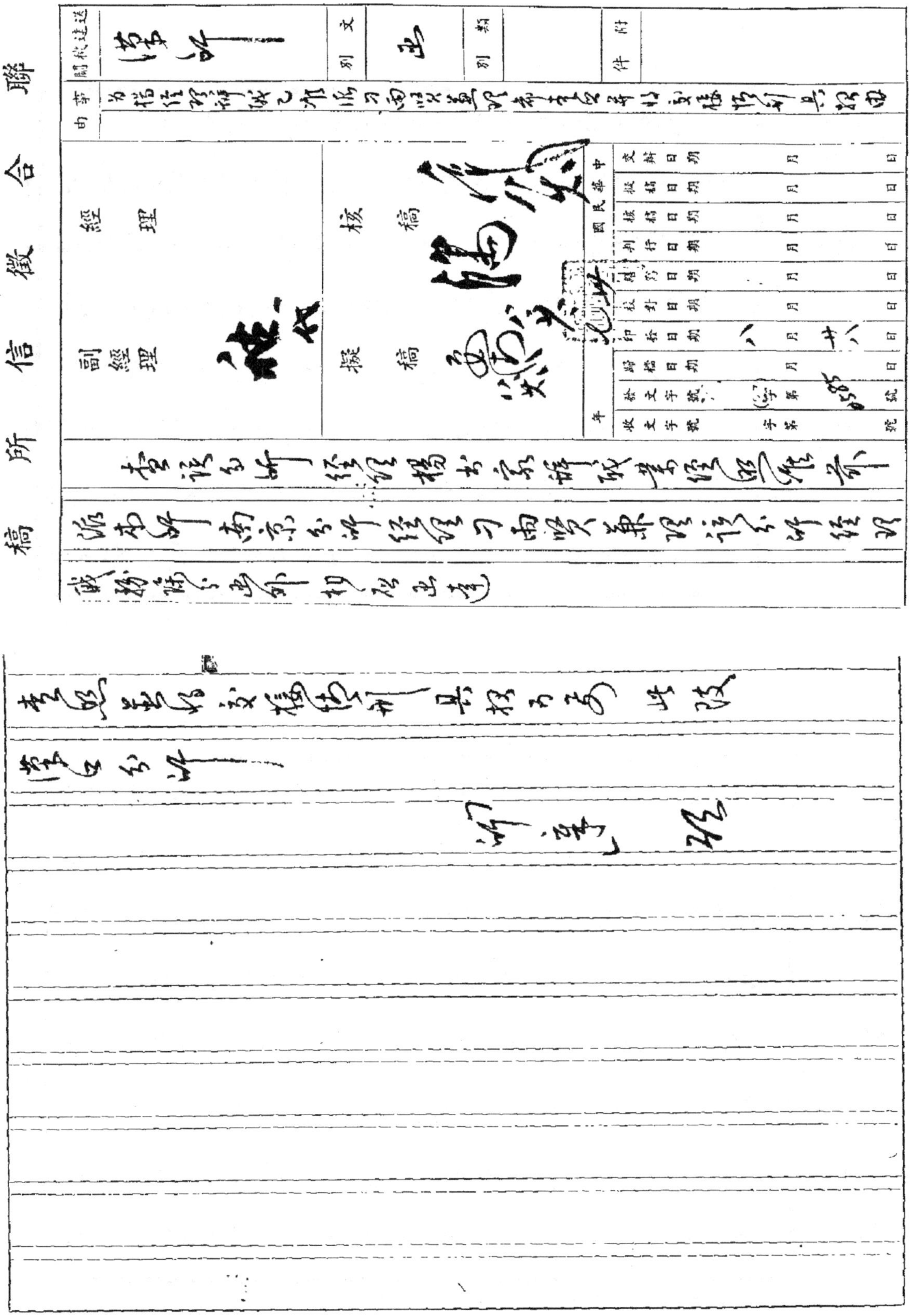

汉口分所经理刁雨贤致联合征信所函(1949 年 4 月)

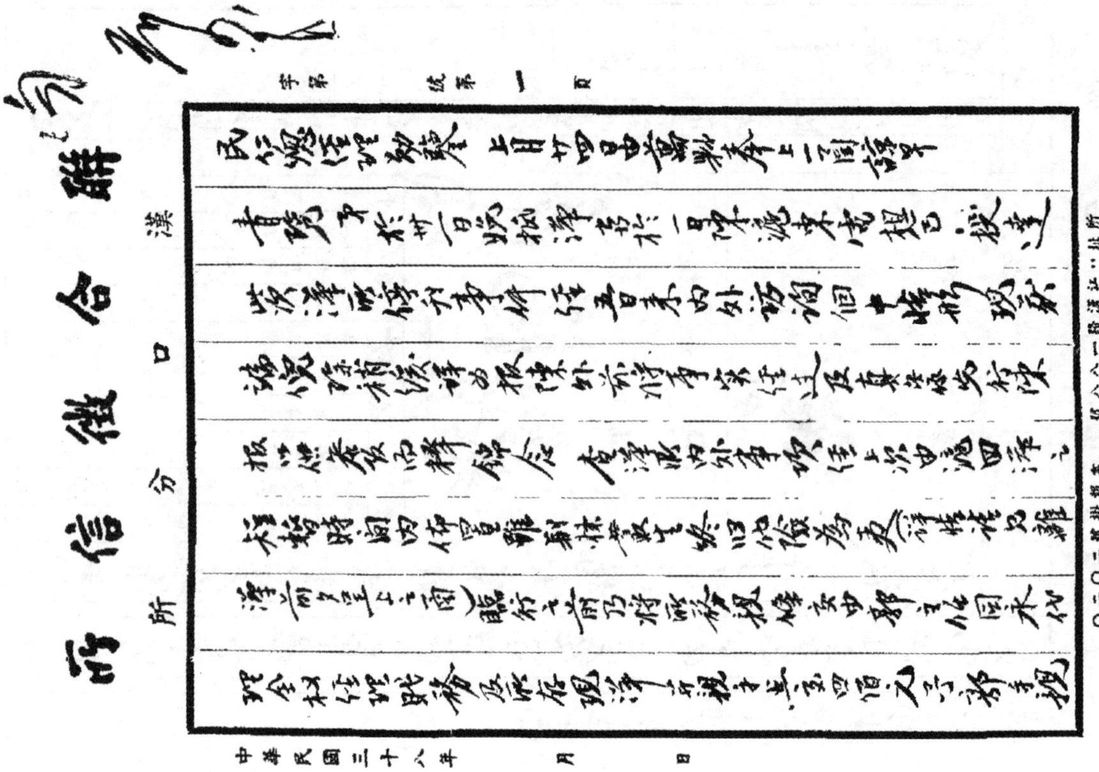

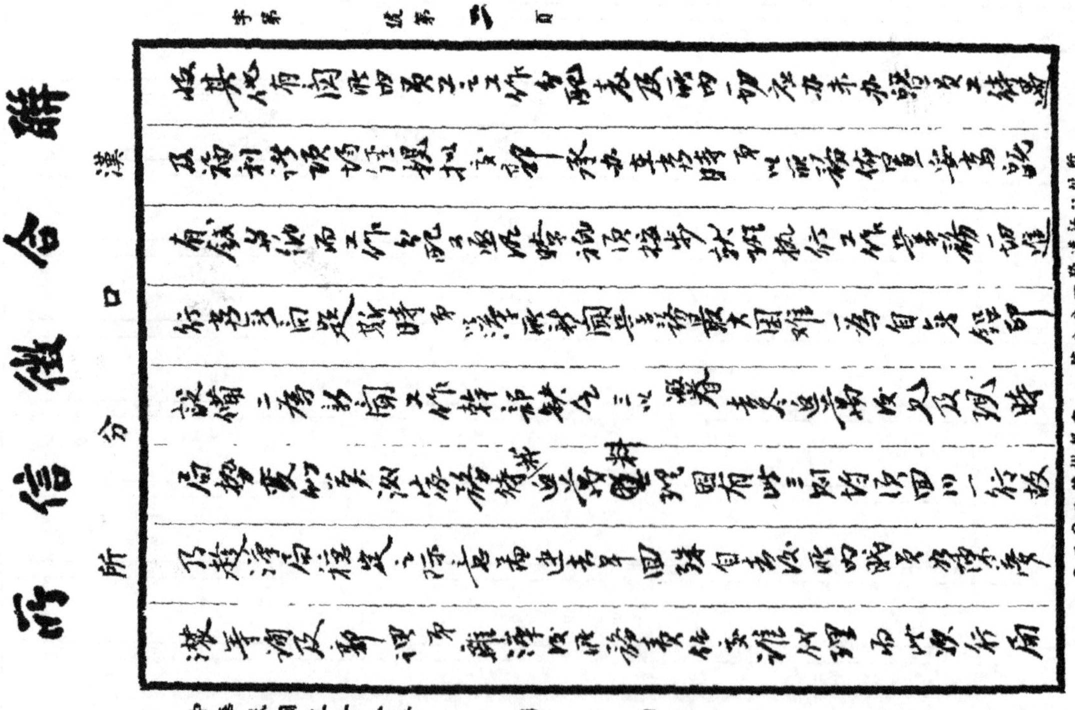

聯合徵信所

漢口分所

款付所之維持費用究有若干等事提詢鄭材前者不
独未將代理之條文公佈及不承認一切另推卸不知至於後者
因去上次員工遣散之時為免員工需索要挾乃僅公佈行局僅
一次撥付維持費十五萬元但去遣散完結後亦曾向同人宣佈
(此中係有其情形由吾楊汝梅楊書記等)
謹據有關佈置之信係基礎款行局一文不給乃可維持一年
至存洋若干係鄭若干係鄭詳悉外餘均未得向透露因恐
鄭等知其詳情生乃離譯之際而鄭離處但乃亦曾詳告
鄭 係伝於去十九一人令可售三の留變作銀元較運滬為佳

中華民國三十八年　月　日

聯合徵信所

漢口分所

存洋不能隨便使用殊非處危時可將銀洋分交員工各若干
籌作歷難之需外所中僅有四樣急需六萬較困係收得較滬
再行補進以保持所之些微基礎如此語言而尤六百五年鄭曾
对員工既不承認又處無非之處一切应負責任推卸於此此情況下
員以屬乃託曾負以行局援助想如我所業務而去之羣情憤激之
餘傳於告狀誹謗誣蔑等之經至本年各員虛心不一予[illegible]
本[illegible]年三、十一、傳於後見其所動有差漫於三十日以同人應談會各字我
上電總所否时顧於局趕快撥收本所之通知[illegible]户因員責令人同人決設

中華民國三十八年　月　日

所址：江漢一路八八號　電報掛號二〇二〇
電話：二五四三·三四五一

聯合徵信所

漢口分所

字第　　　號第 五 頁

俾利等々幸荷

鈞座：陳誠兄哲為代理并電示囑函董兄奉電後當數度

來所，主持召集員工談話，前以董兄及陳郭外，各員工不明其（囊括）

衆，若兄難急而安撫，罷工復工，但各員反要挾，益增相持十餘

日未獲結果。自漢之相首邀郭談，開懇述情前後之事，甚淺

不相銜接，去晚訪董兄，復詳悉：職已長，乃邀員工談話，作會議形

執力陳一番談論，始真衆畢露，俗謂「視年交錢兌就，害怕，中視

手交銀洋與郭，去囑郭取償，而衆付觀殊

中華民國三十八年　　月　　日

聯合徵信所

漢口分所

字第　　　號第 六 頁

彼有心屢然將交他代理，任琨賬簿之條件藏匿存心泄漫證據

因此衆之前經一番指責乃稱原條遺失，餘條數件在此但又

無法否認原條原本至存漢事務處理俱原物未動存放銀之處

室，衆宿中，來要交還二日，據由郭將洋四還本城，兄保管四個兄湖

漢，分訪鄭局主官及有因友好對開事經過更深，材料而事情深

變，至此雖未屢清，然白清濁，於留濁之時，然究其起因動機，及肆

事及處理之責任等問題，首須查明責任其他因事有所不解

激動情緒出諸行動，在所當困，不悉底蘊，其情可原。而郭班

中華民國三十八年　　月　　日

实情并告知期湖阳复电开通语甚含糊乃知有意而总所派员
又称彼时祇办郭来电话示奇嘱全权及财物交董与郭所开主
董财三尾表示某将此仍之列入而总所已有电示渝所由董代理郭
复会同各员开同人谈话会名义各借白报纸大箱半箱（郭开厂备而
人纸已提出共二箱存放於郭之记纸庄提单送所存二箱原样存而此箱所存现为五
箱尚有二箱四陈乃渐售出贸岐山同事以名借半箱已归郭限期内向所借各员
收回）此款铭数借支既未请示於总所复未告分写为不择手段之依
分动作彼等原款以朦骗而免处置渝所经总所派员接办於前分复经
回於汉分在四所闹郭述之舒去而实以我已词严重斥此种日行为而不

所址：江漢路一八八號　電話：二五四三·三四　電報掛號二〇二〇一

聯合徵信所
漢口分所

知故昧暂不查其动机如何彼为三年前分行旧於我未审服
务见其沉静而复忠勤去年乃偕入渝所擢任调查之任
所内人事及工作业务以至如何应变等皆详告遵守任宜
另之通讯地址亦皆留记恐有临事须理或随时电知据万之
后即有电渝并告电挂三月初间彼曾来电报告央行逐步
软禁来十石所员年费友义举一直至总利继所理同人谈话
会决议总所告状等之郭均应复字告知经奉我
兄电示格遵渝所友生向题并除电呈复外另电渝所询查

所址：江漢路一八八號　電話：二五四三·三四　電報掛號二〇二〇一

聯合徵信所

漢口分所

字第　　號第九頁

八、呈請總所查办事件之責任人等項撤查盛炅告李顧两員令
訪時候等閒款不繳總所滬處同人要先行滬利同人亦有意滬
利但以司要查明責任等項同人不願弟司其處恐將來有所問題
故要請盛兄出面主持領導要司退避等語　查自本命來滬某
理以來深知處境之艰困而時局之不穩定人心之險惡故處事為人
一秉公忠之忱不避艰險企為同人生活作維持所謂能予生存個
人之名利尚未成败利鈍毫未掛懷此次事件生印應負責任甚
気宜推卸所前　故所責共一一欽受然一此非平而謀不軌之

中華民國三十八年　月　日

所址：江漢路一八八號　電報掛號二〇二〇
電話：二五四三·三四五一

聯合徵信所

漢口分所

字第　　號第十頁

忠不公。聞鄧等於三日會同會有電陳總所今午曹兄接譚本所李顧
實時該員呈(?)將
以滬之電抄件送曹閱看乃告知所有曹兄洽商處理步驟如左
一、調查儲利事件責任問題（已大部查明）二、催收同人借欠（交郭催收）
三、儲利經過及事實真象之責任問題，應由各員分陳總所以前向所及不適(?)款
四、限期恢復工作要求各　五、暫(?)補發三月份員工酬及增加部份之新津（職員、技
津理應照發，至十日儲利期間將不發或酌發）六、離職員工費用如何規定　按曹
兄前所算撥離職費、職員、發給之外之…的之（另以此項總数數目）總所本所
任原諒力所能担任一再因此資而總本所有意遣散而是彼等故意儲利要挾總所
謀不軌經查明事實責任等該對主管而自動離去故費用不宜過多以傲效
尤）七、儲利事件經過及真象責任及自去年九月接收迄今之工作業
務及財務手續況用書面向陳某地行局庫及匯兌

中華民國三十八年　月　日

所址：江漢路一八八號　電報掛號二〇二〇
電話：二五四三·三四五一

聯合徵信所

漢口分所

字第　號第十一頁

君似須稍予懲處，以示公義而明是非，藉將所蓄予以整頓，藉
維未蘇。因事實演變至此，實為弟之憾，除解釋外，此謹嚴行
事尚遺此結。再者之餘，深為痛心。該員等之無聊，就此行局友朋亦
抱不平。在弟之個人經歷環境及平素之生活，為行[illegible]為行繪有「折濫活」
之念，真所謂「欲加之罪，何患無辭」。信為董又洽，昕吾人決無所擬八項
事實辦事行[illegible]事，惟彼等借紙不還（告高法院起訴），向總所陳覆，發動南付，此
不出於限期恢復工作業務，去祇有將各員陳名陳請法警察局
備案。於弟一人再找二位助手亦可恢復工作，並可出刊國新聞，自由陸

中華民國三十八年　月　日

所址：江漢路一八八號　電報掛號二○二○
電話：二五四三・三四五一

聯合徵信所

漢口分所

字第　號第十二頁

時隨地均可執行工作業務。郭同來之不忠不誠，紀弟責難，語出以
同仰中之彼此友好，亦能成責弟。拟將此次事件平息後，且何陳請
免去彼之職務，以卸仔肩，而免左右虎傷生也。　復祈將人員專項調
整，總所條繪調派會計兼出納及新聞記者各一人，則漢所工作以便推動，
將減少而題高也。早為派示，未漢因以中新聞業友朋多不願在此
局勢下東行，故我漢之新聞研究，實見而生畏，不敢用人。　所有近事及上
所陳完全為何處理，雖然不便，深以為時循臨書，神馳不盡依用，專
肅敬候

敬祺　不一　弟[illegible]　四、五、夜十二時。

中華民國三十八年　月　日

所址：江漢路一八八號　電報掛號二○二○
電話：二五四三・三四五一

聯合徵信所

漢口分所

字第　號第　頁

民仁吾兄清鑒：昨上蕪函，諒投
各案，昨閱矣。今夜復致上奐電，想早覽及。漢所停刊責任及
弟個人之坦白，已在鄙確之際，而於善後處理及恢復工作、共事務等項，昨
在石油公司辦公處，經與董事長電（成已）洽商清楚，擬定處理辦法八項，
昨函已曾詳述，想已 鑒及。不料董兄仍不悉弟之處理步驟及
職權，今午所內李顧兩員訪董時，董僅概然承認補發三月份
員工之薪津，並承認在八日復刊前後所務全權由董負責，弟
可暫時不管所務而引退等等。此項措施在個人言，雖與董兄

中華民國三十八年　月　日

所址：江漢路一八八號　電報掛號二〇二〇
電話：二五四三・三四五一

聯合徵信所

漢口分所

字第　號第　頁

之助，而免除兼理漢所責任，真師事兄之。但以停刊論，此次停刊
責任，既經查明，弟為總所令派來漢兼理，事件發生後復奉總
所電令，囑迅速清楚處理，詳為陳覆，為所、為公、為個人名譽計，為中
正之義務，今後不再發生此項事件，而維持漢所不與員工之以身
作要挾，而有損論情論理，均應有所法制，已在處理過程之
中，董兄以復刊要點為由，僅不顧弟之處境及今後之合不正常
之心理，而承認。尚責任既在董兄陰謀者，弟開事者應有之罪過
難於洗刷和逃脫（被弄），對其以前之我，陽法為先，如能設法

中華民國三十八年　月　日

所址：江漢路一八八號　電報掛號二〇二〇
電話：二五四三・三四五一

聯合徵信所

漢口分所

字第　號第　頁

使我不容所諉，以至離去，自分先除責任和「敵对」彼等之目的
出斯。昨晤董必武時，承其善顧而更要求其負責，我不容辭
詞。弟亦曾詳晰此中情形，及吾人應以本所之主張立場，仍秉公忠
為所服其語，並言吾所感困，弟自覺在津年來毫無負人
（於）所，無負同人，無負於行局及社會，自寄清白而來，清白而去，何能受
此罪。除當其經隨程序事實以至傳於報，咸感有於前，而又係借重
盛見而予以難堪於後。弟無（意）處理滙所名利，乃為所之主權及所
務事業而今之發現僨利事件，亦為前其，當人之世，個人未嘗不

中華民國三十八年　月　日

所址：江漢路一八八號　電報掛號二〇二〇
電話：二五四三·三四五一

聯合徵信所

漢口分所

字第　號第　頁

想取消於の方，但為所前途又不得不給開事期以總結。新在解放
地區，想亦有公理。至於我斷為橫行不應其因董必武將事與鑄成
弟雖寄尚再三反对此種作風，但以為晚嗜金術改變，祇得讓其行
之矣。此情況下無法繼續負責，除以無電上達外，所務是否交董電（辭職另託所同人所諒）
咸見全權負責，即由總所另派高級職員主持，俾此務得以繼續維
持。弟是否接受諸職，亦否則也回以務整以為根本。專肅奉
達，敬候示遵，敬頌
公安　弟　……頓首　の、九、

中華民國三十八年　月　日

所址：江漢路一八八號　電報掛號二〇二〇
電話：二五四三·三四五一

聯合徵信所

漢口分所

漢聯(38)字第166號　第一頁

敬陳者案奉
尊處元電以刀經理兩賢辭職照准遺職派
由董成兼理並交接具報等因經于卯日正
式就職視事除交接事項以刀經理臨行
匆促未能另備清冊僅就前楊任清冊批
註增減並由調查組郭主任同永經收接
收工程理清繕呈候告後另案呈報外謹
特函陳敬祈

中華民國三十八年　月　日

所址：江漢路一八八號　電報掛號二〇二〇
電話：二五四三・三四五一

聯合徵信所

漢口分所

漢聯(38)字第166號　第二頁

察照爲禱　此上
總所

聯合徵信所漢口分所
經理　董重成

中華民國三十八年　卅八年四月拾五日發出

所址：江漢路一八八號　電報掛號二〇二〇
電話：二五四三・三四五一

联合征信所汉口分所致武汉市军管会函(1949 年 5 月 30 日)

敬陈者，敝联合征信所汉口分所昨奉
武汉市军事管制委员会命令以本所为中中交农四行
合办之事业，派员接管，业即会同
华中金融处接收第一队第一组赵仲春同志
先就敝所财物簿册点交接收，该处认为有下列
数点说明，提供参考：
(一)敝总所系卅三年十月在重庆成立，以调查工矿
贸易交通金融各业情形及重要动态以供工
商信用及连系互助合作及金融经济之发展
为宗旨，同时以扶助胜利，敝总所为推广业务
起见，当由重庆迁设上海，并在国内各冲要地
区设立分所。
(二)敝汉口分所系卅五年四月成立，同年五月一日起
按日发行征信新闻汉口版，报导各地经济
金融动态及商情市况。
(三)敝汉口分所经费向以自给自足为原则，惟以征
信事业尚在发轫时期，收入多不敷支出，自成
立以后每按月将收支各目编制收支月报，连同各
项单据凭证等件送呈上海敝总所核销，其不敷之
数由敝总所汇拨应用。复以敝总所专用支给对

各分所應領款項均未能按月匯撥為求業務得以
推動當由敵總所商定自廿七年四月份起按月向
敵所基本所員計中央中國交通農民四行及中
信部滙兩局領取一部補助金藉資維持迄至卅
七年十二月份此項補助金即行停止匯用敵漢口
分所對于中中交農等四銀行而言亦如敵漢口分
所對于其他商業銀行及工商機構相同均為吾
人之業務對象是也其他商業銀行及工商機構
凡加入敵所為所員者亦當供給吾人以資金其
所取得之權利亦與中中交農等四銀行所取得
之權利相同

（四）敵漢口分所業務向係聽由敵總所指示辦理每
月工作報告亦係逕寄敵總所備查

根據上述說明敵漢口分所認為本身並非中
中交農四銀行聯合辦理之一機構在組織上與
該四行並無縱的關連在業務上人事上與工
作上亦不聽由該四行之指揮與監督在本月廿
三日及卅日敵所與敵南京分所通電話得悉敵南
京分所經南京市軍管會查詢認為不在接管之
列所有業務均仍照常進行現時上海業已解

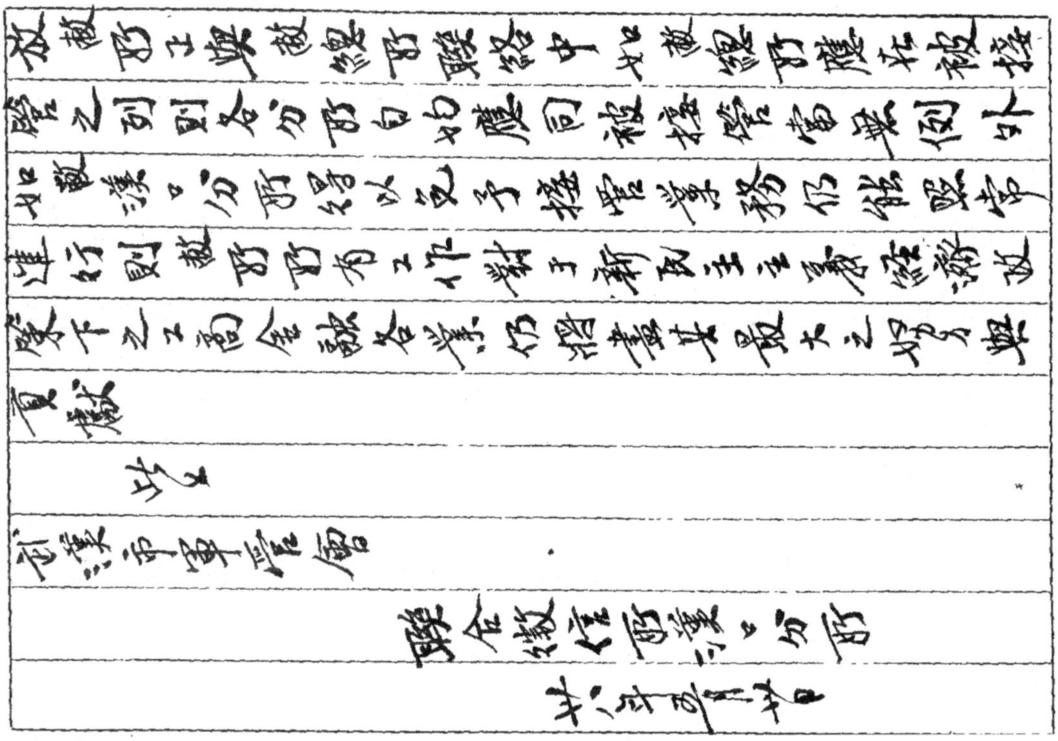

此致

聯合徵信所漢口分所

3. 南京分所

四联总处关于联合征信所派员来京合作办公事宜的函(1946 年 4 月 16 日)

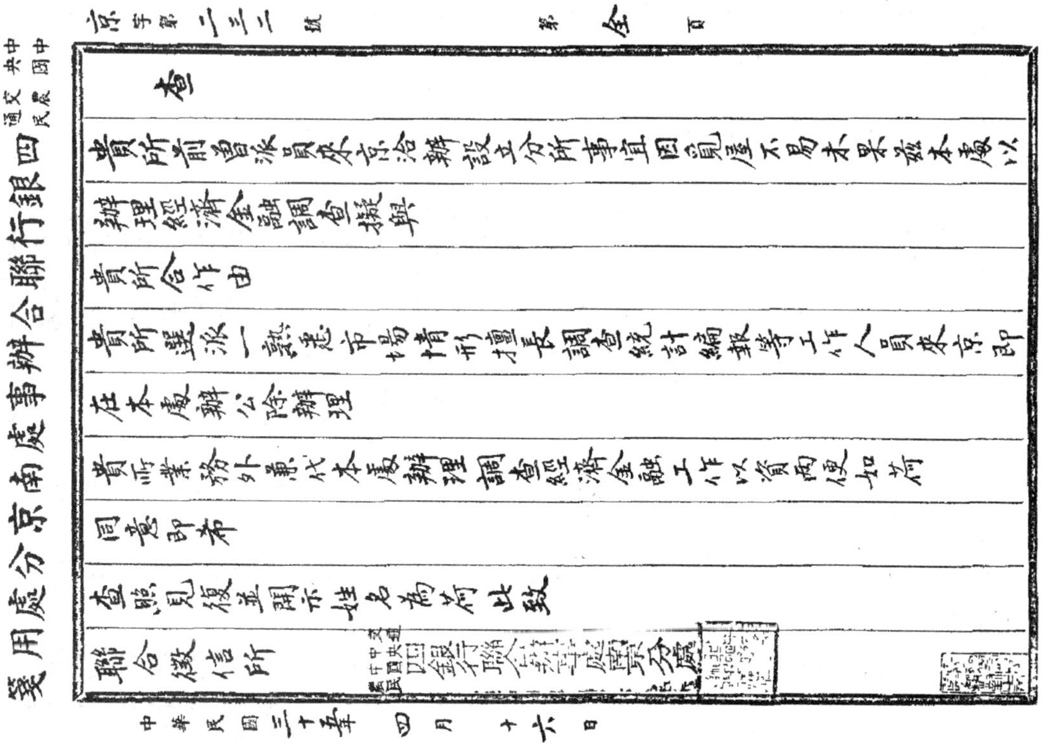

中央 中國 交通 農民 四銀行聯合辦事處南京分處用箋

京字第一三二號　第全頁

查

貴所前函派員來京洽辦設立分所事宜因覓屋不易未果茲本處以

辦理經濟金融調查擬與

貴所合作由

貴所選派一熟悉京市場情形擅長調查統計編報等工作人員來京即

在本處辦公除辦理

貴所業務外兼代本處辦理調查經濟金融工作以資兩便如荷

同意即希

查照見復並開示姓名為荷此致

聯合徵信所

中中交農四銀行聯合辦事總處南京分處

中華民國三十五年四月十六日

联合征信所南京筹备处关于筹备成立事呈总所函(1946 年 7 月 24 日)

京籌字第二四號　第一頁

聯合徵信所

敬陳者查本處長根據

鈞所帶京賬照冊十三盒內優待卷三盒複寫三盒另由路局

支來腳踏車二部均已照數收到本所自同月初旬開始

籌備以來已歷時兩旬茲將所務分別陳述如次

(一)人事

1.總務與調查兩組暫由汝向欽中君負責內設會計文

書事務各一人周良浩暫充會計兼行情調查二人

2.新聞與資料兩組暫由李達生負責並兼編輯內設

中華民國　年　月　日　電話：一七一四八　電報掛號：一八〇八四

地址：上海仁記路七四號六樓

字第　號　第二頁

聯合徵信所

探訪記者三人辦事員一人

以上各組工作現仍在籌劃中緣以目前仍缺乏人員已於籌備

前離京呈鈞座　乃經理自滬南來擬調往總所調查及新聞組之

李子友業杜綿呂錢福四三君來京協助工作殊表歡迎懇即分

飭早作準備俾京所成立期訂當即奉電相迎

(二)經費：本所前向交通銀行透支五百萬元已未動用現

復向中央聯合信託局及各洽辦五百萬元透支正辦手續中均由

總處擔保目下零星開支係前向中國銀行承兑之款備總所

中華民國　年　月　日　電話：一七一四八　電報掛號：一八〇八四

地址：上海仁記路七四號六樓

聯合徵信所

需款週轉時當可撥用

(三)所址：本所前經承租太平路北首巷二號房屋全棟因以原住客向房主一再請求并經警局調解仍需免費住用至本年十月十日止搬遷後始可由本所起租除已付押租保證金弍百萬元外餘款當待遷住後付給至金湯里籌備處房屋現僅敷七八人辦公致工作開展不無困難頃就刁經理蒞京經面陳此項情形擬再向總處撥借同弄二号房屋一棟抑或將辦公室移往四聯總處金湯里作為宿舍准即請示

中華民國　　年　　月　　日

電話：一七一四八
電報掛號：八〇八四
地址：上海仁記路七四號六樓

聯合徵信所

秘座備獲有關京滬電台准於八月初旬正式成立

其次關於京所電台暨京所所牌以及印刷等籌劃等事項擬奉懇

鈞所酌予代辦并指示茲分陳如次：

(一)電台：本所前托東僑保君轉向美國訂購電機事不識有否結果　刁經理已向商請　秘座在財部之百餘座電台中撥一座為本所用現京所電台未備期間擬請派員分赴滬電報電話(長途)兩局洽商京滬兩所電訊提前發放至京局方面原則上已洽得同意

中華民國　　年　　月　　日

電話：一七一四八
電報掛號：八〇八四
地址：上海仁記路七四號六樓

聯合徵信所

字第　號　第五頁

(二)京所所牌、總所所牌是否已改用譚澤闓先生字體擬請轉為京所代書「聯合徵信所南京分所」字體大小以七寸為合式以資劃一

(三)印刷籌備：京所新聞刊行擬用鉛印現正接洽中約計月需印費壹佰捌十萬元至弍佰萬元或可稍減

本所自本月十一日起已逐日寄發新聞稿荷承先後刊行所內同仁莫不感奮惟創稿之初缺漏難免希時指教藉資遵循嗣後有關京市四行兩局暨總處新

中華民國　年　月　日

電話：一七一四八　電報掛號：八〇八四

地址：上海仁記路七四號六樓

聯合徵信所

字第　號　第六頁

聞刊佈將由總處劃一統發本所可為兼顧迅便計已向徐秘書長請示文由京所統發倘獲核准則不特統一且迅便自多矣

謹呈

上海總所

信處汶 京訊 已由交通銀行電匯四肆佰萬元來滬 書有迴電上達寄即洽收再京訊 昨前兩晚均招待京市新聞界并於昨日印發試稿分寄各報及有關各方新聞試稿及各報採用之新聞剪寄全份請即發下

參考[illegible]為感。[illegible]

中華民國三十五年七月二十四日

電話：一七一四八　電報掛號：八〇八四

地址：上海仁記路七四號六樓

南京分所关于筹备成立等事呈总所函(1946年8月16日)

京會字第卅八號第壹頁

聯合徵信所 南京分所

敬陳者，茲將籌辦各點分陳如下：

(一)京所已向中信局購得該局之新聞紙壹千箱(每箱約一令多)，計法幣壹百萬零壹千圓(陸千張，每張長二二、二分寬一〇吋)，擬為滬所分運貳百箱。

(二)借用財部電臺事，因限於時間及距離，經與該總台長王澄甫君洽妥，先借用京滬兩地電台，每日通報一小時，現正由所函呈財部并呈總徐次長批付，俟與該臺將發送手續洽妥後，即可通報。惟電臺與所距離甚遠，每日收發電報非有汽車或機器腳踏車不可，財部電

中華民國　年　月　日

電報掛號：五一一四
電話：

地址：淮海路金湯里一弄一號

字第　號第貳頁

聯合徵信所 南京分所

臺設在玄武湖附近，此項工具請鈞所即代購置運京。

(三)向中央銀行辦理叁千萬圓透支，據京分行答已轉陳總行核示。敬希鈞所就近與該總行洽請，俾早成功。

(四)京所已裝妥電話為二四六七五號，由辦理長途電話登記掛號，擬本月二十日正式發刊，在電台未洽妥前，擬請每日以長途電話通新聞，要訊摘一次至京所，所需行情品名，俟擬就後奉上。

中華民國　年　月　日

電報掛號：五一一四
電話：

地址：淮海路金湯里一弄一號

以上各點祈

核辦飭示為禱

謹陳

上海總所

謹呈

中華民國三十五年八月十六日

電報掛號：五一一四
電話：

地址：淮海路金湯里一弄一號

各機關聲請特設電台規則 三十四年一月廿六日郵電四字第一二九八号部令公布經同年十月十二日郵邦字第一四八八号令修正

第一條 各机關因本身業務通訊需要聲請交通部核准在其指定之地点特為設置之無線電台稱為特設電台

第二條 各机關聲請特設電台時應將本机關所辦業務情形需要特設電台緣由擬設電台地点需要聯絡地点及約計每月電報字數等詳細開明經交通部審核認為確具特殊需要者准予設置其一切事項應按照本規定之規定辦理

第三條 特設電台隸屬交通部由交通部電信總局設置管理通用

第四條 特設電台所需机件設備無論係由交通部購置或由聲請机關按照交通部規定程式購置均作為交通部所有惟該項價款連一切開

辦費均應由聲請機關負擔，除其中由聲請機關直接支付之費應
隨時數目報明交通部外，其餘費用均應按照交通部所核數目先
行撥付備用，俟電台設置完竣後再行結算。

第五條 特設電台設置期間以五年為限，自設竣之日起算，期滿應即撤銷。如
未經期滿而交通部認為聲請機關已無特設電台之必要時，亦應
提前撤銷，其機件設備費除已經設置通報之期間每年按照
原價百分之十折除外，所折舊以外其餘數目由交通部於該台提前撤銷
後一年內發還聲請機關。

第六條 特設電台除傳遞聲請機關之電報外，在不妨礙報務能力範圍以
內應接轉當地電信局來去之電報，其設於未設有電信局之地方
者應按照交通部規定章收發公眾電報，至聲請機關送發之電報
亦應照章繳費，但得提前拍發之權利。

第七條 特設電台經費除特費以該台各項報費收入抵充外，如有盈餘應作為
國營電信之收入，如有不足應由聲請機關負擔，於每月終結算
後通知聲請機關將短數支付之。

本條所定各項報費收入包括電信局送至該電台拍發各報之報
費在內。

第八條 特設電台通報地點與時間由交通部視需要情形隨時核定。

第九條 特設電台之組織由交通部規定，人員由交通部照章派用。

第十條 在已有特設電信地方，如有其他機關聲請特設電台時，交通部得

酌量情形令其共同使用原有之特設電台收發電報其交發之報同樣照章納費享受提前拍發之權利並按照未去報務數量比例分攤第六條規定應付之經常維持費用並與原請設机需平均負担折舊後之机件及設備等費

第十一條 本規定自公佈之日實施行

申請書應填事項

電台种類：	交通部特設電台
申請机關：	四聯總處聯合徵信所南京分所
所在地點：	南京金湯里一弄一号
負責人姓名：	刁雨賢（分所主任）
電台呼號：	申請交通部頒發
發射機	電力： 200 watt 電源： 交流電 真空管隻數及號碼： 綫路程式： 天線程式： 使用波長範圍 常用之波長： 出廠名称， 本机號碼， 出廠年月日：
接收机	電源： 交流電 真空管只數及號碼： 綫路程式： 天線程式： 收听波長範圍： 常用之波長： 本机號碼：

联絡單位及地址	北平	上海	漢口				
	徵信分所	徵信總所	〃	〃	〃	〃	〃
會晤時間	3-8	8-9	9-10	10-11	11-12	12-13	13-14
	14-15	15-16	16-17	17-18	18-19	19-20	20-21
	21-22	22-23	23-24	24-1	1-2	2-3	3-4

四联总处致联合征信所电(1946 年 7 月 20 日)

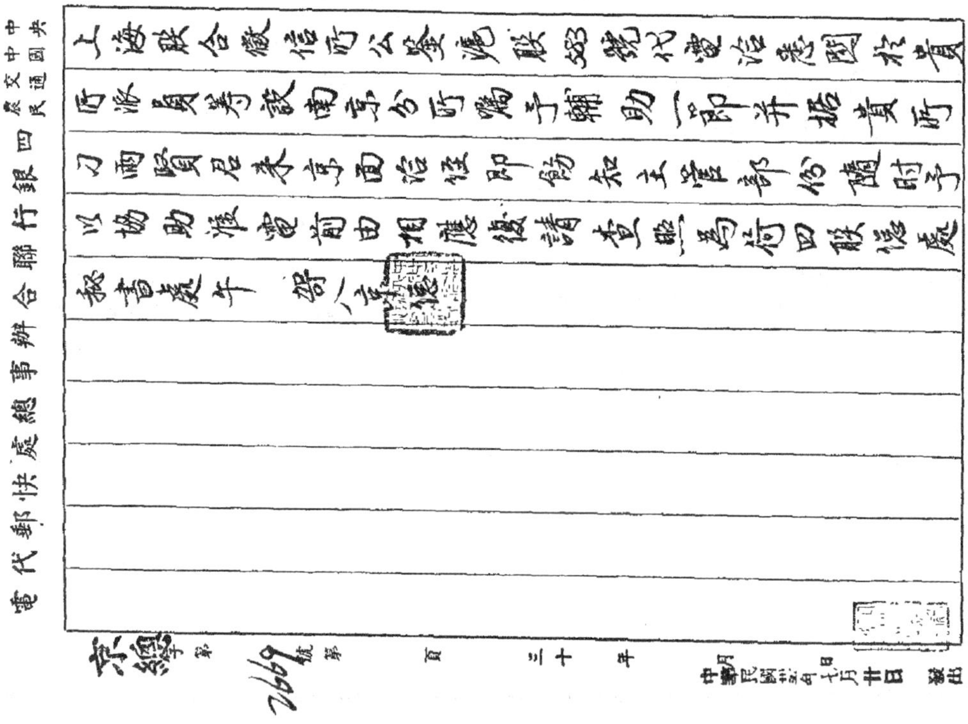

南京分所关于正式成立用印章等呈总所函(1946 年 9 月 2 日)

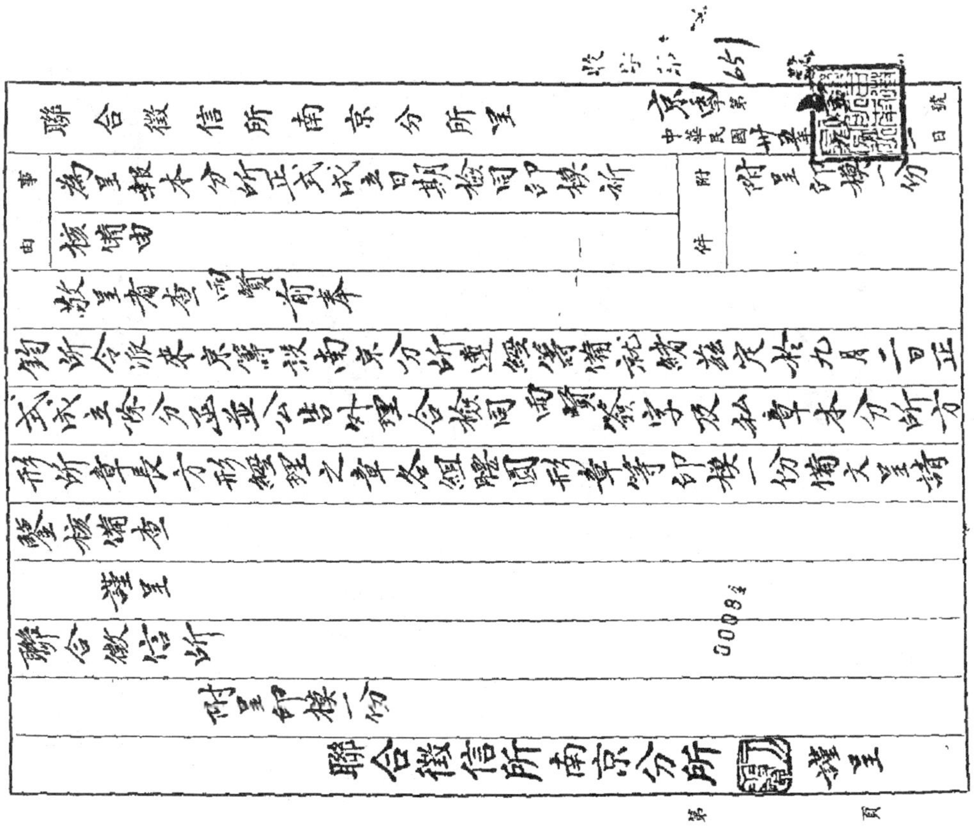

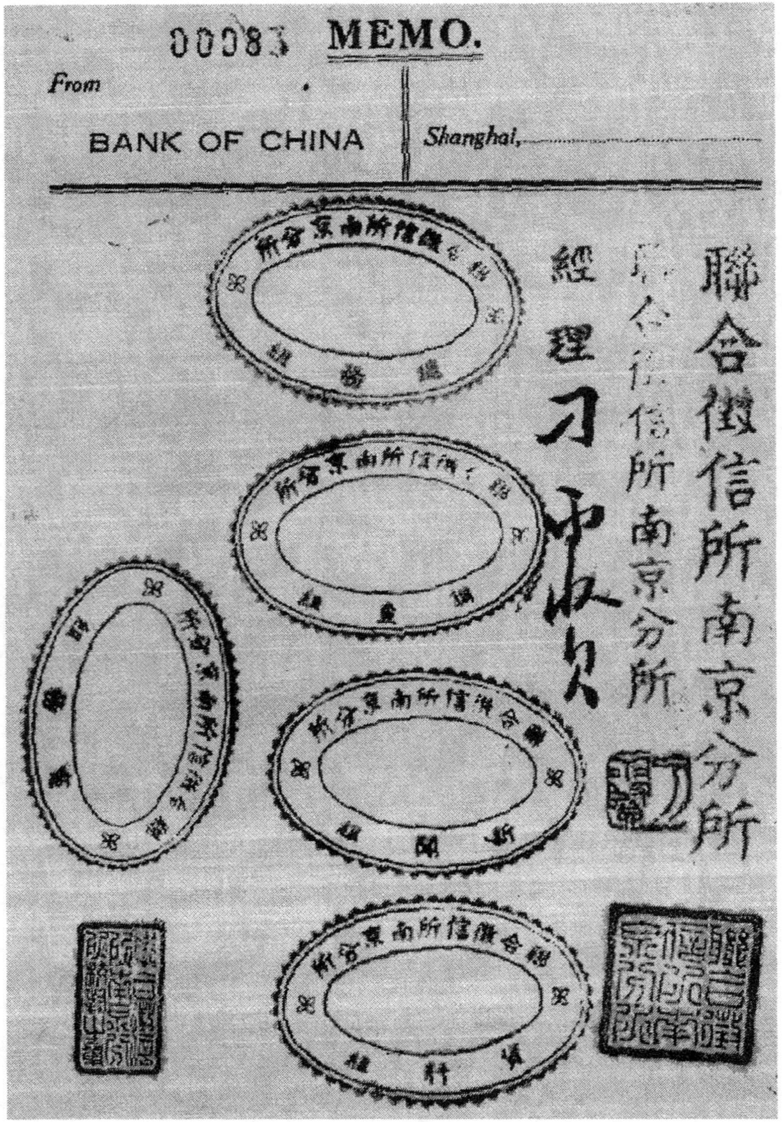
00083 MEMO.
From
BANK OF CHINA
Shanghai,
聯合徵信所南京分所
經理

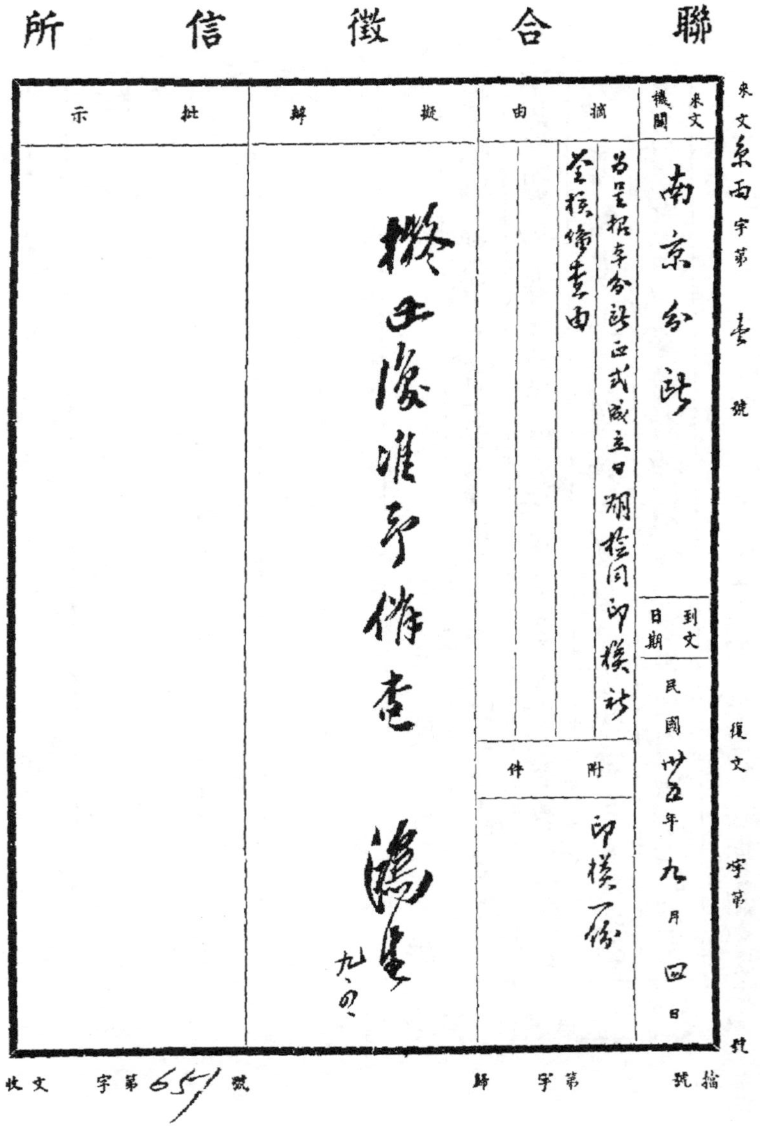
聯 合 徵 信 所
來文機關
摘由
擬辦
批示
到文日期
民國 年 月 日
附件
來文 字第 號
復文 字第 號
收文 字第 號
歸 字第
擋號

联合征信所电(1946 年 9 月 5 日)

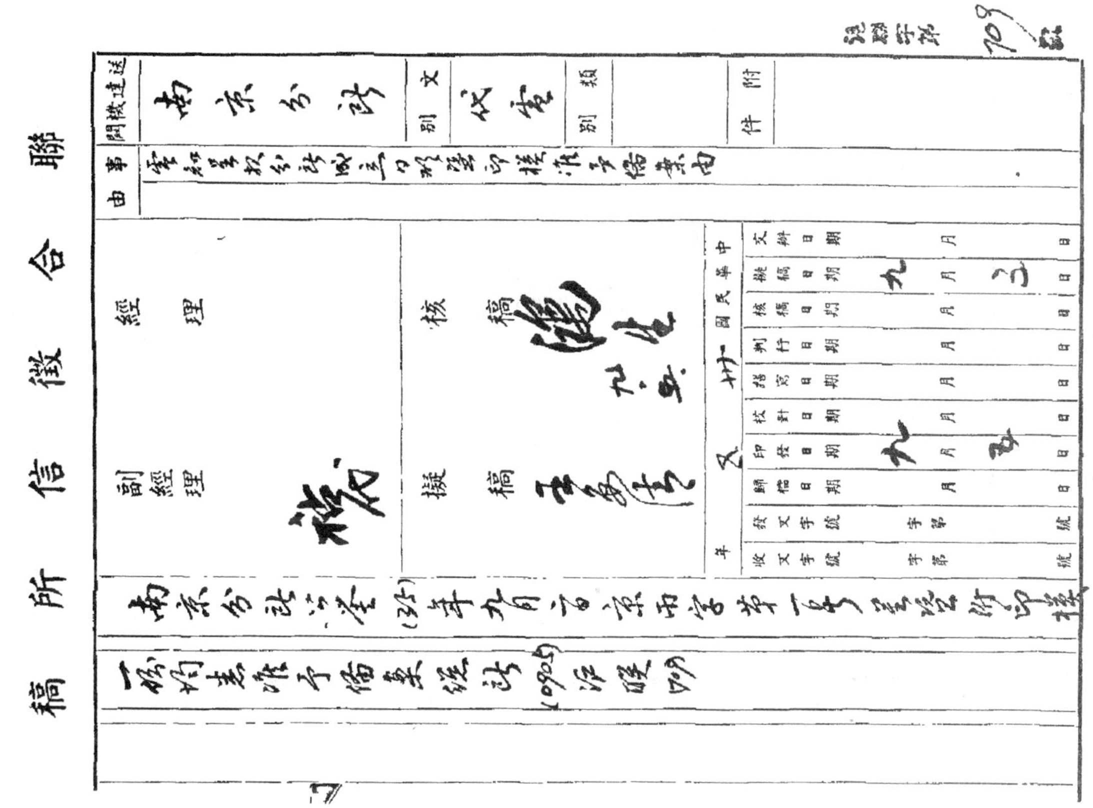

南京分所为编印《南京金融业概览》事致总所函(1947 年 7 月)

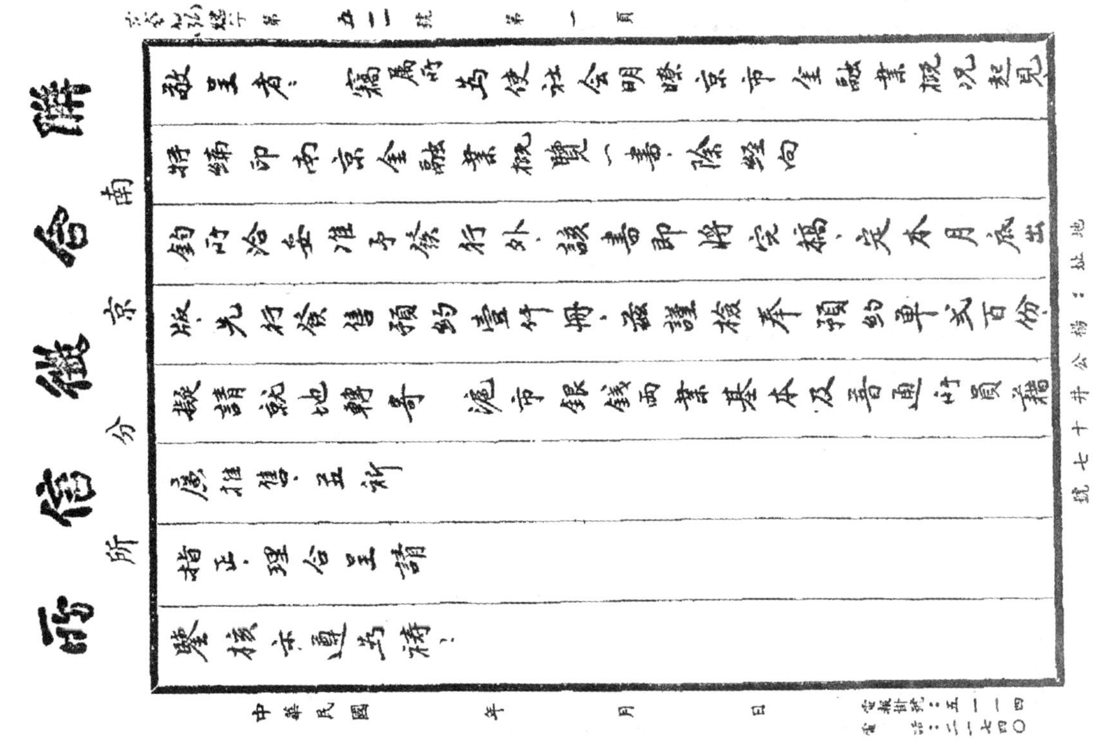

聯合徵信所

南京分所

字第五一一號 第二頁

謹呈

總所

附件

聯合徵信所南京分所 呈

中華民國三十八年七月五日

電報掛號：五一一四
電話：二一七四〇

地址：楊公井十七號

聯合徵信所

來文 京字第514號

來文機關	京所
摘由	函條奉發新聞一則由
到文日期	民國卅八年七月11日
附件	
擬辦	閱 呈 鴻 七、八
批示	[illegible]

復文 字第 號

收文 字第1752號 歸 字第 號 檔號

聯合徵信所

南京分所

分所(36)新字第五一四號 第全頁

敬呈者：茲抄呈參攷新聞一則，敬祈

鈞詧為禱

謹呈

總經理刁

附件

聯合徵信所南京分所 呈

中華民國三十八年七月七日

電報掛號：五一一四 電話：二一七四〇

地址：楊公井十七號

聯合徵信所

南京分所

字第 號 第 頁

（紐約七月四日電）Mark Gayn 馬克·根於七月三日在下午報刊登四篇評論美國對華貸款問題，在其第四篇「美貸款之前途刺激南京之政爭」一文中，對我國之所謂C.C.派大加抨擊，首称本年三月中國政府之改組，乃一露骨之政治策略，而实權仍操在C.C.手中，陳氏弟兄過去曾迫使宋子文下台，現在又策動其所統御之農民銀行操縱中國市場，製造危機，以期迫使張群下台，維謂政学系需美國貸款，以對抗陳氏之压力，若貸款能救一時之經

中華民國 年 月 日

電報掛號：五一一四 電話：二一七四〇

地址：楊公井十七號

聯合徵信所
南京分所

字第　號第　頁

民眾總經理勛鑒：敝所編印之南京金融業概覽一
書即將脫稿，印刷事前向滬廠鏈先如接洽，以滬
市工資高昂，現廠中生活又緊，乃向本京大道印
刷廠洽妥，准可卅六開白報紙（每冊約120頁240面）精裝式
伍冊，平裝一千冊，印刷紙張費共計玖佰伍拾萬元，昨已訂
約，并交付訂金伍佰萬元，本月十五日開始排檢，月底交貨。
現正進行廣告及發行，返行分洽，成績尚佳，已簽字者
可之廣告費，可敷印刷紙張，仍在各方兜攬，擬在府

中華民國　年　月　日

電報掛號：五一一四　電話：二一七四〇

地址：楊公井十七號

聯合徵信所
南京分所

字第　號第　頁

經濟危机、美軍火能使政府軍获得軍事之勝利、則
政学系即可实行其政治計劃、最後并称美國貸款
若又用於内戰、或鞏固南京各派争政之地位、終非
中美兩國人民所能寬恕、貸款應作為公共福利及
增加生產之用云云。

中華民國　年　月　日

電報掛號：五一一四　電話：二一七四〇

地址：楊公井十七號

聯合徵信所
南京分所

字第　號　第　頁

告。上作計式仟萬元之收益，預約自明日起已售卅餘冊
千冊，銷行寧滬等地，想無問題。此番發行乃不負辛勞
小有收穫。前囑在刊(?)首撰述本社簡史一文，乃根
據底稿稍加增減，節附呈原稿，請
鈞核，並懇賜(待)告。各分社負責人簡歷未填者，并請上
各已改訂之，交快航擲下，以便付印。四聯總處一文已抄(?)
就送呈
柏公核閱。
前囑向渝購辦印刷機、鉛字等事，頃接澤恒兄

中華民國　年　月　日

電報掛號：五一一四
電話：二一七四〇

地址：楊公井十七號

聯合徵信所
南京分所

[illegible]

字第　號　第　頁

函告，已有專函寄呈，是否購辦，請便示知為盼，
俾早準備搬遷。職以離川將西，載家中事務亟待
料理，故擬藉購辦印刷機之便回蜀一行，自前日函呈
後，已向中航洽訂機座，現已排定本週末起行，擬懇請（途經通(?)旅程在內）
鈞座准予事假兩週，在假期內社務由李友棠、郭雨宗兩
君全權代理，如蒙 照准，請 批示祇遵。耑肅，敬頌
勳安
職 方雨(?)謹
附 緒儀(?)副經理說明努力

中華民國　年　月　日

電報掛號：五一一四
電話：二一七四〇

地址：楊公井十七號

批 請蓉(?)已設(?)印航擲下
存通中國之二千大約第元已利本可逐中信局之領函各件萬元請即掛下為禱

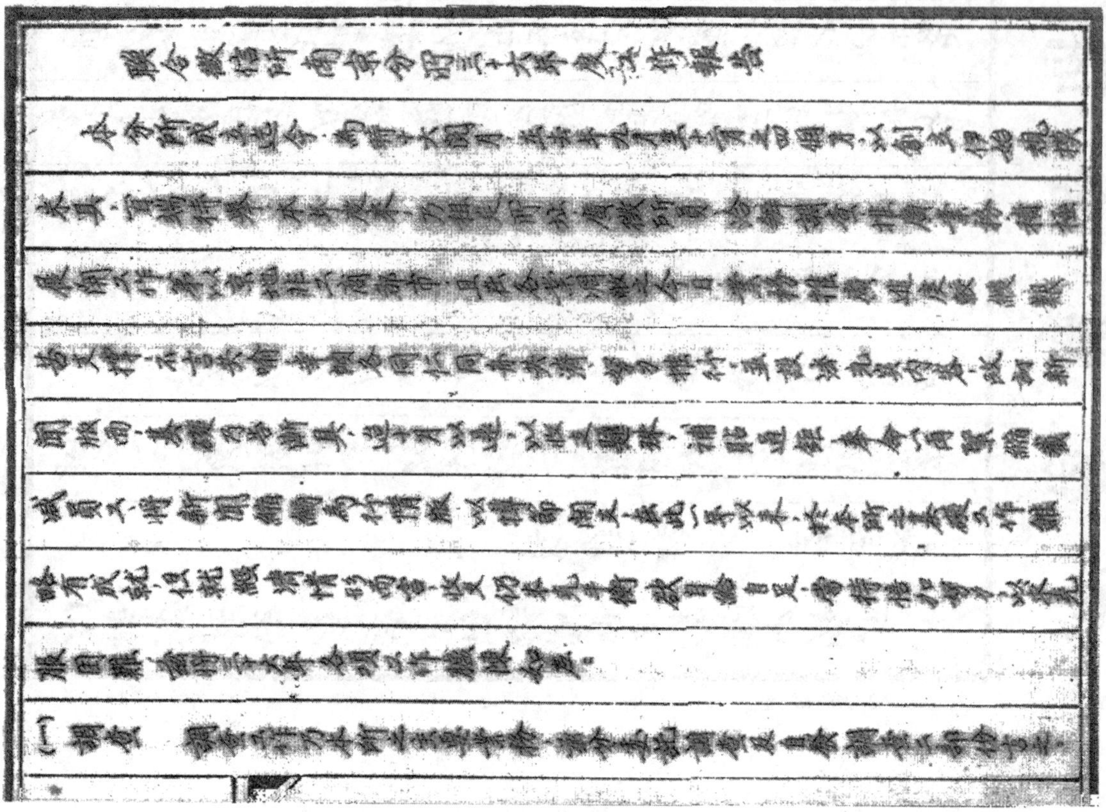
联合征信所南京分所三十六年度工作报告

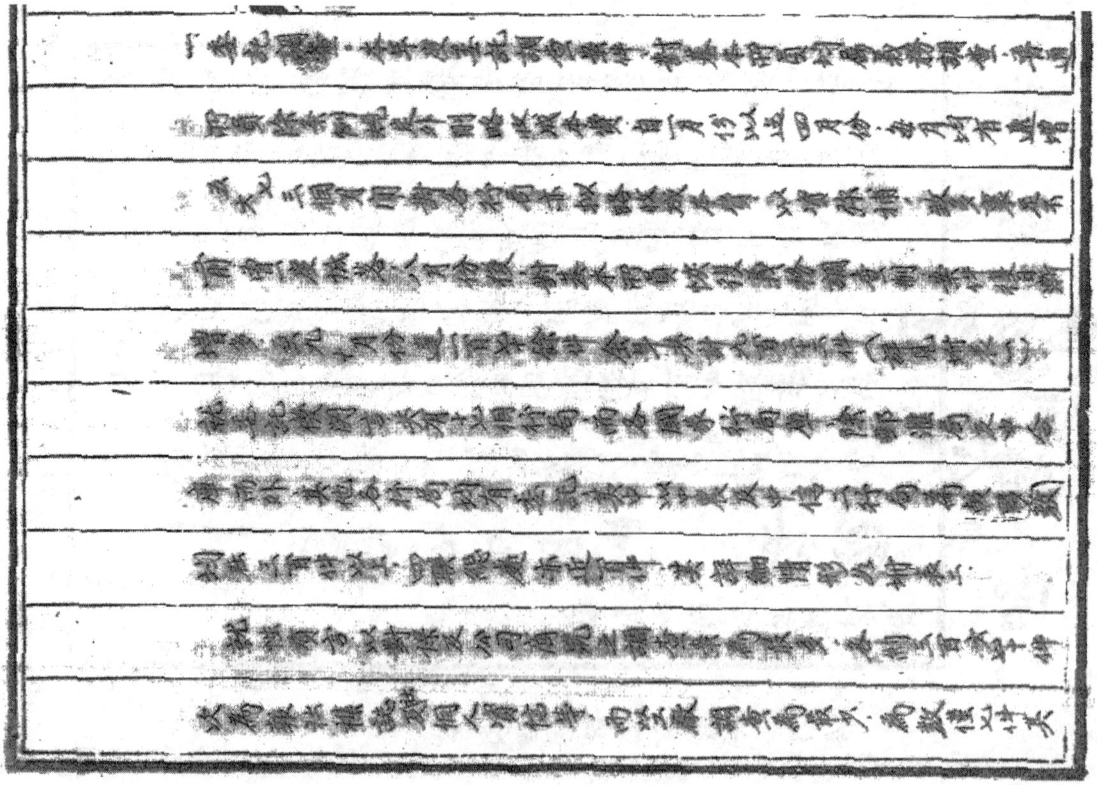

詳細內容見附表。
二、自撰調查。本所調查之對象有兩種，因須適合本所機關之要求，故
所集資料，除本局部份之一部份外，惟各人欲觀某業（或某業）事物之全
豹，必須有其完整之資料，自撰調查即本此意，以補充其他調查之不逮，以
闡述其實際情形，俾各界參考。此項工作，本年度內擬行者有金融
業及其附屬業，業列入本記調查範圍之中，七八月間完成。「南京金融業
概況」一書業已出版，共印精裝二千冊，大部份已銷售，其餘尚現正銷
推銷中。「南京營業概覽」可以職業分類，東本省各縣概況，編輯中，其
餘，敬希核辦。

(二)資料 資料之蒐集，實整理兩分：書報資料及調查資料是也。

一、書報資料。書籍雜誌，大多向各出版機關函索，現有金融週報、金
融週刊、中央銀行月報、資委會季刊、金融週報、財政評論、會計月報、
本業中業月刊等十餘種，剪報（有數十冊），剪報資料則分爲七大類一百八項，
預計積分不日，將來可能分類裝訂成冊，現有二百餘冊。
二、調查資料。工商資料，依性質分類，現有若干業，個人資料則依姓氏筆
劃編列，現有一百餘業，兩共二千餘件。

(三)新聞 徵信新聞於三十五年八月隨同本所籌備發行，是月下旬先發試稿一週，
同年九月一日本所正式成立，乃即逐日正式發行，並負責揭露政府財
政金融之有關重要措施，協助國家推行一切財政經濟政策，並報導商
及金融工商各業動態況，評論介述，配合本所徵信調查事業之開展。

同前報導京滬兩地暨平津渝漢穗贛等都市民眾日用必需品
逐日行情，以及各地特種物品最近銷售情形，俾供社會各界參考需
要。編述以來，瞬將一年有四月，印行百次，期間採用鋼版膳寫外
間自裝訂印，加封底面，長可成冊，編為本報特刊，以供觀覽。節省人力
物力，並於本年八月起，改用十六開版鉛印，改版之後，頗得社會一般
讀者好評。顧以本所業務未能達到理想，收支不克平衡，奉命緊縮
員額，不得已又自十一月十日起，縮小版面，減出經濟消息部份，僅於日
發行行情新聞及商品市價，雖可適合日常一般情勢，然為社會事
業前途發展，難免有偏，茲不失之含義，總合之，論今將編採情形
分述如左：

一、編採工作：新聞工作，以內外勤須求協調，乃分為編輯採訪
兩部。編輯工作，始終僅由（一）員擔任，兼辦大小標校對及有關新聞之
分類編排。編輯採訪（一）切新聞材料通訊稿件，撰請消息之採用，以求離
無誤，不得因不諳另為唯（一）原則，準此辦理，尚能無訛。採訪工作兩
十一月份以前採訪工作，除有關金融市場商情、物價外，其時勤務
三人，採訪分任採訪本市行情消息數量，市場商情二十條，各大業務機構
同業所轄二千餘處，採訪工作則通知視察以需要而定之，另籌設外
勤工人，逐日調查市場物價，計平八大類，各員約十餘種，並擬為行情
新聞稿，惟以本市地區廣大，各採訪處所不能一併關達，本所復為特
指定達二員，可資使用。各同人等尚能不計勞瘁，竭力奔馳，尤屬感

職務事雜,能可靠此是對于陳述者也。

二、對外聯繫及社會印象 本分所自去年開始發稿後,一面繼續不斷積極加強本社工作之進行,以期日進精密,並合一致要求,一面則由本分所主任與本市中外各通訊社報社等切取聯系,並與記者公會觀察同業間互助,並向有關各機關團體展開聯絡,擴大社會印象,增進各界對本所事業之支援與協助。年餘以來,京市金融工商各業人士對本分所新聞工作之辦理,頗多給予好評,唯對新聞內容之要求,大部認為京市非一工商業匯聚之區,物價行情固為首要,而國都西遷,政府當局之財政金融措施,誠創以算之地,且各國際行局,即將全部遷京,金融界措,咸對失業於斯,發行經濟新聞,亦為有其必要。又各報章雜誌及機關團體對新聞行情之採用,京市如大剛報、和平日報、工商新聞等,則經常轉載本分所所發稿之每日行情及行情消息、經濟新聞,滬市各報,如大公報、正言、申、新、商報、東南日報之採用;在機構方面,如行政院新聞局、經濟部、全國經濟委員會、國防部聯勤總部及其所屬經理署等機構,亦均將及商品物價彙以本分所行情為依歸,頗多引用,並見與各分所業務上互相交換者則以平、津、漢、渝、粵各分所為最多,又機為本對象。其他外埠現尚僅憑對津、滬、上海行情,對華北日報及湖工商日報亦採取下月及初進行洽供。

(四)新聞發行及印刷 京版新聞戰自三十七年七月起編印至第四〇九期,發行

份數，連同贈送及訂閱之全年共為壹拾肆萬捌仟餘份，於八月大且遞

全部改為鉛印，較油印時之觀而清楚，對於全份暨價，余自加印機

森科將分送各行局及有關機關參考，印行以來，頗為各界重視，需

索者日多，至十一月底增加印送份數，並開始按公訂閱，訂已訂閱者約

計餘户（另表四）

（五）普通會員 本所現有所員大[illegible]，除因交行局及[illegible]所[illegible]計

外，全年共計先後接洽本市長和錢莊等十餘家加入本所為普通會員，

計全市錢行錢莊兩業僅四三家未入所外，餘均全體加入，[illegible]商業入

所者，由同行接洽，惟因市上商業規模較大者極少，一般商業入會

多以營業不振，收入支絀，即此入所費用，亦有不勝負擔之感，以致徵求

入門，殊感困難，不易擴展。

（六）文件處理 全年共計收文九百四十七件，發文七百九十七件（職員報告報文

件移送人員分收發及管檔之件），自職員顏維，調任滬總管青[illegible]

不得不再用本所[illegible]辦，技因各處所託，辦事件繁多，如代洽領

護照，[illegible]等[illegible]，又同[illegible]各詢事項等，亦所需費[illegible]

十餘件之多，改入[illegible]分配[illegible]不較。

（七）人事進退 本所自[illegible]成立以來，[illegible]，原有職員七人，及交

父人，嗣因[illegible]，人[illegible]不數，[illegible]於二月[illegible]為專

員，負責[illegible]外勤，[illegible]同時添[illegible]二人，

後為加強新聞採訪，[illegible]於四月[illegible]用為[illegible]

曾前，曾有資料組專員編存責任，並請陳恩秀為特約記者，計稿
給酬。除其三為試用員，每月酬給津貼外，本年五月以後始有專任
職員六十人，特約記者一人，津貼制譯電員一人，又支十分，開始收入
不敷，本年裁減員額於六月十起開始實行，累任新聞組專員兼請
長假，請裁准，助理員陳某某裁減，改為津貼制業務員，調查組
科員李文宗升為調查組主任，七月復撤并為調查，仍兼調查組主
任，特聘學生林鑑為特約編輯，八月外勤記者何某辭職，派往調
者陳思秀接充，助理員李某請辭准，歐澤高及業務員同時
先後裁退，同時裁減三人，同月兼實業務員某某兼任所
調派副刊，計有職員五十人，津貼制業務員八人，共八人，九月將實
黃修繹，助理員吳某請假辭職，十月聘任記者陳思秀、石學良
繼其職，改為特稿給酬。十一月將其實行調整，人事部實支
出增加，復將新聞組撤消，原有外勤記者孫某過編輯記者陳
思秀、石學良亦停止採訪，業務員顧世芳改為津貼制，同時助理
員徐應昌等亦請長假，又准改派譯電員某某，本社同時裁減五
人。又一人，經此大量裁員後，尚有職員十八人，外有津貼制業務員一人，譯
電員六人，五月又支一人，仍未派補譯電員，收入增加
增加，於十月間顧世芳恢復原任，助理員徐君秀請假，長假裁員
十二月底止，實有職員十八人，津貼制譯電員八人，又支七人（詳附表五之六）

（八）財務收支情形　除今年度收入數字及各類開支數另表詳列外

財務方面，更感困難，即每月必須經費未能如數如期撥下，以致調度不靈。六月份起本市各行局每月津貼一千萬元，又以為數太少，不過略資彌補，本務方面雖曾力事撙節，然以員有增加，復因物價節節上漲，員工待遇及印刷成本一再增加，致收支益形懸殊，而每月收支為之失衡，益為極端艱窘者（附表七）。

綜上所述，本分所成立之一年餘，本分各部門之工作實況，除新舊年度文稿之所為未根據以往情形及策劃未來推展，擬本年度更擬新猷作一結論如下：本分所對於業務雖自成立迄今，無日不在積極努力推進之中，而開展進度，始終未能達到理想標準者，致其原因，固為商業非至商集中都市，撫來業務，恢復距離，雖最大之癥因，厥為人事調動頻繁，與經費過拮不足兩端，則致影響業務收益，財源愈形枯窘，凡事更難從放手邁進。查本分所自六月而後，因收支未見平衡，虧累較大，遂顯遲疑猶豫，緊縮員額，一般同人既感業務工作之繁，復因前後承辦人之更換，不無馳延時效，更本分所逐月支付薪資，以無準備數額之周，是過轉拿，每每挪移挹注，據撥兄行對於發行低信新聞用之白報紙，即感無法先期購備，更為臨時向市場買用，市價日漲，新聞印行成本有日漸增，而業務費及新聞訂閱費標準始終隨同物價提增，亦為不能彌補收支平衡之主因。綜觀事實，關於本分所未來年度人事員額及經費預算兩大基本問題，懇請設法改善以免形成先天不足之病態，而期日臻健全，遂步發達也。

附表一

三十年年度[illegible]月份分類表 三十年十二月三十日		
月份	件数	備考
一月份	一六	
二月份	七五	
三月份	九六	
四月份	四六	
五月份	一四	
六月份	一五	
七月份	四三	
八月份	八七	
九月份	一七一	
十月份	一六一	
十一月份	一二三	
十二月份	七六	
總計	九二三	

附表二

三十六年度各行庄各月份委托调查案件表 三十六年十二月卅日

月份 \ 行庄	四联总处	中央银行	中国银行	中国农民银行	中央银行京行	交通银行京行	中农京行	中信局京局	各联府及市府	新华银行	金城银行	南京市银行	南京商储银行	重庆银行	湖北省银行	经济部统计处	[illegible]	合计
一月份				三			一三			一								一六
二月份	四五			三		二	一三	二			一				一			七五
三月份	二		一	二三			七〇											九六
四月份	一			一四			二三	五	一	一			一					四六
五月份				五			九											一四
六月份						五		三		二	四	一						一五
七月份	一			九		六		五	六	一八								四五
八月份		一		一二		八	六二	一五	一							一		[illegible]
九月份	四三	一		二五	三		一四	七九	五					二				一七二
十月份		一		一一	二	五	三四	一〇七	二									一六二
十一月份	一			三	一	二	三四	七七	一								三	一二二
十二月份		四		一二	四		三四	二〇	二									七六
合计	九三	七	一	一三二	一〇	二八	二九三	三一六	一八	二二	五	一	一	二	一	一	三	九二三

附表三

三十六年度委託調查案件分類表　三十六年十二月三十一日

月份＼類別	工廠	公司商號	報館通訊社團體	個人資信	對保	其他	合計
一月份		二			一四		一六
二月份			四五	一	二五	四	七五
三月份		二	一		九一	二	九六
四月份	二			一	四〇	三	四六
五月份					一四		一四
六月份		六	三	一	五		一五
七月份	三	二二			一七	二	四三
八月份		五三		二	三〇	二	八七
九月份		七五	四六	八	四四	三	一七一
十月份	二	九八		三三	三九		一六二
十一月份		七四		八	二九	一	一一二
十二月份		二九		八	二五	四	七六
合計	七	三六〇	九〇	七一	三七三	二	九二三

附表四、聯合徵信所南京分所新聞發行數目表　二十六年十二月三十一日

月份 / 類別 / 數	本埠訂户	外埠訂户	本埠贈閱户	外埠贈閱户	基本断員	普通断員	合計份數	本月發行份數
一月份	二五	三〇	六四	六四	二八		四二	[illegible]
二月份	二五	三〇	六二	六六	二八		四二	[illegible]
三月份	二五	三四	六二	六六	四一	四六	三七	[illegible]
四月份	二五	三七	六二	六六	四一	四六	四七	[illegible]
五月份	二四	四〇	七〇	六六	四一	四六	四八	[illegible]
六月份	二五	四〇	七〇	六六	五八	四七	四六	[illegible]
七月份	二四	四〇	七〇	六六	五八	四七	五四	[illegible]
八月份	二五	四八	七〇	六六	五八	四七	三九	[illegible]
九月份	二五	三〇	四八	四四	四六	六〇	五三	[illegible]
十月份	二八	五五	四八	四四	四六	六〇	四九	[illegible]
十一月份	二〇	五八	四八	四四	四六	六〇	四六	[illegible]
十二月份	二〇	五八	四八	四四	四六	六〇	四六	[illegible]
備考								

總計全年發行份數拾肆萬捌千捌百捌拾玖份

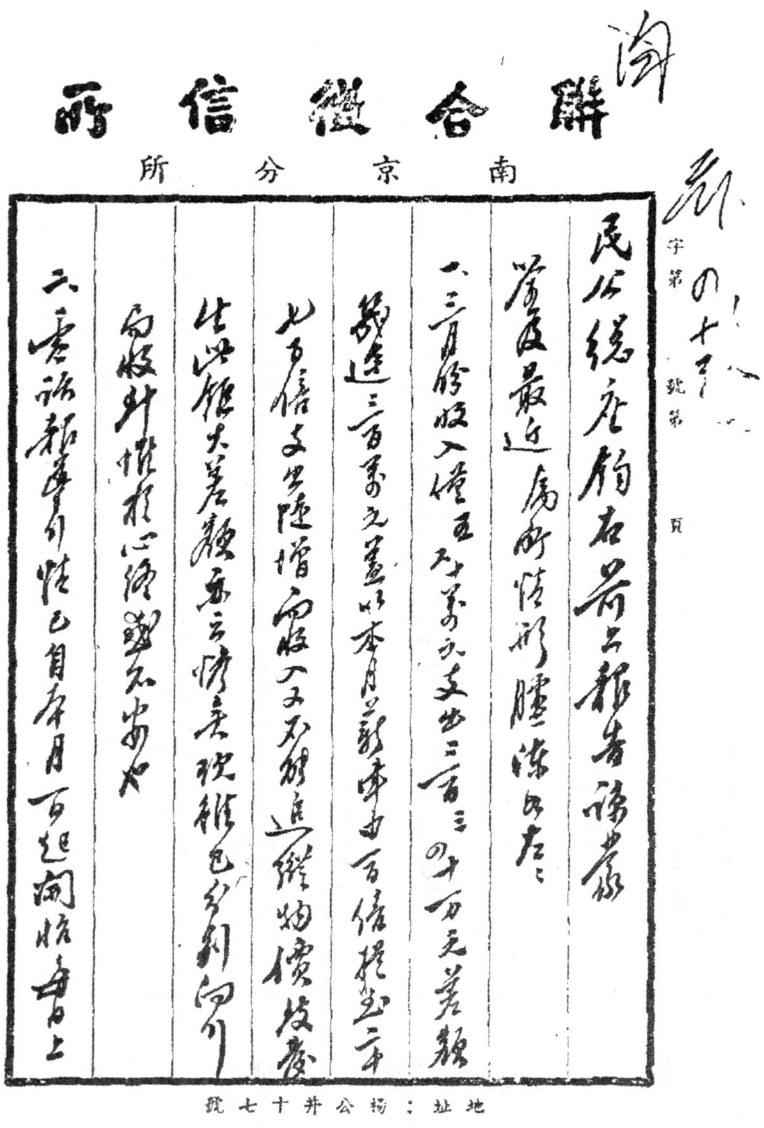

聯合徵信所

南京分所

民公總座鈞右：前上報告諒荷

詧及。最近局所情形謹陳如左：

一、三月份收入僅五十萬元，支出二百三[illegible]十四萬元，差額

竟達三百萬元之鉅。[illegible]

[illegible]

[illegible]

[illegible]

二、[illegible]自本月一日起開始每日上

字第　號第　頁

中華民國　年　月　日

電報掛號：五一一四　電話：二一七四〇

地址：楊公井十七號

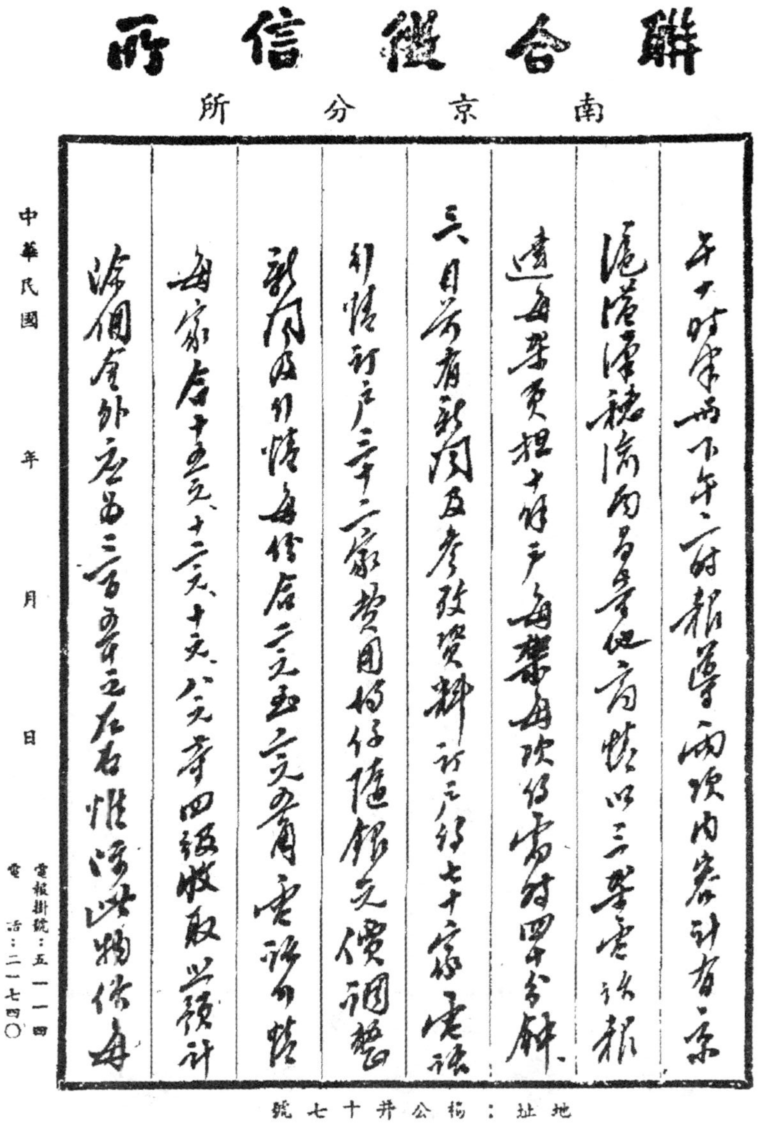

聯合徵信所

南京分所

[illegible]

[illegible]

[illegible]

三、月前有新聞及參政[illegible]

[illegible]

[illegible]

[illegible]

[illegible]

字第　號第　頁

中華民國　年　月　日

電報掛號：五一一四　電話：二一七四〇

地址：楊公井十七號

聯合徵信所

南京分所

字第　　號第　　頁

日救濟之時自開處收據以上收到文票存底

現將蔣西實物出支需之三日內需用米已換米

二、三成員以標換米合人購買皆能維存

目前查工薪過高，但信救不過，過高而予接追收

支平衡也

四、福華承以房屋之房租對方要求按照物價指

數增加（係照去年三月物價計算每月約合米

四担）照以上價值過高，擬接延一時期再議

中華民國　　年　　月　　日

電報掛號：五一一四　電話：二一七四〇

地址：楊公井十七號

聯合徵信所

南京分所

字第　　號第　　頁

五、自本月份起，會同聲請取消目前有章有職有

業宗旨等，實係取決於理事會，業已專人，按日

出勤辦公，並按時報告，經常接待各界來訪

情形，以業務及信用調查工作報告，自上年

八九月起，由本所經理等負責，實行責任制

同人均能努力從公，故本所經費亦經常收支

六、職員考績表已由部送呈，是項加薪應自

何月份起為宜，敬請 賜知 俾便遵循

中華民國　　年　　月　　日

電報掛號：五一一四　電話：二一七四〇

地址：楊公井十七號

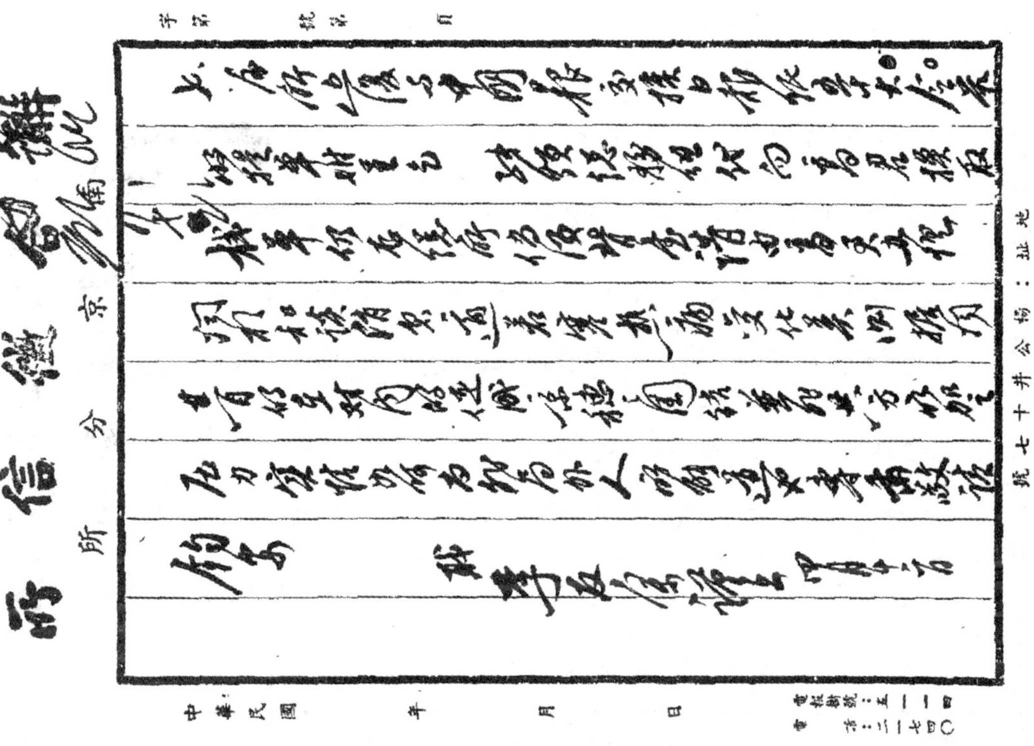

联合征信所南京分所 1948 年度业务计划

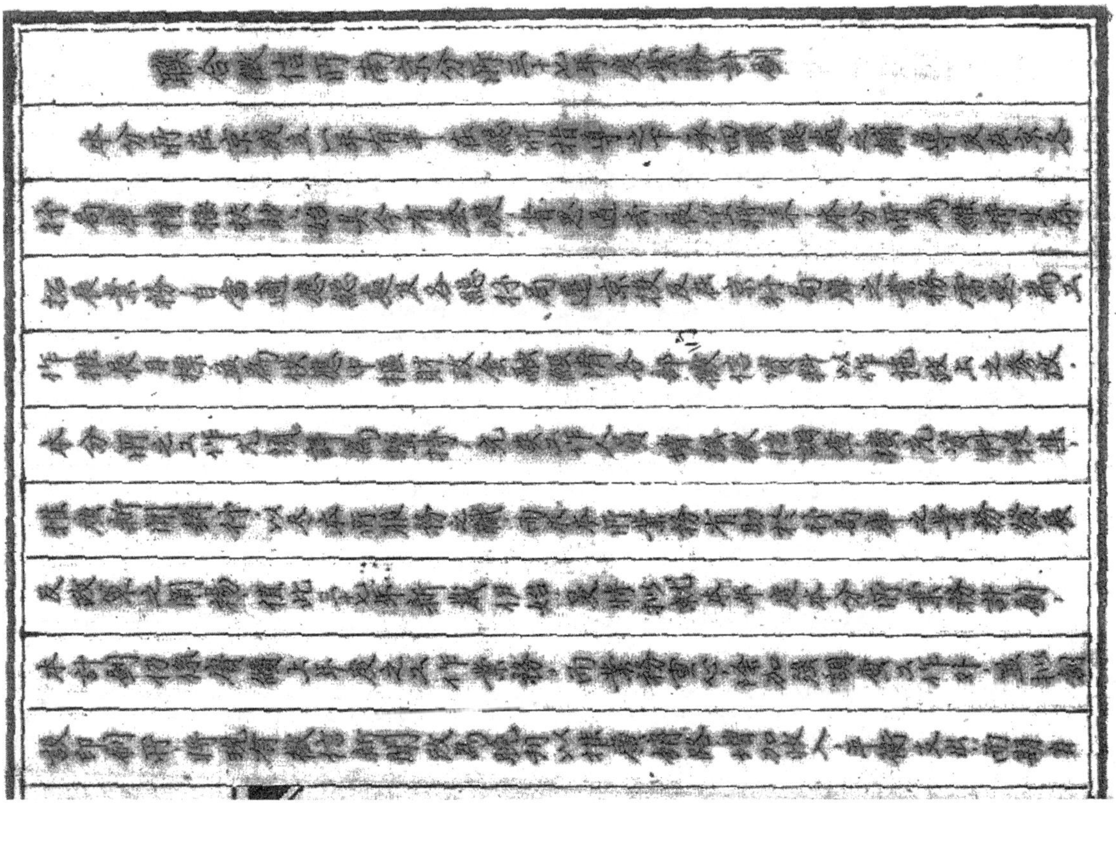

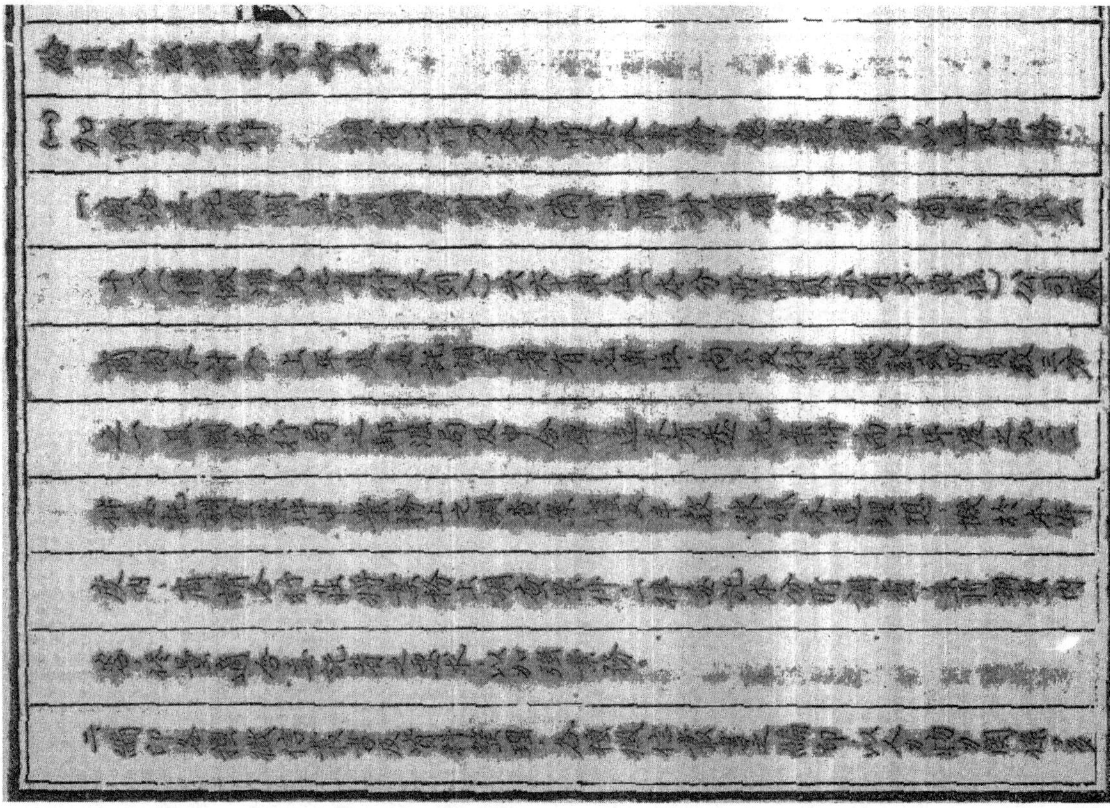

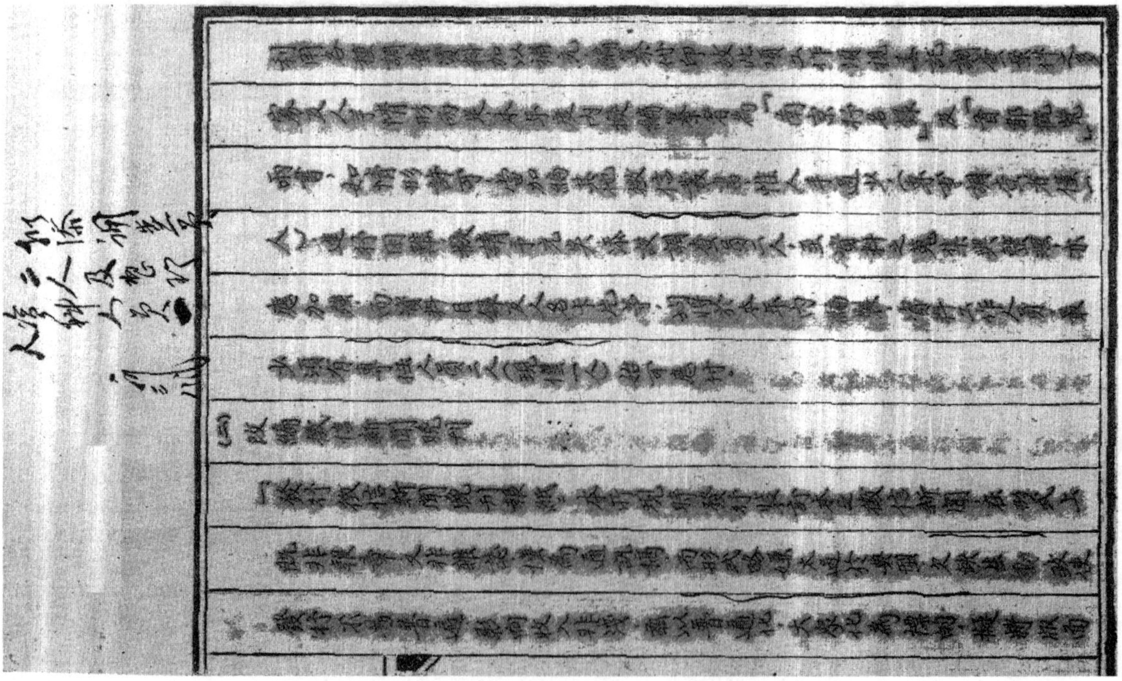

改為四開晚刊報紙，更名為繁信新聞晚刊，版面劃分，以一版[illegible]

[illegible]一則，第二版以四分之一[illegible]

[illegible]分之一刊載廣告，四分之一[illegible]

[illegible]

並擬加入本市[illegible]台灣[illegible]，如此既使

本刊[illegible]，亦可[illegible]之物力[illegible]

發行時間亦可提早若干。

二、增強工作人員改進新聞內容：為配合上項改版計劃，擬將新聞組工作員額

予以增強，除現有編輯一人外，擬請採訪記者一人，[illegible]新聞組

設主任一人，專責[illegible]

員一人，[illegible]一人，合原有[illegible]共計[illegible]人，[illegible]分配，則以[illegible]

第一版新聞[illegible]

新聞[illegible]

新聞[illegible]

更可[illegible]增加收入[illegible]，庶能做到自給自足。

三、擴大服務範圍[illegible]為社會服務，本府擬自本年

度起將服務範圍予以擴大[illegible]

代為[illegible]

將[illegible]

[illegible]新聞[illegible]

（三）籌設印刷所：本部印刷工作多交由外人承印，既不經濟又不能控制時間，故

本部有[illegible]印刷所之必要，[illegible]印刷一項

擬自辦小型印刷所，期其適合需要，除承印本部刊物外，尚可承印其他

印刷之件，藉增收入。所需開辦費及經常開支，另列預算附陳（附表二）

（四）財務預算：[illegible]印刷所[illegible]億元，擬向[illegible]

[illegible]元，計[illegible]

合[illegible]億元，除中央[illegible]

向中國中合、鄉[illegible]各[illegible]一億元，合計[illegible]億元，支改為號刊後，擬費收支

情形，期能作到自給自足，并編製預算表報核辦。

（五）財務處[illegible]：徵信改為號刊後，每月支出預算約為一億五千餘萬元

而按近月實際[illegible]億元之[illegible]，即[illegible]

撥額之五月不[illegible]金一億[illegible]萬元，以[illegible]，如收支不能平

衡，則有[illegible]

（六）增加發行與廣告篇幅：徵信新聞改為號刊後，以其資格與其他報相爭，而尊

以縣市報導而非號[illegible]自有其特色，預計推銷對象當較今日容易普遍，

推銷與各工商企業及派報業接洽改版後發行一節，大部份可能辦到，其推銷

辦法如下：

甲、由中央各院部會及市府機關并主管總務部門進行接洽訂閱，以供大批

採購市場物品時付鈔價之參考。

乙、向本市各業公會接洽轉由各業會員訂閱。

4. 平津分所（北平办事处、沈阳通讯处）

四联总处关于设立天津分所案拟办稿（1946 年 3 月 26 日）

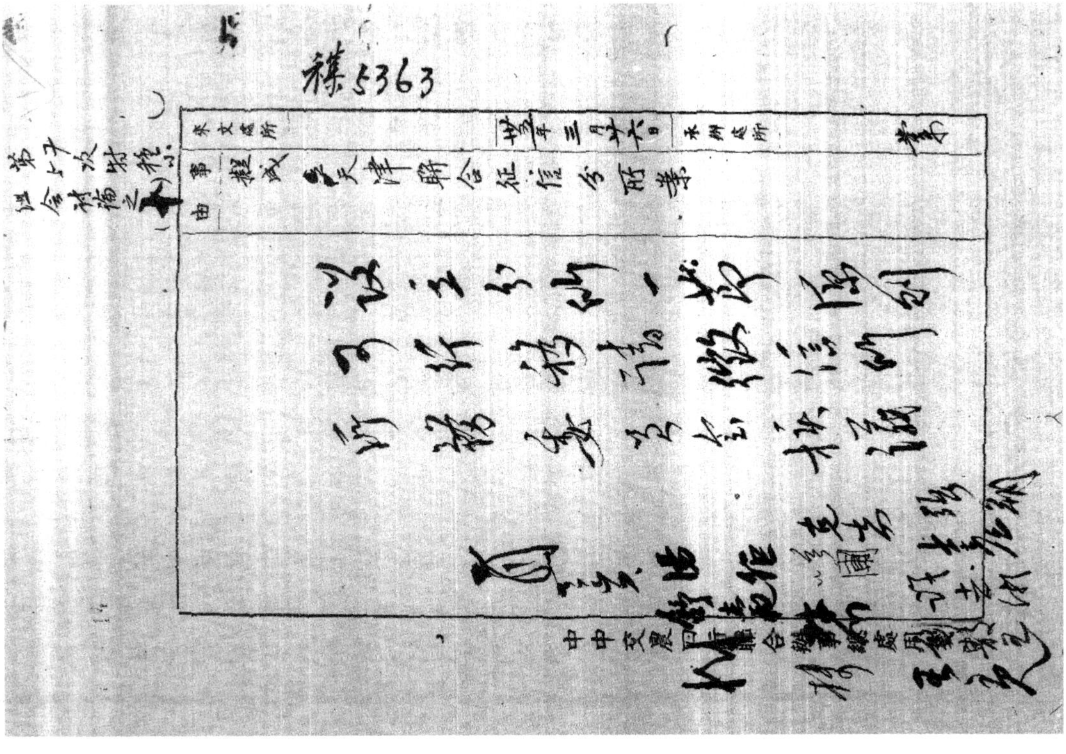

财政部驻冀鲁察热区特派员关于天津分所致四联总处所函（1946年3月）

送刁經理核

財政部駐冀魯察熱區
財政金融特派員辦公處用箋

手高吾兄勳鑒：拜奉
惠函，敬悉一是。關於敝處調查組
尊宣擬成立聯合徵信所天津分所一節，
高明維護學術之盛情，實堪欽感。弟及平津四聯諸君本有此意，惟因該組
所存資料圖書，極為豐富，有力者多思染指。敝處到平，復接收大量金融資
料，亦需要整理，故便留隸敝處，俾得保全。今既所見略同，不如即以原有規
模加以改組，所有圖書資料、傢俱房屋，即全數撥交改隸聯徵分所，可免總
所來平空組織，庶收事半功倍之效。組織既隸總所，人事自出

第　號第　頁

財政部駐冀魯察熱區
財政金融特派員辦公處用箋

尊裁。惟為經濟熟計，該所經副理職務，擬請即派敝處調查組正副組長
杜俊東、劉厚孜二君分別擔任，內部職員容擇優另請核派。弟對此項工作
素感興趣，平津行局同仁及商業行莊相處頗善，可號召輔助，如不見棄，請畀理事
一席，俾得追隨我
公之後，略盡綿薄，共策進行，尤符素願。以上各節如蒙
同意，請即頒發有關章則及文件，當即遵辦。一切擬議與交接手續，尅日開
幕進行工作，實屬兩便。又此間主要資料及過去工作總冊，皆在北平分所，
擬改稱為平津分所，所址仍設北平，天津另設辦事處。平津咫尺，聯繫自極

第　號第　頁

財政部駐冀魯察熱區
財政金融特派員辦公處用箋

便利特在深愛用敢冒瀆統候
示洽專覆敬頌
道安
附開杜劉二君略歷

弟張[illegible]拜上
三、七

第　號第　頁

杜俊東　河北灤縣　三十六歲　國立清華大學畢業　曾任天津南開大學經濟研究所研究員　福建省政府統計長　福建省銀行常務董事　財政部專門委員　現任本處主任秘書兼調查組組長

劉厚滋　江蘇鎮江　三十八歲　國立北京大學研究院日本長崎高等商業學校畢業　國立北平研究院編輯　中英庚款指定研究員　北京大學輔仁大學中國大學講師教授　本辦公處調查組副組長

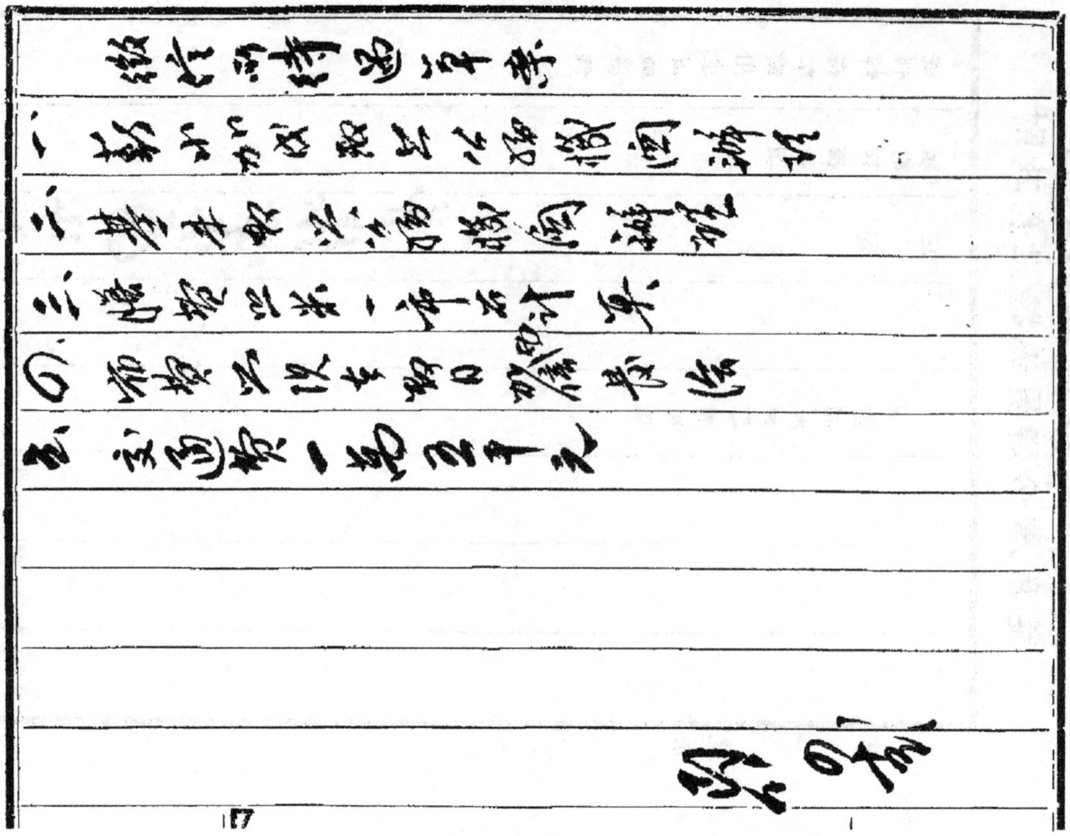

联合征信所关于平津分所筹备事致四联总处函(1946 年 3 月 14 日)

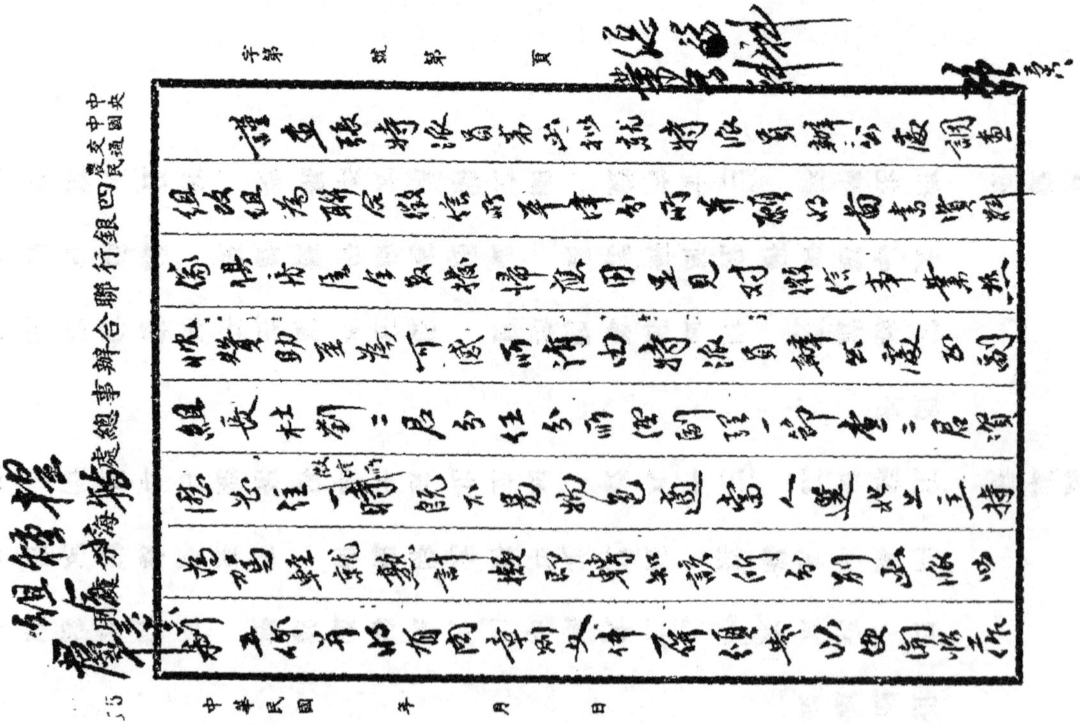

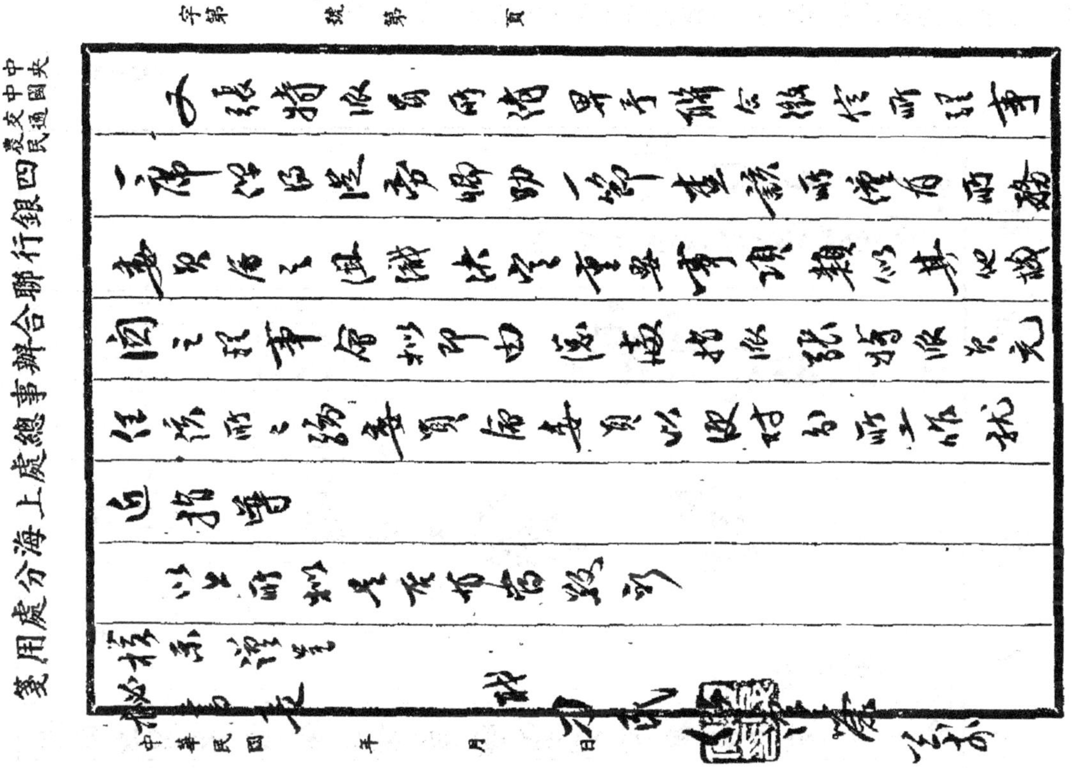

四联总处关于筹设联合征信所平津分所电(1946年11月20日)

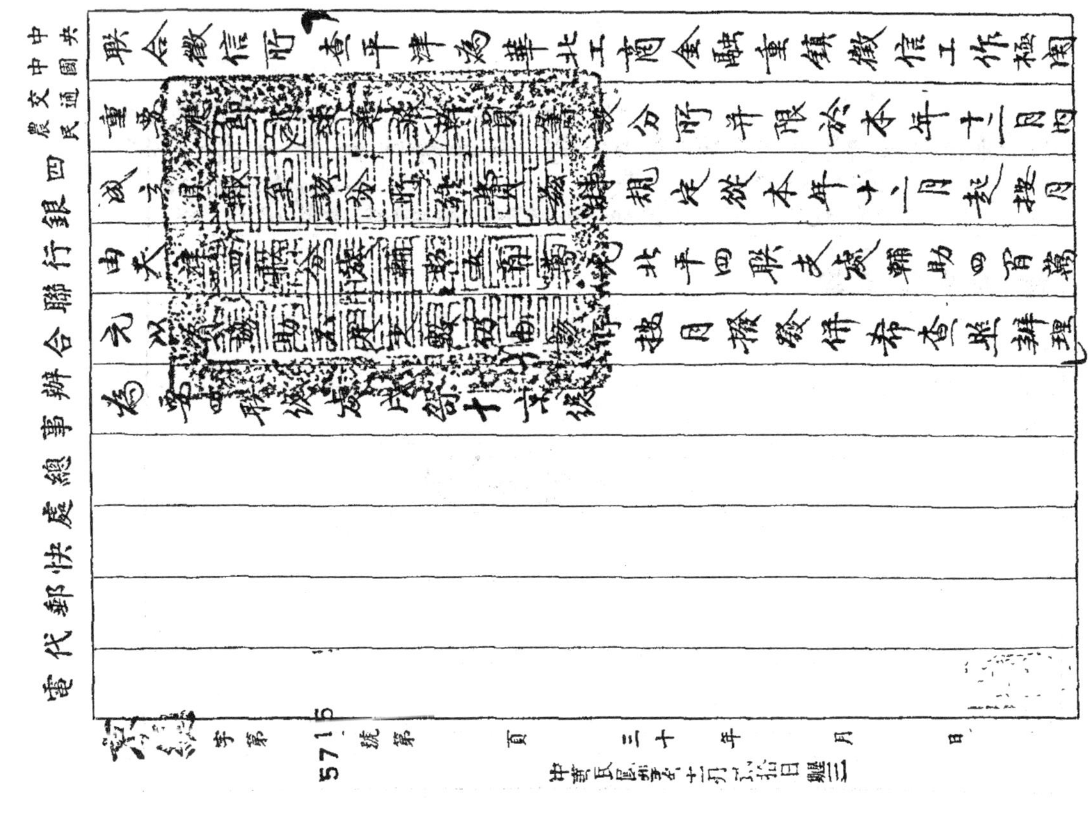

联合征信所为筹设平津分所事致各分所函(1946 年 11 月 26 日)

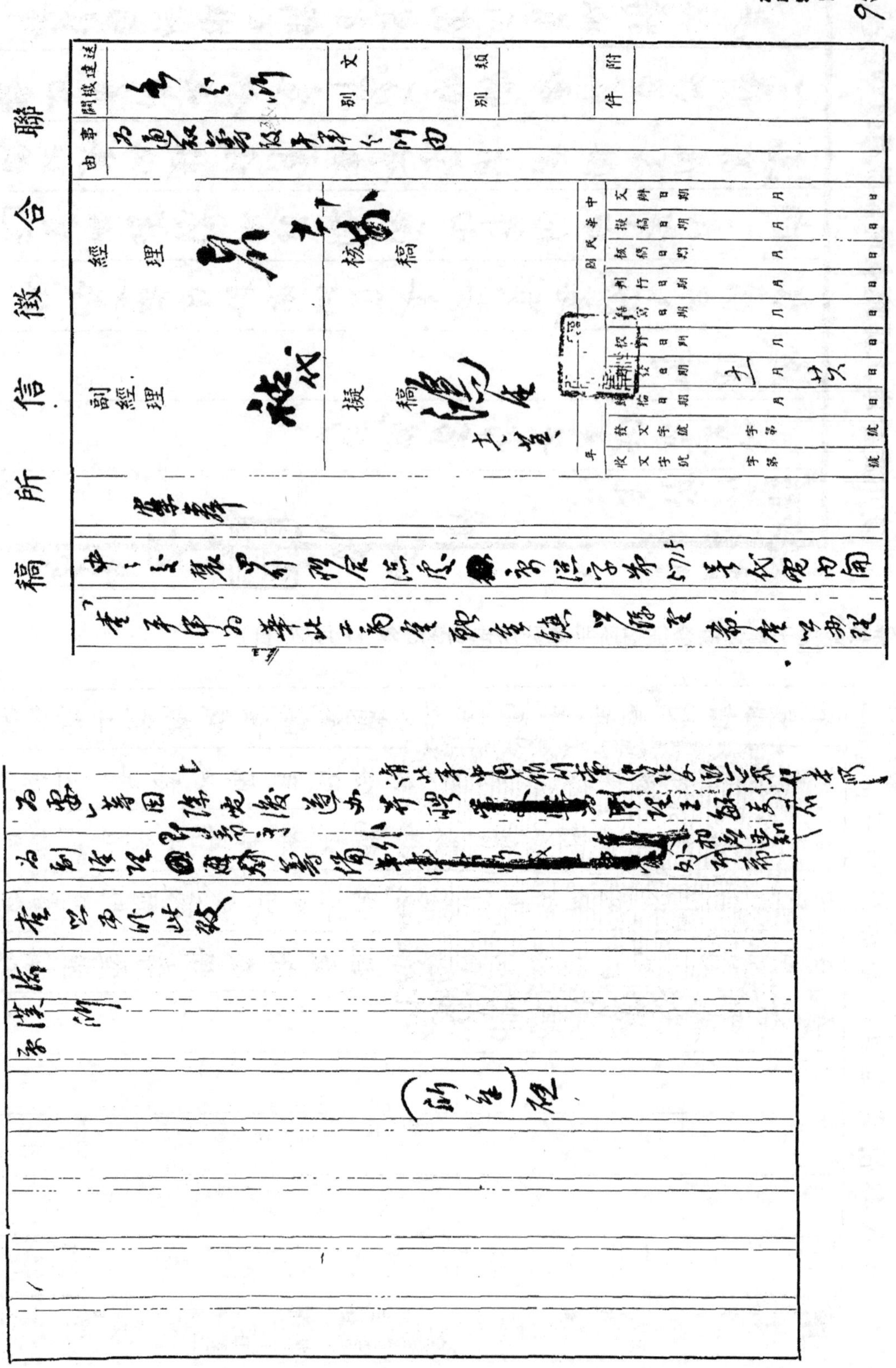

四联总处关于平津分所征信新闻登记事致联合征信所函(1947 年 8 月 30 日)

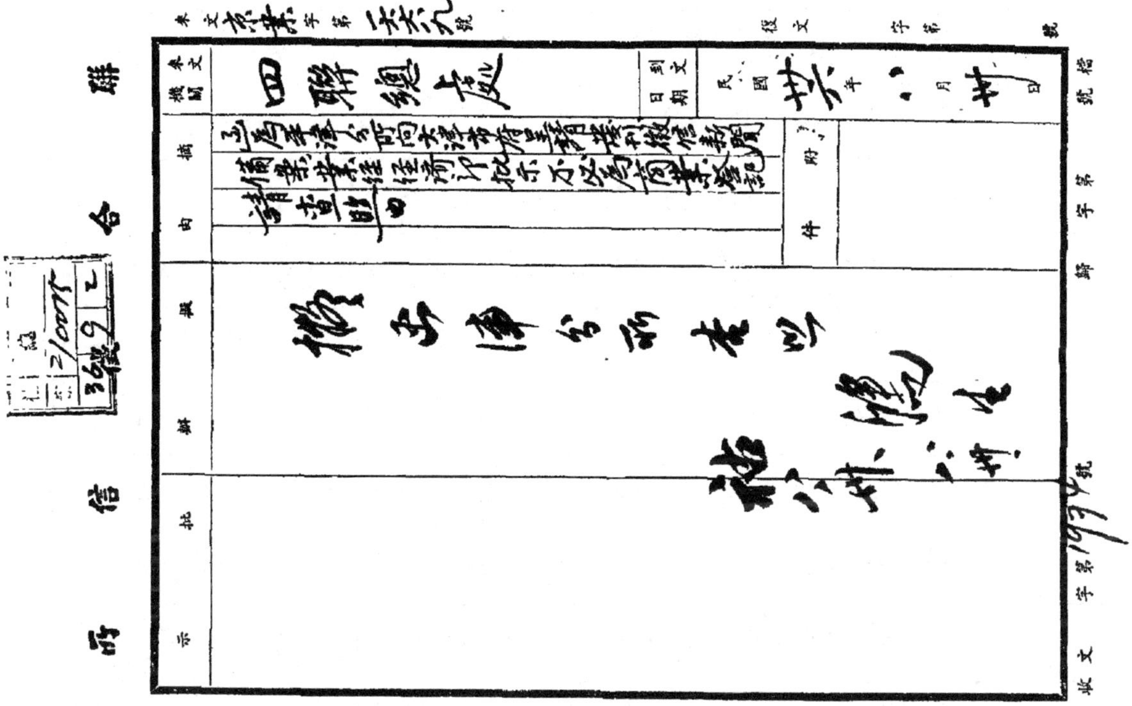

聯合徵信所

來文機關：四聯總處

到文日期：民國卅六年八月卅日

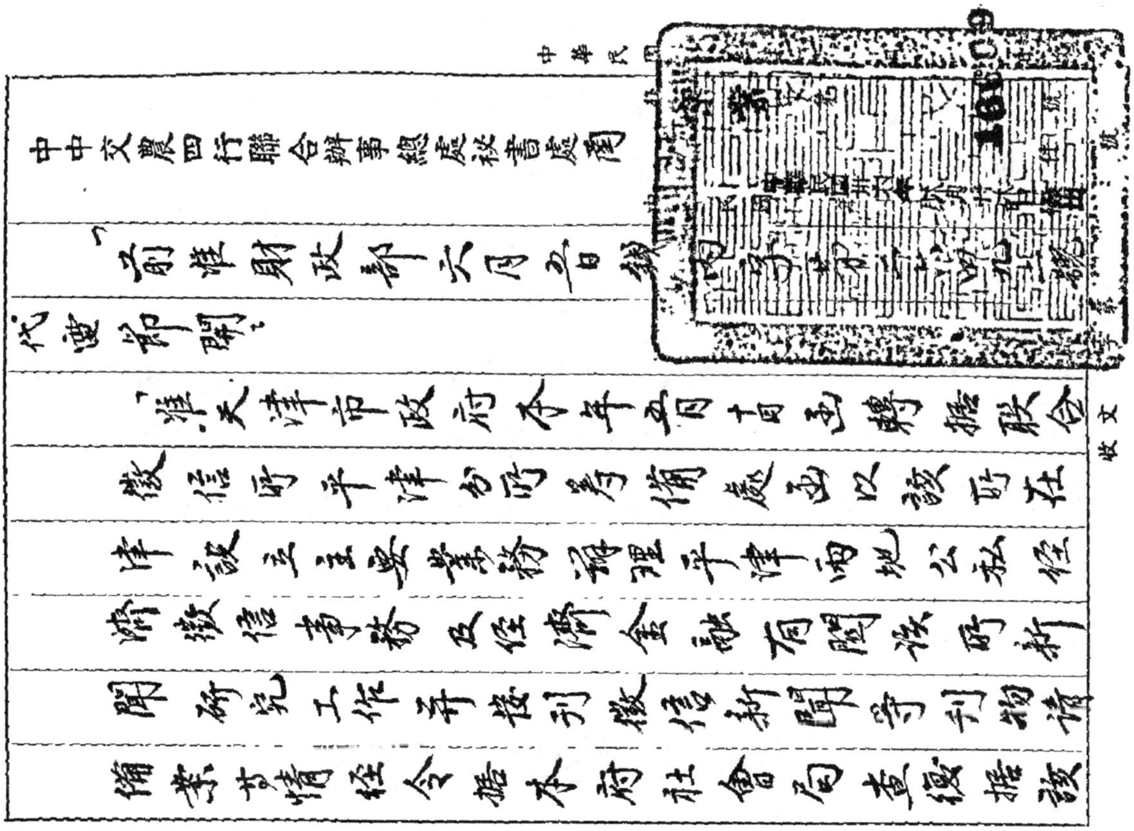

中中交農四行聯合辦事總處秘書處函

「案准財政部六月三日錢

代電節開：

『准天津市政府本年五月十日函轉據聯合

徵信所平津分所呈備處函以該所在

津設立主要業務辦理平津兩地公私經

濟徵信事務及經濟金融有關資料研

閱研究工作另刊徵信新聞專刊請備

案等情經令據本府社會局查復據該

所聲稱該總所係由中中交農四行聯合辦事處理事會決議設立，業經財政部備案，並領有中宣部刊物登記證第五四八七號及內政部京警滬字第四九號登記證，並請應否依商業登記法第三條第五第八兩款之規定為商業之登記，擬請轉函財政部核示等情，除指令外，相應函請查核見復，以便飭遵。並由

查貴總處所設聯合徵信所應否為商業之登記一節，係屬經濟部主管，應

請貴總處轉行經濟部核復，除電復外，

即希查照辦理並見復。

等由，嗣經轉准經濟部五月十一日京商16字第五〇八九九號函復，略以貴處輔導設立之聯合徵信所既非以營利為目的，則不屬於商業行為，自不必為商業登記，復請查照，等由。除函復財政部並函知本總處天津分處查照外，相應函請

查照為荷。此致

聯合徵信所

秘書長 徐

联合征信所平津分所关于报刊发行事致总所函(1947年9月)

聯合徵信所
平津分所

津聯字第六二二號 第 頁

逕啓者：查本所前者閱讀
貴組代訂之金融日報自四月一日起至六月卅
日止三個月報郵費國柒萬叁仟捌百元，業蒙
代付，登入往來帳項。惟該報發行課九月五日函
略以貴戶於卅六年六月卅日滿期，請將自七月一日
起續訂報郵費惠擲等由，茲為捷便起見，仍請
貴組代為續訂自七月一日起至十二月卅一日止計
六個月報郵費，請墊付劃歸本所往來帳，茲

中華民國 年 月 日

電話：三局五〇三二 二八〇七　電報掛號：八〇八五

地址：天津第十區大同道二十三號三樓

聯合徵信所
平津分所

字第 號第 頁

特函奉
詧照洽訂為荷。此致
總所總務組

聯合徵信所平津分所啓 九、十、

中華民國卅六年九月十一日

電話：三局五〇三二 二八〇七　電報掛號：八〇八五

地址：天津第十區大同道二十三號三樓

聯合徵信所
平津分所

津聯字第二二八號第一頁

逕啟者查上海大同銀行稽核室訂閱平津版
新聞自五月十日起至八月九日止三個月係經
總所代訂惟本所曾於滿期之前函詢是否續
訂迄無複函停訂故仍繼續航寄茲准該行九
月八日函始言停止訂閱本所自九月十日停止寄
送八月十日起至九月九日止一個月報郵費十萬
另一千五百元自應照收請煩
貴組洽收列歸總所往來帳為荷此致

中華民國　年　月　日

電話：三局五〇三二 二八〇七　電報掛號：八〇八五

地址：天津第十區大同道二十三號三樓

聯合徵信

來文 津聯字第六二八號

來文機關	平津分所
摘由	函請洽收新聞訂費由
到文日期	民國卅六年九月十五日
附件	
擬辦	擬照辦 鴻 九、十五
批示	洽 九、十五

復文　字第　號

收文　字第2034號

歸　字第

檔號

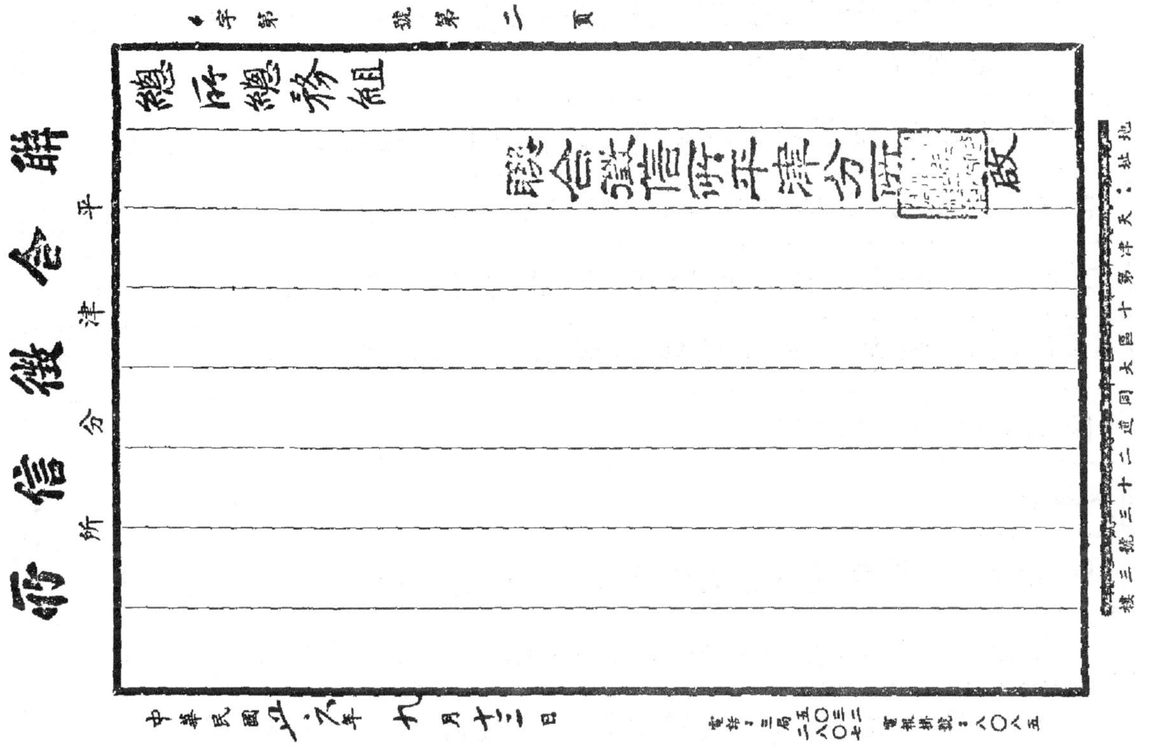
聯合徵信所平津分所

字第 號第一頁

總所總務組

聯合徵信所平津分所啟

中華民國卅六年九月十三日

地址：天津第十區大同道二十三號三樓

電話：三局五〇三二 二八〇七　電報掛號：八〇八五

联合征信所平津分所工作报告书(1947 年 10 月)

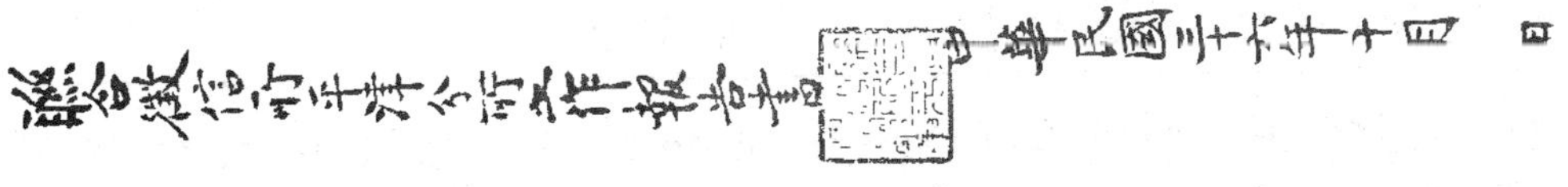
聯合徵信所平津分所工作報告書

中華民國三十六年十月 日

總務組工作報告

津所創辦初期因受人力物力制限一切設施不能不因陋就簡加以社會上一般人士對徵信事業尚缺乏認識故業務推進相當繁難嗣經同人群策群力披荊斬棘難関始逐漸打開所務日有進展惟當本所奉令緊縮之際困難重重應如何排除難関以圖慘淡經營並成之事基敬祈

睿裁

甲、推銷新聞初極不振繼以同仁奔走聯絡銷量頓增再以加添推銷人員相輔訂户日益增多截至目前津版已達一百五十餘户平版已達五十餘户（此外贈閱平津所員約二百二十户）

乙、招登廣告亦本推銷新聞辦法積極進行頗有成果計招有廣告五全面有餘

丙、徵求所員 各行號工礦廠商入所者已有一百三十一家銀行全體參加銀號僅有半數正在徵求中工礦廠商頗有自動入所者

丁、金融概覽 廣告招攬計有二十四全面 廣告費收入可抵紙費印工等費成本總額三分之二强預約户計有二百廿三户現已出版

戊、津所財產目錄分别自購与借用 重行點查整編陳報嗣後每月一報以資清晰借用之傢具將來尚須出價留置至價格若干因審理局尚未估出故未能即行洽購

己、收支狀況 本所造具自開業以來至九月份總收支報告表呈參

照編製每月收支概算表（含煤、市內電話電報費，得行調整之
郵電費、人事費均未預計）及新岡收支表後按本所創立未久
正在萌芽生長時期，勢須先扶植培養，以使其自力充足而後方
可期其茁榮滋長，是以當此時期，我所以物價高漲，薪給調整
關係收支相差日益懸殊，惟值此國艱難財力枯窘之情況下，迭
奉諭示開源節流，撙節緊縮，此後自當謹遵斯旨，以減輕賠累，惟查
前請准之追加開辦費及核准之七八兩月報銷以及新呈報之
九月份報銷，致將中央銀行透支滿額，支持極感困難，雖曾經
函電催請匯撥，迄今未蒙撥下，應請迅賜匯撥，以濟急需
鈞復奉函示自十月份起除行局津貼之外，不再補給，奉諭之

下，思維再四，一籌莫展，慨念我與事業至非共榮，發展機會
君以一時之困難遽使逐漸各國行將萌芽之徵信事業而至
停滯斷喪，殊為可惜，是以披瀝陳請
善籌以圖挽救
廣募集本所事業基金，奉令之下，已分別函請本津內市銀行公會
私人方面聯繫折衝，略有端倪，後遵函示洽請行局首長倡導
推動，以期早致，關後當將推進情形隨時陳核
至人事方面，津所內外事務極為繁忙，人手本感不足，關以奉令緊
縮，乃於不得已情形之下奉行裁減三人，惟恐影響業務，乃存試三
人改為推銷員（二人）通訊員（一人）名義，以省支出，用補外勤工作，通

讯员孙方亭于十月一日因事呈请辞职，照已予照准，已离去。

呈报兹将本组人员工作分配情形列表於后：

职别	姓名	工作
主任	萧吉珊	综理组务一切事宜
办事员	张贯民	办理文书、撰拟信稿、档案、发行、保管、文具、收发、保管旅费及管理人事杂项
助理员	曹元浩	司理会计、出纳、保管（传）各项日用表报、登记帐款及缮写工作
助理员	叶志澄	会计登记、按日表报、簿据之审核及杂务事项
助理员	陈增贵	收发文件、保管文件、抄写档案、兼管缮写文件

除表列人员之外，另有借调编辑员三员，计许觉伯、郭维翰二员，专办推销事务，候另行酌调一员（原在闻西组）负责校对调查。

新闻组工作报告

一、本组发行《新闻》，於三月二十八日及三十一日连续以油印试刊两次，当

时陈设未充，诸欠从理，因於四月五、七两日续以铅印试刊二次，而於

八日正式发行创刊，迄双十节止，都一五八期，一八八页。

每期之内容，每期八页，行情、读者及读者之国内外新讯，而头两页为市价

十四期一百五十余项。三周以后，因与经济部商通讯员之请，改

增加表格，乃自五月一日起增加上海行情一百七十余项，除每日及每周行

情之编，专关贸易资料通讯之专页。而报纸篇幅同时扩充一页，为十二

页。七月份起，复增加新添一百六十余种商品行情，专为国内外通讯

员按日报告行情专页。加附沪市行情专栏，俾便读者参考

亦自此逐日揭載各類資料，並經規定刊登次序，此時內容稍見充實，篇幅逐再度增加，至七月杪，又按週作市況比較特寫，而津版徵信新聞乃告粗具規模。

在此期間，曾舉行讀者意見測驗一次，金融工商組織及政府有關機構，函徵答覆者俱多，僉以為本刊叢刊雖暫已屬津市不可或缺之經濟情況報導刊物，並殷切寄致希望多論現……除力所能及已經改進者外，譬如增加瀋陽行情及報告出口貨品海外市場情況等，則以茲事体大，俱經婉言處釋，或者曲陳困難，或則約以異日。

至於新聞內容，除採訪津市重要經濟消息外，並擷譯各地徵信新聞及路透社稿，舉凡財政經濟之重要措施，稅制之興革，國際貿易之發展，金融業之動態，工商業之興衰隆替，國外之與我經濟建設有關或可借鏡之設施，靡不擇要報露，復以本所在津創設未久，亟宜喚起各方之認識，爭取其信賴，因在編輯上予以陳二事致意尤多，一曰儘量於報紙採用以便利，並華北金融工商界之類多保守成性，經營方式上仍墨守舊規，以本所一新興事業，欲求業務開展，實非通過報章雜誌之宣揚，以堅定其對我信仰不為功也；二曰重闡發而不事文飾，于政府有關經濟金融法令本刊於重心所在，俱力為闡揚，兼重其原因與現象，而對共見瑕疵，則不予文飾，以期不致于政令革新之際，徒然斷章讀者對本刊已有之信心。

查現時津市之黨報紙如大公民國益世及其他三十種大小日報，並不以本刊為其主要之往來訪問來源。該三大報紙內容記今後往來訪問之途徑，中共地下黨活動來源，加以諸地報事本多摘錄，由津市各主編之天津經濟行訊、今日報，津市商會主編之商聯週報，河北省政府主編之河北省統計季刊等，均以轉載我刊或財政為主要參考資料。

雖然記今為止津地微信訪問之獲得致達之素質而言，而津地行情等資訊之指示，本社以地通訊網之建設，與本組人手之增加尤感迫切，以後希望現時從事編輯等工作之直接工作者，能有三人以資應付人力，而於擴展改進自非易易也。

調查組工作報告

津市工商業素來從於務精商業，對本所業務多不明瞭，因之助少。但自調查工作自創辦以來，本所自開辦迄今七處日調查工作，手一面宣傳一面推動進展中，調查業務本身徵信，但其協助少人信任，並與本所接受之委託調查工作方面合同，三處推行，大同報刊之信用，以津市三者態度之論，正確之推動，計有一般之好評，而給以主張。此後調查工作已進展頗大，於今後將得政府及國家行局之事助，相信工作必有進步。

七月間之調查組工作，共受委託調查工作三十七起，進行者十五

版书籍五种，更随时整理一部份资料，编制表期统计十二种，已去

社团业务表七十六次，至负责办理分会、联合商品行情调查、供给

社团业务表，同时调查人员尚须抽出一部份时间为社团之探访、统

上工作，占四分之一，协助社团组工作占二分之一，为公私经济调查及

出版业务工作。兹将调查组员额分配及各项工作情形列表于后：

（甲）员额　主任一人，办事员三人，助理员二人，雇员一人，其工作分配如左：

职别	姓名	工作
主任	[illegible]	除负责本组各员工作分配、督促及技术指导外，并负责编订各种表式，审核内外各项稿件，编辑统计专刊及本组[illegible]
办事员	[illegible]	专责调查公私经济事件
〃	[illegible]	除公私经济调查外，兼办一切文件之整编及整理[illegible]资料。

一第十六页

职别	姓名	工作
办事员	王[illegible]	专责整编统计资料
助理员	陈[illegible]	整编统计资料及画制表格
〃	罗[illegible]	与各商情通讯员联络，编辑每日社团物价，兼本组缮写工作，整理资料。
雇员	[illegible]	协助前项整理资料、抄录行情等事。

除前述之员额外，另有通讯调查员三人，为各市场行情之调查通

讯，其中有一员系协助社团调查，相当社团之联络工作者。

（乙）工作

（一）专题调查事件共计二十七件，详如左表：

类别 / 主题	公经济	私经济	人事调查	专 / 题	合计
[illegible]	七	二			九

國家行局	四	一二六	五七	—	一七七
商業銀行	一	一〇			一二
公司廠商	二四	二			二六
重慶分行		二			二
國營事業機關	一	三		一	五
自動調查	六	一			七
合計	三三	一三六	五七	一	二三七

(二)編製統計資料十二種詳如左表

名稱	發表起期	已發表若干期	內容
天津市商情表及指數	卅六年十二月一日	旬指數十八期 月指數三期	内分(一)足金價比(二)証券指數(三)十五種日用商品指數以卅四年十二月平均為基期按日計算分週指數月指數二種
天津批發物價指數	六月份	十六期	共一〇六項商品，以卅六年一至六月平均為基期，分為旬指數及月指數、該指數並自卅五年十二月份補編
天津工人生活費指數	八月份	一期	共三七項商品，以二十六年一至六月平均為一〇〇，分為旬指數及月指數並補算卅六年一月份以後之指數，於八月份起發表一期，後因社會局限制發表，但自九月份起仍照常編算，供作參考，不發表。
天津市票據交換統計表	四月份	六期	内包括日期、張數、交換總額、交換差額、最高最低及月平均、上月比較等
天津市國外滙兌行情表	四月份	六期	内包括英、美、港、盧比、坡幣等之買賣價格及最高最低並本月平均數
天津市出口商品數量及價值統計表	四月份	六期	根據商品檢驗局統計改編
卅六年八月至卅七年一月類進口貨[illegible]數百分比	五月份	一期	分類作成百分比
天津市主要股票行情表	四月份	七期	包括啟新、開灤、東亞、江南四種股票每日最高最低數及月平均數
各國貨幣兌換表	五月份	一期	包括三十二國家貨幣，分以黃金計算及美金計算二類平價
天津直接稅貨物稅卅五年度收入統計	六月份	二期	包括直接稅貨物稅兩種徵庫數及百分比
東北流通券及中準行情表	六月份	四期	包括最高最低價照盤暗盤等

天津市利率行情表	每月份	五期	包括中央银行利率、商业银行同业拆款及贴现等五种利率，[illegible]利率

右表资料均曾在本所经济周刊发表

（三）经济调查报告、统计汇编

名称	起止日期	内容
经济动态周（月）报	七月三十八日	内包括金融物价等十一项，每周编印一次，[illegible]
每日金融商品行情	自三月本所开办	内包括金融商品行情三百二十项，每日油印分发
每月（周）市场	七月份	每月调查各市场之各种情况，[illegible]
天津市场日报	自三月本所开办	包括金融商品三十二项，逐日填表，[illegible]
金融商品行市表	自三月本所开办	包括十项，逐日填表，[illegible]
主要货物供销表	六月	共七项，[illegible]调查
天津进出口物价调查	四月份	主要商品九项，逐日报告

（四）出版书籍

名称	出版期	说明
天津金融业概览	十月份	天津金融业之[illegible]
天津市制造厂商概览	十二月上旬	天津市[illegible]调查[illegible]
		[illegible]
天津进出口贸易统计	预备年内出版	本所已派员至津海关[illegible]
		[illegible]
天津市各国内外进出口贸易统计	计划中	[illegible]
天津市工商名录	计划中	[illegible]天津市工商名录[illegible]

307

(三) 蒐集資料：

本所創辦伊始，需要資料甚殷，曾向四聯總處及中央銀行洽撥偽
聯合準備銀行調查室資料約一萬件，但以年代久遠且多不合
實用，只可以供參考，故本所仍由調查人員以及營業各部分同
人隨時蒐集歸納備案，至現在止已得各類資料一百七十四宗，書籍
一百三十一冊。

联合征信所平津分所北平办事处 1947 年度工作报告

聯合徵信所平津分所北平辦事處

三十六年度工作報告

聯合徵信所平津分所北平辦事處三十六年度工作報告

㈠機構沿革

本所爲謀徵信業務普遍於華北各地起見特商經平津分所得由經濟學會伯前財政部冀晉察熱區財政金融特派員張兹爲式充任經理分所設於天津另在北平設立辦事處由張式鉦特郵政儲金匯業局北平分局經理北平國道會埠學院經濟學教授兼錫珉式兼任分所副經理兼北平辦事處主任自卅六年三月十二日開始籌備西聯北平支處代會計財政部冀察熱區財政金融特派員辦公處調查組予以改組會報中央銀行北平分行改爲處址於四月一日正式組織成立計經理兼主任以下設會計總務調查新聞資料西設分司其事

㈡經費收支

本所經費依照規定辦法除以收入抵充外由總本所員薪員不敷行補助月有定額（卅六年六月以前每月八•〇〇〇•〇〇〇元七至九月每月一八•〇〇〇•〇〇〇元十至十二月每月四〇•五〇〇•〇〇〇元）其餘每月經費除以收入抵充外不敷之數暫由總所撥補而自十月份起已由行司津貼者不得再由總所請求津貼是停止貼補自力更生實爲艱困難情形嚴重以貼補未來所賴同人一致努力推銷新聞沿廣告以輸收入一面由厲節以減支出十月以降迄至年終幸能勉強維持有盈餘

係計本處卅六年度經費收支除由總所撥給補助費三二•一〇七•六六〇元收支相抵不計外四月一日至十二月底各項收入共計五三七•七二三•三六三•九〇元其中新聞訂費六二•八四三•六〇〇元佔收入總額百分之一一•六九廣告費一六二•五三〇•七九五元佔百分之三〇•二三所員入會費四•〇〇〇•〇〇〇元佔百分之〇•八二所員伴資四五•六〇〇•〇〇〇元佔百分之八•四八利息收入五•八八三•一六九•九〇元佔百分之一•〇九補助費二五六•四七六•五七九元—四聯北平支處淨變代會辦內匯資餘額一•五一五•八〇〇九三至十二月份行司補助費二〇七•五〇〇•〇〇〇元總所撥補六至九月份不敷之數四七•四四九•九九九元）佔百分之四七•六九又各項支出總共五三二•八六〇•〇四七•七七元其中辦公費一〇八•一四三•一四八•七〇元佔支出總額百分之二〇•三〇薪給費二七九•七三〇•三七三元佔百分之五二•五〇[illegible]一二四•〇七一•五九五•一四元佔百分之二五•一六購書費六•三一三•〇〇〇元佔百分之一

．一八衲就支出四，六〇一．九三〇．九三元佔百分之〇．八六收支相抵計盈餘
四，八六三，三一六，一三元關於收支各科目細總各數及每月細數詳於附表
至本處卅六年度開辦費四至十二月份收支月報表及各科目餘額表業經分別[illegible]
造連同單據暨存簿先後呈送在案
謹另將前各科目餘額表於試可說本處卅六年度資產負債一覽表[illegible]況小再彙冊隨[illegible]
送

三　人事異動

本處自卅六年三月十二日開始籌備暨西聯北平支處代[illegible]財政部[illegible]
處財政金融特派員辦公處調派[illegible]予以[illegible]有[illegible]中南[illegible]承王自修臨時
辦理[illegible]等八人除[illegible]另有他調外計餘七人三月十五日暨派[illegible]一
人任正式成立以前籌備時期計共[illegible]八人[illegible]以辦事員名義[illegible]
謝吉[illegible]承王伯[illegible]等四人分別[illegible]
[illegible]亦[illegible]人[illegible]四月一日正式成立[illegible]
乃亦[illegible]四月一日[illegible]
設辦事員[illegible]二人五月一日及廿四日[illegible]二人六月[illegible]
處辦事員[illegible]於七月一日[illegible]
十二人[illegible]二人外[illegible]十人[illegible]二十元其
中[illegible]各[illegible]四人[illegible]
式并以各[illegible]主任名[illegible]
配[illegible]於七月四日[illegible]一人七月廿八日[illegible]三八
八月十四日[illegible]一人[illegible]十七人
九月[illegible]一[illegible]於十月[illegible]
將本處員[illegible]十二人所有[illegible]之式用辦事[illegible]
著[illegible]元[illegible]人[illegible]可[illegible]
十月[illegible]以本所收入以[illegible]以
律條[illegible]行人員[illegible]二分之一[illegible]行人

國亦任其內部業務，故令心或不得減少一般員工正常工作，形成中斷，於此相當須求
務繁職務有另設各人員之必要，遂將經設調查處原經費處
處三人參同其事調查事務員
　　功能員統計二人試用期滿或資外調兼經目十二月份已各予加薪
二十九以來變動
　　本處調查處主任以下正副職員十二人均已至相加安計後至廿四人專員一人
辦事員四人助理員三人練習生職員二人調查員二人新聞員五人會計員二
人
　　此外另有各項通訊員浙家口手稿采事洛章保定漳給空口家北剃佐店申計四人
駐同陝洛各地各縣通訊員駐在口家之通訊員均保守後職
保均無異動以迄於今

業務推進

一、經常調查工作

年來敵偽調查機構紛紛成立，範圍廣泛，承各方委託或協調查及敵偽工作務期事
取時間迅速完成並本處什務春茶之調查為隨時仍任繼續努力貫力求詳盡專業調查亦均
務求徹底擴其全豹與各方之聯絡聯繫已承頻催調廣與各關工作均取得密切之聯繫者皆
作以適有之人員肯盡心力求為國內外經濟情報之蒐集遂成業務上之使命使社會獻靈武徵信工作
之宏大亦業處有補益於國家之經濟及工商業之發展
茲將卅六年度各項調查工作分列如次

(甲)經常調查

1. 編製北平市批發物價指數每旬發計每月總計發表
2. 每週編纂「經濟週訊」一冊分公開發表供應有關方面參考
3. 代西聯支處及各國家行局編作各種調查表報

A 中央銀行北平分行委託調查表報
　每日重要商品行情表
　每週物價行情表
　每月各地商品行情表
　每旬商品行情表
　每半年一期商品行情比較表
　每半年一期物價變動情況報告
　每半年一期工商業情況報告
B 西聯支處經常委託調查表報

各埠分類躉售調查表

零售物價調查表

每月零售批發米價調查統計表

C 北平市政府財政局經濟委託調查表冊

每月小麥調查統計表

4 北平市工業研究會委託調查

5 北平市一般工廠委託代調查

已經調查者

1 橡膠工廠調查 九家

2 紙煙製造工廠調查 十一家

3 搪瓷鈣粉廠調查 十五家

4 電線製造工廠調查 六家

5 火柴製造工廠調查 六家

6 火柴盒梗料及廠調查 二家

7 製鹼廠調查 二家

8 紡織染業工廠調查 八家

9 棉花業製造工廠 十家

10 榨油廠調查全部進行中

11 機製酒業工廠 二家

12 造紙業工廠 五家

13 瓷器業工廠　二家
14 皮革鞣製造工廠　一家
15 化工原料製造工廠
[illegible]工廠　一家
硫酸製造工廠　五家
鹽酸製造工廠　二家
炭酸鈣製造工廠　一家
16 醬油釀造工廠　二家
17 燒鍋業工廠　二家
18 牙刷業工廠　一家
19 肥皂業工廠　四家
20 呢絨地毯業工廠　四家
21 製膠業工廠　二家
22 製革工廠　二家
23 猪鬃業全面調查
24 汽水業工廠　三十家
25 各種手工業工廠調查
6. 專題調查報告
北平市特產品及出口物資調查報告
北平市[illegible]業　[illegible]後　[illegible]業近況調查報告
北平市三十六年工商交通事業調查報告

7. 徵信調查

(一)商人徵信調查　三件

(二)專案貸款徵信調查　三件

(三)西聯支廳生命貸款調查　三件

(四)郵政儲金匯業局北平分局貸款調查　一八件

8. 所員委託調查

(一)大和實企業股份有限公司委託調查北平武姓製造工廠　一件

9. 徵詢調查

資源委員會冀北電力公司委託調查化工原料材料市價

聯合勤務總司令部兵工署第七十工廠委託調查器材零件市價

各行局機關等徵詢一般應用物品市價

十、發行新聞情形

本處徵信新聞於卅六年三月廿八日試刊，四月八日正式刊行，目前版以逐年終已達二百二十六號，不獨前途已蔚成大觀，爲北平經濟界參考之一良好資料。以本刊性質論之，實具有發展與通訊社通訊稿之雙重性質，其效用更廣爰之光大，以此而採訪與編作之困難亦以此。本刊因出版時間與體例之限制，目前始不能利用外方通訊社稿消息及刊載材料，皆爲目標，復因我徵信所爲金融及商業界之服務機關，故本刊出版時間之決定，以服務對象之參考之需要與便利爲著眼，其且法可在於徵導消息，而況發多限於經濟之分析，故讀者認爲於作消息之排列而不致有件偶主觀色彩之評論過甚，以此二項各種條件之限制，故本刊只專發照既成之方式發行，而內容保通訊備之性質如此報刊除供給直接訂戶外並能供各方閱讀作參考備之用以適去及當前之需況要之通訊社如能成功可支配大多數報紙力量通訊單位獨攬報紙本刊日前已與十數家本報及外埠報紙之經濟關刊用且願通訊支記者之聯繫任此種備形下採訪與編輯工作之困難採參與一日下午之重要經濟新聞已為當日各報發表者本刊雖不能再為刊用而當日下午之經濟消息與行情變動因下午出版中午截稿關係亦不能保入故本刊消息只能包括前一日之同時間性或經濟性不時普遍發紙所載之新聞及當日上午之重要新聞被本刊作日報性質能於晚間編印發出版明以目下工作人員之努力內容之充實與完善當可適應於今日現不添聘採訪記者錄本報為通訊社性質則可延遲出版時間至晚間六時或八時新聞來源不受其他報紙或通訊社所發新聞之妨礙能可使內容再備兩一般報紙之需要亦為能發揮效目下更大之功能然明確今日之困難情形下則版十月以來成績之表現亦殊可自慰創刊之時適十六報紙之兩頁四版繼時擴半張至今已達七頁十四版且編排較前緊密再目新聞之數量書之目前新聞版時約增加兩倍之譜行情項目亦較初創版時增加一倍有餘且自九月而本總所答稱優待商令後為力求充實廣告地位以求普加收入目下廣告已增加至佔大限度達七版之譜

近來北平情勢惡劣實求之誠編輯部已訂有本處之採訪新聞其他訂戶除參照外及其他所員留滬外餘均工國關係至出版時間去年七月以前因北平停滯備形嚴重承印之印刷所時有遲誤出版情事至七月不足與印刷所交涉台間約定承印方負責完版停頓之困難並訂以歲暮之對明出版之時間即為每晚延遲誤情事每日準三時印發送到本處裝養自行裝訂三時半送出故出版發行方面久已入正軌矣

自週訊備之性質言之　今北平各大報之經濟欄及各大小型報紙社會版之經濟新聞已多為本刊之消息是本刊已刪可避訓文紀述商情與輿論之地位以盛報北平各報經濟新聞報導情況與本刊翻版翻改可以識見在本處出版後新聞戰之崩本市已有中國經濟通訊社及關聞通訊社王敦學羅何消息由日本刊出版後一二月內該二社消息報導無甚可觀偏重商業經濟學及輿論走七運全正通之速於專家濟建設及政令推行評述為大宗

關於發行新聞份數計六年四月八日創刊起每期五〇〇份廿八日起增為七〇〇份五月廿三日起八〇〇份六月五日起八五〇份七月八日起九五〇份九月九日起一〇〇〇份十一月廿二日以後改為九七〇份以近年移其中逐步所看約佔三分之一寄發贈分各所及關係戶所且戶刊物交換行情交換等約佔三分之一其餘約三分之一係訂戶訂閱者外部有線氣使費後月曾訂成為合訂本以備訂戶訂購續購者六年四至十二月份訂閱份數另表詳列

調查案件清單（二）

天津交通銀行委託調查行

員李汇繁之保證人宋耕宋聘人徵信調查 一案

陳汇桑之保證人黃某永顧人徵信調查 一案

李清華之保證人趙斯邦謝人徵信調查 一案

四聯北平支處委託

永華保險公司申請生產貸款徵信調查 一案

建昌齊華汽水廠申請貸款徵信調查 一案

南平火柴廠申請生產貸款徵信調查 一案

中央信託局北平分局委託

華北日報貸款徵信調查 一案

北方日報貸款徵信調查 一案

遠東日報貸款徵信調查 一案

郵政儲金匯業局北平分局委託

繁昌織廠貸款徵信調查 一案

又新染色織廠貸款徵信調查 一案

華一麪粉廠貸款徵信調查 一案

三興工廠貸款徵信調查 一案

利民工廠貸款徵信調查 一案

永益化學工廠貸款徵信調查 一案

大和通企業公司[illegible]麪粉廠貸款徵信調查 一案

久安橡膠廠貸款徵信調查 一案

裕成興商行貸款徵信調查 一案

纖維工廠貸款徵信調查 一案

永興帆織廠之貸款徵信調查	一卷
三義織布工廠貸款徵信調查	一卷
壽成文中廠貸款徵信調查	一卷
仁立地毯工廠貸款徵信調查	一卷
開鼎誠兆工廠貸款徵信調查	一卷
華中工業社貸款徵信調查	一卷
茂有米鋪號貸款徵信調查	一卷
新興麵粉廠貸款徵信調查	一卷
大和恒企業股份有限公司委託調查北平市紙煙工廠	一卷
北平市政府財政局調查小麥價格統計	一卷
北平市政府會計處函請調查各類商品場所	一卷

聯合徵信所平津分所北平辦事處
徵信新聞訂閱份數表
中華民國36年4—12月份

月份 \ 版別	北平版	天津版	合計
四月	13	13	26
五月	60	50	110
六月	78	66	144
七月	84	57	141
八月	115	60	175
九月	266	69	335
十月	239	71	310
十一月	239	70	309
十二月	263	88	351

聯合徵信所平津分所

三十六年度工作報告

聯合徵信所平津分所卅六年度工作報告

一、機構籌設

三十六年二月二十七日奉命籌設平津分所，暫假四聯津分處址開始籌備，旋經洽妥租賃中南銀行三樓為所址。於三月十日遷入，籌備工作乃得積極推進。遵照規定內部暫分總務、調查、新聞三組，資料組暫不設立，由調查組兼辦，並籌設北平辦事處（詳平處工作報告）。於四月二日正式開幕。同時佈置通訊網，聘約駐在各地通訊員，目前計有瀋陽、青島、濟南、唐山（現撤銷）屬於津所，石門、保定、張家口屬於平處。後以健全外圍組織，七月間津市加添通訊員一員，九月間請准設立瀋陽通訊處。嗣因業務拓展，原所址不適應用，於九月七日遷移中實貨棧現址辦公。至是津所機構大體粗定，惟以本所成立不久，尚在培植之期，因受經濟之限制，一切設施多因陋就簡，離理想境地，引為至憾也。

二、經費收支

津所經費每月除以收支抵充及由四聯津分處撥給定額之行局補助費外（四至六月每月一千萬，七至九月每月二千二百萬元，十至十二每月四千九百五十萬元），不敷之數請由總所核撥。嗣奉總所函令自十月份起，已由行局津貼者不得再向總所請求津貼。自十月份起即停止貼補，此後雖經同人一致努力推廣，裕收一面撙節開支，慘淡經營，以迄年終，幸尚有盈無虧，惟資金週轉因存紙關係，已陷不靈境地。

綜計津所卅六年度經費收支，除由總所撥匯開辦費四二、九六五、五六〇元，收支相抵不計外，四月一日起至十二月底各項收支統共六六五、〇二九、三〇七·一三元，計新聞訂費五〇、五七八、二五〇元，調查費三〇、8〇〇元，行情電報費三三〇、〇〇〇元，廣告費一六二、八二八、七五〇元，所員入所費八八〇、〇〇〇元，所員年費七七、三〇〇、8〇〇元，利息收入二、〇二〇、九〇七·一三元，行局補助費二六四、五〇〇、8〇〇元，四聯津分處移交代管（十二至十二月份行局補助費二〇、8〇〇、8〇〇元在內），金融概覽售價五三、六四二、四〇〇元，舊汽車及木截斷轉售價三五、8〇〇、8〇〇元，準備金（售購盈餘）二〇、〇〇〇、8〇〇元，總所撥補四至九月不敷經費八二、八七一、〇九九·九二元，各項支出統共八七二、三二六、七四九·七二元，計辦公費一九五、八一四、二八〇元，薪給費三四九、六四六、三四四元，出版費二九六、二九一、五八〇元，購置費一六五、二二一、一〇〇元，利息支出四、〇五三、三五五·七二元，收支相衡，本期結虧一五〇、四二六、三四二、六七元。查津所資產尚有存紙、金融概覽及新聞合訂本，按原價核計總值一八七五二五三九七·四二元，抵補本期結虧計盈六三〇九八九五四·七五元，收支各科目細總及每月細數詳附表。

三、人事移動

津所人事在張經理主持之下，就原在四聯津分處辦理徵信調查工作人員及行局推薦並當地徵用三部人員分別配合擔當各組工作。三月一日聘請萬壽蓀主持總務，率領原四聯分處工作人員辦事員張覺民，助理員陳楼康、徐宏野，辦事員章啟英、李玉漢，助理員羅維琦、杜樹林七員開始籌備。三月十日增派辦事員李元善、郭曾祉，十二日增派辦事員杭蘊章，助理員屈履乾，二十日聘請賴誠主持新聞調查內組事務，二十二日添聘專員胡家權，二十五日及廿八日增派助理員車元培、雇員葉處林，廿七日加聘專員吳強，四月一日杭蘊章辭職以高叔乾頂補，並添聘專員孫方原，十三日屈履乾辭職，十四日增雇張孟春，二十四日加強新聞採訪陳容增派辦事員熊天森，五月一日王副理到所視事，新聞組兼調查組主任賴誠辭職，遺職分由王副理、胡家權暫兼代理，七日加派辦事員王金洲，熊天森辭職，五月十六日遴選孫方亭頂補，繼以各員試用期滿，章啟英、高叔乾、葉處林因試用工作不力，六月二十日停止試用，二十一日分以周公望、李純仁、陳恒貴頂補試用，七月二十一日增設鄭序東為津市通訊員，八月十二日添雇顏維猷、曹鴻鈞為推銷員，曾旋因入學辭職，後因張經理因公滯滬所務請准由王副理代理，九月一日杜樹林請求停薪留資照准，九月初奉令緊縮員額裁減郭曾祉、徐宏軒、孫方亭三員，因恐窒礙業務推進，請准自十一月一日起將該三員改為推銷員及通訊員雇用，嗣後奉令一律改為業務員。十月一日孫方宇辭職，以舒有開文未予增加人手，暫派胡家權協助採訪。十一月一日胡家權請辭代理調查主任遺職，由王副理兼理，遞遺原兼新聞組主任職務由專員吳強升補。五日添派办事員徐仲華担任採訪工作，李純仁以試用工作不宜停止試用，二十二日派王夢周補充。津所經副理以下正額職員計十五員，除办事員王夢周、徐仲華正在試用期間外，餘均奉准加委，計主任二員，專員一員，办事員五員，助理員四員，雇員一員，屬於總務組者五員，屬於新聞組者四員，屬於調查組者六員。此外外圍人事於四月聘任徐祖康為青島通訊員，黃積中為濟南通訊員，六月添置林復田為唐山通訊員，旋即裁撤，李耕夫為瀋陽通訊員。九月間瀋陽通訊處奉准設立，由張祖貽主持，添派陳聯彤為該處通訊員，李耕夫亦併隸該處。以上地通訊各員均附屬津所，附屬平處詳平處報告。茲將津所三十六年度現有人員及擔負工作列表於后：

服務部份	職別	姓名	月薪	到職日期	担任工作	備考
	經理	張果為				
	副理	王毓奇	五〇〇	卅六、五、一		
總務組	主任	萬壽塋	三〇〇	卅六、三、一	綜理總務一切事宜	
〃	辦事員	張覺民	一四〇	卅六、三、一	辦理文書稿件保管檔案保管文具傢具雜務管理人事及發行概覽	
〃	〃	周公望	一二〇	卅六、六、廿一	會計登記帳目表報單據之整理及採購事項	
〃	助理員	韋元培	八〇	卅六、三、廿五	司現金出納填製傳票日月表報兼理發行及繕寫工作	

〃	〃	陳恒貴	九〇	卅六.六.廿	收發文件、電報、裁剪新聞、招登廣告、繕寫文件	
調查組	主任	王副理兼				
〃	辦事員	李玉藩	一四〇	卅六.三.一	公私經濟及徵信調查、蒐集各項書刊資料	
〃	〃	王夢周	一二〇	卅六.十二.廿二	新聞採訪、委託案件調查	
〃	〃	王金州	一〇〇	卅六.五.七	主編統計並與各交通機關連絡蒐集資料	
〃	助理員	陳格康	九〇	卅六.三.一	編輯統計、協助調查行情	
〃	〃	羅士琦	八〇	卅六.三.一	繕寫印刷版、填製各市場行情表、協助整理資料	
〃	雇員	張孟春	四〇	卅六.四.十六	譯電、打字、登記逐日行情、整理圖書資料剪報	
新聞組	主任	吳強	二二〇	卅六.三.十七	主編徵信新聞	
〃	專員	孫新源	一八〇	卅六.四.一	採訪新聞	
新聞組	辦事員	李元善	一四〇	卅六.三.一〇	譯述路透電報、翻譯外埠行情	
新聞組	〃	徐仲華	一四〇	卅六.十二.五	採訪新聞、調查行情、編輯經濟週報及每日市況	
	業務員	郭曾祉	津貼五万	卅六.三.一	推銷新聞書刊、招攬廣告	九月份編員裁撤十月改為現職
	〃	徐殷軒	〃	〃	〃	〃
	〃	鄭彥東	〃	卅六.七.廿一	調查商品行情	〃
	〃	顧維揚	〃	卅六.八.十二	推銷新聞書刊、招攬廣告	〃

四、業務推動

一、經辦受託調查案件，卅六年度統計金融物價調查五六件、工商事業調查一六九件、人事調查九〇件，共計三一五件。其他經常調查經濟週報、年報及物價指數之編製，各項資料之統計及有關經濟書刊之編輯出版等工作，詳調

查組報告

己亥版之刊物年鑑、金融書報、概覽計精裝一千册、平裝二百册，故本總計

三千九百十二元五十元隨史費贈閱各有關方面，精裝七十三册、平裝不計

外，總計徒出一億一千零十七元七角五分，西精裝須約為二九册，現僅二

六册，卅六年度結存精裝三二八册、平裝一九〇册。

二、譯版徵信新聞自試刊起，均參照次改進情形，詳訪原組報告措施情形，

經各業務員之努力，截至卅六年度止，譯版訂戶計有二〇一份，較十月份增加五

十餘份。

三、廣告：部份截至卅六年度止，計有廣告四金兩半，以上詳規較後保持平向。

四、人事：員截至卅六年度止，計擁有職員一三七家，較十月份增加六家。

嗣得去年度調查組工作擇要略述如次。

(甲)員額 主任一人，辦事員三人，助理員一人，僱員一人，共七人，分配職掌如左：

職別	姓名	工作
主任	王副理兼	主持本組一切事務
辦事員	李子玉	專責調查工商企業之業務
〃	王蒙固	協助調查工商企業之調查並兼辦[illegible]工作
〃	王金[illegible]	專責編製指數
助理員	陳[illegible]	整編統計資料兼擔任各種商品物價行情查報
〃	羅士琦	整編每日金融物價行情兼擔任人事理資料工作
僱員	孫玉春	打字謄抄整理及保管資料

除前述之員額外另有業務員二人負責調查物價行情。

(乙)工作

(一)調查

1. 行情調查

名称	開始報日期	内容	备
津市金融商品物價行情	三十六年三月	包括金融商品行情三百二十項供給本所新聞發表	
津滬漢各分所津市行情	三十六年四月	京所包括金融商品計三十二項滬所九十八項漢口分所四十八項逐日拍電報告各分所	
中央銀行天津市況日報	三十六年三月	包括金融商品三十二項逐日贈電報告中央銀行	
中央銀行金融商品行情表	三十六年三月	包括金融商品十項逐日調查報告中央銀行電務總行	
交通銀行電訊物價	三十六年四月	主要商品九項逐日調查報告交通銀行	

乙、工商企業調查

(A)專業調查:已完成者有金融業、輪運業、五金業、植物油煉製工業、洋燭業、肥皂業、火柴業、油漆業、顏料業、甘油業、及天津市商業八九家,共計九九業

(B)工商信用調查,办理登記工商信用調查共四十件。

(C)個人信用調查,办理登記有關個人信用調查共九十件。

(D)附三十六年度平津分所办理各項調查案件一覽表。

委託者 \ 案數 \ 分類	金融物價調查	工商事業調查	人事調查	合計
四聯總處	二五	四		二九
國家行局	五	一三九	八九	二三三

商業銀行	一	一二	一	一四
公司廠商	一三	二		一五
重慶分行		二		二
國營事業機關	二	五		七
總行	四	二		六
專業				
自動調查	六	一		七
國外調查		二		二
合計	五六	六九	九〇	二一五

三、其他經濟調查：上年度關於一般經濟調查計有：津市主要貨物供銷數量調查，豬鬃、大豆、木材、茶、煤主要産銷運輸情况調查。計華銀行營業之天津、上海、廣州、漢口間貿易情形調查，河北省棉花生産情形調查，米麵、煤、油、棉花、紗布七項物品産銷調查，河北省内所有重要城鎮之經濟金融交通等狀况調查，日本製及天津製馬尼拉紙行情調查，火柴及水泥、捲煙製造工廠調查，自經濟緊急措施後三十六年底全國黑市調查，天津市公商銀行錢之通匯地點調查，國家行局及省市銀行暫停放款後本市銀根利率及各商市面之變動情形調查，自民國二十七年以來全國進口紙張價值及數量調查。

(二) 編製整理

1. 週報及年報，關於天津市經濟動態每週作一概括綜合之報告内容包括：银根、拆利率、内汇、黄金、外汇、公债、证券、物价、金融市动态及各地金融经济之重要措施等。除呈四联总处分发外，另分送各行局所员参考，另每半年编报半年报一次，内容较周报略广。

2. 物价指数

(A) 天津批发物价指数——共一〇六项商品，以二十六年一至六月平均为基期，分为周指数及月指数，该指数并自三十五年十二月份补编。

(B) 天津市民生活费指数——共三十七项物品，以二十六年一月至六月平均为基于一〇〇，分为周指数及月指数，并补编（自）三十六年一月份以后之指数，于八月份起发表一期，后因社会局限制发表，但自九月份起仍照常编算供行员参考，但不发表。

(C) 天津商品变动指数——内分：(1) 足金价比 (2) 证券指数 (3) 十五种日用商品指数，以三十四年十二月平均为基期，按日计算，分周指数、月指数二种。

3. 统计资料

(A) 天津市票据交换统计表——内包括日期、张数、交换总额、交换差额、最高最低、各月平均、上月比较等。

(B) 天津市国外汇兑行情表——内包括英、美、港、卢比、法币等之买卖价格及最高最低，并本月平均数。

(C) 天津市出口商品数量及价值统计表——根据商品检验局统计数编

(D) 卅六年第一季第一期进口货限额配数百分比——分期作百分比。

E) 天津市主要股票行情表——包括啟新、開灤、東亞、江南四種股票每月最高最低數及月平均數。

(F) 各國貨幣市價表——包括三十二國家貨幣分以黃金計算及美金計算之二種市價。

(G) 天津直接稅貨物稅收三十五年度收入統計——包括直接稅貨物稅物按稅件數及百分比

(H) 本市三通券及申匯行情表——包括最高最低價暨收盤市

(I) 天津市利率行情表——包括中央銀行掛牌、商業銀行同業存款及暗息三項分計其最高最低利率。

右之資料均曾在本所徵信新聞發表。

十五、其他經濟資料：本所對獲得之經濟資料，無論其為本所直接調查或間接取得，以及報紙刊載者，均加以整理剪裁分門別類，以供參考。

(三) 出版書籍

名稱	出版期	說明
天津金融業概覽	十二月份	天津金融業共計五九六單位為天津市內現金融業概述統計附金融法規四十二種，為一巨冊，共出版一二〇〇冊。
天津製造廠概覽	調查中	天津方面已向各公會調查較大廠商十五類計已五家取得資料，其餘之廠正在設法調查中。
天津進出口貿易統計	計劃中	本所已派員至津海關保津市，自二十五年起至三十五年止進出口貿易各商品量值數目編成書式（其中有八年至三十一年華北統計數）據加整理編成各項統計，並加有關法令及貿易業概覽刊冊出版。
天津市各國外進出口貿易統計	計劃中	正與津市貿易公會商洽合作編輯發刊

天津市工商之統	計劃中	本府已向社會局呈請天津市工商業計六千三百二十四家按所發統計表格已送回者三千九百三十五家已彙編中此項統計完全即為本處天津市工商名錄一書。

新聞組三十六年度工作報告

津版徵信新聞於本年三月二十八日及三十一日連續以油印試刊兩次，清晰迅捷，諸讀者未臻理想，因於四月五、七日復以鉛印試刊兩次，而於八日與平版同時創刊，從本年抄止，都二百三十七期，二八七四頁。

發刊之始，每期八頁，行情僅及津市及國外內部分，而商品亦僅十四類一百五十種項，三週以後得與滬、京及青島通訊員取得聯繫，乃自五月一日起增加上海行情一百七十種項，及漢口、青島行情二欄，其關資料通訊等事項，而篇幅亦同時擴充，計每十二頁，七月份起復將津市一百六十種商品行情並商由滬商通訊員按日拍發行情專電，加開滬市行情三欄，津滬漢市況通述，並自是週日起增，各類資料亦經規定刊登次序，此時內容稍見充實篇幅再度增加。至七月杪，又按週作市况比較特寫，規模乃具。旋奉總所通知，節約紙張，復改式密排，抽減兩頁，惟于內容則仍保舊觀。迨本年杪，外埠行情提前於清晨出版之條件已告成熟，三十七年度起每日即擬分上下午兩次發行矣。

本年中曾舉行讀者意見測驗一次，金融工商各業及政府有關機構之徵答覆者俱多，僉以為本刊發刊雖暫，已屬津市不可或缺之經濟情況報導刊物，至要殷切寄致希望多端，現除力所能及已經改進者外，餘如增加滬港行情及報告出口貨品海外市場情形等，則以亦事體大，所涉較廣，俱經婉言辭謝，曲陳困難，或約以異日矣。

至於新聞內容，除採訪津市重要經濟消息外，並擇擷通譯各地徵信新聞及路透社稿，舉凡財政經濟之重要措施，稅制之興革，國際貿易之情形，金融業之動態，工商業之興衰隆替，與夫國外之與我經濟建設有關，或可資借鑑之設施，靡不擇要披露。復以本所在津創設未及兩載，宜喚起各方注意，爭取其信賴，因在編輯上于次陳二事致意尤多。一曰儘量與報紙採用以便利，蓋華北金融工商界類多保守成性，經營方式上十九墨守成規，以本所一新興事業，欲求開展，莫非通過報章雜誌之宣揚以加深其對我認識，鑒定其對我信仰，不為功也。二曰重闡發而不事文飾，于政府有關經濟金融法令，本刊於重心所在，俱力為闡揚，兼重其原因現象，並而對其見解疵瑕，則不事文飾，以期讀者對我已有信心，不致因政令更張而斷表也。

查现时津市主要日报如大公报、民国日报、益世报、新星报及其他二十余种大小报纸，无不以本刊为其经济新闻之主要来源，就四大报纸而言，三十六年度九个月间，采用本所新闻达三千件，此外北平、沈阳、唐山、张家口诸地报章亦多摘载，而天津市政府主编之天津经济统计月报、天津市商会主编之商联周报、河北省银行主编之河北省银行半月刊，亦常或以我所新闻摘取移刊，或作主要参考资料。

虽然津版徵信新闻仍待充实之处犹多，除仍积极增进发行事，可于三十七年度起另行补设如外地行情之增加，暨津市各地通讯网之筹设，编排之美观醒目，印刷之力求清晰，均当积极进行，以期达到

目标，一以为来年工作之中心，一以冀得而赐以主泉各联节要之合作焉。

联合征信所平津分所北平办事处业务报告(1947 年 11 月)

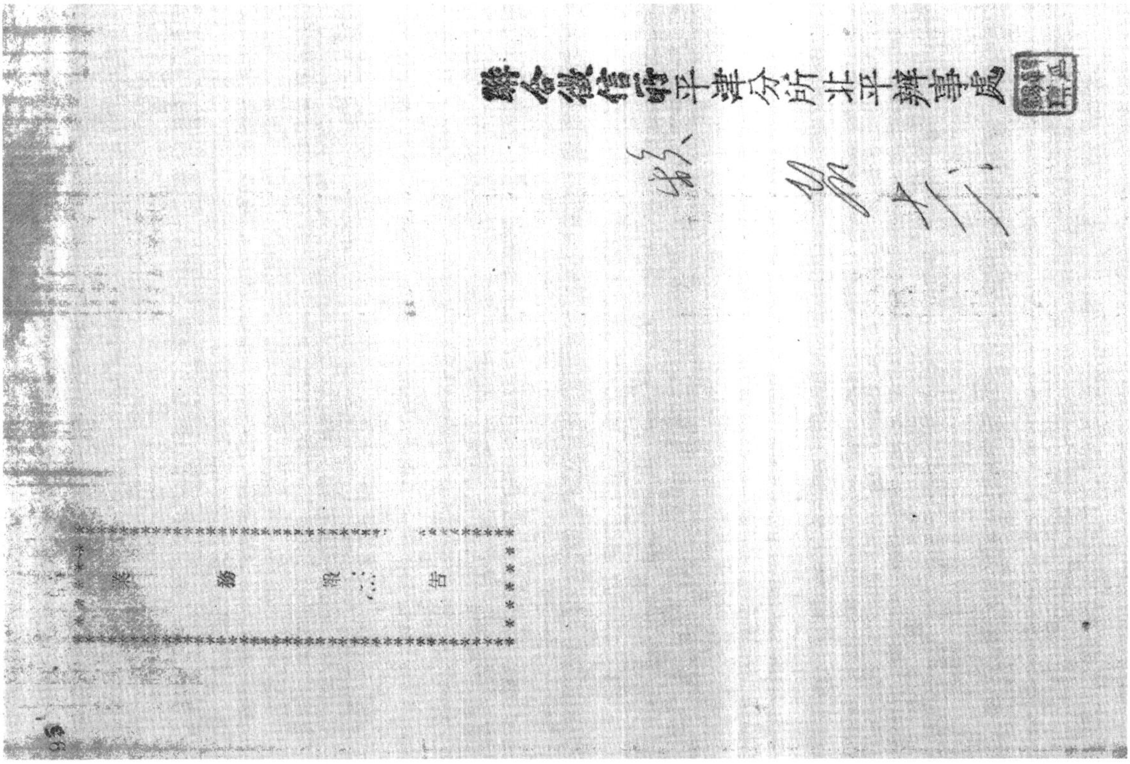
聯合徵信所平津分所北平辦事處

業務報告

聯合徵信所平津分所北平辦事處業務報告

關係之深淺與難易以及各項收入數額之比較當能說明至少在目前新聞方面工作之相對重要性固然徵信所之中心業務應爲輔道商業界與金融界之信用狀況調查與提供之工作然在我國此種經濟階段中信用經濟以對人信用估最高地位商人保守性極端强固之際嚴格之徵信事業殊非一蹴可及而徵信新聞確爲一普遍及初步推行徵信事業之工具由新聞之發展積漸而培養起徵信事業之基礎經本處半年來實驗之結果確認爲比較易行之途徑且直新聞之發行將來亦可發展爲一宏大之事業單位故本處目下從加重新聞工作着手在事實與理論上均屬必要茲分誌各股工作詳情如下

一 總務股

半年來之收支狀況

收益類

新聞訂費

四月	八一九、〇〇〇元
五月	一、六八三、七五〇元
六月	一、四六八、四〇〇元
七月	二、四三〇、一五〇元
八月	四、一三四、六〇〇元
九月	一二、二三三、〇〇〇元
合計	二三、七六八、九〇〇元

廣告費

四月	一、二一八、七五〇元
五月	四、七七一、九七五元
六月	四、二二八、七五〇元
七月	五、九七六、二七〇元
八月	一八、六七九、九七〇元
九月	二一、一八九、五二〇元
合計	五六、〇六五、二三五元

所員入所費

四月	二、六〇〇、〇〇〇元
五月	一、二五〇、〇〇〇元
六月	五〇〇、〇〇〇元
七月	二〇〇、〇〇〇元
八月	二〇〇、〇〇〇元
合計	四、三〇〇、〇〇〇元

所員年費

四至六月	七，八〇〇，〇〇〇元
七至九月	一五，六〇〇，〇〇〇元
合計	二三，四〇〇，〇〇〇元

利息收入	一，九三六，〇〇八，三八元

補助費

四聯移交餘額	一，五一五，八〇〇元
三月	八，〇〇〇，〇〇〇元
四月	八，〇〇〇，〇〇〇元
五月	八，〇〇〇，〇〇〇元
六月	八，〇〇〇，〇〇〇元
七月	一八，〇〇〇，〇〇〇元
八月	一八，〇〇〇，〇〇〇元
九月	一八，〇〇〇，〇〇〇元
六月不敷經費	九，二〇三，二七二元
合計	九六，七一九，〇七二元

開辦費	三二，一〇七，六六〇元
總計	二三七，二九六，八七五，三八元

支出

辦公費

四月	二，三三五，六六〇元
五月	四，六一六，八五〇元
六月	五，六二一，七五〇元
七月	七，四七〇，四七五元
八月	二一，〇七四，三五〇元
九月	九，七七七，六〇〇元
合計	五〇，八九六，六八五元

出版費

四月	一，八六八，四〇〇元
五月	四，八九七，〇〇〇元
六月	三，四一二，六五〇元
七月	九，四七五，六一五元
八月	一一，〇九五，五〇〇元
九月	一七，一四八，〇二五元
合計	四七，八九七，二四〇元

薪給費

四月	八，〇一六，九九七元
五月	一七，一〇九，五二〇元
六月	二〇，六五〇，八七〇元
七月	二九，〇五三，九七三元
八月	三三，七三〇，〇五八元
九月	三三，九二八，三一〇元
合計	一四二，四八九，七二八元

購置費

六月	八〇，〇〇〇元
七月	三八二，〇〇〇元
八月	七〇〇，〇〇〇元
合計	一，一六二，〇〇〇元

利息支出	九九〇，二八九，三八元
開辦費	三二，一〇七，六六〇元
總計	二七五，五四三，六〇二，三八元

存餘額

現金　五，四〇九，六六二元
銀行存款　九，八一一，八〇一元
應領經費
七月不敷經費　一二，八三九，六三四，六二二元
八月不敷經費　一四，九八五，三八八元
九月不敷經費　一〇，四二一，七〇四，三八元
合計　三八，二四六，七二七元
暫付款　二，二五五，〇〇〇元
存出保證金　六〇〇，〇〇〇元
開辦費（購油印機一架）　一，六〇〇，〇〇〇元
總計　五七，九二三，一九〇元

負債類
暫收款　一二〇，〇〇〇元
代收款　一，二九〇，〇〇〇元
銀行透支　一七，〇〇〇，〇〇〇元
預收新聞訂費　一一，一一〇，五五〇元
預收廣告費　二〇，七三六，六四〇元
津所往來　七，六七六，〇〇〇元
總計　五七，九二三，一九〇元

綜台半年來收支，四五兩月以物價平靜，雖在草創時期，尚能有盈無絀，六月以降物價步漲，開支日增，雖領收入加增，補助仍患不足，以補虧損，以致收支相衡，月有結虧，須請貼補，此乃受物價波動之影響，並非人謀之不臧，度在洞察之中，無待贅陳，謹檢附各科目餘額表以備參考。

2. 推銷新聞及招攬廣告之努力

本處半載以來，新聞訂費及廣告費經督勵同人推銷招攬，不遺餘力，是以月有增進。核計新聞訂費五月比較四月增一，〇六倍，六月增〇，七九倍，七月增一，九七倍，八月增四，〇五倍，九月增一三，九四倍。廣告費五月比較四月增二，九二倍，六月增二、四七倍，七月增三，九〇倍，八月增一四，三三倍，九月增一六，三九倍，其逐月收入金額比率及訂閱份數比較詳於另表

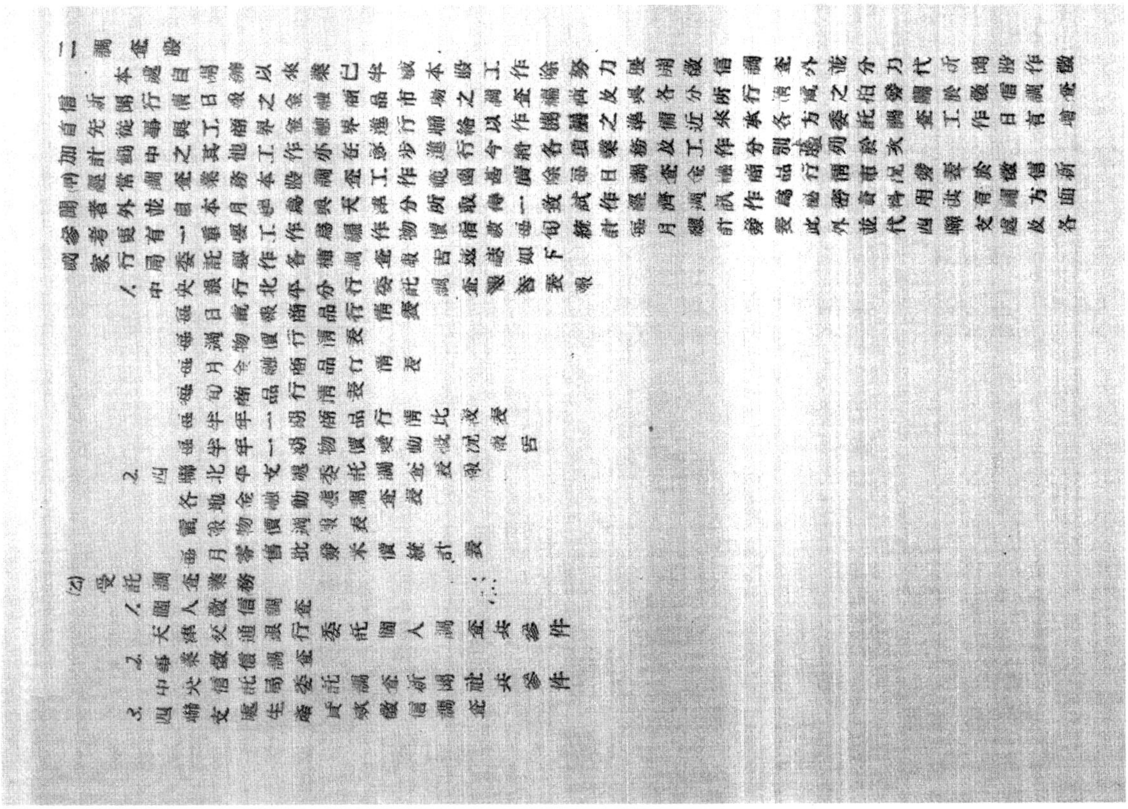

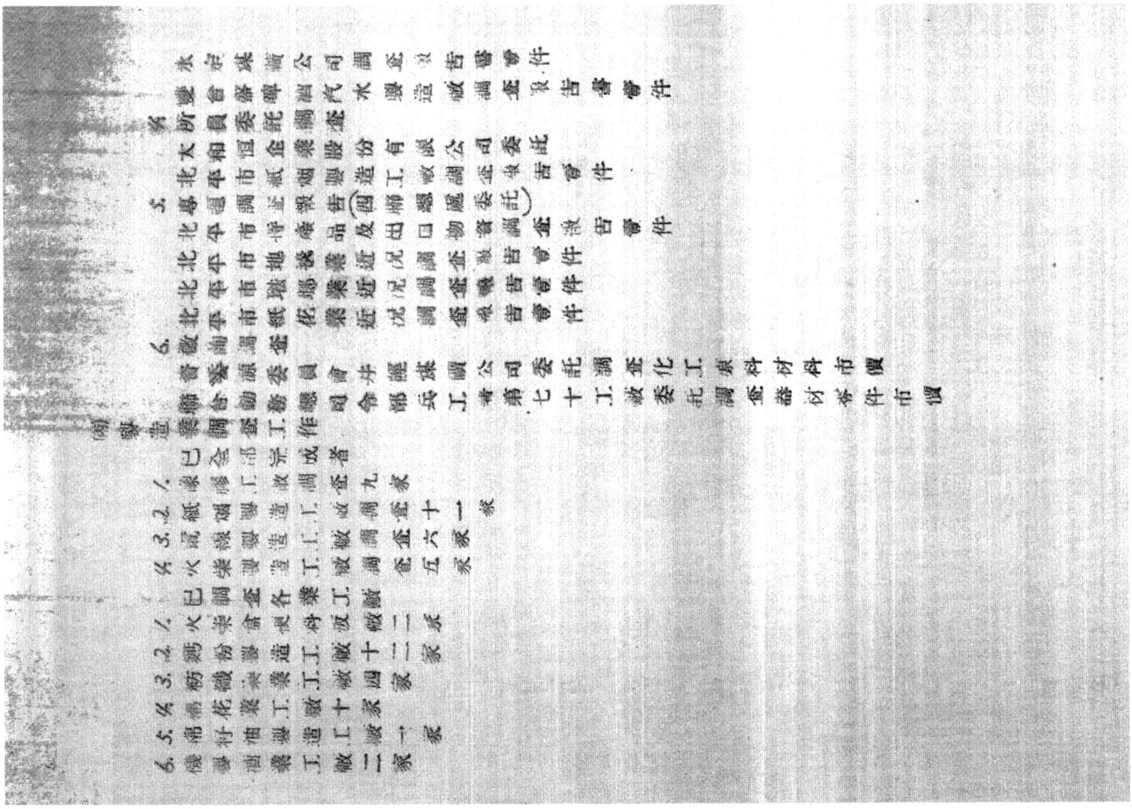

7. 造紙業工廠二家
8. 料器業工廠二家
9. 度量衡製造工廠一家
10. 化工原料製造工廠

淖丹它辛工廠一家

遣漿製造工廠一家

製鹼工廠二家

共四家

11. 醬油製造工廠一家
12. 燒鍋業工廠二家
13. 牙刷工廠一家

(丁)今後計劃開始之調查工作

1. 北平市國民營生產工廠調查
2. 北平市手工業生產調查
3. 北平市出口物資運銷加工情形調查

三 新聞股

本股掌理之工作主要為徵信新聞及徵信調報之採訪編輯與出版事宜除徵信新聞於今年三月廿八日試刊四月八日正式創刊外復為便於所員參考起見自九月下旬與平津分所採一致步調刊行徵信調報作為秘密材料因北平市場過小工作環境有欠靈便平版徵信調報內容亦較簡然足敷金融及工商界人士作業內參考之用是對我等服務之對象言之一卷在手速勝於無而對工作者自身言之至少足為作市場綜合調查與分析之實驗惟此項調報甚纔材料之搜集與編遞多由調查股全人代勞而由本股參酌審核與之採合作方式刊行之至徵信新聞自創版至今將近二百號不期而然已蔚成大觀為北平經濟報導事業樹一良好楷模

(一)徵信新聞之特殊性質

以徵信新聞之性質論之實具有報紙與通訊社之通訊稿之兩種性質其效用與意義之重大以此而採訪與編作之困難亦以此按目下普通報紙十分之七八之新聞來源係利用通訊稿且大部為中央社稿僅少數大規模報紙自訪與專電尚較多如本市許多小型報簡專務人員多於編輯人員編輯人員多於採訪人員利用通訊稿報端甚少故一般設報試成本傳以減低甚多而本所徵信新聞內容取時間與體例之限制迄能利用各方通訊社稿之機會因我徵信所為金融及工商界之服務團體故徵信新聞出版時間之決定自當以對服務對象機關參考之需要與便利為發大前提且徵信新聞主旨在於報導消息市況設多限於經濟情感之分析故體裁適於作消息之羅列而不直亦不必有任何主觀色彩之評論適材以此二項客觀條件之限制故平版文徵信新聞只得按照說報之方式發行而內容採通訊稿之性質消息一律自訪除總及各地分所電訊航訊外一律不用外稿如此稿刊物涂供給直接訂戶外並能供各新聞社作通訊稿而內此徵信所闕復可成為一單獨健全之通訊社以過去及當前之情況度之通訊社如能成功可支配大多數報紙乃量宏偉着能完成較單獨報紙更大之使命平版徵信新聞目前已供十數家報紙之經濟欄刊用且編遠到支配者之地位此徵信新聞之兩種性質所表之要求效果也然在此補情形下採訪與編輯工作之困難殊多即爾一日下午之事要經濟新聞已為當日各日報發表者本刊即不能再為刊用而當日下午之經濟消息與行情變動內下午出版中午截稿編係亦不能深入故本刊

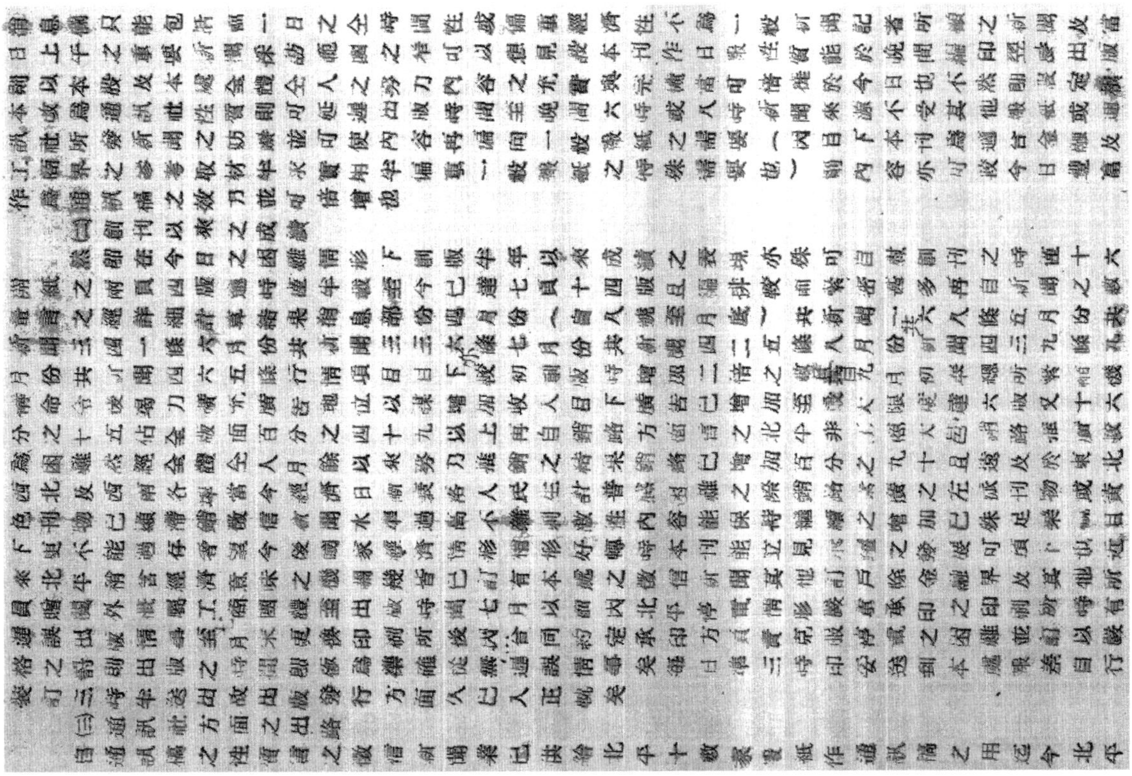

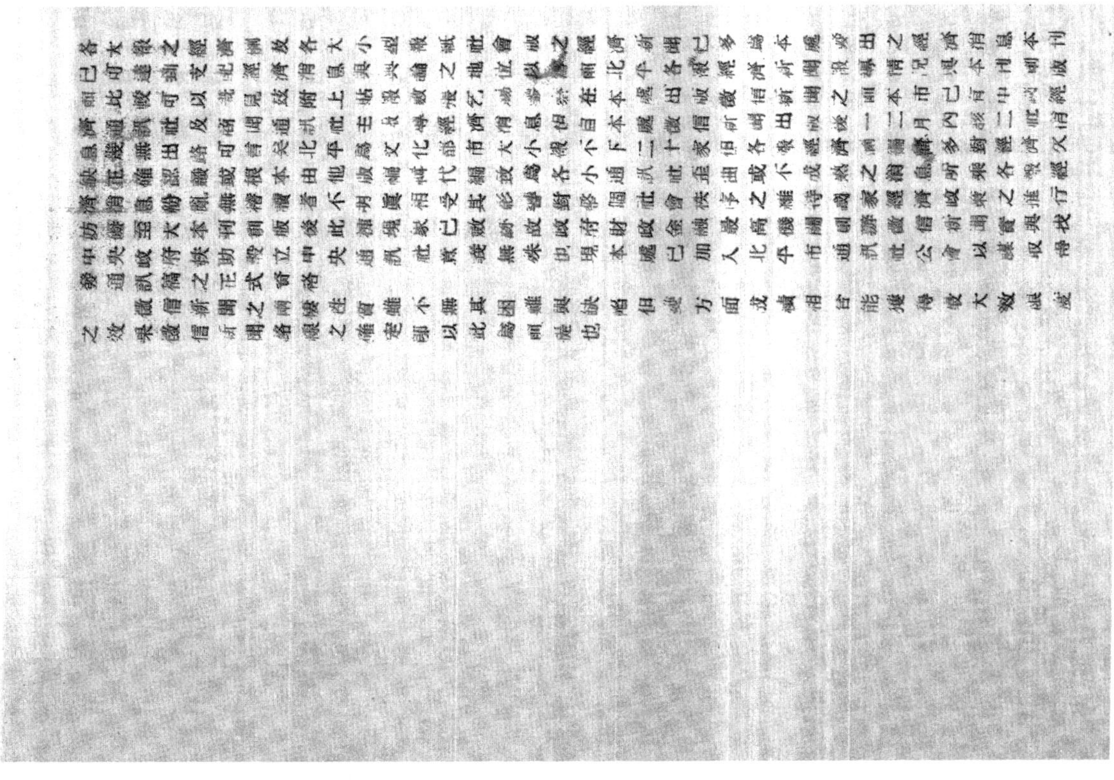

四、資料股

本股以接收前偽中國聯合準備銀行調查室圖書資料為基礎內容較為豐富不啻於任何一研究機關或一大報社之資料室半年以來除對舊有書報資料加以修理外邇來對於業務上參考資料之蒐集整理運用保管諸端無不竭力以赴書報參考資料較前益為充實其有助於業務之開展自不待言今將半年來本股工作情形擇要列述於下

甲.本股之經常工作

1. 圖書雜誌報章之徵集選購交換事項
2. 書報雜誌小冊資料目錄之編印事項
3. 財政金融經濟論文索引之採錄及編纂事項
4. 特寫資料之供應事項
5. 金融經濟人物資料之蒐集編輯事項
6. 金融經濟法規之蒐集編纂事項
7. 卡片目錄之繕寫編排事項
8. 書報雜誌資料之裝訂保管出納事項
9. 各大報金融經濟資料選擇剪貼分類裝訂出納保管事項
10. 其他事項

乙.目下各項工作進行狀況

(1) 供給徵信新聞特寫資料—本股蒐集有關金融經濟之系統資料整理編纂特寫

(2) 編輯財政金融經濟論文索引及提要—採集平津各地著名報章雜誌刊載之論文編為索引至今已蒐集一千五百餘條

(3) 編輯金融經濟人名錄—蒐集金融經濟界主任以上人員之姓名籍貫生卒年月學歷經歷著作特長等項編入名錄現已蒐集二千餘人分別製為卡片

(4) 選擇剪貼金融經濟資料—本股訂閱北平華北日報等九種報紙天津大公報等三種報紙及上海申商二報選擇其中有關資料剪貼分類保存平均每月剪貼資料五百五十餘條現已積有三千餘條皆隨時分門別類保存以備參考此後並擬裝訂成冊

(5) 編輯金融經濟法規彙編—蒐集政府新頒有關金融法規分類抄錄貼存以備將來彙編成帙現已蒐集三十餘種

(6) 代理四聯總處及北平支處之工作—本股受四聯總處徐秘書長及北平支處委託代辦下列工作

1. 編輯財政金融經濟論文索引—自本年七月五日起開始蒐集有關論文編為索引於每星期六彙寄呈徐秘書長並於本年八月二日起增加重要論文提要至今已作十六期計蒐集論文八百餘篇提要六十條

2. 剪貼報紙—代四聯北平支處剪貼有關北平方面金融消息及論文計剪貼報紙十三種每月剪貼資料約二百六十條於每星期二寄呈徐秘書長

(7) 保管及整理當地調查資料—本處及平津分所當地調查資料及徵信新聞平津版所刊調查資料—現已蒐集三十餘件

(8) 調查金融資料—本股調查北平金融業資料

1. 北平銀行業	三十五件	七十九員
2. 北平錢業	四十七件	八十三員
3. 票據交換所	一件	五員
4. 典當業	一件	五員
5. 保險業	一件	二員
6. 信託業	一件	二員

以上刊於平津金融概覽及北平市經濟金融交通概況中

此外有交通情形調查三件新聞調查二件

(9) 儲藏書報資料之整理

本所儲藏圖書五，〇四七冊資料八〇六件日報雜誌千餘冊擬分別整理重新編印書目此尚有

1. 報紙—本所經備日報共二十五種四十一份其中交換者二十一份其餘均訂閱者計北平十六種二十四份天津四種七份上海四種八份南京一種二份其中十四份供剪報之用外其餘均按月裝訂保存

2. 雜誌—本所備有雜誌二十八種其中交換者九種

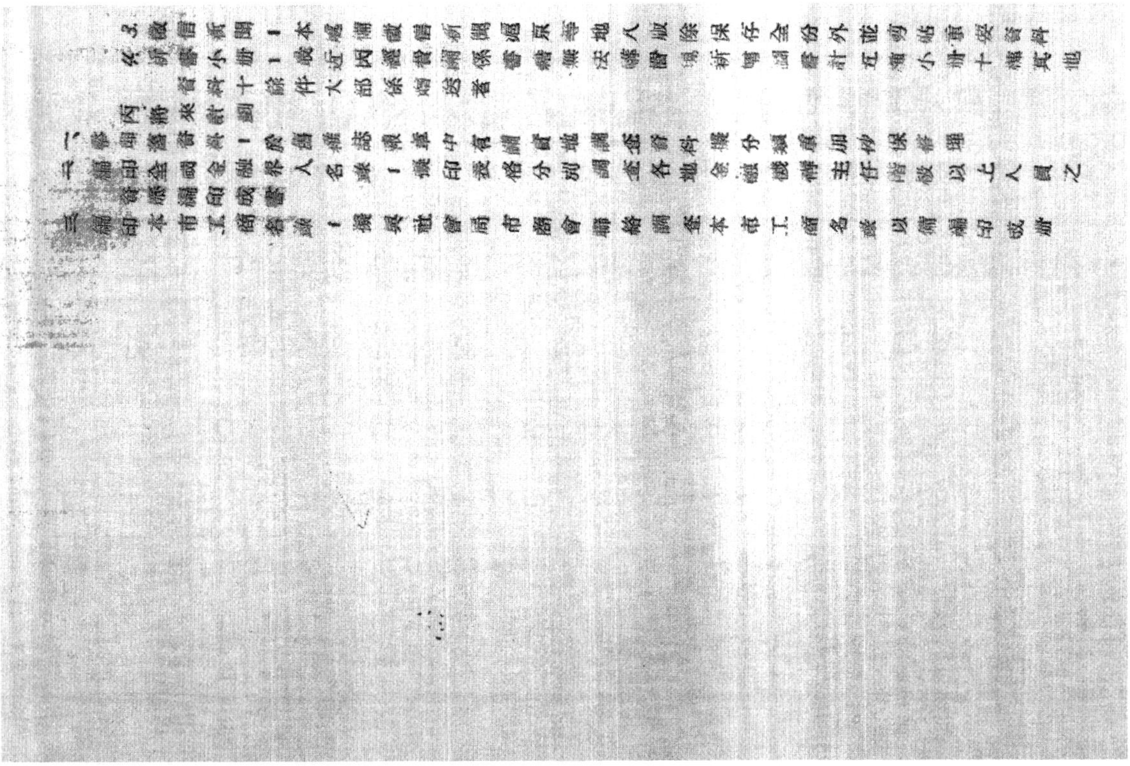

联合征信所平津分所函报设立沈阳通讯处往来函(1947 年 7～10 月)

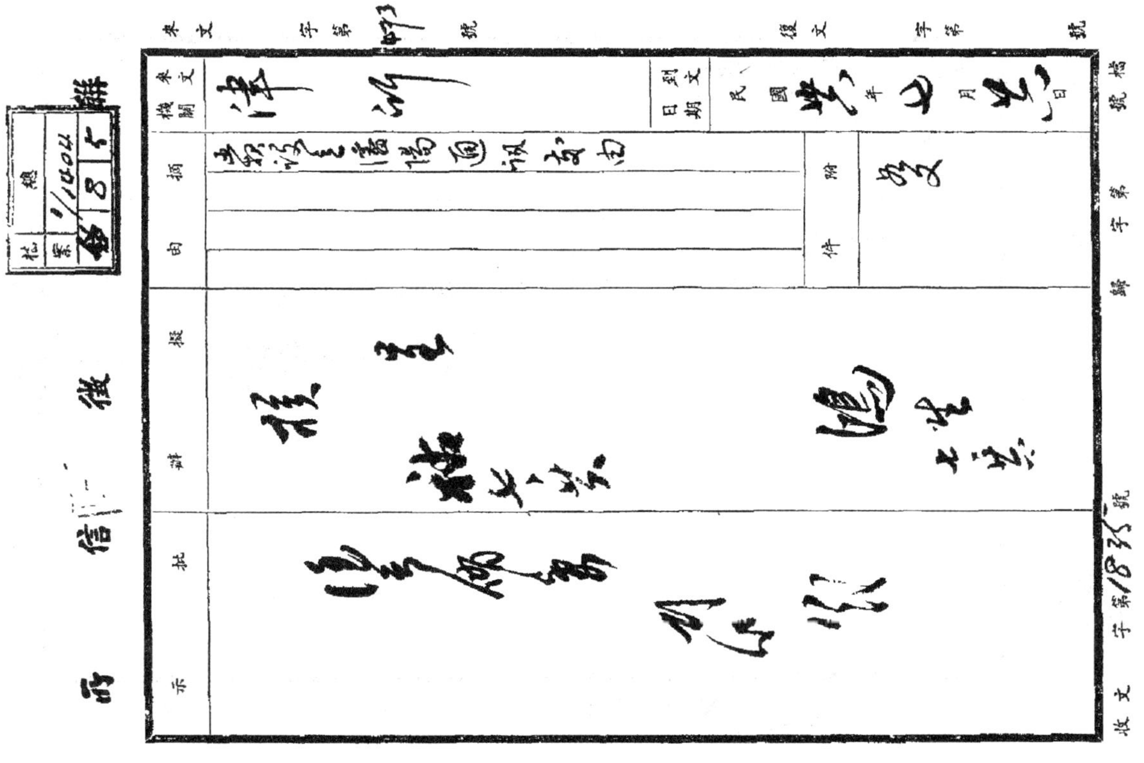

聯合徵信所

平津分所

津聯 字第四七三號 第 頁

敬陳者查瀋陽為東北經濟金融重鎮工商貿易中心徵信調查工作極待開展曾於赴沪述職時經面請核准在該地分所設立以前先設瀋陽通訊處用資健全我所組織經常報道經濟新聞商品行情有關工礦資料及推銷新聞接洽廣告等事宜定名為聯合徵信所平津分所瀋陽通訊處茲將該處組織及辦事大綱擬就隨函檢附敬乞

中華民國卅六年七月廿四日

電話：三局二八〇七　電報掛號：八〇八五

地址：天津第十區中正路九十號三樓

聯合徵信所

平津分所

字第 號第 頁

核示為禱謹呈

總所

附件

聯合徵信所平津分所

經理 張

中華民國　七月廿四日

電話：三局二八〇七　電報掛號：八〇八五

地址：天津第十區中正路九十號三樓

聯合徵信所平津分所協助調查組組織及辦事大綱

一、聯合徵信所平津分所以協助華北區分會調查工商貿易中心徵信調查工作，因作因應該會需要，特於該所在該地分所設立前，特設協助調查組，以資辦理各該有關商品行情有關工商資料及徵信新聞，提供該會參考，並定名為聯合徵信所平津分所協助調查組

二、調查組設專任人員一人，秉承平津分所指示，主持調查行情及有關資料之搜集事宜；調查員一人，商承專任人員負責處理調查及訪問工作；並設錄事一人，辦理記錄繕打及其他內外勤事項

三、專任人員調查員均由聯合徵信所平津分所調派之，錄事由專任人員僱用

四、調查組工作人員暫以兼職兼任為原則，所需辦公費由該所擔任，薪資及其他雜支費用實報實銷

五、調查

1. 經濟新聞　凡當地所發生重要經濟新聞之有時間性者，均以電報拍發該處，兩所其餘新聞稿件則以快郵方式寄達該處

2. 每市行情　當地金融商品行情均每日以電報拍發各該處，兩處其項目及代用字另行擬定

3. 經濟資料　關於工商各業狀況及有關經濟統計材料均隨時搜集寄交該處

所

六、本大綱未盡事項及應行修正之處，均由該所呈請總所修正之

00157

總檔案 2/1404 36 8 5 號

徵信所稿

送達機關	津所
事由	函知擬設瀋陽通訊處准予籌備案由
文別	函
類別	
附件	

經理

副經理 祐代

核稿 德 八 四

擬稿 李安德

中華民國 卅六 年

文別日期	擬稿日期	核稿日期	判行日期	繕寫日期	校對日期	印發日期	歸檔日期	發文字號	收文字號
月 日	八月 四日	八月 日	月 日	月 日	月 日	八月 五日	八月 一五日	字第 號	字第 號

接津總字第4913號函暨附件均悉據
擬設立瀋陽通訊處一節准予籌備案仍將
籌備情形及成立日期具報備查爲要此復

津分所

理

聯合徵信所

平津分所

津聯字第六八四號 第 1 頁

敬陳者關於陳准設立瀋陽通訊處囑將該處籌備
情形及成立日期轉飭具報一案茲准該處九月二十五日函
開：「茲奉鈞所津聯字第五一八號函略開關於設立瀋陽
通訊處一節已奉 總所核准備案囑將籌備情形及成
立日期具報備查等因查本通訊處業經籌備就事茲
定於九月二十五日正式成立擇定瀋陽中山路一號中央日
報內為處址並刊就本處條戳及橢圓章各一枚即
日啟用除同日函知寄遞新聞外理合檢附印模二份據請

中華民國　年　月　日

電話：三局五〇三二 二八〇七　電報掛號：八〇八五

地址：天津第十區大同道二十三號三樓

聯合　信所

協	總
案	3/1400
36	1

來文津聯字第六八四號

來文機關	平津分所
摘由	函報瀋陽通訊處業於九月二十五日正式成立及人事經費並附印模二份請鑒核
到文日期	民國卅六年十月十一日
附件	收文
擬辦	一、成立日期准備案
批示	

復文　字第　號

收文　字第2115號　歸　字第　檔號

聯合徵信所

平津分所

備查。又鄙以本處業務開展原有通訊員李耕夫一人似
嫌不敷擬增聘陳驥彤為通訊員薪給仍在規定範圍
內勻支不另追加附陳驥彤履歷一紙請核准加聘又鄙以本
處工作人員為便於執行職務請核發證章三枚」各等由
前來查瀋陽原設有通訊員李耕夫一人月支車郵公
費二十五萬元在改設通訊處以後勢必增添人手擬每月
津貼經費四壹百五十萬元（李耕夫津貼二十五萬元在內）現
際本所緊縮時期瀋處今後業務展開每日拍發津滬

中華民國　年　月　日

聯合徵信所

平津分所

行情電報則每月所費當不下數百萬之鉅此項支出津
所勢難負荷除逕函該處應本開源節流之旨推銷
新聞招攬廣告以求自給自足外不足之數擬請
鈞所貼補以利推進究應如何處理之處敬乞
核示為禱謹呈

總所

附件　印模一份　履歷一份

聯合徵信所平津分所
經理 [signature]

中華民國卅六年十月七日

印模纸

聯合徵信所平津分所瀋陽通訊處

聯合徵信所

平津分所

字第　　號第　　頁

履歷表

姓名	陳驥彤
年歲	三十歲
籍貫	遼寧省
學歷	北平輔仁大學畢業
經歷	中宣部東北接收專員 瀋陽中央日報採訪員

中華民國　　年　　月　　日

電話：三局五〇三二 二八〇七　電報掛號：一八〇八五

地址：天津第十區大同道二十三號三樓

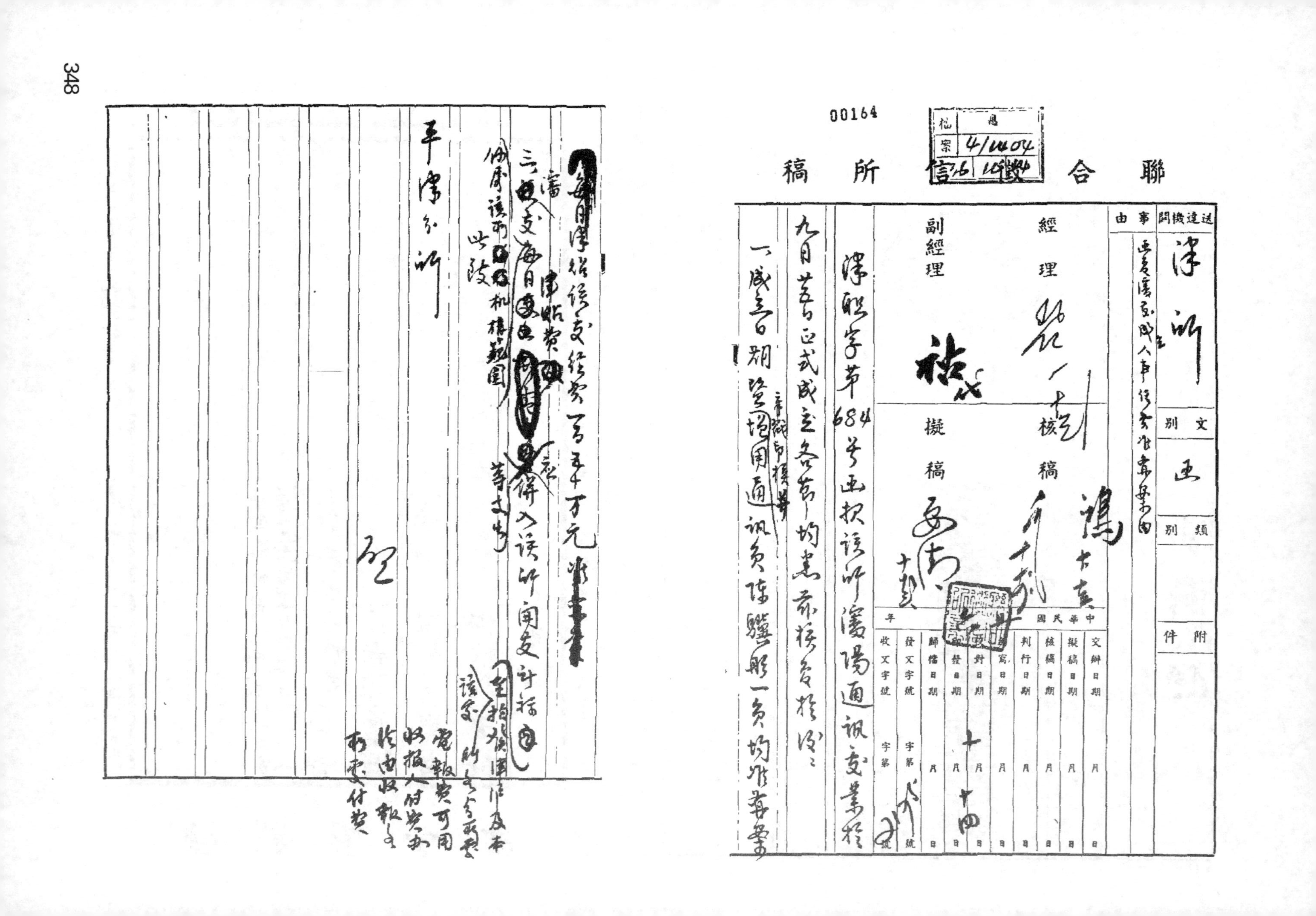

00164

批	遇
案	4/11404
信6	1014

聯合所稿

送達機關	滬所
事由	[illegible]
文別	函
類別	
附件	

經理 [illegible]

副經理 [illegible]

核稿 [illegible]

擬稿 [illegible]

中華民國 年 十月十四日

文辦日期	擬稿日期	核稿日期	判行日期	寫日期	封日期	發日期	歸檔日期	發文字號	收文字號
月 日	月 日	月 日	月 日	月 日	十月 十四日	月 日	月 日	字第 號	字第 號

滬聯字第684號函抄送滬所[illegible]通訊處業經
九月[illegible]正式成立[illegible]均未[illegible]
一、成立日期 [illegible]通訊處[illegible]

~~每月滬處經費支給若干~~[illegible]
三、處支每月由[illegible]
[illegible]

平津分所

[illegible]

四联总处关于停办平津两地征信新闻致联合征信所函(1948 年 3 月 17 日)

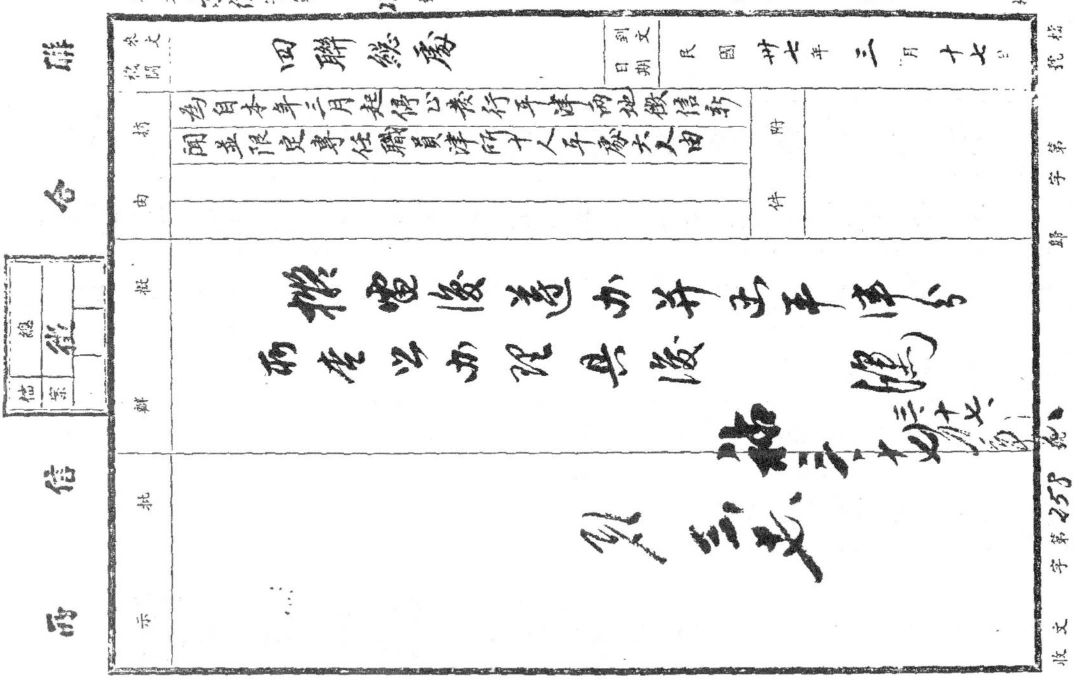

联合征信所

来文 四联总处

事由 为自本年三月起停办平津两地征信新闻并限定专任职员津所十人平处六人由

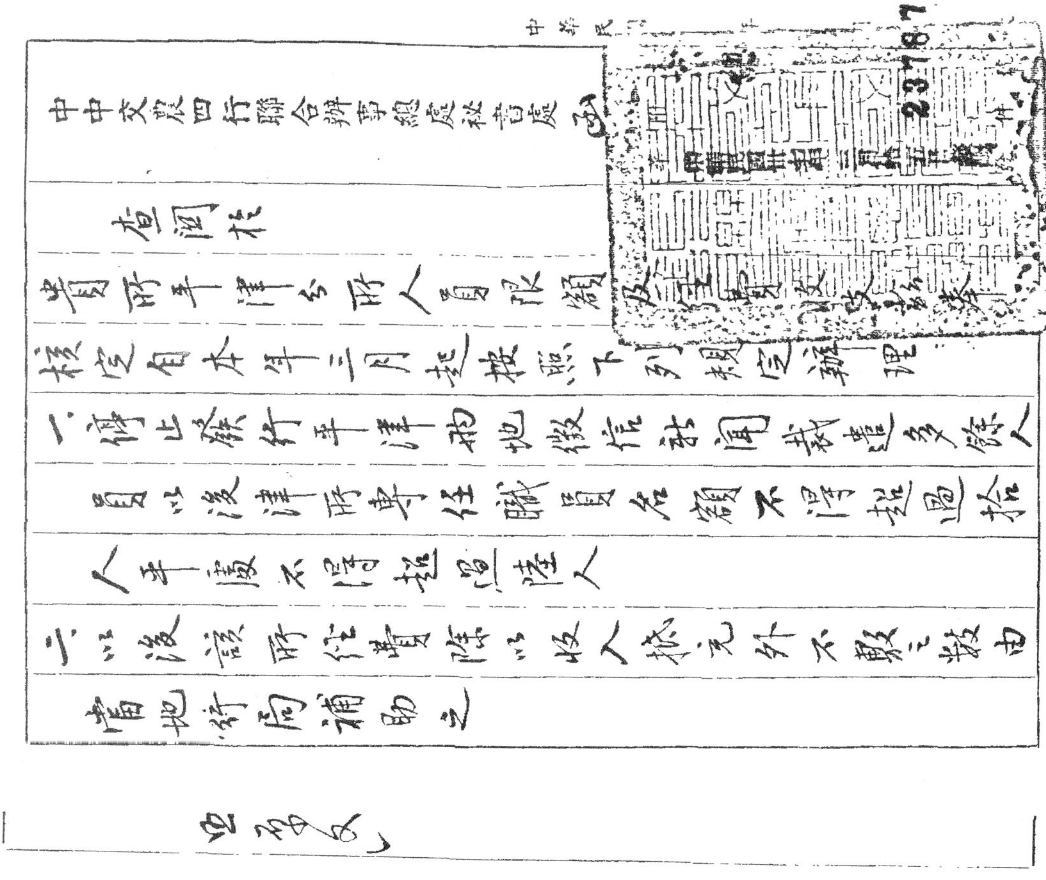

中中交农四行联合办事总处秘书处 函

查关于

贵所平津分所人员限额

核定自本年三月起按照下列规定办理

一、停止发行平津两地征信新闻裁遣多余人

员以后津所专任职员名额不得超过拾

人平处不得超过陆人

二、以后该所经费除以收入抵充外不敷之数由

当地行局补助之

三、每屆月終由該所編具收支報告表送由當地四聯分支處審查核撥并報總處備查

除分函各撥付局及津分支處查照外相應函達即希

查照轉知為荷此致

聯合徵信所總所

秘書長 徐柏園

巴字文

四联总处关于裁撤平津分所并规定结束办法电(1948 年 4 月 27 日)

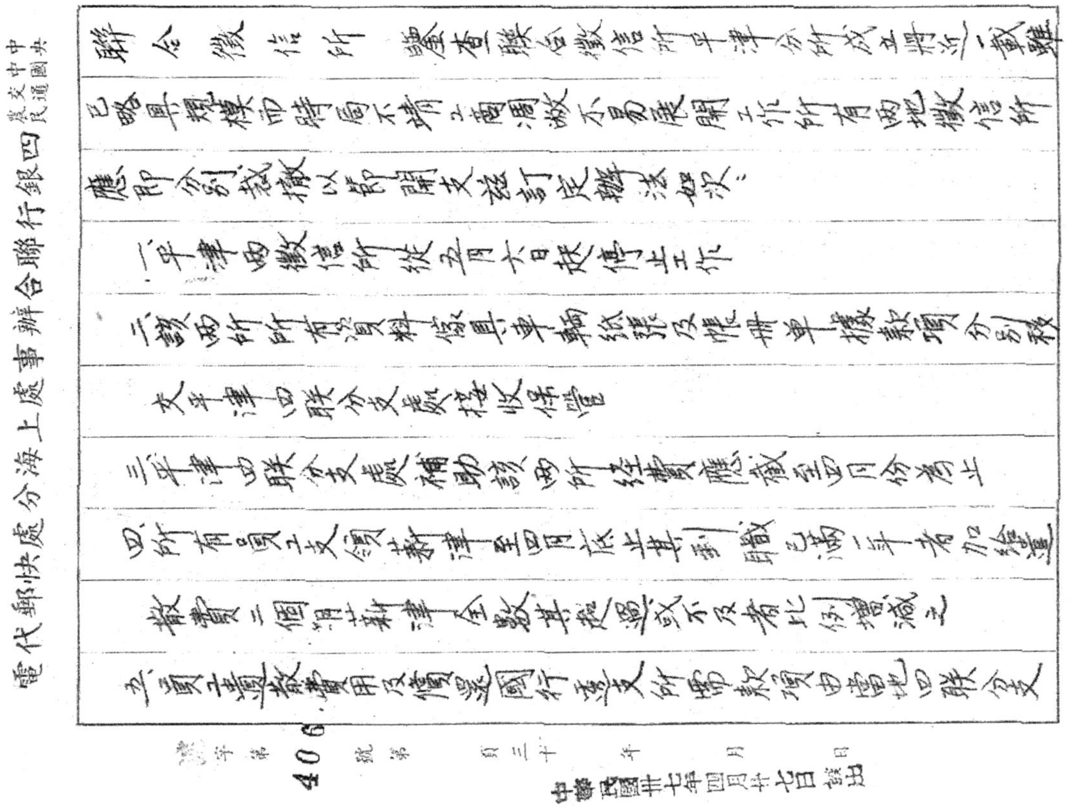

中央中國交通農民四銀行聯合辦事總處上海分處快郵代電

聯合徵信所：查聯合徵信所平津分所成立將近一載，已略具規模，而時局不靖，工商凋敝，不易展開工作，所有該徵信所應即分別裁撤，以節開支，茲訂定辦法如次：

一、平津兩徵信所於五月六日起停止工作。

二、該兩所有關資料、傢具、車輛、紙張及帳冊單據款項，分別移交平津四聯分支處妥收保管。

三、平津四聯分支處補助該兩所經費，應截至四月份為止。

四、所有員工支領薪津至四月底止，其到職已滿一年者，加給遣散費二個月薪津全數，其未滿一或不及者，比例遞減之。

五、員工遣散費用及備遷國行送交所需款項，由當地四聯分支

滬字第406號

中華民國卅七年四月廿七日發出

中央中國交通農民四銀行聯合辦事總處上海分處快郵代電

處就地行局攤墊，比例核實攤付。

六、該所移交分支處紙張文件、傢具、車輛等，可就地斟酌處理，交各行局。

除分電外，特電查照並轉飭辦理具報為要。四聯總處秘總(04987)

滬字第406號

中華民國卅七年四月廿七日發出

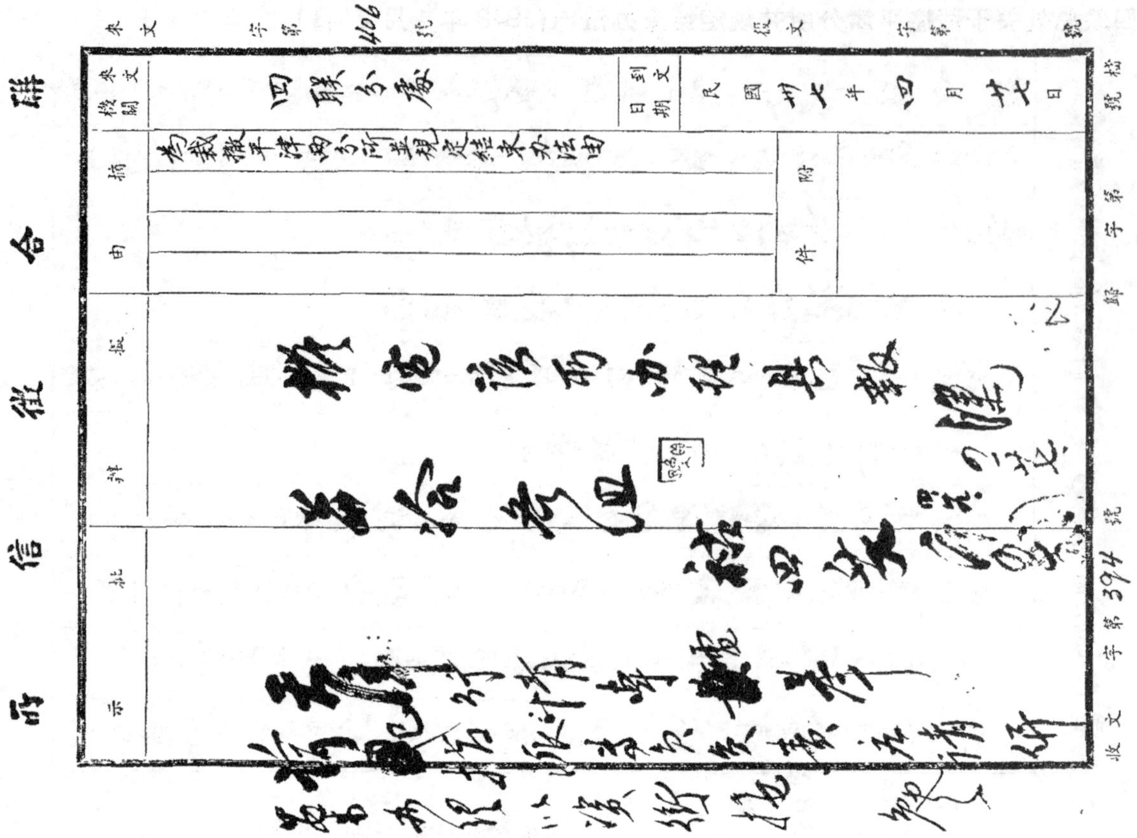

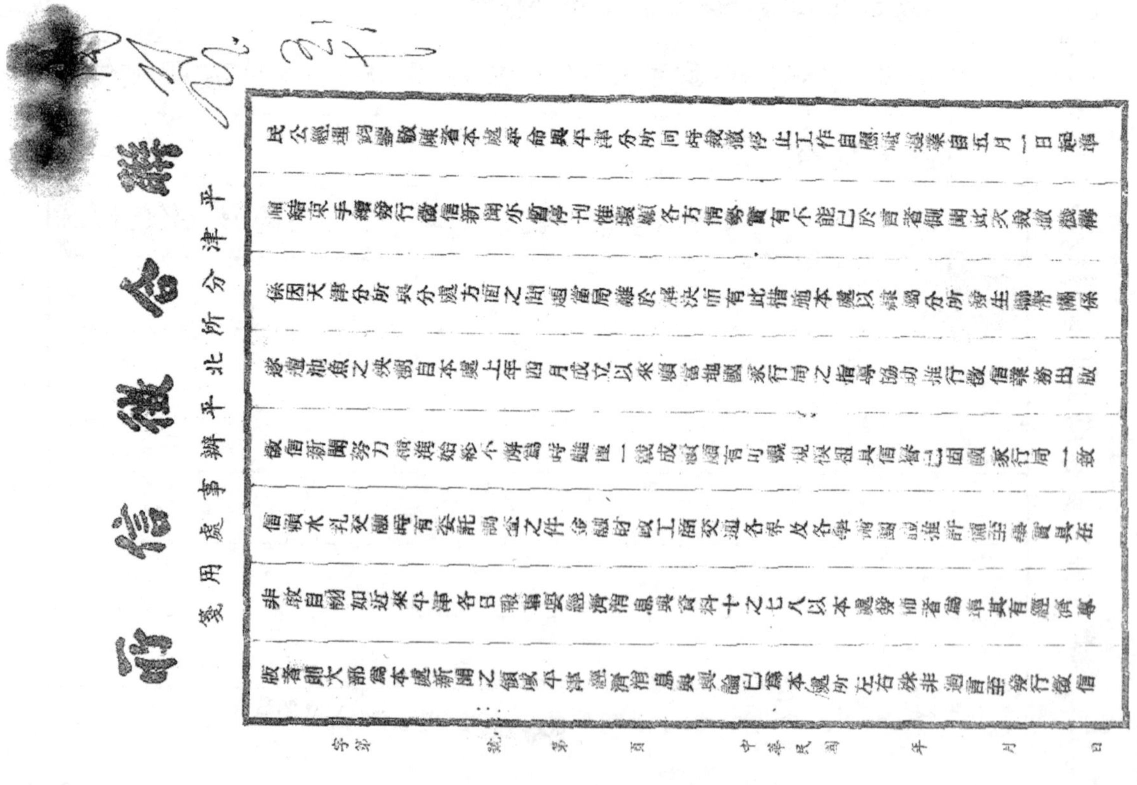

联合征信所北平办事处职员为裁撤机关事致总所函(1948年5月6日)

聯合徵信所

平津分所北平辦事處用箋

新聞陳准改為單獨收支辦法四月份為試辦三個月之第一個月收支相衡計有盈利一千餘萬
元其無患虧損已屬明瞭最近徵信新聞停刊僅兩數日各界紛紛電詢究竟日必數十處之多不
但表示惋惜且復深懷失望蓋北平已定為陪都中外觀瞻所繫據北平市社會局發表之全市工
廠商號開歇業統計近兩月來開業者比較閉歇者多至一倍以上足徵平市工商業正在發展階
段目下各機關公物之估價待遇之調整國有或公營事業生産成本之計算以及各界一切有關
經濟資料之蒐集無不取給於本處例如北平市財政局徵收田賦折價標準即根據本處報導之
小麥價格地政局之房地價指數以本處編製之物價指數為準聯勤總部第五補給區軍糧採
購及一切軍需經理工作向以本處資料為準處理局及法院一切估價標準各合作社購辦銷售

字第　　號　第　　頁　　中華民國　　年　　月　　日

聯合徵信所

平津分所北平辦事處用箋

美國領事館之經濟報導最近民食調配委員會配價之規定亦莫不以本處新聞及資料為依據
其重要性概可想見
徐柏公飭辦每週報章雜誌論文提要業經編製至四十三期勢難中斷綜上所述一旦停止工作
不獨為國家金融機構之損失且使華北經濟事業失卻一重要指針殊非　政府扶植華北工商
倡導徵信事業之初衷同人等默察當前環境實有立時恢復機構改稱北平分所並繼續調查工
作出版新聞以應各界僉切需求之必要管見所及難安緘默敬懇
俯念締造艱難事實需要轉陳
四聯總處徐秘書長准如所請辦理不勝迫切待命之至專此肅陳恭請

字第　　號　第　　頁　　中華民國　　年　　月　　日

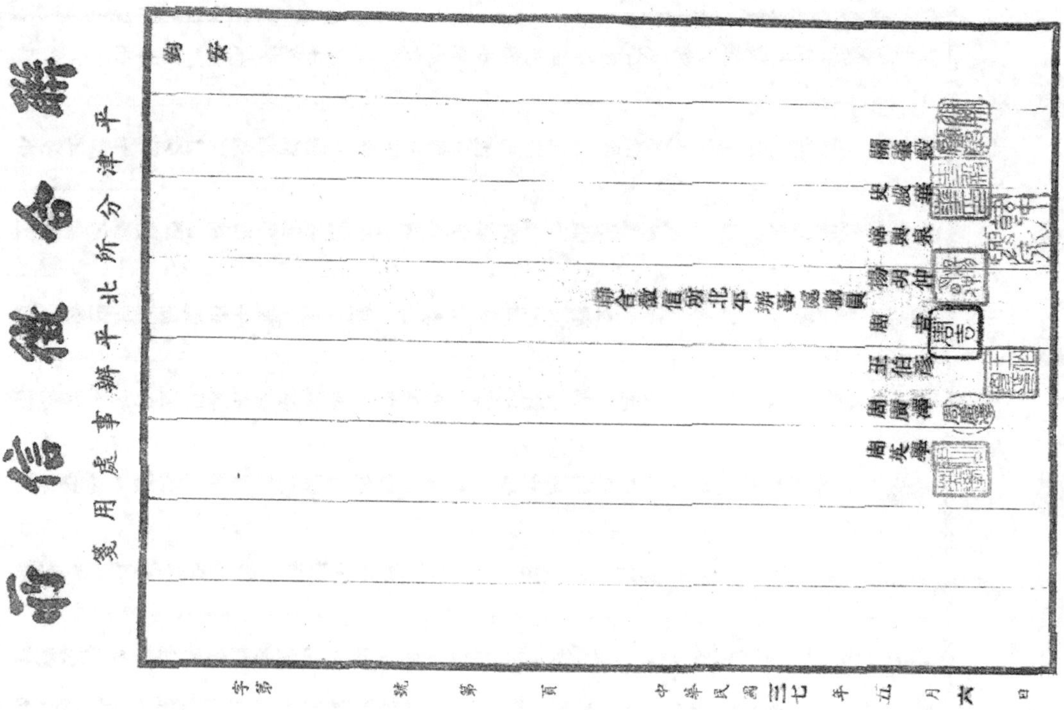

5. 南昌分所

联合征信所为南昌分所成立事致各分所函稿(1947 年 3 月 21 日)

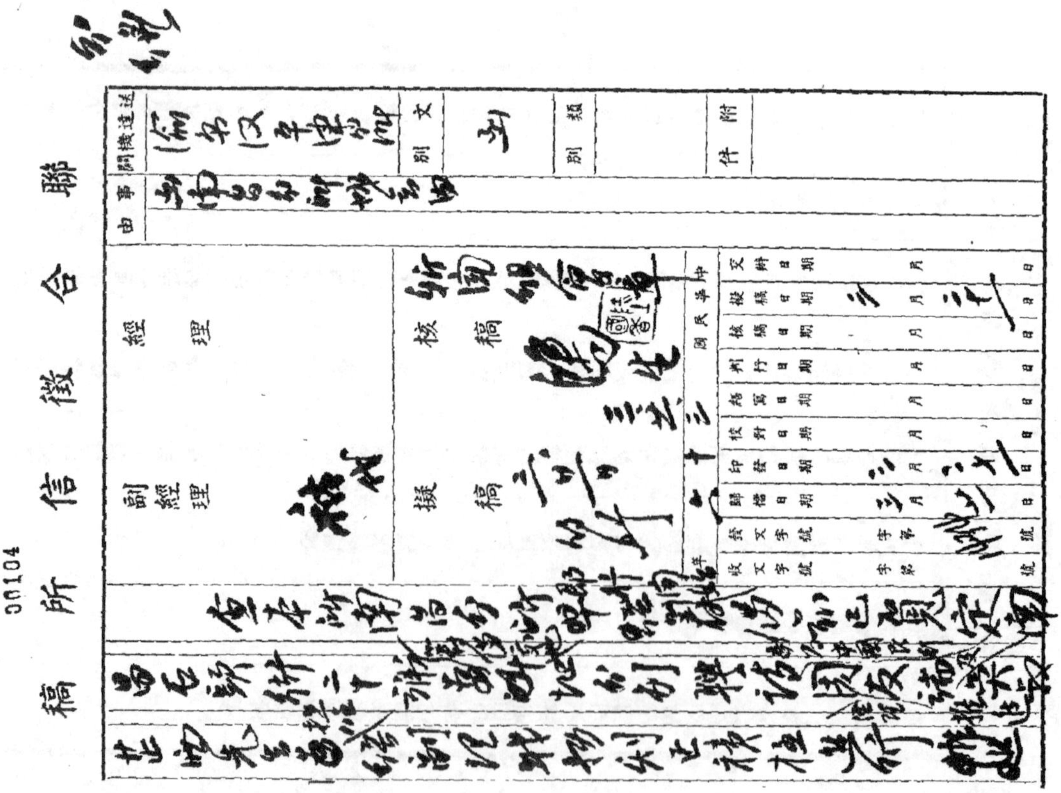

联合征信所南昌分所致总所函(1947 年 4 月 19 日)

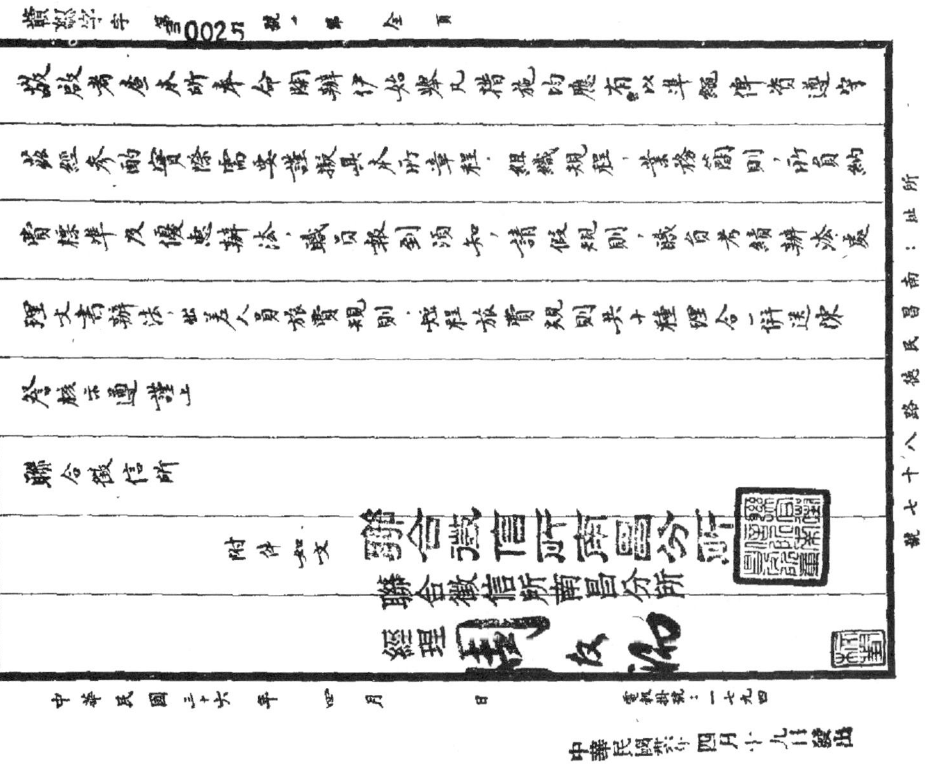

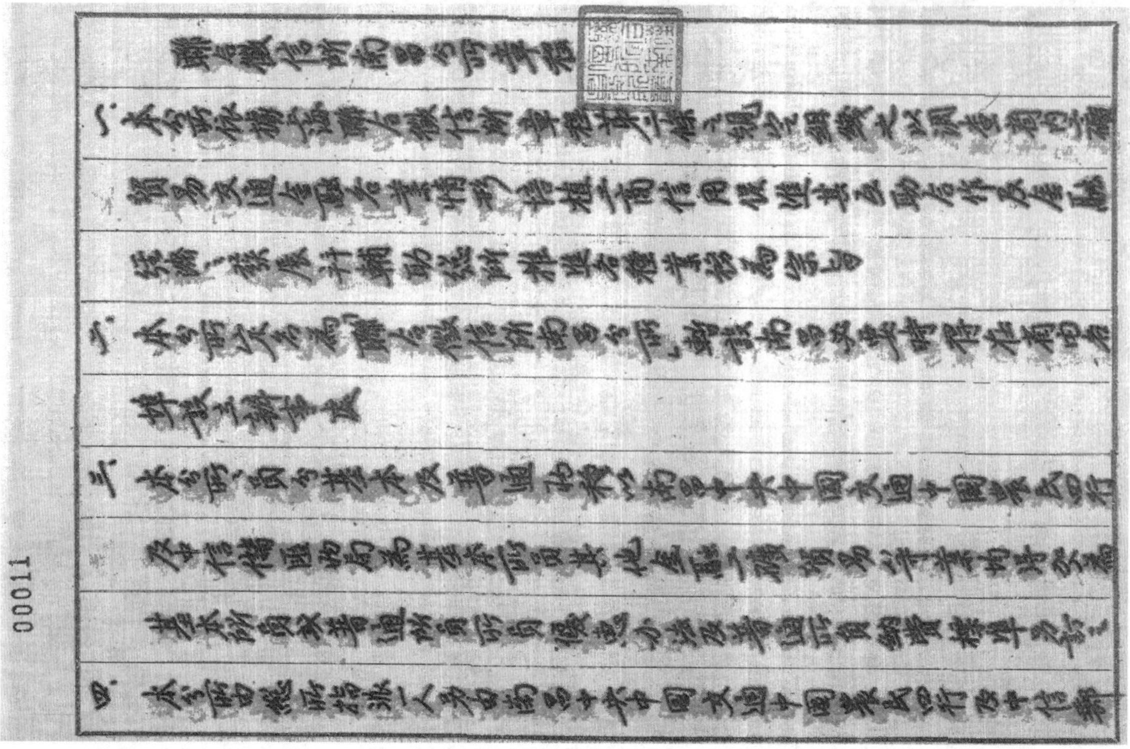

联合征信所南昌分所章程

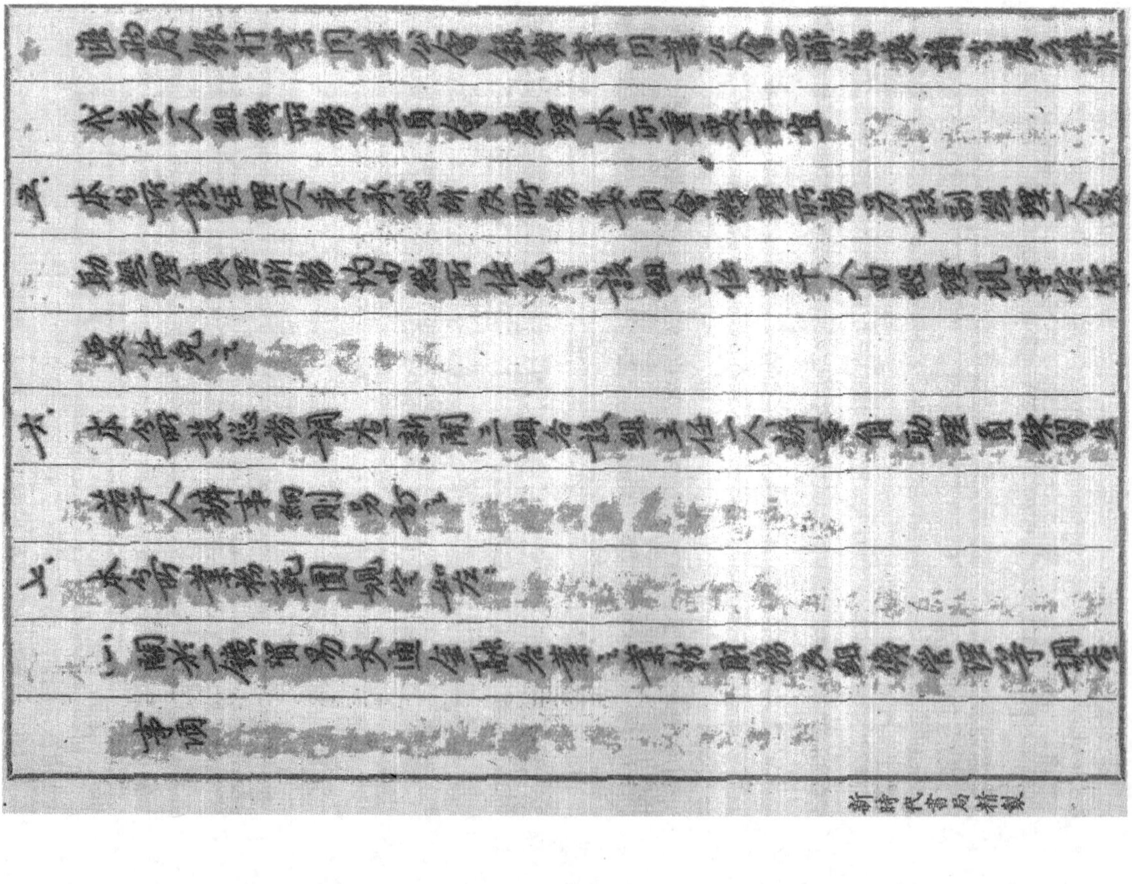

(二)關於市場消息及金融經濟動態之調查事項

(三)關於主要商品生產運銷之調查事項

(四)關於各業營業人員事業經歷之調查事項

(五)關於所員承辦事務主要調查及研究事項

(六)關於日滿經濟合作本所負有指導所主辦事項

七.其他統計編纂事項

八.本所職務前條(一)至(七)各項調查隨時編具報告以作所員參考

九.本所所員對於本所事務須守秘密

十.本所經費除以職員薪水外由會長酌定撥付之

十一.本章程修正時經所核准施行之時亦同

濱江經濟調查所事務細則

一.本細則依據本所章程第七條之規定制定之

二.本所事務劃分如下

甲.調查事項

子.經常調查

丑.特殊調查

寅.臨時調查

乙.其他事項

統計調查

三.經常調查之範圍如

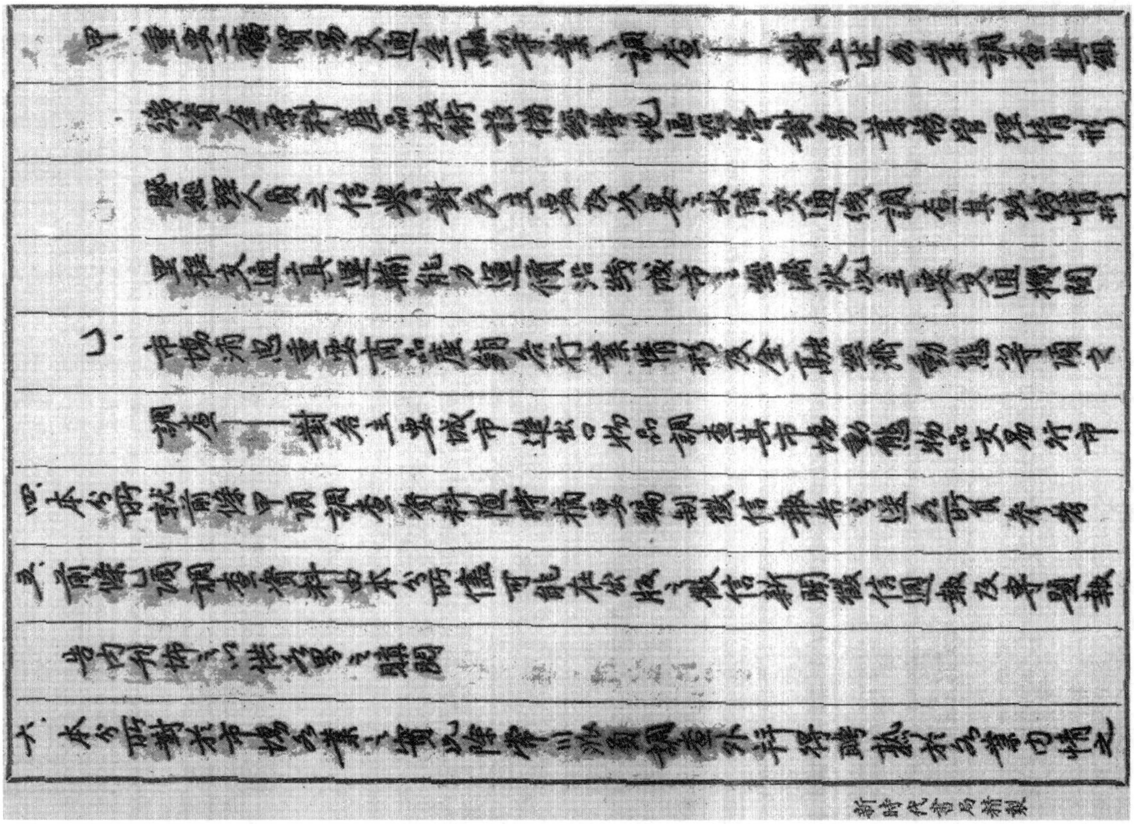
甲、重要之商貨貿易及國產工業等之調查——對上述各業調查其組
織、資本、營業、出品、技術、設備、銷路、市況、運輸[illegible]情形
暨從業人員之待遇等，對其主要者亦須[illegible]商業交通線，調查其[illegible]
運輸交通工具、運輸能力、運價、捐稅[illegible]及[illegible]狀況、主要交通機關
乙、市場消息之調查[illegible]行情及金融[illegible]動態等之調查
調查——對本市主要城市進出口物品調查其市場動態、物品交易行市
四、本公所就商情甲項調查資料隨時編[illegible]刊物[illegible]參考
五、商情乙項調查資料由本公所儘可能在[illegible]發表[illegible]
[illegible]
六、本公所對於市場各業之實況，除隨時派員調查外，並得請求各業同業公

新時代書局精製

將[illegible]調查之結果[illegible]函告本公所以資參考
特種調查
七、特種調查之範圍如下：
甲、個人調查——對各業重要人員調查其事業經歷、資力、信用及社
會關係
乙、臨時調查——對於有關經濟之重要事件或市場發生重大波動
或糾紛事件[illegible]隨時派員調查
丙、考察調查——對於有關某種經濟動態由本公所[illegible]調查
八、對於商情甲項調查之資料本公所對外不公開
九、對於商情乙項調查之資料[illegible]

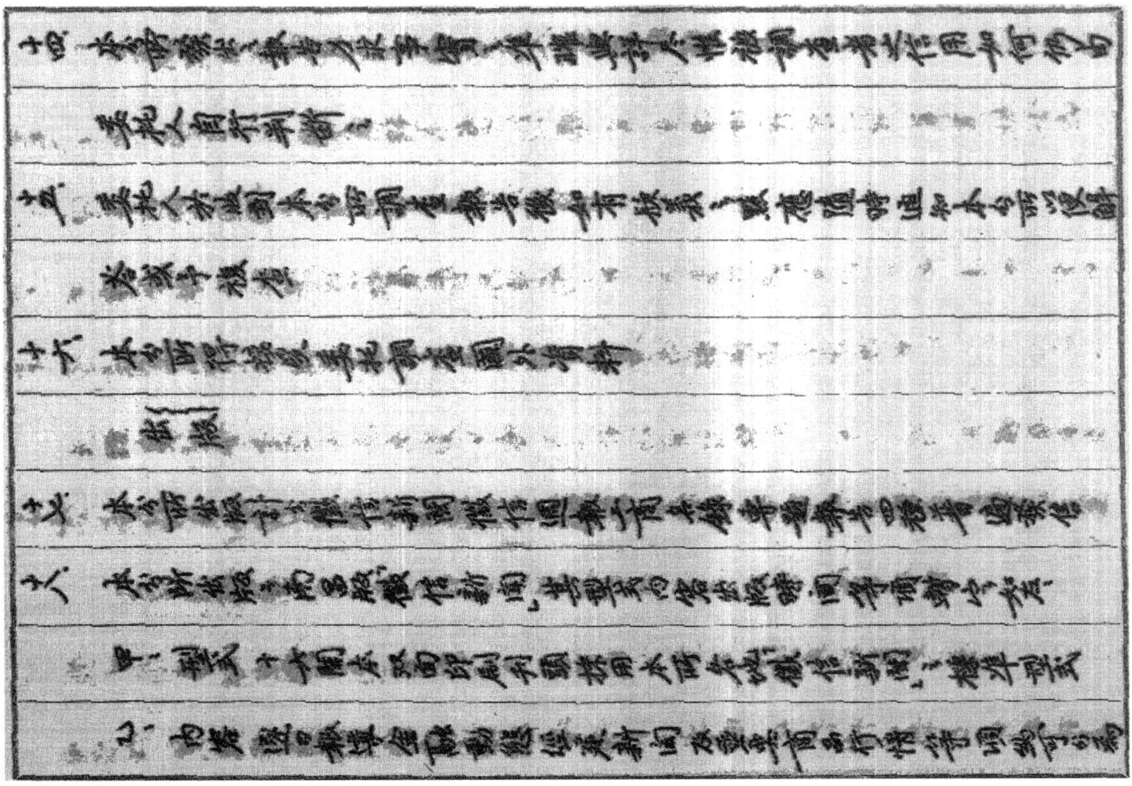

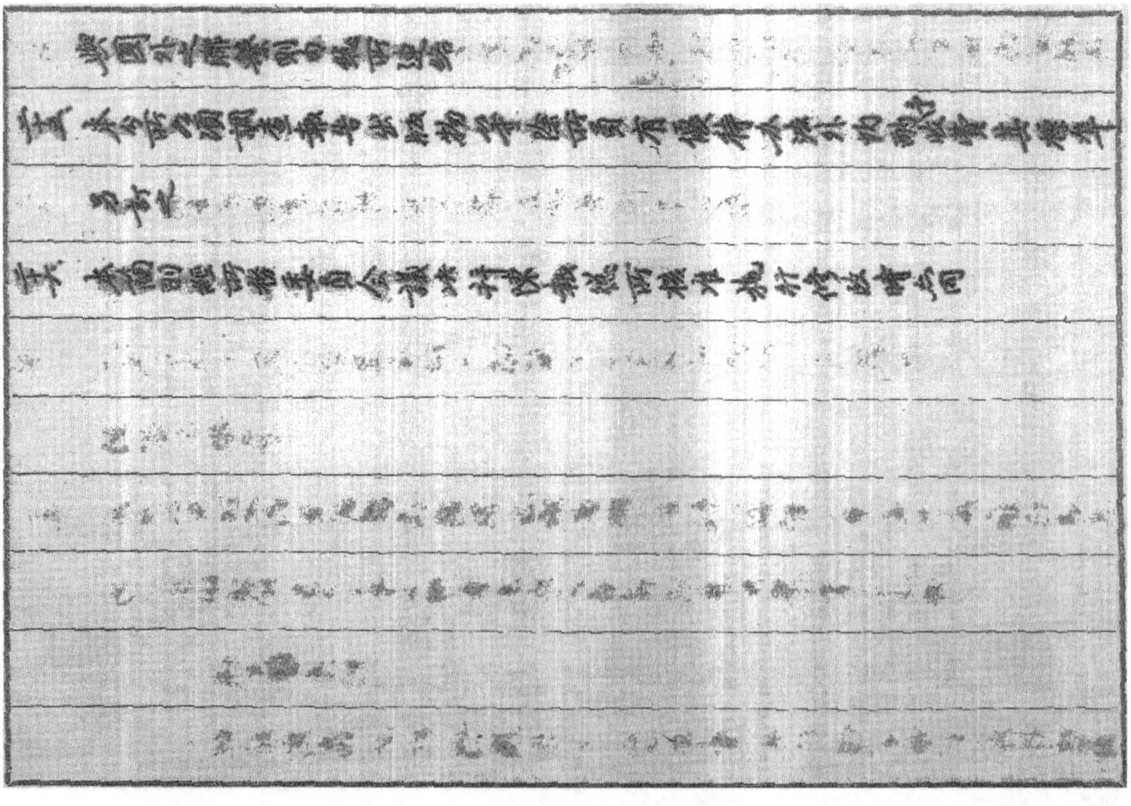

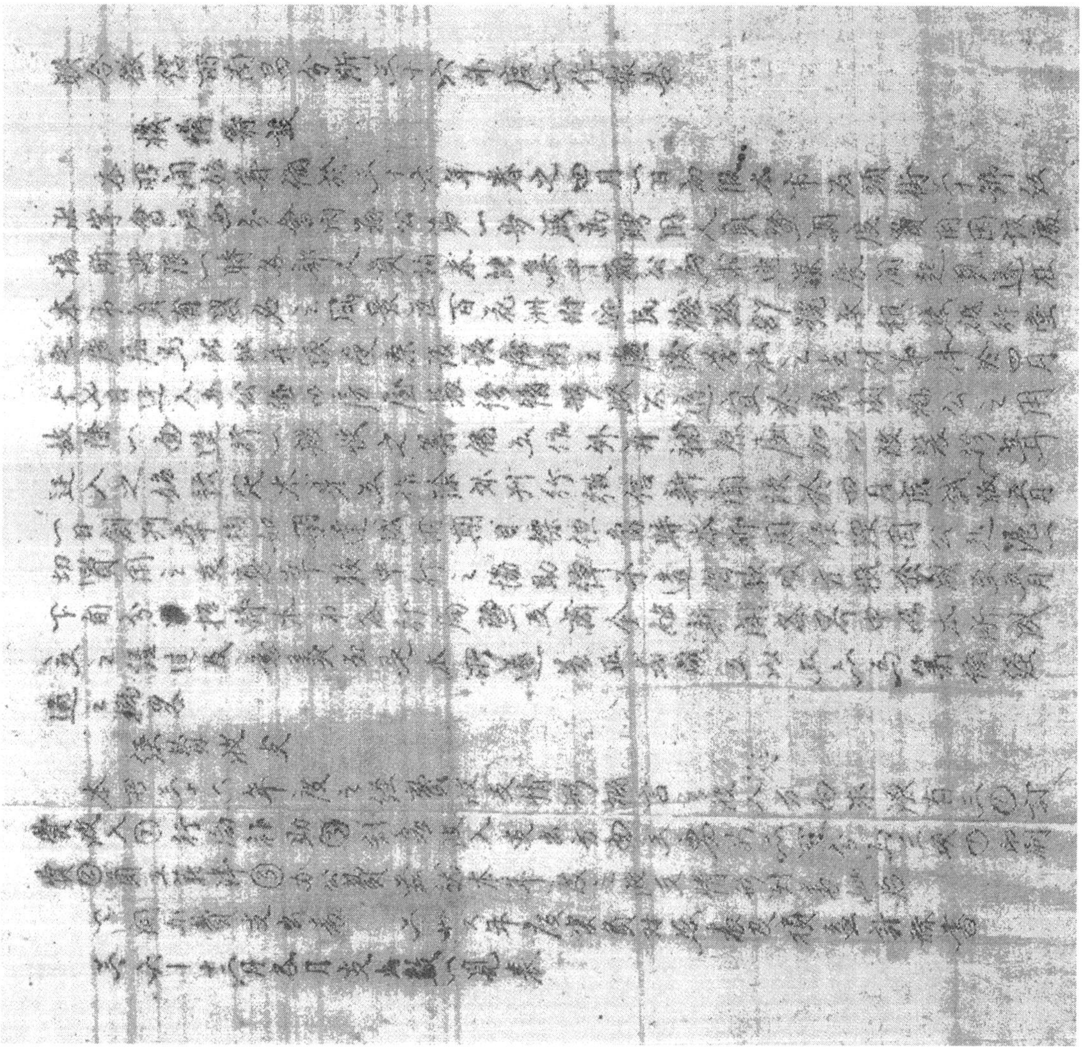

联合征信所南昌分所 1947 年度工作报告

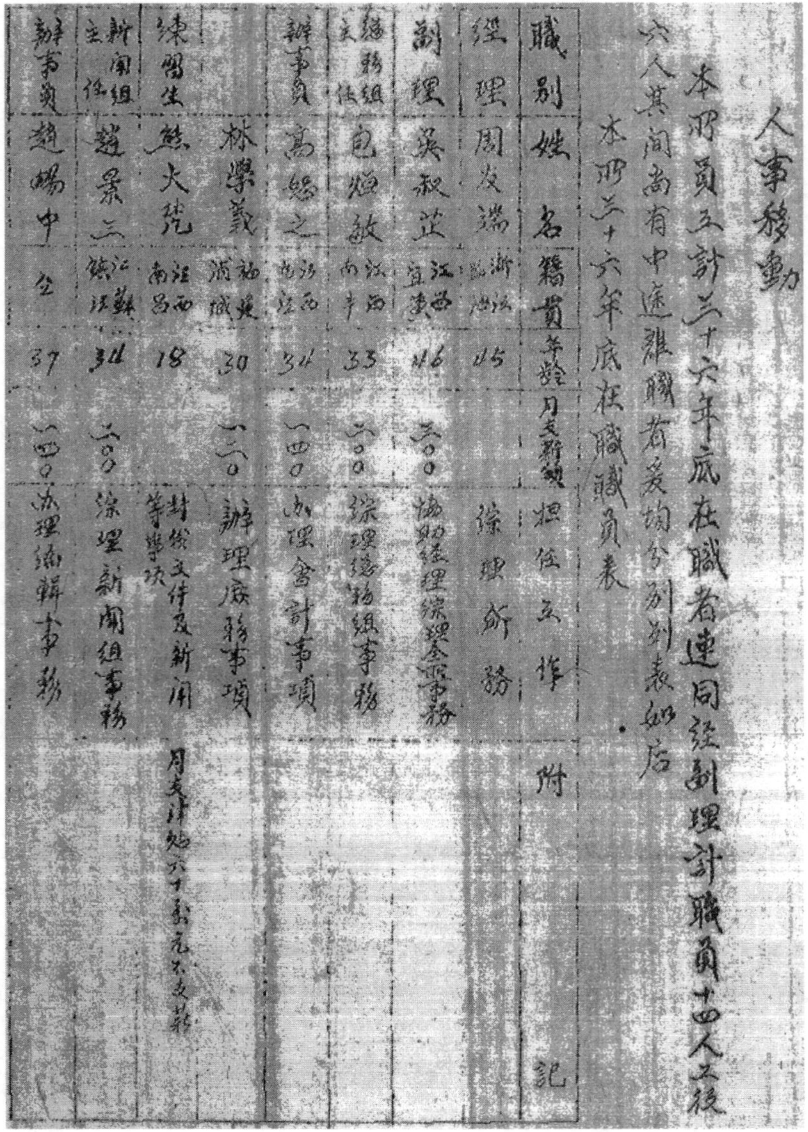

人事移動

本所員工計三十六年底在職者連同經副理計職員十四人不後六人其間尚有中途離職者，均分別列表如后。

本所三十六年底在職職員表

職別	姓名	籍貫	年齡	月支薪額	担任工作	附記
經理	周友端	浙江臨海	45		綜理所務	
副理	吳叔莊	江西宜黃	46	二〇〇	協助經理綜理全所事務	
總務組主任	包煥敏	江西南丰	33	二〇〇	綜理總務組事務	
辦事員	高懋之	江西[illegible]	31	一四〇	辦理會計事項	
	林學義	福建浦城	30	一二〇	辦理庶務事項	
練習生	熊大梵	江西南昌	18		封發文件及新聞等雜項	月支津貼六十萬元不支薪
新聞組主任	趙景三	江蘇鎮江	34	二〇〇	綜理新聞組事務	
辦事員	趙鳴中	仝	37	一四〇	辦理編輯事務	

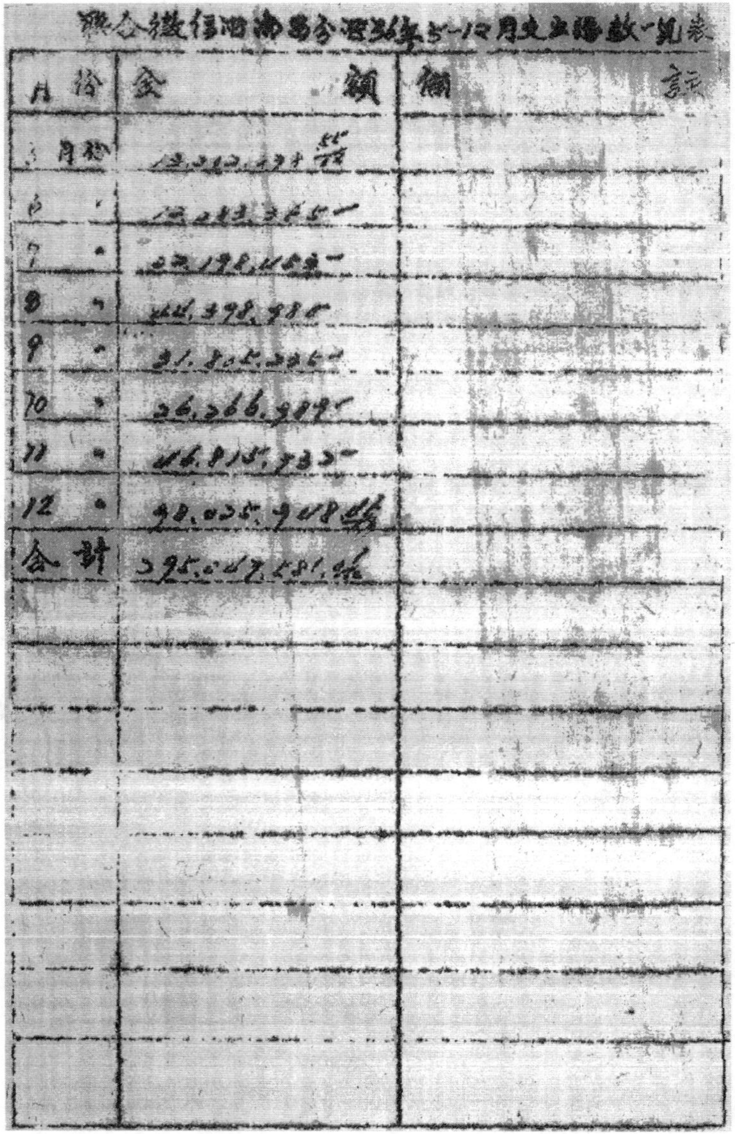

聯合徵信所南昌分所卅六年5—12月支出總數一覽表

月份	金額	備註
5月份	13,312,497.55	
6 〃	12,283,345.—	
7 〃	22,198,469.—	
8 〃	44,398,988	
9 〃	31,805,225	
10 〃	26,266,984	
11 〃	46,815,735.—	
12 〃	98,025,908.46	
合計	295,047,581.46	

職別	姓名	籍貫	年齡	薪額	工作
助理員	王松年	浙江奉化	28	一四〇	办理採訪事項
	眭永華	江蘇鎮江	20	六〇	辦理發行事項
	林啓明	浙江鄞縣	19	四〇	辦理譯電等事項
調查組主任	吳名恒	江西南昌	28	六〇〇	綜理調查組事務
	齊國和	河北[illegible]清	30	一四〇	办理統計登記事項 該員[illegible]任公[illegible]調查組服務
	王高	江西南昌	31	一〇〇	办理採訪調查等事項

本所工役名錄

役別	姓名	分派工作	附記
報差	萬三達	送報并傳達	
	沈鴻齋	送報并遞信	
工役	徐新民	侍應清潔	
	劉九根	侍應清潔	
東伙	秦金安	炊事	
花匠	胡恩漢	園藝	

本所三十六年離職職員一覽表

姓名	原任工作	原支薪額	到職日期 年	到職日期 月	到職日期 日	離職日期 年	離職日期 月	離職日期 日	離職原因	附記
繆[illegible]翔	文書	一四〇	36	4	3	36	8	31	因病	
高異之	會計	一四〇	36	6	7	36	9	5	因病	

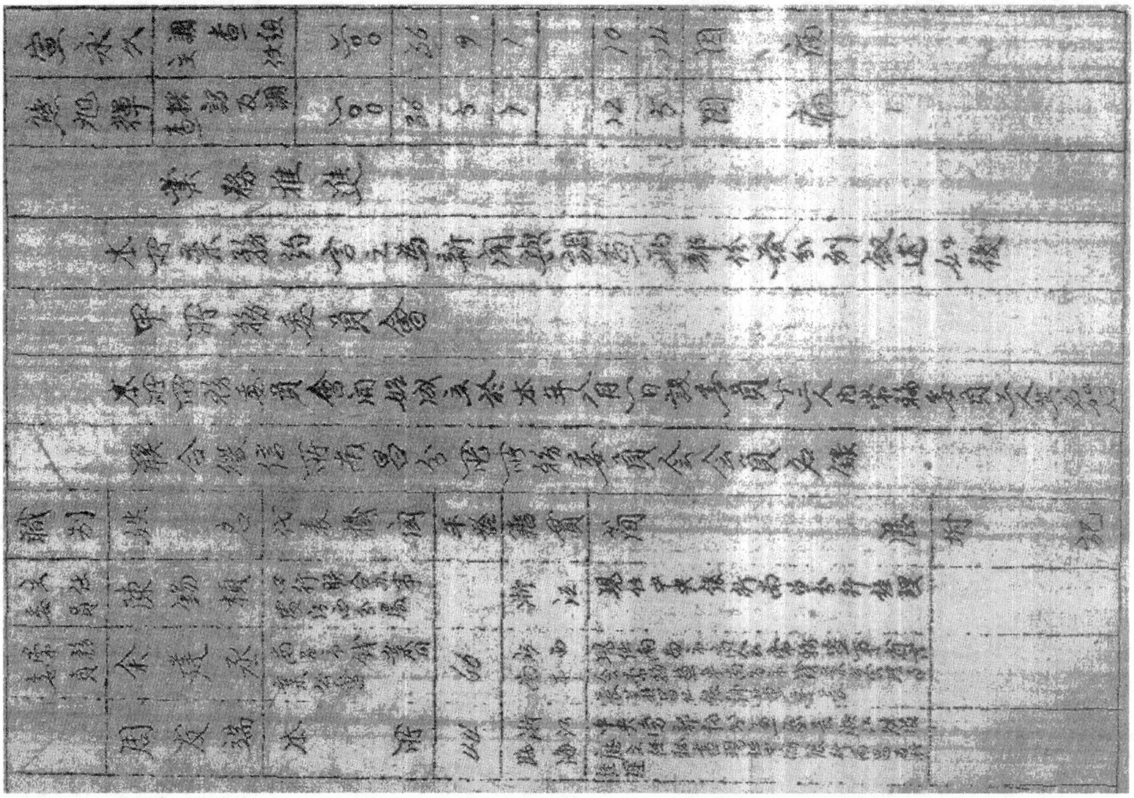

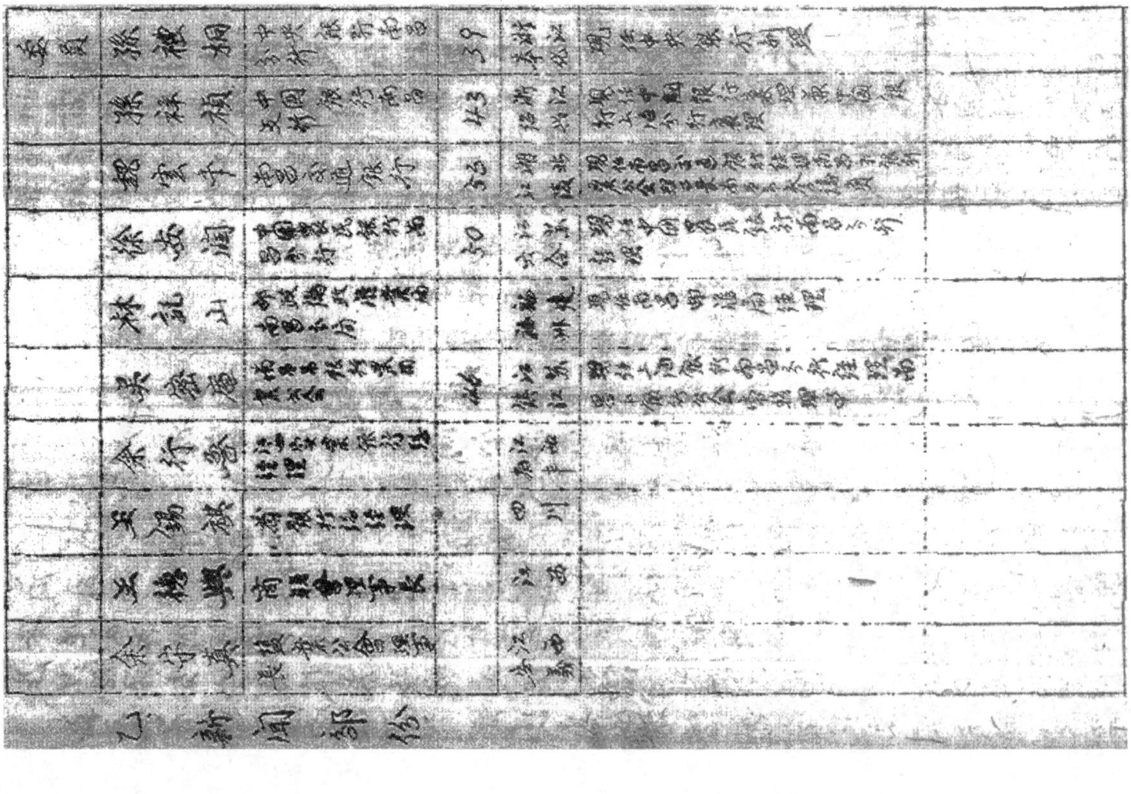

新版方面之主要工作為出版徵信新版在會刊之外以人力
求達對於當地商情未臻詳盡海外與總所及各聯絡間之電訊聯絡亦
未建立并因經濟困難之縣從閩版擬一時難期全部所需經費籌備期
間再四計劃更張并勢力克服種種困難幸終如期於四月三十日正
式試版及五月一日出版創刊號內容并將其與各地徵信新聞大致
相同即

1、內容—經濟新聞金融動態商品行情
2、版型—十六開白報紙單張每期八版乃至十二版
3、新聞來源—A.外埠由各股分所及各地特約通訊按日寄電來報
B.本埠由本所派員專任採訪逐日調查

對於所須新聞資料本所并隨加研究判斷而給定刊佈與否力求報導翔實以符徵信之旨因是發行以來頗蒙各界嘉許惟南洋市場情形與京滬漢等大商埠迥異故大部份人士對本刊似不感興切需要因而影響本刊在發行數量方面有未逮乎其他各報刊之處茲將本刊本年度發行數字按月表列如次

月份	訂戶數 一個月	三個月	六個月	一年	共計
五月	72	50	20	2	144
六月	95	103	40	6	244
七月	98	119	41	7	265
八月	131	90	44	9	274
九月	109	110	25	9	253
十月	206	96	48	10	360
十一月	103	94	86	11	394
十二月	203	91	87	[illegible]	401
合計	1117	739	411	68	2335

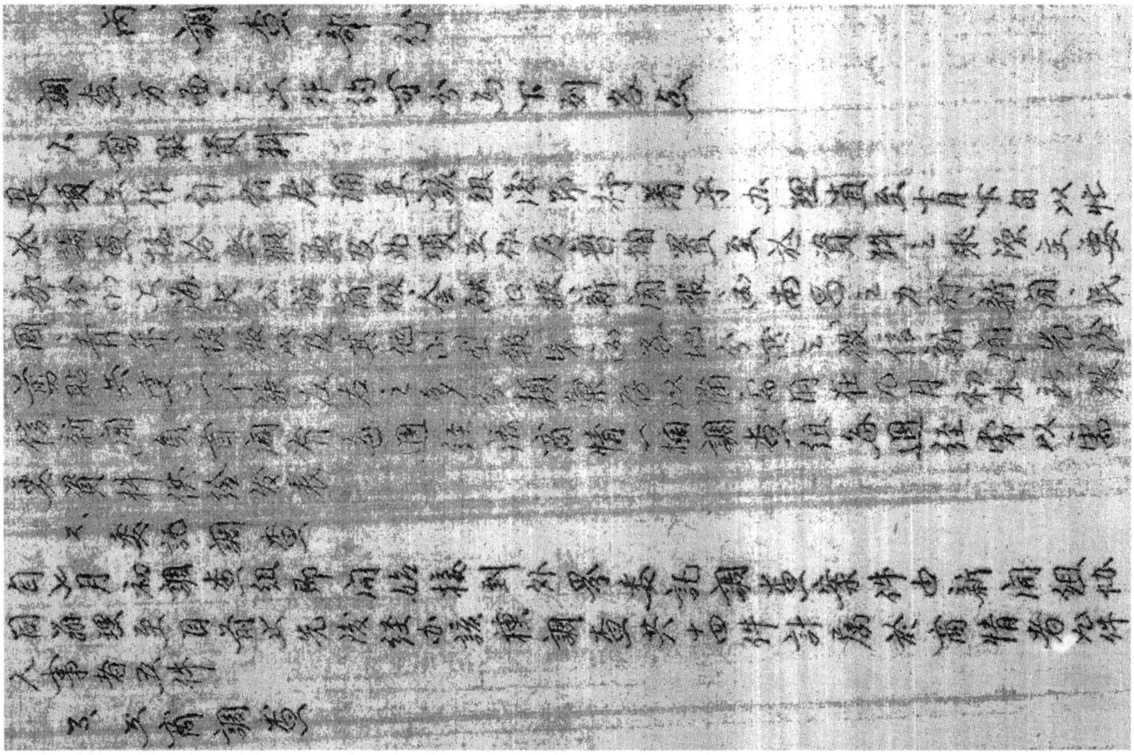
丙、調查部份

調查方面之工作均可分為下列各點

1、蒐集資料

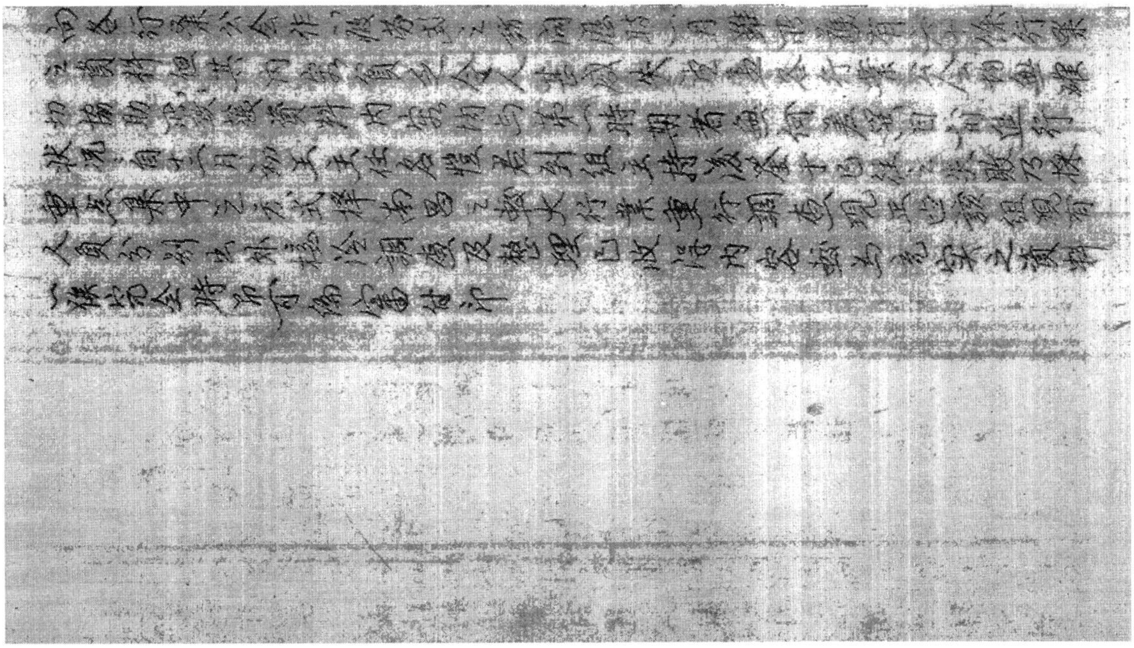

联合征信所南昌分所 1948 年工作计划(1948 年)

JUN 16

聯合徵信所南昌分所三十七年度工作計劃

本所本年度之工作計劃厥為完成上年度之未了工作及建立新的工作茲可就新聞調查兩部份分別說明

甲、新聞部份

新聞方面要言之不外乎主觀的底力求內容充實客觀的在推廣發行并於登廣告以挹注一部份印刷費用

一、內容方面

(一)加強本市採訪工作力求消息迅確

(二)商請總社及各聯所加重電訊份量所需材料由本所列表商知

(三)增聘特約通訊員加強本省各縣特產之報導

(四)每週增刊物價比較表并與商統計處合作編製物價指數表

二、發行方面

(一)以伸份為標準擬請本市各行莊代行推銷

(二)特約報亭向各公共場所展開另售

三、廣告方面

擬注增加徵員設登廣告所有廣告一律收費另訂實施辦法以每月能增加收入壹仟五百萬元為要求

乙、調查部份

調查部份工作始自去年十二月底急極開展[illegible]

為環境與人員之配合條件不足然本組[illegible]前進

工作之繁複措綜責任重大艱巨自不[illegible]

礦產有關建資料全付缺如勢必補充茲擬就本年年
度工作計劃俾有遵循

工作計劃

一、預出書刊

(一)南昌市工商名錄 該項工作原為本組中心工作乃因環境與人員之關係始至三十六年十二月積極編纂本市現有行業壹百壹十八種業較大者有八百本組鑒于金融界急于需用決自大行業着手調查為節省人力計僅就全市商行四行業預計本年中旬可付梓除刊載行名外尚得包括有關金融法規以供參考該項印刷工料費據本年六月中旬估價約[illegible]元(見預算書)

(二)江西特種物產調查報告 查特種物產調查為本省經濟之重要對象政府對於各地物產產銷情形之[illegible]大概員之瞭解本組乃有調查之必要擬本組調查所知本省有特種物產二十五種已為各市場之重要商品每年出口總值[illegible]以上故本組以能中充量將所得之資料貢獻社會該項工料費據本組本年度二月中旬估計約[illegible]元(見預算書)

(三)南昌市重要商品價格變動比較表 該項工作仍為研究本市經濟情況部份之參考又關工商界之需要將在本所徵信新聞陸續刊載

(四)登記調查 本所原為金融界及商界之橋樑促其密切工業而聯繫本市金融界對於工商界有關營業概況及信用資料之調查均可託付本所代為工商界所遭遇之經濟情況亦可代付本所特請當局參考該項工作之辦法業已擬

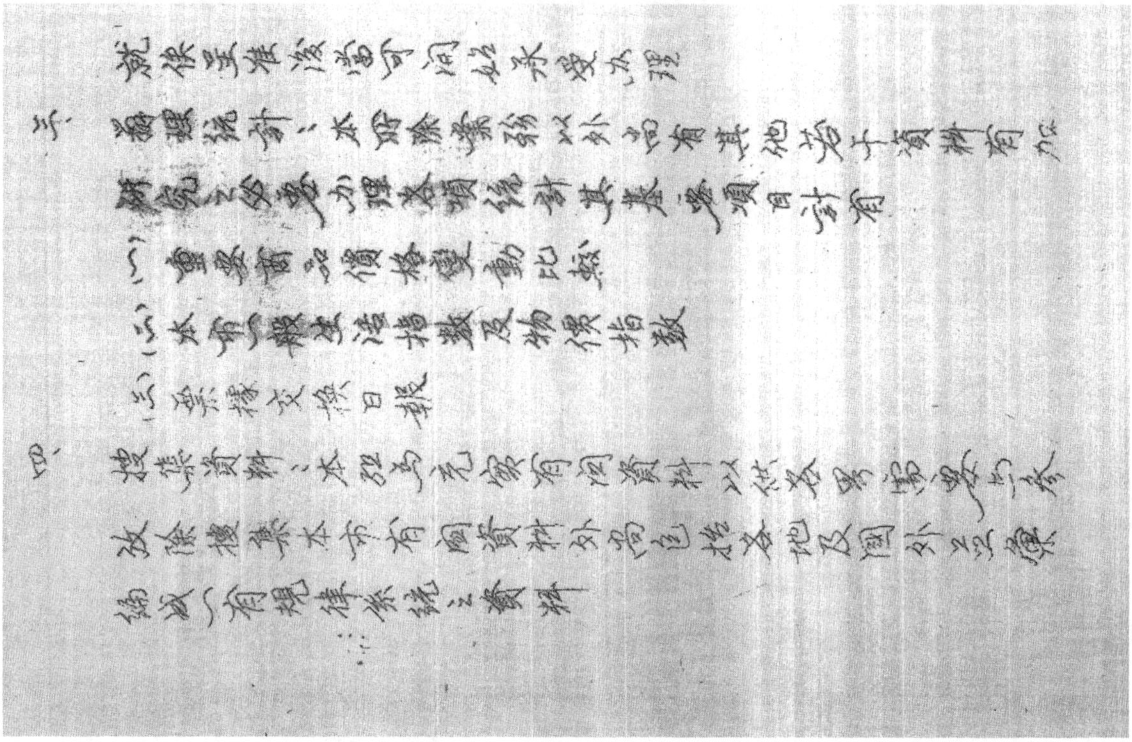

就核呈准后当即开始办理

三、编撰统计：本所除业务以外尚有其他若干项材料有统

研究之必要办理各项统计其主要项目计有

（一）重要商品价格变动比较

（二）本市银根、利率指数及物价指数

（三）票据交换日报

四、搜集资料：本所为充实有关资料以供各界参考起见拟

除搜集本市有关资料外尚拟搜集各地及国外之经济

统计有关金融经济之资料

6. 广州、河南等地分所筹备工作

四联总处广州分处致联合征信所刁民仁函（1946年11～12月）

中中交農四銀行聯合辦事處廣州分處

粵字第　號第　頁　年　月　日

中央 中國 交通 農民 四銀行聯合辦事處廣州分處

粵字第　號第　頁　年　月　日

總處指定增用調查人員四員外，須另
增辦事員及僱員各一人，以充任內部
文書方面工作。目前則擬先行增加調
查人員二人至三人，辦事員及僱員各一
人，以便辦理初步文書，準備各項應
用表式，函滬京漢渝各地聯絡及辦
理廣州市金融工商行情調查，預
計工商事業之調查希望於下月中旬
展開。上陳步驟，係因人事調配關係，不
能不採取逐步推廣，且物色調查人

中央 中國 交通 農民 四銀行聯合辦事處廣州分處

粵字第　號第　頁　年　月　日

員，其選擇條件除具大學商科畢
業者外，並擬取用有社會工作經驗二年
以上，略知工商情形，中英文程度稍有
者為標準，俾將來隨工作而訓練
使為分行基幹人才。因此任用新人
務須略事嚴格慎選，期求業務發
展確有裨益。對於增加辦事員、僱員
各一人一節，除由分處出呈總處並另
函山柏公陳明外，敬懇
亮鑒，分處確實需要情形，乞轉陳

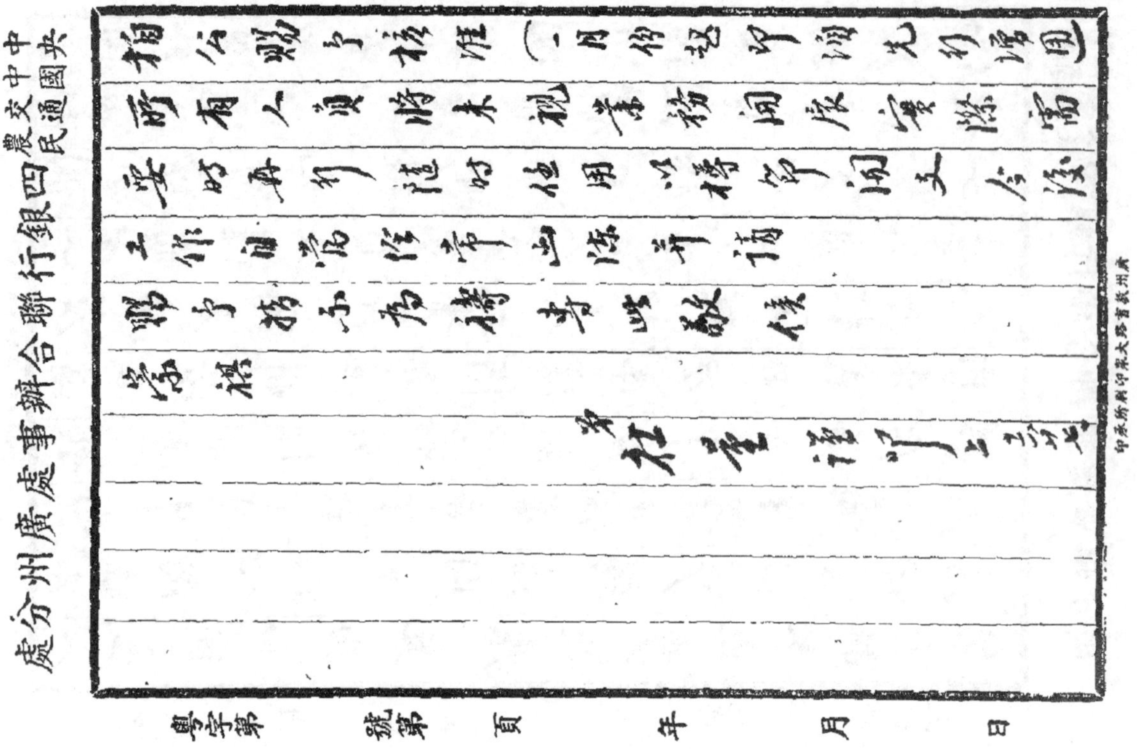

联合征信所与四联总处关于广州征信业务往来函(1947 年 1～2 月)

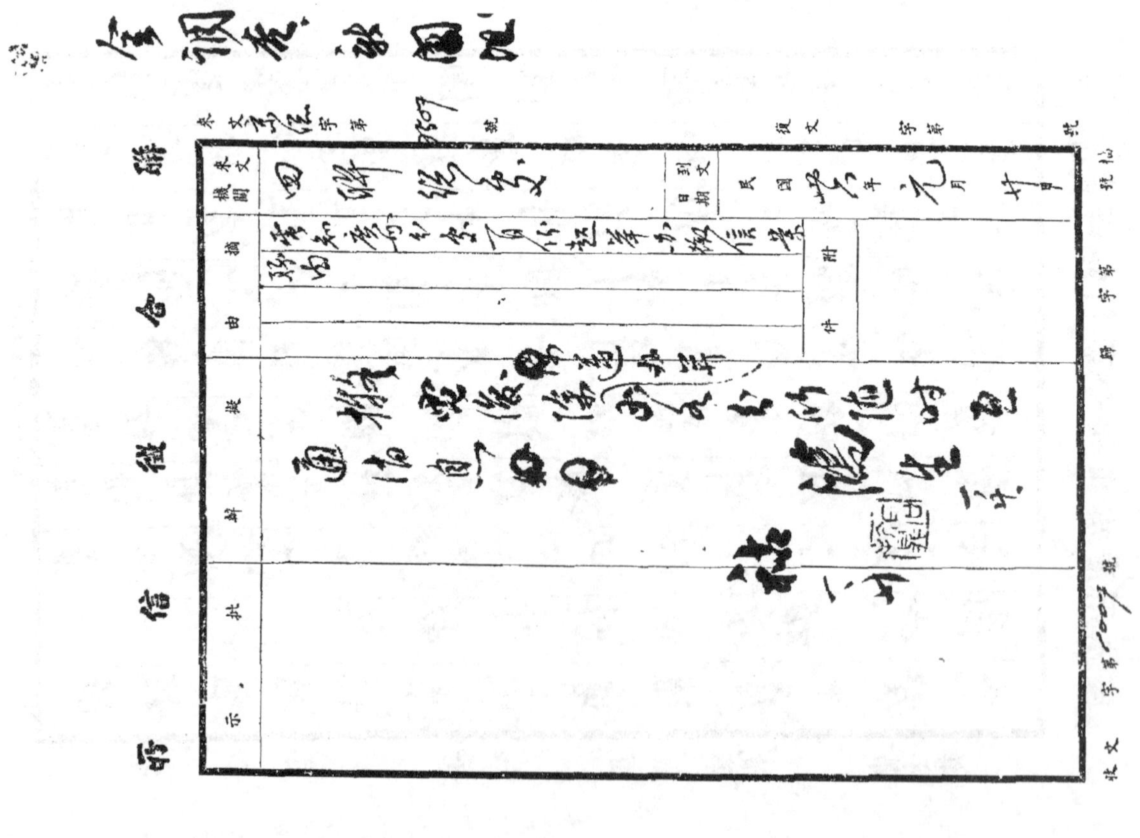

中央 中國 交通 農民 四銀行聯合辦事總處快郵代電

聯合徵信所查閱於廣州市工商業徵信工作奉准由
廣州分處先行舉辦一節業於上年十一月廿日以京總
字五七一四號代電查照在案茲據廣州分處0106粵777電
陳略以「遵由本月份起舉辦徵信調查工作並與京滬
渝漢等所按月互通調查消息祈察核」等情相應
電達查洽為荷總處秘書處卅京總

京總字第7507號

中華民國三十年月日

新聞 調查

聯合徵信所稿

滬聯字第1136號

送達機關	四聯總處秘書處
文別	代電
類別	
附件	
事由	電復與穗分所[illegible]徵信業務由

經理

副經理 祐代

核稿

擬稿

中華民國 年	月	日
文辦日期	月	日
擬稿日期	元月	廿日
核稿日期	月	日
判行日期	月	日
繕寫日期	月	日
校對日期	月	日
印發日期	二月	五日
歸檔日期	月	日
發文字號	字第	號
收文字號	字第	號

中〃京四聯總處秘書處鈞鑒〇〇京總字7507號代電[illegible]

[illegible]與穗分所徵信業務由[illegible]

[illegible]

聯合徵信所稿

送達機關	四聯總處廣州分處
文別	箋函
副類	
附件	
事由	函復交換行情電辦法附新聞電稿照由 查照由

經理

副經理 祐

核稿 香 二、三

擬稿 黄 二、六

中華民國 卅 年

文辦日期	擬稿日期	核稿日期	判行日期	繕寫日期	校對日期	印發日期	歸檔日期	發文字號	收文字號
月 日	月 日	月 日	月 日	月 日	月 日	二月五日	月 日	字第 號	字第 號

逕復者 接准

貴處(0106)電暨元月十七日粵字第7108號

大函均經奉悉，茲蒙逐日航寄□行情品目及用字

1139

洽談股組 香 二、三

八六〇號收文奉悉，弔費條六號摘由

已送二、六

隨時互通消息，以資聯繫，謹實陳復，敬祈鑒

察為禱 此致 聯合徵信所 叩（□） 滬聯 〈 〉

聯合徵信所

來文機關	渝、所	來文 新聞組 字第0615號
摘由	西安與四聯總處陝辦洽情形由	
到文日期	民國卅六年二月十四日	
附件		
擬辦	擬存卷　鴻生 二、十四　祐 二、十四	
批示		

收文 字第1078號　歸檔 字第　號

來電已收領。查該項商品行情電報除敝所發往
貴處以收報人非為新聞機關不能以新聞電計算收費
尚待與交通部洽商後再行拍發外，茲附奉新聞電
報紙照申請書一份，請將該表記者姓名及其詳細住址
欄填明本所記者，又付費辦法欄請用「指」發報人付費
並附二寸半身照片二張寄本所南京分所，以便持向交通部電信局
四聯總處請發見照後閱發電相應函復，即希
查照為荷。此致
四聯總處廣州分處
附件
所機啓

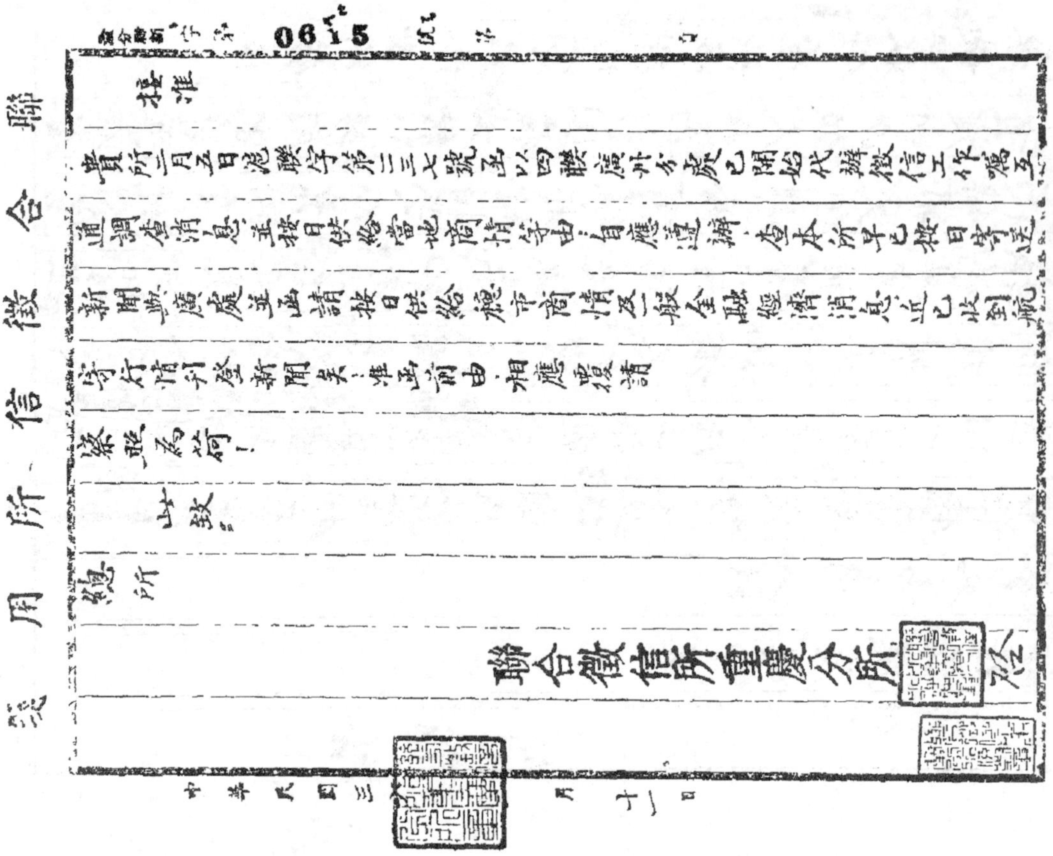
渝合聯新字第 0615 號

聯合徵信所用箋

接准

貴所二月五日滬聯字第二三七號函以四聯廣州分處已開始代辦徵信工作囑互通調查消息，並按日供給當地商情等由，自應遵辦。查本所早已按日寄送新聞與廣處，並函請按日供給穗市商情及一般金融經濟消息，近已收到航寄行情刊登新聞矣。准函前由，相應覆請

察照為荷！

此致

總所

聯合徵信所重慶分所 啓

中華民國三　　月十一日

地址：重慶林森路下營學巷四號　電話：四一一四三七　電報掛號：四〇四〇

四联广州分处关于筹备广州征信分所事与联合征信所来往函(1947 年 4 月)

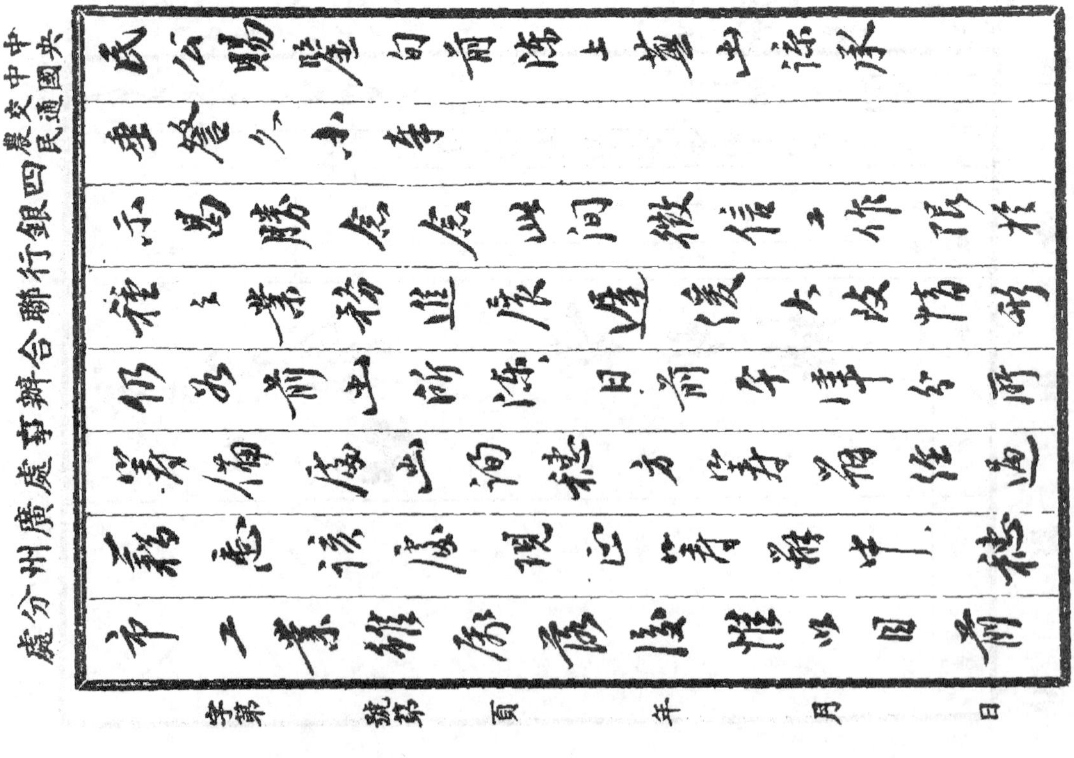
中央 中國 交通 農民 四銀行聯合辦事處廣州分處

民公賜鑒：旬前滬上蒞此，諒承

垂詧。久未奉

示，曷勝念念。此間徵信工作，限於

種種業務進展遲緩，大致情形

仍為前此所陳。日前本年分所

籌備處函詢穗方籌備經過

籌慮該處現正籌辦中，穗

市工業雖屬慘淡，惟以目前

字第　號第　頁　年　月　日

中央 中國 交通 農民 四銀行聯合辦事處廣州分處

整個經濟環境而論，因香港
緊接且以僑匯關係，對於外匯
問題全國各口岸都市而言，恐
僅次於上海，現刻外匯問題複
什，動輒牽涉整個工商金融
經濟，不能分割之現因情形下
徵信機構之健全自屬必要，弟
意由分處兼辦，原為一時應急權

中央 中國 交通 農民 四銀行聯合辦事處廣州分處

宜之計，只為永遠及工作能達
預期目標計，自宜更利用現有
分處及各行局之表誠合作，大
好機會早日籌備，使之獨立，俾
能舉措其效用，所陳是否有
當，敬祈
詧核指示為禱，專此敬頌
道安
弟 [illegible]敬上 四月[illegible]

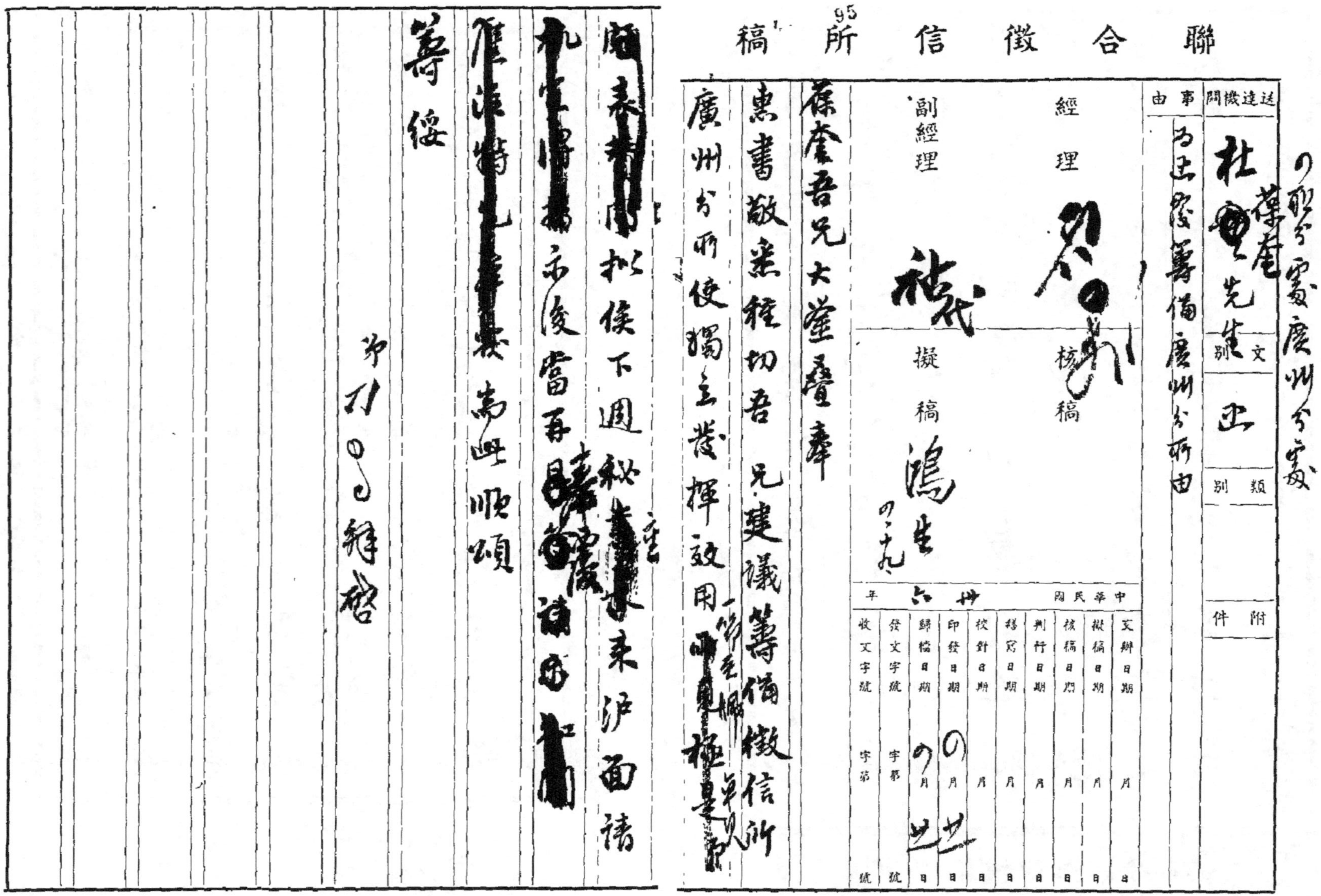

95

聯合徵信所稿

送達機關 杜月笙先生

文別 函

別類

附件

事由 為上海籌備廣州分所由

經理

核稿

副經理

擬稿 鴻生

中華民國卅六年

收文字號	發文字號	歸檔日期	印發日期	校對日期	繕寫日期	判行日期	核稿日期	擬稿日期	交辦日期
字第 號	字第 號	月 日	月 日	月 日	月 日	月 日	月 日	月 日	月 日

吾兄大鑒敬啓者

惠書敬悉種切吾兄建議籌備徵信所

廣州分所使獨立發揮效用

擬俟下週來滬面請

當再

順頌

籌祺

弟 拜啓

中央合作金库河南省分库函请承办郑州征信业务(1947 年 8 月 29 日)

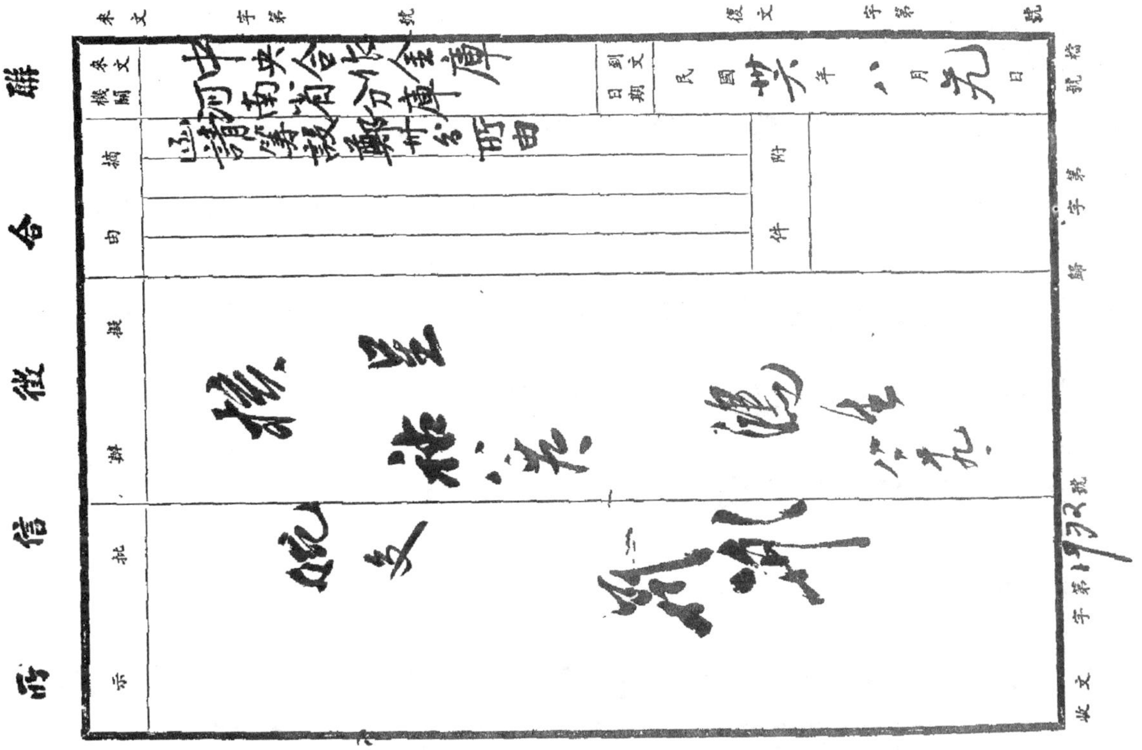

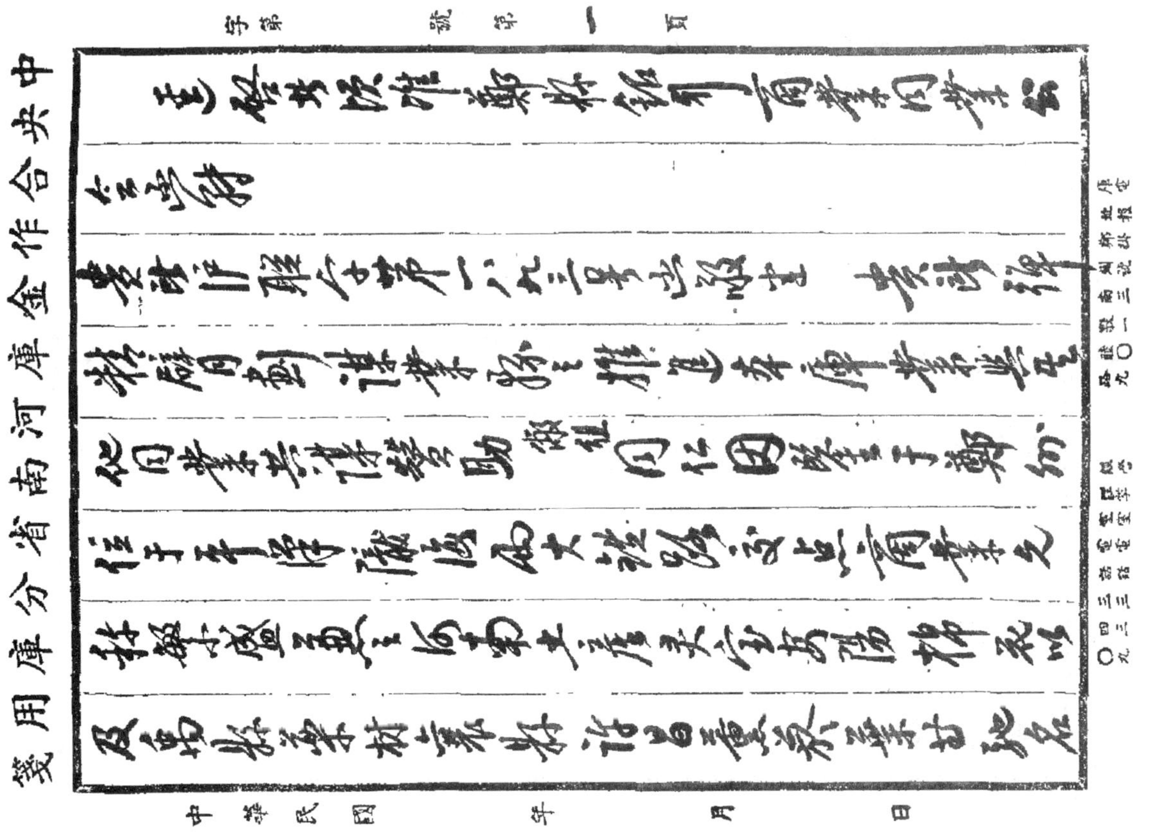

中央合作金庫河南省分庫用箋

字第　號第二頁

國內之大宗土產均以鄭州為集散中心，本
種利情既為一般商業界所注意，因此鄭
州雜穀之方多可集各方利情之總匯，但截
至目前尚無任何報刊對金融利情以及有
關金融物價等綜合性有系統之報導者
貴刊此 衛組 同人有仔細向老手自覩此尚
金融利情之文字致情形不免技窮為便
利本地國家利為錢莊利息與有關商

中華民國　年　月　日

中央合作金庫河南省分庫用箋

字第　號第三頁

界迅速了解各方金融壽態物價利情起見
特請
貴行鄭區速籌設分社為謀環境熟
悉及格外節經費計 衛組 同仁自願就近承
辦此項工作相應函達
查照為荷可否 即煩
惠賜承辦手續經費供給辦法及發刊注意
事項詳為

中華民國　年　月　日

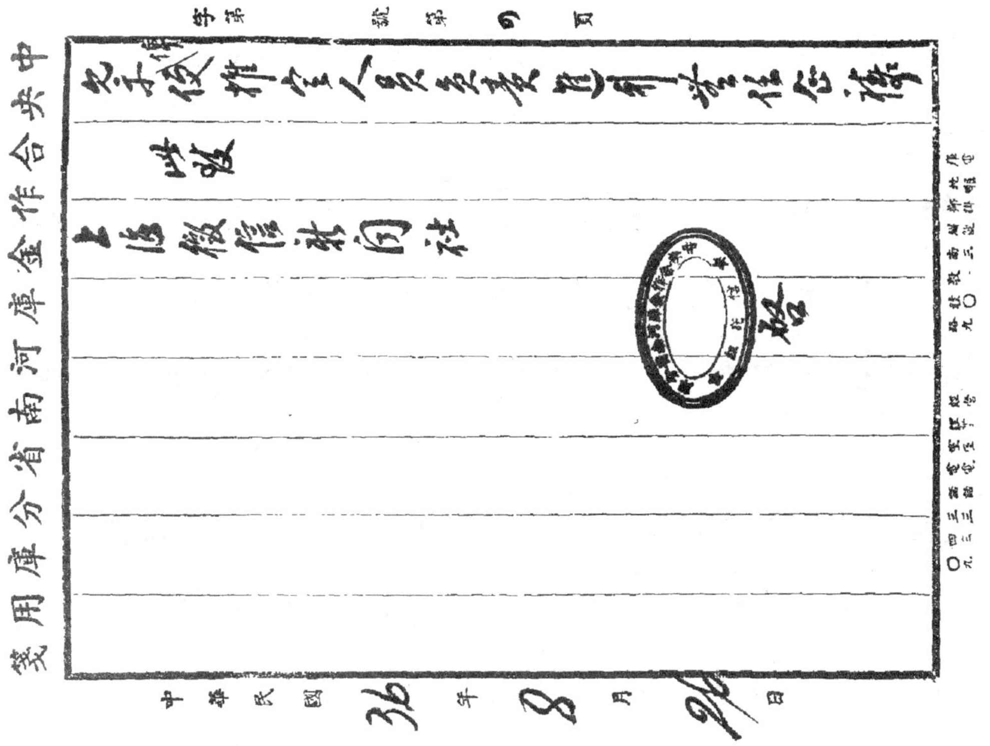
中央合作金库河南省分库用笺

上海征信新闻社

中华民国 36 年 8 月 26 日

三、调查业务报告及往来函件

联合征信所关于中华造船机器厂股份有限公司调查报告(1946 年 1 月 7 日)

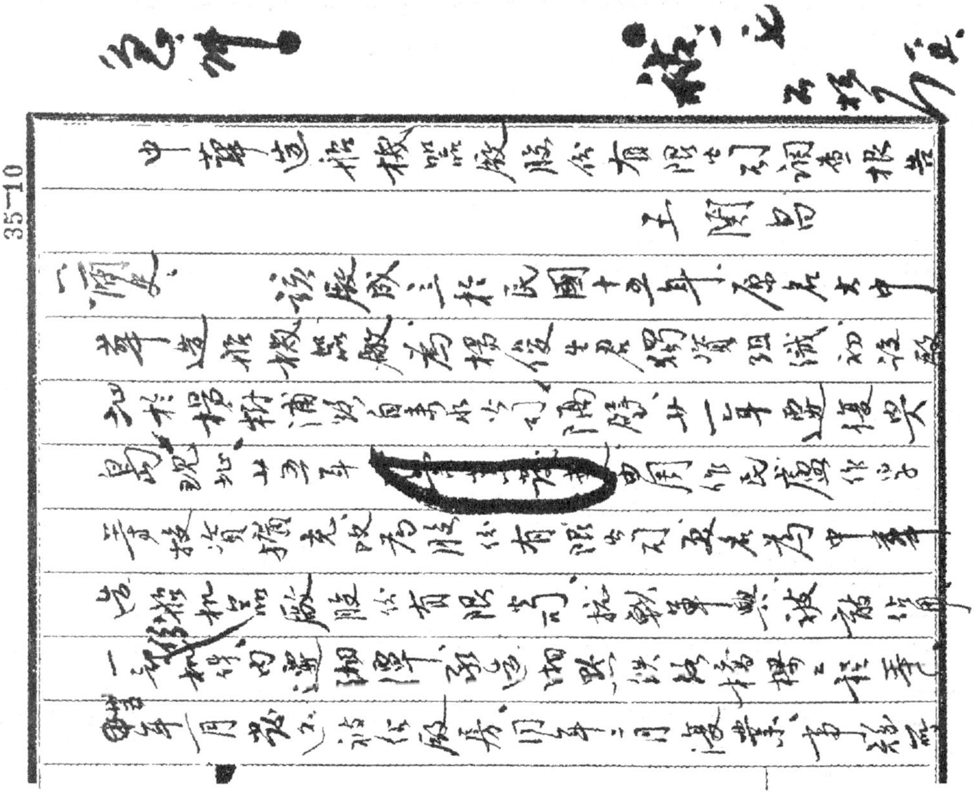
35—10

注：[illegible]

2.负责人：

[illegible]

[illegible]

[illegible]

[illegible]

[illegible]

日本帝国主义[illegible]

[illegible]

[illegible]

[illegible]

3.资本：[illegible]

[illegible]

[illegible]

4.经历：

1.概况：[illegible]

[illegible]

[illegible]

[illegible]

北部為栈料堆積棧倉、
庫、机械工場及管理處等。再北為鉗工場、銅
工場及鍛工場等，均屬一層建築。此外為車
船机室、冷氣机室及冷作工場等。
2.机器、　計大小車床十五部、龍門刨床五
部、牛頭刨床二部、横鑽床一部、鑽床二部、洗
床、滾床各一部、鋸床二部、螺旋車、磨刀机及二孔
冲床各一部、冲剪刀机三部、車船机一部、横冲床
滾筒机、打風車各一部、鑽眼車二部、打風机二
部、滾筒車、剪刀車各一部、圓鋸、帶鋸各一部
及冷卻車、打水部、抽水部、磨刀机、大石車、木車床
等四架、動力方面有大小馬達十二只、共計馬力
二八一匹、另有自備柴油引擎七具、以補電力之不足
(一具在裝置中)、此外尚有船塢軌及起伎
設備等設置。
五、業務：　製造船隻及修造工程、如
戰前大章小丁大章輪、民族
輪、由工務修造、船塢
以及橋樑及抗戰
設備湘潭附近之橋樑、業已完成工程計

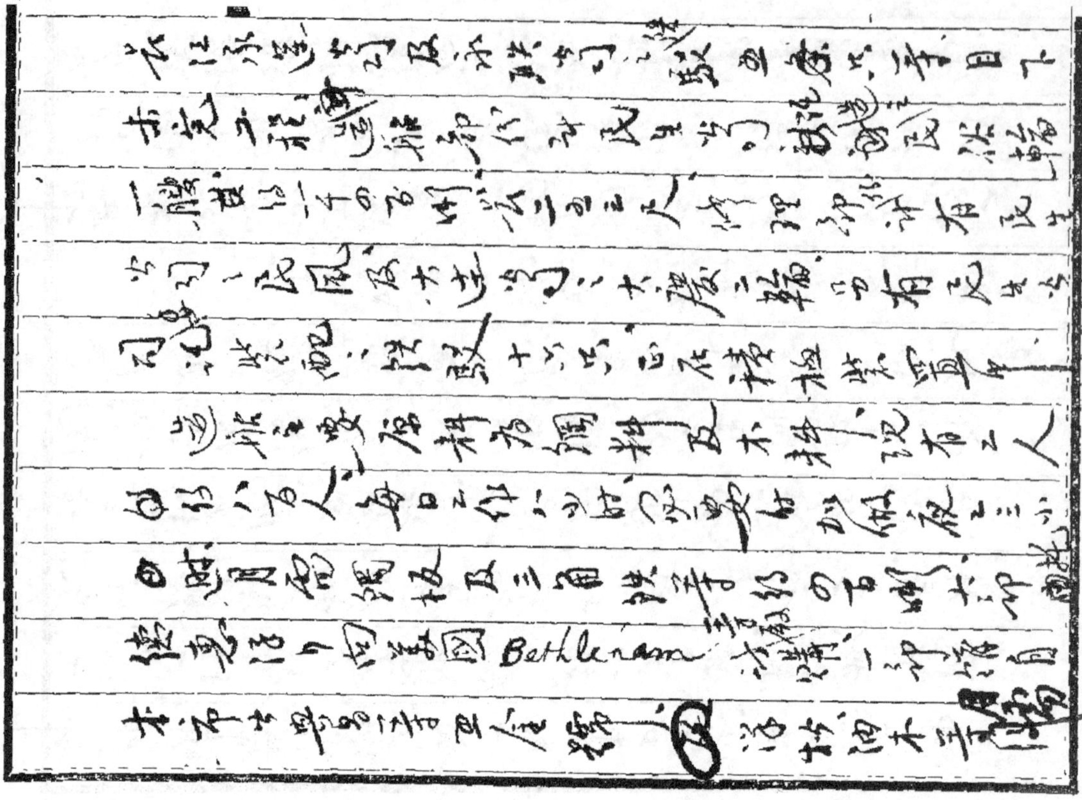

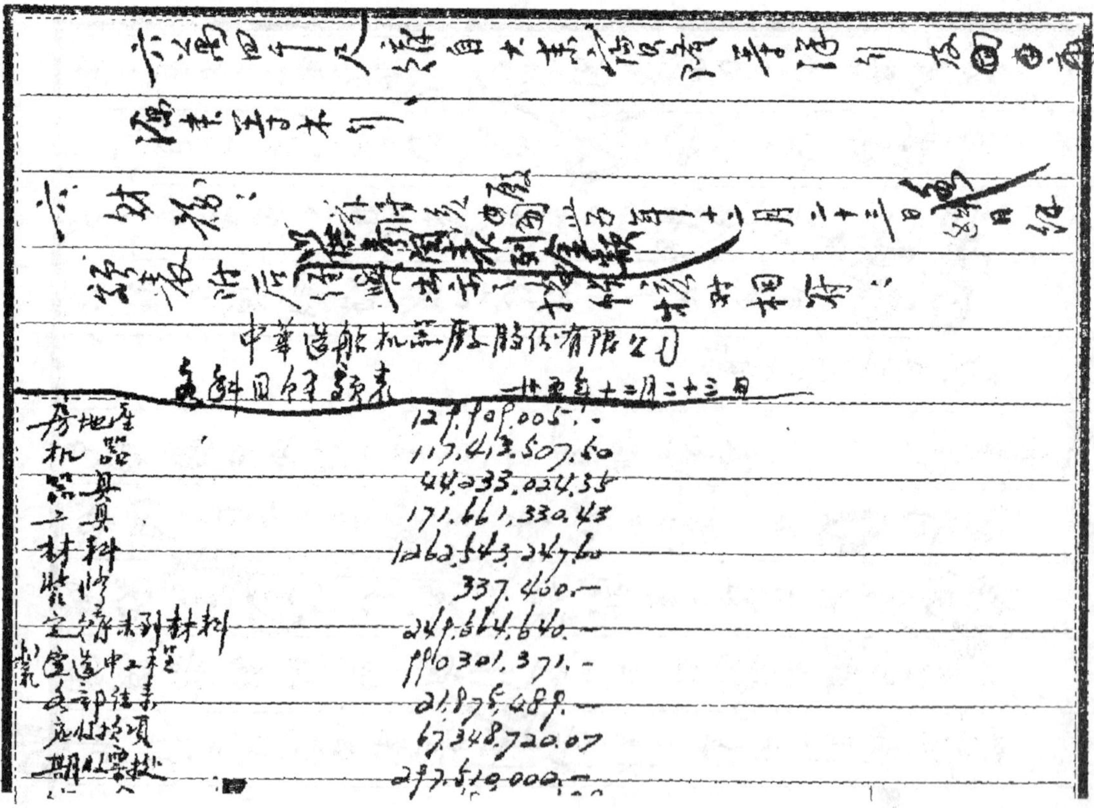

六、财务：

中華造船机器廠股份有限公司

[illegible] 卅四年十二月二十三日

房地產	127.808.005.-
机器	117.413.507.60
器具	44.233.024.35
工具	171.661.330.43
材料	1262.543.247.60
裝修	337.400.-
定購未到材料	249.614.640.-
製造中工程	880.301.371.-
各部往來	21.875.489.-
應收款項	67.348.720.07
期收票據	277.510.000.-

[illegible]	[illegible]5,340.—	
预付款项	330,350,900.—	
暂记欠款	58,794,642.66	
非常损失	677,851.02	
有价证券	175,000.—	
股本		100,000,000.—
特别公积		63,042.25
法定公积		57,742.98
器具折旧准备		1,533.36
水道未完工程		3,435,071,099.60
什存往来		463,256,405.68
期付票据		468,565,110.—
累积盈余		15,636.33
应付款项		1,098,390.84
材料价格准备		8,994.51
借入款		33,465,720.—
呆账损失准备		22,142.80 ~~22,941.51~~
非常损失准备		286,866.12
售料收益		55,204,119.83
进料折让		11,900.—
材料盘盈		46,225,714.56
兑换收益		1,540,000.—
利息收入		83,733,804.—
杂项收入		733,270.—
工程费用	101,379,451.70	
工程折让	4,843,250.—	
营业及管理费用	223,179,808.10	
利息支出	682,575,412.13	
杂项支出	30,213,695.—	
	共 4,689,366,812.46	共 4,689,366,812.46

联合征信所关于太平洋物产公司调查报告(1946年5月6日)

太平洋物产公司调查报告　　联合征信所
民国卅五年五月六日

一、地址：博物院路三十四号

二、简史：该公司于三十五年四月由汪振寰、汪葆英、汪淇楠等合伙组成，大部资本由汪君投入，过去均属于汪裕泰茶号经营进出口贸易，三十年太平洋战事后对外贸易中断，该公司无形停顿，今年三月复业，改组成股份有限公司，现正向上海市社会局呈请登记中

三、负责人：董事长 汪振寰 汪裕泰茶号经理
经理 汪楠 曾任上海金源铁矿公司副经理

四、资本：成立时法币三百万元，今年三月决定增资为法币五千万元，迄今尚未收到重要股东及所认股数详附表

五、业务：经营茶叶出口及进口纸烟、咖啡、钢丝等，进口方面本年三月来进货三批，计钢丝五十吨值美金二千元，纸烟叶九十箱值美金一十三万元，咖啡十五箱值美金一十二万元，进货主要客户有美国 James H Rhodes & Co. The Shelton Tech Co. Coast Supplies Co. 进货时均预付信用证，寄美代替汇款，三月来尚未销货

六、财务：未设帐册，所有财务详情无从获悉，据称除资股款尚未收到外，购货支出曾由经理垫付(约法币一千三百万元)，或由汪裕泰(约法币二百五十万元)、振兴公司(约法币一百五十万元)垫付，购货约七百五十万元，开办费(办公室修理费杂支)约八百八十万元

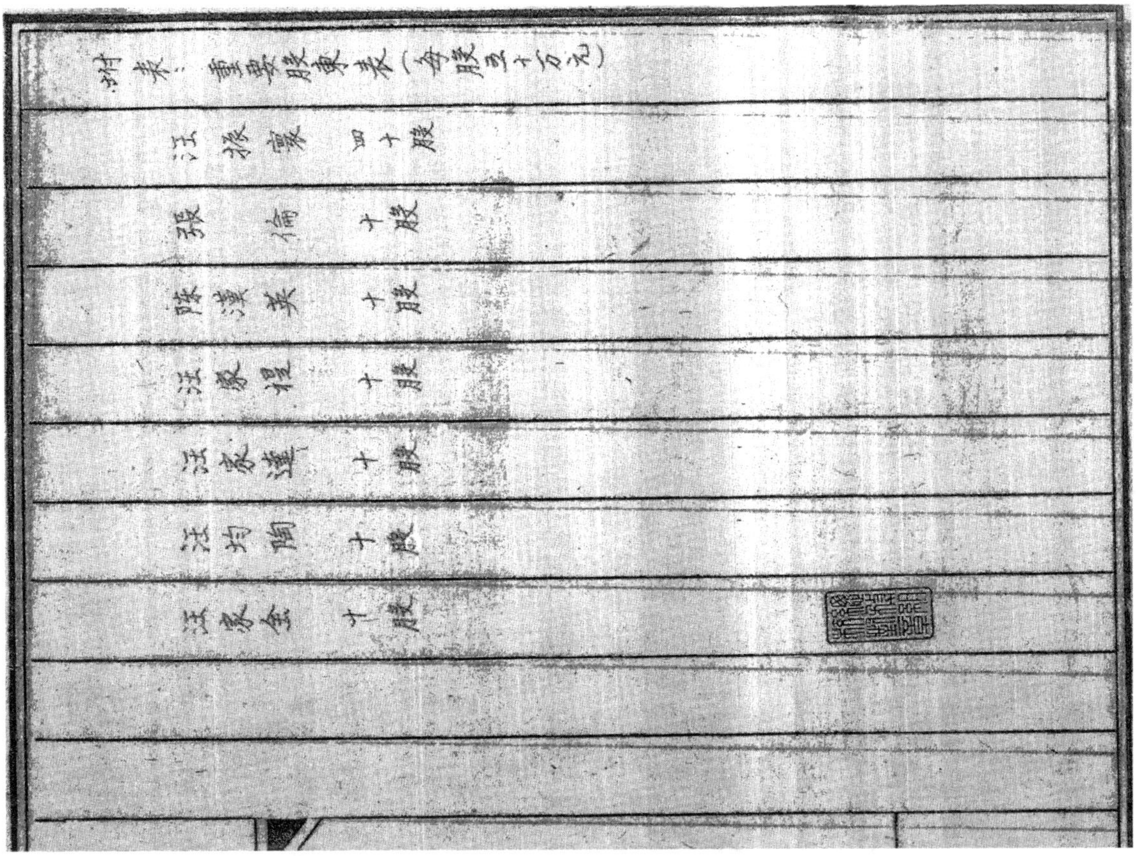

附表：重要股東表（每股三十万元）

汪振寰	四十股
張倫	十股
陳漢英	十股
汪家禔	十股
汪家達	十股
汪均陶	十股
汪家全	十股

联合征信所关于大中华铁工厂调查报告(1946年5月27日)

354

滬字第一〇四號

大中華鐵工廠調查報告

聯合徵信所 三十五年五月廿七日

一、簡史、該廠於民國卅三年六月一日，由胡鮑淇、朱壽年、曹金標、陳桂芳、廖維明、繆壽康、朱耀華、陳修齋、合夥組成，設事務所于北京路八五〇弄三号，該廠于餘姚路四三七弄十号開始製造自用母機，卅四年四月電力終止供給，遂告停工，卅五年一月恢復工作，該總廠於新化路三六五号現址，繼續將舊廠機械集中新廠，以收統一管理之效。

二、負責人、
總經理 胡鮑淇 寰翔吐絲廠經理
經　理 朱壽年 現任中華絹絲廠々長
廠　長 曹金標 兼泰鐵工廠々長
工程師 陳修齋 兼豐鐵廠協理

三、資本、初創時偽中儲券八百萬元，卅五年三月一日增資至法幣壹千五百萬元，現金繳入叁百萬元，其餘均為機械什物補足。

四、設備、
1.廠房、總廠在新化路三六五号，全係租地造屋，租期七年，佔地卅五方丈，建有鋼骨水泥二層廠房，樓下有車間二大間，物料棧一間，排車間一間，廚房八間，鉗床間一間，修車間一間，排車間一間，已開工作，其餘尚在佈置中，樓上有職工宿舍大間，會計室、經理室、會客室各一間，監工室二間。
老廠在餘姚路四三七弄十至十二号，係租賃之三上三下磚木建築物，樓下有鉗床間一間，車間三間，樓上有會計室、物料室各一間，及職工宿舍三間。
2.機器、總廠計有6'-0"牌動式車床十九台，6'-6"牌動式車床四台，二号牌數式銑床一台，電動式小磨床六台，8"電動式牛頭鉋床一台。
老廠計有牌動式小車床三台，4'牌動式洋床一台，24"牛頭鉋床一台。
動力方面，總廠有馬達十五只，共計十八匹馬力，老廠有馬達一只，計三匹馬力。

五、業務、
1.生產、專造及修理紡織機器，現在每月最高生產量約可改裝大牽伸二千錠，製造羅拉四千錠，及其他配件另件等，約值六千萬元，需用原料，約生鐵一萬五千磅，熟鐵二千磅，西洋元卅担，扁鐵五担，方鐵二担，鑄銅式百磅，焦炭式噸，木材等由昌明、昌鴻二號等翻砂廠代做，翻砂鑄成生鐵毛坯，及向永利昌五金號購買西洋元、熟鐵等，現有職工約八十人，每日工作八小時，工資每人每日四五千元不等，本年復業後生產量詳附表(一)。
2.銷貨、本埠客戶有中紡公司第二實驗絹紡織廠，中紡公司第六紡織廠，大同紗廠，新豐布廠等，外埠有江陰之新華工場，無錫之新毅紗廠，業務銷售實況詳附表(一)。

六、財務、該廠於卅五年五月八日之日計表餘額，所載各項均經與帳冊等核對相符。

000005

大中華鐵工廠
回計表
三十五年五月八日

現金	26,042.00	資本	15,000,000.00
行莊往來	6,117,535.81	應付帳款	1,005.00
應收帳款	21,987,011.00	應付定貨	21,887,000.00
原料	14,223,201.00	預收定銀	45,335,000.00
物料	987,077.00	暫存款	17,187,174.84
在製品	3,235,127.00	銷貨	10,723,820.00
製成品	53,200.00	進貨折讓	13,281.00
購置定銀	7,166,150.00	其他收入	1,737,048.00
暫付款	506,384.00		
機器及設備	66,848,006.00		
工具	7,766,284.01		
器具	797,000.00		
房屋	23,367,780.00		
裝修	[illegible]		
存出保證金	100,700.00		
開辦費	2,132,288.00		
利息	3,194,693.68		
已分配[illegible]	692,000.00		
營業及管理費	17,731,327.00		
	$214,112,931.84		$214,112,931.84

行莊往來，計存順康錢莊六五八六〇五二〇〇元，通商銀行三一五三三八二元，[illegible]元。

應收帳款，詳附表(二)

原料，生鐵一七五二五噸計一〇五一五〇〇〇元
洋元 五五七八斤計三七四一七〇一元
洋板 一五五斤計 六六五〇〇元

物料，皮帶 四八三八四元
砂拉油 一三四〇〇〇元
鉛条 五〇〇〇〇元
煤 六〇〇〇〇元
山蒸(花崗石) 二五七二五元

在製品，詳附表(三)

購置定銀，向興昌洋行定機器十八部，預付一成半定銀計
612"617" 龍門刨車三台
車床五台
816" 車床八台
1/8" 鑽床二台

暫付款，徐州路廠日用暫支 二二六一二〇元
興昌洋貨款暫支 二〇〇〇〇〇元
工友暫支 七五二六四元

保證金，電話保證金 八〇〇〇〇元
電燈保證金 二〇七〇〇元

應付定銀 見附表(四)

預收定銀：見附表(二)

暫存款：見附表(六)

銷貨：條代客製造及修理機械之收入

其他收入：係收入之利息及美鈔黃金等買賣之差額暨其他雜收入等。

七、貸款用途：據稱曾向美商慎昌洋行訂購各式紗機十八部，總計美金貳萬四千元，除已付定銀及一部份貨款自籌外，約尚少四千萬元，並擬定購西洋元三百担，約一千萬元及其他另星原料約貳千萬元。

附表(一)

大中華鐵工廠

複業後產銷明細表

戶名	物名	數量	價格
新華工場	[illegible]大牽伸	3PUS 15部	@部 17,000,000.00
新豐布廠	布機[illegible]	500只	@只 1,800.00
翔豐沙廠	清花机三業打刺新刀	1套	@套 2,400,000.00
大同沙廠	中心鐵棍	500付	@付 3,000.00
新裕紗廠	[illegible]前中後[illegible]細紗	5部	@部 7,000,000.00
中紡六廠	[illegible]紗支持	100只	@只 5,000.00
〃	[illegible]	100只	〃 5,000.00
〃	梳刀	4,000只	〃 1,200.00
上海六廠	[illegible]清花車[illegible]	500只	〃 12,000.00
〃	[illegible]	25只	〃 7,000.00
〃	鋼絲[illegible]	10,000只	〃 400.00
〃	[illegible]	1,000只	〃 400.00
中紡公司第二實驗工廠	銅[illegible]	1,000只	〃 400.00
〃	[illegible]	2部	@部 1,300,000.00
〃	[illegible]	15只	@只 300,000.00
新華工廠	[illegible]	1,380個	4,000.00

附表(二)

應收帳款明細表

生生鐵廠	1,290,000.00
中紡公司第二實驗棉紡廠	10,090,000.00
新裕紗廠	37,000,000.00
大同紗廠	1,100,000.00
中紡六廠	1,007,000.00
翔豐紗廠	2,400,000.00
新華工場	19,000,000.00
合計	$71,887,000.00

附表(三)

在製品明細表

中紡六廠	536,000.00	裝配另件
安泰鐵廠	378.00	
生生鐵廠	365,074.00	鋼沙[illegible]
新豐布廠	1,643,364.00	鋼[illegible]
新華工廠	201,170.00	大牽伸
上海二廠	472,123.00	[illegible]
嘉泰公司	100,000.00	裝配另件
中紡公司	70,000.00	鋼[illegible]
合計	$3,388,127.00	

暫存款明細表 附表(六)

戶名	金額
洪 記	1,660,731.00
壽 記	213,913.00
金 記	612,903.00
單 記	36,000,000.00
黃太記	1,446,560.00
雅 記	36,325.00
姚彝記	6,125,000.00
青 記	11,765,865.00
綱運記	1,624,800.00
福復記	571,000.00
婦 記	2,582,580.00
葛 記	3,506,220.00
華 記	344,000.00
廖德記	6,094,620.00
翁德記	1,573,000.00
馮德記	178,675.00
陳 記	188,000.00
丁林記	1,052,818.00
羅昌記	1,466,400.00
沈承記	765,684.84
朱勤記	150,000.00
合 計	共78,187,174.84

附表(四)

應付定貨明細表

生生鐵廠	1,296,000.00
中紡公司第二實驗棉紡廠	10,170,000.00
新毅紗廠	37,000,000.00
大同紗廠	1,100,000.00
中紡六廠	1,007,000.00
錫斗紗廠	2,600,000.00
新華工場	17,000,000.00
合 計	共71,889,000.00

附表(五)

預收定銀明細表

安泰鐵工廠	3,000.00
中紡公司第二實驗棉紡廠	5,832,000.00
新毅紗廠	25,000,000.00
新華工場	15,000,000.00
合 計	共45,835,000.00

联合征信所关于扬子建业股份有限公司调查报告(1946年5月29日)

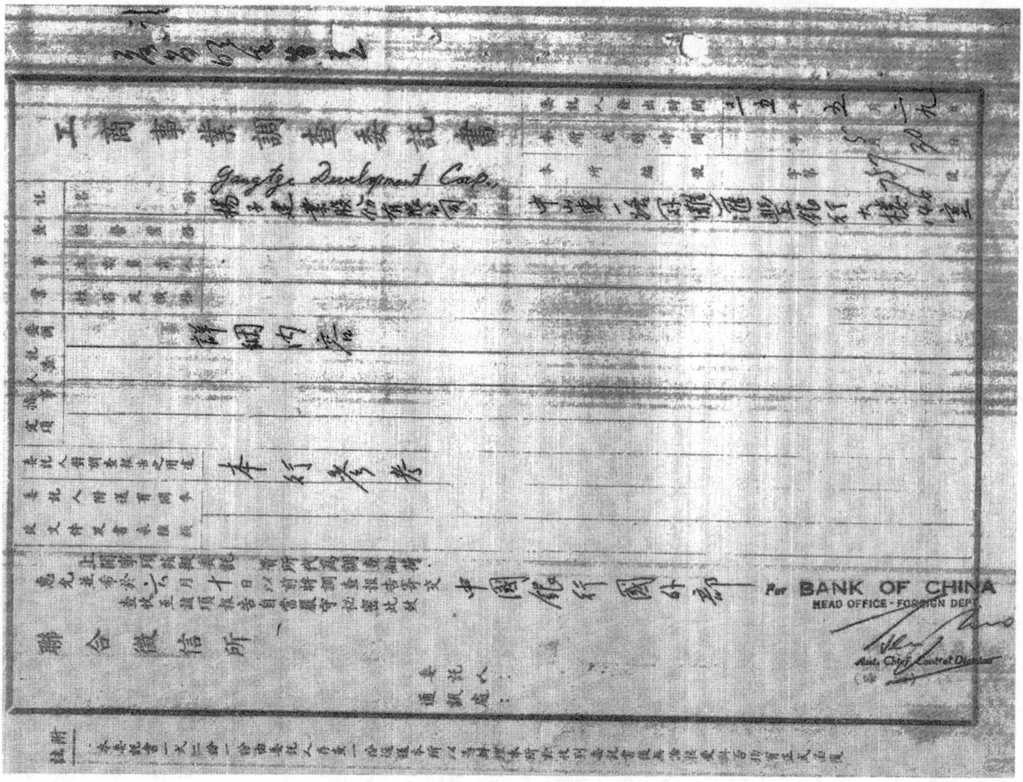
工商事业调查委托书

Yangtze Development Corp.

扬子建业股份有限公司

中国银行国外部

Per BANK OF CHINA
HEAD OFFICE - FOREIGN DEPT.

联合征信所

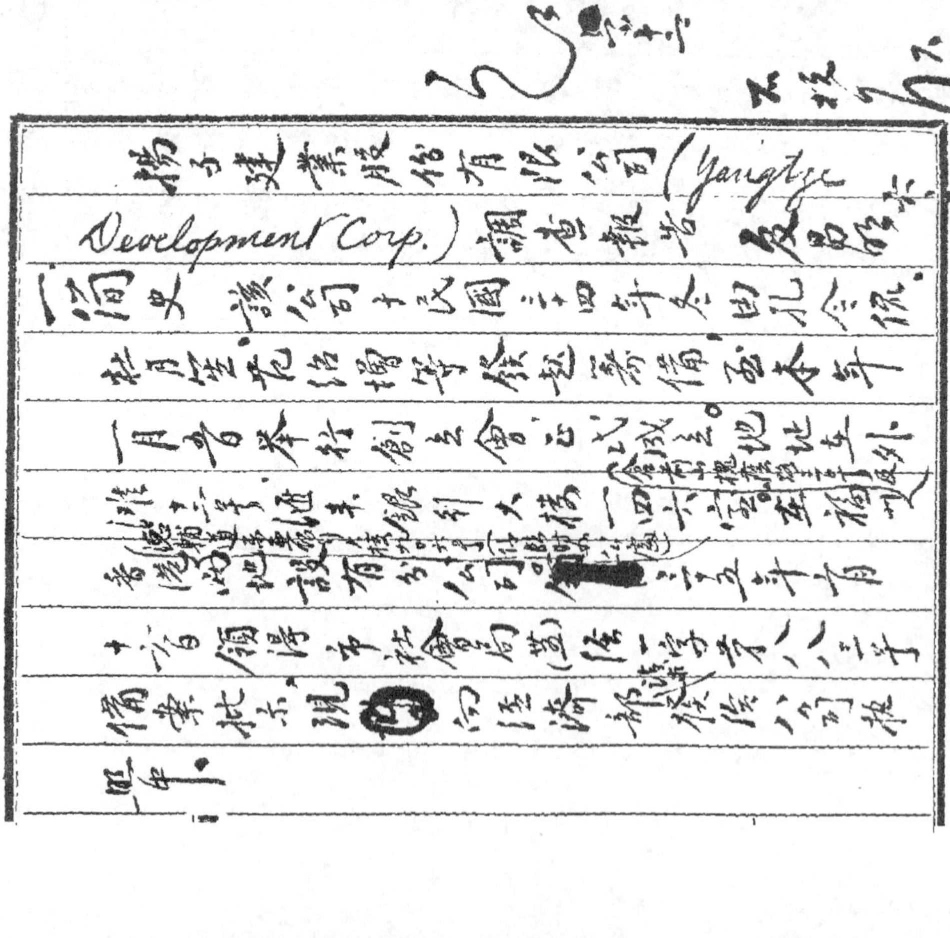
扬子建业股份有限公司(Yangtze Development Corp.)调查报告

二、負責人

董事長兼總經理 孔令侃 交通銀行常務理事

副總經理兼進出口部經理 李耀煌 前中央信託局副局長

副總經理兼營業部經理 陳鍾聲 仝右

福州分公司經理 柯仲玫 前福州中茶公司負責人

香港分公司經理 汪智廣 曾任職中央信託局 前東南兵工備料處負責人

營業部經理 陸以銘 任職中報館

工業部經理 張長昌 前任職中信局及美國馬門 哈雲登公司

業務部經理 鍾寶璣 向業影片

三、資本 額定法幣叁萬萬元 實收半數計法幣五千萬元 據股東名冊所載共有股東十七名 茲摘錄重要股東及持有股份如后：

孔令侃 弍萬四千股（每股乙千元）

杜月笙 七千股 范紹增 六千股

余梅蓀 六千股 李耀煌 五千股

陳鍾聲 五千股 駱清華 四千股

邊定遠 四千股

四、業務 專營進口貿易，進口貨為棉花、鋼鐵、建築材料、化工原料、電器、西藥、染料、油墨等，為美 Republic Steel Corp., B. Lewis & Company,

Inc., John Powell & Co. Inc., J.M. Huber Inc.,

J.L. Goldman & Co. 等二十八家厂商之主顾，存

[redacted]代理人详附表（一）。其所保存之账簿，存

时说明，均由于左列事务均由扬子贸易

公司（Yangtze Trading Corp.）经手代理。关于

未已由美国Brewer & Co.之售价由[illegible]

四百箱，John Powell & Co. 〡〢〡 [illegible] 〦〡〇〇

加仑（每加仑[illegible]）[illegible]

[illegible] J.M. Huber Inc. 四十箱（每箱

[illegible] J.L. Goldman & Co. 桐油一万三千[illegible]

廿三年一月来共购出桐油四百箱，合计一千三百

箱，均未详其收据，且[illegible]

扬子贸易公司来往[illegible]

二十万元[illegible]七〇〇[illegible]

提现之五万[illegible]

[illegible]

乙、财务　据该公司[illegible]

[illegible]

全年[illegible]

[illegible]

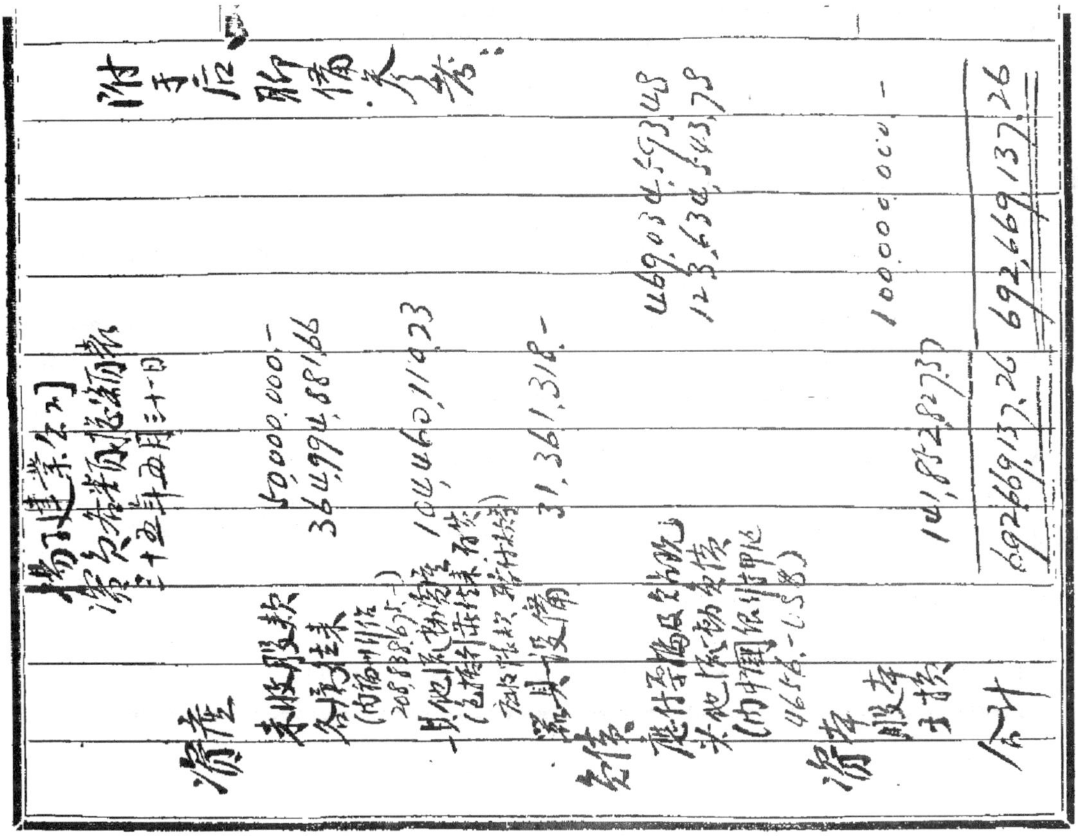

联合征信所关于泰利机器厂调查报告(1946 年 8 月 1 日)

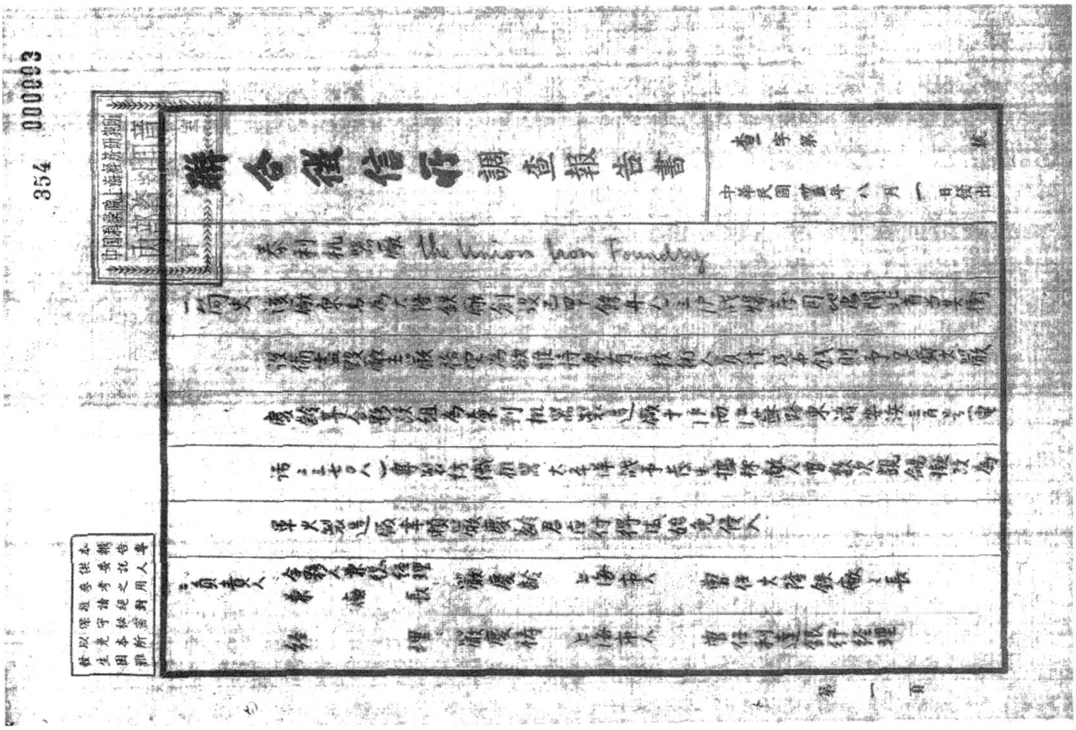

副理：支達銓　嵊縣人　大陸鉄廠業務部副理

〃　王志涵　寧河人　利達銀行副理

三、資本：民國廿六年由嚴裕堂君出資法幣一百萬元，嚴慶齡、錢則才、吳舜文、薛樸園等合出五十萬元，合計法幣一百五十萬元。卅二年六月折成偽中儲券三百十萬元，勝利後重行改為法幣二百二十萬元，卅四年十一月增資為法幣五千萬元，由資產增值補足，其股額之分配如下：

嚴裕堂	二二,000,000.00元	嚴慶齡	七,000,000.00元
錢則才	七,000,000.00元	吳舜文	七,000,000.00元
薛樸園	七,000,000.00元		

四、設備：(1)廠房：佔地十四畝，租地造屋，租期十年，建有工場七一〇方及二層宿舍辦公室

二一〇方，工場部份分為鑄工場、機工場、裝機工場、木工場、材料儲藏室等部，尚合標準。

(2)機器：全部均係自製，計有龍門鉋床十部、牛頭鉋床廿四部、熔火爐全套、冲天爐二只、翻砂機十二部及車床一百四十一部，其他各式鑽床甚多，動力方面有馬達廿隻，共計馬力二百餘匹。

五、業務：(1)生產：每月工作廿八天，每天九小時半，如營業旺盛，再加夜工三小時，產量平均約為轉動四千紗錠之全部機器。需用鋼料每月約三百七十噸，燃料（焦炭、烟煤、木柴、柴油等）約二百五十噸，員工最多時有一千四百餘人，目下職員六十人，技工三百廿人，粗工一百十人，並未全部開工。

(2)銷貨：據稱該廠為中國唯一能造全套紡錠之工廠，所有產品大

都由當地廠商自行直接定購，顧客遍佈華僑各地，主要客戶詳附表(一)，歷年

銷貨金額詳附表(二)

六、財務：該廠最近帳冊尚未結束，附來卅四年十一月卅日之資負表及卅四年一月一日至十一月

卅日之損益表，經與帳冊核對相符，茲另編簡明資負表及損益表於后。

備閱：

製成品：計有拋線機、捲刀機、拾棉機、軋花機、搖邑機等。

半製成品：均係各種另件。

原料：計有生鐵50噸，熟鐵120噸，鐵板13噸，光洋元28噸，毛洋元75噸。

地產：約三畝許，離廠不遠，堆置什物之用。

廠方往來（資產）：為協生記工業社往來帳款。

存入款：為各項短期帳款及廠方等之墊款。

資本公積準備：為穩健起見，該廠以盈餘中之一部份及固定資產增值之差額轉

入此科目。

損失：去年業務陷于停頓狀態，銷貨絕少，一部份工資等照近費用未

借入製成品或本製品帳目而視為開支，致損失達三百餘萬元。

關于遠東情形據稱在勝利前浙江興業銀行約有遠東偽中儲券一千萬元，此外上海及新華銀行，可遠東數百萬元，茲抄錄該廠卅一年至卅三年盈餘于后聊備參考：

卅一年　盈餘偽中儲券　九八五，八〇二，〇〇元
卅二　〃　〃　一二五，五五〇，〇〇元
卅三　〃　〃　一〇九，七六〇，五〇元

附表(一)　主要銷貨客戶表

上海　公永紗廠　紗錠　一五，〇〇〇枚
〃　安達　〃　〃　一〇，〇〇〇枚
〃　寶來　〃　〃　〇，〇〇〇枚

上海　肇新紗廠　紗錠　五，〇〇〇枚
〃　蘇綸　〃　〃　二〇，〇〇〇枚
常州　民豐　〃　〃　六，〇〇〇枚
〃　大盈織造廠　布機　一，〇〇〇台

附表(二)　歷年銷貨金額

民國卅一年　偽中儲券　二，六〇〇，八五六，六五元
卅二　〃　〃　八，六九一，〇〇〇，〇〇元
卅三　〃　〃　七九，八〇〇，六七〇，七一元
卅四　〃　〃　七七，五〇五，五〇元

联合征信所关于大统染织厂股份有限公司调查报告书(1947 年 4 月 14 日)

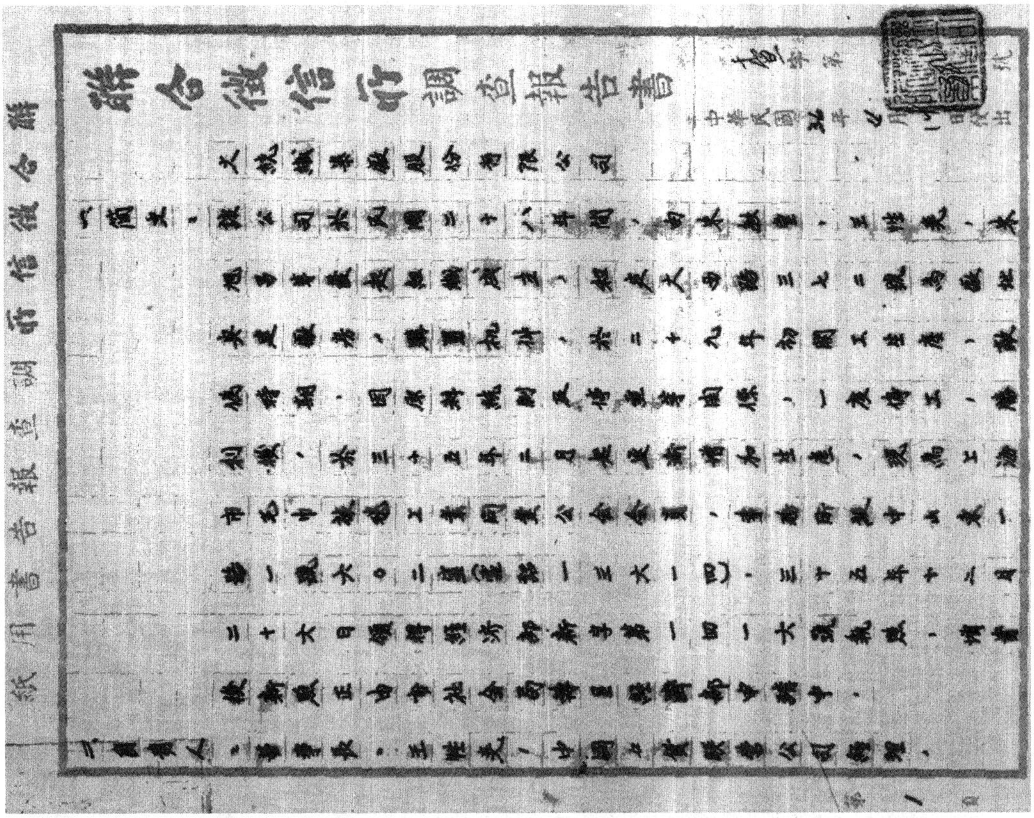
聯合徵信所調查報告書

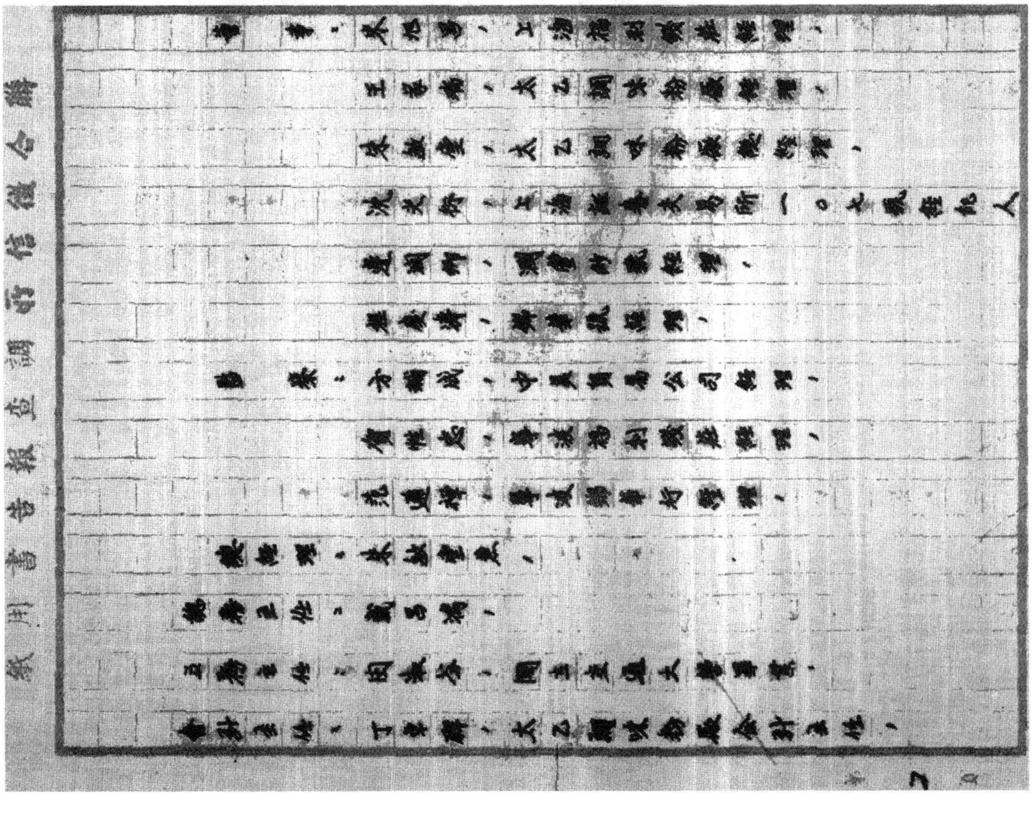

聯合徵信所調查報告書用紙

技師，兆咸森，南通學院畢業。

三、資本、二十八年初創時資本為法幣三十六萬元，合股集兩

五十九，三十一年五月增資為法幣七十二萬元，同

年六月複連更資本為偽中儲券七十二萬元，八月

增資為偽中儲券一百六十萬元，集而分股改為十大

三十一年底又增資為偽中儲券六百萬元，四十二年

八月又增資為偽中儲券貳千萬元，勝利後調整資本

為法幣二千萬元，並於三十五年十一月間增資為法

幣壹億元，重要股東除曹璽外為陳淑琴，陳其良，

應元龍，洪煥德，丁燕生等。

四、設備、1.廠房、在中正西路三七一號，佔地約六畝，係租地建

屋，廠房均轉為土棧，中央為辦公室，佔地十

餘方，西部為織布工場，計九十餘方，東部

第 3 頁

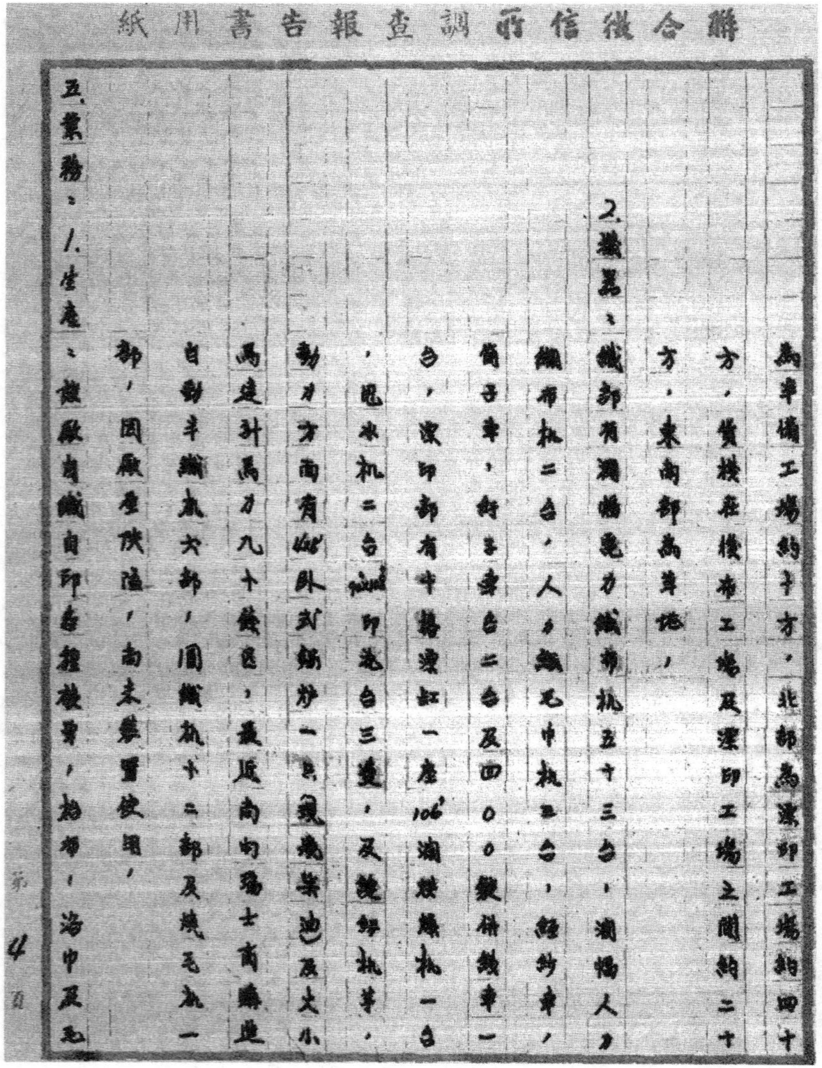

聯合徵信所調查報告書用紙

為準備工場約十方，北部為漂印工場約四十

方，貨棧在機布工場及漂印工場之間約二十

方，東南部為草地，

2.機器、織部有潤梭電力織布機五十三台，潤梭人力

織布機二台，人力織毛巾機五台，經紗車，

筒子車，籤子車各二台及四〇〇錠併線車一

台，漂印部有十藝漂缸一座，106"潤梭烘燥機一台

，兜水機二台，print印花台三隻，及搖紗機等，

動力方面有40HP臥式鍋爐一只(氣機柴油)及大小

馬達計馬力九十餘匹，最近向瑞士商購進

自動手織機六部，圓織機十二部及織毛機一

部，因廠屋狹隘，尚未裝置使用，

五、業務、1.生產、該廠自織自印各種被單，枕帕，浴巾及毛

第 4 頁

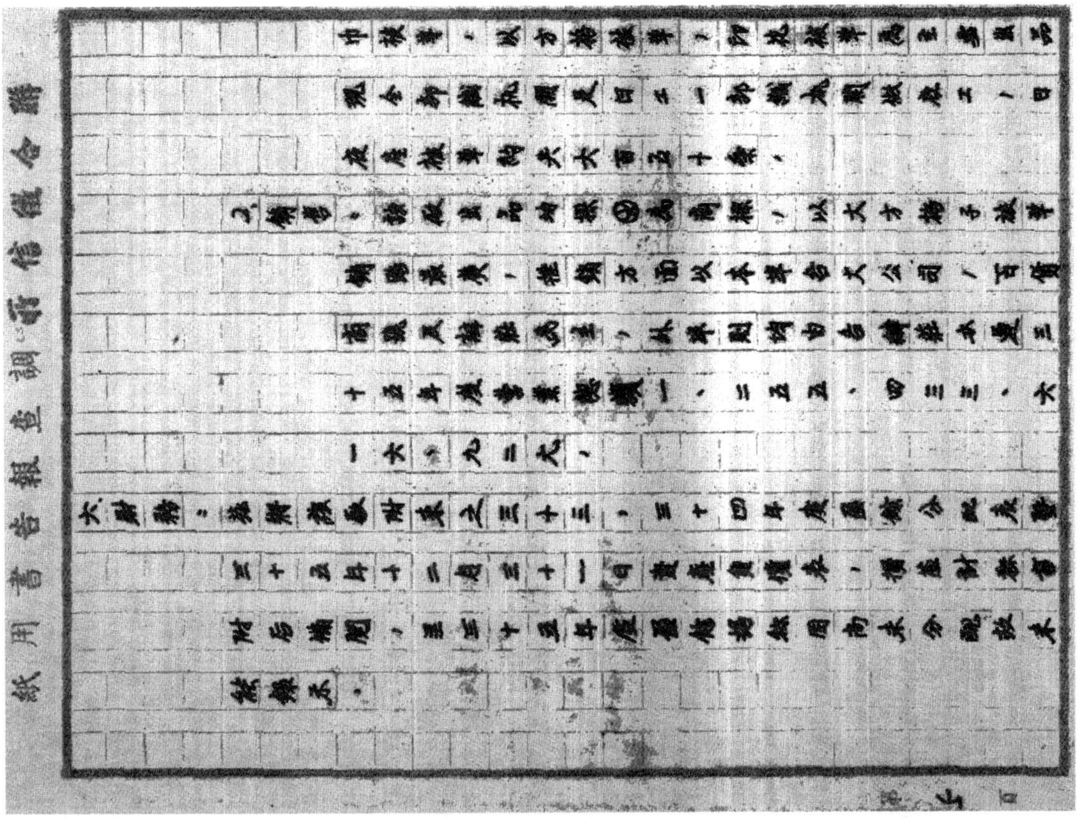

聯合徵信所調查報告書用紙

巾被等，以方格被單、印花被單為主要出品
現全部織机開足，日工一部織机開機夜工，日
夜產被單約共大百五十條，
2、銷售：該廠出品均採㊇為商標，以大方格子被單
銷路最廣，推銷方面以本埠各大公司、百貨
商號及綢布莊為主，外埠則均由各綢莊承運。三
十五年度營業總額一、二五五、四三三、六
一六、九二元，
六、財務：茲將該廠附來之三十三、三十四年度盈餘分配表暨
三十五年十二月三十一日資產負債表，損益計算書
附后備閱，至三十五年度盈餘據該廠尚未分配故未
能錄示。

第5頁

聯合徵信所調查報告書用紙

大成織染廠
盈餘分配表

3?年份

純益		C.R.B. 2,627,151.61
上屆盈餘滾存		4,175.94
3?年純益2,627,151.61內提10%公積金	262,715.16	
〃 〃 〃 〃 所得稅準備	433,269.11	
〃 股東週息紅利 5%	1,000,000.00	
〃 〃 紅利 2%	400,000.00	
〃 董監酬勞	32,327.27	
〃 職員花紅	[illegible]	
結餘撥入下屆盈餘滾存户	118,080.55	
	C.R.B. 2,631,327.55	C.R.B. 2,631,327.55

第6頁

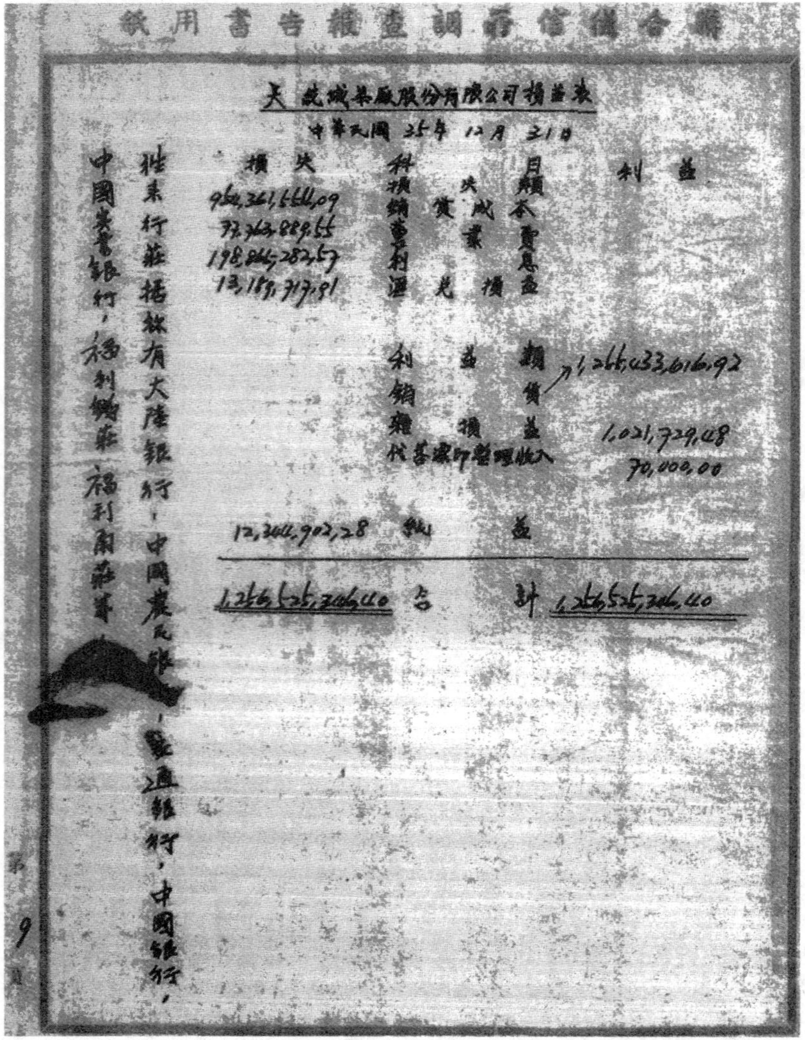

大成紡織染廠股份有限公司損益表
中華民國35年12月31日
損失 科目 利益
964,361,664.09 營業成本
33,763,889.55 銷管費用
198,866,282.57 利息
13,189,717.91 匯兌損失
利益額 1,266,633,616.92
銷貨
雜損益 1,021,729.48
代管理收入 70,000.00
12,304,902.28 純益
1,266,525,306.40 合計 1,266,525,306.40
往來行莊括有大陸銀行、中國農民銀行、交通銀行、中國銀行、中國實業銀行、福利錢莊、福利商莊等

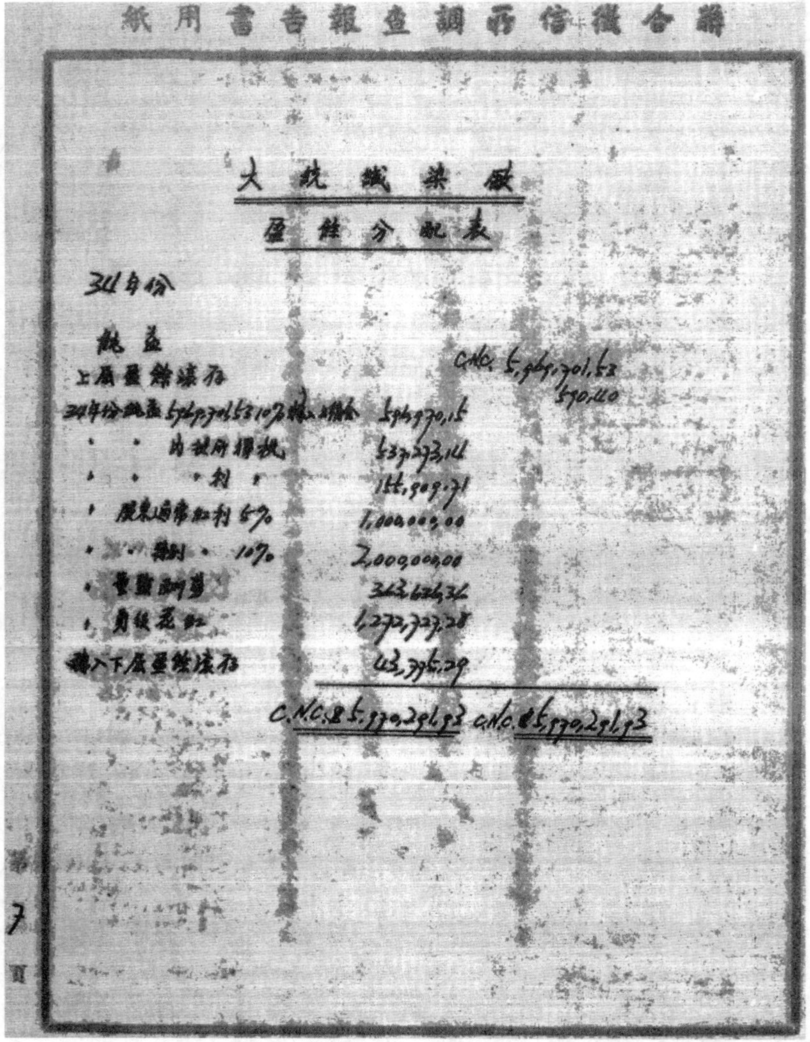

大成紡染廠
盈餘分配表
34年份
純益
上屆盈餘滾存 C.N.C. 5,969,701.53
590.40
提存法定公積
股東紅利
職工酬勞
轉入下屆盈餘滾存 63,396.29
C.N.C. 85,570,291.93 C.N.C. 85,570,291.93

联合征信所关于永安纺织股份有限公司调查报告(1947 年 5 月 6 日)

聯合徵信所調查報告書

字第　　號

中華民國卅六年五月六日發出

永安紡織股份有限公司

一、簡史：該公司創立於民國十二年九月係粵籍澳洲華僑郭樂郭順郭泉等發起經營初設廠於楊樹浦路十三年以一百七十萬兩代價購得吳淞蘊藻浜大中華紡織公司之基地廠房及機器紡紗等設備設立第二廠十七年以一百萬兩代價購進麦根路五五號鴻裕紗廠為第三廠十九年於楊樹浦江邊購地建造貨棧紗又在第二廠旁購地建造第四廠同年向工商部登記領得公司註冊第三類第三一二號執照廿三年又創漂染印花工廠向美國定購機器並在川漢鄂粵各地設立分莊推廣銷路廿六年滬戰發生第一、二、四廠全部停工僅第三廠維持生產

第　頁

聯合徵信所調查報告書用紙

0038

卅年十二月八日太平洋戰起第三廠一度被日敵所監視限制電力配給棉花紡兩錠子十分之二勝利後各廠先後復工卅五年又購入平涼路五四五號緯通合記紡織公司改為第五廠即將設第一廠之永安印染廠亦在進行修理復工中茲將該廠本外埠營業處所錄示如后

上海事務所：南京路六二七號(電話九〇一一九)

外埠分莊：廣州：抗日東路七〇號

汕頭：升平路一二五號

漢口：揚子街敘一里九號

重慶：南岸清水溪真武陵五〇號

昆明：正義路四六號

該廠現有職工約計五千四百人

二、負責人：董事長兼總監督：郭樂　永安百貨公司總監督

董事、郭順　郭琳爽　郭禮安　郭棣活　李孝植
李偉光　李業棠　林治壽　郭植芳　駱乾伯
郭幹勳　郭瓊
監察、劉生初　吳三省
総经理、郭順　前工部局華董　現第六區機器棉紡織工業同業公会理事長
副经理、郭棣活　現第六區機器棉紡織工業同業公會理事
经理、李孝植　郭植芳　郭林超
第一廠廠長、郭植芳
第二四廠廠長、郭焯錕
第三廠廠長、郭琮
第五廠廠長、彭順　印染廠廠長、郭焯民

三、資本、初創時資本國幣六百萬元，十九年廿股增資至一千二百萬元，廿六年增資至法幣一千八百萬元，廿七年減為一千二百萬元，卅一年又增至偽中儲券六千萬元，卅二年九月以每一股升一股辦法增至偽中儲券一萬二千萬元，勝利後卅四年底將資產估值之偽幣股本升值回復民國三十一年以前之舊股本法幣一千二百萬元，卅五年復增資至法幣十二億元，增資辦法每一老股贈送九股成為十股，總計十二萬股，每股票面十元。

四、設備、第一廠廠基六十四畝，棧房十餘幢，紗錠四萬枚，布機一千二百台；第二四廠廠基二百四十七畝，除棧房十餘幢外，復自建發電廠、鈑工廠、工房等建築物，置有紗線錠八萬枚；第三廠佔地五十畝，自建廠屋及貨棧，置有紗錠五萬二千枚，布機二百四十台；第五廠廠基四十二畝，紗錠三

萬三千枝，永安印染廠佔地二十五畝，置有新式漂染機

五、業務：該公司所出各種粗細紗布以金城嘉禾及大鵬為商標，

大已銷行國內外，產量日增。八一三後僅第三廠照常開

工，勝利後全部規復，銷流頗暢。

六、財務：茲照錄該公司三十四年十二月三十一日之資產負債

表及卅四年一月一日至十二月三十一日之損益計算

書以供參考。

永安紡織股份有限公司

損益計算書

民國34年1月1日起至12月31日止

損失	科目	利益
130.334.034.57	製造費用	
97.001.963.92	管理費用	
4.882.950.57	營業費用	
109.751.591.29	本屆純益—紅字	
	營業收益	332.962.482.64
	財務收益	9.008.057.71
341.970.540.35	合計	341.970.540.35

永安紡織股份有限公司

資產負債表

民國三十四年十二月三十一日

	科目	
7.569.792.40	地基房屋	
9.727.702.92	各種機器	
1.315.237.63	傢私裝修	
17.960.874.96	附屬各公司股份	
430.598.205.31	存貨	
18.359.411.98	各分莊存款及存貨	
11.297.804.77	銀行錢莊往來	
3.974.975.42	現金	
	資本總額	12.000.000.00
	公積金	2.209.320.99
	特別公積金	9.318.87
	盈餘滾存	13.611.36
	各股東未領股利	33.209.29
	各號往來	368.225.182.21
	戰爭損失準備	8.561.170.88
	紅字—本屆純益	109.751.591.29
500.803.405.39	合計	500.803.405.39

七、歷年盈餘：該公司此至廿八年淨存五百餘萬元 廿九年淨
四百餘萬元 卅年淨存五百餘萬元 卅一年偽中儲券一
千二百餘萬元 卅二年偽中儲券二千二百餘萬元 卅四
年淨存一萬〇九百七十五萬一千五百九十一元二角
九分

八、歷年股息：卅年度股息五厘紅利一分五厘 卅一年度股息八
厘紅厘二厘 卅二年度股息八厘紅利二厘 卅三年度股
息八厘紅利一分二厘 卅四年度股息一分紅利二分

联合征信所关于中新纺织股份有限公司调查报告(1947年6月2日)

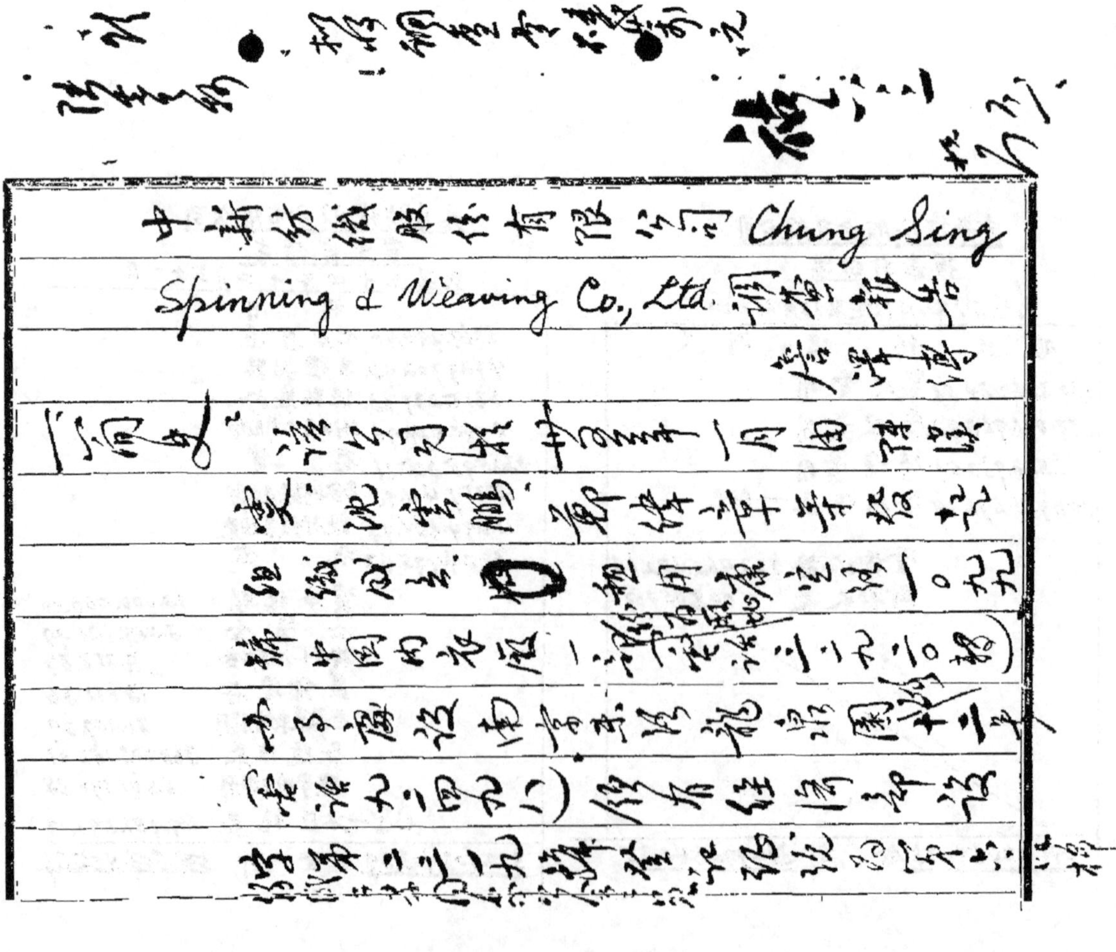

二、负责人：

董事长：沈云鹏

常务董事：陈汉雯、郑纬章、周亨泰、

监察：徐文卿、陈宝珩、

经理：陈汉雯兼

副理：郑纬章兼

厂长：王叔笙

三、资本：创立时资本法币四亿五千万元，迄今未有变更。

四、设备：

1、厂房：租用康定路一〇九九号中国内衣厂纺织部一部份厂房

2、机器：有纱锭七二一二枚，其余[illegible]花、梳[illegible]辅助机器亦齐全

五、业务：

经营棉纱纺织业务，出品以二十支纱为大宗，十支、十二支、十六支较少，棉用钟量为商标，雇用工人三百余名，每月约产棉纱四

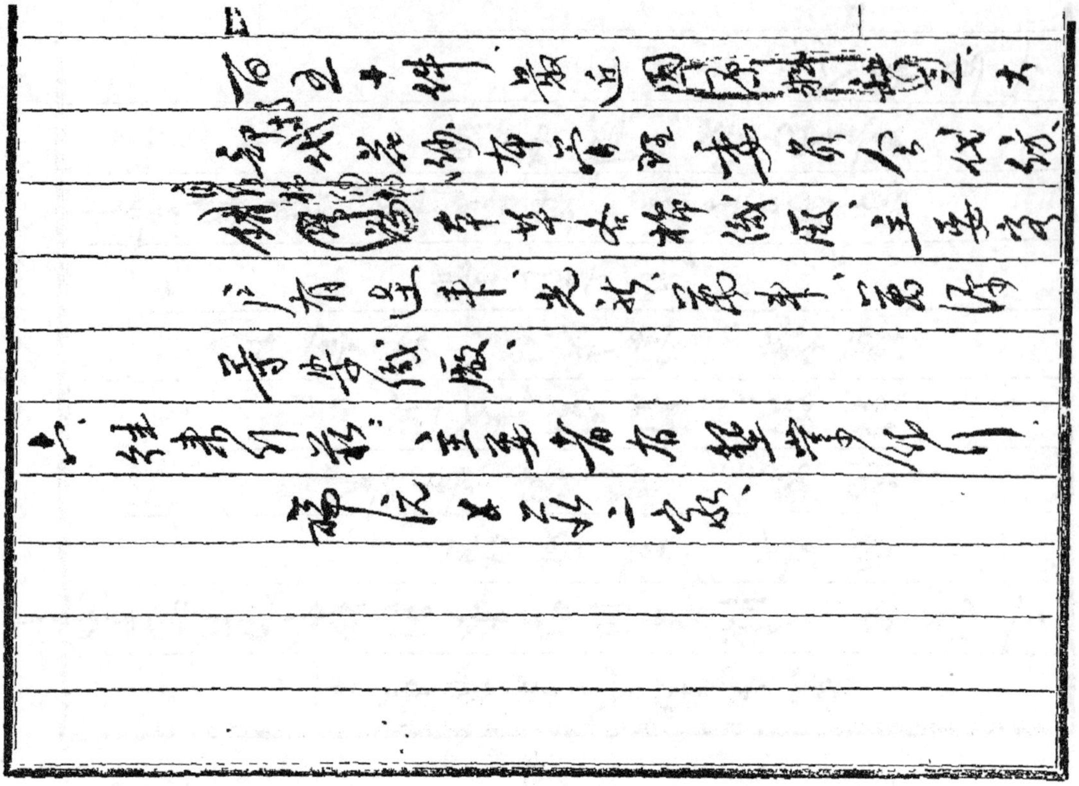

联合征信所关于恒丰纺织公司调查报告(1947 年 4 月 9 日)

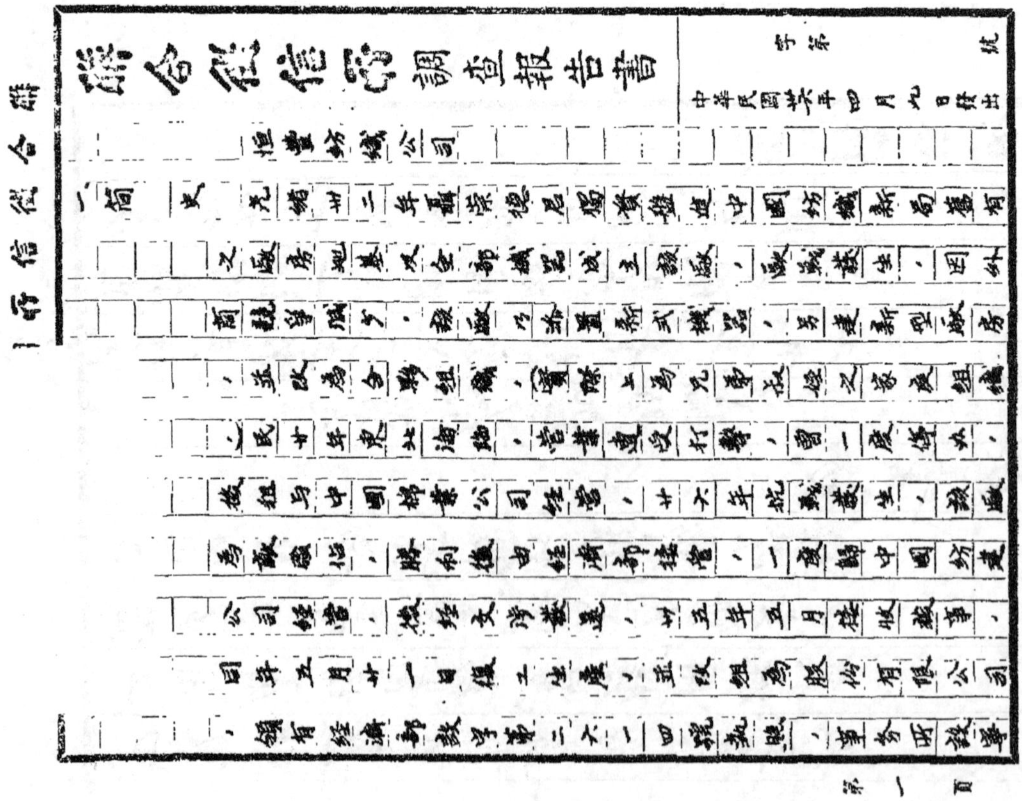

聯合徵信所調查報告書

中華民國卅六年四月九日發出

恒豐紡織公司

一、簡史

第一頁

波路四四六弄三號，電話九六五二三。

二、負責人、董事長　聶雲台，曾任上海總商會會長。

董　事　聶含章　吳錫林　吳柏年　徐國均

聶光在　聶永修　聶慎餘　俞成權

監　察　聶少蓮　黃五鼎　聶士達

總經理　聶含章，湖南衡山，曾任中央信託局購

料處經理

經　理　吳柏年，浙江餘姚，緯華染織廠總經理

廠　長　任尚武，湖南湘陰，美國北加羅林大學

紡織碩士曾任上海統益紡織廠總工

程師湖南第一紡織廠工務長

總工程師　黃炳奎，湖南長沙，曾任恒豐紗廠技

師、申新五廠總工程師，大生紗廠工務

長，江西新生紗廠副經理兼廠長

三、資本：初創時資本為壹百萬銀兩，卅五年五月改組為股

份有限公司時，現金增資為法幣八億元，全部實收

，分為八千萬股，每股票面十元，重要股東為徐國

均、聶光堉、聶仰山、聶東主、吳柏年、聶腴守棣、聶榮教、吳錫

林、聶含章等。

四、設備：1.廠房在許昌路五號，佔地三九〇八六畝，上建

磚木鋸齒形廠房一幢計五十餘方，鋼骨水泥廠房三

幢（二層樓一幢、三層樓二幢）及倉庫、變電室、漿紗間、梢

舍、辦公室、鍋炉間、引擎間等，此外在許昌路三一〇弄

有貨棧兩幢佔地二九七畝，在許昌路六二三弄有工

房卅五幢佔地六四六九畝，房地均係自有。

2.機器，梳[illegible]前紡廠有紡紗機五萬四仟餘錠，織機

六百十四台，現有機器如下：
紡部有和花機二套、清花機四台、梳棉機八十二台、併条機十一台、粗紗機四十五台（頭道十二台、二道廿一台、三道十二台）、細紗機八十六台，計三四○六四錠（四百錠者五十台、三百八十四錠者廿六台、四百○八錠者十台、及合股機二台、羅拉校正器一套、压皮機、洗衣機各一台、筒子車弍台等。

織部有織布機四百台、經紗車五台、漿紗車三台、驗布機六台、碼布機、刮布機各弍台及打印機、打包機、軋光機等。

此外尚有車床、刨床、鑽床等修理設備，動力方面有馬達一七九座，電量七七○瓩，約馬力一千匹。

五、業务：1、生產：該廠所出棉紗以富貴牌為商標，棉布以五

鶴牌為商標，目下專產廿支紗及十二磅細布，開做日夜工，雇用職工一千九百餘人，月產棉紗壹千六百餘件，細布弍萬四仟餘疋，卅五年五月至十二月底止共計生產棉紗六仟弍佰餘件（內自用棉紗約叁仟叁百件）細布十一萬○八百餘疋。

2、銷售：所產棉紗除由紡管會收購及自用外，均銷售与寧紹及本埠各織布廠，細布則大部均售与本埠各印染廠及棉布號，卅五年五月至十二月銷貨總額計棉紗四、一七○、○三八、九二三九（自用紗未計入）、棉布五、九九一、七八○、○二四九。

六、財务：茲將該廠卅五年十二月卅一日資產負債表及卅五年五月廿日至十二月卅一日損益計算書錄後以供參閱：

往來行莊有中國、中國農民、墾業、新華、上海、中國實業、永大、亞西、浙江興業、浙江商業等銀行及慶成、寶丰、安裕、同潤、人丰、鎮興等錢莊。

滬業第九號

恒豐紡織新局調查報告

372

一、簡史：光緒廿二年聶崇德君獨資盤進中國紡織新局舊有之廠房地基及全部機器，成立該廠。據稱初期營業因機械落伍、技術不良，未見起色。俟歐戰發生，外商競爭因之減少，國內各紗廠均可獲利，該廠乃添置新式機器，另建新型廠房，並改為合夥組織（實際上為兄弟叔姪之家庭組織）。民廿年東北淪陷，營業又受打擊，曾一度停辦，後租與中國棉業公司經營。廿六年抗戰發生，該廠為敵強佔，頗有損失。勝利後由經濟部接管，現歸中國紡建公司經營。最近已由當局批准發還，並已付清前日方所給各款（附敵偽產業處理局滬三字一三二九〇號函抄稿一紙及收據照片一紙），現正接洽移交中。據稱五月中旬可望發還。事務所現暫設寧波路倫華廠內，電話九六五二三。

二、負責人：

總經理	聶含章	湖南衡山	聶雲台子
經理	吳柏年	浙江餘姚	倫華染織廠總經理
廠長	任尚武	湖南湘陰	美國北加羅林大學紡織碩士，曾任上海統益紡織廠總工程師、湖南第一紡織廠工務長
總工程師	黃炳奎	湖南長沙	曾任恒豐紗廠技師、申新五廠總工程師、大生紗廠工務長及西新生紗廠副經理兼廠長

三、資本：資本額規定銀壹百萬兩，迄未變更。重要股東為聶崇德、聶其威、聶雲台、聶慎餘、聶少藩、聶陳有棣、聶光地、聶喬松、聶慈善堂、聶潞生等，其中聶崇德佔二份，其餘均一份左右。該廠近擬改組為股份有限公司，現正着手籌備中。

四、設備：因該廠現歸中紡公司經營，故未往調查，茲就其所送報告於後：

1. 廠房：在許昌路五號，佔地共二十九畝餘。據稱上建磚木鋼蓋廠房五十餘方，鋼骨水泥平頂西式三層及二層廠房各一幢，共二百四十餘方，此外倉庫設龍口路許昌路口，佔地約三畝，工房設櫃閘北路許昌路，佔地七畝餘。大部份房屋雖未遭毀壞，但破漏之處甚多，亟待修理。

2. 機器：抗戰前該廠有紡紗機五萬四千餘錠，織機六百十四台，目下所剩機件，據該廠所抄下者計紡部有細紗機五十九台（計二萬三千餘錠），拆包機四台，開棉機、給棉機念台，清花機八台，鋼絲梳棉機一百四十五台，併條機念七台，頭二三道粗紗機六十四台，合線機三台，筒子車五台，搖紗機一百念餘台及大小打包機，廢紡機，打粗紗頭機，回絲機等，大部份係英美、瑞士製造。織部有英國製織機三百零八台，日本及本國製織機九十二台，筒子車、紆子車各八台，經紗車六台，漿紗機二台，及碼布機、驗布機、打印機、打包機等，其中一部份機械據稱尚須加以整理修配後始能應用。

五、業務：該廠所出棉紗以富貴牌為商標，棉布則以喂馬牌為商標，其最高產量依該廠復工初步計劃，開紡錠一萬五千枚，布機三百台，計每日工作二十小時，約可出二十支紗二十五件，十二磅細布五百餘疋。其推銷方面，該廠出品以往銷路以華北、廣東、四川等地為主，最近數年因未曾開工營業，故產銷量無從獲悉。

六、財務：該廠所有帳冊簿籍均遭損毀，據稱原有之原物料等亦悉被掠劫一空、……對於各行莊本尚未開戶往來。

七、借款用途：據該廠負責人聲稱，今年已申請貸款十億元之用途分配如下：

1、總村中國紡織建設公司代為添配修理機器及房屋等費用約三億元。

2、購買棉花以備兩个月需用約六億元。

3、添購其他物料等約一億元。

联合征信所关于美亚织绸厂股份有限公司调查报告(1947 年 5 月 9 日)

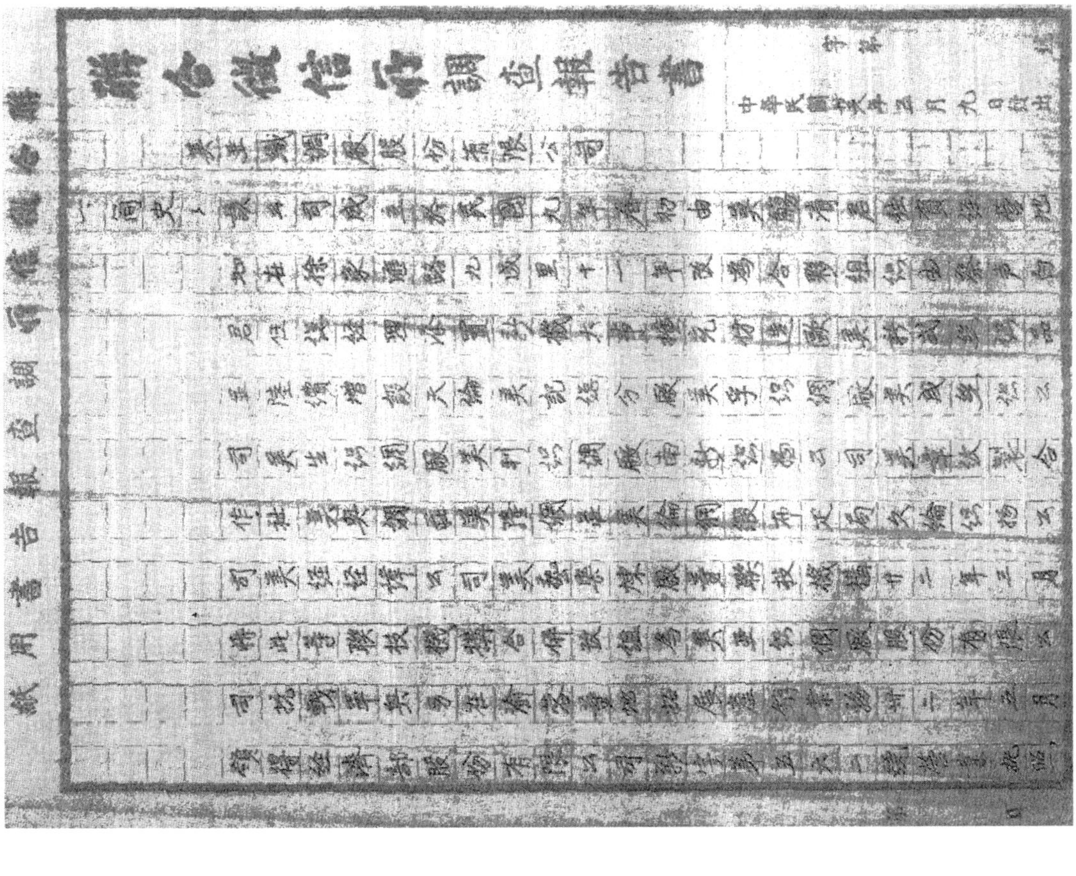

當敵偽時期港廠生產銳減，惟營業照常，勝利後助諜換

復旧規設總管理處於天津路二〇七號（電話九四〇〇〇）

（乙）下分總務、廠務、營業、財務四處，其他分公司各廠名稱

所在分佈如下：

（一）分公司：

上海天津路二〇七號

香港文咸東街八三號

重慶民國路七三號

天津赤峰道一〇四號

漢口楊子街永德里七號

（二）工廠：

上海第二廠　閘北太通路大一九號

第四廠　膠州路八六八號

第六廠　斜土路一〇九三號

第七廠　還真人路一四〇三號

第九廠　徐家滙路一〇〇一號

經緯廠　日暉東路三三號

蘇州第三廠　齊门石皮弄四七號

杭州第八廠　熱子弄二〇號

香港分廠　九龍荃灣三八號

廣州分廠　大沙頭貞園路

五通橋分廠　四川五通橋双龍橋華溪奇

樂山染煉廠　四川樂山嘉定门外牛耳橋

天津分廠　徽州道十四號

漢口分廠　大智门外鐵路边二二號

（三）最新兩

聯合徵信所調查報告書用紙

上海　天津路[illegible]號
廣州　周邨坊巷七〇號
香港　文咸東街六三號
蘇州　光復南路一八〇號
重慶　民國路[illegible]號
成都　內姜街七三號
天津　赤峰道一〇四號
漢口　揚子街新德里七號
新加坡　吉寧街四六號人
紐約　第五街二三〇號
目下全公司有職員二一九人，工人一千一百餘人，上海
分公司之廠有男工五三七人，女工二十七人，四廠有男工八
十人，女工一二四人，九廠有男工一三三人，女工一九五人，各

第　頁

聯合徵信所調查報告書用紙

廠有[illegible]三人，人伕役三四人
二　負責人：
董事長兼總經理：蔡聲白　美國理海大學工學士，吳興地產[illegible]
董事：莫如德　孫瑞璜　常董事長　蔡聲伯　莫長濤
　　沈伯仲　黃椿庭　邵鴻書
監察：鄭伯銘　沈進伯
協理兼上海分公司經理：蔡聲伯　莫煥清　公司董事
協理兼香港分公司經理：莫長濤　曾任職美亞綢廠、錦華絲工廠董事
上海分公司副經理：蔡仝仁　約五十年
重慶分公司副理：鄭香谷　重慶裕行所長(?)
天津分公司經理：龐培鑫　總商進出口紅經理
漢口分公司經理：邵鴻書　利亞實業公司董事

第　頁

三、資本：民國廿二年改為公司組織時資本為國幣一百八十萬元，廿五年二月以馬浪路八百卅號廠基及打浦橋[illegible]地產劃出作價八十萬元另組美興地產公司為其附屬事業，乃將額定資本減至二百萬元，卅年增加資本二百萬元，由股東以現金繳入，合原有資本為法幣四百萬元，卅二年一月增資偽中儲券一千萬元，係將原有法幣資本折作二百萬元，即老股一股或半股，新股另外每一新股計二股，其餘四百萬元每一老股認二股，以現金繳入，同年八月又增至偽中儲券四千萬元，係將每一老股計股一股，再以現金認繳一股，半股併後改為原額法幣四百萬元，並以增入之偽中儲券三千六百萬元發還股東，另由股東以現金繳入法幣三千六百萬元，計共實收資本為法幣四千萬元，每股票面千元。

四、設備：1.廠房：上海閘北交通路一廠佔地四畝，全部租賃，膠州路二廠佔地五·八畝，餘自有廠地四畝，餘屬租賃，徐家滙路九廠佔地四·七八六畝，自有廠地六·八畝，餘屬租賃，上述三廠建有鋼骨水泥樓廠房及鋸齒形平廠房，另斜土路大廠自有廠地大二·一畝，羅真人路又廠自有廠地分五畝，日暉東路經緯廠自有廠地九·八五四畝，在戰事期內被敵偽強佔，勝利後已由敵偽產業處理局發還，現尚未復工，此外另卅·杭州香港重慶天津漢口等地均有自置廠屋或租屋。

2.機器：上海二·四·九廠現在設備機械計

織機一百六十八台　絡經機十台

併絲機十二台　撚絲機四十五台

搖紓機九台　花線機二台

制丝機　十二台　　環丝機　四台
烘丝機　三台　　撑径機　九台
倒筒機　一台　　脱水機　三台
搖筒機　一台　　松搖機　一台
吸棉機　一台　　燒綿機　一台
造紙機　廿七台　　錫光機　六台
軋光機　一台　　割紙機　一台
1400針龍頭　五十九具　　1800針龍頭　七十二具
1200通龍頭　四十七具　　1700針龍頭　八具
補助機　置有切紙機一台　捻線機四具
動力方面有鍋爐二只　木炭氣引擎四只　柴氣引擎一
只　大小馬達八十一只　計馬力一九七匹

五、營業情形　專製各式綢緞被面紡綢條子等紗織品前有經緯打線
紋製漂染印花等工作完全自辦該廠現有設備除經緯交
進路又該廠因電力關係未開夜班外交通路二廠及勝利
路口廠每日開日夜二班每班十六小時每月產綢共約
二千疋需用廠絲六十担人造絲十一百五十磅捻絲二百
磅至紡棉紗及各色棉紗各十件各色顏料三百斤費卅五年
全廠每年產綢二萬四千疋出品除銷國內各大都市外
國及南洋一帶營業額卅八年法幣五百六十七億餘元不
計卅九年法幣六十一萬卅五萬元卅年約法幣十四百
萬元卅一年約法幣二千萬元卅二年偽中儲券六
百七十三萬餘元卅三年約偽中儲券五億元卅四年約
法幣十二億元卅五年六十五億元卅六年一季三月份
約卅餘億元

聯合徵信所調查報告書用紙

六、關於[illegible]：該公司卅五年八月卅一日資產負債表[illegible]

[illegible]備參閱[illegible]

聯合徵信所調查報告書用紙

六、歷年盈餘：該公司卅二年純益僅中儲券二百十二萬四千餘

元，卅三年純益僅中儲券一千七百七十九萬三十元，卅

四年決算虧[illegible]千五百十二萬一千餘元

聯合徵信所

大豐紡織股份有限公司(Dah Foong Textile Manufacturing Co. Ltd.)調查報告

王福暉

一、簡史　該廠於民國三十六年一月由杜月笙、徐懋棠、劉丕基等發起設立，總管理處在四川中路三百二十號四樓四〇七室(電話一七一九九)，廠址在蘇州河北潘家灣，向經濟部申請登記中，為第七區棉紡織工業同業公會第一四三號會員。

聯合徵信所

二、負責人

董事長　杜月笙：浦東銀行董事長，華豐麵粉廠、祥生交通公司、恒大新記紡織公司、華豐紡織廠、永新化學工業公司董事長，國信銀行總經理。

常務董事

徐懋棠：上海證券交易所第二三五號經紀人，中匯銀行常務董事、副總經理、業務部經理。

劉丕基：上海市商會理事，上海市

第一屆參議員、大明紡織染廠董事

董事

秦润卿、交通銀行、福源錢莊常董、中國墾業銀行董事長兼總經理

中國紡織建設公司、辛泰銀行董事

徐士浩、嘉陵企業公司、中國火柴原料廠、中貿銀行董事、聖約翰大學教授、上海市第一屆參議員

唐星海、慶豐紡織漂染公司總經理、紡織事業調節委員會委員、

聯合徵信所

監察

顧嘉棠、通商銀行、川鹽銀行、嘉陵企業公司董事、

華篤安、

總經理　劉丕基、大成紗廠經理

副總經理　吴明然、

三、資本　法幣八十億元、重要股東除董監事、總經理副理外、有宣懸民、程敬棠、等

四、設備　租有基地約四十畝、自建廠房

辦公室及堆棧等合共約佔地五百方
机器設備有紗錠一四、四〇〇枚及全部
補助机器為馬達、梳棉机、清棉机
併條机等

五、業務　每日開工十五小時，最高生產
量，每月約可出紗六百件，目前
產品多限于二十支粗紗，以帆
船牌為商標，行銷國內漢口、安
慶、天津、長沙、鄭州等地。

六、財務　該廠未願出示帳冊，所有財

務情形，無法獲悉。至主要往來
銀行並有中國農民、浙江實業、新
華等銀行

滬字七三四〇号

民豐年記染織廠調查報告

聯合徵信所

三十六年十一月十八日

一、簡史：該廠於三十六年六月一日由史中權等合夥籌設，盤得前民豐廠全部生財設備及機器等，於本年七月二十一日正式開工，廠址在長壽路二七一號（電話二九四二三），發行所設漢口路五六二弄二號（電話九五一六〇），持有經濟部工字一三、八八〇號，社會局商字三三四七三號執照，為上海市機器染織工業公會會第七、八八號會員。

二、負責人：

經理：史中權，浙江嘉興籍，前偉大布廠經理。

廠長：馬仁傑，江蘇武進籍，前導宇染織廠廠長。

會計：陳志超，浙江嘉興籍，前晉元銀行會計。

三、資本：額定貳億四千萬元，全數收足，計史中權乙億貳千萬元，史守浩、王承喜、趙象昌各四千萬元。

四、設備：

1、廠房：租用鋸齒形織機廠房廿四間，帳房連宿舍四間，賃房二間，工人宿舍四間，食堂一間，收發間六間，共計四十一間，佔地一畝二分二，均為磚木平房。

2、機器：重要機器有全鐵龍頭格子布機十二台，鐵木龍頭布機四十二台，捲緯車、並線車各一台，另有八一二錠筒子車二部，六〇錠併絲車一部，八六錠打子車三部，八四錠搖紗車三部，兩面經布車、打摺車、打樣車各一部。動力方面有大小馬達及變，合計馬力二七·五匹。

五、業務：

1、出品：織造嗶嘰、格子布及民豐建設三種線呢，所用原料為二〇支、卅二支、四〇支棉紗及四二支股線，向本埠章大、永祥、恒義祥、永泰等號購進。據截本年七月一日至十月十五日止，共耗原棉紗量為二四四〇小包，計值一四四六三四〇、〇〇〇元。目下開工三十三台，有工人九二人，每日工作約十一小時。據截本年七月廿一日至十月十五日止，生產總量為一六〇六六疋（內嗶嘰一三一〇疋，線呢二、三六疋，每疋三〇碼）。

2、銷貨：本年十月廿七日開始銷貨，銷路以本埠及合肥為主，主要銷貨處有青津中洋行大協義泰、永泰、和裕、中華等。本年十月廿七日至十一月十一日共銷二四〇〇疋，計值三一六、七四〇、〇〇〇元。

六、財務：該表調查表所載卅六年十月十四日資產負債表中存貨、存料兩項，據查係經估計所得，各科目是否有參差者，特擬載原數錄繳以供參閱。

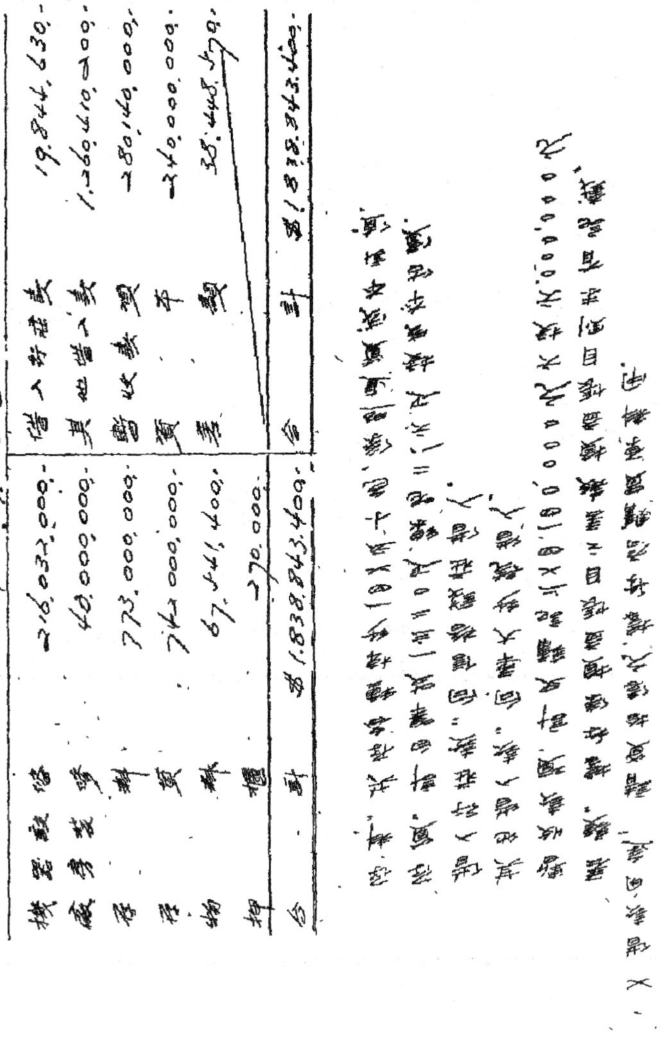

联合征信所关于大通纺织股份公司的调查报告(1947 年 12 月 8 日)

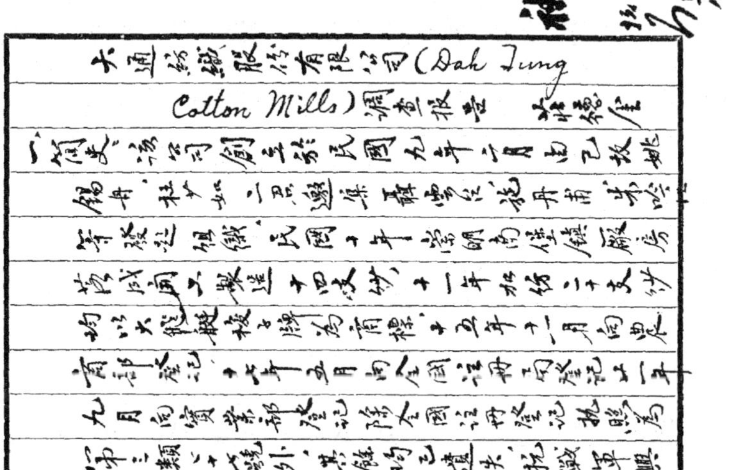

大通紡織股份有限公司(Dah Tung Cotton Mills)調查報告

崇明淪陷全部廠房被敵強佔及至卅一年始發還，繼續製造，上海辦事處現設江西路四〇六號（電話一五一五七、一六〇二三）

二、負責人：

董事長　沈驊臣　海寧籍　現任中國水泥公司董事長

董事：姚乃熾、胡國樑、鄒駕白、曹啓明、陸才甫、姚慎德

監察　杜仲　魯佳海　史乃修

經理　胡國樑兼　廣東籍　中國水泥公司常務董事

協理　姚慎德　上海籍　華倫造紙廠協理

廠長　沈含甫　海門籍　沈全記營造廠主

工程師　李庶培　湖南籍　曾任恒豐紗廠工程師

三、資本：創立時資本國幣六十四萬元，十五年十一月增為八十萬元，十七年五月增為九十六萬元，每股五十元，卅二年變更資本為偽中儲券六千萬元，每股十元，卅五年七月增為法幣壹億八千萬元，每股十元，卅六年一月增為法幣玖億元，卅六年九月增為法幣一伍拾億

億元，（並股老股贈二股，現金認繳三股，現金係
由股息中抵充）

四、設備

1、廠房 設崇明南堡鎮，據稱有工場二百十間，辦
公室十四間，宿舍八十七間，倉庫十九間及其他
小建築九間，占地一八三畝，係自產

2、機器 計英國 Brook + Doxey 紡錠 一六四〇〇枚
瑞士 Rieters 紡錠 四六二〇枚 合計二一〇二〇錠
動力方面有德國 Dutzer 二五〇匹馬力柴油
引擎弍部 西門子 二五〇 KVA 發電机弍座

聯合徵信所

瑞士 Snelger 四〇〇匹馬力，蒸汽引擎壹部，英
國 Bahock 鍋爐 二座，等

五、業務

1、生產： 專紡各支粗細棉紗，每日晝夜工作廿三小時
可紡廿支紗五十件，所需棉花一部份在崇明
就地收購，美棉均向本市美福、美安、合豐、中和
等行訂購，目下僱用工人約壹千名

2、銷貨：銷售於本市各紗號及長江沿岸、南京各地
重要客戶有永興昌、大昌永、駿成、大康永、大豐永
大同等紗號及中國紗布公司，據稱銷貨數量

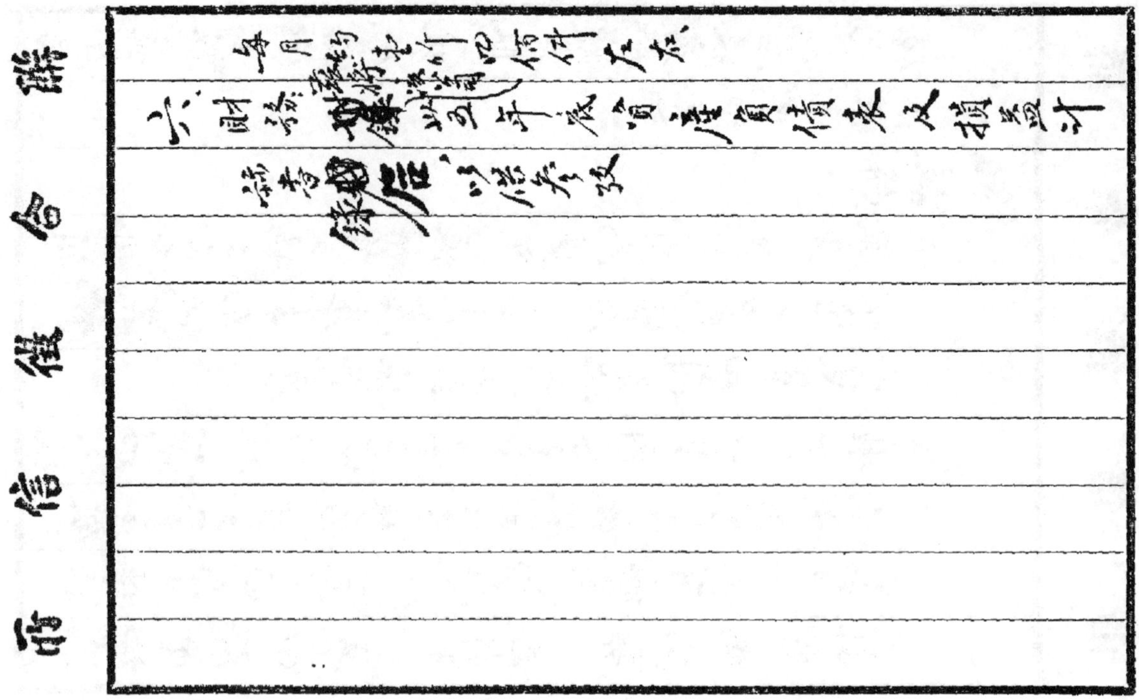
聯合徵信所

六、财务 ……
每月 ……

联合征信所关于中国纺织建设公司调查报告书(1947 年 6 月 9 日)

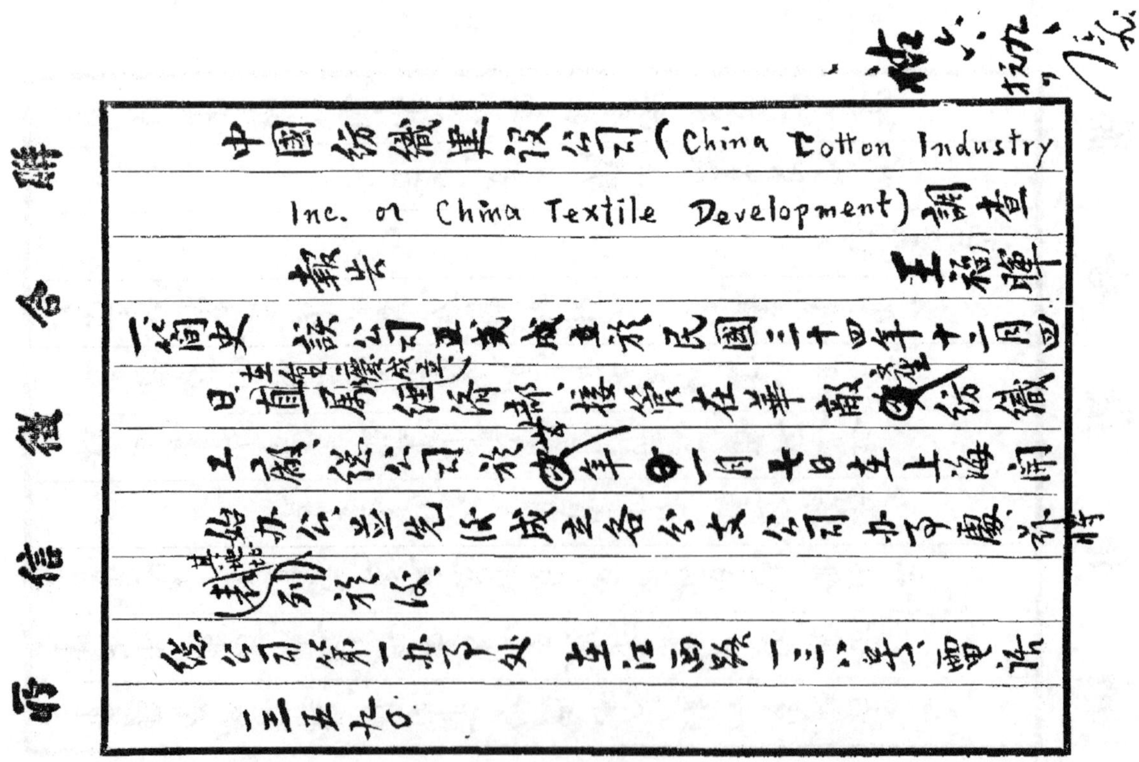
聯合徵信所

中国纺织建设公司(China Cotton Industry Inc. or China Textile Development)调查报告　王福康

一、简史　该公司系成立于民国三十四年十二月四日，直属经济部，接管在华敌伪纺织工厂。该公司于卅五年一月十七日在上海开始办公，并先后成立各分支公司办事处，计有列于后。

总公司办事处　在江西路一三八号，电话一三五九〇。

聯合徵信所

總公司第二辦事處 漢口路一三〇號 電話一
一五三〇
總公司第三辦事處 戈登路九三一號 電話
三四三七〇
電報掛號 四九三〇 ~~Chintex~~ Chitex
分公司：
天津分公司 ~~成立於~~開始營業於三十五年一月 地址在
第一區赤峯道三十三號中行大樓
青島分公司 開始營業於三十五年六月
地址在冠縣路七十號

聯合徵信所

東北分公司 開始營業於民國三十五年
八月，地址在瀋陽南市區，中華路二
段三十二號
各辦事處：
重慶辦事處 中山三路二一三號附一號
西安 〃 東縣門土地街李園
沙市 〃 中山路一七一號
漢口 〃 鄱陽路十號
昆明 〃 近日樓昆明大廈四〇室
廣州 〃 太平南路一〇九號

聯合徵信所

南通辦事處　濠南路濠南别業、

杭州　〃　清泰路三〇四號、

汕頭轉運處　中國銀行陳德[illegible]先生轉

駐加尔各答办事處　Mr. K.K. Sun Co.

B.T.C. 8 Royal Exchange Calcutta India

所屬各廠計分四區：

上海：廠名	地址	原名
第一紡織廠	勞勃生路六十二號	内外棉一二廠
〃二　〃	西蘇州路十五號	〃〃〃五廠
〃三　〃	西蘇州路十四號	〃〃〃六七〃

聯合徵信所

第四紡織廠	麦根路六十號	内外棉九廠
〃五　〃	梵皇渡路二〇〇號	丰田一二廠
〃六　〃	勞勃生路七六至八〇號	日華三四廠
〃七　〃	勞勃生路九八號	日華五六七廠
〃八　〃	吴淞蕰藻浜	日華八廠
〃九　〃	戈登路一四三三號	同興一廠
〃十　〃	楊樹浦路二〇八六號	同興二廠
〃十一　〃	閘北造幣廠	大丰
〃十二　〃	騰越路一九五號	大康二廠
〃十四　〃	楊樹浦蘭路一九七〇號	上海三廠

第十五紡織廠	蘭路五八五號	上海四廠
〃十六 〃	楊樹浦路七三九号	上海五廠
〃十七 〃	楊樹浦路二八六号	裕豐
〃十八 〃	公平路七五〇号	明豐
〃十九 〃	平涼路七五〇号	公大一廠
第一印染廠	澳门路西苏州路十九号	内外棉加工二廠
〃二 〃	平涼路一四〇二号	中華印染
〃三 〃	平涼路一九四〇号	興華
〃四 〃	河间路五九五号	美華
〃五 〃	全家庵一三七号	華張

第六印染廠	打浦橋路八〇號	一達
第一毛紡織廠	星加坡路六十号	公大四廠
〃二 〃	北新涇馬家宅	中和
〃三 〃	许昌路一一五〇號	永興
〃四 〃	臨青路四二號	上海六廠
〃五 〃	錦州路九七六号	宏康
第一製衣蔴廠	勞勃生路六四号	東亞
又	滬太路	日華
第二製衣蔴廠	楊樹浦路一二六一号	上海一
又	〃〃〃〃一九七〇号	上海二

第一紗帶廠	華盛路三益里	上海紗帶廠
又	大連灣路四達坊	小林〃〃
康泰（拆宜改名）线布廠	華德路一〇八〇号	
第一絹紡廠	極司非尔路一三八号	公大三廠
第一机械廠	河间路一二九二號	遠东鋼絲廠
〃二 〃	戈登路一二八六号	内外棉八廠
	韜明路七〇号	日本机械製作
	梹榔路四九号	东亜鉄廠
	昆明路五十二号	有新〃〃
	楊樹浦西湖路	振華〃〃

第三机械廠	梵皇渡路一〇〇號、	丰田机器
	河间路一一九二號	丰田自動車

天津、

今名	地址	原名
第一纺織廠	第五区大直沽	裕丰
〃二 〃	小劉莊廿四号	公大六廠
〃三 〃	河东鄭家莊	天津
〃四 〃	第六区陈塘莊	上海
〃五 〃	河东鄭家莊	雙喜
〃六 〃	南開李公祠	大康
〃七 〃	第三区小于莊	公大七廠

青島：

今名	地址	原名
第一紡織廠	四方	大康
〃二〃〃〃	四方	内外
〃三〃〃〃	四方	隆興
〃四〃	水清溝	豐田
〃五〃	〃〃〃	上海
〃六〃	滄口	公大
〃七〃	〃〃	寶来
〃八〃	〃〃	富士
〃九〃	〃〃	同興

東北：

今名	地址	原名
遼陽紡織廠	光復区自治街	滿洲紡績株式會社
營口〃	綏定区益民街	營口〃〃
錦州〃	北関区永安街	東棉〃〃
瀋陽染廠	瀋陽市大东区	
錦州紡織廠印染部	北関区	东棉
遼陽紡〃〃印染部	光復区	滿洲

二、負責人

董事長 陈天啓

董事 東雲章、李升伯、吴味經

聯合徵信所

楊錫仁、王仰堯、潘序倫
總經理　東云章
副總經理　李升伯
　　　　　吳味經
秘书處長　汪大燧
工務處長　李升伯兼
業務處長　吳味經兼
會計處長　錢健庵
稽核處長　章兆樹
稽核處副處長　高樾天

聯合徵信所

天津分公司經理　楊亣周
又副經理　王瑞基
青島分公司經理　范澄川
又副經理　王新元
东北分公司經理　桂季桓
又副經理　王仲宜
重慶办事處主任　丁沛壽
沙市　〃　〃　韓甘霖
西安　〃　〃　汪江晴
漢口　〃　〃　嚴惠臣

昆明辦事處主任　鍾琳（沭）奇
廣州　〃　〃　方端南
南通　〃　〃　顧樹華
杭州　〃　〃　胡頌翰
汕頭轉運处負責人　陈德霖
駐加尔各荅专員　孫觀光

三、设備　在上海之设備，计纺織廠有纱錠八九七、六〇八只、線錠二四七、三一六只、織布机一六五八七台、印染廠有精煉鍋二七只、精宏鍋七只、鉄染缸一四一只、木染缸九八

只、浸染缸五只、印花机十一台、毛纺廠有走錠八、三七〇只、環錠六、五八八只、織机二六二台、製衣、蔴廠有纺錠一二、六〇四只、織机六五一台、絹纺廠有絹纺錠九、九〇〇只、紆線纺錠一四、七〇〇只、織机三一三只、机械廠有車床四一五台、刨床五四台、銑床八〇台、鑽床六五台、另有針織机一五九台、縫级机四七八台、在天津计纺織廠有纱錠三三〇、三二〇只、線錠二八、九四〇只、布机八、七七九台、在青島计纺織廠有走

錠一、三三〇枚、環錠三五七、六四四枚、線錠四〇、六九〇枚、布機七、六二九台、在東北已接收者有紡錠一八五、二〇八枚、線錠一一、四二〇枚、織布機四、六〇五台、精煉鍋九只、浸染缸六只、鉄染缸七五只、印花機四台、

四、業務　三十五年冬底上海各棉紡織廠日夜班共開紗錠一百四十三万三千五百餘枚、布機二萬五千七百五十二台、天津各紡織廠日夜班、共開紗錠五十五萬五千四百餘枚、布機一六、二七六台、青島各棉紡廠

日夜班、共開紗錠五十六萬八千餘枚、布機一二、四二四台、至東北各棉紡織廠、除安東、復州兩廠在接收中外、遼陽、營口、錦州三廠已復工、日夜班約共開紗錠十六萬三千三百餘枚、布機二、八九四台、總計全公司日夜班共開紗錠二百七十二萬〇三百餘枚、布機五七、三四六台（以單班計為紗錠一百三十六萬〇一百八十三枚、布機二八、六七三台）三十五年度共計得採辦棉花外滙二千六百〇七萬九千餘美金、

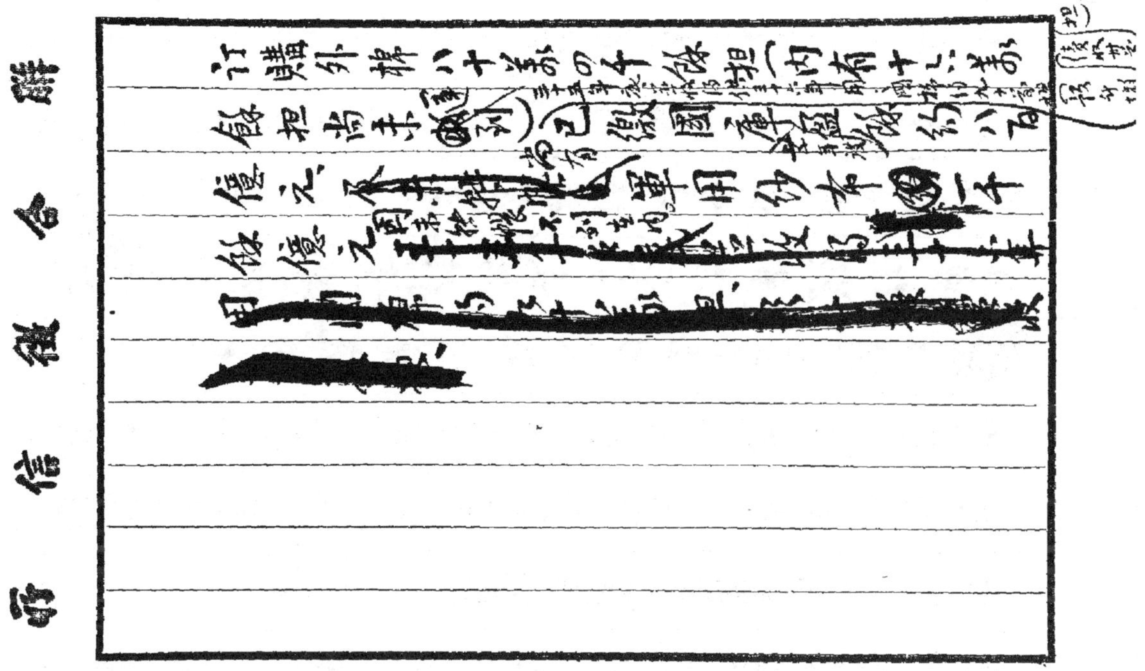

联合征信所关于上海中国国货股份有限公司调查报告书（1947 年 12 月 21 日）

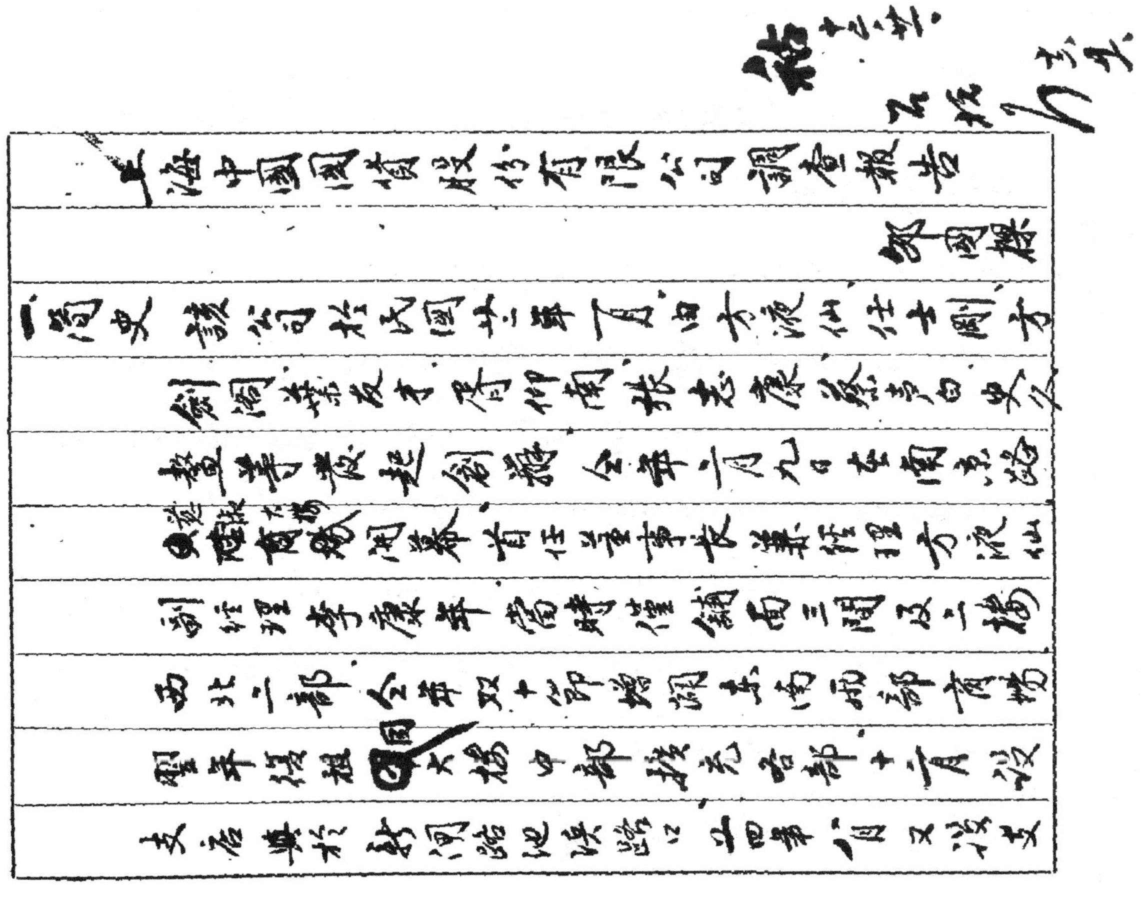
上海中国國貨股份有限公司調查報告

店於靜安寺安開第商場，旋後遷至南市
小東門前大成綢緞局舊址。卅五年五月接辦
長沙中國貨公司改組爲長沙分店。廿六年
冬因抗戰軍興，南市支店停業，長沙分店轉
[redacted]內遷，由常德而桃源而沅陵至貴陽收歇。
廿八年二月於白克路設太平橋支店，卅三年五月
新聞路太平橋兩支店同時收歇，[illegible]歸併
於總店。[redacted]現在[illegible]等分支店
與附屬事業。現領有經濟部執字第一
三七〇號執照。該公司員工人數計卅三年
約八百五十人（爲最高），卅四年約五百人，卅五年現
約四百人。

二、負責人　董事長　王志莘
常務董事　徐廣遲　方劍閣　葉友才
胥仰南　李祖範　李康年
董事　孫瑞璜　瞿絳白　張竹嶼
葉廷芳　張惠康　史久鼇
監察　王振芳　程年彭　王性堯　任東道
經理　李康年
副經理　葉子漸

三、資本　初創時國幣十萬元，旋因增闢東南兩

部商場，遂於全年增資至廿萬元。廿六年

三月增資至國法幣四十萬元，廿八年八月

第三次增資至法幣六十萬元，廿九年三月

復增資至法幣一百萬元，分為五萬股，每

股廿元。卅年九月第五次增資至法幣二百

五十萬元，並改每股票面為廿五元。卅一年

春增資至法幣三百萬元，再將每股票面

改為卅元。同年六月除將資產升值將資

本[redacted]改為偽中儲券三百萬元外，復增

資三百萬元，合成資本總額偽中儲券六百

萬元。迨至十一月第八次增資至偽中儲券

一千二百萬元，卅二年八月又增資至偽中儲

券四千八百萬元，卅五年六月經第十三屆

股東常會決議將資本改為法幣四千八

百萬元（每股改為法幣十元，一次繳足）。溯公司股票曾於卅二年偽證券交

易所成立時上市開拍，卅四年夏最高行市

達偽中儲券一萬四千元，勝利後經法幣

一百元，[redacted]

[redacted]股票分中字、國字二種，中字每張

三、百股，国字不定，随时填写。

四、业务：该公司除以联合国货工厂销售其所制货品并运销本国各地手工艺品及土产为业务外，又与中国国货联合营业公司（简称联营公司）合作，承受联营公司之委托，经营有关推行国货之业务，设有绸缎布疋、棉织内衣、针织化妆、鞋帽文具、五金、瓷器、电器、木器、饮食等四十余部。销货以东四门市[redacted]为主[redacted]，连东之销货金额计，卅三年度伪中储券八九四三，〇八八，七三三元，卅四年度法币六二、〇八、五八·七四元，卅五年四、六月止法币四五四、九八八、五一〇·三二元。

五、财务：兹将该公司民国卅二年、卅三年、卅四年度之资产负债表及损益计算书录后。

四联总处关于调查上海股票市场与联合征信所往来函(1947 年 7 月)

京號 字第 號第 一 頁

中央中國交通農民四銀行聯合辦事總處用箋

據准

貴所本月六日十四大函嘱查上海股票市場調查報告以供本部，會徵室船公司股票三十九家又四日共計四七八、四八八股照面值以每部面又元一角半計合法幣一億七千六六九三一三九·八六元，業由查核部附函及會徵室報告股票每部以部面計值，依據面額元時價查每一部面合法幣為一元四角，可見歷年部面額法幣折價，而時在變動之中者，即將其變動比率一以及目前會徵室股票之面值，查明見復，又核部附函股票折合算價值已否與會徵室股相同，併請查復為荷。此致

上海聯合徵信所

中央中國交通農民銀行聯合辦事總處

中華民國卅六年七月初二日發出

聯合徵信所

來文機關	四聯總處
字號	秘[illegible]字第一〇三〇九號
到文日期	民國卅年七月二日
摘由	函查重慶歷年銀兩對法幣折合比率及今後未定值換算折合率請見復由
附件	
擬辦	
批示	

收文9字第　號　　歸　字第　號　　復文　字第　號　　檔號

聯合徵信所稿

送達機關	四聯總處秘書處
文別	函
類別	
附件	
事由	

經理	副經理
	祐代
核稿	擬稿
楊石[illegible]	周士桂

中華民國　年

交辦日期	擬稿日期	核稿日期	判行日期	繕寫日期	校對日期	印發日期	繕檔日期	發文字號	收文字號
月　日	又月の日	月　日	月　日	月　日	月　日	七月五日	月　日	字第　號	字第　號

接准

貴處京統第一四三〇九號函詢銀兩對國幣折合率事

查前此所稱"……以每銀兩七元一角半計"，實係"每七·二五

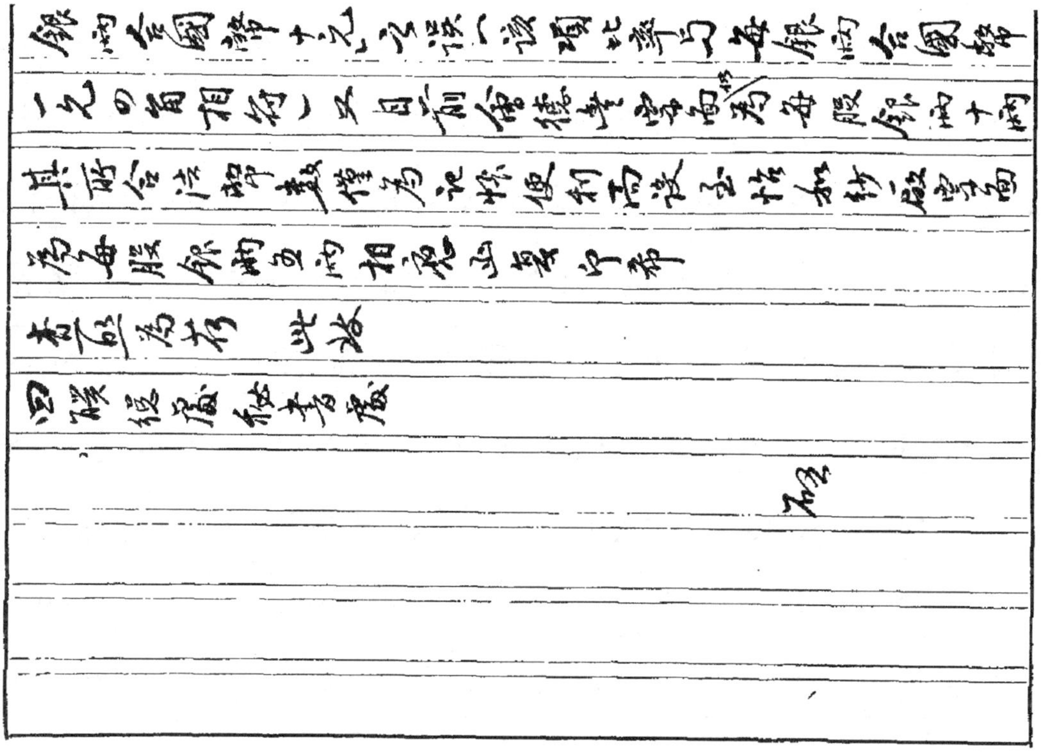

联合征信所致上海煤业银行函稿(1947 年 5 月 30 日)

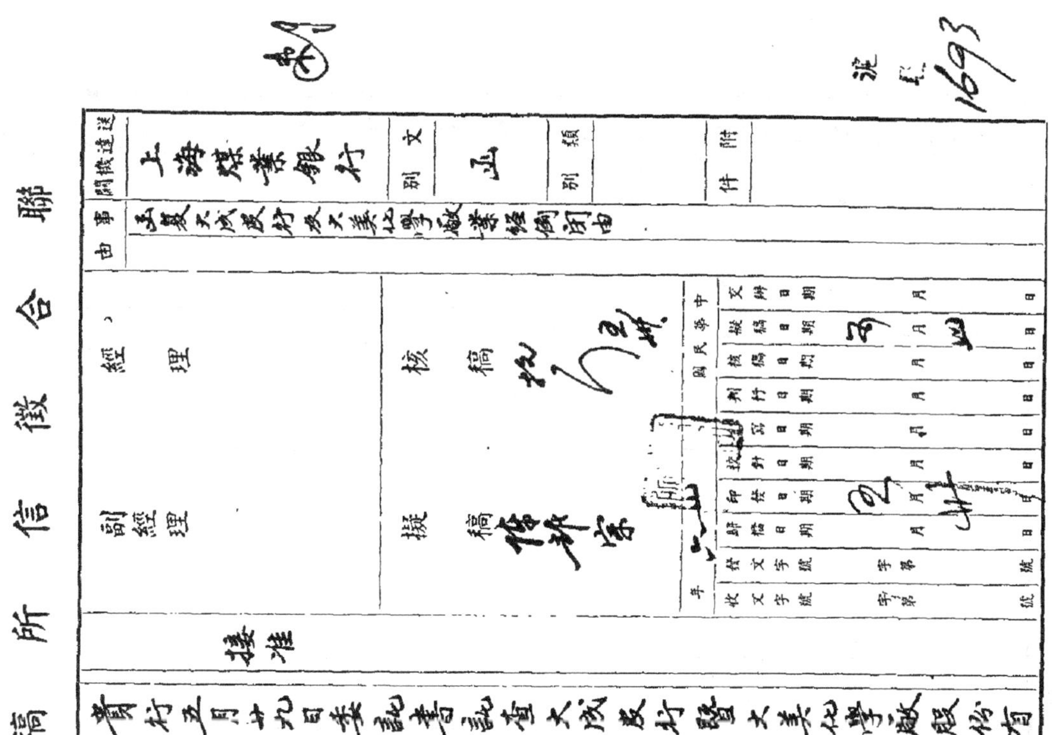

號詢悉大成皮行已於卅五年八月間遷出，經訪上海市皮革鞋料商業同業公會王志清君據稱「大成皮行積欠會費甚多，信件亦屢遭退回，已於三十六年三月經本會理事會議決依章取消該行會員資格」，間該行早於三十五年七八月間倒閉。復經採詢皮革同業多家，亦均稱該行確于去年秋季倒閉。又查北京路一九〇號五樓四三室現為美商公大行，詢悉大美化學廠業於去年夏季遷出，嗣訪上海市化學原料工業同業公會楊福城君據稱「該廠之公會會費自三十五年七月起迄今未付，發出信件亦均遭退回，負責人則避不見面，風聞該廠去年上半年即已不穩，至夏季乃告倒閉，同業中因定

貨受其拖累者甚多」。再經採詢該業同業，亦稱該廠業已停閉。相應函達，即請

查照為荷。此致

上海煤業銀行

上海煤業銀行

THE SHANGHAI COAL MERCHANTS BANK LTD.

510 PEKING ROAD (EASTERN)
電報掛號 8162
CABLE ADDRESS: SHACOMBANK
電話
TELEPHONES:
經理處 MANAGER 13297　營業處 OFFICE 13972

Shanghai, ... 19......

大成皮行自35年1月16日在本行開設第37號往來户，至7月12日止透支$16,328.22650，以後呈呆滯現象，隨即倒閉，負責人逃避無踪，迄至11月28日連本加計7月至11月之欠息共欠$24,530.38PUS。因該號[illegible]，欠款無法催償，逐轉「呆帳」。

大美化學廠自35年1月14日在本行開設第35往來户，至5月16日透支$11,040,118.22，此後呈呆滯現象，經一再催索，該廠於6月12日歸來$6,000,000，以後無法收付，截至11月止連本加計5月至11月之欠息共欠$22,273,010PL。因該廠早經倒閉且負責人亦隱匿無踪，予該欠款無法收回，爰於35年12月31日轉入呆帳中。

联合征信所关于案件无从调查事致中国银行国外部函稿(1947年5月)

联合征信所稿

送达机关：中国银行国外部

文别：函

事由：函复China Corp.等之商号无从调查由

贵部来函嘱查案件内中（经另行附函查复者外）各案或以地址不明或业已停业无从调查兹分录于后。

(一)第一四九八号来函嘱查China Corp.一案查该公司原设中正东路一四七号（电话八二七七五）业于去年二月间停业，负责人并已赴美。

(二)第一五八三号来函嘱查谢洪福君(H.F. Shien)一案查谢君前曾一度寄居宁波路隆庆里八号宝成商行现已赴香港。

(三)第一五八八号来函嘱查华侨胶木厂(Oversea Bakelite Works Ltd.)一案据该厂负责人陈桂头君称自战时停工迄今未有复业之意对调查各项未便接洽。

(四)第一五九三号来函嘱查Mattee Denadis一案查此君系

據義大利人居復興中路一三六三號克來門公寓（Clement Apt.）四十二室曾任職該公寓大樓管事務處，據該公寓處經接線生稱此人已於本年二月間出國。

（五）第一五九三號來電寄電者 Li Shi Ling 一節所開地址為 Hsin Chang Li, 162 FuKien Rd. 經查福建路既無一六二號亦無 Hsin Chang Li

（六）第一五九六號來電寄電者 Hwa Tung Trading Co. 一節所開地址為四川路六號，經查本市四川北路四川中路均無六號門牌，又查四川南路七號內商號甚多，經詢各住戶均不知上述商號

（七）第一六六〇號來電寄電者上海福記號一節查海寧路某坊十五號現為恒來記號事務所及日升華商行臨時倉庫，據稱並無福記號。

上述各節調查事項無法進行，相應函請查照為荷 此致

中國銀行國外部

聯合徵信所稿

聯 1674

送達機關	中國銀行國外部
文別	函
類別	
附件	
事由	函復同昌工業原料號等無從調查由

經理　副經理

核稿　擬稿

中華民國　年　月　日

文件日期	擬稿日期	核稿日期	判行日期	繕寫日期	校對日期	封發日期	歸檔日期	發文字號	收文字號
月　日	月　日	月　日	月　日	月　日	月　日	月　日	月　日	字第　號	字第　號

接准

貴部委託書託查案件經派員分派往查，內中有關各案或以地址不明或則無法調查，茲分錄於后：

(一)第一四〇二號委託書託查同昌工業原料行一案，據該號負責人張君稱該號與貴行尚無往來，對託查各項未便作答。

(二)第一四〇五號委託書託查朱漢記一案，經往訪數次，晤該號朱國明君，對於內部情形未願出示。

(三)第一四二五號委託書託查主興公司申莊一案，查該公司現設廣東路靖遠街五十一弄七號（電話九〇六二五），據該公司負責人徐謀鋒君稱該莊為新嘉坡主興國貨公司駐滬申莊，本身並無營業，亦無資本，對託查各項拒予接洽，詳情無法獲悉。

(四)第一四九七號登記書記載 Chen Corp. 一案，查廣西路三六九至三七一號爲隆昌皮毛行，經詢該行負責人，據稱除該行外並無上述商號設於內。

(五)第一五七三號登記書記載字安毛呢號（Zan Gior Wollen Co.）一案，查該號現設四川中路六一五號二樓，據該號負責人稱以與貴行尚無聯係，詳情不願告知。

(六)第一五七八號登記書記載 Standard Trading Co. 一案，查靜安寺路一三三五號爲日比野仁記藥房，據稱並無上述商號，大滬回號林蔭第五弄。

(七)第一五八〇號登記書記載 Sing Chong Co. 一案，查四川北路爲廣東路七十二弄三號，查舊址至七十二弄附近均未發現上述商號。

(八)第一五九五號登記書記載 Kin Sun Hong 一案，西四川北路爲福德克路四十三弄九十七號，查該路並無四十三弄。

(九)第一五九八號登記書記載 California Natural Food & Products Co. 一案，西四川北路爲吳淞路文四八號，查該處地方商號現爲維名廣緻等物並無該公司商號。

(四)第一六○四號來訊查詢 Ta Chen Trading Corp
一案，所開地址為慕爾鳴路第三十六號，查慕爾鳴
路四八五號今有裕記行號，並無大成公司。
(五)第一六○六號來函查詢 Shis An Co. 一案，所開
地址為 No.2, Zing Dar Kai, Mor Kai Lane，查上開地址為綢
莊，經查詢
貴行亦未得結悉。
上述兩案調查事項，均係往行相關呈請
查照為荷。此致
中國銀行國外部

經

聯合徵信所稿

送達機關	中國銀行國外部
事由	函復美亞公司等五商號無法調查由
文別	函
類別	
附件	

經理

副經理 祥代

核稿 祝□王 六、

擬稿 陳邦宗

中華民國　年　月　日

文辦日期	擬稿日期	核稿日期	判行日期	繕寫日期	校對日期	發送日期	歸檔日期	發文字號	收文字號
月　日	月　日	月　日	月　日	月　日	月　日	月　日	月　日	字第　號	字第　號

接准

貴部委託書託查案件經派員分別往查內中后開各家或以地址不明或則不受調查或業已閉歇茲分錄於后：

(一)第一五九一號委託書託查美亞公司(Mueoh)一案據該公司王漢龍君稱該公司業已閉歇

(二)第五九四號委託書託查 Lao Hoo Chang Co. 一案所開地址為 392 Min Kau Rd. 查民國路三九二號為裕順號並無上稱公司

(三)第一六〇五號委託書託查 Shing Hwa Hong of Shanghai 一案所開地址為 No. 14 Min Kho Lu (Inside Pass. 423 Kinling Rd.) 查民國路十四號為通和當及通和糖果食品公司又查金陵路四二三號為篤行里街口戶口牌上並無該號之門牌里內十四號為建昌利亦無該行。

滬聯 1692

(四)第一六二一號來函查永平泰行一案經飭
該永生熱水瓶廠經理張耕等具報永平泰行係為
洋行貨物經售國內批發業務至並無與該組為永生熱
水瓶廠股份有限公司周與
貴行內容往來詳情未願告知
(五)第一六五五號來函查 Union Transportation 一案
查天津路四〇五號為樓下之屋該號三樓有合眾運輸
行電話為九六三八一號據該行負責人稱該行經營樓下運
輸業務與
貴行素無往來詳情不願出示
(六)第一六七七號來函查美孚公司(Standard Vacuum
Oil Co.)一案查該公司經營石油及其副產品批發業務與
經據該公司負責人談稱與
貴行向無往來詳情未願出示
(七)第一六二六號來函查 Dao Hsing Hong 一案據
該號負責人稱以與
貴行向無往來詳情未願出示
以上調查各案詳細查事項前均分別相應函覆請
查照為荷 此致
中國銀行國外部

上海证券交易所关于调查中国萃众制造公司等与联合征信所往来函(1947 年 4 月)

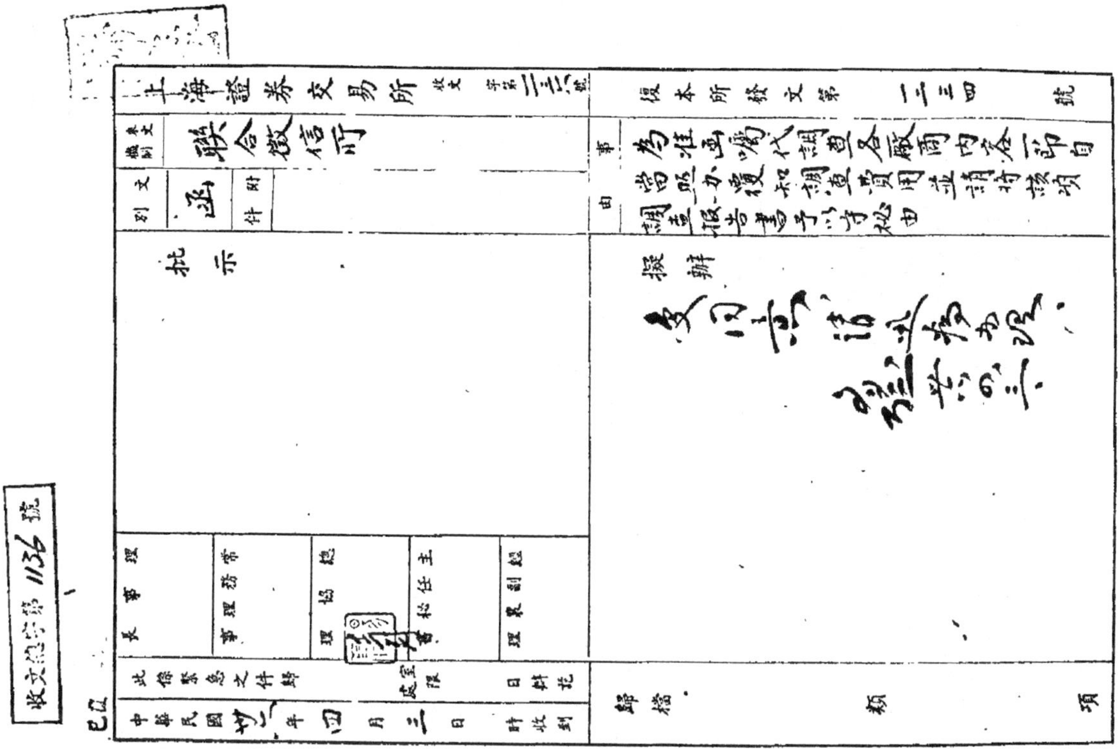

上海證券交易所 收文 字第一二三六號

來文機關 聯合徵信所

文別 函 附件

批示

復本所發文第一二三四號

事由 為准函囑代調查各廠商內容一節函復調查費用並請將該項調查報告書予以寄給由

擬辦

長 事 理 | 事理務常 | 理協總 | 主任 | 理經副總

此件係緊急文件限 日 時 辦結

中華民國卅六年四月三日 時 收到

歸檔 類 項

收文總字第 1136 號

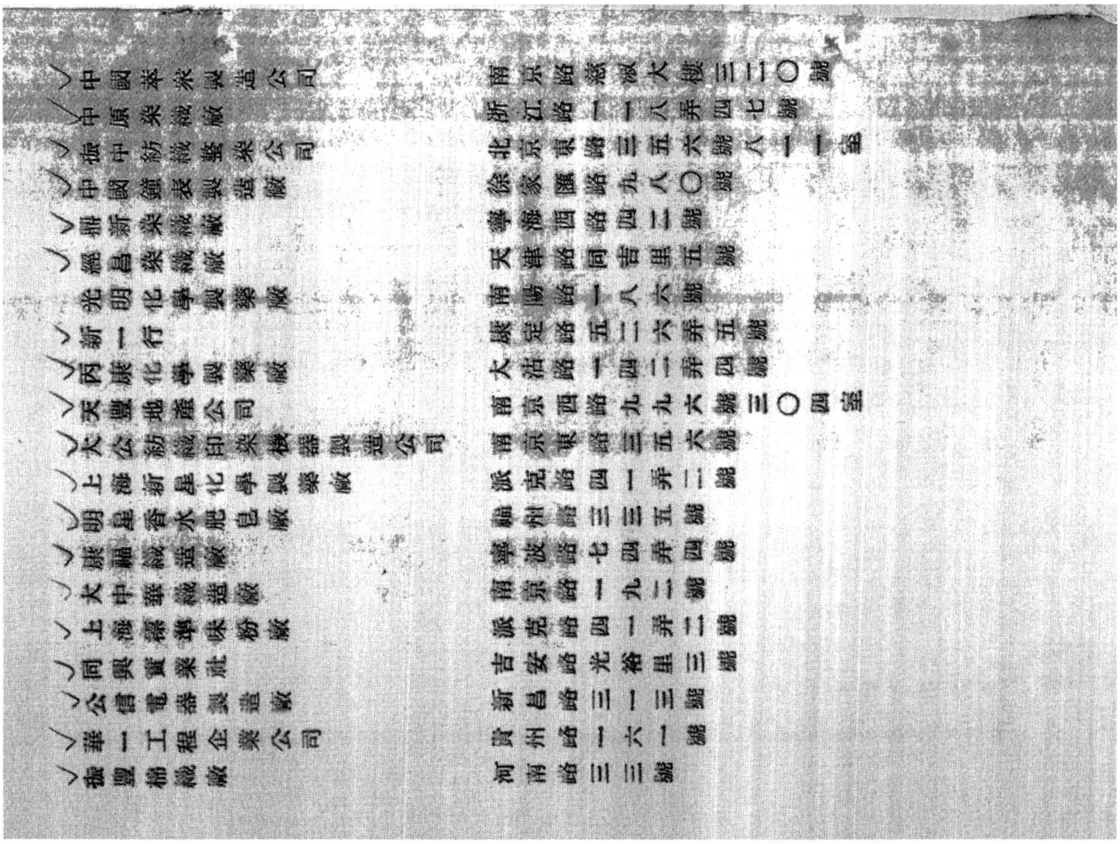

中國萃衆製造公司	南京路慈淑大樓三二〇號
中原染織廠	浙江路一一八弄四七號
振中紡織整染公司	北京東路三五六號八一一室
中國鐵床製造廠	徐家匯路九八〇號
開新染織廠	寧海西路四二號
總昌染織廠	天津路同吉里五號
兆明化學製藥廠	南陽路一八六號
新一行	康定路五二六弄五號
丙康化學製藥廠	大沽路一四二弄四號
天豐地產公司	南京西路九九六號三〇四室
大公紡織印染機器製造公司	南京東路三五六號
上海新昌化學製藥廠	派克路四一弄二號
明星香水肥皂廠	福州路三三五號
康福織造廠	寧波路七四弄四號
大中華織造廠	南京路一九二號
上海福華味粉廠	派克路四一弄二號
同興實業社	吉安路光裕里三號
公信電器製造廠	新昌路三一三號
華一工程企業公司	貴州路一六一號
協豐棉織廠	河南路三三號

聯合徵信所

滬聯字第一四八八號　第一頁

逕復者准
貴所四月一日大函並開附本市中國華商製造公司等四十一家廠商名單
囑代調查各廠商內容一節自當照辦至該項調查費用每件酌收四萬元除
按所員優惠辦法應免費調查五件外其餘卅六件共為一百四十四萬元正
相應復請
查照並請對該項調查報告書依敝所業務簡則第八項之規定予以守秘切
勿對外發表為希
見復以便辦理為荷此致

中華民國　年　月　日

總所電話：一九八七七　電報掛號：八〇八四
分所電話：九八五六〇、九六〇七七、九五一〇七

地址：總所上海中山東一路廿三號九樓　上海分所河南路三〇三號

✓祥華棉毛染織廠	貴州路一七六號
✓同豐印染廠	北京路五九六弄五一號
✓大德昌茶業公司	安慶路二六八弄一七號
✓華新百貨公司	南京路六七三號
✓眞裕地產公司	南京路六六號四樓
✓鴻興織造廠	南京路慈淑大樓三一一號
✓裕豐織造廠	浙江南路一五五弄一九號
✓綸華染織廠	寧波路四四六弄五號
✓寰球手帕織造廠	九江路二一〇號
✓同濟機織印染公司	九江路四五號二二三室
✓公和棉織廠	湖北路二〇七至二〇九號
✓華倫造紙廠	江西路四〇六號三〇九室
✓永祥印書館	福州路三八〇號
✓祥生汽車公司	北京東路八〇〇號
✓南華棉織印染公司	江西中路二六七號二〇一室
✓利亞實業公司	廣東路一二二號
✓正德藥廠	英士路三一號
✓恆豐紡織公司	寧波路四四六弄三號
✓久安實業公司	九江路一九〇號三樓
✓富強絲織公司	福州路四二〇弄四號
✓富安紡織公司	北京東路二八〇號四樓三五室

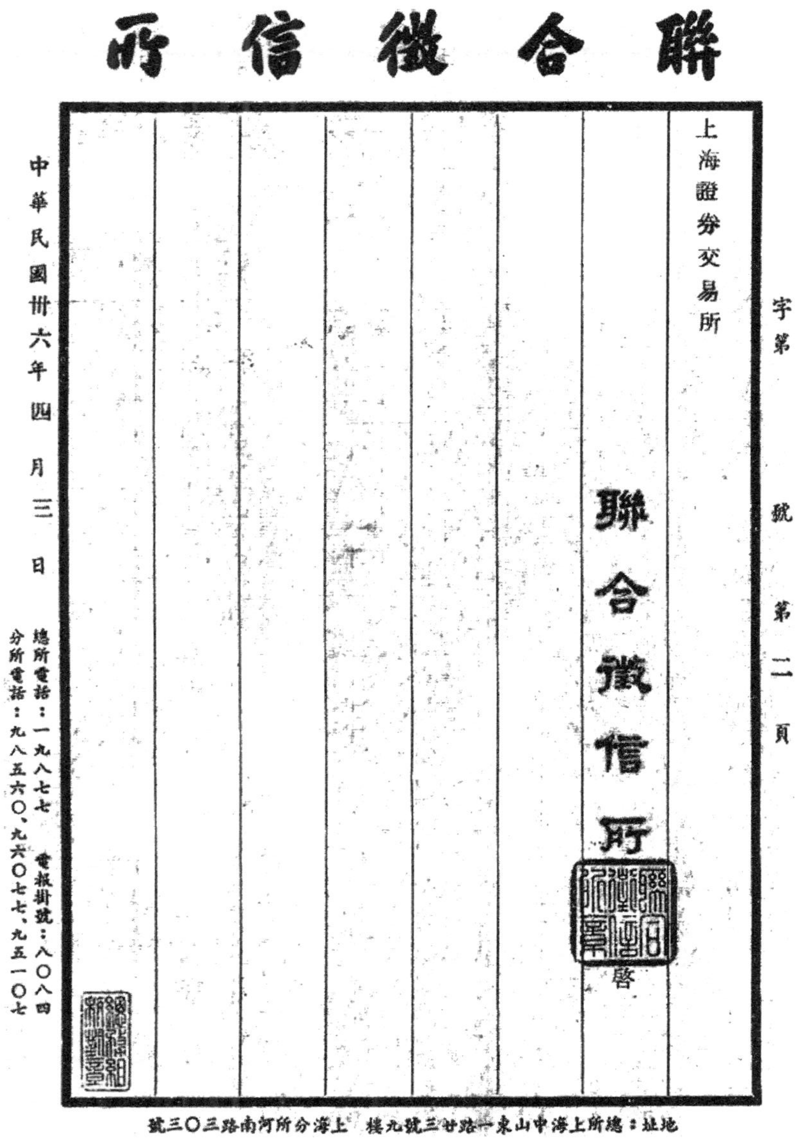

聯合徵信所

字第　號　第二頁

上海證券交易所

聯合徵信所啓

中華民國卅六年四月三日

總所電話：一九八七七　電報掛號：八〇八四
分所電話：九八五六〇、九六〇七七、九五一〇七

地址：總所上海中山東一路廿三號九樓　上海分所河南路三〇三號

聯合徵信所

字第　號　第　頁

逕啓者本年四月[illegible]日　字第　號調查委託書託查之件現已就
公隨函奉上滬查字第三八四號調查報告書一份至希
察收密洽並賜
指正爲荷此致
上海證券交易所秘書室
聯合徵信所啓
本件應收調查費四萬元請
惠付

中華民國卅六年五月十五日

中山東一路電話：一九八七七　電報掛號：八〇八四
河南路電話：九八五六〇、九六〇七七、九五一〇七

地址：上海中山東一路廿三號九樓　河南路三〇三號

财政部直接税局请调查国营事业及官民合办事业函(1948 年 2 月 13 日)

呈信徵合 082

來文機關	財政部上海直接稅局
到文日期	民國卅七年二月十二日
摘由	函請查示國營事業及中央政府與人民合辦之營利事業牌名稱地址負責人及資本額由
附件	#8032
擬辦	
批示	

來文 直五五字第1416號　復文 字第 號　收文 字第142號

財政部上海直接稅局公函

查本局為征收營業稅為謀[illegible]……

貴所是否查明國營事業及中央政府與人民合辦之營利事業

住名稱地址負責人及營業資本額列單見示以資參考相應函

達即希

查照辦理見復為荷

此致

上海聯合徵信所

局長

四联总处关于调查开明书局等事致联合征信所函(1948年3月13日)

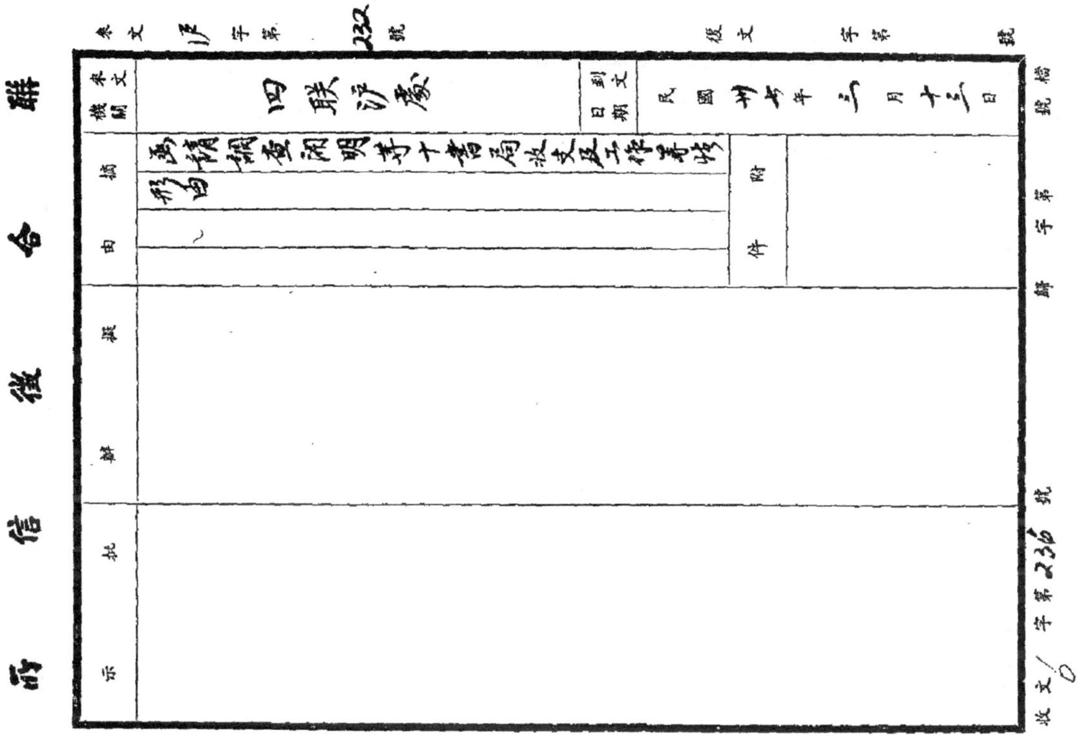
聯合徵信所

來文 滬字第232號

來文機關	四聯滬處	到文日期	民國卅七年三月十三日
摘由	為請調查開明等十書局收支及工作情形函	附件	
擬辦			
批示			

收文 字第236號

復文 字第 號

歸檔 字第 號

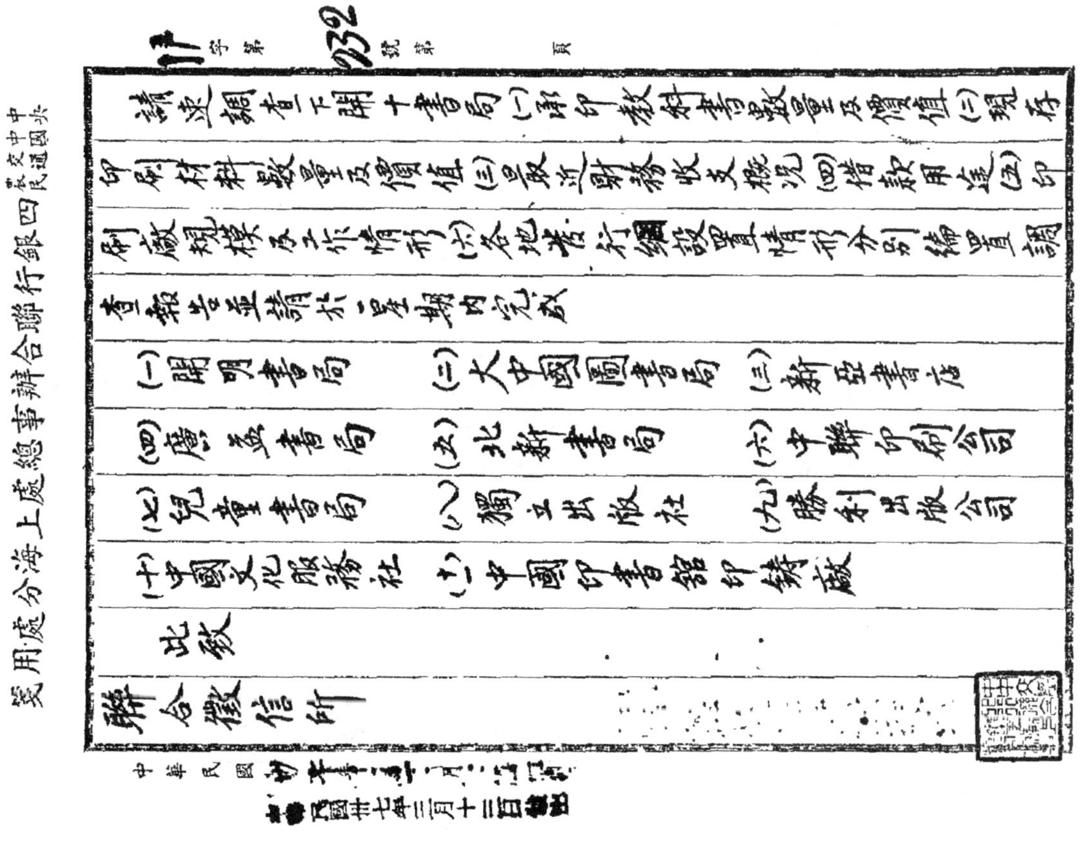
四銀行聯合辦事總處上海分處用箋

滬字第932號 第 頁

請速調查下開十書局(一)歷年印教科書數量及價值(二)現存印刷材料數量及價值(三)最近財務收支概況(四)借款用途(五)印刷廠規模及工作情形(六)各地分支行組設置情形分別編製調查報告並請於一星期內完成

(一)開明書局 (二)大中國圖書局 (三)新亞書店

(四)廣益書局 (五)北新書局 (六)中聯印刷公司

(七)兒童書局 (八)獨立出版社 (九)勝利出版公司

(十)中國文化服務社 (十一)中國印書館印鑄廠

此致

聯合徵信所

中華民國卅七年三月十三日

中華民國卅七年三月十三日發出

中国农民银行上海分行关于调查保证人事致联合征信所函(1948 年 5 月 31 日)

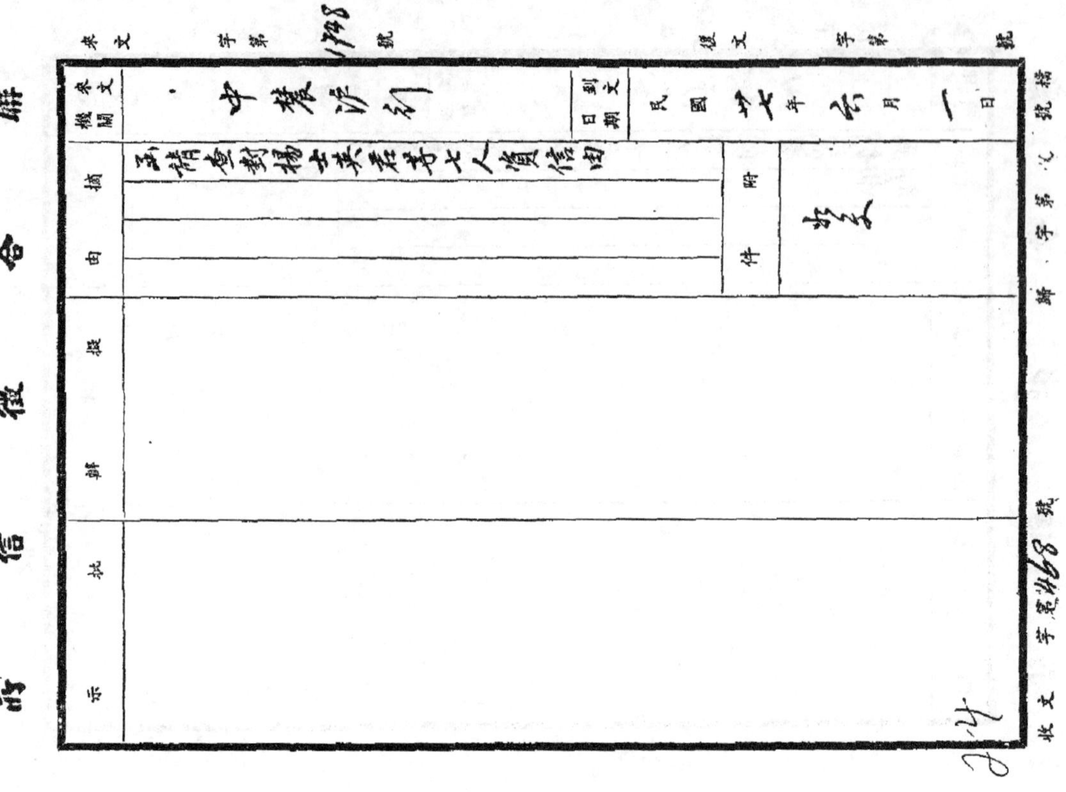
联合徵信所

來文	字第1748號
來文機關	中農滬行
摘由	函請查對楊士英君等七人資信由
到文日期	民國卅七年六月一日
附件	如文
批示	
擬辦	
收文	字第468號

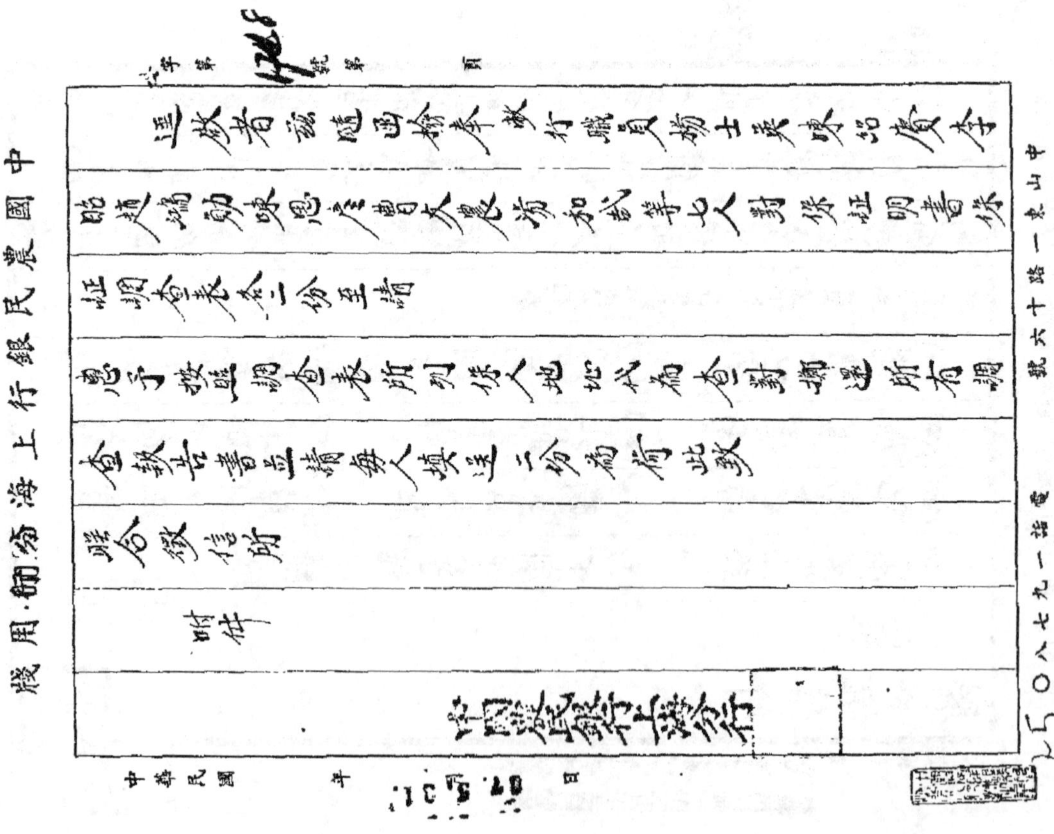
中國農民銀行上海分行用箋

字第1748號

逕啟者：茲隨函檢奉敝行職員楊士英、陳紹賡、李皓、趙人端、劉陳恩、詹曹文、農崇和、武等七人對保証明書、保証調查表各二份，至請惠予按照調查表所列保人地址代為查對，撕還所有調查報告書，並請每人填送二份為荷。此致

聯合徵信所

附件

中國農民銀行上海分行

中華民國　年　月　日

中山東一路十六號　電話一九七八〇

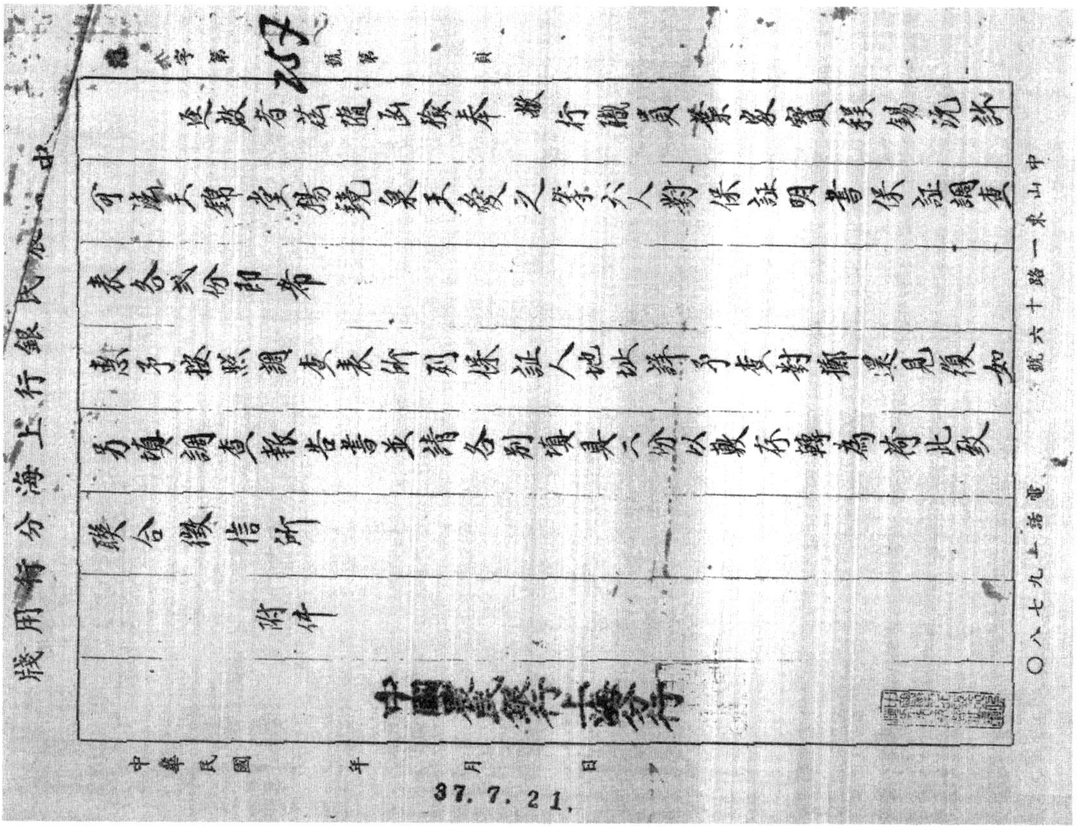

中國農民銀行上海分行用箋

字第 457 號

逕啟者：茲准函以本行職員黃家寶、錢錫沈、許可誠、王錫、李厚騰、錢允泉、王鑫慶之等六人對保證明書、保證調查表各貳份，即希惠予按照調查表所列保證人地址詳予查對，擲還見復，俾加另填調查報告書，並請各別填具二份，以憑存轉為荷。此致

聯合徵信所

附件

中國農民銀行上海分行

中華民國 年 月 日

37.7.21.

中国航联产物保险公司为调查茂隆公司事致联合征信所函(1948年9月2日)

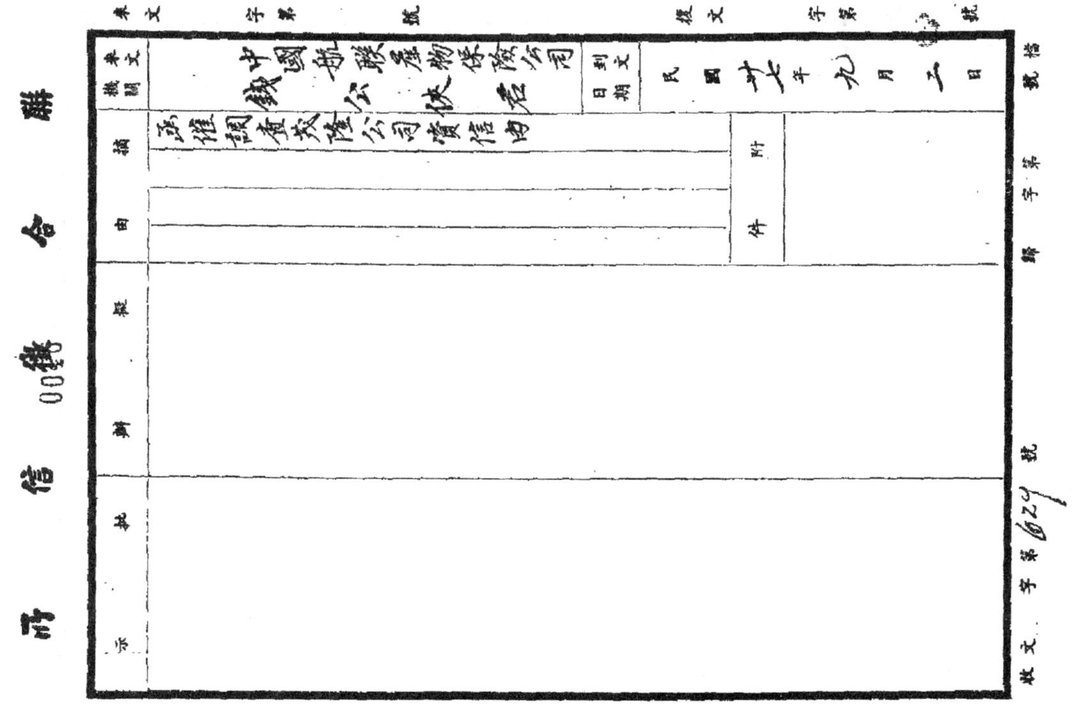

聯合徵信所

來文 字第 號　　發文 字第 號

來文機關	中國航聯產物保險公司	到文日期	民國卅七年九月二日
摘由	函請調查茂隆公司資信由	附件	
擬辦			
批示			

收文 字第 629 號

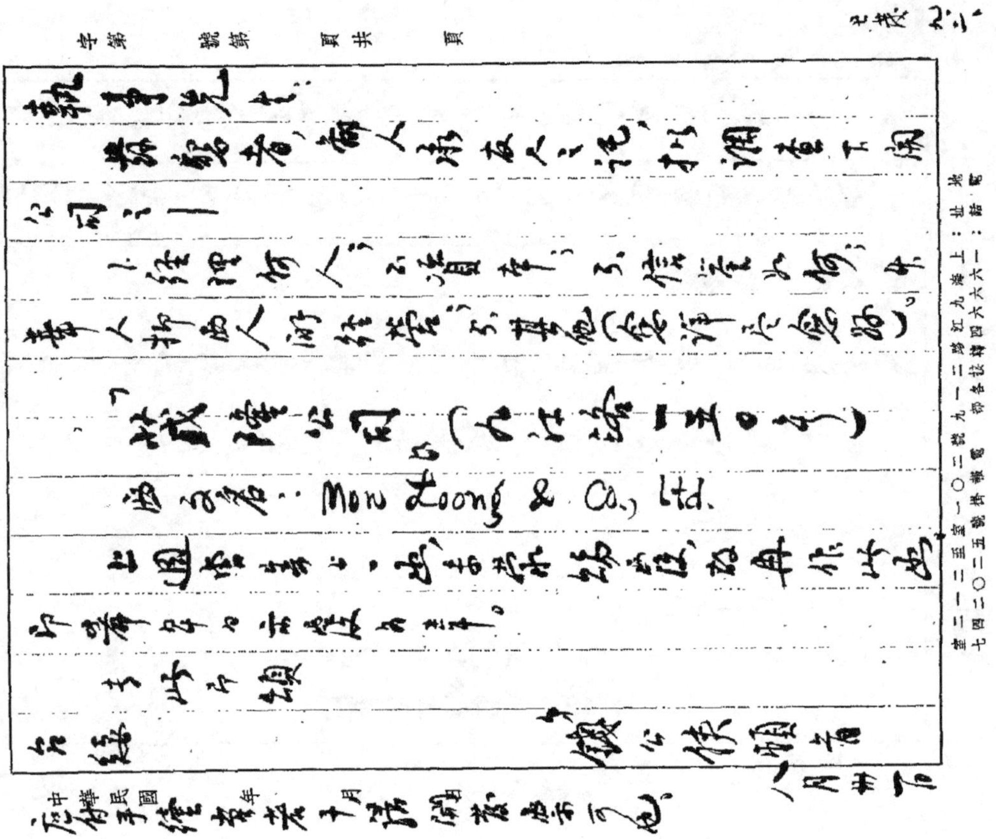

中國聯航產物保險股份有限公司

Mow Loong & Co., Ltd.

交通银行上海分行函请联合征信所代调查个人资信(1947 年 11 月～1948 年 5 月)

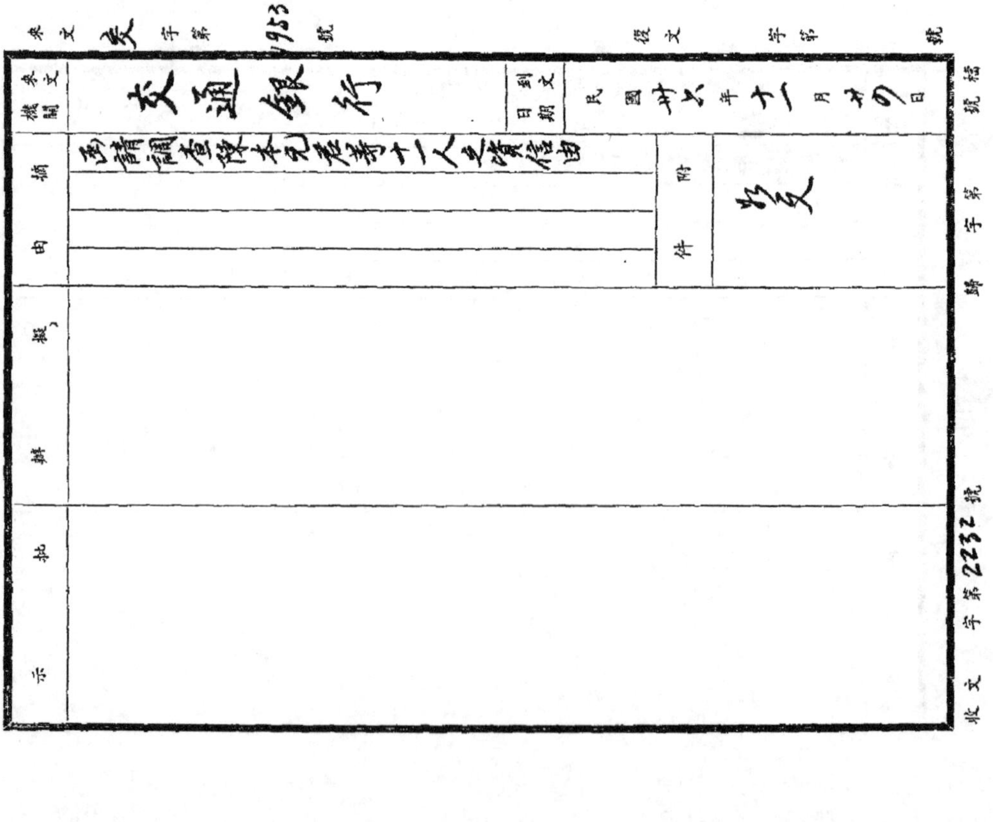

聯合徵信所

來文機關	交通銀行
到文日期	民國卅六年十一月廿九日
摘由	函請調查陳本元君等十一人之資信由
附件	照文
擬辦	
批示	

來文 交 字第 1953 號

收文 字第 2232 號

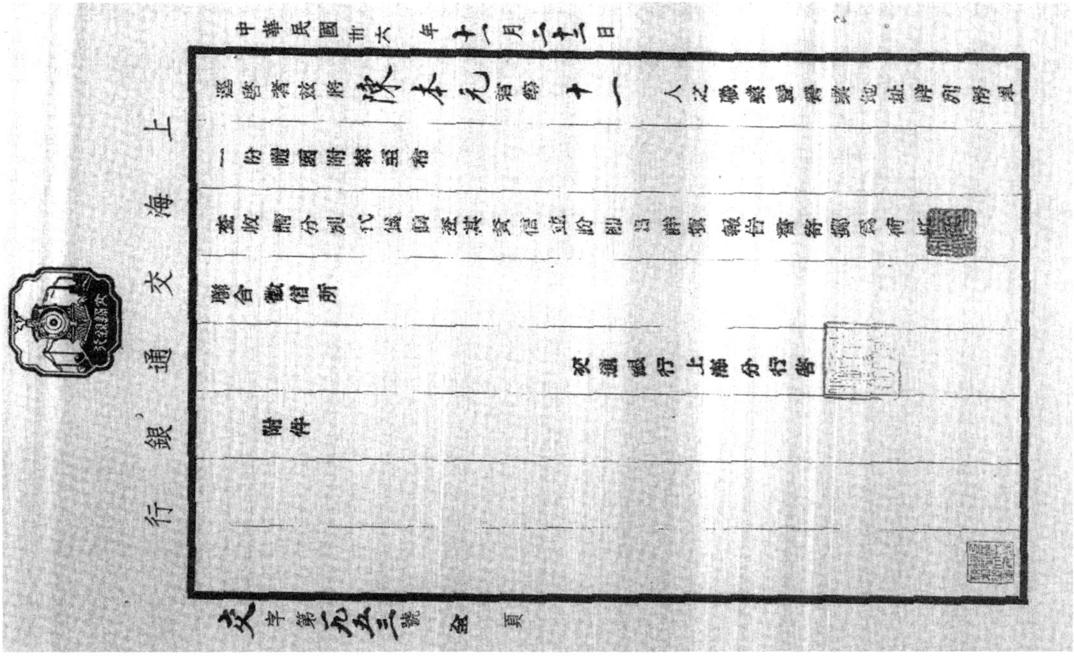

上海交通銀行

中華民國卅六年十一月二十二日

逕啓者茲將陳本元君等十一人之職業營業地址詳列附單

一份贈園附察並希

查收簡分別代爲調查其資信並盼開具詳細報告以資參考爲荷此

聯合徵信所

附件

交通銀行上海分行啓

交字第一九五三號 全 頁

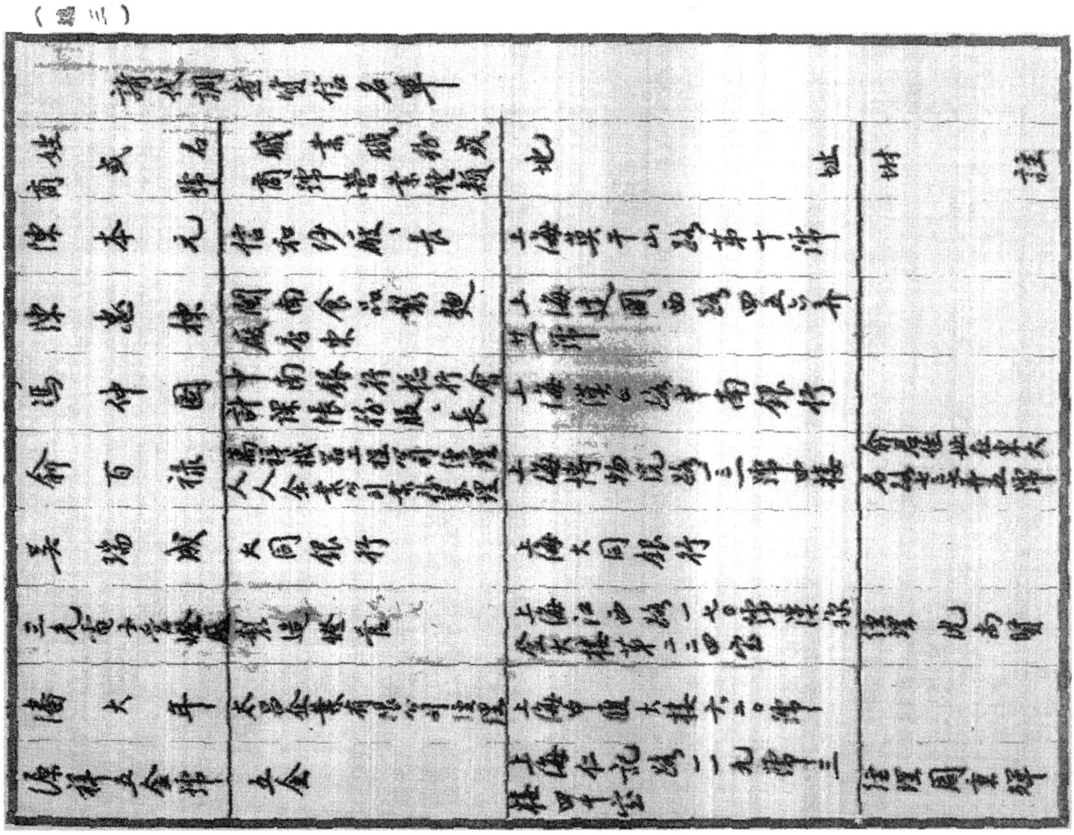

（總三）

請代調查資信名單

姓名	商號職業職務或商號營業種類	地址	附註
陳本元	信和紗廠、長	上海莫干山路第十號	
陳忠棟	閩南食品製麵廠，店東	上海建國西路四五六弄廿一號	
馮仲國	中南銀行總行會計課帳務股、長	上海漢口路中南銀行	
俞百祿	高特機器工程公司經理人人企業公司業務襄理	上海博物院路三一號四樓	俞居住址在東大名路七三五十五號
吳瑞成	大同銀行	上海大同銀行	
三元電子管燈廠	製造燈管	上海江西路一七〇號漢彌登大樓第二二四室	經理 沈尚賢
潘大年	太昌企業有限公司經理	上海中匯大樓六二〇號	
源祥五金號	五金	上海仁記路一一九號三樓四十室	經理 周秉輝

聯合徵信所

來文 交 字第 五一 號

來文機關	交通沪行
摘由	函請調查朱鍾靖等資信情形由
附件	
到文日期	民國三十七年一月十四日
擬辦	
批示	

復文 字第 號

收文 字第 56 號　歸檔 字第 號

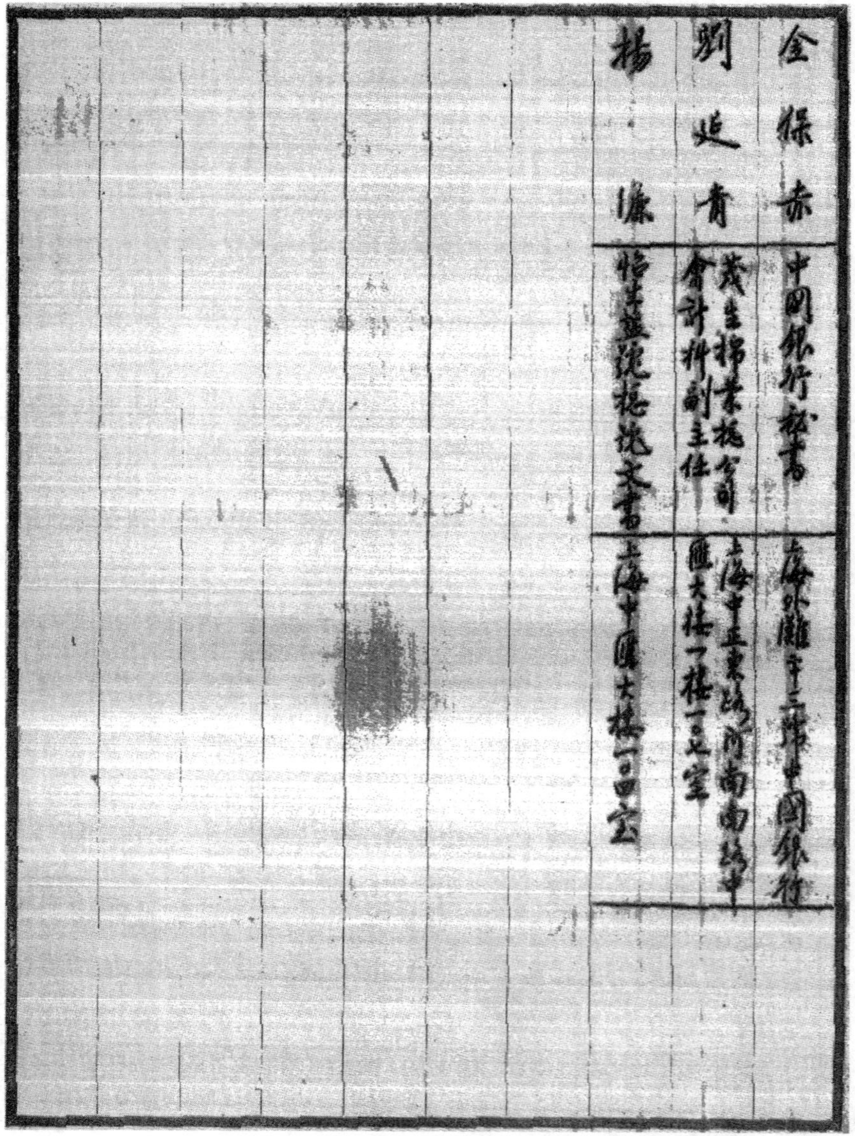

全保赤	中國銀行秘書	上海外灘二十三號中國銀行
劉延青	茂生棉業機公司會計科副主任	上海中正東路河南南路中匯大樓一樓一〇五室
楊 濂	怡生益記棉花號文書	上海中匯大樓一〇四室

（總三）

請代調查資信名單

姓名或商號	職業職務或商號營業種類	地址	附註
朱鍾清	歐治化學工業廠總經理	上海薇寧路一八三號	
亞洲紡織廠	紡織廠	上海西康路一〇〇弄五〇號	經理傅史臣
趙芸圃	太平保險公司秘書	上海江西路二一二號	
鄭世賢	大北電報公司	上海戈登路戈登别墅三十號	
殷焕之	四川建設銀行上海分行副經理	上海〈〇〉區江西中路四百五十號	
陳壽丹	江海關幫辦	三馬路外灘	
楊耀曾	大中銀行業務部副理	上海河南路	

0015

上海交通銀行

逕啓者茲將朱鍾清君等七人之職業營業地址詳列清單一份隨函附奉至希查收請分別代爲調查其資信並盼即日詳撰報告惠寄擲爲荷此

聯合徵信所

附件

交通銀行上海分行啓

中華民國卅七年一月十四日

交字第五一號 全 頁

聯合徵信所

來文 交 字第185號

來文機關	交通滬行
摘由	函請調查李吟國等五人資信由
到文日期	民國卅七年二月十三日
附件	於文
擬辦	
批示	

復文 字第 號

收文 字第141號　歸檔 字第 號

上海交通銀行

中華民國卅七年二月九日

逕啓者茲將李吟國君等五人之職業經營業地址詳列清單一份隨函附奉至希查收請分別代為調查其資信並盼即日詳填報告會許擲為荷此致

聯合徵信所

交通銀行上海分行啓

附件

交字第一八五號　全　頁

聯合徵信所

來文機關	上海交通銀行	到文日期	民國二十七年二月二十八日
摘由	函請調查沈麟玉等四人資信由	附件	附文
擬辦			
批示			

來文 文字第233號　　復文 字第 號

收文 字第184號　　歸 字第 號　　檔號

（總三）

請代調查資信名單

姓名或商號	職業或職務 商號名稱	地址	附註
李吟園	四明銀行儲蓄信託部營業科副科長	上海南京東路四七〇號	陳繩家查
莫允昌	浙江建業銀行信託部副經理	上海山西路二二六號	吳毓鈞查
徐敏裕	厚新棉業公司經理	上海河南路天津路永利大樓三〇七號	邵國樑查
鄺漢卿	鴻興紙號經理	上海戈登路昌平路四新保村十八號	王福疇查
張南文	中央信託局會計處儲蓄科主任	上海圓明園路八號	陳繩家查

上海交通銀行

逕啟者茲將沈麟玉君等四人之職業營業地址詳列清單一份隨函附奉至希查收請分別代為調查其資信並盼即日詳填報告書寄擲為荷此

聯合徵信所

附件

交通銀行上海分行啟

中華民國卅七年二月廿日

交字第二三三號 全 頁

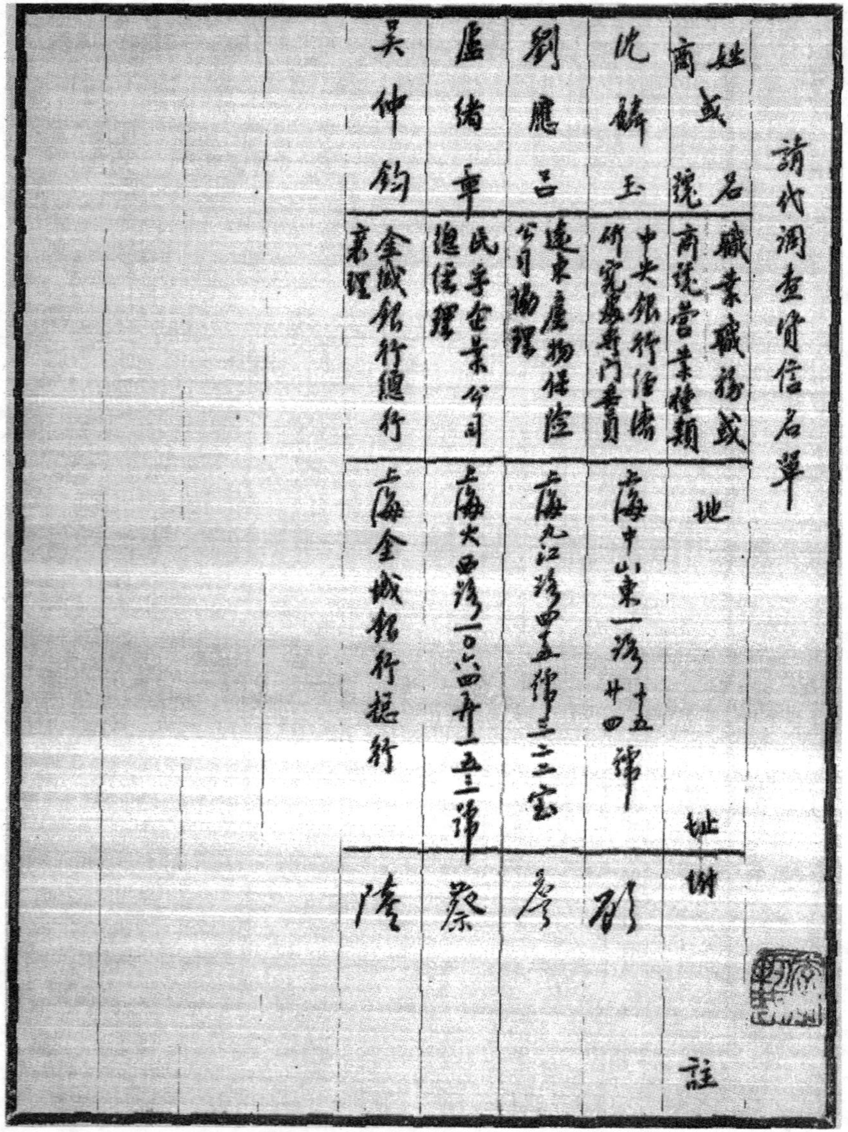

（總三）

請代調查資信名單

姓名	商號或職業職務或營業種類	地址	附註
沈麟玉	中央銀行經濟研究處專門委員	上海中山東一路十五號廿四號	劉
劉應呂	遠東產物保險公司協理	上海九江路四五號三一三室	詹
盧緒章	民孚企業公司總經理	上海大西路一〇六四弄一五三號	蔡
吳仲鈞	金城銀行總行襄理	上海金城銀行總行	陳

聯合徵信所

來文 交字第310號

來文機關	交通沪行
摘由	函請調查唐澤南等五人資信由
到文日期	民國卅七年三月十三日
附件	如文
擬辦	
批示	

複文 字第 號

檔號 歸 字第

收文 字第235號

上海交通銀行

中華民國卅七年三月十二日

逕啓者茲將唐澤南君等五人之職業營業地址詳列清單

一份隨函附奉至希

査收務祈分別代爲調査其資信並盼剋日詳填報告書寄擲爲荷此致

聯合徵信所

交通銀行上海分行啓

附件

交字第三一0號 全 頁

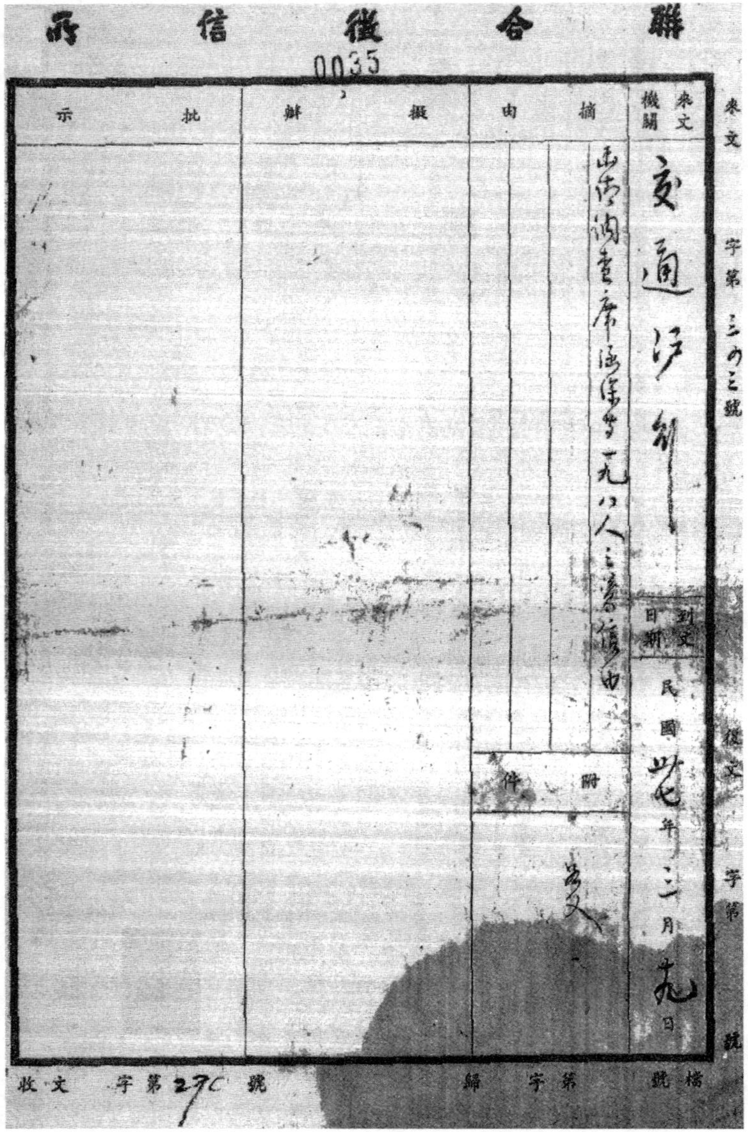

聯合徵信所

0035

來文機關	交通沪部
摘由	函送調查席德懋等一九八人之資信由
日期	民國卅七年二月九日
附件	名单
擬辦	
批示	

來文 字第三〇三號

復文 字第 號

收文 字第270號　歸 字第 號　檔號

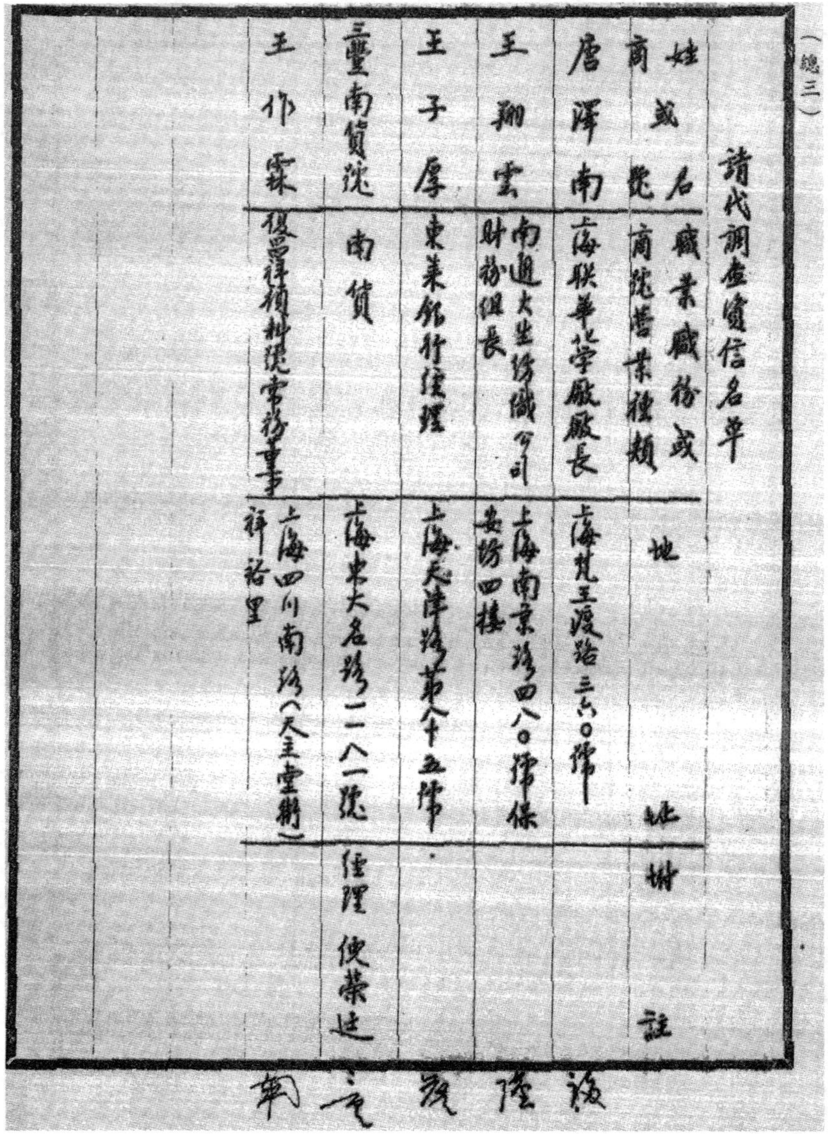

（總三）

請代調查資信名单

姓名	職業或職務 / 商號營業種類	地址	附註
唐澤南	上海联华化学厂厂長	上海九江路三六○號	
王翔雲	南通大生纺织公司財務组長	上海南京路四八○號保安坊四樓	
王子厚	東来银行經理	上海天津路第八十五號	
三豐南貨號	南貨	上海東大名路一二八一號	經理 侯榮廷
王作霖	復昌祥棉布號常務董事	上海四川南路八（天主堂街）祥裕里	

上海交通銀行

逕啓者茲將席涵深君等一九八人之職業暨營業地址詳列清單一份隨函附奉至希查收請分別代爲調查其資信並盼即日詳填報告書寄還爲荷此

聯合徵信所

附件

交通銀行上海分行啓

中華民國卅七年三月十九日

交字第三四三號 全 頁

（總三）

請代調查資信名單

姓名	職業職務	服務處所地址	備註
席涵深	中法工商銀行華經理	上海外灘中法工商銀行	
盧少堂	公平洋行華經理	上海仁記路公平洋行四樓四〇二號	
范鶴言	中央銀行秘書處副處長	上海外灘十五號	上海新閘路1423號
朱崑壽（仲眉）	中央銀行秘書處秘書兼機要科主任	上海中央銀行總行	上海極司非爾路96弄內120號
王衡（楷之）	中央銀行稽核	上海外灘廿四號	上海圓明園路34號
李家耒	中央銀行總行秘書處秘書組	上海外灘十五號中央銀行秘書處	
談杏林	中央銀行秘書處電信科辦事員	上海外灘廿四號五樓五〇二室	
丁竹雪	中央銀行辦事員	上海外灘十五號中央銀行業務局	

蔡延芝	中央銀行業務局保管科副主任	上海外灘十五號	上海四川北路[illegible]慶坊四十七號
潘燕甫	中央銀行業務局辦事員	上海外灘十五號	上海老靶子路三五〇弄七號
吳長賦	中央銀行業務局副局長	上海外灘十五號	
嚴椿林	中央銀行業務局襄理	上海外灘十五號	
黃啟禎	中央銀行業務局襄理	上海外灘十五號	上海康定路四一八弄十八號
徐良才	中央銀行業務局襄理	上海外灘十五號	上海英士路恩壽里南一號
薛松齡	中央銀行業務局襄理	上海外灘十五號	
張銘[illegible]	中央銀行業務局文書科副主任	上海外灘十五號	
林頌椒	中央銀行業務局文書科擬稿組領組	上海外灘十五號	
章萬生	中央銀行業務局文書科領組	上海外灘十五號	上海林森路四明里七十四號

（總三）

金問源（數淵）	中央銀行國庫局襄理	上海外灘	
冀炎（勉之）	中央銀行發行局副局長	上海外灘廿四號一樓	上海[illegible]路一百六號A
田南山	中央銀行發行局文書科副主任	上海中山東一路廿四號	
王鄉熙	中央銀行發行局出納科副主任	上海中山東一路廿四號	上海山陰路大陸新邨卅九號
徐宗勳	中央銀行發行局印製科副主任	上海外灘	
吳震宇	中央銀行發行局辦事員	上海外灘	上海哥倫比亞路義邨邨十五號
傅家岳（中伯）	中央銀行國庫局保管科副主任	上海外灘廿四號	上海狄思威路蘭心里十二號
王家瑛	中央銀行國庫局存匯科副主任	上海外灘廿四號	
孫雲鵬	中央銀行國庫局收支稅務副主任	上海中山東一路江海關內	
王炯音	中央銀行國庫局文書科辦事員	上海外灘廿四號	

劉棣華	中央銀行人事處考核科主任	上海中央銀行	
汪頤南	中央銀行人事處文書科副主任	上海外灘	
黃　景	中央銀行稽核處審核科主任	上海外灘廿四號	上海山陰路大陸新村四十八號
王哲初	中央銀行稽核處	上海外灘廿四號	
金國寶 侶琴	中央銀行會計處處長	上海外灘	上海福煦路光明村十六號
顧祖銘	中央銀行會計處專員	上海外灘	
張咸謙	中央銀行會計處會計科主任	上海外灘廿四號	上海巨籟達路芳德坊一號
談開章	中央銀行會計處駐行稽核科副主任	上海外灘中央銀行	上海海格路福熙路本行宿舍
歸集節	中央銀行會計處文書科辦事員	上海外灘廿四號	
顧葵蓀	中央銀行設計委員會專員兼主任公債上海分銷委員會統計處主任幹事	上海外灘十五號	

（續三）

陳　舜 欽舜	中央銀行設計委員會專員兼業務局出納科主任	上海中山東一路廿四號一樓	永嘉路47弄1號
沈葆藩	中央銀行稽核處文書科主任	上海外灘廿四號	武昌路德慶里一弄十五號
楊　蔚 文若	中央銀行經濟研究處專門委員	上海外灘廿四號	
陳彬章	中央銀行經濟研究處編纂	上海外灘廿四號	
鄒志陶	中央銀行經濟研究處專門委員	上海中央銀行	
王恩嘉	中央銀行貼放委員會專員	上海外灘廿四號	
鄭耀庭 其祥	中央銀行出納科副主任	上海外灘十五號	江灣路林肯坊二十號
金保赤	中國銀行秘書	上海外灘廿三號	上海梵皇渡路中行別業
孫浩烜 宇剛	中國銀行總管理處秘書	上海外灘廿三號三樓三二六室	
項馥嘉 晉甫	中國銀行總管理處助理秘書	上海外灘	

陳雋人	中國銀行總管理處駐外稽核	上海外灘廿三號	上海中正中路1181號
陳翰藻（文伯）	中國銀行總管理處業務室副稽核	上海外灘廿三號七樓	上海成都路503弄情德新邨18號
陳長桐	中國銀行國外部經理	上海外灘	
廖德鉴（頌平）	中國銀行國外部副理	上海外灘廿三號	
王玉楷	中國銀行總處儲蓄部副理	上海外灘中國銀行	
胡永仁	中國銀行辦事員	上海外灘仁記路	上海靜安寺路成都路中行宿舍
劉芳春	中國銀行辦事員（駐鹽貸銀團辦事）	上海外灘	上海蘇州河路中行倉庫五樓吾二號
俞九恒	中國銀行滬行副理	上海中山東路廿三號	上海中正西路959號
朱學孫	上海中國銀行副經理	上海中山東一路廿三號	上海極司非爾路中行別業四號
李金夫	中國銀行上海分行會計副主任	上海中山東一路廿三號	

（總三）

李叔明	中國農民銀行總經理	上海外灘	
顧貞祥	中國農民銀行抵押信託部副理	上海外灘十六號二樓	上海虹口寶安路恒盛里四十九號
洪賚成	中國農民銀行信託部副理	上海外灘十六號	
陳鴻根	中國農民銀行信託部襄理	上海外灘十六號	
丁彝年	中國農民銀行信託部會計股主任	上海外灘十六號	
金祖棻	中國農民銀行信託部行員	上海外灘十六號二樓	
葛天豪	中國農民銀行稽核處專員	上海外灘十六號	上海狄思威路寶安路恒盛里四十八號
唐強南	中國農民銀行派駐上海區食鹽貸款銀團稽核課課長	上海中國農民銀行上海分行轉	
顏澤之	中國農民銀行上海分行副理	上海中山東一路十六號	上海愛文義路984號
孫經鑲	中國農民銀行上海分行副理	上海中山東一路十六號	上海靜安寺路斜橋弄大來坊21號

董維誠	中國農民銀行上海分行副理	上海中山東一路十八號	上海處文義路784号
湯克湘	中國農民銀行上海分行農貸主管	上海中山東一路十八號	
葉金德	中國農民銀行滬行出納主任	上海外灘十八號	
劉伯齋	中國農民銀行滬行營業主任	上海外灘十八號	上海慕尔鳴路昇平街四十一弄八號
韋少裳	中國農民銀行上海電台長	上海外灘十八號	狄思威路恒盛里二十五號
吳任滄	中央信託局局長	上海外灘	
劉文達	中央信託局會計處副處長	上海圓明園路八號	
高　松	中央信託局會計處統計科主任	上海圓明園路八號	
錢祖齡	中央信託局秘書處處長	上海圓明園路八號	
方廣松	中央信託局秘書處組長	上海圓明園路八號	上海山陰路積善里三號

顧仲甫	中央信託局信託處主任	上海圓明園路八號	上海蒙自路昇平街永青里四十號
匯鼎新	中央信託局信託處會計科副主任	上海圓明園路八號	
屈叔器	中央信託局技士	中央信託局購料處	
錢頌祺	中央信託局儲蓄處運儲科主任	上海天津路二號	
盛承業	中央信託局地產處專員	上海廣東路八十六號	上海建國西路619弄七號
龔　珍	中央信託局代理中央政府物資財產委員會專員	上海圓明園路八號四樓	虹口山陰路留青小築卅八號
蔡正性	中央信託局代理中央政府物資財產委員會專員	上海廣東路86號	上海慕尔鳴路230弄7號
李　銘	中央信託局人壽保險處副主任	上海中正路204號	
魏鑑齋	郵政儲金匯業局營業課兒款股股長	上海九江路廿六號	上海東寶興路160号郵匯局宿舍
陸榮光	中央合作金庫副總經理兼信託部經理	上海四川中路223號	

周建洪	中央合作金庫總庫專員	上海寧波路九號	
宋潤志	中央合作金庫信託部專員	上海四川中路223號三樓	
馮庸受	中央合作金庫信託部襄理	上海四川中路223號	
王士義	中央合作金庫信託部會計課長兼保險科長	上海四川中路223號	
童泉如	社會部全國合作社物品供銷處東南分處副主任	上海外灘23號十一樓全國合作供銷處	
秦曙聲	四行儲蓄會會計師兼總稽核	上海靜安寺路170號	上海古拔路古柏公寓十二號
胡國昌	四行儲蓄會西區分會出納主任	南京西路一七〇號	富民路197弄33號
潘啓瑞	四行儲蓄會信託部稽核	上海四川路261號	上海古拔路古柏公寓74號B1號
余祖潤	四行儲蓄會西區分會主任	上海南京西路170號	上海富民路197弄18號
王以仁	四行儲蓄會總會庶務股長	上海派克路	上海古拔路古柏公寓二十七號

解晉祁	四行儲蓄會信託部倉庫經理	上海光復路21號	富民路197弄63號
周乃偉	四行儲蓄會副理	上海漢口路四川路口	古拔路古柏公寓
徐壽柏	四行儲蓄會出納領組	上海漢口路四川路口	
李月秋	四行儲蓄會滬會會計	上海四川路漢口路口	
秦國聲	四行儲蓄會總稽核	靜安寺路170號	古拔路197弄12號
沈　紡	中央儲蓄會經理	天津路二號	施高塔路興業坊四十七號
杜維藩	中國通商銀行上海分行副理	外灘七號	林森路509號
韓忠元	中國通商銀行上海分行會計主任	外灘七號	
龐安民	中國通商銀行上海分行經理	外灘七號	
湯楨武	中國通商銀行董事會秘書	外灘七號	

林德典	中國通商銀行營業主任	外灘七號	
嚴家熾	中國通商銀行總行儲蓄部襄理兼信託部襄理	河南中路390號	
顧如鼎	中國通商銀行總行專員	外灘七號	霞飛路支行樓上
烏崖琴	中國通商銀行總務處副處長	外灘總行	白克路榮興坊14號
丁蓀瑞	中國通商銀行業務部經理	外灘七號	
王寶康	中國通商銀行總務處處長兼天津分行經理	外灘七號或天津中正路四十四號	
杜月笙	中國通商銀行董事長	中山東一路七號	
馬叔蔚	中國通商銀行總行秘書	中山東一路七號	
張振光	江蘇省銀行副總經理兼業務部經理	江西路371號	
凌頌如	江蘇省銀行信託部經理	江西路371號	復興中路674號

（總三）

嚴良初	江蘇省銀行儲蓄部經理	江西路371號	南陽路介福里四號
韓聞漪	江蘇省銀行總行稽核處處長	江西路371號	金神父路金谷村五十九號
孫敦毗	江蘇省銀行總行稽核	江西路371號	
盧福田	江蘇省銀行總行業務部副理	江西路371號	
齊紹楨	江蘇省銀行總行信託部副理	江西路371號	
張恒春	江蘇省銀行總行稽核處總務組長	江西路371號	
王祖光	江蘇省農民銀行上海信託分部副理	北四川路八四八號	北四川路虬江路宏豐坊八十號
張子方	中南銀行總行秘書	三馬路一一〇號	愚園路[illegible]號
丁遂卿	中南銀行總行秘書	三馬路一一〇號	愚園路漁光邨一六六號中南宿舍
王亞農	中南銀行總行襄理	漢口路	愚園路漁光邨一七〇號

沈長明	中南銀行業務部副經理	陝西路	
乾志衡	中南銀行總行業務部襄理	陝西路一一〇弄	
蔡正允	中南銀行總行稽核室主任	陝西路一一〇弄	中正中路綠蔭村五十二弄
黃克憲	中南銀行總行襄理兼會計室主任	陝西路一一〇弄	愚園路偉大邨一四八弄
魏和甫	中南銀行儲蓄部經理	陝西路一一〇弄	愚園路偉大邨二〇〇弄
馮仲園	中南銀行總行會計課帳務股股長	陝西路一一〇弄	
李敏池	中南銀行總行事務處主任	陝西路	福煦路振興村五十九弄
任　乾	中南銀行靜安寺路分行經理	靜安寺路	基主教路七通里九弄
徐國懋	金城銀行上海總行經理	江西路二〇〇弄	愚園路一一〇一弄
吳仲杓	金城銀行上海總行襄理	江西路二〇〇弄	南京西路金城別墅十五弄

（續三）

李文伯	金城銀行專員	江西路二〇〇弄	
殷紀常	金城銀行副經理	江西路	
張梓材	金城銀行副經理	江西路二〇〇弄	長樂路卅三弄
錢　延	金城銀行國外部副理	江西路二〇〇弄	赫德路卅十一弄
許丕成	金城銀行信託部主任	江西路二〇〇弄	
蔣隋文	金城銀行總經理處秘書	江西路二〇〇弄	華山路金城里十弄
袁慶良	金城銀行調[illegible]監察人	江西路二〇〇弄	思南路五十二弄
張能本	金城銀行靜安寺路分行經理	靜安寺路	
許俊健	大陸銀行信託部主任	九江路	
鄒頌青	大陸銀行襄理	九江路一一一弄	愚園路一〇八〇弄十弄

鄒潤甫	大陸銀行襄理	九江路一二一號	山陰路凇雲別業三號
朱千里	大陸銀行襄理	九江路一二一號	山陰路留青小築二十五號
王福緣	大陸銀行襄理	九江路一二一號	極司非而路信義邨二號
石福成	大陸銀行稽核主任	九江路一二一號	
萬壽徵	大陸銀行上海儲信部第一組組長	九江路一二一號	南京路慈淑大樓大陸宿舍
戚治華	大陸銀行總經理處會計課主任	九江路一二一號	南京路慈淑大樓三五〇號
常比顯	大陸銀行林森路支行經理	林森路	
張冀超	大陸銀行上海儲蓄信託部總帳	九江路一二一號	
蔡銘之	大陸銀行第二支行經理	霞飛路	
徐謝康	上海商業儲蓄銀行副總經理	江西路寧波路口	華勒路112弄1號

（總三）

倪文頤	上海商業儲蓄銀行董事兼總行襄理	寧波路	
袁關卿	上海銀行霞飛路分行襄理	霞飛路	福履里路和泰坊建業里東山弄七二號
朱汝謙	上海銀行總行業務處經理		林森中路899弄23號
時宜新	上海銀行總行業務處設計部主任	寧波路五十號	
李斌耀	上海銀行業務處稽核部主任	寧波路五十號	
潘紹詠	上海銀行總行稽查員	寧波路五十號	
呂錫麟	上海銀行徐家匯分行經理	林森中路1946號	長樂路611弄17號
趙漢生	上海商業儲蓄銀行董事	寧波路五十號	
臧宗才	上海商業儲蓄銀行提籃橋分行經理	提籃橋	建國西路154號
沈棣庭	浙江興業銀行總稽核	北京東路	林森中路1285弄21號

羅掞鎔	浙江興業銀行總行稽核	北京路二三〇號	神州路84弄14號
金燦章	浙江興業銀行總秘書	北京路二三〇號	
葉景葵	浙江興業銀行董事	北京路二三〇號	
胡坤	浙江興業銀行常務董事	北京路	雲南石路1240號
華汝滌	浙江興業銀行上海總行副經理	北京路二三〇號	馬當路振華里新四號
張光衡	浙江實業銀行總經理	福州路一二三號	白克路大康坊17弄
孔陵蕃	浙江實業銀行董事外匯部經理	福州路一二三號	中正中路930弄24號
陳遠珍	浙江實業銀行經理	福州路一二三號	靜安寺路斜橋路天樂坊十五號
金鍾靈	浙江實業銀行業務部副理	福州路一二三號	順昌路大康坊九號
張景澤	浙江實業銀行總行信託部業務科主任	福州路一二三號	

（總三）

吳倫	中國實業銀行總經理	北京東路130號	番禺路53號
何其興	中國實業銀行總務處副處長	北京東路130號	威海衛路威鳳里三號
徐承鄴	中國實業銀行副經理	北京東路130號	
胡巨川	中國實業銀行總行稽核	北京東路130號	
李大緯	中國實業銀行總行總務處處長	北京東路130號	威海衛路威鳳里三號
賈少平	中國實業銀行總行業務部專員	北京東路130號	
吳子堅	中國實業銀行總行文書課長	上海	
沈麟振	中國實業銀行金陵路支行副理	金陵路48號	
黃寰生	中國實業銀行文書副主任	北京路130號	
包培之	中孚銀行協理	滇池路中孚銀行	

吳從先	四明銀行總行協理	上海北京路240號	興業坊路西愛咸斯路迪安里五號
葉啓宇	四明銀行總行事務部代經理	上海北京路240號	
萬長飛	四明銀行上海分行副理	上海北京路240號	蒲石南路133弄14號
程蘭孫	四明銀行信託部副理	上海北京路240號	愛多亞路1338號
方汝成	四明銀行南京路支行經理	南京路四七0號	孟德蘭路九福里十號
張景呂	國華銀行總稽核	北京路	康路76弄8號
唐竹育	國華銀行業務部副理	北京路	慕爾鳴路昇平街鳴遠里14號
朱祖林	國華銀行總行襄理	北京路	
周楠	國華銀行襄理	北京路	趙主教路華邨十六號
姚應齡	國華銀行信託儲蓄部經理	北京路342號	五原路74號

聯合徵信所

來文 字第 四三九 號

來文機關	交通滬行
到文日期	民國卅七年四月八日
摘由	函請調查朱卓賢君等十一人之資信由
附件	
擬辦	
批示	

復文 字第 號

檔號

歸 字第 號

收文 字第331號

上海交通銀行

逕啓者茲將朱卓賢君等十一人之職業暨營業地址詳列清單

一份隨函附奉至希

查收譯分別代爲調查其資信並盼即日詳填報告寄擲爲荷此致

聯合徵信所

附件

交通銀行上海分行啓

中華民國卅七年四月六日

交字第四三九號 全 頁

（總三）

請代調查資信名單

姓名或商號	職業職務或商號營業種類	地址	附註
朱卓賢	恒異錢莊總經理	上海南京東路福綏里七號	
陳文笙	順成號進出口行經理	上海北京東路清遠里廿六號	
陳建全	大有益洗會計主任	上海南京東路慈淑大樓六〇四號	
夏大棣	偉中商業銀行經理	上海中正東路一五〇號	
徐文承	中央銀行工程師	上海外灘十五號	
徐衣君	中南銀行總行儲蓄部經理	上海漢口路一一〇號	住上海中正中路六三弄一〇五號
巢南山	南亞企業公司協理	上海四川中路二五號東亞大廈二一四室	住上海愚園路一〇四弄五三號三樓
吳熾文	元中染織廠	上海天津路四四弄七號	

聯合徵信所

來文機關	交通滬行
來文	字第649號
到文日期	民國卅七年五月十四日
摘由	函請調查吳震等六人資信由
附件	收文
擬辦	
批示	

收文 字第432號　歸 字第　號 檔號

瞿時駕	中國銀行堆棧儲蓄部	上海外灘二十三號	
瞿允償	中國紡織公司上海第十三廠總務課課長	上海楊樹浦路騰越路一九五號	住上海楊樹浦路隆昌路五四一弄七十七號
顧海濱	華中沙廠經理	上海中正東路五一八號	

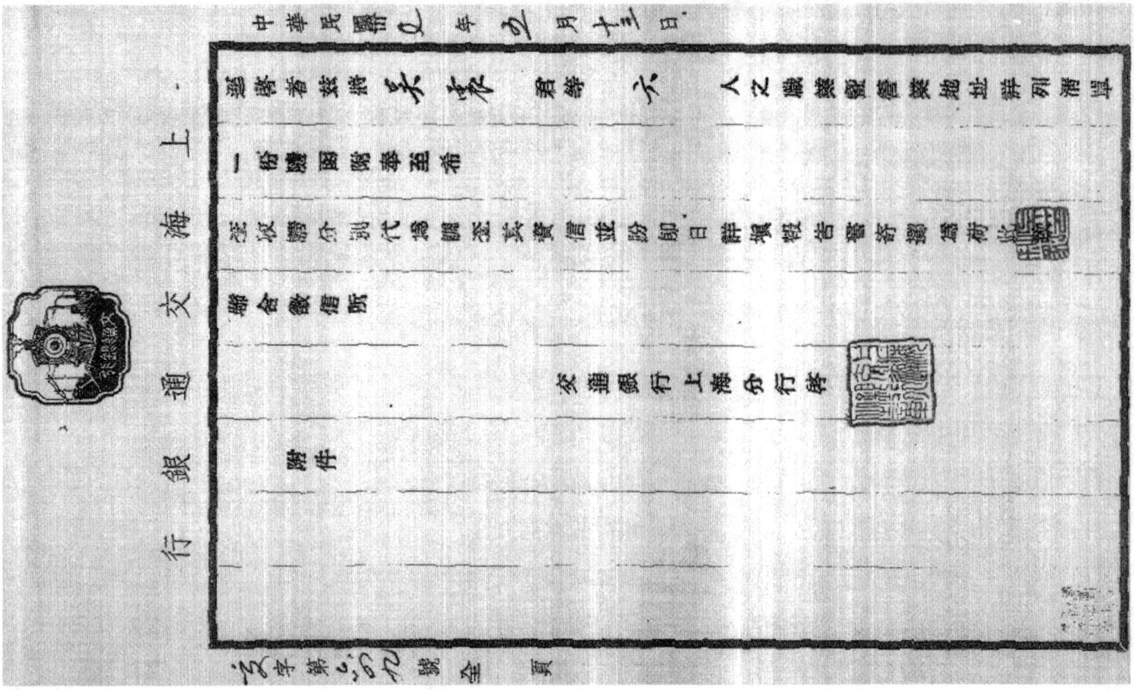

上海交通銀行

中華民國卅七年五月十三日

逕啟者茲將吳震君等六人之職業暨營業地址詳列清單

一份隨函附奉至希

查收請分別代為調查其資信並盼即日詳填報告密寄過為荷此致

聯合徵信所

交通銀行上海分行啓

附件

交字第六四九號全　頁

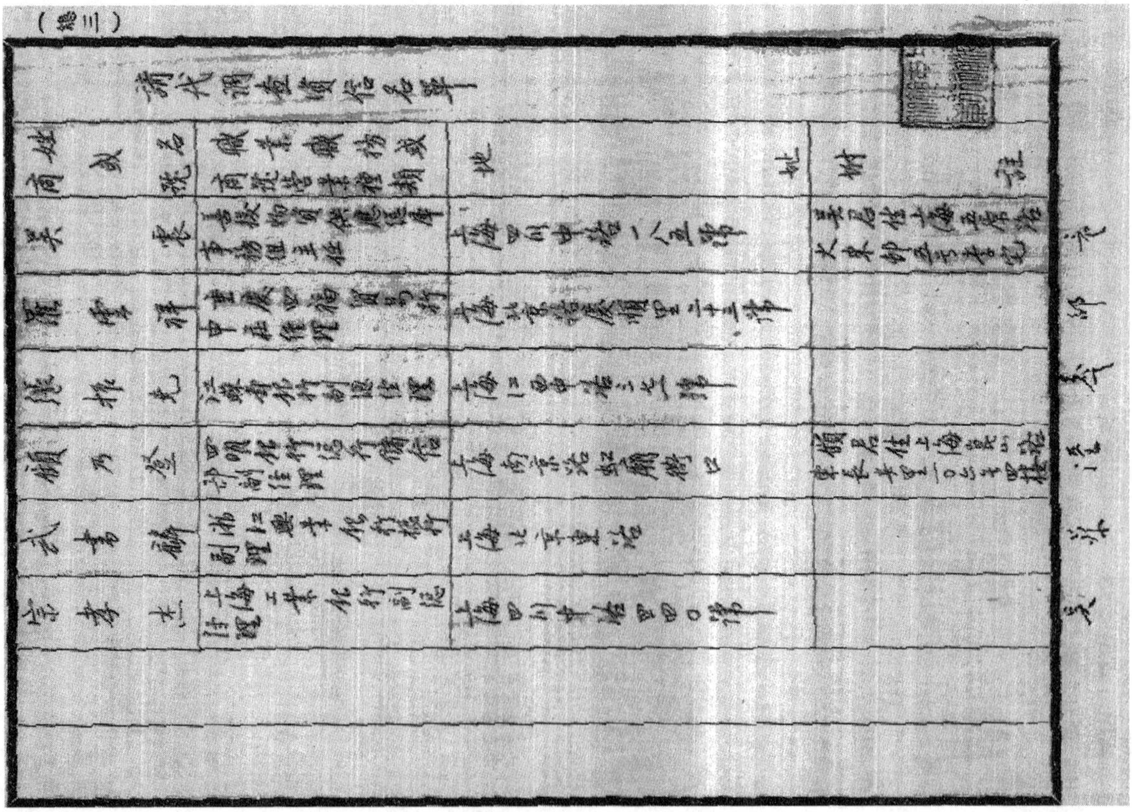

（總三）

請代調查資信名單

姓名或商號	職業職務或商號營業種類	地址	附註
吳震	善後物資供應總庫事務組主任	上海四川中路一八五號	吳君住上海五原路大東邨五號寓宅
羅雲祥	重慶四福貿易行中庄經理	上海北京路慶順里二十三號	
張振光	江蘇省銀行副總經理	上海江西中路三七一號	
顧乃登	四明銀行總行儲信部副經理	上海南京路虹廟衕口	顧君住上海巨山路東長安里一〇六號四樓
武書麟	浙江興業銀行總行副理	上海北京東路	
宗孝忱	上海工業銀行副總經理	上海四川中路四四〇號	

聯合徵信所函

來文 字第 21026 號　發文 字第 號

來文機關	四聯總處	到文日期	民國卅六年十二月[illegible]日
摘由	[illegible]	附件	
擬辦			
批示			

收文 字第 2297 號

四銀行聯合辦事總處快郵代電

中央 中國 交通 中國農民

上海聯合徵信所十一月份市況商報暨附件均已洽悉所附每日商品價格表嗣後可改以千元為單位即希查照办理為荷 四聯總處秘書處亥[illegible]京印

京統字第 21020 號

中華民國卅六年十二月[illegible]日

中央 中國 交通 農民 四銀行聯合辦事總處快郵代電

上海聯合徵信所本處頃獲明瞭淑市港匯行市以供參考請於對南京徵信所逐日電話報告行情並加列是項報告除分電貴京分所外即希查照辦理為荷

四聯總處秘書處丑慶　京統

京統字第23018號

頁

三十

中華民國卅七年二月七日發

新聞組

聯合徵信所

來文機關	摘由	擬辦	批示
四聯總處	為請逐日電話報告滬市港匯行市由		
到文日期：民國卅七年二月九日	附件		

來文 京統 字第23318號

收文　字第　號

發　字第　號

檔　號

新聞組

聯合徵信所

來文 京編處字第169號

來文機關	四聯總處統計科
摘由	函請查明最近滬市豬肉價格較南京為低且無甚變動原因由
到文日期	民國卅七年五月廿六日
附件	
擬辦	豬肉以市滬[illegible]已敷銷[illegible]
批示	

收文 字第452號　歸檔 字第 號　復文 字第 號

中央 中國 交通 農民 四銀行聯合辦事總處用箋

京編(總)字第169號　字第 號第 頁

逕啓者：查

貴所徵信新聞所載最近滬市豬肉價格較南

京市為低且無甚變動，擬請

查明原因見復為荷。此致

上海聯合徵信所

四聯總處秘書處統計科啓　五月廿五日

中華民國卅七年五月廿五日發出

中華民國　年　月　日

聯合徵信所稿

送達機關	四聯總處統計處
文別	組函
類別	
附件	
事由	請將肉列分別名稱取銷由
經理	
副經理	
核稿	勉之
擬稿	黃之龍

中華民國卅　年　月　日

交辦日期	擬稿日期	核稿日期	判行日期	繕寫日期	校對日期	印發日期	歸檔日期	發文字號	收文字號
月　日	月　日	月　日	月　日	月　日	月　日	三月六日	月　日	滬聯新字第3740號	字第　號

逕復者接准

貴科京編(發)字第169號大函以徵信新聞所載豬肉價格較京市為低且無甚變動屬查明原因見復等由查本所徵信新聞內列商品前已略有調整豬肉一項業於四月十六日起取銷相應函復即請

查照為荷此致

四聯總處秘書處統計科

組聯合

聯合徵信所

新聞組

來文 京佬字第26444號

來文機關	四聯總處
摘由	電希按日查报外滙結滙証明書買賣行市及短期國庫券開拍行情由
到文日期	民國卅七年六月五日
附件	
擬辦	批先生注意辦理
批示	

收文 字第476號　歸檔 字第　號　復文 字第　號

四銀行聯合辦事總處快郵代電

中央 中國 交通 中國農民

上海聯合徵信所查外滙結滙証明書買賣行市及短期國庫券開拍行情本處亟需明瞭即請貴所按日查报貴南京分所轉报本處参攷除分電京分所外即希查照辦理為荷四聯總處秘書處巳支卅七 京佬

京佬字第26444號　第　頁　三十　年　月　日

中華民國卅七年六月四日

中央 中國 交通 中國農民 四銀行聯合辦事總處快郵代電

京統字第26573號 第 頁

上海聯合徵信所：查貴所所送上海對各大都市內匯匯率調查日報表自六月一日起即未報送，除請補報外，仍希按日快寄本處統計科，以供參考為荷。四聯總處秘書處巳佳。京統

三十

中華民國廿七年六月九日

新聞組

上海聯合徵信所 新聞組 UNITED CREDIT INFORMATION BUREAU SHANGHAI

徵信所 20

來文機關	四聯總處
來文	字第26573號
到文日期	民國廿七年六月十日
摘由	電希仿按日快寄上海對各大都市內匯匯率調查日報表由
附件	[illegible]
擬辦	照辦 [illegible]
	往洽請楊國泉先生按日填表，張純福先生封寄 [illegible]
批示	[illegible]

收文 字第485號 歸 第 號 檔號

聯合徵信所

來文機關：四聯總處

來文 新聞組 字第 ?516 號

事由：電希查明美亞新舊股折算比例由

附件

到文日期：民國廿七年七月七日

發文 聯合徵信所新聞組 發文新字第 號

批示

擬辦

收文 字第520號

歸檔 字第 號

中央 中國 交通 農民 四銀行聯合辦事總處快郵代電

上海聯合徵信所：查貴所徵信新聞所載華股美亞行情六月廿六日為八·三七〇萬元，七月三日為二二·一萬元，相差甚鉅，即請查明原因，是否係改換股票，並請將新舊股折算比率一併查復為荷。四聯總處秘書處午魚乙。京統

王志聘查覆 ……

京統字第27566號

中華民國廿七年七月六日發

聯合徵信所稿

送達機關	四聯總處秘書處
文別	
類別	代電
附件	

經理　副經理

核稿　擬稿

中華民國　年

交件日期	擬稿日期	核稿日期	判行日期	繕寫日期	校對日期	印發日期	歸檔日期	發文字號	收文字號
月　日	月　日	月　日	月　日	月　日	月　日	月　日	月　日	字第　號	字第　號

代電

四聯總處秘書處午魚七京統代電敬悉，查本社六月廿八日即星期一第七五七期新聞所載之美亞開盤行情一六五元係指六月二十六日收盤行情八三七〇元五十分之一折算，因是日美亞已換新股，新股上市，其新舊折算係以五〇元作一元，此種更動已於六月二十八日行情日報中予以說明，准電前由，相應復請查照為荷。聯合徵信社新聞組謹叩

中央 中國 交通 農民 四銀行聯合辦事總處快郵代電

京總字第 14351 號 第 頁

上海聯合徵信所鑒：據准六月二十八日滬聯字第一〇九四號代電，以南昌徵信所請按期寄送金融週刊，以供參攷等由，自可照辦。除將該刊按期逕寄一份外，相應復請查照爲荷。四聯總處秘書處

午江

中華民國卅六年十月初三日發出

聯合徵信所

來文 字第一〇三五一號

來文機關	四聯總處
來文日期	民國卅六年 月 日
摘由	電復准按期寄送該所金融週刊由
附件	
擬辦	擬交贛所 [illegible]
批示	

收文 字第1733號　歸 字第 號　檔號

联合征信所关于币制改革后市场状况调查报告(1948 年 8～11 月)

联合征信所调查报告书(1948 年 8 月 22 日)

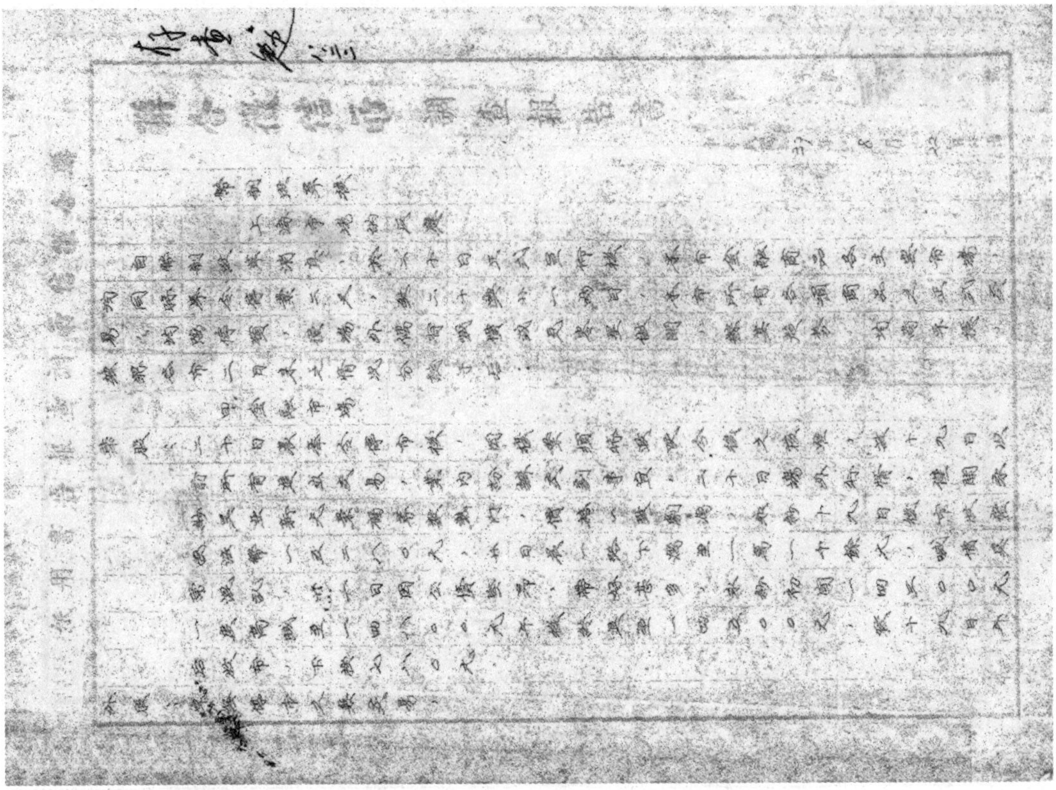

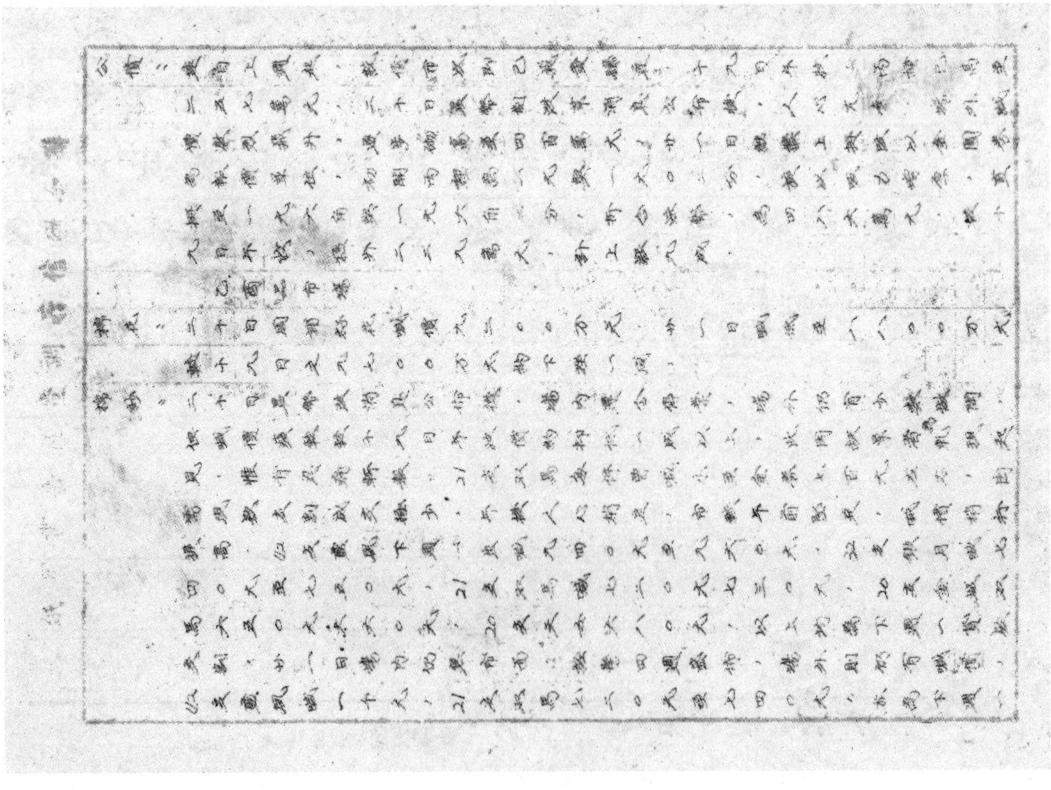

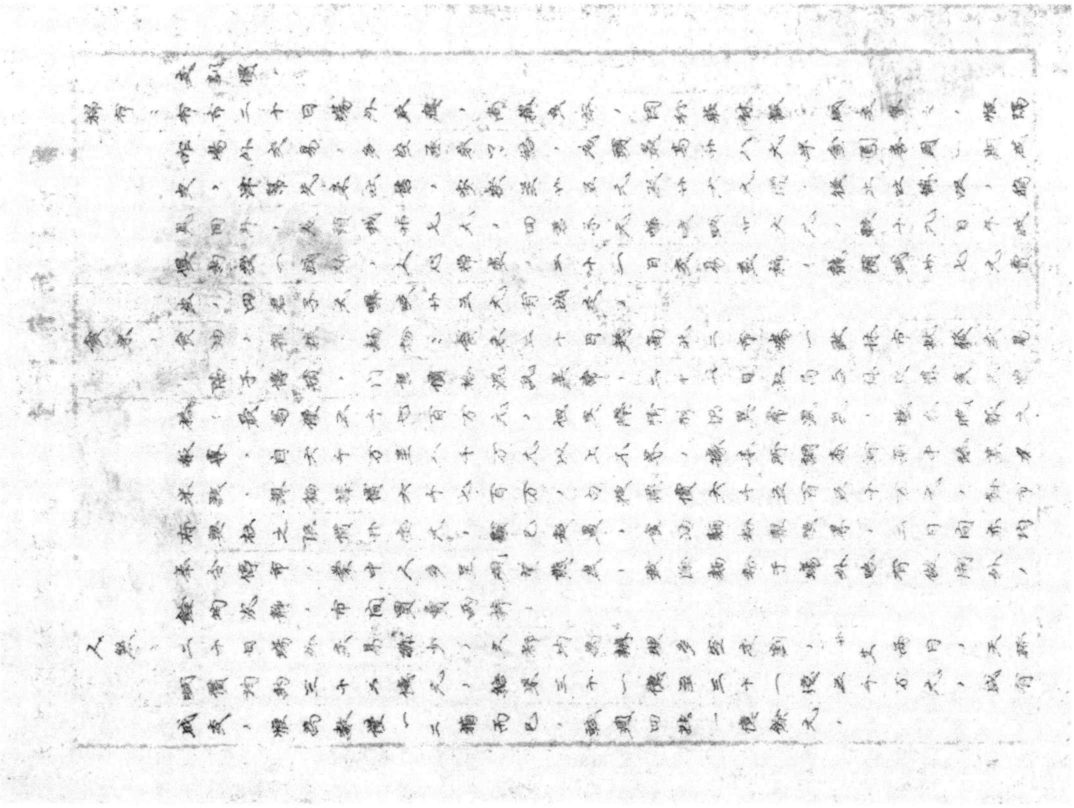

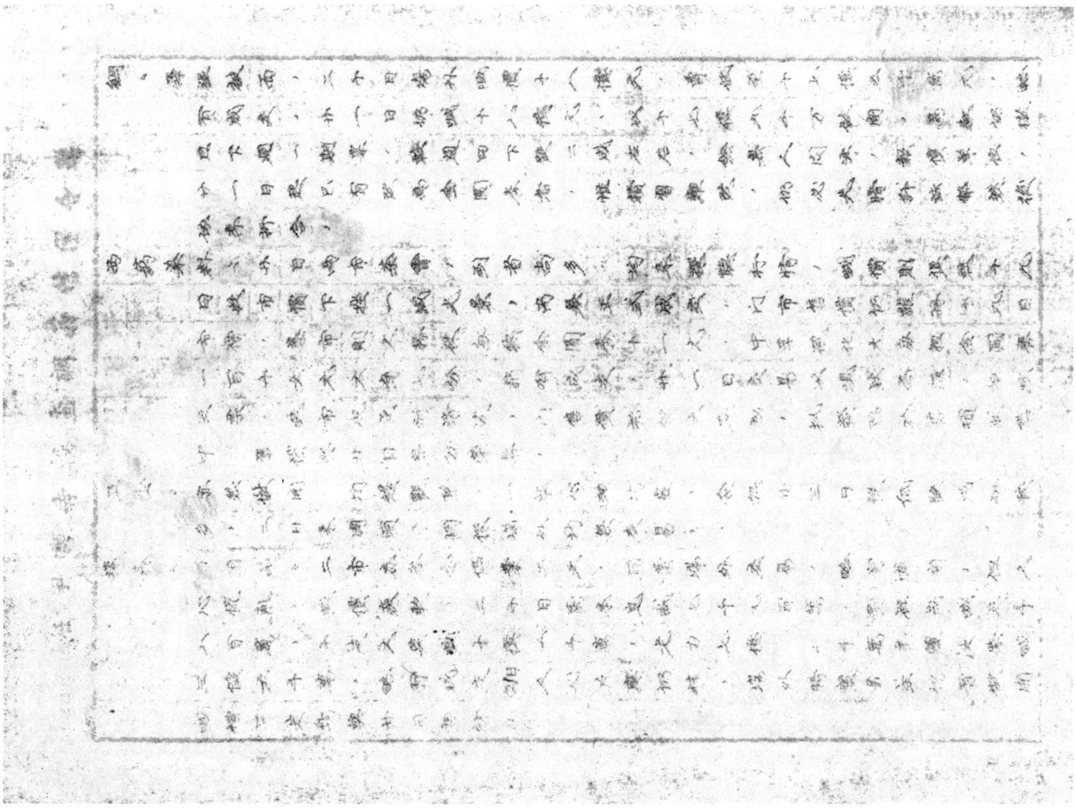

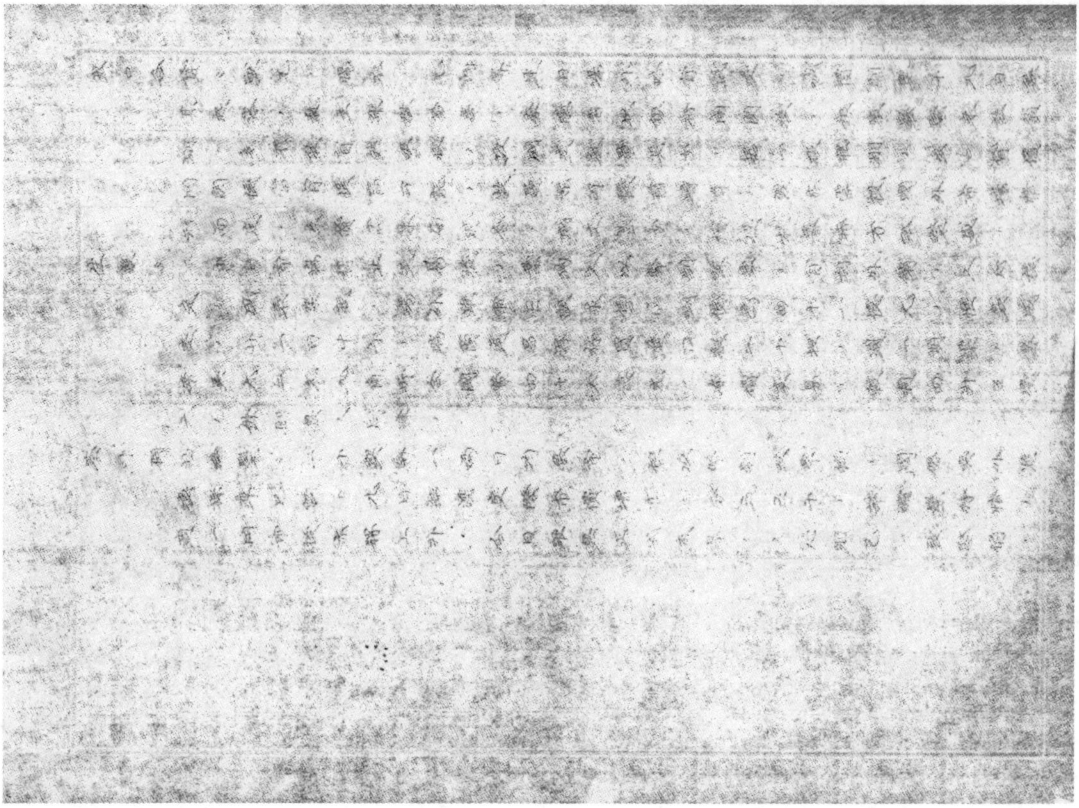

联合征信所调查报告书(1948 年 8 月 30 日)

聯合徵信所調查報告書用紙

今日總市成交價為九十四元，較前漲八十六元之最高價，漲出十二元。米價收市價四有上漲成交者，均金圓券繼續把持之事。食米因產地斷擊，差粉五角至一元。糖價中白每擔十二角，黃豆與芋不一，般見縮閑走了，中級本縮手態。

華股亦隨之而動搖，蓋此種股票因本身本漲落之一二熱門股票，仍有股票做開，股市呆滯不數寥本多了。

0315 必 本地商情

棉紗跟著股票漲落，消費者並不，未見有意購買。惟紗因交易清淡，商價的價格亂飛，其他來源出貨不多，價格跌勢，上海之漲價下跌，其他各地價格跟著上升。

金融物價報告表

金融

市場利率	
銀錢業	三〇〇
證券業	
花紗業	五〇〇
棉布業	四〇〇
食糧業	二四〇
鋼鐵業	三五〇
食糖業	
百貨業	三〇〇

國內匯水	
徐州	二〇〇〇
天津	二〇〇〇
漢口	六〇〇〇
重慶	六〇〇〇
廈門	
昆明	四〇〇〇

證券	
永安紗廠	
美亞綢廠	
新光內衣	法二市
景福衫襪	
統丙公債	

備註	
煤塊(噸)	八二〇〇元
煤球(市担)	三、二二〇元

0316

物價

品名	單位	價格
工白粳	市石	二〇五〇
兵船麵粉	每袋	六七〇
本廠豆油	每担	五〇五〇
台灣粗砂	每担	三〇〇〇
周浦籽花	每担	二九七〇
[illegible]藍鳳紗	每件	会ジ
[illegible]雙馬紗	每件	会市
龍頭細布	每疋	二九五〇
四君子嗶嘰	每疋	二八五〇
陰丹士林	每條	三五三
國本肥皂	每箱	二七五〇
美麗火柴	每箱	一二三三三
天橋人造絲	每箱	一一三三〇
D級汽油	每担	一五四〇〇
華強礦燭	百條	六三一六〇〇
立大桐油	百市斤	七〇〇〇
上海豬鬃	司馬秤	八三〇〇〇
對開報紙	每令	一七六〇
月桂燒鹼	50公斤	四〇〇〇
鮮雞蛋	每隻	〇〇六
黃魚	市斤	〇五〇
豬肉	市斤	〇六七
雙鐵金剛	千粒	三〇〇〇
[illegible]	个只	一八〇
馬牌水泥	每担	九〇〇

37年 [illegible]月 [illegible]日

联合征信所调查报告书(1945 年 8 月 31 日)

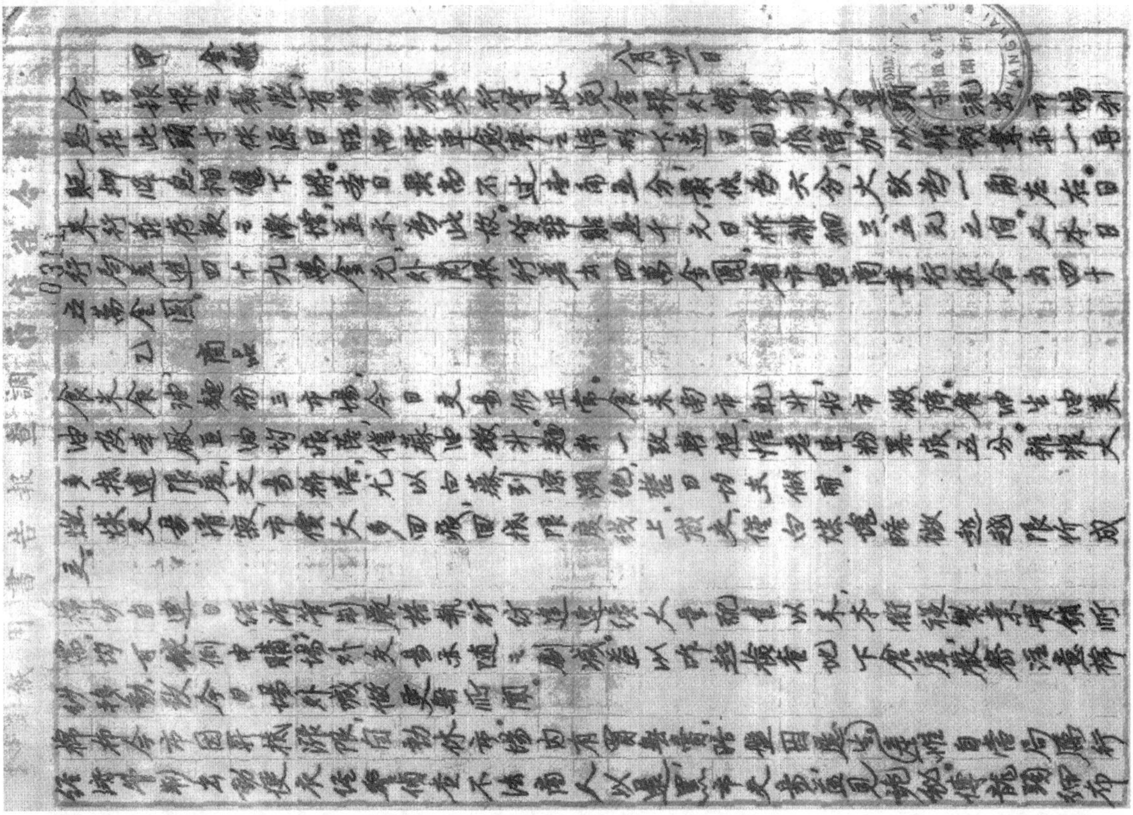

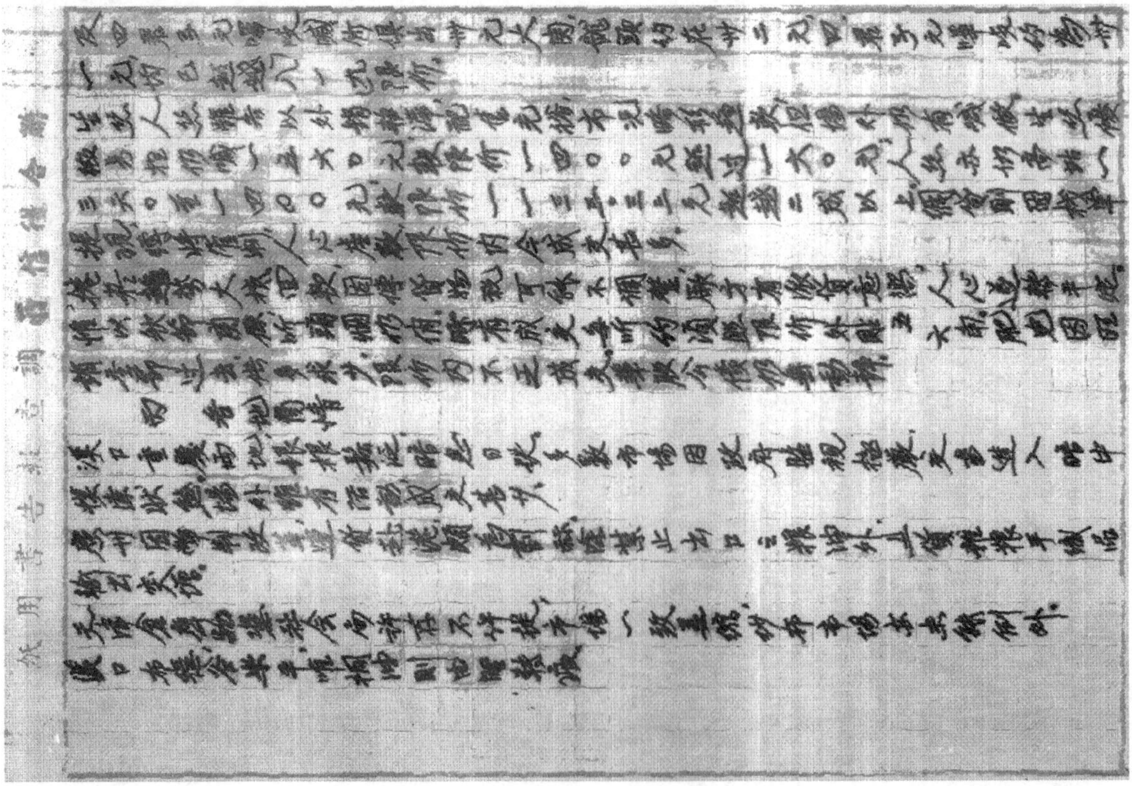

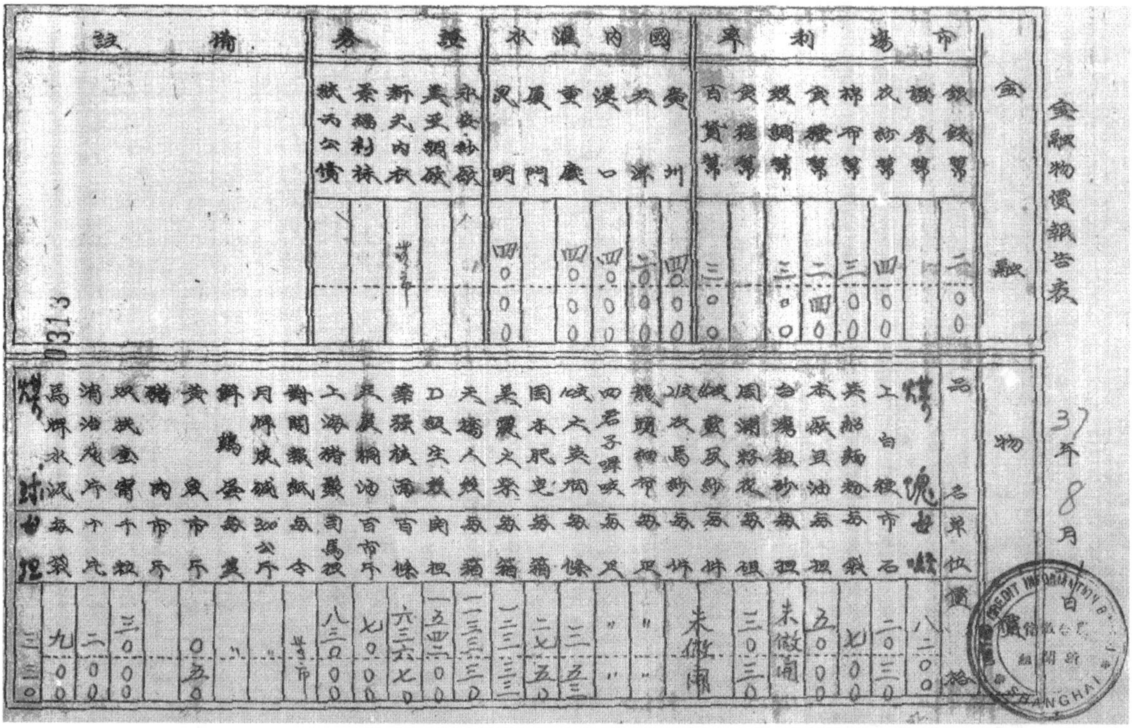

联合征信所调查报告书(1948 年 9 月 1 日)

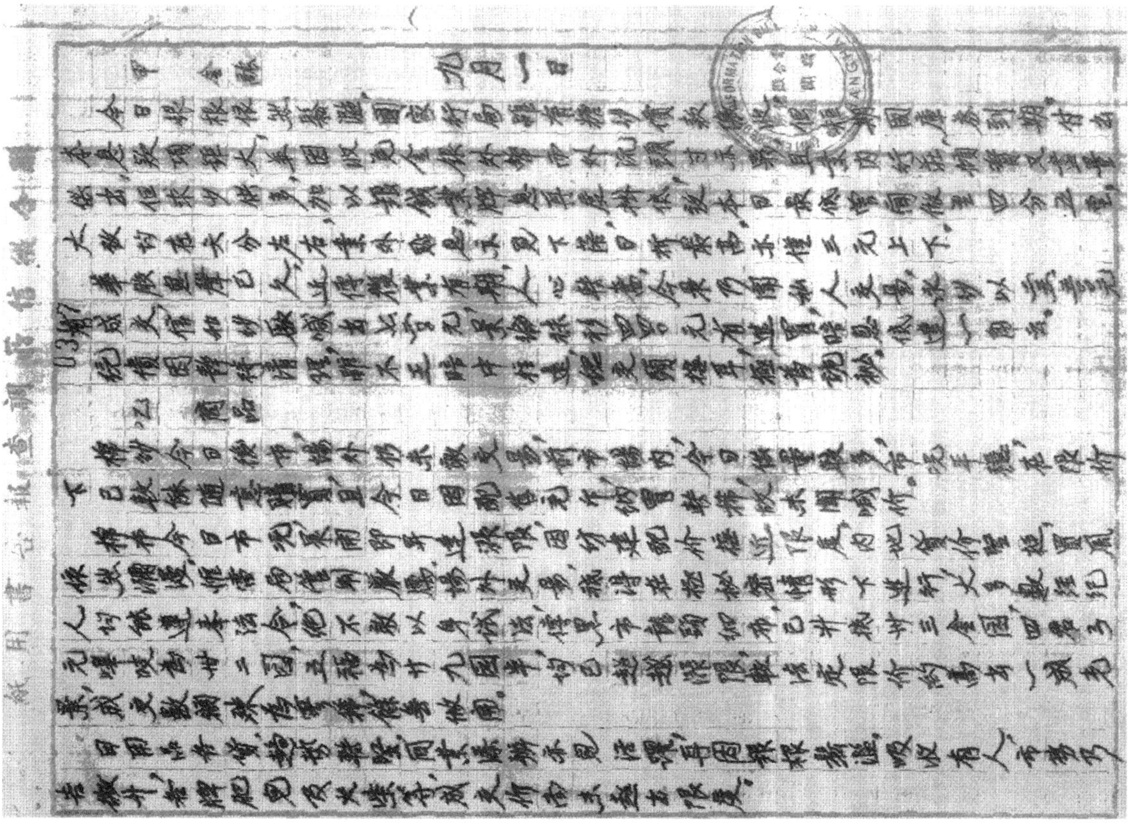

0308

食米食油雜粮三市場交易正常，食米南市微降，北市看升，雜粮做開甚少，大多稍達限度。食油豆油交易無幾，一致微疲，一因麵粉以社會局責令所有棧業限期出貨，公會通知停業一天，場外做開，市價經瀉五六角，兵艦開六元七角有盛矣。保市回疲，一致退樣限度，交易亦趨正常。

食糖因季節性之貨銷旺，市本俏俐，[illegible]以台糖公司大量现出調劑需要，[illegible]盤之堅勢，依稍[illegible]，各檔油乾次貨已在限價綫上做開，高檔貨未影形四平。

生絲自當局實施嚴厲管制後，內銷商口貨易稍，機戶仍不肯脫手，勢呈有求無供，且傳聞於九月三日有提高限價之說，人心隨之瞠短，全日無交易，黑市價則與昨日相將。

人絲因公會方面，廠商要求於限價內實貨，實地查達四十餘家，但機戶則不願貨出，而呈擺持之局，場外喊價，亦與昨平。

綢貨今以經警監視更嚴，場內整日無交易，至機戶於限價內不肯脫售，其張於西黑市價為六六〇圓，尚呈有求無供之勢。

捲烟市勢仍僵持，做開極稀，蓋廠方尚未全部派貨，籌碼依然欠暢，同業補空尤殷，京滬杭各鄉村等地限價至不嚴，屬單帮販賣活躍，多於暗中吸收，餘案[illegible]照限價可做，做開外，品質較優者，賣戶仍寥寥無幾。

丙 各地商情

廣州帮[illegible]多存觀望，未敢下手，以致百貨市況，連日均見回軟，[illegible]於牛皮狀態

0309

[illegible]麵粉生油價疲，唯米谷市較旺。

天津銀根寬鬆，貨價回升，食油、糖、精鹼、烟均告漲。限價檢查人員因與社會局長[illegible]華意見衝突，昨日停止[illegible]發檢查，貨價上漲，與此事不無關係。其他各地商情，[illegible]報因記者部關係停止拍發。

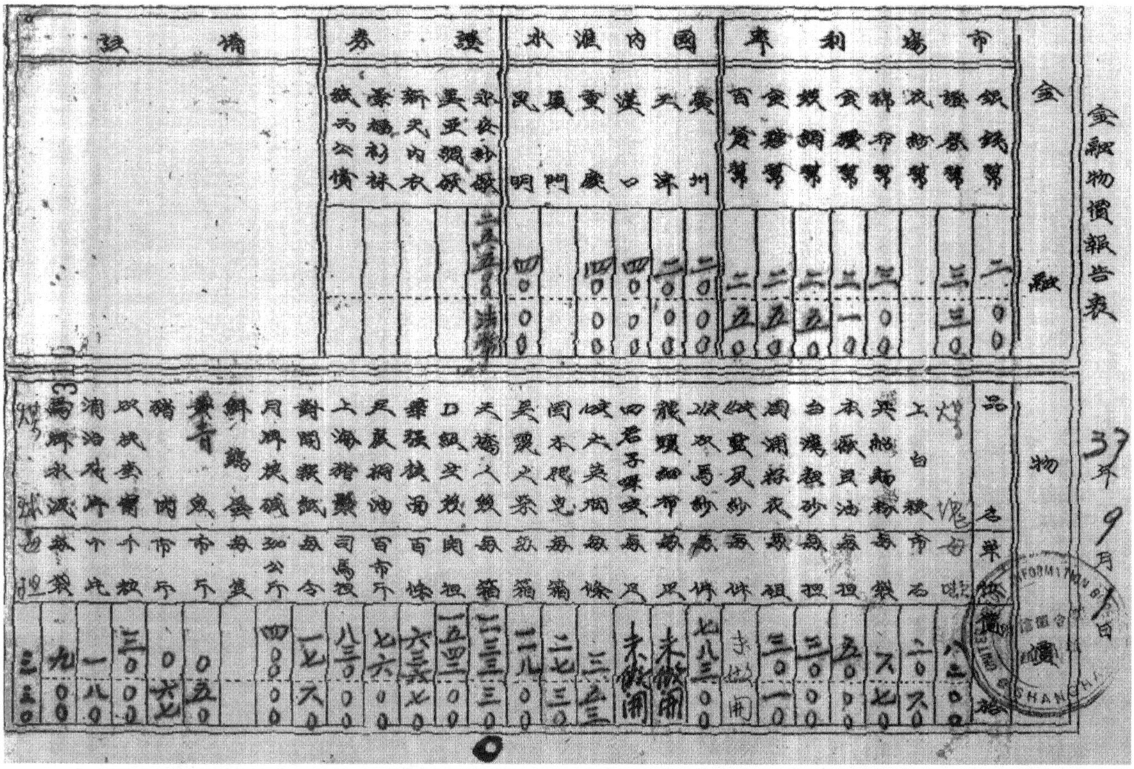

联合征信所调查报告书(1948 年 9 月 2 日)

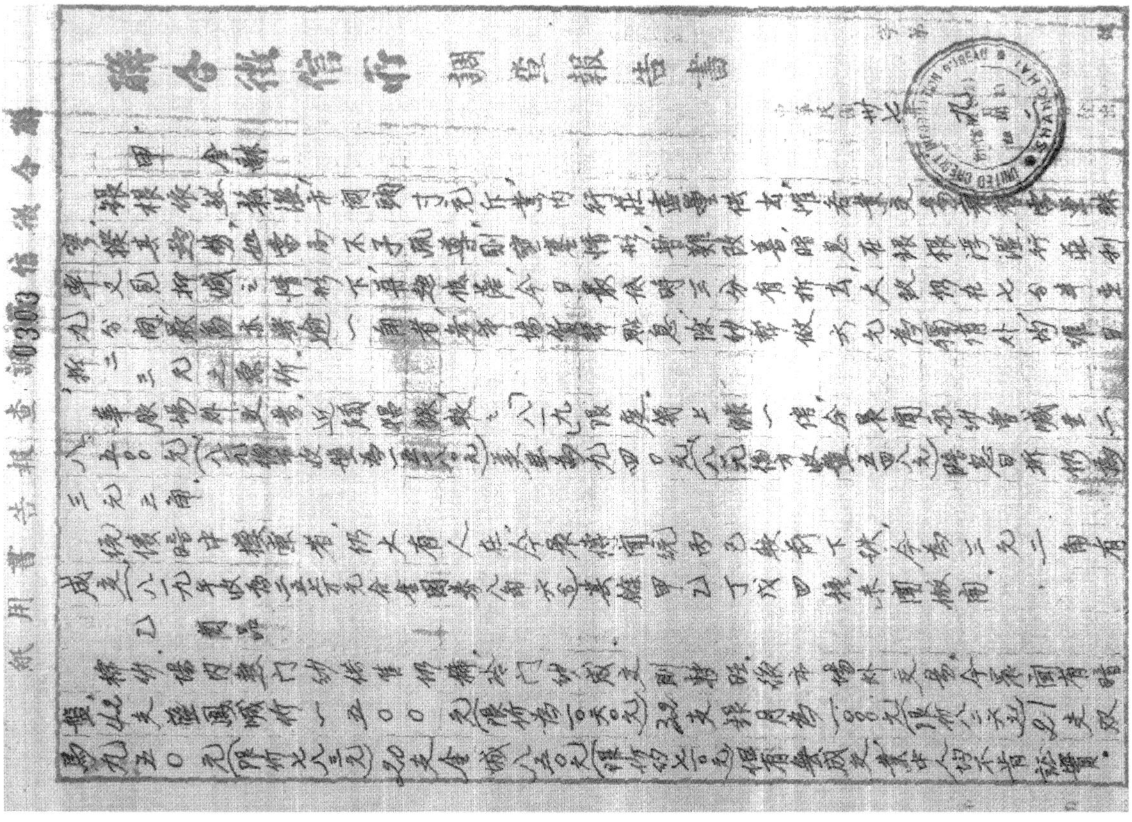

棉布今晨場交易，仍因喊價抵達漲限而陷於停頓狀態，紡建繼續配售，計有喇叭童子細布等十二種，布商中僅[illegible]為[illegible]棉布掮客二人，因抬頭交耳被經警拘留，場外喊價一度稍見歛跡，聞喇叭童子細布喊加一元買進，龍頭細布做卅四元（限價廿九元五角）四君子元嗶嘰卅二元（限價二八元半）較昨再見提升，惟成交則並見清淡（又訊）明（三）日為抗戰勝利紀念日，布市場方面為紀念勝利並免價格波動招致干涉起見，將休市一天。

食米食油麵粉雜糧等四市場交易正常，食米繼續上挺，大多漲達限度成交，惟碾米仍未如何暢旺，麵粉因[illegible]方面收檔[illegible]蓋其所存底貨，照價拋售，致[illegible]數量相差懸殊，致欲藉此彌補差額，市價遂趨提升，老車牌七元四角五分，兵船七元〇五分收盤，較昨市再升五六角之譜，食油平平，雜糧亦鮮成交，做開尚少。

食糖今因央行[illegible]台糖公司低配200斤細粗砂，一般心理穩定，市況亦轉下游，45号車白精（現貨）以三〇元五角見市，較昨跌三〇元八三之漲限，乳糖三角五分，紅粗砂，現貨最高僅做廿九元半，20号中砂卅大元，均漲五角，其他各糖一致回進漲限以內，昨日金[illegible]限價擒拿中人五，加大行及台糖公司繼續大量配售，則食糖前途殊堪樂觀，場外無復黃牛黑市可能。

生絲市仍平靜，洋行猶圖壓價，D級二元八角美金，機戶以其為出口貨物，可能囤積期待善價，而活致無交易，聞口貨另担仍喊一五四〇元至一五四二元（限價僅一三三六元[illegible]）

人絲：天播仍為四〇〇元（限價一一三三·三〇元），有求無供，[illegible]出口物資，奇貨可居，囤待善價出售。

綢貨市場在經警及[illegible]大隊聯合嚴密監視之下，致未有正式交易，一般謠傳非民生必要日用品及出口物資價格將予解限，因之人心更堅，華絲被面每百條升至六七〇元（限價三三六·三六元），而仍有求無供。

日用品趨勢日堅，因銀根甚緊，同業添辦活躍，浮空抵補亦殷，市勢看見堅挺，在限價內做開不多，固本皂二六四〇有賣出（限價二九元）。

捲烟市仍穩持，同業補空尚殷，[illegible]暗中吸收，貨主抱持不售，僅美麗牌廠公司有派貨放市，[illegible]平銷者仍惜，照無貨照限價尚能做開外，較優之貨要市[illegible]500枝大英三元八角有成交（限價僅三元五角三分）

丙 各地商情

天津游資內流，洶湧無[illegible]貨，一致堅挺，米糧因來源不暢，配售無確期，既價步昇，紗布因傳聞貨物統購增加，市氣亦堅，有漲至一成者，糖烟油價漲達限度，無法做開。

廣州因銷路之乏，市情疲軟。

南昌紗無市，布上漲，龍頭細布做三六元，士林做七二元，棉紗一〇八元，顏料評價紙於上海無交易，

重慶因[illegible]通用之易遊戲，商家搶購尤殷，但各貨中樣索，漲價更甚，日息亦達八元，惟紗布因受倉庫查封傳說影響，市情轉縮。

漢口錢業同業日拆雖減低，因銀根極鬆弛，仍無法放出，商品市場因監視仍嚴，多未做開。

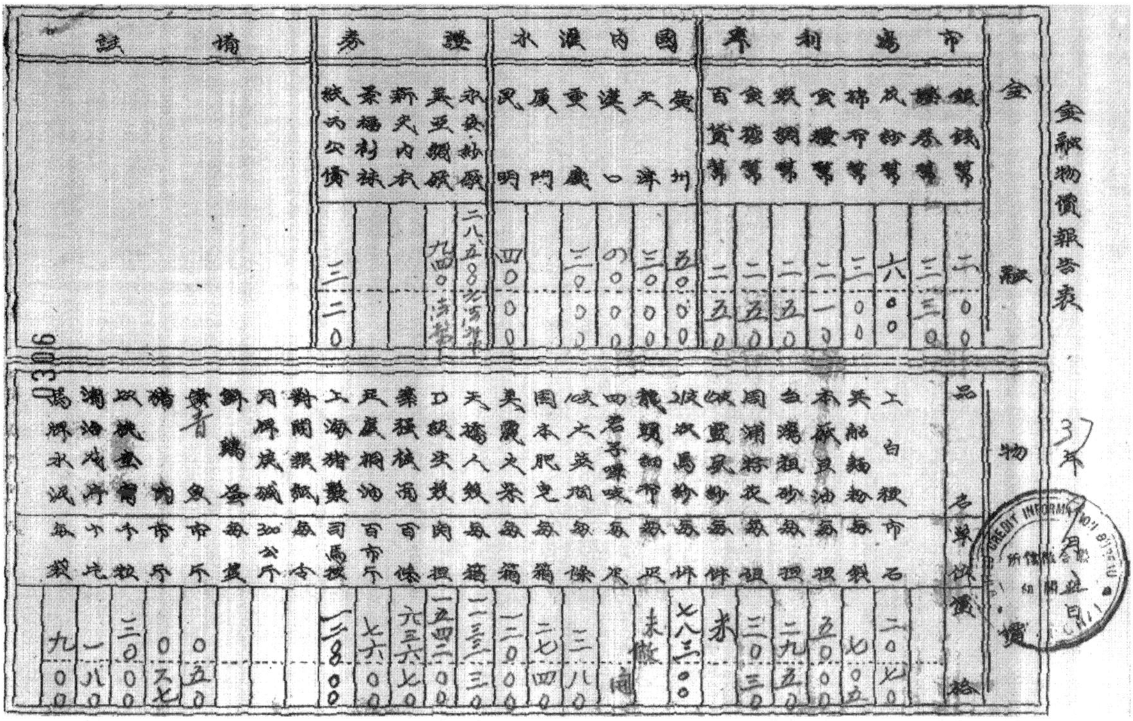

联合征信所调查报告书(1948 年 9 月 3 日)

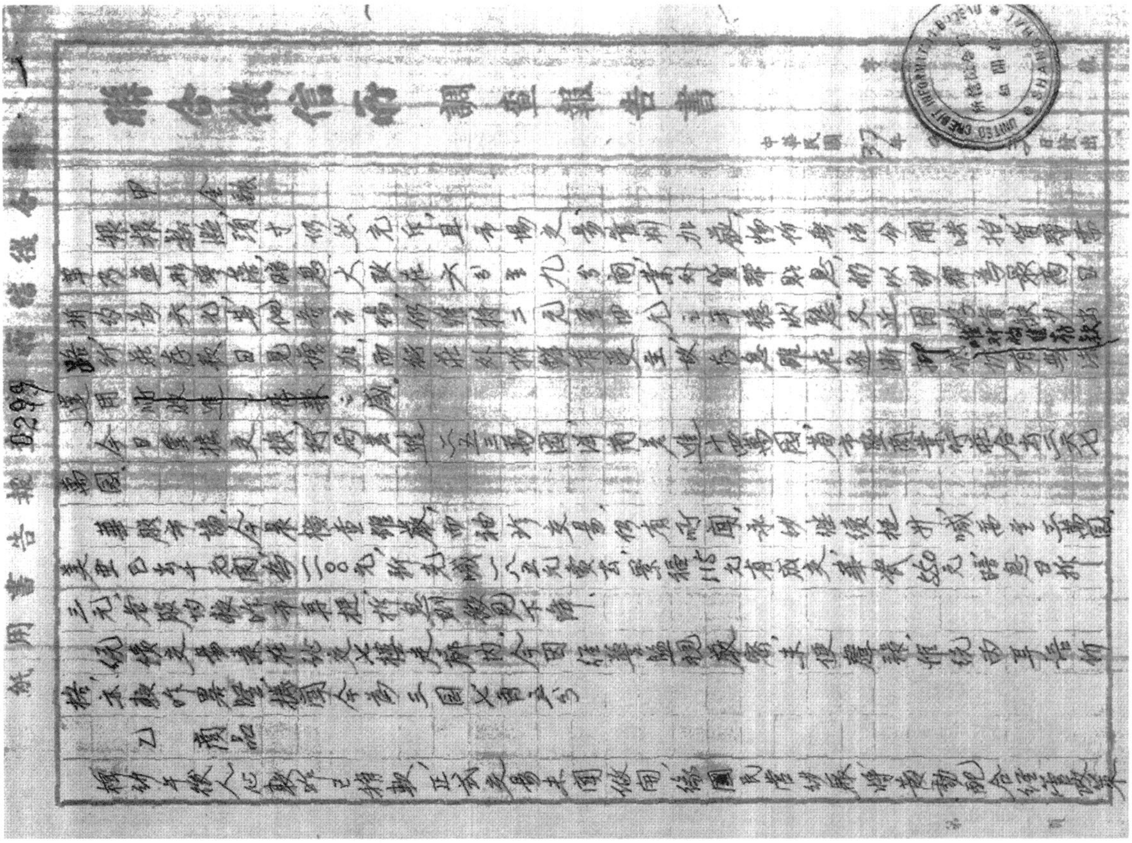

谋取平均供应，或将恢复联合配销制，有关方面正在搜取各方意见，场外交易，颇形剧
烈，棧单因局方限价，以之隆风喊一四五〇圆，廿支双马九三〇圆，廿支金城八六〇圆。

棉布：今日适为抗战胜利纪念日，布市特休假一天，实则含有停止市价波动，[illegible]
之作用，故场内交易全部休止，场外交易临时盘旨迫上涨之利激，人心仍俏，喊价[illegible]
常，龙头细布喊卅六圆至卅八圆不等，以卅七圆成交较多，四君子兄哔叽亦化俏俏，喊价[illegible]
闻，粤，龙头价轧平，亦喊卅八圆。

食米、面粉、食油、杂粮等四市场今日人心协坚，一致上扬，多已涨越限，计上白粳[illegible]
粉[illegible]米撤豆油[illegible]圆，净豆油[illegible]黄渡新机米[illegible]浦东杜豆[illegible]

煤市交易尚正常，市价亦平定。

小麦十四元二角，麸有成交，而售出数量极稀，各厂收进总数，不足千包。

食糖：由於运日台糖公司配售20斤粗特白及20斤粗粗砂甚多，走势渐入正轨，今日四号
三〇圆五角，粗砂二九圆八角，各号限度内多有成交，嗣以中秋需还，各号扒吸甚殷，平货乃重登涨
限，青糖亦见坚，惟赤砂仅交货以限价做关，场外亦交易。

人丝：场外涨风稍戢，今日天桥升至1460圆，较昨又升50圆，市闻传日本人丝存底不多，机
户纳税成本较高，购存货可居，不肯脱售。

生丝：洋行虽有问津，惟以须开价，每磅以CIF合美元二元九角，机户仍坚持不卖，
开口价易抛开价一六五〇圆至一七〇〇圆，仍然有求无供。

华发被面速日畅销，价上升，黑市由[illegible]圆升七三〇圆，较限价升起一百圆左右。

日用品：香皂及卷烟，坚平互见，肥皂买卖平淡，火柴因嫌，在限价内均有成交，火柴仍
属平定，卷烟自华成派货后，续有中华、大东、南洋、太新等均已派货，对於华商烟供应见畅，
喊价趋稳当平，做开亦多，惟颐中各烟久不派货，市上存底日稀，货主售意转浓，限
盘内仍难实装。

丙 各地商情

天津市场大部份入稳局，纱布除商因当局限于收购，各厂多待观望，市况极为萧条，纱布亦少
做开，粮食续涨，当局乃定新限价，兵船粉九、一〇元，场内未做开，山站稻米限价一九元，稍有交易，
即告停顿，纸烟市场，因公会责令各会员提存货一成，按限价批售，购者甚踊跃，煤油各油及
糖受市未妥，杂货纸张颇形中一部分亦坚，首涨势。

汉口粮根强势仍未稍解，商业市场未做开，独纱之暗流行，价较八一九元市价超涨，桐油
场外做七一元，20支红球高做九八〇元，布走量乱无市。

广州物价在政府强力平抑之下，多照公价挂牌，惟鱼肉摊贩，未能依照公价出售，
故日米市面数量虽向可食，数米市自外围根源仍断，稳定，但交易[illegible]

重庆银根紧势未解，日息再涨至三元，门市仍有抢购情势，各业均呈买多卖少，
棉纱、桐油、香烟以利空消息刺激，市势转见萎缩，米粮到稀，走势看俏，有不易捡
得之象，其余脚地亦坚。

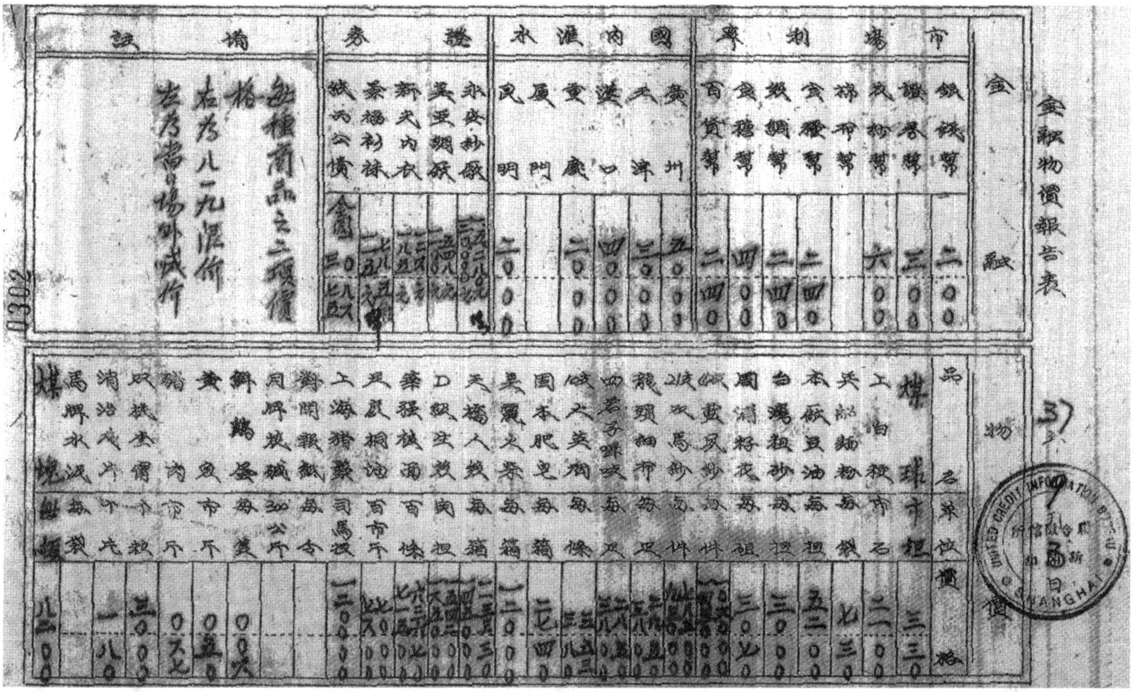

联合征信所调查报告书(1948 年 10 月 2 日)

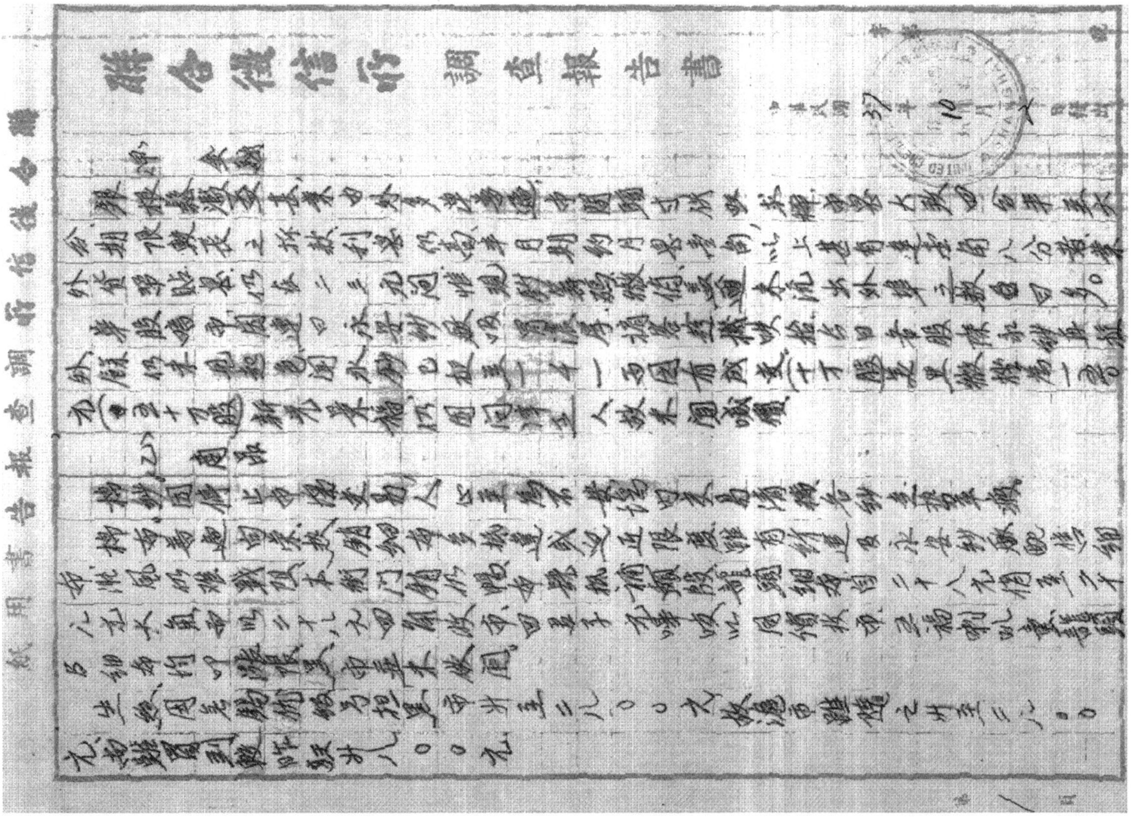

联合征信所调查报告用纸 0201

入秋以来交易清淡，廿五二四〇〇元，殊少售方肯出，货价昨市超廿四〇〇元，
绸由于人民生活之所需，原已被面料至一四大〇元，批发到各种绸货均属
廿一倍左右。
食米：北市到货最多，虽有减少，市面不振，南市亦销米迟缓，市价仍微跌一
角或更。
麦粉：仍未收回，市价清冷，七厘线略跌落。
食油：一致开跌，惟豆油、菜油跌一角以至一、九〇元或更，否则稳。
杂粮：到货减少，市价……，杂粮豆类一致上涨。
食粮因囤户或传可能抛出，惟人心由此看涨，本街及外埠之需要吸收，致
市价去回涨，其中以二八元九角之粗砂最剧，致上日猛涨一元一角甚
他各种均涨五八角不等。
卷烟：因江浙各乡销路甚旺，又见市场销数广，活动甚力，而本街以派货
有限，门销亦佳，多头既手头盈余，价亦难收回，市势仍能坚挺。
日用品：趋势续俏，业外各物均告上涨，人心一致向荣，且缺少久未派货，市上
筹码有限，风亦难有限，而本街吸收甚健，价乃挺升至限度边缘。
丙 其他商情
金融：银根不紧，利息无甚变动，商品以昆明为甚，当地银根紧，致所动未趋平，各业
场内买动活跃，米价更活，……四二园，米粮到少价俏，布匹销势未改，各种再

联合征信所调查报告用纸 0202

再有新进展，君子元及高达五一园，棉纱涨势不衰，如支纺棉纱涨至一三七〇园，惟
销收厂货有限，市势俏坚，香烟西药均见步涨，山货园业市呈旺象。
广州：閩省振兴由港澳来而棉纱等入口，前规定港币二百元，现已提高至五
百元，所请向外汇行，所换之物品亦不限于四〇公斤，每日交易完税后，使用无限
制方式，此办法实施后，当港货物运输当必有增加。
汉口：布普遍上涨，美亭牌九字大肉，纱提高一百园，红球出一千元，肚棉缺
货告涨，桐油价以七三元做出一四〇担，今无交。
南昌：暗息五分，物价看涨，三机晚米一六园五角，早米一四园二角，小麦二一园六
角，广山纱九九〇园，颜料无市。

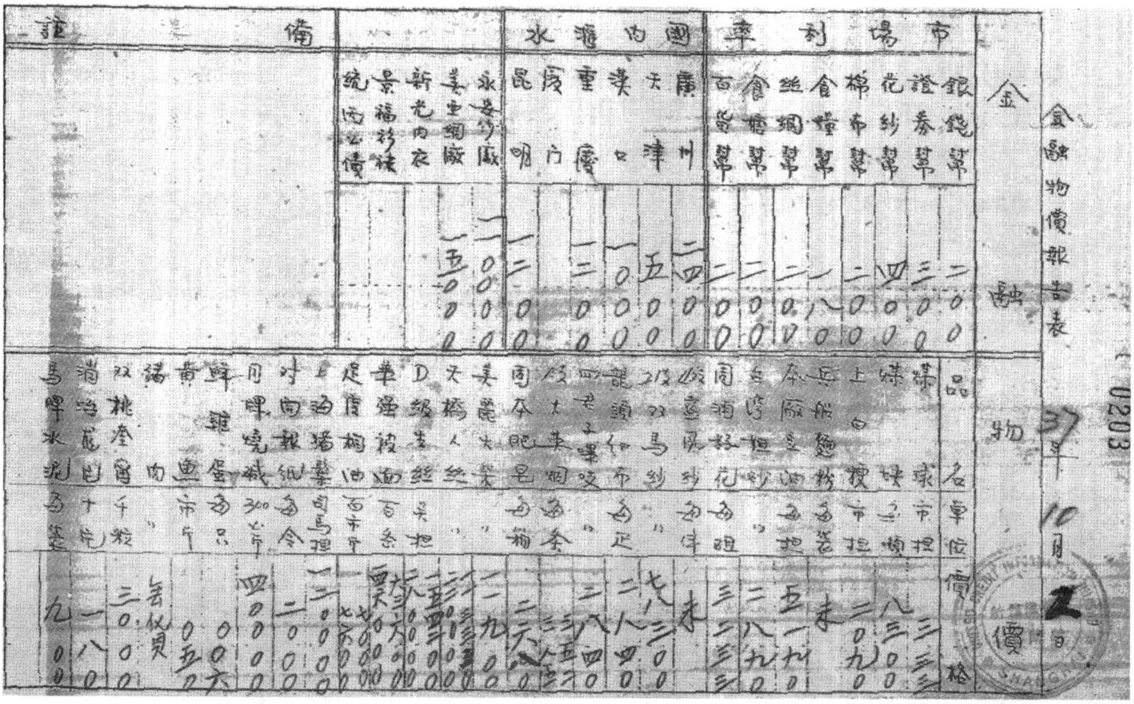
金融物價報告表

市場利率	國內滙水	備註

品名	單位	價格

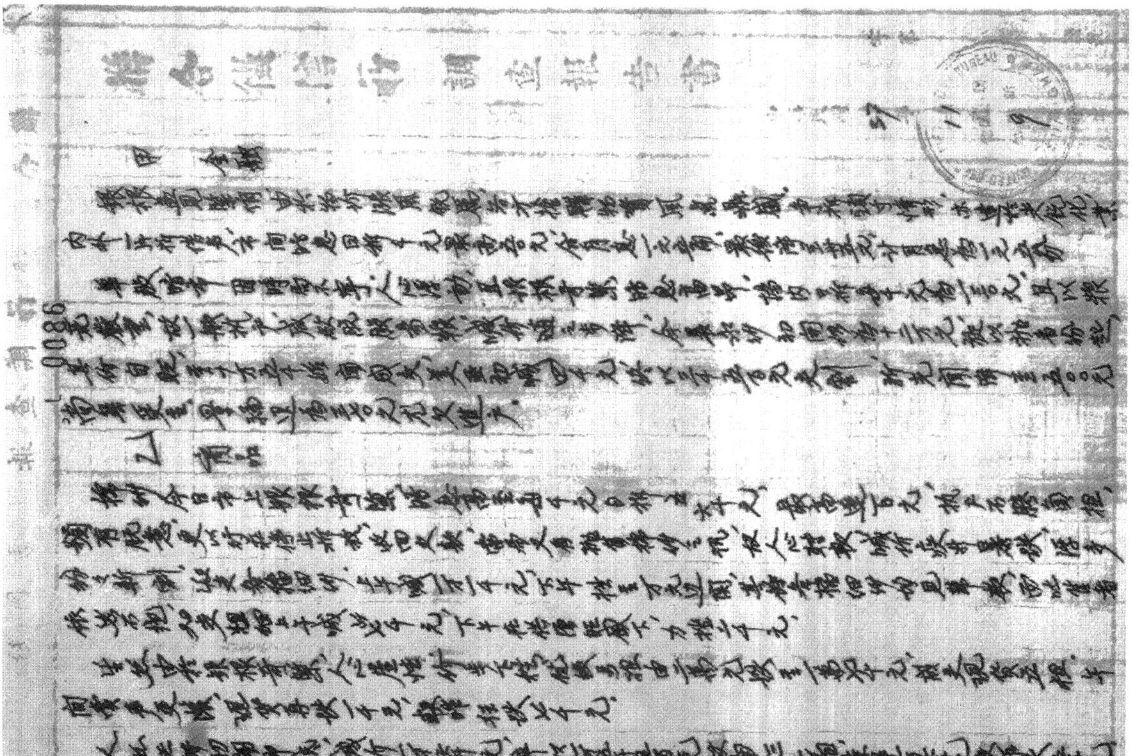
聯合徵信所調查報告書

甲

乙

联合征信所调查报告书(1948 年 11 月 9 日)

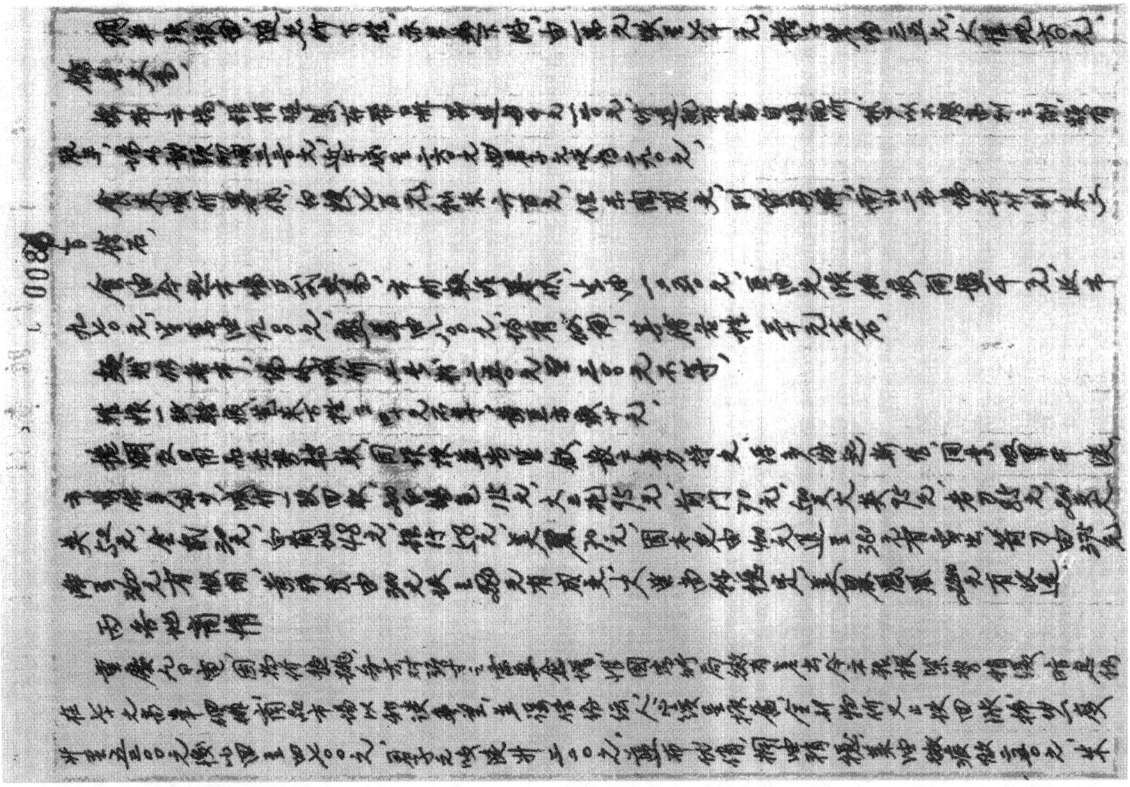

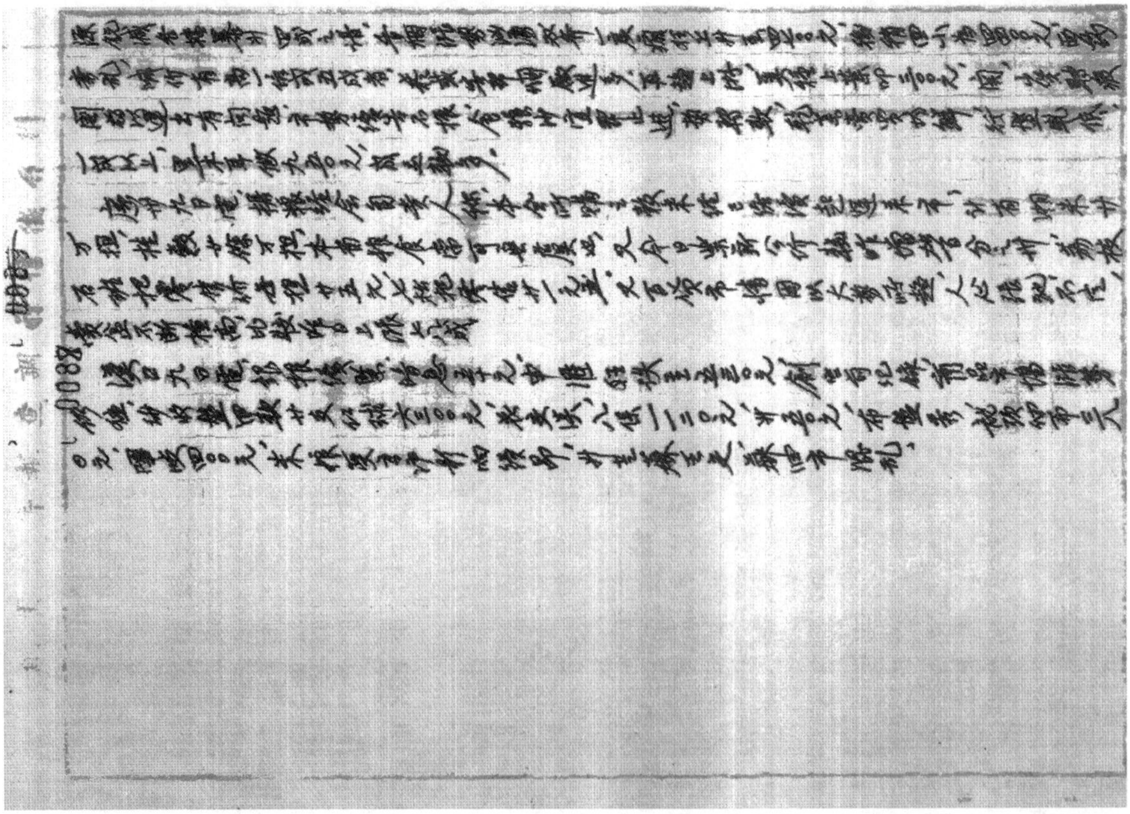

联合征信所调查报告书(1948 年 11 月 10 日)

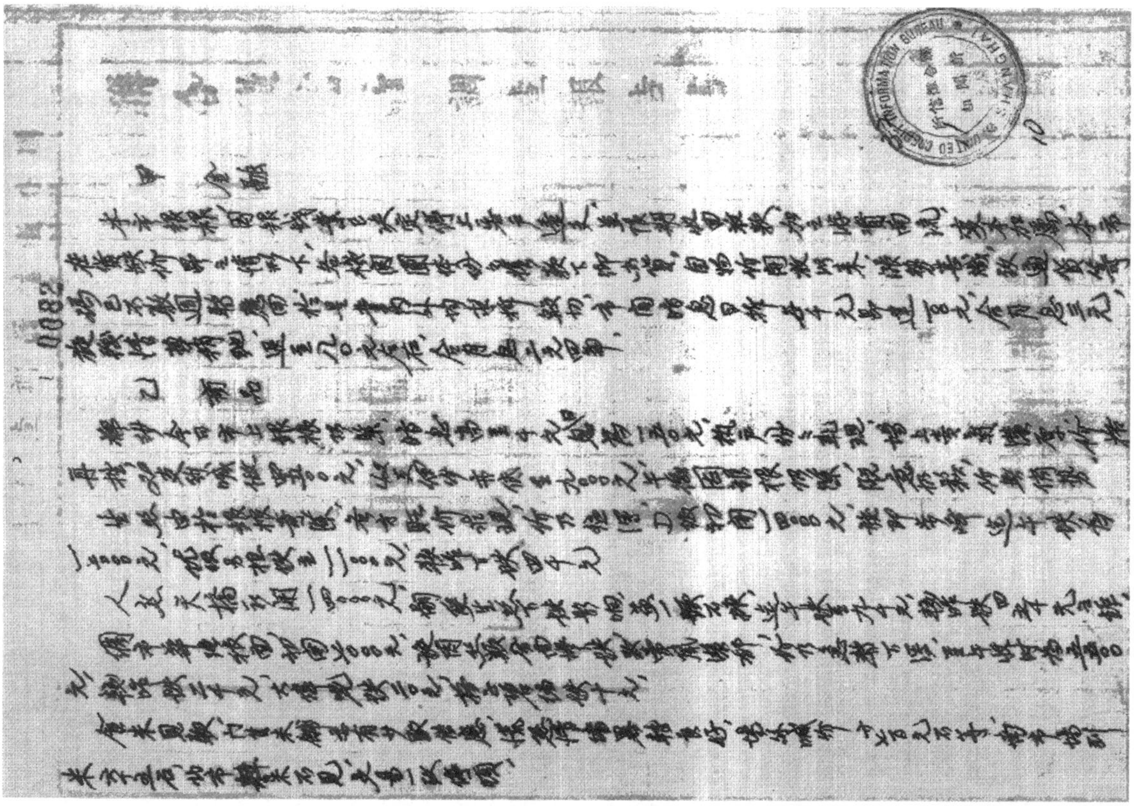

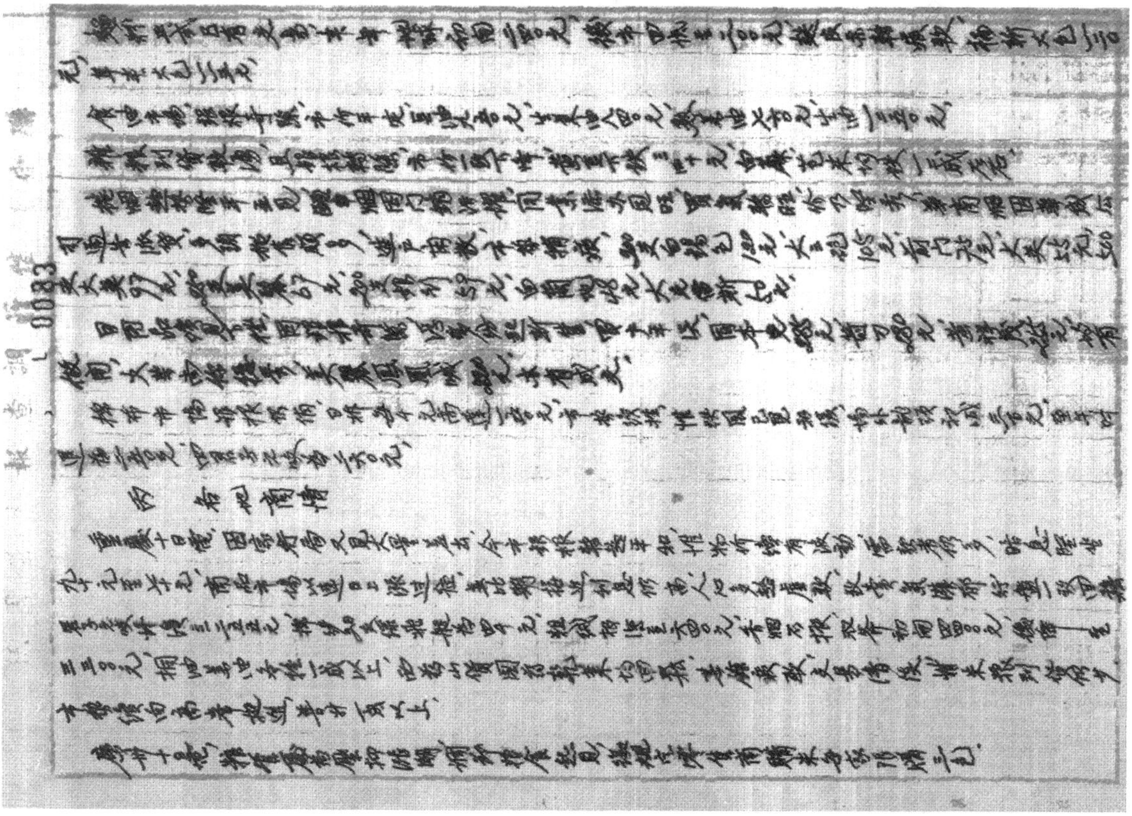

淀口十四號，沙糖漲，每市担[illegible]…………[illegible]
[illegible]…………[illegible]
（補甲項金融內）
[illegible]…………[illegible]
[illegible]…………[illegible]

金融物價報告表

市場利率	
銀錢業	
證券業	一三〇〇
花紗業	一五〇〇
棉布業	一五〇〇
食糧業	一二〇〇
絲綢業	一〇〇〇
食糖業	一〇〇〇
百貨業	一〇〇〇

國內匯水	
廣州	二四〇〇
天津	五〇〇
漢口	一二〇〇
重慶	一二〇〇
長沙	
昆明	一二〇〇

永安紗廠	九萬元
美亞綢廠	二七〇元
新光內衣	
景福衫襪	
統一公債	

備註：黃金每兩 [illegible]百元；美鈔每元 四十五元

品物名	單位	價格
[illegible]	每市担	八〇〇〇
[illegible]煤球	每噸	三〇〇〇
上白[illegible]	每市担	七〇〇〇
兵船麵粉	每袋	未做開
本廠豆油	每担	九五〇〇
[illegible]	〃	三一〇〇
[illegible]	每磅	二八五〇
[illegible]紗	每件	九〇〇〇／九五〇〇〇
雙馬紗	〃	五五〇〇／七〇〇〇
[illegible]布	每疋	三五〇〇
[illegible]	〃	二六〇〇〇
[illegible]煙	每條	一〇〇〇
固本肥皂	每箱	二八五〇〇
[illegible]	〃	三〇〇〇
[illegible]絲	〃	九〇〇〇
[illegible]絲	每把	二〇〇〇〇
華強[illegible]	百條	五〇〇〇
足[illegible]桐油	百市斤	無市
上海[illegible]	每馬担	〃
[illegible]報紙	每令	一六〇〇〇
[illegible]	300公斤	未定
鮮蛋	每只	一二
黃魚	市斤	一八〇〇
[illegible]肉	〃	二四〇〇
[illegible]	千粒	四〇〇〇
[illegible]	十元	二九〇〇
馬牌水泥	每袋	一〇〇〇〇

联合征信所调查报告书(1948 年 11 月 11 日)

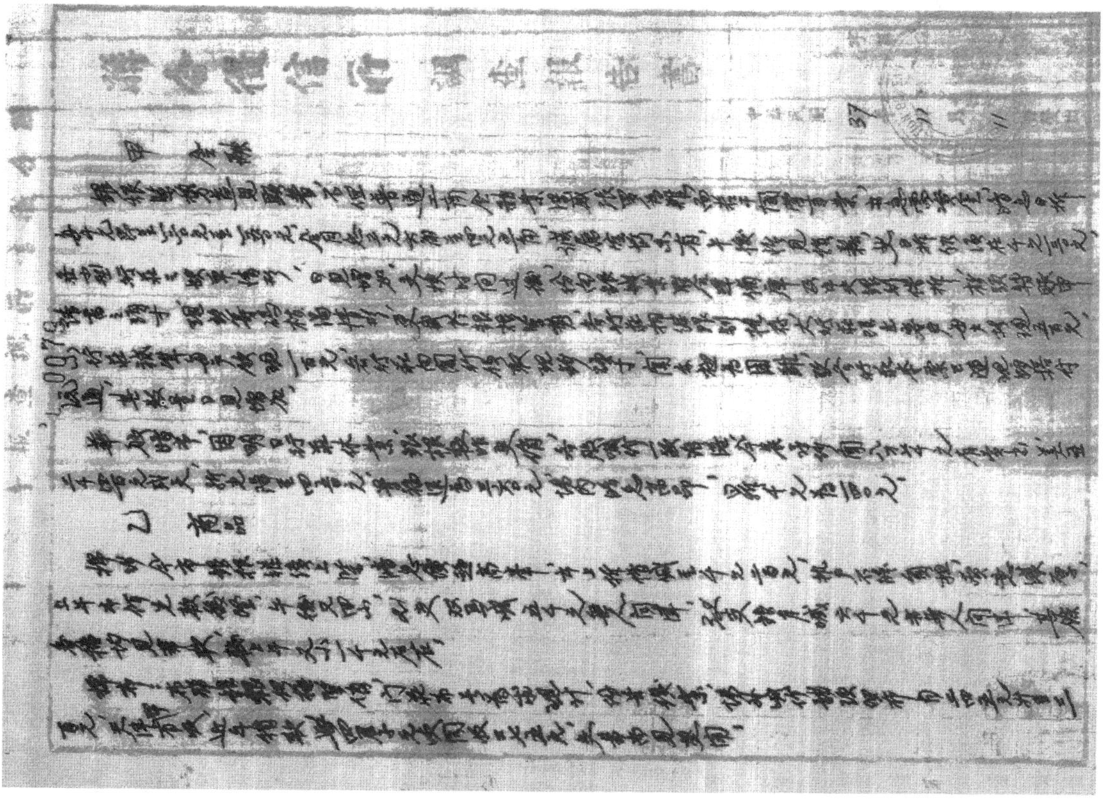

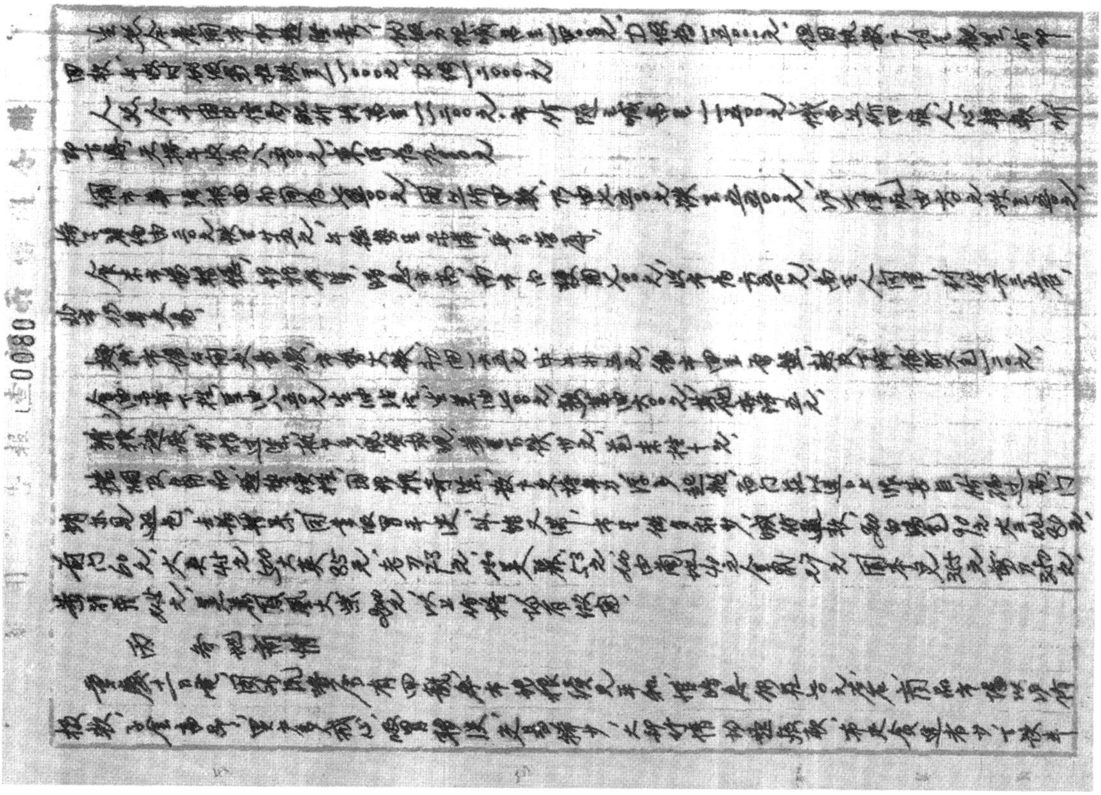

[illegible]

金融物價報告表　37年11月11日

金融		
市場利率	銀錢幫	
	證券幫	一四〇〇〇
	花紗幫	一二〇〇〇
	棉布幫	一二〇〇〇
	食糧幫	一〇〇〇〇
	絲綢幫	一〇〇〇〇
	食糖幫	一〇〇〇〇
	百貨幫	一〇〇〇〇
國內匯水	廣州	二四〇〇
	天津	五〇〇
	漢口	一二〇〇
	重慶	一二〇〇
	廈門	
	昆明	一二〇〇
	永安紗廠	八七〇〇〇〇
	美亞綢廠	二四〇〇〇〇
	新光內衣	四五〇〇〇
	景福衫襪	三六〇〇〇
	統丙公債	
備註		

物品名	單位	價格
煤球	市担	六〇〇〇
[illegible]	[illegible]	二五〇〇〇
上白粳	市担	六五〇〇〇
兵船麵粉	包袋	一七〇〇〇
[illegible]	每担	八五〇〇
[illegible]	[illegible]	三〇〇〇
[illegible]	每担	二五〇〇
[illegible]	每件	八五〇〇〇
[illegible]	"	五八〇〇〇
[illegible]	每疋	二七五〇〇
[illegible]	"	二七五〇〇
[illegible]	每條	八〇〇〇
固本肥皂	每箱	三五五〇〇
[illegible]	"	二〇〇〇〇
[illegible]	"	一四〇〇〇
[illegible]	每担	一三〇〇〇
[illegible]	百斤	五五〇〇〇
[illegible]	每令	無市
[illegible]	[illegible]	"
[illegible]	每斤	一三五〇〇
[illegible]	每只	無市
[illegible]	市斤	一二〇
[illegible]	"	一八〇〇
[illegible]	千粒	二四〇〇
[illegible]	十片	二八〇〇
[illegible]	每箱	一〇〇〇〇

联合征信所调查报告书(1948 年 11 月 13 日)

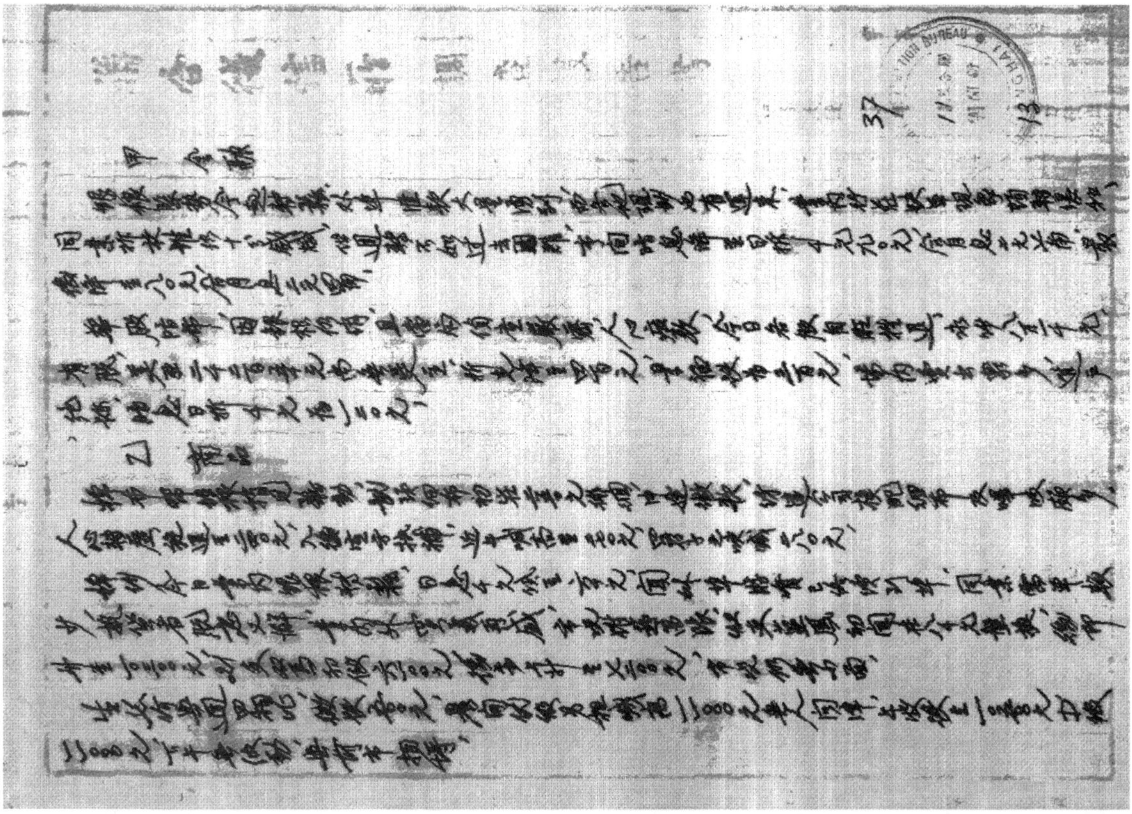

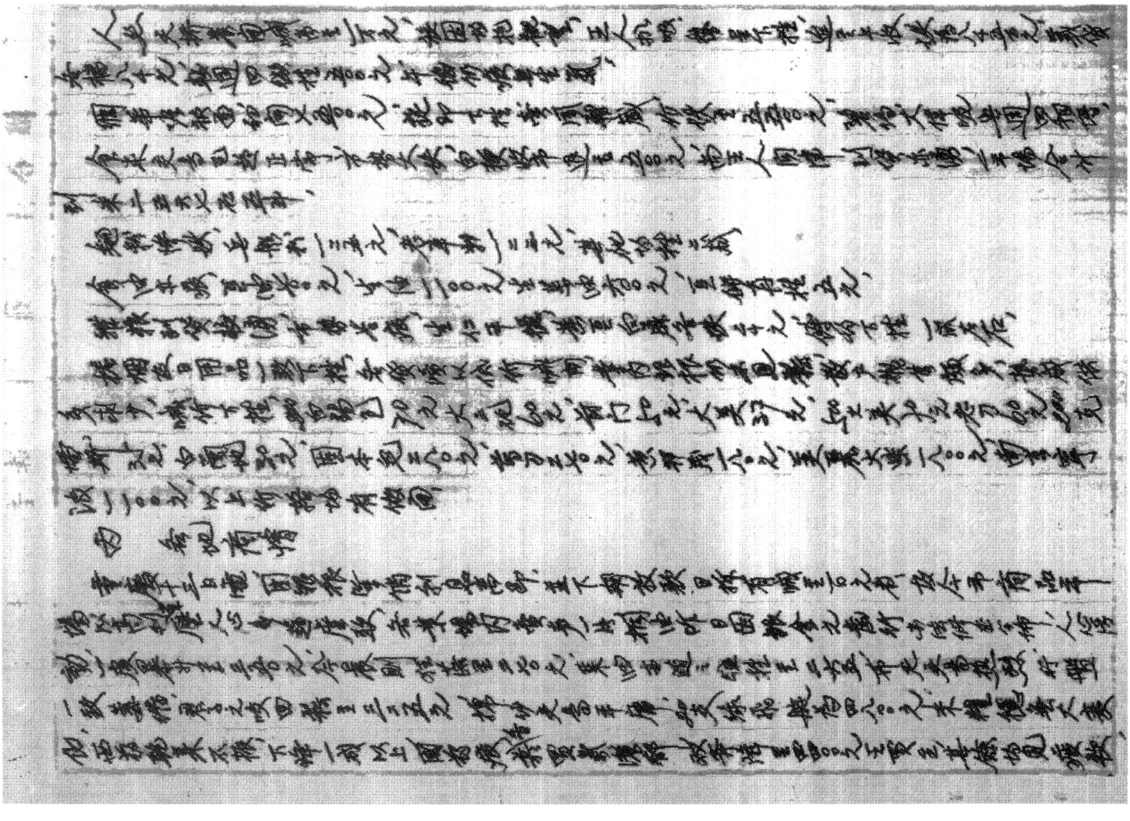

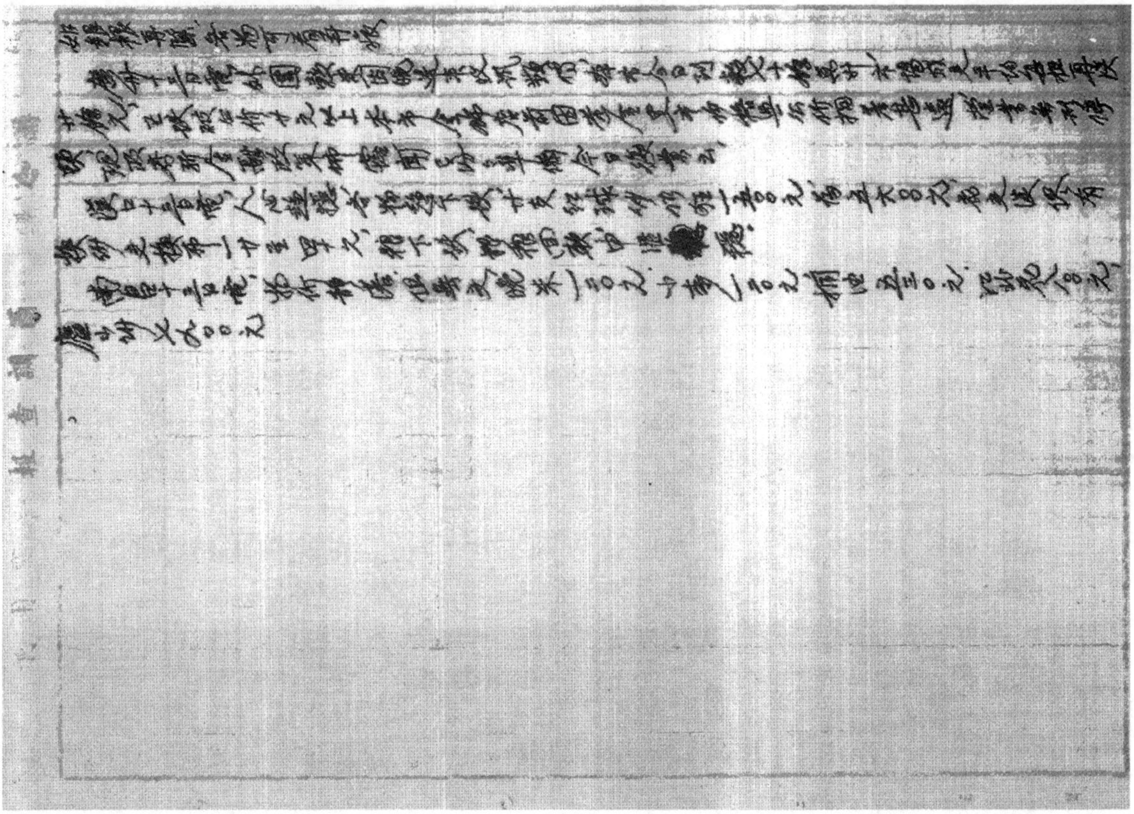

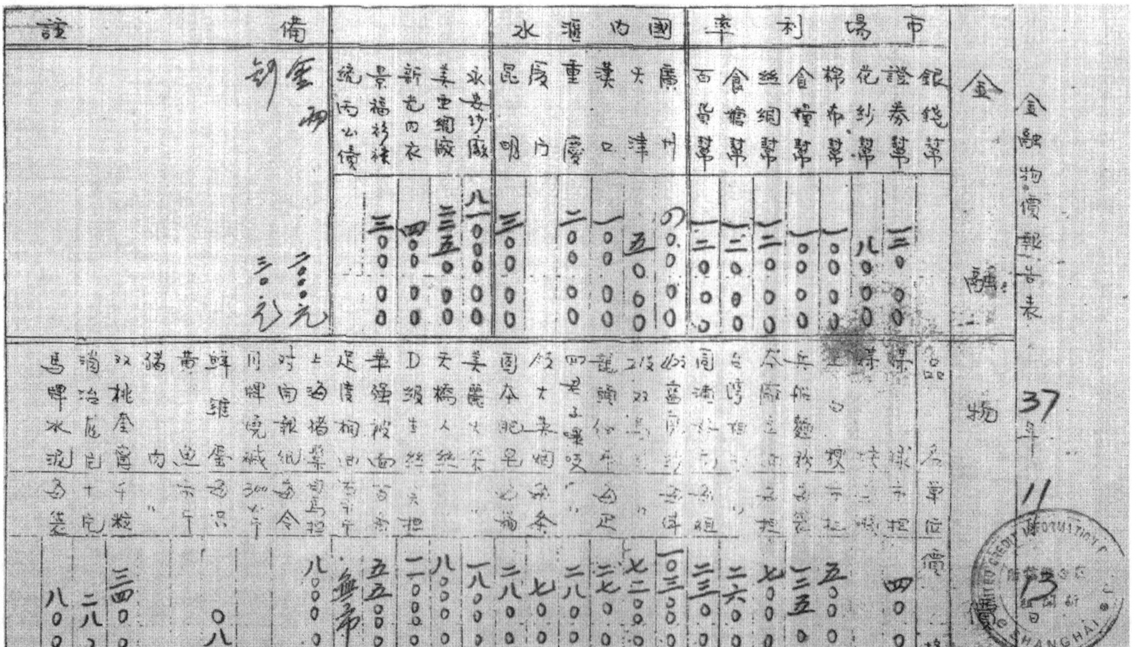

金融物價報告表 37年11月13日

市場利率

銀錢業 證券業 花紗業 棉布業 食糧業 絲綢業 食糖業 百貨業

國內匯水

廣州 天津 漢口 重慶 廈門 昆明

永安紗廠 美亞綢廠 新光內衣 景福衫襪 統丙公債

備註

金 融

物 品 名 單位 價格

联合征信所调查报告书(1948 年 11 月 15 日)

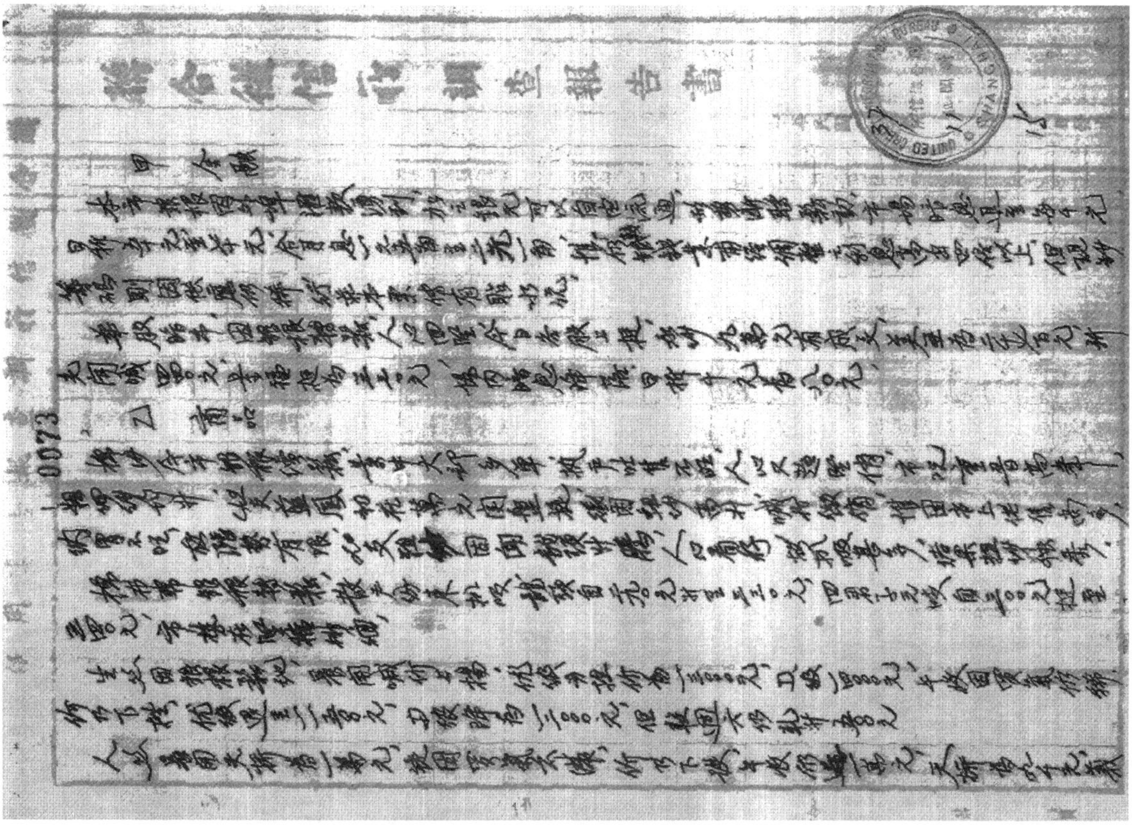
联合征信所调查报告书

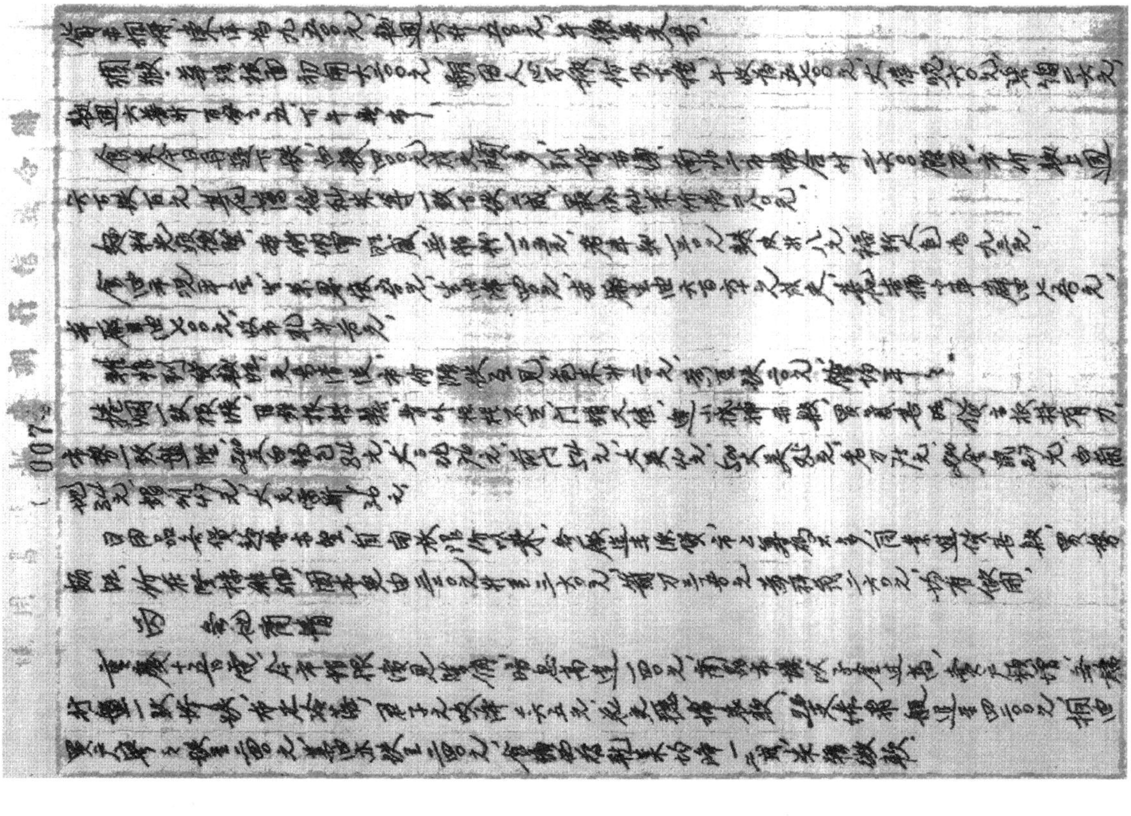

[illegible]

L0075

金融物價報告表

金融	市場利率								國內匯水											備註
	銀錢業	證券業	花紗業	棉布業	食糧業	絲綢業	食糖業	百貨業	廣州	天津	漢口	重慶	廈門	昆明	永安紗廠	美亞綢廠	新光內衣	景福衫襪	統一公債	黃金每兩 二千元 美鈔每元 三千元
	一三〇〇	八〇〇〇	四〇〇〇	五〇〇〇	五〇〇〇	六〇〇〇	六〇〇〇	六〇〇〇	四〇〇〇	五〇〇〇	一〇〇〇	二〇〇〇		三〇〇〇	九萬元	二千六百元	四〇〇	三三〇〇		

品名單位	[illegible]	[illegible]	[illegible]	[illegible]	[illegible]	[illegible]	[illegible]	[illegible]	[illegible]	[illegible]	[illegible]	[illegible]	[illegible]	[illegible]	[illegible]	[illegible]	[illegible]	[illegible]	[illegible]	[illegible]	[illegible]	蛋	魚	肉	[illegible]	雙桃	[illegible]	馬牌水泥
價格	四〇〇	二五〇〇	四〇〇〇	一三五〇	七三〇	二八〇	二八〇	一〇五〇〇	七八〇〇	三三〇	三四〇〇	八三〇	三六〇〇	一五〇〇	九五〇〇〇	一三五〇〇	五七〇〇〇	五五〇〇〇	八〇〇〇〇	一四五〇〇		〇七〇				二一〇〇	二八〇〇	七五〇〇

37年11月[illegible]日

联合征信所调查报告书(1948年11月16日)

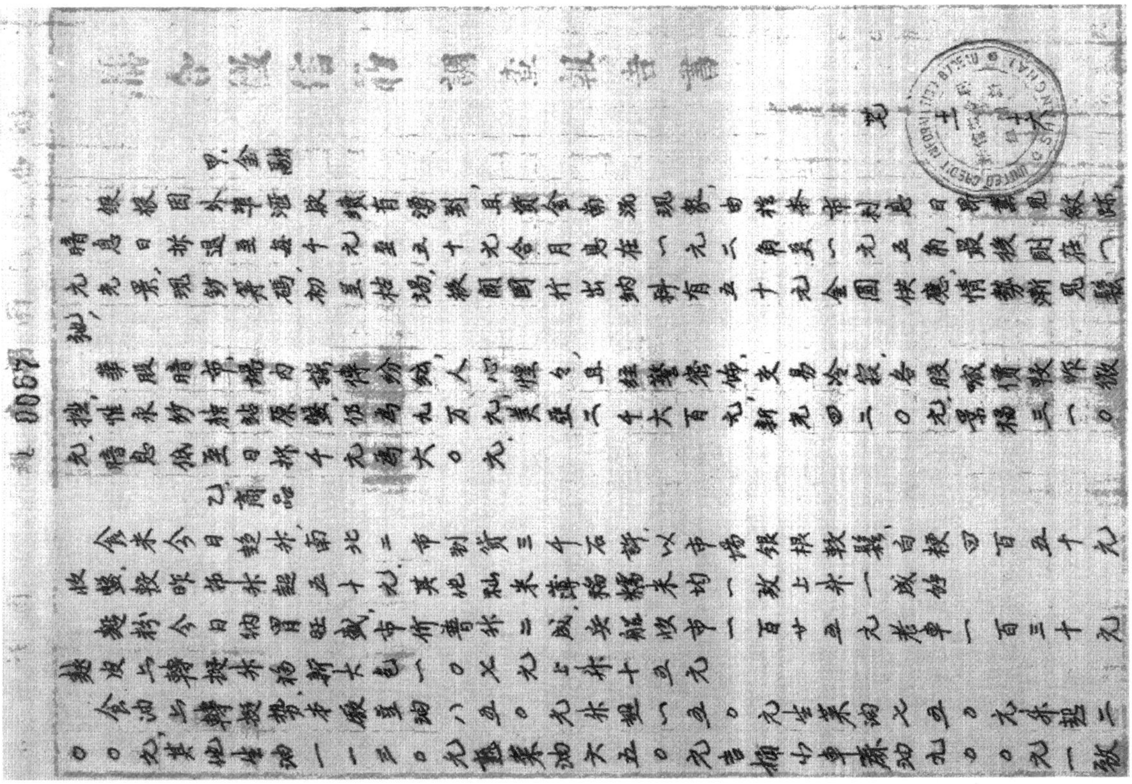

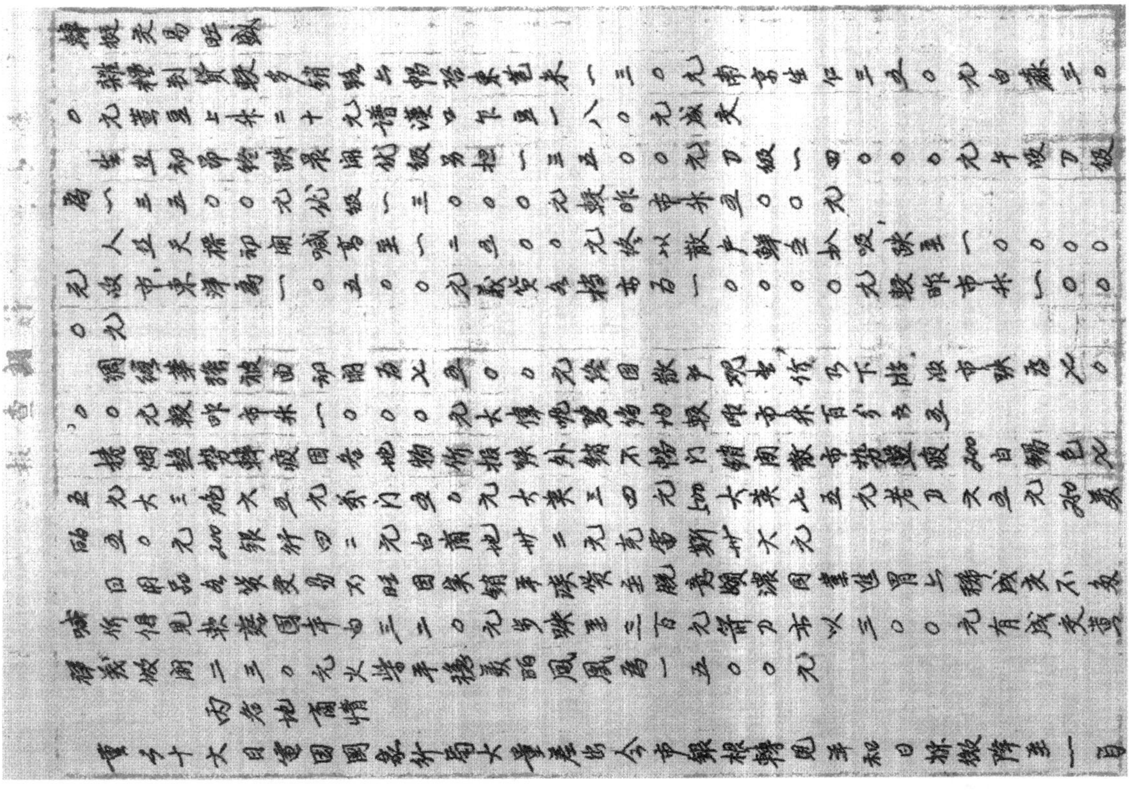

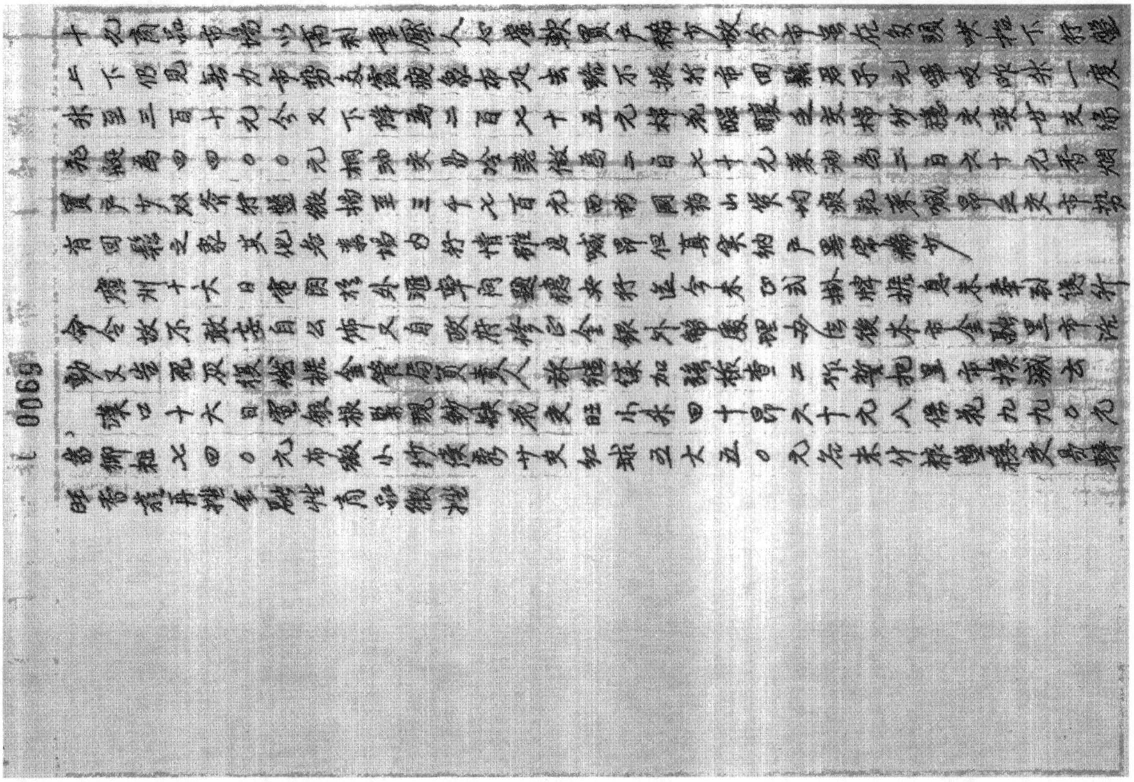

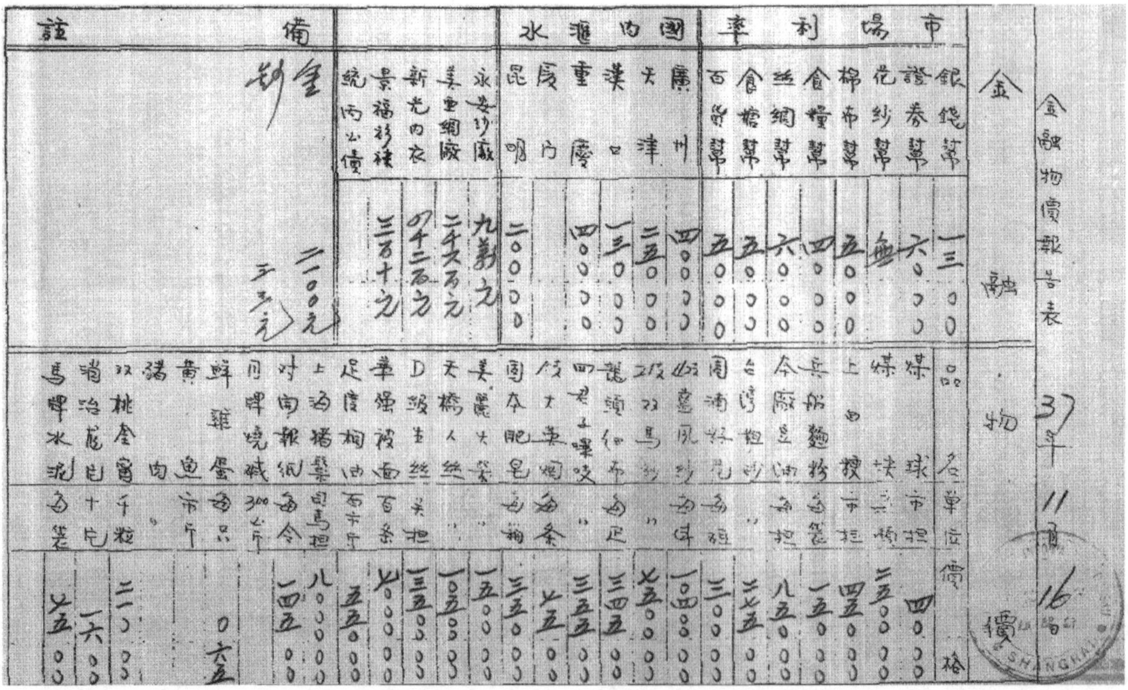

金融物價報告表　37年11月16日

	金融	數額
市場利率	銀錢業	一三〇〇〇
	證券業	六〇〇〇
	花紗業	無
	棉布業	五〇〇〇
	食糧業	四〇〇〇
	絲綢業	六〇〇〇
	食糖業	五〇〇〇
	百貨業	五〇〇〇
國內匯水	廣州	四〇〇〇
	天津	二五〇〇
	漢口	一三〇〇
	重慶	四〇〇〇
	長沙	
	昆明	二〇〇〇
	永安紗廠	九萬元
	美亞綢廠	二千六百元
	新光內衣	四千二百元
	景福衫褲	三百十元
	統丙公債	
備註	金鈔	二一〇〇元

联合征信所调查报告书(1948 年 11 月 17 日)

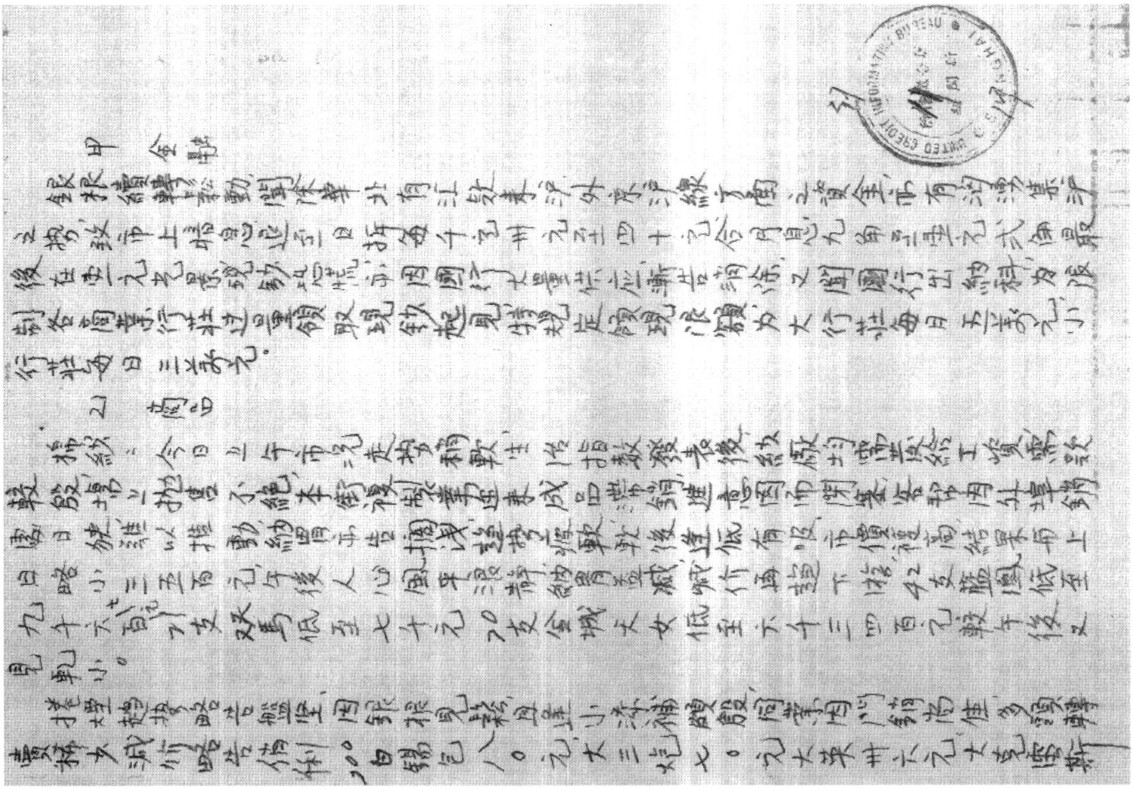

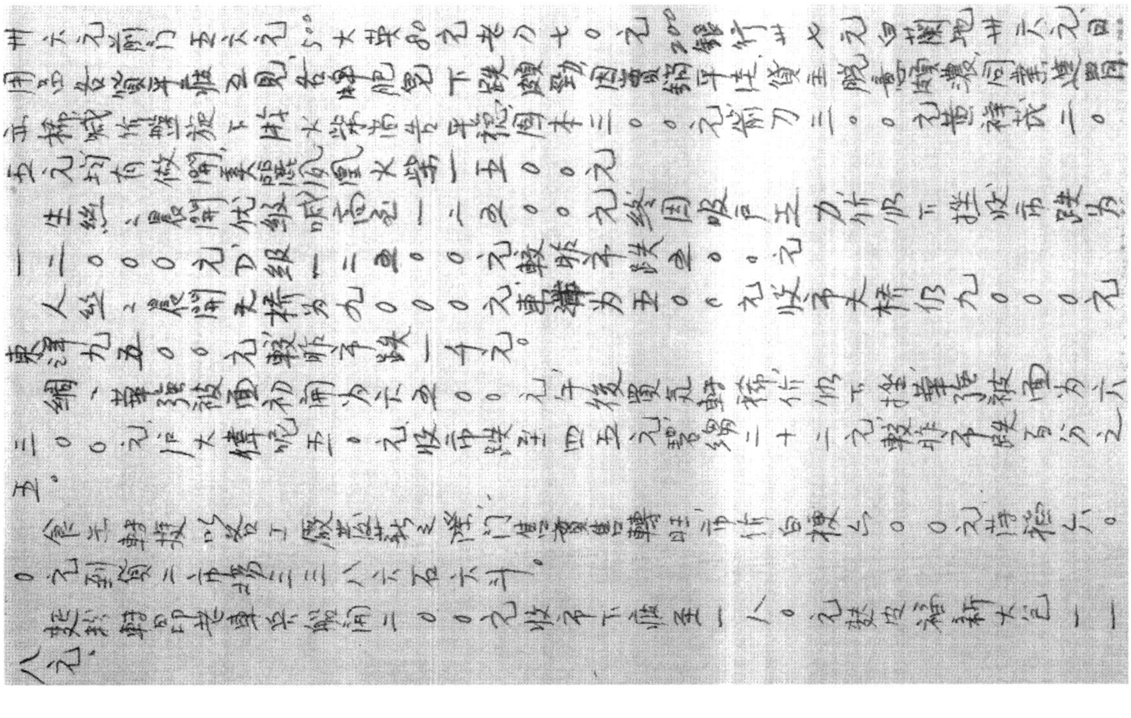

0065

食油銷路仍旺，由四八〇元，菜油由七五〇元，[illegible]由七〇〇元，[illegible]麻油九五〇元。

雜糧則因食米高漲，[illegible]一致上漲，[illegible]由每斤一四五元漲至二四〇元，芝麻三〇〇元，較昨上漲三成之譜。

丙　各地匯情

重慶十七日電　[illegible]十元[illegible]四十元[illegible]四十一[illegible]元[illegible]二百七十元[illegible]三十元[illegible]二百十元[illegible]一二成[illegible]三百四十元[illegible]。

漢口十七日電　[illegible]三十元[illegible]一三〇〇元[illegible]七三〇元[illegible]三七五元。

金融物價報告表　0066　35年11月17日

金融

市場利率	價格
銀錢幫	一三〇〇
證券幫	
花紗幫	無
棉布幫	六〇〇〇
食糧幫	三〇〇〇
絲綢幫	五〇〇〇
食糖幫	五〇〇〇
百貨幫	五〇〇〇

國內匯水	價格
廣州	四〇〇〇
天津	二五〇〇
漢口	二〇〇〇
重慶	三〇〇〇
廈門	
昆明	四〇〇〇

	價格
永安紗廠	
美亞綢廠	
新光內衣	
景福衫襪	
統一公債	

備註：金鈔　二〇〇元　三三元

物價

品名	單位	價格
煤球	市担	四〇〇
煤炔	市担	二〇〇〇
上白粳	市担	六〇〇〇
兵船麵粉	每袋	八〇〇〇
本廠豆油	每担	八八〇〇〇
台灣粗紗	”	二七〇〇〇
同浦籽花	每担	六五一三〇〇
41支藍鳳紗	每件	一〇二〇〇〇〇
21支雙馬紗	”	七二〇〇〇〇
龍頭細布	每疋	三二〇〇〇
四君子嗶嘰	”	三三〇〇〇
紋大朱呢	每条	八〇〇〇
固本肥皂	每桶	三〇〇〇〇
美麗火柴	”	一五〇〇〇
天橋人絲	”	九五〇〇〇〇
D綏士絲	每担	一二〇〇〇〇
華堡後面	每条	六三〇〇〇〇
足度桐油	每斤	五五〇〇〇
上海酒藥	每担	八〇〇〇〇
对向報紙	每令	一〇〇〇〇
日啤燒碱	加侖	三五〇〇〇
鮮雞蛋	每只	〇七〇
黃魚	市斤	
豬肉	”	
雙桃全膏	千粒	二〇〇〇
消治龍皂	十克	一五〇〇
馬啤水泥	每袋	七五〇〇

联合征信所调查报告书(1948 年 11 月 18 日)

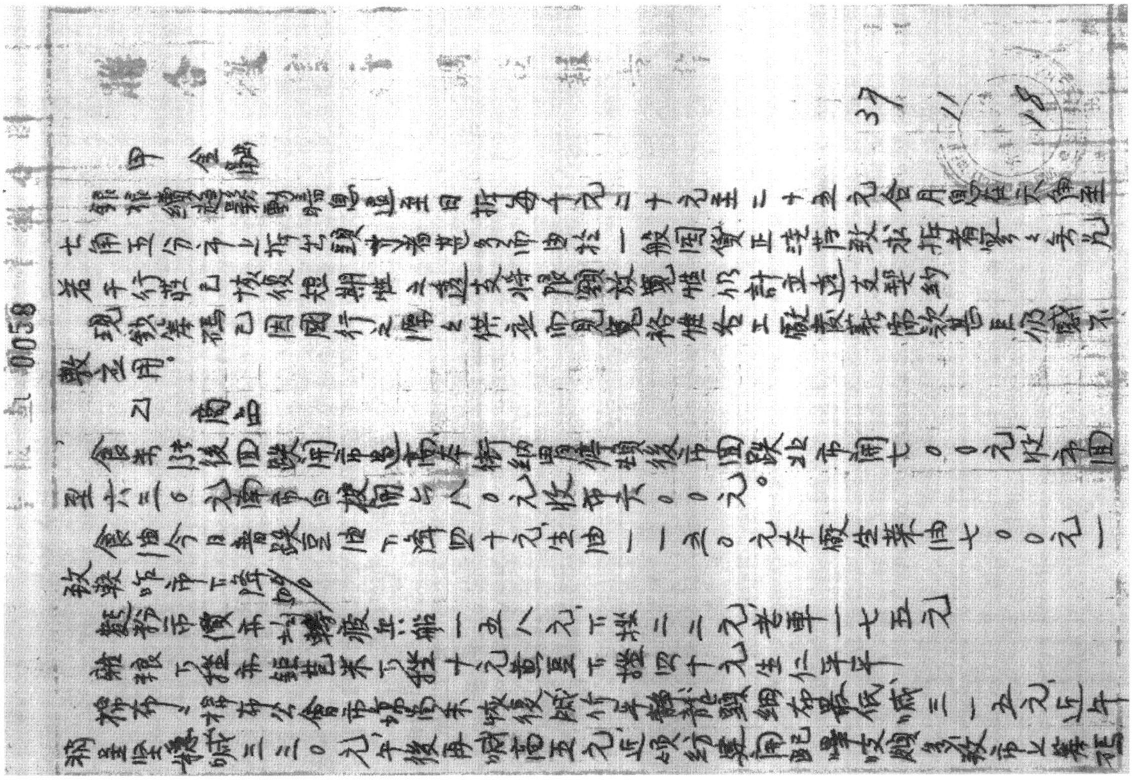

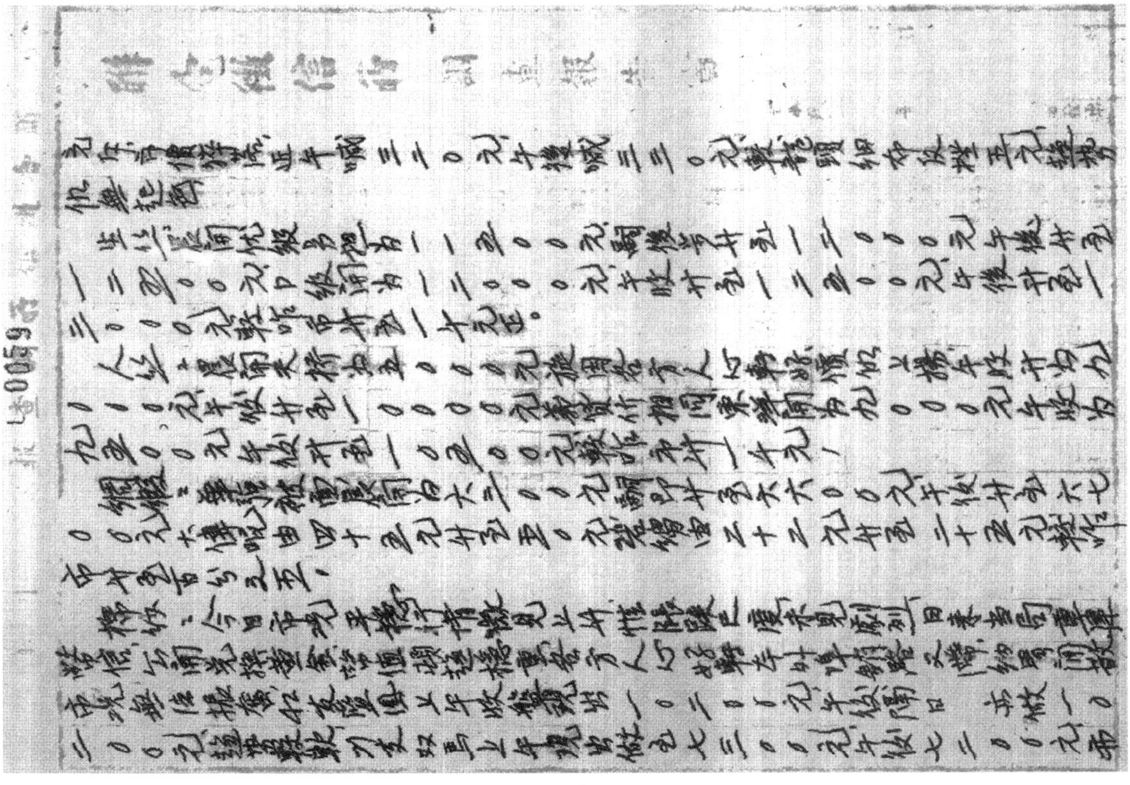

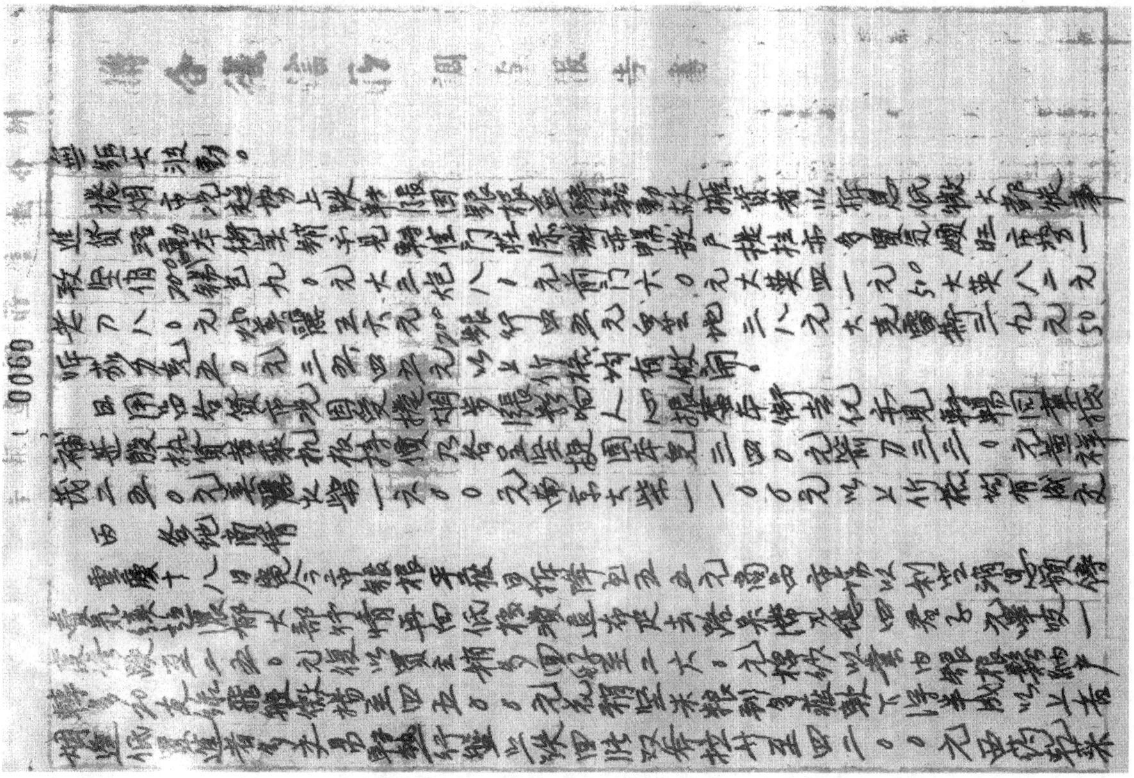

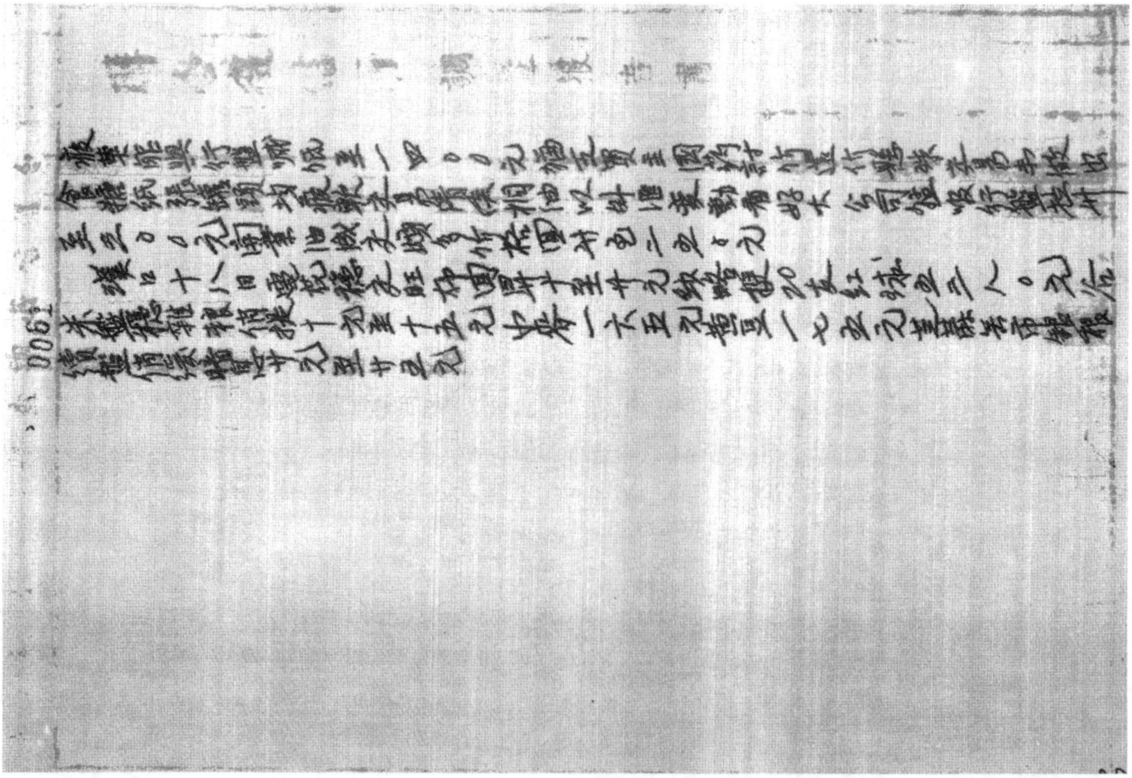

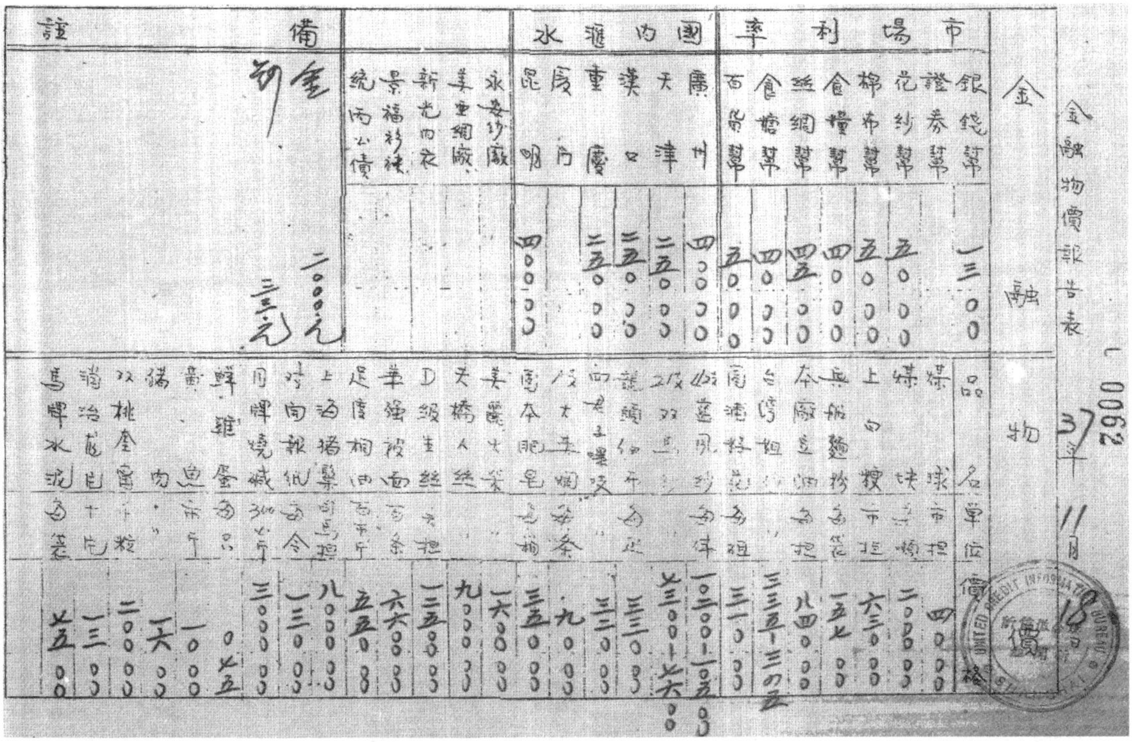

联合征信所调查报告书(1948 年 11 月 19 日)

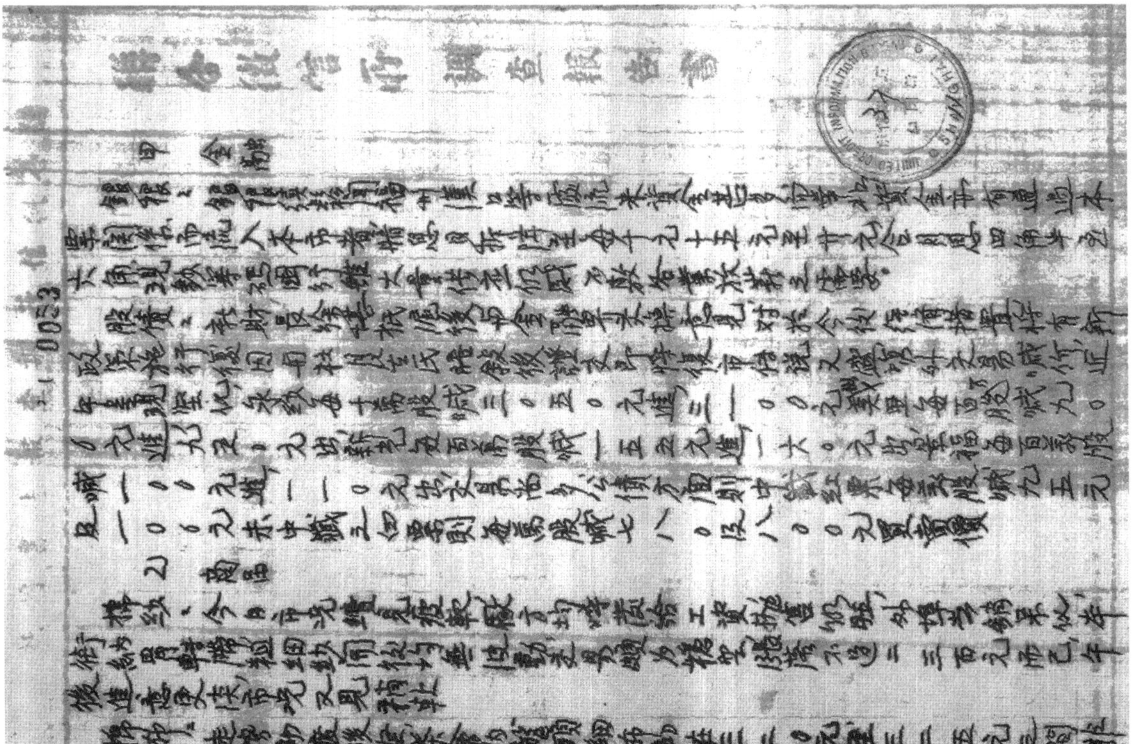

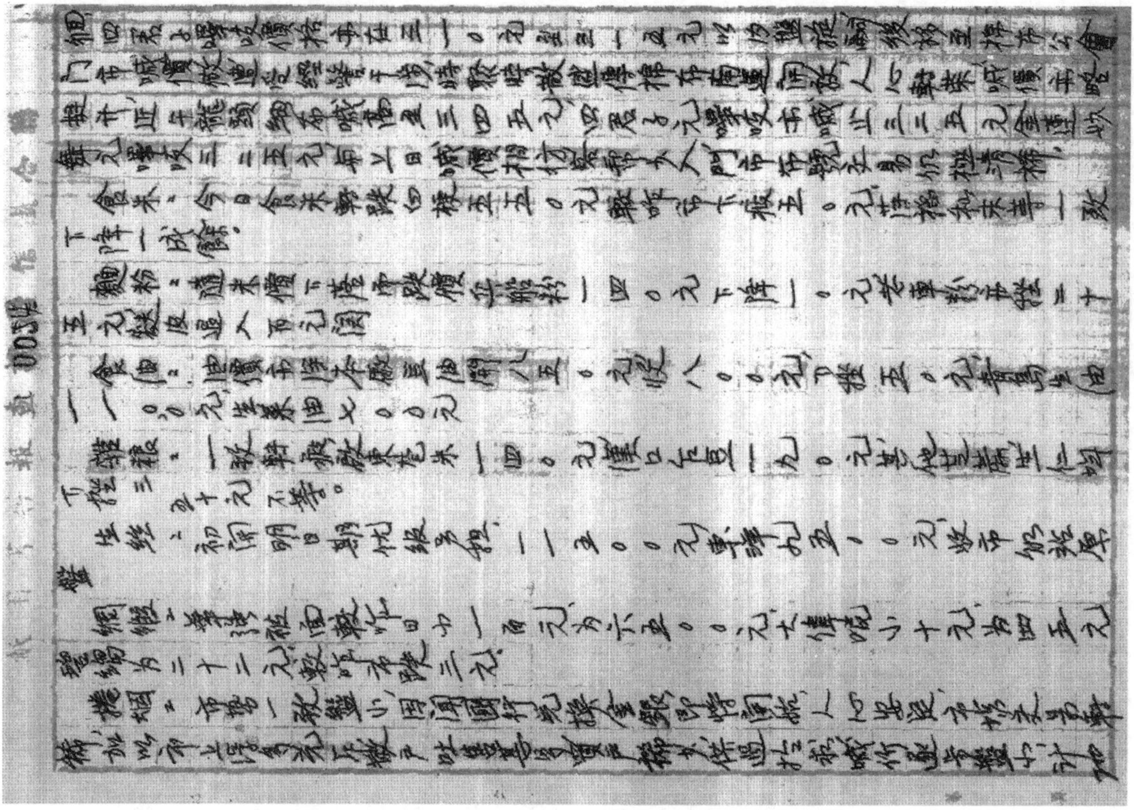

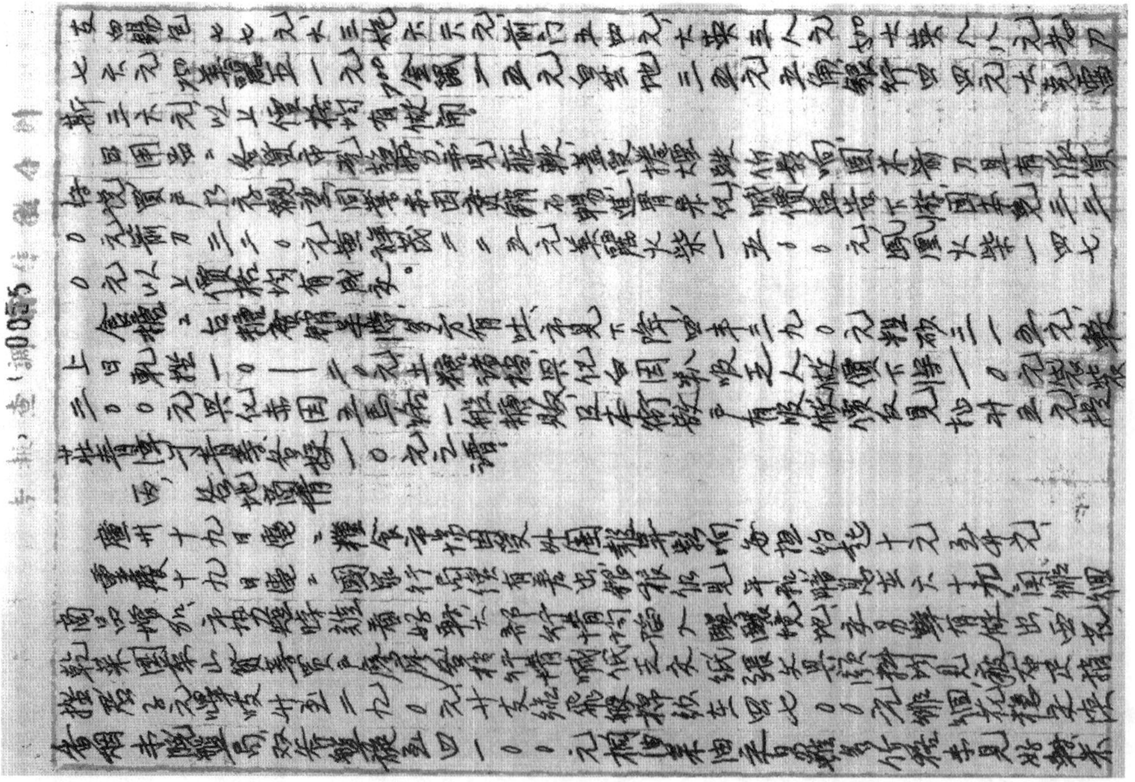

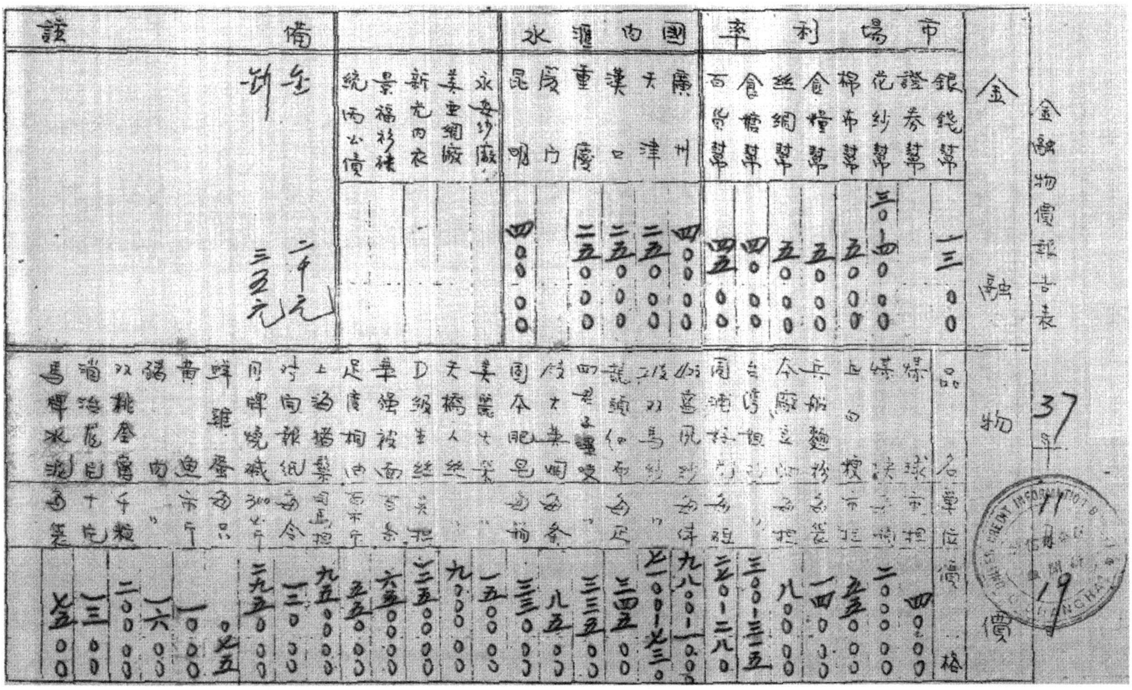

金融物價報告表
市場利率
銀錢業
證券業
花紗業
棉布業
食糧業
絲綢業
食糖業
百貨業
國內匯水
廣州
天津
漢口
重慶
昆明
備註
品名
單位
價格

联合征信所调查报告书(1948 年 11 月 20 日)

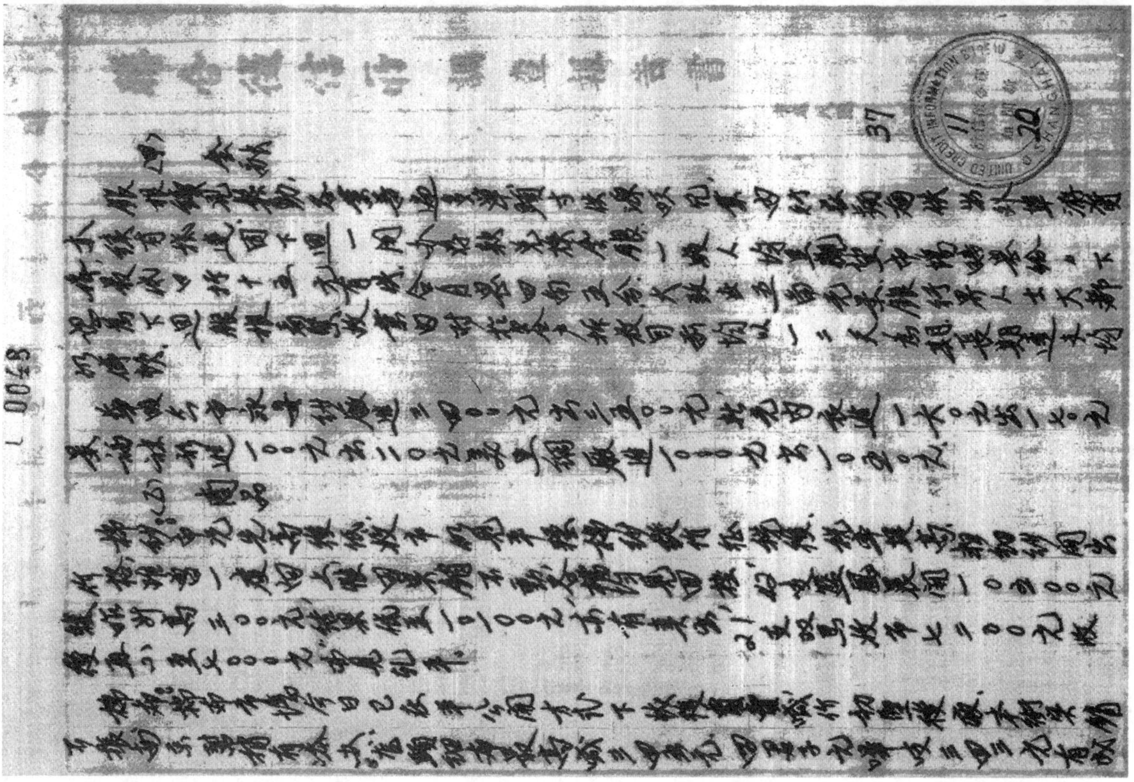

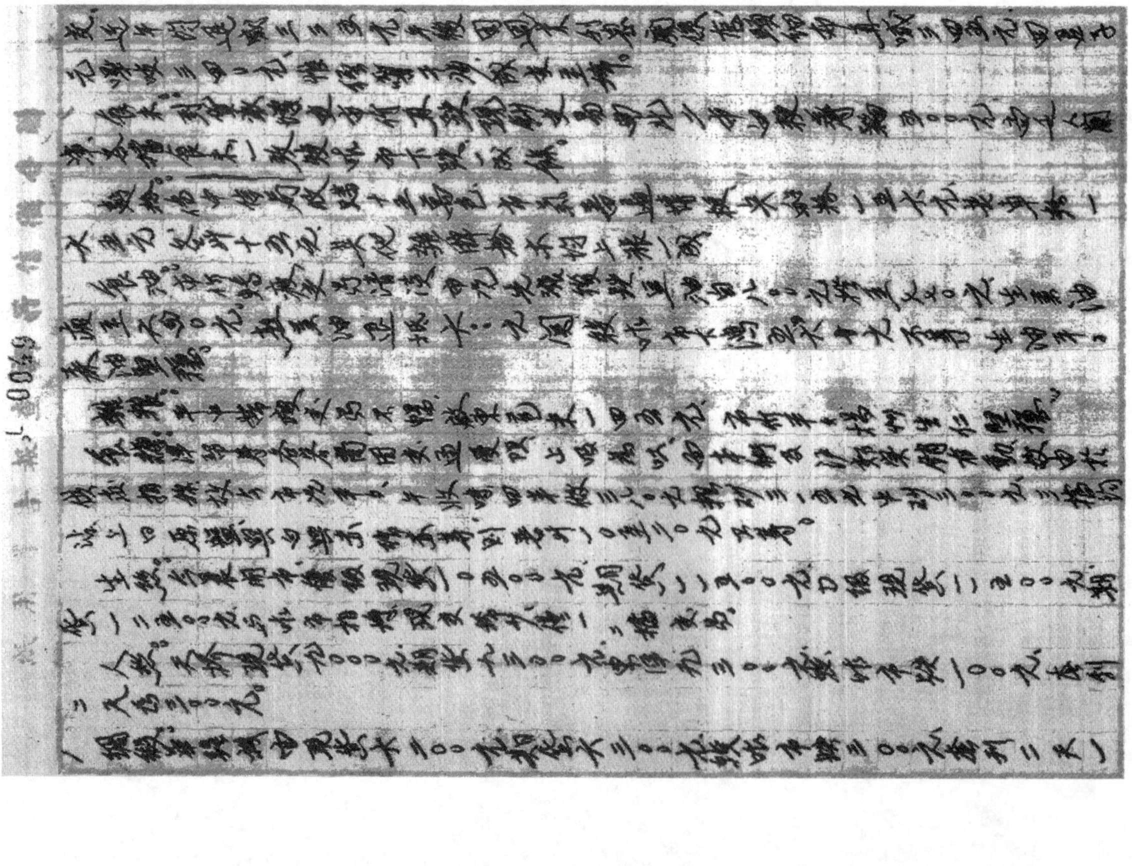

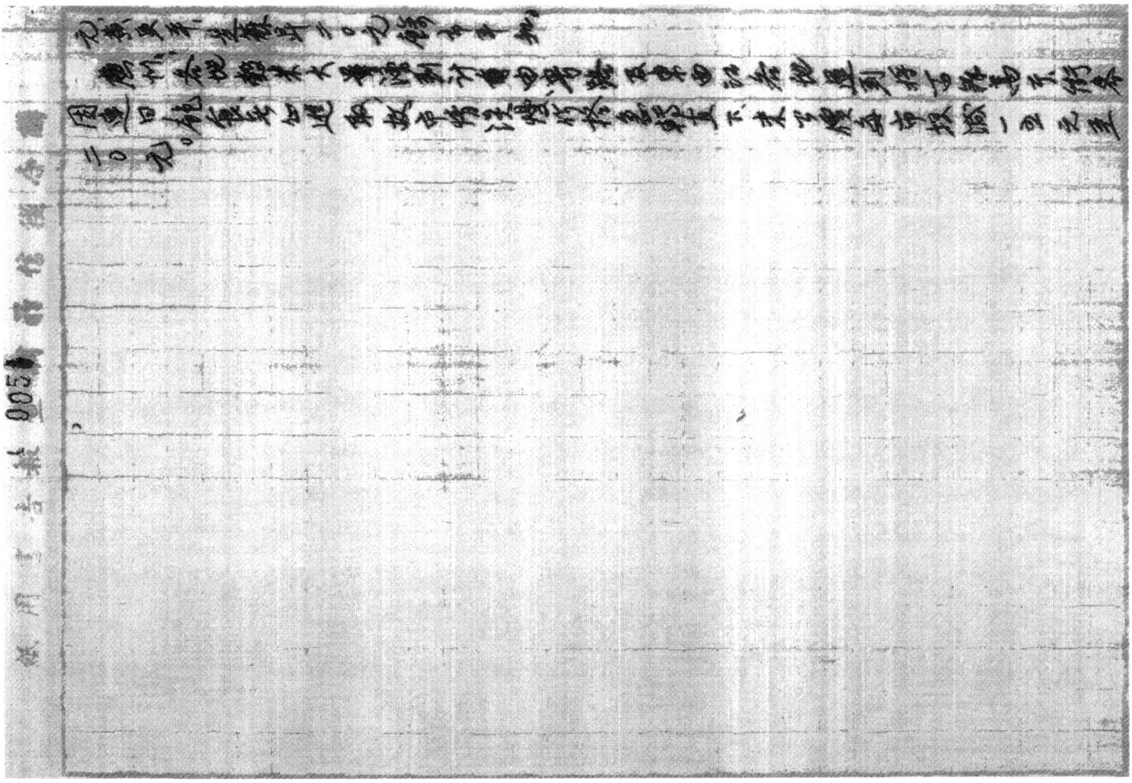

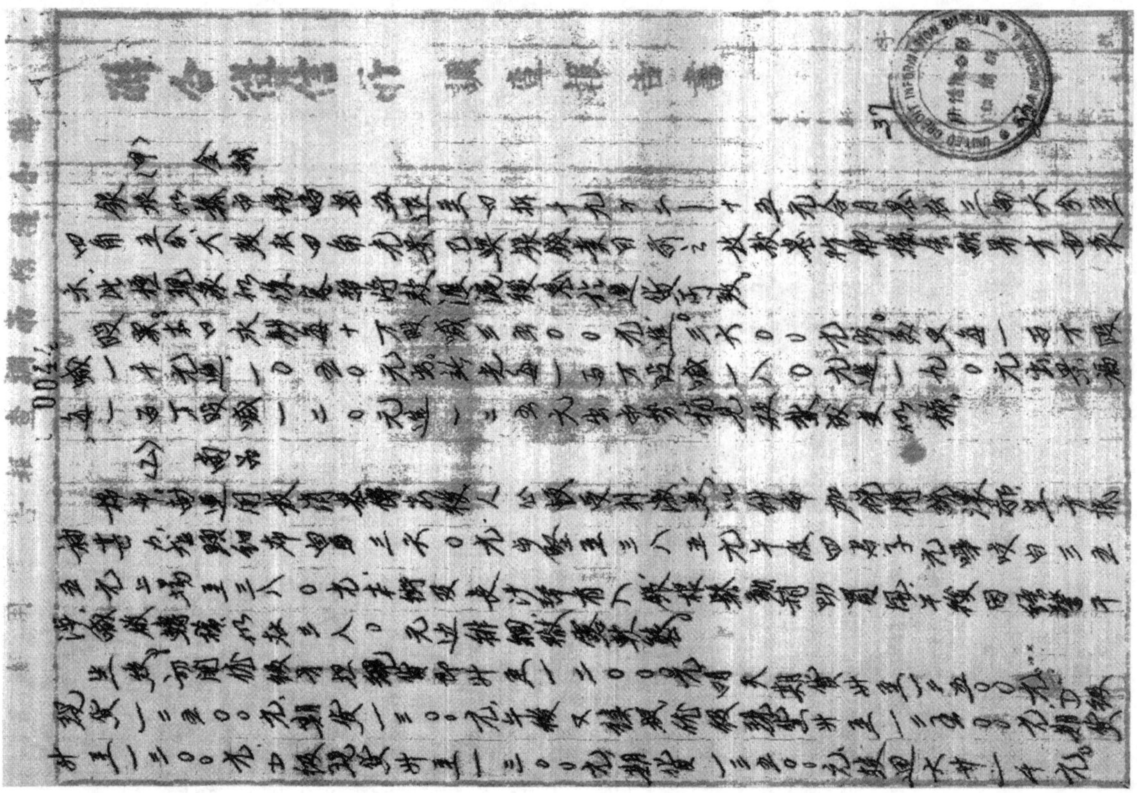

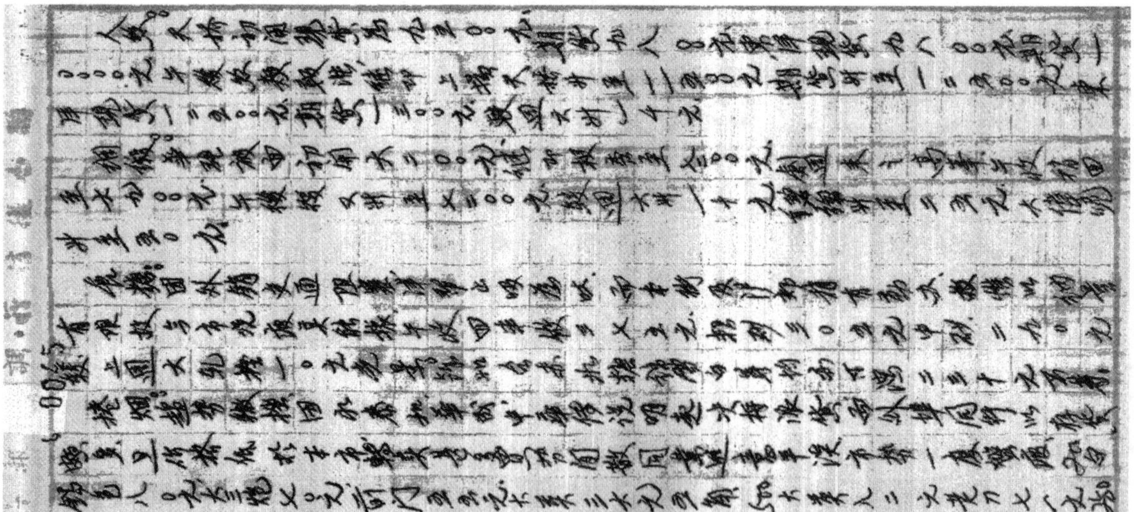

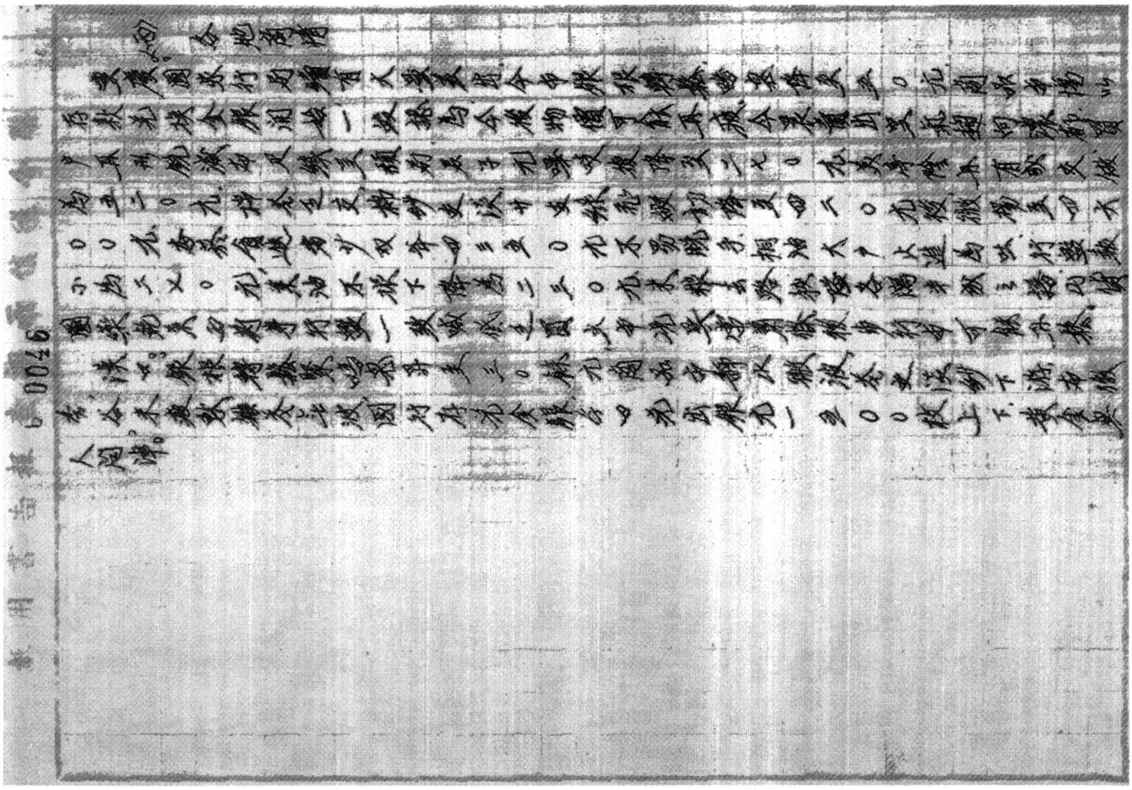

联合征信所调查报告书(1948 年 11 月 24 日)

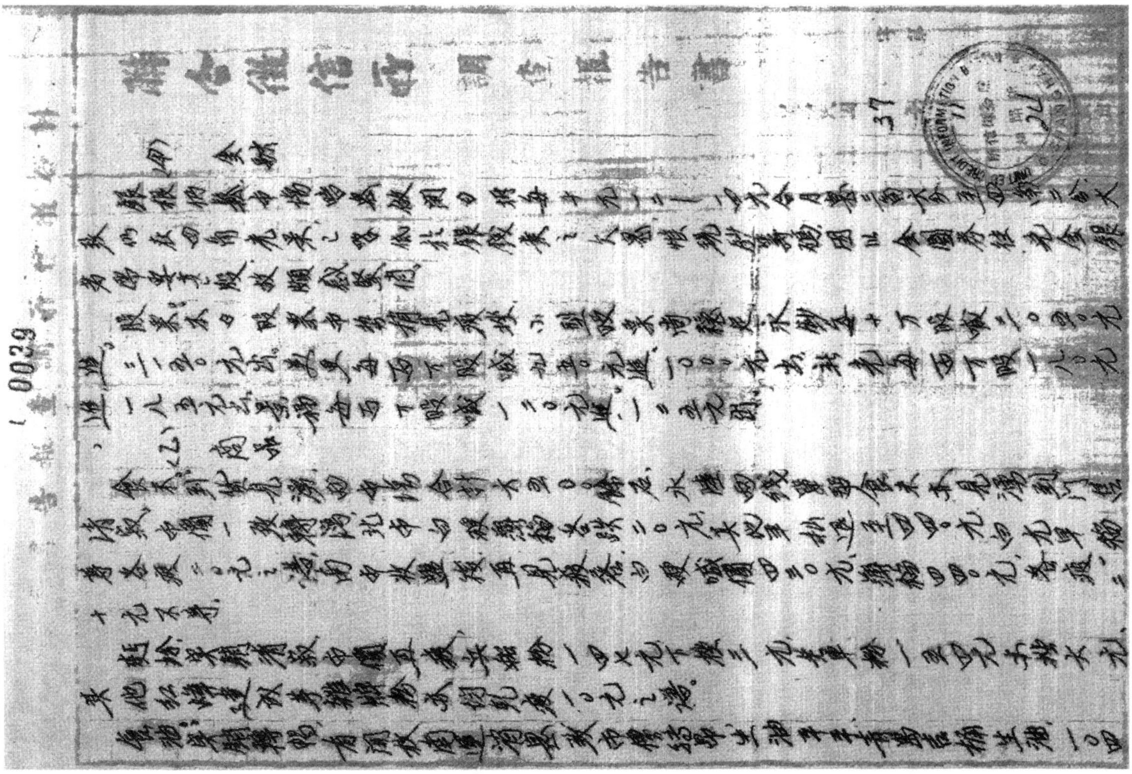

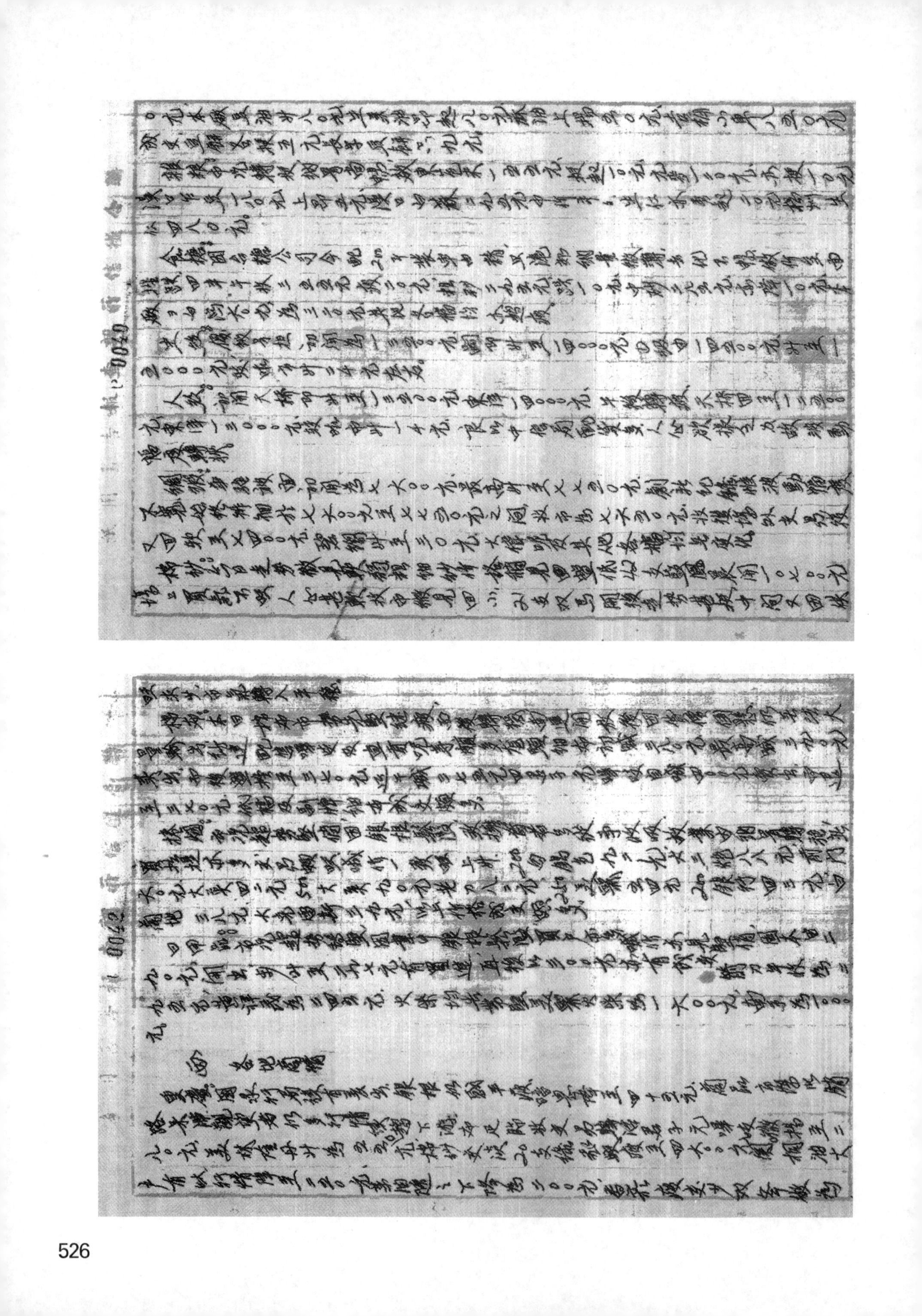